黄埔一期同学录

孙小巖

陈予欢 著

（上）

团结出版社

·北京·

© 团结出版社，2024 年

图书在版编目（CIP）数据

黄埔一期同学录 / 陈予欢著 . -- 北京：团结出版
社 , 2025. 1.
ISBN 978-7-5234-1003-5

Ⅰ . ①黄… Ⅱ . ①陈… Ⅲ . ①黄埔军校 – 历史人物 –
生平事迹 Ⅳ . ① K825.2

中国国家版本馆 CIP 数据核字 (2024) 第 098378 号

责任编辑：陈心怡
封面设计：阳洪燕

出　　版：团结出版社
　　　　　（北京市东城区东皇城根南街 84 号 邮编：100006）
电　　话：（010）65228880 65244790（出版社）
　　　　　（010）65238766 85113874 65133603（发行部）
　　　　　（010）65133603（邮购）
网　　址：http://www.tjpress.com
E-mail：zb65244790@vip.163.com
　　　　　tjcbsfxb@163.com（发行部邮购）
经　　销：全国新华书店
印　　装：三河市东方印刷有限公司

开　　本：170mm×240mm　16 开
印　　张：81　　　　　　　　　字　　数：1306 千字
版　　次：2025 年 1 月 第 1 版　　印　　次：2025 年 1 月 第 1 次印刷

书　　号：978-7-5234-1003-5
定　　价：248.00 元（全两册）
　　　　　（版权所属，盗版必究）

序

2024年是黄埔军校建校100年纪念，它与中国共产党渊源深长，享誉厚重。作为现代中国著名军校，黄埔军校以其称誉世界、长存中国之军事魅力，在现代中国军事史上留有凝重辉煌一页。黄埔军校创立之初就得到中国共产党的帮助和支持，它是大革命时期"革命"与"进步"的同义词，是中国共产党早期培养军事骨干的基地，是国民革命与北伐成功的摇篮，在坚持抗战、取得最终胜利中发挥了不可替代的作用，是那个年代的军人魂、民族魂之精神体现。

在大革命时期，我党组织大批爱国志士与青年进入黄埔军校及其位于潮州、长沙、武汉等地的分校，曾经有数百人有过师生经历。这批骨干在中国共产党尔后的军事实践中发挥了重要影响和作用，为1927年8月建军标志的南昌起义、湘赣边界秋收起义及广州起义，积聚了一批军事骨干和主要武装力量，在中国共产党历史上留下了"黄埔军校师生有过重要影响作用"之辉煌篇章。我们要以这段历史事实来认真教育我们的下一代，以黄埔军校造就的"爱国、革命"的黄埔精神，从北伐、抗战胜利的历史和黄埔军校的成功经验中获得并激发中华民族伟大复兴的力量！历史证明：中国共产党在黄埔军校的革命实践，无疑是我党我军发展史上的宝贵财富，应该得到充分的重示、继承和发扬。

纪念是连接历史和未来的桥梁。黄埔军校史迹作为中华民族人文文化和军事遗产，作为中国大革命国共合作时期历史名片标识，如今已成为联结海峡两岸的精神纽带之一，是海峡两岸黄埔人及其后代亲属的共同财富，在现代中国军事历史留下了深长印记。"我们走的再远都不能忘记来时的路"。当我们行进于中华民族复兴的伟大时代中，更应牢记习近平总书记这段谆谆教导。要学习党史、新中国史，懂得党的初心和使命之可贵，理解坚守党的初心和使命之重要。"[1]习总书记还着重指出："学习党史、国史，是我们坚持和发展中国特色社会主义、把党和国家各项事业继续推向前进的必修课。这门功课不仅必修，而且必须修好。"[2]黄埔一期生曾经有过许多辉煌记录，有一百多名一期生是中国共产党最早的军事骨干人才，其中有29人参与了1923年以前的建党初期活动，众多黄埔一期名人在中国共产党历史上留存永久印记并载入史册。黄埔一期生在抗战中建立的功勋业迹亦同样不可忘记。在黄埔军校建校百年纪念之际，编纂出版《黄埔一期同学录》，具有厚重深长的历史与现实意义。

该书作者陈予欢，对于黄埔军校史及其人物资料收集与研究，有近40年的长期辛勤努力，成果迭出。特应予欢先生邀请，是为序。

陈知庶

2024年1月

（陈知庶：黄埔一期生暨开国大将陈赓之子，黄埔军校同学总会副会长，前甘肃省军区司令员，少将）

---

[1] 习近平著：中央文献出版社 2021 年 1 月《论中国共产党历史》第 33 页记载。

[2] 习近平著：中央文献出版社 2021 年 1 月《论中国共产党历史》第 15 页记载。

前　言

黄埔军校作为现代中国著名军校，以其称誉世界、长存中国之军事魅力，在现代中国军事史上留有凝重辉煌的一页。黄埔军校在北伐及抗战年代风采夺目，它是大革命时期领导先驱与进步的同义词，是中国共产党之武力摇篮与发源地，是国民革命与北伐成功的摇篮，是坚持抗战直至胜利的骨干武力，是那个年代的军人魂、民族魂之体现。由此可见，初创时期的中国共产党与黄埔军校军事武力的渊源承继，无疑是中国共产党早期建立工农武装取得革命战争胜利的重要军事元素，是无产阶级革命政党与现代军事武力彰显的最佳结合，同时也是"枪杆子里出政权"理论实践的最初结晶。毛泽东同志在1936年6月1日陕北瓦窑堡出席中国人民抗日红军大学（于1937年1月改名为中国人民抗日军事政治大学）开学典礼时指出："第一次大革命时有一个黄埔军校，它的学生成为当时革命的主导力量，领导了北伐的成功，但到现在它的革命任务还未完成。我们的红大就要继承着黄埔的精神，要完成黄埔未完成的任务，要在第二次大革命中也成为主导的力量，即是要争取中华民族的独立解放。"[1]1939年5月26日毛泽东同志在总结抗大三年来的成绩时指出："抗大三年来有贡献于国家、民族、社会的大成绩，……因为它还要造就大批有为与进步革命的学生。昔日之黄埔，今日之抗大，是先后

---

[1]　①中共中央党史资料征集委员会、中共中央党史研究室编纂：中共党史资料出版社2013年12月印行《中共党史资料》第七辑第28页记载；②中国人民解放军国防大学著：国防大学出版社2000年8月《中国人民抗日军事政治大学史》第17页记载。

辉映，彼此竞美的。"[1]再次阐明黄埔军校在大革命时期的进步影响和作用。根据史料记载，毛泽东同志最早明确了中国共产党人在黄埔军校掌握军事军队的重要性，最早从黄埔军校懂得"掌握政权是从枪杆子出来的"的道理，也是最早致力发扬黄埔精神创建中国共产党人自己的军校的人，他推崇将黄埔军校视作创建人民军队先行与示范。毛泽东在对人民军队在革命战争中发展、成长、壮大过程的论述中曾多次提及黄埔军校的重要作用与影响。

　　创始于1924年6月的广州黄埔军校，开创了现代中国军事成长历史，绵延半个多世纪，流传着许多不朽颂歌与军人风采。黄埔军校作为著名军校，在现代中国社会留下了深刻印记，以其称誉世界、长存中国之军事魅力，引发后世与当今无尽追寻思索。黄埔军校第一期生是跨越两个世纪的历史名人，承载着政党政治喧嚣时代的军事陈迹，记述与传播着现代军事演进过程中许多史事颂扬。时光跨越百年，黄埔军校第一期生开启的黄埔精神、黄埔话语、黄埔热点，超乎军事、政治乃至社会意义之民族精神，仍旧魅力无尽、迥影相随！2024年是黄埔军校百年纪念，黄埔第一期生是黄埔军校开山始祖，对于继往开来的后期生，影响作用深长久远。

　　黄埔一期生曾经有过许多辉煌纪录，有一百多名一期生是中国共产党最早的军事骨干人才，其中有29人参与了1923年以前的建党初期活动。[2]黄埔一期生组建的中共党组织，是中国共产党最早的军事领导机构；以黄埔一期生为主体的青年军人联合会是中国共产党领导下最早的革命军人团体；黄埔一期生创建的火星社、《中国军人》是中国共产党最早的革命军人社团和刊物；部分一期生参与的铁甲车队/叶挺独立团，是中国共产党掌握的第一支武装力量；参加南昌、秋收、广州三大起义的黄埔一期生群体更是骨干与引领；黄埔一期生还是"黄埔革命精

---

[1]　①毛泽东著：人民出版社1993年12月《毛泽东文集》第二卷［1937.8—1942.12］第187页记载；②中共中央文献研究室、中国人民解放军军事科学院编纂：军事科学出版社、中央文献出版社1993年12月《毛泽东军事文集》第二卷"抗日战争战争时期"《抗大三周年纪念》第460—461页记载。

[2]　《中国共产党创建史辞典》编辑委员会（倪兴祥主编）：上海人民出版社2006年6月印行《中国共产党创建史辞典》第425—673页人物部分记载。

神"缔结的开山鼻祖，黄埔一期生更是与中国共产党创建初期军事创始有着紧密联系的革命青年军人群体，记载了中国共产党党史和中国革命历史。

关于黄埔一期同学的史籍，历来流传有多种版本资料。现据《黄埔军校史稿》《中央陆军军官学校史稿》《陆军军官学校第一至四队学生详细调查表》《黄埔军校同学录》《黄埔同学总名册》以及《中国共产党革命英烈大典》（中共中央党史研究室科研管理部编纂：红旗出版社2001年6月印行）、《中国共产党历史大辞典——总论·人物》增订本（廖盖隆主编：中共中央党校出版社2001年6月印行）、《军事人物百科全书》（军事科学院军事百科研究部编纂：中共中央党校出版社1999年5月印行）还有军事委员会铨叙厅民国二十五年十二月印制《陆海空军军官佐任官名簿》第一至十五册（现役将校军官）、军事委员会铨叙厅民国三十三年十二月印制《军官资绩簿》第一至五册（陆海空军现役中将军官资绩簿）、国民政府国防部第一厅民国三十六年二月印行《现役军官资绩簿》第一至四册（陆海空军现役将校军官）、《国民政府公报》（第1—222册）等史籍记载写作本书。

黄埔军校史迹是作为中华民族人文文化和军事遗产，永久载入中国近现代史册。黄埔军校作为大革命国共合作时期历史名片标识，如今还成为联结海峡两岸的精神纽带之一，是海峡两岸黄埔人及其后代亲属的共同财富，在现代中国军事史上留下了深刻印记。我们当今行进于中华民族复兴的伟大时代中，更应牢记习近平总书记的谆谆教导："我们党的全部历史都是从中共一大开启的，我们走得再远都不能忘记来时的路。要学习党史、新中国史，懂得党的初心和使命之可贵，理解坚守党的初心和使命之重要。"[1] 习近平总书记还着重指出："学习党史、国史，是我们坚持和发展中国特色社会主义、把党和国家各项事业继续推向前进的必修课。这门功课不仅必修，而且必须修好。"[2] 这是我们今天仍旧弘扬黄埔军校革命精神之历史与现实并存的深远意义，并为纪念黄埔军校走过百年历史做些

---

[1] 习近平著：中央文献出版社2021年1月《论中国共产党历史》第33页记载。

[2] 习近平著：中央文献出版社2021年1月《论中国共产党历史》第15页记载。

当代人之记述与追忆。

笔者融汇海峡两岸史料典籍，为706名第一期生传略作了综述记录。以《黄埔军校同学录》为准绳，依据《第一至四队学生详细调查表》提供的各类信息情况，进行记述，各类诸如毕业、肄业、辍学、开除等学籍情形，均在每人传记中详述与注释，以及他们的军旅生涯、任职履历、生平业绩、功名荣誉、身后评述及个人照片。在记述黄埔一期生在中华民族与国家大历史背景下方方面面情况的过程中，笔者力求总体统揽、涉及并囊括与其相关的一百多年来中国政治军事演进史中各类历史典籍、数据、信息情况，实为该期同学全录。

笔者近四十年跋涉追寻第一期生步履背影，过往军事历史终须有人记载与传述，追溯是为了让后人知道与记住过去。回顾与记载他们行将远去的背影与故事，相继著述出版了"黄埔军校学术研究著作序列"二十多种专题作品，眼下这部书是体例与类型完全不同的一部新作，是黄埔一期同学全录，谨向2024年黄埔军校建校100周年纪念献礼。

在此向黄埔一期生暨开国元帅徐向前之子徐小岩将军表示诚挚感谢，感谢他为本书题写书名；另外感谢黄埔一期生暨开国大将陈赓之子、黄埔军校同学总会副会长陈知庶将军为本书作序。深切期望黄埔精神能够薪火赓续，永感后人！

陈予欢

2023 年 11 月 18 日

目录

155	冯春申						
157	冯树淼	203	石祖德				
158	冯得实	206	石美麟	253	刘汉珍		
159	卢志模	208	石真如	256	刘立道	296	刘慕德
160	卢盛枌	209	艾启钟	258	刘仲言	297	刘静山
162	古 谦	210	龙慕韩	260	刘先临	298	刘镇国
163	史书元	212	任文海	262	刘作庸	300	印贞中
165	史仲鱼	214	任宏毅	263	刘希程	301	吕佐周
167	史宏烈	216	伍 翔	265	刘赤忱	302	吕昭仁
168	叶 谟	218	伍文生	266	刘佳炎	303	孙一中
169	叶干武	220	伍文涛	267	刘味书	306	孙元良
171	叶彧龙	222	伍诚仁	268	刘咏尧	310	孙天放
173	左 权	224	伍瑾璋	271	刘国协	312	孙怀远
176	帅 伦	226	关麟征	272	刘国勋	313	孙树成
178	甘 杜	231	刘 干	274	刘岳耀	315	孙常钧
180	甘达朝	232	刘 云	275	刘明夏	318	庄又新
181	甘丽初	234	刘 进	277	刘保定	319	成啸松
184	甘杰彬	237	刘 钏	279	刘显簧	320	朱 然
185	甘洒柏	238	刘 杰	280	刘柏心	321	朱一鹏
186	甘清池	240	刘 铭	282	刘柏芳	323	朱元竹
189	甘竟生	241	刘 戡	283	刘基宋	324	朱孝义
191	田育民	243	刘 璠	284	刘梓馨	325	朱炳熙
192	田毅安	245	刘子俊	287	刘鸿勋	327	朱祥云
194	申茂生	246	刘云龙	289	刘焦元	328	朱继松
197	白龙亭	248	刘云腾	290	刘铸军	329	朱鹏飞
199	白海风	249	刘仇西	292	刘楚杰	331	朱耀武
202	石鸣珂	251	刘长民	293	刘嘉树	333	江 霁

335 江世麟			
337 江镇寰	381 余安全		
339 汤季楠	383 余剑光	428 张开铨	
342 汤家骥	385 余海滨	429 张世希	472 张雁南
343 牟廷芳	386 余程万	432 张本仁	473 张雄潮
345 许永相	389 冷 欣	433 张本清	474 张鼎铭
347 许继慎	392 冷相佑	435 张伟民	476 张慎阶
349 许锡球	393 吴 展	436 张汝翰	478 张瑞勋
350 邢 钧	395 吴 斌	437 张纪云	479 张德容
351 邢国福	398 吴 瑶	438 张伯黄	481 张遴选
353 邬与点	400 吴兴泗	439 张作猷	482 张镇国
354 严 武	402 吴乃宪	440 张君嵩	483 张耀明
357 严沛霖	405 吴秉礼	443 张志衡	486 张耀枢
359 严崇师	406 吴重威	444 张良莘	488 李 文
361 何 祁	407 吴高林	446 张运荣	492 李 园
362 何 盼	408 宋文彬	447 张际春	494 李 杲
363 何 基	410 宋希濂	449 张际鹏	496 李 岑
364 何 清	414 宋思一	451 张其雄	497 李 卓
366 何文鼎	417 宋雄夫	454 张坤生	498 李 武
368 何光宇	418 张 烈	457 张弥川	499 李 青
369 何志超	419 张 渤	460 张忠頫	500 李 荣
370 何学成	420 张 策	462 张迪峰	501 李 钧
371 何昆雄	421 张 颖	463 张树华	503 李 铣
373 何绍周	422 张 镇	464 张隐韬	506 李 博
376 何复初	424 张人玉	466 张雪中	507 李 强
378 何贵林	426 张凤威	470 张淼五	509 李 焜
379 何章杰	427 张少勤	471 张禅林	510 李 模

512 李人干			
513 李万坚	570 李绍白		
514 李士奇	571 李昭良	619 杜骥才	
516 李子玉	573 李树森	620 杨 良	661 陆汝畴
518 李之龙	576 李禹祥	622 杨 显	663 陆汝群
521 李及兰	578 李荣昌	624 杨 耀	664 陈 克
523 李文亚	579 李振唐	626 杨 麟	665 陈 坚
524 李文渊	581 李铁军	628 杨光文	666 陈 沛
525 李仙洲	584 李冕南	629 杨光钰	668 陈 纲
529 李正华	585 李培发	631 杨伯瑶	669 陈 劼
531 李正韬	586 李捷发	633 杨启春	671 陈 武
533 李汉藩	588 李梦笔	634 杨步飞	673 陈 述
536 李玉堂	590 李绳武	636 杨其纲	674 陈 烈
541 李光韶	592 李隆光	639 杨挺斌	676 陈 铁
542 李向荣	594 李强之	640 杨炳章	680 陈 琪
543 李安定	595 李楚瀛	641 杨晋先	682 陈 皓
546 李延年	598 李殿春	642 杨润身	683 陈 赓
549 李自迷	600 李源基	644 杨溥泉	686 陈上秉
551 李伯颜	601 李靖难	646 沈利廷	687 陈大庆
553 李均炜	603 李蔚仁	647 苏文钦	690 陈子厚
555 李孚杰	604 李默庵	649 谷乐军	691 陈公宪
557 李良荣	607 杜从戎	651 邱士发	692 陈天民
560 李其实	609 杜心树	653 邱企藩	694 陈文山
562 李国干	611 杜成志	654 邱安民	695 陈文宝
564 李奇忠	613 杜聿昌	656 邹 范	696 陈文清
568 李武军	614 杜聿明	657 邹公瓒	697 陈以仁
569 李秉聪	618 杜聿鑫	659 陆 杰	698 陈平裳

700 陈廷璧			
702 陈志达	745 周启邦		
704 陈启科	747 周建陶	792 罗倬汉	
706 陈应龙	749 周泽甫	794 罗焕荣	842 宣侠父
708 陈纯道	751 周秉璀	795 罗毅一	845 宣铁吾
710 陈卓才	753 周品三	796 范汉杰	848 柏天民
711 陈国治	755 周振强	801 范振亚	850 柳野青
712 陈图南	758 周鸿恩	803 范馨德	851 段重智
714 陈拔诗	760 周惠元	804 郑 坡	852 洪君器
715 陈明仁	762 官全斌	806 郑子明	854 洪剑雄
718 陈牧农	765 尚士英	808 郑汉生	856 洪显成
720 陈金俊	767 岳 岑	809 郑作民	858 胡 信
721 陈显尚	769 易珍瑞	811 郑凯楠	860 胡 素
722 陈选普	770 林 英	812 郑承德	862 胡 博
723 陈家炳	773 林大埙	813 郑述礼	863 胡 遁
725 陈泰运	774 林朱梁	814 郑南生	866 胡仕勋
727 陈涤新	776 林芝云	815 郑洞国	867 胡宗南
728 陈谦贞	778 林斧荆	818 郑炳庚	872 胡屏三
730 陈德仁	780 林冠亚	821 郑燕飞	873 胡栋臣
731 陈德法	781 欧阳瞳	823 金仁宣	875 胡焕文
733 周 诚	782 竺东初	825 侯又生	876 胡琪三
734 周士冕	783 罗 奇	827 侯克圣	878 荣耀先
736 周士第	786 罗 钦	829 侯骕钊	881 贺光谦
739 周公辅	787 罗 照	830 侯镜如	883 贺声洋
740 周凤岐	788 罗 群	833 俞 墉	885 贺衷寒
742 周天健	790 罗 鐏	835 俞济时	890 赵 枬
744 周世霖	791 罗宝钧	840 姚光鼐	891 赵子俊

893 赵云鹏			
894 赵廷栋	938 唐同德		
895 赵自选	940 唐金元	989 贾焜	
897 赵志超	942 唐继盛	990 贾伯涛	1030 梁恺
898 赵定昌	944 唐嗣桐	993 贾春林	1032 梁干乔
900 赵勃然	946 夏明瑞	994 贾韫山	1034 梁广烈
901 赵荣忠	947 夏楚中	997 郭一予	1036 梁汉明
903 赵能定	949 容有略	999 郭礼伯	1038 梁华盛
904 赵清廉	951 容保辉	1001 郭安宇	1041 梁廷骧
906 赵敬统	952 容海襟	1003 郭远勤	1042 梁冠那
908 赵履强	953 徐文龙	1004 郭冠英	1043 梁锡祐
909 郝瑞澂	954 徐石麟	1005 郭剑鸣	1045 萧洒
911 钟伟	956 徐会之	1006 郭树械	1047 萧洪
913 钟洪	959 徐向前	1007 郭济川	1049 萧乾
914 钟畦	963 徐克铭	1008 郭景唐	1051 萧运新
915 钟彬	964 徐宗尧	1010 郭德昭	1052 萧振武
919 钟烈谟	966 徐经济	1012 陶进行	1053 萧冀勉
920 钟焕全	968 徐敦荣	1013 顾浚	1056 萧赞育
922 钟焕群	969 柴辅文	1015 顾希平	1058 阎揆要
924 项传远	971 桂永清	1018 顾济潮	1060 黄杰
926 饶崇诗	975 耿泽生	1019 高振鹏	1063 黄维
928 凌光亚	976 袁朴	1020 高致远	1066 黄雍
930 凌拔雄	979 袁荣	1022 高起鸥	1069 黄鹤
931 唐星	980 袁仲贤	1023 康季元	1072 黄鳌
933 唐澍	982 袁守谦	1024 曹渊	1074 黄子琪
935 唐震	985 袁涤清	1026 曹日晖	1076 黄再新
936 唐云山	987 袁嘉猷	1028 曹利生	1077 黄奋锐

1078 黄承谟

1080 黄珍吾　　1129 温　忠

1083 黄振常　　1130 游步瀛　　1174 谢维干

1084 黄梅兴　　1132 游逸鲲　　1175 谢翰周　　1213 蔡任民

1086 黄第洪　　1133 焦达梯　　1177 谢瀛滨　　1214 蔡光举

1088 黄锦辉　　1135 程　式　　1178 韩　忠　　1216 蔡昆明

1091 黄彰英　　1137 程汝继　　1179 韩　溶　　1218 蔡炳炎

1092 黄德聚　　1138 程邦昌　　1182 韩之万　　1220 蔡敦仁

1093 龚少侠　　1140 葛国梁　　1184 韩云超　　1222 蔡毓如

1095 傅　权　　1141 董　钊　　1186 韩绍文　　1223 谭计全

1096 傅正模　　1144 董　煜　　1187 楼景越　　1225 谭作校

1099 傅维钰　　1146 董世观　　1189 睦宗熙　　1226 谭孝哲

1101 傅鲲翼　　1148 董仲明　　1191 蓝运东　　1227 谭其镜

1103 彭　善　　1150 蒋　森　　1192 詹赓陶　　1229 谭宝灿

1106 彭干臣　　1151 蒋　魁　　1193 雷　德　　1231 谭辅烈

1108 彭兆麟　　1152 蒋伏生　　1195 雷云孚　　1233 谭鹿鸣

1109 彭华兴　　1154 蒋先云　　1196 雷克明　　1234 谭煜麟

1110 彭宝经　　1157 蒋孝先　　1198 鲍宗汉　　1236 谭肇明

1111 彭杰如　　1159 蒋国涛　　1199 廖　伟　　1238 樊秉礼

1113 彭继儒　　1161 蒋铁铸　　1200 廖子明　　1239 樊崧华

1114 彭戢光　　1162 蒋超雄　　1202 廖运泽　　1240 潘佑强

1116 曾广武　　1165 覃学德　　1204 熊　敦　　1242 潘国聪

1118 曾扩情　　1166 谢　联　　1206 熊建略　　1244 潘学吟

1121 曾国民　　1167 谢永平　　1207 臧本燊　　1246 潘树芳

1123 曾绍文　　1169 谢任难　　1208 蔡　粤　　1247 潘德立

1125 曾昭镜　　1171 谢远灏　　1209 蔡凤翁　　1249 潘耀年

1126 曾繁通　　1173 谢清灏　　1211 蔡升熙　　1251 鄮　悌

丁琥

丁琥照片（一）

丁琥（1886—1940），江苏东台人。早年务农，私塾启蒙，后入初级师范学校学习，辍学后曾任乡间小学教员。自填登记通信处为江苏东台县南安丰市。自填入学前履历：民国七年（1918年）投入靖国军第四十一团充当士兵，九年（1920年）改编为福建靖国军，充任第二团九连司务长，十年（1921年）充粤军第七十八营司务长、排长，十一、十二年（1922年、1923年）任（广东）东路（讨贼军）第十六团五连少、中尉排长等差。后辞职，返回江苏谋事。1924年春由刘云昭（孙中山指派出席国民党一大江苏省代表，前北京政府国会众议院议员，国民党江苏省临时党部筹备委员）、伏彪（孙中山指派出席国民党一大上海特别区代表，前国民党江苏省临时支部筹备委员，国民党江苏省临时党部党务指导委员）介绍报考黄埔军校，此时已38岁，为能参加考试，虚报为25岁。1924年5月15日重新登记入国民党，介绍人为葛昆山（前孙中山广州大元帅府副官，韶关大本营兵站主任兼筹款委员）、蒋中正（前建国粤军总司令部参谋长，广州大本营参谋长及军事委员会委员，黄埔军校筹备委员会委员长、入学试验委员会委员长，黄埔军校校长）、沈应时（前建国粤军总司令部参议，黄埔军校筹备委员会委员）。1924年4月赴广州参加复试，1924年6月录取入陆军军官学校第一期第四队学习，1924年11月毕业。1925年1月随部参加第一次东征，因作战勇敢升任排长。1925年7月任入伍生部第三队代队长，不久转任第三期学生队第一队上尉队长。1926年随军参加北伐战争，任国民革命军第三军第六师第八团步兵连连长，南昌

丁琥照片（二）

战役后升任该团第一营营长。1927年10月任国民革命军第一军（军长刘峙）司令部教导团（团长李仙洲）中校团附，兼任中国国民党教导团特别党部执行委员。1928年1月27日调任第一军（军长刘峙）司令部上校咨议，随部参加第二期北伐战争。1930年9月任中央陆军军官学校武汉分校（教育长钱大钧）第八期入伍生总队（总队长蔡熙盛）第一大队（大队长肖钟珏）第一队中校队长，[1]1930年11月兼任武汉分校财政监察委员会委员。[2]1936年9月24日颁令叙任陆军步兵中校。[3]1936年10月任江西省保安第五团团长。抗日战争全面爆发后，任陆军第八十九军（军长韩德勤）司令部参谋处处长，率部参加淞沪会战。1938年12月任陆军第八十九军（军长韩德勤兼、代军长李守维）司令部副参谋长，1940年10月5日在江苏泰兴黄桥与中共领导的新四军作战时，与代军长李守维突围过河时溺水阵亡。[4]（另载1940年10月5日率部在江苏泰安黄桥与中共新四军为争夺统辖地盘作战，旅长翁达战至最后自杀，其随李守维率随从十数人在突围时被李明扬部属暗杀，遇害后被投入江中掩盖行径，致被记载为溺水身亡。）[5]

---

[1] 《中央陆军军官学校第八期武汉分校工作月刊》1931年4月版第五期第1页记载。

[2] 《中央陆军军官学校第八期武汉分校工作月刊》1930年12月版第一期第449页记载。

[3] 国民政府文官处印铸局印行：台湾成文出版社有限公司1972年8月出版《国民政府公报》第114册1936年9月25日第2161号颁令第1页记载。

[4] ①台北知兵堂出版社2007年12月《国军军史—军级单位战史（一）》第112页记载；②江苏省政协文史资料委员会编纂：江苏人民出版社1964年1月1日《江苏文史资料选辑》第三辑记载。

[5] 台北"国史馆"编纂：2006年12月印行《"国史馆"现藏民国人物传记史料汇编》第二辑第137页记载。

丁炳权

丁炳权照片

丁炳权（1897—1940），别号御伯，湖北云梦县城丁家祠人。生于1897年11月3日，另载生于1896年11月26日（清光绪二十三年冬月初三）。云梦县立模范高等小学堂、湖北省甲种工业学校、陆军大学特别班第一期毕业。自填登记处为湖北云梦隔蒲潭朱家祠堂丁村，通信处为云梦隔蒲潭洪兴祥号转交。自填入学前履历：湖北省立甲种工业（学校）毕业，江汉道自治（学校）毕业，投军洛阳学兵营，任鄂军参谋。早年家境富裕，有地产500亩。早年曾入鄂军驻洛阳学兵营，任参谋。1921年12月经居正（国民党第一届中央执行委员、常务委员，前上海国民党本部总务部主任，国民党上海临时执行委员会执行委员，广州大元帅府参议）、孙铁人（又名镜，国民党一大湖北省代表，国民党中央党务部副部长，时任国民党上海执行部调查部秘书）介绍加入中国国民党，继由其二人举荐投考黄埔军校。1924年春到广州，1924年6月考入陆军军官学校第一期第二队学习，1924年11月毕业。后随部参加第一次东征作战之惠州战役，继而随部参加平定滇桂军阀杨希闵、刘震寰部叛乱的军事行动。1926年夏奉派返回湖北从事革命活动，任国民革命军武胜关别动队总指挥部总指挥，率部接应国民革命军北伐该地区。所部别动队改编为国民革命军总司令部第一补充营，任营长，后任总司令部特务第一营营长，该营扩编为警备第三团时，继任团长，1927年8月率部参加龙潭战役。1927年12月任第一军（军长刘峙）第二十二师（师长陈继承、涂思宗）第六十四团团长，后任该师第六十六团团长，率部参加第二期北伐兰芝战事。1929年2月保送陆军大学特别班第一期学习，1931年10月毕业。其间奉令先后任郑州军事特派员，襄河"剿匪"司令官。1932年春，参与组织三民主义力行社，为成员之一，继任三民主义力行社湖北省分社首任书记。1932年12月任湖北省政府（主席夏斗寅、张群）保安处（处长范熙绩）参谋长，兼任中国国民党湖北省保安处特别党部筹备委员，其间参与组织刘健群、邓文仪等发起的"四维学会"。1935年6月被国民政府军事委员会铨叙厅颁令叙任陆军步兵上校。1935年6月27日任湖北省政府（主席张群）保安处处长，后任湖北鄂东"剿匪"区司令部司令官，率部参加对豫鄂皖边区红军及根据地的"围剿"战事。1936年1月任湖北省保安司令部（省政府主席杨永泰兼正职）副司令官，1936年10月16日颁令叙任陆军步兵上校。[1]1936年10月底杨永泰遇刺后，仍任湖北省保安司令部（黄绍竑兼正职）副司令官及湖北省政府保安处处长。1937年春任陆军第八军（军长黄杰）第一九七师师长。抗日战争全面爆发后，任陆军第三十六军（军长姚纯）第一九七师师长，率部驻重庆警备。1938年1月20日国民政府颁令免湖北省政府保安处处长职。[2]后任第九战区湘鄂边区游击总指挥部（樊嵩甫任总指挥）第八军（军长李玉堂）第一九七师师长，兼任长沙警备司令部司令官，后兼任鄂南游击区指挥部指挥官，率部参加武汉会战、鄂南游击战、南昌会战及第一次长沙会战。1938年7月9日国民政府颁令晋任陆军少将。[3]1938年11月兼任鄂南游击区指挥部指挥官，在湖北四新、大冶、鄂城、通山及江西瑞昌、武宁等地对日军作战百余次。1939年5月，日军对鄂南地区"扫荡"，率部与敌军激战十余昼夜。时值酷暑炎热，中暑病倒仍坚持指挥战斗，因辛劳患水肿病，战区司令长官薛岳及同事劝其去后方就医。其表示："国难当头，作为一个军人，应坚守岗位，拼死御敌。"1940年1月25日在江西武宁病故，1947年11月29日国民政府明令褒扬。[4]湖

[1] 国民政府文官处印铸局印行：台湾成文出版社有限公司1972年8月出版《国民政府公报》第115册1936年10月17日第2179号颁令第1页记载。

[2] 国民政府文官处印铸局印行：台湾成文出版社有限公司1972年8月出版《国民政府公报》第131册1938年1月22日渝字第16号颁令第3页记载。

[3] 国民政府文官处印铸局印行：台湾成文出版社有限公司1972年8月出版《国民政府公报》第134册1938年7月13日渝字第65号颁令第1页记载。

[4] 刘绍唐主编：台北传记文学出版社1999年10月15日印行《民国人物小传》第七辑记载：1947年11月国民政府明令予以褒扬。

北《云梦文史资料》1986年第二辑载有《回忆先父御伯将军》（丁治平著）、《忆炳权么叔》（丁照群著）、《丁炳权和第一九七师》（尹呈佐著）、1989年第五辑载有《丁炳权将军传略》（胡卫刚著）、《丁炳权在云梦领导的国民革命起义》（盛廷干著）、《丁炳权与湖北保安第三团》（张子良著）、《丁炳权任省保安处长的时候》（方暾著）、《丁炳权回云梦招兵及同张群抗衡始末》（李世鹏著），湖北《通山文史》1987年第一辑载有《丁炳权师长在通山》（尹呈佐著），湖北《武穴文史资料》1988年第一辑载有《丁炳权在广济》（劳补奎著）、《丁炳权与觉生公园》（唐楚元著）等文献文章。

丁德隆

丁德隆（1904—1996），别号冠洲，湖南攸县人。攸县县立初级中学堂、长沙育才中学、广州大本营军政部陆军讲武学校、陆军大学特别班第四期毕业。台湾"革命实践研究院"第二十一期结业。1923年10月到广州，入大本营大元帅府军政部教导团军士连受训，1924年春入大本营军政部陆军讲武学校学习。1924年11月，该校并入黄埔军校，被编入陆军军官学校第一期第六队学习，1925年2月毕业。后留任校本部副官处见习官，1925年任黄埔军校教导第

丁德隆照片

四团第六连排长，随部参加东征作战惠州，惠州之役负伤，入黄埔军校广州东山医院医治。伤愈后任教导第四团第五连连长。1926年7月随部参加北伐战争，任国民革命军总司令部参谋处参谋，国民革命军第一军第二十二师（师长陈继承）第六十五团（团长胡宗南）第一营营长。1928年7月任缩编后的第一集团军第一师（师长刘峙）第二旅（旅长胡宗南）第三团（团长李铁军）副团长。1928年8月国民革命军编遣，1928年9月被缩编后的陆军第一师（师长刘峙兼）特别党部筹备委员会指定为该师第三团团长兼团党部筹备委员。[1]不久即任该师第三旅（旅长张承治）第六团团长，率部参加第二期北伐战事和中央讨逆作战。1929年2月3日被推选为中国国民党第一师特别党部候补执行委员。1930年5月率部参加中原大战，在豫东与西北军作战时再次负伤。1931年春任陆军第一师（师长胡宗南）独立旅旅长。1932年春起，率部参加对鄂豫皖边区红军及根据地的"围剿"作战，

---

[1]　《申报》1928年9月7日"刘峙任徐海'剿匪'司令"一栏记载。

并尾随红四方面军入川陕边界"围剿"作战。1935年5月4日颁令叙任陆军步兵上校。[1]1936年3月25日免独立旅旅长职，国民政府颁令委任陆军第一军（军长陈继承、胡宗南）第一师（师长胡宗南兼、彭进之）副师长。[2]1936年9月任陆军第一军（军长胡宗南）第七十八师师长，1936年10月22日颁令叙任陆军少将。1936年11月12日获颁五等云麾勋章。[3]1938年3月入陆军大学特别班第四期学习，1940年4月以本期考试第一名毕业。1940年6月任第十战区第三十四集团军第一军军长，不久所部隶属第一战区序列，该军为甲种军，统辖第一师（师长李正先）、第七十八师（师长刘安祺）、第一六七师（师长周士冕）共三个师计三万余人。1941年7月任陕甘宁边区总司令部（朱绍良兼正职）第五十七军军长，1942年6月任第十战区第三十八集团军副总司令，兼任第五十七军军长等职。1944年4月任第三十七集团军总司令，统辖第三十六军（军长罗历戎）、第八十军（军长袁朴）、新编第七军（军长彭杰如）共三个军。1945年3月8日颁令叙任陆军中将。1945年5月20日当选为中国国民党第六届候补中央监察委员。1946年6月任中央训练团将官班主任。1946年12月3日参加赴南京任职、公干的81名黄埔一期生在中央训练团聚餐并于办公大楼前合影。[4]1947年初任中央训练团（教育长黄杰）副教育长。1947年7月6日上午9时至11时参与中央训练团部分黄埔一期受训同学发起组织赴南京中山陵六百将校军官"祭祀哭陵"事件。[5]1947年7月30日被推选为党团合并后的中国国民党第六届候补中央监察委员。1948年8月任华中"剿总"第十六绥靖区副司令官，率部驻军陕西咸阳地区。1949年6月任华中军政长

[1]　国民政府文官处印铸局印行：台湾成文出版社有限公司1972年8月出版《国民政府公报》第93册1935年5月4日第1733号颁令第6页记载。

[2]　国民政府文官处印铸局印行：台湾成文出版社有限公司1972年8月出版《国民政府公报》第105册1936年3月26日第2005号颁令第1页记载。

[3]　国民政府文官处印铸局印行：台湾成文出版社有限公司1972年8月出版《国民政府公报》第117册1936年11月13日第2201号颁令第8页记载。

[4]　容鉴光编著：列入台北出版品预行编目资料，台北博煜企业有限公司2003年6月16日第一版印行《黄埔军校一期研究总成》第278页辑录。

[5]　①湖南省政协文史资料委员会编纂：湖南人民出版社1993年10月《湖南文史资料选辑》第五期记载；②湖南省岳阳市政协文史资料委员会编：《岳阳文史》第十辑，湖南省岳阳晚报出版印刷中心1999年8月《岳阳籍原国民党军政人物录》第201—205页记载。

官公署湘鄂赣边区绥靖副总司令，后改任西南军政长官公署川湘鄂边区绥靖副总司令。1949年秋到台湾，任台湾"国防部"参议，1952年春入台湾"革命实践研究院"受训。1954年1月递补为台湾"国民大会"代表，[1]后潜心研究哲学和经学，致力著述活动。著有《心物一元观》《易经原理》《道性真理》《知之原理与求知之文法》等。酷爱书法，合篆隶正草书体之大成，自树一格。1991年1月参与发起成立台湾"中华黄埔四海同心会"，当选为常务理事。1996年2月24日因病在台北逝世。台湾刊行有《故"国大"代表陆军中将丁德隆先生行状》等。陕西《岐山文史资料》1990年第五辑载有《道袍军长丁德隆》（王宗宏著）等。

---

[1]　台北"国史馆"编纂：2006年12月印行《"国史馆"现藏民国人物传记史料汇编》第十八辑第6页记载。

刁步云

　　刁步云（1899—1925），山东诸城县（今诸城市）相州镇人。自填登记通信处为山东诸城县回州师古堂。自填入学前履历：一、自高小毕业后在山东陆军九十三团充兵三年；二、自民国十一年（1922年）充本县警备队分队长；三、自民国十二年（1923年）在青岛之外沧口驿富士厂充工作部书记。山东省诸城县城高等小学毕业后，入山东陆军第九十三团当兵，1922年任诸城县警务分队长。1923年10月经王翔千、王尽美介绍加入社会主义青年团，1924年转入中国共产党。[1]1923年11月到广州，入大本营军政部陆军讲武学校学习。1924年1月经王乐平（孙中山指派出席国民党一大山东省代表，前北京政府国会参议院议员，山东济南齐鲁书社社长）介绍加入中国国民党，1924年春再由王乐平、王子容（时任山东时务报社主笔）举荐投考黄埔军校。1924年6月考入陆军军官学校第一期第四队学习，1924年11月毕业。分发黄埔军校入伍生队，任服务员、区队附。1925年1月任黄埔军校教导第二团排长（另有后升连长一说），参加第一次东征作战。1925年3月在攻打淡水作战时中弹牺牲，[2]葬于广东惠州东江烈士墓。

---

　　[1]　①山东诸城县政协文史资料委员会编纂：山东人民出版社《诸城文史资料》1988年第十辑载有王振铄著《为国捐躯的刁步云烈士》；②广东省政协文史资料研究委员会、广东革命历史博物馆合编：广东人民出版社1982年12月《广东文史资料》第三十七辑《黄埔军校回忆录专辑》第55页记载。

　　[2]　①中国第二历史档案馆供稿，华东工学院编辑出版部影印，档案出版社1989年7月《黄埔军校史稿》第八册（本校先烈）第248页第一期烈士芳名表记载其于1925年2月在广东东江阵亡；②台北《黄埔建国文集》编纂委员会编纂：台北实践出版社1985年6月16日印行《黄埔军魂》第573页"东征战役殉国英雄姓名表"第一期记载。

卜世杰

卜世杰（1896—？），陕西渭南人。自填登记处为陕西渭南县河北田市镇卜家村，通信处为本县天顺德号或德厚生号。自填入学前履历：陕西陆军补充二团二营五连排长。渭南县立高等小学校、渭南县立中学毕业。家中世代务农，经济拮据。1924年5月15日由江伟藩（国民党一大陕西省代表，前广东护法军政府陆海军大元帅府参议，国民党陕西临时支部筹备委员）介绍加入中国国民党，并由其举荐投考黄埔军校。1924年6月考入陆军军官学校第一期第四队学习，1924年11月毕业。毕业后返回陕西，受杨虎城赏识，任陕北三民军官学校（校长杨虎城兼）军事训练部部长。[1]所部改编后，1925年7月任国民军第三军第三师（师长杨虎城）三民军官学校军事训练部主任，[2]后由王宗山代理校长职务，1926年8月三民军官学校自行解散。后任国民军第三师司令部独立营（营长唐嗣桐）营附，国民革命军第十七路军总指挥部少校参谋。

[1] 陕西省政协文史资料和学习委员会编纂：陕西出版集团／陕西人民出版社2010年4月《陕西文史资料精编》第九卷《人物专辑》上册第108页，陈云樵撰文，《杨虎城将军举办三民军官学校始末》记载。

[2] 陕西省政协文史资料和学习委员会编纂：陕西出版集团／陕西人民出版社2010年4月《陕西文史资料精编》第九卷《人物专辑》上册第94页，1964年5月23日刘子潜撰文，王锦山记录，《耀县三民军官学校之概况》记载。

万少鼎

万少鼎照片

　　万少鼎（1900—?），又名寿鼎，别名周到，湖南湘阴县静河乡合兴村人。家族世代务农，经济自给有余。其父万黄裳曾任孙中山的随身秘书及大元帅府秘书长，受其影响，自幼追求革命，向往军界。1907年，进入私塾读书，后入湘阴县立高等小学毕业。1919年赴法国勤工俭学，入法国方登布鲁公学肄业，后入法国空军飞机专门学校学习。回国后充任粤军第二军警备队第一统领军需长。自填登记处为湖南湘阴县樟树港（今安静乡合兴村）。自填入学前履历：曾于民国七年（1918年）在粤军第二军警备队第一统领部任军需长。1918年春经万黄裳（其父，时任湖南护国军第一师团长）介绍加入中国国民党。1924年春由俞飞鹏（前粤军总司令部审计处代处长，孙中山指定黄埔军校筹备委员会委员）介绍投考黄埔军校，1924年6月考入陆军军官学校第一期第四队学习，1924年11月毕业。因前在法国学过航空，再派转学航空，1924年12月入广州大沙头军事航空学校第一期学习。毕业后，历任黄埔军校教导团第一军第一师排长、连长、营长，参加了两次东征，平定杨刘叛乱并参与北伐战争。1927年参加了血战龙潭之役。随后晋升为中校副团长，后任独立第五十六旅政治部主任。参加了第二期北伐和蒋桂战争。1930年5月随部参加中原大战，身负重伤。痊愈后经前辈举荐，得以出任公职，1933年任国民政府司法院出纳、科员。抗日战争全面爆发后，获准重回部队，任陆军第十六师政治部副主任，随部驻防四川。1939年4月调回长沙任督导专员（挂少将衔）。1941年任陆军第七十四军第五十七师副师长兼政治部主任。1941年9月参加第二次长沙会战，率部在新墙河、春华山与日军激战，打退日军，收复了春华山，继对路口余的日军展开攻击，打退了日军反扑，后转移洞阳市、子埠港，沿浏阳河南岸堵截日军。1943年随部参加常德会战，率部据守桃源黄石、九溪、漆河一线，牵制从西北方面进窥常德之敌，与日军激战九昼夜，重创日军并为友军支援常德创造条件。1944年春率部参加湘西会战，在武冈一带构筑工事。1944年5月凭借"山险"的有利地形和坚固工事，在洞口主阵地重创日军攻势。抗日战争胜利后，入军官总队及中央训练团受训，结业后办理退役。1947年任粮食部长沙总库主任。后返回原籍寓居，1949年4月纠合湘阴文洲乡自卫队韩培德部及流散军人五百多人，组成"中国人民反共救国军第三纵队"，自任司令，后自行组建江南地下第四军第十一师，任师长。1949年8月14日，人民解放军清剿所部，俘虏所部参谋长项子成等三百余人，[1]其带警卫员从魏家湾坐划子过河逃脱，一度匿居长沙城郊。后化装南下，经广州赴香港。[2]

---

[1] 湖南人民出版社印行：湖南《岳阳文史》第七辑第178页载有《围剿万寿鼎部》（左雄著）。

[2] 湖南省岳阳市政协文史资料委员会编：《岳阳文史》第十辑，湖南省《岳阳晚报》出版印刷中心1999年8月《岳阳籍原国民党军政人物录》第398—399页。

万全策

万全策照片

万全策（1902—1947），别字春豪，广西苍梧县大坡乡夜村人。苍梧县立中学肄业，广西省立第一师范学校、广东西江陆海军讲武堂毕业，中央军官训练团研究班结业。1902年5月12日生于苍梧县城郊夜村一个农户家庭。父锦元，世代务农，他于1918年秋入本村私塾读中级班。自填登记处为广西苍梧县冠盖乡思务村，通信处为苍梧县大坡山圩同兴号转思务村。自填入学前履历：入广西省立第一师范（学校），西江陆海军讲武堂学习。1923年春，到广东，入肇庆西江陆海军讲武堂学习，后经邓演达（时任广东西路讨贼军第一师第三团团长，后为黄埔军校入学试验委员会委员）介绍投考黄埔军校，1924年6月考入黄埔陆军军官学校第一期第二队学习，入学不久由茅延桢（黄埔军校第一期第二队上尉队长）介绍加入中国国民党，因有军旅履历，在学期间获任本队第七分队分队长，1924年11月毕业，分发教导第二团见习、副排长，参加平定广州商团事变，初立战功。1925年2月随军参加第一次东征作战，战后升任排长。1925年6月随部参加对滇桂军阀杨希闵部、刘震寰部的军事行动，1925年7月教导团改编入国民革命第一军，其编入第二师第四团，随部参加第二次东征。攻打惠州城时冲锋在前，首批爬上城墙，因战功被晋升为连长。1926年7月随国民革命军第一军第二师在广州东较场参加北伐誓师大会，后直接出发进行北伐战争。1926年9月升任第一军第三师第七团第二营营长，北伐至南昌时，任国民革命军总司令部参谋处中校参谋，后任国民革命军第一集团军第一路军第一师第一团第一营营长，随军参加攻克武昌战役。1927年1月1日任国民革命军总司令部参谋，其间娶同乡女子乐氏为妻，于南昌结婚。1927年8月任第一军补充团团长，率部参加龙潭战役。1928年12月任南京中央陆军军官学校军官研究班学员大队大队长，1929年2月7日被推选为南京中央陆军军官学校特别党部候补监察委员。其间曾任中央警卫师第一团副团长，军事委员会委员长侍从室上校侍从参谋。1930年8月主动请辞，应邀返回广西，被李宗仁委任为广西昭平县县长。1930年11月中原局势烽烟四起，遂接到黄埔同学力邀，任陆军第十一师步兵第三十二团团附。1931年1月任陆军第十四师第二旅第六团团长，第十八军扩编后，1932年任陆军第五十九师步兵第一一八团团长，率部参加对江西红军及根据地的"围剿"战事。1933年1月任陆军第九十九军第五十九师副师长，在黄陂西源西端隘口遭遇红军第二十二军伏击，全师基本被歼，师长陈时骥被俘。该师余部被并编后，1935年1月应邀返回广东，任广东水陆缉私总处南路办事处处长。1937年1月应桂永清邀请赴南京，任南京中央陆军军官学校教导总队部上校参谋。抗日战争全面爆发后，1937年8月任南京中央陆军军官学校教导总队第一旅（旅长周振强）司令部参谋长。1937年12月率部参加南京保卫战。第一旅防守紫金山左侧、孝陵卫、西山、中山门一带，协助旅长周振强与日军激战，主阵地始终未失。1937年12月11日防守战事最激烈时，身中数弹重伤获救出战场，后长期被误报"阵亡殉国"，[1]2015年10月，中华人民共和国民政部颁布的第二批抗日战争殉国英烈名单中仍有其名。实际上，在南京保卫战后，被当地老百姓从死人堆里救起，经过短期疗伤，辗转数月返回家乡隐居，因伤重落下残疾，长期在乡间务农谋生。1947年9月因肝病恶化逝世。[2]

---

[1] 刘晨主编：团结出版社2007年11月《中国抗日将领牺牲录》第107页记载。

[2] 黎全三、周陆奇主编，广西《苍梧将军》编纂委员会编纂：广西苍梧县文联2013年5月印行《苍梧将军》第168页记载。

义明道

义明道（1901—1925），湖南永明人。永明县立高等小学毕业，衡阳道南中学、广州大本营军政部陆军讲武学校肄业。自填通信处为湖南永明陈干发号转交。1921年秋，永明县立高小毕业，考入衡阳道南中学，参加衡阳学生联合会的活动。1923年冬到广州，入广州大本营军政部陆军讲武学校学习，1924年秋，该校并入黄埔军校，1924年11月编入陆军军官学校第一期第六队学习，在学期间加入中国共产党，[1]1925年2月肄业。任黄埔军校教导第一团第二营第七连第二排少尉排长，参加第一次东征作战。1925年6月初，参加黄埔军校师生平定杨刘叛乱战事，任国民党军第一旅第二团第二连中尉排长，1925年6月23日在沙基惨案中弹牺牲，[2]长眠于广州烈士陵园。

---

[1] 中共中央党史研究室科研管理部编纂：红旗出版社2001年6月《中国共产党革命英烈大典》下册第1536页记载。

[2] 湖南省档案馆校编、湖南人民出版社1989年7月《黄埔军校同学录》第14页记载：民国十四年六月二十三日弹亡于沙基惨案中。

于洛东

于洛东（1903—? ），山东昌邑人。昌邑县本乡国民学校、高等小学毕业。家从农商，经济中等。自填登记处为山东昌邑县于家村，通信处为昌邑城东官道部。自填入学前履历：私塾读书三年，国民（学校）高等（小学）二校毕业。乡立私塾三年肄业后，考入昌邑县立高等小学校、昌邑县立国民学校学习。1924年2月经丁惟汾（时任山东省国民党执行委员，孙中山指派出席国民党一大山东省代表，前北京政府第一届国会众议院议员，国民党第一届中央执行委员）、王乐平（时为山东省国民党支部长，孙中山指派出席国民党一大

于洛东照片

山东省代表，前北京政府国会参议院议员，山东济南齐鲁书社社长）介绍加入中国国民党，1924年春由王乐平、于沐尘（中国国民党青岛市筹备党部支部长）介绍投考黄埔军校。1924年6月考入陆军军官学校第一期第四队学习，1924年11月毕业。1929年任陆军第九师政治训练处中校训练员，团政治训练员。抗日战争全面爆发后，1937年7月29日国民政府颁令任命为陆军步兵少校。[1]

---

[1] 国民政府文官处印铸局印行：台湾成文出版有限公司1972年8月出版《国民政府公报》第127册1937年7月30日第2419号颁令第3页记载。

马师恭

马师恭照片

马师恭（1903—1973），别号子敬，陕西绥德人。绥德县杨家沟初级国民学校、绥德县立中学、陕西省立榆林中学、陆军大学特别班第六期毕业。自填登记处为陕西绥德县杨家沟，通信处为米脂县扶风寨邮局转交。自填入学前履历：自幼读书，父守干，母王氏，自填家庭主要成员：兄两个弟一个姐两个妹无。1903年6月20日生于陕西绥德县杨家沟村一个农耕家庭。自幼私塾启蒙，先后入国民学校、初级中学、高级中学就读。毕业后加入西北军服务，历任文书、司务长等职。1924年春到广州，经于右任推荐投考黄埔军校，1924年6月考入陆军军官学校第一期第三队学习，1924年11月毕业。后随部参加两次东征作战和北伐战争，历任黄埔军校教导第一团排长，党军第一旅连长，国民革命军第一军第一师营长，1928年第二期北伐时任第一军第二十师步兵团团长。1930年春任陆军新编第十九师（师长高桂滋）司令部参谋长，1933年2月任陆军第十一师（师长萧乾）副师长，率部参加对江西红军及根据地的"围剿"作战，战败后被撤职。1935年1月任豫皖绥靖主任公署高级参谋。抗日战争全面爆发后，1939年春任陆军第五军司令部（参谋长王泽民）副参谋长，随部驻军滇桂边防地区。1941年12月入陆军大学特别班第六期学习，1943年12月毕业。任军政部战车员兵整补处处长，1944年春参与筹建伞兵突击总队，任总队长，1945年4月伞兵突击总队改称陆军突击总队，任总队长，成立伞兵司令部后，仍任司令官。抗日战争胜利后，任航空委员会伞兵总队总队长，后任东北保安总司令部（杜聿明任总司令）突击纵队司令，1946年5月颁令叙任陆军步兵上校。后任东北行营第三快速纵队司令，率部与东北人民解放军作战。1946年12月任陆军整编第八十八师副师长、代理师长。1948年3月29日被推选为陕西省出席（行宪）第一届国民大会代表。1948年9月22日颁令叙任陆军少将。1948年12月任第七绥靖区司令部（张世希任司令）副司令官，兼任陆军第八十八军军长，其间兼任首都卫戍总司令部芜湖指挥所指挥官，衢州绥靖公署皖南指挥所指挥官等职。率部在淞沪杭地区与人民解放军作战失败后，任东南军政长官公署福建军官训练团副团长，1949年12月底到台湾，1952年10月入台湾"革命实践研究院"受训，结业后任台湾"国防部"参议、台湾"光复大陆设计研究委员会"军事组召集人、台湾"国民大会"宪政研讨委员会召集人、中国国民党"国民大会"代表特别党部监察委员。1973年10月18日因病在台北逝世。[1]

---

[1]　台北"国史馆"编纂：2006年12月印行《"国史馆"现藏民国人物传记史料汇编》第十一辑第242页记载。

马励武

马励武照片

马励武（1904—1963），别字克强，陕西华县人。华县城关西国民小学、华县县立初级中学毕业，北平中国大学肄业一年，陆军大学甲级将官班第二期毕业，庐山中央训练团结业。祖辈务农，家境贫穷。自填登记处为陕西华县，通信处为华县城内西关玉兴魁号转交。自填入学前履历：高小及中学特接续求学，并没做事，和王汝任（本期第三队学员）办过"明天"和"鸣籁"报，鼓吹主义被刘（镇华）督封闭。1923年冬经于右任举荐投考黄埔军校。1924年春到广州，1924年5月在广州加入中国国民党（介绍人缺载）。1924年6月入陆军军官学校第一期第二队学习，1924年11月毕业。分发黄埔军校教导第一团见习、排长，党军第一旅第一团连长，随部参加两次东征作战和北伐战争。1928年7月25日第一集团军奉命缩编，调任海陆空军总司令部中校侍从副官。1930年1月任国民革命军教导第二师第一旅第二团团附，后任中央教导第二师步兵团营长、团长。1930年11月10日教导第二师改编为陆军第四师，改任第四师第十旅第十九团团长。1932年夏任陆军第十八军第十一师第三十一旅司令部参谋主任。1933年春任陆军第十八军第十一师（师长罗卓英兼）第三十一旅步兵第六十二团团长，1933年7月奉派入庐山军官训练团受训，同月结业。1933年8月第十一师缩编为三团制，改任步兵第六十三团团长。率部参加对江西中央红军及根据地的第五次"围剿"战事。1935年5月2日颁令叙任陆军步兵上校。[1]1936年3月9日免第十一师第三十一旅步兵第六十三团团长

[1] 国民政府文官处印铸局印行：台湾成文出版社有限公司1972年8月出版《国民政府公报》第93册1935年5月2日第1731号颁令第1页记载。

职。[1]1936年3月调任赣粤闽鄂四省边区"剿匪"北路军第三路军第十纵队第四师第十旅副旅长，1936年11月12日获颁五等云麾勋章。[2]1937年2月任陆军第四师第十旅旅长，1937年8月2日颁令叙任陆军少将。[3]1937年7月1日奉派入庐山军官训练团第一期学习，同月结业。抗日战争全面爆发后，返回到部队，随部参加南口抗战。1937年12月10日任陆军第四师副师长。后任第一战区司令长官部直辖第九十一军（军长郜子举）第一六六师师长，率部参加华北平汉路抗日战事，1938年6月23日因指挥失误被免除师长职。1938年6月30日调任第三十一集团军总司令部高级参谋，随部参加台儿庄会战。1938年12月任第三十一集团军第十三军第一九三师师长。1939年5月，日军分两路进攻湖北枣阳、随县，两地一度失守，率部参加在桐柏山区阻击日军，收复失地，并重创日军。1939年8月7日任第五战区直辖第十三军（军长张雪中）副军长，兼任南舞师管区司令部司令官，率部参加随枣会战、枣宜会战诸役。1940年1月第三十一集团军开办游击干部训练班，其任副主任并实际负责。1943年2月18日任第一战区第二十九军军长，同年2月28日又任军事委员会直辖新编第二军军长。1943年3月14日第三集团军裁撤，回任鲁苏豫皖边区总司令部第三十一集团军（汤恩伯兼正职）第二十九军军长。后率陆军第二十九军改隶第一战区，不久又率部参加豫中会战。1944年春移防黔桂边区，仍任陆军第二十九军军长，率部参加桂柳会战。1944年7月再因指挥作战失利被撤职查办。1945年3月入陆军大学甲级将官班第二期学习，1945年6月毕业。任第二方面军司令长官部高级参谋。抗日战争胜利后，派赴东北参与接收，任东北保安司令长官部所辖东北"忠义救国军"总司令，负责收编部分东北日伪武装事宜。1946年4月任陆军第二方面军（汤恩伯任司令长官）第二十七集团军第二十六军军长。1946年6月接任丁治磐遗缺，1946年7月部队整编，任国民政府武汉行营统辖第二十七集团军整编第二十六师师长，后率部赴山东参与

[1]　国民政府文官处印铸局印行：台湾成文出版社有限公司1972年8月出版《国民政府公报》第105册1936年3月10日第1992号颁令第1页记载。

[2]　国民政府文官处印铸局印行：台湾成文出版社有限公司1972年8月出版《国民政府公报》第117册1936年11月13日第2201号颁令第8页记载。

[3]　国民政府文官处印铸局印行：台湾成文出版社有限公司1972年8月出版《国民政府公报》第128册1937年8月3日第2422号颁令第3页记载。

战事。1947年1月20日在鲁南战役于山东峄县被人民解放军俘虏，后入华东野战军解放军官训练团学习。中华人民共和国成立后，仍在关押中劳动改造，1961年获释，后定居山东枣庄。1963年2月4日因心脏病突发逝世。著有《国军精锐第二十六师覆灭始末》《马励武致友人信》《马励武日记》（上述三篇均载于山东《枣庄文史资料》1988年第二辑）及《记者访谈马励武中将录》等。

马志超

马志超（1902—1973），别字承武，曾用名国华、归华，原籍甘肃平凉，生于陕西华阴。陕西潼关县立高级小学肄业，南京中央陆军军官学校高等教育班第二期毕业，庐山军官训练团高级班结业。自填登记处为甘肃平凉，现寓居陕西潼关县正西区，通信处为华阴县敷水镇。自填入学前履历：今年充陕西陆军第一师第一混成旅第三团学兵营第一连少尉。曾任陕西陆军第一师第一混成旅第三团骑兵营第一连少尉排长。1924年春，经于右任介绍投考黄埔军

马志超照片

校，1924年4月到广州，1924年6月考入陆军军官学校第一期第四队学习，1924年11月毕业。1925年起，任教导团排长、连长，长洲要塞司令部特务营营长。1926年7月随部参加北伐战争，1928年1月任南京中央陆军军官学校第六期第一学员总队中校队长，教育处教育副官，军事委员会委员长侍从室上校侍从副官。1931年调任河南开封保安司令部司令官，1932年3月加入中华民族复兴社，后任陆军新编第六旅司令部参谋长，陆军第八十师第二三九旅第四七七团团长。1935年10月任陕西省会公安局局长。抗日战争全面爆发后，任军事委员会调查统计局陕西站站长，甘肃省会警察局局长，第一战区陆军新编第三十四师师长。1943年春，受派任皖南"忠义救国军"总指挥部总指挥。[1]抗日战争胜利后，任第八战区司令长官部政治部副主任兼党政军机关特别党部书记长。1945年10月获颁忠勤

---

[1] 台北"国史馆"2010年10月印行《戴笠先生与抗战史料汇编——"忠义救国军"》与蒋介石配重合影照片文字记载。

勋章。其间军事委员会调查统计局将"忠义救国军"、别动军、水陆交通统一检查处等机构合并组成国民政府交通部全国交通警察机构，1946年1月20日正式成立时，任国民政府交通部交通警察总局（总局长吉章简）副总局长，[1]参与将上述机构统属各地武装人员组成二十三个交通警察总队。1946年5月获颁胜利勋章。后任全国交通警察总局副局长代理局长，全国交通警察部队总指挥部总指挥，陆军第十九军军长。1948年3月29日被推选为陕西省出席（行宪）第一届国民大会代表。1949年12月到台湾，任台湾"大陆工作发展研究室"主任。1973年9月4日因病在台北逝世。陕西人民出版社1989年出版《咸阳解放》载有《马志超起义》（李志哲等著）等。

---

[1] 台北"国史馆"编纂：2006年12月印行《"国史馆"现藏民国人物传记史料汇编》第六辑第155页记载。

马维周

马维周（1902—1928），原名维周，又名步益、步迅、成祥，原载籍贯陕西武功，另载陕西华县城关马家斜村（今华州镇）人。华县咸林中学、甲级师范学校毕业，西北大学外语系肄业。自填登记通信处为陕西武功县贞元镇天义成号。1919年至1923年咸林中学、甲级师范学校毕业，其间受教师魏野畴、王复生的影响而倾向革命。1924年加入中国共产党，1924年5月受中共委派南下广州，1924年5月15日经于右任介绍加入中国国民党，并由于右任举

马维周照片

荐投考黄埔军校。1924年6月考入陆军军官学校第一期第四队学习，1924年11月毕业。后返回西安，入西北大学外语系学习，未毕业即从事中共组织工作，创建中共华县党组织，组建县农民运动讲习所，培养工农武装斗争骨干。在县立高等小学任教，同时在华县农民运动讲习所授课。1927年秋组织农民武装，任中共华县第四区区委书记及农民协会委员长。1928年1月到高塘谷堆小学任教，并参与渭华起义准备事项。1928年3月8日被捕牺牲。中华人民共和国成立后，被追认为革命烈士。[1]

---

[1] 中华人民共和国民政部编纂，范宝俊、朱建华主编：黑龙江人民出版社1993年10月《中华英烈大辞典》第50页记载。

马
辉
汉

马辉汉照片

马辉汉（1899—? ），湖南长沙人。湖南省立第一师范学校毕业，广州大本营军政部陆军讲武学校肄业。曾任小学教员、校长，加入中国国民党。1923年秋到广州，考入广州大本营军政部陆军讲武学校学习，1924年秋该校并入黄埔军校，1924年11月编入陆军军官学校第一期第六队学习，1925年2月肄业，分发教导第二团见习、副排长，随部参加第一次东征作战。1925年8月任国民革命军排长、副连长，1926年7月随部参加北伐战争，任国民革命军第六军第十七师独立团政治指导员、营长，旅政治训练处处长。1929年任南京中央陆军军官学校第二总队步兵第二大队中校大队附，1931年任南京中央陆军军官学校第八期第二总队（总队长谢膺白）第二大队大队长。1936年12月12日被国民政府军事委员会铨叙厅颁令叙任陆军步兵中校。[1]抗日战争全面爆发后，任湖南省第五行政区保安司令部副司令官，湖南省政府参议。抗日战争胜利后，1945年10月获颁忠勤勋章。1946年5月获颁胜利勋章。1946年6月奉派入中央训练团受训。1946年12月3日参加赴南京任职、公干的81名黄埔 期生在中央训练团聚餐并于

---

[1] 国民政府文官处印铸局印行：台湾成文出版社有限公司1972年8月出版《国民政府公报》第118册1936年12月15日第2228号颁令第3页记载。

办公大楼前合影。[1]1947年7月6日上午9时至11时参与中央训练团部分黄埔一期受训同学发起组织赴南京中山陵六百将校军官"祭祀哭陵"事件。[2]

---

[1] 容鉴光编著：列入台北出版品预行编目资料，台北博煜企业有限公司2003年6月16日第一版印行《黄埔军校一期研究总成》第278页辑录。

[2] ①湖南省政协文史资料委员会编纂：湖南人民出版社1993年10月《湖南文史资料选辑》第五期记载；②湖南省岳阳市政协文史资料委员会编：《岳阳文史》第十辑，湖南省《岳阳晚报》出版印刷中心1999年8月《岳阳籍原国民党军政人物录》第201—205页记载。

孔昭林

孔昭林照片

孔昭林（1899—1951），又名兆林，山西五台县东冶镇西街村人。山西陆军斌武学校毕业。自填登记通信处为山西五台东冶镇西街。自填入学前履历：山西陆军学兵团毕业，后奉督军命令至本省步七团见习，因病请假归里，后病愈，升入本省陆军斌业中学校，充当第一队班长，毕业后归里，开办平民职业小（学）校，充一时的监学，假期满至省升入陆军军官学校，告假归里充当本县保卫团总教练，假满后至陆军军官学校肄业。山西陆军斌武学校毕业，分发本省陆军步兵第七团任见习官。再入本省陆军斌武学校，任第一队班长。肄业后返乡任县民团总教练。1924年春由王用宾（孙中山指派出席国民党一大山西省代表，前中国国民党本部参议兼北方党务特派员，时任广州大本营参议及奉派北方军事委员）举荐投考黄埔军校，1924年3月经王用宾介绍加入中国国民党。1924年5月到广州，1924年6月考入陆军军官学校第一期第四队学习，1924年11月毕业。后派返北方入陕西国民二军，历任教官、连长、营附，旅教导队队长，山西省混成第五旅司令部参谋主任、代理副旅长。1936年12月12日西安事变发生后，署名参加山西新编第五师（师长杨渠统）第十旅旅长、黄埔一期生薛蔚英、王国相领衔率山西籍61名黄埔青年将校级军官通电声讨张、杨。[1]1937

---

[1] 近代中国史料丛刊第90辑，沈云龙主编；佚名编：台湾文海版社有限公司印行《西安事变史料》第115、116页。

年2月22日颁令叙任陆军步兵上校。[1]抗日战争全面爆发后，1938年1月任国民政府军事委员会战时干部工作训练团第四团（即战干四团，或称西安战干团）教育处高级军事教官。抗日战争胜利后，因病返回原籍务农。中华人民共和国成立后，仍居乡间务农。1950年因历史问题加之曲解议论抗美援朝战争，1951年在家乡"镇反"运动时，被当地政府判处死刑。

---

[1] 国民政府文官处印铸局印行：台湾成文出版社有限公司1972年8月出版《国民政府公报》第120册1937年2月24日第2287号颁令第1页记载。

尹荣光

尹荣光照片

尹荣光（1897—1968），又名曜南，湖南茶陵县七地月岭人。湖南省立第一中学毕业。家族有薄田数十亩。自填登记处为湖南茶陵县茶乡痴山，通信处为茶陵县腰政市（实为腰政圩）信柜转（交）。自填入学前履历：曾任四川川军第二军第一独立旅书记、副官等职，近任湘军总司令部参议。充任四川陆军第二军第一独立旅书记、副官，后转投湘军总司令部任参谋。1921年12月经洪给伯（国民党临时党部筹备员，前四川黔江县典狱）介绍加入中国国民党，1924年春由谭延闿（时任驻粤湘军总司令，中国国民党第一届中央执行委员，前湖南督军、湖南省省长及国民党湖南支部长，广州大元帅府大本营内政部部长、建设部部长及大本营秘书长）举荐报考黄埔军校。1924年6月考入陆军军官学校第一期第三队学习，1924年11月毕业。历任建国湘军总司令部参谋，国民革命军第一军司令部参谋，第二师步兵营连长、营长，第二十二师政治部主任，兼第六十六团党代表、代理团长，第二十一师司令部参议兼副官处处长，江苏省太仓县县长，国民政府军事委员会军事参议院咨议，铁道部路警管理局防务科科长，陇海路东段警察署副署长。1933年12月任国民政府铁道部直辖路警管理局派驻北宁铁路警察署副署长。抗日战争全面爆发后，任铁道部警察署高级参议、顾问。抗日战争胜利后，奉派东北参与接收日伪武装。1947年任东北"剿匪"总司令部第八兵团司令部新闻处处长，1948年11月向人民解放军投诚，[1]

---

[1] 中国人民解放军历史资料丛书编审委员会："中国人民解放军历史资料丛书"，解放军出版社1996年3月《解放战争时期国民党军起义投诚——冀晋察绥平津地区》记载。

入中国人民解放军东北野战军政治部联络部解放军官教育团学习。中华人民共和国成立后，仍留居沈阳，1953年1月被中国人民解放军东北军区军法处判处七年有期徒刑，1960年11月刑满释放，自愿返回原籍茶陵务农。1968年1月9日因病逝世。1981年8月中国人民解放军沈阳军区军事法院撤销原判，恢复其政治名誉。

文志文

文志文照片

文志文（1900—1926），别字思进，别号华国，湖南益阳人。益阳县（今益阳市）桃花仑信义高等小学、湖南省立第一中学毕业，信义大学肄业一年。自填登记处为湖南益阳县，通信处为益阳二堡德新纸行转交。1918年于益阳桃花仑信义高等小学毕业，1919年考入湖南省立第一中学，因不满张敬尧倒行逆施，愤然离开学校，返回原籍，1920年转学信义中学就读。1924年春由王绍佑（广东大学师范院教员）、周润芝（广州盐运使署秘书）举荐投考黄埔军校，1924年5月15日经刘农荄（广东大学师范院中国国民党籍学生）、夏曦（国民党一大湖南省代表，国民党湖南组织筹备处负责人，国民党湖南临时党部委员、书记长）介绍加入中国国民党。1924年5月到广州，1924年6月考入陆军军官学校第一期第二队学习，1924年11月毕业。后任黄埔军校第三期学员总队区队附，黄埔军校教导第一团第三营排长、区队长，党军第一旅第三团连长，随部参加了两次东征作战。1926年任国民革命军第一军第二师第五团营长、团附、上校团长，随部参加北伐战争。1926年10月11日在南昌战役中，身负重伤后牺牲。[1]1928年1月国民政府军事委员会颁令追赠陆军少将衔。1930年1月27日南

---

[1] ①中国第二历史档案馆供稿，华东工学院编辑出版部影印，档案出版社1989年7月《黄埔军校史稿》第八册（本校先烈）第50页有烈士传略、第244页第一期烈士芳名表记载1926年10月11日在江西南昌阵亡；②台北《黄埔建国文集》编纂委员会编纂：台北实践出版社1985年6月16日印行《黄埔军魂》第574页"北伐战役殉国英雄姓名表"第一期记载。

京国民政府颁布第156号指令："呈据军政部呈报议前第一军第二师第五团团长文志文于十五年十月在南昌之役阵亡，拟照战时上校阵亡例给恤，同调查表同转请核示由，应予照准，此令。"[1]

---

[1] 国民政府文官处印铸局印行：台湾成文出版社有限公司 1972 年 8 月出版《国民政府公报》第 35 册 1930 年 1 月 29 日第 381 号颁令第 6 页记载。

文起代

　　文起代（1903—1925），别字盛熙，湖南益阳人。益阳县（今益阳市）立高级小学、长沙长郡中学、广州大本营军政部陆军讲武学校肄业。自填登记通信处为益阳西城文氏宗祠转（交）。1918年考入长沙长郡中学。1919年参加五四运动，参与组织益阳、桃江旅省同学回家乡，开展"驱逐张敬尧"演讲活动。1924年春加入中国共产党，1924年5月受中共湘区委员会选派赴广东，考入广州大本营军政部陆军讲武学校。1924年秋该校并入黄埔军校，1924年10月编入陆军军官学校第一期第六队学习，1925年2月肄业。后任第二期入伍生队见习，第三期入伍生队第七连排长，教导第一团步兵连连长。1925年1月参加第一次东征作战，在淡水之役中报名参加敢死队，冒死攀上淡水城头，打开城门。1925年5月随军回广州，参加对滇桂军阀杨希闵部、刘震寰部军事行动。1925年6月23日与部分黄埔同学参加声援"五卅运动"示威游行，"沙基惨案"发生时，走在游行队伍后面，闻枪响冲到前面掩护群众，不幸中弹牺牲。[1]

---

　　[1]　①中国第二历史档案馆供稿，华东工学院编辑出版部影印，档案出版社1989年7月《黄埔军校史稿》第八册（本校先烈）第246页第一期烈士芳名表记载1925年6月23日在广州沙基阵亡；②湖南省档案馆校编、湖南人民出版社1989年7月《黄埔军校同学录》第14页记载：文起代民国十四年六月二十三日弹亡于沙基惨案中；③台北《黄埔建国文集》编纂委员会编纂：台北实践出版社1985年6月16日印行《黄埔军魂》第573页"东征战役殉国英雄姓名表"第一期记载。

文辉鑫

文辉鑫（1905—?），别字一天，湖南湘潭人。广州大本营军政部陆军讲武学校肄业。1923年冬到广州，考入广州大本营军政部陆军讲武学校学习。1924年秋该校并入黄埔军校，1924年11月编入陆军军官学校第一期第六队学习，1925年2月肄业。历任国民革命军第一军第一师司令部军需处军需（人员），随军参加了两次东征作战并参加北伐战争。1930年10月18日任军事委员会驻豫绥靖主任公署中校咨议。

文辉鑫照片

方日英

方日英照片

方日英（1894—1967），别字厚明，广东中山县（今中山市）沙溪濠涌村人。广东香山县立高等小学校毕业。自填登记通信处为广东香山县城内。自填入学前履历：民国十一年（1922年）充当大元帅卫士队。后投效粤军，任孙中山大元帅府卫士。1922年6月16日粤军将领叶举在广州发动兵变时，参加保卫总统府战事，得孙中山赏识。1923年5月经姚观顺（时任广州市政府公用局局长，前北伐军大本营参军兼卫士大队长）介绍加入中国国民党，1924年春由卢振柳（时任广州大元帅府大本营参军兼卫士大队长，前广东东路讨贼军第六路参谋长，建国粤军第二军总司令部参谋）举荐投考黄埔军校。1924年5月到广州，1924年6月考入陆军军官学校第一期第四队学习，1924年11月毕业。后任黄埔中央军事政治学校第四期入伍生团连党代表，国民革命军第一军驻广州留守处党代表，1926年任第一军第一师第三团第一营下属连连长，后为营长，1927年任第一军第一师第一团团长，随部参加北伐战争。1928年4月5日任国民革命军第一集团军总司令部副官处交际科中校科长。[1]1929年3月9日任军政部陆军署驻

---

[1] 全国图书馆文献缩微复制中心 2009 年 10 月影印发行《国民革命军总司令部公报》1928 年 3 月第三期第 278 页记载。

苏州残废军人教养院院长，[1]1929年10月28日颁令免职。[2]1936年10月任陆军第一四〇师步兵第七一九团团长。1936年12月26日颁令叙任陆军步兵中校。[3]抗日战争全面爆发后，任陆军第一四〇师第四一九旅旅长。1938年3月19日颁令晋任为陆军步兵上校。[4]1939年2月颁令叙任陆军少将。1940年1月接詹忠言任陆军第二十五军（军长张文清）第四十师师长。[5]1941年4月14日国民政府颁令准军事委员会给予方日英华胄荣誉奖章。[6]1942年5月23日任第三战区第八十六军（军长莫与硕）副军长代理军长，[7]1942年7月19日莫与硕被撤职，其人实任陆军第八十六军军长，隶属第三战区统辖，率部驻守湖南，1943年7月免职。[8]调任第九战区司令长官部高级参谋，随部参加第三次长沙大会战。1944年任第六战区司令长官部高级参谋。1945年6月被军事委员会任为军事参议院参议。抗日战争胜利后，1946年7月办理退役。后调南京出任中央训练团学员总队长。1949年5月任广东省保安第二师师长，[9]率部驻广东肇庆、四邑等地。1949年10月到香港，晚年侨居美国。1967年因患脑出血，在美国加利福尼亚州洛杉矶逝世。[10]

[1]　国民政府文官处印铸局印行：台湾成文出版社有限公司1972年8月出版《国民政府公报》第25册1929年3月13日第114号颁令第2页记载。

[2]　国民政府文官处印铸局印行：台湾成文出版社有限公司1972年8月出版《国民政府公报》第32册1929年10月29日第306号颁令第1页记载。

[3]　国民政府文官处印铸局印行：台湾成文出版社有限公司1972年8月出版《国民政府公报》第118册1936年12月28日第2239号颁令第1页记载。

[4]　国民政府文官处印铸局印行：台湾成文出版社有限公司1972年8月出版《国民政府公报》第132册1938年3月23日渝字第33号颁令第5页记载。

[5]　戚厚杰、刘顺发、王楠编著：河北人民出版社2001年1月《国民革命军沿革实录》第537页记载。

[6]　国民政府文官处印铸局印行：台湾成文出版社有限公司1972年8月出版《国民政府公报》第160册1941年4月16日渝字第353号颁令第17页记载。

[7]　戚厚杰、刘顺发、王楠编著：河北人民出版社2001年1月《国民革命军沿革实录》第550页记载。

[8]　戚厚杰、刘顺发、王楠编著：河北人民出版社2001年1月《国民革命军沿革实录》第550页记载。

[9]　戚厚杰、刘顺发、王楠编著：河北人民出版社2001年1月《国民革命军沿革实录》第806页记载。

[10]　中山市地方志编纂委员会编：广东人民出版社1997年4月《中山市志》下册第1469页记载。

毛宜

　　毛宜（1900—1924），别字葆节，浙江奉化人。[1]黄埔军校校长办公厅少校秘书毛思诚之子。1924年6月考入陆军军官学校第一期第三队学习，在学期间于1924年8月1日因病逝世。1924年8月4日在黄埔军校为其与俄国顾问组组长巴甫洛夫、第一期生吴秉礼同开追悼会。孙中山为黄埔军校学生吴秉礼、毛宜题悼挽额："遗恨如何"。[2]

---

　　[1]　陆军军官学校编辑、台北文海出版社有限公司印行：近代中国史料丛刊三编第五十七辑《陆军军官学校第三队学生详细调查表》无载，现据：①湖南省档案馆校编、湖南人民出版社1989年7月《黄埔军校同学录》第16页第一期补录名单，仅列姓名，缺载年龄、籍贯和通信处；②广东省国家档案馆藏《第一期同学附录》第8页第三队仅列姓名，亦缺载年龄、籍贯和通信处。

　　[2]　原载广州《民国日报》1924年8月7日《补述军校追悼会详情》。现据：尚明轩主编：人民出版社2015年8月《孙中山全集》第十五卷题词遗墨第316页记载。

毛焕斌

　　毛焕斌（1904—1925），陕西三原人。三原县立高级小学、陕西省立第一中学毕业。自填入学前履历：民国八年（1919年）由县立高级小学毕业，民国十二年（1923年）由陕西省立第一中学毕业。1924年春由于右任介绍赴广州，1924年6月考入陆军军官学校第一期第一队学习，不久由韩麟符（中国国民党一大代表及国民党天津市党部执行委员）介绍加入中国国民党，1924年11月毕业。1925年1月随部参加第一次东征作战，后随教导团参加平定广州商团叛乱。曾任黄埔军校入伍生队见习官、区队附、副连长。1925年11月在广州长洲与旧军阀部队作战时中弹阵亡。[1]

---

　　[1] 中国第二历史档案馆供稿，华东工学院编辑出版部影印，档案出版社1989年7月《黄埔军校史稿》第八册（本校先烈）第247页第一期烈士芳名表记载1925年11月在广州黄埔阵亡；②台北《黄埔建国文集》编纂委员会编纂：台北实践出版社1985年6月16日印行《黄埔军魂》第573页"东征战役殉国英雄姓名表"第一期记载。

王祁

王祁照片

王祁（1901—1941），又名祄，[1]别号晋君，湖南衡阳人。广州大本营军政部陆军讲武学堂肄业，陆军大学正则班第九期毕业。1923年冬到广州，入广州大本营军政部陆军讲武学堂（堂长程潜兼）学习，1924年秋该校并入黄埔军校，1924年11月编入陆军军官学校第一期第六队学习，1925年2月肄业。任国民革命军第六军（军长程潜）步兵团连长，1926年8月随部参加北伐江西战事。所部第六军被裁撤后，转任国民革命军第一军第二十二师步兵团营长、团长。1928年12月考入陆军大学正则班学习，1931年10月毕业。1933年10月任国民政府军政部（部长何应钦）计划作战科上校科长。1936年3月16日颁令叙任陆军步兵中校。[2]1937年5月6日颁令晋任陆军步兵上校。[3]抗日战争全面爆发后，任军政部陆军第六补充兵训练处处长。任职期间，所部驻军湖北郧阳贫困山区，因交通阻塞，粮饷服装未及时运达，部分士兵因饥寒交迫冻死，被诬告克扣军饷而遭撤职，押送重庆军法执行总监部候审，关押数月因无确凿证据无罪释放。后获准出任成都中央陆军军官学校校本部（教育长陈继承）副教育长，不久因候审期间悲愤过度，感染伤寒而辞职，返回家乡医治无效，1941年4月5日因病在湖南衡阳逝世。

---

[1] 1935年10月印行《陆军大学正则班第九期同学通讯录》记载。

[2] 国民政府文官处铸印局印行：台湾成文出版社有限公司1972年8月出版《国民政府公报》第105册1936年3月17日第1997号颁令第1—2页记载为王祄。

[3] 国民政府文官处铸印局印行：台湾成文出版社有限公司1972年8月出版《国民政府公报》第123册1937年5月7日第2347号颁令第2页记载为王祄。

王

梦

王梦（1902—1968），别字猷杰，别号敏修，湖南长沙人。黄埔军校第一期生王劲修胞弟。湖南省立长沙第一中学、湖南省立第一师范学校毕业，广州大本营军政部陆军讲武学校肄业，中央训练团党政干部训练班结业。1923年12月到广州，考入广州大本营军政部陆军讲武学校学习，1924年秋该校并入黄埔军校，1924年11月编入陆军军官学校第一期第六队学习，1925年2月肄业。1925年2月随部参加第一次东征作战，任黄埔军校教导团排长。1925年

王梦照片

11月随部参加第二次东征战事，任党军第一旅第二团步兵连副连长。1926年7月任国民革命军第一军第二十师步兵团连长、营长，随部参加北伐战争。1930年任南京中央陆军军官学校第八期入伍生团第二营营长，军政部上校参谋、科长，军事委员会军令部铨叙厅第一处副处长。1932年12月至1934年3月随中国军事代表团赴欧洲考察军事。回国后，任军事委员会交通研究所学员总队长，浙江省国民兵军事训练委员会主任委员。抗日战争全面爆发后，任第十一集团军暂编第四军司令部参谋长，迁移贵州遵义的中央陆军步兵学校政治部主任。1943年1月8日颁令叙任陆军步兵上校。[1] 其间，步兵学校学员因战局紧急一度组编成师，任补充第一师副师长。抗日战争胜利后，任国防部附员。1948年9月22日颁令叙任陆军少将。1949年1月任陆军总司令部第十四编练司令部参谋长。后离职返回长沙，

---

[1] 国民政府文官处印铸局印行：台湾成文出版社有限公司1972年8月出版《国民政府公报》1943年1月9日渝字第534号颁令。

任华北"剿匪"总司令部第一兵团司令部高级参谋。曾在湖南参与"在乡军官自救会",任该会常务委员。1949年8月随程潜、陈明仁部参加湖南和平起义。中华人民共和国成立后,任中国人民解放军第二十一兵团司令部高级参谋。1952年转业地方,1955年2月任湖南省人民政府参事室参事。1968年6月15日因病在长沙逝世。

王雄

王雄（1901—1951），原名声仁，别号惠吾，别字镜波，广东文昌县（今文昌市）会文镇烟墩乡新科村人。文昌县立蔚文旧制中学毕业，琼州中等师范学校肄业，日本陆军步兵学校、陆军大学将官班乙级第二期毕业。家世务农，经济中等。自填登记处为广东文昌县南会文新市新科村或义隆号转交。自填入学前履历：民国十一年（1922年）曾充南洋新加坡学海高小学校教员，民国十三年（1924年）曾充中央直辖第二军军部差遣委员。琼州中等师范

王雄照片

学校肄业后，随亲友赴新加坡谋生，任学海华文小学教员。1924年1月返回广东，入粤军（中央直辖）第二军司令部任差遣委员，1924年春由黄明堂［中央直辖粤军第二军（后编为第四军）军长，广东南路讨贼军总司令］举荐投考黄埔军校，1924年5月2日经陈善（国民党广东区支部供职）、林赞谟（又名英，黄埔军校第一期第二队学员）介绍加入中国国民党。1924年6月考入陆军军官学校第一期第二队学习，在学期间加入中国国民党，1924年11月毕业。1925年1月随部参加了两次东征，任教导团排长，党军第一旅第一团步兵连连长，在攻克惠州城战役中立战功。1925年12月任国民革命军第一军第二十师（师长钱大钧）第五十九团（团长赵锦雯）第一营（营长黄珍吾）上尉参谋、副营长。1926年秋任广东虎门要塞司令部炮台总台台长，1927年春任广东海军"江固舰"中校政治指导员，1927年4月29日任广东海防舰队"民生舰"中校政治指导员，后任广东海军陆战队第一营营长。1927年7月6日被黄埔同学会广东支会推选为该会执监委员会常务委员会（主席李安定）纪律执行委员会（主席李安定兼）纪律执行委员。1927

年10月任国民革命军第三十二军（军长钱大钧）第二十师（师长蔡忠笏）独立团团长，1928年2月任第一集团军第二十师（师长蔡忠笏）教导旅司令部参谋长、代理旅长，该师司令部参谋长兼政治部主任。1929年1月国民革命军编遣时免职，旋赴日本陆军步兵学校留学，1932年12月毕业回国。1933年1月起，任南京中央陆军步兵学校教官、学员队队长、第二期班主任。1934年10月任军事委员会南昌行营交际处科长，1935年8月任上海特别市警察局（局长蔡劲军）警察总队总队长，上海新闸警察分局局长。1936年10月16日颁令叙任陆军步兵上校。[1]抗日战争全面爆发后，辞职返回海南原籍，1938年1月任陵水县县长，不久被免职。1940年任琼崖守备区司令部（王毅任司令）参谋长，1943年任琼崖守备司令部副司令官，辅佐王毅等坚持海南孤岛敌后抗日游击战争七年之久。[2]抗日战争胜利后，1946年春入陆军大学乙级将官班第二期学习，1947年4月毕业。任国民政府广州行辕高级参谋，1948年秋任文昌县县长，1949年春辞职，返回原籍乡间务农。1950年5月被人民解放军逮捕入狱，1951年3月1日在"镇反"运动中，押送文昌县，被当地政府判处死刑。[3]

---

[1] 国民政府文官处印铸局印行：台湾成文出版社有限公司1972年8月出版《国民政府公报》第115册1936年10月17日第2179号颁令第1页记载。

[2] 范运晰编著：南海出版公司1993年11月《琼籍民国将军录》第28页记载。

[3] 刘国铭主编：团结出版社2005年12月《中国国民党百年人物全书》第111页记载。

王万龄

王万龄（1900—1992），别号松崖，云南腾越（今腾冲）人。祖籍山西太原。乡立高等小学堂、滇军驻粤讲武学校肄业，陆军大学函授班毕业。庐山中央军官训练团高级班结业。自填登记处为云南腾冲县（今腾冲市）东陈满金邑下村，通信处为腾冲县城内五堡街恒玉和号。自填入学前履历：小学毕业后经营商业。1900年8月1日（另载1899年8月25日）生于云南腾越一个商绅家庭。幼年于腾越乡间私塾启蒙，1923年冬征得父母同意，经缅甸、新

王万龄照片

加坡、香港地区而至广州，先入滇军驻粤讲武学校学习。1924年5月7日经刘国祥（国民党一大云南省代表，国民党云南省临时党部筹备委员，国民党云南省党部执行委员）、李宗黄（时任云南省驻粤国民党代表，孙中山指派出席国民党一大云南省代表，国民党第一届候补中央执行委员，广州大本营军事参议，驻粤滇军第二军总参谋长、代理军长）、杨友棠（孙中山指派出席国民党一大云南省代表，前驻粤滇军总司令部特别党部执行委员，广州大本营军政部参事，广州卫戍司令部参谋主任）、胡盈川（孙中山指派出席国民党一大云南省代表，国民党云南省临时党部筹备委员，广州大本营军事参议）、周自得（国民党一大云南省代表，驻粤建国滇军总司令部参谋长）、杨华馨（国民党一大云南省代表，前国民党云南支部长，驻粤滇军总司令部秘书长兼滇军总部党务整理委员，广州大元帅府咨议）介绍加入中国国民党，再由上述六人举荐投考黄埔军校。1924年6月考入陆军军官学校第一期第四队学习。1924年10月随军校学生军参与对广州商团事变的军事行动，1924年11月毕业。分发黄埔军校教导团见习，后任俄国式机关枪

训练班学员、卫队排少尉排长。1925年春任黄埔军校校本部警卫队第二排少尉排长、教导第一团机关枪连中尉副连长兼第一排排长，随部先后参加第一次东征作战、平定滇桂军阀杨希闵、刘震寰部战事。1925年7月所部改编为国民革命军，任第一军第二师第四团机关枪连副连长，1925年10月随部参加第二次东征。战后续任第一军第三师（师长谭曙卿）第九团（团长卫立煌）第三营第九连连长，1926年7月随国民革命军东路军参加北伐，攻克福建后，任第三师第九团第三营营长，在福建建瓯作战时右腿中弹负伤，入福州福音医院治疗，1927年3月伤愈后返回原部队。任第一军第三师（师长顾祝同）第九团（团长萧炳煌）中校副团长，负责训练新兵和骑兵事宜。1927年5月国民革命军渡江北伐作战，所部团长萧炳煌阵亡，即代理团长职。1927年8月龙潭大捷后，任第九军（军长顾祝同）第三师（师长顾祝同兼）第九团团长，同年11月北伐凤阳时，第三师作战失利问责，其被免除团长职务。1927年12月攻克徐州后，任第九军（军长顾祝同）司令部上校参议。1928年夏任南京中央陆军军官学校第六期步兵科第三学员大队大队长，1929年1月28日经呈励志社社长（蒋介石）批准与117人加入励志社。[1]1929年5月任南京中央陆军军官学校第七期校本部总务处处长。1929年5月13日派任留学英美德法等国军事监考试委员，[2]在南京中央陆军军官学校监试3100名考生考取100名留学资格。1930年5月任由中央陆军军官学校学员组成的中央教导第二师第二旅（旅长关麟征）第五团团长，率部参加中原大战。战后所部改编，1930年12月1日任陆军第四师（师长徐庭瑶）第十一旅（旅长关麟征）第二十二团团长，1931年10月任陆军第四师（师长徐庭瑶）第十旅旅长，统辖第十九团（团长马励武）和第二十团（团长胡琪三）等部，1934年3月任陆军第四师（师长汤恩伯）副师长。1935年5月1日颁令叙任陆军步兵上校。[3]1935年9月任陆军第四师师长，统辖第十旅（旅长马励武）和第十二旅（旅长陈大庆）等部，率部配合傅作义部参与绥东抗日百灵庙大捷。1936年1月9日颁令叙任陆军少将。1936年5月率部入陕北参与"围剿"红军与根据地战事。1936年11月12日获颁四等云麾勋

---

[1] 《中央日报》1931年1月28日、29日连续刊登"励志社社员管理科通告"记载。

[2] 上海《民国日报》1929年5月14日"南京中央陆军军官学校昨日考选留学生"一文记载。

[3] 国民政府文官处印铸局印行：台湾成文出版社有限公司1972年8月出版《国民政府公报》第93册1935年5月1日第1730号颁令第1页记载。

章。[1]1936年12月入陆军大学函授班学习半年，1937年夏函授班结业。抗日战争全面爆发后，率部在察哈尔南口一线抗击日军，后转赴豫北安阳参加漳河战役。战后原第八十九师扩编为第十三军（军长汤恩伯），任该军副军长，1937年12月任新组建成立的第八十五军（军长王仲廉）副军长。1938年1月任军事委员会直辖第二十军团总司令（汤恩伯）部干部训练班（主任汤恩伯兼）副主任，随部参加武汉会战。后任成都中央陆军军官学校高等教育班第五期学员大队大队长，军政部洛阳新兵补充训练处处长。1938年12月任设于咸阳的军政部第七新兵补充训练处处长。1941年春任第三十一集团军干部训练班（主任汤恩伯兼）副主任，苏鲁豫皖四省边区学院军事训练处主任，后军事训练处改为军事训练总队，继任总队长。1942年10月因患严重胃病离职，由陕西宝鸡至重庆寓居休养。抗日战争胜利后，仍寓居重庆休养，1946年7月退为备役，同年秋携家属赴上海定居。中华人民共和国成立后，曾任上海市某中学语文教员、补习学校教员和夜校教员。1956年9月加入中国国民党革命委员会，1958年12月聘任为民革上海市委员会"和平解放台湾"工作委员会委员、宣传委员会委员。1959年1月聘任为上海市卢湾区第二届政协委员，卢湾区政协图书馆管理员，1961年12月续任卢湾区第三届政协委员。1978年11月聘任为民革上海市对台宣传委员会委员，1980年11月聘任上海市纪念辛亥革命七十周年筹备委员会委员，1980年12月再聘任为卢湾区第五届政协委员，1981年2月聘任为上海市人民政府文史研究馆馆员，上海市黄埔军校同学会理事、顾问。1992年2月8日因病在寓所逝世，另说1992年1月15日因病在上海逝世。[2]著有《黄埔军校的回忆》（载于广东省政协文史资料征集研究委员会编纂：广东人民出版社1982年11月《广东文史资料》第三十七辑《黄埔军校回忆录专辑》）、《陆大函授学习的简略回忆》（载于中国文史出版社《文史资料存稿选编——军事机构》下册）、《周恩来在黄埔》（载于北京全国黄埔军校同学会编纂《黄埔军校》，华文出版社1995年2月）等。

---

[1] 国民政府文官处印铸局印行：台湾成文出版社有限公司1972年8月出版《国民政府公报》第117册1936年11月13日第2201号颁令第7—9页记载。

[2] 陈予欢编著：广州出版社1998年9月《黄埔军校将帅录》第48页记载。

王之宇

王之宇照片

王之宇（1905—1988），别字萧琴，河南洛阳县城南八里堂人。河南留学欧美预备学校结业，开封中州大学理科毕业。自填登记处为河南洛阳县城南八里堂村，通信处为河南开封城内旗蠹街三十号转交。自填入学前履历：河南留学欧美预备学校卒业，后又肆业于河南中州大学理科。1905年1月29日生于洛阳县县城南八里堂村一个农户家庭。早年在河南留学欧美预备学校学习，1923年转入中州大学（今河南大学）理科学习。1924年春到广州，1924年4月由刘积学（前广东护法军政府国会众议院议员，河南自治筹备处处长，国民党河南省支部长、临时党部筹备委员）、宋聘三（孙中山指派出席国民党一大河南省代表，前国民党河南省临时支部执行委员，国民党上海特别区执行部执行委员、常务委员）举荐投考黄埔军校，1924年5月15日经邓演达（前任广东西路讨贼军第一师第三团团长，黄埔军校入学试验委员会委员）、金佛庄（前浙江陆军第二师营长，黄埔军校第一期第三队上尉队长）介绍加入中国国民党。1924年6月考入陆军军官学校第一期第三队学习，1924年11月毕业。历任黄埔军校入伍生总队排长、连长，1927年3月任国民革命军第四集团军第二方面军暂编第二十军（军长贺龙）司令部教导团第二总队总队长。1927年8月率部参加南昌起义，并加入中国共产党。[1]起义失败后，护送左胸负重伤的老同学侯镜如转赴香港治疗。回到上海后，脱离中共组织关系。1928年1月到杭州失散黄埔同学登记处报到，获

---

[1] 姚仁隽编：长征出版社1987年7月版《南昌、秋收、广州起义人名录》第54页记载。

黄埔一期诸同学举荐，后分发任国民革命军第二集团军教导旅司令部参谋主任，陆军第六十五师司令部参谋处处长。1935年5月29日颁令叙任陆军步兵中校。[1] 抗日战争全面爆发后，任陆军第一六六师司令部参谋长、副师长。1937年10月25日国民政府颁令晋任陆军步兵上校。[2]1942年12月任陆军第一六六师师长，重庆卫戍总司令部第三分区司令部司令官。1944年夏陆军第八军在松山战役中全歼防守日军，该军因兵员损失惨重，调至保山、陆良整补，其间奉命率陆军第一六六师归并第八军建制。抗日战争胜利后，率部赴山东接收。1946年1月因其弟王之守（时任陆军第一六六师司令部少校副官）在贵州、重庆私贩鸦片，被军统缉私机构查获，军法审判后枪决之事牵连，被撤职通缉。所部第八军军长李弥向以其学长视之，为求解脱遂于部队攻克即墨和接收潍县之际，以"王之宇失踪"禀报上峰及军法机关。此案后遂不了了之，但其从此脱离军界，1948年定居苏州。中华人民共和国成立后，仍寓居苏州旧宅。1956年加入民革地方组织，后任民革苏州市委员会常务委员，江苏省政协委员。1984年10月任江苏省人民政府参事室参事。著有《王之宇回忆录》《回忆参加八一南昌起义的经过》（载于江苏人民出版社《江苏文史资料选辑》）等。

---

[1] 国民政府文官处印铸局印行：台湾成文出版社有限公司1972年8月出版《国民政府公报》第93册1935年5月30日第1754号颁令第3页记载。

[2] 国民政府文官处印铸局印行：台湾成文出版社有限公司1972年8月出版《国民政府公报》第130册1937年10月26日第2493号颁令第1页记载。

王公亮

王公亮照片

王公亮（1901—1972），四川叙永人。叙永县立高级中学、四川建国大学、广东西江陆海军讲武堂毕业，苏联工兵专门学校、苏联基辅军官学校工兵科、苏联红军大学肄业，中央军官训练团结业。自填登记通信处为四川叙永县新丰街鑫发荣号。自填入学前履历：建国大学毕业，西江陆海军讲武堂修业。1923年入广东肇庆西江陆海军讲武堂学习。1923年经任一凤（广州宣传学校教员，国民党广州宣传学校特别区常务委员）、符国光（西江陆海军讲武堂学生）介绍加入中国国民党，1924年春由该学堂保送黄埔军校。1924年6月考入陆军军官学校第一期第一队学习，1924年11月毕业。分发黄埔军校教导第一团见习、排长，随部参加第一次东征作战。1925年10月任党军第一旅步兵营连长、营长，随部参加第二次东征战事。1926年7月随部参加北伐战争，任国民革命军第一军第三师步兵团副团长。1926年10月奉派国民革命军第二集团军（总司令冯玉祥）充当联络事宜，后由冯玉祥部选派苏联学习军事，先后入苏联工兵专门学校、苏联基辅军官学校工兵科、苏联红军大学肄业。1928年10月回国，适逢国民革命军编遣时未安排军职。1929年春任南京中央陆军军官学校教导总队副大队长。1930年8月28日任南京中央陆军军官学校第八期入伍生团（团长惠济）军事训练教官。[1]1931年12月任南京中央陆军军官学校第十期第一总队第二大队大队长，1932年8月任南京中央陆军军官学校军官训练班上校班附。1933年7月20日

---

[1] 《黄埔月刊》1930年9月30日版第一卷第4号"本校要闻目志"一章第4页记载。

南京中央陆军军官学校校本部特别党部执行委员会召集第二次全校党员大会,其被推选为南京中央陆军军官学校第四届特别党部执行委员会执行委员。[1]1935年2月任南京中央陆军军官学校教导总队军士教导营营长。1935年5月1日颁令叙任陆军步兵上校。[2]1936年2月任国民政府财政部税警总团总队长,后任税警总团副总团长,兼任第二支队司令部司令官,1936年12月任税警总团驻青岛海军陆战队司令部司令官。抗日战争全面爆发后,随部参加淞沪会战。1938年4月任军事委员会战时工作干部训练团军事总教官,1938年7月任战时干部训练团代理教育长。1939年1月任成都中央陆军军官学校第十六期第二总队第三大队大队长,1941年10月任军政部第三十三补充兵训练处处长。1943年任陆军第十三军副军长,1944年2月任陆军第七十八军副军长。1945年7月奉派任驻印度中国远征军司令长官部训练监督官,赴任途中得知日本投降。抗日战争胜利后,1946年1月调任军政部第二军官总队总队长。1946年10月任四川川中师管区司令部司令官。1947年7月任国防部中将部员,1948年9月22日颁令叙任陆军少将。1949年12月任川陕鄂边区绥靖主任公署西南第一路游击总指挥部第六纵队司令官。1949年12月25日率部在成都参加起义。1953年自愿返乡定居务农,后任四川省叙永县政协委员。1972年4月因病在四川叙永逝世。著有《关于“战干团”的回忆》(载于四川人民出版社《四川文史资料选辑》)等。四川《叙永文史资料选辑》1988年第十一辑载有《王公亮简介》(叙永县政协文史资料征集研究委员会办公室编写)等。

---

[1] 中国第二历史档案馆供稿:档案出版社1989年7月出版、华东工学院编辑出版部影印《黄埔军校史稿》第七册第189页记载。

[2] 国民政府文官处印铸局印行:台湾成文出版社有限公司1972年8月出版《国民政府公报》第93册1935年5月1日第1730号颁令第1页记载。

王凤仪

　　王凤仪（1898—？），浙江嵊县（今嵊州市）葛竹村人。嵊县县立高等小学校、嵊县县立初级中学毕业，日本高等商业学校肄业。贫苦农家出身。自填登记处为浙江嵊县葛竹村，通信处为奉化亭下镇转（交）。自填入学前履历：曾任上海邮务管理局职员及商务印书馆编辑各一年。留学日本高等商业学校两年。自填1924年5月由蒋中正举荐投考黄埔军校。1924年6月考入陆军军官学校第一期第四队学习，入学后再由蒋介石介绍加入中国国民党，1924年11月毕业。奉派转学航空，1924年12月入广州大沙头军事航空学校第一期学习，1926年1月毕业。后于广东航空学校、杭州笕桥航空学校任训练教官。

王太吉

王太吉（1906—1934），原名太吉，别字仲祥，后改名泰吉，陕西临潼人。西安高等小学校毕业，陕西省立第三中学肄业。自填登记处为陕西临潼县北田镇尖角村，通信处为本县雨金镇大德生号收转。自填入学前履历：十二年（1923年）终毕业本省第三中学，十三年（1924年）二月首次来粤，五月十日入校，现肄业本校。1906年10月生于陕西省临潼县北田镇尖角村一个农户家庭。1912年六岁时随父到西安上学，小学毕业后，入西安一家名师私塾学

王太吉照片

习。1919年5月下旬受五四运动影响，开始阅读宣扬新文化思潮读物。1921年考入陕西省立第三中学，其时魏野畴在该校任教，1924年春受魏的影响，参与中共领导的宣传活动。1924年3月被中共组织选派广州黄埔军校学习。1924年5月南下广州，经于右任介绍加入中国国民党并举荐投考黄埔军校。1924年6月考入黄埔陆军军官学校第一期第一队学习，1924年秋加入中国共产党，1924年11月毕业。后被派赴河南开封，任国民第二军学兵营排长，在该营中共负责人刘天章的指导下开展活动。1926年被中共党组织派入陕军甄寿珊部政治部工作，后任该部学兵营营长及中共支部委员，秘密从事士兵运动。1927年4月任中共临潼雨金（军队）特别支部负责人。[1]1928年春在麟游县举行起义，以期掌握武装。1928年3月辗转渭（南）华（县）边高塘乡，1928年4月与唐澍、刘志丹等人参加中共陕

---

[1]　中共陕西省委组织部、中共陕西省委党史研究室、陕西省档案馆编纂：陕西人民出版社1994年7月《中国共产党陕西省组织史资料》第54页记载。

52　　黄埔一期同学录

东特委发起的渭华起义，1928年5月被推选为工农革命军军事委员会委员。[1]1928年5月上旬，起义部队许权中旅正式改编为西北工农革命军，他被任命为参谋长，同时担任中共西北军事委员会委员。[2]起义失败后，潜赴河南南召县朋友家里暂居，失去中共组织关系。后被搜查逮捕，押送南京监狱关押。不久由杨虎城出面具保出狱，并留在所部任参谋。1930年任陆军第十七师（师长杨虎城）陕西补充旅副旅长，兼任该旅司令部参谋长，1931年任陆军第十七师派驻西安新兵训练处处长，后任第十七路军总指挥部直属骑兵团上校团长。1933年夏与中共组织恢复联系，1933年7月21日率骑兵团在陕西耀县起义，改编为西北民众抗日义勇军，任总司令兼第三路总指挥。[3]1933年7月任西北民众抗日义勇军总指挥，[4]1933年8月将渭北和耀县游击队组成陕甘红军游击队临时总指挥部，任总指挥，率部在陕甘交界开展游击活动。1933年11月初，中共陕甘边特委决定撤销渭北游击队临时总指挥部，将所属部队改编为中国工农红军第二十六军第四十二师，他被任命为师长，[5]黄埔军校第四期生刘志丹以师参谋长身份兼任陕甘边区红军军事政治学校校长，任命习仲勋兼任该校政委，[6]协助刘志丹管理军校。率部继续在陕甘边开展游击活动，开辟以南梁为中心的根据地。1934年1月奉派去豫陕边发起兵运，他带警卫员化装进入"白区"，途经淳化县通润镇时，被过去老相识、县保安团团长马云从扣押。1934年2月押解至西安绥靖公署军法处关押。当时杨虎城部军官，

[1] 中共陕西省委组织部、中共陕西省委党史研究室、陕西省档案馆编纂：陕西人民出版社1994年7月《中国共产党陕西省组织史资料》第102页记载。

[2] 中共陕西省委组织部、中共陕西省委党史研究室、陕西省档案馆编纂：陕西人民出版社1994年7月《中国共产党陕西省组织史资料》第102页记载。

[3] 中共陕西省委组织部、中共陕西省委党史研究室、陕西省档案馆编纂：陕西人民出版社1994年7月《中国共产党陕西省组织史资料》第105页记载。

[4] 中共中央组织部、中共中央党史研究室、中央档案馆编纂：中共党史出版社2000年9月印行《中国共产党组织史资料1921—1997》第二卷《土地革命战争时期1927.8—1937.7》下册第1949页记载。

[5] ①中共中央组织部、中共中央党史研究室、中央档案馆编纂：中共党史出版社2000年9月印行《中国共产党组织史资料1921—1997》第二卷《土地革命战争时期1927.8—1937.7》中册第1025页记载；②廖盖隆主编：中共中央党校出版社2001年6月《中国共产党历史大辞典—总论/人物》增订本第124页记载。

[6] 中共陕西省委组织部、中共陕西省委党史研究室、陕西省档案馆编纂：陕西人民出版社1994年7月《中国共产党陕西省组织史资料》第132页记载。

曾多次设法营救均未成功。1934年3月3日在西安军法处遇害。[1]1951年陕西省人民政府在西安革命公园建立王太吉纪念亭与纪念碑。陕西《西安文史资料》1984年第五辑载有《丰功伟绩永垂青史——忆西北红军领导人之一王太吉烈士》（张秀山著）、《怀念革命烈士王太吉同志》（赵起民著）、《回忆王太吉同志》（张邦英著）等。

---

[1]　中共党史人物研究会编纂：陕西人民出版社 1882 年 10 月《中共党史人物传》第一卷第 267 页记载。

王文伟

王文伟照片

王文伟（1900—1928），广东东莞县（今东莞市）虎门南栅乡人。前国民革命军第七军司令部参谋长、师长，甘肃、陕西、广东省政府委员及民政、建设厅厅长王应榆侄。广东东莞虎门高等小学、东莞县立高级中学毕业。自填登记处为广东东莞县虎门南栅乡，通信处为虎门广济圩合盛隆店转交。自填入学前履历：曾充东路讨贼军第三军第四路司令部副官。1923年任广东东路讨贼军第三军第四路司令部副官。1924年春由李福林（前广东东路讨贼军第三军军长，粤军第三军军长，广东全省警备处处长，广州市市政厅厅长）、练炳章（前广东东路讨贼军第三军军长，粤军第三军司令部参谋长兼粤军讲武堂教育长，广州大本营咨议）举荐投考黄埔军校。1924年6月考入陆军军官学校第一期第四队学习，1924年11月毕业。分发粤军服务，任国民革命军第四军第十一师步兵连见习、排长、副连长，后随军参加统一广东诸役。1926年7月随第七军参加北伐战争，1927年1月任江苏省保安团营长，国民革命军第一军第十四师步兵团副团长。1927年4月29日被国民政府海军处政治部任命为广东海防舰队"江澄舰"党代表。1928年1月随部参加第二期北伐战事，1928年5月31日在徐州作战时中弹阵亡。[1]

---

[1]　①中国第二历史档案馆供稿，华东工学院编辑出版部影印，档案出版社1989年7月《黄埔军校史稿》第八册（本校先烈）第243页第一烈士芳名表记载1928年5月31日在江苏阵亡；②台北《黄埔建国文集》编纂委员会编纂：台北实践出版社1985年6月16日印行《黄埔军魂》第574页"北伐战役殉国英雄姓名表"第一期记载。

王文彦

王文彦（1902—1955），别号人俊，贵州兴义县景家屯人。黔军少帅王文华堂弟，前南京国民政府军政部部长、陆军总司令何应钦妻弟。贵州兴义县立中学堂、上海大同大学英语专修科结业，陆军大学正则班第十三期毕业。自填登记处为贵州兴义县景家屯，通信处为上海静安寺路一九三号寓所。自填入学前履历：曾在本省高等小学毕业，后入南明中学修业三载，民国九年（1920年）因事到申，事毕在申投考上海大同大学英文专修科，考取后遂在

王文彦照片

该校修业，直至本年始行退学，投考军官学校。记载为民国前九年五月二十一日出生。[1]1902年6月16日生于兴义县一个官宦家庭。1924年春到广州，由李烈钧（国民党第一届中央执行委员，前孙中山北伐军大本营参谋总长兼北伐中路军总司令，广州大元帅府参谋总长）举荐投考黄埔军校，1924年4月3日经韩觉民（上海《新建设》杂志社主任，上海大学社会系教员、教务长）、周遗琴（上海《新建设》杂志社新闻记者）介绍加入中国国民党。1924年6月考入陆军军官学校第一期第四队学习，1924年11月毕业。分发任黄埔军校校本部办公厅服务员，教导第一团部副官，随部参加第一次东征作战。1925年4月任党军第一旅第一团（团长最初由何应钦兼，后为刘峙）第一营（营长蒋鼎文）排长，后与宋思一派赴广西执行招兵事宜。1925年8月任陆军军官学校步兵总队（总队长李贽护）第一

---

[1] 据军事委员会铨叙厅民国二十五年十二月印制《陆海空军军官佐任官名簿》第一册［上将、中将］第59页记载。

营（营长陈继承）分队长、队长。1925年8月国民革命军成立时，任第一军第一师（师长何应钦）第一团（团长刘峙）第二营少校营长，随部参加第二次东征战事。1926年7月国民革命军北伐誓师后，先后任北伐东路军总指挥部（何应钦兼正职）直属宪兵营营长，特务团团长，平定福建进军浙江时晋少将衔团长。1928年1月任国民革命军总司令部军官团教务处少将衔教官，1928年5月该机构并入南京中央陆军军官学校，仍任附设军官团衔少将教官。1929年1月任军事委员会训练总监部总务厅（厅长潘竞）管理科科长，[1]1929年12月任军事委员会武汉行营副官处处长（少将衔），1931年春任陆海空总司令部南昌行营副官处处长，兼任"围剿"军总司令部和前敌总指挥部副官处处长。1931年2月27日获颁四等宝鼎勋章。[2]1932年4月任国民政府军政部参事（1938年9月免参事职），后兼任军政部直属特务团少将衔团长。1935年4月20日颁令叙任陆军少将。[3]1935年4月考入陆军大学正则班第十三期学习，1937年12月毕业。1936年10月任改编后的第二十五军（军长万耀煌）第一四〇师师长，该师无旅建制，直辖三个团，所部原为黔军王家烈部队，接沈久成任师长后，吸取过急做法教训，仅以少数随从任司令部职能主官，下属团以下主官均未动，实行较为温和慎重的统驭方式。因其与何应钦关系，使该师武器装备被服逐渐补齐充实，即由原先丙种师升级为乙种师。1936年12月西安事变时，编入"讨逆军"第十二纵队序列，率部参加针对东北军与西北军的军事行动。该师后隶属第四十七军（军长李家钰）序列。1937年3月发表为国民政府军政部参事。抗日战争全面爆发后，所部奉命扩编为三旅六团之甲种师，统辖第四一八旅（旅长李靖化）、第四一九旅（旅长方日英）、第四二〇旅（旅长林丽山），全师员额一万余人，率部隶属第八军（军长黄杰）建制，在华北参加抗日战事。1938年6月任第五战区陆军第七十五军（军长周碞）第一四〇师师长，率部参加台儿庄战役，在禹王山战斗中所部损失严重，伤亡达三千余人，部队撤退时溃散成两部分。其率余部一千余人至泗县，归并孙连仲部

---

[1]　上海《民国日报》1929年6月13日"训练总监部组织完备"专文记载。

[2]　国民政府文官处印铸局印行：台湾成文出版社有限公司1972年8月出版《国民政府公报》第48册1931年2月28日第711号颁令第18页记载。

[3]　据军事委员会铨叙厅民国二十五年十二月印制《陆海空军军官佐任官名簿》第一册［上将、中将］第59页记载。

第二集团军统辖，整编为游击总队（总队长为李靖化、李祖明），1938年秋才将所部归编于沙市地区。1938年9月24日国民政府颁令免军政部参事职。[1]1940年7月任第七十六军（军长李铁军）副军长，兼任西安警备司令部司令官，后接宋思一任军政部第八补充兵训练处处长，主持在黔西、大方、毕节一带接收和训练新兵事务，陆续补充前线各野战部队。1942年1月任第二战区第三十四集团军第八十军军长，1943年6月袁朴接其任军长职。1944年4月任第三十七集团军副总司令，抗日战争期间率部先后参加徐州会战、忻口会战、豫南会战诸役。抗日战争胜利后所部裁撤，一度赋闲在南京居住，后返回贵阳寓居。1946年8月任由第三十七集团军整编的第二十九军（军长刘戡）第一副军长，1948年3月3日所部在宜川被人民解放军歼灭，其潜逃重围返回南京。1948年11月任首都卫戍司令部副司令官，1949年年初离职返回贵阳。1949年2月任设于昆明的陆军总司令部第六编练司令部副司令官，1949年6月任贵州绥靖主任公署副主任，兼任湘桂黔铁路管理局局长。1949年11月随谷正伦等撤离贵阳，谷正伦在晴隆枪毙刘伯龙后，曾征询其接任第八十九军军长职的意见，其因恐刘部难于控制未接任。后随谷正伦等赴昆明，再转赴香港寓居，曾参与筹组旅台贵州籍同乡联谊会，任理事会理事，参与编纂《贵州文献》等。1955年秋因脑出血在香港逝世。

---

[1]　国民政府文官处印铸局印行：台湾成文出版社有限公司1972年8月出版《国民政府公报》第135册1938年9月28日渝字第87号颁令第8页记载。

王认曲

王认曲照片

王认曲（1902—1966），原名应树、应澍，别字润秋，湖南临澧县合口镇人。湖南长沙甲种工业学校、日本千叶陆军步兵专门学校毕业。自填登记处为湖南临澧县合口（镇），通信处为湖南津市上合口广大生号。自填入学前履历：湖南甲种工业（专门学校）毕业。1902年8月生于湖南省临澧县合口镇一个书香门第，其祖父系清朝秀才，父亲取清朝廪生，皆为当地知名士绅，其父教书之余经商，兼放贷收利，家境颇为富裕。1912年始读私塾，1914年转入高等小学堂就读，1917年考入澧县旧制中学学习，同年因病辍学归家。1920年赴长沙，考入湖南省甲种工业学校纺织专业，接受新思想，参加学生运动。1919年4月经林祖涵（时任国民党中央党部总务部副部长，后国民党一大湖南省代表，国民党第一届候补中央执行委员）、徐新（湖南政界供职）介绍加入中国国民党，1924年春到广州，由石盛祖（时任国民党中央执行委员会农民部干事、委员）举荐投考黄埔军校。1924年6月考入陆军军官学校第一期第三队学习，1924年11月毕业。在黄埔军校与贺衷寒等人组织了孙文主义学会，为骨干成员之一。历任黄埔军校第三期入伍生排长，广东警卫军第二师步兵连副连长，国民革命军第六军政治部科员、少校科长，随军参加两次东征作战和北伐战争。1926年7月随部参加北伐战争，任国民革命军第一军第一师步兵连连长、参谋，在江西牛行车站作战负伤，伤愈后，1926年10月任国民革命军第一军第二十二师（师长陈继承）第六十五团中国国民党党代表，1927年4月任第二十二师第六十五团第一营营长、团附。1927年夏，经师长陈继承保荐升任第六十四团团长，旋加入黄埔同学会。

1927年8月率部参加龙潭决战，在战事中身先士卒，冲锋陷阵，虽颈部中弹仍坚持战斗，率本团官兵会同大军彻底打垮孙传芳部，取得决定性胜利。1927年10月奉派赴日本学习军事，入日本千叶陆军步兵专门学校学习，济南惨案发生后，他在日本参加了抗议日军凶残暴行的游行，1930年4月毕业回国。由李默庵保荐任陆军第十师（师长李默庵）第五十六团团长，后任陆军第十师补充旅副旅长，陆军第十九师司令部参谋长。1930年10月任陆军第七十六师政治训练处处长。1931年2月12日被委派为中国国民党陆军第四十五师特别党部筹备委员。[1]1932年1月调任南京中央陆军军官学校毕业生调查处上校主任，兼任中国国民党中央党部军队党务视察员、特别党部执行委员。1932年春由贺衷寒介绍加入中华民族复兴社，1932年7月任陆军第七十六师政训处处长，驻防潢川、漯河等地。1933年9月调江西任陆军第一六六师司令部参谋长，后升副师长，1933年2月任"剿匪"军第二纵队司令部参谋长。1935年5月1日叙任陆军步兵上校。[2]1936年11月12日获颁四等云麾勋章。[3]1937年1月所部改编，任陆军第一六六师司令部参谋长。1937年5月21日颁令晋任陆军少将。[4]1937年7月任陆军第一六六师副师长。[5]抗日战争全面爆发后，任中央陆军军官学校第十三期学生总队总队长兼高级教员，主持学生训练，曾率千余师生从南京步行至四川铜梁。1939年调任第六补充兵训练处处长，后转任暂编第一师师长，驻湖北大洪山、双河一带，参加鄂豫地区对日军战事。1938年9月任成都中央陆军军官学校本部教育处高级军事教官。1939年7月任驻陕西康县的军政部第六补充兵训练处处长。1940年夏该处改编，任陆军新编第一师师长。1941年10月再改编为陆军暂编第一师（师辖三团），仍任师长。1943年9月因派系斗争，被军法判处有期徒刑六年半，后被提前保释出狱，遂在

---

[1]　①1931年2月12日国民党中央执行委员会召开第127次常务会议决议；②1931年2月13日上海《民国日报》第一张第三版记载。

[2]　国民政府文官处印铸局印行：台湾成文出版社有限公司1972年8月出版《国民政府公报》第93册1935年5月1日第1730号颁令第1页记载。

[3]　国民政府文官处印铸局印行：台湾成文出版社有限公司1972年8月出版《国民政府公报》第117册1936年11月13日第2201号颁令第7—9页记载。

[4]　国民政府文官处印铸局印行：台湾成文出版社有限公司1972年8月出版《国民政府公报》第124册1937年5月22日第2360号颁令第40页记载。

[5]　南京图书馆编：上海古籍出版社2011年12月《中国近现代人物像传》第71页少将军官照片。

后方赋闲寓居。抗日战争胜利后，在天津与牟廷芳创办《新时报》，并出任社长。1946年8月赴东北投靠杜聿明，任东北保安司令部少将高级参谋，兼任东北青年训导总队总队长，一度任沈阳敌逆产管理处处长。1947年10月辞职赋闲，返回湖南长沙寓居。1948年1月被推选为在湘军人联合会常务委员，策动在湖南保安司令部任职的长子王时可参加中共地下工作，策反所属部队起义。还征得陈明仁同意，与陈国钧等人通电湘西各县参加和平自救运动。1949年7月被陈明仁委以第一兵团司令部中将衔高级参谋，1949年8月参加湖南长沙和平起义，列名通电将领名单。部队接受改编后，派中国人民解放军中南军政大学湖南分校学习。中华人民共和国成立后，任湖南省军政委员会参议，1950年3月任中南军政委员会参议室参议，1951年2月湖南省人民政府参事室参事，1955年任湖南省人民委员会参事室参事。1958年9月被错划为右派，撤销参事职务，另行安排为湖南省人民委员会参事室秘书。"文化大革命"开始后受到冲击与迫害，1966年11月因病在湖南长沙逝世。

王世和

王世和（1898—1960），别字忠淼，浙江奉化县葛竹镇人。前黄埔军校校长、国民政府军事委员会委员长、主席蒋中正（介石）侄。奉化县葛竹镇高等小学肄业，陆军大学特别班第六期毕业，中央训练团将校班结业。自填登记处为浙江宁波奉化县溪口镇，通信处为溪口镇王五泰号。自填入学前履历：高小教育，（广州）大元帅（府）卫士。1924年年初到广州，任大元帅府警卫队卫士。1924年5月15日经戴季陶（孙中山指派出席国民党一大浙江省代表，

王世和照片

国民党第一届中央执行委员、常务委员兼宣传部部长）介绍加入中国国民党，继由蒋中正（介石）举荐投考黄埔军校。1924年6月考入陆军军官学校第一期第四队学习，1924年11月毕业。留校本部办公厅任少尉服务员。1925年1月任黄埔军校校长办公厅卫兵队队长、卫兵连连长，警卫团第三营营长、中校团附。1926年3月任广州黄埔中央军事政治学校入伍生部第一团特务营营长。1926年7月随部参加国民革命军北伐，任蒋中正（介石）总司令侍卫长，同时担负总司令部警卫事宜。1927年夏起，任国民革命军总司令部第二警卫团团长，1927年7月蒋下野，随其返回奉化溪口避居，后赴日本考察活动侍从事宜。1928年春任陆海空军总司令部侍卫总队总队长。1930年年初由蒋中正（介石）授意，参与策划指挥对以邓演达为首的"黄埔革命同学会"及汪精卫"改组派"的反蒋派开展军事遏制行动。1931年春任军事委员会委员长行营特务团团长，陆海空军总司令部侍卫长，军事委员会委员长行营稽查处处长，南京国民政府主席侍卫室副官长。1935年5月1日颁令叙任陆军步兵上校。1936年2月6日颁令叙任陆军少将。抗日战争

全面爆发后，被派赴国民政府驻苏联使馆任陆军武官，回国后续任军事委员会委员长侍从室（侍卫长钱大钧）第三组组长、副侍卫长。1940年4月12日国民政府颁令准军事委员会给予王世和陆海空军甲种一等奖章。[1]1941年12月保送陆军大学特别班第六期学习，1943年12月毕业。1942年11月任第七十六军（军长李铁军）副军长，1943年9月任重新组建的第三集团军总司令（李铁军）部副总司令，率部驻防陕西地区。1945年1月任第八战区第二十九集团军总司令部高级参谋，1945年4月任西北行辕河西警备总司令部副总司令。抗日战争胜利后，任国民政府参军处中将参军。1949年春到台湾，曾任台湾"陆军总司令部"高级参谋，"国防部"中将参议等职。

---

[1] 国民政府文官处印铸局印行：台湾成文出版社有限公司1972年8月出版《国民政府公报》第149册1940年4月13日渝字第248号颁令第27页记载。

王尔琢

王尔琢（1903—1928），别字蕴璞，湖南石门人。石门县官桥国民小学、石门县立高级小学毕业，湖南省会员警教练所肄业，湖南省立甲种工业学校毕业。家务农商，经济中等，有不动产值万元。自填登记处为湖南石门，通信处为石门县城王文次转交；国立广东大学农科学生姜辅极转交。自填入学前履历：民国四年（1915年）于石门磨市区第一国民学校、模范学校毕业，七年（1918年）于石门县立中学校附属县立第一高等学校毕业，下期十二月又于

王尔琢照片

湖南省会员警教练所毕业，八年（1919年）下期考入湖南公立工业专门学校中学部，十二年（1923年）毕业。1903年1月23日（另载1901年2月20日）生于湖南省石门县官桥村一户小康人家。十三岁开始在本村私塾就读，1914年进入官桥国民小学，三年后入石门县县立高级小学，1920年7月考入湖南省甲种工业学校。在甲种工业学校读书时立志实业救国，学好工业知识，打算将来办工厂为国出力。1922年春，在黄爱、庞人铨（湖南省劳工联合会负责人）等人遇害后，与学友会同学上街游行示威，抗议军阀暴行，遂放弃实业救国。1924年春得知黄埔军校招生信息，立即赶赴长沙参加初试，撰文《试述入黄埔军校之志愿》，受到主考官何叔衡赞赏，顺利通过考试，随后筹足路费奔赴上海参加黄埔军校入学复试，再次通过考试（录为正取生）。1924年4月到广州，自填写表格1924年5月15日经谭延闿（时任驻粤湘军总司令，广州大元帅府大本营内政部长、建设部部长及大本营秘书长，国民党第一届中央执行委员，前湖南督军、湖南省省长及国民党湖南支部长）、鲁涤平（湘军第二师师长，湖南讨贼军第二军军长兼前敌总

指挥，驻粤湘军第二军军长）介绍加入中国国民党。1924年6月考入陆军军官学校第一期第一队学习，1924年9月随第一队赴韶关担任孙中山大本营警卫，不久返回，1924年冬加入中国共产党，[1]1924年11月毕业。留校任第二期、第三期学员分队长、党代表。1925年1月任教导第一团连党代表，随部参加第一次东征作战，战后任营党代表。1925年6月率队参与平定滇桂军阀杨希闵、刘震寰部叛乱战事。1925年11月随部参加第二次东征战事，1926年夏任国民革命军第三军第三师（师长李明扬）第二十六团（团长李明扬兼）党代表，率部参加攻占浙江桐庐战事，后任北伐东路军总指挥部政治部主任。1927年7月任国民革命军第四军第二十五师第七十四团参谋长，1927年8月随部参加南昌起义。起义失败后，与朱德、陈毅率部转战湘南地区，1927年11月因朱德与范石生的旧关系，获得国民革命军第十六军（军长范石生）第四十七师第一四〇团番号，开赴广东韶关休整，朱德任第四十七师副师长兼第一四〇团团长，其协助朱德做好部队整训与联络给养事宜。1928年1月参与策划与指挥湘南起义，率部解除宜章县团防局武装，收缴近四百支枪，扩编红军兵员一千二百余人，任工农革命军第一师参谋长。1928年4月28日与朱德、陈毅等人率部在宁冈县砻市，与毛泽东等领导的工农革命军胜利会师，1928年5月4日组成工农革命军第四军（军长朱德，党代表毛泽东），任参谋长，兼该军主力第二十八团团长。参与指挥五斗江、龙源口战役，歼灭进犯的陆军第二十七师（师长杨如轩）第七十九团，缴枪一千多支。1928年5月任中国工农红军第四军前敌委员会委员及中共湘赣边界特别委员会委员，参加红军早期组织建设。1928年8月25日在江西崇义县思顺墟为追回部队，被叛变的第二营营长袁崇全枪击要害牺牲。[2]湖南《石门文史资料》1985年第一辑载有《忆王尔琢烈士》（何国诚著）等。

---

　　[1] 廖盖隆主编：中共中央党校出版社2001年6月《中国共产党历史大辞典——总论/人物》增订本第113页记载。

　　[2] 中共党史人物研究会编纂：陕西人民出版社1882年10月《中共党史人物传》第二十二卷第88页记载。

王驭欧

王驭欧（1898—? ），湖南祁阳人。旅鄂湖南中学卒业，湖南公立工业专门学校肄业。父为乡间儒医，家境清贫。自填登记处为湖南祁阳县西区元株山，通信处为湖南祁阳县前街干泰盛号转（交）。自填入学前履历：旅鄂湖南中学卒业，湖南公立工业专门学校肄业，民国七年（1918年）投入军籍，曾充书记、少校副官等各职。1918年加入湘军，任师司令部书记、副官。1924年5月16日由邓演达（前任广东西路讨贼军第一师第三团团长，黄埔军校入学试验委员会委员）、金佛庄（前浙江陆军第二师营长，黄埔军校第一期第三队上尉队长）介绍加入中国国民党，1924年5月由廖湘芸（时任广东东莞虎门要塞

王驭欧照片

司令官，驻粤桂军第二师师长，前护法湘军纵队司令官，广州大元帅府参军处参军）、罗迈（国民党一大湖南省代表，前中华革命党湖南支部总务科长，国民党湖南省临时支部特派员，湖南省临时党部筹备委员，广州大本营参谋）举荐报考黄埔军校，1924年6月考入陆军军官学校第一期第三队学习，1924年11月毕业。1925年随军参加对广州商团、滇桂军阀杨希闵部、刘震寰部的军事行动，以及两次东征作战。1926月1日任国民革命军第一军（军长何应钦）政治部（主任周恩来）组织科科长。[1]1926年7月随国民革命军东路军参加北伐战争。1930年任陆军第八军政治部中校秘书、代主任等职。

---

[1] 《岭东民国日报》1926年2月4日"第一军政治部职员一览"一文记载。

王仲廉

王仲廉照片

王仲廉（1903—1991），别字介人，又名介仁，江苏萧县人。萧县县立第二高等小学、徐州中学毕业。家世务农，经济中等，有地产七十亩。自填登记通信处为江苏萧县王寨西北王庄。自填入学前履历为曾任本县第六区第七国民学校校长。记载为民国前八年三月十四日出生。[1]1903年4月11日生于萧县城内一个书香之家。幼年私塾启蒙，1915年考入县立第二高等小学，毕业后考入徐州中学，1923年10月由校长顾子扬介绍加入中国国民党。在顾子扬引导下，与同学王敬久、郭剑鸣、王家修等组织徐州学生联合会，其负责组织宣传调查事宜。1924年春到广州，1924年5月15日自填经刘云昭（孙中山指派出席国民党一大江苏省代表，前北京政府国会众议院议员，国民党江苏省临时党部筹备委员）、顾子扬（国民党一大江苏省代表，国民党徐州支部长及江苏省临时党部执行委员，前徐州中学校长及铜山县教育会会长）介绍加入中国国民党，再由其二人举荐投考黄埔军校。1924年6月考入陆军军官学校第一期第四队学习，1924年11月毕业。分发党军教导第二团（团长工柏龄）第一营（营长顾祝同）第二连（连长詹忠言）第三排见习、排长，1925年1月第一次东征前夕，奉派与贾韫山、张世希、郭剑鸣等人赴上海，协助陈果夫办理招生募兵事宜。返回军校后，任黄埔军校第三期少尉副官，中央军事政治学校训练部（主任严重，即严立

---

[1] 据军事委员会铨叙厅民国二十五年十二月印制《陆海空军军官佐任官名簿》第一册［上将、中将］第61页记载。

三）特别官佐。1926年4月任入伍生第二团第一营第一连连长，1926年7月北伐前夕，奉派北方从事策动。1927年4月任徐淮第二别动队队长，1927年7月任国民革命军总司令部补充第七团团长。所部改编后，任第一集团军新编第二师第一团团长。1927年秋任独立第一师（师长李明扬）第四团团附，率部驻防江苏盐城。1928年1月任国民革命军第九军第二十一师（师长陈继承）补充第一营营长，随部参加鲁南北伐战事。1928年7月25日国民革命军编遣，任缩编后的第一集团军陆军第三师第九旅（旅长赵锦雯）第十七团（团长王劲修）第一营营长，随部驻防苏常宜地区。1929年春任第九旅第十七团中校团附、代理团长，1929年6月实任第十七团团长。同月所部改变番号，任陆军第二师第六旅第十一团团长，1929年10月率部参加讨伐西北军战事。1930年5月率部参加中原大战，1930年11月1日任陆军第二师第六旅副旅长，兼任该旅第十一团团长。1931年12月任陆军第二师第四旅旅长，1932年秋任陆军第二师（师长黄杰）司令部师附，1933年1月接温忠任陆军第八十九师（师长汤恩伯）第二六七旅旅长。1933年12月任陆军第八十九师（师长汤恩伯）副师长，1934年2月代理陆军第八十九师师长，1934年9月30日接汤恩伯实任陆军第八十九师师长。1935年4月15日颁令叙任陆军少将。[1]1936年1月1日获颁四等宝鼎勋章。[2]1936年11月12日获颁四等云麾勋章。[3]抗日战争全面爆发后，率部在南口抗击日军二十余天，全师官兵伤亡达六千余人。1937年10月率部参加漳河战役，后奉命驰援山西，参加忻口会战。1937年12月30日任陆军第八十五军军长，统辖陆军第四师（师长王万龄、陈大庆）、陆军第八十九师（师长王仲廉兼，张雪中）等部，率部参加徐州会战，1938年7月率部南下参加武汉会战。1938年10月17日因台儿庄之役立功，获颁青天白日勋章。[4]1939年2月所率第八十五军改为甲种军编制，统辖陆军第四师（师长石觉）、

---

[1] 据军事委员会铨叙厅民国二十五年十二月印制《陆海空军军官佐任官名簿》第一册［上将、中将］第61页记载。

[2] 国民政府文官处印铸局印行：台湾成文出版社有限公司1972年8月出版《国民政府公报》第102册1936年1月2日第1936号颁令第13页记载。

[3] 国民政府文官处印铸局印行：台湾成文出版社有限公司1972年8月出版《国民政府公报》第117册1936年11月13日第2201号颁令第7—9页记载。

[4] 1938年10月17日，因参与台儿庄战役指挥有功，勇敢果决，连挫顽敌，获颁青天白日勋章。

第二十三师（师长李楚瀛）、第九十一师（师长王毓文），1939年5月率部参加鄂北会战。1939年7月13日国民政府颁令晋任陆军中将。[1]1940年2月奉派入中央训练团第七期受训，并任第二大队大队长，1940年4月结业。1940年5月率部参加枣宜会战，1940年11月任第三十一集团军副总司令，兼任豫鄂边区游击总指挥部总指挥，率部参加第二次长沙会战。1941年8月兼任苏鲁边区游击总指挥部总指挥，统辖游击挺进第十纵队（司令官冯子固）、第二十纵队（司令官李守正）等部。1942年1月改任苏鲁豫边区挺进军第二路总指挥部总指挥，1942年5月初发表为江苏省政府（主席顾祝同、韩德勤）保安处处长，1942年5月29日国民政府颁令任命王仲廉兼任江苏省政府保安处处长。[2]1942年10月兼任安徽省第四区行政督察专员，兼任该区保安司令部司令官。1943年2月兼任江苏省政府委员兼省政府徐海行政公署主任，1943年4月2日任第十九集团军总司令部总司令，统辖陆军第八十九军（军长顾锡九）、陆军暂编第九军（军长霍守义）等部，1943年9月免总司令职。1943年9月10日接汤恩伯任第三十一集团军总司令部总司令，[3]统辖陆军第十二军（军长霍守义）、第十三军（军长石觉）等部，率部参加豫中会战、豫西鄂北会战诸役。1945年5月20日当选为中国国民党第六届中央监察委员会候补监察委员。抗日战争胜利后，仍任第三十一集团军总司令，[4]兼任江苏省政府委员及徐州行政公署主任。1946年12月1日获颁三等宝鼎勋章。1946年12月10日任陆军整编第二十六军（由原第三十一集团军改编）军长，[5]统辖整编第三十二师、整编第四十师、整编第八十五师（师长吴绍周）等部，率部在中原地区与人民解放军作战。1947年10月任郑州绥靖主任公署第四兵团司令部司令官，统辖整编第四十师（师长李振清）、整编第十师（师长罗广文）、第二〇六师（师

---

[1] 国民政府文官处印铸局印行：台湾成文出版社有限公司1972年8月出版《国民政府公报》第141册1939年7月15日渝字第170号颁令第4页记载。

[2] 国民政府文官处印铸局印行：台湾成文出版社有限公司1972年8月出版《国民政府公报》第169册1942年5月30日渝字第470号颁令第2页记载。

[3] 台北《黄埔建国文集》编纂委员会编纂：台北实践出版社1985年6月16日印行《黄埔军魂》第285页记载。

[4] 台北"国史馆"编纂：2006年12月印行《"国史馆"现藏民国人物传记史料汇编》第七辑第26页记载。

[5] 刘绍唐主编：台北传记文学出版社1999年10月15日印行《民国人物小传》第二十辑记载。

长萧劲）等部。1947年7月被推选为党团合一后的中国国民党第六届中央监察委员会候补监察委员。1947年冬曾因作战失利被逮捕扣押，获得保释后闲居。1949年春携眷赴台湾，1950年1月退役，聘任"行政院"顾问，1960年1月除役。后撰写回忆录《征尘回忆》，1978年12月出版。1991年7月26日因病在台北荣民总医院逝世。

王廷柱

　　王廷柱（1905—1996），别号伯础，陕西雒（洛）南人。雒南县立高级小学、雒南县立初级中学、西北大学文部肄业，南京中央陆军军官学校高等教育班第三期、陆军大学将官班乙级第二期毕业。数代务农，家境贫寒，入不敷出。自填登记通信处为陕西雒南县城内宏道堂。自填入学前履历：高小毕业入中学肄业三年，未毕业而来入本校。1905年1月25日（另载1906年2月18日）生于雒南县石门镇一个农户家庭。父久庵秉性敦厚，乐善好施，为乡里称道，母郭氏勤俭持家。1923年入西北大学文部修业一年。1924年春到广州，1924年5月15日经蒋中正（介石）、杨伯康（山陕军第一混成旅旅长）介绍加入中国国民党，1924年5月由于右任（国民党第一届中央执行委员）、杨伯康举荐投考黄埔军校。1924年6月考入陆军军官学校第一期第四队学习，1924年11月毕业。旋即派返陕西，秘密联络西北国民军事宜，任国民军第二军（军长胡景翼）教导旅步兵团排长、连长、营长，随部参加北方北伐战事。其间与吴蜀华（四川巴中人，县立小学及重庆诸校教师）结婚。1928年2月任浙江省水上警察局第六队队长，兼任中国国民党浙江省水上警察局党部第六区部小组组长。[1]1934年1月考入南京中央陆军军官学校高等教育班第三期学习，1935年1月毕业。派任中央陆军军官学校武汉分校学员大队大队长，后任陆军第一八五师补充团团长。1936年3月14日被国民政府军事委员会铨叙厅颁令叙任陆军步兵中校。[2]1936年12月起任武汉警备总司

---

　　[1]　上海《民国日报》1928年3月2日"浙江党务"栏"浙省内河水上警察局组织小组已于前日成立"记载。

　　[2]　国民政府文官处印铸局印行：台湾成文出版社有限公司1972年8月出版《国民政府公报》第105册1936年3月15日第1996号颁令第1—2页记载。

令部宪兵团团长，警备旅副旅长，其间奉派入中央训练团受训。抗日战争全面爆发后，1938年1月任第三战区第六十九军（军长阮肇昌）第五十五师（师长柳际明）第一六五旅旅长。1938年春所部隶属武汉卫戍总司令（陈诚）部序列，任陆军第九十四军（军长郭忏）第五十五师（师长李及兰）副师长，兼任第一六五旅旅长，率部参加武汉会战。1938年7月9日国民政府颁令晋任为陆军步兵上校。[1]后任军政部第二十二新兵补充训练分处处长，军事训练部校阅委员会点验委员会委员、副主任委员，军事委员会西北总点验组主任，兼任西安新兵补充训练处处长，陕西省保安司令部第五旅旅长。1945年1月任陆军总司令部第三方面军（司令长官汤恩伯）第九十四军（军长牟廷芳）副军长。抗日战争胜利后，任军政部第一监护总队总队长。1946年春入陆军大学乙级将官班第二期学习，1947年4月毕业。历任国防部少将附员，西安绥靖主任公署步兵指挥部指挥官兼参谋长。1948年1月补选为第一届国民大会代表。[2]后任西安绥靖主任公署西荆"清剿"区总指挥部副总指挥兼参谋长，川湘鄂边区绥靖主任公署第十四兵团司令部副司令官，兼任新编第八军军长。1949年10月任四川泸州师管区司令官，1949年12月底由成都乘飞机赴香港，再转赴台湾。任台湾"国民大会"代表，曾任台湾"国民大会"军籍代表总召集人，参与历届选举与修宪事宜。1964年退役。1981年7月当选中国国民党第十三届中央评议委员会委员。1989年曾集合三百余名资深"国民大会"代表抗拒国民党《退职条例》的颁布，并在台湾第八任"总统"竞选时向李登辉施压，并发起联合署名支持林洋港、蒋纬国与李登辉对阵。[3]1991年12月卸职。1988年起先后当选为中国国民党第十四届、十五届中央评议委员会委员。业余擅长书法并成名家，多次出国举办书法展。1996年3月15日因病在台北逝世。著有《步兵操场野外笔记》等。

---

[1] 国民政府文官处印铸局印行：台湾成文出版社有限公司1972年8月出版《国民政府公报》第134册1938年7月13日渝字第65号颁令第1页记载。

[2] 台北"国史馆"编纂：2006年12月印行《"国史馆"现藏民国人物传记史料汇编》第十八辑第22页记载。

[3] 陕西省黄埔军校同学会编纂、穆西彦主编：陕西人民出版社1991年6月《陕西黄埔名人》第8页记载。

王汝任

　　王汝任（1893—？），陕西临潼人，陕西咸林中学肄业。中等富裕农民家庭出身，父从教业。爱好音乐。自填登记处为陕西临潼县铁铲镇庄古王村，通信处为西安城内东大街适道中学校转交。自填入学前履历：《明天》报社总编辑，《鸣籁》社校正，龙山平民高小校董（事）会董正，三民会外交主任，昨年二期改选为暗杀部部长。陕西咸林中学修业三年半。充任《明天》报社总编辑，《鸣籁》刊物编辑社校正，龙山华民高等小学董事会董事，地方三民会外交主任，后改任三民会暗杀部部长。1919年由杨彪（时任陕西靖国军蒙边司令部司令官）、管张之（时任靖国军新编第一步兵团团长）介绍加入中国国民党，1924年春经于右任（时任陕西省国民党一大代表和中央执行委员）及杨彪举荐报考黄埔军校。1924年6月考入陆军军官学校第一期第三队学习，1924年11月毕业。抗日战争全面爆发后，曾任军事委员会战时干部训练第四团第七学员总队总队长。

王邦御

王邦御（1900—？），别字崖美，江西安福人。广州大本营军政部陆军讲武学校肄业。1923年夏考入广州大本营军政部陆军讲武学校学习，1924年秋该校并入黄埔军校，1924年11月编入陆军军官学校第一期第六队学习，1925年2月肄业。历任国民革命军陆军步兵团排长、连长、团附，随部参加两次东征和北伐战争。1931年10月任陆军新编第五师第十旅第二十团中校团附。1934年10月任军事委员会驻豫特派绥靖主任公署参谋处少校参谋主任，1935年4月1日免职。[1]1935年7月12日颁令叙任陆军步兵少校。[2]后任陆军第一六七师第五〇一旅补充团团长、副旅长。抗日战争全面爆发后，任陆军第一六七师第五〇一旅旅长，率部参加淞沪会战。1938年5月奉派入军官训练团第一期受训，并任第三大队第十中队分队长，1938年7月结业。

---

[1] 国民政府文官处印铸局印行：台湾成文出版社有限公司1972年8月出版《国民政府公报》第92册1934年4月3日第1709号颁令第8页记载。

[2] 国民政府文官处印铸局印行：台湾成文出版社有限公司1972年8月出版《国民政府公报》第107册1935年7月13日第1792号颁令第27页记载。

王体明

王体明照片

王体明（1901—? ），广东东莞虎门南栅乡人。前国民革命军第七军司令部参谋长、师长，甘肃、陕西、广东省政府委员及民政、建设厅厅长王应榆侄。广东虎门中学毕业。自填登记处为广东东莞县虎门海南栅，通信处为虎门海南栅幼育学校转交。自填入学前履历：曾为军伍及教育界服务。1924年5月16日经王体端（其堂兄，前粤军第一军第一师第一旅旅长，粤军第二军司令部顾问）介绍加入中国国民党，1924年4月由杨华馨（国民党一大云南省代表，前国民党云南支部长，驻粤建国滇军总司令部秘书长兼滇军总部党务整理委员，广州大元帅府咨议）、卢鹤轩（时在粤汉铁路总巡处供职）举荐投考黄埔军校。1924年6月考入陆军军官学校第一期第二队学习，1924年11月毕业。奉派转学航空，1926年12月入广州大沙头军事航空学校第二期学习。毕业后任国民革命军第七军司令部参谋，步兵营连长、营附，广西贺县政府军事科科长。后随国民革命军第七军参加北伐战争。1930年任第三路军总指挥部上校咨议，抗日战争全面爆发后，一度任东莞中学校长，后转赴香港经商。

王作豪

　　王作豪（1903—？），广东罗定人。罗定县（现为罗定市）立高等小学校毕业，广东省立罗定中学校肄业。贫苦农家出身，半耕半读完成学业。自填登记处为广东罗定县康宁甲莲塘村，通信处为罗定县城内远昌号转交。自填入学前履历：高小学校而至中学。考入罗定县立高等小学校毕业，广东省立罗定中学校修业四年。1924年5月15日经邓演达（时任黄埔军校入学试验委员会委员，前任广东西路讨贼军第一师第三团团长）、金佛庄（前浙江陆军第二师营长，黄埔军校第一期第三队上尉队长）介绍加入中国国民党。1924年5月由黄元白（时任广东省临时参议会议员，前北京政府国会众议院中国国民党籍议员，日本庆应大学政治学博士）、张启荣（时任西路讨贼军第二军团长，后为钦廉、高雷招抚使）举荐报考黄埔军校。1924年6月考入陆军军官学校第一期第三队学习，1924年11月毕业。后服务社会。

王克勤

　　王克勤（1906—?　），陕西临潼人。陕西三原县民昭高级小学毕业，临潼县立初级中学肄业。贫苦农家出身。自填登记处为陕西省临潼县人，通信处为三原县通顺号转交。自填入学前履历：本省（陕西）三原县民昭高小毕业，县立中学修业。1924年5月8日经于右任（时为中国国民党第一届中央执行委员）介绍加入中国国民党，并由其举荐报考黄埔军校。1924年6月考入陆军军官学校第一期第二队学习，1924年11月毕业。后返回北方服务军界。1932年10月任陕西保安第一旅副旅长。

王劲修

王劲修（1900—1951），别号健飞，湖南长沙县高桥乡人。黄埔一期生王梦胞兄。长沙湘军讲武堂、广州大本营军政部陆军讲武学校肄业，陆军大学正则班第十三期毕业。记载为民国前十年四月十七日出生，[1] 1900年5月24日（清

王劲修照片

光绪二十六年四月十七日，另载1901年5月24日）生于长沙县一个农户家庭。1923年秋到广州，考入广州大本营军政部陆军讲武学校学习，1924年秋该校并入黄埔军校，1924年11月编入陆军军官学校第一期第六队学习，1925年2月肄业。分发黄埔军校教导团见习、排长，随部参加第一次东征作战。1925年10月任国民革命军第一军步兵连连长，随部参加第二次东征战事。1926年7月任国民革命军第一军第二十一师补充团第一营营长，随部参加北伐战争。1927年5月任国民革命军第一集团军第一军第二十一师第六十一团团附，1927年10月任步兵第六十一团团长。1928年7月25日陆军第二十一师缩编为陆军第三师第九旅，任该师第十七团团长。1929年1月20日被推选为陆军第三师特别党部候补执行委员。1929年9月任陆军独立第十六旅副旅长。1930年任国民革命军新编第十三师

---

[1] 据军事委员会铨叙厅民国二十五年十二月印制《陆海空军军官佐任官名簿》第一册［上将、中将］第60页记载。

第一旅旅长。1931年11月任陆军第十师（师长卫立煌兼）副师长，率部参加对鄂豫皖边区红军及根据地的"围剿"战事。1932年7月兼任陆军第十师第三十旅旅长，[1]1933年1月免兼旅长职。1934年2月兼任福建省兴泉永警备司令部司令官，1934年5月调任福建闽江警备司令部司令官。1935年4月考入陆军大学正则班第十三期学习，1935年4月16日颁令叙任陆军少将，1935年9月19日任军事委员会军事参议院参议，[2]另载1936年5月颁令叙任陆军少将，1937年12月陆军大学毕业。抗日战争全面爆发后，1937年9月20日任陆军第十四军（军长李默庵）副军长，率部参加忻口会战。1938年3月5日国民政府颁令免军事参议院参议职。[3]1939年1月14日接彭杰如兼任陆军第九十三军第十师师长，1940年8月1日免兼师长职。1940年12月1日兼任湘鄂赣边区游击总指挥部副总指挥，1941年3月兼任鄂南指挥部指挥官，1941年12月接任湘鄂赣区抗日挺进军总指挥，率部参加长沙会战。1942年6月调任湖南沅陵师管区司令官，1943年5月任陆军第九十七军副军长，兼任沅陵警备司令部司令官。1945年6月调任军事委员会高级参谋。抗日战争胜利后，1946年1月任中央训练团干部总队总队长、将官队总队长。后任国防部战地督察第六组（信阳）组长，1948年9月1日任第五绥靖区司令部副司令官，隶属华中军政长官公署。1948年9月22日颁令叙任陆军中将。1948年12月任湖南省保安司令部副司令官。1949年4月任长沙绥靖主任（程潜）公署副主任，兼任湖南省保安司令部副司令官。1949年7月任湖南绥靖总司令部副总司令，1949年8月4日参与程潜、陈明仁领导的长沙和平起义。中华人民共和国成立后，任湖南省人民政府委员，中国人民解放军长沙市军事管制委员会委员，1949年11月所部改编为中国人民解放军第五十二军，仍任军长。1950年1月率部参加广西剿匪作战，先后任广西省人民政府委员，中国人民解放军第四野战军第

[1]　戚厚杰、刘顺发、王楠编著：河北人民出版社2001年1月《国民革命军沿革实录》第274页记载。

[2]　据军事委员会铨叙厅民国二十五年十二月印制《陆海空军军官佐任官名簿》第一册［上将、中将］第60页记载。

[3]　国民政府文官处印铸局印行：台湾成文出版社有限公司1972年8月出版《国民政府公报》第132册1938年3月9日渝字第29号颁令第5页记载。

二十一兵团副司令员，[1]兼任第五十二军军长。其间因受军统特务廖峤衡胁迫策反未遂，1951年5月30日在广西桂林被捕关押，不堪忍受审讯而自杀。1980年10月25日中国人民解放军总政治部会同广州军区对其问题进行复查，恢复起义将领名誉。[2]

---

[1] 中国人民解放军军事科学院图书馆编著：军事科学出版社1990年9月《中国人民解放军组织沿革和各级领导成员名录》第805、817页记载。

[2] 湖南省地方志编纂委员会编纂：湖南出版社1995年12月《湖南省志—人物志》下册第677页记载。

王君培

王君培照片

王君培（1899—1946），别字宁华，吉林长春人。吉林省立第一师范学校毕业，北京朝阳大学法律系、北京戏剧专门学校、世界语专门学校肄业，陆军大学特别班第五期毕业。自填登记处为吉林长春县大岭镇，通信处为南满铁路范家屯站北大岭镇福顺和号。自填入学前履历：吉林省立第一师范学校毕业，曾充高小教员，嗣入北京朝阳大学法律系肄业，因性喜艺术乃转入北京戏剧专门学校，复以该校停办，故入北京世界语专门学校。家有地产千亩，入能敷出。自填家庭成员：父锡宽，母杨氏，兄五人弟一名，姐一名妹一人。[1]1922年吉林省立第一师范学校毕业，任长春县立高等小学教员。后赴北京朝阳大学法律系肄业，继入北京戏剧专门学校及世界语专门学校学习。1924年2月5日经黄日葵（国民党北京特别区临时党部筹备委员、青年部部长）、刘铭勋（又名崛，孙中山指派出席国民党一大广西省代表，中国国民党广西省党部指导委员，广州大本营参议）介绍加入中国国民党，再由谭熙鸿（孙中山指派出席国民党一大北京特别区代表，时为国立北京大学秘书兼生物学教授，国立浙江大学农学院院长，国民党中央农民部部长）、李大钊（孙中山指派出席国民党一大北京特别区代表并为大会主席团成员，国民党第一届中央执行委员）、石瑛（中国国民党第一届中央执行委员，前北京政府众议院议员，原国立北京大学教授）保

---

[1]　陆军军官学校编辑、台北文海出版社有限公司印行：近代中国史料丛刊三编第五十七辑《陆军军官学校第四队学生详细调查表》记载。

荐投考黄埔军校。1924年5月到广州，1924年6月考入陆军军官学校第一期第四队学习，参加孙文主义学会活动，为黄埔军校"血花剧社"领导人之一，1924年11月毕业。后随部参加第二次东征作战，任东征军总政治部宣传队队长、营党代表。1926年1月任黄埔军校政治部政治教官，是黄埔一期学生返校任政治教官第一人。1926年5月初与李超等人筹备改组中央军事政治学校血花剧社（社长蒋中正兼），1926年5月18日在广九铁路俱乐部召开改组大会，被推选为中央军事政治学校血花剧社（社长蒋中正兼）执行委员。[1]1926年秋随军参加北伐战争，任军事委员会委员长南昌行营副官处处长、副官长。1926年12月与史曼冰（黄埔军校武汉分校女生队学员）结婚。1928年7月19日被委派为中国国民党陆军第四十六师特别党部筹备委员，任缩编后陆军第四十六师司令部参谋。1928年冬曾派返东北，参与策动张学良部易帜。1929年2月5日被军事委员会训练总监部政治训练处委任为陆军第四十六师政治训练处主任。[2]1929年10月任军事委员会北平分会秘书处副处长，军官教育团总教官。1931年10月任江西"剿匪"总指挥部第一路军总司令部参谋处副处长，赣州警备司令部副司令官，随部参加对江西红军及根据地的"围剿"战事。1936年任国民政府军政部第二厅组长。抗日战争全面爆发后，任陆军预备第十四师副师长、师长，陆军第十二军副军长，率部参加抗日战事诸役。1940年7月奉派入陆军大学特别班第五期学习，1942年7月毕业。1945年2月20日被国民政府军事委员会铨叙厅颁令叙任陆军少将。抗日战争胜利后，1946年秋因飞机失事遇难（另说与人民解放军作战负重伤而亡）。1946年10月10日颁令追赠陆军中将衔。

---

[1] 广州《民国日报》1926年5月20日"血花剧社改组经过情形"一文记载。

[2] 上海《民国日报》1929年2月9日"训练总监部新发表之各师政训处主任"一文记载。

王步忠

王步忠照片

王步忠（1903—1925），江西吉安人。前黄埔军校第一期战术教官刘峙同乡亲属。吉安县立高等小学校毕业。家境清贫。自填登记处为江西吉安县永福乡甘溪村，通信处为吉安县永阳市长茂祥号转甘溪。自填入学前履历：民国十二年（1923年）曾充湘军第五军所部准尉。1922年在桂林经梁祖荫（时任大本营军政部军法处处长）介绍加入中国国民党，1923年充任湘军第五军司令部准尉副官。1924年春由梁祖荫、张书训（供职江西教育界）、萧友松（前任粤军第一军总司令部参谋，黄埔军校少校战术教官）举荐投考黄埔军校。1924年6月考入陆军军官学校第一期第二队学习，1924年11月毕业。分发任黄埔军校入伍生队见习，黄埔军校教导第一团第一营排长、代理连长，随部参加第一次东征作战及对滇桂军阀杨希闵部、刘震寰部军事活动。1925年10月第二次东征河婆之役作战阵亡，[1]葬于广州黄埔长洲岛东征阵亡烈士墓园。

---

[1] ①中国第二历史档案馆供稿，华东工学院编辑出版部影印，档案出版社1989年7月《黄埔军校史稿》第八册（本校先烈）第248页第一期烈士芳名表记载1925年10月在广东河婆阵亡；②台北《黄埔建国文集》编纂委员会编纂：台北实践出版社1985年6月16日印行《黄埔军魂》第573页"东征战役殉国英雄姓名表"第一期记载。

王连庆

王连庆（1899—? ），别号璧如，别字野如，江苏涟水县王七庄人。顾祝同妻弟。涟水县立第一高等小学、江苏省立第三农业专门学校、陆军大学特别班第一期毕业，庐山军官训练团校尉班结业。祖父辈从商，经济中等，有良田百亩。自填登记处为江苏涟水县王七庄，通信处为阜宁县北沙乡邮政支局转交。自填入学前履历：涟水县立第一高等小学毕业，江苏省立第三农业（专门）学校毕业，中南机器建筑公司监工委员。1919年任中南机器建筑公

王连庆照片

司监工、委员，1920年加入沪军，历任传令兵、排长等职。1923年春到广东，投效粤军东路军讨贼军，任步兵连排长、司务长。1924年春由王寿南（又名柏龄，时任广州大本营高级参谋、粤军总司令部监军）、顾祝同（时任粤军总司令部参议）举荐投考黄埔军校，1924年5月经王寿南、沈存中（又名应时，时任粤军总司令部参议、黄埔军校筹备委员会委员）介绍加入中国国民党。1924年6月考入陆军军官学校第一期第三队学习，1924年11月毕业。分发黄埔军校教导团见习，加入军校孙文主义学会，随部参加第一次东征战事。1926年7月随军参加北伐战争，任国民革命军第一军第三师（师长顾祝同）步兵团排长、连长，浙江省警备师步兵营营长。1928年8月13日被任命为军事委员会军政厅军务处恤赏科少校科员。[1]1929年9月任第一集团军第九军（军长顾祝同）直属教导团团长，第十师

---

[1] 全国图书馆文献缩微复制中心2010年6月影印《国民政府军事委员会公报》第四册1928年第十四期第130页记载。

（师长黄杰）第六旅司令部参谋主任，步兵团团长等职。1929年2月获保送陆军大学特别班第一期学习，在学期间因中原大战爆发，返回原部队参战，战后返回陆军大学续学，1931年10月毕业。[1]1932年5月任讨逆军第十六路军总指挥部教导总队副总队长，陆海空军总司令部洛阳行营（主任顾祝同）警卫团团长，后任国民政府警卫军司令部副官处处长。1933年9月任湘鄂闽粤赣五省"剿匪"北路军总指挥部独立旅旅长，率部参加对江西红军及根据地的"围剿"战事。1936年3月6日颁令叙任陆军步兵上校。[2]1937年5月21日颁令晋任陆军少将。[3]抗日战争全面爆发后，随部参加淞沪会战。1940年春任第二战区第十四集团军（总司令刘茂恩兼）第十四军（军长陈铁）第九十四师（师长刘明夏）副师长，1942年11月任第一战区第四集团军（总司令孙蔚如）第十四军（军长张际鹏）第九十四师师长，1943年12月任第一战区第三十六集团军（总司令李家钰）第十四军（军长张际鹏）副军长，兼任第八十五师师长。1945年1月所部调防陪都，任重庆卫戍总司令部第十四军（军长余锦源）副军长，免兼第八十五师师长职。抗日战争胜利后，1946年7月退为备役，1949年春曾发表为国民政府国防部部附。1949年8月27日在香港发表起义通电并署名，[4]后留居香港。著有《对〈我所知道的顾祝同〉的订正》（载于中国文史出版社《文史资料存稿选编—军政人物》下册）等。

---

[1] 南京图书馆编：上海古籍出版社2011年12月《中国近现代人物像传》第91页军官照片记载。

[2] 国民政府文官处印铸局印行：台湾成文出版社有限公司1972年8月出版《国民政府公报》第105册1936年3月7日第1990号颁令第1—2页记载。

[3] 国民政府文官处印铸局印行：台湾成文出版社有限公司1972年8月出版《国民政府公报》第124册1937年5月22日第2360号颁令第40页记载。

[4] 中国人民解放军历史资料丛书编审委员会：解放军出版社1997年11月《中国人民解放军历史资料丛书——解放战争时期国民党军起义投诚综合卷》第914页记载。

王叔铭

王叔铭（1905—1998），原名鑨，[1]又名勋，后改名叔铭，山东诸城人。诸城县立国民学校、高等小学、广州大沙头军事航空学校第一期、苏军空军第二军事航空学校飞行科毕业，苏联空军高级战斗射击轰炸飞行学校第四十五期驱逐科、苏军将校飞行侦察专门学校第一期肄业，杭州笕桥中央航空学校高级班结业。自填登记处为山东诸城县中城阳村，通信处为济南齐鲁书社。自填入学前履历：在私塾六年，国民学校二学期高等小学校毕业。1905年

王叔铭照片

10月16日（另载1904年11月12日）生于诸城县郊一个农户家庭。1923年11月经王乐平（时任国民党山东省筹备委员，后为孙中山指派出席国民党一大山东省代表，前北京政府国会参议院议员，山东济南齐鲁书社社长）、王履斋（原山东济南法政中学教员）介绍加入中国国民党。1924年春到广州，1934年5月由王乐平、王履斋、杨泰峰（国民党一大山东省代表，前国民党山东省临时党部筹备委员，广州大本营参议，国民党山东省党部党务整理委员、执行委员）、丁惟汾（孙中山指派出席国民党一大山东省代表，前北京政府第一届国会众议院议员，国民党第一届中央执行委员，国民党北京执行部筹备委员）举荐投考黄埔军校，1924年6月考入陆军军官学校第一期第四队学习，1924年11月毕业。奉派转学航空，1924年12月入广州大沙头军事航空学校第一期学习，1925年2月随部参加第一次

---

[1] 陆军军官学校编辑、台北文海出版社有限公司印行：近代中国史料丛刊三编第五十七辑《陆军军官学校第四队学生详细调查表》记载。

东征作战，1925年6月参加讨伐滇桂军阀杨希闵部、刘震寰部军事行动。毕业后保送苏联留学，入苏军空军第二军事航空学校飞行科学习，1926年2月在苏联学习期间加入中国共产党，受中共旅莫支部领导。[1]1927年5月第二航空学校毕业，继入苏联空军高级战斗轰炸学校驱逐科进修。1928年再入苏联将校飞行视察专门学校学习，按教程安排派赴苏联空军部队见习，成为全面掌握战斗、轰炸、侦察等飞行技能，具备较高飞行技术的空军技术军官。1931年秋毕业回国，曾因"共党嫌疑"被捕，后得毛邦初力保获释。1933年2月入杭州笕桥中央航空学校高级班飞行科第一期学习，改叙空军军官阶级，为空军官制肇始。1933年6月任杭州笕桥中央航空学校上尉飞行教官，1933年7月任空军第二队代队长、队长。"福建事变"时奉命组织轰炸队，以温州为基地轰炸福州。战后记功，1934年1月1日叙任空军少校。其间率空军第二队飞赴江西建宁、广昌、瑞金等地，参与空军对江西红军及根据地的第五次"围剿"战事。1934年7月航空委员会在南昌设飞行训练班，任中央航空学校第五期甲班班主任。1935年8月受国民政府派遣赴意大利考察空军及航空业，1936年1月1日获颁六等宝鼎勋章，1936年4月回国后，任杭州笕桥中央航空学校洛阳分校主任，兼任空军轰炸机第二队队长。1936年8月5日奉军事委员会铨叙厅颁令由王勋改名王叔铭，时任航空委员会第二队少校代队长。[2]后任杭州笕桥中央航空学校教育处处长，杭州笕桥中央航空学校柳州分校主任。抗日战争全面爆发后，率空军先行迁移内地，任成都空军军士学校（校长蒋中正，教育长张有谷）教育处处长，培养飞行军士，充实空军作战骨干。1938年5月奉派中华民国政府驻苏联大使馆（大使杨杰）空军武官，赴任途经新疆时，与苏联军事代表洽购各式战机及武器装备，为争取苏联空军抗战初期援助有着突出贡献。[3]1940年8月1日卸任回国，1940年8月19日任空军第三路司令部司令官，1941年1月22日任空军军士学校教育长。1941年4月空军增设第五路（驻昆明），

[1] 杨牧、袁伟良主编：河南人民出版社2005年11月《黄埔军校名人传》上册第632页记载。

[2] 国民政府文官处印铸局印行：台湾成文出版社有限公司1972年8月出版《国民政府公报》第112册1936年8月6日第2120号颁令第7页附录《军事委员会按照陆海空军军籍条例核改同名军人一览表》记载。

[3] 台北"国史馆"编纂：2006年12月印行《"国史馆"现藏民国人物传记史料汇编》第二十辑第30页记载。

续任第五路司令部司令官，其间兼任云南省防空司令部副司令官及昆明城防司令部副司令官。1941年8月1日任"中美混合航空联队"（飞虎队）司令部参谋长，多次率部参加空战，系当时著名空军抗日名将。[1]1942年7月任国民政府航空委员会美国空军志愿大队中国人员管理主任，与盟军协同作战。1943年4月8日任空军第三路司令部司令官，兼任空军参谋学校教育长，指挥空军参加滇西、鄂西、豫西、鄂北、中原诸役，配合地面部队攻击日军。1943年10月10日获颁三等空军复兴勋章。1944年8月14日值"空军节"之际，国民政府以空军在抗战历次空战中攘御外侮卓有功绩而嘉奖空军将领，其获颁授青天白日勋章。[2]1945年1月被推选为军队各特别党部代表出席中国国民党第六次全国人民代表大会。1945年5月任国民政府航空委员会副主任、代理主任，1945年6月30日获颁美国空军嘉猷勋章。是著名的抗战空军英雄，曾驾机出战二百三十多次，因其作战勇猛、敢于冒险，以战功非凡称誉为空军"王老虎"。抗日战争胜利后，1945年10月获颁忠勤勋章。1946年3月29日国民政府在南京公墓灵堂举行抗战胜利后第一次公祭典礼，其奉命代表空军主祭。1946年1月1日获颁四等云麾勋章。1946年5月30日获颁胜利勋章。1946年5月31日航空委员会改组为空军总司令部，1946年6月29日颁令任空军总司令部副总司令，兼任参谋长及物资动员委员会副主任，同时兼任国民政府北平行营副主任。1946年11月1日获颁二等景星勋章。1946年11月15日被推选为军队出席（制宪）国民大会代表。1946年12月获颁美国自由勋章。1947年1月1日晋给四等宝鼎勋章。1947年8月晋给三等宝鼎勋章，9月晋给二等宝鼎勋章。1948年9月22日颁令叙任空军少将（为当时空军最高军衔）。其间再获颁一等景星勋章、一等云麾勋章、一等宝鼎勋章。1949年1月率空军总司令部迁移台湾，指挥空军以舟山为基地，封锁大陆沿海。1950年4月任台湾"国防部"防空司令部司令官。1951年1月1日晋任空军中将。1951年2月兼任"革命实践研究院"教育委员会委员。1952年3月14日任台湾"空军总司令部"总司令，兼任台湾足球协会第一任主任委员。1952年10月19日当选为中国国民党第七届中央

---

[1] 台北《黄埔建国文集》编纂委员会编纂：台北实践出版社1985年6月16日印行《黄埔军魂》第244页记载。

[2] 国民政府文官处印铸局印行：台湾成文出版社有限公司1972年8月出版《国民政府公报》1944年渝字第701号颁令。

委员。1953年10月1日晋任空军二级上将。1957年6月25日任"国防部"参谋本部参谋总长。1957年10月23日当选为中国国民党第八届中央委员。1958年10月以"八二三炮战运筹帷幄得宜"再次获颁青天白日勋章一枚。1958年12月31日晋任空军一级上将。1959年6月29日免参谋总长职，转任"战略顾问委员会"（主任委员何应钦）副主任委员。1962年1月26日转任常驻"联合国军事参谋代表团"首席代表兼空军代表。1963年11月22日当选为中国国民党第九届中央评议委员。1969年4月9日当选为中国国民党第十届中央评议委员。1972年4月任驻"约旦王国"大使。1975年5月办理退休，聘任"战略顾问委员会"顾问。1976年11月当选为中国国民党第十一届中央评议委员。1981年4月3日当选为中国国民党第十二届中央评议委员。1988年7月12日当选为中国国民党第十三届中央评议委员。1993年8月被聘为中国国民党第十四届中央评议委员。1997年8月被聘为中国国民党第十五届中央评议委员。1998年10月28日因病在台北逝世，获颁"勋猷懋著"匾额及旌忠状，葬于五指山"国军示范公墓"特勋区第十六号墓穴。著有《赴美考察空军纪要》等。台湾《传记文学》第三十七卷第六期载有《空军"老虎"王叔铭》（关志昌著）等。

王国相

王国相（1894—1947），又名裕民、国象，山西右玉县威远堡镇郭家堡村人，右玉县立高级小学毕业，大同山西省立第三中学、太原国民师范学校肄业，南京中央陆军军官学校高等教育班第三期毕业。自填登记处为山西右玉县城内，通信处为山西左云县义顺成号。自填入学前履历：由高小毕业而升中学，由中学毕业而升大学，本年由大学来考本校。农家出身，信仰孔教。1894年9月16日生于右玉县威远堡镇郭家堡村一个耕读家庭。祖父登魁精通诗

王国相照片

书，父殿兴中秀才。清光绪初家族迁居树儿照村。七岁由父执教读书，后入本村私塾攻读"四书五经"六年。1912年考入右玉县立高级小学就读，1916年春考入大同山西省立第三中学，入学半年因学费不济辍学，返回原籍乡村教书务农。1919年山西省立第七中学在右玉县开办，再次考入中学读书五年。1923年夏受诸兄弟资助，考入太原国民师范学校学习，在学期间接受孙中山三民主义思想，课余之际担任苗培成主办的《晓报》校对，开始参加社会活动。1924年3月29日经王用宾（时任广州大本营参议及奉派北方军事委员，孙中山指派出席国民党一大山西省代表，前中国国民党本部参议兼北方党务特派员）介绍加入中国国民党，并由其举荐报考黄埔军校。1924年4月到广州，1924年6月考入陆军军官学校第一期第一队学习，1924年11月毕业。分发任第三期入伍生第四连排长，奉派返回北方策应。1925年7月与徐向前、白龙亭、孔昭林等投效驻河南安阳的国民军第二军，任第六混成旅军士教导营军事教官。1926年春起任国民第二军第四师第三团第一营营长、团长，率部参加国民军与北洋军阀直鲁联军之德州、定州战役。

1927年应诸同学邀请，返回太原投效晋军，历任军事政治速成科特务队队附，国民革命军第三集团军总司令部干部训练团高级教官，第二军司令部参谋，晋军军事整编委员会整训处科长，新兵补充训练处学员总队副总队长，晋绥军第一兵监部参谋长。1930年春冯（玉祥）阎（锡山）联合反蒋，与黄埔同学多人脱离晋绥军，赴南京陆军大学高级班受训，数月后调任新兵训练处第二大队队长，奉派赴浙江负责训练新兵。1931年1月11日经审查呈请社长（蒋介石）批准为"励志社"第九届新社员。[1]后任南京陆军大学军官补习班第二队队长，1931年夏学生毕业后，奉命北上绥西收编杂牌军队未遂。1934年1月奉派入南京中央陆军军官学校高等教育班第三期学习，1935年1月毕业。1935年7月16日颁令叙任陆军步兵少校。[2]后返回山西，任晋军第三十四军司令部参谋，兼任中国国民党山西区特别党部干事及太原特别区党部书记长。其间攻读日语，研究古今中外兵法、战策，练习书法，锻炼身体，以期报效国家。其对当时社会概述："现在政治不入轨道，封建势力雄厚，国家实业不振，教育腐败，财政不统一，军权多分割，地方对中央命令阳奉阴违，各自为政，已形成四分五裂之局面。加之各帝国主义的经济侵略，日甚一日，洋货充斥，国货渐减，以致农村经济破产，民不聊生，社会人心浮动，尔虞我诈，钻营奔走为生，整个社会造成不安定现象。"[3]表达了忧国忧民的爱国思想。抗日战争全面爆发后，曾与老同学徐向前进行多次交谈，表示拥护国共两党精诚团结，共赴国难，抗击日本侵略的主张。1937年10月任晋绥军步兵第十四团团长，率部参加对日军作战。1938年10月任陆军第一六七师第五〇一旅旅长，率部在江西九江与日伪军作战数昼夜，取得歼敌战绩，晋任陆军第一六五师副师长。1940年春调任陕东河防游击纵队司令官，率部参加中条山战役，与日军周旋数月，挫败日军妄图占领中条山进而控制陇海路企图。1942年12月任第八战区抗日游击挺进总指挥部第一独立游击挺进纵队司令官，率部先后在九江、香山、河防口、汾南、中条山等地对日军作战六十余次。1943年2月20日颁令叙任

[1] 《中央日报》1931年1月12日、1月13日连续刊登"励志社社员管理科通告"记载。

[2] 国民政府文官处印铸局印行：台湾成文出版社有限公司1972年8月出版《国民政府公报》第95册1935年7月17日第1795号颁令第2—3页，记载为王裕民。

[3] 1934年5月1日撰写《王国相自述》记载。

陆军步兵上校。[1]抗日战争胜利后，1945年11月任第二战区司令长官部派驻晋南军事专员。1946年1月任第二战区司令长官部高级参谋，运城城防司令部司令官，晋南区警备司令部副司令官。1946年夏因积劳成疾，赴西安医院治疗。1947年2月6日因心肌梗死在西安逝世，葬于陕西长安县（现西安市长安区）翠峰山国民革命军烈士公墓，后墓园荒废，1988年修复建有纪念冢。

---

[1] 国民政府文官处印铸局印行：台湾成文出版社有限公司1972年8月出版《国民政府公报》1943年2月22日颁令叙任陆军步兵上校名单，记载为王裕民。

王定一照片

　　王定一（1903—?　），陕西临潼人。临潼县立高
等小学校毕业，临潼初级中学肄业。自填登记处为
陕西临潼县交口镇，通信处为交口镇悦盛德花庄。
自填入学前履历：临潼县立高小毕业，本县中学肄
业二年。农民家庭出身，有田地八十亩。1924年春
经于右任（国民党第一届中央执行委员兼上海大学
校长）介绍加入中国国民党，并由其举荐投考黄埔
军校。1924年6月考入陆军军官学校第一期第三队学
习，1924年11月毕业。后返回北方服务军界。1930
年12月任陆军新编第十师第二五五旅第五一〇团团长。

王建业

　　王建业（1905—?　），山西五台人。[1]1924年6月考入陆军军官学校第一期第四队学习，[2]未毕业即离校，返回北方服务军界，任晋绥军步兵团连长、营长、团附。1937年9月8日国民政府颁令由陆军步兵上尉晋任陆军步兵少校。[3]晋军将领王建业毕业于太原北方军官学校，据详察并非同一人。

---

　　[1]　陆军军官学校编辑、台北文海出版社有限公司印行：近代中国史料丛刊三编第五十七辑《陆军军官学校第一至四队学生详细调查表》无载；现据：湖南省档案馆校编、湖南人民出版社《黄埔军校同学录——第一期》第16页第一期补录名单，仅列姓名，缺载年龄、籍贯和通信处。

　　[2]　见载于广东省国家档案馆藏《第一期同学附录》第四队名单，仅列姓名，缺载年龄、籍贯和通信处。

　　[3]　国民政府文官处印铸局印行：台湾成文出版社有限公司1972年8月出版《国民政府公报》第129册1937年9月9日第2453号颁令第1页记载。

王治岐

王治岐照片

王治岐（1901—1985），别号凤山，甘肃天水县新阳镇人。新阳镇立高等小学校、甘肃省立第三中学毕业，中法国立通惠工商学校工科肄业，陆军大学乙级将官班第二期毕业。家境清贫，有薄田数亩。自填家庭主要成员：父象贤，母裴氏，入学前已婚，夫人张氏，育一子，名怀仁。兄弟四人姐妹两名。[1]自填登记通信处为甘肃天水县新阳镇。自填入学前履历：民国四年（1915年）毕业于镇立高小学校，八年（1919年）毕业于省立第三中学校，十年（1921年）入上海中法通惠工商学校工科肄业三年。1915年毕业于新阳镇立高等小学校，1919年毕业于甘肃省立第三中学。1921年赴上海求学，入中法国立通惠工商学校工科肄业三年。1924年3月10日在上海经张宸枢（国民党一大上海特别区代表，前上海外国语学校及上海大学社会科学部教员，国民党上海特别区执行部筹备委员，广州大本营参议）、李希莲（孙中山指派吉林省出席国民党一大代表，前北京政府第一届国会参议院议员，国民党吉林省临时支部筹备委员，上海外国语学校教员）介绍加入中国国民党，继由其二人保荐投考黄埔学校。1924年5月赴广州，1924年6月考入陆军军官学校第一期第一队学习，1924年11月毕业。分发军校教导团步兵连排长，随部参加第一次东征作战。1925年10月任党军第一旅步兵连连长，随部参加第二次东征战事。1926年7月随部参加北伐战争，

---

[1] 陆军军官学校编辑、台北文海出版社有限公司印行：近代中国史料丛刊三编第五十七辑《陆军军官学校第一队学生详细调查表》记载。

任国民革命军第一军第一师营长。1927年7月1日黄埔同学会广东支会成立，任该会执监委员会常务委员会（主席李安定）驻总司令部分会特派员主任。1927年7月15日被推选为黄埔同学会广东支会恳亲会筹备委员。[1]1929年10月任中央警卫师警卫一团营长、团附。1932年任浙江省保安司令部第二团团长，第一军第一师司令部参谋主任。1936年10月任陆军第一军司令部高级参谋，甘肃省保安旅旅长。1936年11月2日颁令叙任陆军步兵中校。[2]抗日战争全面爆发后，1938年3月19日国民政府颁令晋任为陆军步兵上校。[3]1938年8月2日接李文（兼职）任陆军第九十军（军长李文）第一九六师师长，[4]防守黄河沿岸阻击日军西进。1938年9月29日接鲁大昌任陆军新编第二军（军长鲁大昌）第一六五师师长，[5]1939年1月所率陆军第一六五师隶属第八十军统辖。后任中央陆军军官学校第七分校（西安分校）第十五期学员总队总队长。1939年7月3日晋任陆军少将。[6]1942年6月1日任陆军第八十军（军长王文彦）副军长，1943年9月9日任甘肃省政府（主席谷正伦）保安处处长，1945年5月14日免职。抗日战争胜利后，1946年春入陆军大学乙级将官班第二期学习，1947年4月毕业。其间奉命主持将甘肃保安部队若干团与陆军第二四四师等部组成第一一九军，1949年2月22日任陆军第一一九军军长，隶属西北军政长官公署，统辖陆军第一九一师（师长廖凤运）、第二四四师（师长蒋云台）、第二四七师（师长陈倬，李惠民代理）等部。1949年7月所部在扶郿战役被人民解放军重创，损失官兵四分之三，全军仅五千余人。1949年12月2日任甘肃省政府主席，[7]1949年12月12日兼任甘肃省政府委员，并兼任第五兵团副司令官。1949年12月9日在甘肃武都率部8720人起义，所部被改编为西

---

[1] 广州《民国日报》1927年7月15日"黄埔同学会定期开恳亲大会"专文记载。

[2] 国民政府文官处印铸局印行：台湾成文出版社有限公司1972年8月出版《国民政府公报》第116册1936年11月3日第2193号颁令第7页记载。

[3] 国民政府文官处印铸局印行：台湾成文出版社有限公司1972年8月出版《国民政府公报》第132册1938年3月23日渝字第33号颁令第5页记载。

[4] 戚厚杰、刘顺发、王楠编著：河北人民出版社2001年1月《国民革命军沿革实录》第441页记载。

[5] 戚厚杰、刘顺发、王楠编著：河北人民出版社2001年1月《国民革命军沿革实录》第451页记载。

[6] 国民政府文官处印铸局印行：台湾成文出版社有限公司1972年8月出版《国民政府公报》第141册1939年7月5日渝字第167号颁令第1页记载。

[7] 郭卿友主编：甘肃人民出版社《中华民国时期军政职官志》第790页记载。

北人民解放军独立第三军，编成前离职。中华人民共和国成立后，任甘肃省人民政府委员会委员，民革甘肃省第五届委员会副主任委员。1956年2月当选为民革第三届中央委员会候补委员。"文化大革命"期间受到冲击和迫害。1983年12月当选为第六届民革中央委员会委员，民革中央委员会顾问。1984年任甘肃省政协常务委员，1984年12月任西安市黄埔军校同学会名誉会长。1985年8月11日因病在兰州逝世。著有《扶郿战役惨败记》（载于中国文史出版社《原国民党将领的回忆——解放战争中的西北战场》）等。中国文史出版社《原国民党将领的回忆——解放战争中的西北战场》载有《王治岐主政甘肃和武都和平解放》（李永瑞著），甘肃《天水文史资料》1988年第二辑载有《王治岐和第一一九军》（董乐山著），中国文史出版社《百万国民党军起义投诚纪实》第618页载有《武都起义——国民党第一一九军起义纪实》（余依章等编写，中国人民解放军甘肃省军区政治部供稿）等。

王彦佳

王彦佳（1899—？），广东东莞县虎门乡人。东莞县立虎门高等小学毕业。父从儒业，家境清贫。自填登记处为广东东莞县虎门南栅乡，通信处为虎门广济圩合盛隆店转交。自填入学前履历：曾任各军书记、委员，现任粤军第三军第四路司令部上尉副官。曾任粤军第一师第二团部书记员，第三旅司令部差遣委员。1923年秋任粤军第三军第四路司令部上尉副官。1924年春由李福林（时任粤军第三军军长，前广东东路讨贼军第三军军长，广东全省警

王彦佳照片

备处处长，广州市市政厅厅长）、练炳章（时任粤军第三军司令部参谋长，前广东东路讨贼军第三军军长，粤军讲武堂教育长，广州大本营咨议）举荐投考黄埔军校。1924年6月考入陆军军官学校第一期第四队学习，1924年11月毕业，后服务社会。

王钟毓

王钟毓（1899—？），四川叙永人。广州大本营军政部陆军讲武学校肄业。1923年夏考入广州大本营军政部陆军讲武学校学习，1924年秋该校并入黄埔军校，1924年11月编入陆军军官学校第一期第六队学习，1925年2月肄业。1930年12月任江苏全省水上督练处督练员。

王家修

王家修（1901—1925），江苏沛县人。江苏沛县县立初级中学毕业，北京成达中学肄业、江苏省徐州中学肄业。家境中等，入可敷出。自填登记通信处为江苏沛县东关外王宅。自填入学前履历：（江苏）沛县县立一高（第一高等小学）毕业，北京成达中学肄业一年，徐州中学肄业两年半。1923年10月20日经顾子扬（国民党一大江苏省代表，前徐州中学校长及铜山县教育会会长，国民党徐州支部长及江苏省临时党部执行委员）介绍加入中国国民党，

王家修照片

在顾子扬领导下与同学王敬久、郭剑鸣、王仲廉等组织徐州学生联合会，其负责宣传事宜。1924年春由顾子扬、刘云昭（孙中山指派出席国民党一大江苏省代表，前北京政府国会众议院议员，国民党江苏省临时党部筹备委员）举荐投考黄埔军校。1924年5月到广州，1924年6月考入陆军军官学校第一期第二队学习，1924年11月毕业。分发任中国国民党陆军军官学校第二期入伍生队区队附，黄埔军校教导第一团第二营第三连排长。1925年2月随部参加第一次东征，1925年3月12日在棉湖之役中作战阵亡。[1]安葬于广州黄埔长洲岛东征阵亡烈士墓园。1931年2月2日国民政府颁布第226号指令行政院："呈据军政部呈为前黄埔中央军校第一

---

[1]　①中国第二历史档案馆供稿，华东工学院编辑出版部影印，档案出版社1989年7月《黄埔军校史稿》第八册（本校先烈）第243页第一期烈士芳名表记载1925年3月在广东阵亡；②台北《黄埔建国文集》编纂委员会编纂：台北实践出版社1985年6月16日印行《黄埔军魂》第573页"东征战役殉国英雄姓名表"第一期记载。

教导团第一营第三连排长王家修在棉湖战役阵亡，拟照少尉阵亡例给恤，应予照准，此令。"[1]

[1] 国民政府文官处印铸局印行：台湾成文出版社有限公司 1972 年 8 月出版《国民政府公报》第 47 册 1931 年 2 月 4 日第 689 号颁令第 7 页记载。

王振斆

王振斆（1902—?），别字幼盦，别号幼庵，湖南攸县人。湖南攸县县立中学毕业，广州大本营军政部陆军讲武学校肄业，陆军大学乙级将官班第一期毕业，中央训练团将校班第一期结业。1923年冬到广州，考入广州大本营军政部陆军讲武学校学习，1924年秋该校并入黄埔军校，1924年11月编入陆军军官学校第一期第六队学习，1925年2月肄业。留校任入伍生部教育副官、区队长，随部参加了两次东征作战。后任中央军事政治学校战术教官兼教官组

王振斆照片

组长。1927年夏随军校迁移南京，任南京中央陆军军官学校第六期第一总队步兵第三大队第九中队中校中队长，第八期步兵大队步兵第三队队长。1929年5月13日派任留学英美德法等国军事监考试委员，[1] 在南京中央陆军军官学校监试3100名考生考取100名留学资格。1933年任陆军八十师第二三八旅旅长，陆军第八十师副师长。后任中央陆军军官学校第十四期第六总队上校战术教官。抗日战争全面爆发后，随军校迁移西南地区，后任陆军大学兵学研究院研究员。1938年12月保送陆军大学乙级将官班第一期学习，1940年2月毕业。1945年1月任成都中央陆军军官学校军简三阶高级教官（少将薪给）。[2] 1945年7月颁令叙任陆军步兵上校。抗日战争胜利后，1946年1月奉派入中央训练团将官班受训，登记为少将学员，1946年3月结训，1946年6月退役。1946年12月3日参加赴南京任职、公干的81

---

[1]　上海《民国日报》1929年5月14日"南京中央陆军军官学校昨日考选留学生"一文记载。

[2]　湖南省档案馆校编、湖南人民出版社1989年7月《黄埔军校同学录》记载。

名黄埔一期生在中央训练团聚餐并于办公大楼前合影。[1]1948年12月任中央警官学校警官甲级班第三期学员总队总队长、警政班第六期学员队队长等职。

---

[1] 容鉴光编著：列入台北出版品预行编目资料，台北博煜企业有限公司 2003 年 6 月 16 日第一版印行《黄埔军校一期研究总成》第 278 页辑录。

王祯祥

王祯祥（1901—1938），湖南醴陵人。醴陵县立中学、醴陵初级师范学校毕业，广州大本营军政部陆军讲武学校肄业。1923年冬到广州，考入广州大本营军政部陆军讲武学校学习。1924年秋该校并入黄埔军校，1924年11月编入陆军军官学校第一期第六队学习，1925年2月肄业。分发教导团见习、排长，随部参加平定广州商团战事，1925年6月随部参加对滇桂军阀杨希闵部、刘震寰部军事行动，1925年11月随部参加第二次东征作战。1926年7月随部参加北伐战争，任国民革命军第一军第一师步兵连连长，1927年5月任国民革命军第十八师第五十二团第一营营长，1927年9月在江西会昌作战负伤。[1]另载：1929年12月任中央教导第二师司令部参谋处作战科科长。抗日战争全面爆发后，任陆军暂编第二十师司令部参谋长、副师长，1938年在武汉会战中殉国。

王祯祥照片

---

[1] ①《中央陆军军官学校追悼北伐阵亡将士特刊——黄埔血史》第37页"黄埔受伤同学名册"记载；②中国第二历史档案馆供稿，华东工学院编辑出版部影印，档案出版社1989年7月《黄埔军校史稿》第八册（本校先烈）第244页第一期烈士芳名表记载1927年9月12日在广东阵亡；③台北《黄埔建国文集》编纂委员会编纂：台北实践出版社1985年6月16日印行《黄埔军魂》第574页"北伐战役殉国英雄姓名表"第一期记载。

王副乾

王副乾照片

　　王副乾（1903—？），别号南强，广东东莞人。前国民革命军第七军司令部参谋长、师长、广东省政府委员及民政、建设厅厅长王应榆亲属。自填登记处为广东东莞县厚街乡，通信处为广州市永汉北路王家巷十一号。自填入学前履历：任过小学校教职员。广东莞城县立中学毕业。曾任东莞县立高级小学教员。1924年春由邓演达（前任广东西路讨贼军第一师第三团团长，黄埔军校入学试验委员会委员）、金佛庄（前浙江陆军第二师营长，黄埔军校第一期第三队上尉

队长）介绍加入中国国民党，1924年5月由林国桢（广州学界任教）、方云棠（广州政界供职）举荐投考黄埔军校。1924年5月入陆军军官学校第一期第三队学习，1924年11月毕业。分发黄埔军校第二期步兵科第二队区队长，第三期入伍生总队中尉区队长。1925年5月加入粤军，任粤军第一师步兵连连长，参加对滇桂军阀杨希闵部、刘震寰部军事行动。1925年8月任国民革命军第四军第十二师第三十四团营长，1926年春随部参与讨伐广东南路邓本殷部战事。1926年7月随北伐东路军参加闽浙苏等省北伐战事，1927年8月30日任浙江补充第一师（师长严重）第六十二团（团长王禄丰）少校团附，1927年10月任国民革命军总司令部第五补充团副团长。1928年8月26日任第一集团军第九军（军长顾祝同）第二十一师（师长肖乾）第六十一团团长，后任国民革命军第二十一师第六十二团团长，陆军第五十二师补充旅旅长。据史料记载1931年9月在江西方石岭与红军作战时阵

亡。[1]另载：后因李正华（一期生）因伤出缺，1931年10月1日另委王副乾补充任中国国民党陆军第五十二师特别党部筹备委员。[2]

---

[1]　①中国第二历史档案馆供稿，华东工学院编辑出版部影印，档案出版社1989年7月《黄埔军校史稿》第八册（本校先烈）第245页第一期烈士芳名表记载1931年9月15日在江西方石岭阵亡；②台北《黄埔建国文集》编纂委员会编纂：台北实践出版社1985年6月16日印行《黄埔军魂》第580页"剿匪战役殉国英雄姓名表"第一期记载。

[2]　《申报》1931年10月2日第一张第一版：1931年10月1日上午国民党中央执行委员会召开第162次常务会议决议记载。

王逸常

王逸常照片

王逸常（1896—1986），又名彝常，曾化名仲岭、黄康，别字纯熙，安徽六安人。安徽省立第三甲种农业学校、芜湖第二甲种农业学校、上海大学社会学系毕业。自填登记处为安徽六安县城外濠水之西，通信处为六安城北外何隆昌号转交。自填入学前履历：幼小家居受书，以疮疾致体质弱，甚父命从事耕作数年疾愈，受业理学见称陈叔豹先生四年，适安徽省立三农成立于六安，即入该校预科期满，后以该校农林两本科均不合志愿，遂转入芜湖二农（第二甲种农业专门学校）蚕本科肄业，课暇尝涉略关于新思潮等出版物，并感受社会不良之痛苦，自知所学将作新村式之蚕桑事业，非现时所需要，于民十二秋考入上海大学研究社会科学。其人1896年3月10日生于六安县城一个农商之家。幼年本乡私塾启蒙，少入高等小学、第三甲种农业学校学习并毕业。1921年8月考入安徽省立第二甲种农业学校就读时，受任教老师柯庆施影响与介绍加入中国共产主义青年团，其间学校以"准予退学"名义开除学籍。经介绍，于1923年6月赴上海，考入上海大学社会学系学习，1923年9月经周颂西（上海大学社会学科教员）、曾伯兴（上海大学社会学科教员）介绍加入中国国民党，1923年11月22日由瞿秋白、施存统介绍加入中国共产党。[1]1924年春受中共组织内部推荐，另由于右任（时任上海大学校长）举荐投考黄埔军校，1924年春末在上海市环龙路44号中国国民党上海执行部参加初试，通过初试录取的有其与杨溥泉、

---

[1] 杨牧、袁伟良主编：河南人民出版社2005年11月《黄埔军校名人传》上册第643页记载。

许继慎、唐继盛等人，发给三十元南下旅费，指定唐继盛任组长一同乘船赴广州。[1]1924年5月4日到达广州，随即参加复试并录取为正取生。1924年6月入陆军军官学校第一期第一队学习，因按两党协议规定，中共组织在校内不公开，秘密兼任中共黄埔军校第一期支部（书记蒋先云）宣传委员。1924年11月毕业，留校任黄埔军校政治部干事，被秘密推选为中共第二期支部候补干事，后任校本部政治部组织科科员，中国青年军人联合会成立时任驻会秘书。1925年2月随军参加第一次东征，任东征军政治部（主任周恩来）代理秘书，协助宣传鼓动事宜。1925年6月任教导第一团第三营少校营党代表，参与校军对滇桂军阀杨希闵部、刘震寰部军事行动。1925年7月奉调回校本部政治部组织科工作，1925年9月28日任国民革命军第一军第三师第九团党代表，率部参加第二次东征作战。1925年11月被选为第三师第一补充团党代表，1926年3月任中央军事政治学校潮州分校政治部秘书，参与该校筹备创建事宜。1926年7月9日参加广州东校场北伐誓师大会，任国民革命军（广州）留守处政治部组织科科长。[2]1927年广州七一五"清党"前夕，奉命赴香港隐蔽。1927年9月奉派返回广东海丰，参与筹备武装起义，事败后赴上海。1927年10月在上海中共中央军事部工作，1928年1月派返原籍开展工作，任中共六安中心县委书记。任鄂豫皖边区红军第三十三师党代表，中共六安、霍山联合县委书记，1928年3月至12月任中共六霍县委书记，[3]1928年冬因与尹宽（时任中共安徽省委书记）发生严重分歧，于1929年1月径往上海找党中央解决，因患病留上海医治。1930年在上海英租界开办秋阳书店，任经理，主要销售政治书刊和介绍苏联的期刊，还翻译并印刷苏联等书籍销售。1931年夏，英租界老闸巡捕房查抄秋阳书店，其被逮捕入狱，在狱中坚贞不屈没有认供，几个月后被党组织营救出狱。1932年因对当时中共党内"左"倾做法不满，遂声明退出中共，[4]后一度仍与中共党组织保持联系。为维持生计在上海从事手工业加工。1935年10月，中共组织委派周新民向其传达指示，令其以师生关系与张治中联

---

[1] 鲍劲夫著：解放军出版社1986年7月出版《许继慎将军传》第36页记载。

[2] 杨牧、袁伟良主编：河南人民出版社2005年11月《黄埔军校名人传》上册第645页记载。

[3] 中共中央组织部、中共中央党史研究室、中央档案馆编纂：中共党史出版社2000年9月印行《中国共产党组织史资料1921—1997》第二卷《土地革命战争时期1927.8—1937.7》中册第1203页记载。

[4] 杨牧、袁伟良主编：河南人民出版社2005年11月《黄埔军校名人传》上册第646页记载。

系，到上海黄埔同学会登记，从而恢复军校学籍，并分配入南京中央政治学校学习。1935年12月任军事委员会北平分会政治训练处处员，1936年2月任东北军第五十三军第九十一师（师长冯占海）政治训练处处长，后任陆军第五十三军（军长万福麟）政治部主任，兼任中国国民党陆军第五十三军特别党部书记长。抗日战争全面爆发后，任军事委员会保定行营政治训练处处长，兼任中国国民党保定行营特别党部执行委员。1938年1月任国民政府武汉行营政治训练处秘书、代理处长。其间一度离开军界，1938年6月至8月任重庆民生公司船务处副经理。1938年9月派任陆军第三十六军（军长姚纯）政治部副主任。1941年4月任第一战区司令长官部政治部副主任，1943年3月被撤职查办。1943年4月经张治中保举，挂任军事委员会政治部部附。1943年11月颁令叙任陆军步兵上校。抗日战争胜利后，1947年8月9日颁令叙任陆军少将，[1]同时办理退役。后未再任军职，为谋生出任教职，曾任重庆私立中学校长。中华人民共和国成立后，一度被捕入狱和劳动改造，1960年获释后，安排任重庆市人民政府干部学校工农干部文化班班主任，后任重庆第十二中学历史教员。1963年6月随亲属迁移湖北定居，任武汉市人民政府文史研究馆馆员。1984年夏，参与湖北省及武汉市黄埔军校同学会筹备活动。1986年10月24日因病在武汉逝世。著有《回忆周恩来同志大革命时期在广东的革命活动》（广东省政协文史资料研究委员会、广东革命历史博物馆合编：广东人民出版社1982年12月《广东文史资料》第三十七辑《黄埔军校回忆录专辑》第26—32页）《周恩来同志在黄埔军校》《往事忆旧》《黄埔建校前后的一段回忆》（1984年撰稿，载于湖北人民出版社《武汉文史资料选辑》）等。

---

[1] 国民政府文官处印铸局印行：台湾成文出版社有限公司1972年8月出版《国民政府公报》1947年8月11日颁令。

王惠民

　　王惠民（1903—？），又名慧民，陕西合阳人。合阳县立高等小学校、陕西省立体育专门学校毕业，上海东亚体育专门学校肄业。父从商业，经济自给。自填登记处为陕西合阳县富平村，通信处为本县城内南街万盛泰号转交。自填入学前履历：本县高等小学毕业，上海东亚体育专门学校肄业。1924年2月19日经于右任（时任上海大学校长）介绍加入中国国民党，并由其举荐投考黄埔军校。1924年6月考入陆军军官学校第一期第四队学习，1924年11月毕业。后服务军政界。1934年10月任陆军第八十师第二三八旅步兵第四七五团中校团附。1949年8月13日在香港发表起义通电并署名，[1]后留居香港。

---

[1]　中国人民解放军历史资料丛书编审委员会：解放军出版社1997年11月《中国人民解放军历史资料丛书——解放战争时期国民党军起义投诚综合卷》第914页，记载为王慧（惠）民。

王敬久照片

王敬久（1902—1964），又名质彬，别字又平，江苏丰县人。私立徐州江北中学、陆军大学将官班甲级第一期、台湾三军联合大学毕业。自填登记通信处为江苏丰县邀帝乡，寄居本县刘王楼村。1902年10月9日（另载1903年夏历9月8日）生于丰县城西南二十里邀帝乡一个农户之家。私塾启蒙，1921年考入徐州私立江北中学（后改为私立徐州中学），在顾子扬（时任徐州中学校长）领导下与同学王仲廉、郭剑鸣、王家修等组织徐州学生联合会，协助组织宣传事宜。1924年春到广州，1924年5月经顾子扬（国民党一大江苏省代表，前徐州中学校长及铜山县教育会会长，国民党徐州支部长及江苏省临时党部执行委员）介绍加入中国国民党，并由其推荐投考黄埔军校。1924年6月考入陆军军官学校第一期第四队学习，1924年11月毕业。分发黄埔军校入伍生团见习、排长，1925年1月随部参加第一次东征作战。后任教导团步兵连连长，国民革命军北伐东路军第一军第二十一师第六十三团营长、团附，随部参加闽浙苏等省北伐战事。1927年6月任第二十一师第六十三团团长，[1]率部参加第二次东征和北伐战争。1928年9月3日被委派为陆军第二师特别党部筹备委员，1929年2月17日被推选为陆军第二师特别党部常务委员。1928年9月部队编遣后，任缩编后的第一集团军陆军第二师（师长顾祝同）第六旅（旅长李明扬）步兵第九团团长，1928年12月任陆军第二师补充旅旅长，率部参加第二期北伐战争和中原大战。1931年

---

[1] 刘绍唐主编：台北传记文学出版社 1999 年 10 月 15 日印行《民国人物小传》第四辑记载。

4月29日获颁四等宝鼎勋章。[1]1931年12月任国民政府警卫军（军长顾祝同）第一师（师长涂思宗）副师长，1932年1月任陆军第五军（军长张治中）第八十七师（师长张治中兼）副师长、代师长，率部参加"一·二八"淞沪抗战。[2]1932年9月正式任陆军第八十七师师长，1933年12月任"剿匪"军北路军（总司令顾祝同）第二路军（总指挥蒋鼎文）第二纵队指挥部指挥官，兼任第八十七师师长，率部参加对江西红军及根据地的"围剿"战事，战后任驻福建第十二绥靖区司令部司令官。1935年4月13日颁令叙任陆军少将。1935年夏，率部驻防上海市郊，兼任上海市中学生军事集训总队总队长，江苏省高中学生集训总队总队长。1936年1月1日晋给三等宝鼎勋章。[3]1936年10月5日颁令叙任陆军中将。抗日战争全面爆发后，率部参加淞沪会战，1937年9月任第三战区第九集团军（总司令朱绍良、顾祝同）陆军第七十一军军长，兼任第八十七师师长，抵御日军精锐三个月。1938年1月8日国民政府颁令免陆军第八十七师师长职。[4]1938年5月免除第七十一军军长职，转任第九战区第一兵团（总司令薛岳）长江江防总司令部第二十五军军长，后任第三十七军团军团长兼陆军第二十五军军长，率部参加武汉会战。1939年2月任第三战区第三十二集团军副总司令，1941年8月任第三战区第十集团军总司令，先后统辖陆军暂编第九军（军长冯圣法）、陆军第四十九军（军长王铁汉）、陆军第八十八军（军长刘嘉树）、第十八军（军长罗广文）、陆军第六十六军（军长方靖）、陆军第七十九军（军长王甲本）等部，率部参加浙赣会战、鄂西会战、常德会战、湘西会战诸役。1944年6月获颁三等云麾勋章，1944年8月获颁二等云麾勋章。1944年10月保送入陆军大学甲级将官班第一期学习，1945年1月毕业。抗日战争胜利后，1945年12月任重庆卫戍总司令部副总司令，1947年1月任陆军总司令部徐州指挥所（主任顾祝同）第二兵团司令官，统

---

[1]　国民政府文官处印铸局印行：台湾成文出版社有限公司1972年8月出版《国民政府公报》第49册1931年4月30日第760号颁令第1页记载。

[2]　杨牧、袁伟良主编：河南人民出版社2005年11月《黄埔军校名人传》上册第648页记载。

[3]　国民政府文官处印铸局印行：台湾成文出版社有限公司1972年8月出版《国民政府公报》第102册1936年1月2日第1936号颁令第13页记载。

[4]　国民政府文官处印铸局印行：台湾成文出版社有限公司1972年8月出版《国民政府公报》第131册1938年1月12日渝字第13号颁令第1页记载。

辖整编第五师（师长邱清泉）、整编第七十五师（师长沈澄年）、整编第八十五师（师长吴绍周）、整编第七十二师（师长杨文瑔）、整编第八十四师（师长吴化文）等部，率部参加孟良崮战役。因战事失利被撤职，[1]赋闲寓居苏州。1949年1月任国防部第一陆军训练总处处长，机构改名后，任陆军总司令部第一编练司令部司令官，驻军福建组建新编部队。1949年7月卸任，赴台湾后定居台南，寓居该市青年路一日式平房，两房一厅仅20平方米。因平时廉洁自持不问经济，两袖清风一贫如洗，一家人过着粗茶淡饭的平民生活。[2]1958年奉派入台湾"三军联合大学"受训，曾当选为台南市议会议员。后因病长期住院，晚景较为凄凉，[3]1964年6月20日因病在台南陆军医院逝世，葬于台南水交社公墓。著有《抗战八年回忆》《五十述怀》（均由台北《中外杂志》出版发行）等。台湾出版有《抗日名将王敬久将军》（刘守法著）等。

---

[1]　台北"国史馆"编纂：2006年12月印行《"国史馆"现藏民国人物传记史料汇编》第二十辑第35页记载。

[2]　台北《黄埔建国文集》编纂委员会编纂：台北实践出版社1985年6月16日印行《黄埔军魂》第344—352页记载。

[3]　台北《传记文学》第七十九卷第六期载有赵靖东撰文《抗日名将王敬久晚景凄凉》。

王敬安

　　王敬安（1898—? ），陕西醴泉人。醴泉（现作"礼泉"）县立高等小学校、醴泉县初级中学、北京朝阳大学法科毕业。家世务农，有地产三十余亩，靠耕读完成学业。自填登记通信处为陕西醴泉县赵村镇。1924年3月28日经于右任（国民党中央执行委员兼上海大学校长）、焦易堂（出席国民党一大陕西省代表，广州大本营参议）介绍加入中国国民党，再经于右任举荐投考黄埔军校。1924年6月考入陆军军官学校第一期第四队学习，1924年11月毕业。后返陕西服务军界。1931年12月任陕西省保安纵队第三支队支队长。

王锡钧

王锡钧照片

王锡钧（1905—1966），别号克廉，湖南宁乡人。[1]
湖南宁乡县立中学、陆军大学特别班第四期毕业。1905
年11月8日（又载1905年农历九月二十二日）生于宁
乡县城郊一个农户家庭。1924年春到广州，1924年6
月考入陆军军官学校第一期第二队学习，1924年11月
毕业。分发黄埔军校教导团排长，1925年1月随部参
加第一次东征作战。后任教导团步兵连连长，1925年
6月随部参加对滇桂军阀杨希闵部、刘震寰部军事行
动。1925年10月任党军第一旅（旅长何应钦）政治部
组织干事，国民革命军总司令部总政治部中校科员，随部参加第二次东征作战及
北伐战争。1927年2月10日任中央军事政治学校武汉分校本校入伍生总队政治第
一大队（大队长陈匡济）第一队队长。[2]1927年5月中央陆军军官学校南京复校后，
任南京黄埔同学总会干事。[3]1927年10月任浙江省政务委员会军事厅宪兵营营长，
1928年5月军事厅宪兵营改为浙江省防军宪兵营。1928年9月初，浙江省军事厅、

---

[1] 陆军军官学校编辑、台北文海出版社有限公司印行：近代中国史料丛刊三编第五十七辑《陆
军军官学校第一至四队学生详细调查表》无载；现据：①中国第二历史档案馆供稿，华东工学院编辑
出版部影印，档案出版社1989年7月《黄埔军校史稿》第十一册《黄埔同学名册》第一期第二队第
56页记载；②湖南省档案馆校编，湖南人民出版社《黄埔军校同学录》第6页列名第一期第二队。

[2] 《民国日报》1927年2月12、13日汉口连续刊登"中央军事政治学校政治科武汉分校命令"
记载。

[3] 台北"国史馆"编纂：2006年12月印行《"国史馆"现藏民国人物传记史料汇编》第二十
辑第37页记载。

省防军均予撤销，改编为浙江省政府保安处，浙江省防军宪兵营改为浙江省政府保安处特务第一营，仍任营长。1930年1月任首都警察厅督察处督察长，1930年3月24日任首都警察厅第十二分局局长，[1]1930年10月任首都警察厅保安总队总队长，仍兼南京黄埔同学总会干事。1932年12月任安徽省政府保安处副处长。抗日战争全面爆发后，1937年9月22日国民政府颁令免安徽省政府保安处（处长惠济）副处长职，任安徽省政府保安处处长。[2]1937年9月25日兼任安徽省保安司令部副司令官及苏浙皖边区"剿匪"总指挥部总指挥、师管区司令部司令官。1938年3月30日国民政府颁令免安徽省政府保安处处长职。[3]1938年3月入陆军大学特别班第四期学习，1940年4月毕业。留校任陆军大学政治部主任。1941年6月3日颁令叙任陆军少将。后再任安徽省政府（主席李品仙）保安处处长。1942年任成都中央陆军军官学校政治部主任，1944年10月兼任校本部政治训导处处长。1945年1月被推选为军队各特别党部代表出席第六次全国人民代表大会。抗日战争胜利后，1946年6月任军政部第二十八军官总队总队长，后改隶中央训练团管理。1948年10月任陆军第八训练处补充兵训练总队总队长，兼任政治工作处主任。1949年4月任陆军总司令部第七编练司令部副司令官，1949年5月任重建后的陆军第一一〇军军长。1949年夏到台湾，任"国防部"高级参谋室副主任，"反共义士战斗团"团长。1952年奉派入"革命实践研究院"第二十期受训，继入"三军大学"联合作战班第四期学习，再入台湾"国防大学"受训。1964年3月入台湾"国防研究院"第七期学习。1965年12月退役，1966年2月20日因病在台北逝世。留存有黄埔军校第一期毕业证书，由其亲属后人放置台北国民革命军战史纪念馆展示。

[1] 《首都警察厅月刊》1930年6月版第2期第86页记载。

[2] 国民政府文官处印铸局印行：台湾成文出版社有限公司1972年8月出版《国民政府公报》第129册1937年9月23日第2465号颁令第1页记载。

[3] 国民政府文官处印铸局印行：台湾成文出版社有限公司1972年8月出版《国民政府公报》第132册1938年4月2日渝字第36号颁令第2页记载。

王慧生

王慧生照片

王慧生（1899—1950），又名树烈，别名惠生，贵州贵定县大同路王家巷人。前国民政府军政部部长何应钦夫人王文湘外甥。贵定县立高等小学、四川成都强国中学、贵州省立中学堂毕业。自填通信处为上海静安寺路193号王公馆转（交）。[1]自填登记处为贵州贵定县。自填入学前履历：贵定高小毕业，四川成都强国中学校毕业，迭充贵州援川、护国、护法、靖国各军初级军官。1901年生于贵定县城关镇大同路王家巷一个农户家庭。父治忠，务农谋生，兄弟三人：树昌、树荣，其排行第三。[2]幼年私塾启蒙，后相继就读于贵定高等小学校、贵阳达德中学、四川成都强国中学校。曾任贵州援川护国护法靖国军初级军官。1924年春到广州，1924年5月14日经何应钦［时任黄埔军校第一期战术总教官，前黔军总司令（卢焘）部参谋长，广州大元帅府大本营军事参议］、王柏龄（前广州大本营高级参谋，粤军总司令部监军，黄埔军校筹备委员会委员）介绍加入中国国民党，同日由何应钦举荐投考黄埔军校。1924年6月考入陆军军官学校第一期第三队学习，在学期间任本队第三分队分队长，1924年11月毕业。分发教导团见习、排长、连长，参加孙文主义学会为骨干分子。其间与

---

[1] 陆军军官学校编辑、台北文海出版社有限公司印行：近代中国史料丛刊三编第五十七辑《陆军军官学校第三队详细调查表》第623、624页记载。

[2] 贵州省《史志林》编纂委员会编纂：2006年第三期（总第116期）王相贤撰文《爱国军人王慧生》记载。

广州籍的朱德珍（其父为军阀，曾出资援助黄埔军校办学）结婚，蒋介石为证婚人，婚礼在黄埔军校校舍举行，孙中山、宋庆龄、何应钦、王文湘等人及黄埔一期生五百多人参加婚礼。[1]1925年6月随部参加对滇桂军阀杨希闵部、刘震寰部军事行动。1925年10月随部参加第二次东征作战，曾任黄埔同学会广东分会执行委员兼秘书处主任，黄埔同学会纪律股副股长。1926年5月18日在广九铁路俱乐部召开改组大会，被推选为中央军事政治学校血花剧社（社长蒋中正兼）执行委员。[2]1926年7月任国民革命军第一军第二师步兵团营长、团长，随部参加北伐战争。1927年7月1日黄埔同学会广东支会成立，任该会执监委员会常务委员会（主席李安定）执行委员。1927年7月16日被蒋介石委为黄埔同学会广东支会监察委员。[3]1927年9月国民革命军第十军军长王天培被枪毙后，蒋介石欲选干员前往安抚，以稳定军心。其主动请缨前往，蒋破格将其提拔为师长，并拨款10万元，然其赴沪后将款挥霍一空。1928年2月随部参加第二期北伐战争，任国民革命军第一军第二师步兵团团长，率部参加攻克济南城战役。1930年5月26日国民政府颁令任训练总监部总务厅教育科科员。[4]1931年3月，经审查合格呈请社长（蒋介石）批准加入励志社。[5]后任贵州省保安第一团团长，贵州军管区司令部参谋长。抗日战争全面爆发后，任陆军独立师副师长、师长，率部参加徐州会战。1939年9月随部参加第一次长沙会战，1939年8月任陆军第五军（军长杜聿明）副军长，1939年12月率部参加昆仑关战役，后又参加湘北会战。1941年1月率部在云南整训，待命入缅甸对日作战。1944年12月经蒋介石密电同意，征得中国国民党云南省党部的支持后，在昆明组织成立"中国民主自由大同盟"，并当选为主席，其间密谋协助颠覆云南龙云政权，后被龙云软禁，经蒋施压后释放。抗日战争胜利后，1946年夏被捕入狱，关押于云南监狱第四号房，同时坐牢有范文同（时任越

---

[1] 贵州省《史志林》编纂委员会编纂：2006年第三期（总第116期）王相贤撰文《爱国军人王慧生》记载。

[2] 广州《民国日报》1926年5月20日"血花剧社改组经过情形"一文记载。

[3] 广州《民国日报》1927年7月16日"黄埔同学会广东支会改组后进行状况"专文记载。

[4] 国民政府文官处印铸局印行：台湾成文出版社有限公司1972年8月出版《国民政府公报》第39册1930年5月28日第480号颁令第6页记载。

[5] 《励志旬报》1931年3月20日出版第1卷第2期"第十届新社员批准509名"一文记载。

南劳动党中央统战部部长），1947年12月获释出狱。后解甲归田，未再出任军职，在乡间曾资助贵定县新场马寨王培光和城关镇王炳银渡过难关，还资助其子女考入昆明高等学校。曾当选为贵州省议会参议员。中华人民共和国成立后，仍在原籍乡间寓居。1950年，残存于贵定的前国民党军政人员继续组织"反共救国军"，武装对抗人民解放军和策划攻打贵定、旧治等城镇。因其曾任师长等"政治历史问题"，加之被认为是参与策划攻打贵定城的人物之一，于1950年9月被贵定县人民政府拘捕，公审宣判死刑，在贵定城东被枪决[1]。

[1] 贵州省《史志林》编纂委员会编纂：2006年第三期（总第116期）王相贤撰文《爱国军人王慧生》记载。

王懋绩

　　王懋绩（1902—? ），江西萍乡人。萍乡县立初级中学毕业。家世务农。自填登记处为江西萍乡，通信处为萍乡县南溪高等小学校转交。自填入学前履历：民国九年（1920年）服务赣军第一梯团司令部。1920年于驻粤赣军第一梯团司令部服务。1924年3月在广州经钟震岳（前闽赣边防督办公署秘书长，驻粤赣军司令部军需正，广州大元帅府参谋处秘书）介绍加入中国国民党。1924年4月由彭武勚［时任驻粤赣军总司令部参谋，驻粤滇军第一军（军长朱培德）军官学校教育长，建国滇军第一军第一师第二团团长］举荐投考黄埔军校。1924年6月考入陆军军官学校第一期第二队学习，1924年11月毕业，后服务社会。

邓子超

邓子超照片

邓子超（1897—1951），别号其善，别字德崇，江西石城县龙岗乡人。江西省立南昌中学毕业，中央训练团党政班结业，陆军大学甲级将官班毕业。1923年冬到广州，考入广州大本营军政部陆军讲武学校学习，1924年秋该校并入黄埔军校，1924年11月编入陆军军官学校第一期第六队学习，在校期间曾秘密加入中国共产党。1925年2月肄业。分发任第三期入伍生队中尉区队长，中央军事政治学校第四期上尉步兵队队长。1926年7月随部参加北伐战争，随校迁南京后，任南京中央陆军军官学校第七期第一总队步兵大队步兵中队队长。1930年11月29日奉南京中央陆军军官学校校务委员会常务委员蒋介石、何应钦令补试录取入军官教育连肄业。[1]后任南京中央陆军军官学校第八期第二总队中校步兵队长。1934年10月任江西省保安第十四团团长，后改任江西省保安第二团团长。抗日战争全面爆发后，在庐山保卫战中立下了殊功，一时名扬四海，当时《中央日报》《新华日报》均有大篇幅报道。1941年任江西省第九区（岷山）行政督察专员，兼任该区保安司令部司令官，1942年12月调任江西省第五区（浮梁）行政督察专员，兼任该区保安司令部司令官，并兼任鄱阳湖警备司令部司令官。1942年12月12日颁令叙任陆军步兵中校。[2]1943年春兼任第九战区湘鄂赣边

---

[1] 南京中央陆军军官学校编印：《黄埔月刊》第一卷第 7 号"本校概况—法令"第 4 页记载。

[2] 国民政府文官处印铸局印行：台湾成文出版社有限公司 1972 年 8 月出版《国民政府公报》1942 年 12 月 10 日渝字第 518 号颁令。

游击总指挥部第三游击挺进纵队司令部司令官。抗日战争胜利后，1946年1月奉派入中央训练团受训。1946年5月任江西九江江防司令部司令官。1946年12月3日参加赴南京任职、公干的81名黄埔一期生在中央训练团聚餐并于办公大楼前合影。[1]1947年11月19日颁令叙任陆军少将，同时办理退役。转任江西绥靖主任公署参事，1949年4月任江西省保安司令部高级参谋。辞职后在赣州寓居赋闲。中华人民共和国成立后，1950年在赣州被捕入狱，1951年秋在"镇反"运动中被判处死刑。

---

[1] 容鉴光编著：列入台北出版品预行编目资料，台北博煜企业有限公司2003年6月16日第一版印行《黄埔军校一期研究总成》第278页辑录。

邓文仪

邓文仪照片

邓文仪（1905—1998），别字雪冰，湖南醴陵人。醴陵县渌江中学毕业，广州大本营陆军讲武学校肄业，苏联莫斯科中山大学、国防大学研究院毕业。自填登记处为湖南醴陵县东乡，通信处为醴陵东三区白兔潭致中和号转交。自填入学前履历：民国十二年（1923年）毕业中学校，同年冬入羊城（广州）肄业讲武学校，半载转学此校。家从商业，经济中等。1905年12月18日（清光绪三十一年十一月廿二日）生于醴陵县东乡白兔潭（今浦口镇）一

个农户家庭，1921年考入醴陵县渌江中学，1923年7月毕业。1923年11月到广州，入广州大本营军政部陆军讲武学校学习，在学期间获悉黄埔军校招生，遂以请假探亲友为由，从长洲岛专程至广州长堤黄埔军校驻省办事处报名并参加考试，花费三天时间才返回学校，区队长以为其当了逃兵，扬言要将其治罪。收到录取通知书后，未敢报告校方。[1]1924年春由鲁易（中国社会主义青年团广东琼崖地方执行委员会执行委员，香港《香江晨报》报社编辑，中共广东区地方执行委员会工作人员）举荐投考黄埔军校，1924年5月15日经蒋先云（黄埔军校第一期第一队学员）、谭鹿鸣（前山陕讨贼军总司令部参谋，黄埔军校第一期第一队第六分队学员）介绍加入中国国民党。1924年6月入陆军军官学校第一期第一队学习，1924年11月毕业。任教导第二团（团长王柏龄）第三营（营长金佛庄）第七连第二排排长，1925年调任黄埔军校第三期入伍学生总队（总队长严重）中尉区队

---

[1]　台北正中书局1979年4月印行《从军报国记——邓文仪先生从军回忆录》记载。

长，1924年10月选派苏联莫斯科中山大学第一期留学，1925年12月25日被校本部委派留学苏联孙文大学，组成中国国民党陆军军官学校特别党部驻俄区分部并互选为执行委员。[1] 在学期间与左权、邓小平、杨尚昆、蒋经国为先后同学，[2] 1927年1月毕业回国，1927年3月任国民革命军第二十师政治部主任。1927年5月调任中央军事政治学校第五期政治部（主任邵力子）副主任并代理主任，1927年5月5日晚参加由中央军事政治学校教育长方鼎英主持召开的第四次政治工作扩大会议，主要内容是研讨"清党"后的政治工作。[3] 后率军校迁移南京复校。1928年1月调任总司令部侍从参谋。1928年2月22日被委派为中国国民党陆军第十师特别党部筹备委员，1928年4月12日被国民革命军总司令部委任为第一集团军第一纵队司令部设计整理委员会委员。[4] 1929年1月15日被推选为陆军第十师特别党部常务委员。1929年1月30日被推选为陆军第十师代表出席中国国民党第三次全国代表大会。1929年2月5日被军事委员会训练总监部政治训练处委任为陆军第三师政治训练处主任。[5] 1931年1月调任军事委员会委员长侍从秘书，其间兼任军事委员会南昌行营调查科科长。1931年11月被推选为军队各特别党部代表出席中国国民党第四次全国代表大会。1931年12月参与筹备中华民族复兴社，1932年3月28日正式成立时，被推选为中华民族复兴社南京干事会干事、书记兼组织处处长。1935年调任驻苏联大使馆首席武官，1935年11月被推选军队各特别党部代表出席中国国民党第五次全国代表大会。1936年1月1日获颁五等宝鼎勋章。[6] 1936年春任三民主义力行社书记，1937年任军事委员会政治训练处（处长贺衷寒）宣传委员会主任委员，1937年夏兼任武昌青年干部训练团上校总教官。抗日战争全面爆发后，任军事委员会战时工作训练团政治部主任和政治总教官，成都中央陆

---

[1] ①黄埔军校特别区党部编《东征日记》1925年11月25日一文记载；②转引自广东省汕头市社会科学联合会编：中国文献出版社2004年版《周恩来在潮汕》第741—742页记载。

[2] 杨牧、袁伟良主编：河南人民出版社2005年11月《黄埔军校名人传》上册第657页记载。

[3] 广东革命历史博物馆编：广东人民出版社1982年2月版《黄埔军校史料（1924—1927）》第442—443页《中央军事政治学校第五期第四次政治工作扩大会议录》记载。

[4] 《国民革命军总司令部公报》1928年2月版第二期第56页记载。

[5] 上海《民国日报》1929年2月9日"训练总监部新发表之各师政训处主任"一文记载。

[6] 国民政府文官处印铸局印行：台湾成文出版社有限公司1972年8月出版《国民政府公报》第102册1936年1月2日第1936号颁令第14页记载。

军军官学校政治部主任，兼任中央陆军军官学校特别党部书记长，军事委员会委员长成都行辕政治部主任。1939年4月4日颁令叙任陆军少将。[1]1941年6月调任第三战区司令长官政治部主任。1944年12月兼任青年军政治部设计委员会主任委员，1945年1月30日被推选为军队各特别党部出席中国国民党第六次全国代表大会代表。1945年5月20日当选为中国国民党第六届中央执行委员会执行委员。1945年7月任军事委员会政治部第一厅厅长。抗日战争胜利后，1946年7月任国民政府国防部新闻局长、政工局局长。1946年11月15日被中国国民党中央执行委员会直接遴选为出席（制宪）国民大会代表。1947年春改任国防部政治工作局局长，兼任新闻发言人。1947年7月被推选为党团合并后的中国国民党第六届中央执行委员会执行委员。1947年9月13日在中国国民党第六届四中全会上被推选中央执行委员会中央常务委员。[2]1948年9月22日颁令叙任陆军中将。1950年任中国国民党台湾省（地区）党部主任委员，1951年10月任"革命实践研究院"副主任、代理主任。1952年任"行政院"内务部政务次长，1957年任"行政院"退役官兵就业辅导委员会副主任委员，1959年任"国防研究院"讲座，后任"光复大陆设计研究委员会"委员。1990年第一次秘密赴北京，受到邓小平、徐向前等人接见，率先打破台湾当局"不接触、不来往、不谈判"政策。1991年4月10日亲率"黄埔四海同心会"谒陵访问团到北京，受到江泽民等中共高层领导人接见。1998年7月13日因病在台北逝世。著有《黄埔精神》、《东征北伐记》、《从军报国记——邓文仪先生从军回忆录》（台北正中书局1979年4月印行）、《民族复兴记》等。中国文史出版社《文史资料存稿选编——军政人物》上册载有《邓文仪失宠于蒋介石后》（洪傅经著），中国文史出版社《原国民党将领的回忆——辽沈战役亲历记》载有《政工局长邓文仪三到沈阳》（蔡树鸿著）等。

---

[1] 国民政府文官处印铸局印行：台湾成文出版社有限公司1972年8月出版《国民政府公报》第139册1939年4月5日渝字第141号颁令第3页记载。

[2] 台北"国史馆"编纂：2006年12月印行《"国史馆"现藏民国人物传记史料汇编》第二十五辑第442页记载。

邓毓玫

邓毓玫（1900—1967），又名含光，陕西咸阳人。[1]陕西三原师范学校毕业，关中自治研究所、陕西陆军讲武堂肄业，中央训练团将官班结业。官方记载为民国前七年十月二十日出生。[2]1923年秋加入陕军，任见习排长。1924年1月经中国国民党陕西省党部筹备处保送黄埔军校学习，1924年6月考入陆军军官学校第一期第一队学习，1924年11月毕业。奉派返回西北策应，任国民军第二军（军长胡景翼）骑兵营连长、营长。1926年10月任国民革命军新编第二师第一团团长，1927年3月任武汉中央军事政治学校第八大队大队长。1928年任陆海空军总司令部征募处主任，陆军新编第二旅旅长，甘肃省政府参议兼陇南行政公署专员，西北绥靖主任公署军事特派员，陕西省政府参议。抗日战争全面爆发后，任军事委员会天水行营高级参谋，军事委员会西安办公厅视察组组长，第一战区司令长官部高参室中将高级参谋兼战地视察组组长，先后参加忻口会战、徐州会战和罗山战役。抗日战争胜利后，1946年11月25日奉派入中央训练团受训，登记为少将团员。[3]1947年补为国防部部员，被派往西北任第八集团军副总司令，川陕甘边区绥靖主任公署副主任，第十八绥靖区司令部高级参谋，兼任陇南挺进军司令部

---

[1]　中国第二历史档案馆供稿，华东工学院编辑出版部影印，档案出版社1989年7月《黄埔军校史稿》第十一册《黄埔同学名册》缺载；陆军军官学校编辑、台北文海出版社有限公司印行：近代中国史料丛刊三编第五十七辑《陆军军官学校第一至四队详细调查表》无载；现据：湖南省档案馆校编，湖南人民出版社1989年7月《黄埔军校同学录》第15页第一期补录名单，仅列姓名，缺载年龄、籍贯和通信处。

[2]　国民政府国防部第一厅民国三十六年二月印行《现役军官资绩簿》第二册下辑（少将）步兵科军官第177页记载。

[3]　国民政府国防部第一厅民国三十六年二月印行《现役军官资绩簿》第二册下辑（少将）步兵科军官第177页记载。

邓白珏

邓白珏（1903—1926），湖南永兴人。广州大本营军政部陆军讲武学校肄业。1923年冬到广州，考入广州大本营军政部陆军讲武学校学习。1924年秋该校并入黄埔军校，1924年11月编入陆军军官学校第一期第六队学习，1925年2月肄业。后任第二期入伍生队见习，黄埔军校教导二团第四营排长，参加了两次东征作战。1926年7月随部参加北伐战争，任国民革命军第一军第一师第二团第五连连长。1926年9月24日在南昌战役攻克牛行车站作战时阵亡。[1]1931

邓白珏照片

年3月27日国民政府颁发第666号指令："呈据军政部呈为前第一军第一师连长邓白珏于十五年在江西牛行之役阵亡，拟照上尉阵亡例给恤等情，转请核示应予照准。"[2]

---

[1] ①中国第二历史档案馆供稿，华东工学院编辑出版部影印，档案出版社1989年7月《黄埔军校史稿》第八册（本校先烈）第246页第一期烈士芳名表记载1926年9月24日在江西南昌阵亡；②台北《黄埔建国文集》编纂委员会编纂：台北实践出版社1985年6月16日印行《黄埔军魂》第574页"北伐战役殉国英雄姓名表"第一期记载。

[2] 国民政府文官处印铸局印行：台湾成文出版社有限公司1972年8月出版《国民政府公报》第48册1931年3月30日第733号颁令第12页记载。

邓经儒

邓经儒（1898—1972），别字纬群，广东电白人。广东电白县立第一高等小学校、电白县立中学毕业，庐山中央军官训练团高级班结业。家世务农，经济中等。自填登记处为广东电白县，通信处为电白县属蛋场圩邮局转交。自填入学前履历：曾任（广东）电白蛋场市警察分驻所巡官，（广东）东路讨贼军第七旅警备第二团第三营第二连连长。1898年4月20日生于电白县蛋场圩一个农户家庭。曾任广东电白县立警察分所巡官，粤军东路讨贼军第七旅警备第二团第三营第二连连长。1924年春由林树巍（前广东高雷讨贼军总司令兼高雷绥靖处处长，广东西路讨贼军粤军第五师师长，桂军第五师师长）、谢维屏（孙中山指派四邑高雷军事委员，广东东路讨贼军警备第二团团长，北伐军第二支队司令）举荐投考黄埔军校，1924年5月经邓演达（前任广东西路讨贼军第一师第三团团长，黄埔军校入学试验委员会委员）、金佛庄（前浙江陆军第二师营长，黄埔军校第一期第三队上尉队长）介绍加入中国国民党。1924年6月考入陆军军官学校第一期第三队学习，1924年11月毕业。分发任入伍生总队区队长，1925年1月随部参加第一次东征作战。后任国民革命军第五军第十六师补充团步兵连连长、少校参谋、团长，参加统一广东诸役。1931年1月11日经审查呈请社长（蒋介石）批准为"励志社"第九届新社员。[1]1931年10月任淞沪警备司令部警备旅代理副旅长，1932年1月率部参加"一·二八"淞沪抗日战事。后任第十九路军第七十八师第四六五团团长，1933年福建事变后，任陆军第八十三师司令部参谋主任，京沪警备总司令部警备旅代理旅长，陆军第八十八师第二六四旅旅长、副师长。1936年

---

[1]　《中央日报》1931年1月12日、1月13日连续刊登"励志社社员管理科通告"记载。

5月18日颁令叙任陆军步兵中校。[1]1937年5月6日颁令晋任陆军步兵上校。[2]抗日战争全面爆发后，任陆军新编第十师师长，陆军第九十一军副军长。1942年6月任军政部第二十一补充训练处处长。1945年任第三集团军总司令部高级参谋。抗日战争胜利后，任军事训练部附员。1949年到台湾，补选为"国民大会"代表。1972年10月24日因病在台北逝世。

---

　　[1]　国民政府文官处印铸局印行：台湾成文出版社有限公司1972年8月出版《国民政府公报》第108册1936年5月19日第2051号颁令第2页记载。

　　[2]　国民政府文官处印铸局印行：台湾成文出版社有限公司1972年8月出版《国民政府公报》第123册1937年5月7日第2347号颁令第2页记载。

邓
春
华

邓春华照片

邓春华（1900—1970），别字君实，广东临高县和祥乡人。私立华美初级中学、广东法政专门学校毕业。世代务农，家境富裕，有恒产值万余元。信奉孔教。自填登记处为广东临高县和祥市，通信处为本县和舍市益昌号转交。自填入学前履历：粤军义勇军第五支队第二营营长。1900年5月14日生于临高县和祥乡一个侨商家庭。曾任粤军义勇军第五支队第二营排长、连长、营长。1924年春由谢殿光（琼州那大政界供职）、丘海云（中国国民党琼州临时党部执行委员）举荐投考黄埔军校，1924年5月15日再由谢殿光、丘海云介绍加入中国国民党。1924年6月考入陆军军官学校第一期第一队学习，1924年11月毕业。历任黄埔军校教导团排长，党军第一旅连长，国民革命军第一军第二师营长、团长。1929年2月17日被推选为中国国民党陆军第二师特别党部执行委员。[1]1931年任陆军第五十二军第二师第二七七旅旅长，1933年率部参加长城抗日战事。后任陆军第二师（师长黄杰）副师长，兼任第二七八旅旅长。1935年5月8日颁令叙任陆军步兵上校。[2]1936年11月12日晋给四等宝鼎勋章。[3]抗

---

[1] 刘绍唐主编：台北传记文学出版社1999年10月15日印行《民国人物小传》第十八辑第343页记载。

[2] 国民政府文官处印铸局印行：台湾成文出版社有限公司1972年8月出版《国民政府公报》第93册1935年5月9日第1736号颁令第1页记载。

[3] 国民政府文官处印铸局印行：台湾成文出版社有限公司1972年8月出版《国民政府公报》第117册1936年11月13日第2201号颁令第6页记载。

日战争全面爆发后，率部参加淞沪会战、南京保卫战。1938年率部参加台儿庄战役。1938年10月29日颁令晋任陆军少将。[1]1940年任军政部第五补充兵训练处处长，训练适应山地丛林作战兵员，派往印度缅甸策应盟军之中国远征军。1945年任山东丽云师管区司令部司令官，率部驻防山东省临沂、丽水地区。抗日战争胜利后，1946年1月奉派入中央训练团受训，[2]登记为少将学员，1946年3月结业。1946年12月3日参加赴南京任职、公干的81名黄埔一期生在中央训练团聚餐并于办公大楼前合影。[3]其间曾任国防部高级参谋，后任陆军总司令部第九训练处处长，1947年12月任陆军第一〇九军副军长，率部驻防湖南。1948年夏任陆军第一〇九军军长，率部移驻广东韶关、清远、惠阳等地。1948年8月颁令晋任陆军中将。1949年12月任海南防卫总司令部第三路副司令官，率部驻防海南岛白莲、那大、加来地区。[4]1950年5月随部撤退台湾，任"国防部"高级参谋。1970年8月13日因病在台北逝世。

邓瑞安

邓瑞安照片

邓瑞安（1891—？），江西高安人。高安县本乡高等小学校、高安县立筠阳中学、江西警察学校毕业，驻潮（州）赣军军官讲习所肄业，广州国语（方言）学校、赣军将校团结业。父从律师，有不动房产值两千元，自给尚余。信仰基督教。自填登记通信处为江西瑞州府高安县北城县下街。自填入学前履历：曾任本地小学教员、警察分所长、烟酒公卖局印花税委员、文牍等职，民国五年（1916年）憎恨复辟，赴粤投滇军第三十四团第三营第十连当兵，嗣升下士、中士、上士，六年（1917年）获升司务长，七年（1918年）提升少尉、中尉排长，八年（1919年）辞就赣军第二支队部编修，十年（1921年）在广州珠江学校国语班肄业，十一年（1922年）充滇军总部稽查组长兼理事宜，十二年（1923年）在中央直辖第一军一营代理编修中尉排长，十三年（1924年）充卫士队卫士四月，蒙取正分队长现供斯职。1909年加入中国同盟会。曾任江西高安县警察局分所长、国酒公卖局印花会委员兼文牍等职。1916年入驻粤赣军第三十四团第三营第十连当兵，1917年任该团司务长，1918年任中尉排长。1919年任赣军第二支队部编修，1921年任赣军步兵团部参谋，1923年1月任中央直辖第一军司令部编修。1924年1月任广州大本营卫士队分队长，1924年1月经熊公福〔时任广州大本营参议，前闽赣边防督办（李烈钧）公署秘书长〕、李协和（又名烈钧，国民党第一届中央执行委员，前孙中山北伐军大本营参谋总长兼北伐中路军总司令，广州大元帅府参谋总长）介绍加入中国国民党，并在广州第十一区分党部登记并领党证，1924年春由卢振柳（广东东路讨贼军第六路参谋长，粤军第二军总司令部参谋，广州大元帅府大本营参军，兼任大本营卫士大队大队长）举荐投考黄埔军校。1924年6月考入陆军军官学校第一期第四队学习，在学期间任本队第一分队分队长，时年33岁，是第一期生年龄最大的几名学员之一，[1]1924年11月毕业。后服务军界。1927年10月任国民革命军总司令部副官处副官。1929年9月23日任国民革命军编遣委员会直辖第二编遣分区办事处（主任委员刘峙）军务科（科长刘耀扬）副官。[2]

---

[1] 陈予欢编著：广州出版社1998年9月《黄埔军校将帅录》第133页记载。

[2] 国民政府文官处印铸局印行：台湾成文出版社有限公司1972年8月出版《国民政府公报》第31册1929年9月24日第277号颁令第2页记载。

司令官，1949年12月率部向人民解放军投诚。中华人民共和国成立后，奉派入西北革命大学政治研究班学习，后任陕西省人民政府参事。1953年9月因部属涉嫌叛乱，[1]被西北行政委员会公安部逮捕关押，1967年10月因病逝世。

---

[1] 陕西省黄埔军校同学会编纂、穆西彦主编：陕西人民出版社1991年6月《陕西黄埔名人》第11页记载为邓含光。

韦日上

韦日上（1897—1981），原名炳忠，别字义光，广西柳江人，壮族。南宁广西省立师范学校毕业，广州大本营军政部陆军讲武学校肄业。曾任中学教员、教务主任。1923年春到广州，考入广州大本营军政部陆军讲武学校学习。1924年秋该校并入黄埔军校，1924年10月编入陆军军官学校第一期第六队学习，在学期间曾加入中国共产党，[1]1925年2月肄业。后任黄埔军校入伍生总队区队附，教导第二团见习、排长。1926年7月随部参加北伐战争，任国民革命军北伐东路军总指挥部警备队连连长。1927年8月30日任浙江补充第一师（师长严重）第六十三团（团长陈诚）第三营（营长王敬久）机关枪连连长。1927年在北伐作战中负重伤，返回广西养伤。抗日战争全面爆发后，组织县乡民众抗日游击武装，任柳江县水山乡自卫大队大队长。1939年7月12日颁令叙任陆军步兵上校。[2]任零陵团管区司令部司令官，率部参加桂柳会战。1944年11月任广西柳庆县民军司令部副司令官。后因战功被汤恩伯任为柳州警备司令部司令官。抗日战争胜利后，1946年任军事委员会少将衔参议。1947年4月17日颁令叙任陆军少将。1949年冬曾策动旧部配合人民解放军解放广西。[3]后任柳江县政协委员，柳州市人民政府参事室参事。1981年7月因病在柳州逝世。著有《柳江县抗战的回忆》（载于中国文史出版社《原国民党将领抗日战争亲历记——粤桂黔滇抗战》）等。

---

[1] 黄振凉著：台湾中正书局1993年印行《黄埔军校之成立及其初期发展》第202—203页记载黄埔军校中共学生名单有韦日上。

[2] 国民政府文官处印铸局印行：台湾成文出版社有限公司1972年8月出版《国民政府公报》第141册1939年7月15日渝字第170号颁令第3页记载。

[3] 陈予欢编著：广州出版社1998年9月《黄埔军校将帅录》第173页记载。

韦祖兴

韦祖兴（1900—?），广西贵县人。贵县县立高等小学校、贵县县立中学毕业。父事农业，自给尚余。信仰孔教。自填登记通信处为广西贵县东门口泰隆号。自填入学前履历：民国六年（1917年）经本县高等小学校毕业，民国十年（1921年）经本县中学毕业。1917年毕业于贵县立高等小学校，1921年县立中学毕业。1924年3月2日经陈达材（时任广东西路讨贼军第一师第二旅司令部参谋）介绍加入中国国民党。1924年3月23日由施正甫（国民党一大广

韦祖兴照片

西省代表，桂军西路讨贼军总司令部秘书兼国民党特派员，驻粤桂军办事处党务指导委员）举荐投考黄埔军校。1924年6月考入陆军军官学校第一期第一队学习，1924年11月毕业。毕业后服务军界。1931年1月11日经审查呈请社长（蒋介石）批准为"励志社"第九届新社员。[1]1931年10月任陆军第四十七师第一四一旅司令部参谋处中校参谋。

---

[1] 1931年1月12日、1月13日《中央日报》连续刊登"励志社社员管理科通告"记载。

丘飞龙

丘飞龙（1898—1925），原名家秀，别字结山，广东澄迈人。澄迈县立第一高等小学堂、琼山国文专修馆、广东高等师范学校师范班肄业。自填登记处为广东澄迈县丘家村，通信处为澄迈县金江市泰兴号转交。自填入学前履历：十三岁入澄迈县立第一高小，十六岁毕业，十七岁遂投笔从戎，但当时军队腐败不堪，不持不足以救国家之危亡，且是民生之蠹贼，所以投身其间不及两月即行引退，以与一般有学识者研究学术至十八岁，乃到广州入高师附师肄业，然因经济困难预科毕业一年就自行退学，及至今年（1924年）知道本校开办复上应试，侥幸登此学生经过之履历。澄迈县立高等小学堂及琼山国文专修馆肄业后，1922年春向亲友筹集资金，赴广州考入广东高等师范学校师范班就读，1923年冬因经济拮据辍学。1923年11月经徐成章（前粤桂联军陈继虞支队司令部参谋长，黄埔军校第一期上尉特别官佐）、李训仁（前南洋侨商，国民党南洋总支部执行委员）介绍加入中国国民党，1924年春由刘尔崧（国民党中央执行委员会工人部干事，广州工人代表大会执行委员会主席，中共广东区地方执行委员会工人运动委员会书记）、阮啸仙（国民党中央农民部组织干事，国民党广州临时区党部执行委员会常务委员）、张善铭（广东新学生社主任，中共广东区地方执行委员会国民运动委员会委员）举荐投考黄埔军校。1924年6月考入陆军军官学校第一期第二队学习，1924年11月毕业。分发入伍生队见习，后入黄埔军校教导第二团第三营第七连排长，1925年1月随部参加第一次东征作战。1925年3月12日棉湖战役时参加攻城奋勇队，勇克顽敌，中弹负伤。痊愈后任第八连排长。参加平定滇桂军阀杨希闵部、刘震寰部军事行动。1925年6月11日在广州市郊龙眼洞与叛军作战中，负重伤牺牲。[1]

---

[1] ①中国第二历史档案馆供稿，华东工学院编辑出版部影印，档案出版社1989年7月《黄埔军校史稿》第八册（本校先烈）第52页有烈士传略、第247页第一期烈士芳名表记载1925年6月11日在广东广州阵亡；②台北《黄埔建国文集》编纂委员会编纂：台北实践出版社1985年6月16日印行《黄埔军魂》第573页"东征战役殉国英雄姓名表"第一期记载。

丘
宗
武

丘宗武照片

丘宗武（1899—？），别号发堂，广东澄迈县长安乡内阁堂村人，另载金江市人。澄迈县立第一高等小学毕业，广东黄埔海军学校肄业，日本东京早稻田大学、陆军大学特别班第四期毕业。自填登记处为广东澄迈县金江市万福仁号，通信处为广州市线香街广昌号转（交）。自填入学前履历：曾任广东澄迈第四区第二高等小学教员及学界职。1924年5月由日本东京早稻田大学毕业，1924年5月15日经符和琚（时在广东政界供职，日本东京早稻田大学毕业）介绍加入中国国民党，由刘震寰（中国国民党第一届候补中央监察委员，前驻粤桂军总司令，中央直辖广东西路讨贼军总司令）举荐投考黄埔军校。1924年6月考入陆军军官学校第一期第一队学习，1924年11月毕业。后任入伍生团排长、连长，国民革命军总司令部警卫团营长，补充团团附。1933年任南京中央陆军军官学校第十期第一总队上校总队附。1935年5月20日颁令叙任陆军步兵中校。[1]抗日战争全面爆发后，随军校迁移西南地区。1938年3月入陆军大学特别班第四期学习，1940年4月毕业。1941年6月3日颁令晋任陆军步兵上校。[2]任成都中央陆军军官学校学员总队长，后任江苏省保安司令部参议。鲁苏战区总司令部游击

---

[1] 国民政府文官处印铸局印行：台湾成文出版社有限公司1972年8月出版《国民政府公报》第93册1935年5月21日第1746号颁令第1页记载。

[2] 国民政府文官处印铸局印行：台湾成文出版社有限公司1972年8月出版《国民政府公报》第161册1941年6月4日渝字第367号颁令第4页记载。

挺进第四纵队副司令官，第十一战区司令长官部干部训练团教育处处长，抗日战争胜利后，1946年7月办理退役。1948年12月任海南防卫总司令部南部防守区司令部副司令官。1950年5月后移居海外谋生。[1]

---

[1] 范运晰著：海南出版公司1999年6月《琼籍民国人物传》第88页记载。

仝 仁

仝仁照片

仝仁（1903—1969），又名子春，别名士春，别号兹春，河南孟县（今孟津会盟镇）叩马村人。孟县沙南高等小学、孟县县立初级中学毕业，开封私立东岳艺术学校一年肄业。家世务农，经济中等。自填登记通信处为河南孟县城外占谏庄。自填入学前履历：高小（学校）毕业，中（学）校毕业，孟县沙南高等小学、孟县县立初级中学毕业，美术专门学校肄业一年。1919年考入开封私立东岳艺术学校就读，一年后肄业。1923年10月入豫军樊钟秀部

充少尉副官。1924年春到广州，1924年5月经樊钟秀（国民党第一届候补中央监察委员，时任驻粤豫军讨贼军总司令，驻粤豫军总司令，孙中山指派国民党两广、云南、福建执行部候补监察委员）、刘群士（又名积学，前广东护法军政府国会众议院议员，河南自治筹备处处长，国民党河南省支部长、临时党部筹备委员）介绍加入中国国民党，并由其二人举荐投考黄埔军校。1924年6月考入陆军军官学校第一期第四队学习，1924年11月毕业。后留校任训育副官、区队长，1925年1月随部参加第一次东征作战。1926年1月任黄埔中央军事政治学校入伍生团连长，1926年7月随部参加北伐战争，任国民革命军第四军叶挺独立团炮兵连连长。1927年8月随部参加南昌起义，失败后与侯镜如、刘希程等返回河南原籍。后任西安绥靖主任公署骑兵团（团长王泰吉）团附，陆军第十七师（师长杨虎城）教导总队副总队长。1935年10月任第十七路军陕西警备师司令部参谋长，陆军独立第十六旅代理旅长等职。抗日战争全面爆发后，任陆军新编第七军司令部副参谋长，兼任参谋处作战科科长。1945年1月任第一战区司令长官部专

员。1946年4月颁令叙任陆军步兵上校。1945年7月9日陆军新编第七军裁撤免职。[1]抗日战争胜利后，受胡宗南举荐任陆军第十五军（军长武庭麟）司令部副参谋长，上任不久被解职。再由胡宗南保举任第一战区司令长官部少将附员，派其到河南收编抗日民军及地方自卫团队，先后赴孟津、洛阳、偃师、巩县（巩义）等地活动未果。1947年3月15日第一战区司令长官部改为西安绥靖主任公署，任其为西安绥靖主任公署少将衔参议。中华人民共和国成立后，因其在地方没做坏事，虽说干过附员、参议一类名义职务，不过为了生活，其在家乡为人平和，也不曾得罪什么人，所以在县、乡级专政机构没有追查其历史问题。1955年10月肃反运动开始，凡有历史问题的集中学习交代问题，他被捕关押，因为是老问题重写一遍，拘留一年才释放回家。1970年后，其儿女辈以"文化大革命"为借口，要与其划清界限，遂对他态度很不好。其一气之下离开了家庭，他对家人说："到南京去找他儿子。"可是他走后始终没写信回来，同时他儿子也没来信说其在南京的消息，因此下落成谜。在其家乡叩马村，早已问不着下落。[2]另传闻1969年因病在孟县乡下老宅逝世。

---

[1] 仝仁同乡、曾任第十一战区政治部主任秘书李茂永撰文《孟津县第一个黄埔军校学生——仝子春》记载，载于河南《孟县文史资料》。

[2] 孟津县政协文史资料委员会编纂：河南人民出版社1990年12月版《孟津文史资料》第4辑第54、55页李茂永撰文《孟津县第一个黄埔军校学生——仝子春》。

冯毅

冯毅照片

冯毅（1899—? ），别号冀候，湖南湘乡人。湖南省立湘乡中学堂肄业，湖南省立第一中学毕业。自填登记处为湖南湘乡县新尧镇，通信处为湘乡县城时和泰宾馆转交。自填入学前履历：曾任湖南永属区司令部副官，湖南省有江华矿务局营业主任，上堡粤税局收支，攸县知事公署二科科长，衡阳榷运局收支，湘军第三军第三师第六旅十一团书记官暨上尉副官。1924年春到广州，由谭延闿（时任驻粤湘军总司令，广州大元帅府大本营内政部部长、建设部部长及大本营秘书长，国民党第一届中央执行委员，前湖南督军、湖南省省长及国民党湖南支部长）推荐投考黄埔军校，1924年5月经朱一鹏（前湖南讨贼军总司令部军务委员，广州大本营禁烟督办公署科员，黄埔军校第一期第一队学员）、陈赓（黄埔军校第一期第三队学员）介绍加入中国国民党。1924年6月考入陆军军官学校第一期第一队学习，1924年11月毕业。后随部参加了两次东征作战，历任黄埔军校教授部中尉特别官佐，入伍生队少校队长，国民革命军连长、营长、团长，旅司令部参谋主任。1936年3月14日颁令叙任陆军步兵中校。[1] 抗日战争全面爆发后，任第十六集团军总司令部教导大队大队长，随部参加抗日战事。1938年10月任军事委员会军事训练部上校参事，军事训练部教育训练委员会办公室副主任，军事委员会政治部战地党政工作指导委员会办公厅总务处处长。

---

[1] 国民政府文官处印铸局印行：台湾成文出版社有限公司1972年8月出版《国民政府公报》第105册1936年3月15日第1996号颁令第1—2页记载。

抗日战争胜利后，1946年1月奉派入中央训练团受训，登记为少将学员，1946年3月结业。1946年12月3日参加赴南京任职、公干的81名黄埔一期生在中央训练团聚餐并于办公大楼前合影。[1]1947年1月7日颁令叙任陆军少将，同年7月退为备役。

---

[1] 容鉴光编著：列入台北出版品预行编目资料，台北博煜企业有限公司2003年6月16日第一版印行《黄埔军校一期研究总成》第278页辑录。

冯士英

冯士英照片

冯士英（1899—？），别号世英，四川渠县人。渠县县立高等小学毕业，上海浦东初级中学肄业三年半，陆军大学特别班第一期毕业。自填登记处为四川渠县城，通信处为四川渠县城利和生号转（交）。自填入学前履历：中学三年半。1899年6月11日生于渠县县城一个农商家庭。家从农业，经济中等，每月收利两千元。自填家庭成员：父廷臣，母黄氏，家庭主要成员有姐一名，弟妹各三人。[1]1918年8月经罗平安（四川军界供职）、成卓（四川军界供职）介绍加入中国国民党。1924年春到广州，由谢持（孙中山指派出席国民党一大四川省代表，国民党第一届中央监察委员，前国民党中央党部党务部部长）、刘其渊（时任中国国民党四川省临时党部执行委员）举荐投考黄埔军校。1924年6月考入陆军军官学校第一期第三队学习，1924年11月毕业。后参加东征作战与北伐战争，历任国民革命军第一军第二师步兵连排长、连长。1927年任国民革命军总司令部补充第七团第一营营长，第一军第二十二师第一团团长。1928年10月部队编遣后，任缩编后第一集团军第一师步兵团团长，后任陆军补充旅副旅长等。1929年12月保送陆军大学特别班第一期学习，1931年10月毕业。任陆军第二师

---

[1] 陆军军官学校编辑、台北文海出版社有限公司印行：近代中国史料丛刊三编第五十七辑《陆军军官学校第三队学生详细调查表》记载。

第四旅旅长，陆军第九十五师旅长。1935 年 5 月 1 日颁令叙任陆军步兵上校。[1]抗日战争全面爆发后，任陆军第十八军新编师副师长，率部参加淞沪会战、武汉会战诸役。1939 年 7 月 15 日颁令晋任陆军少将。[2]军事委员会颁令记功一次。抗日战争胜利后，1946 年 8 月 29 日颁令特任川中师管区司令部少将参谋长。[3]

---

[1] 国民政府文官处印铸局印行：台湾成文出版社有限公司 1972 年 8 月出版《国民政府公报》第 93 册 1935 年 5 月 1 日第 1730 号颁令第 1 页记载。

[2] 国民政府文官处印铸局印行：台湾成文出版社有限公司 1972 年 8 月出版《国民政府公报》第 142 册 1939 年 7 月 19 日渝字第 171 号颁令第 1 页记载。

[3] 据国民政府国防部第一厅民国三十六年二月印行《现役军官资绩簿》第二册［陆军现役少将军官］第 16 页记载。

冯圣法

冯圣法照片（一）

冯圣法（1901—1958），别字森法，原载籍贯浙江诸暨，[1]另载浙江临浦人。上海吴淞中国公学肄业，陆军大学将官班甲级第三期毕业。记载为民国前九年五月五日出生。[2]1901年6月29日生于诸暨县祝家坞村一个农户家庭。自填入学前履历：入上海吴淞中国公学二年，后充大元帅府卫士。[3]自填主要家庭成员：父金水，母陈氏，务农为生，下有三个妹妹。1923年12月到广州，入大本营大元帅府任卫士大队卫士。1924年3月8日经卢振柳（广东东路讨贼军第六路参谋长、粤军第二军总司令部参谋、广州大元帅府大本营参军兼大本营卫士大队大队长）介绍加入中国国民党，1924年5月再由其举荐投考广州黄埔军校下级干部。1924年6月考入陆军军官学校第一期第二队学习，在学期间任本队第三分队分队长，1924年11月毕业。任广州陆军军官学校教导团排长、区队长，随部参加了两次东征作战。1925年任党军第一旅团政治指导员、国民革命军总司令部少校参谋。1926年7月任国民革命军总司令部警卫团团附，随部参加北伐战争。1927年4月任南京国民政府首都警备师（师长姚琮）第二团团长，

---

[1] 湖南省档案馆校编、湖南人民出版社1989年7月《黄埔军校同学录》记载。

[2] 据军事委员会铨叙厅民国二十五年十二月印制《陆海空军军官佐任官名簿》第一册［上将、中将］第56页记载。

[3] 陆军军官学校编辑、台北文海出版社有限公司印行：近代中国史料丛刊三编第五十七辑《陆军军官学校第二队学生详细调查表》记载。

1928年2月17日被国民革命军总司令部委任为警卫团团长，[1]1928年5月任南京警卫司令部警卫第三团团长。1928年8月部队编遣，1928年9月3日任缩编后的第一集团军第十一师（师长曹万顺，副师长陈诚）第三十二旅第六十三团团长。[2]1929年1月17日被推选为中国国民党陆军第十一师特别党部执行委员。1929年1月28日经呈"励志社"社长（蒋介石）批准与117人加入"励志社"。[3]1929年随部参加讨伐桂系军事集团的战事，任武汉要塞司令部第

冯圣法照片（二）

一堡垒团团长，1930年10月7日任国民政府警卫第一旅（旅长俞济时）第三团团长，[4]1931年1月所在部扩编，任警卫军（军长冯轶裴）第二师（师长俞济时）第三旅第一团团长。1931年9月6日参加国民政府警卫军（军长顾祝同）警卫第二师（师长俞济时）在南京三牌楼召开的中国国民党第一次全师代表大会，被推选为该师特别党部执行委员。[5]1931年12月警卫部队奉命改编为正规陆军师，任陆军第五军（军长张治中）第八十八师（师长俞济时）第二六二旅（旅长杨步飞）第五二四团团长，率部参加"一·二八"淞沪抗日战事。1933年10月任陆军第八十八师第二六二旅旅长。1935年4月17日颁令叙任陆军少将[6]，1935年5月任陆军第八十八师（师长孙元良）副师长。1935年6月22日获颁陆海空军甲种一等奖章。[7]抗日战争全面爆发后，率部参加淞沪会战。1937年11月17日国民政府颁令

---

[1]　1928年2月17日《国民革命军总司令部公报》第二期第34页记载。

[2]　国民政府文官处印铸局出版：台北成文出版社有限公司发行《中华民国国民政府公报》第二十辑第八十九期第4页记载。

[3]　《中央日报》1931年1月28日、1月29日连续刊登"励志社社员管理科通告"记载。

[4]　国民政府文官处印铸局印行：台湾成文出版社有限公司1972年8月出版《国民政府公报》第43册1930年10月8日第593号颁令第9页记载。

[5]　《中央日报》1931年9月7日"警卫军第二师全师代表大会记盛"一文记载。

[6]　据军事委员会铨叙厅民国二十五年十二月印制《陆海空军军官佐任官名簿》第一册〔上将、中将〕第56页记载。

[7]　国民政府文官处印铸局印行：台湾成文出版社有限公司1972年8月出版《国民政府公报》第94册1935年6月23日第1776号颁令第5页、国民政府指令第1591号记载。

任命为陆军第五十八师师长，[1] 隶属陆军第七十四军，率部参加南京保卫战。1939年7月9日任第七十四军（军长王耀武）副军长，1939年8月16日任第八十六军（军长俞济时）副军长，参加江西万家岭战役、南昌战役诸役。1939年12月29日任第八十六军军长，兼任浙江省政府保安处处长。1940年3月21日任第九十一军军长，1940年11月5日改任暂编第九军军长，1942年12月改番号为第六十六军，仍任军长，率部参加浙赣会战。1943年1月任军事委员会委员长侍从室高级参谋，第三组组长。1943年6月任侍从室第一组组长，1944年1月任军事委员会委员长侍从室（侍卫长俞济时）副侍卫长。1944年7月获颁四等宝鼎勋章。1945年8月入陆军大学甲级将官班第三期学习，1945年11月毕业。抗日战争胜利后，1946年1月19日任国民政府参军处参军，1946年4月任交通部东北铁路交通警察总局局长，兼任长春铁路警察局局长。1946年10月颁令叙任陆军中将。1947年3月任第二交通警察总局局长，后率部撤退关内。1948年12月任第十六兵团副司令官，1949年3月任第九编练司令部副司令官，后任东南军政长官公署高级参谋。1949年到台湾，1951年退役，任台湾省（地区）铁路局顾问。1958年7月30日因病在台北逝世。

―――――――――

[1] 国民政府文官处印铸局印行：台湾成文出版社有限公司1972年8月出版《国民政府公报》第130册1937年12月1日渝字第1号颁令第8页记载。

冯达飞

冯达飞（1898—1942），原名文孝，又名国琛，别字洵，广东连县东陂镇人。芝兰初级小学、文望高级小学、连县县立中学、广东陆军测绘学校毕业，粤军第一师肇庆讲武堂肄业，莫斯科苏联航空学校、苏联步兵学校毕业，德国炮兵研究院将校组结业。祖辈务农，有田三十亩，山林两处，经济中等，自给尚足。自填登记处为广东连县东陂街文明里第六号，通信处为连县城东陂街森昌号。自填入学前履历：自幼肄业迄今，并未充任何职务。1898

冯达飞照片

年7月31日生于连县东陂镇一个农户家庭。1908年九岁入私塾启蒙，少时考入芝兰初级小学和文望高级小学。1914年考入连县县立中学，1919年毕业，继考入广东省陆军测绘学校，再入广东西江讲武堂（又称粤军第一师肇庆讲武堂），分发粤军实习。1924年春由广东西江海陆军讲武学堂推荐投考黄埔军校，1924年6月考入陆军军官学校第一期第四队学习，1924年冬加入中国共产党，[1]1924年11月毕业。奉派转学航空，1924年12月入广州大沙头军事航空学校第一期学习，后应邀入粤军服务，任粤军第一师司令部中尉副官，黄埔军校教导第一团副连长，随部参加第一次东征作战，1925年7月奉派赴欧洲学习军事，先入苏联莫斯科航空学校学习，继入莫斯科苏联高级步兵学校就读，再赴德国炮兵研究院将校组学习。毕业后，1927年11月回到广州，1927年12月参加广州起义，[2]事败

---

[1] 杨牧、袁伟良主编：河南人民出版社2005年11月《黄埔军校名人传》上册第669页记载。

[2] 王晓玲、蒋斌主编：广州出版社2007年12月《广州起义图文集》第213页有军装照片记载。

后，返回家乡连县东陂镇，任教的同时养病。1929年应邀往南宁，任广西干部教导总队教官，广西干部教导总队警备第四大队机枪连连长。1929年12月11日随部参加广西百色起义，部队改编后，任红军第七军第二纵队第二营营长、纵队司令员。1930年11月部队整编，将原三个纵队改编为三个师，任红军第七军第二十五师第五十八团团长。后因部队严重减员，缩编为两个团和一个教导队，第二十师缩编为第五十八团，调任干部教导队队长。1931年7月随红军第七军主力赴江西，其留中共湘赣根据地，1931年8月任湘赣军区河西教导队队长，独立师师长，红军第八军代理军长，军区参谋兼红军第四分校校长。1932年3月奉调入江西根据地，任中国工农红军学校地方干部科科长。红军长征前夕，1934年10月任军委干部团上干队地方工作科科长，[1]随中央红军长征。1935年6月红军第一方面军和第四方面军在四川懋功会合，红一方面军军委干部团与红四方面军红军学校合编为红军大学，任炮兵科科长。红军大学后随红军陕北支队先行北上，其作为学校一员同行。1935年10月到陕北后，任红军大学特科团主任教员、炮兵科科长。1936年春任红军抗日军事政治大学（后改为中国人民抗日军事政治大学）教员学习班教员。1937年起任中国人民抗日军事政治大学第二分校训练处处长、第二大队大队长。1938年秋奉调中共领导的国民革命军新编第四军，任新编第四军司令部干部教导总队副总队长兼教育长。1940年12月中共决定新四军军部撤至江北，将皖南部队九千余人编为三个支队，其任新编第二支队副司令员。1941年1月4日率部随新四军军部离开云岭北撤，皖南事变发生时突围中受伤被俘。关押于上饶集中营西山监狱，[2]1942年6月8日于茅家岭一小山坡下被枪杀。[3]中共七大追认其为革命烈士。1950年1月由华东军政委员会人民政府颁发烈士证书。其故居位于连县东陂乡东陂街达飞巷，修建于清光绪八年（1882年），是一座坐南朝北青砖青瓦砖木结构古建筑，建筑面积150平方米，占地面积200平方米。1927年参加广州起义后曾回家隐蔽，1931年1月随红

---

[1] 廖盖隆主编：中共中央党校出版社2001年6月《中国共产党历史大辞典》增订本第165页记载。

[2] 中共广东省委党史研究委员会办公室、广东省中共党史人物研究会、广东省民政厅合编：广东人民出版社1986年1月《南粤英烈传》第二辑第329页记载。

[3] 中共党史人物研究会编纂：陕西人民出版社1882年10月《中共党史人物传》第二十八卷第202页记载。

七军东征赴江西途经家乡，曾在此屋款待邓小平、张云逸、李明瑞等人。1950年秋，其故居挂匾"光荣之家"至今。1958年当地人民政府将其居地豆地坪命名为"达飞巷"，故居门首加挂"革命之家"横匾。2002年7月其故居被广东省人民政府批准为省级文物保护单位，当地人民政府在其故居旁修建"冯达飞将军纪念馆"。[1]

---

[1] 政协广东省委员会办公厅、广东省政协学习与文史资料委员会编：中共党史出版社2007年8月《广东名人故居》第450页记载。

冯剑飞

冯剑飞照片

冯剑飞（1899—1951），贵州盘县人。贵州省立贵阳模范中学毕业，大同大学、私立东吴大学、厦门大学肄业，中央训练团党政干部训练班第十二期结业。家父从教，经济中等。自填登记通信处为贵州盘县城外，住址为贵阳城内福德街。自填入学前履历：贵州模范中学毕业，大同、东吴、厦门三大学肄业。读报招生启事，自行投考黄埔军校。1924年春到广州，1924年由靳经纬（上海《新建设》杂志社编辑）、韩觉民（上海《新建设》杂志社主任，上海大学社会系教员，后接邓中夏任上海大学校务长）介绍加入中国国民党。1924年6月考入陆军军官学校第一期第一队学习，1924年11月毕业。后分发黄埔军校第二期步科第二队见习、区队长，1925年1月随部参加第一次东征作战。1925年6月随部参加对滇桂军阀杨希闵部、刘震寰部军事行动，后任第三期入伍生总队步兵第八队上尉队长，1925年10月随部参加第二次东征战事。1926年2月任中央军事政治学校第四期入伍生团连长。1926年7月随部参加北伐战争，任国民革命军第一军第二十师预备团营长、团附。1927年12月任杭州军官补习训练班步兵第二大队上校大队长。1928年12月6日任陆军第二师第五旅（旅长楼景越）第十二团团长。1929年2月17日被推选为陆军第二师特别党部常务委员。后任陆军第二师（师长卫立煌）第六旅第十五团团长，1929年5月陆军第二师第六旅改隶陆军第三师，改番号为第九旅，任第三师（师长钱大钧）第九旅第十八团团长。1932年3月28日加入中华民族复兴社，1932年5月任陆军第三师第九旅旅长。1933年春兼任中华民族复兴社河南支社书记。任河南省政府保安处副处长、处长，1935 年 7 月 11 日被国民政府军事委员会铨叙厅免职，[1] 遗缺由彭进之接任。后奉调贵州，任贵州省会公安局代局长，贵阳警备司令部副司令官。1935 年 6 月 22 日任贵州省政府保安处处长。1935 年 11 月被军队各特别党部推选为中国国民党第五次全国代表大会代表。1936 年 10 月 16 日颁令叙任陆军步兵上校。[2] 抗日战争全面爆发后，仍任贵州省政府保安处处长。1938 年 1 月任陆军预备第二师师长，率部赴湖南参与抗日战事。1938 年 3 月 30 日国民政府颁令免贵州省政府保安处处长职。[3] 1938 年 6 月因作战失利被免师长职，调任军政部荣誉军人第三管理处处长。1945 年 1 月被推选为军队各特别党部代表出席中国国民党第六次全国代表大会。抗日战争胜利后，1945 年 10 月任武汉行营政治部副主任。1946 年 6 月任国民政府武汉行营新闻处处长。1946 年 12 月 3 日参加赴南京任职、公干的 81 名黄埔一期生在中央训练团聚餐并于办公大楼前合影。[4] 1947 年 2 月 22 日颁令晋任陆军少将，同年 7 月退役。1950 年春任"反共抗俄同盟军"总指挥部总指挥，11 月在贵州盘县"起义"，1951 年在"镇反"运动中，被当地政府判处死刑。

[1] 国民政府文官处印铸局印行：台湾成文出版社有限公司 1972 年 8 月出版《国民政府公报》第 97 册 1935 年 7 月 9 日第 1790 号颁令。

[2] 国民政府文官处印铸局印行：台湾成文出版社有限公司 1972 年 8 月出版《国民政府公报》第 115 册 1936 年 10 月 17 日第 2179 号颁令第 1 页记载。

[3] 国民政府文官处印铸局印行：台湾成文出版社有限公司 1972 年 8 月出版《国民政府公报》第 132 册 1938 年 4 月 2 日渝字第 36 号颁令第 2 页记载。

[4] 容鉴光编著：列入台北出版品预行编目资料，台北博煜企业有限公司 2003 年 6 月 16 日第一版印行《黄埔军校一期研究总成》第 278 页辑录。

冯春申

冯春申照片

冯春申（1902—1991），别字春绅，别号石秋，云南鹤庆人。白族。鹤庆县乡立高级小学、鹤庆初等中学、陆军大学将官班乙级第一期毕业。自填登记通信处为云南鹤庆县北区大登街。自填入学前履历：小学校、中学校毕业。父寸金，母李氏，有弟妹各两人。家从商业，经济中等。1923年冬到广州，入驻粤滇军讲武堂学习，不久转入大本营军政部陆军讲武学校学习。1924年5月10日由李宗黄（孙中山指派出席国民党一大云南省代表，国民党第一届候补中央执行委员，

广州大本营军事参议，驻粤滇军第二军总参谋长、代理军长）介绍加入中国国民党，同时由其举荐投考黄埔军校。1924年6月考入陆军军官学校第一期第四队学习，1924年11月毕业。后任黄埔军校入伍生团区队长、连长，随部参加东征作战与北伐战争。后任国民革命军第一军第三师第八旅营长、团长、旅长。曾被推选为中国国民党云南省党务指导委员会委员。1934年9月任南京中央陆军军官学校（第十一期）办公厅总务处处长，军事委员会陆军整理处武汉办事处主任。1937年5月14日颁令叙任陆军步兵上校。[1]抗日战争全面爆发后，任南京中央陆军军官学校预备补充兵总队总队长。后任第六战区司令长官高级参谋。1938年12月入陆军大学乙级将官班第一期学习，1940年2月毕业。1942年任军政部昆明第三十六补充训练处副处长，国民政府军政部兵工署副署长。抗日战争胜利后，任云南滇东师管区司令部副司令官。

---

[1] 国民政府文官处印铸局印行：台湾成文出版社有限公司 1972 年 8 月出版《国民政府公报》第 123 册 1937 年 5 月 15 日第 2354 号颁令第 2 页记载。

1946年12月3日参加赴南京任职、公干的81名黄埔一期生在中央训练团聚餐并于办公大楼前合影。[1]1948年9月22日颁令叙任陆军少将。1948年10月任国防部昆明第六编练司令部高级参谋，1949年12月9日随部在昆明参加起义。后入中国人民解放军西南军政大学高级班学习，结业后派任中国人民解放军云南省军区司令部教导团训练处研究员、军事教员。1952年任中国人民解放军西南军区昆明第二文化速成中学教员。1955年转业地方工作，任云南省人民政府参事室参事（时为行政十六级），1984年10月被推选为云南省黄埔军校同学会理事。1991年1月2日因病在昆明逝世。

---

[1] 容鉴光编著：列入台北出版品预行编目资料，台北博煜企业有限公司2003年6月16日第一版印行《黄埔军校一期研究总成》第278页辑录。

冯树淼

　　冯树淼（1904—? ），陕西蒲城人。蒲城县立高等小学毕业，陕西省立西安第一体育师范学校肄业。农家出身，家有房屋两院，田地一顷，塘十亩，自给尚余。自填登记通信处为陕西蒲城县兴市镇南乡雷坊村旺镇十五里。自填入学前履历：始在蒲城县高等小学毕业，后又在本省城内第一体育师范学校肄业。1924年5月10日经于右任（孙中山指派出席国民党一大陕西省代表，国民党第一届中央执行委员，前陕西靖国军总司令、讨贼军西北第一路军总司令，时兼任上海大学校长）介绍加入中国国民党，并由其举荐投考黄埔军校。1924年6月考入陆军军官学校第一期第四队学习，1924年11月毕业。后返回北方服务社会。

冯得实

冯得实（1903—1927），别字子诚，湖南道县人。道县高级中学校、广州大本营军政部陆军讲武学校肄业。1923年冬到广州，入广州大本营军政部陆军讲武学校学习。1924年秋该校并入黄埔军校，1924年6月编入陆军军官学校第一期第六队学习，1925年2月肄业。分发入伍生队见习，教导第一团排长，1925年1月随部参加第一次东征作战。1925年6月随部参加对滇桂军阀杨希闵部、刘震寰部军事行动。后任教导团步兵连连长，随部参加第二次东征作战。

冯得实照片

1926年7月任国民革命军第一军第二师第三团营长，随部参加北伐战争。1927年5月任国民革命军第一军第二十二师第六十四团中校团附。1927年8月30日在江苏龙潭战役中阵亡。[1]

---

[1] ①中国第二历史档案馆供稿，华东工学院编辑出版部影印，档案出版社1989年7月《黄埔军校史稿》第八册（本校先烈）第53页有烈士传略、第246页第一期烈士芳名表记载1927年8月30日在江苏龙潭阵亡；②台北《黄埔建国文集》编纂委员会编纂：台北实践出版社1985年6月16日印行《黄埔军魂》第574页"北伐战役殉国英雄姓名表"第一期记载。

卢志模

卢志模照片

卢志模（1897—1927），别号子范，江西万载人。江西省立师范学校毕业，赣州江西省立甲种工业专门学校、广州大本营军政部陆军讲武学校肄业。1923年冬到广州，考入广州大本营军政部陆军讲武学校学习。1924年秋该校并入黄埔军校，1924年11月编入陆军军官学校第一期第六队学习，1925年2月肄业。分发入伍生队见习，军校教导第一团步兵连排长，随部参加第一次东征作战。1925年6月随部参加对滇桂军阀杨希闵部、刘震寰部军事行动。后任党军第一旅步兵团步兵连连附，1925年10月随部第二次东征战事。1926年任国民革命军第一军第三师步兵营连长、营附，新编第一师第二团第三营中校营长。1927年8月在江西会昌与南昌起义军作战时阵亡。[1]

[1] ①中国第二历史档案馆供稿，华东工学院编辑出版部影印，档案出版社1989年7月《黄埔军校史稿》第八册（本校先烈）第46页有烈士传略、第245页第一期烈士芳名表记载1927年9月30日在江西会昌阵亡；②台北《黄埔建国文集》编纂委员会编纂：台北实践出版社1985年6月16日印行《黄埔军魂》第574页"北伐战役殉国英雄姓名表"第一期记载。

卢盛枌

卢盛枌（1898—？），别号芳山，又字梦，江西南康人。南康县塘江圩私立乐群高级小学、江西省立第二师范学校毕业。父从实业，经济中等。自填登记处为江西南康县塘江圩生福街卢复盛号。自填入学前履历：民国三年（1914年）塘江（圩）私立乐群高小学校卒业四年，修业于江西省立第二师范学校五学期，十二年（1923年）毕业于江西省立第四中学校，是年冬充中央直辖第三军司令部中尉差遣。1898年12月8日生于南康县塘江圩一个农商家庭。1914年于本

卢盛枌照片

县塘江圩私立乐群高级小学，继考入江西省立第二师范学校，1920年毕业。1923年在江西省立第四中学任教。1923年冬到广州，充中央直辖第三军司令部中尉差遣。1924年春由卢师谛（前四川靖国联军副总司令，广东军政府中央直辖第三军军长，广州大元帅府禁烟督办公署会办）、欧阳豪（中央直辖第三军司令部参谋，前江西宪兵司令）推荐投考黄埔军校，1924年5月经卢汉辅［中央直辖第三军（军长卢师谛）司令部少校副官］、卢树奇［中央直辖第三军（军长卢师谛）司令部少校参谋］介绍加入中国国民党。1924年6月考入陆军军官学校第一期第四队学习，1924年11月毕业。分发黄埔军校入伍生队见习，毕业后参加了两次东征和北伐战争，任教导第二团排长。1929年冬任南京中央陆军军官学校第八期入伍生团第二营第六连连长，第二步兵大队队附、大队长。一度误传于1935年7月因病逝世。[1]

---

[1] 台北《黄埔建国文集》编纂委员会编纂：台北实践出版社1985年6月16日印行《黄埔军魂》第588页"戡乱战役殉国英雄姓名表"第一期记载。

1935年5月20日颁令叙任陆军步兵中校。[1]1936年9月30日颁令晋任陆军步兵上校。[2]

————————————

[1] 国民政府文官处印铸局印行：台湾成文出版社有限公司 1972 年 8 月出版《国民政府公报》第 93 册 1935 年 5 月 21 日第 1746 号颁令第 1 页记载。

[2] 国民政府文官处印铸局印行：台湾成文出版社有限公司 1972 年 8 月出版《国民政府公报》第 115 册 1936 年 10 月 1 日第 2166 号颁令第 1 页记载。

古谦

古谦（1902—？），广东茂名人。信宜西江高等小学毕业、信宜县立中学肄业。父从政界，为官吏，家境中等。自填登记处为广东茂名县红花坡，通信处为高州信宜镇隆圩怡昌店转交。自填入学前履历：曾充（广东）虎门沙角炮台部军需及（广东）西路（讨贼军）第一路第一统领部军需。先后充任虎门沙角炮台总台部军需、广东西路讨贼军第一路第一统领部军需。1924年5月15日由陆英光（信宜人，中国国民党信宜县党部筹备委员）介绍加入中国国民党。

古谦照片

1924年5月由刘震寰（中国国民党第一届候补中央监察委员，前驻粤桂军总司令，中央直辖广东西路讨贼军总司令）举荐投考黄埔军校，1924年6月考入陆军军官学校第一期第一队学习，1924年11月毕业，后服务社会。

史书元

史书元照片

　　史书元（1903—1989），又名庶元，别号施元、遽然，别字铭、革非，到台湾后改名为"铭"，湖南醴陵人。醴陵县立中学毕业，广州大本营军政部陆军讲武学校肄业。1903年7月17日生于醴陵县城郊一个农户家庭。中学毕业随亲友南下谋生，1923年到广州，考入大本营军政部陆军讲武学校学习。1924年冬该校并入黄埔军校，1924年11月编入陆军军官学校第一期第六队学习，1925年2月肄业。历任黄埔军校第三、第四期学员总队区队附，军校教导团第二营排长，党军第一旅第三团步兵连副连长、政治指导员，国民革命军第四军团副党代表。1927年春任第二方面军第十一军第二十四师第七十二团副团长、团长，1927年8月随部参加南昌起义。起义失败后，随周逸群等人返回湖南，开展工农武装斗争，任工农革命军第四十九路第二大队大队长。后辗转到上海，受中共中央委派，于1928年1月15日与贺龙、周逸群、卢冬生等七人到汉口市谢弄北里17号与郭亮（时任中共湖北省委书记）接上头，[1]奉派转赴湘鄂西开展工农武装斗争。后到香港等地从事中共组织活动，后派赴广西从事武装斗争，曾任南宁警备第五大队副大队长，率部参加广西百色起义。1930年2月18日被中共广东省委决

---

[1]　中共党史人物研究会编纂：陕西人民出版社1882年10月《中共党史人物传》第八卷第111页记载。

议开除党籍。[1]1932年春因治疗伤病，与中共组织失去联系，后往南京黄埔同学会登记，分配任浙江省警察学校训育主任，后兼学员总队长、政治训练处主任，后任陆军第一军第一师第二旅第四团团长，1935年10月任甘肃省会（兰州）公安局局长。1936年12月12日西安事变发生时，在兰州被第五十一军拘留。抗日战争全面爆发后，被交警总局派驻粤汉铁路警察署，任署长兼铁路司令部警务处处长，交通警察总队第四支队司令部司令官。抗日战争胜利后，任粤汉铁路护路司令部警务处处长。1947年任桂黔铁路护路司令部警务处处长。1949年1月返回湖南，任华中"剿匪"总司令部第一兵团司令部高级参谋。程潜、陈明仁率部起义前夕，他随邓文仪离开长沙，后赴台湾，曾任"国防部"情报局政治设计委员会委员，"交通部"设计委员会设计委员。1956年退休，寓居台北赋闲。1989年3月17日因病在台北逝世。[2]著有《胡宗南乃性情中人》（载于台北1962年6月印行《胡宗南先生纪念集》第25页）等。

---

[1] 1982年11月中央档案馆、广东省档案馆编印的《广东革命历史文件汇集》甲第十七册第139—141页记载："中共广东省委关于开除史书元党籍的决议"，1930年2月18日。

[2] 胡健国编著：台北"国史馆"2003年12月《近代华人生卒简历表》第46页记载。

史仲鱼

史仲鱼照片

史仲鱼（1893—1959），又名重鱼、恒春，陕西华县宜和堡人。陕西华县初级师范学校肄业，陕西省立第二师范学校毕业，四川讲武堂肄业。祖辈务农，家境贫寒，有薄田二十亩。自填登记处为陕西省华县，通信处为华县城内西关恒盛合号转交。自填入学前履历：陕西第二师范（学校）预科毕业，靖国军第四路补充二连上士，次充准尉，九年（1920年）入四川讲武堂，十年（1921年）陕西靖国军军官团毕业，十一年（1922年）曾充靖国军第三路辎重兵

连少尉，次年充上尉，曾任教及编辑报刊。1917年到杨虎城部靖国军第四路任补充第二连上士准尉。1920年被于右任保送到四川讲武堂学习，毕业后任排长、副官。1924年春由杨虎城（前陕西靖国军第三路司令，陕西靖国军蒙边司令）推荐投考黄埔军校，1924年4月26日经于右任、王宗山（前广州大元帅府大本营英文秘书，黄埔军校筹备委员会委员，黄埔军校校长办公厅英文秘书）介绍加入中国国民党。1924年6月考入陆军军官学校第一期第二队学习，在学期间任本队第六分队分队长，1924年11月毕业后。奉派返回河南国民军第二军，任骑兵旅干部训练班队附，骑兵师骑兵营连长、营长。1926年10月任国民革命军第二集团军总司令部南路军总指挥部第二旅副旅长。1927年6月被南京中国国民党中央党部任命为国民革命军第三十八军（军长杨虎城）第十七师司令部党务特派员。1934年10月任第十七路军总指挥部参议。1935年12月改任陕西省政府保安处第三科科长。1936年12月参与发起西安事变的军事行动。抗日战争全面爆发后，任陕西省政府保安处秘书主任。1937年11月17日国民政府颁令任命为陕西省政府保安处副处

长。[1]1939年任陕西关中野战工事工程处处长。1941年任陕西省政府保安处代理处长，兼任淳化保安指挥部指挥官。1944年任陕西省第四区（驻商县）代理行政督察专员，[2]兼任该区保安司令部代理司令官。1944年秋调任陕西省保安司令部副司令官。抗日战争胜利后，1946年1月奉派入南京中央训练团将官班受训，登记为少将学员，1946年3月结业。1946年11月15日被推选为陕西省出席（制宪）国民大会代表。1946年12月3日参加赴南京任职、公干的81名黄埔一期生在中央训练团聚餐并于办公大楼前合影。[3]后应邀返回陕西，仍任陕西省保安司令部副司令官。1947年9月聘任国民大会宪政实施促进委员会考察委员会委员。1947年12月被推选陕西区域第一届（行宪）第一届国民大会代表。1948年夏返回西安，1948年7月8日任陕西省军管区司令部副司令官，1948年9月22日颁令叙任陆军少将。1949年5月离职，在成都寓居赋闲。1949年12月25日成都解放，被逮捕判处十年徒刑，[4]1959年12月31日因病逝世。

---

[1] 国民政府文官处印铸局印行：台湾成文出版社有限公司1972年8月出版《国民政府公报》第130册1937年12月1日渝字第1号颁令第10页记载。

[2] 郭卿友主编：甘肃人民出版社1990年12月《中华民国时期军政职官志》第789页记载时任行政督察专员为吕学书。

[3] 容鉴光编著：列入台北出版品预行编目资料，台北博煜企业有限公司2003年6月16日第一版印行《黄埔军校一期研究总成》第278页辑录。

[4] 陕西省黄埔军校同学会编纂、穆西彦主编：陕西人民出版社1991年6月《陕西黄埔名人》第9页记载。

史宏烈

史宏烈照片

史宏烈（1902—1970），别号潜峰，又号剑峰，江西南昌人。广州大本营军政部陆军讲武学校肄业，陆军大学乙级将官班第二期毕业。1923年12月到广州，考入广州大本营军政部陆军讲武学校学习，1924年秋该校并入黄埔军校，1924年11月编入陆军军官学校第一期第六队学习，1925年2月肄业。分发国民革命军第一军第一师步兵连排长，1925年10月随部参加第二次东征作战。后任第一军第一师步兵连连长，1926年7月随部参加北伐战争。1928年7月国民革命军编遣后，任缩编后的第一集团军陆军第八师第二十四旅步兵团第一营营长，1929年10月任陆军第八师教导团团附，1930年春任讨逆军第六路军总指挥部特务团团长，率部参加中原大战。1931年任陆军第八师师长，1933年任陆军预备第二师师长，1936年1月1日获颁四等宝鼎勋章。[1]1936年夏任福州绥靖主任公署陆军新编第十一师师长。1937年2月22日颁令叙任陆军少将。抗日战争全面爆发后，任中国远征军第一路军步兵师师长，1943年2月任中国远征军第六军（军长廖耀湘）副军长，第一兵团司令部副司令官，率部参加印缅抗日战役。抗日战争胜利后，1946年春入陆军大学乙级将官班第二期学习，1947年4月毕业。1948年9月22日颁令叙任陆军中将。1949年1月与李文、石觉等人由北平返回南京，1949年秋到台湾，1960年办理退役。1970年5月10日因病在台北逝世，入厝台北市军人公墓忠灵堂忠义一室。

---

[1] 国民政府文官处印铸局印行：台湾成文出版社有限公司1972年8月出版《国民政府公报》第102册1936年1月2日第1936号颁令第13页记载。

叶谟

叶谟（1906—? ），别号剑华，湖南醴陵人。醴
陵县立初级师范学校、广州大本营军政部陆军讲武学
校肄业，陆军大学乙级将官班第三期毕业。1906年7
月22日（另说1906年农历六月十三日）生于醴陵县
一个农户家庭。幼年私塾启蒙，少时考入本乡高等
小学堂就读，继入醴陵县立初级师范学校学习，毕
业后一度任小学教员。1923年12月到广州，考入广
州大本营军政部陆军讲武学校学习，1924年秋该校
并入黄埔军校，1924年11月编入陆军军官学校第一

叶谟照片

期第六队学习，1925年2月肄业。后随部参加东征作战与北伐战争。历任国民革
命军第六军步兵营排长、区队长、副官。后任湖南第四路军总指挥部兵站粮秣课
课长，湖南某团管区司令部参谋长。抗日战争全面爆发后，任湖南省军管区司令
部军官教导队参谋，长沙防空司令部守备团团长，第九战区司令长官部干部训练
团教官。1939年4月24日颁令叙任陆军步兵上校。[1]历任暂编步兵旅代旅长、旅长，
率部参加湖南抗日战事。1944年2月任中央训练团行政人员训练班副主任。抗日
战争胜利后，任陆军总司令部附员兼处长。后任某师管区司令部副司令官。1946
年1月奉派入中央训练团将官团受训，登记为少将团员，1946年3月结业。1947
年2月入陆军大学乙级将官班第三期学习，1948年4月毕业。

---

[1] 国民政府文官处印铸局印行：台湾成文出版社有限公司1972年8月出版《国民政府公报》
第140册1939年4月26日渝字第147号颁令第2页记载。

叶干武

叶干武照片

叶干武（1900—1950），原名干武，广东梅县人。梅县东山中学校毕业。家有田二亩，以耕种为生。自填入学前履历：梅县东山中学校毕业，曾充蕉岭城北高等小学校及梅县明德国民学校教员。梅县紫黄堡高等小学、东山中学毕业。曾任蕉岭城北高等小学校及梅县明德国民学校教员，后往汕头市裕顺安行任副财库，在汕头结识叶剑英。1924年4月由叶剑英等人介绍投考黄埔军校，1924年6月考入陆军军官学校第一期第三队学习，1924年11月毕业。后入粤军第一军任见习排长。1925年任国民革命军第二军政治部宣传科员，参加了第一次东征和广东南路讨伐军阀邓本殷的战斗。1926年1月任国民革命军第一军（军长何应钦）政治部（主任周恩来）组织科（科长王驭欧）干事。[1]1927年起任国民革命军第二军第四师排长、副连长，第十八师连长、营附。1930年随部参加对江西红军及根据地的"围剿"战事，所在部在龙冈战斗中被红军全歼，被俘后获释。先后任黄埔同学会少校服务员，国民革命军第四军第十一师司令部副官长、上校参谋。抗日战争全面爆发后，返回广东梅县，任佘江中学校长、东山中学教员，后应邀任广东省立商业专科学校军事训练教官，南京军事委员会训练总监部上校监察官。抗日战争胜利后，1945年10月任青年军编练总监部军法处副处长。1946年7月退役，任顺德糖厂厂长，并任广东省党部候补监察委员。1947年应李铁军聘，任甘肃省河西警备总司令部高级参谋、监察官。1949年冬，在兰州

---

[1] 《岭东民国日报》1926年2月4日"第一军政治部职员一览"一文记载。

战役中向人民解放军投诚。后自愿返乡务农，1950年秋在"镇反"运动中被错杀，1980年获平反，恢复起义投诚人员名誉。[1]

---

[1] 广东梅县政协文史资料委员会编纂：《梅县文史资料》第三十一辑 2001 年 12 月印行《梅县将帅录》第二卷记载。

叶彧龙

叶彧龙照片

叶彧龙（1901—1925），湖南醴陵人。醴陵县立高等小学校、湖南长沙修业高等小学校、长沙广雅中学毕业，广东西江陆海军讲武堂肄业。祖辈业儒，父嵩鳌，别字隆科，早年从军，参加推翻帝制及护法战争，曾任湘军第四团营长，1920年任湖南陆军第一师参谋长。家庭经济中等。自填登记处为湖南醴陵县南乡豆田叶宅，通信处为醴陵南乡豆田邮局转交。自填入学前履历：湖南长沙修业高等小学校毕业，长沙广雅中学校毕业，（广东）西江陆海军讲武堂肄业，大本营军政部一等委员。1923年于广东西江陆海军讲武堂肄业一年，后充任广州大本营军政部一等委员。1924年5月经邓演达（前任广东西路讨贼军第一师第三团团长，黄埔军校入学试验委员会委员）介绍加入中国国民党，再由李济深（讨贼军第四军第一师师长，西江善后督办公署督办，黄埔军校筹备委员会委员）举荐投考黄埔军校。1924年6月考入陆军军官学校第一期第三队学习，同年加入中国共产党，[1]在学期间任本队第四分队分队长，1924年11月毕业，分配任第二期入伍生队见习、排长，黄埔军校教导第二团步兵连连长。随部参加第一

---

[1] 广东省政协文史资料研究委员会、广东革命历史博物馆合编：广东人民出版社1982年12月《广东文史资料》第三十七辑《黄埔军校回忆录专辑》第55页记载。

次东征作战，1925年2月15日在攻打淡水战斗中阵亡。[1]安葬于广东惠州东江烈士墓。

[1] ①中国第二历史档案馆供稿，华东工学院编辑出版部影印，档案出版社1989年7月《黄埔军校史稿》第八册（本校先烈）第244页第一期烈士芳名表记载1925年1月24日在广东惠阳淡水阵亡；②台北《黄埔建国文集》编纂委员会编纂：台北实践出版社1985年6月16日印行《黄埔军魂》第573页"东征战役殉国英雄姓名表"第一期记载。

左权

左权照片

左权（1905—1942），乳名自林，原名纪权，别号叔仁，别字孳麟，湖南醴陵人。醴陵北区联合高等小学、醴陵县立中学（原渌江书院）毕业，广州大本营军政部陆军讲武学校肄业，苏联莫斯科中山大学、伏龙芝军事学院毕业。1905年3月15日生于醴陵县一个农户家庭。十七岁时由叔父左铭三资助，进入醴陵县立中学就读。其间参与中共党组织领导的"社会科学研究社"。1923年秋到广州，与张际春、蔡升熙等人一同考入广州大本营军政部陆军讲武学校学习，再与蔡升熙、陈启科等二十余人组织了群众团体"莲社"，1924年7月10日随部参加平定广州商团叛乱军事行动。1924年11月随陆军讲武学校第一、第二队学员并入黄埔军校，编入陆军军官学校第一期第六队学习，1925年1月随部参加第一次东征作战，1925年2月肄业。1925年2月经陈赓、周逸群介绍加入中国共产党，[1]由周恩来主持入党仪式。先参加学生组织"火星社"，后加入中国青年军人联合会活动，与蒋先云等人同为该会负责人。分发任黄埔军校教导团排长、副连长，1925年6月参加平定滇桂军阀杨希闵部、刘震寰部军事行动。1925年7月调任国民革命军第六军（军长程潜）司令部卫队营连长。1925年10月随军参加第二次东征战事。1925年11月被选送苏联莫斯科中山大学留学，毕业后入伏龙芝军事学院学习，1930年6月奉调回国，1930年9月经厦门抵达福建龙岩，参与筹备红军学校闽西分校（第一分校），正式成立时任该校教育长。1930年12月

---

[1]　廖盖隆主编：中共中央党校出版社2001年6月《中国共产党历史大辞典》增订本第153页记载。

红军第二十军、第二十一军合编为红军新编第十二军，任军长。[1]1931年年初第一次反“围剿”结束时，调任红军第一方面军总司令部作战参谋。1931年6月任中央革命军事委员会参谋处处长。1931年12月与王稼祥、刘伯坚受中央军委委托，赴宁都固材圩策应第二十六路军起义。起义部队改编为红五军团，任该军团第十五军政委，后兼军长。1932年4月红军第一方面军为发起漳州战役，所部组成东路军前锋，4月20日率红十五军攻克闽南重镇漳州。1932年6月因“肃反”扩大化，其被诬陷参加过托派组织，受到留党察看处分，[2]撤销军长兼政委职务，调任红军学校教官。后重返军中，任粤赣军区司令员，中革军委总参谋部作战局副局长。1933年12月任红军第一军团（军团长林彪）参谋长，协助军团首长指挥部队转战于长山、资溪、金豁、浒湾、黄狮度、于都、松毛岭等地。先后率部参与江西红军及根据地历次反“围剿”战事。中央红军长征途中任红军陕甘支队第一纵队参谋长。1935年10月到达陕北后，仍任红军第一军团参谋长，后任红一军团代理军团长。1936年11月率红一军团，在宁夏固原地区何家堡阻击并歼灭马鸿逵部两个骑兵团，随后在环县山城堡重创陆军第一军（军长胡宗南）第七十八师一个旅。[3]抗日战争全面爆发后，1937年10月任国民革命军第八路军总指挥部副参谋长。1938年1月改任第二战区第十八集团军总司令部副参谋长兼前方指挥部参谋长。1938年冬主持召开八路军参谋长联席会议，从部队的实际情况和需要出发，参照苏军参谋业务，亲自制定和起草了《八路军各级司令部作战经验》，建立健全了司令部各部门的组织机构，明确职责，确定了工作原则。1940年至1942年总结作战经验，撰写《论我军的后勤建设》《新战士军事教育手册》《战术问题》《坚持华北抗战两年之八路军》《扫荡与反扫荡》《论军事思想原理》《八路军的战斗教练工作》等，翻译了苏军《红军步兵战斗条令》《合同战斗》等。其译著在抗战时期各报刊发表有25篇。1940年1月兼任八路军第二纵队司令员，统一

---

[1] 中共中央组织部、中共中央党史研究室、中央档案馆编纂：中共党史出版社2000年9月印行《中国共产党组织史资料1921—1997》第二卷《土地革命战争时期1927.8—1937.7》中册第1624页记载。

[2] 中共党史人物研究会编纂：陕西人民出版社1882年10月《中共党史人物传》第二十九卷第25页记载。

[3] 刘绍唐主编：台北传记文学出版社1999年10月15日印行《民国人物小传》第十六辑记载。

指挥太南、豫北的八路军各部。1940年8月参与发起百团大战，亲临指挥第一线。1940年10月30日在关家垴血战中经过几昼夜激战，重创日军冈崎大队。1941年10月延安成立黄埔同学分会，被推选为理事。[1]1942年5月25日在山西辽县掩护部队突围转移途中，被日军炮火击中头部牺牲。战后华北军民和延安各界人士为其举行隆重追悼大会，被周恩来称誉为"有理论修养同时有实践经验的军事家"，是中国工农红军和八路军高级指挥员、军事家。1950年10月中央人民政府将其灵柩移葬于河北邯郸晋冀鲁豫烈士陵园。1988年被中华人民共和国中央军事委员会确定为中国人民解放军军事家。中共党史出版社1996年4月出版《抗日名将左权传》(姚仁隽著)等。

---

[1] 杨牧、袁伟良主编：河南人民出版社2005年11月《黄埔军校名人传》上册第663页记载。

帅
伦

帅伦（1899—1926），江西铜鼓人。铜鼓县
本乡高等小学、江西省立第二中学毕业。家世务
农，经济中等，有恒产值四千元。自填登记处为
江西铜鼓县贵德乡，通信处为铜鼓县至诚高等小
学校收转。自填入学前履历：民国十年（1921年）
充本县至诚小学主任教员，十一年（1922年）充
北伐赣军第二混成旅通信员，十二年（1923年）
充西路讨贼军总司令部卫士队中尉排长。1920
年毕业于江西省立第二中学，充本县至诚小学
教务主任。1922年任北伐赣军第二混成旅通信

帅伦照片

员。1923年毕业于中央直辖陆军第四师军官补习所，任广东西路讨贼军总司令
部卫士队中尉排长。1924年春到广州，1924年5月15日经彭素民（国民党第一
届候补中央执行委员、中央常务委员，黄埔军校入学试验委员会委员，国民党
中央总务部部长、中央宣传部部长，中央农民部部长）和刘伯伦（江西省出席
国民党一大代表，国民党上海执行部农工部秘书，前中国社会主义青年团南昌
临时地方委员会书记）介绍加入中国国民党，并由其二人推荐投考黄埔军校。
1924年6月考入陆军军官学校第一期第一队学习，在学期间任本队第六分队副
分队长，1924年11月毕业。分发入伍生队见习，任黄埔军校教导第一团第三营
排长，1925年1月随部参加第一次东征作战。1925年6月随部参加对滇桂军阀杨
希闵部、刘震寰部军事行动。后任国民革命军第一军第二师第六团第三营连长，
1925年11月随部参加第二次东征战事。1926年7月任国民革命军第一军第二师
第六团第三营中校营长，随部参加北伐战争江西战事。1926年9月24日在南昌

牛行车站战斗中阵亡。[1]1929年3月28日国民政府第600号指令："呈据军政部呈为前第一军中校营长帅伦于南昌之役阵亡，拟照中校阵亡例给恤，转请核准令遵由。"[2]

[1] ①中国第二历史档案馆供稿，华东工学院编辑出版部影印，档案出版社1989年7月《黄埔军校史稿》第八册（本校先烈）第244页第一期烈士芳名表记载1926年11月在江西南昌阵亡；②台北《黄埔建国文集》编纂委员会编纂：台北实践出版社1985年6月16日印行《黄埔军魂》第574页"北伐战役殉国英雄姓名表"第一期记载。

[2] 国民政府文官处印铸局印行：台湾成文出版社有限公司1972年8月出版《国民政府公报》第26册1929年4月1日第129号颁令第3页记载。

甘杜

甘杜（1901—1984），广西苍梧人。广西省立第二中学校肄业。世代务农，小康经济。自填登记处为广西苍梧县，通信处为梧州山脚兴隆社第八十五号转交。自填入学前履历：曾肄业广西省立第二中学校，民十（1921年）曾充义军。父少广，与甘仲蝉为同胞兄弟，系甘竞（竟）生叔父。1901年8月27日出生于苍梧县一个农户家庭。少时与甘竞（竟）生同入乡间私塾启蒙，[1]继同入当地学塾"平地大馆"就读，后又一同考入广西省立梧州第二中学学习，

甘杜照片

1921年就学期间曾参加义勇军。1923年10月因梧州二中停办辍学，1923年12月经蒙卓凡（时任广州《民国通讯社》社长、总编辑，为广西省出席国民党一大代表，国民党广西党务特派员，广西省党部执行委员）介绍加入中国国民党，1924年春由苏无涯（孙中山指派出席国民党一大广西省代表，原国民党中央党务讨论会委员，国民党广西梧州支部长）、蒙卓凡举荐投考黄埔军校。1924年5月中旬，同时投考录取为黄埔军校第一期的广西苍梧籍学子有六人：周泽甫、万全策、陈公宪、陈卓才与甘杜、甘竞（竟）生叔侄。1924年6月考入陆军军官学校第一期第二队学习，1924年11月毕业。后随部参加了两次东征作战与北伐战争，历任国民革命军第四军第十师（师长陈铭枢）步兵第三十团（团长戴戟）排长、连长、副官、参谋，随军参加汀泗桥、贺胜桥和攻克武昌战役。后任中校参谋、上校参

---

[1] 黎全三、周陆奇主编，广西《苍梧将军》编纂委员会编纂：广西苍梧县文联2013年5月印行《苍梧将军》第171页记载。

谋，广州国立中山大学军事训练教官。1931年3月经审查合格呈请社长（蒋介石）批准加入励志社。[1]1936年12月任训练总监部步兵监部上校监员。1938年2月16日任军事训练部国民兵教育处上校视察官。[2]抗日战争全面爆发后，随军撤退后方，随从李济深辗转桂林、重庆等地。抗日战争胜利后，返回家乡苍梧寓居。1949年10月任桂东义勇总队南区支队长，集合地方武装，协助中国人民解放军进驻梧州。梧州解放后，一度在中国人民解放军梧州军事管制委员会任职，1949年12月辞职，后赴香港谋生。1951年与二子甘长宁同赴台湾，未曾到有关部门登记，故再无任公职，依靠二子甘长宁任中学教员，长期居住于台北市民族东路建居743号院宅。1984年春因病在台北逝世。[3]

---

[1] 《励志旬报》1931年3月20日出版第1卷第2期"第十届新社员批准509名"一文记载。

[2] 据湖北省图书馆馆藏文献部资料《军事委员会军训部职员录》记载。

[3] 黎全三、周陆奇主编，广西《苍梧将军》编纂委员会编纂：广西苍梧县文联2013年5月印行《苍梧将军》第173页记载。

甘达朝

甘达朝（1902—1931），广东信宜人。广东信宜县立中学毕业，广东高雷初级师范学校、广州市小马站廉伯英文专修学校肄业。父从商业，经济中等。自填登记通信处为广东信宜县双山村。自填入学前履历：民国九年（1920年）卒业普通中学校，民国十年（1921年）在广州市小马站廉伯英文专修学校肄业一年，民国十二年（1923年）曾充双山高等小学校教职员一年。1921年在广州市小马站廉伯英文专修学校肄业一年。1923年充任信宜双山镇高等小

甘达朝照片

学校教职员一年。1924年春到广州，1924年5月4日经林树巍（前广东高雷讨贼军总司令兼高雷绥靖处处长，广东西路讨贼军粤军第五师师长，桂军第五师师长）介绍加入中国国民党，并由廖仲恺、林树巍举荐投考黄埔军校。1924年6月考入陆军军官学校第一期第一队学习，1924年11月毕业。后随部参加平定广州商团事变，第一、第二次东征作战和对滇桂军阀杨希闵部、刘震寰部军事行动，1926年7月任国民革命军第三军步兵营连长、营党代表，随军参加北伐战争。后任第三军第七师步兵团副团长，陆军第二十五师政治部主任。1931年9月15日在江西东固与红军作战中阵亡。[1]

---

[1] ①中国第二历史档案馆供稿，华东工学院编辑出版部影印，档案出版社1989年7月《黄埔军校史稿》第八册（本校先烈）第245页第一期烈士芳名表记载1931年9月15日在江西东固阵亡；②台北《黄埔建国文集》编纂委员会编纂：台北实践出版社1985年6月16日印行《黄埔军魂》第580页"剿匪战役殉国英雄姓名表"第一期记载。

甘丽初

甘丽初照片

甘丽初（1901—1950），别号日如，广西容县辛上里村人。容县县立中学毕业，广东省立农业专门学校肄业一年，陆军大学正则班第十期毕业。父焕棠，母王氏，家庭主要成员：兄二名弟两个姐三名妹一个。祖父辈以农耕为主，经济状况较为困难。自填入学前履历：曾中学毕业并入广东农业专门（学校）一年。自填入黄埔军校缘由（何以要入本校）：入校主旨为铲除军阀、统一中国，使实施三民主义。[1] 早年在容县县立中学读书时，功课之余喜读《岳飞传》，爱习拳术。1922年考取广东省立农业专门学校，尚差两学期未毕业，因交学费向家里要钱，为此家里卖了一头牛，其觉得因学业拖累家庭，即投笔从戎，不再继续读农业。[2] 1924年春由徐振民（时为广西籍广东高等师范学校学生）、崔履璋（时为广西籍广东高等师范学校学生）介绍加入中国国民党，1924年5月由徐启祥（时任出席国民党一大广西省代表、国民党广西临时党部指导委员、广西省临时参议会议员）举荐投考广州黄埔军校。1924年6月考入陆军军官学校第一期第二队学习，1924年11月30日毕业。分发黄埔军校教导第一团见习、排长，1925年1月随部参加第一次东征作战。1925年6月随部参加对滇桂军阀杨希闵部、刘震寰部军事行动。后任国民党军第一旅步兵连连长，1925年11月随部参加第二

---

[1]　陆军军官学校编辑、台北文海出版社有限公司印行：近代中国史料丛刊三编第五十七辑《陆军军官学校第二队学生详细调查表》记载。

[2]　杨牧、袁伟良主编：河南人民出版社2005年11月《黄埔军校名人传》上册第653页记载。

次东征，战后任国民革命军第一军第一师第一旅步兵营营长。1926年7月随部参加北伐战争，因桐庐之战立功，任国民革命军第一军第一师第三团团长，是黄埔一期生最早升任团长的几人之一。[1]1927年5月因蚌埠战役立功，升任国民革命军第一军第一师副师长。1928年2月率部参加第二期北伐战事。1928年7月国民革命军编遣后，1928年7月25日任缩编后的第一集团军第九师（师长蒋鼎文）第二十五旅旅长。[2]1928年10月14日委派陆军第九师特别党部筹备委员。[3]1929年2月26日被推选为陆军第九师特别党部常务委员。1929年3月率部参加讨伐桂系军事集团战事，1929年11月和12月，率部参加中央军对冯玉祥部及唐生智部讨伐战事。1930年4月，率部参加对冯（玉祥）阎（锡山）反蒋联军的中原大战，战后任第九师副师长。1931年11月以广西省代表出席中国国民党第四次全国代表大会。1932年4月获准入陆军大学正则班第十期旁听学习，1935年4月获准以正式学员毕业。1932年9月26日任军事委员会参谋本部高级参谋。[4]1935年5月8日任第九十三师代理师长，1936年1月29日颁令叙任陆军少将。1936年10月5日颁令叙任陆军中将。抗日战争全面爆发后，仍任第七十五军（军长周嵒）第九十三师师长，率部参加台儿庄会战。1938年9月1日任陆军第六军军长，率部参加武汉会战，1939年12月率部参加桂南昆仑关战役。1942年随中国远征军入缅甸作战，率部在缅甸东部毛奇、雷列姆等地抗击日军，被日军击溃后撤退到云南思茅、普洱等地，所率第六军损失惨重，两万多兵员仅存六千余人，其因作战失利被撤职。1943年调任中央陆军军官学校第六分校（南宁分校第十九期）主任，兼军事委员会西南干部训练团副教育长。1944年9月任粤桂湘边区总指挥部总指挥，率部参加桂柳会战。1944年10月15日任陆军第九十三军军长，第十六集团军副总司令，1945年1月任第二方面军司令长官部参谋长。抗日战争胜利后，参与广州地区日军受降及接收事宜。1945年9月任广州行辕（主任张发奎）参谋长，后任广州绥靖主任公署参谋长，1949年5月任桂林绥靖主任公署副主任兼广西军政

[1] 刘绍唐主编：台北传记文学出版社1999年10月15日印行《民国人物小传》第三辑记载。

[2] 国民政府文官处印铸局出版：台北成文出版社有限公司发行《中华民国国民政府公报》第十八辑第七十九期第28页记载。

[3] 1928年10月15日中国国民党中央执行委员会召开159次常务会议决议。

[4] 刘国铭主编：团结出版社2005年12月《中国国民党百年人物全书》第324页记载。

督导团团长，1949年8月兼任桂东军政长官及新编第十军军长。中华人民共和国成立后，率残部在广西继续顽抗。1950年冬在广西大瑶山与人民解放军作战时阵亡，[1]1959年10月被台湾当局追赠陆军上将衔。[2]

---

[1]　台北《黄埔建国文集》编纂委员会编纂：台北实践出版社1985年6月16日印行《黄埔军魂》第588页"戡乱战役殉国英雄姓名表"第一期记载。

[2]　台北"国史馆"编纂：2006年12月印行《"国史馆"现藏民国人物传记史料汇编》第五辑第36页记载。

甘杰彬

　　甘杰彬（1898—? ），原缺载籍贯。1924年6月考入陆军军官学校第一期第三队学习，1924年秋肆业，后服务社会。[1]

---

　　[1]　陆军军官学校编辑、台北文海出版社有限公司印行：近代中国史料丛刊三编第五十七辑《陆军军官学校第一至四队详细调查表》无载。现据：①湖南省档案馆校编、湖南人民出版社《黄埔军校同学录》第15页第一期补录名单记载，仅列姓名、年龄和通信处；②广东省国家档案馆藏《第一期同学附录》第5页列名第三队，仅有姓名，缺载年龄、籍贯和通信处。

甘
廼
柏

　　甘廼柏（1898—? ），又名乃柏、乃栢，广西容县人。[1]1898年4月4日生于
容县城郊一个农户家庭。1924年6月考入陆军军官学校第一期学习，1924年肄业。
历任国民革命军陆军步兵团连长、营长、团长。1935年5月28日颁令叙任陆军步
兵中校。[2]抗日战争全面爆发后，任高级参谋、处长。抗日战争胜利后，获追认
黄埔军校第一期学籍身份。1946年1月奉派入中央训练团受训，1946年3月结业。
1946年12月3日参加赴南京任职、公干的81名黄埔一期生在中央训练团聚餐并于
办公大楼前合影。[3]1947年6月颁令叙任陆军步兵上校。1948年3月颁令晋任陆军
少将，同时退为备役。

---

　　[1] 陆军军官学校编辑、台北文海出版社有限公司印行：近代中国史料丛刊三编第五十七辑《陆
军军官学校第一至四队详细调查表》无载；湖南省档案馆校编、湖南人民出版社《黄埔军校同学录》
缺载；现据：①南京中央训练团总团1946年印行《中央训练团将官班同学通讯录》记载；②南京国
民政府军事委员会铨叙厅1936年12月编制《陆海空军官佐任官名簿》第一册第54页记载。

　　[2] 国民政府文官处印铸局印行：台湾成文出版社有限公司1972年8月出版《国民政府公报》
第93册1935年5月29日第1753号颁令第1页记载。

　　[3] 容鉴光编著：列入台北出版品预行编目资料，台北博煜企业有限公司2003年6月16日第一
版印行《黄埔军校一期研究总成》第278页辑录。

甘清池

甘清池（1900—1951），广东信宜人。信宜县水
口乡双山村双山高等小学甲班、广东省立第九（高
州）中学毕业。自填登记处为广东信宜县双山村，
通信处为信宜县双山村邮局转交。自填入学前履历：
八年（1919年）充信宜县双山高等小学教员，九年
（1920年）七月同□□文甘如亮奉胡毅生林树巍两先
生令充高参职，十年（1921年）四月充番禺县自治
选举事务员，十月充大本营辎重大队书记，十一年
（1922年）充东路讨贼军第八旅机关枪营书记，十二

甘清池照片

年（1923年）五月充廉江县公署会计科员，旋调充安铺区区长，十月充高雷讨贼
军总司令部上尉副官。1900年10月19日生于信宜县水口乡双山村一个乡儒家庭。
幼年私塾启蒙，少时考入信宜县水口乡双山高等小学就读，毕业后考入广东省第
九中学学习，1917年毕业。1917年12月经林树巍（前广东高雷讨贼军总司令兼高
雷绥靖处处长，广东西路讨贼军粤军第五师师长，桂军第五师师长）介绍加入中
国国民党。1919年任信宜县水口乡双山高等小学教员。1921年4月任番禺县自治
选举事务员。1921年10月任广州大本营辎重兵营书记，1922年任粤军第八旅机枪
营书记，1923年5月任廉江县行政公署（县政府）会计科科员，后任该县安铺区
区长。1923年10月任高雷讨贼军总司令部副官，其间因反对邓本殷而被逮捕，后
获乡绅保释。1924年春再由林树巍举荐投考黄埔军校。1924年6月考入陆军军官
学校第一期第三队学习，1924年11月毕业。分发任入伍生队区队附、排长，1925
年1月随部参加第一次东征作战。后任教导第一团第三营第九连排长，1925年6
月随部参加对滇桂军阀杨希闵部、刘震寰部军事行动。后任黄埔中央军事政治学

校入伍生总队连长，党军第一师司令部参谋，1925年11月随部参加第二次东征战事。1926年7月随部参加北伐战争，任国民革命军北伐东路军第十路指挥部参谋主任。1927年北伐军取杭州，任浙江省防军司令部参谋长。1927年10月任国民革命军第一军第一师第二旅第四团团长，兼任温州戒严司令部司令官。1930年1月任浙江省平阳县县长。1931年春奉王俊征召，参与筹备陆军步兵学校，该校正式成立时，任中央陆军步兵学校教导总队总队长，兼任战争史学教官。1935年10月任陆军第九十二师司令部参谋长。1936年3月10日颁令叙任陆军步兵上校。[1]1936年10月任陆军第六十师司令部参谋长。1936年11月12日获颁五等云麾勋章。[2]1937年3月任南京中央步兵学校研究委员，兼任干部训练班主任。抗日战争全面爆发后，随步兵学校迁移西南地区。1938年10月任第四战区第十二集团军总司令部高级参谋，兼任军士教导总队总队长，随部参加第一、第二次粤北会战。1941年10月任陆军第九十四军（军长李及兰）司令部参谋长，率部参加鄂西会战诸役。后任陆军第九十九军（军长梁汉明）副军长，率部参加湘赣等省抗日战事。抗日战争胜利后，1946年1月奉派入中央训练团受训。1946年12月3日参加赴南京任职、公干的81名黄埔一期生在中央训练团聚餐并于办公大楼前合影。[3]1946年12月任整编第六十九军副军长，后返回广东。1947年6月13日颁令叙任陆军少将。1947年10月任广东省第七区行政督察专员，[4]兼任保安司令部司令官。1949年4月1日任广东阳江县县长，[5]免职时间缺载。1949年10月由阳江县城率部赴高州县军圩驻扎，然后主动派出代表与中国人民解放军粤桂边纵队（司令员梁广，参谋长杨应

[1] 国民政府文官处印铸局印行：台湾成文出版社有限公司1972年8月出版《国民政府公报》第105册1936年3月11日第1993号颁令第1页记载。

[2] 国民政府文官处印铸局印行：台湾成文出版社有限公司1972年8月出版《国民政府公报》第117册1936年11月13日第2201号颁令第8页记载。

[3] 容鉴光编著：列入台北出版品预行编目资料，台北博煜企业有限公司2003年6月16日第一版印行《黄埔军校一期研究总成》第278页辑录。

[4] 广东省档案馆编纂：1989年12月印行《民国时期广东省政府档案资料选编》第十一辑无载；郭卿友主编：甘肃人民出版社《中华民国时期军政职官志》第810页亦无载。现据：信宜县地方志编纂委员会办公室编纂：1989年10月印行《信宜人物传略》第106页记载暂列。

[5] 广东省档案馆编纂：1989年12月印行《民国时期广东省政府档案资料选编》第十一辑第351页记载。

彬）第五支队司令员王国强联系，王国强派出代表与其谈判。1949年11月5日亲率信宜县保安队、自卫队等部两百多人并带枪械装备一大卡车到信宜县城宣布起义。中华人民共和国成立后，1950年被任命为信宜县电力厂负责人。1951年3月被错误逮捕关押，1951年12月被判处死刑，执行枪决。1982年8月，信宜县人民法院对该案进行复查，撤销原判，予以平反，[1]恢复起义人员政治名誉。

---

[1] 信宜县地方志编纂委员会办公室编纂：1989年10月印行《信宜人物传略》第105页记载。

甘
竟
生

甘竟生照片

甘竟生（1903—1951），又名竞生，原名兢生，别号雄烈，广西苍梧人。广西省立梧州第二中学毕业，中央训练团将校班结业。父甘仲蝉，为当地乡绅，家世务农，收入足支。通信处为梧州北山脚兴隆社八十五号转（交）。自填入学前履历：曾入广东宪兵营。1903年2月11日生于苍梧县一个农户家庭。少时与叔甘杜同入乡间私塾启蒙，[1] 继同入当地学塾"平地大馆"就读，后又一同考入广西省立梧州第二中学学习，1920年在梧州国民党支部经马晓军介绍加入中国国民党，1921年就学期间曾参加义勇军。1923年10月因梧州二中停办辍学。1924年春到广州，入大本营广东宪兵营卫兵队供职。1924年5月再由马晓军［时任广州大元帅府大本营参军处参军，前广西田南道警备司令部司令兼广西省会警察厅厅长及广西抚河（设梧州）招抚使，广西第七警备司令部司令］举荐投考黄埔军校。1924年6月考入陆军军官学校第一期第三队学习，1924年11月毕业。分发任黄埔军校教导团排长、副连长，随部参加了两次东征作战。1928年10月任中央宪兵司令部宪兵教导团连长、营长，宪兵第二团副团长，中央警察学校副教育长兼警察训练大队大队长。1930年12月任国民政府参军处警卫旅司令部参谋长。1931年12月任陆军第一师独立旅第二团团长，独立旅副旅长。1935年5月

---

[1]　黎全三、周陆奇主编，广西《苍梧将军》编纂委员会编纂：广西苍梧县文联2013年5月印行《苍梧将军》第171页记载。

17日颁令叙任陆军步兵中校。[1]1936年10月任财政部派驻广东财政特派员公署税警总团第一总队总队长。抗日战争全面爆发后，1938年10月应张君嵩邀请，任财政部广东税警总团（总团长张君嵩）高级参谋，兼任第一团团长，率部参加惠广战役。所部奉命被整编为陆军正规师，1939年11月财政部税警总团改编为陆军暂编第二军暂编第八师，1939年12月任第四战区司令长官部直属暂编第二军（军长邹洪）暂编第八师（师长张君嵩）第一旅旅长，率部参加第一次长沙会战。1940年5月任第三十五集团军（总司令邓龙光）陆军暂编第二军暂编第八师（师长张君嵩）副师长。[2]1940年7月19日颁令晋任陆军步兵上校。[3]1944年12月任陆军暂编第八师师长。抗日战争胜利后，1946年1月奉派入中央训练团受训。1946年12月3日参加赴南京任职、公干的81名黄埔一期生在中央训练团聚餐并于办公大楼前合影。[4]1947年2月22日颁令叙晋陆军少将。1949年1月任南京国民政府参军处警卫旅司令部参谋长。后任桂东师管区司令部司令官，桂东军政区司令部副司令官，广西龙州国际警察局局长。1950年在广西大瑶山组织武装活动，所部溃散后隐藏于金秀罗香乡一家农户，1951年2月11日被人民解放军俘虏。1951年5月18日在广西梧州被判处死刑，执行枪决。

[1]　国民政府文官处印铸局印行：台湾成文出版社有限公司1972年8月出版《国民政府公报》第93册1935年5月18日第1744号颁令第2页记载。

[2]　广东省政协文史资料研究委员会编纂：广东人民出版社1988年6月《广东文史资料》第五十五辑第217页记载。

[3]　国民政府文官处印铸局印行：台湾成文出版社有限公司1972年8月出版《国民政府公报》第152册1940年7月20日渝字第276号颁令第3页记载。

[4]　容鉴光编著：列入台北出版品预行编目资料，台北博煜企业有限公司2003年6月16日第一版印行《黄埔军校一期研究总成》第278页辑录。

田育民

　　田育民（1901—?　），河南洛阳人。洛阳县立高等小学校、河南省立洛阳第一中学毕业。中等收入农家出身。喜爱音乐。自填登记处为河南洛阳府龙虎滩，通信处为洛阳城经司门牌或龙虎滩黄文蓬收转。自填入学前履历：在本镇创办学务，后在豫军总司令部秘书处充当书记。曾于本镇创办国民学校，后加入豫军，在总司令部秘书处任书记。1924年5月经李乐水（时任豫军总司令部秘书长）介绍加入中国国民党。1924年5月再由樊钟秀（国民党第一届候补中央监察委员，驻粤豫军总司令）举荐投考黄埔军校。1924年6月考入陆军军官学校第一期第四队学习，1924年11月毕业，后返北方服务军界。1929年10月任河南保安第六团中校团附。

田毅安

　　田毅安（1894—1948），陕西临潼人。临潼栎阳小学校、临潼中学堂毕业，陕西省立甲级工业学校、陕西三原乙种工业学校肄业。祖辈务农，家境富裕，有良田百亩。自填登记处为陕西临潼县栎阳，通信处为栎阳高等小学校转交。自填入学前履历：陕西靖国军之役曾充于总司令部参谋处书记，又充陕西靖国军第三路第一支队第一游击司令部书记官，后又充栎阳（陕西临潼）高等小学校校长，并栎阳地方自治会会长。曾在陕西省立甲级工业学校修业两年，后任陕西靖国军总司令部参谋处书记官、陕西靖国军第三路第一支队长第一游击司令部书记官、临潼栎阳高等小学校长及栎阳地方自治会会长。1924年1月经于右任介绍加入中国国民党，并由其举荐投考黄埔军校。1924年春到广州，1924年6月考入陆军军官学校第一期第一队学习，1924年11月毕业。分发留任军校杂志社编辑。后任黄埔军校教导第一团排长，国民党军第一旅步兵连连长，1925年6月随部参加对滇桂军阀杨希闵部、刘震寰部军事行动。1925年10月调任国民革命军长洲要塞司令部秘书。后应岳西峰将军诚邀返回北方，任国民军第二军骑兵第一旅司令部参谋，步兵第二团营长、团长，1927年春任长江要塞司令部秘书，随军参加龙潭战役。1928年任陆军新编第一师第一旅副旅长，率部参加第二期北伐战争。1929年任陆军新编第十四师政治部主任兼特别党部书记长，参加淅川讨伐战役。1930年任陕西省党部指导委员兼书记长，1932年至1933年任军事委员会南昌行营设计委员。[1]1935年春任陆军第六十一师政治训练处处长，陆军第十七军司令部政治训练处处长，兼任第十七军特别党部书记长，陕西省党部指导委员，兼任陕西全省

---

　　[1] 陕西革命先烈褒恤委员会编：1949年1月编印初稿《西北革命史征稿》，2011年6月甘肃人民出版社正式印行《西北辛亥革命事略》第357页记载。

党政军联合办公厅副主任。1935年11月被陕西省军队各特别党部推选为出席中国国民党第五次全国代表大会代表。后任第十七路军总指挥部政治训练处处长兼党部书记长。1937年1月6日颁令叙任陆军步兵中校。[1]抗日战争全面爆发后，调任陕西省军管区司令部参谋长，陕西省军事征运委员会主任委员。1938年6月被推选为国民参政会第一届参政员。抗日战争胜利后，1946年11月15日被推选为陕西省出席（制宪）国民大会代表。1948年年初任陕西省企业公司总经理。1948年6月9日被推选为行宪第一届国民政府监察院监察委员。1948年10月1日因病在西安逝世。[2]

---

[1] 《中央日报》1937年1月7日记载。

[2] 台北"国史馆"编纂：2006年12月印行《"国史馆"现藏民国人物传记史料汇编》第二十九辑第60页记载。

申茂生

申茂生（1896—1974），别字睦耕，湖南衡阳县东乡人。广东西江陆海军讲武堂肄业，中央军官训练团高级班结业。自填登记处为湖南衡阳县，住址为长沙南门外碧湘街湘清别墅第九号，通信处为湖南省城南门外里仁坡黄复隆号转交。自填入学前履历：军事教育，曾充排长。1896年9月20日生于衡阳东乡一个耕读家庭。有兄弟姐妹五人，其父耕种，母亲持家，七口之家每年收入谷子约70石，生活尚能温饱。1903年入私塾，用笔墨纸砚，背四书五经。1906年衡阳洪灾，家中房屋被毁庄稼歉收，无奈以借贷度日，其母忧郁成疾于次年去世。1908年因家贫失学，不久经人介绍到衡阳市王兴昌丝烟店做学徒。1909年衡阳市北关大火，丝烟店亦被毁，不得已回家务农。然农事辛苦，收入微薄，遂又于1914年回衡阳市北郊福新昌杂货店帮工。1916年投入湖南护国军总部警卫第二营第六连当兵，不久部队改编为湖南陆军第一师第一团第三营第十一连。1917年升班长，参加护法战争的萱州河和笑口之役，于笑口五龙山受重伤。1918年因战事失利退回茶陵以南，湖南大部落入北洋军阀之手。1919年直皖矛盾激化，吴佩孚率部北撤，赵恒惕指挥湘军占领湖南全境。嗣后湖南境内各军事力量开始整编，第一师第一团改编为第五团，其擢升为该团第一连少尉连附，后升任中尉连附。1921年12月部队因反对赵恒惕被解散，栖身于长湘建筑公司当营业员。1923年3月赴广东，入中央直辖第四独立旅司令部当差，1923年8月被选送到西江讲武堂学习。1924年春学习期满，由戴戟（广东西江陆海军讲武堂堂长）举荐投考黄埔军校，1924年5月16日经孙常钧（前驻粤湘军第二旅步兵连连长，黄埔军校第一期第二队第四分队分队长、学员）、宋雄夫（前中央直辖第二军第四旅司令部委员，黄埔军校第一期第一队学员）介绍加入中国国民党。1924年6月考入陆军军官学校第一期第二队学习，在学期间任本队第一分队副分队长，1924年11月毕业。1925年1月随部参加第一次东征作战，任黄埔军校第三、第四期学员总队分队长、区队附。1925年6月任黄埔军校教导第二团步兵连连长，随部参加对滇桂军阀杨希闵部、刘震寰部军事行动。1925年11月随部参加第二次东征战事，任教导第三团第二连连长，1925年8月任国民革命军第二师第六团侦察队队长，兼任军士教导连连长，国民革命军第一军第一师第三团连长、营附，1926年7月随部参加北伐战争。1926年10月攻克江西后升任第六团第一营副营长，攻克杭州后任第六团辎重兵队队长。1927年8月任第一军第二师第六团第三营营长，第二师第三团第一营营长。1927年9月任南京中央陆军军官学校管理部中校股长，1927年11月任国民革命军第二十二师司令部参谋处作战科科长，1928年2月奉命向徐州前进，经运河之役击溃张宗昌。其后历任第一师师部少校附员，湖北编造分处兵器股中校股长，第二路总指挥部军械处代处长，陆军第一师新兵训练处主任，河南省保安第一团团长，1928年9月国民革命军编造，任缩编后的第一集团军第一师司令部少校附员，1928年10月2日任缩编后的陆军第二师（师长刘峙）司令部组织操练委员会（主任欧阳珍，副主任周士冕）委员。[1]1929年8月6日任国民革命军编造委员会湖北各部队编造特派员办事处军务科兵器股中校股长。[2]1929年10月任讨逆军第二路军总指挥部军械处处长，1930年5月随军参加了蒋冯阎中原大战，1931年7月任陆军第六师司令部新兵训练处处长。1933年3月任河南省保安第一团团长，1933年9月调升"剿匪"军第二纵队第四支队司令官，后随部队改编任陆军第一六六师第四九八旅旅长。1935年5月6日颁令叙任陆军步兵上校。[3]1935年9月被派往庐山军官训练团受训月余，回部队后仍四处作战，移驻赣东河口铅山、浙东衢州遂昌、郑州等地，西安事变发生后，率部驻防洛阳。1937年5月21日被国民政府军事委员会铨叙厅颁令晋任陆军少将。[4]抗日战争全面爆发后，1938年2月任陆军

---

[1] 上海《民国日报》1928年10月5日"刘峙因公到京，请示剿匪办法，积极训练所部"一文记载。

[2] 国民政府文官处印铸局印行：台湾成文出版社有限公司1972年8月出版《国民政府公报》第30册1929年8月7日第236号第1页颁令。

[3] 国民政府文官处印铸局印行：台湾成文出版社有限公司1972年8月出版《国民政府公报》第93册1935年5月7日第1734号颁令第8页记载。

[4] 国民政府文官处印铸局印行：台湾成文出版社有限公司1972年8月出版《国民政府公报》第124册1937年5月22日第2360号颁令第40页记载。

第一六六师副师长，不久部队奉命由孟津渡河，赴北岸阻止日寇西进和南渡，率陆军第一六六师在沁阳、济源与日寇激战，双方均损失惨重。嗣后因与军长郜子举意见不合，且身患重病，遂于1938年7月请假回乡。1939年10月赴重庆，获刘峙举荐，任重庆卫戍总司令部少将参议兼军官大队第二中队少将队附。1940年2月调军政部直辖第二十九补充兵训练处副处长，兼代军官队队长，移驻赤水继调毕节。1941年3月训练结束，调任贵州省军管区司令部兵役视察，后改任参议。1939年10月任重庆卫戍总司令部少将参议。1940年2月任军政部第二十九新兵补充训练分处副处长，新兵预备师副师长。1944年1月任重庆卫戍总司令部高级参谋，1945年1月被各地方团体推聘为毕节军警稽查处处长。抗日战争胜利后，1945年10月任军政部第二十五军官总队队附。1946年1月奉派入中央训练团受训，并任第二十五军官队总队附，后辞职返湘，1946年9月在长沙办理退役。与人在长沙合资开设机器米厂，1947年10月因经营不善停业。1949年5月与同学黄雍等人组织"湖南全省在乡军人自救会"，1949年7月任湖南第一兵团司令部高级参谋，1949年8月4日随部参加湖南和平起义。中华人民共和国成立后，1949年12月由中国人民解放军第二十一兵团推荐，入中国人民解放军华中军政大学湖南分校学习，1952年9月毕业后转业回长沙，以织布售卖为生。1956年8月任湖南省人民委员会参事室参事。1974年1月27日因病在长沙逝世。

白龙亭

白龙亭照片

白龙亭（1897—1950），山西五台县白家庄人。五台县立东冶镇高级小学毕业，山西陆军学兵团肄业，山西陆军斌业中学毕业，山西陆军军官学生队结业。祖辈务农，家境贫苦，有地十余亩，房四所。自填登记处为山西五台县白家庄，通信处为本县东冶镇新泰成号转交。自填入学前履历：山西陆军学兵团军士、斌业中学班长，本县第二、第三区保卫团总教练。充任本县第二、第三区保卫团总教练。1924年1月经王用宾（孙中山指派出席国民党一大山西省代表，原中国国民党本部参议兼北方党务特派员，时任广州大本营参议及奉派北方军事委员）、陈振麟（前北京政府参议院参议员、上海国会议员，国民党山西省临时党部筹备委员，山西省参议会参议）介绍加入中国国民党，再经于右任、王用宾推荐投考黄埔军校。1924年春到广州，1924年6月入陆军军官学校第一期第一队学习。在学期间任本队第四分队副分队长，曾随第一队往韶关大本营为孙中山担任警卫事宜，1924年秋返回广州，1924年11月毕业。后与同乡徐向前、孔昭林、任宏毅等人被派往驻河南安阳，任国民军第二军（军长胡景翼）第六混成旅司令部参谋、连长、营附、大队长，北伐战争中，第二军在河北、山西一带被奉军击溃，其返回原籍乡间寓居。1927年后任陕西省保安团团长，第二独立混成旅副旅长。一度误传于1929年4月12日于太原阵亡。[1]抗日战争全面爆发后，任冀察战区敌后游击抗日挺进总指挥部第五游击挺进纵队司令部司令官。后因病辞职，于乡间寓居赋闲。抗日战争胜利后，1947年10月被推选为陕西省参议会议员。1950年在家乡的"镇反"运动中，被判处死刑，执行枪决。

[1] ①另载中国第二历史档案馆供稿，华东工学院编辑出版部影印，档案出版社1989年7月《黄埔军校史稿》第八册（本校先烈）第247页第一期烈士芳名表记载1929年4月12日在山西太原阵亡；②台北《黄埔建国文集》编纂委员会编纂：台北实践出版社1985年6月16日印行《黄埔军魂》第577页"讨逆平乱殉国英雄姓名表"第一期记载。

白海风

白海风照片

白海风（1903—1956），原名雁秋，蒙古族名为都固仁仓都楞伦，内蒙古卓蒙索图盟喀喇沁右翼旗（现属赤峰市）人。蒙古族。内蒙古卓蒙索图盟喀喇沁右翼旗本旗高级小学、热河师范学校、北平蒙藏学校、苏联莫斯科东方大学毕业。祖辈牧农，家境贫寒，所得仅足糊口。自填登记处为内蒙古卓盟喀喇沁右旗人，住热河建平县业柏寿北三家。通信处为热河建平县业寿柏街复合商号转交北三家。自填入学前履历：幼时读经书及蒙文，后入本旗高小毕业，又转入热河师范（学校）修业二年余。高小毕业后因经费困难，在本旗署衙（门）学习二年。1903年7月11日生于内蒙古卓蒙索图盟喀喇沁右翼旗一个农牧家庭。1923年在热河师范学校就读期间加入中国共产党。[1]后入国立北京蒙藏学校学习，1924年2月在天津经韩麟符（国民党一大直隶省代表，国民党第一届候补中央执行委员，前天津学生联合会副会长）、陈镜湖（国民党一大直隶省代表，前国民党直隶省临时党部党务指导委员）介绍加入中国国民党，1924年春由王法勤（国民党第一届中央执行委员，前北京政府参议院议员，兼任国民党中央党务审查会委员）、于兰渚（又名方舟，国民党第一届候补中央执行委员，国民党天津市党部党务部部长，中共天津地方委员会委员长）、李永声（孙中山指派直隶省出席国民党一大直隶省代表，前北京政府众议院议员，国民党直隶省临时执行

---

[1] 中共中央党史研究室第一研究部编著：上海人民出版社2007年10月《中国共产党第一至第六次全国代表大会代表名录》第23页记载。

委员会筹备委员）推荐投考黄埔军校。1924年5月到广州，1924年6月考入陆军军官学校第一期第二队学习，1924年11月毕业。毕业后被分配到国民联军冯玉祥部工作。冯因其为黄埔生，又系蒙古族青年，欲加培养使其深造，遂保送留学苏联，1926年赴莫斯科东方劳动者共产主义大学（简称东方大学）学习。1927年8月出席在乌兰巴托召开的内蒙古人民革命党特别会议，当选为中央常务委员。被指定组建内蒙古人民革命青年团，任团中央委员长。1928年6月以中共内蒙古正式代表身份出席了中国共产党在莫斯科召开的第六次全国代表大会，与会期间虽未做大会发言，但却参与了1928年7月1日29名代表提议用大会名义致电中央政治局指示正确路线。[1]1930年从东方大学毕业，奉派回内蒙古做情报工作。1933年1月在北京被捕，押在宪兵第三团看守所，因无证据而释放，被何应钦委以华北军事政治分会参议，并派赴百灵庙参加德王的蒙古地方自治政务委员会工作。后返内蒙从事民族自治活动，回国后，再任内蒙古人民革命党中央委员会常务委员，内蒙古革命青年团中央委员长。[2]1936年春，绥远军政当局改编一个蒙旗保安总队，被国民政府军政部任命为该总队总队长，他受中共内蒙古工委影响下，在该队建立中共组织（负责人乌兰夫），各直属特务连及各连都配备一名政治指导员（均由中共党员充任），其率部驻防内蒙古西部达尔罕草原百灵庙一带，与日伪军展开争夺战。后因战略关系奉命退守固阳，部队改编为蒙旗独立混成旅，下设两个团，一个炮兵营，其任旅长。1936年12月26日颁令叙任陆军步兵中校。[3]抗日战争全面爆发后，1937年10月率蒙旗独立混成旅，在归绥南大黑河及南茶坊一带与日军黑石旅团及三个伪蒙古师激战昼夜，后转移到包头地区。后率部队由昭君坟渡黄河，取道伊盟的达拉特旗，转抵哈拉寨整编。当日军由河曲、保德偷渡时，率所部与友军在府谷一带将日军围歼悉。1938年春率部抵陕北神木县，改番号为蒙旗独立旅，兵员扩大到近两千人，是当时蒙古族抗日武装重要力量。1938年5月与乌兰夫（时任蒙旗独立旅中共工委书记）到延安，受到毛泽东等中共领导人接见。返回驻防地后，仍任蒙旗独立旅旅长。1939年6月17日颁令晋任

---

[1] 李蓉著：人民出版社2010年6月《中共六大轶事》第264页记载。

[2] 徐友春主编：河北人民出版社2007年1月《民国人物大辞典》增订版第292页记载。

[3] 国民政府文官处印铸局印行：台湾成文出版社有限公司1972年8月出版《国民政府公报》第118册1936年12月28日第2239号颁令第1页记载。

陆军步兵上校。[1]1939年10月该旅扩编，任国民革命军第三军新编第三师师长。1940年夏伪军第十八团千余人，在日军指挥下向张来顺营子阵地发动进攻，其指挥部队采取迂回包抄战术，打垮了日伪军进攻，日本指挥官被击毙，取得了黄河守卫战的胜利。1941年奉令率部到后方整训，先至甘肃海原县，后转至靖远地区。1941年脱离中共党组织。[2]1942年秋所部改编为新编骑兵第七师，仍任师长。这支属于国民政府编制的武装力量，是中共内蒙古工委帮助建立的一支蒙古族抗日部队，群众称为"穿着国军军装的八路军"。白海风任职期间，保护了中共党组织，为党开展活动提供了方便。1945年1月被推选为出席中国国民党第六次全国代表大会内蒙古代表，1945年5月20日当选为中国国民党第六届中央执行委员会候补执行委员。抗日战争胜利后，仍任陆军骑兵新编第七师师长。所部与原骑兵第九师合并，仍任师长。1946年秋国民革命军骑兵整编，所部缩编后改番号为骑兵第二旅，仍任旅长。1946年11月15日被直接遴选为出席（制宪）国民大会代表。1946年11月16日颁令叙任陆军少将。1947年1月骑兵再整编后，任陆军整编骑兵第二旅中将衔旅长。此时其旧伤腿疾复发，电请华北"剿总"辞职，未获批准。1947年7月被推选为党团合并后的中国国民党第六届中央执行委员会候补执行委员。1947年冬该旅开陕西，被西北人民解放军击溃。1948年3月29日被推选为内蒙古代表出席（行宪）第一届国民大会。1948年秋任冀热辽边区总司令部副总司令，因伤病未赴前线，赴南京养病寓居。1948年12月被国防部任内蒙古军总司令部副总司令。1949年1月曾参与德穆楚克栋鲁普在定远营（今巴彦浩特）策划的"西蒙自治"活动，任"蒙古自治政府委员会"委员，[3]兼"保安委员会"副委员长，"实业署"署长。1949年9月在阿拉善率部起义，任中国人民解放军西北军政委员会委员。中华人民共和国成立后，任西北行政委员会委员，兼农林部副部长，西北民族学院副院长，第一、二届全国政协委员。1956年春因病在北京逝世。

---

[1] 国民政府文官处印铸局印行：台湾成文出版社有限公司1972年8月出版《国民政府公报》第141册1939年6月21日渝字第163号颁令第4页记载。

[2] 中共中央党史研究室第一研究部编著：上海人民出版社2007年10月《中国共产党第一至第六次全国代表大会代表名录》第23页记载。

[3] 郭卿友主编：甘肃人民出版社1990年12月《中华民国时期军政职官志》下册记载。

石鸣珂

石鸣珂（1900—？），四川巴县人。[1] 国民党第一届中央执行委员、广州大本营参议、四川讨贼军第三军军长石青阳侄。巴县立高等小学校、巴县立中学毕业。1924 年春到广州，1924 年 6 月考入陆军军官学校第一期第二队学习，1924 年 11 月毕业。分发黄埔军校教导团步兵连见习、排长，1925 年 1 月随部参加第一次东征作战。1925 年 6 月参加对滇桂军阀杨希闵部、刘震寰部军事行动。1925 年 10 月任党军第一旅步兵连连长，随部参加第二次东征战事。1926

石鸣珂照片

年 7 月随部北伐战争，历任国民革命军连长、营长、团长。1936 年 11 月 11 日颁令叙任陆军步兵中校。[2] 1937 年 6 月 9 日颁令晋任陆军步兵上校。[3] 抗日战争全面爆发后，任陆军第十四军第八十五师第二五五旅步兵第五一〇团团长，率部参加忻口会战和豫南会战。后调任新兵补充训练处督察官，某团管区司令部副司令官。

[1] 陆军军官学校编辑、台北文海出版社有限公司印行：近代中国史料丛刊三编第五十七辑《陆军军官学校第一至四队详细调查表》无载；现据：湖南省档案馆校编、湖南人民出版社 1989 年 7 月《黄埔军校同学录》第 6 页第一期名单记载。

[2] 国民政府文官处印铸局印行：台湾成文出版社有限公司 1972 年 8 月出版《国民政府公报》第 117 册 1936 年 11 月 13 日第 2201 号颁令第 1 页记载。

[3] 国民政府文官处印铸局印行：台湾成文出版社有限公司 1972 年 8 月出版《国民政府公报》第 125 册 1937 年 6 月 10 日第 2376 号颁令第 1 页记载。

石祖德

石祖德照片

石祖德（1899—1972），别字蕴炜，浙江诸暨县湄池长村人。[1]杭州私立安定中学校毕业，上海文生氏英文专门学校肄业，中央训练团兵役班第二期结业。家从商营，经济中等。自填登记处为原籍浙江诸暨县，现住杭州西河坊巷二十七号，通信处为杭州清河坊爵禄旅馆。自填入学前履历：民国九年（1920年）在杭州私立安定中学校毕业，十年（1921年）在上海文生氏英文专门学校肄业，十一年（1922年）任上海浦东恒大纱厂书记，旋改任打包车间监工员两年。1899年9月9日生于诸暨县湄池长村一个农商家庭。1920年杭州私立安定中学毕业，1921年上海文生氏英文专门学校肄业。1922年任上海浦东恒大纱厂书记，旋改任打包车间监工员两年。1924年3月5日经胡公冕（国民党一大浙江省代表，前杭州浙江省立第一师范学校体育教员）、宣中华（国民党一大浙江省代表，杭州市国民党临时党部筹备委员）介绍加入中国国民党，并由二人举荐投考黄埔军校。1924年6月考入陆军军官学校第一期第一队学习，曾随队往孙中山韶关大本营担任警卫事宜，1924年11月毕业。分发黄埔军校教导第二团见习、排长，1925年1月随部参加第一次东征作战。后任党军第一旅步兵连连长，1925年11月参加第二次东征战事。1926年7月随部参加北伐战争，任国民革命军第一师第四团营长、团附。1928年起任陆军第六十九师第二团团长，陆军第三师第十四团团长，国民政府中央警卫旅司令部参谋主任。1930年4月16日任国民政

[1] 汪本伦、王苗夫主编：团结出版社2006年5月《中国国民党诸暨籍百卅将领录》第37页记载。

府警卫旅（旅长俞济时）司令部参谋处处长，[1]1930年6月23日接宣铁吾任国民政府警卫旅（旅长俞济时）司令部参谋长。[2]1931年1月19日奉校部与蒋总司令手令，调其与幸良模、谢远灏、胡霖、彭杰如、李青、高鹤飞、贺崇悌八人入南京中央陆军军官学校政治训练处主办的特别训练班受训两个月。[3]1931年10月任陆军第五军第八十七师（师长张治中兼）第二五九旅（旅长孙元良）第五一八团团长，率部参加"一·二八"淞沪抗战。1933年10月任军事委员会委员长侍从室特务团团长、警卫旅旅长。1935年5月4日颁令叙任陆军步兵上校。[4]1936年1月1日获颁五等宝鼎勋章。[5]1936年10月5日颁令叙任陆军少将。1937年1月1日晋给四等宝鼎勋章。[6]抗日战争全面爆发后，历任军政部第十六新兵补充训练分处处长，重庆陪都卫戍司令部警卫团团长，财政部缉私署副署长，陆军暂编第二师师长。抗日战争胜利后，1945年12月任南京国民政府参军处警卫主任。1947年9月2日任南京国民政府警卫总队总队长，[7]1948年5月30日颁令叙任陆军中将。1948年5月31日任南京总统府侍卫室侍卫长。[8]1949年1月任总统府参军处参军，陆军第一编练司令部副司令官，兼任厦门警备司令部司令官，蒋介石总裁警卫室主任，福建绥靖主任公署副主任，第二十二兵团司令部副司令官。1949年年底到台

[1] 国民政府文官处印铸局印行：台湾成文出版社有限公司1972年8月出版《国民政府公报》第38册1930年4月17日第446号颁令第1页记载。

[2] 国民政府文官处印铸局印行：台湾成文出版社有限公司1972年8月出版《国民政府公报》第40册1930年6月24日第503号颁令第1页记载。

[3] 《中央日报》1931年1月19日、1月20日连续刊登记载。

[4] 国民政府文官处印铸局印行：台湾成文出版社有限公司1972年8月出版《国民政府公报》第93册1935年5月4日第1733号颁令第6页记载。

[5] 国民政府文官处印铸局印行：台湾成文出版社有限公司1972年8月出版《国民政府公报》第102册1936年1月2日第1936号颁令第13页记载。

[6] 国民政府文官处印铸局印行：台湾成文出版社有限公司1972年8月出版《国民政府公报》第119册1937年1月2日第2243号颁令第1页记载。

[7] 台北"国史馆"编纂：2006年12月印行《"国史馆"现藏民国人物传记史料汇编》第十二辑第59页记载。

[8] 刘绍唐主编：台北传记文学出版社1999年10月15日印行《民国人物小传》第四辑记载。

湾，任"金门防卫司令部"司令官，[1] "国防部"高级参谋，"联合后方勤务总司令部"办公室主任。1959年退役，任台湾糖业公司、台湾银行顾问。1972年7月5日因病在台北逝世。

---

[1] 台北《黄埔建国文集》编纂委员会编纂：台北实践出版社1985年6月16日印行《黄埔军魂》第309页记载。

石美麟

石美麟（1903—1933），别字颂阁，贵州后坪县秀山人。贵州省立中学毕业，北京平民大学预科肄业，北京朝阳大学二年级肄业。家从商农，中产阶级，有田四百亩，略懂日文。自填登记通信处为贵州后坪县濯水场中街。自填入学前履历：民国九年（1920年）由本省中学毕业，九年秋考入北（京）平民大学肄业，十年（1921年）秋于预科毕业，因此投所办愚皆殁，治为主以商为辅，与吾志愿不同，意请转学，准如所请，于是复得插入朝阳大学法本（科）二年级修业。1920年由贵州省立中学毕业，同年秋考入北京平民大学预科，毕业后一度留校任教，后入北京朝阳大学二年级修业。1923年1月12日由谭克敏（国民党一大北京特别区代表，前国立北京大学哲学系教员，国民党中央党部秘书）、丁惟汾（孙中山指派出席国民党一大山东省代表，国民党第一届中央执行委员，国民党北京执行部筹备委员）介绍加入中国国民党，1924年春由谭熙鸿（孙中山指派出席国民党一大北京特别区代表，时为国立北京大学秘书兼生物学教授，国立浙江大学农学院院长，国民党中央农民部部长）、李大钊（孙中山指派出席国民党一大北京特别区代表并为大会主席团成员，国民党第一届中央执行委员，中共第二、三届中央委员，前北京大学教授）、石瑛（中国国民党第一届中央执行委员，前北京政府众议院议员，原国立北京大学教授）、谭克敏、丁惟汾举荐投考黄埔军校，1924年6月考入陆军军官学校第一期第四队学习，1924年11月毕业。毕业后服务社会。其毕生所留遗墨仅见于由陆军军官学校编辑、台北文海出版社有限公司印行的近代中国史料丛刊三编第五十七辑之《陆军军官学校第四队学生详细调查表》中，时年21岁的他撰文："神州陆沉，中原鼎沸，强邻环视，外患频来，是以吾人顾数年之功，会彼就此，以期他日有成，内拯同胞于水火，外挽狂涛于已颓。秋毫之意是即，吾毅然入本校之宗旨也。"字里行间传承了中华文化脉络，"士不可不弘毅"体现了儒家思想，"天将降大任于斯人"，反映出其作为时代先进青年思绪与动因。纵观其生平概括：生活和经济上自立，学习上十分刻苦，因性格倔强而出走，因求知而好学，因会馆制度而至新文化运动的源地，因救国救民而再至革命之黄埔。是为当时先进青年对黄埔之向往、追求与期盼，既为今日后人看之，亦觉慨然瞩目敬仰。1927年5月1日与36名前五期同学被南京黄埔同学总会指定为总会预备执监委员。[1]1927年5月6日奉会长（蒋介石）指令为黄埔同学改组委员会改组委员。[2]1927年5月12日黄埔同学会在南京东南大学礼堂召开第一届执监委员选举大会，被推选为该会执行委员，兼任纪律执行部主任。[3]1928年夏至1932年任南京中央陆军军官学校军官团学员第一连中校排长，1930年任黄埔军校同学总会励志社成员。1930年9月任南京中央陆军军官学校第七期第一总队入伍生团中校训练员。[4]1933年冬在南京中央陆军军官学校任期内因病逝世。

---

[1]　上海《民国日报》1927年5月1日至8日连续刊登"黄埔同学会改组委员会特别紧要启事"记载。

[2]　上海《民国日报》1927年5月2日至6日连续刊登"黄埔同学改组委员会通告一"记载。

[3]　上海《民国日报》1927年5月19日"黄埔同学会之新执委会"一文记载。

[4]　1930年9月21日《中央军校校务委员会常务委员蒋介石、何应钦颁令》记载。

石真如

石真如（1895—? ），四川巴县人，[1]另载重庆人。国民党第一届中央执行委员、广州大本营参议、四川讨贼军第三军军长石青阳侄。1924年6月考入陆军军官学校第一期第二队学习，1924年11月毕业。后返回四川服务军界。抗日战争全面爆发后，任四川剑阁团管区司令部司令官。

石真如照片

---

[1] 陆军军官学校编辑、台北文海出版社有限公司印行：近代中国史料丛刊三编第五十七辑《陆军军官学校第一至四队详细调查表》无载；现据：湖南省档案馆校编、湖南人民出版社1989年7月《黄埔军校同学录》第6页第一期名单记载。

艾启钟

艾启钟照片

艾启钟（1894—？），江西贵溪人。广州大本营军政部陆军讲武学校肄业。1923年秋到广州，考入广州大本营军政部陆军讲武学校学习。1924年秋该校并入黄埔军校，1924年6月编入陆军军官学校第一期第六队学习，1925年2月肄业，后服务社会军界。1927年7月上旬与詹忠言、杨耀唐、李实等人由江西吉安赴南京，向国民革命军总司令部报告军事情报，[1]后参与南京"清党"事务。1928年10月任国民革命军总司令部征募处凤阳第三分区少校主任。

---

[1]　《民国日报》1927年7月8日"南京短简"一栏记载。

龙慕韩

龙慕韩（1902—1938），别字汉臣。安徽怀宁人。怀宁县立中学毕业，湖北省立第一师范学校毕业，安徽教育团学习班结业。父从政界，经济中等。自填登记通信处为安徽怀宁县城内火神庙三十号。自填入学前履历：湖北第一师范毕业，后回皖入安徽教育团毕业，随充长江上游总司令部暂编步兵第三旅第五团排长。1902年9月10日生于怀宁县一个农户家庭。求学毕业后，充任长江上游总部暂编步兵第三旅五团排长。1924年5月由茅延桢（黄埔军校

龙慕韩照片

第一期第二队上尉队长）举荐投考黄埔军校，1924年6月考入陆军军官学校第一期第一队学习，在学期间任第一队第六分队分队长，1924年11月毕业。历任入伍生队步兵科第五队中尉区队长，1925年1月任军校入伍生总队第二营上尉连长。1925年9月调任军校入伍生队第一团上尉连长，1926年1月任中央军事政治学校教授部上尉技术教官，1926年10月任入伍生部步兵第二团第一营副营长，1928年12月任广州国民革命军黄埔军官学校第七期第二总队步科第四中队队长，1930年9月调任中央陆军军官学校武汉分校学生总队大队附。1931年3月经审查合格呈请社长（蒋介石）批准加入励志社。[1]1931年10月任陆军第五军第八十八师步兵团团长，1932年1月率部参加"一·二八"淞沪抗日战事。1932年7月任陆军第八十九师第二六七旅步兵第五三三团团长。1933年10月任陆军第八十九师第

---

[1]　《励志旬报》1931年3月20日出版第1卷第2期"第十届新社员批准509名"一文记载。

二六七旅旅长。1935年5月1日颁令叙任陆军步兵上校。[1]1936年1月任陆军第十三军（军长汤恩伯）第八十九师（师长王仲廉）师附。1936年12月15日国民政府颁令免陆军第八十九师第二六七旅长职，任陆军第八十九师副师长。[2]1936年11月12日获颁五等云麾勋章。[3]抗日战争全面爆发后，1937年10月14日国民政府颁令免陆军第八十九师副师长职。[4]1937年10月14日任陆军预备第一师师长，率部参加淞沪会战、南京保卫战。1938年2月12日预备第一师并入第八十八师，改任陆军第八十八师师长。1938年5月24日因在兰封会战中指挥作战失利被撤职逮捕，被军事当局追究失利责任，1938年6月17日经军事法庭审判在湖北武汉被执行枪决。

[1] 国民政府文官处印铸局印行：台湾成文出版社有限公司1972年8月出版《国民政府公报》第93册1935年5月1日第1730号颁令第1页记载。

[2] 国民政府文官处印铸局印行：台湾成文出版社有限公司1972年8月出版《国民政府公报》第118册1936年12月16日第2229号颁令第1页记载。

[3] 国民政府文官处印铸局印行：台湾成文出版社有限公司1972年8月出版《国民政府公报》第117册1936年11月13日第2201号颁令第8页记载。

[4] 国民政府文官处印铸局印行：台湾成文出版社有限公司1972年8月出版《国民政府公报》第129册1937年10月15日第2484号颁令第1页记载。

任文海

任文海（1902—? ），四川灌县新场人。灌县县立高级小学、灌县县立中学毕业，四川省公立机械讲习所肄业，中央陆军步兵学校军医班毕业。出身富裕农家。自填登记处为四川灌县新场，通信处为成都东马棚街十九号。自填入学前履历：四川公立机械讲习所。1924年春由谢持（中国国民党第一届中央监察委员）推荐投考黄埔军校。1924年5月到广州，1924年5月15日经蒋中正、李伟章（黄埔军校第一期第四队队长）介绍加入中国国民党，再由谢持（孙中山指派出席国民党一大四川省代表，国

任文海照片

民党第一届中央监察委员，前国民党中央党部党务部部长）举荐投考黄埔军校。1924年6月考入陆军军官学校第一期第四队学习，1924年11月毕业。历任黄埔军校教导第一团见习、排长、连政治训练员，营党代表，1925年7月17日被军校本部任命为（第三期）军医处党代表。1926年1月任中央军事政治学校（第四期）校长办公厅官佐，后任中央军事政治学校（第五期）校本部调查股中校股长。1926年7月随部参加北伐战争，1927年7月1日黄埔同学会广东支会成立，任该会执监委员会常务委员会（主席李安定）监察委员。1927年7月6日被黄埔同学会广东支会推选为该会执监委员会常务委员会（主席李安定）纪律执行委员会（主席李安定兼）纪律执行委员。1927年7月16日被蒋介石委为黄埔同学会广东支会监察委员。[1]1927年12月任国民革命军总司令部军务局医务处副处长，国民政府

---

[1]　广州《民国日报》1927年7月16日"黄埔同学会广东支会改组后进行状况"专文记载。

军政部军医署军医少将副监，系国民革命军军医医政制度的开拓者与奠基人。抗日战争全面爆发后，仍任国民政府军政部军医署军医监。抗日战争胜利后，1946年退役，任南京中央陆军总医院院长。1949年移居香港。

任宏毅

任宏毅（1899—1990），又名杰三，曾用名世俊、子和，山西离石县袁家庄人。山西省立第一中学、离石县立初级师范学校毕业。父从农商，家境贫苦。自填登记处为山西离石县城内武庙街，通信处为离石县城内同升庆号。1919年参加太原的五四运动，曾任太原学生联合会委员，中学教员，报社编辑。1924年经王用宾（孙中山指派国民党一大代表，前中国国民党本部参议兼北方党务特派员，时任广州大本营参议及奉派北方军事委员）介绍加入中国国民党，1924年春由王用宾保荐投考黄埔军校。1924年6月考入陆军军官学校第一期第四队学习，1924年10月随军校学生队参与平定广州商团事变，1924年11月毕业。分发军校教导团见习，1925年2月随部参加第一次东征。1925年6月随部参加平定滇桂军阀杨希闵部、刘震寰部军事行动。1925年7月奉派与徐向前、孔昭林、赵荣忠、白龙亭等同乡同学返回北方，被派赴驻河南安阳之国民军第二军（军长胡景翼）第六混成旅。后调入国民军第二军骑兵旅，曾任排长、营附等职。1926年4月国民二军与直系吴佩孚部在河北河间府一带交战中失利，部队遣散后，返回原籍山西老家。1926年夏，经人举荐被阎锡山录用为晋军总司令部参谋。1927年5月随晋军参加北伐，任北方国民革命军（总司令阎锡山）第一军（军长商震）步兵团营长。1928年2月晋绥军改编为第三集团军，任阎锡山军总司令部中校参谋，晋绥军总司令部干部教导总队教官。1929年1月国民革命军编遣会议，到南京赴任全国军队编遣委员会中央编遣区办事处委员，负责点编山东程调元、孙殿英与河南刘茂恩部队。1930年中原大战爆发后，任派驻晋绥军总司令部联络官，奉命调停事宜。1931年因旧日枪伤未彻底痊愈，在太原寓居赋闲。1932年经南京中央陆军军官学校军事教官朱棠举荐，获河南省政府派任河南修武县县长，1933年后任河南省政府视察员。1936年商震主政河南，为备战抗日，河南省政府开办开封学兵团，调任上校团附。抗日战争全面爆发后，任陕西省军管区司令部军官队上校大队长。1940年10月任第一战区司令长官部上校附员，1941年曾为营救许建安（许权中之子）等人多方奔走，使其脱险。1942年任军事委员会西北战时干部工作第四团（另称西安战干分团）少将教官、训育组长、总队附。抗日战争胜利后，1946年7月退役。迁移西安定居。中华人民共和国成立后，在西安市西大街以打扫街道、代写书信、打零工维持生计。1985年任陕西省人民政府参事室参事。1988年被推选为陕西省黄埔军校同学会顾问。[1]1990年3月中旬回原籍山西离石县寓居。1990年4月12日因病在离石县医院逝世。

伍 翔

伍翔（1901—？），别号一飞，福建晋江人。上海民立中学毕业。父从商贩，家境贫苦。曾信奉新佛教。自填登记处为福建泉州晋江县，通信处为上海法租界永安街太安里十一号。自填入学前履历：年十八毕业于上海民立中学，十九求学及经商于日本，返国后服务于商界及三年。1919年毕业于上海民立中学，1920年赴日本求学并经商，同年回国，服务于商界。1923年10月4日经张拱宸（国民党一大上海特别区代表，前上海外国语学校及上海大学

伍翔照片

社会科学部教员，国民党上海特别区执行部筹备委员，广州大本营参议）、凌毅（国民党一大安徽省代表，前北京政府众议院议员，国民党中央宣传委员会委员，国民党安徽省执行部党务整理委员）介绍加入中国国民党，1924年春由张拱宸、伏彪（孙中山指派出席国民党一大上海特别区代表，前国民党江苏省临时支部筹备委员，国民党江苏省临时党部党务指导委员）推荐投考黄埔军校。1924年5月到广州，1924年6月考入陆军军官学校第一期第一队学习，1924年11月毕业，分发入伍生队见习、教导第二团排长，随部参加了两次东征作战。1926年1月任中央军事政治学校潮州分校步兵大队附。1926年5月18日参加在广九铁路俱乐部召开的改组大会，被推选为广州黄埔中央军事政治学校血花剧社（社长蒋介石兼）监察委员。[1]1926年7月任国民革命军北伐东路军第一军宪兵营连长，广东石井兵工厂政治部主任，后随北伐东路军参加福建战事，任福建省保安第一旅团长、副

---

[1]　广州《民国日报》1926年5月20日"血花剧社改组经过情形"一文记载。

旅长，黄埔同学会总会筹备委员会委员。1928年任南京中央陆军军官学校政治训练处主任。1929年1月30日被推选为陆军第一师代表出席中国国民党第三次全国代表大会。1929年9月被推选为广州国民革命军黄埔军官学校特别党部执行委员。1929年任福建省保安司令部政治部主任，福建省党部执行委员，军政部军事教育处研究委员。抗日战争全面爆发后，任军事委员会委员长侍从室第五部副主任，三青团中央团部组织处副处长。抗日战争胜利后，任中国国民党中央党部军队党务处副处长，1949年到香港。

伍文生

伍文生（1899—1927），别号犹群，湖南耒阳城南松茂堂人。衡州道南中学肄业，衡阳湖南省立第三师范毕业。家从耕织，经济贫困。在校时参加学生运动，是湘南学生联合会骨干之一。1921年加入中国社会主义青年团，1923年3月至1925年1月任共青团耒阳县地方执行委员会书记，[1]发展团员最多时有60人。1923年冬加入中国共产党。1924年春由毛泽东、夏曦（国民党一大湖南省代表，国民党湖南组织筹备处负责人，国民党湖南临时党部委员、书

伍文生照片

记长）、袁达时（国民党一大湖南省代表，中国劳动组合书记部上海分部干事、主任）推荐投考黄埔军校，1924年5月15日经李汉藩（前湘南学生联合会总干事，黄埔军校第一期第二队第四分队学员）、谭鹿鸣（前湘南学生联合会负责人，山陕讨贼军总司令部参谋，黄埔军校第一期第一队第六分队学员）介绍加入中国国民党，1925年5月被中共组织内部选派黄埔军校学习。1924年6月考入陆军军官学校第一期第一队学习，1924年11月毕业。留校任教，曾赴广东东莞训练农民自卫军。1925年夏入广州农民运动讲习所任军事教练，参加省港罢工委员会工人纠察队，任第一支队代队长、教练员。1925年秋派返湖南耒阳，发起本乡农民运动，

---

[1] ①《中国共产党组织史资料》编审委员会审定：中共中央组织部、中共中央党史研究室、中央档案馆编纂：中共党史出版社2000年9月印行《中国共产党组织史资料》第一卷《党的创建和大革命时期1921.7—1927.7》第401页记载；②中共湖南省委组织部、中国共产党湖南省组织史资料编纂领导小组编纂：中共湖南省委印刷厂1993年10月印行《中国共产党湖南省组织史资料1920年冬至1949年9月》第39页记载。

创办农民运动讲习所,出席湖南省第一次农民代表大会,1926年12月被推选为湖南省农民协会第一届执行委员,任湖南省农民协会自卫部部长,负责农民武装军事训练。1927年"马日事变"发生后,率农军抗击民团武装。后协助柳直荀组织各路农军攻打长沙,不久赴武汉任国民革命军第二十军第一师第一团党代表。1928年8月随军参加南昌起义,南下会昌作战时牺牲。[1]

---

[1] 中华人民共和国民政部组织编纂,范宝俊、朱建华主编:黑龙江人民出版社1993年10月《中华英烈大辞典》第511页记载。

伍文涛

伍文涛（1899—？），别号树帆、树藩，别号静波，贵州黎平人，另载贵州从江人。贵州南明中学毕业，南京东南大学肄业，庐山中央军官训练团校尉班第一期结业，陆军大学西南参谋班毕业。家从农商，经济中等，有不动产值两千元。自填登记通信处为贵州黎平县中潮村中朝所正街。自填入学前履历：贵州南明中学卒业，十二年（1923年）在南京东南大学补习。贵州南明中学卒业。1923年入南京东南大学补习。1924年春由韩觉民（上海《新建

伍文涛照片

设》杂志社主任，上海大学社会系教员、校务长）、靳经纬（时任上海新建设杂志编辑，上海国民党区分部执行委员）推荐投考黄埔军校，1924年5月经宋思一（黄埔军校第一期第二队学员）、刘汉珍（黄埔军校第一期第三队学员）介绍加入中国国民党。1924年5月到广州，1924年6月考入陆军军官学校第一期第二队学习，1924年11月毕业。后留校任第三期入伍生第二队队长，教导第三团团附。1926年7月25日派任国民革命军第六军第十八师（师长胡谦）司令部参谋处参谋。[1]1926年10月任国民革命军第一军第二师第四团营长，随部参加北伐战争。1927年任国民革命军总司令部补充第五团副团长，独立第三旅团长。1928年1月参加第二期北伐战事，随部在山东作战。1929年10月任训练总监部（总监何应钦）教

---

[1]　中国第二历史档案馆编：档案出版社1992年12月版《蒋介石年谱初稿》第623页记载。

育科（科长陈启之）少校科员。[1]后任安徽省（主席马福祥、陈调元）潜山县县长，[2]1930年11月14日免职。[3]1934年2月继任河南内乡县县长[4]等职。

[1] 上海《民国日报》1929年6月13日"训练总监部组织完备"专文记载。

[2] ①《安徽民政月刊》1930年8月版第18、19期合刊第6页记载；② 1930年8月22日上海《民国日报》"皖各县县长"专文记载。

[3] ① 1930年11月14日上午安徽省政府（主席陈调元）召开第149次常务委员会议决议所示；② 1930年11月版《安徽民政月刊》第22期第3页记载。

[4] 《军政旬刊》1934年6月20日版第24、25期合刊"各省现任高级行政人员名录"记载。

伍诚仁

伍诚仁（1895—1970），别号克斋，福建蒲城人。福建蒲城县立中学肄业，粤军第一师学兵营结业，广东西江陆海军讲武堂肄业，陆军大学正则班第十四期毕业。自填登记处为福建蒲城县城内前街，通信处为广州靖海门吉昌街广和药材行转交。自填入学前履历：（福建）浦城县立中学肄业二年，粤军第一师学兵营毕业，曾充中士、上士、司务长、少尉二等军需，又在西江陆海军讲武堂肄业五个月。1895年6月24日生于福建蒲城县城内前街一个市镇贫民教员家庭，早年投身粤军部队，历任粤军第一师独立旅上士司务长、少尉二等军需。1923年冬入广州大本营军政部陆军讲武学校第一期学习，1924年5月初由李济深（讨贼军第四军第一师师长，西江善后督办公署督办，黄埔军校筹备委员会委员）推荐投考黄埔军校，1924年5月13日由邓演达（前任广东西路讨贼军第一师第三团团长，黄埔军校入学试验委员会委员）、金佛庄（前浙江陆军第二师营长，黄埔军校第一期第三队上尉队长）介绍加入中国国民党。1924年6月考入黄埔陆军军官学校第一期第三队学习，在学期间任第三队第六分队分队长，1924年11月毕业。历任粤军第一师步兵团排长，黄埔军校教导第一团第三连见习官、排长，黄埔中央军事政治学校第四期步兵科第八连连长，率部参加了两次东征作战。后任国民革命军第一军第一补充师第一团第二营营长，第一军（军长刘峙代理）第二十一师（师长严重、陈诚代理）第六十二团中校团附，随部参加第一期北伐战争。1927年7月任国民革命军总司令部第十二补充团团长，1928年起任杭州军官训练班学员总队大队长，宪兵第二团团长。1928年11月被委派为首都卫戍司令部特别党部筹备委员。任黄埔同学会南京总会第一届监察委员。1929年1月30日被推选为首都卫戍司令部代表出席中国国民党第三次全国代表大会。后任南京国民政府警卫第一师（师长俞济时）第一旅旅长，开封警备司令部司令官。1931年12月任陆军第五军（军长张治中）第八十七师（师长王敬久）独立旅旅长，其毕业后晋升较快，是较早担任旅长级将领的第一期生之一。1932年1月率部参加"一·二八"淞沪抗日战事，战后任陆军第八十七师（师长王敬久）司令部参谋长，后任陆军第八十七师第二五九旅旅长。1933年8月任陆军第三十六师（师长宋希濂）副师长，兼任该师第一〇六旅旅长，1934年2月任"剿匪"军第七路军陆军第四十九师师长，率部于四川松潘地区与红军第一、第四方面军组成的红军作战，身负重伤并被撤职，也许是当年报载误传伤重身亡，或许是年代久远消息闭塞，抑或党史军史专家对某些民国将领缺乏了解疏于考据，笔者在观看《长征》连续剧（王朝柱任总导演）2000年摄制放映的版本时，发现竟然将伍诚仁"写成"与红军作战阵亡，并且专门表演了军事当局为伍诚仁召开追悼会的较长片段。1935年5月25日晋给四等宝鼎勋章。[1]1935年12月考入陆军大学正则班第十四期学习，1936年12月25日颁令叙任陆军少将，[2]1938年7月毕业。抗日战争全面爆发后，于1938年秋起任江汉荆宜师管区司令部司令官，第六战区司令长官（陈诚）部高级参谋，军事委员会高级参谋，军事委员会委员长侍从室侍卫组组长。1944年2月28日任第七战区第十二集团军（总司令余汉谋兼任）陆军第六十五军（军长黄国梁）副军长，[3]广东粤北南（雄）韶（关）连（县）师管区司令部司令官。抗日战争胜利后，1946年5月入中央军官训练团第二期受训，并任第二中队副中队长，1946年7月结业，后返回原部队续任原职。1948年春任福建省军管区司令部参谋长、副司令官。1948年9月22日颁令叙任陆军中将。1949年夏赴台湾，任台湾"国防部"参议，1950年奉派入台湾"革命实践研究院"受训。结业后任"国防部"中将参议，1952年10月退役。1970年11月29日因病在台北逝世。台湾出版有《黄埔一期生伍诚仁将军传略》等。福建《莆城文史资料》1983年第九辑载有《忆伍诚仁将军》（刘文炯著）、1990年第十一辑载有《伍诚仁先生重乡谊》（林树滋著）等。

---

[1] 国民政府文官处印铸局印行：台湾成文出版社有限公司1972年8月出版《国民政府公报》第93册1935年5月26日第1752号颁令第3页记载。

[2] 刘绍唐主编：台北传记文学出版社1999年10月15日印行《民国人物小传》第七辑记载。

[3] 刘国铭主编：团结出版社2005年12月《中国国民党百年人物全书》第653页记载。

伍瑾璋

伍瑾璋（1900—? ），湖南长沙人。长沙长郡中学毕业，中央训练团党政干部训练班第十期结业，陆军大学正则班第十三期毕业。父从商业，有恒产值一千二百元。自填入学前履历：曾在湖南长郡中学修业三年，民国八年（1919年）充援闽粤军第二军第八支队司令部委员，十年（1921年）充粤军第二军第九旅第十八团第三营军需，十一年（1922年）充粤军第二军卫队第二营军需，十二年（1923年）充东路讨贼军总司令部委员。1919年充援闽粤军第

伍瑾璋照片

二军第八支队司令部军事委员。1919年8月经许崇智（援闽粤军第二军军长）、蒋国斌（时任粤军第九旅旅长）介绍加入中国国民党。1921年任粤军第二军第九旅第十八团第三营军需。1922年任粤军第二军卫队二营军需，1923年任东路讨贼军总司令部委员。1924年春由许崇智（粤军总司令，国民党第一届中央执行委员）推荐投考黄埔军校，1924年6月考入陆军军官学校第一期第三队学习，1924年11月毕业。历任国民革命军排长、连长、团党代表，随部参加了两次东征和北伐战争。1927年任"清党"审判委员会委员。1927年5月1日与36名前五期同学被南京黄埔同学总会指定为总会预备执监委员。[1]1927年5月6日奉会长（蒋中正）指令为黄埔同学改组委员会改组委员。[2]1927年5月12日黄埔同学会在南京东南大

---

[1] 上海《民国日报》1927年5月1日至8日，连续刊登"黄埔同学会改组委员会特别紧要启事"记载。

[2] 上海《民国日报》1927年5月2日至6日，连续刊登"黄埔同学改组委员会通告一"记载。

学礼堂召开第一届执监委员选举大会，被推选为该会监察委员，兼任调查部主任。[1]1929年1月30日被推选为陆军第八师代表出席中国国民党第三次全国代表大会。其间任淞沪警备师政治训练处主任，1929年2月5日被训练总监部政治训练处委为兼任陆军第五师政治训练处主任。[2]1929年3月任陆军第五师特别党部书记长兼师政治部主任。1931年11月以军队代表出席中国国民党第四次全国人民代表大会。1933年9月兼任江西第二区监察员，统辖江西东乡等五县。[3]后任湖南省保安第二团团长，湖南郴县团管区司令部副司令官。1935年9月19日被军事委员会发表任军事参议院咨议。1936年3月7日颁令叙任陆军步兵上校。[4]1936年8月21日免首都警察厅警察局局长职。抗日战争全面爆发后，任湖南省国民军事训练委员会编练大队大队长，常德守备司令部副司令官。1938年5月10日国民政府颁令免军事参议院参议职，[5]任第十集团军总司令部副参谋长。1945年6月28日颁令叙任陆军少将，抗日战争胜利后，1946年12月国民政府军政部裁撤，任国防部荣誉军人生产事务局局长。1949年离职。

[1] 上海《民国日报》1927年5月19日"黄埔同学会之新执委会"一文记载。

[2] 上海《民国日报》1929年2月9日"训练总监部新发表之各师政训处主任"一文记载。

[3] 《申报》1933年9月19日"蒋委员长晓谕封锁'匪区'意义"一文记载。

[4] 国民政府文官处印铸局印行：台湾成文出版社有限公司1972年8月出版《国民政府公报》第105册1936年3月8日第1991号颁令第1页记载。

[5] 国民政府文官处印铸局印行：台湾成文出版社有限公司1972年8月出版《国民政府公报》第133册1938年5月11日渝字第47号颁令第2页记载。

关麟征

关麟征（1905—1980），原名志道，别字雨东，别号玉书，原载籍贯陕西零县，现载陕西户县（现鄂邑县）人。户县县立高级小学毕业，陕西省立第三中学校肄业。家世务农，经济中等。自填登记处为陕西鄂县真华村，通信处为本县大王镇鼎盛益号转交真华村。自填入学前履历：陕西省立第三中学校肄业。1905年3月19日（农历二月十四日）诞生于陕西户县真花硇村一个农户家庭。1921年15岁户县县立高级小学毕业后，赴省城西安考进省立第三中学就读。1924年1月从朋友邓毓玫（同为第一期

关麟征照片

生）处获悉孙中山在广州开办一所军官学校，正在北方秘密招生。他们弄到一张胡景翼处签发的署名邓毓玫和吴麟征的护照，因吴嫌广东太远不想去，故邓问关麟征想不想去广州投考军校，如愿去只需将护照上"吴"改成"关"就行了。故关知道后喜出望外，立即答应。他回家禀明情况，携带父亲卖牲口的25块银圆作为旅费，把护照上的"吴麟征"改为"关麟征"，从此，"关志道"就改名为"关麟征"。1924年5月12日由邓演达（前任广东西路讨贼军第一师第三团团长，黄埔军校入学试验委员会委员）、王宗山（前广州大元帅府大本营英文秘书，黄埔军校筹备委员会委员，黄埔军校校长办公厅英文秘书）介绍加入中国国民党，由于右任推荐投考黄埔军校。1924年5月到广州，1924年6月考入陆军军官学校第一期第三队学习，1924年11月毕业。历任教导第一团第二营第五连第二排排长，随部参加第一次东征作战，淡水战役时其左膝盖骨受伤，被送到广州公立医院治疗，医生根据其伤情建议将左腿锯掉，这对一个只有二十多岁的青年军人来

说，真是晴空霹雳，无异于宣判死刑。适逢黄埔军校党代表廖仲恺来医院探望受伤官兵，他将情况诉说后，廖极力反对截肢，并与医生商量研究，经过精心治疗保住了左腿。每当忆及此事，其对廖仲恺先生总是感恩不已。1925年6月随部参加对滇桂军阀杨希闵部、刘震寰部军事行动，1925年11月随部参加第二次东征作战，后任黄埔中央军事政治学校战术总教官严重的上尉副官，其间参加孙文主义学会活动。1926年3月任中央军事政治学校第四期学生入伍生团连长。1926年5月组建国民革命军总司令部宪兵团，其任宪兵团三营少校营长。1926年7月随部参加北伐战争，部队抵达南昌时，任国民革命军总司令部宪兵团副团长、代理团长。1927年4月随军抵南京，任国民革命军总司令部补充第七团团长。1928年1月任国民革命军总司令部警卫第二团团长。1928年8月国民革命军编遣，1928年8月3日任缩编后的第一集团军第十一师（师长曹万顺）第三十一旅第六十一团团长，[1]后任陆军第十一师第三十二旅旅长。1929年1月17日被推选为陆军第十一师特别党部执行委员。1929年1月30日被中央执行委员会代表资格审查委员会派补为陆军第十一师代表出席中国国民党第三次全国代表大会。1929年2月任陆军新编第五师副师长，1929年10月部队再缩编后，改任陆军第一教导旅（师长张治中）第一旅第一团团长，率部参加中原大战。1930年10月任陆军第一教导旅第二旅旅长，1931年3月25日获颁四等宝鼎勋章。[2]1931年夏任陆军第四师第十一旅旅长。1931年九一八事变后，其经常教导部下："毋忘国耻，收复失地是中国军人的任务。"1932年6月任陆军第四师独立旅旅长，1932年12月陆军第二十五师在徐州组建，其在宣誓就职师长时以抗日救国为主题，号召全师将士誓死抗击日寇，保卫中华民族。1933年2月奉命开赴古北口，率部参加长城抗日战事。其亲临第一线指挥作战，夺取有利地形并亲率所部第一四九团猛烈反击日军。双方短兵相接，战斗十分惨烈，其被敌人枪弹炸伤多处，浑身是血，但他仍力战不退。身旁随从官兵十余人全部战死，他毫不畏惧，仍然从容指挥官兵与日军激战，终于将敌击退占领高地。此时才离开阵地包扎伤口。其伤势尚未痊愈，再赴前线指

---

[1]　国民政府文官处印铸局出版：台北成文出版社有限公司发行《中华民国国民政府公报》第二十辑第八十九期第4页记载。

[2]　国民政府文官处印铸局印行：台湾成文出版社有限公司1972年8月出版《国民政府公报》第48册1931年3月26日第730号颁令第1页记载。

挥作战，嗣后战事持续两个多月。古北口抗战给日军沉重打击，日军将领不得不承认中国古北口抗战是"激战中的激战"。他和其他伤员住院期间，北平各大学、中学学生前往慰问献花者络绎不绝，《大公报》主笔张季鸾撰写社论《爱国男儿，血洒疆场》以贺其功。1935年4月13日颁令叙任陆军少将。1935年7月17日因长城抗战中御敌有功获颁青天白日勋章。[1]1936年10月5日颁令叙任陆军中将。1936年11月12日晋给三等宝鼎勋章。[2]1936年11月任西北"剿匪"总司令部第五纵队司令部司令官、第十一纵队司令部司令官。抗日战争全面爆发后，任陆军第五十二军军长，率部在平汉铁路线阻击抗日。1937年9月率部参加保定战役，1937年10月率第五十二军在漳河南岸，与日军土肥原第十四师团展开激烈攻防战。指挥所部与日军白刃肉搏战，几次退而复进，失而复得，双方伤亡惨重。由于关军奋勇杀敌，终使日军向漳河北岸邯郸、武安一带败退。战后率五十二军赴河南漯河一带休整补充，后又转战河南、山东。1938年1月初率部参加台儿庄战役，所部第五十二军隶属第二十军团（军团长汤恩伯）统辖，配合台儿庄正面作战，于1938年3月24日向盘踞在津浦铁路台枣支线的日军几谷第十师团的濑谷旅团发起攻击，正当进攻日军节节胜利时，3月31日下午由临沂南下的板垣第五师团沂州支队约4000日军配备野炮、坦克突然袭击第五十二军指挥部，敌人炮弹已落到指挥部附近，当时关身边只有警卫营约300人。日军攻势凶狠，形势十分严峻，在此危急之际，关命令警卫营营长徐文亮带仅300人跑步到距敌人约1000米的地方，然后散开向日军射击，作佯攻状迷惑敌人。为迅速抽调部队支持赢得了时间，黄昏时第二十军团援军赶到，关迅速指挥生力军对日军反攻，将沂州支队包围在爱曲村一带，乘胜歼灭大部日军。1938年5月因台儿庄作战有功升任陆军第三十二军团军团长，战后板垣征四郎称："关麟征一个军应视普通'支那'十个军。"当时国内军事评论家对在台儿庄战役中担任防守任务的孙连仲和负责进攻的关麟征有"孙钢头"和"关铁拳"的称誉。蒋介石同年夏在武汉珞珈山军官训练团一次讲演时说："中国军队如果都像第五十二军那样作战坚强，打

---

[1] 国民政府文官处印铸局印行：台湾成文出版社有限公司1972年8月出版《国民政府公报》1935年7月18日第1796号颁令。

[2] 国民政府文官处印铸局印行：台湾成文出版社有限公司1972年8月出版《国民政府公报》第117册1936年11月13日第2201号颁令第6页记载。

败日本军队是不成问题的。"[1]1938年10月部队整编时，兼任陆军第三十七军军长，1939年5月任第十五集团军副总司令，后调任第三十一集团军副总司令。1939年12月任第十五集团军总司令，成为黄埔生中担任总司令的第一人。不久奉命赴广西，改番号为第九集团军，仍任总司令，率部驻防滇南，统辖第五十二军（兼任军长）、第五十四军（军长黄维）等部。1945年1月所隶属卢汉部，任第一方面军司令长官部副司令，仍率部守卫滇南，直至抗日战争胜利。其间兼任军事委员会驻滇干部训练团教育长，三青团中央监察会监察。1945年1月30日被推选为军队各特别党部出席中国国民党第六次全国代表大会代表。1945年5月20日当选为中国国民党第六届中央执行委员会执行委员。抗日战争胜利后，1945年11月任云南省警备总司令部总司令。1945年12月因昆明"一二·一"惨案，与代理省政府主席李宗黄"停职议处"，[2]调离云南。1946年7月任成都中央陆军军官学校教育长。1946年11月被推选为（制宪）国民大会代表。1947年7月被推选为党团合并后的中国国民党第六届中央执行委员会执行委员。1947年12月任成都陆军军官学校校长，在任军校教育长与校长期间，实行"废除体罚，尊重人格""赏由下起，罚自上先""改革教学，时间第一""人事平等，经济公开"等变革措施，对军校有所建树。1948年8月任陆军总司令部副总司令兼任军校校长。1949年1月任陆军总司令，1949年秋辞去陆军总司令职，将家眷迁移香港寓居。1949年11月偕夫人从成都乘机至香港，此后一直隐居香港，深居简出，闭门谢客，不参加任何政治性集会活动，不会见新闻记者，未在报刊上发表过任何言论。20世纪50年代初，顾孟余等人在香港组织"第三势力"，多次托人找他参加，他都拒绝接见。在香港居住的许多国民党故旧，他不联系，成都军校旅港同学几次邀请他聚餐联欢，以表师生之谊，他都婉言谢绝，过着"隐士"般生活。平日以读书、写字、教育子女为乐趣，晚年致力于兵法和书法研究。[3]其擅长草书，对唐代怀素草书和于右任作品进行精心研究与练习。他的草书作品参加香港大会堂的展览，受到香港

[1] 台北《黄埔建国文集》编纂委员会编纂：台北实践出版社1985年6月16日印行《黄埔军魂》第305页记载。

[2] 台北"国史馆"编纂：2006年12月印行《"国史馆"现藏民国人物传记史料汇编》第七辑第502页记载。

[3] 杨牧、袁伟良主编：河南人民出版社2005年11月《黄埔军校名人传》上册第706页记载。

各界好评。虽身居香港但非常思念故乡，看到大陆经济建设蒸蒸日上，感到非常高兴。他想念童年时代嬉戏过的户县苍游河，怀念在西安居住过的二府街。1979年其在大陆胞妹前往香港探亲，向他介绍大陆日新月异的经济建设和文化建设情况，他听得兴致勃勃，喜形于色。其夫人对妹妹说："几十年来，从来没见你大哥这么高兴过。"他关心在大陆的黄埔同学和军界故旧，希望国共两党第三次合作，台湾早日回归祖国完成统一大业。他曾对妹妹说："我是炎黄子孙，我盼望祖国早日统一！"1980年8月1日因心脏病在香港逝世。1980年8月2日中央人民广播电台、《人民日报》和全国各大报纸都登载了他逝世的消息及生平履历。徐向前元帅向他在香港的家属发去了唁电："噩耗传来，至为悲恸，黄埔同窗，怀念不已，特此致唁，诸希节哀。"举殡之日，黄埔军校各期留港同学及亲友数百人执绋，新华社香港分社、全国政协和徐向前元帅等送了花圈。[1]著有《关麟征回忆记》等。台湾出版有《关麟征将军纪念集》等。中国文史出版社《中华文史资料文库》第三卷载有《关麟征部在陕甘阻击红军回忆》（姚国俊著）、第九卷载有《关麟征生平事略》（黄中岩著），中国文史出版社《文史资料存稿选编——军政人物》上册载有《关麟征与第五十二军》（段培德等著）等。

---

[1] 陕西省黄埔军校同学会编纂、穆西彦主编：陕西人民出版社1991年6月《陕西黄埔名人》第14页记载。

刘干

　　刘干（1901—？），原名载干[1]，原籍陕西绥德，随父寄居江苏江宁。父刘钺为广州大本营参军处上校副官。江宁县立高等小学校毕业。自填登记处为原籍陕西绥德，寄居江苏江宁县城北糖坊桥二十九号门牌，通信处为广州大本营参军处副官刘钺转交。自填入学前履历：民国九年（1920年）任广三铁路警察总署，至十二年（1923年）充大元帅卫士。1920年任广东广三铁路警察总署差遣，1923年任广州大元帅府卫士队卫士。1920年由蒋介石（时任粤军第二军司令部参谋长）介绍加入中国国民党。1924年春由卢振柳（广东东路讨贼军第六路参谋长，粤军第二军总司令部参谋，广州大元帅府大本营参军，兼任大本营卫士大队大队长）举荐投考黄埔军校，1924年6月考入陆军军官学校第一期第四队学习，入校前因中国国民党党证遗失，需申请补领，1924年11月毕业，任黄埔军校教导第一团见习官。

---

[1]　陆军军官学校编辑、台北文海出版社有限公司印行：近代中国史料丛刊三编第五十七辑《陆军军官学校第四队详细调查表》记载。

刘
云

刘云（1899—1930），别字随吾，别号宏才，湖南宜章县笆篱堡车回村人。宜章县立中学毕业，法国飞机学校毕业，西江陆海军讲武堂肄业，苏联伏龙芝军事学院毕业。自填登记处为湖南宜章县笆篱堡车回村，通信处为广东坪石均和安号。自填入学前履历：法国飞机学校毕业，西江陆海军讲武堂肄业。1919年曾随湖南工学团赴法国勤工俭学，留学法国飞机学校毕业，西江陆海军讲武堂肄业。出生于一个小商之家。1921年高小毕业后，赴长沙报考

刘云照片

中学时，因受进步同学影响，报名参加留法勤工俭学会。留法第一年，在巴黎法尔曼飞机工厂做工。翌年考入工厂附近的一所飞机学校，学习航空机械，1922年在巴黎加入中国社会主义青年团。1923年夏，因参加反对法国当局迫害中国学生的斗争，被法政府遣送回国。1923年10月由驻法国巴黎国民党通信处及周恩来介绍加入中国国民党。回国后即转入广东西江陆海军讲武堂学习，不久转为中共正式党员。1924年春由广东西江陆海军讲武堂选送黄埔军校学习。1924年6月考入陆军军官学校第一期第四队学习，在学期间任本队第四分队分队长。1924年8月7日至17日参与训练广州第一届农民运动讲习所25名学员，1924年11月毕业。奉派转学航空，1924年12月入广州大沙头军事航空学校第一期学习，1925年1月与蒋先云、周逸群等人在教职员及学员中发起组织"中国青年军人联合会"，创办会刊《青年军人》等刊物。出任孙中山大元帅府航空局军事飞机学校教务主任兼

党代表，是现代航空史上最早的中共党员。[1]在极其艰苦的条件下，冲破英美帝国主义对广东革命政府的经济封锁和石油垄断，凭着两架老式教练机，为学校训练出首批10名飞行员。在讨伐陈炯明部粤军作战中，曾多次与德国飞行教官一道驾机飞抵陈炯明部粤军盘踞的惠州，侦察敌情，散发传单，投掷炸弹，此记录被视为黄埔军人驾机作战第一人。[2]1925年9月受广州国民政府委派，与唐铎等5人赴苏联空军学习飞行。1925年10月考入苏联红军第二飞行学校，1926年9月毕业。1926年10月转入莫斯科伏龙芝军事学院（陆军大学）中国班学习，并担任中国班班长，1927年10月毕业。1928年6月以旁听者的身份参加了在莫斯科召开的中国共产党第六次代表大会。1930年6月正值毕业之际，奉中共中央指示，毅然中断学业，告别新婚的苏联籍妻子，与刘伯承、左权等人一道回到上海。回国后，即被任命为中共中央长江局军委委员兼长江局军委总参谋长。曾化名刘志明、李志浩、宋推，以商人、教员身份在武汉组织与领导鄂东南等地的工农武装斗争。1930年9月2日在武汉因叛徒出卖被捕入狱，据载蒋介石闻讯，连夜从南京飞抵武汉劝降，遭到严词拒绝。1930年9月6日在狱中牺牲。[3]

---

[1] 廖盖隆主编：中共中央党校出版社2001年6月《中国共产党历史大辞典》增订本第186页记载。

[2] 杨牧、袁伟良主编：河南人民出版社2005年11月《黄埔军校名人传》上册第675页记载。

[3] 倪兴祥主编：上海人民出版社2006年6月《中国共产党创建史辞典》第475页记载。

刘

进

刘进（1905—1951），别号浙吉，别字建一。湖南攸县人。广州大本营军政部陆军讲武学校肄业，中央军官训练团将校班第二期毕业。1905年2月9日生于攸县一个农户家庭。1923年冬到广州，考入广州大本营军政部陆军讲武学校学习，1924年秋该校并入黄埔军校，1924年11月编入陆军军官学校第一期第六队学习，在学期间曾加入中国共产党，[1]1925年2月肄业。历任国民革命军排长、连长，随部参加了两次东征作战和北伐战争。1930年1月5日为收容

刘进照片

培训大批失业黄埔学生，在南京中央陆军军官学校开办高级班，并成立考试委员会（教育长张治中兼委员长，副委员长周亚卫），3月30日高级班公布第一批录取1105人名单，其名列其中。1930年5月30日因中原大战后，随着中央军的节节推进，众多俘虏被送往南京编训，南京中央陆军军官学校组建输诚兵训练处，其派任该处第三大队中校大队长。[2]输诚兵训练处奉令撤销，1930年12月1日任陆军第四师（师长徐庭瑶）第十二旅（旅长关麟征）第二十三团团长。1931年11月24日接胡琪三任陆军第四师第十二旅旅长，率部参加对江西红军及根据地的"围剿"战事。1935年5月7日颁令叙任陆军步兵上校。[3]1935年8月9日接王万龄任

---

[1] 中国文史出版社《文史资料存稿选编》萧作霖撰文《我和程潜的交往》记载。

[2] 《黄埔月刊》1930年5月30日出版创刊号"本校要闻日志"第一章所记。

[3] 国民政府文官处印铸局印行：台湾成文出版社有限公司1972年8月出版《国民政府公报》第93册1935年5月8日第1735号颁令第1页记载。

陆军第四师（师长王万龄代理）副师长。1936年6月2日调任陆军新编第六师副师长。1937年1月20日调任军事委员会委员长侍从室第一处（处长钱大钧）第二组（组长邵存诚）少将参谋。抗日战争全面爆发后，1937年8月20日接邵存诚任军事委员会委员长侍从室第一处第二组组长。1937年9月20日任陆军第四十五师（师长戴民权）副师长，率部参加淞沪会战。1937年10月22日颁令晋任陆军少将。[1]1937年11月9日接戴民权任整编补充后的陆军第四十五师代理师长。1938年2月13日在河南邓县（今邓州）实任陆军第九十一军第四十五师师长，1940年春任军事训练部（部长白崇禧）西北游击干部训练班（副主任胡宗南兼教育长）副教育长，该训练班设于西安翠华山。1940年10月1日任陆军第二十七军（军长范汉杰兼）副军长，1942年5月27日接范汉杰任陆军第二十七军军长。1942年9月7日兼任太行山游击总司令部（总司令庞炳勋兼）副总司令，1943年5月1日庞炳勋率部投降日军，[2]其亦胁从随部，不久只身逃脱。1943年12月28日任太行山游击总司令部总司令，隶属第二十四集团军指挥，1944年12月10日第二十四集团军番号裁撤，遂被免职。1944年9月28日出任宝鸡警备司令部司令官，抗日战争胜利后，1945年10月获颁忠勤勋章。1945年9月15日宝鸡警备司令部裁撤，1946年1月调任军政部（部长陈诚）第二十一队总队长，负责编余军官的收容、退役工作。1946年5月获颁胜利勋章。1947年2月20日再任西安绥靖公署（主任胡宗南）宝鸡警备司令部司令官。1948年秋宝鸡警备司令部再行裁撤，返回湖南任长沙绥靖主任公署（主任程潜）邵阳警备司令部司令官。1949年1月6日接蒋伏生任长沙警备司令部司令官。后接文于一任湖南第一兵团司令部参谋长，1949年6月10日任第一兵团司令部副司令官，兼任湘潭前线指挥部指挥官，1949年8月4日参加程潜、陈明仁领导的长沙起义，8月4日发表程潜、唐星、李默庵、陈明仁、傅正模、刘进、张际鹏七人领衔通电。其时刘对长沙准备起义没有预闻，全不知情。[3]当程、陈领衔起义通电发表后，刘进带着兵团部存于湘潭的两万多

---

[1] 国民政府文官处印铸局印行：台湾成文出版社有限公司1972年8月出版《国民政府公报》第130册1937年10月23日第2491号颁令第1页记载。

[2] 曹剑浪著：2010年1月解放军出版社《中国国民党军简史》第1060页记载。

[3] 中国文史出版社《文史资料存稿选编》文于一回忆文章记载。

银圆，随同叛军逃到邵阳，会见刚飞到邵阳的黄杰，随即携眷逃往成都。[1]1950
年1月在成都被人民解放军俘虏，关押于重庆小歌乐山北麓四川军阀白驹修建的
香山别墅（即白公馆），1950年春时任中国人民解放军第二野战军第四兵团司令
员、西南军区副司令员的陈赓路过重庆时，曾专程看望一同关押的其与曾扩情、
钟彬三位黄埔一期生，[2]和他们坦率交谈了五六个小时，向他们热情交代政策消除
精神负担。后因陈明仁在刘进从成都打来电报（内容是请陈电告成都军管会让他
返湘）上批："电贺龙司令员，刘进反对起义，率部叛逃，请逮捕法办。"[3]后被押
到武汉，1951年1月判处死刑，执行枪决。[4]

---

[1] 中国文史出版社《文史资料存稿选编》文于一回忆文章记载。

[2] 穆欣著：新华出版社1985年10月《陈赓大将》第747页记载。

[3] 中国文史出版社《文史资料存稿选编》文于一回忆文章记载。

[4] 中国文史出版社《文史资料存稿选编》文于一回忆文章记载。

刘钊

刘钊照片

　　刘钊（1900—？），江苏奉贤县邑城之北门外人。中法国立通惠工商专门学校商科肄业。富裕农家出身，有耕植田六十亩。自填登记通信处为江苏奉贤县邑城之北门外。自填入学前履历：中法国立通惠工商专门学校商科肄业，曾任中外通讯社记者。1900年3月14日生于奉贤县邑城北乡一个耕读家庭。1923年夏经张拱辰（时任上海特别区国民党代表，后以候补代表出席国民党一大）介绍加入中国国民党，1924年春由汪精卫（国民党第一届中央常务委员，前国民党上海执行部总理，国民党上海临时执行委员会委员、常务委员）举荐投考黄埔军校。1924年6月考入陆军军官学校第一期第一队学习，1924年11月毕业。历任国民革命军初中级军职，随部参加了两次东征作战、北伐战争和中原大战诸役。1930年10月任训练总监部政治训练处组织股中校股长。抗日战争全面爆发后，任陆军步兵旅团长、旅长、高级参谋。1939年12月颁令叙任陆军步兵上校。抗日战争胜利后，1946年1月奉派入中央训练团受训，1946年3月结业。1946年12月3日参加赴南京任职、公干的81名黄埔一期生在中央训练团聚餐并于办公大楼前合影。[1]上海《奉贤文史资料》1987年第二辑载有《刘钊简介》（陶颖祥著）等。

---

[1]　容鉴光编著：列入台北出版品预行编目资料，台北博煜企业有限公司2003年6月16日第一版印行《黄埔军校一期研究总成》第278页辑录。

刘

杰

　　刘杰（1895—？），又名洁，别号承汉，原载籍贯广西柳江，广西柳州马平县四区上里麦村人。[1]前驻粤桂军总司令、广东西路讨贼军总司令刘震寰老家堂侄。广西省立第四中学毕业、陆军大学正则班第十五期毕业，中央训练团党政班结业。自填登记处为广西柳州马平县四区上里麦村，通信处为柳州小南门嘉裕转四区小山圩致和堂转麦村。1895年12月1日生于广西柳州马平县四区上里麦村。早年曾任本县高等小学堂教员，后加入桂军，曾任初级军官。1924年6月考入中国国民党陆军军官学校第一期第四队学习，1924年11月肄业。1924年5月15日经蒋介石介绍加入中国国民党，受刘震寰（驻粤桂军总司令，广东西路讨贼军总司令，国民党第一届中央监察委员）举荐投考黄埔军校。1924年6月考入黄埔陆军军官学校第一期第四队学习，未及毕业即离校。任驻粤桂军讲武学校学员队分队队长、副官，东征军左翼第三纵队司令部参谋，随部参加了两次东征作战及北伐战争。后任国民革命军陆军步兵团连长、营长、团长。1932年12月任津浦铁路护路司令部参谋长。1935年5月24日颁令叙任陆军步兵中校。[2]1936年12月考入陆军大学正则班第十五期学习，1939年3月毕业。抗日战争全面爆发后，任第五战区豫鄂皖边区游击总指挥（总指挥李品仙）部第一纵队司令部副司令官。抗日战争胜利后，1946年1月奉派入军政部军官总队集训，1948年3月任华北"剿匪"

---

　　[1]　陆军军官学校编辑、台北文海出版社有限公司印行：近代中国史料丛刊三编第五十七辑《陆军军官学校第四队详细调查表》记载。

　　[2]　国民政府文官处印铸局印行：台湾成文出版社有限公司1972年8月出版《国民政府公报》第93册1935年5月25日第1750号颁令第1页记载。

总司令部高级参谋。1949年被人民解放军俘虏，关押于战犯管理所。其子萧松林，旅居美国。1996年广州复建黄埔军校旧址时，其子署名"萧松林"资助8万元人民币支持修缮。

刘
铭

刘铭（1902—1925），别号湘泉，湖南桃源人。桃源县立高等小学堂毕业。自填通信处为湖南桃源剪市杨济寿堂转。1923年冬到广州，考入广州大本营军政部陆军讲武堂学习。1924年秋该校并入黄埔军校，1924年11月编入陆军军官学校第一期第六队学习，1924年12月加入中国共产党，1925年2月肄业。分发教导第一团见习、排长，随部先后参加了两次东征作战，1925年10月13日在第二次东征惠州之役中阵亡。[1]

---

[1] ①中国第二历史档案馆供稿，华东工学院编辑出版部影印，档案出版社1989年7月《黄埔军校史稿》第八册（本校先烈）第244页第一期烈士芳名表记载1925年10月13日在广东惠阳阵亡；②湖南省档案馆校编、湖南人民出版社1989年7月《黄埔军校同学录》第14页记载：刘铭民国十四年十月十三日惠州之役阵亡；③台北《黄埔建国文集》编纂委员会编纂：台北实践出版社1985年6月16日印行《黄埔军魂》第573页"东征战役殉国英雄姓名表"第一期记载。

刘戡

刘戡照片（一）

刘戡（1906—1948），别号麟书，湖南桃源县朝阳乡人。湖南省立第二中学、湖南省立高等工业专门学校毕业，广州大本营军政部陆军讲武学校肄业，陆军大学特别班第六期毕业。父运筹，为辛亥革命先驱者。[1]1906年10月13日生于桃源县朝阳乡一个农户家庭，另说生于1907年10月23日。早年入湖南省立第二中学就学，后转入湖南省立高等工业学校续学。1923年12月到广州，考入广州大本营军政部（部长程潜）陆军讲武学校学习，1924年秋该校并入黄埔军校，1924年11月编入陆军军官学校第一期第六队学习，1925年2月肄业。后任黄埔军校教导二团第六连排长，后任第六连连长，参加东征作战及北伐战争。1926年8月起任国民革命军第一军副营长，1927年1月任教导团第三营营长。1928年8月部队编遣，任缩编后的第一集团军第九师步兵第五十一团团附，1929年任国民革命军第九师第二十六旅步兵第五十一团团长，1929年2月26日被推选为第九师特别党部执行委员。1931年1月任第九师第二十六旅旅长，1931年8月调任第十师（师长李默庵）第二十八旅旅长，1931年11月任第八十三师师长，率部参加对江西红军及根据地的"围剿"战事，在战斗中右眼被流弹射中，摘除后配装假眼，故有"独眼龙将军"称誉。1933年3月率部参加长城抗日战事。1935年4月13日颁令叙任陆军少将。1935年7月17日因长城抗战中御敌有功获颁青

[1] 陕西省黄埔军校同学会编纂、穆西彦主编：陕西人民出版社1991年6月《陕西黄埔名人》第19页记载。

刘戡照片（二）

天白日勋章。[1]1935年11月被推选为中国国民党第五次全国代表大会代表。1936年1月1日获颁四等宝鼎勋章。[2]1936年10月5日颁令叙任陆军中将。抗日战争全面爆发后，率部参加忻口会战。1938年3月任第九十三军军长，兼任第八十三师师长，率部在晋东南坚持抗战。1940年8月任第八战区第十四集团军副总司令，1941年任中央陆军军官学校第七分校第十三学员总队队长，[3]兼任教官。1941年12月入陆军大学特别班第六期学习，1943年12月毕业。1944年6月任第八战区第三十六集团军总司令，率部参加豫中会战诸役。1945年1月任重庆卫戍总司令部副总司令。1945年1月30日被推选为军队特别党部代表出席中国国民党第六次全国代表大会。1945年5月20日当选中国国民党第六届中央执行委员会候补执行委员。抗日战争胜利后，1946年7月任整编第二十九军军长，统辖三个整编师兵力。1947年3月任进攻陕北左翼兵团指挥官，指挥进攻延安等地。1948年3月1日在宜川战役中所部被人民解放军全歼，在部队溃败之际自杀身亡。[4]1948年5月17日颁令追赠陆军上将。[5]1953年被台湾当局追晋陆军二级上将。[6]台湾出版有《刘戡烈士传》（台湾"国防部"史政局编纂）等。中国文史出版社《原国民党将领的回忆——解放战争中的西北战场》载有《董钊、刘戡两军岔口遭截记》（姚国俊著）等。

[1] 台北成文出版社有限公司印行：国民政府公报1935年7月18日第1796号颁令；台北《黄埔建国文集》编纂委员会编纂：台北实践出版社1985年6月16日印行《黄埔军魂》第366页记载。

[2] 国民政府文官处印铸局印行：台湾成文出版社有限公司1972年8月出版《国民政府公报》第102册1936年1月2日第1936号颁令第13页记载。

[3] 杨牧、袁伟良主编：河南人民出版社2005年11月《黄埔军校名人传》上册第679页记载。

[4] 台北《黄埔建国文集》编纂委员会编纂：台北实践出版社1985年6月16日印行《黄埔军魂》第588页"戡乱战役殉国英雄姓名表"第一期记载。

[5] 台北"国史馆"编纂：2006年12月印行《"国史馆"现藏民国人物传记史料汇编》第二辑第458页记载。

[6] 刘绍唐主编：台北传记文学出版社1999年10月15日印行《民国人物小传》第四辑记载。

刘璠

刘璠照片

刘璠（1905—2003），别字资舫，湖南益阳人。益阳县立中学、长沙岳云中学毕业，广州大本营军政部陆军讲武学校肄业，中央训练团警宪研究班、南京中央警察学校研究班结业，奥地利维也纳警政大学毕业。1905年5月1日生于益阳县一个农户家庭。1923年冬到广州，考入广州大本营军政部陆军讲武学校学习，1924年冬该校并入黄埔军校，1924年11月编入陆军军官学校第一期第六队学习，1925年2月肄业。历任黄埔军校教导第一团排长、区队附，国民革命军第一军第二师步兵连连附、营政治指导员，随部参加对滇桂军阀杨希闵部、刘震寰部军事行动，以及第二次东征和北伐战争。1927年夏任江苏高邮县县长、江陵县县长。1928年起，任中央警察学校筹备委员，警察训练大队政治指导员。1931年10月任财政部税警总团部副官处处长。1933年10月起奉派赴德国、比利时学习军事，赴奥地利维也纳警政大学学习并毕业。抗日战争全面爆发后，1938年任军事委员会调查统计局兰州特别人员训练班副主任，兼任军事委员会调查统计局外事人员训练班主任，中央宪兵司令部训导处处长。1938年12月16日任中央警官学校校务委员会（主任委员戴笠）委员。[1]后任中央警官学校校务委员兼副教育长。1940年任中央警官学校驻兰州特种警察训练班副主任，1942年12月任军事委员会调查统计局特别检查处处长，兼任秘密监察人员训练班副主

---

[1] 中央警官学校校史编纂委员会编纂：台北民生图书印刷公司1967年11月12日印行《中央警官学校校史》第110页记载。

任。后任军事委员会西北游击干部训练班办公厅主任，渭北铁路管理委员会主任委员。1945年2月20日颁令叙任陆军少将。抗日战争胜利后，任交通部交通警察总局交通警察总队副总队长。1946年1月任陆军军官学校东北分校主任，兼任中央警官学校六分校（长春分校）主任。1946年12月3日参加赴南京任职、公干的81名黄埔一期生在中央训练团聚餐并于办公大楼前合影。[1]1948年10月任粤汉铁路护路司令部司令官，后移居美国，1990年创建中华黄埔四海同心会，任理事，后任中华黄埔四海同心会会长。1991年4月应黄埔军校同学总会邀请，率中华黄埔四海同心会访问北京，晋谒黄帝陵。2003年8月6日因病在美国逝世，[2]后与夫人邱逸园合葬于台北五指山"国军公墓"。

---

[1] 容鉴光编著：列入台北出版品预行编目资料，台北博煜企业有限公司2003年6月16日第一版印录《黄埔军校一期研究总成》第278页辑录。

[2] 台北"国史馆"编纂：2006年12月印行《"国史馆"现藏民国人物传记史料汇编》第二十八辑第494页记载。

刘子俊

刘子俊照片

刘子俊（1902—？），别字墨林，湖南桃源县刘家坪人。湖南省立桃源学校毕业，广州大本营军政部陆军讲武学校肄业，中央训练团党政班第十二期结业。1923年冬到广州，入大本营军政部陆军讲武学校学习。1924年秋该校并入黄埔军校，1924年11月编入陆军军官学校第一期第六队学习，1925年2月肄业。分发第三期入伍生队见习、排长、连长，随部参加了两次东征和北伐战争。1927年10月任南京中央陆军军官学校第六期第一总队中校大队长。后任第一集团军陆军第十一师（师长曹万顺）第三十一旅第六十三团团附。1928年9月3日被委派为陆军第十一师特别党部筹备委员，1929年1月17日被推选为陆军第十一师特别党部执行委员。1930年11月29日奉南京中央陆军军官学校校务委员会常务委员蒋介石、何应钦令补试录取入军官教育连肄业。[1]后任南京中央陆军军官学校第八期入伍生总队上校总队附，第九期入伍生总队代理总队长。抗日战争全面爆发后，任训练总监部军事教育处副处长，1938年10月任军事训练部少将衔附员。抗日战争胜利后，任军事训练部军风纪巡察第五分团巡察组少将衔组长。1946年7月退役。

---

[1] 南京中央陆军军官学校编印：《黄埔月刊》第一卷第7号"本校概况——法令"第4页记载。

刘云龙

刘云龙（1903—1975），又名子潜，陕西蒲城县
三合乡人。蒲城县立第一中学毕业，陕西省立体育专
门学校肄业。家中世代务农，有不动产四百元。自填
登记处为陕西蒲城县兴市镇后刘家村，通信处为本县
兴市镇中街积兴成宝号。自填入学前履历：曾充陕西
靖国军第三路司令部见习。曾任陕西靖国军第三路
司令部（司令杨虎城）见习官，受其介绍南下广东。
1924年5月23日经于右任、王宗山（前广州大元帅
府大本营英文秘书，黄埔军校筹备委员会委员，黄埔

刘云龙照片

军校校长办公厅英文秘书）介绍加入中国国民党，并经于右任推荐投考黄埔军校。
1924年6月考入陆军军官学校第一期第三队学习，1924年11月毕业。分发教导第
一团第一营第四连见习、排长，随军参加平定广州商团事变军事行动并参加第一次
东征作战。后奉派返回北方策应，受杨虎城赏识，任陕北国民军前敌总指挥部二民
军官学校（校长杨虎城兼）学员总队队长，所部改编后，1925年7月任国民军第三
军第三师（师长杨虎城）三民军官学校学员总队队长，后由王宗山代理校长职务，
1926年8月三民军官学校自行解散。1926年11月任国民军第三军第三师学兵营营
长，1927年在河南作战中负重伤。[1]1927年10月任国民革命军第二集团军第十军司
令部执法队队长，随部参加华北北伐战事。1929年任南京国民政府军事委员会委员
长侍从室副官，1931年10月任陆军第十七师（师长孙蔚如）警备第三旅（唐嗣桐）

---

[1]　中央陆军军官学校编辑：1928年8月版《黄埔血史——中央陆军军官学校追悼北伐阵亡将士
特刊》"黄埔受伤同学名册"第37、39页记载。

第一团团长。1934年10月任第十七路军总指挥部特务第三团团长，[1]驻防商洛五县（商县、商南、洛南、山阳、镇安），负责地方治安。1935年12月率部在商南地区漫川关"追剿"陕北红军。[2]抗日战争全面爆发后，任成都中央陆军军官学校高级教官。1940年3月中央陆军军官学校成都本部委派他为西北七省（陕西、河南、安徽、山东、山西、察哈尔、甘肃）招生考试委员会主任委员，考试委员会地址设置在西安市东关大街景化学校内，率领三十余名官佐职员住在第七分校驻西安办事处（地址城内端履门）。后任西安警备司令部副司令官。1945年4月颁令叙任陆军步兵上校。抗日战争胜利后，任国民政府重庆行辕少将衔参议，陕西省军管区司令部副司令官，重庆游击总指挥部总指挥。1949年10月任豫陕鄂边区绥靖主任公署中将衔参议，1949年12月在川北参加起义。中华人民共和国成立后，1950年奉派入中国人民解放军西北军政大学学习，后经汪锋举荐任甘肃省政协秘书处干部，1962年10月任甘肃省人民政府参事室参事。[3]"文化大革命"中受到冲击与迫害，因历史问题被审查关押，1975年11月3日晚在兰州因卧室木炭引起火灾被熏致死。[4]1979年重新审理，获得平反纠正并恢复政治名誉。著有《我所知道的第七分校片段事实》（署名刘子潜，1964年5月9日撰文，由王锦山据口述记录，载于陕西省政协文史资料和学习委员会编纂：陕西出版集团/陕西人民出版社2010年4月《陕西文史资料精编》第六卷《胡宗南军事集团》下册第597页）、《国民党第十七路军与红四方面军在商洛战役之回忆》（署名刘子潜，1964年5月20日撰文，王锦山记录，载于陕西省政协文史资料和学习委员会编纂：陕西出版集团/陕西人民出版社2010年4月《陕西文史资料精编》第五卷《军事派别》下册第421页）、《耀县三民军官学校之概况》（署名刘子潜，1964年5月23日撰文，王锦山记录，载于陕西省政协文史资料和学习委员会编纂：陕西出版集团/陕西人民出版社2010年4月《陕西文史资料精编》第九卷《人物专辑》上册第94页）等。

---

[1] 刘云龙撰文《第十七路军与红军第二十五军在商洛作战之经过》记载。

[2] 全国政协文史资料委员会：中国文史出版社1991年1月版《原国民党将领的回忆——围追堵截红军长征亲历记》下册第3页记载。

[3] 南京图书馆编：上海古籍出版社2011年12月《中国近现代人物像传》第275页晚年照片记载。

[4] 陕西省黄埔军校同学会编纂、穆西彦主编：陕西人民出版社1991年6月《陕西黄埔名人》第21页刘子潜小传记载。

刘云腾

刘云腾（1901—? ），别字雨人，湖南新田人。广州大本营军政部陆军讲武学校肄业。1923年冬到广州，考入广州大本营军政部陆军讲武学校学习。1924年秋该校并入黄埔军校，1924年11月编入陆军军官学校第一期第六队学习，1925年2月肄业。历任国民革命军陆军步兵团排长、连长，1926年7月随部参加北伐战争。1928年2月任浙江省水上警察局第一队（队长方景铭）副队长，兼任中国国民党浙江省水上警察局党部第一区部小组副组长。[1]1928年10月

刘云腾照片

任总司令部征募处中校服务员。1932年5月13日奉派入南京中央陆军军官学校军官教育总队受训，1932年7月10日结训。[2]后任陆军步兵团营长、团长。1937年2月22日颁令叙任陆军步兵中校。[3]抗日战争全面爆发后，任补充兵训练分处副处长、高级参谋，守备区副指挥官。抗日战争胜利后，1946年1月奉派入中央训练团受训，1946年3月结业。1946年12月3日参加赴南京任职、公干的81名黄埔一期生在中央训练团聚餐并于办公大楼前合影。[4]

---

[1] 上海《民国日报》1928年3月2日"浙江党务"栏"浙省内河水上警察局组织小组已于前日成立"记载。

[2] 《中央日报》1932年5月13日、5月14日连续刊登"中央陆军军官学校军官教育总队启事（一）"记载。

[3] 国民政府文官处印铸局印行：台湾成文出版社有限公司1972年8月出版《国民政府公报》第120册1937年2月24日第2287号颁令第2页记载。

[4] 容鉴光编著：列入台北出版品预行编目资料，台北博煜企业有限公司2003年6月16日第一版印行《黄埔军校一期研究总成》第278页辑录。

刘仇西

刘仇西照片

刘仇西（1896—1935），又名畴西、梓荣、刘荣，湖南望城人。长沙湖南省立第一师范学校、苏联伏龙芝军事学院毕业。父国忠，业商农善经营，经济富裕，有地产百余亩，店铺数处。自填登记通信处为湖南长沙县靖港。自填入学前履历：民国十年（1921年）任醴陵高等小学教员，十一年（1922年）任长沙县立高等小学英文算术教员，十二年（1923年）任旅鄂湖南学校主任教员。1896年4月29日生于望城县城靖港乡沙围子村一个农商家庭。1912年夏考入靖港乡长沙第四高等小学就读，与郭亮是同班同学。1918年与郭亮同考入长沙长郡中学学习，1919年5月参加五四运动长沙学生联合会声援活动，1920年秋毕业。考入长沙湖南省立第一师范学校学习，1920年10月在湖南一师加入中国社会主义青年团，1922年夏加入中国共产党。[1]毕业后任醴陵高等小学教员，1923年转任长沙县立高等小学英语及算术教员。1923年任旅鄂湖南学校主任教员。1924年2月经陈曷南（长沙靖港学务委员会会长）、郭亮（时任国民党湖南省临时党部执行委员，湖南长沙工团联合会总干事，中共湖南区地方执行委员会委员兼工农部部长）介绍加入中国国民党，由夏曦（国民党一大湖南省代表，国民党湖南组织筹备处负责人，国民党湖南临时党部委员、书记长）推荐投考黄埔军校。1924年春到广州，1924年6月考入陆军军官学校第一期第一队学习，1924年11月加入中国

---

[1] 中共党史人物研究会编纂：陕西人民出版社 1882 年 10 月《中共党史人物传》第二十九卷第142页记载。

共产党，[1]1924年11月毕业。分发任黄埔军校教导一团第三连见习、排长、党代表，随部参加第一次东征作战，1925年3月12日棉湖战役时左臂负伤，战后转移至广州博爱医院治疗，因静脉破裂血管溃烂，为保全性命割断左臂，住院期间任伤兵医院党代表。1925年9月1日痊愈出院，返回军校政治部工作。1926年2月任黄埔同学会组织科科员、总务科科长，1926年7月随部参加北伐战争。1927年5月任国民革命军第二十军政治部宣传员，后任第十一军第二十四师司令部参谋，1927年8月随部参加南昌起义，任第十一军第二十四师第七十五团营长、团参谋长。1927年秋南下香港时，在海上遭遇劫匪，财物洗劫一空，在公海漂流数日才获救。1928年1月贫病交加，奉党组织委派上海休养一年。1929年1月奉派赴苏联学习军事，[2]1930年10月回国。由上海辗转漳州进入江西根据地，任红军第一军团第三军第八师师长。1931年10月任瑞金红军中央军事政治学校政治部主任，兼任军事教员。1932年6月任由地方武装独立第三、六师合编成的赣南红军第二十一军军长，率部参加第四次反"围剿"作战。1933年2月任福建省军区总指挥部总指挥，3月任闽浙赣军区司令员，兼任红军第十军军长。1933年3月18日当选为闽浙赣省苏维埃政府执行委员。[3]1934年1月当选为中华苏维埃共和国第二届中央执行委员。1934年8月1日经中革军委电令嘉奖，授予二级红星军功章。1934年11月任红军第十军团军团长，兼任红军第二十师师长，率部向浙江进军。1935年1月25日在怀玉山程家湾附近身负重伤被捕，1935年1月31日由玉山县押解上饶，在狱中六个月受尽酷刑，仍正气凛然坚贞不屈。后押解南昌军人监狱，1935年8月6日在百花洲下沙窝遇害牺牲。[4]中华人民共和国成立后，望城县人民政府给其遗孀杨淑纯赠送"伟大英烈"金字匾。1950年春其同乡战友、一期同学袁仲贤返回望城看望，为烈士题词。1980年长沙市人民政府修建革命烈士纪念塔，陈列其遗照及革命事迹。

---

[1] 倪兴祥主编：上海人民出版社2006年6月《中国共产党创建史辞典》第486页记载。

[2] 廖盖隆主编：中共中央党校出版社2001年6月《中国共产党历史大辞典》增订本第200页记载。

[3] 杨牧、袁伟良主编：河南人民出版社2005年11月《黄埔军校名人传》上册第693页记载。

[4] 中共党史人物研究会编纂：陕西人民出版社1882年10月《中共党史人物传》第二十九卷第140页记载。

刘
长
民

刘长民照片

刘长民（1898—？），广西桂林人。广西公立法政专门学校政治经济本科毕业。地主家庭出身，有房地恒产。自填登记处为广西桂林县南乡六塘崩山底村，通信处为桂林南乡六塘圩金昌兰记转交。自填入学前履历：广西公立法政专门学校政治经济本科毕业，曾充本地六塘区立高国舍校及醒民、普严国民学校教员暨充本地大中保卫联局局长。曾充本乡国民学校教员，并任本地大中保卫联局局长。

1921年经朱乃斌（国民党广州市临时区分部执行委员，广州宣传学校校长）介绍加入中国国民党。1924年4月由苏无涯（孙中山指派出席国民党一大广西省代表，前国民党中央党务讨论会委员，国民党广西梧州支部长）、蒙卓凡（国民党一大广西省代表，国民党广西党务特派员，广西省党部执行委员，广州民国通讯社社长）举荐投考黄埔军校，1924年6月考入陆军军官学校第一期第一队学习，1924年11月毕业。分发驻粤桂军讲武学校，任入伍生队训练员。后随驻粤桂军返回广西，1926年10月任中央军事政治学校第一分校（南宁分校）第二期步兵第七队队长，后任第三期学员总队教官。1936年6月1日颁令叙任陆军步兵中校。[1]抗日战争全面爆发后，任桂林国民兵团训练处副主

---

[1] 国民政府文官处印铸局印行：台湾成文出版社有限公司1972年8月出版《国民政府公报》第109册1936年6月2日第2063号颁令第1页记载。

任。1942年3月13日国民政府颁令："派刘长民为广西省第六区保安司令部副司令官。"[1]抗日战争胜利后退役。

---

[1] 国民政府文官处印铸局印行：台湾成文出版社有限公司1972年8月出版《国民政府公报》第167册1942年3月14日渝字第448号颁令第2页记载。

刘汉珍

刘汉珍照片

刘汉珍（1904—1963），又名汉桢，别号月松，贵州普定县可处寨人。贵州安顺初级中学毕业，贵州省立法政专门学校法律科、南明工业专门学校特科、上海大同大学预科肄业，珞珈山军官训练团将官研究班结业。父为清末秀才，数代耕读为地主，家境富裕。自填登记处为贵州普定县第九区可处寨，通信处为贵州安顺大箭道福昌益号。自填入学前履历：（贵州）安顺中学毕业。1904年12月5日生于普定县可处寨一个商绅家庭。七岁入乡间小学就读，1914年

考入贵州安顺中学学习，求学四年毕业后，考入贵州省立法政专门学校法律科学习，两年后转入南明工业专门学校特科就读。后赴上海求学，考入大同大学预科学习。1924年春在上海黄埔军校招生处投考，获得录取赴广州复试资格，1924年3月经由恽代英（时任国民党上海特别区执行部宣传部秘书，上海《新建设》杂志社编辑，后任湖北省国民党驻粤代表）、靳经纬（时任上海《新建设》杂志社编辑）介绍加入中国国民党，再由其二人推荐投考黄埔军校。1924年5月到广州，1924年6月考入陆军军官学校第一期第三队学习，1924年11月毕业。分发校本部训练部见习，任第二期入伍生第五队区队长，1925年2月随部参加第一次东征淡水之役。调任教导第一团团部少尉参谋，1925年6月党军第一旅在梅县成立，任旅司令部（旅长何应钦）中尉参谋。回师广州后，1925年8月任国民革命军第一军第一师司令部上尉参谋，兼任补充连连长，1925年10月随部参加第二次东征战事。1925年12月中央军事政治学校潮州分校成立，任第一期学生第二队少校队长。1926年3月返回广州，任军士教导团学生队队长。1926年7月任国民革命

军第一军第十四师第四十二团团附，随部参加北伐战争闽浙战事。1926年10月任第十四师第四十二团副团长、团长。1927年4月随军进驻南京，1927年8月任第十四师第四十二团少将衔团长，率部驻防镇江。1928年1月率部参加第二期北伐战事，攻克蚌埠后任第十四师副师长，兼任第四十二团团长。1928年9月3日被委派为陆军第二师特别党部筹备委员。后任陆军第九军第十四师副师长。1929年2月1日任陆军第六师（师长方策）第十六旅（旅长郭忏）副旅长，兼任该旅第三十一团团长。1930年5月任陆军第六师第十七旅副旅长，率部参加中原大战。1932年10月任陆军第四十五师第一三三旅旅长，兼任第二六五团团长，率部参加对江西红军及根据地的"围剿"战事，后因战事失利被撤职。1934年10月任闽江守备司令部参谋长，所部后被裁撤。1935年12月任军事委员会武汉行营高级参谋，兼任军官队队长。后任中央陆军军官学校武汉分校学员大队少将大队长，后应邀返回贵阳供职。1937年3月5日颁令叙任陆军步兵上校。[1]1937年4月3日国民政府颁令委任贵州省政府保安处副处长。[2]抗日战争全面爆发后，1938年1月任贵州省政府保安处副处长。1938年5月25日国民政府颁令免贵州省政府保安处副处长职。[3]其间奉派入珞珈山军官训练团将官研究班受训，结业后任马占山部游击挺进军总司令部副总司令，后所部裁撤免职。1938年10月在贵阳与朱淑君（教会学校毕业）结婚。后任贵州都（匀）独（山）警备司令部司令官，1940年1月任甘肃省军管区司令部参谋长、副司令官。1943年奉派入步兵专门学校受训，毕业后未安排军职。1944年10月应邀任第三十一集团军总司令部高级参谋。抗日战争胜利后，1945年10月任天津警备司令部副司令官，后任天津警备司令部代司令官，1947年春辞职，返回贵阳寓居赋闲。1948年2月16日颁令叙晋陆军少将。发表任贵州省军管区副司令官，兼任贵阳警备司令部司令官，贵州绥靖主任公署（主任谷正伦兼）副主任。1949年11月由重庆飞赴香港，后在香港定居营商，

[1] 国民政府文官处印铸局印行：台湾成文出版社有限公司1972年8月出版《国民政府公报》第121册1937年3月6日第2296号颁令第1页记载。

[2] 国民政府文官处印铸局印行：台湾成文出版社有限公司1972年8月出版《国民政府公报》第122册1937年4月6日第2320号颁令第1页记载。

[3] 国民政府文官处印铸局印行：台湾成文出版社有限公司1972年8月出版《国民政府公报》第133册1938年5月28日渝字第52号颁令第1页记载。

1963年3月30日因病在九龙逝世。[1]贵州《安顺文史资料》1987年第二辑载有《我所知道的刘汉珍》（牟龙光著）等。

---

[1]　台北"国史馆"编纂：2006年12月印行《"国史馆"现藏民国人物传记史料汇编》第二十六辑第472页自传记载。

刘立道

刘立道（1900—1981），又名士随，广西临桂县会仙乡邦山底村人。广州大本营军政部讲武学校肄业。1923年参加桂军，后随部入粤。1923年冬考入广州大本营军政部讲武学校学习。1924年秋该校并入黄埔军校，1924年11月编入陆军军官学校第一期第六队学习，1925年2月毕业，参加了两次东征作战和北伐战争。1927年1月任武汉中央军事政治学校学员总队第三队队长，其间加入中国共产党。1927年6月任国民革命军第四军第二十五师第七十四团副团

刘立道照片

长。1927年秋随军南下，起义军进入广东后，奉命从香港先行到达东江特委所在地中洞筹款。南昌起义失败后，奉命在海陆丰发动农民参军，后与董朗等人率领的南昌起义军会合，部队改编后，任工农革命军第二师第四团（团长董朗）第二营营长。[1]1927年11月第二师扩编时，任工农革命军第二师第五团团长，参与广东东江工农武装割据，兼任海丰县农民自卫军干部训练所学员队长。1928年年初，任"东江大暴动"委员会参谋长，[2]与红二、红四师并肩作战在广东东江，为创建发展中共首个苏维埃政权做出过重要贡献。1928年3月海陆丰失败后，其在中共广东省委安排下，协助组织流落在东江的红军转移至香港工作。1929年3月随转

---

[1]　《中国共产党东江地方史》编纂委员会著：广东人民出版社2001年6月《中国共产党东江地方史》第117页记载。

[2]　中国文史出版社《文史资料选辑》第六十六辑本人撰文《中国工农革命军第二师在广东东江》记载。

到香港，由广东省委派赴越南，任华侨中共党支部书记，越共中央委员。1930年奉中共中央命令赴广西，催促红七军开赴江西根据地，部队至湖南边境时遭遇土匪抢劫，队伍失散后与中共失去联系。1931年起，任临桂县六塘小学教员，广西省立第一中学教员。1934年经李任仁介绍，在广西龙州区民团指挥部任政治指导员，政治训练处副主任、主任，后长期在新桂系部队负责政治训练事宜。抗日战争全面爆发后，奉派广西战时政工人员训练班受训，后随部队开赴苏皖抗日前线，任陆军第三十一军第一三八师政治训练处处长。1939年任驻湖北陆军第八军司令部上校秘书。1940年任驻安徽第五战区陆军第四十八军政治部主任。1941年7月任安徽省干部训练团副教育长。1943年任第五战区司令长官部干部训练团政治部主任。1945年1月颁令叙任陆军步兵上校。抗日战争胜利后，奉派东北参与接收事宜，1946年任吉林省干部训练团教育长。1949年10月任黔桂边区绥靖司令部少将衔秘书长，1949年12月6日自觉到百色向人民解放军报到，[1]1949年12月27日在广西西隆参加起义。中华人民共和国成立后，任中国人民解放军百色军分区改编委员会委员，百色人民政府行政专员署文教科副科长，广西壮族自治区人民政府文史研究馆干部，民革广西壮族自治区委员会委员，广西壮族自治区政协委员。1981年4月因病在南宁逝世。著有《中国工农革命军第二师在广东东江》（1963年3月撰稿，载于中国文史出版社《文史资料选辑》第六十六辑）、《谭浩明事略》、《第三十一军第一三八师参加徐州会战与突围》、《新桂系在安徽的一些政治措施及其与CC斗争》（载于《广西文史资料选辑》1990年3月第二十九辑《新桂系纪实》中集）、《第三十一军临淮关、定远之战与田家庵、九龙岗之防守》（载于《广西文史资料选辑》1990年3月第二十九辑《新桂系纪实》中集）、《日军窜犯大别山与立煌沦陷》（载于《广西文史资料选辑》1990年3月第二十九辑《新桂系纪实》中集）、《薛圩大桥日伪就歼记》、《我所知道的大别山惨案》（载于《中华文史资料文库》第五卷）、《徐州"剿总"步兵第四支队起义经过》等。

---

[1] 中国人民解放军历史资料丛书编审委员会："中国人民解放军历史资料丛书"，解放军出版社1994年11月《解放战争时期国民党军起义投诚——鄂湘粤桂地区》第731页记载。

刘仲言

刘仲言（1903—？），别字鼎，别号逢智，陕西三原人。三原县立国民学校、三原县立高级小学校、三原县立初级中学毕业，上海大学中学部肄业。父从教，家境清苦。自填登记处为陕西三原县城西关，通信处为三原县民治小学校转交。自填入学前履历：民国二年（1913年）入本县国民学校，六年（1917年）入高小学校，九年（1920年）入本县中学，十二年（1923年）赴上海，入上海大学内初中。1903年8月25日生于三原县一个农户家庭。1913年考入三原

刘仲言照片

县立国民学校学习，1917年入三原县立高级小学校就读，1920年考入三原县立初级中学续读。1923年入上海大学中学部学习，1923年12月经于右任介绍加入中国国民党，并由其举荐投考黄埔军校。1924年5月初在上海环龙路（后改南昌东路）44号中国国民党上海执行部参加初试。即与部分学员结伴南下广东，1924年6月考入陆军军官学校第一期第一队学习，1924年11月毕业。后返北方服务军界。受杨虎城赏识，任陕北国民军前敌总指挥部三民军官学校（校长杨虎城兼）第一期学员总队（总队长刘子潜）第二队队长。所部改编后，1925年7月任国民军第三军第三师（师长杨虎城）三民军官学校第一期学员总队第二队队长，[1]后由王宗山代理校长职务，1926年8月，三民军官学校自行解散。抗日战争全面爆发后，任

---

[1] 陕西省政协文史资料和学习委员会编纂：陕西出版集团/陕西人民出版社2010年4月《陕西文史资料精编》第九卷《人物专辑》上册第94页署名刘子潜，1964年5月23日撰文，王锦山记录，《耀县三民军官学校之概况》记载。

陕西省保安司令部上校衔参谋。1941年8月15日，国民政府颁令准军事委员会给予刘仲言干城甲种一等奖章。[1]

---

[1]　国民政府文官处印铸局印行：台湾成文出版社有限公司1972年8月出版《国民政府公报》第162册1941年8月16日渝字第388号颁令第31页记载。

刘先临

刘先临（1902—1949），河南唐河人。河南省立
第三师范学校肄业，中央军官教育团校尉班毕业。
家境贫寒，耕读完成学业。自填登记处为河南唐河
县东北贾营村，通信处为源潭镇兴玉源号转交。自
填入学前履历：曾在第三师范学校肄业四年半。1924
年春到广州，由樊钟秀（时任驻粤豫军总司令，国
民党第一届候补中央监察委员，时任驻粤豫军讨贼
军总司令，孙中山指派国民党两广、云南、福建执
行部候补监察委员）推荐投考黄埔军校，1924年5月

刘先临照片

16日经刘积学（前广东护法军政府国会众议院议员，河南自治筹备处处长，国民
党河南省支部长、临时党部筹备委员）、刘荣棠（孙中山指派出席国民党一大河
南省代表，前国民党天津执行部筹备委员及河南临时支部党务特派员，国民党河
南省党部执行委员）介绍加入中国国民党。1924年6月考入陆军军官学校第一期
第二队学习，1924年11月毕业。历任黄埔军校教导第一团学员队区队长、大队长，
1926年1月任黄埔中央军事政治学校第四期政治科大队第二队队长，1926年7月
随军参加北伐战争，任国民革命军第二方面军军官教导团第三营营长。1927年5
月12日任武汉分校党员志愿兵团第二营营长。[1]后随武汉分校部分学员迁移南京。
1927年6月30日任南京中央陆军军官学校第六期第一总队总队长。1927年8月30
日任浙江补充第一师（师长严重）第六十二团（团长王禄丰）第二营营长。1932
年10月至1933年6月任南京中央陆军军官学校驻赣暑期特别人员研究班学员大队

---

[1]　1927年5月12日中国国民党武汉中央政治会议第二十次会议记录。

大队长。1933年12月任国民政府军事委员会别动队第二大队大队长，1935年12月任军事委员会训练总监部组长。1936年12月12日颁令叙任陆军步兵中校。[1]抗日战争全面爆发后，1938年2月13日在河南邓县（今邓州）任重新组编的陆军第九十一军（军长郜子举）第四十五师（师长刘进）副师长。1938年12月21日调任中央陆军军官学校第七分校（主任胡宗南兼）军士教导第二团团长，后任军事委员会军事训练部第十一点检组组长。1939年10月中央陆军军官学校第七分校军官大队扩编为军官总队，续任军官总队少将总队长。后任重庆中央各军事学校学员登记调查处副处长。抗日战争胜利后，1946年10月任国民政府国防部少将附员。

---

[1]　国民政府文官处印铸局印行：台湾成文出版社有限公司1972年8月出版《国民政府公报》第118册1936年12月15日第2228号颁令第1页记载。

刘作庸

　　刘作庸（1898—? ），湖南宁乡人。广州大本营军政部讲武学校肄业。1923年冬考入广州大本营军政部讲武学校学习。1924年秋该校并入黄埔军校，1924年11月考入陆军军官学校第一期第六队学习，1925年2月肄业。历任黄埔军校教导第一团见习、排长，国民革命军第一军第二十师政治部政治训练员，随军参加了两次东征和北伐战争。1928年春任国民革命军总司令部第三补充团政治训练主任，后任南京高等学校军事训练教官。1937年6月14日颁令叙任陆军步兵少校。[1]

---

[1]　国民政府文官处印铸局印行：台湾成文出版社有限公司1972年8月出版《国民政府公报》第125册1937年6月15日第2380号颁令第4页记载。

刘希程

刘希程照片

刘希程（1906—1990），别字曦晨，河南唐河县源潭乡兴玉源场人。唐河县立高等小学毕业，唐河县立初级师范学校肄业，陆军大学甲级将官班第二期毕业。自填登记处为河南唐河县源潭镇兴玉源场院内。自填入学前履历：唐河县高等小学卒业，考入师范（学校）肄业。自填家庭主要成员：父荣第，与中国国民党河南省党部筹备委员刘荣棠为同宗兄弟，母李氏，兄两名妹一个。[1] 祖辈务农，家有不动产旱田五十亩。1906年8月2日（另载1905年农历八月二日）生于唐河县源潭乡一个耕读家庭。1924年春到广州，由刘荣棠（其堂伯父，孙中山指派出席国民党一大河南省代表，前国民党天津执行部筹备委员及河南临时支部党务特派员，国民党河南省党部执行委员）、刘绩学（前广东护法军政府国会众议院议员，河南自治筹备处处长，国民党河南省支部长、临时党部筹备委员）举荐投考黄埔军校，1924年5月5日由其二人介绍加入中国国民党。1924年6月考入陆军军官学校第一期第一队学习，1924年11月毕业。后任教导第二团排长，党军第一旅步兵连副连长，东征军总指挥部政治部组织科科员，国民革命军第一军补充第九团党代表，随部参加北伐战事。1927年1月任国民革命军第二十军第二师教导团第三营营长，随部参加南昌起义，后脱离部队，入国民革命军总司令部补充第一团受训。1930年春任中央教导第二师第四团团长。1935

---

[1] 陆军军官学校编辑、台北文海出版社有限公司印行、近代中国史料丛刊三编第五十七辑《陆军军官学校第一队学生详细调查表》记载。

年5月29日颁令叙任陆军步兵中校。[1]1935年6月任"剿匪"军第二纵队步兵第六十六团团长，率部参加阻截长征红军战事。1937年5月6日颁令晋任陆军步兵上校。[2]抗日战争全面爆发后，任陆军第九十一军（军长郜子举）第一六六师（师长刘进）第四九六旅旅长，1938年2月任陆军第九十一军第一六六师师长，1939年该师改隶第九十三军。1939年6月24日颁令晋任陆军少将。[3]1941年10月任第九十三军（军长刘戡）副军长，1942年11月任第九十八军军长，率部参加鄂西会战、桂柳会战诸役。1944年12月离职，1945年3月入陆军大学甲级将官班第二期学习，1945年6月毕业。抗日战争胜利后，1948年任第十九绥靖区副司令官，兼任豫西分区司令官，后任国民政府国防部第三快速纵队司令部司令官，河南豫西行政公署主任。1949年被国民政府国防部发表为河南绥靖主任公署第三路军司令部司令官，率部驻防豫西陕州一带地区。1949年6月10日率部在河南灵宝起义，中华人民共和国成立后，任河南省人民政府参事室参事。1982年8月政协第四届第五次会议增选为河南省政协副主席，1983年4月当选为河南省第五届政协副主席，1988年1月当选为河南省第六届政协副主席，[4]民革河南省委员会主任委员，民革中央常务委员，第五届、第六届全国政协委员。1990年春因病在河南开封（另载郑州）逝世。著有《刘希程回忆录》等。河南《灵宝文史》1986年第一辑载有《刘希程在灵宝》（同伦先著）等。

[1] 国民政府文官处印铸局印行：台湾成文出版社有限公司1972年8月出版《国民政府公报》第93册1935年5月30日第1754号颁令第3页记载。

[2] 国民政府文官处印铸局印行：台湾成文出版社有限公司1972年8月出版《国民政府公报》第123册1937年5月7日第2347号颁令第2页记载。

[3] 国民政府文官处印铸局印行：台湾成文出版社有限公司1972年8月出版《国民政府公报》第141册1939年6月28日渝字第165号颁令第1页记载。

[4] 《中华人民共和国职官志》编纂委员会编纂：中国社会出版社1996年7月《中华人民共和国职官志》增订本第765—766页记载。

刘赤忱

刘赤忱照片

刘赤忱（1901—1925），别字赤枕，湖北广济人。湖北甲等工业学校毕业。自填登记处为湖北广济县第十区刘受垸，通信处为湖北武穴高等小学校转交。自填入学前履历：湖北甲（等）工（业学校）卒业，曾当一年半兵。1920年4月由蓝天蔚介绍加入中国国民党，1924年1月由茅延桢、许用修介绍第二次加入中国国民党。1924年春由居正（国民党第一届中央执行委员、常务委员，前上海国民党本部总务部主任）、孙镜（国民党一大湖北省代表，国民党中央党务部副部长，时任国民党上海执行部调查部秘书）、张怀九（又名知本，国民党第一届候补中央执行委员，上海法政大学教授，广州大本营参议）保荐投考黄埔军校。1924年6月考入陆军军官学校第一期第二队学习，1924年11月毕业。毕业后参加对广州商团事变的军事行动和第一次东征作战。曾任军校教导第一团第一营第一连副连长。1925年2月15日东江惠州淡水战役阵亡，[1]另载1925年3月12日棉湖之战阵亡。[2]

---

[1] 台北《黄埔建国文集》编纂委员会编纂：台北实践出版社1985年6月16日印行《黄埔军魂》第573页"东征战役殉国英雄姓名表"第一期记载。

[2] 湖南省档案馆校编、湖南人民出版社1989年7月《黄埔军校同学录》第一期第15页"东江阵亡者"名单记载。

刘佳炎

刘佳炎（1899—? ），湖南醴陵人。醴陵县立中学毕业，广州大本营军政部陆军讲武学校肄业，庐山中央军官训练团第二期结业，陆军大学特别班第六期毕业。醴陵县立中学毕业后，投效湘军部队，任副排长。1923年12月到广州，考入广州大本营军政部陆军讲武学校学习，1924年秋该校并入黄埔军校，1924年11月编入陆军军官学校第一期第六队学习，1925年2月肄业。后派返湖南唐生智部，任国民革命军第八军司令部副官。1927年任国民革命

刘佳炎照片

第八军警卫团连长。后任国民革命军第二十四师第七十六团团长、代理师司令部参谋长。1930年12月1日任陆军第四师（师长徐庭瑶）第十旅（旅长汤恩伯）步兵第十九团团长。1932年8月7日任陆军第四师第十二旅副旅长，率部参加对江西红军及根据地"围剿"战事。1933年入庐山中央军官训练团受训，同年结业。1934年9月任陆军第四师第十二旅旅长，1935年8月12日任湖南省保安第一旅旅长。抗日战争全面爆发后，任西南联合大学军事训练总教官。1941年12月入陆军大学特别班第六期学习，1943年12月毕业。1943年11月颁令叙任陆军步兵上校。后任军事委员会高级参谋，第十集团军总司令部教导总队队附，后任陆军步兵独立旅副旅长、代旅长。抗日战争胜利后，任昆明警备司令部高级参谋。1946年1月奉派入中央训练团将官班受训，登记为少将团员，1946年3月结训，1946年7月退役。

刘味书

刘味书照片

刘味书（1901—？）别字啸生，湖南醴陵人。醴陵县立初级师范学校，广州大本营军政部陆军讲武学校肄业，峨眉山中央军官训练团将校班结业，陆军大学乙级将官班第四期毕业。1901年10月17日（另载1901年农历九月十六日）生于醴陵县城一个农户家庭。1923年12月南下广东，考入广州大元帅府大本营军政部陆军讲武学校学习，1924年秋该校并入黄埔军校，1924年11月编入陆军军官学校第一期第六队续学，1925年2月肄业。随部参加了两次东征作战及北伐战争，历任国民革命军陆军步兵团排长、连长、营长、团长。1937年1月6日颁令叙任陆军步兵中校。[1]抗日战争全面爆发后，任游击挺进纵队司令部副司令官。1945年4月颁令叙任陆军步兵上校。抗日战争胜利后，1947年11月入陆军大学乙级将官班第四期学习，1948年11月毕业。1949年1月任西北军政长官公署（长官张治中，参谋长宋希濂、杨德亮）补给处处长。后任湖南某师管区司令部司令官，国防部高级参谋。

---

[1] 《中央日报》1937年1月7日记载。

刘咏尧

刘咏尧（1909—1998），别字泳尧，又字则之，别号武琨，湖南醴陵人。湖南省立岳云中学毕业，北京朝阳大学肄业，广州大本营军政部陆军讲武学校肄业，苏联莫斯科中山大学、陆军大学甲级将官班第一期毕业。1909年7月10日生于醴陵县姚家坝乡一个乡绅家庭，另载生于1904年。[1]1914年入竹山刘氏幼小学。1915年入私塾。1917年入醴陵清安镇兰谊高等小学。1918年入醴陵北区鸿仙寺高等小学。1919年考入湖南省立岳云中学。1922年毕业，1922

刘咏尧照片（一）

年8月赴北京考入朝阳大学肄业。应邀南下广东，1923年考入广州大本营军政部陆军讲武学校学习，1924年11月该校并入黄埔军校，1924年11月编入陆军军官学校第一期第六队学习，系同期同学中年龄最小的一名学员，1925年2月肄业。在学期间随部参加了两次东征作战，任教导团连长，被选任为冲锋队队长，勇猛善战，多次负伤不下火线。1925年12月考取赴苏联留学资格，赴莫斯科中山大学学习，1927年秋学成归国。1927年9月任国民革命军中央教导师司令部特务营营长，同年10月升第三团上校团长，1928年6月调任南京中央陆军军官学校政治训练处总教官，1929年任国民革命军第五十师政治部主任。1930年调黄埔同学会主任秘书。1931年4月兼陆海空军总司令部"剿匪"宣传处副主任。1931年10月任讨逆军第五路军总指挥部政治训练处处长，军事委员会训练总监部政治训练处处长。1932年3月参与组建中华民族复兴社，任"怒潮剧社"编辑部编辑、社长，

---

[1]　湖南省档案馆校编、湖南人民出版社1989年7月《黄埔军校同学录》记载。

三民主义力行社南昌分社书记，南京中华民族复兴社中央干事会干事。1934年10月任赣粤闽三省边区"剿匪"总司令部政治训练处处长，军事委员会政治训练处（处长贺衷寒）副处长，军事委员会中央各军事学校毕业生调查处处长，南京新生学校（后改名中正学校）校长。其间与韦碧辉（苏联莫斯科中山大学毕业，时任南京妇女会秘书，为中华民族复兴社成员）结婚。[1]1935年11月被推选为中国国民党第五次全国代表大会代表。曾于1936年在南京组织指挥了逾万人参加的全国童子军第一次大检阅活动。1936年2月3日颁令叙任陆军少将。1937年1月1日获颁四等云麾勋章。[2]抗日战争全面爆发后，任湖南省抗日自卫军总司令部副总司令，兼任湖南省军管区司令部副司令官，中正大学校长，《扫荡日报》社社长，军事委员会委员长侍从室第三处副主任，1939年7月兼军事委员会委员长侍从室第三处副处长，1941年5月兼军事委员会政治部第二厅厅长，1942年1月兼中国国民党中央组织部组织委员，3月兼陆军大学教授。1943年5月兼军事委员会政治部第一厅厅长，并兼三民主义青年团第一届中央干事会干事。1943年6月调任军事委员会铨叙厅副厅长，1943年7月代理厅长。1944年10月入陆军大学甲级将官班第一期学习，1945年1月毕业。1945年1月30日被推选为军队各特别党部出席中国国民党第六次全国代表大会代表。1945年6月28日颁令叙任陆军中将。抗日战争胜利后，任国防部军职人事司司长。1946年9月派任三民主义青年团第二届中央干事会干事。1946年11月15日被推选为军队代表出席（制宪）国民大会。1946年12月3日参加赴南京任职、公干的81名黄埔一期生在中央训练团聚餐并于办公大楼前合影。[3]后任国防部参谋次长，兼任三民主义青年团中央干事会干事。1946年8月任国防部军职人事司司长兼参谋次长国防部人事司司长，国防部部长办公室主任。1947年7月被推选为党团合并后的中国国民党中央执行委员会执行委员，1947年8月兼三民主义青年团甘、宁、青、新四省督导主任。1948年

[1] 文闻编：中国文史出版社2004年1月《我所知道的复兴社》第14页记载。

[2] 国民政府文官处印铸局印行：台湾成文出版社有限公司1972年8月出版《国民政府公报》第119册1937年1月2日第2243号颁令第1页记载。

[3] 容鉴光编著：列入台北出版品预行编目资料，台北博煜企业有限公司2003年6月16日第一版印行《黄埔军校一期研究总成》第278页辑录。

刘咏尧照片（二）

1月代理国民政府国防部部务，1948年5月任国防部次长，并代理部长之职。[1]1949年到台湾后，任台湾"总统府"战略顾问委员会委员，中国国民党中央评议委员会委员。1951年4月叙任陆军上将。后转入台湾中华文化复兴及社会改革工作。1951年创办《"国防"丛刊》并任社长，兼任台湾大学教授。1954年3月兼留俄同学会理事。兼任中国国民党设计考核委员会委员，香港《中正日报》报社董事长，1956年2月兼国民革命军政治工作史编纂委员会委员，[2]台湾"世界大同促进委员会"主任委员。1961年1月兼湖南省醴陵县旅台同乡会理事长。[3]1961年10月兼任"中国历史文化协会"常务理事，1963年兼任"中国社会学会"理事长，1971年兼任"中国政治学会"理事，1974年兼任"中国教育协进会"常务理事，1975年5月兼任台湾"中国兵学研究会"主任委员，1980年兼任"中国文化界联谊会"首席顾问。1993年8月6日曾以"中国和平统一协进会"访问团名誉团长的身份前往北京访问。1998年8月22日因病在台北逝世。先后撰写大量诗文，著有《中国国民党党史》《政治学概论》《人事行政论丛》《人生哲学论》《经济学概论》等。台湾著名影视演员及歌星刘若英系其嫡孙女。

---

[1]　台北《黄埔建国文集》编纂委员会编纂：台北实践出版社1985年6月16日印行《黄埔军魂》第237页记载。

[2]　台北"国史馆"编纂：2006年12月印行《"国史馆"现藏民国人物传记史料汇编》第二十辑第472页记载。

[3]　杨牧、袁伟良主编：河南人民出版社2005年11月《黄埔军校名人传》上册第689页记载。

刘国协

刘国协（1902—1925），湖南醴陵人。醴陵县立高等小学毕业，广州大本营军政部陆军讲武学校肄业。自填通信处为湖南醴陵南二区沈潭恒临堂转。1923年冬到广州，考入广州大本营军政部陆军讲武学校学习。1924年秋该校并入黄埔军校，1924年11月编入陆军军官学校第一期第六队学习，1925年2月肄业。参加第一次东征作战，任陆军军官学校第二期入伍生队见习，教导第二团排长。1925年夏因病逝世。[1]

---

[1]　①中国第二历史档案馆供稿，华东工学院编辑出版部影印，档案出版社1989年7月《黄埔军校史稿》第八册（本校先烈）第247页第一期烈士芳名表记载1925年5月10日在广东汕头阵亡；②湖南省档案馆校编、湖南人民出版社1989年7月《黄埔军校同学录》第14页记载：刘国协民国十四年夏病亡；③台北《黄埔建国文集》编纂委员会编纂：台北实践出版社1985年6月16日印行《黄埔军魂》第573页"东征战役殉国英雄姓名表"第一期记载。

刘国勋

刘国勋（1902—?），别号荣九，云南普洱人。云南讲武堂第三期生、国民党一大云南省代表、国民党云南省临时党部执行委员刘国祥侄。云南省立师范学校毕业。父从学界，经济中等。自填登记处为云南普洱县城内，通信处为滇军总司令部军务处。自填入学前履历：云南省立师范学校毕业。1923年冬到广州，入大本营军政部陆军讲武学校学习。1923年12月经周自得［国民党一大云南省代表，驻粤滇军总司令（杨希闵）部参谋长］、李宗黄（孙中

刘国勋照片

山指派出席国民党一大云南省代表，国民党第一届候补中央执行委员，广州大本营军事参议，驻粤滇军第二军总参谋长、代理军长）、刘国祥（国民党一大云南省代表，国民党云南省临时党部筹备委员，国民党云南省党部执行委员）、杨友棠（孙中山指派出席国民党一大云南省代表，前驻粤滇军总司令部特别党部执行委员，广州大本营军政部参事）、杨华馨（国民党一大云南省代表，前国民党云南支部长，驻粤滇军总司令部秘书长兼滇军总部党务整理委员，广州大元帅府咨议）、胡盈川（孙中山指派出席国民党一大云南省代表，国民党云南省临时党部筹备委员，广州大本营军事参议）介绍加入中国国民党，1924年春再由上述六人推荐投考黄埔军校。1924年6月考入陆军军官学校第一期第四队学习，1924年11月毕业。留校任入伍生队见习，教导第二团排长，随部参加第一次东征作战，1925年6月随部参加对滇桂军阀杨希闵部、刘震寰部军事行动。1926年1月任中央军事政治学校黄埔军校第四期入伍生团连长，1926年7月随部北伐战争。1927年春随校迁移南京，任南京中央陆军军官学校第六期第一总队第三步兵大队中

校大队附、上校大队长。1931年起，任陆军预备师上校团长、师司令部参谋长。1936年8月12日任陆军第四师（师长王万龄）第十旅（旅长马励武）副旅长。[1]抗日战争全面爆发后，任陆军预备第一师司令部参谋长，率部参加淞沪会战、南京保卫战诸役。

---

[1]　《军政公报》1937年2月15日版第245号记载。

刘岳耀

刘岳耀（1904—1927），别字子耕，湖南醴陵人。广州大本营军政部陆军讲武学校肄业。1924年春到广州，考入广州大本营军政部陆军讲武学校就读。1924年秋该校并入黄埔军校，1924年11月编入陆军军官学校第一期第六队学习，1925年2月肄业。分发第三期入伍生总队中尉区队长，军校教导第一团副连长、营党代表，国民革命军总司令部参谋处中校参谋，国民政府中央警卫师警卫第二团团长，参加了两次东征和北伐战争。1927年5月10日在江苏与孙传芳部作战中阵亡。[1]另载1927年8月下旬于龙潭大战阵亡。[2]国民政府追赠陆军少将衔。

刘岳耀照片

[1] 中国第二历史档案馆供稿，华东工学院编辑出版部影印，档案出版社1989年7月《黄埔军校史稿》第八册（本校先烈）第45页有烈士传略、第247页第一期烈士芳名表记载1927年5月10日在江苏阵亡。

[2] ①国民党中央委员会党史委员会编辑、杜元载主编：中央文物供应社经销，中华印刷厂承印，1973年12月9日版《革命人物志》第11集第260页记载；②台北《黄埔建国文集》编纂委员会编纂：台北实践出版社1985年6月16日印行《黄埔军魂》第574页"北伐战役殉国英雄姓名表"第一期记载。

刘明夏

刘明夏照片

刘明夏（1903—1951），别字禹平。湖北京山人。父刘英为湖北革命先驱及同盟会会员，曾任孙中山大元帅府参议及湖北靖国军第三梯团司令官等职。北京圣心小学、上海澄衷高等小学毕业，澄衷中学二年级肄业，中央军官训练团将校班结业。父从教，经济中等。自填登记通信处为湖北京山县永潭河全盛美号。自填入学前履历：民国三年（1914年）洪宪之乱，随先父先叔亡命日（本东）京，国会恢复随先父至北京在圣心小学毕业，因复辟又随先父至上海，八年（1919年）在上海澄衷中学高小毕业，复在中学二年级肄业，十年（1921年）因先父就义武昌，无经济之援助，遂中途废学。1903年10月19日生于京山县一个革命先贤家庭。1914年随父往日本读小学，1916年回到北京，入私立圣心小学毕业。1919年到上海，入教会办澄阳中学肄业二年。1921年父于武昌牺牲，无经济援助辍学。1924年春由詹大悲（孙中山指派出席国民党一大湖北省代表，时任广州大本营秘书及宣传委员）、孙镜（国民党一大湖北省代表，国民党中央党务部副部长，时任国民党上海执行部调查部秘书）推荐投考黄埔军校，1924年5月再经其二人介绍加入中国国民党。1924年6月考入陆军军官学校第一期第四队学习，在学期间加入中国共产党，1924年11月毕业。历任黄埔军校教导第二团排长，国民革命军第二师第六团连党代表，随部参加东征和北伐战争。1927年4月任国民革命军第二方面军第十一军第二十四师第七十一团参谋长、团长，1927年8月率部参加南昌起义。1928年受中共南方局和广东省委委派琼崖，开辟农村武装割据，1927年11月任琼崖工农革命军总司令部东路军总指挥部副总指挥、总指挥，[1]兼任工农革命军干部学校校长、南征指挥部指挥。1929年夏脱离中共组织关系。1929年秋到南京黄埔同学会登记，派中央训练团将校训练班受训，后派任第一集团军独立第二旅司令部参谋长、旅长。1935年5月7日颁令叙任陆军步兵上校。[2]抗日战争全面爆发后，1937年10月27日国民政府颁令免陆军第十师第二十八旅步兵第五十七团团长职，任命为陆军第十师第二十八旅旅长。[3]后任第五集团军第三军第十二师副师长，率部参加淞沪会战。1939年7月12日颁令晋任陆军少将。[4]1940年5月1日接蔡劭任陆军第十四军第九十四师师长，中条山战役失利被日军俘虏。1942年10月13日发表为伪南京国民政府军事委员会参赞武官公署少将参赞武官，[5]1942年11月28日免职。1943年10月10日被伪南京国民政府军事委员会铨叙厅颁令叙任陆军少将。[6]曾任伪南京国民政府财政部税警总团副总团长，上海特别市第一区行政督察专员，兼任该区保安司令部司令官。抗日战争胜利后，任第三战区司令部先遣军总司令部总司令，上海市行动总指挥部副总指挥。[7]所部接受军事委员会调查统计局改编后，任军事委员会别动军第十四纵队司令部司令官，所部后被整编免职。1946年4月任国民政府交通部交通警察总局警察训练班（主任吉章简兼）副主任。[8]1946年7月以"汉奸罪"被判处有期徒刑七年，1948年11月因病获保释出狱。后一度以经商谋生。1951年春在"镇反"运动中，被判处死刑，执行枪决。

---

[1] 中共海南省委组织部、中共海南省委党史研究室、海南省档案馆编纂：海南出版社1994年10月《中国共产党海南行政区组织史资料》第67页记载。

[2] 国民政府文官处印铸局印行：台湾成文出版社有限公司1972年8月出版《国民政府公报》第93册1935年5月8日第1735号颁令第1页记载。

[3] 国民政府文官处印铸局印行：台湾成文出版社有限公司1972年8月出版《国民政府公报》第130册1937年10月28日第2495号颁令第2页记载。

[4] 国民政府文官处印铸局印行：台湾成文出版社有限公司1972年8月出版《国民政府公报》第141册1939年7月15日渝字第170号颁令第3页记载。

[5] 郭卿友主编：甘肃人民出版社1990年12月《中华民国时期军政职官志》第1959页记载。

[6] 郭卿友主编：甘肃人民出版社1990年12月《中华民国时期军政职官志》第1974页记载。

[7] 中国文史出版社《文史资料存稿选编——全面内战》上册第339页记载。

[8] 中国文史出版社《文史资料存稿选编——军事机构》上册第835页记载。

刘保定

刘保定照片

刘保定（1899—?），别字一之，湖南新化县时雍乡锡溪村人。新化县时雍乡高等小学、新化县立初级中学、陆军大学特别班第三期毕业。自填家庭主要成员：父绍略，母段氏，兄姐各一人，入学黄埔军校前已婚，[1]父从农商，有田三十亩，经济中等。自填登记处为湖南新化县时雍镇锡溪村，通信处为湖南新化白溪圳上久大场裕发泰号转交。自填入学前履历：湘军第一师中尉副官。投效湘军部队，任湘军第一师司令部中尉副官。1924年5月15日由邓演达（前任广东西路讨贼军第一师第三团团长，黄埔军校入学试验委员会委员）、金佛庄（前浙江陆军第二师营长，黄埔军校第一期第三队上尉队长）介绍加入中国国民党，1924年5月由谭延闿（时任驻粤湘军第一军军长，国民党第一届中央执行委员，广州大元帅府大本营内政部部长、建设部部长及大本营秘书长）举荐投考黄埔军校。1924年6月考入陆军军官学校第一期第三队学习，在学期间任本队第四分队副分队长，1924年11月毕业。后加入孙文主义学会活动，参加了两次东征作战，1926年1月任中央军事政治学校潮州分校学员队第　队队长。1926年7月随部参加北伐战争，任国民革命军陆军步兵团连长、营长，浙江省保安第三

---

[1]　陆军军官学校编辑、台北文海出版社有限公司印行：近代中国史料丛刊三编第五十七辑《陆军军官学校第三队学生详细调查表》记载。

团团长。1927年春任国民革命军总司令部补充第六团团长，[1]驻防浙江绍兴，其间与参议院议长王家襄之女结婚。1928年2月兼任苏州残废军人教养院院长。[2]1928年10月国民革命军编遣，任中央编遣区（亦称第一编遣区）办事处（主任朱培德）第四班委员。[3]1929年3月9日免除军政部陆军署残废军人教养院院长。[4]1929年10月任国民政府警卫师（师长冯轶裴）第一旅（旅长张诚）第一团（团长张世希）中校团附。1930年10月任陆军第八十七师（师长楼景越）第二六一旅（旅长孙元良）副旅长，[5]1931年12月编入陆军第五军（军长张治中）序列，率部参加"一·二八"淞沪抗日战事，仍任第八十七师（师长王敬久）第二六一旅（旅长宋希濂）副旅长，[6]战后任陆军第八十七师（师长王敬久）上校师附。[7]1932年12月任陆军补充第一旅（旅长王耀武）第一团团长，[8]1933年10月任陆军补充第一旅副旅长，[9]1935年6月25日因病辞副旅长职。[10]1936年12月入陆军大学特别班第三期学习，1938年10月毕业。抗日战争全面爆发后，任陆军第七十四军（军长俞济时）第五十一师（师长王耀武）第一五一旅（旅长周志道）第三〇一团团长，[11]率部参加淞沪会战、南京保卫战诸役。

---

[1]　全国政协文史资料委员会：中国文史出版社2000年1月版《文史资料选辑》合订本第32卷第93辑第4—5页记载。

[2]　《军事委员会公报》1928年5月版第5期记载。

[3]　黄埔同学会1928年8月刊《会务月报》杂志8月15日版第13、17、18页记载。

[4]　国民政府文官处印铸局印行：台湾成文出版社有限公司1972年8月出版《国民政府公报》（第25册）1929年3月13日第114号颁令第2页记载。

[5]　南京中央陆军军官学校校本部1934年6月编纂印行《中央陆军军官学校史稿》第八编封页七照片记载。

[6]　《国民政府公报》1932年1月11日国民政府军政部令。

[7]　国民政府1932年2月版《军政公报》第2号记载。

[8]　1933年12月14日国民政府军政部令《军政公报》第12号本记载。

[9]　1935年2月22日国民政府军政部令《军政公报》1935年3月15日版第199号第23页记载。

[10]　1935年6月25日国民政府军政部令《军政公报》1935年8月15日版第209号记载。

[11]　泰安市政协文史资料委员会：山东人民出版社1991年版《泰安文史资料》第5辑第24页记载。

刘显簧

刘显簧照片

刘显簧（1904—？），别字显黄，湖南耒阳人。广州大本营军政部陆军讲武学校肄业。1923年12月南下广东，考入广州大元帅府大本营军政部（部长程潜）陆军讲武学校学习，1924年秋该校并入黄埔军校，1924年11月编入陆军军官学校第一期第六队学习，1925年2月肄业。后服务军界。1926年7月任国民革命军第二军政治部宣传科科长。

刘柏心

刘柏心（1902—? ），别号人俊，原载籍贯湖南宝庆，[1]另载湖南邵阳人。湖南省立工业专门学校肄业，南京中央陆军军官学校高等教育班第一期毕业，中央军官训练团第一期结业，陆军大学乙级将官班第三期毕业，中央训练团将官班结业。1923年12月南下广东，入广州大元帅府大本营军政部（部长程潜）陆军讲武学校学习，1924年秋该校并入黄埔军校，1924年10月编入陆军军官学校第一期第六队学习，1925年2月肄业。随部参加东征作战及北伐战争，历任国民革命军陆军步兵团排长、连长、营长、副团长等职。1931年奉派入南京中央陆军军官学校高等教育班学习，1932年毕业。1934年5月21日任中央陆军军官学校洛阳分校学员总队中校大队长。1935年5月21日颁令叙任陆军步兵中校。[2]抗日战争全面爆发后，任陆军第一八五师（师长方天）步兵第一〇九二团团长，率部参加淞沪会战，后任高级参谋。1938年5月奉命入中央军官训练团第一期第二大队第五中队受训，1938年7月结业。1938年7月9日颁令晋任陆军步兵上校。[3]返回原部队任原职。抗日战争中后期，任警备司令部副司令官。抗日战争胜利后，任军事委员会国军复员委员会第十八军官总队副总队长。1946年1月入中央训练团将官班受训，登记为少将学员，1946年3月结业。1946年12月3日参加赴南京任职、公干

---

[1]　湖南省档案馆校编湖南人民出版社1989年7月《黄埔军校同学录》记载。

[2]　国民政府文官处印铸局印行：台湾成文出版社有限公司1972年8月出版《国民政府公报》第93册1935年5月22日第1747号颁令第1页记载。

[3]　国民政府文官处印铸局印行：台湾成文出版社有限公司1972年8月出版《国民政府公报》第134册1938年7月13日渝字第65号颁令第1页记载。

的81名黄埔一期生在中央训练团聚餐并于办公大楼前合影。[1]1947年2月入陆军大学乙级将官班第三期学习，1948年4月毕业，任陆军总司令部部附。

---

[1] 容鉴光编著：列入台北出版品预行编目资料，台北博煜企业有限公司2003年6月16日第一版印行《黄埔军校一期研究总成》第278页辑录。

刘柏芳

刘柏芳（1902—? ），别字伯芳，湖北鄂城县华镇人。[1]1924年6月考入陆军军官学校第一期第四队学习，1924年11月毕业[2]。后服务军界，1926年12月任湖北省党部临时整理委员会委员。

---

[1] 陆军军官学校编辑、台北文海出版社有限公司印行：近代中国史料丛刊三编第五十七辑《陆军军官学校第四队学生详细调查表》缺载。

[2] 湖南省档案馆校编、湖南人民出版社1989年7月《黄埔军校同学录》第11页第一期第四队名单记载。

刘基宋

刘基宋照片

刘基宋（1903—?），别字季文，湖南桂阳人。广州大本营军政部陆军讲武学校肄业。1923年冬到广州，考入广州大本营军政部陆军讲武学校学习。1924年秋该校并入黄埔军校，1924年11月编入陆军军官学校第一期第六队学习，1925年2月肄业。随军参加东征和北伐战争。1929年秋参与邓演达组织的"第三党"活动，加入"黄埔革命同学会"并秘密联络与策动黄埔学生，1930年春任"黄埔革命同学会"武汉分会负责人。1931年11月邓演达被捕遇害后，其与韩浚、陈烈、黄雍、俞墉、刘明夏等黄埔一期生获最高当局宽恕，后入黄埔同学会登记自新，被委派南京中央陆军军官学校高级班学习，后从事军队党务与政治训练事宜。抗日战争全面爆发后，任陆军第八十师司令部政治训练处主任。抗日战争胜利后，1946年1月入中央训练团受训，1946年3月结业。1948年1月颁令叙任陆军步兵上校，同时办理退役。

刘梓馨

刘梓馨（1901—? ），别号傅巍，别字梓仁，湖南湘潭人。长沙第二初级中学、湖南长沙私立明德中学毕业，广州大本营军政部陆军讲武学校肄业。1923年夏刚于长沙私立明德中学毕业，即闻知黄埔军校招生信息，毅然约定与姨表弟王梦和李默庵三人结伴，到长沙育才中学报考。初试录取后，三人即乘火车由长沙到汉口转赴上海，再搭海船抵达广州。在长沙与其三人同时录取的同学还有：宋希濂、潘佑强、彭杰如、文志文、袁策夷、胡琪三、陈赓、

刘梓馨照片

何章杰、萧赞育等。[1]1923年冬到达广州，才知道考取的是广州大本营军政部陆军讲武学校，而不是黄埔军校，无奈遂先行入校学习，被编入大本营军政部陆军讲武学校第一队第三区队。其在学期间，黄埔军校在广州广东大学公开招生，陆军讲武学校少数同学如邓文仪、宋希濂、潘佑强、文志文、陈赓等人，悄悄离校前往报考，结果被录取，其因担忧难以考取未去。1924年8月陆军讲武学校第三、第四两队（仅学习半年）宣布毕业，多数同学分配到粤北马坝"攻鄂军"第一、第二、第三旅中充当排长、连长，仍有少数同学毕业后无法安置。留校续学的第一、第二队同学对第三、第四队毕业同学安排感到失望，因此更加羡慕黄埔军校，一时议论纷纷。于是第二队同学张伯黄在同学间进行"串联"，两队同学利用夜间自习时间聚集开大会议决，达成呈请合并到黄埔军校的主张，当场推选

---

[1] 湖北人民出版社《湖北文史资料选辑》刘梓馨撰写的《广东讲武学校第一、二队并入黄埔军校第一期第六队经过》记载。

其与张伯黄、陈明仁、胡焕文、杨润身、文起代、胡琪三等十二人为代表，当晚秘密逃离位于广州市郊北较场的陆军讲武学校，住入广州市内的华宁里客栈，次日一同到黄埔军校党代表廖仲恺家中，适逢廖外出，由其夫人何香凝接见，表示愿向廖先生转达学生们的"合并要求"。随后再由胡焕文、文起代两人去找苏联顾问鲍罗廷的翻译卜世奇（湖南益阳人，为胡、文二人同乡），请他代为要求鲍罗廷顾问给予支持。过一日，其与十一名同学直接到广州长堤黄埔军校办事处，要求允许到长洲岛黄埔军校面见蒋校长，得同意后即乘"南洋号"小客轮到达黄埔，由校总值日官钱大钧代表蒋介石接见，陈明仁代表同学们说明"大家要求并校的理由"，钱大钧当即表示代向蒋校长转达，并命学生代表回广州听候消息。不久黄埔军校派教官王俊到广州，将陆军讲武学校第一、第二队全体学生接到黄埔，实现了于1924年10月该校并入黄埔军校。1924年11月编入陆军军官学校第一期第六队学习，1925年2月肄业。先任黄埔军校第三期入伍生总队习见、副排长，后任黄埔中央军事政治学校第四期入伍生总队排长，1926年7月任国民革命军第一军第二师步兵团连长，团政治指导员，随部参加北伐战争。1926年12月任中央军事政治学校武汉分校第六期政治大队第三队队长，[1]1927年4月改任武汉中央军事政治学校政治大队第一队队长。[2]1928年5月2日任国民革命军总司令部第一补充团少校团附。[3]1928年12月任南京中央陆军军官学校第一总队步兵第一大队第一中队队长、大队长。1930年春任军事委员会委员长侍从室上校参谋。1930年10月任陆军第四十五师（师长卫立煌）第一三五旅第二七〇团团长，率部驻防安徽涡阳。1937年1月6日颁令叙任陆军步兵中校。[4]抗日战争胜利后，1946年1月奉派入中央训练团受训。1946年12月3日参加赴南京任职、公干的81名黄埔一期生在中央训练团聚餐并于办公大楼前合影。[5]1949年1月任湖南第一兵团司令部

[1] 张光宇著：湖北人民出版社1987年10月《武汉中央军事政治学校》第28页记载。

[2] 武汉《革命生活》1927年4月26日公布。

[3] 全国图书馆文献缩微复制中心2009年10月影印发行《国民革命军总司令部公报》第二册1928年5月第五期第60页记载。

[4] 《中央日报》1937年1月7日记载。

[5] 容鉴光编著：列入台北出版品预行编目资料，台北博煜企业有限公司2003年6月16日第一版印行《黄埔军校一期研究总成》第278页辑录。

高级参谋，1949年8月3日随部参加湖南和平起义。中华人民共和国成立后，任湖北省人民政府参事室研究员等。著有《广东讲武学校第一、二队并入黄埔军校第一期第六队经过》（载于湖北人民出版社《湖北文史资料选辑》）等。

刘鸿勋

刘鸿勋照片

刘鸿勋（1898—1940），别号子勤，陕西城固人。自填登记通信处为陕西城固县城内正街石牌楼上坐东向西第二家（刘宅）。父营商，家境富裕。自填入学前履历：民国七年（1918年）高小毕业，八年（1919年）赴武昌住文宇中学，十一年（1922年）因父故返里，十二年（1923年）赴上海住化学工业（专门）学校。1918年县立高级小学毕业，1919年赴武昌文宇中学学习，1923年转入上海化学工业专门学校肄业。1924年被国民党陕西省党部筹备处保送入黄埔军校，另载由于右任介绍投考，[1]1924年5月15日由蒋介石介绍加入中国国民党。1924年6月考入陆军军官学校第一期第四队学习，1924年11月毕业。历任军校教导第二团见习、排长，党军第一旅步兵连连长，参加对广州商团事变军事行动、对滇桂军阀杨希闵部、刘震寰部的军事行动，以及两次东征作战。1926年7月北伐战争开始后，任国民革命军第一军第二师步兵营副营长、营长，随部参加闽浙苏等省北伐战事。1927年7月任国民革命军总司令部补充第四团上校团长，1927年8月率部参加龙潭战役，在激战中负重伤。1932年5月13日奉派入南京中央陆军军官学校军官教育总队受训，1932年7月10日结训。[2]1932年10月任中央教导第一师补充旅旅长，陆军第一师（师长胡宗南）司令部游击总指挥部总

---

[1] 陆军军官学校编辑、台北文海出版社有限公司印行：近代中国史料丛刊三编第五十七辑《陆军军官学校第四队学生详细调查表》记载。

[2] 《中央日报》1932年5月13日、5月14日连续刊登"中央军校军官教育总队启事（一）"记载。

指挥，率部参加对鄂豫皖边区红军及根据地的"围剿"战事，继率部参与追击红四方面军长征的作战。抗日战争全面爆发后，任西北绥靖主任公署（主任蒋鼎文）汉中警备司令部司令官，第三十四集团军（总司令胡宗南）第一九六师副师长，军事委员会西北战时干部训练团第四团第六学员总队队长。曾率部在陕西潼关、河南灵宝等地与日军作战。1940年春因病在西安逝世。[1]

---

[1] 陕西省黄埔军校同学会编纂、穆西彦主编：陕西人民出版社 1991 年 6 月《陕西黄埔名人》第 23 页记载。

刘焦元

刘焦元照片

　　刘焦元（1902—1965），又名蕉元，广东大埔人。大埔县立高等小学、汕头迴澜初级中学毕业，广州河南宏英英文学院肄业，庐山中央训练团党政干部训练班第四期毕业。自填登记处为广东大埔县，通信处为广州河南宝岗裕栈烟店。祖辈务农，家境贫寒。1919年大埔县立高等小学毕业，1923年汕头迴澜初级中学毕业，同年秋入广州河南宏英英文学院肄业。1924年春由邹鲁（国民党第一届中央执行委员兼青年部部长，前广东高等师范学校校长，广东省省长公署财政厅厅长）推荐投考黄埔军校，与范汉杰一同到广州，1924年5月15日经萧宜林（时任国民党区分部筹备员）介绍加入中国国民党，1924年6月考入陆军军官学校第一期第一队。1924年秋随队往韶州大本营担任孙中山警卫工作，不久返回广州，1924年11月毕业。随部参加平定广州商团事变军事行动和两次东征作战，历任入伍生队见习，教导第二团排长，国民革命军连长、营长，福建省保安第二团团长。抗日战争全面爆发后，任福建省保安第二旅旅长，国民政府军政部视察官。1945年4月被国民政府军事委员会铨叙厅颁令叙任陆军步兵上校。抗日战争胜利后，1947年11月18日颁令叙任陆军少将，同时办理退役。1949年秋移居香港营商，1965年春因病逝世。

刘铸军

刘铸军照片

刘铸军（1908—1962），别号又军，广东兴宁县径心圩人。兴宁县立中学、广东西江陆海军讲武学堂肄业，陆军大学乙级将官班第二期毕业，中央军官训练团将官班结业。自填家庭主要成员：父耀堃，母何氏，兄弟各一人，入黄埔军校前已婚，妻陈氏。[1]自填登记处为广东兴宁县径心圩，通信处为汕头至安街大中公司转或梅县南口圩万通号转交。自填入学前履历：中学肄业，西江陆海军讲武堂肄业。1908年1月22日生于兴宁县径心圩一个乡绅家庭。1923年考入广东西江陆海军讲武学堂（堂长戴戟）学习，1924年春由戴戟（前粤军第一师第四团团附、团长，广东肇庆西江陆海军讲武堂堂长）举荐投考黄埔学校，1924年5月由吕梦熊（驻粤湘军总司令部参谋，黄埔军校第一期第一队队长，前湘军第三混成旅步兵团营长，西江陆海军讲武学堂学员队区队长）介绍加入中国国民党。1924年6月考入陆军军官学校第一期第一队学习，1924年11月毕业。历任陆军军官学校第三期学员大队区队附，1925年3月任东征军政治部宣传员，随军参加第一次东征作战。1925年6月任广东大学救国会学生军第二区队区队长，1925年12月任广东大学军事训练部（主任姚雨平）少校军事训练教官。1926年春任中央军事政治学校（第四期）教导第二团连附、营党代表，1926年12月任国民革命军第一军第二十二师第六十六团第一营营长，第九师第二十六团团

[1] 陆军军官学校编辑、台北文海出版社有限公司印行：近代中国史料丛刊三编第五十七辑《陆军军官学校第一队学员详细调查表》记载。

附，随军参加北伐战争。1928年10月任缩编后的陆军第三师补充团第一营营长，1930年8月任陆军第九师（师长蒋鼎文）第二十五旅（旅长陈沛）第四十九团团长，1932年2月3日因病辞职。抗日战争全面爆发后，任中央训练团党政编余人员训练班副主任，后任第三十四集团军第一军野战补充训练师师长，率部驻防陕西。1941年11月任第十一集团军总司令部参谋长，1944年1月任昆明行营第十一集团军（总司令宋希濂）第七十一军（军长钟彬）新编第二十八师师长，率部参加云南龙陵之役，在指挥所部反击日军一个师团，战后受到嘉奖。1945年2月19日颁令叙任陆军步兵上校。1945年5月25日获颁四等云麾勋章。1945年6月任暂编第五军（军长李汉章）副军长。抗日战争胜利后，1946年1月奉派入中央训练团将官班受训，登记为少将学员，1946年3月结业。1946年春入陆军大学乙级将官班第二期学习，1947年4月毕业。1948年1月任联合后方勤务总司令部参谋长，1948年5月任国防部少将附员。1949年秋移居澳门，1962年10月因病逝世。

刘楚杰

刘楚杰（1903—?），湖南长沙人。长沙县立初级中学毕业，广州大本营军政部陆军讲武学校肄业。1923年冬到广州，考入广州大本营军政部陆军讲武学校学习，1924年秋该校并入黄埔军校，1924年11月编入陆军军官学校第一期第六队学习，1925年2月肄业。后留校任第三期入伍生总队中尉区队长，其间加入中国共产党，随部参加两次东征战事。1926年2月被任命为中央宣传部政治训练班学员大队大队长，[1]奉命主持设立于广州惠爱东路中央党部内为班

刘楚杰照片

址的三百多名学员的训练与学习，任职三个月后调离。1926年7月参加北伐战争，任武汉中央军事政治学校学员总队区队长。1927年4月任国民革命军第二方面军第十一军司令部军官教导队连长。1927年8月随部参加南昌起义，后随起义军南下，潮汕失利后转至香港。1927年12月参加广州起义，任总指挥部参谋，工人赤卫队第一联队联队长，[2]率队配合教导团攻打市公安局，在战斗中负伤，后前往香港养伤，痊愈后派返内地开展工作，后不知所踪。

---

[1]　湖南人民出版社《湖南文史资料选辑》刊载湖南省政协文史资料研究委员会办公室根据有关来稿综合整理的《广州政治讲习班始末》。

[2]　①刘楚杰关于广州起义情形致朱斌兄信，中共党史资料出版社1988年5月《广州起义》第205页记载；②姚仁隽编：长征出版社1987年7月《南昌、秋收、广州起义人名录》第55页记载。

刘嘉树

刘嘉树照片

刘嘉树（1903—1972），别字智山，湖南益阳人。广州大本营军政部陆军讲武学校肄业，南京中央陆军军官学校高等教育班第三期、陆军大学特别班第二期毕业。1923年冬到广州，考入大本营军政部陆军讲武学校学习，1924年11月并入黄埔军校，1924年11月编入陆军军官学校第一期第六队学习，1925年2月肄业。历任黄埔军校入伍生队区队附，随部参加第一次东征作战。1925年10月任广州国民政府军事委员会宪兵训练所第二大队大队长。1926年7月随部参加北伐战争诸役，历任国民革命军第一军第二师步兵团连长、营长。1929年10月部队编遣后，任缩编后的陆军第五十二师（师长韩德勤）第一五四旅（旅长张忠频）步兵第三〇七团团长，率部参加中央军对冯（玉祥）阎（锡山）反蒋（中正）集团的中原大战。1930年，夏任军事委员会南昌行营"围剿"军第四军团（总指挥蒋鼎文）第五十二师（师长韩德勤）第一五五旅（旅长孙常钧）步兵第三一一团团长，率部参加对江西红军及根据地的"围剿"战事，1930年9月15日在江西吉安方石岭与红军作战全军覆没，其被红军俘虏后，黄埔一期同学左权、刘畴西和萧克等人曾劝说其参加红军，其因归家心切与怕吃苦受累等缘由没有应允，后被红军释放遣返。1932年春返回南昌行营报到，任军事委员会南昌行营参谋处参谋，1933年任重组后的第五十二师（师长李明）第一五五旅旅长，率部续对江西红军及根据地的"围剿"作战，该师在黄陂战役中再次被红军重创。战后该师编制被裁撤，其也被免职，后任陆军第二十二师第四十六旅旅长。1934年9月入陆军大学特别班第二期学习，1936年在陆军大学特别班第二期学习时由同期同学成刚介绍加入中华民族复兴社，1937年8月毕业。1937年2月22日颁令叙任陆军步兵上校。[1]抗日战争全面爆发后，率部参加淞沪会战。1937年10月22日国民政府颁令任命为陆军第十师司令部参谋长。[2]1938年4月6日国民政府颁令给予青天白日勋章。[3]1938年7月任陆军第三十三军团司令部参谋长。1938年11月14日颁令晋任陆军少将。[4]1938年12月底，起任第九战区第二十集团军（总司令商震）第五军（军长先后由霍揆彰、杜聿明代）副军长。1939年兼任军事委员会南岳游击干部训练班教务处副处长，1940年1月初任湘鄂赣边区挺进军总指挥部游击干部训练班副教育长兼办公厅主任。1940年11月发表为陆军第五军副军长，未及上任。1942年4月接刘秉哲兼任陆军第二十五军（军长唐云山）第五十二师师长。1942年10月任第三战区第三十二集团军（总司令李默庵）第八十八军（军长何绍周）副军长、代军长，1943年1月30日接何绍周任第八十八军军长，统辖陆军第七十九师（师长段茂霖）、新编第二十一师（师长罗君彤）等部，率部参加第二次长沙会战及1944年年底湖南战场对日军之闽浙追击作战。1945年一度任第三十四集团军代理总司令。抗日战争胜利后，1945年10月1日发表任陆军总司令部徐州指挥部（主任顾祝同）第一绥靖区司令部副司令官。1945年12月任第三十二集团军副总司令，1946年1月任军政部第七军官总队总队长。1946年12月3日参加赴南京任职、公干的81名黄埔一期生在中央训练团聚餐并于办公大楼前合影。[5]任中央训练团（教育长黄杰）第二总队总队长。1947年10月任第一绥靖区司令部副司令官，1948年9月任长沙绥靖主任公署参谋长。1948年9月22日颁令叙任陆军中将。1949年4月任湘西绥靖区司令部司令官，1949年

---

[1] 国民政府文官处印铸局印行：台湾成文出版社有限公司1972年8月出版《国民政府公报》第120册1937年2月24日第2287号颁令第1页记载。

[2] 国民政府文官处印铸局印行：台湾成文出版社有限公司1972年8月出版《国民政府公报》第130册1937年10月23日第2491号颁令第1页记载。

[3] 国民政府文官处印铸局印行：台湾成文出版社有限公司1972年8月出版《国民政府公报》第132册1938年4月9日渝字第38号颁令第3页记载。

[4] 国民政府文官处印铸局印行：台湾成文出版社有限公司1972年8月出版《国民政府公报》第137册1938年11月16日渝字第101号颁令第1页记载。

[5] 容鉴光编著：列入台北出版品预行编目资料，台北博煜企业有限公司2003年6月16日第一版印行《黄埔军校一期研究总成》第278页辑录。

6月任第十七兵团司令官，统辖陆军第一〇〇军（军长杜鼎）、第一〇三军（军长王中柱）等部。1949年8月反对湖南和平起义，后率部脱离起义部队。1949年8月黄杰受命重组湖南省政府和第一兵团时，任其为湘西绥靖区司令部司令官，后接侯镜如任第十七兵团司令部司令官，率部继续在湘桂边区与人民解放军作战。1950年2月6日在广西平而关被人民解放军俘虏，关押于抚顺战犯管理所学习与改造。1972年3月3日因脑出血在抚顺战犯管理所病逝。1994年2月其在台湾的儿子刘逸闽到抚顺战犯管理所，领取父亲的骨灰带回台湾安葬。著有《第五十二师方石岭被歼》（1961年秋口述并由陈林达记录整理，载于中国文史出版社《文史资料存稿选编——十年内战》）、《中华复兴社的内幕》（1961年10月由康泽整理成稿，其署名与康泽、胡临聪等十一人合著，载中国文史出版社《文史资料存稿选编——特务组织》上册）等。中国文史出版社《文史资料存稿选编——军政人物》上册载有《刘嘉树在第六军官总队》（徐毅著）等。

刘慕德

刘慕德（1903—1933），陕西临潼县新丰镇东南乡汉蔚堡人。临潼县立高级小学校毕业。农民家庭出身。自填登记通信处为陕西临潼县新丰镇东南乡汉蔚堡救世堂。自填入学前履历：投军充陕西陆军第一师补充第三团团副护兵之职。后加入陕西陆军，充任第一师补充三团团副护兵职。1924年春经于右任举荐投考黄埔军校，1924年6月考入陆军军官学校第一期第一队学习，入校后再经于右任介绍加入中国国民党。1924年11月毕业。后随部参加了两次东

刘慕德照片

征作战与北伐战争，历任国民革命军陆军步兵团排长、连长、营长、团长。1931年1月11日经审查呈请社长（蒋介石）批准为"励志社"第九届新社员。[1]1933年10月率部参加对陕北红军与根据地的"围剿"战事，在作战时中弹阵亡。[2]

---

[1] 《中央日报》1931年1月12日、1月13日连续刊登"励志社社员管理科通告"记载。

[2] 台北《黄埔建国文集》编纂委员会编纂：台北实践出版社1985年6月16日印行《黄埔军魂》第588页"戡乱战役殉国英雄姓名表"第一期记载。

刘静山

刘静山（1903—? ），别字逢良，湖南益阳人。益阳县立高等小学堂肄业。1923年冬到广州，入广州大本营军政部陆军讲武学校学习。1924年秋该校并入黄埔军校，1924年11月编入陆军军官学校第一期第六队学习，1925年2月肄业。历任陆军军官学校第二期步兵科第二队区队长，第三期入伍生队上尉区队长。1926年7月任国民革命军第一军第二师步兵团连长，随部参加北伐战争。1927年10月任第一军第二十二师新编第二旅营长、团附。一说1929年10月10日病故。[1]1933年12月21日接马志超任陆军第八十师（师长陈明仁）第二三九旅第四七七团团长。[2]后调任陆军第十师第四七六团团长，1934年4月10日接陈平裘任陆军十师司令部参谋长，[3]1934年11月2日免第八十师司令部参谋长职。[4]1935年春任训练总监部国民军训教官训练班（班主任潘佑强兼）第四期学员队上校队长[5]等职。

[1] 陈予欢编著：广州出版社1998年9月《黄埔军校将帅录》第316页记载。

[2] ①1933年12月21日国民政府令；②1933年12月23日《中央日报》第一版记载。

[3] 1934年4月30日版《军政旬报》第19、20期合刊"南昌行营任免周报表"（民国二十三年4月15日起，至4月30日止）第5、6页记载。

[4] 《军政公报》1935年2月版增刊军政部令第2号记载。

[5] 全国政协文史资料委员会编纂：中国文史出版社2002年版《文史资料存稿选编——军事机构》下册《国民军训与复兴社》（葛明达著）记载。

刘镇国

刘镇国（1903—1986），别号松轩，原载籍贯湖南宝庆，[1]另载湖南邵东人。长沙私立雅礼中学、广州大本营军政部陆军讲武学校肄业，庐山中央训练团暑期兵役班结业。1903年12月5日生于邵东县一个耕读家庭。1923年夏从长沙雅礼中学肄业后，1923年夏到广州，考入广州大本营军政部陆军讲武学校学习。1924年秋该校并入黄埔军校，1924年11月编入陆军军官学校第一期第六队学习，1925年2月肄业。派任东征军教导第二团第三营第七连见习、

刘镇国照片

排长，随部参加棉湖战役。1925年6月随部参加对滇桂军阀杨希闵部、刘震寰部军事行动。1925年7月教导团整编入国民革命军第一军，任第二师第五团第一营第二连连长。1925年8月调任国民革命军第六军（军长程潜）第十九师第五十六团第一营营长，1925年10月随部参加第二次东征战事。1926年7月随部参加北伐江西战事，1926年9月任国民革命军第九军（军长顾祝同）第二十一师第六十二团第一营营长，随军北伐进驻蚌埠和临淮关，率第一营苦战并占据女窝山制高点。1927年8月任国民革命军第一军第二十师第六十二团团长，攻占济南后因日军干扰撤回杭州，调任国民革命军总司令部侍从副官。1928年2月第二期北伐攻克徐州战役中负重伤，返回原籍乡间养伤病。1928年7月任国民革命军编遣委员会第三编遣分区点验官，负责点验湖南部队，视察西北军政民情。1928年11月奉命随蒋介石校阅陆军第九师（师长蒋鼎文），任校阅委员会（委员刘秉粹）经理

---

[1] 湖南省档案馆校编、湖南人民出版社1989年7月《黄埔军校同学录》记载。

组（组长李国干）副组长，参与校阅该师直属部队。[1]1934年3月奉派入军政部兵役署兵役干部训练班受训，1934年12月任湖北江陵团管区司令部司令官。1936年4月调任江西赣州团管区司令部司令官，与赣州专员蒋经国共事相处不睦。抗日战争全面爆发后，1937年9月调任贵州镇（远）独（山）师管区司令部副司令官，直至抗战胜利。1939年2月11日颁令叙任陆军步兵上校。[2]抗日战争胜利后，因贵州师管区改编，暂任国防部部员，后任贵州黔东师管区司令部副司令官。1948年8月黔东师管区奉令裁撤，续为国防部部员，再奉派贵州绥靖主任公署服务，1949年10月任贵州绥靖主任公署第二绥靖区指挥部副主任。1949年11月23日率陆军第三二八师、第八编练处和遵义闲散部队在遵义起义。中华人民共和国成立后，所部在中国人民解放军遵义军分区受训改编，1950年8月起，参加遵义工会组织的运输队拉车劳动。1951年5月被捕入狱，后以"反革命罪"判处有期徒刑七年，关押劳改与学习。1958年5月刑满释放，安排在遵义市文具厂劳动就业。1962年被勒令回家，在遵义市北大一路居家六年。"文化大革命"中受到冲击与迫害，1968年12月被下放回原籍湖南邵东两市塘城东大队车田生产队，此后迁至城步县第一中学随儿子居住。1980年经中共城步县委统战部外调复查，重新确认其起义投诚人员身份。1983年12月中国人民解放军遵义军分区政治部补发了起义投诚人员证明书，遵义市人民法院撤销原判，宣告无罪。1984年2月任湖南省人民政府参事室参事，1986年3月因病在湖南城步县逝世。其子刘汉曾任城步县立第一中学校长、城步县人大常委会副主任，并撰写《刘镇国生平传记》（笔者收藏）。

---

[1] 上海《民国日报》1928年11月16日"蒋主席在海州校阅"一文记载。

[2] 国民政府文官处印铸局印行：台湾成文出版社有限公司1972年8月出版《国民政府公报》第138册1939年2月15日渝字第127号颁令第1页记载。

印贞中

印贞中（1898—1937），别字平庄，别号丙乙，浙江浦江人。浦江县立高等小学毕业，浙江省立第九中学肄业，浙江陆军干部学校将校科结业。家境贫穷，务农出身。自填登记处为浙江浦江县古塘，通信处为浦江黄宅市转交古塘。自填入学前履历：浙军第八团下士调充第一团，民国七年（1918年）升充援闽浙军第一师司令部上士，八年（1919年）充援闽浙军前敌司令部传递所所长，九年（1920年）充援闽浙军师司令部候员，十二年（1923年）充东路讨贼军游击第八支队委员。曾任浙江陆军第八团下士，调充第一团中士。1918年任援闽浙军第一师司令部上士，1919年充任援闽浙军前敌司令部传达所所长。1920年任浙军第一师司令部差遣，1923年充任广东东路讨贼军游击第八支队军事委员。1924年1月在广州浙江嘉湖会馆由陈肇英介绍加入中国国民党，1924年春由陈肇英（时任浙军第一师师长）保荐投考黄埔军校，1924年5月到广州，1924年6月考入陆军军官学校第一期第一队学习，1924年11月毕业。后任国民革命军第一师排长，宪兵第一团副连长、政治指导员，1926年7月随部参加北伐战争。1927年任黄岩、獐山、路桥、孝丰等县公安局局长，内河水上警察第七大队大队长。后入南京干部训练班毕业，任军事委员会南昌行营"围剿"军别动队南丰通信站主任。1934年任中央各军事学校毕业生调查登记处组织股股长，军事委员会委员长侍从室中校副官，中央统计局军队党务处科长、副处长。1937年2月因病逝世，1937年10月27日军事委员会颁令追赠陆军少将衔。另有一种说法他于1936年8月任陕西省政府保安处第二科科长，1936年12月12日西安事变时阵亡。1937年10月27日国民政府颁令追赠同陆军少将官阶。[1]遗属获得相应抚恤金救济。

---

[1] 国民政府文官处印铸局印行：台湾成文出版社有限公司1972年8月出版《国民政府公报》第130册1937年10月28日第2495号颁令第1页记载。

吕佐周

　　吕佐周（1901—？），江西上饶县南乡人。江西省立第十中学毕业。农家出身。自填登记处为江西上饶县南乡，通信处为上饶城内西街泰昌店转交。自填入学前履历：前充江西上饶高小学校教员一年。充任江西上饶高等学校教员一年。1924年5月16日由茅延桢（第一期学员第二队队长）、曹石泉（第一期学员第二队分队长）介绍加入中国国民党，同月由何臧（时任中央直辖第一军司令部中校副官）举荐报考黄埔军校。1924年6月考入陆军军官学校第一期第二队学习，1924年11月毕业。后随国民革命军参加北伐战争。1928年2月任浙江省水上警察局第二队（队长赵廷玉）副队长，兼任中国国民党浙江省水上警察局党部第二区部小组副组长。[1]1930年11月29日奉南京中央陆军军官学校校务委员会常务委员蒋介石、何应钦令补试录取入军官教育连肄业。[2]1931年3月经审查合格呈请社长（蒋介石）批准加入"励志社"。[3]1937年1月6日颁令叙任陆军步兵中校。[4]抗日战争全面爆发后，历任国民革命军陆军步兵旅团长、副旅长。1943年1月颁令叙任陆军步兵上校。

---

[1]　上海《民国日报》1928年3月2日"浙江党务"栏"浙江省内河水上警察局组织小组已于前日成立"记载。

[2]　南京中央陆军军官学校编印：《黄埔月刊》第一卷第7号"本校概况——法令"第4页记载。

[3]　《励志旬报》1931年3月20日出版第1卷第2期"第十届新社员批准509名"一文记载。

[4]　《中央日报》1937年1月7日记载。

吕昭仁

　　吕昭仁（1901—1927），广西陆川县官田人。陆川县立高等小学校毕业，广西陆川中学肄业，陆川县立初级师范学校毕业。家世务农，入可敷出。自填登记处为广西陆川县官田，通信处为陆川南街南昌（号）转交。自填入学前履历：中学肄业三年。县立高等小学校毕业，陆川中学肄业三年，县立初级师范学校毕业。1924年春由黄绍竑（时任定桂军第一路总指挥部总指挥，孙中山指派中央直辖西路讨贼军第五师师长，广西善后督办会办，广西全省绥靖处督办公署会办兼第二军军长）推荐投考黄埔军校，同年5月到广州，1924年5月15日由茅延桢、曹石泉介绍加入中国国民党。1924年6月考入陆军军官学校第一期第二队学习，1924年11月毕业。后任军校入伍生队见习，黄埔中央军事政治学校第五期校本部办公厅少校服务员。1926年7月随部参加北伐战争，任国民革命军北伐东路军第二师连长、营长，中央教导师副团长。1927年8月在龙潭战役中阵亡。[1]

---

　　[1]　陈予欢编著：广州出版社1998年9月《黄埔军校将帅录》第389页记载。

孙一中

孙一中照片

孙一中（1904—1932），原名以憕，[1]又名一中，后改名德清，安徽寿县东津九里村人。寿县南关高等小学毕业，寿县县立初级中学肄业。上海中共中央军委军事干部训练班结业。父从农业，有田数十亩。早年私塾启蒙。自填登记处为安徽寿县城内南关外八里铺，通信处为本县南关外和合粮栈及合丰粮栈转均可。自填入学前履历：曾充北伐讨贼军第二军第一师一营书记。1923年南下广州到柏文蔚驻粤皖军司令部当兵。1924年3月29日经柏文蔚（时任北伐讨贼第二军军长，孙中山指派出席国民党一大安徽省代表，前安徽淮上军总司令，国民党第一届中央执行委员）、谭惟洋（国民党一大上海特别区代表，前中国国民党安徽支部长，大本营参议及北伐第二军总司令部顾问）介绍加入中国国民党，1924年5月由其二人推荐投考黄埔军校。1924年5月到广州，1924年6月考入陆军军官学校第一期第三队学习，1924年6月加入中国共产党，[2]另载1924

---

[1] ①陆军军官学校编辑、台北文海出版社有限公司印行：近代中国史料丛刊三编第五十七辑《陆军军官学校第三队学员详细调查表》第745页记载；②湖南省档案馆校编、湖南人民出版社1989年7月《黄埔军校同学录》第9页第一期第三队记载；③中国第二历史档案馆供稿，华东工学院编辑出版部影印，档案出版社1989年7月《黄埔军校史稿》第十一册《黄埔同学名册》第一期第83页记载；④广东省国家档案馆《第一期同学附录》第8页记载。

[2] 王健英著：广东人民出版社2000年1月《中国红军人物志》第239页记载。

年10月加入中国共产党，[1]1924年11月毕业。历任黄埔军校教导第一团学兵连排长、第三营第八连副连长，攻打惠州时充当敢死队队长。1926年3月"中山舰事件"时，其因身份没有暴露，继续留第一军服务。1926年7月随部参加北伐战争，任国民革命军第一军第三师第九团第三营第八连连长，国民革命军第四军叶挺独立团第一营营长，攻打武昌战斗中左肩中弹，血流如注仍坚持指挥，直至战斗结束被送进汉口中西医院医治。1926年12月中旬伤未痊愈即归队，仍回叶挺独立团第一营任营长。1927年2月任国民革命军第二方面军第十一军第二十四师（师长叶挺）第七十五团第一营营长，并负责该团中共支部。1927年5月随部参加对鄂军夏斗寅部军事行动，1927年7月随第七十五团驻马回岭。1927年"八一"前夕与聂荣臻组织第七十五团约三个营一千余人，拉出马回岭开赴南昌参加起义。南昌起义后部队扩编，任第十一军第二十四师第七十五团团长，率部参加南征，在会昌三河坝战斗中两次立大功，且再次负伤，后转赴上海养伤。痊愈后入上海中共中央军委军事干部训练班学习。1927年冬奉派潜伏国民革命军第三十三军（军长柏文蔚）从事兵运，1928年1月在安徽寿县协助创办第三十三军学兵团，并任学兵团团长兼中共特别支部书记。1928年2月至5月任中共安徽北路宣慰使署学兵团委员会书记。[2]1928年秋因故离开学兵团，转赴上海从事中共地下工作。1929年2月任中共中央军事委员会参谋，其间入中央军事干部训练班（主任周恩来）学习游击战争理论。1929年9月被中共中央军委派赴湖北洪湖根据地参加组建红六军，1930年2月指派红军第六军军长，兼任中共第六军前委委员，不久因病回上海医治。1930年7月返回公安县陡湖堤任红军第二军团（总指挥贺龙，政委周逸群）参谋长，兼任红军学校第二分校校长。1930年9月兼红二军军长，协助贺龙率军团转战湘鄂西地区，参与指挥攻克石首、监利、沔阳、潜江等县城战事。1931年3月红二军团改编为红三军，其任第三军（军长贺龙）参谋长兼第七

---

[1] ①廖盖隆主编：中共中央党校出版社2001年6月《中国共产党历史大辞典》增订本第219页记载；②盛平主编：中国国际广播出版社1991年5月《中国共产党人名大辞典1921—1991》第239页记载为1925年加入中国共产党。

[2] 中共中央组织部、中共中央党史研究室、中央档案馆编纂：中共党史出版社2000年9月印行《中国共产党组织史资料1921—1997》第二卷《土地革命战争时期1927.8—1937.7》中册第1205页记载。

师师长，参与开辟以房县为中心的鄂西北根据地，其间兼任湘鄂西军事委员会委员。1932年3月中共中央派夏曦到湘鄂西主持党政军事宜，在其推行的"左"倾错误路线下，1932年5月间因"肃反"扩大化，以"改组派"罪名与数十名红军指挥员在监利县瞿家湾周老嘴村遇害身亡。[1]1945年中共七大为其平反昭雪，追认为革命烈士。

[1] ①杨牧、袁伟良主编：河南人民出版社2005年11月《黄埔军校名人传》上册第721页记载；②中国工农红军第二方面军战史编辑委员会编审：解放军出版社1992年8月《中国工农红军第二方面军战史》第147页记载。

孙元良

孙元良（1904—2007），祖籍浙江绍兴县阳嘉垄（今嘉会镇），另载杨家垄（今齐贤镇），大陆记载为1904年3月17日出生于四川成都，台湾记载为1904年1月19日，另有记录生于1903年3月5日，寄居四川华阳。[1]国民革命军陆军二级上将孙震之侄。四川成都联合中学毕业，北京法政大学政治科、日本陆军士官学校中华学生队第二十一期野战炮兵科肄业。[2]自填入学前履历：四川成都联合中学卒业，国立北京法政大学肄业。父廷荣，母钟氏，兄弟六人排行

孙元良照片

最末。家境富裕，有庄园五十亩、良田八十亩，辛亥年间因兵变，孙家遭劫掠每况愈下。幼时私塾启蒙，十八岁时赴南京东南大学附中就读，后入国立政法大学政治科学习。因遭逢战乱年代，十九岁放弃大学学业，1924年初黄埔军校在全国各地招生，闻讯后报名投考。1924年3月经谭克敏（国民党一大北京特别区代表、前北京大学哲学系教员）、纪云夔（四川成都人，北京法政大学学生）介绍加入中国国民党，其自填记录1924年5月由李大钊（孙中山指派出席国民党一大北京特别区代表并为大会主席团成员，国民党第一届中央执行委员）、谭熙鸿（孙中山指派出席国民党一大北京特别区代表，时任国立北京大学秘书兼生物学教授，

---

[1] 郭荣生校补、沈云龙主编：近代中国史料丛刊续编第三十七辑，台北文海出版社有限公司1977年1月印行《日本陆军士官学校中华民国留学生名簿》记载。

[2] 广东省国家档案馆藏《中华民国留学生日本陆军士官学校在学（姓名）名簿》第22页记载：在学期间因故退校辍学。

国立浙江大学农学院院长）、丁惟汾（孙中山指派出席国民党一大山东省代表，国民党第一届中央执行委员，国民党北京执行部筹备委员）、石瑛（中国国民党第一届中央执行委员，前北京政府众议院议员，原国立北京大学教授）举荐投考黄埔军校。经过上海初试和广州复试两关，1924年6月入黄埔陆军军官学校第一期第三队学习，是黄埔一期生文化程度较高者之一，1925年4月参加孙文主义学会，并为骨干成员，1924年10月随部参与平定广州商团事变，在实战中得到锻炼，1924年11月毕业。后分发军校教导第二团任第一连党代表，后调任该团第三连排长，在第一次东征作战攻打淡水时负伤。战后升任第一营第一连连长，参与对滇桂军阀杨希闵部、刘震寰部军事行动。1926年7月经顾祝同、王柏龄等人推荐任警卫团团长，不久调任国民革命军第一军第一师第一团团长，率部参加北伐战争及讨伐唐生智部湘军及新桂系军事集团诸役。受刘峙等人举荐资助留学深造，1927年10月考取公费留学资格，保送日本学习军事，先入日本陆军振武学校完成预备学业，继入日本陆军联队炮兵大队实习，1928年4月考入日本陆军士官学校中华学生队第二十一期学习，1930年7月毕业。回国后任教导第一师野战炮兵营营长，陆军第二师第七团团长。1931年1月11日经审查呈请社长（蒋介石）批准为"励志社"第九届新社员。[1]后任国民政府警卫军第一师第一旅旅长。1932年"一·二八"淞沪抗战时，任陆军第五军（军长张治中）第八十七师第二五九旅旅长，率部在南翔、吴淞、闸北、庙行镇一带抗击日军。此役在当时被评为"国军第一次击败日军的战役"，战后任陆军第八十八师副师长。1933年1月17日任陆军第八十八师师长，所部装备精良，战斗力较强，配有德籍军事顾问，标榜为国民革命军"陆军模范师"。1935年4月13日颁令叙任陆军少将。1936年1月1日获颁四等宝鼎勋章。[2]1936年10月5日颁令叙任陆军中将。抗日战争全面爆发后，率部参加淞沪会战，坚守闸北阵地七十六日，留守闸北所部第五二四团，在谢晋元率领下据守四行仓库。1937年9月12日任陆军第七十二军军长，兼任第八十八师师长，率部参加南京保卫战。是役所部伤亡损失惨重，三个旅长阵亡两名（朱

---

[1] 《中央日报》1931年1月12日、1月13日连续刊登"励志社社员管理科通告"记载。

[2] 国民政府文官处印铸局印行：台湾成文出版社有限公司1972年8月出版《国民政府公报》第102册1936年1月2日第1936号颁令第13页记载。

赤、高致嵩），六个团长阵亡三名（韩宪元、李杰、华品章），另有旅司令部参谋主任赵寒星、工兵营营长王鸿烈及许明河、周鸿、黄琪、李洁、刘宏深、李强华等十一名步兵营营长牺牲，全师80%的排连长殉国，该师撤离南京时不足千人。其撤退时与部队失散，后乔装改扮难民，混迹于金陵女子大学难民营，躲藏一个多月才逃离险境。1938年3月辗转到达武汉后，被撤职查办，拘押达四十二天之久。1939年经友人资助，以"民生航业"普通职员身份，经香港赴英、法、德、意等欧洲各国游历考察。回国后赴军政部报到，获准重返军界，出任珞珈山中央训练团军政干部班副主任，第二十军团（军团长汤恩伯）副军团长。1938年8月其夫人吴懿辉因病逝世后，赴英国伦敦考察并寓居。1939年春奉蒋中正令回国，任南京中央陆军军官学校高等教育班主任。1944年春任第二十八集团军总司令部副总司令，第三十一集团军总司令部副总司令，1944年7月10日兼任陆军第二十九军军长，率部参加桂柳会战。在都匀、独山一带率部阻击日军，会合主力部队收复独山、南丹等地，使战局得以稳定，当时被传颂为著名抗日将领，后兼任陆军第四十七军军长。1945年1月30日被推选为军队各特别党部代表出席中国国民党第六次全国代表大会。抗日战争胜利后，1945年10月获颁忠勤勋章。1946年5月获颁胜利勋章。任常州镇江地区警备司令部司令官。1946年6月28日调任重庆警备司令部司令官。1946年7月16日因"在第二十九军军长任内于1943年11月独山战役击退日军有功"，获颁青天白日勋章（国民政府公报2573号）。后被孙震举荐为川军第四十一军军长，1947年奉调任第十六兵团司令部司令官。1948年9月6日兼任徐州"剿匪"总司令部前进指挥部副主任。1948年11月率第十六兵团开赴徐蚌地区，与人民解放军作战。后以兵团司令官兼任徐州"剿匪"总司令部郑州前线指挥部副主任，统辖第四十一军（军长孙元良兼任）、第四十七军（军长汪匣锋）、第九十九军（军长胡长青），另辖工兵团、重炮团、战车团等部队和一个快速纵队，总兵力达十万人。所部溃败后，其装扮成中尉副官，趁乱侥幸躲过搜查，再化装成农民逃到信阳火车站，打电话给河南省政府主席刘茂恩，请其电告蒋介石有关情况。蒋侍从室转令其速到汉口，转机抵宁，经蒋传见后，派往四川重建第十六兵团。1949年2月任川鄂绥靖主任公署副主任、代主任。1949年12月16日所部在四川宣布起义，其孤身化装逃脱，辗转香港后于1950年1月到台湾，被斥责永不录用，从此结束统军任官生涯。1956年移居日本，1959

年1月除役。后返回台湾过着隐居生活，1971年再旅居日本，为谋生计，曾自办名曰"天福园"的面食店。1975年返回台湾定居高雄，曾任台湾瑞祥针织公司董事长，1975年返回台北居住于北投区孙公馆。2004年黄埔军校建校八十周年，海内外黄埔后人争相举办纪念活动，因系唯一健在一期生为最佳"活广告"而倍受媒体追捧，但媒体行为均被其一概回绝，其认为年事已高，昔日同袍和部属都相继离世，不宜再参加热闹活动，故几乎与世隔绝。1985年"八一五"之际是其最后一次高调亮相，以亲身经历驳斥日本军国主义否认1931年后日军在华大屠杀的事实，并披露当年南京大屠杀发生时曾在妓院避难一段史实。作为历史的见证人，以81岁高龄在台湾省高雄市发表抗议书，义正词严地驳斥了日本军国主义谎言。2007年5月25日因病在台北逝世，是黄埔军校第一期最后一位辞世学员。生前行事低调力求精简，家属依照其遗嘱指示不发讣闻，只在报纸登半版广告告知亲友，骨灰则暂厝林口，等待适当时机再迁葬南京。台湾著名影星秦汉（原名孙祥钟）为其子。著有《亿万光年中的一瞬——孙元良回忆录》（1972年7月初版，台北时英出版社2008年7月再版重印），编译有《拿破仑兵法》（美军上校凡史脱尔著，长沙维新印刷公司1938年8月印行，全书50开58页）、《世界军事史》、《谢晋元与八百壮士》（载于中国文史出版社《原国民党将领抗日战争亲历记——八一三淞沪抗战》）等。为《国民革命军第五军第八十七师第二五九旅上海御日阵亡烈士传记》（该书记述阵亡烈士145人简历，陆军第二五九旅司令部1932年4月印行，全书18开52页）作序。中国文史出版社《文史资料存稿选编——军政人物》上册载有《我所知道的孙元良》（葛天著），中国文史出版社《文史资料选辑》第二十一辑载有《孙元良第十六兵团被歼记》（胡临聪著），中国文史出版社《原国民党将领的回忆——淮海战役亲历记》载有《孙元良逃经信阳的情况》（秦舞基著）、《孙元良兵团被歼经过》（熊顺义著）等。2014年春起，其长子秦汉依照父亲从军足迹走遍大江南北，为黄埔军校建校90周年和中华民族抗日战争胜利70周年纪念，弘扬黄埔精神恪尽晚辈孝悌，受到海峡两岸媒体称赞。

孙天放

孙天放（1902—1974），安徽怀远县南乡高塘镇人。[1]怀远县立高等小学堂毕业，安徽省立第二师范学校肄业，陆军大学参谋班西南班第五期毕业。家父从商农，家庭经济中等。自填登记处为安徽省怀远县，现住本县南乡高塘镇，通信处为本县城内聚丰号转交。自填入学前履历：安徽省立第一师范（学校）二年级生。怀远县立高等小学堂毕业，安徽省立第二师范学校肄业两年。1923年经管鹏（中国国民党安徽总支部筹备处处长，国民党中央执行委员会宣传委员会委员）介绍加入中国国民党。1924年再由其举荐投考黄埔军校，

孙天放照片

1924年6月考入陆军军官学校第一期第三队学习，1924年11月毕业。历任黄埔军校教导第一团第三营见习，入伍生队排长、区队长，东征军第二团连长，随部参加了两次东征及北伐战争。1925年12月任中央陆军军官学校潮州分校步兵科第一期学员队第四队队长，1926年1月加入中国共产党，1926年3月"中山舰事件"时没暴露身份。1926年6月调任国民革命军第一军第二十师第五十九团第二营营长，后随国民革命军东路军参加北伐战争。1927年4月任国民革命军第十一军第二十六师第七十七团（团长蒋先云）副团长。1927年5月率部参加河南临颍战役，是役蒋先云在战场牺牲后，其于5月代理团长。1927年7月因武汉"清

---

[1] 陆军军官学校编辑、台北文海出版社有限公司印行：近代中国史料丛刊三编第五十七辑《陆军军官学校第三队学员详细调查表》第637页记载为胡天放；据胡允恭著：人民出版社1985年《金陵丛谈》第39页《关于黄埔军校和中山舰事件》载："孙天放系冒胡允恭（天放）之名入学"。

党"而离职返乡，1928年2月潜伏国民革命军第三十三军（军长柏文蔚）从事兵运，任该军学兵团（团长孙一中）副团长，秘密进行中共地下活动，因暴动未成离开部队。1927年8月任第一集团军第四军团第四十二军第九十六师司令部参谋长，同年12月逃离部队。1928年8月任讨逆军第六路军总指挥部参谋，其间脱离中共组织关系。1929年1月任陆军新编第三旅第五团中校团附，后入杭州军官补充训练班受训。1932年1月任江苏省政府保安处上校科长，1932年12月加入中华民族复兴社，1933年10月20日江苏省政府保安处第一科上校科长，兼任中华民族复兴社江苏支社委员。[1]1933年11月任江苏省保安第六团团长。1936年10月17日颁令叙任陆军步兵中校。[2]抗日战争全面爆发后，所部奉命补入陆军第八十七师，任陆军第七十一军（军长王敬久）第八十七师（师长王敬久兼）第二六七旅副旅长，1937年10月率部参加淞沪会战。1937年12月12日率部参加南京保卫战，战后转移江南整补。1939年12月11日颁令晋任陆军步兵上校。[3]1940年8月奉派入陆军大学参谋班西南班第五期学习，1941年8月毕业。1940年10月发表任第三战区苏北游击总指挥部副总指挥，后任江苏省政府保安处参谋主任。1941年11月14日国民政府颁令：任命孙天放为江苏省政府保安处副处长。[4]后任第三战区陆军新编补充旅旅长，1944年10月任江苏省政府防空处处长。抗日战争胜利后，仍任江苏省保安司令部防空处处长。1946年1月任江苏省保安司令部中将副司令官。1947年7月7日颁令叙任陆军少将。后任江苏省保安司令部参议办理退役，不久因病返回原籍乡间寓居赋闲。1949年5月主动向中国人民解放军上海市军事管制委员会登记。中华人民共和国成立后，关押于战犯管理所。1974年12月26日在关押期间因病逝世，[5]另载1974年12月26日被执行枪决。

---

[1] 柴夫编：中国文史出版社1988年12月版《CC内幕》第170、179、182页张正非撰文《CC集团在江苏的励进社》记载。

[2] 国民政府文官处印铸局印行：台湾成文出版社有限公司1972年8月出版《国民政府公报》第115册1936年10月18日第2180号颁令第1页记载。

[3] 国民政府文官处印铸局印行：台湾成文出版社有限公司1972年8月出版《国民政府公报》第145册1939年12月13日渝字第213号颁令第1页记载。

[4] 国民政府文官处印铸局印行：台湾成文出版社有限公司1972年8月出版《国民政府公报》第164册1941年11月15日渝字第414号颁令第3页记载。

[5] 任海生编著：华文出版社1995年12月《共和国特赦战犯始末》第194页记载。

孙怀远

孙怀远（1904—？），安徽合肥县北乡青龙场人。南京英智高等小学、北京正志中学、上海安徽公学毕业，上海同济大学肄业。父从军政界，经济富裕，有田产五百亩。自填登记处为安徽合肥县北乡青龙场，通信处为上海南成都路宝松坊九〇八号。自填入学前履历：由南京英智高小毕业，入北京正志中学，后转入上海安徽公学毕业，上海同济大学肄业。1924年3月10日由柏文蔚（时任北伐讨贼第二军军长，孙中山指派出席国民党一大安徽省代表，前安

孙怀远照片

徽淮上军总司令，国民党第一届中央执行委员）、杨虎（北伐第二军第一师师长，国民党一大安徽省代表）介绍加入中国国民党。1924年5月由柏文蔚、张秋白（孙中山指派出席国民党一大安徽省代表，前北京政府参议院参议）介绍投考黄埔军校，1924年6月考入陆军军官学校第一期第四队学习，1924年11月毕业，后服务军界。1930年10月任陆军第五十六师政治训练处主任。1937年1月6日颁令叙任陆军步兵中校。[1]

---

[1] 《中央日报》1937年1月7日记载。

孙树成

孙树成照片

孙树成（1902—1931），别字健吾，江苏铜山县柳泉市青山泉圩人。江苏铜山县立小学毕业，江苏省立第十中学肄业，江苏铜山县立师范学校毕业。父有田产百亩。自填登记处为江苏徐州铜山县柳泉市青山泉圩，通信处为徐州北柳泉圩铜山县立第五小学校转交。自填入学前履历：铜山县立小学毕业，江苏省立十中肄业一年，铜山师范（学校）毕业。1923年8月经顾子扬（国民党一大江苏省代表，前徐州中学校长及铜山县教育会会长，国民党徐州支部长及江苏省临时党部执行委员）介绍加入中国国民党。1924年春由顾子扬、刘云昭（孙中山指派出席国民党一大江苏省代表，前北京政府国会众议院议员，国民党江苏省临时党部筹备委员）推荐投考黄埔军校。1924年5月到广州，1924年6月考入陆军军官学校第一期第二队学习，1924年11月毕业。分发黄埔军校第三期步兵大队区队附，军校教导第二团第六营副连长、营党代表，随部参加了两次东征作战。1926年1月任中央军事政治学校第四期学生总队步兵科第一团第二连连长，1926年3月8日任中央军事政治学校第四期军官团（团长张治中）第一营（营长刘效龙）第二连连长。1926年7月随部参加北伐战争，随部参加攻克武昌城战役。1927年5月任武汉中央军事政治学校党员志愿兵团第一营营长。[1]1927年6月随部参加对鄂军夏斗寅部军事行动，1927年7月任国民革命军第二方面军第十一军第二十四师（师长叶挺）军官教导队大队长。1927年8月参加南昌起义，任第

---

[1]　1927年5月12日武汉国民党中央政治分会第二十次会议记录。

十一军第二十四师第七十二团团长。[1]1927年10月在广东大埔三河坝战役中身负重伤，痊愈后被派赴苏联学习，1929年4月8日入莫斯科中山大学学习，学号为1272，俄文名为托克玛科夫，又译塔克马科夫。1931年在莫斯科遭遇车祸身亡。（据莫斯科苏联国家档案馆《共产国际解密文件》记载）

---

[1] 姚仁隽编：长征出版社1987年7月《南昌、秋收、广州起义人名录》第26页记载。

孙常钧

孙常钧照片

孙常钧（1896—1952），别字敬业，湖南长沙人。广东西江陆海军讲武堂、陆军大学正则班第十二期毕业，中央训练团将官班结业。自填登记处为湖南长沙县城北门外十间头第五号，通信处为长沙城司马碦育英学校。自填入学前履历：曾充湘军连排长，旋西江陆海军讲武堂肄业。自填家庭主要成员：父高捷，母胡氏，弟一人，入黄埔军校前已婚，夫人张氏，儿子孙国岩。[1] 早年加入湘军，曾任湘军第二旅排长、连长。1916年讲武堂毕业后任护

国湘军第一纵队中下级军官。1923年年初到广东，入西江陆海军讲武堂（堂长戴戟）学习。1923年11月经程潜（孙中山指派出席国民党一大湖南省代表，广州大本营军政部部长）介绍加入中国国民党，1924年春经戴戟举荐投考黄埔军校。1924年6月考入陆军军官学校第一期第二队学习，在学期间任本队第四分队分队长，1924年8月7日至17日参与训练广州第一届农民运动讲习所，1924年11月毕业。后任教导第一团侦探队队长，教导第一团第三营营长。1925年1月22日任黄埔军校教导第一团团长，[2] 是黄埔军校第一期生担任团长第一人。1926年7月任国民革命军第一军第二十一师第六十一团团长，率部参加北伐战争。1926年12月任第一军补充团团长。1927年5月1日与36名前五期同学被南京黄埔同学总会指定

---

[1]　陆军军官学校编辑、台北文海出版社有限公司印行：近代中国史料丛刊三编第五十七辑《陆军军官学校第二队学生详细调查表》记载。

[2]　中国第二历史档案馆校订：档案出版社1992年12月印行《蒋介石年谱初稿》第297页记载。

为总会预备执监委员。[1]1927年5月12日黄埔同学会在南京东南大学礼堂召开第一届执监委员选举大会，被推选为该会监察委员。[2]1927年5月任第一军第二十一师副师长，1927年10月接任国民革命军第一军第二十一师师长。1928年7月任浙江盐务缉私局局长。国民革命军编遣后，1929年3月任缩编后的第一集团军陆军独立第四旅旅长。1929年12月24日独立第四旅与新编第三旅合编为陆军第五十二师（师长叶开鑫），任步兵第一五三旅旅长，后任陆军第二十一师（师长陈诚）副师长，是最早担任旅长、师长职位的黄埔军校第一期生之一。1930年11月任陆军第五十二师（师长韩德勤、李明）第一五五旅旅长。1932年3月28日加入中华民族复兴社，并被推选为中华民族复兴社南京总社干事，兼任军务处副处长，后被推选为中华民族复兴社南京总社中央监察会监察。1932年4月任军事委员会干部训练班主任，1933年5月任陆军第四十六师司令部参谋长，1934年4月任陆军第四十六师副师长兼参谋长，率部参加对江西红军及根据地的第二、第三、第四次"围剿"战事。1933年11月考入陆军大学正则班学习，1936年2月1日颁令叙任陆军少将，1936年7月9日获颁国民革命军誓师十周年之纪勋章，是黄埔第一期生少数几名获此殊荣将领之一，1936年12月陆军大学毕业。抗日战争全面爆发后，1938年1月任国民政府参谋本部高级副官，1938年4月任军事委员会干部训练班主任，兼任中央各军事学校毕业生调查处主任。1941年9月任湖南沅永师管区司令部司令官，1943年5月任军政部第十三补充兵训练处处长，兼任湖南沅陵警备司令部司令官，辰沅师管区司令部司令官。1944年3月16日派任湖南省第八区行政督察专员，兼该区保安司令部司令官。1944年6月兼任鄂湘川黔边区"清剿"总指挥部第二"清剿"区指挥部副指挥官。抗日战争胜利后，1945年11月6日免湖南省第八区行政督察专员职。1946年1月入中央训练团将官班受训，记载为中将学员，1946年3月结业。1947年11月21日颁令叙任陆军中将。1948年11月17日任湖南省第三区行政督察专员，兼任该区保安司令部司令官。1949年4月任湖

---

[1] 上海《民国日报》1927年5月1日至8日连续刊登"黄埔同学会改组委员会特别紧要启事"记载。

[2] 上海《民国日报》1927年5月19日"黄埔同学会之新执委会"一文记载。

南第一兵团司令部高级参谋。1949年8月1日参加长沙起义。中华人民共和国成立后，1950年2月任湖南省人民政府参事室参事，[1]1952年12月因病在湖南长沙逝世。

---

[1] 湖南人民出版社《湖南省参事传略》查缺载。

庄又新

庄又新（1904—？），浙江奉化人。上海同义公
学毕业。家从商业，经济中等。自填登记处为浙江
奉化县城内，通信处为上海宝昌路宝康里六十七号。
自填入学前履历：上海中美交易所所员，上海民新
银行行员。曾充上海中美交易所职员，上海民新银
行行员。1904年5月27日生于浙江奉化县城一个商
绅家庭。1924年5月15日经蒋中正（时任粤军总司
令部参谋长兼黄埔军校校长）介绍加入中国国民党，
并由其介绍报考黄埔军校。1924年6月考入陆军军官

庄又新照片

学校第一期第四队学习，1924年11月毕业。历任国民革命军陆军步兵团连长、营
长、团长。抗日战争全面爆发后，任陆军补充兵训练分处处长、高级参谋，甘肃
天水县县长。抗日战争胜利后，1946年1月奉派入中央训练团受训，1946年3月
结业。1946年12月3日参加赴南京任职、公干的81名黄埔一期生在中央训练团聚
餐并于办公大楼前合影。[1]

---

[1] 容鉴光编著：列入台北出版品预行编目资料，台北博煜企业有限公司2003年6月16日第一
版印行《黄埔军校一期研究总成》第278页辑录。

成啸松

成啸松照片

成啸松（1903—1952），湖南湘乡县虞塘乡人。湘乡县立初级中学毕业。书香家庭出身，家境清苦。自填登记处为湖南湘乡，通信处为湘乡县虞塘邮局转交。自填入学前履历：曾充録（录）士（事）军需。曾入湘军充任军需。1924年5月经邓演达（前任广东西路讨贼军第一师第三团团长，黄埔军校入学试验委员会委员）、金佛庄（前浙江陆军第二师营长，黄埔军校第一期第三队上尉队长）介绍加入中国国民党，1924年5月由潘石坚（时任西路讨贼军第六师第二十一团营长）、谢重藩（时任驻粤湘军第四军司令部军需正）举荐报考黄埔军校。1924年6月考入陆军军官学校第一期第三队学习，1924年11月毕业。历任国民革命军排长、连长、营长，第十补充旅团长、副旅长。抗日战争全面爆发后，任陆军第二预备师司令部军法处处长，陆军步兵军司令部干部集训大队副大队长。1940年12月5日国民政府颁令任为陆军步兵上校。[1]第六战区司令长官部第二补充兵训练处处长。1945年任军政部第十七补充训练处处长。抗日战争胜利后，任驻南岳第二十七军官总队大队长。1946年10月任新编预备师师长，同年退役。

---

[1]　国民政府文官处印铸局印行：台湾成文出版社有限公司1972年8月出版《国民政府公报》第156册1940年12月7日渝字第316号颁令第1页记载。

朱然

　　朱然（1901—?　），湖南汝城县津江村人。汝城县立高等学校毕业，汝城县立初级中学肄业。家从商贩，入不敷出。自填登记处为湖南汝城县津江村塆内。自填入学前履历为高等小学毕业中学肄业。1924年5月15日由蒋中正、邓演达介绍加入中国国民党，1924年5月由徐苏中（时任中国国民党江西省筹备党部执行委员，国民党一大江西省代表，《晨钟日报》记者，国民党中央党务讨论会委员）、彭素民（国民党第一届候补中央执行委员、中央常务委员，黄埔军校入学试验委员会委员，国民党中央总务部部长、中央宣传部部长，中央农民部部长）举荐报考黄埔军校。1924年6月考入陆军军官学校第一期第三队学习，1924年11月毕业。后随军参加了两次东征作战，历任国民革命军第一军第三师步兵连排长、连长，1926年7月参加北伐战争。1928年3月17日任第九军（军长顾祝同）第二十一师（师长陈继承）补充团（团长王仲廉）中校团附。[1]1928年8月国民革命军编遣后，任缩编后的第一集团军第三师第九旅第二十七团团附。1929年1月20日被委派为第三师特别党部候补执行委员。

---

[1]　《国民革命军总司令部公报》第三期第 75 页记载。

朱一鹏

　　朱一鹏（1897—1925），别字海滨，湖南湘乡县二十都（今属双峰县杏子铺镇大塘）人。湖南湘乡县立高级小学、湘乡县初级中学毕业。父从教，家境贫穷。自填登记处为湖南湘乡县，通信处为广州高第街湘军总司令部军务处。自填入学前履历：民国十年（1921年）充湖南援鄂军总指挥部上尉副官，十二年（1923年）充明南讨贼军总司令部军务委员，十三年（1924年）改充湘军总司令部军务处处员，大本营禁烟督办署科员。1921年充湖南援鄂军总指挥部上尉副官。1923年任湖南讨贼军总司令部军务委员。1923年12月任湘军总司令部军务处处员，广州大本营禁烟督办公署科员。1924年1月经谭延闿（时任驻粤湘军总司令，国民党第一届中央执行委员，前湖南省省长及国民党湖南支部长，广州大元帅府大本营内政部部长、建设部部长及大本营秘书长）介绍加入中国国民党，1924年5月再由谭延闿保荐投考黄埔军校。1924年6月考入陆军军官学校第一期第一队学习，1924年11月毕业。分发教导第一团见习，1924年11月13日孙中山召集学生训话时间："有谁愿意去侦察叛逆者？"其第一个应声回应。孙中山对他奋勇争先的革命精神极力赞扬，"乃命驻汕头，密探详报"。其抵汕头后，多次打入粤军陈炯明、洪兆麟部，及时将情报向军校特别党部汇报。不久因事泄露被捕，在审讯中拟诱降为己用，他不为所动，1925年2月19日在广东汕头慷慨就义。[1]1925年11月第二次东征胜利后，黄埔军校将朱一鹏忠骨从汕头移葬黄埔公园烈士冢，

---

[1]　①中国第二历史档案馆供稿，华东工学院编辑出版部影印，档案出版社1989年7月《黄埔军校史稿》第八册（本校先烈）第243页第一期烈士芳名表记载1925年2月19日在广东阵亡；②台北《黄埔建国文集》编纂委员会编纂：台北实践出版社1985年6月16日印行《黄埔军魂》第573页"东征战役殉国英雄姓名表"第一期记载。

并将其名字镌刻东江阵亡将士纪念碑。1928年10月为牺牲烈士题名立碑，由军官班主任黄家濂敬书"国民革命军军官学校东江阵亡将士题名碑"列有其名，该碑拓片藏于广州市文物管理处。

朱元竹

朱元竹照片

朱元竹（1903—1928），别号涤潜，湖南醴陵人。醴陵县立高等小学毕业，广州大本营军政部陆军讲武学校肄业。1923年冬到广州，考入广州大本营军政部陆军讲武学校学习。1924年秋该校并入黄埔军校，1924年11月编入陆军军官学校第一期第六队学习，1925年2月肄业。后随部参加东征和北伐战争。历任国民革命军排长、连长、营长，国民革命军第二十一师补充团团长。1928年7月在江西赣南与中共游击队作战时中弹阵亡。[1]

---

[1] ①中国第二历史档案馆供稿，华东工学院编辑出版部影印，档案出版社1989年7月《黄埔军校史稿》第八册（本校先烈）第243页第一期烈士芳名表记载1928年8月在江西阵亡；②台北《黄埔建国文集》编纂委员会编纂：台北实践出版社1985年6月16日印行《黄埔军魂》第574页"北伐战役殉国英雄姓名表"第一期记载。

朱孝义

朱孝义（1901—1927），别号德珍，湖南汝城人。汝城县立初级师范学校毕业，广州大本营军政部陆军讲武学校肄业。1923年冬到广州，考入广州大本营军政部陆军讲武学校学习。1924年秋该校并入黄埔军校，1924年11月编入陆军军官学校第一期第六队学习，1925年2月肄业。随部参加了两次东征作战，历任国民革命军排长、连长，1926年7月随部参加北伐战争，任国民革命军第一军第二师步兵营党代表。1927年8月30日在龙潭战役作战时中弹阵亡。[1]

朱孝义照片

---

[1]　①中国第二历史档案馆供稿，华东工学院编辑出版部影印，档案出版社1989年7月《黄埔军校史稿》第八册（本校先烈）第246页第一期烈士芳名表记载1927年3月9日在江苏南京阵亡；②台北《黄埔建国文集》编纂委员会编纂：台北实践出版社1985年6月16日印行《黄埔军魂》第574页"北伐战役殉国英雄姓名表"第一期记载。

朱炳熙

朱炳熙照片

朱炳熙（1895—1952），又名毓秀，别字耀球，浙江青田县章旦乡横山村人。温州省立第四中学肄业，宁波工业专门学校毕业，中央训练团将官班结业，陆军大学特别班第八期肄业。父朱光斗，服务于浙江军界。自填登记通信处为浙江青田县人，现居温州登选坊。自填入学前履历：中学卒业后入工业专门（学校）修业二年。1924年3月由张兆辰（前浙军旅长）、凌昭（中国国民党浙江省临时党部特派员，时在国民党上海市区分部供职）保荐投考黄埔军校。1924年5月到广州，1924年6月考入陆军军官学校第一期第二队学习，1924年11月毕业。分发教导第一团见习，党军第一旅警卫连排长，随部参加了两次东征作战。1926年7月随部参加北伐战争，任国民革命军总司令部警卫团连长，宪兵第一团第一营连长，南京宪兵司令部警备大队大队长。1927年8月任国民革命军第二师第四旅第七团第一营营长，其间一度返回原籍休养，后应邀任国民革命军第十九师（师长郑炳垣）政治部主任，不久因徐州失守，陆军第十九师溃败，再于国民革命军编遣，该师裁撤免职。1930年2月任国民革命军第二师补充团团长，1930年4月陆军第二师补充团与西北军归附的第八方面军第二十三军一部合编为独立旅，任该旅第二团团长。1930年5月率部参加中原大战。1931年2月任浙江保安第四团团长，率部驻守浙江温州。后任军事委员会委员长侍从室警卫处副处长。抗日战争全面爆发后，任宪兵第六团团长，兼任浙江省内河水上警察局局长，率部参加淞沪会战。1940年至1945年出任浙江奉化县县长。抗日战争胜利后，任先遣军武装接收支队支队长、温州指挥所副指挥官。1946年1月奉派入中央训练团将官班受训，登记为少将学员，[1]1946年3月结业。1946年12月3日参加赴南京任职、公干的81名黄埔一期生在中央训练团聚餐并于办公大楼前合影。[2]1947年1月7日颁令叙任陆军少将。1947年10月奉派入陆军大学特别班第八期学习，[3]不久离校。后寓居上海赋闲，应宣铁吾保举任上海市政府民政局特派员，襄助上海民政事宜。1949年后返回浙江，隐居温州高公桥。中华人民共和国成立后，返回故乡青田县章旦乡居住，后被当地政府控告逮捕，1952年3月17日在横山村竹林处执行枪决，后葬于青田县。

---

[1] 《中央训练团将官班同学通讯录》记载。

[2] 容鉴光编著：列入台北出版品预行编目资料，台北博煜企业有限公司2003年6月16日第一版印行《黄埔军校一期研究总成》第278页辑录。

[3] 《陆军大学特别班第八期同学通讯录》无载，疑为肄业。

朱祥云

朱祥云照片

朱祥云（1900—？），陕西武功县东南乡三厂镇朱家村人。西安圣心大学拉西文哲学专科毕业，上海震旦大学肄业。家世务农，经济中等，早年信仰天主教。自填登记处为陕西武功县东南乡三厂镇朱家，通信处为陕西盩厔（今周至）县德盛魁（号）转三厂镇朱家。自填入学前履历：民国十一年（1922年）考入上海震旦大学特科，在校二年始终求学。西安圣心大学拉西文哲学专科毕业，1922年考入上海震旦大学特科二年肄业。1923年11月经于右任（中国国民党陕西组织创建人）、焦易堂（孙中山指派出席国民党一大陕西省代表，国民党陕西省临时党部执行委员）介绍加入中国国民党，1924年春由于、焦二人举荐投考黄埔军校。1924年6月考入陆军军官学校第一期第三队学习，1924年11月毕业，后服务社会。

朱继松

朱继松（1899—?），湖南湘潭人。广州大本营军政部陆军讲武学校肄业。1923年冬到广州，考入广州大本营军政部陆军讲武学校学习。1924年秋该校并入黄埔军校，1924年11月编入陆军军官学校第一期第六队学习，1925年2月肄业，后服务社会。

朱继松照片

朱鹏飞

朱鹏飞照片

朱鹏飞（1899—？），原载籍贯甘肃兰州，生于安徽当涂。当涂县本乡高级小学、当涂县立初级中学、陆军大学特别班第二期毕业。父从官商，衣食可敷。自填登记处为原籍甘肃兰州，寄居安徽太平府西大街王义和号。自填入学前履历：曾在上海纱厂充当管理员。曾任上海纱厂监工。1924年春由蒋中正、徐希三（安徽学界任教）推荐投考黄埔军校，1924年5月15日由蒋中正、王柏龄（前广州大本营高级参谋，粤军总司令部监军，黄埔军校筹备委员会委员）介绍加入中国国民党。1924年5月到广州，1924年6月考入陆军军官学校第一期第四队学习，1924年11月毕业。分发第三期入伍生团见习、排长、连指导员，随部参加了两次东征作战，1926年7月随部参加北伐战争，历任国民革命军第一军第二十师步兵团连长、营长、团长。1929年1月24日被推选为南京中央陆军军官学校特别党部常务委员。后任陆军步兵旅副旅长。1932年6月30日经审查合格呈请社长（蒋介石）批准为"励志社"第十二届新社员。[1]1934年9月奉派入陆军大学特别班第二期学习，1935年5月6日颁令叙任陆军步兵上校。[2]抗日战争全面爆发后，1937年8月陆军大学特别班第二期毕业，派任陆军步兵旅旅

---

[1] 南京励志社：1932年6月30日版《励志旬报》第2卷第8期第6—8页"社闻"栏记载。

[2] 国民政府文官处印铸局印行：台湾成文出版社有限公司1972年8月出版《国民政府公报》第93册1935年5月7日第1734号颁令第8页记载。

长，率部参加抗日战事。1945年1月任陆军总司令部政务处处长。抗日战争胜利后，1947年11月18日颁令叙任陆军少将，同时退为备役。

朱耀武

朱耀武照片

朱耀武（1905—1979），山西右玉县第五区朱家庄村人。山西省立第七中学毕业，山西省立工业专门学校肄业，陆军大学正则班第九期毕业。自填登记处为山西右玉县第五区朱家庄村，通信处为右玉县第五区公所转交朱家庄村。自填入学前履历：山西省立第七中学毕业，工业专门（学校）肄业。父从农商，有地产十公顷。自填家庭主要成员：父世美，母白氏，弟一名妹三个，入学黄埔军校前已婚，夫人张氏。[1]1905年4月16日生于右玉县第五区朱家庄村一个乡绅家庭。1924年3月经王用宾（孙中山指派出席国民党一大山西省代表，前中国国民党本部参议兼北方党务特派员，时任广州大本营参议及奉派北方军事委员）介绍加入中国国民党，再由其举荐投考黄埔军校。1924年6月考入陆军军官学校第一期第二队学习，1924年11月毕业。后任黄埔军校教导二团中尉副兵器长，随部参加东征作战。后返回山西省亲，1926年12月在山西回应北伐，任山西军事政治速成科上尉教育副官。1927年任国民革命军第二军司令部参谋处参谋。1928年12月考入陆军大学正则班第九期学习，1931年10月毕业。任太原绥靖主任公署参谋，晋绥军军官训练团高级教官。1935年5月28日任陆军第三十四军司令部参谋。后任山西省防共保卫团团长，晋绥军军事整理委员会督练官，兼任教育科

---

[1] 陆军军官学校编辑、台北文海出版社有限公司印行：近代中国史料丛刊三编第五十七辑《陆军军官学校第二队学生详细调查表》记载。

科长。其间曾入庐山军官训练团将校班第六期受训，[1] 结训后返回山西。1935年5月28日颁令叙任陆军步兵中校。[2] 抗日战争全面爆发后，任第二战区司令长官部高级参谋兼联络官。1938年任中央陆军军官学校第七分校（西安王曲分校）高级教官，军事委员会战时干部训练总团第二团第二总队总队长，1939年10月任陆军第一六五师司令部参谋长。1940年7月19日颁令晋任陆军步兵上校。[3] 抗日战争中后期，任晋绥陕边区总指挥部政治部主任，兼任晋绥陕边区特别党部书记长，随军先后参加忻口会战、南口会战、平型关战役、中条山战役诸役。抗日战争胜利后，1947年3月28日任国民政府参军处军务局高级参谋兼第二科科长。1948年3月29日被推选为山西省出席（行宪）第一届国民大会代表。后改任总统府第三局高级参谋兼局办公室主任，1948年8月任第一二一军副军长。1948年9月22日颁令叙任陆军少将。1949年到台湾，任"国防部"第一厅办公室主任。1954年退役，续任"国民大会"代表，兼任"光复大陆设计研究委员会"委员。1979年3月6日因病在台湾大学医学院逝世。著有《东征北伐及抗日回忆记》等。

[1] 台北"国史馆"编纂：2006年12月印行《"国史馆"现藏民国人物传记史料汇编》第十四辑第82页记载。

[2] 国民政府文官处印铸局印行：台湾成文出版社有限公司1972年8月出版《国民政府公报》第93册1935年5月29日第1753号颁令第1页记载。

[3] 国民政府文官处印铸局印行：台湾成文出版社有限公司1972年8月出版《国民政府公报》第152册1940年7月20日渝字第276号颁令第3页记载。

江霁

江霁照片

江霁（1904—？），别字晴初、晴除，安徽霍邱县南叶家集人。霍邱县立高级小学毕业，上海澄衷中学肄业。父江濯存从政，曾任民初安徽省咨议局议员，家有田七十五亩。自填登记处为安徽霍邱县叶家集，通信处为上海法租界蒲柏路明德里二十二号。自填入学前履历：前在上海澄衷中学肄业。1904年11月12日生于霍邱县南叶家集一个农商家庭。1923年10月1日经管鹏（国民党中央执行委员会宣传委员会委员，国民党安徽总支部筹备处处长）介绍加入中国国民党，并由其推荐投考黄埔军校。1924年5月到广州，1924年6月考入陆军军官学校第一期第一队学习，参加孙文主义学会活动，1924年11月毕业。分发教导第一团见习，任东征军总指挥部侦察队队长、排长，随部参加了两次东征战事。1926年7月随军参加北伐战争，任国民革命军第一军第二师步兵连连长，并在作战中负伤。[1]后任国民革命军总司令部补充第三团营长、团附，陆军第十师司令部上校附员。1929年11月陆军第四十五师（师长方策）第一三三旅旅长余亚农在安庆发起兵变，被中央军镇压，部队被整编时，1929年12月其被派任陆军第四十五师（代师长谌秉直、卫立煌）第一三五旅（旅长李杰三、李树森）第

---

[1] 中央陆军军官学校编辑：1928年8月版《黄埔血史——中央陆军军官学校追悼北伐阵亡将士特刊》"黄埔受伤同学名册"第37页记载。

二六九团团长，[1]率部驻蚌。1931年2月12日被委派为陆军第四十五师特别党部筹备委员。[2]1931年2月16日兼任皖北警备司令部蚌埠军警联合稽查处处长，[3]1931年3月26日该处裁撤免职。1931年6月2日陆军第四十五师改番号为陆军第十师，其派任陆军第十师（师长卫立煌）第二十八旅（旅长李默庵）第五十七团团长。[4]1935年4月2日任南京中央陆军军官学校军官教育队第二组上校组长。[5]1935年5月20日颁令叙任陆军步兵中校。[6]1935年10月21日任南京中央陆军军官学校第十二期入伍生第一团第二营上校营长。[7]1936年3月12日军政部颁令着即停职。抗日战争全面爆发后，应邀赴西安，任陕西省军管区司令部高级参谋。1938年1月任陕西凤翔团管区司令部司令官，统辖宝鸡第九区所属各县，司令部设凤翔县。[8]凤翔团管区与邻县团管区于1942年裁撤，在凤翔成立凤邠师管区司令（段象武、耿子介）部，其任该师管区司令部副司令官。[9]抗日战争胜利后，1946年7月办理退役。

[1]　江苏省政协文史资料委员会：江苏人民出版社1984年版《江苏文史资料选辑》第十五辑第65页谌秉直在《方振武被囚后第四十五师的厄运》记载。

[2]　①1931年2月12日国民党中央执行委员会召开第127次常务会议决议；②1931年2月13日上海《民国日报》第三版记载。

[3]　上海《民国日报》1931年2月17日"蚌埠短简"记载。

[4]　合肥市政协文史资料委员会：安徽人民出版社1984年版《合肥文史资料》第一辑第96、97页方耀着《卫立煌与第十师》记载。

[5]　国民政府军政部：1935年4月30日版《军政公报》第202号记载。

[6]　国民政府文官处印铸局印行：台湾成文出版社有限公司1972年8月出版《国民政府公报》第93册1935年5月21日第1746号颁令第1页记载。

[7]　国民政府军政部：1935年10月23日版《军政公报》第217号记载。

[8]　陕西人民出版社《陕西文史资料》徐长、芒青山著《凤翔团管区、凤邠师管区及其他》记载。

[9]　陕西凤翔县政协文史资料委员会：陕西人民出版社1986年版《凤翔文史资料选辑》第四辑第107、108页记载。

江
世
麟

江世麟照片

江世麟（1896—1925），又名锡龄，[1]浙江义乌人。义乌县立高级小学毕业，浙江体育专门学校修业。父从农商，家产十亩。自填登记处为浙江义乌县下田庄，通信处为义乌苏溪镇万盛亨记转交下田市。自填入学前履历：民国七年（1918年）充护法军第三旅三营排长，九年（1920年）充浙军第一师部差遣，十一年（1922年）充浙江省会巡警教练所助教。早年曾在小学任教，1918年充护法军第三旅三营排长，1920年任浙江陆军第一师司令部差遣。

1922年任浙江省会巡警教练所助教。1924年3月由沈定一（孙中山指派出席国民党一大浙江省代表，国民党第一届候补中央执行委员，国民党上海执行部候补执行委员及浙江省党部执行委员）、陈维俭（浙江省会员警厅督察长）介绍加入中国国民党，并推荐其投考黄埔军校。1924年5月到广州，1924年6月考入陆军军官学校第一期第三队学习，同年加入中国共产党，[2]1924年11月毕业。分发黄埔军校入伍生队见习，1925年1月随部参加第一次东征作战，任教导第二团第一营第三连第二排排长，参加奋勇队攻击淡水城。1925年2月15日清晨在攻打淡

———————————

[1] 中国第二历史档案馆供稿，华东工学院编辑出版部影印，档案出版社1989年7月《黄埔军校史稿》第十一册《黄埔同学名册》第一期第三队记载。

[2] 广东省政协文史资料研究委员会、广东革命历史博物馆合编：广东人民出版社1982年12月《广东文史资料》第三十七辑《黄埔军校回忆录专辑》第55页记载。

水城战斗时，于淡水城南门五十步稻田处身中数弹阵亡，[1]葬于广东惠州东江烈士墓。

[1]　①中国第二历史档案馆供稿，华东工学院编辑出版部影印，档案出版社 1989 年 7 月《黄埔军校史稿》第八册（本校先烈）第 54 页有烈士传略、第 247 页第一期烈士芳名表记载 1925 年 2 月在广东淡水阵亡；②台北《黄埔建国文集》编纂委员会编纂：台北实践出版社 1985 年 6 月 16 日印行《黄埔军魂》第 573 页"东征战役殉国英雄姓名表"第一期记载。

江镇寰

江镇寰照片

江镇寰（1903—1927），又名震寰。别名赵尊三，直隶玉田人。玉田县立高等小学、河北滦县师范学校（又称河北省立第三师范学校）、苏联莫斯科东方共产主义劳动者大学毕业。辛亥革命元老、中国共产党早期领导人江浩之子。自填登记处为直隶玉田县刘家桥村，通信处为北京崇文门内美国同仁医院王锐铮先生转交。自填入学前履历：由本县（玉田）高小毕业，后入本省（河北）第三师范（学校），十二年（1923年）夏毕业自修半年，即来本校（黄埔）。1924年加入中国社会主义青年团，不久转入中国共产党。[1]1924年3月8日经李永声（孙中山指派出席国民党一大直隶省代表，前北京政府众议院议员，国民党直隶省临时执行委员会筹备委员，中共天津地方委员会宣传部主任）、王法勤（国民党第一届中央执行委员，前北京政府参议院议员，兼任国民党中央党务审查会委员）介绍加入中国国民党。1924年5月由中共北方区委内部保送黄埔军校学习，再由李永声、王法勤、于树德（孙中山指派出席国民党一大直隶省代表，国民党第一届中央执行委员，中共三大代表，国民党中央党部对外委员会委员，北京执行部执行委员）、于兰渚（又名方舟，国民党第一届候补中央执行委员，国民党天津市党部党务部部长，中共天津地方委员会委员长）四人举荐投考黄埔军校。1924年6月考入陆军军官学校第一期第二队学习，未及毕业，于当

---

[1]　中华人民共和国民政部组织编纂，范宝俊、朱建华主编：黑龙江人民出版社1993年10月《中华英烈大辞典》第693页记载。

年9月被选送苏联留学。1925年10月回国，任社会主义青年团天津地委组织部部长。根据中共三大决议与合作需要，批准以个人名义兼任中国国民党天津市筹备党部常务委员，机关设在旧英租界张庄大桥义庆里40号。在天津市纺织行业创建中共组织、工会和俱乐部，与于方舟、安幸生、邓颖超等人领导天津各界进步活动。1926年奉系军阀占领天津后，设立了密探局秘密搜捕进步人士。1926年11月23日在军阀褚玉璞指使下，天津警察厅勾结英租界工部局查封义庆里40号，逮捕正在机关办公的江震寰等六名中共党员及九位国民党人，他在监狱近五个月没泄露丝毫党的机密。为使组织不受损失，用针尖在香烟盒上扎成密码传递出去，指示狱外的同志注意保护自己，坚持不懈地进行斗争。他还留给新婚妻子告别信："大好头颅待价估……愿卿莫作无谓哭"，为孩子取名"赤星"。1927年4月18日在赴刑场途中沿途高呼"打倒军阀！打倒帝国主义！"等口号，人群无不为之动容。他临刑前挺身骂贼，拒绝跪伏受刑，身中数弹后壮烈牺牲于天津南市上权仙影院（今南市食品街）对面空地。同时牺牲的还有赵品三等十四人，即著名的"天津十五烈士"。

汤季楠

汤季楠照片

汤季楠（1898—1992），别号嗣龙，[1]湖南湘潭县龙泉村人。湘潭县默林巷初级小学堂、姜畲乡高等小学、长沙明德中学毕业，汉口明德大学商科、广州大本营军政部陆军讲武学校、苏联莫斯科伏龙芝军事学院肄业，中央训练团暑期军训班结业。父从教二十余年，家境贫苦。1898年7月8日生于湘潭县姜畲乡一个农户家庭。幼年私塾启蒙，本县（湘潭）姜畲乡高等小学毕业，早年入长沙明德中学，1922年毕业后考入汉口明德大学商科，1923年2月未毕

业即赴广州，入程潜主办的大本营军政部陆军讲武学校学习。1924年秋该校并入黄埔军校，1924年11月编入陆军军官学校第一期第六队学习，未及毕业离校，现据：①其个人撰写的、载于湖南省政协文史资料委员会编纂的《湖南文史资料选辑》（湖南人民出版社，1990年）第24辑第98页《记大本营陆军讲武学校》记载："抗日战争（爆发）前不久，由于时任中央各军事学校毕业生调查处处长刘咏尧的拉拢，在南京补办登记手续，取得黄埔军校第一期的学籍，这次参加登记的只有一部分人，为数并不多"；②南京国民政府军事委员会铨叙厅1936年12月编制《陆海空军官佐任官名簿》第一册第112页记载其为："黄埔军校第一期生"；③其系大本营军政部陆军讲武学校第一期肄业，后该校并入黄埔军校。综上所

---

[1] ①中国第二历史档案馆供稿，华东工学院编辑出版部影印，档案出版社1989年7月《黄埔军校史稿》第十一册《黄埔同学名册》第一期缺载；②湖南省档案馆校编、湖南人民出版社1989年7月《黄埔军校同学录》第2—16页"中国国民党陆军军官学校第一期同学录"无载。

述，确认其第一期生身份。后转入程潜部的湘军服务，任见习官。1925年秋起，任国民革命军第六军（军长程潜）第十九师第五十六团排长、上尉参谋。1926年7月随部参加北伐战争，任国民革命军第六军第十九师五十六团第一营连长、营长。1927年1月赴苏联留学，苏联莫斯科伏龙芝军事学院肄业数月。1927年4月适逢政局动荡，其学历证明均未寄出，经左权等同学劝说回国，经同学陈劼介绍任第十一师第三十一旅少校参谋。1927年6月经同学陈劼介绍转任第二十四师第七十二旅中校参谋。1932年秋调任该旅第一四四团第一营中校营长，1933年10月升任第七十二旅第一四三团上校团长，1935年5月18日颁令叙任陆军步兵中校。[1]1936年9月30日颁令晋任陆军步兵上校。[2]1936年11月12日获颁六等云麾勋章。[3]抗日战争全面爆发后，任第二十四师第七十二旅第一四三团团长，率部参加抗日战事。1938年1月29日，国民政府颁令免陆军第二十四师第七十二旅步兵第一四三团团长职，任命为陆军第二十四师步兵第一四一团团长。[4]1938年2月奉派入军官训练团第一期第二大队第六中队学员队受训，登记前任职务为陆军第二十四师步兵第一四一团团长，[5]1938年3月结业。1938年5月任第二十四师第七十二旅旅长，1938年秋参加陇海抗日之役，因部队死伤太多，调西安胡宗南部接受整补，1938年9月由程潜保准任军政部第二十七新兵训练处副处长。1939年4月任军事委员会天水行营（主任程潜兼）高级参谋兼侍从主任。1940年9月任国民政府军政部附员。1941年至1945年4月任第八战区第三十四集团军（总司令胡宗南兼）第九十军第六十一师副师长。抗日战争胜利后，1946年1月奉派入中央训练团受训，1946年7月办理退役。[6]1948年4月被派为国防部少将衔部员，后返

[1]　国民政府文官处印铸局印行：台湾成文出版社有限公司1972年8月出版《国民政府公报》第93册1935年5月19日第1745号颁令第2页记载。

[2]　国民政府文官处印铸局印行：台湾成文出版社有限公司1972年8月出版《国民政府公报》第115册1936年10月1日第2166号颁令第1页记载。

[3]　国民政府文官处印铸局印行：台湾成文出版社有限公司1972年8月出版《国民政府公报》第117册1936年11月13日第2201号颁令第8页记载。

[4]　国民政府文官处印铸局印行：台湾成文出版社有限公司1972年8月出版《国民政府公报》第131册1938年2月2日渝字第19号颁令第2页记载。

[5]　《中央军官训练团第一期学员通信录》记载。

[6]　据查《国民政府公报》无记载其叙任将校军官情况。

回长沙养病赋闲。1948年10月任长沙绥靖主任公署总务处处长，1948年12月21日调任华中"剿匪"总司令部第一兵团（司令官陈明仁兼）第一〇〇军第三二三师师长。1949年4月该师改编为陆军第十四军（军长刘进）第六十三师，仍任师长，不久升任陆军第十四军副军长兼第六十三师师长。1949年8月4日率部在邵阳，随程潜等人参加湖南和平起义。1949年9月所部改编为中国国民党人民解放军第一兵团，任第二军副军长兼第四师师长。中华人民共和国成立后，1949年12月2日所部改编为中国人民解放军第二十一兵团（司令员陈明仁，政委唐天际兼），任第五十三军（军长彭杰如，政委王振干）副军长。1950年6月转任湖南省军政委员会参议室参议，1953年调中原大学政法学院学习七个月。1955年任湖南省人民政府参事室参事。后任首届湖南省各界人民代表会议代表，第一至三届湖南省人大代表，第五届、六届湖南省人大常委会委员，湖南省政协第一至四届常务委员，民革中央团结委员会委员，1984年6月当选为湖南省黄埔军校同学会理事。1986年10月经中共湖南省委批准，享受副省长级医疗住房待遇。[1]1992年7月2日因病在长沙逝世。著有《记大本营陆军讲武学校》（载于湖南省政协文史资料委员会编纂：湖南人民出版社1990年《湖南文史资料选辑》第24辑第98页）、《第六十三师邵阳起义前后》等。

---

[1]　《湖南省人民政府参事室参事简介》记载。

汤家骥

汤家骥（1900—？），陕西眉县东南乡郭家寨人。眉县高级小学毕业，陕西靖国军干部教练所卒业，直隶邯郸军官讲习所毕业。祖辈务农，家道小康。自填登记处为陕西郿（眉）县东南乡郭家寨，通信处为眉县槐芽镇万兴德号转交。自填入学前履历：曾供军官讲习所见习，曾任军官讲习所见习，陕西陆军第三混成旅司务长、排长、副官。1924年春由于右任（国民党第一届中央执行委员，前陕西靖国军总司令、讨贼军西北第一路军总司令，时兼任上

汤家骥照片

海大学校长）、王宗山（前广州大元帅府大本营英文秘书，黄埔军校筹备委员会委员）保荐投考黄埔军校。1924年5月到广州，1924年6月考入陆军军官学校第一期第二队学习，在学期间任该队第八分队副分队长，1924年11月毕业。后任广州大元帅府大本营卫队营见习、排长。1926年7月随军参加北伐战争，历任国民革命军第一军第二十师步兵营连长、营长，陆军第三十六师（师长宋希濂）第二一六团中校副团长、代理团长。1935年1月与红军作战中阵亡。[1]另有记载：1935年7月3日颁令叙任陆军步兵少校。[2]1945年4月颁令叙任陆军步兵上校（记载为汤家楫）。

---

[1] 陈予欢编著：广州出版社1998年8月《黄埔军校将帅录》第909页记载。

[2] 国民政府文官处印铸局印行：台湾成文出版社有限公司1972年8月出版《国民政府公报》第95册1935年7月4日第1784号颁令第1页记载为汤家楫。

牟廷芳照片

牟廷芳

牟廷芳（1905—1955），别字庭芳，贵州朗岱县下营盘大寨村人。朗岱本乡高等小学毕业，朗岱县初级师范学堂、上海南洋中学肄业，日本陆军步兵专门学校、陆军大学将官班甲级第一期毕业。父家兴，母杨氏，从商农，有田四五十亩。自填登记通信处为贵州郎岱县下营盘大寨。自填入学前履历：在高小毕业，继入初级师范（学校）一年，又在上海南洋中学一年半。朗岱本乡高等小学毕业后，入朗岱县初级师范学堂肄业一年，继赴上海南洋中学肄业一年半，1924年春由安健（广州大本营咨议，前广东护法军政府参议，孙中山指派川边宣抚使）推荐投考黄埔军校，1924年3月15日由何应钦（前黔军总司令部参谋长，广州大元帅府大本营军事参议，黄埔军校第一期战术总教官）介绍加入中国国民党。1924年6月考入陆军军官学校第一期第四队学习，1924年11月毕业。分发黄埔军校教导第二团排长，党军第一旅副连长，随部参加了两次东征作战。1926年7月北伐开始后，历任国民革命军第一军第一师步兵连连长，第十四师步兵营营长。1928年奉派赴日本陆军步兵学校学习，1930年回国。任中央陆军步兵学校筹备员，参与组建步兵学校事宜。1931年任军事委员会南昌行营参谋，陆军第十八军第十一师营长、副团长，陆军第十四师政治部主任、副旅长。1933年奉派筹建中央陆军军官学校第五分校（昆明分校），任学员总队队长。1936年4月6日任贵州省政府保安处（处长冯剑飞）副处长。1936年10月16日颁令叙任陆军步兵上校。[1]1937年4月3日国民政府颁令免贵州省政府保安处副处长职。[2]1936年11月任陆军第一二一师（师长吴剑平）副师长。1937年4月3日免保安处副处长职。抗日战争全面爆发后，所部隶属陆军第八十六军（军长何知重）。1938年6月15日颁令晋任陆军少将。[3]任陆军第一二一师师长，率部参加武汉会战。战后所部隶属陆军第九十四军（军长郭忏），驻防湖北宜昌地区。1940年任陆军第九十四军副军长，1942年10月接李及兰任陆军第九十四军军长兼三峡警备司令。1943年6月率部参加鄂西会战。1943年10月获颁三等宝鼎勋章。1944年10月入陆军大学甲级将官班第一期学习，1945年1月毕业。1945年2月仍任第九十四军军长，是最早获美式装备军之一。[4]率部参加湖南会战、桂林会战诸役。抗日战争胜利后，率部由柳州空运抵上海接收。后率部北上天津，兼任天津警备司令部司令官。1946年11月当选（制宪）国民大会代表。1947年8月因战事被撤职，为躲避陈诚查办，在南京王文彦（黄埔一期生）家避居数月。后辗转汉口、广州至香港寓居。1955年3月31日下午因眼疾手术导致脑出血突发，在香港圣玛丽医院逝世。

[1] 国民政府文官处印铸局印行：台湾成文出版社有限公司1972年8月出版《国民政府公报》第115册1936年10月17日第2179号颁令第1页记载。

[2] 国民政府文官处印铸局印行：台湾成文出版社有限公司1972年8月出版《国民政府公报》第122册1937年4月6日第2320号颁令第1页记载。

[3] 国民政府文官处印铸局印行：台湾成文出版社有限公司1972年8月出版《国民政府公报》第133册1938年6月18日渝字第58号颁令第1页记载。

[4] 杨牧、袁伟良主编：河南人民出版社2005年11月《黄埔军校名人传》上册第711页记载。

许永相

许永相照片

许永相（1899—1934），别字劻三，浙江诸暨县南区砚石埠许家村人。诸暨县立高等小学毕业，诸暨县立初级中学肄业，浙江省立体育专门学校、中央军官训练团高级班毕业。家贫负债，荒田五六亩。自填登记处为浙江诸暨县南区砚石埠许家村，通信处为诸暨王家井镇周恒甡号转交。自填入学前履历：高等小学校毕业，县中校（中学）肄业两年，转浙江体育专门学校毕业，后充国民学校主任教员多年，十二年（1923年）在本省保安队服务。曾任诸暨县南区国民学校主任教员。1923年任浙江省保安队副官。1924年春由胡公冕（浙江省出席国民党一大代表，前杭州浙江省立第一师范学校体育教员）、应山三（浙江省保安队及省长公署卫队队长）推荐投考黄埔军校，1924年3月5日由胡公冕介绍加入中国国民党。1924年5月到广州，1924年6月考入陆军军官学校第一期第二队学习，1924年11月毕业。历任黄埔陆军军官学校第三期入伍生总队区队附，中央军事政治学校第四期学员总队副连长，军校教授部上尉副官，东征军总指挥部政治部组织科少校科员。1926年8月任国民革命军北伐东路军总指挥部警卫营营附、营党代表，随部参加北伐战争。1929年1月任陆军第三师第八旅第十五团团长，1929年10月任国民革命军第二教导师第五团团长，随部参加中原大战。1930年10月任南京宪兵司令部上校参谋，宪兵第二团参谋长。后任陆军第三师（师长李玉堂）第九旅第十七团团长，后任陆军第三师第八旅旅长，1933年率部讨伐福建事变第十九路军。1934年5月率部参加江西红军及根据地的第五次"围剿"战事，1934年9月2日在朋口温坊遭遇红军夜间突袭，所部溃败仅率余部逃回。1934年10月9日军政部颁令："第三师第八旅少将旅长许永相指挥无方，着即撤职。"[1]后按军法追究罪责，以"第三师第八旅旅长许永相，温坊之役，事前布置未周，入夜策应不灵，全军覆没，只身逃出，10月11日枪决。"[2]1934年10月11日被该师军法队执行枪决。

---

[1] 国民政府军政部令：1935年1月版《军政公报》增刊第1号记载。

[2] ①军事委员会南昌行营1934年10月赏罚统计颁令；②国民政府军政部1934年12月10日版《军政旬刊》第41、42期合刊记载。

许继慎

许继慎照片

许继慎（1901—1931），原名绍周，别号旦如，又字谨生，安徽六安县石堰乡土门店人。安庆第二模范小学、安庆省立第一甲种工专学校土木工程科毕业，上海大学社会系肄业，上海中共中央军委军事干部训练班结业。自填登记通信处为安徽六安县苏家埠成春堂药号。自填入学前履历：在初级中学毕业，高等师范（学校）肄业一年，曾作社会革命运动。1921年4月加入中国社会主义青年团，[1]1922年6月被推选为安徽省学生联合会（会长舒传贤）常务委员兼联络部部长，后赴上海就读于上海大学社会学系。1923年3月由柯庆施（时任上海大学国民党筹备委员）、张炎介绍加入中国国民党，1924年春由薛子祥、岳相如（均为国民党上海大学党部负责人）推荐投考黄埔军校。1924年春末在上海市环龙路44号中国国民党上海执行部参加初试，通过初试录取有其与杨溥泉、王逸常、唐继盛等人，发给三十元南下旅费，指定唐继盛任组长一同乘船赴广州。[2]1924年6月考入陆军军官学校第一期第二队学习，1924年秋加入中国共产党，根据两党协议，中共组织在校内不公开，秘密任中共黄埔军校特别支部候补干事，[3]1924年11月毕业。任陆军军官学校第二期入伍生队第六连副连长，第三期入伍生总队连长，国民革命军第一军第三师第七团党代表办公室少校干事，广州国民政府高级

---

[1] 鲍劲夫著：解放军出版社1986年7月出版《许继慎将军传》记载。

[2] 鲍劲夫著：解放军出版社1986年7月出版《许继慎将军传》第36页记载。

[3] 倪兴祥主编：上海人民出版社2006年6月《中国共产党创建史辞典》第492页记载。

政治训练班第二中队中队长。参加两次东征和北伐战争。1926年5月任国民革命军第四军（军长李济深）第十二师（师长张发奎）独立团（团长叶挺）第二营营长，1926年7月随部参加北伐战争两湖战事。1927年1月任中央军事政治学校武汉分校政治科第十四队队长，第四军第二十五师第七十三团参谋长，[1]第十一军第二十四师第七十二团上校团长。1927年5月负重伤往上海医治，其间从事秘密工作，曾奉派入上海中共中央军委军事干部训练班受训。[2]1930年3月奉派入豫鄂皖边区创建红军及根据地，任中共鄂豫皖特委委员，红军第一军军长兼中共前委委员。1930年9月任中共鄂豫皖特区委员会委员，[3]1931年任红军第四军第十一师师长，中共红四军前委委员，红军第十二师师长，1931年7月任皖西北军事委员会主席。[4]1931年10月因"肃反"扩大化在河南光山县新集白雀园遇害身亡。1945年中共七大追认为革命烈士。[5]解放军出版社1986年7月出版《许继慎将军传》（鲍劲夫著）等。1988年被中华人民共和国中央军事委员会确定为中国人民解放军军事家，并誉为中国工农红军高级指挥员、军事家。

---

[1] 杨牧、袁伟良主编：河南人民出版社2005年11月《黄埔军校名人传》上册第698页记载。

[2] 中共党史人物研究会编纂：陕西人民出版社1882年10月《中共党史人物传》第四卷第231页记载。

[3] 中共中央组织部、中共中央党史研究室、中央档案馆编纂：中共党史出版社2000年9月印行《中国共产党组织史资料1921—1997》第二卷《土地革命战争时期1927.8—1937.7》中册第841页记载。

[4] 中共中央组织部、中共中央党史研究室、中央档案馆编纂：中共党史出版社2000年9月印行《中国共产党组织史资料1921—1997》第二卷《土地革命战争时期1927.8—1937.7》中册第855页记载。

[5] 廖盖隆主编：中共中央党校出版社2001年6月《中国共产党历史大辞典》增订本第212页记载。

许锡球

　　许锡球（1907—？），原名锡缘，[1]原载籍贯广东番禺，1907年7月31日生于广东广州城内高第街许地（许氏家族大院）。父许崇璐早亡，许家数代官商，家境富裕。是粤军总司令许崇智堂侄。自填入学前履历：曾在番禺县立高等小学堂毕业。1924年春由许崇智、许崇浩（时任广东全省沙田清理处长）介绍加入中国国民党，由许崇智、许崇浩、许崇济（时任粤军旅长）、许崇清（时任广州市教育局局长）、许崇年（时任粤军总司令部稽查处处长）推荐投考黄埔军校。1924年6月考入陆军军官学校第一期第四队学习，1924年11月毕业。后于1926年年初转赴日本留学，回国后于广州、武汉、江西等中学及大学任教。1937年1月任广东省国民兵军事训练委员会委员兼视察员。[2]抗日战争爆发后，任广东省政府粮食局股长。1942年8月30日奉派入峨眉山中央训练团党政干部训练班第二十一期受训，10月4日结业。

---

[1]　陆军军官学校编辑、台北文海出版社有限公司印行：近代中国史料丛刊三编第五十七辑《陆军军官学校第四队学生详细调查表》记载。

[2]　1938年2月印行广东省政府秘书处所编《广东省政府职员录》记载。

邢
钧

邢钧（1904—1925），原载籍贯广东文昌。[1] 自填登记处为广东文昌县排港村，通信处为琼州文昌东郭市源盛隆号转交。广东琼州中学堂高级班、广东省立第六师范学校毕业。父从商业，家境贫穷。自填入学前履历：省立第六师范学校毕业。1924年2月2日由郭寿华（国立广东大学学生，中国社会主义青年团广东区执行委员会执行委员兼学生部部长，青年团广州地方执行委员会候补执行委员兼学生部主任）、王先尧（国立广东法科大学学生）介绍加入

邢钧照片

中国国民党。1924年春到广州，由符荫（广东军界供职）、黎荣英（广州军界供职）推荐投考黄埔军校。1924年5月到广州，1924年6月考入陆军军官学校第一期第三队学习，1924年11月毕业。分发任入伍生队见习、区队长，1925年1月随部参加第一次东征作战。任党军第一旅步兵连排长，1925年6月随部参加对滇桂军阀杨希闵部、刘震寰部军事行动。1925年在8月22日在广东广州阵亡。[2]

---

[1] 湖南省档案馆校编，湖南人民出版社1989年7月《黄埔军校同学录》记载。

[2] ①中国第二历史档案馆供稿，华东工学院编辑出版部影印，档案出版社1989年7月《黄埔军校史稿》第八册（本校先烈）第247页第一期烈士芳名表记载1925年8月22日在广东广州阵亡；②台北《黄埔建国文集》编纂委员会编纂：台北实践出版社1985年6月16日印行《黄埔军魂》第573页"东征战役殉国英雄姓名表"第一期记载。

邢国福照片

邢国福（1901—? ），原载籍贯广东文昌，[1]文昌县立高等小学堂、广东省立文昌中学、上海南方大学毕业。父兄于泰国业商，经济富裕。自填登记处为广东文昌县，通信处为泰国暹京耀华力大马路万成利号。自填入学前履历：高小学校校长兼教员。曾任高级小学校长兼教员。1920年经郑心广［泰国曼谷侨商郑汝常（心平）胞兄，国民党中央执行委员会派驻暹罗总支部特派员］、邢诒昺（国民党琼州文昌支部负责人、文昌县县长）介绍加入中国国民党。1922年与同乡王大文（投考黄埔一期未遂，继入第二期就读）在上海读书，1924年春由林业明（前广东护法军政府秘书处秘书，创办上海民智书局及华强书局，中国国民党上海本部财政部部长）、郑心广（中国国民党港澳筹备总支部执行委员）推荐投考黄埔军校。1924年5月与王大文结伴赴广州，1924年6月考入陆军军官学校第一期第三队学习，1924年11月毕业。分发留校见习，随部参加第一次东征作战，任军校教导第一团第一营司务长。随军返回广州后，1925年6月随部参加对滇桂军阀杨希闵部、刘震寰部的军事行动。1926年7月参加北伐战争，任国民革命军第一军第二师团军需主任，兼任运输队队长。1927年4月任国民革命军第四军后方留守处军士教导总队政治指导员。[2]1927年6月3日在黄埔军校新俱乐部召集全校代表大会，选举特别党部第六届执监委员，其当选为中央军事政

---

[1] 湖南省档案馆校编，湖南人民出版社1989年7月《黄埔军校同学录》记载。

[2] 广州《民国日报》1927年4月26日"总政治部新委之职员"专文记载。

治学校第六届执行委员会执行委员。[1]1927年7月15日被推选为黄埔同学会广东支会恳亲会筹备委员。[2]1927年7月16日被蒋介石委为黄埔同学会广东分会驻军校第六期入伍生部（主任方鼎英）支会特派员主任。[3]

[1]　1936年版《中央陆军军官学校史稿》第八编第10—92、10—94、7—144页记载。

[2]　广州《民国日报》1927年7月15日"黄埔同学会定期开恳亲大会"专文记载。

[3]　广州《民国日报》1927年7月16日"黄埔同学会广东支会改组后进行状况"专文记载。

邬与点

邬与点照片

　　邬与点（1904—? ），原载籍贯湖北阳新，生于江西丰城。浙江省立第一师范学校毕业，父从商贩，小本经营仅维持生计。自填登记处为原籍湖北阳新县，现居江西丰城县，通信处为江西樟树杜家围。自填入学前履历：曾于浙江省立第一师范学校毕业，由师范毕业后曾充小学教员一年。曾任小学教员一年。1920年由夏声（时任广州大元帅府禁烟督办公署帮办）介绍加入中国国民党，1924年春由夏声（孙中山指派出席国民党一大汉口特别区代表）举荐投考黄埔军校。1924年6月考入陆军军官学校第一期第一队学习，1924年11月毕业。后服务军界，1927年10月任国民革命军第一军第二十二师第六十六团参谋长，率部参加北伐战争。

严武

严武（1901—1987），别字维扬，安徽庐江人。上海南洋公学补习生初级结业，粤援赣第四军潮州军官讲习所速成科、粤军第二军桂林教导团肄业，苏联莫斯科东方共产主义劳动者大学、德国陆军大学第五期毕业。自填登记处为安徽庐江县，通信处为现寓广州大东路东皋大道内仁兴街法国洋房八号（又名上海联合通讯社）；又有地址：中央直辖第一军连阳靖边司令部办事处，现住广大路。自填入学前履历：民国五年（1916年）上海南洋公学补习生

严武照片

初级一年毕业，八年（1919年）由申入粤援赣第四军潮州军官讲习所速成毕业，回闽粤军第一营连充任准尉，十年（1921年）攻桂粤军第七独立旅第二团第三营第十一连充任排长，前粤军第二军桂林教导团毕业，十一年（1922年）北伐江西充任大本营第六路司令卫队连连长，北伐失败改道入闽，改为副官等职。自填家庭主要成员：父母早年双亡，兄弟三名姐妹三人。[1]1901年6月25日生于安徽庐江县城一个官商家族。父兄三人均参加护法、护国之役阵亡。1916年入上海南洋公学补习生初级一年，1919年入援赣粤军第四军潮州军官讲习所速成班学习，毕业后任援闽粤军第一营准尉。1921年任攻桂粤军第七独立旅第二团第三营第十一连排长，后入粤军第二军桂林教导团学习。1922年任广州大本营第六路司令部卫队连连长、副官等职。1923年12月26日经柏文蔚（时任北伐讨贼军第二军军长，

---

[1] 陆军军官学校编辑、台北文海出版社有限公司印行：近代中国史料丛刊三编第五十七辑《陆军军官学校第二队学生详细调查表》记载。

孙中山指派出席国民党一大安徽省代表，前安徽淮上军总司令，国民党第一届中央执行委员）、杨亮（安徽宁国人，广州大本营参军兼海军处处长）介绍加入中国国民党，1924年5月由顾祝同（广东东路讨贼军总司令部参谋处副官、代理副官长，粤军总司令部参议，黄埔军校第一期战术教官）、沈存中（又名应时，前粤军总司令部参议，黄埔军校筹备委员会委员）、曾则生（孙中山桂林大本营军士教导队队长，广东东路讨贼军步兵团团附，粤军第四军独立旅代旅长）、钱大钧（粤军第一师司令部参谋，粤军第二军总司令部参议，黄埔军校入学试验委员会委员）举荐投考黄埔军校。1924年6月考入陆军军官学校第一期第二队学习，1924年11月毕业。后被选派苏联留学，入苏联莫斯科东方共产主义劳动者大学学习，1927年回国。1927年4月29日被国民政府海军处政治部任命为广东海防舰队"飞鹰舰"党代表。1929年1月28日经呈"励志社"社长（蒋介石）批准与117人加入"励志社"。[1]任军事委员会委员长侍从室参谋、副组长、第二部处长。1930年任中央教导第二师第三团团长，1931年任陆军第十师独立旅旅长，1932年10月被免职。其间受派赴德国留学，入德国陆军大学第五期学习，曾任驻德国公使馆陆军武官。1935年2月回国，1935年5月颁令叙任陆军步兵上校。1936年2月1日颁令叙任陆军少将。抗日战争全面爆发后，任国民政府航空委员会防空厅（厅长黄镇球）积极防空处处长。1939年1月航空委员会改制，原有厅编制改为监，任航空委员会（主任周至柔）防空监（正监黄镇球）积极防空处（后改为第一防空处）处长。后任国民政府军政部第三厅情报处处长、军务处处长，军政部补充兵训练第九处处长。抗日战争胜利后，随军赴台湾接收。1945年10月任台湾警备司令部参谋长。1946年6月任陆军军官学校台湾训练处副主任。1948年10月任首都卫戍副总司令，兼任首都地区防空司令官。1949年任空军总司令部高级参谋。1949年到台湾，任"国防部"高级参谋，"总统府"参议。1956年晋任陆军中将。曾任台湾"国防大学"战役系主任，[2]1960年退役，1975年台湾当局纪念棉湖大捷五十周年时撰文《棉湖大捷五十周年纪念》，以当年亲历者述说棉湖大捷之载史

---

[1] 《中央日报》1931年1月28日、1月29日连续刊登"励志社社员管理科通告"记载。

[2] 台北"国史馆"编纂：2006年12月印行《"国史馆"现藏民国人物传记史料汇编》第九辑第536页记载。

意义。孰料晚年终日与家人共朋友打麻将虚度，十年光景百无聊赖、无所事事，黄埔历届校友见之皆称荒诞。1987年7月18日因病在台北荣民总医院逝世。台湾出版有《黄埔一期严武陆军中将纪念集》等。

严沛霖

严沛霖照片

严沛霖（1902—1981），别字云生，陕西干县阳洪乡洪西村人。干县东乡高等小学、干县军事教练所、西安讲武堂毕业，陕西陆军第一混成团干部教练所肄业。1902年6月5日生于干县阳洪乡洪西村一个农户家庭。父从农业，有地产三十亩。自填登记处为陕西干县东乡南北村，通信处为干县杨家庄德茂福宝号转交。自填入学前履历：陕西陆军第一混成团干部教练所毕业，后充西北自治后援军一团三营九连司务长。曾任西北自治后援军第一团第三营第九连司务长。1924年1月25日由吴希贞（前讨袁军西路军司令，靖国军左路第一支队司令，陕西省临时议会议员，国民党陕西省临时党部筹备委员）介绍加入中国国民党，1924年春由于右任（国民党第一届中央执行委员，时任上海大学校长）保荐投考黄埔军校。1924年5月到广州，1924年6月考入陆军军官学校第一期第二队学习，在学时任该队第二分队副分队长，1924年11月毕业。1925年加入中国共产党，[1]1925年春随孙中山等人北上，至开封时入国民军第二军（军长胡景翼），任总司令部干部教导队队长。1926年2月任国民联军总指挥部统辖甄寿珊部教导团第一营营长。1928年春与王泰吉（黄埔军校第一期同学）在陕西麟游举行武装起义，失败后赴山东，任国民革命军第十七师（师长杨虎城）补充团团长，1930年率部参加中原大战。战后随军返回西安，1931年任陕西省警备第一师第一

---

[1] 陕西省黄埔军校同学会编纂、穆西彦主编：陕西人民出版社1991年6月《陕西黄埔名人》第43页记载。

团团长，陕西警备第一旅旅长。1933年王泰吉率骑兵团在陕西耀县起义，起义军称"西北民众抗日义勇军"。杨虎城令其率旅"围剿"王泰吉部义勇军，因与王情属至交，不愿前往，被康泽指令别动总队以"共党疑犯"罪名软禁监视，后因身心受到摧残而成为精神病患者，脱离部队后，返回干县长期寓居赋闲。中华人民共和国成立后，仍居原籍以务农谋生，1981年9月5日因病逝世。

严崇师

严崇师照片

　　严崇师（1897—1967），原名敬安，陕西干县阳洪店人。父从农业，有薄田三十亩。干县县立高等小学堂、庐山中央训练团兵役研究班毕业。自填登记处为陕西干县阳洪店，通信处为干县城内正街长顺生号。1897年2月4日（另载1901年3月13日出生）生于干县阳洪店一个农户家庭。1921年入靖国军刘文伯部任司书。1924年春经于右任（孙中山指派出席国民党一大陕西省代表，前陕西靖国军总司令及讨贼军西北第一路军总司令，时兼任上海大学校长）、刘文伯（前陕西靖国军师长）举荐投考黄埔军校，1924年4月到广州，1924年5月经王宗山（前广州大元帅府大本营英文秘书，黄埔军校筹备委员会委员）介绍加入中国国民党。1924年6月考入陆军军官学校第一期第四队学习，1924年11月毕业。军校毕业后，因对南方气候与生活不适应，于1924年秋返回陕西。后投效西北军，1926年1月任国民军第三军第二混成旅第二团第一营副营长，驻陕军第一混成旅第一团第三营营长，第二集团军独立第十七师第二旅第二团上校团长，率部参加北方北伐战事。1928年8月国民革命军编遣时，所部裁撤免职，在家寓居赋闲一年多。1929年10月经同学杨宗骥介绍，任新编第一师第一旅第一团代团长，后该团在湖北沙市被张发奎部缴械。1930年春经同学董钊介绍，任陆军第四十五师第一三五旅司令部主任参谋。1932年9月任杨虎城部商洛绥靖区司令部副官长。1933年12月任陕西省会公安局第一分局局长。1935年任陆军第八十四军第一旅司令部主任参谋。1936年12月任江苏淮泗师管区司令部上校参谋主任。

1936年12月26日颁令叙任陆军步兵中校。[1]抗日战争全面爆发后，任江西省南昌团管区司令部司令官。1943年因病返回原籍寓居赋闲。1944年应胡宗南之邀任秦岭守备区司令部副司令官，陕西省地方行政干部训练班主任。1945年7月颁令叙任陆军步兵上校。抗日战争胜利后，1946年3月奉派入军官总队受训，1946年5月结业。派任陕西省政府保安处高级参谋。1947年3月5日颁令叙任陆军少将。曾任陕西耀县行政督察专员。[2]1947年5月在耀县被人民解放军俘虏，1948年1月获释。1949年5月参加革命工作，[3]任干县军事管制委员会支前委员会副主任。中华人民共和国成立后，任陕西省彬县分区人民政府专员公署副专员，宝鸡行政专员公署副专员。1956年任陕西省政协副秘书长，后任陕西省第三届人民代表大会代表，陕西省政协委员，民革中央团结委员会委员，民革西安市分部筹备委员会召集人，民革陕西省委员会常务委员。1967年8月1日因病在西安逝世。陕西人民出版社1889年《咸阳解放》载有《记干县解放前后的严崇师先生》（袁坚等著）等。

---

[1] 国民政府文官处印铸局印行：台湾成文出版社有限公司1972年8月出版《国民政府公报》第118册1936年12月28日第2239号颁令第1页记载。

[2] 据查：郭卿友主编：甘肃人民出版社1990年12月《中华民国时期军政职官志》第784—789页"陕西省政府暨各区任官名单"无载。

[3] 陕西省黄埔军校同学会编纂、穆西彦主编：陕西人民出版社1991年6月《陕西黄埔名人》第45页记载。

何祁

何祁照片

何祁（1900—? ），别字小宋，湖南永兴人。广州大本营军政部陆军讲武学校肄业。1923年秋南下广州，考入广州大本营军政部陆军讲武学校就读。1924年秋该校并入黄埔军校，1924年11月编入陆军军官学校第一期第六队学习，1925年2月肄业。1926年10月任国民革命军第一军第二师司令部特务营营长，参加北伐战争。1930年9月任南京中央陆军军官学校第七期第一总队入伍生团少校训练员。[1]

---

[1] 1930年9月21日《中央军校校务委员会常务委员蒋介石、何应钦颁令》记载。

何
盼

何盼（1902—?），别字㻑臣，直隶定县县城东关人。直隶第九中学毕业，北京平民大学、北京人艺戏剧专门学校、北京世界语专门学校肄业。地主家庭出身，有田五百余亩。自填登记处为直隶定县县城东关，通信处为北京绒线胡同京师公立第七小学陈奕涛转交。自填入学前履历：民国九年（1920年）毕业于直隶第九中学，十年（1921年）考入北京平民大学，十一年（1922年）考入北京人艺戏剧专门学校，十二年（1923年）考入北京世界语专门学校肄业半年。1924年3月经于树德（时任天津法政专门学校教授）、陈奕涛（时任北京京师公立第七小学教员）介绍加入中国国民党，1924年4月经于树德（孙中山指派国民党一大直隶省代表，国民党第一届中央执行委员，国民党中央党部对外委员会委员，北京执行部执行委员）、王法勤（国民党第一届中央执行委员，前北京政府参议院议员，兼任国民党中央党务审查会委员）、韩麟符（国民党一大直隶省代表，国民党第一届候补中央执行委员，前天津学生联合会副会长）、于蓝诸（国民党第一届候补中央执行委员，国民党天津市党部党务部部长，中共天津地方委员会委员长）举荐投考黄埔军校。1924年5月到广州，1924年6月考入陆军军官学校第一期第一队学习，在校期间出走，不归失联。

何基

何基照片

何基（1903—？），江西贵溪县龙岗村人。江西省立南昌甲种工业专门学校肆业。世代务农，有田五十余亩。自填登记处为江西贵溪县龙岗村，通信处为贵溪县城外同和号（转交）。1924年春经邓演达（前任广东西路讨贼军第一师第三团团长，黄埔军校入学试验委员会委员）介绍加入中国国民党，1924年5月由洪宏义（国民党一大江西省代表，前江西省立第四师范学校教授、校长，国民党江西省临时党部整理委员）、赵干（国民党一大江西省代表，国民党江西省临时支部党务特派员，国民党江西省党部常务委员兼组织部部长，中国社会主义青年团南昌地方委员会委员长）举荐投考黄埔军校。1924年6月考入陆军军官学校第一期第三队学习，1924年11月毕业。随军参加了两次东征及北伐战争，1927年8月30日任浙江补充第一师（师长严重）第六十三团（团长陈诚）政治指导员。

何清

何清（1899—1964），别字茂时，别号洋若，湖南资兴人。陆军大学特别班第二期毕业，中央训练团将官班结业。1923年12月到广东，考入广州大本营军政部陆军讲武学校学习，1924年秋该校并入黄埔军校，1924年11月编入陆军军官学校第一期第六队学习，1925年2月肄业。分发教导第二团见习、排长、连附，随部参加第一次东征作战，1925年6月随部参加对滇桂军阀杨希闵部、刘震寰部的军事行动。1926年7月随军参加北伐战争，任国民革命军第一军第二

何清照片

师司令部副官、参谋，第一军第二十一师第三团营长、团附等职。1930年12月1日颁令任国民政府参军处少校服务员，[1]1932年10月任国民政府参谋本部参谋。1934年9月入陆军大学特别班第二期学习，1936年3月16日颁令叙任陆军步兵中校，[2]1937年8月毕业。抗日战争全面爆发后，任第十七军团（军团长胡宗南）司令部高级参谋。1938年10月任第三十四集团军总司令部驻西安兵站站长，陕西省洛川团管区司令部司令官，陕西省国民军事教育委员会委员、训练处处长。1943年7月颁令叙任陆军步兵上校。抗日战争胜利后，1946年1月任陕西省军管区司

---

[1] 国民政府文官处印铸局印行：台湾成文出版社有限公司1972年8月出版《国民政府公报》第45册1930年12月6日第641号颁令第12页记载。

[2] 国民政府文官处印铸局印行：台湾成文出版社有限公司1972年8月出版《国民政府公报》第105册1936年3月17日第1997号颁令第1—2页记载。

令部参谋长，同月奉派入中央训练团将官班受训，登记为少将学员，1946年3月结业。1947年7月7日颁令叙任陆军少将。1948年12月任湖南省第三区行政督察专员，兼任该区保安司令部司令官。1964年1月5日因病逝世。

何文鼎

何文鼎（1903—1968），别字靖周，别号继周，陕西周至县西乡青花堡人。周至县西乡高等小学、周至县立中学毕业，陕西陆军第一师骑兵团军士教练所肄业，陆军大学甲级将官班第二期毕业。自填登记处为陕西盩厔（今周至）县西乡青花堡，通信处为本县（周至）亚柏镇祥盛兴号转交。自填入学前履历：陕军一师骑兵团见习。祖辈务农，经济中等。家庭主要成员：父正南，母刘氏，兄两人弟一名姐两名妹一人。[1] 1903年9月13日（另载1901年11月1日出生）生于周至

何文鼎照片

县西乡青花堡一个农户家庭。学业结束后，曾任陕军第一师骑兵团见习官。1924年5月13日由金佛庄（前浙江陆军第二师营长，以浙江省代表身份出席中国共产党三大，黄埔军校第一期第三队上尉队长）、刘宏宇（前北京政府陆军第十师兵站司令部参谋主任，黄埔军第一期第三队副队长及特别官佐）介绍加入中国国民党，再由于右任举荐投考黄埔军校。1924年6月考入陆军军官学校第一期第三队学习，1924年11月毕业。后返回北方，分配到阎锡山手下的晋军任连长，参加华北北伐战事。1929年在阎冯倒蒋期间，潜赴武汉向顾祝同汇报，受到顾祝同与何应钦、蒋中正青睐，蒋称其是"忠党爱国的好学生"。继投效何应钦部任营长，后任陆军第八十师第二三八旅步兵第四七五团团长，率部参加对江西红军及根据地的第一、第二次"围剿"作战。后任陆军第八十师第二三八旅旅长，1933年8月所部在江西

---

[1] 陆军军官学校编辑、台北文海出版社有限公司印行：近代中国史料丛刊三编第五十七辑《陆军军官学校第三队学生详细调查表》记载。

吉水作战时被红军重创，其被红军游击队俘获，获释后返回部队。1935年5月7日颁令叙任陆军步兵上校。[1]1935年10月任陆军第五十七师副师长，1937年5月任西安警备司令部司令官。抗日战争全面爆发后，兼任陕西抗日义勇军第一纵队司令部司令官。1939年1月任陆军第八十军新编第二十六师师长。1939年6月6日颁令晋任陆军少将。[2]后任中央陆军军官学校第七分校（西安分校）教育处少将高级军事教官。1943年9月任第六十七军军长，率部在伊克昭盟（今鄂尔多斯）参加抗日战事。1945年3月保送陆军大学甲级将官班第二期学习，1945年6月毕业。抗日战争胜利后，1946年1月1日因抗日期间卓有功勋获颁青天白日勋章。[3]1946年6月任整编第十七师师长，率部在西北与人民解放军作战。1948年4月因在延安作战失利被撤职。1948年9月22日颁令叙任陆军中将。1949年3月任陕西秦岭中部守备区司令部司令官，1949年10月任第七兵团司令部副司令官。1949年12月25日率部在四川德阳起义。入中国人民解放军西南军政大学高级研究班学习。1950年10月被捕入狱，关押于战犯管理所学习与改造，1961年12月25日获特赦释放，[4]被安排在西安剪刀厂工作，1968年5月20日因病在西安逝世。1985年4月获平反，恢复起义人员名誉。著有《绥包战役回忆》（载于中国文史出版社《文史资料存稿选编——全面内战》上册）、《整编第十七师从担任护路到守备延安的经过》（载于中国文史出版社《原国民党将领亲历记——解放战争中的西北战场》）、《胡宗南逃踞汉中期间的活动》（载于中国文史出版社《原国民党将领亲历记——解放战争中的西北战场》）、《奉命撤出延安狼狈逃到蒲城》（载于中国文史出版社《原国民党将领亲历记——解放战争中的西北战场》）、《胡宗南部在秦岭堵截八路军三五九旅经过》（载于中国文史出版社《文史资料选辑》第一四一辑）等。

---

[1] 国民政府文官处印铸局印行：台湾成文出版社有限公司1972年8月出版《国民政府公报》第93册1935年5月8日第1735号颁令第1页记载。

[2] 国民政府文官处印铸局印行：台湾成文出版社有限公司1972年8月出版《国民政府公报》第141册1939年6月7日渝字第159号颁令第1页记载。

[3] 国民政府文官处印铸局印行：台湾成文出版社有限公司1972年8月出版《国民政府公报》1946年渝字第947号颁令。

[4] 陕西省黄埔军校同学会编纂、穆西彦主编：陕西人民出版社1991年6月《陕西黄埔名人》第39页记载。

何光宇

何光宇（1900—1925），别号立中，湖南桃源人。桃源县立高等小学毕业，广州大本营军政部陆军讲武学校肄业。自填通信处为湖南桃源县兴隆街邮局转何家嘴。1923年冬到广州，考入广州大本营军政部陆军讲武学校学习。1924年秋该校并入黄埔军校，1924年11月编入陆军军官学校第一期第六队学习，1925年2月肄业。分发教导第一团任连司务长，参加第一次东征战事。1925年冬因病在广东逝世。[1]

何光宇照片

---

[1] ①中国第二历史档案馆供稿，华东工学院编辑出版部影印，档案出版社1989年7月《黄埔军校史稿》第八册（本校先烈）第247页第一期烈士芳名表记载1925年11月在广东病亡；②湖南省档案馆校编、湖南人民出版社1989年7月《黄埔军校同学录》第13页记载：何光宇民国十四年（1925年）冬病故；③台北《黄埔建国文集》编纂委员会编纂：台北实践出版社1985年6月16日印行《黄埔军魂》第573页"东征战役殉国英雄姓名表"第一期记载。

何志超

何志超（1904—? ），甘肃清水人。清水县立高等小学校、陕西省体育师范学校毕业，上海东亚体育专门学校肄业。家从商农，经济自给。自填登记通信处为甘肃清水县东南乡新兴堡北街万盛合号。自填入学前履历：曾在本县（清水）高等学校毕业，次在陕西省体育师范学校毕业，三升上海东亚体育专门学校肄业一期。1924年3月由靳介尘（时任黄埔军校校长办公室司书）介绍加入中国国民党，1924年5月由焦易堂（孙中山指派出席国民党一大陕西省代表，国民党陕西省临时党部执行委员）、于右任（孙中山指派出席国民党一大陕西省代表，国民党第一届中央执行委员，前陕西靖国军总司令，讨贼军西北第一路军总司令，时兼任上海大学校长）举荐投考黄埔军校。1924年6月考入陆军军官学校第一期第四队学习，1924年11月毕业，后服务社会。

何学成

何学成（1893—? ），广东香山县小榄镇车公庙人。广东省立第一中学毕业。父业儒，家境清贫。自填登记处为广东香山县人，世居小榄镇车公庙直街十九号。自填入学前履历：广州中学毕业。1924年5月15日由邓演达（前任广东西路讨贼军第一师第三团团长，黄埔军校入学试验委员会委员）、沈存中（又名应时，前粤军总司令部参议，黄埔军校筹备委员会委员）介绍加入中国国民党。1924年5月由潘歌雅（广东省会公安局警务科科长）、祈耿寰（广东省会公安局督察长）举荐投考黄埔军校。1924年6月考入陆军军官学校第一期第三队学习，1924年11月毕业，后服务社会。

何昆雄

何昆雄照片

何昆雄（1903—1975），又名崐雄，别字子伟，湖南酃县（今炎陵县）黄皮塘人。湖南长沙私立岳云中学、汉口明德大学商科毕业，体育专修学校肄业，陆军大学正则班第十三期毕业。自填登记处为湖南资兴县黄皮塘，通信处为资兴东乡乡立第一高等小学校转。自填入学前履历：湘省私立岳云中校毕业，并在该校体专（体育专科）修业一年，后改入汉口明德大学商科修业二年。父从商农，有田产四百至五百亩。据考，1903年12月12日生于湖南酃县（今炎陵县）水口墟一个耕读家庭。1908年该乡私塾启蒙，1913年考入酃县乐成高等小学就读，1916年考入长沙市岳云中学学习，1920年考入岳云体育专修科续学，1923年考入汉口明德大学商科肄业。1924年春由林祖涵（国民党一大湖南省代表，国民党第一届候补中央执行委员，前国民党中央党部总务部副部长）、邹永成（又名敬芳，国民党一大湖南省代表，广州大元帅府中将高等顾问兼中央直辖第三军第一纵队司令官）举荐投考黄埔军校，1924年5月15日经曹日晖（前大本营军政部教导团学兵连供职，黄埔军校第一期第二队学员）、李奇中（黄埔军校第一期第二队学员）介绍加入中国国民党。1924年6月考入陆军军官学校第一期第二队学习，1924年11月毕业。分发教导第二团第五连见习、排长，1925年1月随部第一次东征作战。1925年4月任教导第二团第九连副连长，1925年6月随部参加对滇桂军阀杨希闵部、刘震寰部军事行动。1926年调任黄埔军校入伍生团区队长，军官团上尉连长。1926年7月随部参加北伐战争，任国民革命军第一军新编第一师第二团第二营营长。1927年4月赣南行政委员会成立，任赣南五县行政监察员，负责"清党"与改组各县行政事宜。1927年10月任国民革命军新编第一师第二团团长。1928年到上海，任第三十二军（军长钱大钧）暂编第三师第一团团长，率部驻守江苏无锡，1928年7月23日作为第一期缩编部队，第三十二军与第九军第二十一师合编为第一集团军陆军第三师，1928年8月10日正式编成时任第三师（师长钱大钧）第七旅副旅长，12月29日辞职获准。调任国民政府军事委员会委员长侍从室工作，兼任军事杂志社武汉分社负责人。1929年1月调安徽任第十三师第七十八团团长，同年2月第七十八团与浙江保安第七团在安徽当涂组编为陆军新编第三旅，任新编第三旅第五团团长。1931年10月任军事委员会南昌行营上校参议。1933年9月兼任江西第五区监察员，统辖江西丰城等五县。[1]1933年10月调任国民政府军政部上校附员。1935年4月考入陆军大学正则班第十三期学习，1936年3月6日颁令叙任陆军步兵上校，[2]1937年12月毕业。其间发表任陆军第一四〇师司令部参谋长。抗日战争全面爆发后，任陆军第一四〇师第四一八旅旅长、副师长、代理师长，率部参加淞沪会战、南京保卫战、台儿庄战役诸役。1938年3月任武汉防空司令部副司令官，率部参加武汉会战。1938年秋任湖北襄樊师管区副司令官。1938年10月31日颁令晋任陆军少将。[3]1939年冬调任军事委员会军政部少将附员。1943年回到湖南耒阳开办农场。1944年出任资兴县县长。抗日战争胜利后，曾发表为陆军整编旅旅长，1948年8月14日任湖南省第三区行政督察专员，兼任该区保安司令官。1949年6月6日任湖南省第二区行政督察专员，兼任该区保安司令官。1949年1月7日解职后由郴县到邵阳。1949年12月在长沙向人民解放军投诚。经陈明仁同意进入中国人民解放军中南军政大学湖南分校学习。中华人民共和国成立后，1950年5月任湖南人民军政委员会参议室参议，1955年任湖南省人民政府委员会参事室参事，1975年4月因病在长沙逝世。

---

[1] 《申报》1933年9月19日"蒋委员长晓谕封锁'匪区'意义"一文记载。

[2] 国民政府文官处印铸局印行：台湾成文出版社有限公司1972年8月出版《国民政府公报》第105册1936年3月7日第1990号颁令第1—2页记载。

[3] 国民政府文官处印铸局印行：台湾成文出版社有限公司1972年8月出版《国民政府公报》第137册1938年11月2日渝字第97号颁令第2页记载。

何绍周

何绍周照片

何绍周（1906—1980），贵州兴义人。贵州兴义高等小学、贵阳南明中学肄业，陆军大学正则班第十期毕业。自填登记通信处为兴义县泥塘街寓所。自填入学前履历：曾在本省（贵州）高等（小学）学校毕业，后入南明中学修业三年，因有事到云南投考入云南陆军军士队毕业，后有事赴粤投考本校（黄埔军校）。父应禄，为何应钦之兄，母蒋氏。其兄弟八人，排行第二。早年入贵阳南明中学肄业三年。后因不满父母包办婚姻，遂离家出走，先到昆明，闻知堂叔何应钦在广东任职，遂到广州投奔，经何应钦举荐投考黄埔军校。1924年6月考入陆军军官学校第一期第四队学习，1924年11月毕业。任黄埔军校教导一团（团长何应钦）排长，随部参加了两次东征作战。1927年任国民革命军北伐东路军总指挥部第三团副团长，随部参加北伐战争。1928年获准赴日本留学，先入陆军自动车学校就读，继入陆军野战炮兵学校学习，在学期间，结识早稻田大学留学女生黄宁馨，回国后结婚。1930年5月26日国民政府颁令任训练总监部军学编译处编辑。[1]1931年任国民政府军政部参谋。1932年4月获准入陆军大学正则班第十期旁听学习，后获准以正式学员毕业，并发表于其后印行的《陆军大学第十期同学录》。1935年6月任军事委员会武昌行营陆军整理处（处长陈诚）军官教育团第二连连长。1936年春任财政部税警总团第一支队司令官，统辖税警第

---

[1] 国民政府文官处印铸局印行：台湾成文出版社有限公司1972年8月出版《国民政府公报》第39册1930年5月28日第480号颁令第6页记载。

一团（团长刘曜寰）、第二团（团长宋卓愈）、第三团（团长刘天绍）等部。1936年3月14日颁令叙任陆军步兵中校。[1]后任财政部税警总团（总团长黄杰）部副总团长，率第一、第二团驻防江苏赣榆地区，曾兼任税警总团教导总队（总队长黄杰兼）副总队长。1936年7月30日颁令晋任陆军步兵上校。[2]1937年3月税警总团改编后，任第一支队司令官，统辖第一团至第三团兵力。抗日战争全面爆发后，率部参加淞沪会战，所部伤亡惨重。1937年10月部队整编，与一部分黔军合编，任陆军第一〇三师（师长何知重）副师长，1938年7月任该师师长，率部参加武汉会战。1939年6月17日颁令晋任陆军少将。[3]1940年3月21日国民政府颁令给予何绍周四等云麾勋章。[4]1940年9月10日任新编第十一军（军长郑洞国）副军长，率部参加鄂西会战。1941年9月所部改编，任第八军（军长郑洞国）副军长。1942年3月16日任第八十八军军长，率部驻防浙江金华、诸暨等地。1943年1月接郑洞国任中国远征军第八军军长，统辖陆军第八十二师（师长吴剑平）、第一〇三师（师长熊绶春）、荣誉第一师（师长汪波）等部，移驻滇南，先后隶属第五集团军（总司令杜聿明）和第九集团军（总司令关麟征），率部参加昆仑关战役。1944年5月19日任第九集团军副总司令兼第八军军长。1944年率部参加滇西远征，猛攻日军据点松山，遇日军顽抗，两月未下。1944年9月10日力克松山，是役所部伤亡逾八千人。1945年1月1日获颁青天白日勋章。1945年1月23日任陆军总司令部第二集训总处总处长。抗日战争胜利后，1948年9月22日颁令叙任陆军中将。任陆军总司令部第六编练司令部司令官，第十九兵团司令部司令官。1949年任贵州绥靖主任公署副主任。1949年赴香港，后营商破产，随子

---

[1]　国民政府文官处印铸局印行：台湾成文出版社有限公司1972年8月出版《国民政府公报》第105册1936年3月15日第1996号颁令第1—2页记载。

[2]　国民政府文官处印铸局印行：台湾成文出版社有限公司1972年8月出版《国民政府公报》第110册1936年7月31日第2114号颁令第1页记载。

[3]　国民政府文官处印铸局印行：台湾成文出版社有限公司1972年8月出版《国民政府公报》第141册1939年6月21日渝字第163号颁令第4页记载。

[4]　国民政府文官处印铸局印行：台湾成文出版社有限公司1972年8月出版《国民政府公报》第148册1940年3月23日渝字第242号颁令第2页记载。

女迁移美国定居，并加入美国国籍。1980年11月6日因病在美国得克萨斯州医院逝世。[1] 著有《第八军光复松山之役述略》（载于中国文史出版社《文史资料存稿选编——抗日战争》下册）等。

---

[1] 杨牧、袁伟良主编：河南人民出版社2005年11月《黄埔军校名人传》上册第805页记载。

何复初

何复初（1900—？），别号旭初，江西清江人（官方记载籍贯江西清江）。清江县立高级小学校、江西省立第一师范学校预科毕业，军事委员会战时将校研究班结业，陆军大学将官班毕业（据军事委员会铨叙厅民国三十三年十二月印制《军官资绩簿》第一册《陆军现役少将军官》第127页记载）。世代书香之家出身，家无恒产。自填登记处为江西清江县，住县属樟树镇观上圩。自填入学前履历：县立高等小学毕业，江西第一师范（学校）预科毕业，曾充小学教员。1924年5月经范振亚（江西临清人，前驻粤赣军第二混成旅步兵第六连连长，黄埔军校第一期第一队第五分队长）介绍加入中国国民党，1924年5月由周道万（国民党一大江西省代表，广州大元帅府大本营参议，国民党江西省党部指导委员，粤军总司令部秘书，广州大本营内政部参议）举荐投考黄埔军校。1924年6月考入陆军军官学校第一期第一队学习，1924年11月毕业。记载初任军职为黄埔军校教导团少尉排长，记载履历军职为连长、营长、团长、旅长、副师长。[1]分发教导第一团见习、排长，随部参加了两次东征作战。1926年7月随部参加北伐战争，1927年6月任国民革命军总司令部补充第五团第一营营长。1935年5月27日国民政府颁令委任军事参议院副官。[2]后任陆军第八十师第二三八旅第四七六团团长，陆军新编第五师旅长。1936年3月4日颁令叙任陆军步兵上校。[3]1936年10月28日

---

[1]　军事委员会铨叙厅民国三十三年（1944年）十二月印制《军官资绩簿》第一册《陆军现役少将军官》第127页记载。

[2]　国民政府文官处印铸局印行：台湾成文出版社有限公司1972年8月出版《国民政府公报》第93册1935年5月28日第1752号颁令第5页记载。

[3]　国民政府文官处印铸局印行：台湾成文出版社有限公司1972年8月出版《国民政府公报》第105册1936年3月5日第1988号颁令第1页记载为何旭初。

颁令叙任陆军少将。1937年4月任陆军第九十五师副师长。抗日战争全面爆发后，率部参加淞沪会战、南京保卫战、武汉会战诸役。1938年7月奉派入军事委员会战时将校研究班第二分队学员队受训，1938年10月结业。1942年9月22日颁令特任陆军第九十五师少将师长，[1]1944年5月率部参加长衡会战，该师于汨罗江畔阻击日军。在弃守湘阴后，抵抗日军历时四个月。后由道县转赴广西参加桂柳会战。率部在平南、柳州外围、北牙等处与日军激战，持续半年在湘桂两省作战，未经休整所部损失过半，再被日军重创。1944年11月率部突出日军包围圈，奉命在广西东兰集结整补。1944年12月任陆军第三十七军副军长，兼任师管区司令部司令官，所部裁撤后免职。1944年12月14日军事委员会颁令其被俘停职。[2]获颁四等云麾勋章。抗日战争胜利后，1946年1月奉派入中央训练团受训，1946年3月结业，1946年7月31日退为备役。

[1] 军事委员会铨叙厅民国三十三年（1944年）十二月印制《军官资绩簿》第一册《陆军现役少将军官》第127页记载。

[2] 军事委员会铨叙厅民国三十三年（1944年）十二月印制《军官资绩簿》第一册《陆军现役少将军官》第127页记载。

何贵林

何贵林（1902—? ），陕西武功人。武功县立高级小学校毕业。农家出身，自给尚余。自填登记处为陕西关中道武功县，通信处为武功县城内南街成德和号。1924年2月经焦易堂（孙中山指派出席国民党一大陕西省代表，国民党陕西省临时党部执行委员，原国民党籍国会议员）、王宗山（陕西醴泉人，前广州大元帅府大本营英文秘书，黄埔军校筹备委员会委员，黄埔军校校长办公厅英文秘书）介绍加入中国国民党，1924年5月由于右任（国民党第一届中央执行委员）举荐投考黄埔军校，1924年6月考入陆军军官学校第一期第四队学习，1924年11月毕业，后服务社会。

何章杰

何章杰照片

何章杰（1896—1930），原名萼初，又名时达，别字牧苏，湖南长沙县丁字湾勒马山人。长沙县立高等小学、长沙楚怡中学毕业。广州大本营军政部陆军讲武学校肄业。先后在长沙县丁字湾、六字岭和北山、霞凝等地任教数年。曾任小学教员，湖南陆军第二师司令部文书，湘军总司令部差遣。1923年冬到广州，入大本营军政部陆军讲武学校学习。1924年秋该校并入黄埔军校，1924年11月编入陆军军官学校第一期第六队学习，1925年2月肄业。分发军校入伍生部政治部科员，任学员队区队附，其间加入中国共产党。参加第一次东征作战，1925年10月在第二次东征攻克惠州城战斗中身负重伤，尚未痊愈仍出任军职，1926年3月任中央军事政治学校第四期步兵团第二营连长。1926年7月9日国民革命军誓师北伐时，任国民革命军第六军司令部特务连连长，参加江西、浙江北伐战事。1927年4月北伐军攻克南京后，任国民革命总司令部补充第五团第三营副营长，后任南京市警察局秘书。1927年秋在中共湖南省委工作，曾被捕，获释后随郭亮入中共湘鄂赣边特委工作，从事兵运活动，组织平江县农民武装，1928年1月参加湘鄂赣边特委工作。[1]根据特委的安排，打入驻岳阳桂系军阀胡宗铎部，秘密策动士兵参加工农革命军。因消息走漏而失败，他被迫转移到湖北新堤。1928年3月27日特委机关遭到破坏，特委书记郭亮被捕，其奉命去汉口箧箕巷麻

---

[1] 中共中央党史研究室科研管理部编纂：红旗出版社2001年6月印行《中国共产党革命英烈大典》下册第1420页记载。

石厂从事地下工作。1928年冬，麻石厂中共组织遭到破坏，再次派其去平江组织武装，他利用社会关系打入平江县挨户团，将这支武装拉出平江县，带到根据地编入红军第八军。红军第八军与红军第五军合编为红军第三军团，1930年夏任红三军团第八军第三纵队纵队长。1930年7月26日在进攻长沙金井战斗中牺牲。[1]

---

[1] 王健英编著：广东人民出版社2000年1月《中国红军人物志》第379页记载。

余安全

余安全照片

余安全（1902—1943），云南镇南县沙桥乡人。镇南县沙桥乡高级小学、镇南县立中学毕业，庐山中央训练团党政班结业，陆军大学参谋班毕业。父从农商，尚足自给。自填登记通信处为云南镇南县沙桥村。自填入学前履历：自幼至今均过学生生活。1924年春由宋荣昌（原驻粤滇军总司令部参议，黄埔军校筹备委员会委员、入学试验委员会委员及军医部主任）、徐孝植（时任驻粤滇军第三师司令部军法官）保荐投考黄埔军校，1924年5月经徐坚（前广东东路讨贼军第二旅司令部参谋长，黄埔军校第一期编纂员、少校特别官佐）介绍加入中国国民党。1924年5月到广州，1924年6月考入陆军军官学校第一期第四队学习，1924年11月毕业。后随部参加东征和北伐战争，历任国民革命军排长、连长。1929年2月14日任国民政府训练总监部总务处教育科少校科员。[1]1929年10月任军事委员会训练总监部（总监何应钦）教育科（科长陈启之）少校科员，[2]1930年5月26日国民政府颁令免训练总监部总务厅科员。[3]后任国民革命军步兵团营长、副团长。1935年4月8日被军事委员会颁令委任陆军第五十一师司

---

[1] 国民政府文官处印铸局印行：台湾成文出版社有限公司1972年8月出版《国民政府公报》第24册1929年2月14日第92号颁令。

[2] 上海《民国日报》1929年6月13日"训练总监部组织完备"专文记载。

[3] 国民政府文官处印铸局印行：台湾成文出版社有限公司1972年8月出版《国民政府公报》第39册1930年5月28日第480号颁令第6页记载。

令部参谋处处长，[1]1935年12月23日免处长职。[2]1936年12月26日颁令叙任陆军步兵中校。[3]抗日战争全面爆发后，任陆军独立旅旅长，率部参加抗日战事。1939年冬转任成都中央陆军军官学校第二督训处处长。1943年春因病逝世。

[1] 国民政府文官处印铸局印行：台湾成文出版社有限公司1972年8月出版《国民政府公报》第92册1934年4月8日第1710号颁令第2页记载。

[2] 国民政府文官处印铸局印行：台湾成文出版社有限公司1972年8月出版《国民政府公报》第101册1935年12月24日第1929号颁令第6页记载。

[3] 国民政府文官处印铸局印行：台湾成文出版社有限公司1972年8月出版《国民政府公报》第118册1936年12月28日第2239号颁令第1页记载。

余剑光

余剑光照片

余剑光（1896—1953），原名远凡，别号冠仁，原载籍贯广西容县，[1]另载广西融安人。广西省立柳州师范学校毕业，广州大本营军政部陆军讲武学校肄业，中央训练团兵役研究班第二期结业，军事委员会南岳游击干部训练班肄业。早年加入桂军，任初级军官。1923年冬到广州，考入广州大本营军政部陆军讲武学校学习。1924年秋该校并入黄埔军校，1924年11月编入陆军军官学校第一期第六队学习，1925年2月肄业。分发黄埔军校教导第二团见习、排长、指导员、团党代表办公室秘书，国民革命军第十二师第三十四团第三营副营长、营长，参加东征和北伐战争。1928年返广西，任广西省干部训练团教育处副处长，中央陆军军官学校南宁分校特别训练班主任。抗日战争全面爆发后，1938年12月入军事委员会南岳游击干部训练班受训。后任四川省军管区司令部编练处课长，四川叙（永）泸（县）师管区司令部参谋主任，隆（昌）富（顺）师管区司令部副司令官。抗日战争胜利后，1945年10月获颁忠勤勋章。1946年1月奉派入中央训练团兵役研究班第二期受训，1946年3月结业。1946年5月获颁胜利勋章。1946年12月任国防部兵役局副处长，曾获嘉勉"役政光明"。1946年12月3日参加赴南京任职、公干的81名黄埔一期生在中央训练团聚餐并于办公大楼前合

---

[1] 湖南省档案馆校编，湖南人民出版社1989年7月《黄埔军校同学录》记载。

影。[1]1953年6月因病在四川泸县逝世。

[1] 容鉴光编著：列入台北出版品预行编目资料，台北博煜企业有限公司2003年6月16日第一版印行《黄埔军校一期研究总成》第278页辑录。

余
海
滨

余海滨照片

余海滨（1895—1925），原载籍贯湖北光化，后迁居广东肇庆。肇庆县立高等小学、肇庆县立初级中学毕业，湖北陆军讲武堂步兵科肄业。父从商业，贫无产业。自填登记处为湖北光化县人，现侨属广东肇庆城内塘基头，通信处为肇庆城内塘基头第一号门牌余寓转交。自填入学前履历：湖北陆军讲武堂步兵科肄业，曾充（广东）东路讨贼军第三旅第五团第五连连长，肇庆讲武堂助教。曾充广东东路讨贼军第三旅第五团第五连连长，肇庆西江陆海军讲武堂助教兼学兵营督带。1924年春由戴戟（前粤军第一师第四团团附、团长，广东肇庆西江陆海军讲武堂堂长）保荐投考黄埔军校，1924年5月经茅延桢（黄埔军校第一期第二队上尉队长）介绍加入中国国民党。1924年5月到广州，1924年6月考入陆军军官学校第一期第二队学习，在学期间任本队第六分队副分队长，加入中国社会主义青年团，1924年11月毕业。1925年加入中国共产党，参加中国青年军人联合会活动。曾任第二期入伍生队区队长，教导第一团第三营第九连连长。1925年3月14日在第一次东征棉湖战役中牺牲。[1]

---

[1] ①广东革命历史博物馆编纂：广东人民出版社1985年5月《黄埔军校史料》第496页"国民革命军军官学校东江阵亡烈士题名碑"记载；②台北《黄埔建国文集》编纂委员会编纂：台北实践出版社1985年6月16日印行《黄埔军魂》第573页"东征战役殉国英雄姓名表"第一期记载。

余程万

余程万（1902—1955），别号石坚，广东台山人。番禺师范学校完全科、广东铁路专门学校测绘科毕业，北平中国大学政治系肄业，陆军大学特别班第一期毕业。自填登记处为广东台山县城，住址为广州市流水井三十七号寓，通信处为广州市惠爱中路番禺高等小学校转交。自填入学前履历：番禺师范（学校）完全科毕业，番禺高小教员，广东铁路专门（学校）测绘科毕业，铁专测绘夜班教员。自填家庭主要成员及经济状况：父伟卿，母甄氏，

余程万照片

兄无弟三个姐一个妹三个，未婚，家贫无地产。[1]1902年6月20日生于台山县城一个农户家庭。番禺师范学校完全科毕业后，任番禺高等小学教员。后入广东铁路专门学校测绘科就读并毕业，任铁路专门学校测绘夜班教员。1924年5月15日经郑汉生（黄埔军校第一期第一队学员）、沈寿桐（国民党区分部筹备委员）介绍加入中国国民党，继由谢英伯（国民党一大广东省代表，广州大元帅府大本营秘书）举荐投考黄埔军校。1924年6月考入陆军军官学校第一期第一队学习，1924年11月毕业。1925年1月任黄埔军校第三期校本部政治部留守。后任教导团排长、连长，党军第一旅营长、团附，国民革命军步兵团党代表。1927年任国民革命军海军局政治部主任，广州石井兵工厂党代表，随部参加了两次东征作战及

---

[1] 陆军军官学校编辑、台北文海出版社有限公司印行：近代中国史料丛刊三编第五十七辑《陆军军官学校第一队学生详细调查表》记载。

北伐战争。1927年7月15日被推选为黄埔同学会广东支会恳亲会筹备委员。[1]1929年12月保送陆军大学特别班第一期学习，1931年10月毕业。曾就读北平中国大学政治系。1931年12月任国民政府中央警卫军司令部军官队教官。1932年入陆军大学研究院深造。1934年10月任陆军第四十九师步兵团团长、副师长。1936年2月5日颁令叙任陆军少将。1936年11月12日获颁四等云麾勋章。[2]抗日战争全面爆发后，率部参加淞沪会战。1940年9月接施中诚任陆军第五十七师师长，1943年9月任陆军第七十四军（军长王耀武）副军长，1943年10月卸任师长，遗缺由李琰接任。1944年率部参加衡阳会战。率部参与湘赣抗日主战场的多次硬仗，其中最为著名的是常德会战，[3]率八千余官兵浴血奋战坚守常德城四十多天，最后弹尽粮绝，仅余三百人突围，创造抗日以来守城时间最长、战事最为惨烈的城市防守战，赢得了战局和时间，著名作家张恨水当时创作了长篇小说《虎贲万岁》，赞誉他为"虎贲将军"。[4]抗日战争胜利后，1945年10月获颁忠勤勋章。1946年1月奉派入中央训练团受训。1946年5月获颁胜利勋章。1946年12月3日参加赴南京任职、公干的81名黄埔一期生在中央训练团聚餐并于办公大楼前合影。[5]后应邀返回广东，任广东粤东师管区司令部司令官。1948年2月在云南编成整编第二十六师，其任师长。1948年9月所部改为军编制，任陆军第二十六军军长，统辖陆军第九十三师（师长彭佐熙、叶值南）、第一六一师（师长梁天荣）、第一九三师（师长石补天）。1949年8月任设立于昆明的第六编练司令部副司令官，1949年12月9日卢汉发起云南起义时，其被扣留，1949年12月20日获释，迫使围困昆明城之第二十六军退兵。继返回部队至宜良时，主持会议拟率部回应卢汉部起义，[6]受到时已任第二十六军军长彭佐熙等人的坚决反对，遂随军撤往蒙自。

---

[1] 广州《民国日报》1927年7月15日"黄埔同学会定期开恳亲大会"专文记载。

[2] 国民政府文官处印铸局印行：台湾成文出版社有限公司1972年8月出版《国民政府公报》第117册1936年11月13日第2201号颁令第7—9页记载。

[3] 杨牧、袁伟良主编：河南人民出版社2005年11月《黄埔军校名人传》上册第800页记载。

[4] 刘绍唐主编：台北传记文学出版社1999年10月15日印行《民国人物小传》第二辑记载。

[5] 容鉴光编著：列入台北出版品预行编目资料，台北博煜企业有限公司2003年6月16日第一版印行《黄埔军校一期研究总成》第278页辑录。

[6] 中国人民解放军历史资料丛书编审委员会编纂："中国人民解放军历史资料丛书"，解放军出版社1996年1月《解放战争时期国民党军起义投诚——川黔滇康藏地区》第133页记载。

1950年1月任迁移越南的云南绥靖主任公署主任，后脱离部队至海南岛榆林港，后被免除军职。继赴香港寓居赋闲，1955年8月27日因寓所遭抢劫，搏斗中遇刺伤重身亡。[1]香港1955年9月3日发行《新闻天地》第三九四期第8、9页载有《余程万积财千万死于一旦》（萧闲著）等。

---

[1] 胡健国主编：台北"国史馆"2008年8月印行《"国史馆"现藏民国人物传记史料汇编》第三十二辑第84页记载。

冷欣

冷欣照片（一）

冷欣（1900—1987），别字容庵，江苏兴化县城内西门人。兴化县立中学、杭州浙江省立工业专门学校、杭州之江大学文科、陆军大学正则班第十三期毕业。记载为民国前十二年九月十六日出生，[1]另载生于1900年9月16日（或1899年9月16日生）。自填家庭成员状况：父早年病故，全赖母杜氏抚育成长，无兄弟姐妹。[2]自填登记通信处为江苏兴化县城内西门。自填入学前履历：杭州之江大学文科，上海中国新闻社记者，上海工商新闻社编辑，上海女学（校）教授。兴化县立中学毕业后，考入杭州浙江省立工业专门学校就读，继考入杭州之江大学文科毕业，是第一期生少数接受高等教育者之一。1924年1月由钮永健（时任孙中山指派上海中国国民党联络特使、前广州大元帅府参谋次长）、严光盛（黄埔军校特别官佐）介绍加入中国国民党，再由其二人举荐投考黄埔军校。1924年6月考入陆军军官学校第一期第四队学习，1924年11月毕业。后随部参加了两次东征作战。1926年2月28日孙文主义学会召开全体会员大会，被推选为该会（主席汪精卫）执行委员。[3]后任黄埔军校教导第二团营长、团党代表，国民革命军北伐东路军（总指挥何应钦）第三路军政治部主任，参加北伐

---

[1] 军事委员会铨叙厅民国二十五年（1936年）十二月印制《陆海空军军官佐任官名簿》第一册[上将、中将]第55页记载。

[2] 陆军军官学校编辑、台北文海出版社有限公司印行：近代中国史料丛刊三编第五十七辑《陆军军官学校第四队学生详细调查表》记载。

[3] 广州《民国日报》1926年3月3日"孙文主义学会之会员大会"一文记载。

战争福建、浙江、江苏战事。1927年4月任陆军新编第一军政治部主任，国民党中央"清党"委员会委员。1927年4月16日借上海本埠小西门尚文路江苏省立第二师范学校国民革命军东路军前敌总指挥部政治部，参与召开黄埔同学会上海支会筹备大会，推选其与杨耀唐、陈超、黄绍美、陆杰、谭南杰、刘伯龙、陶林英等人为筹备委员，务望在沪同学速来本会报名登记。[1]1927年5月6日奉会长（蒋中正）指令为黄埔同学改组委员会改组委员。[2]后任南京黄埔同学会候补理事，陆军第四军政治部主任，中央教导第一师政治训练处主任，第二十二路军总指挥部政治部主任。1930年4月28日任国民政府军政部参事，[3]先后兼任军事委员会武汉行营参议、郑州行营参议。1931年11月被推选为各军队特别党部代表出席中国国民党第四次全国代表大会。1932年3月中华民族复兴社成立大会召开之际，其得悉后擅自闯入会场，意欲加入该社，被蒋中正当面拒绝。[4]1932年10月任第三十军司令部参谋长。1933年3月中华民族复兴社扩大组织范围时获准加入。续任第八十九师副师长，第四师师长。1935年4月考入陆军大学正则班第十三期学习，1935年9月19日发表任军事委员会军事参议院参议，1936年2月7日颁令叙任陆军少将，[5]1937年12月毕业。抗日战争全面爆发后，任第八十九军军长，率部参加抗日战事。1938年3月28日国民政府颁令免军事参议院参议职。[6]1939年1月14日国民政府颁令任命为江苏省政府委员。[7]1940年12月5日国民政府颁令

---

[1] 上海《民国日报》1927年4月18日"上海黄埔同学支会之筹备"一文记载。

[2] 上海《民国日报》1927年5月2日至5月6日"黄埔同学改组委员会通告一"记载。

[3] 国民政府文官处印铸局印行：台湾成文出版社有限公司1972年8月出版《国民政府公报》第38册1930年4月29日第450号颁令第3页记载。

[4] 刘绍唐主编：台北传记文学出版社1999年10月15日印行《民国人物小传》第十二辑记载。

[5] 军事委员会铨叙厅民国二十五年（1936年）十二月印制《陆海空军军官佐任官名簿》第一册［上将、中将］第55页记载。

[6] 国民政府文官处印铸局印行：台湾成文出版社有限公司1972年8月出版《国民政府公报》第132册1938年3月30日渝字第35号颁令第3页记载。

[7] 国民政府文官处印铸局印行：台湾成文出版社有限公司1972年8月出版《国民政府公报》第138册1939年1月18日渝字第119号颁令第1页记载。

冷欣照片（二）

准军事委员会给冷欣陆海空军甲种一等奖章。[1]1944年10月任陆军总司令部第一副参谋长，兼任军务处处长。1945年8月任中国陆军总司令部前进指挥部主任，率代表团赴南京与侵华日军总司令部代表今井武夫接洽，商议9月9日日军在南京受降仪式安排事宜。[2]1945年10月获颁忠勤勋章。1946年5月获颁胜利勋章。1946年11月15日被推选为军队出席（制宪）国民大会代表。1946年12月3日参加赴南京任职、公干的81名黄埔一期生在中央训练团聚餐并于办公大楼前合影。[3]1948年3月29日被推选为江苏省出席（行宪）第一届国民大会代表。1948年9月22日颁令叙任陆军中将。1949年任京沪杭警备总司令部副总司令。1949年4月到台湾，任"国防部"高级参谋，"行政院"设计委员会委员，"光复大陆设计研究委员会"委员，中国国民党中央设计考核委员会副主任委员，中国国民党第九至第十二届中央评议委员会委员。1958年以陆军中将身份退役。曾任台湾"中国广播公司"董事，台湾"国防研究院"讲座，江苏旅台同乡联谊会监事，"台湾省干部训练团"客座讲师，"国民大会"代表党部书记长，台北"中华民国国史馆"审查委员会委员，"宪政实施促进研讨委员会"常务委员。1987年2月6日因病在台北逝世。[4]著有《话黄埔建军》、《从参加抗日战争到目睹日军投降》（台北传记文学出版社1967年9月1日印行）、《用历史眼光看日本》、《黄埔生活追忆》、《血泪惠州城》、《黄埔母校五十周年纪念感言》等。

---

[1] 国民政府文官处印铸局印行：台湾成文出版社有限公司1972年8月出版《国民政府公报》第156册1940年12月7日渝字第316号颁令第16页记载。

[2] 台北"国史馆"编纂：2006年12月印行《"国史馆"现藏民国人物传记史料汇编》第一辑第151页记载。

[3] 容鉴光编著：列入台北出版品预行编目资料，台北博煜企业有限公司2003年6月16日第一版印行《黄埔军校一期研究总成》第278页辑录。

[4] 台北"国史馆"编纂：1991年9月"国史馆"印行《"中华民国"褒扬令集》续编第二册第639页传记及"总统府"褒扬令。

冷相佑

冷相佑（1902—1927），别字相佑，山东郯城人。郯城县神山镇高等小学、山东省立第五中学毕业。父从农商，有田产四百余亩。自填登记处为山东郯城县青竹村，通信处为郯城神山镇邮局转交。自填入学前履历：郯城县立高小毕业，县立第三中学肄业。1924年1月由张苇村（孙中山指派出席国民党一大山东省代表，国民党第一届候补中央执行委员，国民党山东省党部党务整理委员）介绍加入中国国民党，但尚未领取党证。由宋聘三（孙中山指

冷相佑照片

派出席国民党一大河南省代表，前国民党河南省临时支部执行委员，国民党上海特别区执行部执行委员、常务委员）、刘绩学（前广东护法军政府国会众议院议员，河南自治筹备处处长，国民党河南省支部长、临时党部筹备委员）保荐投考黄埔军校。1924年5月到广州，1924年6月考入陆军军官学校第一期第四队学习。1924年加入中国共产党，参加中国青年军人联合会活动，1924年11月毕业。分发黄埔军校教导第二团见习、排长，1925年1月随军参加第一次东征作战。1925年6月随部参加对滇桂军阀杨希闵部、刘震寰部军事行动，1925年11月参加第二次东征战事。1926年1月任黄埔中央军事政治学校第四期入伍生团区队附。1926年7月随军参加北伐战争，任国民革命军第九军步兵连连长，国民革命军第四集团军第二方面军第二十军教导团第一营营长，1927年8月随部参加南昌起义，随军参加南下行军作战，在广东潮州竹竿山战斗中牺牲。[1]

---

[1] 姚仁隽编：长征出版社1987年7月《南昌、秋收、广州起义人名录》第43页记载。

吴展

吴展照片

吴展（1899—1933），原名鹏昌，别字凌霄，别号修翎，安徽舒城县阙店乡人。桃溪乡第二高等小学、舒城县城南高级小学、安徽省立第一中学毕业。父兄经商，仅足自给。自填登记处为安徽舒城南乡，通信处为舒城内郭文运号转交。自填入学前履历：安徽省立第一中学校毕业。幼年就读于板山王学阳私塾，少时考入桃溪乡第二高等小学，阅读《新青年》等新文化思潮书报。1919年秋考入安徽省立第一中学，在学期间参加反对军阀倪道烺、马联甲的"六·二"学潮，与蔡晓舟、舒传贤等人筹建安庆社会主义青年团。1924年5月15日经邓演达（前任广东西路讨贼军第一师第三团团长，黄埔军校入学试验委员会委员）介绍加入中国国民党，1924年5月由严重（粤军第一军第一师第三团团附兼第二营营长，黄埔军校入学试验委员会委员，黄埔军校第一期教授部战术教官）、刘宏宇（前北京政府陆军第十师兵站司令部参谋主任，黄埔军第一期第三队副队长、特别官佐）保荐投考黄埔军校。1924年5月到广州，1924年6月考入陆军军官学校第一期第四队学习，1924年11月毕业。后留校任校长办公厅中尉特别官佐，参加两次东征和北伐战争。1926年经彭湃介绍入广东农民运动讲习所任军事训练教员，1926年7月随军参加北伐战争，后随广州黄埔中央军事政治学校政治科大队北上武汉，组建中央军事政治学校武汉分校。1927年1月任中央军事政治学校武汉分校步兵第一大队第四队队长，兼训育教官。1927年7月率部南下九江受阻，未能参加南昌起义，编入国民革命军第二方面军教导团。1927年10月随军南下到广州，调任黄埔军校特务营营长，并率该营参加广州起义。事败后撤至花县（今花都区），成立工农革命军第四师，任第十一团团长，当选为海陆丰革命委员会委员，1928年1月加入中国共产党。海陆丰暴动失败后，率剩余力量转战于普宁、博罗等地，后赴香港躲避追捕。到香港后，吴展与彭镜秋（湖南宜章人，黄埔军校武汉分校女生队学员）被组织分配到上海工作并结婚。根据组织决定，他与夫人彭镜秋历尽艰辛，转道香港，经上海到安徽舒城等地开展革命工作。[1]1930年夏先后辗转于安庆、南京等地，继续从事中共地下活动。1930年10月在上海中共中央军委书记周恩来直接领导下，进行士兵策反运动。1931年春派赴鄂豫皖边区开辟根据地，组建武装后任红军第四军第十师参谋长，率部参加鄂豫皖边区根据地的第二、第三次反"围剿"作战和西征入川战事。1933年2月任彭（湃）杨（殷）军事政治学校教育长。1933年因"肃反扩大化"在四川通江遇害身亡。[2]1945年中共七大追认为革命烈士。

---

[1] 中华全国妇女联合会、黄埔军校同学会编：中国妇女出版社1991年2月《大革命洪流中的女兵》第82页彭镜秋撰文《当女兵的前前后后》记载。

[2] 中华人民共和国民政部组织编纂：范宝俊、朱建华主编：黑龙江人民出版社1993年10月《中华英烈大辞典》第1072页记载。

吴斌

吴斌照片

吴斌（1901—1990），别字乘云，广东茂名人。广东警监专门学校第一期肄业，陆军大学将官班甲级第二期毕业。自填登记处为广东茂名县梁分界圩，通信处为茂名分界益隆号转交。自填入学前履历：曾充（广东）高雷讨贼军营副官及绥靖处委员之职。父从商贩，家境贫穷。1901年12月11日（农历十一月初一）生于茂名县分界圩一个农户耕作家庭（一说生于广东高州）。早年考入广东警监专门学校第一期读书，1919年五四运动时，领导同学宣传反日，

被警察逮捕入狱二十一天，1922年从警监专门学校毕业。在学期间组建学生联合会，是当时广州学生组织最早发起者之一。1922年在乡间组织民军，后编入高雷讨贼军林树巍部，任游击营副官，高雷绥靖处委员，第五游击支队司令，率部与邓本殷部作战。后任孙中山韶关北伐军大本营警卫团第一营营长。1924年春由林树巍（前广东高雷讨贼军总司令兼高雷绥靖处处长，广东西路讨贼军粤军第五师师长，桂军第五师师长）保荐投考黄埔军校，1924年5月再经林树巍介绍加入中国国民党。1924年6月考入陆军军官学校第一期第二队学习，1924年11月毕业。分发教导第一团第三营（营长王俊）第九连第一排任见习、排长，1925年1月随部参加第一次东征作战，于棉湖之战右臂受重伤骨折，伤愈后任教导第一团党代表办公室参谋。1925年6月随军参加对滇桂军阀杨希闵部、刘震寰部军事行动。1925年11月随军参加第二次东征战事，后参加筹备中央军事政治学校潮州分校事宜，1925年12月任中央军事政治学校潮州分校校本部副官处上尉副官。1926年1月任党军第一旅第一团步兵连连长，1926年7月任国民革命军北伐东路军总指挥

部副官，随部参加闽浙两省北伐战事，曾任福建诏安县县长。1927年任国民革命军第一军第一师（师长蒋鼎文）政治部主任，1927年9月10日被推选为国民革命军新编第一军（军长谭曙卿兼，驻防福州）特别党部执行委员，[1]9月11日再被推举为特别党部常务委员。1928年2月任中央派驻第一集团军第一军司令部党务特派员。1928年9月国民革命军编遣，任缩编后的第一集团军第九师（师长蒋鼎文）司令部参谋。1928年11月11日任军事委员会参谋本部第二厅少校参谋。[2]后任第九师第二十七旅步兵第五十九团团附。1929年2月26日被推选为陆军第九师特别党部候补执行委员。1930年任第九师第五十三团团附，第五十四团团长，率部参与赣东北红军及根据地"围剿"战事。1932年9月7日任第九师（师长李延年）独立旅（旅长周开勋）第一团团长，率部参加对福建事变第十九路军"围剿"作战。1934年6月27日兼任第六十一师（师长杨步飞）司令部参谋长。1935年5月6日颁令叙任陆军步兵上校。[3]抗日战争全面爆发后，率部参加淞沪会战。战后随第一军迁移西北驻防，1937年12月任军事委员会西安行营特务团团长。1938年任中央陆军军官学校第七分校（西安分校）第十五期第四学员总队队长，1942年任第一战区司令长官部干部训练团教育长，兼任中央陆军军官学校第十八期驻豫训练班主任，1943年任第一战区司令长官部战地警备司令部司令官。1944年7月获颁四等云麾勋章。1944年11月任军事委员会参议。1945年2月20日颁令叙任陆军少将。1945年3月保送陆军大学甲级将官班第二期学习，1945年6月毕业。抗日战争胜利后，任济南防守司令部司令官。后改为济南警备司令部，仍任司令官。后受邀返回广东，历任广东数县县长，1949年3月任第七兵团司令部副司令官。1949年5月12日任广东第十三区行政督察专员，[4]兼任该区保安司令部司令官。后随军撤退台湾，任台湾"东南军政长官公署"高级参谋，"国防部"高级参谋。

[1] 上海《民国日报》1927年9月11日"新一军党部成立"专文记载。

[2] 上海《民国日报》1928年11月25日"参谋部委令"一文记载。

[3] 国民政府文官处印铸局印行：台湾成文出版社有限公司1972年8月出版《国民政府公报》第93册1935年5月7日第1734号颁令第8页记载。

[4] 广东省档案馆编纂：1989年12月印行《民国时期广东省政府档案资料选编》第十一辑第283页记载。

1958年10月退役，1967年被聘任为银行顾问。1988年2月被推选为旅居台北市高雷同乡会理事长。1990年2月5日因病在台北逝世。[1]

---

[1] 台北"国史馆"编纂：2006年12月印行《"国史馆"现藏民国人物传记史料汇编》第二十七辑第104页记载。

吴瑶

吴瑶（1902—1948），又名朝周，别字伯华、于嘉，后以字行，改名伯华行世，浙江遂昌县石练中街人。宁波省立甲种商业学校毕业，广州大本营军政部陆军讲武学校肄业。1902年4月21日生于遂昌县城一个商绅家庭。1923年冬到广州，入广州大本营军政部陆军讲武学校学习。1924年秋该校并入黄埔军校，1924年11月编入陆军军官学校第一期第六队学习，1925年2月肄业。后因文化程度较高，未经见习即任中尉副官，不久任上尉区队长，随部参

吴瑶照片

加对滇桂军阀杨希闵部、刘震寰部军事行动和第二次东征作战。1926年7月北伐开始时，任国民革命军第一军第二师（师长刘峙）司令部少校参谋，随侍刘峙师长处理军机事宜。1927年任江苏省无锡市公安局局长，1928年9月江苏省第四保安旅副旅长。1929年因涉嫌贪污案被撤职，被国民政府军事委员会铨叙厅颁令永不录用。因一期同学同乡胡宗南举荐关系，改用别名伯华呈报任官，1932年10月任陆军第一师司令部上校参谋。1934年2月调任陆军第八十三师司令部参谋长。1935年5月6日颁令叙任陆军步兵上校。[1]抗日战争全面爆发后，率部参加淞沪会战。战后再迁移西北驻军。1938年4月任陆军第八十三师副师长，率部参加台儿

---

[1] 国民政府文官处印铸局印行：台湾成文出版社有限公司1972年8月出版《国民政府公报》第93册1935年5月7日第1734号颁令第8页记载。

庄战役、武汉会战。1938 年 6 月 24 日颁令晋任陆军少将。[1] 1939 年 4 月 11 日任第九十三军司令部参谋长。1939 年 5 月 30 日任中央陆军军官学校王曲第七分校（西安分校）办公厅主任。1943 年 11 月因病辞职，1944 年 12 月任第一战区司令长官部中将衔高级参谋。抗日战争胜利后，1946 年 7 月退为备役，后迁移香港寓居赋闲。1948 年 3 月因病在香港逝世。

---

[1] 国民政府文官处印铸局印行：台湾成文出版社有限公司 1972 年 8 月出版《国民政府公报》第 134 册 1938 年 6 月 25 日渝字第 60 号颁令第 5 页记载。

吴兴泗

吴兴泗（1902—？），湖北京山县凤凰坡人。京
山县高等小学、京山县立中学毕业，湖北省立第一师
范学校、上海高等英文专门学校、惠灵英文专门学校
肄业。父从教，家境贫穷。自填登记通信处为湖北京
山县凤凰坡。自填入学前履历：民国八年（1919年）
入本省（湖北）第一师范学校，十年（1921年）得友
人资助入上海高等英文专门学校，十一年（1922年）
入惠灵英文专门学校肄业。1923年1月由孙镜（国民
党一大湖北省代表，国民党中央党务部副部长，时

吴兴泗照片

任国民党上海执行部调查部秘书）介绍加入中国国民党。1924年春由詹大悲（孙
中山指派出席国民党一大湖北省代表，时任广州大本营秘书及宣传委员）、张知
本（国民党第一届候补中央执行委员，前北京政府参议院参议，上海法政大学教
授，广州大本营参议）保荐投考黄埔军校。1924年5月到广州，1924年6月考入
黄埔陆军军官学校第一期第一队学习，1924年11月毕业。分发教导第一团任见
习，1925年1月随部参加第一次东征作战。后任党军第一旅步兵连排长，1925年
6月随军参加对杨希闵部、刘震寰部军事行动和第二次东征战事。1926年7月任
国民革命军第一军第二十一师步兵连连长，随军参加北伐战争。1927年任国民革
命军总司令部副官，后任国民革命军第一军第二十一师（代师长陈诚）政治部主
任。[1]1927年8月随军参加龙潭战役。1928年4月12日被国民革命军总司令部委

---

[1] 江苏人民出版社《萧山文史资料》1988年第一辑第82页孟锦华撰文《北伐中俘获高邮县知
事庄纶仪回忆记》中记载。

任为第一集团军第一纵队司令部设计整理委员会委员。[1]后曾参加中国国民党汪精卫系改组派活动。1930年在湖北组织"黄埔革命军"活动，被推选为政治委员会主席。1931年归附国民政府，到南京黄埔同学会登记自新。后派任训练总监部参谋，陆军步兵独立旅司令部副官长。抗日战争全面爆发后，任训练总监部步兵监部科长，补充兵训练分处干部教导大队大队长。抗日战争胜利后，任少将衔高级参谋。1947年11月21日颁令叙任陆军少将。任国防部第四厅总务处处长，联勤总司令部第六补给区司令官。

---

[1]　1928年2月版《国民革命军总司令部公报》第二期第56页记载。

吴乃宪

吴乃宪（1898—1979），别字劲夫，别号迺宪，广东琼山县（现为"区"）长流镇传桂村人。琼山县高等小学、琼山县立中学肄业，广东省立公路工程专门学校、陆军大学将官班甲级第一期毕业。祖辈耕读，家无恒产。自填登记处为广东琼山县传桂村，通信处为琼州海口海南书局转交。自填入学前履历：历充广东琼东县公安局、公路局局长，广东全省官产清理处科员，广东财政厅科员等职。自填家庭主要成员：父泰祥，母孔氏，姐一名弟四个妹两人，

吴乃宪照片

入学黄埔军校前已婚，夫人邝氏。[1]1898年12月4日生于琼山县长流镇传桂村一个农户家庭。求学结束后，曾任广东琼东县公安局局长、公路局局长，广东全省官产清理处科员，广东省政府财政厅科员。1916年6月由徐天柄（又名坚，时任中华革命党琼山地方筹备委员）、徐成章（时为云南陆军讲武堂第十二期步兵科学生，后粤桂联军陈继虞支队司令部参谋长）介绍加入中国国民党，1924年春由陈树人（孙中山指派出席国民党一大广东省代表，时任中国国民党党务部部长，广东省省长公署政务厅厅长）举荐投考黄埔军校。1924年6月考入陆军军官学校第一期第三队学习，1924年11月毕业。后任入伍生部副官，广东警卫军警备队

---

[1] 陆军军官学校编辑、台北文海出版社有限公司印行：近代中国史料丛刊三编第五十七辑《陆军军官学校第三队学生详细调查表》记载。

队长，军政部海军局政治部指导员。[1] 1926年起，任国民革命军第一军第二师经理处中校党代表，后随军参加北伐战争。1927年4月29日被国民政府海军处政治部任命为广东海防舰队"广全舰"党代表。1931年奉派任国民政府驻华南区特派员，[2] 负责与西南政务委员会联络事宜，后任华东区特派员，兼淞沪警备司令（吴铁城兼）部侦查队队长、参谋处处长，京沪杭甬铁路警察署署长。1936年3月17日颁令叙任陆军步兵中校。[3] 抗日战争全面爆发后，任京沪铁路警察署署长、京沪两路区司令部警务处处长，率部参加淞沪会战。战后率余部撤退至江西，1937年11月任交通警察第四支队司令部司令官。1938年3月30日国民政府颁令任命为广东省政府保安处（处长邹洪）副处长。[4] 1939年3月28日国民政府颁令：广东省政府保安处副处长吴逎宪免职。[5] 1939年12月9日国民政府颁令任命吴逎宪为广东省政府保安处处长，[6] 兼任战时省会韶关警备司令部司令官。1941年10月2日国民政府颁令：任命吴逎宪为广东省政府委员。[7] 兼任省政府保安处处长及广东省保安司令部副司令官，1943年7月29日免省政府委员职。1945年任闽粤赣边区总指挥部副总指挥。1944年10月入陆军大学甲级将官班第一期学习，1945年1月毕业。任军事委员会高级参谋。抗日战争胜利后，1946年10月任国防部附员。1948年12月奉命率队将故宫博物院2972箱藏品运至台湾。1949年后任台湾"国防部"高级参谋，1952年退役。1952年5月22日递补为台湾"国民大会"代表，

---

[1] 台北《黄埔建国文集》编纂委员会编纂：台北实践出版社1985年6月16日印行《黄埔军魂》第358页记载。

[2] 范运晰编著：南海出版公司1993年11月《琼籍民国将军录》第116—121页记载。

[3] ①1936年3月19日《中央日报》"国民政府令"记载；②国民政府文官处印铸局印行：台湾成文出版社有限公司1972年8月出版《国民政府公报》第105册1936年3月18日第1998号颁令第1—2页记载。

[4] 国民政府文官处印铸局印行：台湾成文出版社有限公司1972年8月出版《国民政府公报》第132册1938年4月2日渝字第36号颁令第2页记载。

[5] 国民政府文官处印铸局印行：台湾成文出版社有限公司1972年8月出版《国民政府公报》第139册1939年3月29日渝字第139号颁令第3页记载。

[6] 国民政府文官处印铸局印行：台湾成文出版社有限公司1972年8月出版《国民政府公报》第145册1939年12月9日渝字第212号颁令第11页记载。

[7] 国民政府文官处印铸局印行：台湾成文出版社有限公司1972年8月出版《国民政府公报》第163册1941年10月4日渝字第402号颁令第1页记载。

任"光复大陆设计研究委员会"委员。1966年"国民大会"临时会议递补为主席团主席。1953年兼任台北海南同乡会第二届理事会理事长,后任名誉理事。1972年正式当选为"国民大会"主席团主席。1979年1月15日因病在台北荣民总医院逝世,葬于台北县树林公墓。[1]

---

[1] 台北"国史馆"编纂:2006年12月印行《"国史馆"现藏民国人物传记史料汇编》第十四辑第102页记载。

吴秉礼

　　吴秉礼（1901—1924），广东琼山县蛟龙村人。广东省立琼崖中学校毕业。家从农业，经济中等，自给自足。自填登记处为广东琼州府琼山县蛟龙村，通信处为琼州海口俊胜号。自填入学前履历：经任国民学校校长。曾任国民学校（高级小学）校长。1924年3月经陈定平（广东琼山人，时任粤军第三军第二旅第四团团长）、王钧（驻粤滇军第三军独立团团长）介绍加入中国国民党，1924年春由孙恩陶、蓝余热（均在国民党中央执行委员会供职）举荐投考黄埔军校。1924年6月考入陆军军官学校第一期第三队学习，就读期间于1924年7月28日因病在军校医院逝世，后与东江溺亡的苏联顾问巴甫洛夫同开追悼会和安葬仪式。孙中山为黄埔军校学生吴秉礼、毛宜题悼挽额："遗恨如何"。[1]

---

[1]　原载广州《民国日报》1924年8月7日《补述军校追悼会详情》，现据：尚明轩主编、人民出版社2015年8月出版的《孙中山全集》第十五卷题词遗墨第316页记载。

吴重威

吴重威（1901—？），江西萍乡人。萍乡县立中
学校毕业，江西法政专门学校法律预科肄业。家世
务农，经济中等。自填登记处为江西萍乡，通信处
为萍乡县城内湘东西区高等小学校转交。自填入学
前履历：民国五年（1916年）由萍乡县立中学校毕
业，民国八年（1919年）肄业江西法政专门学校法
律预科一载，十三年（1924年）充虎门要塞司令部
清乡处文牍科科长。1916年江西萍乡县立中学校毕
业。1919年江西法政专门学校法律预科肄业一年。

吴重威照片

1924年充任广东虎门要塞司令部清乡处文牍科科长。1924年5月由钟震岳（时任
驻粤赣军司令部军需官）、姚唯（时任驻粤赣军司令部参谋）介绍加入中国国民
党，1924年5月由钟震岳、李向棨（广州虎门要塞司令部参议）举荐投考黄埔军
校。1924年6月考入陆军军官学校第一期第二队学习，1924年11月毕业。1926年
7月任国民革命军北伐东路军政治部宣传队队长，参加北伐战争。

吴高林

吴高林照片

吴高林（1898—? ），又名杲林，别字皋麠，别号志骞、大千，江西萍乡人。广州大本营军政部陆军讲武学校肄业，中央训练团将官班结业。1923年12月到广州，考入广州大本营军政部陆军讲武学校学习，1924年秋该校并入黄埔军校，1924年11月编入陆军军官学校第一期第六队学习，1925年2月肄业。分发教导团任见习、排长，1925年1月随部参加第一次东征作战。1925年6月随军参加对滇桂军阀杨希闵部、刘震寰部军事行动。1926年7月参加北伐战争。1928年12月任中央陆军军官学校武汉分校少校附员。1930年11月兼任中央陆军军官学校武汉分校财政监察委员会委员、常务委员。[1]1931年10月任淞沪卫戍司令部宪兵营副营长，1932年1月参加一·二八淞沪抗战。后任南京宪兵司令部参谋、营长。抗日战争全面爆发后，任宪兵补充团团长，率部参加南京保卫战。后任补充兵训练处学员总队大队长，师管区副司令官。抗日战争胜利后，1946年1月奉派入中央训练团将官班受训，1946年3月结业。[2]

---

[1] 1930年12月版《中央陆军军官学校第八期武汉分校工作月刊》第一期第449页记载。

[2] 1946年10月印行《中央训练团将官班同学通讯录》第123页记载。

宋文彬

宋文彬（1901—1961），别字质夫，直隶遵化人。北京公立第三高等小学毕业。记载为民国前十二年出生。父从教业，有地产五亩。自填登记处为直隶遵化县，通信处为北京朝阳门老君堂三十九号；朝阳门南水关四十七号郭筱常转交。自填入学前履历：充内务部办事职，次入京汉铁路印刷所充工数载，后组织本所工会代表，更次入北京大学三院平民高小肄业。曾充任北京政府内务部录事，京汉铁路印刷所职员，组织印刷所工会，为理事。1922年入北

宋文彬照片

京大学旁听。1923年12月30日由郑业、曹儒谦介绍加入中国国民党。1924年春由王法勤（国民党第一届中央执行委员，前北京政府参议院议员，兼任国民党中央党务审查会委员）、李永声（孙中山指派出席国民党一大直隶省代表，前北京政府众议院议员，国民党直隶省临时执行委员会筹备委员，中共天津地方委员会宣传部主任）、于树德（孙中山指派出席国民党一大直隶省代表，国民党第一届中央执行委员，中共三大代表，国民党中央党部对外委员会委员，北京执行部执行委员）、于兰诸（国民党第一届候补中央执行委员，国民党天津市党部党务部部长，中共天津地方委员会委员长）举荐投考黄埔军校，1924年6月考入陆军军官学校第一期第四队学习，其间加入中国共产党，1924年11月毕业。记载初任军职为黄埔军校教导第二团第七连上尉党代表，记载履历军职为副官、营长、团

长、参谋长、处长、主任。[1]1925年1月随部参加第一次东征作战。1925年6月任党军第一旅步兵连连长，随部参加对滇桂军阀杨希闵部、刘震寰部军事行动。其间任军校第三期学生队上尉特别官佐，《黄埔日刊》编辑委员会委员。1925年9月17日奉派任军校下级干部训练班主任，[2]并令其筹备。1926年7月任国民革命军第一军第二十师步兵营党代表，随部参加北伐战争，1926年夏在南昌战役中负重伤。1927年任国民革命军第二方面军总指挥部警卫团第一营营长，因在南昌战役曾受重伤，行走不便遂留在武汉，未随队参加秋收起义，后脱离中共党组织。1930年到南京黄埔同学会登记报到，经同学介绍入南京中央陆军军官学校高级班受训，获得举荐与出任官职资格。1934年12月任第八十四师政治训练处处长，后任第七十六军司令部参谋处处长。抗日战争全面爆发后，随军参加保定战役阻击日军南下行动。后任冀察战区总司令部干部教导总队总队长，冀察战区总司令部干部训练团副教育长。1942年9月1日叙任陆军步兵上校，[3]另载1943年1月8日颁令叙任陆军步兵上校。[4]冀察战区裁撤后免职。1944年6月13日颁令委任昆明防守司令部政治部少将主任。[5]抗日战争胜利后，任第三十二集团军总司令部政治部主任。1947年1月任北平警备司令部少将衔高级参谋，1949年1月随部参加北平和平解放。部队改编后，入中国人民解放军华北军政大学高级研究班学习。中华人民共和国成立后，任中国人民解放军第六高级步兵学校研究员。后被捕入狱，1952年9月被判处有期徒刑四年，1955年6月获释后，安排在北京市郊清河农场工作。1961年3月22日因病逝世，1979年7月获得平反，恢复起义人员政治名誉。

---

[1] 军事委员会铨叙厅民国三十三年（1944年）十二月印制《军官资绩簿》第一册［陆军现役少将上校军官资绩簿］第210页记载。

[2] 中国第二历史档案馆编：档案出版社1992年12月《蒋介石年谱初稿》第327页记载。

[3] 军事委员会铨叙厅民国三十三年（1944年）十二月印制《军官资绩簿》第一册［陆军现役少将上校军官资绩簿］第210页记载。

[4] 国民政府文官处印铸局印行：台湾成文出版社有限公司1972年8月出版《国民政府公报》1943年1月9日渝字第534号颁令。

[5] 军事委员会铨叙厅民国三十三年（1944年）十二月印制《军官资绩簿》第一册［陆军现役少将上校军官资绩簿］第210页记载。

宋希濂

宋希濂（1907—1993），别字荫国，湖南湘乡县
溪口乡人。湘乡县溪口乡高等小学、长沙长郡中学、
日本千叶陆军步兵专门学校、陆军大学将官班甲级
第一期毕业。1907年生于湘乡县溪口乡一个富裕中
农家庭。自填登记处为湖南湘乡县二十部溪口熊山
凹宋其实堂，通信处为湘乡谷水新华书局转交。自
填入学前履历：民国三年（1914年）入初等小学，
四年（1915年）毕业后，七年（1918年）考入县立
高等小学，三年毕业后，十年（1921年）考入湖南

宋希濂照片（一）

长郡公学中学部修业三载。幼年在乡村读过一年私塾、五年小学，1921年赴长沙
考入长郡中学就读。1924年春由谭延闿（国民党第一届中央执行委员，前国民党
湖南支部长，时任驻粤湘军总司令，广州大元帅府大本营内政部部长、建设部部
长及大本营秘书长）、彭国钧（前湖南省临时议会议员，国民党湖南省党部改组
委员会特派委员，驻粤湘军总司令部秘书）、谢晋（孙中山指派出席国民党一大
湖南省代表，驻粤湘军总司令部党务处处长）举荐投考广州黄埔军校，1924年5
月17日由彭国钧、谢晋介绍加入中国国民党。1924年6月考入陆军军官学校第一
期第一队学习，1924年11月毕业。随部参加了两次东征作战。1926年1月由陈赓
介绍加入中国共产党。[1]1926年3月"中山舰事件"后脱离中共。1926年7月任
国民革命军第一军第二十一师第六十三团第一营营长，随部参加北伐战争，在桐

---

[1] 廖盖隆主编：中共中央党校出版社2001年6月《中国共产党历史大辞典》增订本第290页
记载。

庐战役中负伤。1927年冬伤愈，奉派赴日本留学千叶陆军步兵学校，并任黄埔军校留日学生小组组长，1930年5月回国。任中央教导第一师司令部参谋，随部参加中原大战。战后调任中央教导第一师第三团副团长，后任国民政府警卫军第一师第二团团长。再调任陆军第二师第三旅第六团团长，1931年10月任国民政府警卫军第一师第二旅旅长。1931年9月6日参加国民政府警卫军（军长顾祝同）警卫第二师（师长俞济时）在南京三牌楼召开的中国国民党第一

宋希濂照片（二）

次全师代表大会，被推选为该师特别党部候补监察委员。[1]1931年12月部队改编后，任第五军第八十七师第二六一旅旅长，率部参加一·二八淞沪抗战，入沪参战与日军激烈交锋三个多月。战后任第八十七师副师长，1933年8月任第三十六师师长，兼任抚州警备司令部司令官，率部参加对江西红军及根据地的"围剿"战事。福建事变发生后，率部参与征讨第十九路军战事。1936年1月1日获颁四等宝鼎勋章。[2]1936年12月西安事变后，兼任西安警备司令部司令官。1935年4月13日颁令叙任陆军少将。1936年10月5日颁令叙任陆军中将。抗日战争全面爆发后，1937年9月任第七十八军军长，兼任第三十六师师长，率部参加淞沪会战和南京保卫战。1938年5月任第七十一军军长，率部参加武汉会战，重创日军精锐部队。[3]1939年11月任第三十四集团军副总司令，兼任第七十一军军长，1940年9月兼任中央训练团总团副教育长。1941年11月任中国远征军第十一集团军总司令，兼任昆明防守司令部司令官，率部在滇缅边区抗击日军。1944年10月入陆军大学甲级将官班第一期学习，1945年1月毕业。1945年1月30日被推选为军队各特别党部代表出席中国国民党第六次全国代表大会。1945年5月20日当选为中国国民党第六届中央执行委员会执行委员。抗日战争胜利后，1945年9月任中央

---

[1] 1931年9月7日《中央日报》"警卫军第二师全师代表大会记盛"一文记载。

[2] 国民政府文官处印铸局印行：台湾成文出版社有限公司1972年8月出版《国民政府公报》第102册1936年1月2日第1936号颁令第13页记载。

[3] 台北"国史馆"编纂：2006年12月印行《"国史馆"现藏民国人物传记史料汇编》第二十八辑第113页记载。

陆军军官学校第九分校（新疆分校）主任。1945年11月任新疆警备总司令部总司令。1946年3月兼任国民政府西北行辕参谋长。1947年7月被推选为党团合并后的中国国民党第六届中央执行委员会执行委员。1948年8月任华中"剿匪"总司令部副总司令，兼任第十四兵团司令部司令官。1949年8月程潜、陈明仁等人长沙起义时，中共方面亦为派人劝其起义，宋以"事关重大"为词拒绝。[1]1949年1月任湘鄂边区绥靖公署主任，1949年4月任华中军政长官公署副长官，兼任第十四编练司令部司令官，1949年8月任川湘鄂边区绥靖公署主任等职。1949年12月19日在四川沙坪被人民解放军俘虏。中华人民共和国成立后，关押于战犯管理所，1959年12月4日获特赦释放。1959年12月10日安排任全国政协文史资料征集研究委员会专员，第四届全国政协委员，第五至七届全国政协常委。1980年旅居美国，1984年6月任黄埔军校同学总会副会长。1993年2月14日因病在美国纽约逝世，其骨灰安葬在长沙唐人永久墓地的"名人区"。著有《第一次东征》（载于中共广东惠州市委统战部、中共惠州市委党史办公室编：广东人民出版社1992年12月《东征史料选编》第761页）、《第二次东征》（载于中共广东惠州市委统战部、中共惠州市委党史办公室编：广东人民出版社1992年12月《东征史料选编》第935页）、《第三十六师开入西安的经过》（载于中国文史出版社《文史资料存稿选编——西安事变》）、《大革命时期统一广东的斗争》（载于中国文史出版社《中华文史资料文库》第二卷）、《我参加讨伐十九路军战役的回忆》（载于中国文史出版社《中华文史资料文库》第三卷）、《南京守城战役亲历记》（载于中国文史出版社《中华文史资料文库》第四卷）、《兰封战役的回忆》（载于中国文史出版社《中华文史资料文库》第四卷）、《远征军在滇西的整训和反攻》（载于中国文史出版社《中华文史资料文库》第四卷）、《新疆三年见闻录》（载于中国文史出版社《中华文史资料文库》第六卷）、《淮海战役期间蒋介石和白崇禧的倾轧》（载于中国文史出版社《中华文史资料文库》第六卷）、《和谈前夕我接触到的几件事》（载于中国文史出版社《中华文史资料文库》第六卷）、《1948年蒋介石在南京召集的最后一次重要军事会议》（载于中国文史出版社《中华文史资料文库》第六卷）、《西南战区亲历记》（载于中国文史出版社《中华文史资料文库》第七

---

[1] 杨牧、袁伟良主编：河南人民出版社2005年11月《黄埔军校名人传》上册第812页记载。

卷）、《一·二八淞沪抗战纪实》（载于中国文史出版社《原国民党将领抗日战争亲历记——从九一八到七七事变》）、《血战淞沪》（载于中国文史出版社《原国民党将领抗日战争亲历记——八一三淞沪抗战》）、《南京守城战》（载于中国文史出版社《原国民党将领抗日战争亲历记——南京保卫战》）、《兰封战役的回忆》（载于中国文史出版社《原国民党将领抗日战争亲历记——中原抗战》）、《富金山、沙窝战役》（载于《原国民党将领抗日战争亲历记——武汉会战》）、《远征军在滇西的整训和反攻》（载于中国文史出版社《原国民党将领抗日战争亲历记——远征印缅抗战》）、《关于〈蒋介石解决龙云的经过〉的一些补充》（载于中国文史出版社《文史资料选辑》第八辑）、《回忆1948年蒋介石在南京召集最后一次重要军事会议实况》（载于中国文史出版社《文史资料选辑》第十三辑）、《解放前夕我和胡宗南策划的一个阴谋》（载于中国文史出版社《文史资料选辑》第二十三辑）、《和谈前夕蒋介石的幕后操纵和李宗仁的备战部署》（载于中国文史出版社《文史资料选辑》第三十二辑）、《我参加"一·二八"淞沪抗战的回忆》（载于中国文史出版社《文史资料选辑》第三十七辑）、《第五次"围剿"中的朋口战役》（载于中国文史出版社《文史资料选辑》第四十五辑）、《我在西南的挣扎和被歼灭经过》（载于中国文史出版社《文史资料选辑》第五十辑）、《我在鄂西的挣扎》（载于湖北省政协文史资料委员会编：湖北人民出版社1999年9月《湖北文史集萃》政治军事卷下册第689页）、《西南解放前夕美国参议员诺兰到重庆见蒋介石的内幕》（载于中国文史出版社《文史资料选辑》第五十辑）、《对〈我所知道的何应钦〉的订正》（载于中国文史出版社《文史资料选辑》第五十五辑）、《大革命时期统一广东的斗争》（载于中国文史出版社《文史资料选辑》第七十七辑）、《鹰犬将军——宋希濂自述》（中国文史出版社1986年7月）等。中国文史出版社《文史资料存稿选编——军政人物》上册载有《我所知道的宋希濂》（伍蔚文著）、《宋希濂在新疆》（潘云著），中国文史出版社《文史资料存稿选编——全面内战》下册载有《宋希濂集团在川湘鄂地区的扩军和覆灭》（陈康黎著）等。

宋思一

宋思一（1894—1984），贵州贵定县都六乡人。贵定县立高等小学、贵州省垣中学毕业，上海大同大学数学科肄业，陆军大学特别班第二期毕业。家从农商，经济贫困。自填家庭主要成员：父文彬，母孙氏，弟两名姐妹各一，入学黄埔军校前已婚育，夫人赵氏，子承先。[1]自填登记通信处为贵州贵定县第六区都六。自填入学前履历：高小卒业回家经商四年，民国六年（1917年）复入省垣中学，毕业后自费留日住东京二年，嗣因家庭生变遂返上海，考

宋思一照片（一）

入大同大学数学科至今二年。1894年2月17日生于贵定县都六乡一个农商家庭。1920年经恽代英（时任上海《新建设》杂志社编辑）、靳经纬（贵州安顺人，时任上海《新建设》杂志社编辑）介绍加入中国国民党，1924年春再由其二人举荐投考黄埔军校。1924年6月考入陆军军官学校第一期第二队学习，1924年11月毕业。后随军参加东征作战，任副官、军需官、连长等职。1925年任中央军事政治学校潮州分校学员大队队附，1926年任国民革命军总司令部独立第四师政治部主任，率部参加北伐战争。1927年4月1日任黄埔同学会福建支会主席。[2]1927年5月1日与36名前五期同学被南京黄埔同学总会指定为总会预备执监委员。[3]1927

---

[1] 陆军军官学校编辑、台北文海出版社有限公司印行：近代中国史料丛刊三编第五十七辑《陆军军官学校第二队学生详细调查表》记载。

[2] 上海《民国日报》1927年4月3日"海内外一致拥护蒋总司令"专文记载。

[3] 上海《民国日报》1927年5月1日至8日"黄埔同学会改组委员会特别紧要启事"记载。

年5月10日任第三路总指挥部独立第四师政治部主任。[1]1927年5月12日黄埔同学会在南京东南大学礼堂召开第一届执监委员选举大会，被推选为该会执行委员。[2]1928年任南京中央陆军军官学校管理处处长。1928年6月11日被委派为南京中央陆军军官学校特别党部筹备委员。1929年5月任中央陆军军官学校武汉分校第七期政治训练处处长，1929年9月19日被委派为中央陆军军官学校武汉分校特别党部筹备委员。1930年夏，任第十师副师长，1931年任第

宋思一照片（二）

八十三师副师长。1934年9月入陆军大学特别班第二期学习，1936年9月8日颁令叙任陆军步兵中校，[3]1937年8月毕业。抗日战争全面爆发后，任第二战区司令长官部前敌总指挥部后方办事处处长，后兼任交通处处长，1937年9月4日颁令晋任陆军步兵上校，[4]随军参加忻口战役、太原保卫战诸役。1938年3月任军政部第八补充训练处处长，1938年8月任第三十七军第一四〇师师长，率部参加武汉会战。1939年6月24日颁令晋任陆军少将。[5]后任军事委员会高级参谋，1940年任周家口警备司令部司令官，不久改任军事委员会西北游击干部训练班副教育长。1944年7月任贵阳警备司令官，兼任贵州省防空司令官，1945年3月任第二方面军司令长官部高级参谋。抗日战争胜利后，任第二方面军司令长官部驻上海指挥所主任，兼军品接收委员会副主任。1948年任京沪杭警备副总司令，战败后随部返回贵阳，1949年任贵州绥靖主任公署副主任。1949年12月由昆明返回贵阳参加起义，1954年因罪案被捕入狱，关押于战犯管理所，1975年12月19日获特赦

---

[1] 上海《民国日报》1927年5月13日"公电"记载。

[2] 上海《民国日报》1927年5月19日"黄埔同学会之新执委会"一文记载。

[3] 国民政府文官处印铸局印行：台湾成文出版社有限公司1972年8月出版《国民政府公报》第113册1936年9月9日第2147号颁令第5页记载。

[4] 国民政府文官处印铸局印行：台湾成文出版社有限公司1972年8月出版《国民政府公报》第129册1937年9月6日第2450号颁令第2页记载。

[5] 国民政府文官处印铸局印行：台湾成文出版社有限公司1972年8月出版《国民政府公报》第141册1939年6月28日渝字第165号颁令第1页记载。

释放。后任贵州省政协常委，民革贵州省委员会副主任委员。1984年11月14日因病在贵阳逝世。著有《我参加东征和北伐》、《我所知道的何应钦》（载于中国文史出版社《文史资料存稿选编——军政人物》上册）、《1930年前后我和蒋介石的几次接触》（载于中国文史出版社《文史资料存稿选编——军政人物》下册）、《黔南事变前后》（载于贵州人民出版社《贵州文史资料选辑》1981年第六辑）、《第八十五师忻口抗战见闻》（载于中国文史出版社《原国民党将领抗日战争亲历记——晋绥抗战》）、《黔南事变前后》（载于中国文史出版社《原国民党将领抗日战争亲历记——粤桂黔滇抗战》）、《抗日战争亲历记》等。

宋雄夫

宋雄夫照片

宋雄夫（1899—1926），湖南宁乡人。宁乡县西城高等小学毕业。祖辈务农，家境贫穷。自填登记处为湖南宁乡县西城外溜子洲，通信处为宁乡县西城外三川潭宋三才堂转交。自填入学前履历：民国九年（1920年）入湘军第五团当候差，旋调充该团机关枪连司务长，后入调充团部副官，是年底军队遣散乃归家，十二年（1923年）来粤在中央直辖第四旅当委员。1923年秋，入广州大本营军政部陆军讲武学校学习。1924年6月考入陆军军官学校第一期步兵第一队学习，1924年11月毕业。参加了两次东征作战和北伐战争，曾任国民革命军第一军第一师代理排长、连附，1926年秋，在北伐南昌战役中牺牲。[1]1929年10月26日国民政府颁布第2428号指令："呈据军政部呈故员宋雄夫拟照上尉阵亡例给恤"。[2]

[1] ①中国第二历史档案馆供稿，华东工学院编辑出版部影印，档案出版社1989年7月《黄埔军校史稿》第八册（本校先烈）第245页第一期烈士芳名表记载1926年10月在江西南昌阵亡；②台北《黄埔建国文集》编纂委员会编纂：台北实践出版社1985年6月16日印行《黄埔军魂》第574页"北伐战役殉国英雄姓名表"第一期记载。

[2] 国民政府文官处印铸局印行：台湾成文出版社有限公司1972年8月出版《国民政府公报》第32册1929年10月28日第305号颁令第8页记载。

张
烈

　　张烈（1901—1925），湖南醴陵人。广州大本营军政部陆军讲武学校肄业。自填通信处为湖南醴陵清水江和生财号转。1923年冬到广州，考入广州大本营军政部陆军讲武学校学习。1924年秋该校并入黄埔军校，1924年11月编入陆军军官学校第一期第六队学习，1925年2月肄业。分发教导第一团任见习，随部参加第一次东征作战，1925年6月随军参加对滇桂军阀杨希闵部、刘震寰部军事行动。1925年冬因病在广州逝世。[1]

---

[1]　湖南省档案馆校编、湖南人民出版社1989年7月《黄埔军校同学录》第14页记载：张烈民国十四年（1925年）冬病亡。

张渤

张渤（1900—? ），别字铁舟[1]，江苏阜宁人。1924年6月考入陆军军官学校第一期第四队学习，在学期间探亲不归被开除，1924年肄业。以上资料依据：①湖南省档案馆校编、湖南人民出版社1989年7月《黄埔军校同学录》第16页第一期补录名单记载，仅列姓名，缺载年龄、籍贯和通信处；②广东省国家档案馆藏《第一期同学附录》第9页列名第四队，仅有姓名，无载年龄、籍贯和通信处。1936年经数名黄埔一期同学证明，获准追认其第一期学籍并肄业。

---

[1] 陆军军官学校编辑、台北文海出版社有限公司印行：近代中国史料丛刊三编第五十七辑《陆军军官学校第一至四队学生详细调查表》无载。

张策

张策（1904—?），江西安义人。广州大本营军政部陆军讲武学校肄业。1923年12月到广州，入广州大本营军政部（部长程潜）陆军讲武学校学习，1924年该校并入黄埔军校，1924年11月编入陆军军官学校第一期第六队学习，1925年2月肄业，后服务军界。1929年10月任陆军新编第五师政治训练处中校政治训练员，陆军步兵团政治训练员。

张颖

张颖照片

张颖（1903—1927），别号涌秋，湖南益阳人。广州大本营军政部陆军讲武学校肄业。1923年冬到广州，考入广州大本营军政部陆军讲武学校学习。1924年秋该校并入黄埔军校，1924年11月编入陆军军官学校第一期第六队学习，1925年2月肄业。分发教导第一团任见习，1925年1月随部参加第一次东征作战。后任黄埔军校入伍生部步兵第一团第三营第八连排长，1925年6月随军参加对滇桂军阀杨希闵部、刘震寰部军事行动和第二次东征战事。1926年7月随部参加北伐战争，任国民革命军第一军第二十师第五十九团第二营连长、营长。1927年8月4日在江西会昌战斗中阵亡。[1]1930年1月10日国民政府颁布第51号指令行政院："呈据军政部呈为前第八路右翼军第二十师第五十九团第二营营长张颖于十六年在江西会昌剿共阵亡，拟照上校平时御乱被戕例给恤，此令。"[2]张颖后人于2005年将其"第一期生毕业证章"捐献给广东革命历史博物馆。证章照片见广州近代史博物馆编撰、2006年3月出版的《近代广州教育轨辙》第137页，原证章收藏于广州近代史博物馆。

[1] 中国第二历史档案馆供稿，华东工学院编辑出版部影印，档案出版社1989年7月《黄埔军校史稿》第八册（本校先烈）第246页第一期烈士芳名表记载1927年8月4日在江西会昌阵亡。

[2] 国民政府文官处印铸局印行：台湾成文出版社有限公司1972年8月出版《国民政府公报》第35册1930年1月13日第367号颁令第10页记载。

张

镇

张镇（1898—1950），别字真夫，湖南常德人。
湖南省立第二中学毕业，广州大本营军政部陆军讲
武学校肄业，苏联莫斯科中山大学第一期、陆军大
学正则班第十二期毕业。1923年12月到广州，入广
州大本营军政部（部长程潜）陆军讲武学校学习，
1924年秋该校并入黄埔军校，1924年10月编入陆军
军官学校第一期第六队学习，1925年2月肄业。1925
年12月25日被校本部委派留学苏联孙文大学，组成
陆军军官学校特别党部驻俄区分部并互选为执行委

张镇照片

员。[1]历任陆军军官学校第二期政治部编纂股编纂员、第三期政治部组织科科员，
中央军事政治学校第四期步兵科第二团第一营第三连排长，随部参加了两次东征
作战。1926年选派到苏联莫斯科中山大学学习，[2]1927年夏回国。历任国民革命军
第十五师政治部主任，1928年任国民革命军总司令部上校侍从副官。1931年12月
任宪兵司令部特务团团长，1932年3月加入中华民族复兴社为骨干成员。后任南
京宪兵训练所教育长，宪兵教导团团长，宪兵第一团团长。1933年11月考入陆
军大学正则班第十二期学习，1935年5月8日颁令叙任陆军步兵上校，[3] 1936年3

---

[1] ①黄埔军校特别区党部编《东征日记》1925年11月25日一文记载；②转引自广东省汕头市
社会科学联合会编：中国文献出版社2004年版《周恩来在潮汕》第741—742页记载。

[2] 刘绍唐主编：台北传记文学出版社1999年10月15日印行《民国人物小传》第六辑记载。

[3] 国民政府文官处印铸局印行：台湾成文出版社有限公司1972年8月出版《国民政府公报》
第93册1935年5月9日第1736号颁令第1页记载。

月 26 日颁令由陆军步兵上校转任陆军宪兵上校。[1]1936 年 10 月 5 日颁令叙任陆军少将。1936 年 12 月陆军大学毕业，任第八师副师长。抗日战争全面爆发后，任湘鄂川黔边区绥靖主任公署副主任，兼任第三"清剿"区指挥部指挥官。1940 年 3 月 21 日国民政府颁令给予张镇四等云麾勋章。[2]1940 年 12 月任中央宪兵学校教育长，三青团第一届中央干事会监察，中央宪兵司令部副司令官。1944 年 3 月任中央宪兵司令部司令官，[3]军事委员会军法执行总监部副监。1944 年 10 月入陆军大学甲级将官班第一期学习，1945 年 1 月毕业。1945 年 1 月 30 日被推选为军队各特别党部出席中国国民党第六次全国代表大会代表。1945 年 5 月 20 日当选为中国国民党第六届中央执行委员会执行委员。抗日战争胜利后，任南京中央宪兵司令部司令官，中央宪兵学校校长。1946 年 11 月 15 日被中国国民党中央执行委员会直接遴选为出席（制宪）国民大会代表。1946 年 12 月 3 日参加赴南京任职、公干的 81 名黄埔一期生在中央训练团聚餐并于办公大楼前合影。[4]1947 年 7 月被推选为党团合并后的中国国民党第六届中央执行委员会执行委员。1948 年任南京卫戍总司令部总司令。1948 年 9 月 22 日颁令叙任陆军中将。1949 年到台湾，1950 年 2 月 17 日因病在台北逝世，安葬于台北五指山"国军示范公墓"特勋区第二区。1951 年 2 月台湾军事当局追赠陆军二级上将衔。[5]中国文史出版社《文史资料存稿选编——军政人物》下册载有《张镇生平事略》（周询著）等。

[1] 国民政府文官处印铸局印行：台湾成文出版社有限公司 1972 年 8 月出版《国民政府公报》第 105 册 1936 年 3 月 27 日第 2006 号颁令第 1 页记载。

[2] 国民政府文官处印铸局印行：台湾成文出版社有限公司 1972 年 8 月出版《国民政府公报》第 148 册 1940 年 3 月 23 日渝字第 242 号颁令第 2 页记载。

[3] 台北《黄埔建国文集》编纂委员会编纂：台北实践出版社 1985 年 6 月 16 日印行《黄埔军魂》第 311 页记载。

[4] 容鉴光编著：列入台北出版品预行编目资料，台北博煜企业有限公司 2003 年 6 月 16 日第一版印行《黄埔军校一期研究总成》第 278 页辑录。

[5] 胡健国主编：台北"国史馆"2009 年 5 月印行《"国史馆"现藏民国人物传记史料汇编》第三十三辑第 418 页军官照片记载。

张人玉

张人玉（1898—?），别字在华，浙江金华人。金华初级中学毕业，浙江陆军干部教导队肄业，浙江省立第七中学毕业。贫苦农家出身。自填登记处为浙江省金华县舍坞，通信处为浙江省金华城内仁寿堂转交仁德堂。自填入学前履历：民国四年（1915年）中学毕业，民国五年（1916年）浙江干部教导队毕业（实则肄业），民国九年（1920年）充浙军步兵第四团少尉连附。1915年浙江省立第七中学毕业。1916年浙江陆军干部教导队肄业。1920年任浙江陆军第四

张人玉照片

团少尉连附。1924年2月经张光祖（时任中国国民党广州市第五区党部常务委员）、吴次山（时任大本营军政部陆军讲武学校委员）介绍加入中国国民党，并由其二人举荐投考黄埔军校。1924年6月考入陆军军官学校第一期第二队学习，在学期间任该队第七分队副分队长，1924年11月毕业。分发教导第一团任见习，1925年1月随部参加第一次东征作战。1925年6月任国民党军第一旅第二团下属排排长，后升至连长，随军参加对滇桂军阀杨希闵部、刘震寰部军事行动及第二次东征战事。1926年7月任国民革命军第一军第二十二师步兵团连长，随军参加北伐战争。1927年5月中旬任浙江警备师（师长范汉杰）第五团（团长方既平）中校团附，随部驻防杭州。1927年6月任国民革命军总司令部补充第七团第三营营长。1928年8月国民革命军编遣时免职，1928年10月任缩编后的第一集团军第三师第九旅司令部参谋。1928年11月任国民革命军第九师第二十七旅第五十四团中校团

附。[1] 1928年12月任军事委员会委员长侍从室政治组（组长杨显）副组长，随蒋中正赴江北校阅部队。1929年10月任陆军第九师第二十七旅第五十四团团附，[2] 随军参加对桂系部队的讨伐战事。1930年5月随军参加中原大战。1933年10月任步兵独立旅团长、参谋主任。1936年12月26日颁令叙任陆军步兵中校。[3] 抗日战争全面爆发后，任军政部第十补充兵训练处练习团团长，陆军步兵师补充团团长，率部参加抗日战事。1944年12月任某团管区副司令官、代理司令官。抗日战争胜利后，任浙江某师管区副司令官。1946年1月奉派入中央军官训练团将官班受训，登记为少将学员，1946年3月结业。1946年12月3日参加赴南京任职、公干的81名黄埔一期生在中央训练团聚餐并于办公大楼前合影。[4] 1947年11月19日颁令叙任陆军少将，同时退为备役。

[1] 中国文史出版社《文史资料存稿选编——十年内战》第24—25页杨显、赵子立撰文《1929年蒋桂战争琐忆》一文记载。

[2] 杨显、赵子立著《1929年蒋桂战争琐记》，中国文史出版社《文史资料存稿选编——十年内战》第25页记载。

[3] 国民政府文官处印铸局印行：台湾成文出版社有限公司1972年8月出版《国民政府公报》第118册1936年12月28日第2239号颁令第1页记载。

[4] 容鉴光编著：列入台北出版品预行编目资料，台北博煜企业有限公司2003年6月16日第一版印行《黄埔军校一期研究总成》第278页辑录。

张凤威

张凤威（1901—？），江西南昌人。广州大本营军政部陆军讲武学校肄业。1923年12月到广州，入广州大本营军政部（部长程潜）陆军讲武学校学习，1924年秋该校并入黄埔军校，1924年10月编入陆军军官学校第一期第六队学习，1925年2月肄业。后服务军界，1930年10月任财政部江苏苏属缉私第一营营长。

张少勤

张少勤照片

张少勤（1897—1941），祖籍湖北沔阳县东乡接阳村，生于湖北武昌，张难先长子。[1]湖北省立武昌甲种农业专门学校毕业，广东西江陆海军讲武堂肄业。1897年9月生于武昌一个官宦家庭。自填登记处为湖北沔阳县东乡接阳，住武昌，通信处为湖北武昌过街楼后街二十二号本宅。自填农家出身，有田百余亩。自填入学前履历：曾在四川充当营长二年，民国八年（1919年）即入都门供职于农商部（北京政府），去秋贿选发生辞职，南来投入西江讲武堂。

1923年广东西江海陆军讲武堂肄业。充任四川陆军连长、营长二年，1919年任北京政府农商部秘书。1924年5月由邓演达（前任广东西路讨贼军第一师第三团团长，受筹备委员李济深委托参与筹办黄埔军校，黄埔军校入学试验委员会委员）、金佛庄（前浙江陆军第二师营长，时任黄埔军校第一期第三队上尉队长）介绍加入中国国民党，1924年5月由李济深（时任讨贼军第四军第一师师长，西江善后督办公署督办，黄埔军校筹备委员会委员）举荐投考黄埔军校。1924年6月考入陆军军官学校第一期第三队学习，1924年11月毕业。履历显示任初级军政职务。抗日战争全面爆发后，因患肺痨病长期休养，1941年12月26日在湖北宣恩县牧猪奴村逝世，安葬于村前东山坡地。

---

[1]　严昌洪、张铭玉、傅蟾珍编：华中师范大学出版社2005年5月《张难先文集》第491页记载。

张开铨

张开铨（1904—? ），别字玉阶，湖北黄冈人。湖北省立第一师范附属小学毕业，湖北第一师范学校毕业。农家出身，有田百余亩。自填登记处为湖北黄冈县还和乡下大村，通信处为湖北黄州团风上巴河转交。自填入学前履历：湖北省立第一师范附属小学卒业，后入第一师范（学校），（去岁）因校内风潮出校，在湖北党部办一外交善后委员会，后入第一师范正科就学。1923年因参与学潮出校，于国民党湖北省执行部外交委员会供职。1923年由熊

张开铨照片

本旭（时任广州大本营军政部会计司署理）介绍加入中国国民党，1924年春由项英（中共党员，前国民党湖北支部筹备委员，时任中共第三届中央委员兼国民党湖北执行部工农部主任）、包一宇（中国国民党湖北省筹备执行部副支部长）举荐投考黄埔军校。1924年6月考入陆军军官学校第一期第四队学习，1924年11月毕业。1930年10月任陆军第四十八师政治训练处处长。

张世希

张世希照片（一）

张世希（1902—1990），别字适兮，原籍江苏江宁，生于安徽桐城。南京正谊中学毕业，上海大学社会学系肄业，陆军大学特别班第二期毕业。1902年4月16日生于安徽桐城县一个乡儒家庭，周岁后随家迁移江苏江宁定居。乡塾启蒙，早年考入南京正谊中学就读，继入上海大学学习。1924年春南下广州投考黄埔军校，《陆军军官学校第四队学生详细调查表》缺载入党介绍人和入学举荐人。1924年6月考入陆军军官学校第一期第四队学习，1924年11月毕业。分发黄埔军校教导第一团机关枪连任见习、排长等职，随部参加第一次东征作战。后奉派返回上海，办理黄埔军校第三期生招考及征兵事宜。返回广州后，续任黄埔军校第三期入伍生总队第九连排长、副连长。1926年3月任国民革命军第一军第二十师第六十团连长、副营长，1926年7月随部参加北伐战争。北伐江西时任国民革命军总司令部情报科科长，后任独立第二营营长。1927年任第一军第二十一师政治训练处主任，后任该师第六十三团（团长王敬久）团附，某日因玩耍手枪走火，误伤同室居住的该师补充团第一营营长王仲廉（黄埔一期生）。北伐攻克武昌后，任中央军事政治学校武汉分校教导第一团团长。北伐东路军前敌总指挥部政治部为财政公开起见，特设置经理审查委员会，1927年4月21日被推选为前总指政治部经理审查委员会候补执行委员。[1]1927年5月宁汉分裂后返回南京，1928年3月任南京中央陆军军官学校（第七期）总务处庶务课课长。1929年

---

[1] 《民国日报》1927年4月28日"东前政治部要讯"一栏记载。

10月任教导第一师（师长冯轶裴）第一团团长，1930年3月改任教导第三师（师长钱大钧）第一团团长。1930年10月该师与国民政府警卫部队合编为警卫师（师长冯轶裴），仍任团长。1931年1月该师扩编为军编制，任警卫军第一师（师长俞济时）第一旅（旅长王敬久）第一团团长。1932年1月所部再度改编，任第五军（军长张治中）第八十七师（师长张治中兼）第二五九旅（旅长孙元良）第五一七团团长，率部参加"一·二八"淞沪抗战。战后任第八十七师（师长王敬久）第二五九旅旅长，1933年10月发表为南京中央陆军军官学校第十一期步兵科科长，后未到任。后任第八十七师（师长王敬久）副师长，兼任该师第二五九旅旅长，后改任第四师（师长冷欣）副师长，率部参加对江西中央红军及根据地的"围剿"作战。1934年3月任军事委员会南昌行营参议。1934年9月入陆军大学特别班第二期学习，学习期间发表任国民政府参谋本部高级参谋，1936年9月8日颁令叙任陆军步兵上校。[1]1937年8月陆军大学毕业。抗日战争全面爆发后，任南京中央陆军军官学校步兵科科长，兼任全国学生军总司令部参谋处处长兼步兵科科长，其间还兼任南京中央陆军军官学校第十四期第二总队总队长。1939年4月24日颁令晋任陆军少将。[2]后任军政部第十四补充兵训练处处长，率部驻四川内江地区。后所部改编为丙种师，任新编第三十三师师长，率部参加昆仑关战役及鄂西会战。因宜昌失守追究众多高级军官责任，其被以"连续虚报敌情致影响于指挥官之判断"罪于1940年8月撤职查办，经军事委员会判决减处有期徒刑五年，于执行中经依法呈准调服劳役。后于服役期间工作勤勉，获准参加常德会战参谋事宜并着有勋劳，核与军事犯调服劳役暂行办法第十五条前半段之规定相符，国民政府于1944年3月14日下令，将其原判之有期徒刑五年免予执行。[3]1945年1月30日被推选为军队各特别党部出席中国国民党第六次全国代表大会代表。1945年3月接温鸣剑任第三战区司令长官部参谋长，抗日战争胜利后，随副司令长官韩德勤赴浙江富阳，与日军第一三三师团师团长野地嘉平洽商受降与接收事

---

[1] 国民政府文官处印铸局印行：台湾成文出版社有限公司1972年8月出版《国民政府公报》第113册1936年9月9日第2147号颁令第5页记载。

[2] 国民政府文官处印铸局印行：台湾成文出版社有限公司1972年8月出版《国民政府公报》第140册1939年4月26日渝字第147号颁令第2页记载。

[3] 刘绍唐主编：台北传记文学出版社1999年10月15日印行《民国人物小传》第十八辑记载。

宜。[1]1945年10月任徐州绥靖主任公署参谋长，1946年9月7日任陆军总司令部（参谋长林柏森）副参谋长。1947年4月获颁三等云麾勋章。后任陆军总司令部郑州指挥所副主任。1948年1月获颁四等宝鼎勋章。1948年3月29日被推选为江苏省出席（行宪）第一届国民大会代表。1948年9月1日任首都卫戍司令部副司令官。1948年9月22日颁令叙任陆军中将。1948年10月发表为冀热辽边区总指挥部副总指挥，1948年11月任徐州"剿匪"总司令部郑州前进指挥所（主任杜聿明兼）副主任。1948年12月接张雪中任京沪杭警备总司令部第七绥

张世希照片（二）

靖区司令官，统辖陆军第二十军（军长杨干才）、第六十六军（军长罗贤达）、第八十八军（军长马师恭、杨宝谷）、第一〇六军（军长王修身）等，其率司令部驻防安徽皖南地区，与人民解放军进行长江江防作战。1949年3月任京沪杭警备副总司令，上海战役后南下，任福州绥靖主任公署副主任。1949年8月赴台湾，续任"国民大会"代表，1954年兼任台湾"光复大陆设计研究委员会"委员。20世纪80年代赴美国定居，1990年10月9日因病在美国洛杉矶逝世。

---

[1] 台北《黄埔建国文集》编纂委员会编纂：台北实践出版社1985年6月16日印行《黄埔军魂》第336页载有传记。

张本仁

张本仁（1898—？），别字满弓，湖南醴陵人。醴陵县立初级中学、陆军大学乙级将官班第一期毕业。幼年私塾启蒙，醴陵县立初级中学毕业后，一度于乡间任教。1923年12月到广州，入广州大本营军政部陆军讲武学校学习，1924年秋该校并入黄埔军校，1924年11月编入陆军军官学校第一期第六队学习，1925年2月肄业。后任国民革命军第六军教导总队排长、区队长，随部参加北伐战争。1930年起任陆军补充师营长、团附。抗日战争全面爆发后，任陆军预备第二师司令部参谋长兼步兵第二团团长，率部参加抗日战事。1938年12月入陆军大学乙级将官班第一期学习，1940年2月毕业。历任预备第二师司令部参谋长，军政部陆军补充训练处副处长，宜昌防守司令部副司令官。后任第六战区川湘边游击总指挥部游击挺进第一纵队司令部司令官。1943年1月8日被国民政府军事委员会铨叙厅颁令叙任陆军步兵上校。[1]抗日战争胜利后，1946年1月奉派入军政部军官总队受训。1946年7月结训后办理退役。

---

[1] 国民政府文官处印铸局印行；台湾成文出版社有限公司1972年8月出版《国民政府公报》1943年1月9日渝字第534号颁令。

张本清

张本清（1902—1949），又名文英，湖南晃县人。侗族。晃县龙溪高等小学、贵州省立模范中学毕业，湖南平民大学肄业。父从商农，经济中等，入可敷出。1924年春由邹永成（国民党一大湖南省代表，广州大元帅府中将高等顾问，兼中央直辖第三军第一纵队司令官）、罗迈（前中华革命党湖南支部总务科长，国民党一大湖南省代表，国民党湖南省临时支部特派员及湖南省临时党部筹备委员，广州大本营参谋兼广东虎门要塞司令部参谋）保荐投考黄埔军校，1924年5月经陈赓（黄埔军校第一期第三队学员）、赵枏（前中国社会主义青年团湖南衡州地方委员会书记，黄埔军校第一期第二队学员）介绍加入中国国民党。1924年5月到广州，1924年6月考入陆军军官学校第一期第二队学习，1924年11月毕业。毕业后入广州大本营军政部任副官，海军局驻长洲办事处监员，海军陆战队第二营连长、副营长。1926年7月北伐开始后，任国民革命军总司令部海军事务处少校科员。1927年春任浙江警备师补充第二团营长。1927年5月1日与36名前五期同学被南京黄埔同学总会指定为总会预备执监委员。[1]1927年5月12日黄埔同学总会在南京东南大学礼堂召开第一届执监委员选举大会，被推选为该会监察委员。[2]1928年任第二师第四团代理团附、团长，1929年任中央教导第三师第九团团长。1931年中央教导第三师改编为第十四师，因不服陈诚而被撤职。1932年12月出任第十一师第三十一旅第六十二团团长，率部参加对江西红军及根据地的"围剿"战事。后派驻意大利大使馆上校武官，军政部派驻德国军备采购团组长，曾入法国陆军大学进修。抗日战争全面爆发后，回国任宪兵团团长，湖南

---

[1] 上海《民国日报》1927年5月1日至8日"黄埔同学会改组委员会特别紧要启事"记载。

[2] 上海《民国日报》1927年5月19日"黄埔同学会之新执委会"一文记载。

省保安第一旅旅长，兼任芷江警备司令官。1942年离职返乡经商。抗日战争胜利后，被推选为湖南省参议会议员。因与芷江土匪杨永清及晃县本土新土匪姚大榜结仇，1949年2月14日被姚大榜派人在晃县龙溪口本善公司所在的斌星街口处枪击身亡。

张伟民

张伟民照片

张伟民（1904—1982），又名亮宗，别字赞华，广东梅县尧塘乡人。梅县尧塘乡高等小学、梅县县立初级中学毕业，中央军官训练团结业。1904年4月22日生于梅县尧塘乡一个农户家庭。父从商，家境清贫，勉强过活。自填登记处为广东梅县尧塘，通信处为广州迥栏桥慎和隆号。自填入学前履历：东路讨贼军第八旅卫队连代排长。曾任广东东路讨贼军第八旅卫队连代理排长、旅司令部副官。1924年春由张民达（广东东路讨贼军第八旅旅长，粤军第二师师长）、莫雄（前中央直辖第一军第一旅旅长，广东东路讨贼军第七旅旅长）保荐投考黄埔军校。1924年6月考入黄埔陆军军官学校第一期第四队学习，1924年11月毕业。历任广东警卫军步兵营连长、营长，国民革命军第四军第十四师第四十二团团长。抗日战争全面爆发后，任第一战区司令长官部前敌总指挥部（部长薛岳）警卫旅旅长，第九战区司令长官部参谋处副处长，湖南省军管区司令部编练处处长。在长沙会战中亲临前线指挥作战，被日军重炮炸伤腿部、震聋双耳以至失聪，被迫离开部队到衡阳休养。1942年因残疾长期休养，1944年夏应李铁军邀请北上，1944年10月任甘肃河西警备总司令部高级参谋。1945年7月颁令叙任陆军步兵上校。抗日战争胜利后，1946年1月奉派先后入中央训练团及军官总队受训。1946年7月办理退役。1949年春返广州，后移居台湾，1982年6月因病在台北逝世。[1]

---

[1] 梅县政协文史资料委员会编纂：2001年12月《梅县文史资料》第三十一辑《梅县将帅录》（第二卷）第73页记载。

张汝翰

张汝翰（1900—？），陕西干县王乐镇人。干县县立高等小学校、陕西省立第二中学毕业。父从农商，经济自给。自填通信处为陕西干县王乐镇。自填入学前履历：民国十二年（1923年）任陕西陆军第二混成旅第一团书记。1923年充任陕西陆军第二混成旅第一团书记。1924年5月7日由于右任（孙中山指派出席国民党一大陕西省代表，国民党第一届中央执行委员，时兼任上海大学校长）、王宗山（前广州大元帅府大本营英文秘书，黄埔军校筹备委员

张汝翰照片

会委员，黄埔军校校长办公厅英文秘书）介绍加入中国国民党。1924年5月由其二人举荐投考黄埔军校。1924年6月考入陆军军官学校第一期第四队学习，1924年11月毕业。后服务北方军界，1929年10月任陆军第四十四师政治部党务特派员。

张纪云

张纪云（1899—1964），浙江奉化人。前黄埔军校入学试验委员会委员张家瑞之子。奉化县溪口镇高等小学、奉化县立初级中学、浙江省立第四师范学校毕业。祖辈业儒，家境温饱。自填入学前履历：由浙江省立第四师范学校毕业，充任高小教员一学年。曾任本县（奉化）溪口镇高等小学教员一年。1923年入粤军第一军，任司令部副官。1924年5月受蒋介石保荐投考黄埔军校，1924年6月考入陆军军官学校第一期第三队学习，参加孙文主义学会活动，1924年11月毕业。分发入伍生队任见习、排长，1925年1月参加第一次东征作战，1925年6月随军参加对滇桂军阀杨希闵部、刘震寰部军事行动。1925年11月任黄埔军校教导第一团步兵连连长，随部参加第二次东征战事。1926年任广东潮梅缉私局局长，广东虎门要塞司令部威远炮台总台长。1926年7月随军参加北伐战争，1927年7月任国民革命军总司令部补充第五团团附。1929年7月任陆军第九师政治训练处（主任陈志达）训育科科长。[1]1933年至1934年，曾任军事委员会南昌行营侍从秘书。因身居要职，难免被人倾轧陷害，备受刺激，故对世俗事厌恶已极，终于看破红尘，离职去守，往九江白雀寺，削发为僧。其此举显然影响军务，违反军纪，按例得以军法处置。后以精神失常论，乃免予追究。其父张家瑞为顾全体面，将其接回家中，任其在家诵经，茹斋礼佛，一心皈依，百事不问。中华人民共和国成立后，仍寓居苏州休养，1964年因病在苏州逝世。[2]

---

[1] 国民革命军总政治训练部：《政治训练旬刊》第6期，第45、51页，1929年8月10日版；《国民革命军陆军第9师政治训练处自7月1日起至7月15日止工作报告》专文记载。

[2] 黄埔军校同学会：1992年第3期《黄埔》杂志第32页张式定（张纪云之子）撰文《忆先祖父张家瑞》。

张伯黄

张伯黄（1900—1927），又名伯璜，湖南湘阴人。长沙私立明德中学、湘阴县立初级师范学校毕业，广州大本营军政部陆军讲武学校肄业。早年曾任教员、小学校长。1923年冬到广州，入广州大本营军政部陆军讲武学校学习。1924年秋该校并入黄埔军校，1924年11月编入陆军军官学校第一期第六队学习，1925年2月肄业。后曾派赴广宁训练农军，后任省港罢工委员会工人纠察队训育副官，其间加入中国共产党。1925年5月入国民革命军第四军叶挺

张伯黄照片

独立团服务，任该团第三营营长，兼任中国共产党第三营党小组长。1926年7月随军参加北伐战争，1926年9月随部参加攻克武昌之役。1927年8月参加南昌起义，随军南下会昌时在作战中牺牲。[1]

---

[1] 广东肇庆叶挺独立团团部旧址纪念馆编纂：《纪念叶挺独立团成立八十周年图册》第21页记载。

张作猷

　　张作猷（1903—1924），福建永定县太平里高陂乡人。江西九江南伟烈大学中学部毕业。家业从商，有田数亩。自填登记处为福建永定县太平里高陂乡，通信处为福建永定大甲转交。自填入学前履历：九江南伟烈大学中学部毕业，永定第九区公立第二高等小学教员。曾充永定第九区公立第二高等小学教员。1924年4月15日由蓝玉田（粤军总司令部供职）、张伯雄（驻粤赣军官佐）介绍加入中国国民党，1924年5月由蓝玉田、钟文才（驻粤赣军办事处文书）举荐投考黄埔军校。1924年6月考入陆军军官学校第一期第二队学习，在校期间因病逝世。

张君嵩

张君嵩（1896—1948），别字岳中，别号岳宗，广东合浦县南康圩人。合浦县立初级中学毕业，援闽粤军讲习所肄业，陆军大学特别班第二期毕业。自填登记处为广东合浦县属之南康圩，通信处为南康圩张谦益号转交。自填入学前履历：民国十二年（1923年）充当广东讨贼军第一师第四团第一营营副，兼第四连连长，现充西江善后督办（公）署副官。自填家庭主要成员：父有发，母林氏，弟二人妹一名，入学黄埔军校时已婚，夫人梁氏。[1]1896年

张君嵩照片

5月7日生于合浦县南康圩一个农户家族。乡塾启蒙，合浦县立初级中学毕业后，继入援闽粤军讲习所肄业，1920年5月由陈铭枢介绍加入中国国民党，1924年春由李济深举荐投考黄埔军校。1924年6月考入陆军军官学校第一期第一队学习，1924年11月毕业。分发粤军部队，历任国民革命军第四军第十师（师长陈铭枢）司令部参谋，第十师第三十团第一营连长、营长，1926年7月随军参加北伐战争。后奉命返回广东驻军，1927年任广州卫戍司令部警卫团团长，1927年12月率部参与镇压广州起义。后任讨逆军广东第八路军总指挥部警备团团长，1929年任广东编遣区第二师第四团团长。1929年2月1日被推选为广东编遣区第二师特别党部执行委员。1931年任讨逆军第十九路军第七十八师第一五六旅第六团团长，1932年1月兼任闸北军警联防办事处主任，率部参加一·二八淞沪抗战，该团在其指

---

[1] 陆军军官学校编辑、台北文海出版社有限公司印行：近代中国史料丛刊三编第五十七辑《陆军军官学校第一队学生详细调查表》记载。

挥下打响抗击日军第一枪，[1]是粤籍将领率先抗日第一人。1932年7月任第七十八师第二三四旅第四六八团团长，1932年11月任第七十八师第二三四旅旅长，率部参加对闽西红军及根据地的"围剿"作战。1933年11月参加福建事变，任中华共和国人民革命政府第三军第三师师长，1933年12月改任第三军第六师师长。1934年1月经同学说项归附中央军，奉派入庐山中央军官训练团受训，1934年9月入陆军大学特别班第二期学习，1936年3月4日颁令叙任陆军步兵上校，[2]1937年8月陆军大学毕业。其间于1935年任广州市政府社会训练处处长，1936年任广东绥靖主任公署缉私处处长。抗日战争全面爆发后，任广东财政特派员公署税警总团总团长，1938年12月率部参加惠广战役，阻击日军北上。1939年12月任第四战区暂编第二军暂编第八师师长，率部参加第一次粤北战役，1941年率部参加第一次长沙会战诸役。1942年1月30日颁令晋任陆军少将。[3]1944年11月任第四战区第三十五集团军（总司令邓龙光）暂编第二军（军长邹洪）副军长，1944年率部参加长沙会战、衡阳会战。抗日战争胜利后，任军政部第八军官总队长、中将。1946年1月任中央训练团上海分团军官总队长、中将主任。1946年5月任中央训练团将官班第二组组长。1946年12月3日参加赴南京任职、公干的81名黄埔一期生在中央训练团聚餐并于办公大楼前合影。[4]1947年7月6日上午9时至11时参与中央训练团部分黄埔一期受训同学发起组织赴南京中山陵六百将校军官"祭祀哭陵"事件。[5]后应邀返回广东，任广东省第十区行政督察专员，兼任该区保安司令官。1948年7月任粤桂边区"清剿"总指挥部副总指挥，兼任广东省第十"清

[1] 胡健国主编：台北"国史馆"2008年8月印行《"国史馆"现藏民国人物传记史料汇编》第三十二辑第352页记载。

[2] 国民政府文官处印铸局印行：台湾成文出版社有限公司1972年8月出版《国民政府公报》第105册1936年3月5日第1988号颁令第1页记载。

[3] 国民政府文官处印铸局印行：台湾成文出版社有限公司1972年8月出版《国民政府公报》第166册1942年1月31日渝字第436号颁令第5页记载。

[4] 容鉴光编著：列入台北出版品预行编目资料，台北博煜企业有限公司2003年6月16日第一版印行《黄埔军校一期研究总成》第278页辑录。

[5] ①海南省政协文史资料委员会编纂：湖南人民出版社1993年10月《湖南文史资料选辑》第五期记载；②湖南省岳阳市政协文史资料委员会编：《岳阳文史》第十辑，湖南省岳阳晚报出版印刷中心1999年8月《岳阳籍原国民党军政人物录》第201—205页记载。

剿"区司令官。1948年12月19日广东保安第十团团长陈一林率部在广东湛江起义，邀其与邓伯涵前往视察训话，到达后将其与随行军官与卫队二十余人包围击毙。[1]

---

[1]　台北《黄埔建国文集》编纂委员会编纂：台北实践出版社1985年6月16日印行《黄埔军魂》第588页"戡乱战役殉国英雄姓名表"第一期记载。

张志衡

　　张志衡（1905—? ），又名志恒，江苏无锡县泰伯圩人。无锡乡立国民高等小学毕业，江苏省立宜兴中学肄业。清贫书香家庭出身，田地全无。自填登记处为江苏无锡县泰伯市。自填入学前履历：国民高等小学毕业，又升入宜兴中学肄业一年。1924年3月9日由顾忠琛（前江苏军政府参谋厅厅长，国民党本部军事委员会委员，北伐讨贼军第四军军长）介绍加入中国国民党，并由其举荐投考黄埔军校。1924年6月考入陆军军官学校第一期第四队学习，1924年11月毕业。后任国民革命军陆军步兵团排长、连长、营长、团长，随部参加东征、北伐战争和中原大战诸役。1930年10月任陆军第三师政治部组织科科长。抗日战争全面爆发后，任陆军步兵旅副旅长、旅长，率部参加抗日战事。1939年10月24日颁令叙任陆军步兵上校。

张良莘

张良莘（1904—1968），又名健南，别字建南，江西遂川人。陆军大学特别班第六期毕业。中央军官训练团第三期结业。1923年到广州，任广三铁路局科员，后入广州大本营军政部陆军讲武学校学习，1924年秋该校并入黄埔军校，1924年11月编入陆军军官学校第一期第六队学习，1925年2月肄业。任驻粤赣军总司令部副官，1925年8月任国民革命军第三军（军长朱培德）第六师步兵连排长、连长，1925年11月随部参加第二次东征作战。1926年7月任国民革命军第三

张良莘照片

军（军长朱培德）第六师步兵团营附，随军参加北伐战争。1928年5月任南京中央陆军军官学校第七期学员总队中队长，南京卫戍司令部特务团团长，第二十师补充团团长，1928年5月任第三师第七旅第十三团团长。1928年8月国民革命军编遣，任缩编后的陆军第六师司令部参谋。1929年起，任军事委员会委员长侍从室少校副官、中校参谋。1929年8月3日任第三师第七旅第十三团团长，1930年任中央教导第三师第六团团长，1931年12月15日接章桂龄任第四师（师长邢震南、冷欣代理）司令部代理参谋长，率部参加对江西红军及根据地的"围剿"战事。1935年5月8日颁令叙任陆军步兵上校。[1]抗日战争全面爆发后，任陆军第三师第七旅旅长、副师长，率部参加淞沪会战。1938年1月任第二战区预备第十三

---

[1] 国民政府文官处印铸局印行：台湾成文出版社有限公司1972年8月出版《国民政府公报》第93册1935年5月9日第1736号颁令第1页记载。

师师长。1938年6月24日颁令晋任陆军少将，[1]任西安绥靖主任公署陆军第一○九师师长。1939年10月30日接杨德亮任甘肃省政府保安处处长。1939年11月1日国民政府颁令：任命张良莘为甘肃省政府保安处处长。[2]1940年5月31日国民政府颁令：免张良莘甘肃省政府保安处处长职，[3]1940年6月1日去职。1940年10月任第三十四集团军总司令部高级参谋兼军法执行部执行官，南京中央陆军军官学校第七分校（西安分校）入伍生总队队长。1941年12月入陆军大学特别班第六期学习，1943年12月毕业。后任中央陆军军官学校第七分校教育处处长，军政部驻甘肃第二十六补充兵训练处代理处长，第八战区司令长官部军法执行副监兼特别党部书记长。1945年2月任陆军新编第一军（军长邱清泉）副军长。抗日战争胜利后，任第八战区日俘管理处处长。任江苏苏西师管区司令部司令官。1946年12月3日参加赴南京任职、公干的81名黄埔一期生在中央训练团聚餐并于办公大楼前合影。[4]1947年4月奉派入中央军官训练团第三期第一中队学员队受训，1947年6月结业。1949年到台湾，任"国防部"高级参谋。1954年1月递补为第一届"国民大会"代表。1962年以"陆军中将"衔退役，1968年5月31日因病在台北逝世。[5]

---

[1] 国民政府文官处印铸局印行：台湾成文出版社有限公司1972年8月出版《国民政府公报》第134册1938年6月25日渝字第60号颁令第5页记载。

[2] 国民政府文官处印铸局印行：台湾成文出版社有限公司1972年8月出版《国民政府公报》第144册1939年11月4日渝字第202号颁令第2页记载。

[3] 国民政府文官处印铸局印行：台湾成文出版社有限公司1972年8月出版《国民政府公报》第151册1940年6月1日渝字第262号颁令第6页记载。

[4] 容鉴光编著：列入台北出版品预行编目资料，台北博煜企业有限公司2003年6月16日第一版印行《黄埔军校一期研究总成》第278页辑录。

[5] 台北"国史馆"编纂：2006年12月印行《"国史馆"现藏民国人物传记史料汇编》第二十六辑第257页记载。

张运荣

张运荣（1903—?），广东文昌县蓝田村人。文昌县立初级中学校毕业。家从商业，于南洋有矿业，经济富裕，自给尚余。自填登记处为广东琼州文昌县蓝田村，通信处为文昌烟墩市荣记（转交）。自填入学前履历：曾充（广东）文昌学生联合会总务科。曾充文昌县学生联合会总务科长。1920年5月由张正五、傅楫汉（均为中国国民党文昌县党部筹备员）介绍加入中国国民党。1924年春由张权（时任驻粤湘军程潜部副官）、陈善（中国国民党琼崖支部驻广

张运荣照片

州办事处职员）举荐投考黄埔军校。1924年6月考入陆军军官学校第一期第三队学习，1924年11月毕业，毕业后服务军界。1925年3月任教导第一团第三营特务长，随军参加第一次东征战事。

张际春

张际春照片

张际春（1899—1933），别字童言，湖南醴陵人。醴陵县本乡高等小学、醴陵县立中学、衡阳第三师范学校毕业。家世业儒，有地产，年有收谷租约一百石，自给尚足。自填登记处为湖南醴陵县东一区珊田仲，通信处为醴陵县城黄和盛号（转交）。自填入学前履历：醴陵县立中学毕业。1899年12月20日生于醴陵县东一区珊田仲村一个农户家庭。1921年在衡阳第三师范学校就读时由陈书农、黄和钧（均为该校教员）介绍加入中国社会主义青年团。1922年由夏曦（时任湖南学生联合会干事部主任）、毛泽东（时任中国劳动组合书记部湖南分部主任，中共湘区委员会书记）介绍加入中国共产党（与赵枏同时加入）。1923年冬到广州，考入广州大本营军政部陆军讲武学校第一期学习。1924年春由夏曦（国民党一大湖南省代表，国民党湖南组织筹备处负责人，国民党湖南临时党部委员兼书记长，中国社会主义青年团第二届中央委员，中共湖南区执委会委员及湖南学生联合会干事部主任）、毛泽东（国民党一大湖南省代表，国民党第一届候补中央执行委员，国民党上海执行部文书科代理主任与组织部秘书，时为中共第三届中央委员及中央局委员和秘书）举荐投考黄埔军校，1924年4月由阮啸仙（国民党中央农民部组织干事，国民党广州临时区党部执行委员会常务委员，中共三大代表，中共广东区地方执行委员会国民运动委员会委员，中国社会主义青年团广州地方委员会书记）、张善铭（广东新学生社主任，中共广东区地方执行委员会国民运动委员会委员）介绍加入中国国民党。1924年6月考入陆军军官学校第一期第二队学习，1924年11月毕业。分发黄埔军校教导第一团任见习、排长，

1925年1月任军校教导第一团连党代表，随部参加第一次东征作战。在攻克惠州城战役，率敢死队奋勇登城，身负重伤仍坚持战斗，受到校长蒋中正嘉奖。1925年6月任教导第一团步兵连连长，随军参加对滇桂军阀杨希闵部、刘震寰部军事行动。1925年7月任国民党军第一师第一团党代表，1925年9月任国民革命军第一军第三师第八团党代表，1925年10月随部参加第二次东征作战，1925年10月13日刘尧宸（保定军官学校毕业，孙中山卫队团参谋长，黄埔军校教官）在攻打惠州城阵亡，10月14日其任敢死队指挥官。1926年3月20日"中山舰事件"发生。1926年4月与已经暴露中共党员身份的两百五十余人退出第一军。1926年5月27日参加由总政治训练部（主任陈公博）在广州大沙头举办的高级政治训练班（主任周恩来），1926年6月30日结业，被派任国民革命军第一师（师长王柏龄）第一团（团长叶剑英、孙元良）第二营营长，1926年7月30日国民革命军第四军（军长李济深）独立团（团长叶挺）第二营营长许继慎在湖北贺胜桥之战负伤，遗缺由张际春代理。1926年9月中旬其因病请假离职，所遗第二营营长由谢宣渠接任。[1]1926年9月下旬奉中共委派赴苏联学习，先入莫斯科东方共产主义劳动者大学学习，1928年1月转入莫斯科中山大学就读，再派入伏龙芝军事学院（又称陆军大学）学习，[2]与刘伯承等同期受训。1929年回国，在上海中共中央军事委员会工作，任中共中央军事部（部长杨殷）委员兼江苏省委军委（书记彭湃）委员，上海总工会纠察队副总指挥，参与组织5月30日和8月1日游行示威活动。1929年8月24日因白鑫（黄埔四期，时任中共中央军委秘书）告密，其与彭湃、杨殷、颜昌颐、邢士贞一起被捕，在狱中经受严刑拷问坚贞不屈。1929年8月30日彭杨颜邢四人在上海龙华警备司令部内牺牲，因其为黄埔一期生，具有招抚归附作用，显示蒋对黄埔学生偏爱网开一面，曾扩情受蒋中正派遣亲到上海市警察局将其保释。[3]此时其因牢狱折磨已身患重病，大口咳血。病情较为稳定后，仍回南京陆军监狱服刑，并填写自新书。1932年年初获释，被派任南京中央陆军军官学校（教育长张治中）政治训练处（处长酆悌）中校政治教官。1933年4月因病在重庆逝世。

---

[1] 谢宣渠著《叶挺独立团围攻武昌城的一段回忆——堵击敌人在通湘门地区的突围》记载。

[2] 高理文著《难忘的回忆》记载，时为莫斯科东方共产主义劳动者大学中文班翻译。

[3] 中国文史出版社《文史资料选辑》第十九辑曾扩情撰文《黄埔同学会始末》记载。

张际鹏

张际鹏照片（一）

张际鹏（1905—1958），又名营辉、淑占，别字云挥，别号云辉，湖南醴陵人。广州大本营军政部陆军讲武学校肄业，陆军大学甲级将官班第一期毕业，中央训练团将官班结业。1905年11月3日生于醴陵县一个农户家庭。1923年12月到广州，考入广州大本营军政部陆军讲武学校学习，1924年秋该校并入黄埔军校，1924年11月编入陆军军官学校第一期第六队学习，1925年2月肄业。后任黄埔军校教导第一团排长、连长，军校入伍生团队长、区队长，国民革命军第一军第二师连长，参加东征作战与北伐战争。1927年任国民革命军第一军第二师步兵团营附、大队长。1929年10月任陆军第八十三师第二四七旅副旅长，率部参加中原大战。1935年5月18日颁令叙任陆军步兵中校。[1]1937年5月6日颁令晋任陆军步兵上校。[2]抗日战争全面爆发后，任第十四军（军长陈铁）第八十五师（师长陈铁兼陈鸿远、谷熹）副师长，率部参加南口防御战、太原战役与忻口会战。1941年7月接谷熹任第八十五师师长，1943年3月14日接陈铁任第十四军军长，统辖第八十三师（师长沈向奎）、第八十五师（师长王连庆）、第九十四师（师长张世光），隶属第三十六集团军序列。1943年8月19日颁令叙任

---

[1] 国民政府文官处印铸局印行：台湾成文出版社有限公司1972年8月出版《国民政府公报》第93册1935年5月19日第1745号颁令第2页记载。

[2] 国民政府文官处印铸局印行：台湾成文出版社有限公司1972年8月出版《国民政府公报》第123册1937年5月7日第2347号颁令第2页记载。

张际鹏照片（二）

陆军少将。1944年10月入陆军大学甲级将官班第一期学习，1945年1月毕业。1945年5月9日获颁三等云麾勋章。抗日战争胜利后，任陆军第八十五师师长。1946年1月入中央训练团将官班受训，登记为少将学员，1946年3月结业。1946年12月3日参加赴南京任职、公干的81名黄埔一期生在中央训练团聚餐并于办公大楼前合影。[1]1947年11月特任国防部派驻战地视察第十一组组长。1948年1月1日获颁四等宝鼎勋章。1948年3月任国防部派驻战地视察第五组组长。1948年10月任华中"剿匪"总司令部第一兵团（司令官陈明仁）副司令官。1949年1月任重建后的第十四军军长，统辖第十师（师长张用斌）、第六十二师（师长夏日长）、第六十三师（师长汤季楠），1949年6月10日免军长职，遗缺由傅正模接任。1949年8月随部参加湖南起义，1949年8月3日脱离部队，南下广州与家属团聚，1949年9月携眷移居香港。1955年6月迁移台湾定居，1958年11月1日因病在台北逝世。[2]

---

[1] 容鉴光编著：列入台北出版品预行编目资料，台北博煜企业有限公司2003年6月16日第一版印行《黄埔军校一期研究总成》第278页辑录。

[2] 胡健国编著："国史馆"2003年12月印行《近代华人生卒简历表》第268页记载。

张其雄

张其雄照片

张其雄（1901—1927），别号书仓，化名石杰，湖北广济县灵西乡人。广济县立梅川初级中学、湖北省立第一师范学校、武昌中华大学、上海大学社会学系肄业。祖辈业儒，家境贫穷。在学期间组织学生"爱国会"，从事进步活动。自填登记处为湖北广济县灵西乡张得先号，通信处为广济西门张万顺号转交。自填入学前履历：曾充湖北全民通讯社教育记者，《反响》月刊编辑，第一平民学校教务主任。11岁时入伯父开设私塾就读，1918年秋考入广济县立梅川初级中学。1920年春在广济县立梅川初级中学与朱谟等人组织学生"爱国会"，宣传新文化思想。1921年秋考入湖北省立第一师范学校，其间结识董必武、李汉俊，1922年春经董必武、李汉俊介绍加入中国共产党。[1]奉派主办"武汉学生通讯社"，参与中国劳动组合书记部长江分部负责工人运动，曾协助"二·七"惨案善后事宜。1923年8月到上海，入上海大学社会学系就读，其间兼任徐汇第一平民学校教务主任。1923年10月经于右任（孙中山指派出席国民党一大陕西省代表，国民党第一届中央执行委员，时兼任上海大学校长）介绍加入中国国民党，1923年9月23日中国社会主义青年团上海地方委员会改组，其被

---

[1] 中华人民共和国民政部组织编纂：黑龙江人民出版社1993年6月印行《中华英烈大辞典》下册第1345页记载。

推选为委员兼秘书及会计。[1] 1924年1月13日，其被中共上海地方执行委员会编入第一党小组，为十五名成员之一。[2] 1924年5月受中共汉口地委选派，并经廖干吾（国民党一大汉口特别区代表，国民党汉口执行部筹备委员，中共汉口地方执行委员会委员）保荐投考广州黄埔军校，1924年6月考入陆军军官学校第一期第一队学习，任第一中队中共党小组长，中共黄埔军校特别支部组织委员，1924年10月14日随部参加对广州商团事变的军事行动，1924年11月毕业。分发教导第一团任见习、排长，1925年2月随部参加第一次东征作战，在揭阳棉湖战斗中负伤。1925年3月派任教导第一团连党代表，第一次东征作战后任党部代理秘书，另载任军校政治部代理秘书。[3] 后调军事委员会任法规起草委员会委员，参与起草军事法规。同时兼任中国青年军人联合会中央执行委员，[4] 撰文刊于《青年军人》《黄埔日刊》。1926年2月与李之龙、周逸群、王备三人出席由蒋中正主持召开的中国青年军人联合会和孙文主义学会主要负责人参加的联席会议，两会成员坚持各自党派立场进行针锋相对辩论争斗，唇枪舌剑互不相让，此为国共两党首在军校矛盾凸显爆发。1926年7月9日北伐誓师大会后，任国民革命军第八军政治部副主任兼秘书长、政治部党代表，授陆军少将衔。1926年10月10日攻克武昌后，兼任汉口市政府秘书长。因操劳过度，寝食失时，肺病猝发，吐血不止，经抢救无效，1926年10月10日于武昌前敌指挥部逝世。[5] 另载1927年2月16日于

[1] 中共上海市委组织部、中共上海市委党史资料征集委员会、中共上海市委党史研究室、上海市档案馆编纂：上海人民出版社1991年10月印行《中国共产党上海市组织史资料1920.8—1987.10》第19页记载。

[2] 中共上海市委组织部、中共上海市委党史资料征集委员会、中共上海市委党史研究室、上海市档案馆编纂：上海人民出版社1991年10月印行《中国共产党上海市组织史资料1920.8—1987.10》第17页记载。

[3] 广东省政协文史资料研究委员会、广东革命历史博物馆合编：广东人民出版社1982年12月《广东文史资料》第三十七辑《黄埔军校回忆录专辑》记载。

[4] 广东革命历史博物馆编纂：广东人民出版社1985年5月《黄埔军校史料》第352页记载。

[5] 中华人民共和国民政部组织编纂：黑龙江人民出版社1993年6月印行《中华英烈大辞典》下册第1345页记载。

前敌指挥部逝世。[1]撰文有《东征时期之政治工作概略》（原刊于1926年2月《军事政治月刊》第二期；转载于中共广东惠州市委统战部、中共惠州市委党史办公室编：广东人民出版社1992年12月《东征史料选编》第673页）。

---

[1]　①台北龙文出版社股份有限公司1990年12月1日《中央陆军军官学校史稿》第八篇第三章《先烈荣哀录》记载；②中国第二历史档案馆供稿，华东工学院编辑出版部影印，档案出版社1989年7月《黄埔军校史稿》第八册（本校先烈）第248页第一期烈士芳名表记载1927年2月16日在湖北汉口阵亡；③台北《黄埔建国文集》编纂委员会编纂：台北实践出版社1985年6月16日印行《黄埔军魂》第574页"北伐战役殉国英雄姓名表"第一期记载。

张坤生

张坤生（1898—1965），别号诚厚，祖籍陕西临漳，生于陕西三原东关渠岸。三原县立甲级工业学校、靖国军第三路军讲武堂、四川陆军讲武堂毕业。父从商界，经济中等。信奉孔教。自填登记处为陕西三原县东关渠岸，通信处为本邑城内南街复兴长号转交。自填入学前履历：民国十年（1921年）曾充陕西靖国军第三路第二支队少校副官，兼任第三营教育副官，十二年（1923年）任省立第三师范学校体育教员。1921年充任陕西靖国军第三路第二支

张坤生照片

队少校副官兼第三营教育副官。1923年任陕西省立第三师范学校体育教员。1924年春经于右任（孙中山指派出席国民党一大陕西省代表，国民党第一届中央执行委员，前陕西靖国军总司令、讨贼军西北第一路军总司令，时兼任上海大学校长）介绍投考黄埔军校，1924年5月到广州，1924年6月考入陆军军官学校第一期第一队学习，在学期间加入中国国民党，1924年11月毕业。后历任黄埔军校教导第一团排长、连长。1926年1月返回陕西，任国民军第二军（军长胡景翼）党玉琨旅司令部上尉、少校参谋，国民联军第二军（军长胡景翼）预备第一师（师长岳维峻）政治训练处处长，[1]1926年秋随部参加北方北伐战事。1928年8月国民革命军编遣时，所部裁撤免职。1929年到南京黄埔同学会登记，后分发任国民政府监察院警卫室主任。1930年任南京中央陆军军官学校第九期入伍生团第七连中

---

[1] 陕西省黄埔军校同学会编纂、穆西彦主编：陕西人民出版社1991年6月《陕西黄埔名人》第35页记载。

校连长。1931年1月11日经审查呈请社长（蒋介石）批准为"励志社"第九届新社员。[1]后任南京中央陆军军官学校训练第三大队上校大队长，军官教育团大队长，南京中央陆军军官学校第十期学员教导总队第三团团长、上校总队附。1935年秋，应胡宗南邀请返回西安，1935年10月29日任陕西省政府保安处（处长王应榆）副处长，1936年3月10日颁令叙任陆军步兵上校。[2]1936年8月19日国民政府颁令委任陕西省政府保安处处长，1936年8月20日接王应榆任陕西省政府保安处处长。1936年12月兼任陕西澄县抗日救国牺牲团团长。[3]抗日战争全面爆发后，1939年1月13日任第一军（军长陶峙岳）副军长，1939年4月29日改任新编第一军（军长邓宝珊兼）副军长，1939年4月30日陕西警备第一旅与军政部派驻西安第十九补充兵训练处拨一个团组编为新编第二十七师，任命其兼任师长，直隶第三十四集团军统辖，1939年9月8日免兼师长职，由王峻接任。1939年9月8日任第四十二军（军长杨德亮）副军长，兼任甘肃天水警备司令部司令官。1939年6月17日颁令晋任陆军少将。[4]1942年10月1日兼任甘肃陇东师管区司令官，兼任平凉警备司令官。抗日战争胜利后，1946年6月任陕西黄龙山警备司令部司令官，兼任陕西省黄埔同学联谊会理事长。1947年1月任陕西省保安司令部副司令官，兼任关中民兵总指挥部总指挥，1948年9月任陕西省保安司令部司令官。1948年10月28日任陕西省政府委员，1949年7月兼任陕西省保安司令部驻宝鸡前进指挥所主任。1949年10月南下广州受聘国防部参议，1949年10月赴香港，后转赴台湾。递补为"国民大会"代表，1954年2月参加第一届"国民大会"

---

[1]　1931年1月12日、1月13日《中央日报》连续刊登"励志社社员管理科通告"记载。

[2]　国民政府文官处印铸局印行：台湾成文出版社有限公司1972年8月出版《国民政府公报》第105册1936年3月11日第1993号颁令第1页记载。

[3]　中共陕西省委组织部、中共陕西省委党史研究室、陕西省档案馆编纂，陕西人民出版社1994年7月《中国共产党陕西省组织史资料》第108页记载。

[4]　国民政府文官处印铸局印行：台湾成文出版社有限公司1972年8月出版《国民政府公报》第141册1939年6月21日渝字第163号颁令第4页记载。

第二次会议。^[1]1965年6月12日因病在台北逝世。台湾出版有《黄埔一期张坤生纪念集》等。

---

[1] 台北"国史馆"编纂：2006年12月印行《"国史馆"现藏民国人物传记史料汇编》第十八辑第219页记载。

张弥川

张弥川照片

张弥川（1896—1964），又名渺川，别字伯泉，湖北黄陂县（今黄陂区）祁家湾人。黄陂县高等小学堂、湖北省立中学肄业，汉口高等法文学校肄业，陆军大学正则班第十三期毕业。自填登记处为湖北黄陂县，通信处为湖北京汉路祁家湾西平安集。自填入学前履历：湖北省立中学肄业。自填家庭主要成员：父祖斌，母傅氏，三个弟弟一个妹妹，入学黄埔军校前已婚，夫人杨氏。[1]祖辈务农，入足敷出。1896年6月7日生于黄陂县祁家湾一个农户家庭。

1924年春由广州大本营参军邱鸿钧（前东路讨贼军第二军第三旅旅长，广州大本营参军处参军）、田士捷（海军"肇和"舰舰长，广州大本营参军处参军）举荐投考黄埔军校，1924年6月考入陆军军官学校第一期第三队学习，1924年5月由邓演达（前任广东西路讨贼军第一师第三团团长，黄埔军校入学试验委员会委员）、金佛庄（前浙江陆军第二师营长，中共三大代表，黄埔军校第一期第三队上尉队长）介绍加入中国国民党，1924年11月毕业。分发任黄埔军校教导第二团见习、排长，1925年1月参加第一次东征作战。1925年6月任党军第一旅步兵连连长，参加对滇桂军阀杨希闵部、刘震寰部军事行动。1925年10月随部参加第二次东征作战。1926年7月任国民革命军第四军第十一师第三十三团第一营营长，参加统一广东诸役。1926年12月任陆军军官学校黄埔同学会调查科科员、特别党

[1] 陆军军官学校编辑、台北文海出版社有限公司印行：近代中国史料丛刊三编第五十七辑《陆军军官学校第三队学生详细调查表》记载。

部候补干事，后奉命北上南京，任国民革命军总司令部蒋介石侍从参谋。1927年5月6日奉会长（蒋介石）指令为黄埔同学改组委员会改组委员。[1]1927年10月任金陵兵工厂政治部主任。后任南京中央陆军军官学校学员调查处科长、指导员。1929年春任湖北省盐务缉私局局长。1929年起，任首都警卫师副团长，湖北省保安司令部科长。1931年调任湖北省保安团团长。1932年10月任湖北省政府保安处第一科科长，策划编练全省保安团队，后湖北省保安第二旅副旅长、旅长。1935年4月考入陆军大学正则班第十三期学习，1937年夏当选为国民会议代表。抗日战争全面爆发后，原定1937年12月毕业，因战局危急提前离校。任第七十六军司令部参谋处处长、副参谋长。1939年11月25日颁令叙任陆军少将。[2]其间河北民军奉命改编为国民革命军序列，1941年3月以河北民军主力之陆军新编第六师扩编为新编第八军（军长高树勋兼），隶属第三十九集团军，任该军副军长。1943年10月15日所部改隶冀察战区，仍任新编第八军（军长胡伯翰兼）副军长，率部参加豫中会战、豫西鄂北会战。抗日战争胜利后，1945年10月30日高树勋（时任第十一战区副司令长官）率新编第八军在河北磁县马头镇起义，其拒绝投诚并率部分军队出逃，该军随即被裁撤免职。其间发表任西安绥靖主任公署陆军第七十六军司令部参谋长，没上任即奉派入中央训练团受训，结业后寓居赋闲。1946年春到汉口，任湖北省政府警务处处长兼湖北全省军队特别党部书记长，汉口特别市党部执行委员，其间参与创办汉口《正义报》，任发行人。1946年8月被推选为汉口特别市参议会首届议长。1946年11月15日被推选为湖北省出席（制宪）国民大会代表。1946年12月3日参加赴南京任职、公干的81名黄埔一期生在中央训练团聚餐并于办公大楼前合影。[3]1947年6月13日颁令叙任陆军中将，同时办理退役。其间参与创办《汉潮》通讯社，任董事长。1947年10月参与创办汉口市银行，被推选为董事会常务董事兼董事长。1948年3月29日推选为汉口特别市出席（行宪）第一届国民大会代表，第一次会议聘任国民大会宪政实施促进研

---

[1] 上海《民国日报》1927年5月2日至6日连续刊登"黄埔同学改组委员会通告一"记载。

[2] 国民政府文官处印铸局印行：台湾成文出版社有限公司1972年8月出版《国民政府公报》第145册1939年11月25日渝字第208号颁令第2页记载。

[3] 容鉴光编著：列入台北出版品预行编目资料，台北博煜企业有限公司2003年6月16日第一版印行《黄埔军校一期研究总成》第278页辑录。

究委员会委员。[1]1949年到台湾，续任"国民大会"代表，参与台湾"国民大会"历次会议。1964年9月24日因病在台北逝世，另载9月26日在台湾大学附属医院逝世。[2]

[1] 台北"国史馆"编纂：2006年12月印行《"国史馆"现藏民国人物传记史料汇编》第十八辑第250页记载。

[2] 陈文学、高士振编：中国文史出版社1990年7月《湖北旅台名人录》下编人物录第80页记载。

张忠頮

张忠頮（1898—1931），四川荣县人。成都中学毕业，北京法政大学肄业。祖辈务农，入不敷出。自填登记处为四川荣县，通信处为本县东街天香阁。自填入学前履历：先后入成都中学毕业，北京法政大学肄业。1924年2月经李大钊（孙中山指派出席国民党一大北京特别区代表并为大会主席团成员，国民党第一届中央执行委员，中共第二届、三届中央委员，前北京大学教授，参与国民党一大宣言起草并受命担负国共两党北方区实际领导工作）、谭熙鸿

张忠頮照片

（孙中山指派出席国民党一大北京特别区代表，时为国立北京大学秘书兼生物学教授，国民党中央农民部部长）介绍加入中国国民党，1924年春再由二人举荐投考黄埔军校。1924年5月到广州，1924年6月考入陆军军官学校第一期第三队学习，1924年11月毕业。后留校任入伍生队训育副官，1925年1月随部参加了两次东征作战。1925年11月4日奉派代理军校下级干部训练班班长。[1]1926年1月任中央军事政治学校入伍生部步兵第二团第五连连长，军校下级干部训练班代理主任。1926年7月随部参加北伐战争，任国民革命军第一军第二十师步兵营营长。1927年任第一军第二十一师第六十二团副团长，1928年8月26日任第一集团军（总司令蒋介石兼）第一纵队（总指挥刘峙）第九军（军长顾祝同）第二十一师（师长肖乾）第六十二团团长。后任第二教导师步兵团团长，国民政府警卫第二师司令部参谋长。1930年冬任第五十二师独立旅旅长。1931年2月27日获颁四等宝鼎勋

---

[1] 中国第二历史档案馆编：档案出版社1992年12月《蒋介石年谱初稿》第453页记载。

章。[1]1931年9月率部参加对江西红军及根据地的"围剿"战事，所部于富田地区被红军围歼，在作战时中弹阵亡。

---

[1]　国民政府文官处印铸局印行：台湾成文出版社有限公司 1972 年 8 月出版《国民政府公报》第 48 册 1931 年 2 月 28 日第 711 号颁令第 18 页记载。

张迪峰

张迪峰（1902—1926），湖南醴陵人。醴陵县立初级师范学校毕业，广州大本营军政部陆军讲武学校肄业。1923年冬到广州，考入广州大本营军政部陆军讲武学校学习。1924年秋该校并入黄埔军校，1924年11月编入陆军军官学校第一期第六队学习，1925年2月肄业。分发入伍生队任见习，黄埔军校教导第一团排长，国民革命军第一军第一师第二团第九连连长，随部参加了两次东征作战和北伐战争。1926年8月18日在南昌牛行车站战斗中牺牲。[1]

张迪峰照片

---

[1]　①中国第二历史档案馆供稿，华东工学院编辑出版部影印，档案出版社1989年7月《黄埔军校史稿》第八册（本校先烈）第242页第一期烈士芳名表记载1926年8月18日在江西南昌阵亡；②台北《黄埔建国文集》编纂委员会编纂：台北实践出版社1985年6月16日印行《黄埔军魂》第574页"北伐战役殉国英雄姓名表"第一期记载。

张树华

　　张树华（1899—？），别字范良，福建永定县（今为"区"）太平里高陂乡人。永定县高陂乡高等小学堂、永定县立初级中学、陆军大学特别班第四期毕业，南京中央军官训练团将官班结业。家庭主要成员父子言，母游氏，有兄弟各一。[1]父经营波丝烟业，薄有资产。自填登记处为福建永定县太平里高陂乡，通信处为永定太平里高陂乡明达高等小学校（转交）。自填入学前履历：早年从教，曾任永定县太平里高陂乡高级小学教员，公立明达高等小学校长。1924年春由蓝玉田、钟文才（皆为粤军总司令部参谋）介绍加入中国国民党，再由其二人举荐投考黄埔军校，1924年6月考入陆军军官学校第一期第三队学习，1924年11月毕业。随部参加了两次东征作战及北伐战争，任福建闽军连长、营长，福建省保安团团长。1937年3月5日颁令叙任陆军步兵少校。[2]抗日战争全面爆发后，任福建省保安司令部参谋处处长、参谋长。1938年3月入陆军大学特别班第四期学习，1940年4月毕业。后任第三战区司令长官部参谋处情报组组长，闽南师管区司令部副司令官。1945年1月颁令叙任陆军步兵上校。任福州绥靖主任公署高级参谋。抗日战争胜利后，1946年1月奉派入中央训练团将官班受训，登记为少将学员，1946年3月结业。1947年11月18日颁令叙任陆军少将。任福建省绥靖总司令部高级参谋，东南军政长官公署高级参谋，1949年4月任第二三三师师长，后离职移居海外寓居赋闲，销声匿迹，下落不明。

　　[1]　陆军军官学校编辑、台北文海出版社有限公司印行：近代中国史料丛刊三编第五十七辑《陆军军官学校第三队学生详细调查表》记载。

　　[2]　国民政府文官处印铸局印行：台湾成文出版社有限公司1972年8月出版《国民政府公报》第121册1937年3月6日第2296号颁令第1页记载。

张隐韬

张隐韬（1901—1926），又名远韬，原名宝驹，别号仁超，直隶南皮县城东郝家马村人（另载唐家务人）。祖辈务农，家境清贫。自填登记处为直隶南皮县城东郝家马村。自填入学前履历：充高（小）学（校）教员。南皮县立城东高等小学、马林初级中学毕业。曾在天津京奉铁路职工子弟学校任教，1919年在天津参加了五四运动。1921年加入北京大学马克思学说研究会，被聘任为通讯员，后奉派为中国劳动组合书记部北方分部成员、京绥路特派员。

张隐韬照片

1922年春经罗章龙、安幸生介绍加入中国共产党，[1]另载1922年7月加入。1923年11月由何孟雄（中共北方区委委员及北京地方执行委员会书记，中共三大代表，时任中国劳动组合书记部北京分部负责人，负责北方区委国民运动委员会工作）、郑业（时为北京大学学生）介绍加入中国国民党。先后参加长辛店铁路工人大罢工、开滦五矿工人大罢工和正太铁路大罢工，曾任开滦五矿工人纠察队教练员，正太铁路工人纠察队负责人。曾与罗章龙等人领导了唐山开滦五矿及石家庄正太铁路工人的反帝罢工斗争。1924年3月被中共内部选派，并经于树德（孙中山指派出席国民党一大直隶省代表，国民党第一届中央执行委员，中共三大代表，国民党中央党部对外委员会委员及北京执行部执行委员）、于方舟（国民党第一届候补中央执行委员，国民党天津市党部党务部部长，中共天津地方委员会

---

[1] 《中国共产党创建史辞典》编辑委员会编纂、倪兴祥主编：上海人民出版社2006年6月印行《中国共产党创建史辞典》第548页记载。

委员长）举荐投考黄埔军校。1924年5月到广州，1924年6月考入陆军军官学校第一期第二队学习，1924年8月随学生队参加对广州商团事变军事行动，1924年11月毕业。分发教导团任见习，1925年1月随部参加第一次东征作战。1925年3月奉派返回河北，先后任国民军第二军（军长胡景翼）第二师第四旅步兵团营长、团长、副旅长，在军中发展党员和建立中共组织与青年团支部，参与指挥攻打南皮、盐山、庆云等地奉军武装。曾与刘格平一起在沧州泊头镇组织津南农民军，任司令员，这是中共在北方组建的第一支农民武装。1925年11月底挥师南皮徐庄时，遭地方民团武装袭击被捕，1926年2月5日于盐山县旧县镇遇害。遗作有日记两册，计五万余字，在其家乡南皮县发现。[1]《张隐韬烈士日记综述》刊载于《历史档案》1988年第四辑，日记原件收藏于河北省南皮县档案馆。

---

[1]　《中国共产党创建史辞典》编辑委员会编纂、倪兴祥主编：上海人民出版社2006年6月《中国共产党创建史辞典》第548页记载。

张雪中

张雪中（1900—1995），原名达，[1] 别字雪中、雪衷，别号通明，后以字行，改名为雪中，江西乐平人。江西南昌城西高等小学、江西省立第一中学毕业，南昌心远大学、上海大陆商业专门学校本科肄业，陆军大学甲级将官班第一期毕业。父从商业，家道小康，有地产百余亩。1900年7月2日（另载1899年7月3日）生于东平县一个农户家庭。自填入学前履历：江西省立第一中学毕业后任本省均智国民学校教员，民国十二年（1923年）插入上海大陆商业专

张雪中照片（一）

门学校本科三年级。1922年考入南昌心远大学，1923年转入上海大陆商业专门学校本科三年级就读。1924年任南昌均智国民学校教员。1924年春由周道万（国民党一大江西省代表，广州大元帅府大本营参议，国民党江西省党部指导委员，粤军总司令部秘书）举荐投考黄埔军校，1924年4月28日经何燮桂（国民党江西临时党部筹备员）、周维城（江西军界供职）介绍加入中国国民党。1924年6月考入陆军军官学校第一期第四队学习，1924年11月毕业。分发教导第一团任见习、排长，1925年1月随部参加第一次东征作战。战后任黄埔军校本部管理处上尉特别官佐，党军第一旅步兵连副连长，1925年11月随军参加第二次东征战事。1925年8月所部改编为国民革命军第一师（师长何应钦）第一团（团长刘峙），仍任副连长。1926年3月任中央军事政治学校第四期步科第二团（团长张与仁）第三营（营

---

[1]　湖南省档案馆校编、湖南人民出版社1989年7月《黄埔军校同学录》记载。

长应山三）第七连连长。1926年7月任国民革命军第一军第一师（师长王柏龄）第三团（团长薛岳）步兵连连长，随军参加北伐战争。1926年11月任第一军第二十一师（师长严重）第六十二团（团长王禄丰）第一营营长。1927年4月调任军校入伍生第二团（团长李亚芬）第三营少校营长。1927年10月改任南京中央陆军军官学校第六期第一总队步兵第二大队（大队长卞稚珊）第三队队长。1927年11月任浙江军事训练班学生总队（总队长贺衷寒）第三大队（大队长宣铁吾）队附，1928年3月任中央陆军军官学校杭州预科大队大队长。1929年1月当选南京中央陆军军官学校特别党部执行委员，1929年4月任中央陆军军官学校武汉分校第七期第一大队大队长。其间因与粤军著名将领张达同名，奉命改名雪中。1930年3月调任教导第三师（师长钱大钧）第三团团长。率部参加中原大战。1930年6月教导第三师扩编为三旅六团制，改任第二旅（旅长李及兰）第三团团长，1930年11月所部再改番号，任陆军第十四师（师长钱大钧）第四十一旅（旅长李及兰）第八十一团团长。1931年1月任陆海空军总司令部攻城旅（旅长李延年）副旅长。1931年3月25日获颁四等宝鼎勋章。[1]1931年9月任武汉要塞司令（钱大钧兼）部第二团（机关枪团）团长。1932年1月武汉要塞司令部改编为第八十九师（师长钱大钧），任该师步兵第二六五旅旅长。1933年10月任江西省保安第二旅旅长，1934年2月任第八十九师（师长王仲廉）副师长，率部参加对江西红军及根据地的"围剿"战事。1935年5月8日颁令叙任陆军步兵上校。[2]1936年春率部北上，参加对陕北红军及根据地的"围剿"战事。1936年10月28日颁令叙任陆军少将。1936年11月12日获颁三等云麾勋章。[3]1936年12月15日国民政府颁令免第八十九师副师长职。[4]1937年3月任第十三军（军长汤恩伯）司令部参谋长。

---

[1]　国民政府文官处印铸局印行：台湾成文出版社有限公司1972年8月出版《国民政府公报》第48册1931年3月26日第730号颁令第1页记载。

[2]　国民政府文官处印铸局印行：台湾成文出版社有限公司1972年8月出版《国民政府公报》第93册1935年5月9日第1736号颁令第1页记载。

[3]　国民政府文官处印铸局印行：台湾成文出版社有限公司1972年8月出版《国民政府公报》第117册1936年11月13日第2201号颁令第6页记载。

[4]　国民政府文官处印铸局印行：台湾成文出版社有限公司1972年8月出版《国民政府公报》第118册1936年12月16日第2229号颁令第1页记载。

抗日战争全面爆发后，率部坚守南口与日军激战。
1938年2月17日任统辖两旅兵员的陆军第八十九师
师长。率部参加鲁南战役、台儿庄战役。1938年6月
11日任第十三军（军长张轸）副军长兼第八十九师
师长，1938年7月30日代理第十三军军长，统辖第
四师、第八十九师，率部参加武汉会战。1939年2月
率部参加随枣会战。1939年8月7日实任第十三军军
长，统辖第八十九师（师长舒荣）、第一一〇师（师
长吴绍周）、第一九三师（师长赖汝雄）等部，率部

张雪中照片（二）

参加枣宜会战。1941年率部参加豫南会战，1942年7月30日任第三十一集团军
副总司令。同年入中央训练团党政训练班第二十二期受训。1943年2月18日任第
三集团军（总司令孙桐萱）副总司令。1943年3月14日任第四集团军副总司令，
1943年10月任第一战区司令长官部政治部主任兼第三十九集团军副总司令，随
部参加豫中会战。1944年7月任黔桂湘边区副总司令。1944年7月31日获颁四等
云麾勋章。1944年10月入陆军大学甲级将官班第一期学习，1945年1月毕业。后
任黔桂湘边区总司令部副总司令，率部阻击日军收复独山。1945年3月任第二方
面军司令长官部副司令长官。1945年7月6日获颁三等云麾勋章。抗日战争胜利
后，兼任第二方面军前进指挥部主任，飞赴上海主持受降与接收事宜。1945年
10月任第十九集团军总司令，统辖第五十一军（军长周毓英）、第九十七军（军
长王毓文），率部参与津浦沿线攻势。1945年12月任第一绥靖区副司令官，1946
年7月16日获颁青天白日勋章。1946年9月第十九集团军改编，任整编第二十二
军军长，统辖整编第九十七师、整编第五十一师。1947年3月12日整编第二十二
军改组为淮海绥靖区司令部，改任司令官，统辖整编第四十四师、整编第五十一
师。1947年12月淮海绥靖区改组为第七绥靖区，仍任司令官，改为统辖陆军整编
第四师、整编第五十一师。1948年8月调任衢州绥靖主任公署副主任。1948年9
月22日颁令叙任陆军中将。1949年2月任第九编练司令部司令官，统辖重建后的
第七十三军（军长李天霞）、第七十四军（军长劳冠英）。1949年7月调任"国防
部"（部长阎锡山）参议。1949年8月任福州绥靖主任公署副主任。1949年8月率
部撤退台湾，改任"国防部"参议，此后一直未再担任实际公职。1959年12月退

役，[1]自请生产，于花莲县富里乡六十石山开荒垦地，创办复兴农场，经费皆由其本人及部属、亲友筹措，自1950年开办以来，披荆斩棘，惨淡经营整整三十五年，高峰时收容安置退役官兵两百多人。开垦荒地800公顷（12000亩），种植果树、梧桐、贵竹、生姜等，成绩斐然，使不少流离失所的大陆赴台退役老兵安居乐业，此德行颇受世人好评。农场颇具规模，有农工生产多种门类，1986年农场撤销收归公有，惨淡经营三十五载顷刻间化为乌有。受此打击，其患中风，健康每况愈下。1995年6月16日清晨因病在台北中华医院逝世。[2]

---

[1] 台北"国史馆"编纂：2006年12月印行《"国史馆"现藏民国人物传记史料汇编》第二十辑第298页记载。

[2] 台北"国史馆"编纂：1991年9月印行《"中华民国"褒扬令集》续编第六册第274页传记及"总统府"褒扬令。

张淼五

张淼五（1898—? ），广东梅县尧塘乡人。梅县东山中学毕业。家从农商，经济中等，自给尚足。自填登记处为广东梅县尧塘，通信处为尧唐大同公学校。自填入学前履历：东路讨贼军第八旅旅部三等军需正。曾充广东东路讨贼军第八旅旅部三等军需正。1924年5月13日由张民达（前国民党南洋联络委员，广东东路讨贼军第八旅旅长，粤军第二师师长）介绍加入中国国民党，1924年5月由廖仲恺（孙中山指派出席国民党一大广东省代表，国民党第

张淼五照片

一届中央执行委员、常务委员、政治委员会委员，广州大本营财政部部长及广东省省长）、张民达举荐投考黄埔军校。1924年6月考入陆军军官学校第一期第四队学习，1924年11月毕业，后服务社会。

张禅林

张禅林（1901—?），又名弹林，[1]江西乐安县人。上海文生氏英文学校毕业。务农家庭出身，有田约五十亩。自填登记通信处为江西乐安县城内。自填入学前履历：曾毕业于上海文生氏英文学校，九年（1920年）在本党（国民党）上海总部服务。1920年在国民党上海执行部服务。1920年由徐苏中（时为国民党江西执行部执行委员，国民党一大江西省代表，前中华革命党江西支部长，《晨钟日报》记者，国民党中央党务讨论会委员）介绍加入中国国民党，1924年春由徐苏中、彭素民（国民党第一届候补中央执行委员、中央常务委员，黄埔军校入学试验委员会委员，国民党中央总务部部长及农民部部长）举荐投考黄埔军校。1924年6月考入陆军军官学校第一期第三队学习，1924年11月毕业。后服务于军界。北伐战争期间曾代理江西乐安县县长。

---

[1] 湖南省档案馆校编：湖南人民出版社1989年7月《黄埔军校同学录》第16页第一期补录名单记载。

张雁南

张雁南（1899—？），别字展程，湖南醴陵人。醴陵县立高等小学堂毕业，广州大本营军政部陆军讲武学校肄业，南京中央陆军军官学校高等教育班第二期、陆军大学乙级将官班第二期毕业。1923年12月到广州，考入广州大本营军政部陆军讲武学校学习，1924年秋该校并入黄埔军校，1924年11月编入陆军军官学校第一期第六队学习，1925年2月肄业。后留校任职，先后任入伍生队见习、排长，中央军事政治学校（第四期）教导第二团排长，入伍生团

张雁南照片

教育副官。1927年随校迁移南京，任南京中央陆军军官学校第一总队步兵大队中队长、第八期第二总队教官。1935年6月22日颁令叙任陆军步兵少校。[1]1936年10月2日颁令晋任陆军步兵中校。[2]抗日战争全面爆发后，任军事委员会军事训练部参谋，湖南省国民兵军事训练委员会办公室主任。1938年12月任第二战区陆军暂编第一师（师长彭毓斌）副师长兼政治部主任，率部参加抗日战事。1943年2月颁令叙任陆军步兵上校。抗日战争胜利后，1946年春入陆军大学乙级将官班第二期学习，1947年4月毕业。历任湖南某师管区司令部副司令官，联合后方勤务总司令部附员。1949年迁移香港定居。

---

[1] ①《中央日报》1935年6月23日记载。②国民政府文官处印铸局印行：台湾成文出版社有限公司1972年8月出版《国民政府公报》第94册1935年6月23日第1775号颁令第3页记载。

[2] 国民政府文官处印铸局印行：台湾成文出版社有限公司1972年8月出版《国民政府公报》第115册1936年10月3日第2168号颁令第1页记载。

张雄潮

张雄潮（1904—？），浙江嵊县（今嵊州人）人。嵊县县立高等小学校、嵊县县立初级中学毕业，沪上南方大学肄业。家从商业，经济小康，自给尚余。爱好诗词。自填登记通信处为浙江嵊县，寓杭垣（杭州市）草市街承兴公司。自填入学前履历：创办上海复旦大学中学部《学生旬刊》，并自任编辑员之一，出版未久因同学中有反对者，乃致停办，复于大同大学读书时著有新诗《残叶》一册。1924年5月由祈光华、韩人举（均为南方大学社会科学生）介绍加入中国国民党，1924年5月由曾其吾（别字贯吾，南方大学设于上海宜昌路政治科训练班教员、事务主任，国民党上海区临时分部执行委员）举荐投考黄埔军校。1924年6月考入陆军军官学校第一期第四队学习，在校期间与何盼一起出走，不归失联。

张鼎铭

张鼎铭（1900—1950），别字则民，另字宴宾，湖南芷江人。芷江县本乡高等小学、芷江县立初级中学、湖南省立第三甲种农业学校毕业，北京平民大学、戏剧专门学校肄业，中央军官训练团第二期毕业。父从农商，衣食稍足。自填入学前履历：民国十年（1921年）毕业于湖南省立第三甲种农业学校，十二年（1923年）肄业于北京平民大学，又肄业于（戏）剧专（门）学校，今年（1924年）才来本校学习，以求达志之目的。1921年毕业于湖南省立第三甲

张鼎铭照片

种农业学校，1923年肄业于北京平民大学及戏剧专门学校。1924年2月经舒木桢（芷江同乡、国立北京大学教员）介绍加入中国国民党，1924年春由李大钊（孙中山指派出席国民党一大北京特别区代表并为大会主席团成员，国民党第一届中央执行委员，中共第二、三届中央委员，前北京大学教授）、石瑛（中国国民党第一届中央执行委员，前北京政府众议院议员，原国立北京大学教授）、谭克敏（国民党一大北京特别区代表，前国立北京大学哲学系教员，国民党中央党部秘书）、谭熙鸿（孙中山指派出席国民党一大北京特别区代表，时为国立北京大学秘书兼生物学教授，国民党中央农民部部长）举荐投考黄埔军校。1924年5月到广州，1924年6月考入陆军军官学校第一期第四队学习，1924年11月毕业。分发军校教导第一团任见习、区队长、排长，1925年1月随部参加第一次东征作战，并在棉湖战役中负伤。1925年6月任党军第一旅第一团副连长，随部参加对滇桂军阀杨希闵部、刘震寰部军事行动。1926年2月任国民革命军第一军第二师第五团第一营营长，1926年7月随军参加北伐战争，任国民革命军第一军第二十师步

兵营连长、副营长。1927年3月任浙江警备师第三团副团长，1927年10月任南京中央陆军军官学校第六期第一总队步兵第三大队队附。1928年5月18日任国民革命军总司令部警卫司令部参谋处少校参谋，后调任驻杭州的中央陆军军官学校第七期预科大队中队长。1928年9月任预科队中校大队队附。其间与邓玉昆在南京结婚，[1]后其妻妹邓玉琴与高魁元（黄埔四期生，时任陆军第十八军营长）结婚。1929年4月调任中央陆军军官学校武汉分校第三大队队附，1929年6月22日任中央陆军军官学校武汉分校第七期学生第一队第一中队中队长。1930年3月任中央教导第三师第四团中校团附，1930年6月教导第三师扩编为三旅制，任该师第二旅副旅长，1930年8月任中央教导第三师第二旅第六团团长。1931年1月13日任第十八军（军长陈诚）第十一师（师长罗卓英）第三十一旅旅长。1932年2月宪兵第四团、第五团、第六团合编为宪兵第二旅，任宪兵第二旅旅长。南京中央宪兵司令部所辖旅级编制裁撤后，任陆军第三十一师政治训练处处长。1932年6月调任军事委员会委员长侍从室组长兼侍从副官，1933年5月任军事委员会南昌行营副官处处长，1934年2月任福建省政府保安处参议。1936年3月4日颁令叙任陆军步兵上校。[2]抗日战争全面爆发后，1938年3月任陕西关中师管区司令部司令官。1939年10月曾因涉嫌"挪用公款经商"被撤职。[3]1940年8月出任国民政府军政部部附，1942年1月任遂武师管区司令部司令官。1949年1月告假回乡，1949年10月在芷江被人民解放军俘虏。中华人民共和国成立后，1950年12月在湖南芷江以"匪霸罪"被枪决。另载1949年在芷江被镇压枪决，[4]1992年3月芷江县人民法院重新审理获得平反，恢复投诚人员名誉。

---

[1] 杨伯涛著：中国文史出版社1996年4月版《杨伯涛回忆录》第115页记载。

[2] 国民政府文官处印铸局印行：台湾成文出版社有限公司1972年8月出版《国民政府公报》第105册1936年3月5日第1988号颁令第1页记载。

[3] 中国文史出版社《文史资料存稿选编——军事机构》下册，李昭良撰文《我所知道的国民党兵役情况》记载。

[4] 中国文史出版社《文史资料存稿选编》第20辑第407页记载。

张慎阶

张慎阶（1901—1926），别字淑勤，广东丰顺县北胜雁洲人。丰顺县雁洲高等小学毕业，粤军总司令部宪兵教练所结业。父从农业，家境贫穷，信奉孔教。自填登记处为广东丰顺县北胜雁洲，通信处为汕头北溪新渡口昌合益记。自填入学前履历：粤军宪兵第一营四连下士，广州大本营执法处宪兵兼稽查，东路（广东）讨贼军宪兵第一队中士，大本营卫士。历任粤军宪兵第一营第四连下士，大本营执法处宪兵兼稽查，广东东路讨贼军总指挥部宪兵

张慎阶照片

第一队中士，广州大元帅府卫士大队区队长。1922年在福建由罗翼群（前东路讨贼军第二军参谋长兼第九师师长，广州大本营兵站总监、军需总局局长）、卢振柳（前广东东路讨贼军第六路参谋长，粤军第二军总司令部参谋，广州大元帅府大本营参军兼大本营卫士大队大队长）介绍加入中国国民党。1924年春由卢振柳保荐投考黄埔军校，1924年5月到广州，1924年6月考入陆军军官学校第一期第四队学习，在学期间任第四队副分队长，1924年11月毕业。分发黄埔军校教导第一团任见习、排长，1925年1月随部参加第一次东征作战。后任党军第一旅第一团步兵连副连长，1925年6月随军参加对滇桂军阀杨希闵部、刘震寰部军事行动。1926年3月8日任中央军事政治学校第四期学生总队（总队长严重）步兵科第一团（团长黄仲恂）第二营第六连连长。1926年7月随军参加北伐战争江西战事，任国民革命军总司令部第四补充团第一营少校营长。1926年11月16日在南昌战

役中阵亡。[1]1929年2月14日国民政府指令第308号："呈据军政部转呈前充国民革命军第四补充团少校营长张慎阶于十五年十一月在南昌梅岭山下阵亡，拟按陆军少校阵亡例给恤，请核准令遵由。"[2]

[1] ①中国第二历史档案馆供稿，华东工学院编辑出版部影印，档案出版社1989年7月《黄埔军校史稿》第八册（本校先烈）第242页第一期烈士芳名表记载1926年11月16日在江西南昌阵亡；②台北《黄埔建国文集》编纂委员会编纂：台北实践出版社1985年6月16日印行《黄埔军魂》第574页"北伐战役殉国英雄姓名表"第一期记载。

[2] 国民政府文官处印铸局印行：台湾成文出版社有限公司1972年8月出版《国民政府公报》第24册1929年2月16日第94号颁令。

张瑞勋

张瑞勋（1904—？），广东番禺县沙湾乡人。前
国民革命军第五军军长李福林亲属。番禺县公立中
等学校、广东陆军测绘学校毕业。家从商贩，贫无
地产。自填登记处为广东番禺县沙湾司岐山乡张克
慎堂，通信处为广州河南海幢寺福军军司令部转交。
自填入学前履历：现充粤军第三军军司令部测绘生。
曾充建国粤军第三军总司令部测绘生。1924年5月15
日由邓演达（前任广东西路讨贼军第一师第三团团
长，受筹备委员李济深委托参与筹办黄埔军校，黄

张瑞勋照片

埔军校入学试验委员会委员）、金佛庄（前浙江陆军第二师营长，中共三大代表，
黄埔军校第一期第三队上尉队长）介绍加入中国国民党。1924年5月由李福林（前
广东东路讨贼军第三军军长，时任粤军第三军上将军长，广东全省警备处处长及
广州市市政厅厅长）、练炳章（前广东东路讨贼军第三军军长，粤军第三军司令
部参谋长兼粤军讲武堂教育长，广州大本营咨议）介绍投考黄埔军校，1924年6
月考入陆军军官学校第一期第三队学习，1924年11月毕业，后服务社会。

张德容

张德容照片

张德容（1901—1994），别字海如，陕西武功人。武功县立初等小学三年级肄业，庐山中央训练团党政班毕业。父从农业，家境贫苦。自填登记处为陕西武功县，通信处为（武功）县城内永丰积号（转交）。曾充陕西靖国军第一路第二混成旅警备队排长、副连长，第一路司令部少校副官、军事委员。1901年10月10日（另载1901年12月1日出生）生于武功县一个农户家庭。早年曾加入中国共产党。1924年春由于右任（孙中山指派出席国民党一大陕西省代表，国民党第一届中央执行委员，时兼任上海大学校长）举荐投考黄埔军校，1924年5月14日经于右任介绍加入中国国民党。1924年5月到广州，1924年6月考入陆军军官学校第一期第二队学习，在学期间任第二队第五分队分队长，1924年11月毕业。即奉派返回陕西策应，任国民军中山军事政治学校教官，国民联军驻陕总司令部政治部政训指导员，兼特别党部执行委员。1929年至1931年曾参与邓演达组织的"第三党"军事活动，参加中国国民党汪精卫系"改组派"和"西山会议"派政治活动。1931年脱离中共党组织，赴南京黄埔同学会登记，奉派入南京中央陆军军官学校高级班受训。1932年5月13日奉派入南京中央陆军军官学校军官教育总队受训，1932年7月10日结训。[1]1932年12月任国民革命军第八十四师政治训练处处长，1936年10月任陕西省国民兵军事训练处处长。1937年

---

[1] 《中央日报》1932年5月13日、5月14日连续刊登"中央军校军官教育总队启事（一）"记载。

1月6日颁令叙任陆军步兵中校。[1]抗日战争全面爆发后，曾派赴华北从事敌后工作，收集情报并策反伪军，历时数月后返回西安。经胡宗南举荐，1939年10月任中央陆军军官学校第七分校干部训练班学员总队总队长，后任陕西省战时干部训练团社会训练处处长，陕西省军管区司令部编练处处长、政治部主任兼党部书记长。1940年任黄龙山设区自治局局长，1941年任军事委员会西北游击干部训练班办公厅副主任，1944年兼陕西商县县长。抗日战争胜利后，1946年1月任陕西全省党政军特别党部副书记长，1946年10月兼任西安市特别党部执行委员、主任委员。1947年7月23日颁令叙任陆军少将。1948年9月17日派任陕西省第九区行政督察专员，兼任该区保安司令官，1949年3月4日免职。1949年5月16日派任陕西省第十区行政督察专员，兼任该区保安司令官。1949年12月携眷随军迁移到重庆，再乘飞机赴海南岛榆林港，1950年4月赴台湾。历任台北市党部特派员，"国家安全局"中将监察官，负责督导台湾警察宪兵机关，1994年1月29日因病在台北逝世。[2]

---

[1] 《中央日报》1937年1月7日记载。

[2] 台北"国史馆"编纂：2006年12月印行《"国史馆"现藏民国人物传记史料汇编》第十三辑第268页记载。

张遴选

张遴选（1897—? ），陕西干县东区三姓村人。干县县立高等小学校、干县初级中学毕业，北京国立法政大学政治科肄业。家道清贫，有薄田八十亩，入不敷出。自填登记处为陕西干县东区三姓村，通信处为陕西西安敬业中学校转。自填入学前履历：民国七年（1918年）曾充陕西靖国军临时粮台督办。干县县立高等小学校及初级中学毕业，北京国立法政大学政治科肄业三年。1918年充陕西靖国军临时粮台督办。1923年12月由焦易堂（时任广州大元帅府参议，孙中山指派出席国民党一大陕西省代表，国民党陕西省临时党部执行委员）、吴希真（时为国民党籍国会众议院议员，前靖国军左路第一支队司令官，陕西省临时议会议员，国民党陕西省临时党部筹备委员）介绍加入中国国民党。1924年春由于右任（孙中山指派出席国民党一大陕西省代表，国民党第一届中央执行委员，前陕西靖国军总司令、讨贼军西北第一路军总司令，时兼任上海大学校长）、王宗山（前广州大元帅府大本营英文秘书，黄埔军校筹备委员会委员，黄埔军校校长办公厅英文秘书）介绍投考黄埔军校，1924年6月考入陆军军官学校第一期第三队学习，1924年11月毕业。后返回北方服务军界，1933年10月任陕西凤翔县国民兵团专职团附。

张镇国

张镇国（1900—？），原籍广东新会，生于广东江门。新会本地两等小学堂、棣南学校国文专修科、广州石室圣心中学毕业。家从商贩。自填登记处为原籍广东新会，现住江门水南新张家庄，通信处为江门上步街瑞成楼。自填入学前履历：民国四年（1915年）毕业于两等小学堂，八年（1919年）毕业于棣南学校国文专修科，十二年（1923年）毕业于广州石室圣心中学，暂任广东东路讨贼军第三师步兵第六旅司令部委员。1924年5月15日由林树巍（时

张镇国照片

任广州大本营参议，前广东高雷讨贼军总司令兼高雷绥靖处处长，广东西路讨贼军粤军第五师师长，桂军第五师师长）、张祖杰（广东政界供职）介绍加入中国国民党，并由其两人举荐投考黄埔军校。1924年6月考入陆军军官学校第一期第一队学习，1924年11月毕业，后服务社会。

张耀明

张耀明照片

张耀明（1905—1972），陕西临潼县城西北乡张家村人。临潼县新丰三育学校毕业，陕西省立第一中学校肄业。家世务农，仅供生活。自填登记处为陕西临潼县城西北乡张家村，通信处为陕西临潼新丰三育学校（转交）。自填入学前履历：本县（临潼）新丰三育学校毕业，肄业（于）省立第一中学校。1905年1月15日（另载1903年12月14日出生）生于临潼县城郊一个农户家庭。1924年春经于右任（孙中山指派出席国民党一大陕西省代表，国民党第一届中央执行委员，时兼任上海大学校长）、王宗山（前广州大元帅府大本营英文秘书，黄埔军校筹备委员会委员，黄埔军校校长办公厅英文秘书）、金佛庄（前浙江陆军第二师营长，中共三大代表，黄埔军校第一期第三队上尉队长）举荐投考黄埔军校，1924年5月经于右任介绍加入中国国民党。1924年5月到广州，1924年6月考入陆军军官学校第一期第三队学习，1924年11月毕业。分发任黄埔军校教导团见习、排长，1925年1月随部参加第一次东征作战。1925年8月任国民革命军第一军第一师第三团步兵连连长，1925年11月随军参加第二次东征战事。后任国民革命军第一军第一师第三团营长，1926年7月随部参加北伐战争。1930年任第四师第十一旅（旅长关麟征）第二十一团团长，此后与关麟征结为毕生军旅至交。1932年6月任第四师独立旅（旅长关麟征）第一团团长，率部参加对鄂豫皖边区红军及根据地的"围剿"战事，在皖西作战时负重伤。1932年11月第四师独立旅扩编为第二十五师，任该师（师长关麟征）步兵第七十五旅旅长。1933年率部参加长城古北口抗日战事。1935年5月8日叙任陆军步兵上校。[1]1935年7月17日因长城抗战中御敌有功获颁青天白日勋章。[2]1936年1月获颁五等宝鼎勋章。[3]1936年10月5日颁令叙任陆军少将。1936年11月12日晋给四等宝鼎勋章。[4]1937年6月7日国民政府颁令免第二十五师第七十五旅旅长职。[5]抗日战争全面爆发后,任第五十二军(军长关麟征)第二十五师师长,1937年9月20日率部在保定、沧州与日军作战,所部顽强阻敌,经两昼夜激战伤亡过半,在无援兵的境况下,向保定以南的唐河南岸撤退,至漳河以南地区补充休整。1937年10月20日率部阻击日军于漳河北岸,乘夜由西向东对敌河北岸的炮兵阵地和后方部队猛烈袭击,日军被前后夹击,遂向河北岸溃退。1938年春率部参加台儿庄会战,日军第五师团坂本联队四千余人由临沂南下增援濑谷联队,其率师堵截并对坂本联队形成包围,至1938年4月7日将日军坂本联队大部歼灭,仅余部几百人乘夜溃逃。1938年4月30日因徐州会战立功,任第五十二军(军长关麟征兼)副军长,兼任第二十五师师长。1938年8月率部参加武汉会战,在汨罗河新市附近向日军发起猛烈进攻,日军抵挡不住遂向河北岸溃退,此役称湘北大捷。[6]1938年9月27日任第五十二军军长。1939年9月在第一次长沙会战中于新墙河与汨罗地区重创日军。1940年9月率部由湘进滇,担负滇越铁路以东的滇越边境防务,多次打退日军进犯,保证了滇越边境安全,为中国远征军向滇西一带日军发动大规模进攻,进而打通中缅交通线奠定了坚实基础。1942年6月任第九集团军副总司令,1943年2月接黄维兼任第五十四军军长。1944年2月任第三十八

[1] 国民政府文官处印铸局印行:台湾成文出版社有限公司1972年8月出版《国民政府公报》第93册1935年5月9日第1736号颁令第1页记载。

[2] 国民政府文官处印铸局印行:台湾成文出版社有限公司1972年8月出版《国民政府公报》第125册1935年7月18日第1796号颁令。

[3] 国民政府文官处印铸局印行:台湾成文出版社有限公司1972年8月出版《国民政府公报》第102册1936年1月2日第1936号颁令第13页记载。

[4] 国民政府文官处印铸局印行:台湾成文出版社有限公司1972年8月出版《国民政府公报》第117册1936年11月13日第2201号颁令第6页记载。

[5] 国民政府文官处印铸局印行:台湾成文出版社有限公司1972年8月出版《国民政府公报》第117册1937年6月8日第2374号颁令第1页记载。

[6] 台北《黄埔建国文集》编纂委员会编纂:台北实践出版社1985年6月16日印行《黄埔军魂》第342页记载。

军军长，1945年1月任第四集团军副总司令，先后率部参加第二次、第三次长沙会战、豫西会战、鄂北会战诸役，因豫中会战立功获颁四等云麾勋章。抗日战争胜利后，率第三十八军由豫西挺进开封附近，担任开封、郑州间的接收与警备，在郑州参与日军受降接收事宜。[1]1946年10月任整编第三十八师师长，1948年1月获颁二等云麾勋章。1948年9月22日颁令叙任陆军中将。1948年11月任南京首都卫戍总司令部总司令。1949年10月赴成都接关麟征任成都陆军军官学校校长，为黄埔军校毕业生出任母校校长第二人。1949年12月22日，其监督军校办公厅人员将该校多年来积存的档案和历史资料、文物付之一炬。[2]1949年12月24日乘飞机南下，1950年到台湾，此后再没被录用，就此结束军政生涯。1972年10月11日因病在台北逝世。台湾出版有《张故陆军中将耀明先生事略》等。

---

[1] ①陕西省黄埔军校同学会编纂、穆西彦主编：陕西人民出版社1991年6月《陕西黄埔名人》第37页记载；②杨牧、袁伟良主编：河南人民出版社2005年11月《黄埔军校名人传》上册第866页记载。

[2] ①台北"国史馆"编纂：2006年12月印行《"国史馆"现藏民国人物传记史料汇编》第八辑第312页记载；②刘绍唐主编：台北传记文学出版社1999年10月15日印行《民国人物小传》第四辑记载。

张耀枢

张耀枢（1901—1969），曾用名张雄中，云南腾冲县城内三保东街人。腾冲县立高等小学、云南省立五属联合中学毕业，驻粤滇军总司令部干部训练大队结业。自填登记通信处为云南腾冲县城内三保东街。自填入学前履历：民国八年（1919年）曾任（腾冲夷方）小学教员，民国十二年（1923年）曾充滇军总司令部驻省保商大队部中尉副官。1901年1月2日生于云南腾冲县一个耕读家庭。祖遗房屋一栋，无田产。其父做谷米生意，兼营文化用品，赚取微

张耀枢照片

薄差价维持全家生活。幼时在乡读私塾，继进腾冲县立高等小学堂，毕业后辍学回家，帮父母料理杂货店并兼顾农事。继入云南省立五属联合中学就读，毕业后曾任小学教员。后因不满乡间生活现状，兼寻求个人发展，乃于1919年考入驻粤滇军干部大队受训。1920年结训，派往干部大队见习，任小队长。见习期满调任驻粤滇军第二军警卫营少尉排长，后升军部中尉副官、参谋。1924年5月15日经孙中山、蒋中正介绍加入中国国民党。1924年5月经杨美廷（云南国民党驻粤代表）举荐投考黄埔军校，1924年6月考入陆军军官学校第一期第四队学习，1924年11月毕业。分发教导第二团任见习、排长，1925年1月随部参加第一次东征作战。1925年6月任党军第一旅步兵连排长、连附，随军参加对滇桂军阀杨希闵部、刘震寰部军事行动。1926年7月任国民革命军第一军第三师步兵连连长、营长，随部参加北伐战争。1929年后任国民革命军团附、团长、副旅长。抗日战争全面爆发后，任陆军第四十师独立旅旅长，1938年率部与日军作战时负重伤，被送入后方医院治疗。伤愈后，1939年任第五战区后方伤兵管理处处长，后入中央

训练团受训，1940年结业，任军事委员会参议，军事训练部军风纪巡查团少将衔校阅官。1942年12月任新编第四十师副师长，1943年10月代理该师师长，不久因伤势复发离职休养。1944年返回长沙任湖南省政府警务处视察官，1945年春因枪伤复发辞职，在长沙等地寓居养病。抗日战争胜利后，在长沙组织驻湘云贵两省同乡会，被推为理事长。致力教育并发起组建滇黔小学校，兼任董事长、校长。1949年夏参与"军人自救委员会"，以云贵同乡会馆为掩护，收集提供情报，与中共地下党取得联系。1949年8月被陈明仁委任为第一兵团司令部少将高级参谋，后随陈明仁部参加长沙起义。中华人民共和国成立后，第一兵团改编为中国人民解放军第二十一兵团，仍任高级参谋。1950年1月奉派入中国人民解放军中南军政大学湖南分校短期学习。结业后入南岳第二十二步兵学校、中南军政大学政治部教导团学习改造。1952年8月转业回长沙，被安排到街道和工厂从事生产劳动。1955年4月任湖南省人民政府委员会参事室参事，1969年12月10日因病在长沙逝世。

李文

李文（1904—1977），又名先质，别字质吾，别号作彬，湖南新化人。新化县立中学、长沙岳云中学、广州大本营军政部陆军讲武学校肄业。1904年12月22日（另载1905年11月26日出生）生于新化县遵路团村一个农户家庭。六岁入私塾启蒙，1922年7月考入长沙岳云中学初中第二班学习，未及毕业，1923年冬，程潜奉命筹办广州大本营陆军讲武学校，派柳漱风等人秘密来湘招生，其得讯后在日记中写道："北洋争逐鹿，华夏不安宁。读史空言

李文照片

志，何不去从戎。"毅然投考，以优异成绩被录取。[1]1923年冬到广州，入广州大本营军政部陆军讲武学校学习。1924年秋该校并入黄埔军校，1924年11月编入陆军军官学校第一期第六队学习，1925年2月肄业。分发军校第三期任见习官，继任新兵连少尉排长。1925年8月任第一军第一师教导团第二营第一连第二排排长，参加了第二次东征作战，战后任第一军第二师第四团连长。1926年6月随部参加北伐战争，任国民革命军第一军第二十二师补充团第二营营长，1927年6月任国民革命军总司令部补充第一团第一营营长，先后参加了南昌战役、龙潭战役。1928年7月国民革命军编遣，任缩编后的第一集团军第一师（师长刘峙）第二旅（旅长胡宗南）第四团第一营营长，1929年2月任第四团团附。1930年夏随部参加中原大战，任第一师第一旅第三团代团长，率部驻防河南开封。1930年10月任第一师（师长胡宗南）第一旅（旅长李铁军）第三团团长。1931年秋率部参加讨伐

---

[1] 刘绍唐主编：台北传记文学出版社1999年10月15日印行《民国人物小传》第四辑记载。

石友三部军事行动，开赴河北进据顺德（邢台市旧称）。1932年率部参加对鄂豫皖边区红军及根据地的"围剿"战事。1932年6月30日经审查合格呈请社长（蒋介石）批准为"励志社"第十二届新社员。[1]1934年7月任陆军第一师（师长胡宗南）第二旅旅长。1935年5月2日颁令叙任陆军步兵上校。[2]1936年9月第一师扩编为第一军，任第一军（军长胡宗南）第一师（胡宗南兼师长）副师长。1936年11月12日获颁五等云麾勋章。[3]1937年夏任第一军（军长胡宗南）第七十八师师长，统辖第二三二旅（旅长周士冕）、第二三四旅（旅长李用章），率部驻河南商丘。抗日战争全面爆发后，率第七十八师抵达上海刘行，1937年8月23日即在刘行东南沿蕴藻滨南岸构筑工事。日军向蕴藻滨南端的第一军猛攻，率部与日军血战数日伤亡惨重。8月30日，率第七十八师撤至顾家宅附近待命。10月7日，日军由蕴藻滨北岸分由唐桥、刘行强渡黄浦江，再率部与日军激战四昼夜，歼敌三百余人。10月11日，率第七十八师再次挡住了日军猛烈攻击，官兵伤亡达8000人以上，所部团长一死一伤，营长仅存二人，连排长多数阵亡，所部补充兵员超过原编制的二倍以上。1937年12月12日南京失守后，率部在浦口与日军对峙。该师标榜国民革命军"天下第一军"骨干部队先后参加了淞沪会战和南京保卫战，最后以惨重伤亡撤退至河南整训。1938年3月率部随第一军撤至关中地区，负责黄河防守，阻击日军沿同蒲路南下或沿陇海路西进。1938年5月率部参加兰封战役。1938年6月27日任第三十四集团军第九十军军长，统辖第二十八师、第五十三师、第六十一师，负责宜川至合阳的河防，挫败日军从永济、临晋发起的多次进攻。1939年6月6日颁令晋任陆军少将。[4]1940年11月3日在西安与刘佩兰（清华大学毕业）结婚。1941年冬率部进取河津、运城、临汾等地，收复大量失地，收缴日军仓库25处，直到日军投降，日军再也没有进犯陕西，其一度以"抗

[1] 南京励志社：1932年6月30日版《励志旬报》第2卷第8期第6—8页"社闻"栏记载。

[2] 国民政府文官处印铸局印行：台湾成文出版社有限公司1972年8月出版《国民政府公报》第93册1935年5月2日第1731号颁令第1页记载。

[3] 国民政府文官处印铸局印行：台湾成文出版社有限公司1972年8月出版《国民政府公报》第117册1936年11月13日第2201号颁令第8页记载。

[4] 国民政府文官处印铸局印行：台湾成文出版社有限公司1972年8月出版《国民政府公报》第141册1939年6月7日渝字第159号颁令第1页记载。

日名将"蜚声西北。[1]1943 年 2 月 17 日任第三十四集团军副总司令，兼任第九十军军长。1943 年 6 月 5 日奉派入中央军官训练团受训，并任第一学员大队大队长。1945 年 1 月 9 日任第三十四集团军总司令，统辖第一军（军长罗列）、第十六军（军长李正先）、第九十军（军长严明）三个军九个师。1945 年 6 月 28 日颁令叙任陆军中将。抗日战争胜利后，率部东渡黄河，进入石家庄，接受日军一个旅团投降并接收。1946 年秋起，任保定绥靖主任公署副主任，北平警备总司令部总司令，华北"剿匪"总司令部副总司令，1948 年 11 月兼任第四兵团司令部司令官，华北警备总司令部总司令。1949 年 1 月 14 日天津解放，傅作义与李文为避免官兵重大伤亡，决定和中共中央和谈，并准备在 1 月 22 日通电和平起义。周恩来派李明灏劝李文留北平任职，叶剑英也劝李文留下"当个部长"，李文不肯。1 月 21 日，傅作义召集"剿总"所辖的军长以上军官开会，宣布起义和部队改编事宜。会后其召集石觉（第九兵团司令官）、袁朴（第十六军军长）等人开会，商讨应变对策，李文虽然无法改变起义的大势，但还是在各师抽出轻机枪 50 挺，装上飞机运至南京，1949 年 2 月 1 日李文与石觉、袁朴等三十多名将官，捎带副官处处长岳峙、参谋罗璇乘机飞抵青岛，与石觉、袁朴转赴溪口晋谒蒋介石。2 月 2 日飞抵西安与胡宗南见面，详述平津战役情况。胡宗南多次劝李文留西安任职，李文婉拒不就。1949 年 4 月其知悉程潜、陈明仁准备长沙起义，湖南解放只在朝夕，自己既离北平，表明与中共背道而驰，久滞家乡，待湖南解放，难保平安。恰好胡宗南派袁致中请他重新出山，于是赴陕西汉中，受任西安绥靖公署（主任胡宗南）副主任兼任第五兵团司令部司令官。1949 年 12 月 23 日胡宗南乘飞机前往西昌，行前下令其为西南大陆总指挥。1949 年 12 月 26 日晚所部在邛蒲交界五面山地带，被人民解放军全部包围，几经突围未遂。具言起义之事，与会者都表赞同，下午李文派出兵团参谋长袁致中，到邛城与解放军第十二军谈判。1949 年 12 月 27 日率第五兵团 50000 官兵在四川邛崃新津向人民解放军投诚。[2]27 日下午 2 时，李文带领袁致中及第一军军长陈鞠旅等二十余名将领及所部官兵，在广汉县接受解放

---

[1] 台北"国史馆"编纂：2006 年 12 月印行《"国史馆"现藏民国人物传记史料汇编》第二十辑第 116 页记载。

[2] 中国人民解放军历史资料丛书编审委员会："中国人民解放军历史资料丛书"，解放军出版社 1996 年 1 月《解放战争时期国民党军起义投诚——川黔滇康藏地区》第 808 页记载。

军的改编。1950年1月上旬，李文等人先后被送到重庆解放军二野教导总队和西南军政大学高级班学习。1950年3月乘学习期间看管松懈，由歌乐山解放军官教导团潜逃，[1]辗转于4月下旬到达香港，1951年4月奉准到台湾。1954年5月任台湾"国防部"中将高级参谋，不久任"总统府"战略顾问。1964年1月退役，任台湾糖业公司顾问。1970年1月奉令除役。1977年4月20日因病在台北荣民总医院逝世。台湾出版有《黄埔一期李文中将纪念集》等。中国文史出版社《文史资料选辑》第五十辑载有《李文第五兵团在川西投降纪略》（王应尊著），中国文史出版社《原国民党将领的回忆——平津战役亲历记》载有《李文、石觉、骆振韶等自北平逃跑的前后》（汪君勃著）等。

---

[1] 台北"国史馆"编纂：1991年9月"国史馆"印行《"中华民国"褒扬令集》续编第一册第621页传记及"总统府"褒扬令。

李园

李园（1902—?），别字廷铨，浙江富阳县场口镇人。浙江省三才中学、陆军大学特别班第一期毕业。自填家庭主要成员：父秀峰，母颜氏，兄妹各一人，父从农商，入可敷出。自填登记通信处为浙江富阳县场口镇包恒泰号转交礼门。自填入学前履历：自本省三才中学毕业，后曾任上海求是中学教授。[1]1924年3月经钮永健（孙中山指派上海国民党党务联络特使，前广州大元帅府参谋次长兼兵工厂厂长）、严光盛（黄埔军校第一期特别官佐）介绍加入中国国民

李园照片

党，1924年5月由严光盛举荐投考黄埔军校。1924年6月考入陆军军官学校第一期第一队学习，1924年11月毕业。后随部参加了两次东征作战，任陆军军官学校第三期入伍生团中尉区队长，广州黄埔中央军事政治学校第五期入伍生团连长、营附。1926年7月随部参加北伐战争，随军校迁移北上，1927年6月任南京中央陆军军官学校第六期第一总队第四大队大队长，国民革命军总司令部补充团团长。1928年2月17日被国民革命军总司令部委任为警卫团（团长冯圣法）政治指导员，[2]1928年10月任中央教导第二师第一旅第四团团长、副旅长。1929年8月1日委派为陆军大学特别党部筹备委员。1929年12月保送陆军大学特别班学习，1931年10月毕业。1932年12月任第二十六师政治训练处处长，后任国民政

---

[1] 陆军军官学校编辑、台北文海出版社有限公司印行：近代中国史料丛刊三编第五十七辑《陆军军官学校第一队学生详细调查表》记载。

[2] 1928年2月17日《国民革命军总司令部公报》第二期第34页记载。

府军事委员会委员长侍从室参谋。抗日战争全面爆发后，任第二十集团军总司令部参谋处处长，暂编第十一军司令部参谋长。1940年12月5日颁令叙任陆军步兵上校。[1]后任预备第四师（师长傅正模）副师长，重庆卫戍总司令部第二警备区司令部司令官。抗日战争胜利后，1946年1月任军政部第六军官总队副总队长。1946年1月奉派入中央训练团将官班受训，登记为少将学员，1946年3月结训。1946年10月任国民政府国防部附员，1946年12月3日参加赴南京任职、公干的81名黄埔一期生在中央训练团聚餐并于办公大楼前合影。[2]1947年2月22日颁令叙任陆军少将，同时退为备役。1948年3月29日被推选为浙江省出席（"行宪"）第一届国民大会代表。

[1] 国民政府文官处印铸局印行：台湾成文出版社有限公司1972年8月出版《国民政府公报》第156册1940年12月7日渝字第316号颁令第1页记载。

[2] 容鉴光编著：列入台北出版品预行编目资料，台北博煜企业有限公司2003年6月16日第一版印行《黄埔军校一期研究总成》第278页辑录。

李杲

李杲（1893—1982），别字岳阳，[1]曾用名岳阳，四川安岳人。前军事委员会政治部第二厅厅长、中国国民党第六届中央常务委员、第十五绥靖区司令部司令官康泽（黄埔三期生）表兄。安岳县立桑蚕学校、四川陆军速成学校毕业，广州大沙头大本营航空学校第一期结业，日本陆军工兵专门学校、陆军大学特别班第二期毕业，中央军官训练团第一期将官研究班结业。其父仙客育其兄弟八人，其排行第七，而称之"七哥"。1893年12月8日[2]生于安岳

李杲照片

县城一个商绅之家，其生年另载有1895年1月22日、1896年1月22日。十四岁由县高等小学堂毕业后，考入四川省立工业专科学校就读，越年考入四川高等蚕业学校学习，1914年毕业。考入四川军官教导团受训，1916年结业。投效四川陆军第五师（师长吕超），履历排长、连长、营长，后任四川边防军（总指挥石青阳）第五混成旅第一团团长。1924年春经谢持（孙中山指派出席国民党一大四川省代表，国民党第一届中央监察委员，前国民党中央党部党务部部长）举荐投考黄埔军校，1924年6月考入陆军军官学校第一期第四队学习，1924年11月未及毕业，现据：①台北"国史馆"编纂：2006年12月印行《"国史馆"现藏民国人物传记

---

[1] ①陆军军官学校编辑、台北文海出版社有限公司印行：近代中国史料丛刊三编第五十七辑《陆军军官学校第一至四队学生详细调查表》无载；②湖南省档案馆校编、湖南人民出版社1989年7月《黄埔军校同学录》缺载。

[2] 台北"国史馆"编纂：2006年12月印行《"国史馆"现藏民国人物传记史料汇编》第二十七辑第131页记载。

史料汇编》第二十七辑第131页记载；②容鉴光编著：列入台北出版品预行编目资料，台北博煜企业有限公司2003年6月16日第一版印行《黄埔军校一期研究总成》第83页记载为没毕业；③刘瑶主编：台湾1992年6月印行《黄埔第1、2、3、4期在台同学通讯录》记载；④台湾空军档案记载：广州大沙头航空学校第一期学生由黄埔军官学校第一期选送，有王勋（叔铭）、刘云、李岳阳、郭一予、袁涤清、王凤仪、冯洵（达飞）、万少鼎等八人；⑤《军官训练团第一期将官研究班学员通讯录》记载为黄埔一期学历。后奉派转学航空，1924年12月入广州大沙头航空学校（又称军事飞行学校）第一期学习，结业后，1925年随部参加棉湖战役，攻克惠州。1926年2月任国民革命军第一军第二十师第六十团团长，率部参加北伐战争。1927年8月奉派日本学习工兵，回国后任国民革命军总司令部补充第八团团长。1930年任国军编遣委员会四川整理处委员。1931年10月任国民革命军第五军（军长张治中）第八十七师（师长张治中兼）第二五九旅（旅长孙元良）副旅长，1932年1月率部参加一·二八淞沪抗战。战后继任第二五九旅（旅长孙元良兼）代理旅长、旅长，1933年12月任第二十六师独立旅旅长。1934年9月入陆军大学特别班第二期学习，1937年8月毕业。抗日战争全面爆发后，所部改编后任第一九〇师第四十五旅旅长，率部参加抗日战事。1938年5月入中央军官训练团第一期将官研究班学员队受训，1938年7月结业，返回原部队续任原职。后任第一九〇师（师长梁华盛）步兵第五五六旅旅长。1939年6月17日颁令叙任陆军步兵上校。[1]1939年12月任重庆卫戍总司令部高级参谋，重庆防空指挥部第三处处长，军事委员会军事训练部组长、处长，中央训练团总办公厅处长兼兵役研究班副主任。抗日战争胜利后，1946年7月办理退役。后经营重庆及上海凯歌归餐馆，组织尚友学会。1949年到台湾，续在台北、高雄经营餐馆。1969年春突患中风，经医治已能行走，1982年6月15日因心脏衰弱及尿毒症加剧，延至1982年12月4日在台北自家寓所逝世，后被葬于台北内湖五指山"国军示范"公墓。

---

[1] 国民政府文官处印铸局印行：台湾成文出版社有限公司1972年8月出版《国民政府公报》第141册1939年6月21日渝字第163号颁令第4页记载。

李岑

　　李岑（1903—？），别名蓬仙，江苏涟水县北乡城内双桥北首李家大圩人。江苏省立第六师范学校毕业。自填登记通信处为江苏涟水县北乡城内双桥北首李家大圩。自填入学前履历：江苏省立第六师范（学校）毕业后，曾任本县第一高小（学）校任教员。1924年1月由茅祖权（孙中山指派出席国民党一大江苏省代表，原北京政府护法国会众议院议员，国民党第一届候补中央执行委员）、汪钺（上海大学社会学系学生）介绍加入中国国民党，1924年春经茅祖权、周学文（上海大学学生）介绍投考黄埔军校。1924年6月考入陆军军官学校第一期第四队学习，1924年11月毕业。历任国民革命军陆军步兵团排长、连长、营长、团长，随部参加了两次东征作战、北伐战争和中原大战。抗日战争全面爆发后，任陆军第一军独立旅副旅长、旅长，率部参加淞沪会战、南京保卫战。1938年12月任第三十四集团军陆军第七十八师副师长、师长，率部参加黄河防线抗日战事。1942年10月15日任陆军第二十七军（军长刘进）副军长，率部在太行山区与日军作战。

李
卓

    李卓（1900—?），原缺载籍贯。[1]1924年6月考入陆军军官学校第一期第四队学习，1924年肄业。根据容鉴光编著：列入台北出版品预行编目资料，台北博煜企业有限公司2003年6月16日第一版印行《黄埔军校一期研究总成》第83页记载为第四队；广东省国家档案馆藏《第一期同学附录》第10页记载皆无籍贯、年龄、通信地址等项。传闻其未毕业即离校返乡，后服务社会。

---

[1]   湖南省档案馆校编、湖南人民出版社1989年7月《黄埔军校同学录》第16页记载为第一期学生。

李武

李武（1905—？），广东信宜人。[1]信宜高等小学毕业，信宜中学肄业。父从商贩。信奉本地同善社。自填登记处为广东信宜县城内十字街兰桂书屋，通信处为本城内十字街广益栈。自填入学前履历：信宜高等小学毕业、信宜中学肄业，十二年（1923年）曾任水东警察区署巡官。1923年充任水东警察区署巡官。1924年4月6日由林树巍（时任广东西路讨贼军粤军第五师师长，前广东高雷讨贼军总司令兼高雷绥靖处处长，桂军第五师师长）介绍加入中国国民党。1924年5月再由林树巍介绍投考黄埔军校，1924年6月考入陆军军官学校第一期第一队学习，1924年11月毕业[2]，后服务社会。

---

[1] ①湖南省档案馆校编、湖南人民出版社1989年7月《黄埔军校同学录》遗漏学生；②广东省国家档案馆藏《第一期同学附录》缺载。

[2] 陆军军官学校编辑、台北文海出版社有限公司印行的近代中国史料丛刊三编第五十七辑《陆军军官学校第一队学生详细调查表》记载。

李青

李青（1903—1934），湖南桂阳人。桂阳县立初级中学毕业，湖南省立专门工业学校肄业，庐山中央军官训练团暑期将校班结业。出身农家，自耕谋生。自填登记处为湖南桂阳县，通信处为桂阳县城南门外锦丰号转交。自填入学前履历：中学毕业后，工耕一年，再入专门工校肄业，因时势混乱，改农工以充军人。1924年春由李国柱（讨贼军第八路司令官，中央直辖第一军第六旅旅长，广州大元帅府军事委员会委员及参议官）、邹永成（国民党一大湖南省代表，广州大元帅府中将高等顾问，兼中央直辖第三军第一纵队司令官）举荐投考黄埔军校。1924年5月到广州，1924年6月考入陆军军官学校第一期第二队学习，1924年11月毕业。分发教导第二团任见习，随部参加第一次东征作战。后任国民革命军第一军第二十师排长，1926年7月随部参加北伐战争。1927年5月中旬任浙江警备师（师长范汉杰）第四团（团长洪显成）中校团附，随部驻防杭州。1929年10月任中央第一教导师机关枪营营长，1930年12月任第十一师第三十二旅第六十四团营长、团长。1931年1月19日奉校部与蒋介石手令，调其与幸良模、谢远灏、胡霖、彭杰如、贺崇悌、高鹤飞、石祖德八人入南京中央陆军军官学校政治训练处主办的特别训练班受训两个月。[1]1933年任军事委员会委员长侍从室侍从副官，1934年春因病逝世。

---

[1] 《中央日报》1931年1月19日、1月20日连续刊登记载。

李荣

李荣（1904—? ），浙江缙云县东乡后塘人。缙云县立高级小学毕业，杭州印刷工业专门学校肄业。农家出身，经济中等。自填登记处为浙江缙云县东乡后塘，通信处为永康壶镇后塘。自填入学前履历：高小毕业，曾在杭州武林印书公司及上海《申报》、美华书馆帮工。1924年5月10日由邵仲辉（即邵力子，上海大学教授，国民党上海执行部工农部秘书，前上海民国日报社记者兼上海大夏大学教授）、竺鸣涛（当时刚由日本留学回国，前国民党日本东京总支部成员，少年革命再造党组织者之一，广东江防司令部参谋）介绍加入中国国民党，1924年5月再由邵、竺二人介绍投考黄埔军校。1924年6月考入陆军军官学校第一期第二队学习，1924年11月毕业。分发教导团任见习，后任步兵连排长，随部参加了两次东征作战。1926年7月北伐战争开始后，留任中央军事政治学校办公厅服务员。1927年4月29日被国民政府海军处政治部任命为广东海防舰队"广州舰"党代表。1929年8月6日任国民革命军编遣委员会湖北各部队编遣特派员办事处遣置科分遣股少校股员，[1]1936年12月8日颁令叙任陆军步兵少校。[2]

---

[1] 国民政府文官处印铸局印行：台湾成文出版社有限公司1972年8月出版《国民政府公报》第30册1929年8月7日第236号颁令第1页记载。

[2] 国民政府文官处印铸局印行：台湾成文出版社有限公司1972年8月出版《国民政府公报》第117册1936年12月9日第2223号颁令第1页记载。

李钧

李钧照片

李钧（1901—？），广东万宁县北坡镇人。[1]万宁县立高级小学、广东琼崖中学毕业，广东警监专门学校肄业。父从教，有田产四十余亩，自耕谋生。自填登记处为广东万宁县扶峰村，通信处为万宁县城天和堂转交。自填入学前履历：滇军中路第一独立旅委员。曾任滇军中路第一独立旅委员。1901年4月12日生于万宁县北坡镇中埠村（自填资料为参考之一，有另外说法）一个农户家庭。1924年春由丘海云（国民党琼崖临时党部筹备委员，琼州澄迈政界供职）、符和琚（国民党琼崖临时党部筹备委员，文昌教育界供职）举荐投考黄埔军校，1924年5月经蒋介石（前粤军总司令部参谋长，广州大本营参谋长及军事委员会委员，黄埔军校筹备委员会委员长、入学试验委员会委员长，黄埔军校校长）、邓演达（前任广东西路讨贼军第一师第三团团长，黄埔军校入学试验委员会委员）介绍加入中国国民党。1924年5月到广州，1924年6月考入陆军军官学校第一期第三队学习，1924年9月随队往韶关北伐大本营担任孙中山警卫工作，1924年11月毕业。分发任黄埔军校教导第一团见习、排长，1925年1月随部参加第一次东征作战。1925年8月任国民革命军第四军第十一师第三十二团步兵连连长，随军参加粤军统一广东诸役。1927年任第四军第十一师第三十三团营长、副团长。1931年10月任第二十五师补充团团长，率部参加对鄂豫皖边区红军及根据地的"围剿"战事。1934年任第二十五师第七十三旅副旅长，率部参加对江

---

[1] 范运晞编著：南海出版公司1993年11月《琼籍民国将军录》第96页记载。

西红军及根据地第五次"围剿"战事。1935年5月18日颁令叙任陆军步兵中校。[1]
抗日战争全面爆发后，任第二十五师（师长关麟征）司令部参谋长，第一三二旅
旅长，第五十二军（军长关麟征）司令部参谋处处长，四川省军管区司令部新兵
补充训练处处长。1945年7月颁令叙任陆军步兵上校。抗日战争胜利后移居香港。

---

[1]　国民政府文官处印铸局印行：台湾成文出版社有限公司1972年8月出版《国民政府公报》
第93册1935年5月19日第1745号颁令第2页记载。

李铣

李铣（1904—1991），原名广达，别字秀良，安徽合肥县城内人。合肥县立第一高级小学毕业，安徽省立第二中学肄业。父从商业，有房屋数十间，田产百余亩，果园一公顷。自填登记处为安徽合肥城内西门龚湾巷李宅。自填入学前履历：曾在安徽省立第二中学肄业。1904年1月7日（另载1903年2月22日出生）生于合肥县城内一个商绅家庭。1923年3月由李次宋（国民党一大安徽省代表，国民党安徽省临时支部党务特派员及筹备委员，国民党广州特别区执行委员）、管昆南（即管鹏，国民党中央执行委员会宣传委员会委员，国民党安徽总支部筹备处处长）介绍加入中国国民党。1924年春由张秋白（孙中山指派出席国民党一大安徽省代表，前北京政府参议院参议，国民党第一届候补中央执行委员）、张拱辰（国民党一大上海特别区代表，前上海外国语学校及上海大学社会科学部教员，国民党上海特别区执行部筹备委员，广州大本营参议）推荐投考黄埔军校。1924年5月到广州，1924年6月考入陆军军官学校第一期第四队学习，1924年11月毕业。分发军校入伍生队任服务员、教育副官。1925年6月任教导第二团机关枪连连长，随部参加对滇桂军阀杨希闵部、刘震寰部军事行动。后任蒋介石侍从副官多年。1930年9月任第四十五师（师长卫立煌）暂编第四团团长，1930年10月任第四十五师（师长卫立煌）司令部军官教导队队长、参谋。[1]其间与李佩君（江苏南通人，上海大夏大学毕业）在南京结婚。[2]1932年5月13日奉派入

---

[1] 合肥市政协文史资料委员会：安徽人民出版社1984年版《合肥文史资料》第1辑第96、97页方耀著《卫立煌与第十师》记载。

[2] 刘绍唐主编：台湾《传记文学》第七十一卷第五期《民国人物小传》第134页记载。

南京中央陆军军官学校军官教育总队受训，1932年7月10日结训。[1]1933年任第八十九师（师长汤恩伯）补充团团长，率部参加对江西红军及根据地的"围剿"战事。1934年9月18日兼任第八十九师（师长王仲廉）第二六五旅旅长。1935年5月2日颁令叙任陆军步兵上校。[2]1936年11月12日获颁五等云麾勋章。[3]率部移防绥东地区。抗日战争全面爆发后，率部赴南口抗击日军，1937年10月14日国民政府颁令免陆军第八十九师第二六五旅旅长职，任命（其）为第八十九师副师长。[4]1938年春任陆军新编第五师师长，率部参加鲁南会战、徐州会战。1939年6月28日颁令晋任陆军少将。[5]1940年2月任军政部第二十补充兵训练处处长，后任第八十五军副军长，河南漯河警备司令部司令官，率部参加兰封战役。继改任第三十一集团军总司令部高级参谋，1941年10月任第三十一集团军总司令部政治部主任，第一战区司令长官部干部训练团教育长。1942年12月任苏鲁豫皖四省边区总司令部参谋长，兼任党政分委委员兼秘书长，苏鲁豫皖四省边区总司令部政治部主任，同时兼任战时青年训导团豫皖分团主任。1943年夏任皖北界首沙河警备司令部司令官，1944年1月任沙河警备司令部司令官，1945年2月任第十九集团军副总司令。抗日战争胜利后，1945年11月率部固守山东临城近一年。1946年12月1日获颁四等宝鼎勋章。其间发表任国防部附员，1946年12月10日第十九集团军整编，任整编第二十二军（军长张雪中）副军长。1947年3月获颁四等云麾勋章。1947年10月任国防部第二督训处处长，率部驻防广东韶关。1948年9月22日颁令叙任陆军中将。1949年到台湾，任"国防部"中将参议。1951年奉派"革命实践研究院"第十八期受训。1959年当选台南县第四届县议员，1963年春当选

---

[1] 《中央日报》1932年5月13日、5月14日连续刊登"中央军校军官教育总队启事（一）"记载。

[2] 国民政府文官处印铸局印行：台湾成文出版社有限公司1972年8月出版《国民政府公报》第93册1935年5月2日第1731号颁令第1页记载。

[3] 国民政府文官处印铸局印行：台湾成文出版社有限公司1972年8月出版《国民政府公报》第117册1936年11月13日第2201号颁令第8页记载。

[4] 国民政府文官处印铸局印行：台湾成文出版社有限公司1972年8月出版《国民政府公报》第129册1937年10月15日第2484号颁令第1页记载。

[5] 国民政府文官处印铸局印行：台湾成文出版社有限公司1972年8月出版《国民政府公报》第141册1939年7月1日渝字第166号颁令第1页记载。

第三届台湾省议会议员，[1]1968年议员任期届满。1991年10月29日因病在台北荣民总医院逝世。著有《我所认识的陈大庆将军》等。

---

[1]　台北"国史馆"编纂：2006年12月印行《"国史馆"现藏民国人物传记史料汇编》第九辑第74页记载。

李 博

　　李博（1900—? ），陕西三原人。三原县立高等小学校毕业，陕西省立第三师范肄业。家从商贩兼务农，有地产四十亩。自填登记处为陕西三原，通信处为陕西三原县城西关天合生号（转交）。自填入学前履历：曾任陕军第一师补充二团团部差遣。三原县立高等小学校毕业后，入陕西省立第三师范肄业二年。充任陕西靖国军第一师补充第二团团部差遣。1924年春由于右任（孙中山指派出席国民党一大陕西省代表，国民党第一届中央执行委员，时兼任上海大学校长）举荐投考黄埔军校。1924年6月考入陆军军官学校第一期第三队学习，1924年11月毕业，后服务社会。

李 强

李强（1905—1952），别号健民，江西遂川人。广州大本营军政部陆军讲武学校肄业，中央训练团将官班结业。1905年1月4日生于遂川县城郊一个农户家庭。1923年冬到广州，入广州大本营军政部陆军讲武学校学习。1924年秋该校并入黄埔军校，1924年11月编入陆军军官学校第一期第六队学习，1925年2月肄业。分发随部队参加了两次东征作战和北伐战争，历任国民革命军排长、连长、营长、团附。1927年7月10日被国民革命军总司令部颁发委任状为赣南军事特派员，实为北伐扩张声势之虚衔，同年10月撤销委任。[1]1929年起，任南京中央陆军军官学校第八至第十四期学生队中队长、大队长、总队长、教导总队总队长。[2]1935年5月20日颁令叙任陆军步兵中校。[3]1936年10月任中央陆军军官学校洛阳分校学生总队总队长。1937年6月9日颁令晋任陆军步兵上校。[4]抗日战争全面爆发后，任湖南澧州团管区司令部参谋主任。后任暂编第十六师第三旅副旅长、旅长、师参谋长。1939年任军政部第二十四补充兵训练分处处长，1940年6月奉命将该训练处所属第五团、第六团、第七团、第八团合编为暂编师，任暂编第十六师师长，隶属陆军新编第二军（军长鲁大昌）统辖。1940年12月12日新编第二军奉

[1] 中国第二历史档案馆编：江苏古籍出版社1994年版《中华民国史档案资料汇编》第五辑第一编军事（一）第531—535页记载。

[2] 湖南省档案馆校编、湖南人民出版社1989年7月《黄埔军校同学录》历期教官名单无载，现据《黄埔军校同学诗词选》编纂委员会编纂、张植信主编：辽宁人民出版社1989年6月《黄埔军校同学诗词选》第121页记载。

[3] 国民政府文官处印铸局印行：台湾成文出版社有限公司1972年8月出版《国民政府公报》第93册1935年5月21日第1746号颁令第1页记载。

[4] 国民政府文官处印铸局印行：台湾成文出版社有限公司1972年8月出版《国民政府公报》第125册1937年6月10日第2376号颁令第1页记载。

命改番号为第二十九军（军长陈大庆），仍任该军暂编第十六师师长。1942年3月28日任第二十九军副军长，兼任河南镇新师管区司令部司令官。1943年10月任第三十一集团军陆军暂编第十五军（军长刘昌义）副军长，后隶属第一战区指挥序列。1945年1月该军编制裁撤，遂免职。1945年3月奉派入中央警官学校高级警官班受训。抗日战争胜利后，奉派入中央训练团受训，登记为中将衔学员，结业后任中央训练总团附员。1946年12月3日参加赴南京任职、公干的81名黄埔一期生在中央训练团聚餐并于办公大楼前合影。[1]1947年2月22日颁令叙任陆军中将。1947年3月退役，返回原籍乡间寓居。中华人民共和国成立后，应邀为遂川县人民代表大会常驻代表。1952年4月14日在"镇反"运动中在遂川被处决。后获得平反，恢复投诚将领名誉。曾著诗文《由汉中率部开赴抗日前线——1940年7月作》《大洪山奏捷勉慰全师将士——1940年12月作》等。其长子李国权曾在遂川县黄坑乡中心完全小学校任教，20世纪80年代末仍健在。

---

[1] 容鉴光编著：列入台北出版品预行编目资料，台北博煜企业有限公司2003年6月16日第一版印行《黄埔军校一期研究总成》第278页辑录。

李焜

　　李焜（1903—? ），湖南安化县一邹镇人。安化县立高等小学校、湖南省立工业专门学校中学部毕业。贫苦农民家庭出身。自填登记处为湖南安化县一邹镇长乐盘涧村，通信处为安化县城内小淹广泰和号。自填入学前履历：湖南省立工业专门学校中学部毕业。1923年12月6日由张翼鹏［时任大元帅府大本营中将高级参谋，前湖南都督府参谋长，驻粤湘军总司令（谭延闿）部总参议］、邹永成（中国国民党湖南省筹备党部执行委员，后为国民党一大湖南省代表，广州大元帅府中将高等顾问，兼中央直辖第三军第一纵队司令官）介绍加入中国国民党。1924年春由罗迈（时任虎门要塞司令部参谋兼党务委员，国民党一大湖南省代表，前国民党湖南省临时支部特派员，湖南省临时党部筹备委员，广州大本营参谋）、毛泽东（国民党一大湖南省代表，国民党第一届候补中央执行委员，国民党上海执行部文书科代理主任、组织部秘书）、夏曦（国民党一大湖南省代表，国民党湖南组织筹备处负责人，国民党湖南临时党部委员、书记长，中共湘区执行委员）介绍投考黄埔军校，1924年6月考入陆军军官学校第一期第三队学习，1924年11月毕业。分发教导团任见习，参加第一次东征作战。1925年秋考取留学苏联资格，赴莫斯科中山大学学习，[1]1927年10月毕业回国。

---

[1]　陈予欢著：中山大学出版社2007年《初露锋芒：黄埔军校第一期生研究》第200—201页记载。

李模

李模（1902—？），别字作耕，湖南新化县龙溪铺人。新化县立龙溪铺高等小学、长沙湖南省立第一中学、陆军大学乙级将官班第四期毕业。1902年2月19日生于新化县龙溪铺一个农户家庭。家庭主要成员有父懋卿，母彭氏，兄姐各一人、弟妹各两名，入学黄埔军校前已婚，妻邹氏。[1]家世务农，经济中等。自填登记处为湖南新化县龙溪铺，通信处为宝庆县北路龙溪铺（转交）。自填入学前履历：湖南省立第一中学毕业。1924年春由邹永成（国民党一大

李模照片（一）

湖南省代表，广州大元帅府中将高等顾问，兼中央直辖第三军第一纵队司令官）、刘白（驻粤湘军总司令部参谋）举荐投考黄埔军校，1924年5月由曹石泉（原广州孙中山陆海军大元帅府副官，广东海防陆战队第二营营长，黄埔军校第一期第二队区队长）、赵枬（前中国社会主义青年团湖南衡州地方委员会书记，黄埔军校第一期第二队学员）介绍加入中国国民党。1924年6月考入陆军军官学校第一期第二队学习，1924年11月毕业。分发任入伍生部见习、区队长，随部参加东征作战与北伐战争。1927年7月任国民革命军总司令部补充第三团步兵连连长，1928年春任中央陆军军官学校武汉分校（教育长钱大钧）第七期学生队步兵第二大队大队长。1929年任参谋本部训练处参谋、科长，1935年5月2日任第八十八

---

[1] 陆军军官学校编辑、台北文海出版社有限公司印行：近代中国史料丛刊三编第五十七辑《陆军军官学校第二队学生详细调查表》记载。

师第二六四旅副旅长。1935年5月2日颁令叙任陆军步兵上校。[1]1935年6月3日颁令免除第八十八师第二六四旅副旅长职。[2]抗日战争全面爆发后，1938年10月任军事委员会军令部第二厅参谋。后任军令部派驻第十战区司令长官部视察专员，第十战区司令长官部干部训练团教育处副处长。抗日战争胜利后，1946年1月任军政部第十六军官总队副总队长。1946年10月任国民政府国防部附员。1946年12月3日参加赴南京任职、公干的81名黄埔一期生在中央训练团聚餐并于办公大楼前合影。[3]1947年7月6日上午9时至11时参与中央训练团部分黄埔一期受训同学发起组织赴南京中山陵六百将校军官"祭祀哭陵"事件。[4]1947年11月入陆军大学乙级将官班第四期学习，1948年11月毕业。派任陆军总司令部部附，1949年移居香港。

李模照片（二）

[1] 国民政府文官处印铸局印行：台湾成文出版社有限公司1972年8月出版《国民政府公报》第93册1935年5月2日第1731号颁令第1页记载。

[2] 国民政府文官处印铸局印行：台湾成文出版社有限公司1972年8月出版《国民政府公报》第94册1935年6月4日第1758号颁令第1页记载。

[3] 容鉴光编著：列入台北出版品预行编目资料，台北博煜企业有限公司2003年6月16日第一版印行《黄埔军校一期研究总成》第278页辑录。

[4] ①海南省政协文史资料委员会编纂：湖南人民出版社1993年10月《湖南文史资料选辑》第五期记载；②湖南省岳阳市政协文史资料委员会编：《岳阳文史》第十辑，湖南省岳阳晚报出版印刷中心1999年8月《岳阳籍原国民党军政人物录》第201—205页记载。

李人干

李人干（1896—1925），湖南醴陵人。黄埔一期生左权的姐夫。醴陵县立小学堂毕业，醴陵县立初级师范学校、广州大本营军政部陆军讲武学校肄业。自填通信处为湖南醴陵北一区新阳桥转。1923年冬到广州，入广州大本营军政部陆军讲武学校学习。1924年秋该校并入黄埔军校，1924年10月编入陆军军官学校第一期第六队学习，1925年2月肄业。分发入伍生队任见习时加入中国共产党，教导第二团排长，东征军步兵连副连长，随部参加第一次东征作战。1925年6月27日在惠州作战中阵亡。[1]

---

[1]　①中国第二历史档案馆供稿，华东工学院编辑出版部影印，档案出版社1989年7月《黄埔军校史稿》第八册（本校先烈）第243页第一期烈士芳名表记载1925年6月27日在广东阵亡；②湖南省档案馆校编、湖南人民出版社1989年7月《黄埔军校同学录》第14页记载：李人干民国十四年（1925年）十月十三日惠州之役阵亡；③台北《黄埔建国文集》编纂委员会编纂：台北实践出版社1985年6月16日印行《黄埔军魂》第573页"东征战役殉国英雄姓名表"第一期记载。

李万坚

李万坚照片

　　李万坚（1902—？），别字劲松，湖南醴陵人。1923年冬到广州，考入广州大本营军政部陆军讲武学校学习。1924年秋该校并入黄埔军校，1924年10月编入陆军军官学校第一期第六队学习，1925年2月肄业。分发教导团任见习期满后，任陆军军官学校第三期入伍生总队中尉区队长。

李士奇

李士奇（1901—？），别字特夫，江西宜黄人。江西省立甲等工业专门学校、广州大本营军政部陆军讲武学校肄业。1901年12月18日生于宜黄县一个农户家庭。1923年冬到广州，考入广州大本营军政部陆军讲武学校学习。1924年秋该校并入黄埔军校，1924年11月编入陆军军官学校第一期第六队学习，1925年2月肄业。分发入伍生队任见习，后任黄埔军校教导第二团排长，随部参加第一次东征作战。1925年4月29日与第一期同学见习官郭济川在梅县携枪械潜

李士奇照片

逃，[1]后返回部队，1925年6月任党军第一旅步兵连副连长，随部参加第二次东征战事。1926年7月随军参加北伐战争。1927年任国民革命军总司令部第二独立旅步兵连连长，1929年10月任国民革命军总司令部宪兵营营长。1933年任南京中央陆军军官学校第十一期步兵大队上校大队长，庐山中央军官训练团第二高级班中队长。1935年5月20日颁令叙任陆军步兵中校。[2]1935年12月任中央陆军军官学校洛阳分校军官训练班第一总队第一大队上校大队长，1936年5月20日任南京中央陆军军官学校空军入伍生营上校营长，后任南京中央陆军军官学校第十四期

---

[1] 中国第二历史档案馆编、万仁元、方庆秋主编：九州出版社2012年3月《蒋介石年谱》第311页记载。

[2] 国民政府文官处印铸局印行：台湾成文出版社有限公司1972年8月出版《国民政府公报》第93册1935年5月21日第1746号颁令第1页记载。

交通辎重兵入伍生团团长。1937年6月9日颁令晋任陆军步兵上校。[1]抗日战争全面爆发后，随军校迁移西南地区，任成都中央陆军军官学校第十七期第三总队队长。1942年11月接刘伯龙任第四战区第六十六军新编第二十八师师长，1943年隶属第七十一军指挥序列，率部参加在湖南境内的几次会战。抗日战争胜利后，1946年1月任中央训练团第十军官总队副总队长，后任江西省保安司令部副司令官，东南军政长官公署高级参谋。

---

[1] 国民政府文官处印铸局印行：台湾成文出版社有限公司1972年8月出版《国民政府公报》第125册1937年6月10日第2376号颁令第1页记载。

李子玉

李子玉（1899—1926），又名存珍，山东长清县（现为"区"）西乡李家楼人。黄埔一期生李仙洲堂弟。长清县立高等小学堂毕业，山东武术传习所肄业，山东省立济南高等师范学校毕业。家世务农，有坡地一公顷，入可敷出。自填登记处为山东长清县李家楼，通信处为本县城内复盛合号转交。自填入学前履历：曾任本县高等小学教员一年，模范小学教员一年，充本县教育局书记一年。与李仙洲一同考入山东武术传习所学习后肄业。参加济南学生爱国运

李子玉照片

动，被推选为济南市学生联合会执行委员。1923年加入中国国民党，1924年春受中国国民党山东临时党部委派，由王乐平（孙中山指派出席国民党一大山东省代表，时任中国国民党山东省临时党部筹备主任委员，前北京政府国会参议院议员，山东济南齐鲁书社社长）、孟民言（又名广诰，时任中国国民党山东省临时党部筹备委员，原山东青岛胶澳中学学监兼国文教员）推荐投考黄埔军校，1924年5月到广州，1924年6月考入陆军军官学校第一期第一队学习，1924年11月毕业。分发入伍生队任见习，后任教导第二团排长，1925年1月随部参加第一次东征作战。1925年春奉派返回西北策应，1925年7月任国民军第二军（军长胡景翼）李纪才部参谋，随军攻至济南南郊八里洼。所部作战失利撤退后，辞职只身返回广州，1926年春考入高级政治训练班学习。1926年7月国民革命军誓师北伐，再次奉派返回北方策应，从事秘密军事联络工作，设机关于徐州并任总指导员。后奉命负责徐州、鲁南、豫东等地联络事宜，为北伐军收集情报传递信息。1926年7月20日赴汉口王乐平处接洽工作时，被孙传芳部密探追

踪，于黄冈县境渡江轮船上遇害身亡。[1]

———————————

[1]　①中国第二历史档案馆供稿，华东工学院编辑出版部影印，档案出版社 1989 年 7 月《黄埔
军校史稿》第八册（本校先烈）第 244 页第一期烈士芳名表记载 1926 年 7 月 12 日在湖北阵亡；②台
北《黄埔建国文集》编纂委员会编纂：台北实践出版社 1985 年 6 月 16 日印行《黄埔军魂》第 574 页"北
伐战役殉国英雄姓名表"第一期记载。

李之龙

李之龙（1897—1928），别字在田，别号赤显，湖北沔阳县杜家窑乡人。武昌两湖师范附属小学毕业，武昌外国语专科学校英语班、国立武昌高等商业学校、山东烟台海军军官学校肄业。家世务农，有下等田三十余亩。自填登记处为湖北沔阳县杜家窑乡，通信处为武昌六码头济州公司李静尘转交。自填入学前履历：烟台海军（军官）学校毕业，武汉中学数学教员，河南省立第四中学英文教员。1897年12月10日生于湖北沔阳县杜家窑乡一个农民家

李之龙照片

庭。七岁随父到武昌两湖师范附属小学读书，1911年毕业。1912年秋考入武昌外国语专科学校英语班。1913年"二次革命"发生后，1913年7月随李国良（其四叔）赴江西参加李烈钧领导的湖口起义。起义失败后，返回学校复学，后因参加"反校长争民主"学生运动被开除学籍。继考入国立武昌高等商业学校，但因家贫无力负担，仅学一年即辍学。1916年秋考入山东烟台海军军官学校就读，在校期间曾组织同学集会，声讨张勋复辟，组织学生游行声援五四运动。1921年6月因发动校工、水兵罢工罢航，反抗当局克扣军饷而被海军学校开除。1921年8月在上海结识董必武，1921年12月在武汉加入中国共产党。[1]1922年以河南陈州中学和武汉中学任教为掩护，从事中共秘密工作。1922年7月任中共武汉区执行委员

---

[1] ①廖盖隆主编：中共中央党校出版社2001年6月印行《中国共产党历史大辞典——总论·人物》增订本第237页记载；②《中国共产党创建史辞典》编辑委员会编纂、倪兴祥主编：上海人民出版社2006年6月《中国共产党创建史辞典》第508页记载。

会（委员长陈潭秋）委员。[1]1923年参加发起"二·七"罢工活动，负责湖北省工团联合会联络事宜。1923年7月由谭平山（国民党第一届中央执行委员、常务委员，兼中国国民党中央组织部部长，中共第三届中央委员及中央局委员，前中共广东支部书记）、张瑞成（时任中国国民党广州区党部秘书，中国社会主义广州地方执行委员会执行委员，广州市工联会干事）介绍加入中国国民党。1924年1月任中共汉口地方委员会执行委员。1924年春奉派赴广州，任广东革命政府顾问鲍罗廷的英文翻译。1924年4月由廖干吾（国民党一大汉口特别区代表，国民党汉口执行部筹备委员，中共汉口地方执行委员会委员）、刘芬（国民党一大湖北省代表，国民党中央秘书处书记长，中共汉口地方执行委员会委员）推荐投考黄埔军校，1924年6月考入陆军军官学校第一期第二队学习，在学期间，与蒋中正等五人被推选为中国国民党黄埔军校特别区党部第一届执行委员，以学生代表参与党部工作，1924年10月参与校军对广州商团事变的军事行动，1924年11月毕业。留军校政治部协助周恩来工作，1925年1月参加第一次东征作战，任黄埔学生军教导团营代表。与蒋先云、陈赓等人发起黄埔军校"血花剧社"，任社长，1925年2月参与组建"中国青年军人联合会"，为该会常务委员负总责，主编出版会刊《中国军人》和《革命军》，领导与孙文主义学会之对立斗争。1925年10月任广州国民政府海军局政治部主任（挂少将衔），兼任海军参谋厅厅长。1926年1月任广州国民政府海军局代理局长（挂海军中将衔），兼任中山舰舰长，为中共在国民革命军中军衔最高的军事将领。1926年2月2日参加校长蒋中正、校党代表汪精卫为解决本校党务纠纷起见，召集中国军人联合会、孙文主义学会联席会议。[2]1926年3月14日因身兼数职，公务繁忙，主动辞去中山舰舰长兼职。"中山舰事件"发生时，于1926年3月20日凌晨被欧阳格（时任海军舰队临时总指挥）奉令带兵冲入其文德楼的家中，将其从床上抓起，押至第二十师办事处。经秘密审问后，又转押至第一军经理处。1926年4月14日欧阳格被免职拘留，同时

---

[1] 中共湖北省委组织部、中共湖北省委党史资料征集编研委员会、湖北省档案馆编纂：1990年2月印行《中国共产党湖北省组织史资料》第12页记载。

[2] 广东革命历史博物馆编纂：广东人民出版社1985年5月《黄埔军校史料（1924—1927）》第346页记载。

宣布其无罪释放，但其由此失去海军局所有职务，并脱离中共党组织。[1]1926年7月9日北伐战争开始后，随军出任国民革命军总政治部新剧团主任，中央俱乐部主任，主办《血花世界》杂志，兼任《血花日报》社社长。1927年四·一二反革命政变后，其撰写《三·二〇反革命政变真相》，揭露"中山舰事件"内幕阴谋。[2]1927年7月返回广州，组织海军社，策动广东海防舰队兵变，事败后往日本避难。1928年2月6日经香港返广州时被捕，1928年2月8日在广州市郊黄花岗遇害身亡。中共中央党史研究室科研管理部编纂、红旗出版社2001年6月印行《中国共产党革命英烈大典》第1392页记载其传略。

---

[1] 中共党史人物研究会编纂：陕西人民出版社1882年10月《中共党史人物传》第二十卷第131页记载。

[2] 廖盖隆主编：中共中央党校出版社2001年6月《中国共产党历史大辞典》增订本第237页记载。

李及兰

李及兰照片

李及兰（1904—1957），别字冶芳，别号自芳，广东阳山县大崀乡人。阳山县立高等小学毕业，广东省立第一中学肄业，陆军大学正则班第十期毕业。1904年1月1日（另载1902年11月14日出生）生于阳山县大崀乡一个农户家庭。家世务农，有田产数十亩。自填登记处为广东阳山县大崀乡，通信处为阳山城南顺昌号转大崀乡祥昌号。自填入学前履历：广东省立第一中学修业二年。1924年2月16日由朱节山（中国国民党广州市区党部筹备委员，原广东省立第一中学学生）、邱凌霄（中国国民党广州市区党部筹备委员，原广东省立第一中学学生）介绍加入中国国民党。1924年5月由张善铭（广东新学生社主任，中共广东区地方执行委员会国民运动委员会委员）、冯菊坡（中共广东区执行委员会代理委员长、工人部部长，中共三大代表，国民党中央工人部秘书）举荐投考黄埔军校，1924年6月考入陆军军官学校第一期第二队学习，1924年11月毕业。后任教导团排长、党军第一旅第一团副连长，参加了两次东征作战。1926年任国民革命军第一军第三师第八团第三营连长、营长，随部参加北伐战争。1928年春任第三师第八团副团长。1928年10月国民革命军编遣后，任缩编后的第四十五师第一三三旅步兵第二五六团团长。1929年1月20日被推选为陆军第三师特别党部候补监察委员。1929年9月19日被中央党部委派为中央陆军军官学校武汉分校特别党部筹备委员。1930年2月任中央教导第三师第二旅副旅长、代旅长，率部参加中原大战。1931年改任陆军第十四师（师长李默庵）第四十一旅旅长，1932年任第五十二师第一五五旅旅长。1932年4月获准入陆军大学正则班第十期旁听学习，后获准以正式学员毕业并发表于其后印行的《陆军大学第十期同学录》。其间任军事委员会参议，1935年5月任军事委员会委员长行营陆军整理处军官教育团第三营营长，1936年1月29日颁令叙任陆军少将，1936年11月任第四十九师师长。抗日战争全面爆发后，率部参加淞沪会战、南京保卫战。[1]1938年任第五十五师师长，率部参加徐州会战、武汉会战诸役。1940年1月任第九十四军军长，兼任四川宜宾要塞守备司令部司令官。1940年5月8日国民政府颁令给予李及兰四等宝鼎勋章。[2]1943年任第六战区长江上游江防总司令部副总司令，率部参加鄂西战役。抗日战争胜利后，任淞沪警备总司令部副总司令兼吴淞要塞司令部司令官，后任淞沪警备总司令部总司令，1946年10月任第六绥靖区副司令官。1946年11月被推选为行宪国民大会代表。1947年任中央军官训练团副教育长。1948年1月获颁三等宝鼎勋章。1948年3月29日被推选为广东省出席（行宪）第一届国民大会代表，1948年7月任国防部参谋本部参谋次长，1948年9月22日颁令叙任陆军中将，1949年任广州绥靖主任公署副主任，广州卫戍总司令。[3]其间曾参加部署广州城区工厂桥梁设施爆破方案，于执行爆破前夕，1949年9月30日携眷赴香港。1951年2月转赴台湾，1957年3月21日因病在台北逝世，台湾出版有《李及兰将军传略》等。

[1] 台北"国史馆"编纂：2006年12月印行《"国史馆"现藏民国人物传记史料汇编》第十四辑第146页记载。

[2] 国民政府文官处印铸局印行：台湾成文出版社有限公司1972年8月出版《国民政府公报》第150册1940年5月11日渝字第256号颁令第1页记载。

[3] 刘绍唐主编：台北传记文学出版社1999年10月15日印行《民国人物小传》第四辑记载。

李文亚

李文亚（1891—1926），广东鹤山县雄塾（墩）乡人。前国民革命军第五军军长李福林堂侄。广东西江陆海军讲武堂、广州大本营军政部陆军讲武学校肄业。另载生于1890年。自填登记处为广东鹤山县属雄塾乡三才里，通信处为广州河南海幢寺粤军第三军司令部。自填入学前履历：曾充兵站交通探员、电信队排长、大队长等。父从蚕织，家境清贫。早年信仰佛教。据考，其除曾充任援闽粤军总司令部第五兵站交通探员，电信队排长、大队长等职外，还曾任粤军第三军司令部上尉副官。1922年冬在福建漳州由李福林（前广东东路讨贼军第三军军长，粤军第三军军长）、练炳章（粤军第三军司令部参谋长兼建国粤军讲武堂教育长，广州大本营咨议）介绍加入中国国民党。随李福林从军，为幕中文书。1923年冬入广州大本营军政部陆军讲武学校学习。1924年春由再李、练两人保荐投考黄埔军校，1924年5月到广州，1924年6月考入陆军军官学校第一期第四队学习，是黄埔第一期生中年龄较大者之一，1924年11月毕业。后返回李福林部任职，曾任国民革命军第五军第十五师步兵团营长、团长。1926年率部参加统一广东南路讨伐之役，在雷州遭遇当地武装袭击身亡。

李文渊

　　李文渊（1901—?　），云南鹤庆县北区逢密村人。云南省立北区模范第四高等小学校、云南迤西丽江六属联合中学校毕业，云南陆军教练所肄业。家从农业，产业甚丰，生活颇富。自填登记通信处为云南迤西鹤庆县北区逢密村。自填入学前履历：民国八年（1919年）云南省立北区模范第四高等小学校毕业，十二年（1923年）迤西丽江六属联合中学校毕业。1919年云南省立北区模范第四高等小学校毕业。1923年于云南迤西丽江六属联合中学校毕业。云南陆军教练所肄业半年。1924年春由李宗黄（时任广州大本营参议，滇军第二军总参谋长兼代军长）介绍加入中国国民党，并由李介绍投考黄埔军校，1924年6月考入陆军军官学校第一期第四队学习，1924年11月毕业，后服务社会。

李仙洲

李仙洲照片（一）

李仙洲（1894—1988），原名守瀛，别字仙洲，后以字行，山东长清人。长清县立单级教授养成所、济南镇守使署武术传习所毕业、上海大学社会学系肄业，陆军大学甲级将官班第二期毕业。1894年6月17日生于长清县马头村（一说大马头村，今属齐河县）一个农户家庭。自填入学前履历：曾充高小（学）校教员。本村私塾启蒙，14岁时与本县崔桥村22岁的崔效淑结婚，19岁考入（长清）县立单级教授养成所三个月修业期满，由县劝学所介绍入本村小学任教两年半，后考入济南镇守使马良创办的武术传习所学习三年毕业。返回家乡后赋闲，继再入小学任教。1924年年初往济南求学，曾入齐鲁书社参加读书与革命活动。1924年2月29日由王乐平（孙中山指派出席国民党一大山东省代表，国民党山东省临时党部筹备主任，原山东济南齐鲁书社社长）、孟民言（山东青岛胶澳中学学监兼国文教员，中国国民党山东省临时党部筹备委员）介绍加入中国国民党。1924年春再由王乐平、孟民言保荐并介绍投考黄埔军校，1924年5月秘密由济南前往上海环龙路44号参加初试，等待复试期间入上海大学社会学系短期学习。1924年5月与李延年、李玉堂、王叔铭、李人玉等人同赴广州，1924年6月考入陆军军官学校黄埔军校第一期第三队（队长金佛庄）第一区队（区队长郭俊）第三学员分队（分队长兼学员萧乾）学习，1924年11月毕业。后任黄埔军校教导第一团（团长何应钦）第二营（营长陈继承、刘峙）第七连（连长郭俊）第二排排长，1925年6月任党军第一旅（旅长何应钦）第一团（团长刘峙）第七连连长，参加对滇桂军阀杨希闵部、刘震寰部的军事行动，以及平定广州商团事变并参加两次东征作战。1926年7月誓师北伐时，任国民革命军第一军（军长何应钦）第二师（师长刘峙）第四团（团长陈继承、郭俊）第一营营长，参加江西、浙江沿途北伐战事。1927年春起相继驻防杭州、上海北站、江苏常熟等地。1928年4月任国民革命军第一集团军总司令部直属第一教导团团长，率部担负第一集团军总部警卫任务。1928年5月3日率部驻防济南时，亲睹日军制造的"济南惨案"而义愤填膺，因蒋介石"避免与日军冲突"手令而未能率部抗击。[1]1928年9月部队编遣后，任缩编后的第一集团军第一师（师长刘峙兼）第一旅（旅长徐庭瑶）副旅长。1929年1月20日被推选为第三师特别党部监察委员。1929年春任第三师（师长毛炳文）第九旅（旅长韩德勤）第十三团团长，率部驻防江苏苏州地区。1929年12月底任第一军（军长顾祝同）第三师（师长陈继承兼）第九旅副旅长、代理旅长，率部驻防徐州地区。1930年任讨逆军第二军团（总指挥刘峙）第一军（军长顾祝同）第三师（师长陈继承兼）第九旅旅长，先后率部参与中原大战、对鄂豫皖边区红军及江西中央红军及其革命根据地的"围剿"战事。1935年5月6日刘珍年（时任第二十一师师长，于同月13日枪决）被捕后，由该师第一旅旅长梁立柱代理该师师长，其任第二十一师副师长，受蒋介石委派担负改造部队与整编为中央军之使命。梁立柱因在所部挑动部下军官联名反对李仙洲之任职，奉调入中央军官训练团受训，改由卫立煌（时任第十四军军长）兼任该师师长，1935年年底起，其任该师代理师长，率部参加对红军长征留守赣省红军游击队"围剿"战事。该师后为军事委员会直属之第二十一师，其于1936年初任师长职务。1936年2月1日颁令叙任陆军少将。1936年春北调山西、陕西，率部参加阻击红一方面军东征"围剿"作战。1936年4月11日国民政府颁令委任陆军第二十一师师长。[2]抗日战争全面爆发后，仍任第二战区第七集团军（总司令傅作义）第九军（军长郝梦龄）第二十一师师长，率部在长城居庸关一带与日军作战，1937年10月16日在忻口会战之南怀化战役中，军长郝梦龄阵亡，其身负重伤。1938年1月受命将第二十一师、第五十二师一个旅和第四十六军第十八

---

[1] 台北"国史馆"编纂：2006年12月印行《"国史馆"现藏民国人物传记史料汇编》第二十八辑第117页记载。

[2] 国民政府文官处印铸局印行：台湾成文出版社有限公司1972年8月出版《国民政府公报》第106册1936年4月12日第2020号颁令第1页记载。

师一个团组建合编成为新的中央嫡系部队，1938年1月任第九战区第三十二军团（军团长关麟征）第九十二军军长，兼任第二十一师师长，率部先后参加徐州会战、豫鲁皖边地区战役和武汉会战。1938年2月26日颁令晋任陆军中将。[1]1939年12月任第五战区第十一集团军（总司令李品仙、夏威、黄琪翔）第九十二军军长，免兼第二十一师师长，由侯镜如接任，率部参加皖西、鄂北和豫西地区抗日战事。1941年9月任第五战区第十五集团军副总司令，兼任第九十二军军长兼中央陆军军官学校山东干部训练班主任。1942年2月任第一战区副司令长官部第二十八集团军总司令，兼任鲁苏豫皖边挺进军第

李仙洲照片（二）

一路军总指挥部总指挥及第九十二军军长，1943年春免兼第九十二军军长职，统辖第八十五军（军长吴绍周）、陆军暂编第十五军（军长刘昌义）、陆军第八十九军（军长顾锡九）等部，率部参加豫中会战，战后改隶军事委员会汉中行营（主任李宗仁）直辖部队。1945年1月30日被推选为军队各特别党部代表出席中国国民党第六次全国代表大会。1945年3月保送陆军大学甲级将官班第二期学习，1945年6月毕业。返回原部队，仍任第二十八集团军总司令，率部驻防陕西汉阴地区。抗日战争胜利后，1946年1月任徐州绥靖主任公署第二绥靖区司令部副司令官，兼任莱芜前线前进指挥所主任。1946年7月起，率部在山东与人民解放军作战，1947年2月23日在莱芜战役中负伤，后被人民解放军俘虏。先入华东野战军解放军官教育团改造学习，后在东北抚顺战犯管理所关押。中华人民共和国成立后，关押于北京功德林战犯管理所。[2]1966年11月28日获特赦释放，安排任山东省政协秘书处专员，后任山东省政协常务委员，民革山东省委员会常务委员。1978年2月当选为第五届全国政协委员，1983年5月当选为第六届全国政协委员，

---

[1]　国民政府文官处印铸局印行：台湾成文出版社有限公司1972年8月出版《国民政府公报》第132册1938年3月2日渝字第27号颁令第8页记载。

[2]　刘绍唐主编：台北传记文学出版社1999年10月15日印行《民国人物小传》第十五辑记载。

1983年12月当选为民革中央委员会顾问。1984年6月当选为全国黄埔军校同学会（会长徐向前兼）第一届理事会理事。1987年2月当选为民革中央监察委员会（主席朱学范）常务委员，1988年3月当选为第七届全国政协委员。曾是第五届全国人民代表大会代表。1988年10月22日因病在济南逝世。著有《我的回忆》（载于中国文史出版社《山东文史资料选辑》1979年第七辑）、《刘峙是怎样一个人》（载于中国文史出版社《文史资料存稿选编——军政人物》上册）、《忻口战役中的第二十一师》（载于中国文史出版社《原国民党将领抗日战争亲历记——晋绥抗战》）、《莱芜战役蒋军被歼始末》（载于中国文史出版社《文史资料选辑》第二十八辑）、《我与黄埔校友李延年》（载于中国文史出版社《中华文史资料文库》第十卷）、《第二十一师驻赣东北的概述》（载于中国文史出版社《原国民党将领围剿边区革命根据地亲历记》）等。中国文史出版社《文史资料选辑》1963年第四十辑载有赖惕安所著有关其率部入鲁相关的军事纪实作品，全国政协1987年《纵横》第十九期载有《李仙洲被俘记》（戴霓著）等。

李正华

李正华照片

李正华（1901—1931），湖南酃县（今炎陵县）西乡八合围人。酃县西乡八合围高等小学、湖南省立第三中学（校）毕业。父为自耕农，有地产五十亩，自给尚余。自填登记处为湖南酃县西乡八合围，通信处为湖南酃县王家坡。自填入学前履历：湖南省立第三中学校毕业。1924年1月2日由王祺（时任湘军总司令部参议，前湖南护国军总司令部秘书长，广州大本营军政部秘书）、邹永成（国民党一大湖南省代表，广州大元帅府中将高等顾问，兼中央直辖第三军第一纵队司令官）介绍加入中国国民党，1924年3月由谢晋（孙中山指派出席国民党一大湖南省代表，驻粤湘军总司令部党务处处长）、刘况（孙中山指派出席国民党一大湖南省代表，前湘军第五军司令部参谋兼该军国民党特派员，广州大本营参议）保荐投考黄埔军校，1924年5月到广州，1924年6月考入陆军军官学校第一期第三队学习，1924年11月毕业。分发教导团任见习，随部参加第一次东征作战。后任东征军第二纵队侦察队队长，1925年11月随部参加第二次东征战事。1926年2月任黄埔中央军事政治学校第四期入伍生部训练员，1926年7月任东路北伐军漳州后勤司令部参谋长，后随部参加东路军北伐战争。1927年任国民革命军第一军第二十二师第四团副团长，1928年8月国民革命军编遣，任缩编后的第一集团军第十一师第三十旅补充团团长，1929年任第十八军司令部军官教导队大队长。1930年任陆军第十师第二十八旅第五十五团团长，第十师第三十旅旅长，率部参加对江西红军及根据地的"围剿"战事。卒年不确定，有史料记载其于1931年7月30日在江西东固因车祸遇难。[1]1931年7月任第五十二师（师长韩德勤）第一五五旅旅长，[2]因原任孙常钧调离，改派其兼任第五十二师特别党部筹备委员，[3]后因第五十二师特别党部筹备委员李正华因伤出缺，1931年10月1日另委王副乾补充。[4]

[1]　①中国第二历史档案馆供稿，华东工学院编辑出版部影印，档案出版社1989年7月《黄埔军校史稿》第八册（本校先烈）第246页第一期烈士芳名表记载1931年7月30日在江西东固阵亡；②台北《黄埔建国文集》编纂委员会编纂、台北实践出版社1985年6月16日印行《黄埔军魂》第580页"剿匪战役殉国英雄姓名表"第一期记载。

[2]　1931年7月30日上午国民党中央执行委员会召开第152次常务会议决议。

[3]　《申报》1931年7月31日第一张第一版记载。

[4]　《申报》1931年10月2日第一张第一版：1931年10月1日上午国民党中央执行委员会召开第162次常务会议决议记载。

李正韬

李正韬照片

李正韬（1899—1971），又名正心，河南镇平人。镇平县第三高等小学、镇平县立初级中学毕业，国民革命军总司令部军官团第一期结业，南京中央陆军军官学校高等教育班第三期毕业。父从缫丝业，贫无家产。自填登记处为河南镇平县侯集街项村店，通信处为上海英三马路小花园普明医院转交。自填入学前履历：在汉口工厂职经手二年，充河南第一师师部司事一年，书记半年。曾任汉口铁工厂差遣，河南陆军第一师师部书记年余。1924年春由于右任（孙中山指派出席国民党一大陕西省代表，国民党第一届中央执行委员，时兼任上海大学校长）、满超然（时任豫军讨贼军司令部副官长）举荐投考黄埔军校，1924年5月15日经满超然介绍加入中国国民党。1924年5月到广州，1924年6月考入陆军军官学校第一期第四队学习，1924年11月毕业。历任黄埔军校教导一团第三营排长、副连长。1926年5月27日参加由总政治训练部（主任陈公博）在广州大沙头举办的高级政治训练班（主任周恩来），任该训练班第一学员大队大队长，1926年6月30日结业。被派任国民革命军第一军第一师（师长王柏龄）第二团党代表办公室主任，随部参加北伐战争。1927年10月奉派入国民革命军总司令部军官团受训。1928年10月任中央警卫师第二团副团长，南京卫戍司令部警卫二团代团长，南京黄埔同学总会第一届执行委员会总务科科长，军事委员会委员长侍从室侍卫组组长。1930年12月任豫南民团总指挥部参谋长。1933年奉派入南京中央陆军军官学校高等教育班第三期学习，1934年毕业。任河南南阳行政区保安司令部副司令官，河南省保安第一旅旅长。抗日战争全面爆发后，率部参加保定战役，阻击迟滞日军南下行动，后率部参加徐州会战、武汉会战。1938年7月22日国民政府颁令任命为河南省第二区行政督察专员兼河南省第二区保安司令部司令官。[1]1938年8月27日国民政府颁令河南省第二区行政督察专员兼保安司令部司令官李正韬免去本兼各职。[2]后任第一战区副司令长官部少将高级参谋，豫南敌后游击挺进军总指挥部参谋长，率部参加豫南会战。抗日战争胜利后，1946年1月任西安绥靖主任公署高参室主任。1946年11月15日被推选为（制宪）国民大会代表，聘任国民大会宪政实施促进委员会考察委员会委员。1946年11月16日被推选为河南省出席（制宪）国民大会代表。1946年12月3日参加赴南京任职、公干的81名黄埔一期生在中央训练团聚餐并于办公大楼前合影。[3]1947年4月17日颁令叙任陆军少将。1949年曾聘为豫陕鄂边区绥靖公署中将参议。1949年秋到香港，1971年2月7日因病逝世。[4]

[1]　国民政府文官处印铸局印行：台湾成文出版社有限公司1972年8月出版《国民政府公报》第134册1938年7月23日渝字第68号颁令第9页记载。

[2]　国民政府文官处印铸局印行：台湾成文出版社有限公司1972年8月出版《国民政府公报》第135册1938年8月31日渝字第79号颁令第2页记载。

[3]　容鉴光编著：列入台北出版品预行编目资料，台北博煜企业有限公司2003年6月16日第一版印行《黄埔军校一期研究总成》第278页辑录。

[4]　刘国铭主编：团结出版社2005年12月《中国国民党百年人物全书》第841页照片记载。

李汉藩

李汉藩照片

李汉藩（1901—1928），又名意产，别字子木，湖南耒阳县泗江南乡人。耒阳县南乡云锋镇模范小学高级班、衡阳私立成章中学毕业，广州大元帅府军政部陆军讲武学校肄业。1901年3月1日生于耒阳县泗江南乡新坡洞营子山一个农户家庭。父从农商，经济中等，自给尚余。自填登记处为湖南耒阳县泗江南乡新坡洞营子山，通信处为耒阳泗江邮局转交营子山。自填入学前履历：十二年（1923年）五月初由湖南成章中（学）校毕业，适长沙"六一惨案"发生，在衡（阳）组织国民外交后援会，担任演讲部主任，后全国学生联合总会开第五届评议会，于广州湖南学生会推为出席代表，值赵（恒惕）贼祸湘，返湘后吾欲在中央陆军教导团学兵一月余。1919年考入衡阳私立成章中学（今衡阳市第八中学），发起声援北京五四运动的学生示威游行，被选为校学生会负责人兼演讲部主任、耒阳旅衡学友会负责人，与蒋先云等人发起衡阳各校师生会同各界民众掀起"驱逐张敬尧"运动。1921年春加入社会主义青年团，1922年4月加入中国共产党，[1]1923年5月被推选为湘南学生联合会（湘南学联）第十届总干事。[2]1923年秋在衡阳结识毛泽东。1923年9月至1924年1月任湘南学生联合会

---

[1] ①廖盖隆主编：中共中央党校出版社2001年6月印行《中国共产党历史大辞典——总论·人物》增订本第242页记载；②《中国共产党创建史辞典》编辑委员会编纂、倪兴祥主编：上海人民出版社2006年6月印行《中国共产党创建史辞典》第513页记载。

[2] 廖盖隆主编：中共中央党校出版社2001年6月《中国共产党历史大辞典》增订本第242页记载。

第九届负责人。[1]1923年8月30日由邓鹤鸣（国民党江西临时党部筹备委员兼衡阳党部筹备委员，参与筹组中共江西地方党组织及国民党党部）介绍加入中国国民党。1923年9月任湘南学生联合会第九届负责人。[2]1923年12月赴广州考入广州大元帅府陆军讲武学校。1924年春由毛泽东（国民党一大湖南省代表，国民党第一届候补中央执行委员，前国民党上海执行部文书科代理主任、组织部秘书）、夏曦（国民党一大湖南省代表，时任国民党湖南组织筹备处负责人，国民党湖南临时党部委员及书记长）、袁达时（国民党一大湖南省代表，前中国劳动组合书记部上海分部干事及主任）举荐投考黄埔军校，1924年5月到广州，1924年6月考入陆军军官军校第一期第二队学习，1924年11月毕业。分发军校政治部协助周恩来工作，参与制订政治教育计划及组织实施。任教导第一团第一营第一连党代表，参加第一次东征作战，亲率敢死队员攻入淡水城西门。1925年3月参与筹备中国青年军人联合会，被推选为该会候补中央执行委员。1925年11月15日发起耒阳籍黄埔学生李天柱及国民革命军耒阳籍军人徐康等在广州创办以"改造中国、改造耒阳"为宗旨的《耒阳新潮》半月刊，[3]当时在广州编印，运回耒阳发行，其撰发刊词："本刊的使命是'揭露帝国主义的阴谋，公布军阀祸国殃民的事实，使民众都了解痛苦的原因，去干国民革命的事业'，'唤醒耒阳人的觉悟，使他（她）们同跑（上）国民革命的道路'。"1926年1月任国民革命军第二军政治部宣传科科长兼党务科科长，协助李富春（军政治部主任）进行政治宣传鼓动，推进所部党务工作。1925年6月改任第六师第二团党代表，随部参加北伐战争。1927年四·一二反革命政变后离开第二团，1927年夏往湖北蒲圻第十三军文修信团，任该团步兵营营长，密谋发起兵变。1927年8月任中共湖南省委军委委员，组织农民武装割据。1927年9月在长沙福宁里被捕，在狱中受尽酷刑严守机

[1] 中共湖南省委组织部、中国共产党湖南省组织史资料编纂领导小组编纂：中共湖南省委印刷厂1993年10月印行《中国共产党湖南省组织史资料1920年冬至1949年9月》第69页记载。

[2] 《中国共产党组织史资料》编审委员会审定，中共中央组织部、中共中央党史研究室、中央档案馆编纂：中共党史出版社2000年9月印行《中国共产党组织史资料》第一卷《党的创建和大革命时期1921.7—1927.7》第445页记载。

[3] 《中国共产党创建史辞典》编辑委员会编纂、倪兴祥主编：上海人民出版社2006年6月《中国共产党创建史辞典》第513页记载。

密，始终未暴露身份。1928年1月经党组织营救冲出监狱，被中共中央长江局委任为中共湖南省军委书记。[1]1928年春在衡阳被捕，后于衡阳湘江西岸牺牲。著有《耒阳新潮——发刊词》等。

---

[1] 中共党史人物研究会编纂：陕西人民出版社1882年10月《中共党史人物传》第三十一卷第154页记载。

李玉堂

李玉堂（1899—1951）又名尧阶，别字瑶阶，山东广饶人。广饶县大王桥河西国民学校毕业，山东省立乙种工业学校金工科肄业、陆军大学甲级将官班第二期毕业，中央训练团党政班结业。父从农商，家境富裕，有田产六十亩。自填登记通信处为山东广饶县大王桥河西。自填入学前履历：高小学校及山东公立工业专门学校金工科毕业（肄业），曾充炮队军士两次。曾任山东陆军炮兵队军士、司书等职。

李玉堂照片（一）

1899年3月18日（另载1900年5月4日出生）生于广饶县城一个商绅家庭。1906年私塾启蒙，继入广饶县刘家集振华高等小学、河西国民学校就读，后入山东省立乙种工业学校金工科肄业。1921年投效山西军士教育团受训，结业后充任晋军炮兵队上士班长、准尉司书等职。1923年冬回乡省亲，得知黄埔军校招生信息，便与赋闲在家的堂弟李延年等人商量南下投考军校事宜。1924年2月8日由王乐平（孙中山指派出席国民党一大山东省代表，前北京政府国会参议院议员，山东济南齐鲁书社社长）、延瑞祺（又名国符，孙中山指派出席国民党一大北京特别区代表，国民党北方区执行部筹备委员及国民党北京执行部组织部干事）介绍加入中国国民党，1924年3月由其二人举荐投考黄埔军校。后与同县项传远、李殿春等人在济南转车时，结识南下投考军校的李仙洲、王叔铭等人，于是结伴同行赴上海参加初试。1924年4月他们同行15人在上海环龙路44号中国国民党上海执行部参加考试，仅有10人及格，再度结伴南下广东。1924年6月考入陆军军官学校第一期第二队学习，参加孙文主义学会活动，1924年11月毕业。分发教导第一团第二营任见习、排长，1925年1月随部参加第一次东征作战。1925年5月任党军第一师第二团步兵连连长,8月26日党军第一师改称国民革命军第一师,续任第二团步兵连连长。1925年10月随部参加第二次东征作战,在第一师组织惠州战役时,自愿担任攻城敢死队队长,在作战时身先士卒,终将军旗插上惠州城头,为攻克惠州城立下首次军功。战后升任第二团(团长金佛庄)第二营少校营长。1926年3月被推选为孙文主义学会惠州分会组织委员。1926年6月22日所在第二团(团长倪弼)召开党部执行委员改组会议,其被推选为候补执行委员。1926年7月随第一师预备队出征北伐,1926年10月在攻克南昌城时负伤,被送往后方医治。1927年6月伤愈归队,1927年8月6日第一师在南京召开师特别党部改组会议,被推选为陆军第一师临时党部常务委员。1927年9月1日第一师副师长胡宗南辞去兼职,其接任第二团团长,并获颁"智仁勇"银盾奖赏。1927年11月率部击溃直鲁联军铁甲车队,攻克津浦线重镇——蚌埠城。1928年8月国民革命军编遣后,第一师被缩编为第九师(师长蒋鼎文)第二十五旅(旅长甘丽初),其任该旅第五十团团长,后调任第三师(师长钱大钧)第八旅(旅长蔡熙盛)副旅长。1929年1月20日被推选为陆军第三师特别党部监察委员。1929年1月蒋介石暗访苏州驻军第三师时,发现多名主官擅离职守,大怒之下将该师团以上正职军官全部撤职,其他涉及人员严厉处罚,其因副职,出事时正值勤,得以免责并接替第八旅旅长。1929年3月18日该师黄埔同学会召开第二次全体代表大会,被推选为该会监察委员。1929年6月第三师改编为两旅六团制师,仍任第八旅旅长,统辖第十三团(团长李仙洲)、第十四团(团长胡素)、第十五团(团长许永相)。此时第三师黄埔军官对师长毛炳文持抵制态度,认为毛(炳文)并非黄埔教官,无权指挥黄埔生,以其与团长蒋超雄反对最力,正中蒋(介石)意加速军队"黄埔化",后以第三师副师长陈继承接任师长。1929年11月粤桂战争时,率部南下广东支持粤军作战。1929年12月率第八旅赴苏州休整。1930年5月中原大战爆发,率部由砀山向西进攻,再转至津浦路作战,1930年9月因所部损失过重被调为预备队。1931年2月27日获颁四等宝鼎勋章。[1]1931年2月随部入赣,由鹰潭南下,曾在广昌、兴国一线与红军交战,但是随着几次"围

---

[1] 国民政府文官处印铸局印行:台湾成文出版社有限公司1972年8月出版《国民政府公报》第48册1931年2月28日第711号颁令第18页记载。

李玉堂照片（二）

剿"失利，第三师往往都是无功而返。1931年9月第八旅移防洛阳。1932年5月18日接陈继承任第三师师长，统辖陆军第八旅（旅长许永相）、第九旅（旅长李仙洲），率部参加对鄂豫皖边区红军及根据地第四次"围剿"作战。福建事变发生后，率部南下参与讨伐战事，率经三天激战即击溃守军第十九路军特务团，占领漳州、同安、安溪等地。1934年5月率第三师进驻江西黎川，1934年9月10日所部第八旅在江西温坊被红军重创，许永相（第八旅旅长）被判处死刑，其被军事委员会明令革职留任处分，改支上校薪给。所率第三师失利，直接导致东路军"围剿"战事停止。红军长征后，率第三师驻防闽西执行绥靖事宜。1935年4月13日颁令叙任陆军少将。1935年10月所率第三师按调整师编制扩编，装备德国新式武器装备。1935年11月被推选为军队出席中国国民党第五次全国代表大会代表。1936年1月1日晋给三等宝鼎勋章。[1]1936年10月5日颁令叙任陆军中将。1936年11月12日获颁四等云麾勋章。[2]抗日战争全面爆发后，率第三师师长参加淞沪会战，1937年10月率部在大场阻击日军，激战十余日因损失过重奉命退守苏州河南岸。1937年11月调赴七宝镇构筑防御工事，后撤往苏州以北集结，继赴汉口整补。1938年5月率部在邳县以东、郯城西南地区阻击日军，徐州会战率部撤往涡阳。1938年6月8日任第八军军长，统辖第三师（师长赵锡田）、预备第二师（师长陈明仁）、预备第十一师（师长赵定昌兼），率部参加武汉会战。1939年2月率部参加南昌战役（又称赣北战役），1939年2月28日所率第八军因伤亡过半，奉命交防第七十二军接替，率部后调整补。1939年5月2日国民政府指令：给予陆海空军甲种一等奖章。[3]1940年4月军政部决定将第八军、第

[1] 国民政府文官处印铸局印行：台湾成文出版社有限公司1972年8月出版《国民政府公报》第102册1936年1月2日第1936号颁令第13页记载。

[2] 国民政府文官处印铸局印行：台湾成文出版社有限公司1972年8月出版《国民政府公报》第117册1936年11月13日第2201号颁令第7—9页记载。

[3] 国民政府文官处印铸局印行：台湾成文出版社有限公司1972年8月出版《国民政府公报》第140册1939年5月13日渝字第152号颁令第13页记载。

十军合并整编，派遣入缅作战，1940年5月6日任合并后的第十军军长，统辖第三师（师长赵锡田兼）、第一九〇师（师长余锦源）、预备第十师（师长方先觉），因远征军缅甸作战失利，该军入缅亦随之取消，隶属军事委员会直接指挥，列为战略预备军。1941年9月24日率部参加第二次长沙会战，第十军先后遭到日军第三师团主力、第六师团和第四十师团各一部猛烈进攻，经两昼夜激战，第十军所属第三师损失惨重，第一九〇师副师长赖传湘殉国。战后追究金井丢失责任，其被撤职处分。1941年12月日军集结重兵发动第三次长沙会战，接任军长钟彬借故推迟上任时间，第九战区司令长官薛岳决定让其复出，蒋介石亦亲自通话促其尽快复任，1941年12月30日重返军部视事，制订保卫长沙作战计划，1941年1月4日取得了抗战史上闻名中外的第三次长沙大捷。1941年1月24日任第二十七集团军副总司令，兼任第十军军长，获颁青天白日勋章。1941年3月免第十军军长兼职，专任第二十七集团军副总司令。率部参加豫中会战、桂柳反击战，以坚守长沙、常德、衡阳城保卫战著称，其中所率第十军坚守衡阳城47天，创抗战我军守城时间最长纪录，为当时传颂抗日名将。[1]1942年2月，军事委员会向第十军颁发"泰山军"的荣誉称号，所属三个师分别颁授"荣誉"旗。1944年12月27日任第三十六集团军总司令，统辖第二十七军（军长周士冕）、暂编第四军（军长谢辅三），时隔一月，第三十六集团军裁撤。1945年1月回任第二十七集团军总司令，统辖第二十军（军长杨干才）、陆军第二十六军（军长丁治盘）。1945年5月20日当选为中国国民党第六届中央执行委员会候补执行委员。1945年7月28日率部收复广西重镇——桂林。抗日战争胜利后，任第二十七集团军总司令。1946年6月所部第二十七集团军整编为第二十四军，任整编第二十四军军长，统辖整编第二十师（师长杨干才）、整编第二十六师（师长马励武）、整编第七十二师（师长傅翼）、整编第八十八师（师长方先觉）。1947年3月任徐州"剿匪"总司令部第十绥靖区司令官。1947年7月被推选为党团合并后的中国国民党第六届中央执行委员会候补执行委员。1949年6月12日兖州战役中，所率六万余人被人民解放军全歼，与整编第十二军军长霍守义同时被人民解放军俘虏，被俘后因冒充士兵

---

[1] 台北"国史馆"编纂：2006年12月印行《·"国史馆"现藏民国人物传记史料汇编》第十二辑第92页记载。

没被发现，之后乘机逃脱，沿途化装成农民，潜入微山湖村庄躲藏，随后在当地渔夫帮助下到临城，继而乘火车抵徐州，才知道国防部已颁发"永不叙用"的撤查令。[1]此后避居上海，后转投薛岳部任高级参谋。1949年11月随部撤退海南岛，任海南防卫总司令部副总司令。1950年1月兼任东路军总指挥，后兼任第三十二军军长。1950年3月经其妻陈伯兰和内兄陈石清联络，与解放军取得联系，1950年4月随着海南岛战役开始而中断。其率残部抵达台湾新竹，再次被撤除军职，继又因夫人陈伯兰与中共地下党有联系而被逮捕。1951年2月5日被判处死刑，1951年2月20日与其夫人陈伯兰同被押赴台北碧潭刑场执行枪决。[2]1983年7月20日山东省人民政府经报国务院批准，追认为革命烈士："1949年李玉堂任海南防卫副总司令期间，中共通过关系策反李玉堂，李接受中共的条件举行起义。因交通中断，李玉堂未及时接到中共关于起义的指示，即随国民党军队撤往台湾。后因叛徒出卖，1951年2月5日李玉堂被国民党当局杀害于台北碧潭。"[3]2004年春节过后，台湾发表"李玉堂将军及夫人陈伯兰沉冤昭雪并颁予'恢复名誉证书'"的启事。

---

[1] 刘绍唐主编：台北传记文学出版社 1999 年 10 月 15 日印行《民国人物小传》第十五辑记载。

[2] 李敖编著：台湾"国家安全局"档案，台北李敖出版社 1991 年 12 月印行《台湾安全局机密文件：历年办理"匪案"汇编》上册第二辑第 122—129 页"华中局社会部策动李玉堂等叛乱案"记载。

[3] ①杨牧、袁伟良主编：河南人民出版社 2005 年 11 月《黄埔军校名人传》上册第 766 页记载；②徐友春主编：河北人民出版社 2007 年 1 月《民国人物大辞典》增订版第 463 页记载。

李光韶

李光韶照片

　　李光韶（1900—1928），又名应龙，别号禾民，湖南醴陵人。醴陵县北乡清安铺高级小学、醴陵浔江中学、妙高峰中学高中部毕业，广州大本营军政部陆军讲武学校肄业。1923年冬到广州，考入广州大本营军政部陆军讲武学校学习。1924年秋该校并入黄埔军校，1924年11月编入陆军军官学校第一期第六队学习，其间加入中国共产党，1925年2月肄业。分发任教导团见习、排长，1925年1月随部参加第一次东征作战。参加中国青年军人联合会活动，后任国民革命军第一军连长、营长，1926年7月随部参加北伐战争。1926年12月任国民革命军第一军第二十师补充团团长，在率部攻打九江、南京两次战斗中负伤。后在上海疗伤休养，1927年8月奉中共组织派遣，返回原籍醴陵开辟工农武装割据。1928年1月在长沙被捕，1928年2月27日在长沙南门外遇害身亡。

李向荣

李向荣（1899—1942），江西永丰人。广东陆地测量学校、广州大本营军政部陆军讲武学校肄业，中央军官训练团测量研究班毕业。1923年到广州入陆地测绘学校学习，1923年秋转入广州大本营军政部陆军讲武学校学习。1924年秋该校并入黄埔军校，1924年11月编入陆军军官学校第一期第六队学习，1925年2月肄业。分发驻粤赣军任测量队队长，国民革命军总司令部军务局中校参谋。1926年7月随部参加北伐战争，1928年12月任参谋本部测量处副处长。1929年1月28日经呈励志社社长（蒋介石）批准与117人加入励志社。[1]1932年12月任中央陆地测量学校教育处处长。1936年任参谋本部测量监监员。1935年7月3日颁令叙任陆军步兵少校。[2]抗日战争全面爆发后，任军事委员会训练总监部少将衔监员，1938年1月改任军事委员会军事训练部监员，1942年春因病逝世。

---

[1] 《中央日报》1931年1月28日、1月29日连续刊登"励志社社员管理科通告"记载。

[2] 国民政府文官处印铸局印行：台湾成文出版社有限公司1972年8月出版《国民政府公报》第95册1935年7月4日第1784号颁令第1页记载。

李安定

李安定照片

李安定（1901—1934），别字于一，广东兴宁县新陂圩人。兴宁县新陂圩高等小学堂、兴宁县遒德学校毕业，兴宁县立中学肄业，清文学校、广东西江海陆军讲武堂肄业，陆军大学正则班第九期结业。1901年6月23日生于兴宁县新陂圩一个农商家庭。自填家庭主要成员：父怀天，为商贩，早亡，母钟氏，兄一弟四姐无妹一，妻子黄氏，家境贫寒。早年毕业于本县新陂圩高小、县立遒德学校，肄业于县立一中，再肄业于清文学校。早年信仰耶稣教。

1922年秋入广东西江海陆军讲武堂学习。自填登记处为广东兴宁县新陂圩下楼，通信处为兴宁县上盐铺奕兴真号或新坡学校。自填入学前履历：遒德学校毕业，县立中学肄业一年半，清文学校肄业，西江海陆军讲武堂肄业。1924年1月由戴戟（西江海陆军讲武堂堂长）举荐投考黄埔军校，1924年6月考入陆军军官学校第一期第一队学习，在学期间任本队第二分队分队长，1924年11月30日毕业。因其学术科和活动能力相当强，很早获蒋中正赏识，分发任黄埔军校教导第一团（团长何应钦）第一营（营长沈应时）第一连连长，胡宗南、钟彬等人时为该连排长。1925年2月1日参加第一次东征作战，任东征军总指挥部侦探队队长，在五华、兴宁各战役中立功。1925年4月24日中山主义学会（孙文主义学会前身）成立，其为骨干之一。1925年7月9日成立广州卫戍司令部，调任该司令（蒋介石）部少校谍报参谋。1925年10月广州卫戍司令部开办宪兵教练所（所长杭毅），其任党代表。1926年3月任中央军事政治学校第四期政治科大队（大队长胡公冕）第二队队长。1926年4月调任中央军事政治军校军事教育处（学科主任李铎）中校军事教官，1926年5月18日改任训练部中校军事教官。1926年6月29日任黄埔同学会广东分会（主任容保辉）组织部部长，1927年3月16日任黄埔同学会驻粤特别委员会常务委员。1927年4月29日接徐天琛任海军处政治部主任。1927年5月中旬在海军处政治部编辑的《海涛周刊》第一期刊登其撰写"发刊词"。1927年6月11日在广东海军特别党部改选第二届执监委员大会上当选监察委员。1927年7月1日黄埔同学会广东支会成立，被推选为支会执监委员会常务委员会主席，后兼任该支会纪律执行委员会主席。1927年7月18日《广州民国日报》刊登黄埔同学会所编《黄埔潮》第四期目录有其撰写《会长的训条——我们的口号的释义》，同日《广州民国日报》刊登《海涛周刊》第十期目录有其撰写《"清党"后的本党善后问题》，同月30日《广州民国日报》刊登《黄埔潮》第五期目录有其撰写《黄埔同学对于黄埔同学会应有的认识》。1927年8月11日《广州民国日报》刊登广东省"清党"委员会宣传委员会所编《"清党"旬刊》第三期目录有其撰写《讨伐武汉之必要》。1927年10月中旬，李济深在广东自行成立临时军事委员会，其改任黄埔同学会驻粤特派员。1927年12月3日其被免去海军处政训部主任，遗缺由林知渊接任，此后仍任黄埔同学会驻粤特派员。1928年1月任国民革命军第四军（军长缪培南）第二十六师政治训练处主任。1928年3月28日被任命为广州特别市党务指导委员。1928年4月2日被免去第二十六师政治训练处主任，遗缺由骆德荣接任。1928年5月8日被推选为广州特别市党部组织民众训练委员会委员。1928年5月21日广州国民革命军黄埔军官学校（代校务何遂）第七期入伍生在广州燕塘开学，其兼任该校办公厅主任。1928年9月其投考陆军大学正则班第九期，所遗黄埔军校办公厅主任由唐灏青代理，所遗黄埔同学会驻粤特派员由黄珍吾（黄埔第一期生）接任。1928年12月入陆军大学正则班学习，1929年8月1日被委派为陆军大学校特别党部筹备委员，在学期间仍由黄埔军校发给薪饷。其于1930年春于陆军大学提前结业，返回黄埔军校（教育长林振雄）仍任办公厅主任。1930年6月16日被委派为黄埔军校特别党部候补执行委员。1931年1月13日被陈诚聘任为第十八军司令部少将参议。1931年7月陈济棠在广东通电反蒋，受蒋介石委派回粤策动陈济棠的师长余汉谋、旅长李振球倒戈，并交给致余、李的亲笔信各一封和发给旅费3000元，事未遂。1932年3月组织"革命青年励志社"，1932年4月在南京组建"革命青年励志团"，发展第一期生至第四期生在任将校军官一百余人。1932年4月受冷欣（第一期同学）邀请，赴豫南任第三十军（军长张印湘）司令部（参谋长冷欣）参谋处处长，随部参加对鄂豫皖边区红军及根据地的第四次"围剿"作战。1934年2月某日其在军校官邸被蒋介石召见，要求其结束"励志团"组织，并准予参加"中国革命同志会"。1934年3月赴福建，任福建省政府（主席陈仪）保安处处长，兼任福建省保安司令部参谋长及特务团团长，后因与李延年、王敬久、宋希濂、萧乾、王劲修、黎庶望等一期生矛盾结深，被迫辞职匿居上海。其求见蒋介石未遂，被戴笠派人秘密监禁，1934年6月27日夜间遇害身亡。著有《国防论》（南京中央陆军军官学校1934年1月印行，全书32开，共计220页）等。

李延年

李延年（1903—1974），别字吉甫、吉浦，山东广饶人。刘集村振华初级小学、广饶县大王桥高等小学堂、山东省立第十中学、山东济南商业专科学校、陆军大学甲级将官班第二期毕业。自填登记通信处为山东广饶县大王桥。自填入学前履历：曾在山东省立第十中学卒业及山东公立商业专校毕业。父之权，母李氏，父从农商，有田三十亩，耕织自给。家庭主要成员有兄弟两名、姐妹二人，入学黄埔军校前已婚，妻于氏。[1]1903年11月3日生于广

李延年照片（一）

饶县二区大王桥乡一个富裕的耕读家庭。六岁入本村私塾，十四岁考入刘集村振华初级小学，十七岁考入济南商业专科学校。1924年2月10日经王乐平（孙中山指派出席国民党一大山东省代表，前北京政府国会参议院议员，山东济南齐鲁书社社长）、延瑞祺（又名国符，孙中山指派出席国民党一大北京特别区代表，国民党北方区执行部筹备委员及国民党北京执行部组织部干事）介绍加入中国国民党，1924年5月再由其二人举荐投考黄埔军校，1924年6月考入陆军军官学校第一期第二队学习，毕业后分发任教导团见习官，党军第一旅步兵连排长、连长，随部参加了两次东征作战。1926年7月随部参加北伐战争，任国民革命军第一军第一师第四团第三营营长。攻克南昌城后，1926年10月任国民革命军第一军第二师五团团长。1928年春任国民革命军第一军第二师副师长，1928年7月国民革命

---

[1] 陆军军官学校编辑、台北文海出版社有限公司印行：近代中国史料丛刊三编第五十七辑《陆军军官学校第二队学生详细调查表》记载。

军编遣后，1928年7月25日任缩编后的第一集团军第九师（师长蒋鼎文）第二十六旅旅长。[1]1928年10月14日经中国国民党中央组织部提议委派陆军第九师特别党部筹备委员。[2]1929年2月26日被推选为陆军第九师特别党部执行委员。其间，校长蒋介石曾在黄埔军校多期毕业典礼上讲："李延年是黄埔军校的模范学生，大家要向他学习。"[3]后任国民革命军总司令部攻城旅旅长，国民政府警卫军第二师（师长俞济时）副师长。1931年2月27日获颁四等宝鼎勋章。[4]1931

李延年照片（二）

年9月6日参加国民政府警卫军（军长顾祝同）警卫第二师（师长俞济时）在南京三牌楼召开的中国国民党第一次全师代表大会，被推选为该师特别党部执行委员。[5]续任第五军第八十八师副师长，1932年率部参加淞沪抗战。1932年5月任第二军第九师师长，兼任徐州警备司令部司令官。后率部参加对江西红军及根据地的"围剿"作战，任福建省第四区（福州）绥靖司令部司令官。1934年12月任福建绥靖主任公署第三绥区司令部司令官，兼任第九师师长，率部驻军闽南泉州。1935年4月9日颁令叙任陆军中将。1936年1月1日晋给三等宝鼎勋章。[6]抗日战争全面爆发后，率部参加淞沪会战。[7]1937年11月任第二军军长兼第九师师长，1938年3月率部参加徐州会战。1938年8月5日任第十一军团军团长，兼任第

[1] 国民政府文官处印铸局出版：台北成文出版社有限公司发行《中华民国国民政府公报》第十八辑第七十九期第28页记载。

[2] 1928年10月15日中国国民党中央执行委员会召开第159次常务会议决议。

[3] 台北"国史馆"编纂：2006年12月印行《"国史馆"现藏民国人物传记史料汇编》第十二辑第112页记载。

[4] 国民政府文官处印铸局印行：台湾成文出版社有限公司1972年8月出版《国民政府公报》第48册1931年2月28日第711号颁令第18页记载。

[5] 《中央日报》1931年9月7日"警卫军第2师全师代表大会记盛"一文记载。

[6] 国民政府文官处印铸局印行：台湾成文出版社有限公司1972年8月出版《国民政府公报》第102册1936年1月2日第1936号颁令第13页记载。

[7] 台北《黄埔建国文集》编纂委员会编纂：台北实践出版社1985年6月16日印行《黄埔军魂》第293页记载。

二军军长，率部参加武汉会战、桂南会战、枣宜会战诸役。1939年因昆仑关战役所部败绩被追究降级处分。[1]1940年3月21日国民政府颁令给予李延年四等云麾勋章。[2]1940年5月任第六战区长江上游江防总司令部副总司令，兼任第二军军长。1942年6月25日任第三十四集团军副总司令，1943年任总司令，兼任豫西前敌总指挥部总指挥，指挥潼关战役。1945年1月30日被军队各特别党部推选为出席中国国民党第六次全国代表大会代表。1945年3月保送陆军大学甲级将官班第二期学习（1945年6月毕业）。1945年5月20日当选为中国国民党第六届中央监察委员会监察委员。1945年6月26日任第十一战区司令长官部副司令长官。抗日战争胜利后，奉命主持山东日军受降及接收，兼任山东挺进军总司令，山东省政府（主席）委员，兼任省政府军务厅厅长。1946年2月任徐州绥靖主任公署任副主任，兼任第九绥靖区司令部司令官。1946年任徐州绥靖主任公署副主任，兼任淮海指挥部指挥官，1947年3月任第一兵团司令部副司令官，1947年7月被推选为党团合并后的中国国民党第六届中央监察委员。1947年10月任第二兵团司令部司令官，陆军总司令部福州司令部副司令官。1948年任徐州"剿匪"总司令部副总司令。后兼任第九绥靖区司令官，第六兵团司令部司令官，率部在济南、淮海、蚌埠等地与人民解放军作战。1949年任京沪杭警备总司令部副总司令，后任福州绥靖公署副主任。1949年9月由平潭岛撤退台湾，1950年6月15日因"平潭岛擅自撤军"被判刑二十年，后经蒋鼎文、刘安琪等人作保，服刑一年保外就医出狱，后隐居不问军政事，1974年11月17日因病逝世。台湾印行有《李延年将军事略》等。中国文史出版社《中华文史资料文库》第十卷载有《我与黄埔校友李延年》（李仙洲著）等。

---

[1] 刘绍唐主编：台北传记文学出版社1999年10月15日印行《民国人物小传》第二辑记载。

[2] 国民政府文官处印铸局印行：台湾成文出版社有限公司1972年8月出版《国民政府公报》第148册1940年3月23日渝字第242号颁令第2页记载。

李自迷

李自迷照片

李自迷（1898—？），原名字梅，[1]后改名自迷，[2]又名寄梅、字迷，别号梦梦，安徽六安人。六安县南乡第二镇模范小学毕业，六安县立初级中学、广州大本营军政部陆军讲武学校肄业，中央陆军军官学校高级班毕业。自填家庭成员：父渭卿，从商贩，尚可维持，母徐氏，有弟一名，姐妹各一，妻卢氏，子永缢。自填登记处为安徽六安县南乡第二镇八滩堡李家后套，通信处为六安苏家埠泰和祥药室。自填入学前履历：入六安县南乡第二镇模范小学毕业后，再入六安县立初级中学肄业，曾充东路（讨贼军）暂编第一统领二营司书。1923年冬到广州，曾任广东东路讨贼军暂编第一统领第二营司书。1923年12月考入广州大本营军政部陆军讲武学校学习。1924年春由宋世科（广东东路讨贼军暂编第一统领）举荐投考黄埔军校，1924年5月到广州，1924年6月考入陆军军官学校第一期第四队学习，1924年11月毕业。历任陆军军官学校第三期入伍生队区队长，入伍生第二团连长，随部参加了两次东征作战和北伐战争。1927年奉派入南京中央陆军军官学校高级班学习。1928年12月任南京中央陆军军官学校第七期第一总队步兵第一队中校队长。1930年9月任第四十五师（师长卫立煌）暂编第

---

[1] 陆军军官学校编辑、台北文海出版社有限公司印行：近代中国史料丛刊三编第五十七辑《陆军军官学校第四队学生详细调查表》第907页记载。

[2] 湖南省档案馆校编、湖南人民出版社1989年7月《黄埔军校同学录》第11页记载，列入第一期第三队。

四团（团长李铣）团附。[1]后任安徽省保安司令部高级参谋，兼任安徽省保安第四团团长。抗日战争全面爆发后，任第五战区第二十一集团军总司令（廖磊、李品仙兼）部上校参议[2]、高级参谋。1943年9月21日发表为伪南京国民政府军事委员会参赞武官公署中将参赞武官。[3]抗日战争胜利后，奉派入中央训练团受训。1947年11月18日颁令叙任陆军少将（记载为李字梅）。

[1] 合肥市政协文史资料委员会：安徽人民出版社1984年版《合肥文史资料》第1辑第96、97页方耀著《卫立煌与第十师》记载。

[2] 河北省政协文史资料编辑部编辑：群众出版社1993年版《近代中国帮会内幕》第149—151页记载。

[3] 刘国铭主编：春秋出版社1989年3月版《中华民国国民政府军政职官人物志》第81、751、947页记载。

李伯颜

李伯颜照片

李伯颜（1897—? ），别字金璋、金章，广东番禺人。[1]广东随宦学校、广东陆政专门学校法律科、陆军大学特别班第一期、陆军大学兵学研究院第二期毕业，中央训练团将官班结业。自填住址为广州城内天平街九如坊8号寓所。自填登记处原籍为山东，寄籍山西荣河县，通信处为广州市天平街六号工业学校转交。自填入学前履历：历充广东各厅、县、局课员及各军官佐等职。1897年8月5日生于广州市一个官宦家庭。父曾为官僚，后从商任教。曾任广东番禺县公署课员，广州稽勋局文书，广东省教育厅科员等职。1920年3月经许崇清 [广东全省教育行政委员会政务委员，广东省会（广州市）教育局局长，国民党广东省临时党部筹备员] 介绍加入中国国民党。曾投效粤军，任粤军第一军司令部文书、委员、中尉官佐。1924年春由刘景薪（孙中山指派出席国民党一大山西省代表，美国哥伦比亚大学哲学博士，前广州大元帅府参议）、杜義（前广州大总统府非常任参议，北伐警备军参谋长兼及讨逆军中路军参谋长）举荐投考黄埔军校，1924年6月考入陆军军官学校第一期第一队学习，1924年11月毕业。分发入伍生队见习，任教导第二团排长，党军第一旅第三团排长，随部参加了两次东征作战。1926年7月随军参加北伐战争，任国民革命军第一军第二十师步兵团连附、连长。1927年任国民革命军第一军第二十师补充团第一营营长、

---

[1] 湖南省档案馆校编、湖南人民出版社1989年7月《黄埔军校同学录》记载为山西茶河（崇河县）人，另据1935年12月印行《陆军大学同学录》记载：原籍山东，现寓广东番禺。

团长。1928年8月国民革命军编遣时免职。1929年12月保送陆军大学特别班第一期学习，1931年10月毕业。在南京谋官未遂，后应邀返回广东，1932年1月任广东军事政治学校第一期上校教官。后应召再赴南京，继入陆军大学兵学研究院第二期学习，后于1932年至1934年任陆军大学兵学研究院研究员。1935年5月2日颁令叙任陆军步兵上校。[1]1935年10月奉派出任驻法国公使馆陆军武官，1936年回国，任第六军司令部驻上海办事处参谋长。抗日战争全面爆发后，任第四战区司令长官部直辖暂编第二军暂编第八师（师长张君嵩）司令部参谋长，后任副师长。后任军事委员会重庆谍报参谋训练班副主任。1944年任第七战区司令长官部高级参议。抗日战争胜利后，1946年1月入中央训练团将官班受训，登记为少将学员，[2]1946年3月结业。1946年7月31日颁令叙任陆军少将，发表为国民政府广州行营高级参谋。1946年8月1日办理退役，为广州市在乡军官会少将衔在册会员，登记居住地为广州市豪贤路天福巷寓所，后迁移香港寓居赋闲。

---

[1] 国民政府文官处印铸局印行：台湾成文出版社有限公司1972年8月出版《国民政府公报》第93册1935年5月2日第1731号颁令第1页记载。

[2] 南京图书馆编：上海古籍出版社2011年12月《中国近现代人物像传》第381页军官照片记载。

李均炜

李均炜照片

李均炜（1902—? ），广东德庆人。德庆县模范国民小学、广东省立第四师范学校毕业，广东省立师范学校肄业，陆军大学乙级将官班第一期毕业，中央训练团将官班结业。1902年11月23日生于德庆县城内十字街一个农户家庭。家境中等，有桑田七十余亩。家庭主要成员：父永清，母潘氏，父早亡，靠母抚育成长，姐弟妹各一名，入学黄埔军校前已婚，妻黄氏。[1]自填登记处为广东德庆县城内十字街，通信处为德庆县城内大街德安号或南和号转交。自填入学前履历：广东肇属学生联合会评议部长，肇庆教育演讲会会长，县立夜学（校）教员，中央第四军司令部委员。本县模范国民小学、广东省立第四师范学校本科三年毕业。在省立师范学校学习期间，积极参加学生运动，任广东肇属学生联合会评议部部长。毕业后任肇庆教育演讲会会长，德庆县立夜校教员。从军后任中央直辖建国第四军司令部委员。1924年5月经许可信（时任粤军第四军司令部副官）、陈天民（黄埔军校第一期第二队学员）介绍加入中国国民党。后由李济深（时任讨贼军第四军第一师师长，西江善后督办公署督办，黄埔军校筹备委员会委员）举荐投考黄埔军校，1924年6月考入陆军军官学校第一期第二队学习，1924年11月毕业。后分配西江组织农民协会及自卫武装，1925年12月任军事委员会附设广州宪兵教练所党代表。1926年7月随部参加北伐战争，

---

[1] 陆军军官学校编辑、台北文海出版社有限公司印行：近代中国史料丛刊三编第五十七辑《陆军军官学校第二队学生详细调查表》记载。

任国民革命军第一军第二十二师补充团步兵营连长、营长。1927年1月任国民革命军总司令部补充团政治指导员，1927年4月29日被国民政府海军处政治部任命为广东海防舰队"宝璧舰"党代表。1928年任国民革命军总司令部军务局警备队队长，1931年1月11日经审查呈请社长（蒋介石）批准为"励志社"第九届新社员。[1]1932年12月任军事委员会开封行营参谋处参谋、科长。1935年5月20日颁令叙任陆军步兵中校。[2]任河南省保安第一团团长。抗日战争全面爆发后，任南京中央陆军军官学校教导总队第三旅（旅长周振强）第一团副团长，随部参加淞沪会战、南京保卫战。1938年10月任第三十六师司令部参谋处科长、处长。1938年12月入陆军大学乙级将官班第一期学习，1940年2月毕业。1943年12月任湖南临澧团管区司令部司令官。1945年1月颁令叙任陆军步兵上校。1945年2月任陆军总司令部第二方面军司令长官部高级参谋，兼任干部教导大队大队长。抗日战争胜利后，1946年1月入中央训练团将官班受训，登记为少将学员，1946年3月结业。1946年12月3日参加赴南京任职、公干的81名黄埔一期生在中央训练团聚餐并于办公大楼前合影。[3]1948年任联合后方勤务总司令部少将部附，1949年迁移香港寓居赋闲。

---

[1] 《中央日报》1931年1月12日、1月13日连续刊登"励志社社员管理科通告"记载。

[2] 国民政府文官处印铸局印行：台湾成文出版社有限公司1972年8月出版《国民政府公报》第93册1935年5月21日第1746号颁令第1页记载。

[3] 容鉴光编著：列入台北出版品预行编目资料，台北博煜企业有限公司2003年6月16日第一版印行《黄埔军校一期研究总成》第278页辑录。

　　李孚杰（1902—？），原名孚杰，[1]后改名洁，别号蓬仙，江苏涟水人。1902
年6月4日生于涟水县城一个从商家庭。1924年6月考入陆军军官学校第一期第一
队学习，1924年11月毕业。分发入伍生队见习，任教导第二团排长、党军第一旅
步兵连连长，随部参加了两次东征作战。1926年7月随部参加北伐战争，任国民
革命军第一军第二十师步兵团营长，1928年12月任国民政府警卫师第一团副团长。
1931年春被推选为国民政府警卫师特别党部筹备委员会第一团党部筹备委员。[2]
后任南京中央陆军军官学校第十期学生总队总队长。1934年10月任陆军第七十八
师补充旅第一团团长、副旅长。1935年5月2日颁令叙任陆军步兵上校。[3]1936年
12月任陆军第一军司令部高级参谋。抗日战争全面爆发后，随部参加淞沪会战。
任预备第八师（师长陈素农）副师长，率部参加晋南（中条山）战役。1939年12
月任军政部第十四新兵补充训练分处处长，该处兵员编制为陆军师时，1941年1
月任暂编第五十七师师长，[4]1941年8月改变部队番号，任第五十九师师长，[5]隶属
陆军第三十六军（军长赵锡光）指挥序列。1942年10月免师长职，遗缺由盛文
接任。1942年10月15日任第二十七军（军长刘进）副军长，兼任该军司令部参

<hr>

[1]　①陆军军官学校编辑、台北文海出版社有限公司印行：近代中国史料丛刊三编第五十七辑《陆
军军官学校第一队学生详细调查表》无载；②湖南省档案馆校编、湖南人民出版社《黄埔军校同学录》
第15页第一期补录名单有李孚杰；③广东省国家档案馆藏《第一期同学附录》第3页第一队列名
李孚杰。

[2]　上海《民国日报》1931年4月25日"国民政府警特党部派定下级党筹委"专文记载。

[3]　国民政府文官处印铸局印行：台湾成文出版社有限公司1972年8月出版《国民政府公报》
第93册1935年5月2日第1731号颁令第1页记载为李洁。

[4]　戚厚杰、刘顺发、王楠编著：河北人民出版社2000年1月《国民革命军沿革实录》第564页记载。

[5]　曹剑浪著：解放军出版社2010年1月《中国国民党军简史》第954页记载。

谋长，隶属冀察战区第二十四集团军（总司令庞炳勋兼、蒋鼎文兼）指挥序列。1943年12月所部转隶第三十六集团军（总司令李家钰、刘戡）指挥序列，仍任第二十七军（军长周士冕）副军长，率部参加豫中会战。1945年1月第三十六集团军裁撤，改隶第一战区司令长官部直辖，续任第二十七军（军长谢辅三）副军长，抗日战争胜利后，奉派入中央训练团受训。1948年9月22日颁令叙任陆军少将（李洁）。1949年春任陕西省军管区司令部参谋长。

李良荣

李良荣照片（一）

李良荣（1908—1967），原姓林，后出嗣李，别字良安，福建同安县兑山乡人。鼓浪屿美国教会办养元小学、同安县立初级中学肄业，步兵学校第一期、陆军大学特别班第三期毕业。1908年12月25日生于[1]同安县兑山乡一个侨商家庭，另载生于1901年12月15日。家庭主要成员：父李宗，母吴氏，妹一名。父从商农，家境清贫。[2]自填登记处为福建同安，通信处为福建同安县兑山乡。自填入学前履历：中学一年以下之教育，在商界三年军界一年。同安县立初级中学肄业一年，曾任本县城镇隆昌货栈店员、簿记，闽军守备队差遣。早年结识福建革命先进许卓然，1924年1月许卓然赴广州参加国民党一大会议，其随行前往。1924年5月经茅延桢（黄埔军校第一期第二队上尉队长，中共上海区地方执行委员会第一次会议代表）、许用修（前广东西江陆海军讲武堂副官，黄埔军校第一期第二队中尉副队长）介绍加入中国国民党，继由许卓然（出席国民党一大福建省代表，前泉州警备司令，时任中国国民党福建省临时党部筹备委员）举荐投考黄埔军校，1924年6月考入陆军军官学校第一期第二队学习，1924年11月毕业。分发入伍生连任见习、文书，后任黄埔军校教导一团排长，国民

---

[1] 台北"国史馆"编纂：2006年12月印行《"国史馆"现藏民国人物传记史料汇编》第十二辑第104页记载。

[2] 陆军军官学校编辑、台北文海出版社有限公司印行：近代中国史料丛刊三编第五十七辑《陆军军官学校第二队学生详细调查表》记载。

革命军第一军第一师第一团第二营连长，随部参加了两次东征作战及北伐战争。1926年10月南昌战役时腿部负伤，后返回原籍治疗，伤愈后任晋江县宣传员养成所所长，泉永民团营长。后任陆军第四十九师（师长张贞）司令部教导团（团长张性白）第一营营长，率部驻防同安县城。1932年1月奉派入步兵学校第一期受训，[1]1933年毕业，任第三十六师（师长宋希濂）补充团团长，率部参加对"福建事变"第十九路军讨伐战事。战后接伍诚仁任第三十六师第一〇六旅旅长，后任第二军（军长蒋鼎文）第九师（师长蒋鼎文兼）第十八旅旅长，[2]率部参加对江西红军及根据地的"围剿"战事。1935年1月因闽西连城作战失利，所部损失一个团，遂被撤旅长职。降职任军事委员会委员长侍从室中校副官，其间受桂永清聘任南京中央陆军军官学校教导总队（总队长桂永清）防空掩护大队大队长，该大队多为归国华侨学生，后任教导总队特务团团长，1936年5月18日颁令叙任陆军步兵上校。[3]1936年6月任航空委员会特务旅旅长。1936年12月入陆军大学特别班第三期学习，其间与李佩莲（福州协和大学园艺系毕业）在厦门结婚，1938年10月毕业。抗日战争全面爆发后，随教导总队参加南京保卫战。战后所部伤亡惨重，调后方整编后，任第二十七军（军长桂永清）第四十六师（师长桂永清兼）副师长，代行师长职，率部参加兰封战役，所部再度被日军重创。[4]原部队裁撤后，任中央陆军军官学校第七分校教官，再任军事委员会委员长侍从室少将衔参谋。1938年10月任军政部第十七补充兵训练处（设于四川綦江）处长，1939年1月调任军政部第十三补充兵训练处（设于福建南平）处长，兵员组成福建省军管区司令部第一纵队（两个团），任司令官。1941年5月接钱东亮任第一〇〇军（军长陈琪、刘广济）第八十师师长，兼任福州警备司令部司令官，所部后改隶第七十军（军长李觉、陈孔达），率部参加第一次长沙会战、浙赣会战。1945年1月率部驻防福建建瓯，率部参加南战场之闽浙追击作战。抗日战争胜利后，1945年10月接

[1] 杨牧、袁伟良主编：河南人民出版社2005年11月《黄埔军校名人传》上册第777页记载。

[2] 戚厚杰、刘顺发、王楠编著：河北人民出版社2000年1月《国民革命军沿革实录》第267页记载。

[3] 国民政府文官处印铸局印行：台湾成文出版社有限公司1972年8月出版《国民政府公报》第108册1936年5月19日第2051号颁令第1页记载。

[4] 刘绍唐主编：台北传记文学出版社1999年10月15日印行《民国人物小传》第四辑记载。

李良荣照片（二）

陶柳任第三十二集团军第二十八军军长，率部驻防江苏徐州，统辖第五十二师（师长张乃鑫）、第八十师（师长李良荣兼，陈集辉）、第一九二师（师长曾振）。1946年6月任整编第二十八师师长，兼任整编第八十旅旅长。1946年11月16日颁令叙任陆军少将。1947年5月24日任整编第二十三军军长，统辖整编第二十八师（师长李渤）、整编第四十四师（师长王泽浚）。1947年12月23日任徐州"剿匪"总司令部第九绥靖区（设于江苏海州）司令部司令官，统辖整编第四十四军（军长王泽浚）、第六十三军（军长林湛）、第六十四军（军长黄国梁）、第一〇〇军（军长周志道）。1948年8月30日任第十二兵团司令部副司令官。1948年9月22日颁令叙任陆军中将。1948年9月16日任福建省政府主席，兼任福建省保安及军管区司令部司令官，1949年1月20日免职。1949年2月20日任福州绥靖主任公署副主任，第二编练司令部司令官。1949年7月10日任第二十二兵团司令部司令官，兼任厦门警备司令部司令官，1949年8月率兵团部迁移金门驻防。[1]1949年10月到台湾，1949年10月25日与沈向奎、高魁元指挥古宁头反登陆战役（金门战役），激战56小时。1949年11月15日将驻防移交第十二兵团胡琏部，1949年12月1日任"东南军政长官公署"军官训练团副团长。1950年9月任"国防部"中将参议，聘任"光复大陆设计委员会"委员。其间入台湾大学听课，或居家潜心学问。1954年办理退役，任新竹玻璃公司常务监督人，1957年当选为台湾省议会第三届议员，1957年7月赴吉隆坡经商，开办经营水泥厂，1963年10月转移马来西亚怡保市设厂营商，任大石水泥公司董事、总经理。1967年6月2日自行驾车赴工厂巡视，因车祸撞成重伤，送医院抢救途中逝世。台湾印行有《李良荣将军生平事略》（陈颐著）等。中国文史出版社2002年8月版《文史资料存稿选编——军政人物》（上册）载有《李良荣其人》（杨南邨著）等。

---

[1] 台北《黄埔建国文集》编纂委员会编纂：台北实践出版社1985年6月16日印行《黄埔军魂》第289页记载。

李其实

李其实（1902—1943），别字春华，广西桂林县
（临桂县）南乡六塘圩人。桂林县南村乡高级小学、
广西省立第三中学毕业，桂林初级师范学校肄业。
父从商农，无地产。自填登记通信处为广西桂林县
南乡六塘圩广存济号。自填入学前履历：广西省立
第三中学校毕业，曾充本圩小学校教员。曾任本县
六塘圩小学教员。其间与同校教师黄锦辉等人创办
《六塘公益报》，组织师生公演话剧，鼓吹反帝反封
建。1923年春由朱乃斌（时任中国国民党桂林区分

李其实照片

部执行委员，后为国民党广州市临时区分部执行委员，广州建国宣传学校校长）
介绍加入中国国民党。1924年春由苏无涯（孙中山指派出席国民党一大广西省代
表，前国民党中央党务讨论会委员，国民党广西梧州支部长）、蒙卓凡（国民党
一大广西省代表，中国国民党广西梧州筹备支部负责人，国民党广西党务特派员
及广西省党部执行委员，广州民国通讯社社长）保荐投考黄埔军校。1924年5月
到广州，1924年6月考入陆军军官学校第一期第三队学习，1924年11月毕业。后
留校任入伍生队见习、排长，参加中国青年军人联合会活动，其间加入中国共产
党。1926年7月随部参加北伐战争，1928年1月奉中共指示返回广西梧州开展工作，
1928年6月任中共广西特委委员兼兵委主任。1928年7月中共广西特委分工其以
桂林地区巡视员身份，返回桂林巡视指导并重建党组织。1928年8月2日组成中
共桂林临时县委，任委员。1928年9月中共广西特委改为中共广西省临委，续任
委员。1928年10—11月，中共广西省临委在梧州遭受两次破坏，遂与中共党组织
失去联系。1929年春赴香港寻找组织未果，后赴上海黄埔同学会登记，分配任上

海同济大学军事训练教官。1937年1月6日颁令叙任陆军步兵中校。[1]抗日战争全面爆发后，任军事委员会战时干部训练团第三团总务处组织科科长、教导总队副总队长。后奉派苏南敌后组织游击武装，任苏鲁战区苏北第二游击纵队司令部司令官。1939年任两淮税警总团第二纵队司令部司令官。其后两淮税警总团奉命改组，改番号为苏北游击挺进指挥部及苏北挺进军指挥部，其间与中共苏北党组织取得联系。1943年1月5日率部在江苏省泰县张游与日军作战，因众寡悬殊、弹尽援绝，被日军突破阵地后被俘，日军知其为黄埔一期生，以伪第二集团军总司令职诱降，遭其严词拒绝誓死不从，并告诫被俘官兵各尽天职。1943年1月6日晚，乘夜从敌营逃出，被日军侦察兵发现尾追，至西溪河乘船渡河时，知难逃敌手，愤然投江殉国。[2]1944年苏北游击挺进军重返张游时，修建烈士墓园，纪念此次作战阵亡抗日将士。1992年10月被广西壮族自治区人民政府追认为革命烈士。

---

[1] 《中央日报》1937年1月7日记载。

[2] 中华人民共和国民政部组织编纂，范宝俊、朱建华主编：黑龙江人民出版社1993年10月《中华英烈大辞典》第969页记载。

李国干

李国干（1899—?），又名国干、国基，广东梅
县人。梅县县立石坑高级小学、梅县县立第一中学
（后为东山中学）毕业，南京中央陆军军官学校星子
特别训练班高级组肄业，军事委员会参谋研究班、
军官训练团第一期将官研究班学员结业。1899年6月
25日生于梅县石坑乡一个农户家庭。父从农商，有
地产数亩。自填登记处为广东梅县石坑，通信处为
梅县树湖里洪氏宗祠转交公塘圩。自填入学前履历：
前历充军政各界司书委员等。历任潮惠梅绥靖处文

李国干照片

牍课司书，东路讨贼军第二路司令部委员。1924年春由李济深（时任广东讨贼
军第四军第一师师长，西江善后督办公署督办，黄埔军校筹备委员会委员）保荐
投考黄埔军校，1924年5月经吴子泰（黄埔军校第一期管理部上尉副主任）、宋
思一（前上海大同大学数理科学员，黄埔军校第一期第二队学员）介绍加入中国
国民党。1924年5月到广州，1924年6月考入陆军军官学校第一期第二队学习，
1924年11月毕业。分发黄埔军校第二期任辎重兵科区队长，1925年随部参加了
两次东征作战。1925年12月任东江行政专员公署军事科科长。1926年7月随军参
加北伐战争，任北伐东路军第二纵队独立团团长。1928年11月奉命随蒋介石校
阅陆军第九师（师长蒋鼎文），任校阅委员会（委员刘秉粹）经理组组长，参与
校阅该师直属部队。[1]1930年7月任浙江缉私局（局长甄绍燊）第三缉私大队大

---

[1] 上海《民国日报》1928年11月16日"蒋主席在海州校阅"一文记载。

队长。[1]1932年任第一军补充第二旅副旅长、第二八六旅旅长、军事委员会委员长侍从室组长兼侍从副官。1932年3月加入中华民族复兴社，被推选为该社中央监察会监察，后接梁干乔任中华民族复兴社中央监察会书记。其间先后奉派入南京中央陆军军官学校星子特别训练班高级组、军事委员会参谋研究班受训。1935年2月奉派赴欧洲、美国考察警政事宜。1936年3月回国，任国民政府财政部派驻广东缉私专员。1936年3月16日颁令叙任陆军步兵中校，[2]任财政部派驻广东缉私处代理处长。抗日战争全面爆发后，任财政部缉私总署高级专员。1938年5月任安徽省军管区司令部国民兵军事训练处处长，1938年7月奉派入军官训练团第一期将官研究班学员队受训，1938年9月结业。1940年4月兼任安徽省三民主义青年团支团干事会干事。1945年4月颁令叙任陆军步兵上校。抗日战争胜利后，1945年12月任国民政府善后救济总署派驻石臼所办事处主任，奉派入中央训练团及军官总队受训，结业后退为备役。1949年迁移香港寓居赋闲。1975年5月赴台北参加"纪念东征棉湖大捷五十周年"活动，撰文《棉湖大捷五十周年纪念》。[3]

---

[1] 上海《民国日报》1930年7月19日"浙缉私局改委队长"一文记载。

[2] 国民政府文官处印铸局印行：台湾成文出版社有限公司1972年8月出版《国民政府公报》第105册1936年3月17日第1997号颁令第1—2页记载。

[3] 沈云龙主编：近代中国史料丛刊续辑第八十二辑《棉湖大捷五十周年纪念特刊》第95页记载。

李奇忠

　　李奇忠（1901—1989），又名奇中，别字奇忠，别号洪广，湖南资兴县平石乡阔田村人。资兴县东乡高等小学、湖南省立第三中学、长沙广雅英数专门学校毕业，湖南高等专科学校、湖南公立工业专门学校肄业，陆军大学特别班第二期毕业。有薄田四十余亩。自填家庭主要成员：父达颐，母杨氏，父从教，兄弟五人，姐妹各一。[1]自填登记处为湖南资兴县东乡平石，通信处为资兴东乡派报社转交。自填入学前履历：湖南省立第三中学毕业，长沙广雅英

李奇忠照片

数专门学校毕业，湖南公立工业专门学校修业三学期。1918年至1922年先后入湖南省第七联合中学、衡阳成章中学及长沙广雅中学就读。1923年春在湖南高等专科学校学习期间加入中国社会主义青年团，同年考入湖南公立工业专门学校土木工程科学习，1924年2月因经济拮据辍学，遂南下广东，考入大元帅府军政部教导团（后改为军政部建军讲武学校）当兵。1924年5月15日经林祖涵（国民党一大湖南省代表，国民党第一届候补中央执行委员，前国民党中央党部总务部副部长）、邹永成（出席国民党一大湖南省代表，广州大元帅府中将高等顾问，兼中央直辖第三军第一纵队司令官）举荐投考黄埔军校，并由其两人介绍加入中国国民党。1924年6月考入陆军军官学校第一期第二队学习，1924年7月加入中国

---

　　[1]　陆军军官学校编辑、台北文海出版社有限公司印行：近代中国史料丛刊三编第五十七辑《陆军军官学校第二队学生详细调查表》记载。

共产党，[1]1924年11月毕业。1925年1月任黄埔军校教导第一团第二营第五连党代表，随部参加第一次东征作战。后任党军第一旅连指导员，1925年6月随军参加对滇桂军阀杨希闵部、刘震寰部军事行动。其间兼任陆军军官学校第三期入伍生区队附，1926年2月任中央军事政治学校第四期入伍生总队区队附。1925年8月任国民革命军第一军第二师第五团第一连连长，第一师第三团党代表办公室主任，随部参加第二次东征战事。1926年2月任第一师第三团第一营副营长、营长。1926年3月"中山舰事变"后，入总政治训练部政治训练班学习。1926年7月任北伐军前敌总指挥部宣传大队中队长，随部参加北伐战争。1927年7月任国民革命军第二方面军第二十军（军长贺龙）第三师第六团副团长，1927年8月参加中国共产党领导的南昌起义。起义失败后，随部队南下广东，在东江部队溃散。辗转数月找到朱德部，1927年10月在江西安远天心圩，朱德将部队整编为四个支队，第九军原南昌军官教育团余部和第二十军第三师第六团余部组成第二支队，其任支队长，后被委任国民革命军第十六军（军长范石生）第四十七师（副师长朱德）第一四〇团（团长朱德兼）第一营营长兼教导队队长。1928年1月率部参加智取宜章县城战斗，后作为骨干派回资兴开展工作。大庾整编时任工农革命军第四军第二十八团第一营营长兼教导大队大队长，后参加湘南起义。1928年3月6日资兴县苏维埃政府成立，任中共资兴县委委员、秘书长兼县苏维埃政府军事委员会主席。[2]1928年3月所率资兴农民武装改编为工农革命军资兴独立团，任团长。[3]1928年5月任红军第四军第十二师第三十六团团长，[4]不久因战事失利，部队溃散。1929年在广州被捕，经黄埔同学与好友营救，1931年出狱，从此与中

[1] 湖南省地方编纂委员会编纂：中国档案出版社1999年11月《湖南名人志》第二卷第247页记载。

[2] 中共湖南省委组织部、中国共产党湖南省组织史资料编纂领导小组编纂：中共湖南省委印刷厂1993年10月印行《中国共产党湖南省组织史资料1920年冬至1949年9月》第105页记载。

[3] ①中共中央组织部、中共中央党史研究室、中央档案馆编纂：中共党史出版社2000年9月印行《中国共产党组织史资料1921—1997》第二卷《土地革命战争时期1927.8—1937.7》中册第1183页记载；②中共湖南省委组织部、中国共产党湖南省组织史资料编纂领导小组编纂：中共湖南省委印刷厂1993年10月印行《中国共产党湖南省组织史资料1920年冬至1949年9月》第130页记载。

[4] 廖盖隆、罗竹风、范源主编：上海辞书出版社1992年12月《中国人名大词典——当代人物卷》第791页记载。

共党组织失去联系。1933年出任京津浦铁路技术改进委员会专门委员，后任庐山中央军官训练团教官，训练总监部上校参谋。1934年9月入陆军大学特别班第二期学习，[1]1937年8月毕业。抗日战争全面爆发后，1937年8月任国民政府参谋本部作战参谋，率部参加武汉会战。任军事委员会西安行营第一厅作战组组长，预备第七师（师长赵定昌）副师长，率部驻防长沙城郊。1938年12月任第四军第一〇二师副师长，率部参加南浔战役、万家岭大捷诸役，获颁五等宝鼎勋章。1939年8月2日颁令叙任陆军工兵上校，[2]后任军事训练部兵役研究班副主任，军政部第三十五补充兵训练处副处长。1941年后任中国远征军新兵征补处副处长，昆明防守司令部参谋长，驻印度远征军新兵征补师管区司令部司令官。抗日战争胜利后，1946年7月退为备役，迁移香港寓居，其间与中共党组织取得联系，先后到上海、苏州等地为中共华东地区组织搜集军事情报，开展策反工作。其间于1948年3月被发表任第十六绥靖区（设于咸阳）司令部副司令官。1949年7月应周恩来电邀由上海到北平，参与全国政协筹备事宜。中华人民共和国成立后，于1950年3月24日中华人民共和国中央人民政府政务院第二十五次政务会议任命为政务院参事。于1956年2月8日中华人民共和国国务院第二十四次全体会议任命为国务院参事，兼任全国政协文史资料征集研究委员会专员。1984年参与筹备黄埔军校同学会事宜，后当选为黄埔军校同学会第二届理事会理事。1986年1月批准重新加入中国共产党。1989年8月28日因病在北京逝世。著有《毛泽东军事思想（摘编）》《记第一次东征》（载于中共广东惠州市委统战部、中共惠州市委党史办公室编：广东人民出版社1992年12月《东征史料选编》第753页）、《第二次东征》（载于中共广东惠州市委统战部、中共惠州市委党史办公室编：广东人民出版社1992年12月《东征史料选编》第932页）、《会昌城边》（载于南昌八一纪念馆编："中国共产党历史资料丛书"中共党史资料出版社1987年6月《南昌起义》第443页）、《袁祖铭被杀内幕》（载于中国文史出版社《文史资料存稿选编——晚清北洋》下册）、《解放战争中蒋介石来沈阳情况所见》（载于中国文史

---

[1] 南京图书馆编：上海古籍出版社2011年12月《中国近现代人物像传》第384页陆大军官照片记载。

[2] 国民政府文官处印铸局印行：台湾成文出版社有限公司1972年8月出版《国民政府公报》第142册1939年8月5日渝字第176号颁令第1页记载。

出版社《文史资料存稿选编——军政人物》下册）、《我同蒋介石接触的一些情况》（载于中国文史出版社《文史数据存稿选编——军政人物》下册）、《统一广东革命根据地的战争》（载于中国文史出版社《文史资料选辑》第二辑）、《棉湖战役中一鳞半爪》（载于中国文史出版社《文史资料选辑》第七十七辑）等。

李武军

　　李武军（1902—? ），广西容县燕塘人。广西省立容县中学毕业，广东大学农科肄业。家从农商，经济中等，自给尚足。自填登记通信处为广西容县燕塘陵瑞庄。自填入学前履历：曾充高小教员，广西讨贼军第一军游击第四路司令部书记长。曾充容县县立高等小学校教员，广西讨贼军第一军游击第四路司令部书记长。1924年5月15日由刘震寰（时任桂军总司令，前驻粤桂军总司令，中央直辖广东西路讨贼军总司令，中国国民党中央候补监察委员）介绍加入中国国民党，并介绍其投考黄埔军校，1924年6月考入陆军军官学校第一期第四队学习，1924年11月毕业，后服务社会。

李秉聪

　　李秉聪（1900—？），原载秉聰，[1]黑龙江拜泉人。另载韩国人。[2]黑龙江省青冈县立高等小学毕业。贫苦农家出身。早年信仰天主教。自填家庭成员：父季俊，母刘氏，兄二姐二妹一，妻萧氏。自填登记通信处为黑龙江拜泉县城内北大街路东广顺永号。自填入学前履历：东三省陆军骑兵二旅差遣员，江（黑龙江）省拜泉征安局巡差，绥化县军警队队长。江（黑龙江）省青冈县立高等小学毕业。历充东三省陆军骑兵第二旅旅部差遣，黑龙江省拜泉征兵局巡差，绥化县军警队队长。1924年1月3日由张云南、陈海亭（均为北京政府国会职员）介绍加入中国国民党。1924年春由李希莲（孙中山指派出席国民党一大吉林省代表，前北京政府第一届国会参议院议员，国民党吉林省临时支部筹备委员，上海外国语学校教员）、王秉谦（国民党籍北京政府国会参议院议员，国民党一大奉天代表，护法军政府大元帅府参议，国民党奉天省临时宣传委员）、田铭章（孙中山指派出席国民党一大黑龙江省代表，孙中山委派国民党东北党务特派员，国民党黑龙江临时支部支部长）三人联名介绍投考黄埔军校，1924年6月考入陆军军官学校第一期第四队学习，1924年11月毕业，后返回北方服务社会。

---

　　[1]　陆军军官学校编辑、台北文海出版社有限公司印行：近代中国史料丛刊三编第五十七辑《陆军军官学校第四队学生详细调查表》记载。

　　[2]　容鉴光编著：列入台北出版品预行编目资料，台北博煜企业有限公司2003年6月16日第一版印行《黄埔军校一期研究总成》记载。

李绍白

李绍白（1900—1926），陕西横山县（现横山区）石湾镇人。横山县立石湾镇高等小学、陕北榆林中学、北京高等警官学校毕业。父从农商，经济中等。1920年陕北榆林中学毕业。1923年夏于北京政府内政部高等警官学校毕业。1923年秋任热河省警务处科员兼警察传习所教练。自填登记处为陕西横山县石湾镇，通信处为山西汾州府转陕北绥德县石湾。自填入学前履历：民国九年（1920年）由陕北榆林中学校毕业，十二年（1923年）夏由北京高等警官

李绍白照片

学校毕业，秋任热河警务处科员兼教练。1924年2月由于右任（孙中山指派出席国民党一大陕西省代表，国民党第一届中央执行委员，前陕西靖国军总司令及讨贼军西北第一路军总司令，时兼任上海大学校长）举荐投考黄埔军校。1925年5月到广州，1924年6月考入陆军军官学校第一期第一队学习，1924年11月毕业。分发入伍生队见习，曾任教导团排长，随部参加了两次东征作战。1926年1月派赴北方从事革命活动，以党务特派员身份筹组国民党地方组织。1926年12月被军阀张宗昌部逮捕入狱，后于济南市郊遇害身亡。[1]

---

[1]　①中国第二历史档案馆供稿，华东工学院编辑出版部影印，档案出版社1989年7月《黄埔军校史稿》第八册（本校先烈）第245页第一期烈士芳名表记载1926年12月在山东阵亡；②台北《黄埔建国文集》编纂委员会编纂：台北实践出版社1985年6月16日印行《黄埔军魂》第574页"北伐战役殉国英雄姓名表"第一期记载。

李昭良

李昭良照片

李昭良（1898—？），别字却非，湖南醴陵人。醴陵县立高等小学堂、醴陵初级师范学校毕业，广州大本营军政部陆军讲武学校肄业，军政部兵役训练班结业，曾任小学校长等职。1923年冬到广州，入广州大本营军政部陆军讲武学校学习。1924年秋该校并入黄埔军校，1924年11月编入陆军军官学校第一期第六队学习，1925年2月肄业。分发任教导第一团见习、排长，1925年1月随部参加第一次东征作战，后任党军第一旅第一团第二营第三连排长、副连长。1925年6月随军参加对滇桂军阀杨希闵部、刘震寰部军事行动，1925年11月参加第二次东征战事。1926年1月任中央军事政治学校第四期步科第一团第三营第三连连长，1926年3月8日任中央军事政治学校第四期军官团（团长张治中）第一营（营长刘效龙）第三连连长。1926年7月任国民革命军总司令部警卫团步兵连连长，随部参加北伐战争，1926年8月28日在攻克贺胜桥战斗中负重伤。1928年任湖南省保安第四团营长、中校团附，1929年任陆军第三师独立旅第一团团长，陆军第十师第二十八旅第五十五团团长，后因伤病离职休养，痊愈后任南京中央陆军军官学校上校教官。1936年春入军政部兵役训练班受训，结业后分发兵役整编机构。1936年10月派任安徽芜湖师管区司令部主任参谋，随刘秉粹迁移。1936年11月11日颁令叙任陆军步兵中校。[1]1937年5月任金陵师管区司令

---

[1] 国民政府文官处印铸局印行：台湾成文出版社有限公司1972年8月出版《国民政府公报》第117册1936年11月13日第2201号颁令第1页记载。

部主任参谋。抗日战争全面爆发后，仍在任金陵师管区司令部协助办理役政，负责训练八个营五千余名新兵，补充入第八十七师等部，参加南京保卫战。1938年3月19日颁令晋任陆军步兵上校。[1]1938年4月任关中师管区司令部渭南团管区司令部司令官。1940年10月派河南淮项师管区司令部副司令官代理司令官，因任司令职的徐冰没到任，遂实任司令官。抗日战争胜利后，任军管区司令部参议，军官总队副总队长，后办理退役。中华人民共和国成立后，返乡定居。著有《我所知道的国民党兵役情况》（1964年3月撰文，载于中国文史出版社《文史资料存稿选编——军事机构》下册）。

---

[1] 国民政府文官处印铸局印行：台湾成文出版社有限公司1972年8月出版《国民政府公报》第132册1938年3月23日渝字第33号颁令第5页记载。

李树森

李树森照片（一）

李树森（1898—1965），别字朝赟，又字朝斌，湖南湘阴县沙田围人。湘阴县沙田围乡办高等小学毕业，长沙育英学校肄业，陆军大学特别班第一期毕业。自填登记处为湖南湘阴县沙田围（今沙田乡），住址长沙贡院西街靖州试馆内，通信处为长沙司马矶育英学校转交。自填入学前履历：曾充湖南（湘军）少尉、中尉，西江陆海军讲武堂肄业。祖辈务农，家境贫寒。父早亡，全凭母丁氏抚育成人。1898年3月6日（另载1898年2月14日）生于湘阴县沙田围一个耕读家庭。早年投效湘军部队，曾任湘军第一师差遣、少尉排长。1923年12月南下广东，入西江陆海军讲武学堂学习。1924年春由戴戟（时任广东肇庆西江陆海军讲武学堂堂长，前粤军第一师第四团团附、团长）保荐投考黄埔军校，1924年5月15日经曹石泉（前陆海军大元帅府副官，广东海防陆战队第二团第二营副营长，黄埔军校第一期第二队区队长）、鄞悌（前国民党广州特别区党部分部录事，黄埔军校第一期第二队学员）介绍加入中国国民党。1924年6月考入陆军军官学校第一期第二队学习，在学任本队第一分队分队长，1924年8月7日至17日参与训练广州第一届农民运动讲习所25名学员，1924年11月毕业。后任教导一团第二营排长、连长，国民革命军第一军第二师第五团第二营营长，随部参加统一广东、东征作战和北伐战争。1928年10月国民革命军编遣，任缩编后的第一集团军（总司令蒋介石）补充第一师第一团团附。1929年1月30日被推选为陆军第二十三师出席中国国民党第三次全国代表大会代表。1929年任第二十一师第六十二团团长。1929年12月保送陆军大学特别班第一期学习，1931年10月毕业。1930年即出校任职，任第四十五师（师长卫立煌）第一三六旅旅长，1931年2月12日被委派为第四十五师特别党部筹备委员。[1]1931年5月该师改编，任第十军（军长曹福林）第十师（师长卫立煌、李默庵）第二十旅旅长，1931年6月免职。转任国民革命军总司令部警卫旅旅长，1932年7月任第十八军（军长陈诚）第十四师（师长周至柔）第四十一旅旅长。1932年任第十四师副师长，1933年8月任第九十四师师长，率部参加对江西红军及根据地"围剿"作战。1935年4月15日颁令叙任陆军少将。1936年1月1日获颁四等宝鼎勋章。[2]1936年2月任第十八军（军长罗卓英）第六十七师师长，该师为整理师，统辖第一三四旅（旅长李芳郴）、第一三五旅（旅长蔡炳炎）等部。1936年11月12日获颁四等云麾勋章。[3]1937年5月21日颁令晋任陆军中将。[4]抗日战争全面爆发后，率部参加淞沪会战、南京保卫战。其间任军事委员会中将高级参谋，兼任军官训练团第一期教育委员会委员。1939年1月20日国民政府颁令任命为湖南省政府保安处处长。[5]1938年3月接赵毅任第四十九军（军长刘多荃）第一○九师师长，1938年4月15日任第二十七军（军长桂永清）副军长，率部参加鄂豫皖边区抗日战事。1938年12月任第十战区第三十四集团军（总司令胡宗南）第九十军（军长李文）副军长，率部参加中原地区抗日战事。1939年1月20日任湖南省政府（主席薛岳）保安处处长，兼任湖南全省防空司令部司令官，1939年9月兼任三青团湖南支团部干事长，1943年4月当选为三青团第一届中央干事会干事。1945年5月20日当选为中国国民党第六届中央监察委员会监察委员。抗日战争胜利后，1946年4月19日任湖南省政府（主席王东原）委员。1947年3月26日署湖南省政府警务处处

---

[1] ①1931年2月12日国民党中央执行委员会召开第127次常务会议决议；②上海《民国日报》1931年2月13日第一张第三版记载。

[2] 国民政府文官处印铸局印行：台湾成文出版社有限公司1972年8月出版《国民政府公报》第102册1936年1月2日第1936号颁令第13页记载。

[3] 国民政府文官处印铸局印行：台湾成文出版社有限公司1972年8月出版《国民政府公报》第117册1936年11月13日第2201号颁令第7—9页记载。

[4] 国民政府文官处印铸局印行：台湾成文出版社有限公司1972年8月出版《国民政府公报》第124册1937年5月22日第2360号颁令第39页记载。

[5] 国民政府文官处印铸局印行：台湾成文出版社有限公司1972年8月出版《国民政府公报》第138册1939年1月21日渝字第120号颁令第2页记载。

李树森照片（二）

长。1947年7月被推选为党团合并后的中国国民党中央监察委员会监察委员。1948年3月29日被推选为出席（行宪）第一届国民大会湖南省代表。1948年7月29日复任湖南省政府委员，1949年8月任重建的湖南省政府（主席黄杰）委员兼秘书长。[1]1949年12月底经广西等地到台湾，1950年5月任台湾"国防部"参事室主任。1954年在台湾第一届"国民大会"第二次会议当选为主席团成员，后任台湾"光复大陆设计研究委员会"委员。1965年3月16日因病在台湾大学附属医院逝世。发丧时蒋中正嘉其懋绩特颁旌额及旌忠状。[2]著有《浴血许昌城》（载于中国文史出版社《原国民党将领抗日战争亲历记——中原抗战》）等。

---

[1] 刘绍唐主编：台北传记文学出版社1999年10月15日印行《民国人物小传》第四辑记载。

[2] 台北"国史馆"编纂：2006年12月印行《"国史馆"现藏民国人物传记史料汇编》第二十五辑第126页记载。

李禹祥

李禹祥（1901—?　），别名起栋，别字元瑞，湖南蓝山人。蓝山县立中学毕业，广州大本营军政部陆军讲武学校肄业，陆军大学特别班第八期毕业。1901年12月7日生于蓝山县乡村一个农户家庭。1923年12月到广州，考入广州大本营军政部陆军讲武学校学习，1924年秋该校并入黄埔军校，1924年11月编入陆军军官学校第一期第六队学习，1925年2月肄业。后任陆军军官学校第三期入伍生队见习、排长，中央军事政治学校第五期入伍生团连长、营

李禹祥照片

附，随部参加了两次东征作战与北伐战争。1927年8月随中央军事政治学校迁移南京，任中央陆军军官学校第六期第一总队步兵第二大队第七中队中队长，1930年6月14日任南京中央陆军军官学校第八期入伍生团（团长惠济）团附。[1]1930年8月28日兼任南京中央陆军军官学校第八期入伍生团（团长惠济）军事训练教官。[2]1931年任南京中央陆军军官学校第九期第一总队队附。1934年10月任第四十九师第二九四团团长。1936年3月9日颁令叙任陆军步兵上校。[3]任南京中央陆军军官学校教导总队（总队长桂永清）第一旅副旅长。1936年11月12日获颁

---

[1] 《黄埔月刊》1930年7月30日版第一卷第2号"本校概况——纪事"一章第3页记载。

[2] 《黄埔月刊》1930年9月30日版第一卷第4号"本校要闻——目志"一章第4页记载。

[3] 国民政府文官处印铸局印行：台湾成文出版社有限公司1972年8月出版《国民政府公报》第105册1936年3月10日第1992号颁令第1页记载。

五等云麾勋章。[1]抗日战争全面爆发后，率部参加淞沪会战、南京保卫战。战后所部兵员损失惨重，重武器装备殆尽，调后方整训，教导总队改编为陆军正规师后，任第四十六师副旅长、旅长。1938年7月奉派入军官训练团第一期将官研究班学员队受训，结业后，续任第一九五师副师长。1944年1月任第四十二军（军长杨德亮）预备第七师师长，率部驻守新疆乌苏地区，1945年1月任新编第二军（军长李铁军兼）副军长，兼任预备第七师师长，率部与新疆三区自治军作战失利，因作战不力被撤职查办，1945年6月所部裁撤后赋闲。抗日战争胜利后，1946年1月奉派入军政部军官总队受训，1946年12月3日参加赴南京任职、公干的81名黄埔一期生在中央训练团聚餐并于办公大楼前合影。[2]1947年10月奉派入重庆陆军大学特别班第八期学习，1949年11月毕业。1949年10月由四川辗转到香港，后获准赴台湾。曾任陆军总司令部部附，1952年退役。后寓居高雄赋闲，被推选为台湾"军人之友"社高雄分社总干事。1984年6月赴台北参加台湾当局举行的黄埔军校成立60周年纪念活动，[3]并于会刊上撰文纪念棉湖大捷50周年。

---

[1] 国民政府文官处印铸局印行：台湾成文出版社有限公司1972年8月出版《国民政府公报》第117册1936年11月13日第2201号颁令第8页记载。

[2] 容鉴光编著：列入台北出版品预行编目资料，台北博煜企业有限公司2003年6月16日第一版印行《黄埔军校一期研究总成》第278页辑录。

[3] 台北《黄埔建国文集》编纂委员会编纂：台北实践出版社1985年6月16日印行《黄埔军魂》第362页记载。

李荣昌

李荣昌（1901—?　），陕西城固人。城固县立高等小学毕业。贫苦农家出身，靠耕读完成学业。自填登记通信处为陕西城固县城内新街苗家巷。自填入学前履历：自幼读书，入城固县立高等小学毕业。1924年5月15日由于右任（孙中山指派出席国民党一大陕西省代表，国民党第一届中央执行委员，时兼任上海大学校长）介绍加入中国国民党，并由其介绍投考黄埔军校，1924年6月考入陆军军官学校第一期第四队学习，1924年11月毕业，后服务军界，1930年10月任南京中央陆军军官学校军官补习班学员队少校区队长。

李振唐

　　李振唐（1902/1903—？），后改名钦若，湖南嘉禾人，另载湖南蓝山人。[1]广州大本营军政部陆军讲武学校肄业。记载为民国前九年二月十日出生。[2]另载为民国前十年四月二十六日出生。[3]1923年12月到广州，考入广州大本营军政部陆军讲武学校学习，1924年秋该校并入黄埔军校，1924年6月考入陆军军官学校第一期第六队学习，1924年11月毕业。记载初任军职为教导第二团少尉排长，记载履历军职为连长、营长、团长、旅长、副师长、部附。[4]1930年4月7日任南京中央陆军军官学校高级班步兵总队（总队长曲岩）第七队队长。后任第四十六军（军长樊崧甫）新编第六师第三团团长，率部参加中原大战。1931年12月任第三十六师第二一六团团长，1935年10月任第三十六师第一〇八旅副旅长。其间因与保定军校第五期生李振唐（时任陆军第一一三师师长）同名，奉命改名钦若。1936年3月10日颁令叙任陆军步兵上校。[5]抗日战争全面爆发后，任第三十六师补充旅旅长，率部参加淞沪会战、南京保卫战。1938年任重建后的第十八师（师

---

　　[1]　军事委员会铨叙厅民国二十五年（1936年）十二月印制《陆海空军军官佐任官名簿》第一册［上校］第181页记载。

　　[2]　军事委员会铨叙厅民国二十五年（1936年）十二月印制《陆海空军军官佐任官名簿》第一册［上校］第181页记载。

　　[3]　军事委员会铨叙厅民国三十三年（1944年）十二月印制《军官资绩簿》第二册［陆军现役少将军官资绩簿］第318页记载。

　　[4]　军事委员会铨叙厅民国三十三年（1944年）十二月印制《军官资绩簿》第二册［陆军现役少将军官资绩簿］第318页记载。

　　[5]　①军事委员会铨叙厅民国二十五年（1936年）十二月印制《陆海空军军官佐任官名簿》第一册［上校］第181页记载为李钦若；②国民政府文官处印铸局印行：台湾成文出版社有限公司1972年8月出版《国民政府公报》第105册1936年3月11日第1993号颁令第1页记载为李钦若。

长罗广文）副师长，隶属第四十六军（军长樊崧甫）指挥序列，1939年1月第四十六军番号裁撤，隶属第十八军，率部参加枣宜会战。1939年8月11日国民政府颁令准军事委员会给予李钦若陆海空军甲种一等奖章。[1]战后奉命赴四川开县整训，其间隶属重庆卫戍总司令部，整训后归建第十八军。1943年春率部参加鄂西会战，仍任第十八师（师长覃道善）副师长，1944年率部参加常德会战，1944年5月25日颁令委任军事训练部第三十七补充训练处少将副处长。[2]1945年率部参加湘西雪峰山会战。获颁陆海空军甲种一等奖章。抗日战争胜利后，1946年1月奉派入中央训练团受训，登记为少将学员，1946年3月结业。1946年12月3日参加赴南京任职、公干的81名黄埔一期生在中央训练团聚餐并于办公大楼前合影。[3]

[1] 国民政府文官处印铸局印行：台湾成文出版社有限公司1972年8月出版《国民政府公报》第142册1939年8月12日渝字第178号颁令第18页记载。

[2] 军事委员会铨叙厅民国三十三年（1944年）十二月印制《军官资绩簿》第二册［陆军现役少将军官资绩簿］第318页记载。

[3] 容鉴光编著：列入台北出版品预行编目资料，台北博煜企业有限公司2003年6月16日第一版印行《黄埔军校一期研究总成》第278页辑录。

李铁军

李铁军照片

李铁军（1902—2002），别字培元，广东梅县石坑堡龙头村人。德国陆军大学毕业。有资料反映其曾读陆军大学特别班第一期。[1]父柳堂为村中宿儒，名重乡里。1902年3月23日生于梅县石坑堡龙头村一个农户家庭。1923年12月入广州大元帅府大本营军政部教导团军士连学习，1924年春转入大本营军政部陆军讲武学校就读，1924年秋该校并入广州黄埔军校，1924年11月编入陆军军官学校第一期第六队学习，1925年2月肄业。分发教导团第一营任见习、排长，随部参加第一东征作战。1925年6月任党军第一旅第一团第二营第六连连长，随部参加对滇桂军阀杨希闵部、刘震寰部军事行动。1926年7月任国民革命军第一军第一师第二团连长、副营长，随军参加北伐战争。1927年任国民革命军第一军第一师第二团营长，1927年8月随部参加龙潭战役。1928年10月国民革命军编遣，任缩编后的第一集团军陆军第一师第一旅（旅长胡宗南）第二团团长。1929年2月3日被推选为第一师特别党部候补执行委员。1929年2月28日任第一师（师长刘峙兼）第一旅旅长，1930年5月率部参加中原大战。1931年2月27日获颁四等宝鼎勋章。[2]1931年7月仍任第一军（军长顾祝同）第一师（师长胡宗南）第一旅旅长，率部参加对鄂豫皖边区红军及根据地的"围剿"作战，参与对转移川陕边

---

[1] 《陆军大学特别班第一期同学通讯录》无载。

[2] 国民政府文官处印铸局印行：台湾成文出版社有限公司1972年8月出版《国民政府公报》第48册1931年2月28日第711号颁令第18页记载。

境的红军第四方面军的"追剿"作战，还率部在川西北阻击红军及"围剿"陕北根据地。1935年4月17日颁令叙任陆军少将。1935年7月任第一师（师长胡宗南兼）副师长，1936年1月30日接唐俊德任第九十五师师长，[1]1937年1月任第一军（军长胡宗南）第一师代理师长。1937年4月24日国民政府颁令免第九十五师师长，任第一师师长。[2]抗日战争全面爆发后，率部参加淞沪会战，历时3个月。1938年5月12日接胡宗南任第十七军团（军团长胡宗南）第一军军长，1938年7月28日与陶峙岳对调，任第七十六军军长，率部参加武汉会战。战后率部转战中原战场并参与兰封战役，重创日军精锐土肥原部。1939年7月13日颁令晋任陆军中将。[3]率部在津浦、汴梁、河路、潼关一带与日军相持三年之久，兼任河西警备司令部司令官。1942年6月任第八战区第三十七集团军副总司令，兼任第七十六军军长，驻防泸州（兼泸州警备司令部司令官）并负责拱卫陪都外围。1943年6月任第三集团军总司令，1944年3月任第二十九集团军总司令，兼暂编第二军军长等职，率部入疆，安靖边陲，立下殊勋。[4]1945年5月20日当选为中国国民党第六届中央监察委员会候补监察委员。抗日战争胜利后，1946年4月接陶峙岳任甘肃河西警备总司令部总司令，1947年11月任第五兵团司令部司令官，1948年1月免职，由裴昌会接任。1947年7月被推选为党团合并后的中国国民党第六届中央监察委员会监察委员。1949年12月任海南防卫总司令部北线兵团司令部司令官。1950年4月因急性盲肠炎向薛岳请假到香港治疗。后被台湾军事当局拟以"临阵脱逃"罪处以死刑，后经同僚请恕得免，转处以"免去公职永不录用"之罚，遂失去公职与收入来源。后随亲友赴美国定居，20世纪90年代曾回广州与家乡省亲访友，并参加当地黄埔军校同学会聚会联谊活动。2002年6月9日因病在美国加州圣荷

---

[1] 国民政府文官处印铸局印行：台湾成文出版社有限公司1972年8月出版《国民政府公报》第93册1935年5月14日第1740号颁令第1页记载。

[2] 国民政府文官处印铸局印行：台湾成文出版社有限公司1972年8月出版《国民政府公报》第122册1937年4月26日第2337号颁令第1页记载。

[3] 国民政府文官处印铸局印行：台湾成文出版社有限公司1972年8月出版《国民政府公报》第141册1939年7月15日渝字第170号颁令第4页记载。

[4] 杨牧、袁伟良主编：河南人民出版社2005年11月《黄埔军校名人传》上册第787页记载。

西（圣何塞）逝世。著有《抗战回忆录》、《李铁军回忆记》、《黄埔老兵亲历各战役之深切体认》（载于台北《黄埔建国文集》编纂委员会编纂：台北实践出版社1985年6月16日印行《黄埔军魂》第457页）等。

李冕南

李冕南（？—？），原缺载籍贯。1924年6月考入陆军军官学校第一期第一队学习，[1]1924年10月肄业。现据：湖南省档案馆校编、湖南人民出版社1989年7月《黄埔军校同学录》第15页记载学籍；广东省国家档案馆藏《第一期同学附录》第4页列名第一队；容鉴光编著：列入台北出版品预行编目资料，台北博煜企业有限公司2003年6月16日第一版印行《黄埔军校一期研究总成》第83页列名第一队，无毕业，后服务社会。

---

[1] 陆军军官学校编辑、台北文海出版社有限公司印行：近代中国史料丛刊三编第五十七辑《陆军军官学校第一至四队学生详细调查表》无载。

李培发

　　李培发（1900—1930），陕西临潼县斜口镇金汤堡人。临潼县斜口镇高级小学、陕西省立第三中学毕业。父从农商，有田产五十余亩。本县斜口镇高级小学、省立第三中学毕业。自填登记处为陕西临潼县斜口镇金汤堡，通信处为临潼县内东油房王伯安转。自填入学前履历：由本省三中校毕业后，充陕西讨贼军炮团四营军需及本县高小教员。曾任陕西讨贼军炮兵团第四营军需正，临潼县高等小学教员。1924年春经于右任（孙中山指派出席国民党一大陕西省代表，国民党第一届中央执行委员，时兼任上海大学校长）介绍，与十数名陕西籍青年同赴广州，1924年6月考入陆军军官学校第一期第一队学习，在学期间加入中国国民党，曾参加孙文主义学会活动，1924年11月毕业。1925年1月奉派返回陕西策应，负责国民革命宣传鼓动，筹备国民党地方组织机构。曾任党务特派员，临潼县保安大队队附，陕西省保安第四团副团长、团长。1930年1月3日在陕西三原对陕北红军游击队"围剿"作战时中弹阵亡。[1]1930年5月9日国民政府颁布第八七三号指令："呈据军政部呈故员李培发业照中校阵亡例填发恤令一案转请鉴核备案，此令。"[2]

---

　　[1] ①中国第二历史档案馆供稿，华东工学院编辑出版部影印，档案出版社1989年7月《黄埔军校史稿》第八册（本校先烈）第247页第一期烈士芳名表记载1930年1月3日在陕西三原阵亡；②台北《黄埔建国文集》编纂委员会编纂：台北实践出版社1985年6月16日印行《黄埔军魂》第577页"讨逆平乱殉国英雄姓名表"第一期记载。

　　[2] 国民政府文官处印铸局印行：台湾成文出版社有限公司1972年8月出版《国民政府公报》第39册1930年5月10日第465号颁令第2页记载。

李捷发

李捷发（1897—？），别字珍山，山西霍县城北张村人。霍县县立小学堂毕业，山西陆军学兵团肄业，山西斌业中学毕业，山西陆军干部学校肄业，中央训练团将官班结业。自填登记处为山西霍县城北张村，通信处为本县城内芝立久（号）转。自填入学前履历：曾充任本县高等小学教员及本省（山西）陆军学兵团干部。祖辈务农，家境贫穷。曾任本县小学教员，山西省陆军教导总队学兵团司书。1924年春由王用宾（孙中山指派出席国民党一大山

李捷发照片

西省代表，前中国国民党本部参议兼北方党务特派员，时任广州大本营参议及奉派北方军事委员）保荐投考黄埔军校，1924年3月30日经王用宾、赵连登（国民党一大山西省代表，前北京大学文科生，太原国民师范学校教员，山西晚报社社长兼总编辑，国民党山西省临时党部筹备委员）介绍加入中国国民党。1924年5月到广州，1924年6月考入陆军军官学校第一期第三队学习，在学期间任本队第五分队分队长，1924年11月毕业。分发军校入伍生部任见习、副官，1925年1月随部参加第一次东征作战。1925年6月任党军第一旅步兵连排长，随军参加对滇桂军阀杨希闵部、刘震寰部军事行动。后奉派返回北方策应，曾任国民军第二军（军长胡景翼）弓富魁部教导队队长、步兵团团附。1926年10月南下武汉，任中央军事政治学校武汉分校入伍生团连长。1927年7月随军赴南京，1928年任南京中央陆军军官学校入伍生总队区队长。1930年任南京中央陆军军官学校第八期第二总队（总队长谢膺白）第二大队（大队长马辉汉）第六中队中队长，1931年1

月11日经审查呈请社长（蒋介石）批准为"励志社"第九届新社员。[1]1931年10月任南京中央陆军军官学校第九期入伍生团（团长惠济）第一营（营长周柟）第三连中校连长。[2]1936年6月16日颁令叙任陆军步兵中校。[3]抗日战争全面爆发后，随军校迁移西南地区，任第二十四补充兵训练处练习团团长，第十二补充兵训练处督练官，师管区司令部参议。抗日战争胜利后，1946年1月奉派入中央训练团将官班受训，登记为少将学员，1946年3月结业。1946年11月被国民政府军事委员会铨叙厅颁令叙任陆军步兵上校。1946年12月3日参加赴南京任职、公干的81名黄埔一期生在中央训练团聚餐并于办公大楼前合影。[4]

---

[1] 《中央日报》1931年1月12日、1月13日连续刊登"励志社社员管理科通告"记载。

[2] 1936年版《中央陆军军官学校史稿》第八编第10—92、94页，第7—144页记载。

[3] 国民政府文官处印铸局印行：台湾成文出版社有限公司1972年8月出版《国民政府公报》第109册1936年6月17日第2076号颁令第1页记载。

[4] 容鉴光编著：列入台北出版品预行编目资料，台北博煜企业有限公司2003年6月16日第一版印行《黄埔军校一期研究总成》第278页辑录。

李梦笔

李梦笔（1901—1951），又名生华，陕西武功县大庄镇张兔村人。武功县立初级中学、陕西省立甲种农业专门学校、陕西省立法政专门学校预科毕业，陆军大学参谋班西南班第七期肄业。祖辈务农，耕织自足，有水旱田六十五亩。自填家庭主要成员：父李春，母蒋氏，兄梦华、弟梦祥，姐妹皆无，入学黄埔军校前已婚，妻戴氏。[1] 自填登记处为陕西武功县大庄镇张兔村，通信处为武功县城南大街天玉成（号）转交。自填入学前履历：陕西甲种农业专门学

李梦笔照片

校及陕西省立法政专门学校预科毕业。1924年春经于右任（孙中山指派出席国民党一大陕西省代表，国民党第一届中央执行委员，时任上海大学校长）举荐投考黄埔军校，1924年6月考入陆军军官学校第一期第三队学习，1924年11月毕业。分发任教导第一团见习、排长，1925年1月随部参加了两次东征作战。后任党军第一旅步兵连排长，随军参加对滇桂军阀杨希闵部、刘震寰部军事行动。1926年7月随部参加北伐战争，历任国民革命军第一军第二师第四团连长、营长、团附。1928年任国民革命军总司令部上校参谋。1930年任中央陆军军官学校武汉分校（教育长钱大钧）第八期学生总队队附、副总队长等职。1934年应胡宗南邀请，赴西安绥靖主任公署供职。1935年12月任第二十八师第八十二旅副旅长，1936年11月任第四十六军（军长樊嵩甫）第二十八师（师长董钊）第八十二旅旅长，率

---

[1] 陆军军官学校编辑、台北文海出版社有限公司印行：近代中国史料丛刊三编第五十七辑《陆军军官学校第三队学生详细调查表》记载。

部参与对东征红军及陕北根据地的"围剿"战事。1936年12月30日颁令叙任陆军步兵上校。[1]1937年4月20日国民政府颁令委任第二十八师第八十二旅旅长。[2]抗日战争全面爆发后，参加南京保卫战、徐州会战，所部因伤亡惨重，撤退后方整顿补充。1938年6月任第二十八师副师长，率部参加武汉会战。1939年2月接董钊任第九十军（军长李文）第二十八师师长。1939年11月27日颁令晋任陆军少将。[3]1941年7月奉派入陆军大学参谋班西南班第七期学习，1942年7月毕业。1942年4月发表任第八战区第三十四集团军第九十军（军长李文）副军长，后任第十六军（军长董钊）副军长。抗日战争胜利后，1946年7月任整编第九十师（师长严明）副师长，兼任黄龙警备司令官。1949年3月任陕西秦岭千山守备区司令部司令官，兼任陕西凤翔警备司令官。1949年5月22日在陕西凤翔被人民解放军俘虏。中华人民共和国成立后，因部属叛乱案逮捕入狱，1951年夏"镇反"运动时，在陕西武功被判处死刑执行枪决。[4]

---

[1] 国民政府文官处印铸局印行：台湾成文出版社有限公司1972年8月出版《国民政府公报》第118册1936年12月31日第2242号颁令第3页记载。

[2] 国民政府文官处印铸局印行：台湾成文出版社有限公司1972年8月出版《国民政府公报》第122册1937年4月21日第2333号颁令第1页记载。

[3] 国民政府文官处印铸局印行：台湾成文出版社有限公司1972年8月出版《国民政府公报》第145册1939年11月29日渝字第209号颁令第1页记载。

[4] 台北《黄埔建国文集》编纂委员会编纂：台北实践出版社1985年6月16日印行《黄埔军魂》第588页"戡乱战役殉国英雄姓名表"第一期记载。

李绳武

李绳武（1902—1999），广西桂林县南乡会仙廖家村人。广西省立第三中学、陆军大学特别班第二期毕业。祖辈务农，家无田产。自填家庭主要成员：父芝盛，母李氏，弟妹各两名，入学黄埔军校前已婚，妻李氏。[1]自填登记处为广西桂林南乡会仙廖家村，通信处为桂林六塘圩陈福源号转交。自填入学前履历：入广西省立第三中学校毕业。1902年4月21日生于桂林县南乡会仙廖家村一个农户家庭。1924年3月经朱乃斌（国民党广州市临时区分部执行委

李绳武照片

员，广州宣传学校校长）介绍加入中国国民党，再由苏无涯（孙中山指派出席国民党一大广西省代表，前国民党中央党务讨论会委员，国民党广西梧州支部长）、蒙卓凡（出席国民党一大广西省代表，国民党广西党务特派员及广西省党部执行委员，广州民国通讯社社长）举荐投考黄埔军校，1924年6月考入陆军军官学校第一期第一队学习，1924年11月毕业。分发任黄埔军校教导团第三营排长，1925年1月随军参加第一次东征作战。1926年1月任中央军事政治学校第四期学员总队区队长，1926年7月随部参加北伐战争，任国民革命军北伐东路军总指挥部警卫连连长、少校参谋。1928年任国民政府中央警卫师第一旅中校团附。1929年2月26日被推选为第九师特别党部候补执行委员。1930年任国民政府军政部科长，1931年任宪兵旅副旅长，该旅裁撤后免职，经同学举荐，任第九十三师司令部副

---

[1] 陆军军官学校编辑、台北文海出版社有限公司印行：近代中国史料丛刊三编第五十七辑《陆军军官学校第一队学生详细调查表》记载。

参谋长、参谋长。1934年9月入陆军大学特别班学习，1936年3月4日颁令叙任陆军步兵上校，[1]1937年8月陆军大学毕业。抗日战争全面爆发后，任军政部第十补充兵训练处副处长，后应胡宗南邀请赴陕西，任中央陆军军官学校第七分校（设于王曲）驻西安办事处主任，第七分校学员总队总队长。1938年12月任第九十三师副师长。1940年1月8日颁令晋任陆军少将。[2]1942年5月任新编第十二军（军长刘元瑭）副军长。1943年1月任新编第十师师长。抗日战争胜利后，任第十五军官总队副总队长、总队长，1948年12月任第三编练司令部副司令官，1949年12月率部撤退越南，1953年返回台湾，曾任"国防部"高级参谋，1955年2月退役。1999年10月20日因病在台北逝世，[3]安葬于台北五指山"国军示范公墓"少将第五区第七排五号墓穴。

[1] 国民政府文官处印铸局印行：台湾成文出版社有限公司1972年8月出版《国民政府公报》第105册1936年3月5日第1988号颁令第1页记载。

[2] 国民政府文官处印铸局印行：台湾成文出版社有限公司1972年8月出版《国民政府公报》第146册1940年1月10日渝字第221号颁令第1页记载。

[3] 台北"国史馆"编纂：2006年12月印行《"国史馆"现藏民国人物传记史料汇编》第二十九辑第154页记载。

李隆光

李隆光（1903—1931），原名隆光，又名龙光、刚，后改名谦，别号仲武，湖南醴陵人。李立三胞弟。醴陵县立中学肄业，日本陆军步兵学校肄业。另载1909年1月12日[1]生于醴陵县城北门一个店员家庭。父月轩，作酱油店帮工，母蒙鞭蓉能勤俭持家。1916年入私立开元小学就读，1918年转入醴陵县城醴泉小学学习，1920年考入醴陵县立中学就读，与同学蔡申熙、左权等人参加孙小山（该校老师）发起的"社会问题研究社"。[2]受李立三等人影响阅读

李隆光照片

《新青年》《向导》刊物，曾在"社会问题研究社"主办的《前进》刊物以李刚、仲武为名发表文章。1924年1月受黎中舫（时任醴陵中学校长）安排其与9名同学赴广东应考，1924年1月中旬考入广州大本营军政部陆军讲武学校第二期第一队学习，1924年秋该校并入黄埔军校，1924年11月编入陆军军官学校第一期第六队学习，1924年秋加入中国共产党，[3]1925年2月肄业。参加黄埔军校中国青年军人联合会活动。分发湘军部队，曾任排长、连长，1926年7月任国民革命军第六军第十九师营长、第二团团长，随军参加北伐战争南昌、南京战事。1927年9

[1] 中共广西区委党史研究室、中共百色地委党史办公室编纂：广西人民出版社1999年12月《百色起义人物志》第113页记载。

[2] 湖南省地方志编纂委员会编纂：湖南出版社1995年12月《湖南省志——人物志》下册第1016页记载。

[3] 廖盖隆主编：中共中央党校出版社2001年6月《中国共产党历史大辞典》增订本第258页记载。

月拟率本团参加长沙起义未遂，赴日本学习军事，另载入日本陆军士官学校中华学生队学习，[1]又载考入日本千叶陆军步兵专门学校就读，[2]1929年5月回国，1929年6月被中共中央军事部派赴广西南宁，任广西省警备第四大队副大队长，协助张云逸做争取部队工作，短期扩充部队达两千余兵员。[3]1929年12月11日参与领导广西百色起义，任中共红军第七军前敌委员会委员，红军第七军第一纵队纵队长。1930年春率部转战桂黔边和粤北，任红军第七军第二十师师长。1931年1月红军第七军于桂岭缩编，任第五十八团第一营营长，1931年2月3日所部第七军在广东乳源县梅花村，被粤军正规部队四个团包围，其指挥全营浴血奋战打退八次攻势，腹部负重伤被抢救包扎，当晚在送往隐蔽地带途中牺牲。[4]

[1] 多部《中华民国留学日本陆军士官学校同学通讯录》无载。

[2] 杨牧、袁伟良主编：河南人民出版社2005年11月《黄埔军校名人传》上册第750页记载。

[3] 王健英著：广东人民出版社2000年1月《中国红军人物志》第287页记载。

[4] 中共广西区委党史研究室、中共百色地委党史办公室编纂：广西人民出版社1999年12月《百色起义人物志》第118页记载。

李强之

李强之（1903—1925），别号亚夫，广西容县人。容县高等小学堂、广西省立容县中学毕业。家世务农，经济中等。自填登记处为广西容县鼎屯，通信处为容县如意华（号）转交。自填入学前履历：求学。曾入容县高等小学堂、广西省立容县中学毕业。1924年春由徐启祥（出席国民党一大广西省代表，国民党广西临时党部指导委员，广西省临时参议会议员）举荐投考黄埔军校，1924年5月由邓演达（前任广东西路讨贼军第一师第三团团长，黄埔军校入学试验委员会委员）介绍加入中国国民党。1924年5月到广州，1924年6月考入

李强之照片

陆军军官学校第一期第三队学习，1924年11月毕业。分发任第二期入伍生队见习、排长，1925年1月随部参加第一次东征作战。后任区队长，第三期步兵第五队中尉队长。后因病在广州黄埔军校逝世。[1]

---

[1] ①中国第二历史档案馆供稿，华东工学院编辑出版部影印，档案出版社1989年7月《黄埔军校史稿》第八册（本校先烈）第247页第一期烈士芳名表记载1925年11月在广州黄埔病亡；②台北《黄埔建国文集》编纂委员会编纂：台北实践出版社1985年6月16日印行《黄埔军魂》第573页"东征战役殉国英雄姓名表"第一期记载。

李楚瀛

李楚瀛照片

李楚瀛（1906—1950），原名就，[1]别字自勖，后改名楚瀛，广东连县三江高良圩（一说高良上乡）人。连县三江乡宴平高等小学堂毕业，广东省立第一中学肄业，陆军大学甲级将官班第二期毕业。1906年10月30日（清光绪三十二年九月三十）生于高良上乡一个农户家庭。父调祥，嗜赌（一说毒）成性不理家事，依靠母亲邵氏抚养成长，家世务农，经济中等。自填登记处为广东连县三江高良圩，通信处为广州东山龟岗十七号。自填入学前履历：广东省立第一中学校肄业。自填家庭主要成员：兄姐各一人弟两名。1924年5月16日经邓演达（前任广东西路讨贼军第一师第三团团长，黄埔军校入学试验委员会委员）、金佛庄（前浙江陆军第二师营长，黄埔军校第一期第三队上尉队长）介绍加入中国国民党，1924年春由邹鲁（国民党第一届中央执行委员兼青年部部长，广东高等师范学校校长，广东省省长公署财政厅厅长）、许崇清（广东全省教育行政委员会政务委员，广州市教育局局长，国民党广东省临时党部筹备员）举荐投考黄埔军校，1924年6月考入陆军军官学校第一期第三队学习，1924年11月毕业。分发教导第二团第一营第三连任见习、排长，1925年1月随军参加第一次东征作战。1925年8月教导第二团改称国民革命军第一师第二团，仍任第三连排长。

---

[1] ①陆军军官学校编辑、台北文海出版社有限公司印行：近代中国史料丛刊三编第五十七辑《陆军军官学校第三队学生详细调查表》第775页记载；②湖南省档案馆校编、湖南人民出版社1989年7月《黄埔军校同学录》第8页记载。

1925年11月任第一师第二团第二营五连连长，随部参加第二次东征作战。1926年5月任国民革命军第一军第一师第三团第一营营长，随部参加北伐战争。1928年7月国民革命军编遣，任缩编后的第一集团军第九师第二十六旅第五十一团团附，随部参加第二期北伐战争及中原大战。1930年7月任第二十五旅第五十团团长，1932年5月任陆军第二十五旅副旅长，1933年3月任第八十三师（师长刘戡）第二四七旅旅长，率部参与对鄂豫皖边区红军及根据地的"围剿"战事。1935年5月3日颁令叙任陆军步兵上校。[1]1937年7月5日国民政府颁令免陆军第八十三师第二四七旅旅长职，任命为第二十三师副师长。[2]抗日战争全面爆发后，率部参加抗日战事。1938年10月任第二十三师师长，率部参加抗日作战。1939年6月6日颁令晋任陆军少将。[3]1940年4月6日国民政府颁令准军事委员会给予李楚瀛陆海空军甲种一等奖章。[4]1941年10月9日国民政府颁令准军事委员会给予李楚瀛光华甲种一等奖章。[5]1940年11月5日任第八十五军军长，统辖第四师（师长石觉）、第二十三师（师长倪祖耀）、预备第十一师（师长蒋当翊）等部，率部参加枣宜会战、豫南会战。1943年1月6日任第十五集团军副总司令，兼任第八十五军军长。1943年10月5日任第三十一集团军副总司令，率部参加豫中会战。1945年1月调任第十九集团军副总司令，率部驻军安徽临泉。1945年3月保送陆军大学甲级将官班第二期学习，1945年6月毕业。抗日战争胜利后，1946年7月任整编第三师师长，1946年12月任整编第二十六军副军长，兼任整编第三师师长，率部与人民解放军作战。1948年1月调任国民政府国防部附员。1948年9月22日颁令叙任陆军中将。1948年11月调任淞沪警备司令部副司令官。1949年春辞职返

---

[1] 国民政府文官处印铸局印行：台湾成文出版社有限公司1972年8月出版《国民政府公报》第93册1935年5月3日第1732号颁令第1页记载。

[2] 国民政府文官处印铸局印行：台湾成文出版社有限公司1972年8月出版《国民政府公报》第126册1937年7月6日第2398号颁令第1页记载。

[3] 国民政府文官处印铸局印行：台湾成文出版社有限公司1972年8月出版《国民政府公报》第141册1939年6月7日渝字第159号颁令第1页记载。

[4] 国民政府文官处印铸局印行：台湾成文出版社有限公司1972年8月出版《国民政府公报》第149册1940年4月10日渝字第247号颁令第27页记载。

[5] 国民政府文官处印铸局印行：台湾成文出版社有限公司1972年8月出版《国民政府公报》第164册1941年10月11日渝字第404号颁令第12页记载。

回广东，1949年5月任广东省第五区行政督察专员，兼任该区保安司令部司令官，1949年6月3日兼任广东连县县长。[1]1949年11月所部改编为广东"反共救国军"第九军，任军长。1949年12月16日在广东连县战败，被人民解放军俘虏。1950年11月14日在广东曲江被公审，随即判处死刑执行枪决。[2]

---

[1] 广东省档案馆编纂：1989年12月印行《民国时期广东省政府档案资料选编》第十一辑第310页记载。

[2] 台北《黄埔建国文集》编纂委员会编纂：台北实践出版社1985年6月16日印行《黄埔军魂》第588页"戡乱战役殉国英雄姓名表"第一期记载。

李殿春

李殿春（1901—1960），山东广饶人。贫苦农家出身。自填入学前履历：山东省省立第十中学校毕业，曾充高小校教员二年，又入山东省公立专门工业学校肄业一年。山东省立第五中学毕业，曾任高等小学校教员一年，再入山东省立工业专门学校肄业一年。1924年2月23日由延瑞棋（孙中山指派出席国民党一大北京特别区代表，原北京大学政治科学生，国民党北方区执行部筹备委员，国民党北京执行部组织部干事）、王乐平（出席中国国民党一大山

李殿春照片

东省代表，原济南齐鲁书社经理）介绍加入中国国民党。1925年5月由丁惟汾（孙中山指派出席国民党一大山东省代表，前北京政府第一届国会众议院议员，国民党第一届中央执行委员，国民党北京执行部筹备委员）、王乐平介绍投考黄埔军校，1924年6月考入陆军军官学校第一期第四队学习，1924年11月毕业。分发任黄埔军校教导第一团见习，1925年1月随部参加第一次东征作战。1925年6月任党军第一旅第二团辎重兵队排长，1925年11月随军参加第二次东征战事。1926年7月任北伐东路军总指挥部辎重兵队分队长，随部参加北伐战争。1927年任国民革命军总司令部经理处驻上海办事处班主任。1928年5月任国民革命军总司令部操练委员会中校委员。1928年10月2日任缩编后的第二师（师长刘峙）司令部组织操练委员会（主任欧阳珍，副主任周士冕）委员。[1]1932年8月任国民政府军政部军需署上校服务员。1934年1月任第八十师司令部军需处上校服务员，1934年

---

[1]　《民国日报》1928年10月5日"刘峙因公到京，请示剿匪办法，积极训练所部"一文记载。

4月调任第三师司令部军需处上校服务员,1934年5月任该师司令部代理军需处上校主任。1935年1月实任第三师司令部军需处处长。1936年1月13日颁令叙任陆军二等军需正。[1]抗日战争全面爆发后,随军参加抗日战事。1938年任第八军司令部军需处处长,1940年任第十军司令部军需处处长。1942年3月调任军事委员会运输统制局西北运输管理处处长。抗日战争胜利后,1946年1月调任军政部济南军官总队少将衔总队附。1947年11月21日颁令叙任陆军少将,同时退为备役。1949年5月自觉向中国人民解放军南京市军事管制委员会登记。中华人民共和国成立后,在南京寓居。1960年11月12日在南京逝世。

---

[1] 国民政府文官处印铸局印行:台湾成文出版社有限公司1972年8月出版《国民政府公报》第102册1936年1月14日第1944号颁令第1页记载。

李源基

李源基（1900—? ），广西容县人。容县县立中学毕业。农家出身，有田产五十余亩，房宅四间。自填登记处为广西容县，通信处为本县东圩街李荣山行馆（转交）。自填入学前履历：中学毕业。1924年5月15日由茅延桢（中共上海区地方执行委员会第一次会议代表，黄埔军校第一期第二队上尉队长）、曹石泉（原广州孙中山陆海军大元帅府副官，广东海军陆战队第二团第二营营长，黄埔军校第一期第二队区队长）介绍加入中国国民党。1924年5月

李源基照片

由徐启祥（国民党一大广西省代表，国民党广西临时党部指导委员，广西省临时参议会议员）介绍投考黄埔军校，1924年6月考入陆军军官学校第一期第二队学习，1924年11月毕业。后服务军界，任东征军总指挥部军械员，北伐东路军总指挥部军械处副官，参加了两次东征作战和北伐战争。1927年10月任国民革命军总司令部参谋，补充第四团团附。1928年11月奉命随蒋介石校阅陆军第九师（师长蒋鼎文），任校阅委员会（委员刘秉粹）器械组组长，参与校阅该师直属部队与第二十五旅（旅长李延年），[1]1929年10月任陆军第五十七师政治训练处主任。

---

[1]　《民国日报》1928年11月16日"蒋中正主席在海州校阅"一文记载。

李靖难

李靖难照片

李靖难（1898—？），别号寿臣，云南大姚县城内文明坊人。大姚县立高等小学校、云南省立第一中学毕业，驻粤滇军干部学校、庐山中央军官训练团校尉班第三期肄业，陆军大学正则班第十四期毕业，中央训练团将官班结业。父经商，经济中等。自填登记、通信处为云南大姚县城内文明坊。自填入学前履历：曾任直辖滇军第五师部副官及军需正等事。曾任驻粤滇军第五师司令部副官，兼军需正。1922年在桂林由胡思舜（时任驻桂滇军旅长，后为中央直辖滇军第五师师长）介绍加入中国国民党，1924年5月15日（改组后）再经蒋中正（前粤军总司令部参谋长，时任广州大本营参谋长及军事委员会委员，黄埔军校筹备委员会委员长、入学试验委员会委员长，黄埔军校校长）、邓演达（前任广东西路讨贼军第一师第三团团长，黄埔军校入学试验委员会委员）介绍加入中国国民党。1924年春由李宗黄（孙中山指派出席国民党一大云南省代表，国民党第一届候补中执委，广州大本营军事参议及驻粤滇军第二军总参谋长、代理军长兼军官团团长）、甘芳〔滇桂联军第二军（军长范石生）第六旅旅长，驻粤滇军第三旅旅长〕举荐投考黄埔军校。1924年5月到广州，1924年6月考入陆军军官学校第一期第四队学习，1924年11月毕业。分发陆军军官学校入伍生部第一团第三营任见习、排长，1925年1月随部参加第一次东征作战。1925年6月任党军第一旅步兵连连长，随军参加对滇桂军阀杨希闵部、刘震寰部军事行动。1926年3月8日任学生总队（总队长严重）步科第一团（团长黄仲恂）第三营营长。1926年7月随军参加北伐战争，任国民革命军第一军第三师补充团营长。1927年任国民革命军总司令部中校参谋。1928年8月国民革命军编遣后，任缩编后的第一集团军陆军第三师第六旅第十八团团附。1929年1月20日被推选为陆军第三师特别党部候补执行委员。1934年10月任第三师第六旅补充团团长，率部参加对江西红军及根据地的"围剿"战事。1936年5月30日颁令叙任陆军步兵上校。[1]1936年秋入南京陆军大学正则班第十四期学习，抗日战争全面爆发后，提前办理毕业，率部参加抗日战事。历任预备师司令部参谋长，独立旅旅长，步兵师副师长、代理师长。1944年12月任云南某师管区司令部司令官。抗日战争胜利后，1946年1月奉派入中央训练团受训，登记为少将学员，1946年3月结业。1946年12月3日参加赴南京任职、公干的81名黄埔一期生在中央训练团聚餐并于办公大楼前合影。[2]

---

[1] 国民政府文官处印铸局印行：台湾成文出版社有限公司1972年8月出版《国民政府公报》第109册1936年5月29日第2062号颁令第1页记载。

[2] 容鉴光编著：列入台北出版品预行编目资料，台北博煜企业有限公司2003年6月16日第一版印行《黄埔军校一期研究总成》第278页辑录。

李蔚仁

李蔚仁照片

李蔚仁（1898—1927），广东兴宁县新陂圩人。兴宁县新陂圩高等小学毕业，兴宁县立初级中学肄业。祖辈务农，有稻田和山地一亩。自填登记处为广东兴宁县第八区新陂圩，通信处为兴宁新陂圩新陂学校转交。自填入学前履历：高等小学毕业，入本县中学肄业一年半，任中央直辖广东讨贼军第一师第四团团部司书。1923年任中央直辖广东讨贼军第一师第四团团部司书，第一师司令部副官。1924年春由李济深（讨贼军第四军第一师师长，西江善后督办公署督办，黄埔军校筹备委员会委员）举荐投考黄埔军校。1924年5月到广州，1924年6月考入陆军军官学校第一期第二队学习，在学期间加入中国国民党，1924年11月毕业。分发陆军军官学校第三期入伍生队任见习、排长，1925年1月随部参加第一次东征作战。1925年6月随军参加对滇桂军阀杨希闵部、刘震寰部军事行动。1925年10月任国民革命军第四军第十一师步兵连连长，随部参加统一广东诸役。1926年10月任广州国民政府海军局政治部中校指导员。1927年4月29日任广东海防舰队"江巩舰"中校政治指导员。1927年12月12日在广州市德宣路与广州起义军作战时阵亡。[1]

---

[1]　①中国第二历史档案馆供稿，华东工学院编辑出版部影印，档案出版社1989年7月《黄埔军校史稿》第八册（本校先烈）第55页有烈士传略、第246页第一期烈士芳名表记载1927年12月12日在广东阵亡；②台北《黄埔建国文集》编纂委员会编纂：台北实践出版社1985年6月16日印行《黄埔军魂》第574页"北伐战役殉国英雄姓名表"第一期记载。

李默庵

李默庵（1904—2001），别字年三、霖生，别号宗白，湖南长沙人。长沙本镇北山村完全小学肄业，长沙楚怡学校高小部肄业，长沙乙种工业学校、长沙师范学校第二部毕业，广州大本营军政部陆军讲武学校肄业。1904年9月9日（一说1904年10月7日）生于长沙县本镇北山坪村一个农户家庭。父笠云，母王氏，祖辈务农，家境贫寒。毕业于长沙师范学校，1923年冬到广州，考入广州大本营军政部陆军讲武学校学习。1924年9月其与陈明仁、袁朴等十二人作

李默庵照片（一）

为该校学生代表赴黄埔长洲岛，面见蒋中正恳求到黄埔军校学习。1924年秋该校并入黄埔军校，1924年11月编入陆军军官学校第一期第六队学习，同年加入中国共产党，1925年2月肄业。留校任黄埔军校政治部科员，1925年8月包惠僧（时任黄埔军校政治部主任）调任国民革命军第一军第一师第三团党代表，其随同前往任第三团党代表办公室少校干事。1925年10月随部参加第二次东征作战。1926年1月任国民革命军第一军第二十师第六十团党代表。1926年3月"中山舰事件"发生时，蒋介石要求第一军的中共党员要么退出国民党和第一军，要么退出中共，已经公开身份的中共党员二百五十余人当即有39人退出中共，其为第一个声明退出中共党组织的人。孙文主义学会与青年军人联合会同时撤销后，1926年6月成立黄埔同学会（会长蒋介石），其为总务科科长。后任国民革命军第一军第二十师第二团党代表，黄埔同学会总务科科长。1926年7月随军参加北伐誓师大会，旋即出征北伐，任国民革命军第一军第一师补充团第一营第一连连长，补充第五团第一营营长、代理团长，转战鄂、赣、浙、苏等省历次战役。1927年春任

李默庵照片（二）

国民革命军第一军第二十二师第六十五团第一营营长、团附。1927年8月任国民革命军第一军第二十二师第六十五团团长，率部参加龙潭战役和攻克徐州、蚌埠诸役。1928年8月国民革命军编遣，任缩编后的第一集团军第十一师第三十一旅旅长。1929年1月17日被推选为陆军第十一师特别党部执行委员。1930年5月率部参加中原大战。1932年5月18日任第十四军第十师师长，率部参加对红军和鄂豫皖边区根据地的"围剿"作战，后率部转移江西，参加对江西红军及根据地的"围剿"战事。1935年10月兼任福建绥靖主任公署第二绥靖区司令部司令官，1935年4月9日颁令叙任陆军中将，同批直接叙任陆军中将的黄埔一期生仅有胡宗南及李延年。1936年1月1日晋三等宝鼎勋章。[1]抗日战争全面爆发后，率部参加忻口会战。1937年9月7日任第十四军军长兼第十师师长，第二战区晋北方面左翼兵团指挥官，率部与日军血战十余日，给日军以沉重打击，左翼兵团为国捐躯及负伤者亦达5000人左右。1937年10月4日国民政府颁令免第十师师长职。[2]1938年6月21日任第三十三军团军团长，率部参加中条山战役。1939年2月8日任第十四集团军副总司令，1939年4月1日任军事委员会西南游南干部训练班（教育长汤恩伯）副教育长。1939年10月2日任第二十六集团军副总司令，1939年12月11日任第三十八集团军副总司令。1940年1月30日任湘鄂赣边区挺进军总司令，兼任湘鄂赣边区战地党政工作委员会主任委员。1941年任中英军合编陆军突击总队总司令。1942年9月28日任第三十二集团军总司令，率部在苏南、浙北区域抗击日军。1945年5月20日当选为中国国民党第六届中央执行委员会执行委员。抗日战争胜利后，主持浙东地区日军受降接收事宜。1945年12月第三十二集团军总司令部被撤销，1946年1月接汤恩伯任第一绥靖区司令部司令官。1947年7月被推选为党团合并后的中国国民党第六届中央执行委员会执行

---

[1] 国民政府文官处印铸局印行：台湾成文出版社有限公司1972年8月出版《国民政府公报》第102册1936年1月2日第1936号颁令第13页记载。

[2] 国民政府文官处印铸局印行：台湾成文出版社有限公司1972年8月出版《国民政府公报》第129册1937年10月5日第2475号颁令第1页记载。

委员。1948年9月1日第一绥靖区司令官裁撤，1948年9月30日调任长沙绥靖主任公署副主任，兼任第十七绥靖区司令部司令官。1949年夏参与长沙起义筹备事宜，后退出军政界，移居香港。1949年8月13日在香港与44名国民党高级军政人员发表起义通电并署名。[1]1950年11月举家移居南美洲阿根廷，定居布宜诺斯艾利斯13年，1964年秋移居美国。1984年6月被推选为全国黄埔军校同学会副会长，多次回国参加黄埔军校同学会活动。1990年从美国回到北京市翠微西里寓所定居。当选为第七届、八届全国政协常务委员，全国政协文史资料委员会副主任。1993年12月任中国辛亥革命研究会顾问。1994年为黄埔军校建校70周年纪念题词"七十春秋彪炳史，和平统一在今朝"，以90岁高龄黄埔校友的身份表达了对祖国统一的殷切之情。1995年6月当选为全国黄埔军校同学会会长。1995年7月为陈予欢编著《黄埔军校将帅录》题词"养天地正气法古今完人，为人民公仆作爱国干城"。1997年12月当选为全国黄埔军校同学会第二届理事会会长。1998年1月当选为第九届全国政协委员。2001年10月27日因病在北京逝世。著有《李默庵回忆录》《国防讲话》《治军作战一贯论》《军队教育与青年训练》《军官团要义》等。中国文史出版社《文史资料存稿选编——全面内战》上册载有《第一绥靖区李默庵部进攻苏北解放区的回忆》（罗觉元著），中国文史出版社《文史资料存稿选编——军事机构》下册载有《回忆西南游干班和中英合办的突击队》（罗觉元著），中国文史出版社《文史资料选辑》第111辑载有《李默庵对解决西安事变的主和倾向》（黄闲道著）等。

---

[1] 中国人民解放军历史资料丛书编审委员会：解放军出版社1997年11月《中国人民解放军历史资料丛书——解放战争时期国民党军起义投诚综合卷》第914页记载。

杜从戎

杜从戎照片

杜从戎（1902—1979），原名光国，别字步仁，湖南临武县城内杜宅人。临武县高等小学、桂临兰嘉联合中学毕业，广东肇庆西江海陆军讲武堂、苏联莫斯科中山大学政治经济系、苏联伏龙芝陆军大学毕业。父早亡，兄从教业，家贫无地产。自填登记处为湖南临武县城内杜宅，通信处为临武县学生联合会转交。自填入学前履历：县中学毕业后，投前粤军第一师学兵营毕业，后选充下级军官等职，十二年（1923年）修业西江陆海军讲武堂。1902年11月24日（另载1901年11月3日出生）生于临武县一个农户家庭。1923年年初到广东，加入粤军第一师学兵营，毕业后充见习官。1923年秋入广东肇庆西江海陆军讲武学校学习。1924年5月13日经邓演达（前任广东西路讨贼军第一师第三团团长，黄埔军校入学试验委员会委员）、金佛庄（前浙江陆军第二师营长，中共三大代表，黄埔军校第一期第三队上尉队长）介绍加入中国国民党，1924年5月由李济深（讨贼军第四军第一师师长，西江善后督办公署督办，黄埔军校筹备委员会委员）举荐投考黄埔军校。1924年6月考入陆军军官学校第一期第三队学习，在学期间任本队第七分队分队长，1924年11月毕业。分发导第一团任教见习、排长，后任教导第二团第一营第三连连长，随军参加第一次东征作战，攻克淡水之役立大功，蒋中正曾集合全军宣布杜从戎为首功。[1]1925年7月24日，任黄埔

---

[1] 台北"国史馆"编纂：2006年12月印行《"国史馆"现藏民国人物传记史料汇编》第二十二辑第103页记载。

军校步兵第十队队长，1925年8月任国民革命军第二师第四团第一营营长，1925年10月随部第二次东征攻打惠州之役，任攻城敢死队总队长，奋勇登梯攻城负伤，战后第四团返广州补训，任团党代表。1926年赴苏联学习政治、军事。1927年奉命回国，任南京中央陆军军官学校教务部主任。1928年8月国民革命军编遣，任缩编后的陆军第四十五师（师长方振武）政治部主任，陆军第一军编遣委员会委员及陆军第九军整理委员会委员。1929年春任陆军第九军政治部主任，后任陆军第十一师第三十一旅旅长。1929年11月以总理警卫大队、总司令部卫士大队、蒋锄欧部补充第一团合并组成国民政府警卫团，任南京国民政府警卫团少将衔团长。后因"贪污案"被撤职拘留，后获保释在上海寓居赋闲。其间参与邓演达发起为"第三党"和黄埔革命同学会[1]，进行军事策动事宜。1931年春被捕入狱，此后不被引荐重用，1935年12月发表为军事委员会高级参谋。1937年3月5日颁令叙任陆军步兵上校。[2]抗日战争全面爆发后，任广西柳州越南特别训练班主任，负责训练越南抗日游击干部事宜。抗日战争胜利后，1946年7月31日颁令叙任陆军少将。1948年3月29日被推选为湖南省出席（行宪）第一届国民大会代表。[3]后任总统府参军处参军，1949年夏派赴湘粤边组织游击队抵抗，事败后赴台湾，续任"国民大会"代表，任"总统府"参军，"光复大陆设计研究委员会"委员。1979年11月6日因病在台北逝世。著有《黄埔军之创建暨东征北伐之回忆》（载于台北《黄埔建国文集》编纂委员会编纂：台北实践出版社1985年6月16日印行《黄埔军魂》第280页）《戎马生涯话当年》等。

---

[1] 杨牧、袁伟良主编：河南人民出版社2005年11月《黄埔军校名人传》上册第729页记载。

[2] 国民政府文官处印铸局印行：台湾成文出版社有限公司1972年8月出版《国民政府公报》第121册1937年3月6日第2296号颁令第1页记载。

[3] 刘绍唐主编：台北传记文学出版社1999年10月15日印行《民国人物小传》第六辑记载。

杜心树

杜心树照片

杜心树（1898—？），原名心树[1]，后改名心如，原籍湖南湘乡，生于河南鲁山。鲁山县立高等小学堂、鲁山中学毕业，（原）北京政府陆军部陆军讲武堂测量科肄业，中州法政专门学校预科、日本陆军步兵学校毕业，美军驻印度蓝姆伽军官战术学校将官班肄业，陆军大学甲级将官班第三期毕业。父邦德，母苏氏，祖辈务农，有田产十亩。自填登记处为原籍湖南湘乡县，寄籍河南鲁山县，通信处为北京骡马市中州会馆（转交）。自填入学前履历：曾任文牍，河南无线电话队教官，督署副官，陆军检阅使署副官等事。入县立高等小学堂、中学毕业，（原）北京政府陆军部陆军讲武堂测量科肄业，中州法政专门学校预科毕业，曾任鲁山县公所文牍，河南无线电话队教官，督军公署副官，陆军检阅使署副官等职。1924年2月经李大钊（孙中山指派出席国民党一大北京特别区代表并为大会主席团成员，国民党第一届中央执行委员，前北京大学教授）、何孟雄（中共北方区委委员及北京地方执行委员会书记，时任中国劳动组合书记部北京分部负责人）介绍加入中国国民党，再由何孟雄、金佛庄（前浙江陆军第二师营长，中共三大代表，黄埔军校第一期第三队上尉队长）举荐投考黄埔军校，1924年6月考入陆军军官学校第一期第二队学习，参加孙文学会活动，1924年11月毕业。分发任教导第二团见习、排长，1925年1月随部参加第一次东征作战。1926

---

[1] 陆军军官学校编辑、台北文海出版社有限公司印行：近代中国史料丛刊三编第五十七辑《陆军军官学校第二队学生详细调查表》记载。

年2月28日孙文主义学会召开全体会员大会，被推选为该会（主席汪精卫）候补执行委员。[1]1926年4月参与筹备黄埔同学会，1926年5月22日被推选为中央军事政治学校特别区党部第四届执行委员。1927年任广东陆军测量学校教育组组长，后入国民政府军政部测量局任职。1927年5月1日与36名前五期同学被南京黄埔同学总会指定为总会预备执监委员。[2]1927年5月12日黄埔同学会在南京东南大学礼堂召开第一届执监委员选举大会，被推选为该会候补执行委员。[3]1927年8月30日任浙江补充第一师（师长严重）第六十一团（团长孙常钧）第一营营长。1928年赴日本千叶陆军步兵专门学校学习，1930年春毕业回国。1930年6月5日国民政府颁发第一〇六七号指令："参谋总长朱培德呈为保送潘佑强、杜心如、余玉琼等三员赴日本陆军大学肄业，请鉴核备案。此令。"[4]任军事委员会编译处科长、副处长。1932年3月28日参与发起中华民族复兴社，再加入其内层组织三民主义力行社。1936年2月3日颁令叙任陆军少将。1937年1月1日获颁四等云麾勋章。[5]抗日战争全面爆发后，任军事委员会政治部（部长张治中）第二厅（厅长康泽）副厅长。1945年1月被军队特别党部推选为出席中国国民党第六次全国代表大会代表。1945年8月保送陆军大学甲级将官班第三期学习，1945年11月毕业。抗日战争胜利后，1946年6月22日任国防部保安事务局局长。1946年11月15日被推选为南京市出席（制宪）国民大会代表。1946年12月3日参加赴南京任职、公干的81名黄埔一期生在中央训练团聚餐并于办公大楼前合影。[6]1946年12月26日被推选为南京特别市出席（制宪）第一届国民大会代表。1948年9月22日颁令叙任陆军中将。1949年到台湾，曾入台湾"革命实践研究院"受训，后在台北因病逝世。

---

[1] 广州《民国日报》1926年3月3日"孙文主义学会之会员大会"一文记载。

[2] 上海《民国日报》1927年5月1日至8日连续刊登"黄埔同学会改组委员会特别紧要启事"记载。

[3] 《民国日报》1927年5月19日"黄埔同学会之新执委会"一文记载。

[4] 国民政府文官处印铸局印行：台湾成文出版社有限公司1972年8月出版《国民政府公报》第40册1930年6月7日第489号颁令第5页记载。

[5] 国民政府文官处印铸局印行：台湾成文出版社有限公司1972年8月出版《国民政府公报》第119册1937年1月2日第2243号颁令第1页记载。

[6] 容鉴光编著：列入台北出版品预行编目资料，台北博煜企业有限公司2003年6月16日第一版印行《黄埔军校一期研究总成》第278页辑录。

杜成志

杜成志照片

杜成志（1904—？），又名诚志，别字子才、子材、志才，后改名之才，广东南海人。南海县（今南海区）立高等小学校、陆军大学函授班第二期毕业。记载为民国前九年出生。[1]登记籍贯为广东南海县大镇市冈头圩同安号，通信处为广州同兴街新广隆号转交。家以织巾为生，有竹园五亩屋一间，自给尚余。1904年1月11日生于南海县大镇市冈头圩一个商绅家庭。1921年由马湘君（时为广州大本营侍卫副官）介绍加入中国国民党。1924年春由胡汉民（时任广州大本营总参议，国民党第一届中央执行委员，国民党中央政治委员会委员）介绍投考黄埔军校，1924年6月考入陆军军官学校第一期第二队学习，1924年11月毕业。记载初任黄埔军校教导第一团排长，后任连长、营长、团长、旅长、指挥官、主任。随军参加了两次东征作战和北伐战争。1927年10月任国民革命军总司令部参谋，补充第二团团附。1928年9月任缩编后的国民革命军第一集团军陆军第九师第二十八旅补充团团附。1928年10月14日经中国国民党中央组织部提议委派陆军第九师特别党部筹备委员。[2]随部参加第二期北伐战争苏鲁战事和中原大战。1934年10月任浙江省政府保安处（处长俞济时，参谋长李可仁）

---

[1]　据军事委员会铨叙厅民国三十三年（1944年）十二月印制《军官资绩簿》第一册［少将］第172页记载。

[2]　1928年10月15日中国国民党中央执行委员会召开第159次常务会议决议。

保安第二团团长，[1]后任浙江省保安司令部第二支队司令官，统辖省保安第一团、第二团。[2] 1937年1月任财政部广东税警总团（总团长张君嵩）第二团团长。抗日战争全面爆发后，1940年5月任第四战区第三十五集团军（总司令邓龙光）暂编第二军（军长邹洪）暂编第八师（师长张君嵩）第二旅旅长，1941年3月1日颁令杜成志叙任陆军步兵上校。[3]率部参加第二次长沙会战。另载1941年6月3日国民政府颁令任为陆军步兵上校。[4]后伤病辞职在家赋闲。1944年1月17日军事委员会颁令杜成志委任陆军暂编第八师政治部少将主任。[5]

[1] 浙江省政府保安处编纂委员会1934年11月印行《浙江保安月刊》第1期"浙江省政府保安处及所属中级以上长官略历表"记载。

[2] 《浙江保卫月刊》1934年12月5日版第11、第12期合刊107页记载。

[3] 军事委员会铨叙厅民国三十三年（1944年）十二月印制《军官资绩簿》第一册［少将］第172页记载。

[4] 国民政府文官处印铸局印行：台湾成文出版社有限公司1972年8月出版《国民政府公报》第161册1941年6月4日渝字第367号颁令第3页记载为杜子才。

[5] 军事委员会铨叙厅民国三十三年（1944年）十二月印制《军官资绩簿》第一册［少将］第172页记载。

杜聿昌

杜聿昌照片

杜聿昌（1899—1927），陕西米脂县十垧坪人。杜聿明堂兄。米脂县立高等小学、陕西省立榆林中学毕业，北京警官学校肄业。祖辈务农，家无恒产，仅足自给。自填登记处为陕西米脂县十垧坪，通信处为陕北绥德县周家仑转十垧坪。自填入学前履历：曾任本县（民）团事（务）。入米脂县立高等小学、陕西省立榆林中学毕业，北京警官学校肄业一年，曾任本县团防局干事。1924年2月1日经于右任（孙中山指派出席国民党一大陕西省代表，国民党第一届中央执行委员，前陕西靖国军总司令、讨贼军西北第一路军总司令，时兼任上海大学校长）、谢持（孙中山指派出席国民党一大四川省代表，国民党第一届中央监察委员，前国民党中央党部党务部部长）介绍加入中国国民党，1924年春再由于右任举荐投考黄埔军校，其与十数名陕西籍青年赴广州，通过复试后，再于1924年6月考入陆军军官学校第一期第三队学习，1924年11月毕业。后奉派返陕西策应，入国民第三军（军长岳维峻）部服务，任步兵连排长，党务指导员。1926年8月随军参加北方北伐战事，1927年5月在河南与军阀作战中阵亡。[1]

---

[1]　①中国第二历史档案馆供稿，华东工学院编辑出版部影印，档案出版社1989年7月《黄埔军校史稿》第八册（本校先烈）第243页第一期烈士芳名表记载1927年5月在河南阵亡；②台北《黄埔建国文集》编纂委员会编纂：台北实践出版社1985年6月16日印行《黄埔军魂》第574页"北伐战役殉国英雄姓名表"第一期记载。

杜聿明

杜聿明（1904—1981），别字光亭，陕西米脂人。米脂县高等小学、陕西省立榆林中学、南京中央陆军军官学校高等教育班第二期毕业。父从教业，贫无地产。自填入学前履历：（陕西）米脂县高等小学校毕业，榆林中学校四年毕业。1924年春由于右任保荐投考黄埔军校，1924年5月到广州，1924年6月考入陆军军官学校第一期第三队学习，1924年11月毕业。分发黄埔军校教导第一团第一营第三连任见习兼军需、第二排副排长。1925年春奉命返回陕西

杜聿明照片

策应，任国民第二军（军长胡景翼）补充营副营长兼第一连连长，高桂滋部特务营副营长。[1]1926年12月南返武汉，任武汉中央军事政治学校学兵团第一营第三连连长，国民革命军总司令部训练处校阅委员会委员。1928年起任南京中央陆军军官学校杭州预科大队中校队长，新编第一师第二旅司令部参谋主任，南京中央陆军军官学校第七期第一总队第二大队第四队队长。1929年12月任中央教导第二师（师长张治中兼）第二旅第五团第一营营长、第六团团长，率部参加中原大战。1930年冬中央教导第二师改称陆军第四师，任陆军第四师（师长徐庭瑶）第十二旅第二十四团团长，率部参加对鄂豫皖边区红军及根据地的"围剿"战事。1932年10月任陆军第十七军（军长徐庭瑶）第二十五师（师长关麟征）第七十三旅旅长，1933年3月任第二十五师（关麟征）副师长，率部参加长城抗战。在古北口战役中，关麟征负伤后，其代理师长，率全师与日军血战三昼夜，以伤亡

---

[1] 杨牧、袁伟良主编：河南人民出版社2005年11月《黄埔军校名人传》上册第733页记载。

四千余人代价，给日军以沉重打击。1933年10月奉派入南京中央陆军军官学校高等教育班第二期受训，1934年毕业后，仍任第二十五师副师长。1935年5月2日颁令叙任陆军步兵上校。[1]1936年8月南京成立陆军交通辎重兵学校，奉调任该校学员队队长。1936年10月5日颁令叙任陆军少将。1937年5月以交通辎重兵学校战车营为基础，成立军政部陆军装甲兵团，任少将衔团长，筹建国民革命军第一支陆军机械化部队。抗日战争全面爆发后，率装甲兵团第一营开赴上海，参加淞沪会战。1937年12月率装甲兵团战车第一营参加南京保卫战。1938年1月装甲兵团扩编装甲师，任装甲第一师师长。1938年2月所部改番号，任陆军第二〇〇师师长，统辖两个战车团、两个摩托化步兵团、一个战车防御炮团及一些辅助部队，全师兵员两万人。1938年12月陆军第二〇〇师扩编，任陆军新编第十一军副军长。1939年1月陆军新编第十一军再扩编，任陆军第五军军长，是当时国民革命军陆军唯一机械化军，统辖陆军第二〇〇师（师长戴安澜）、荣誉第一师（师长郑洞国）、陆军新编第二十二师（师长邱清泉）等部。1939年11月至1940年1月率第五军参加桂南会战，在昆仑关战役中，指挥所部三个师，与日军浴血奋战，曾三次从日军手中夺回昆仑关，[2]取得昆仑关战役重大胜利，是役共歼灭日军六千余人，击毙日军前线指挥官、第五师团第十二旅团长中村正雄少将。战后第五军由广西全州移驻云南杨林、曲靖，兼任昆明防守司令部司令官。1941年2月作为"中国缅甸印度马来西亚考察团"成员，奉派赴缅、印、马三国考察，历时三个月，为出兵缅甸，打通滇缅公路作准备。[3]1942年3月根据中英两国政府签订的协议，国民政府军事委员会决定以其所部陆军第五军、甘丽初的第六军和张轸的第六十六军组成中国远征军第一路军，开入缅甸对日军作战，1942年3月16日任中国远征军第一路副司令长官，代行司令长官职权。1943年1月率部从印度返回昆明，任第五集团军总司令，统辖云南境内的第二军、第五军、第六军、第八军、第五十三军，兼任昆明防守总司令部总司令，军事委员会驻滇干部训练团教

---

[1] 国民政府文官处印铸局印行：台湾成文出版社有限公司1972年8月出版《国民政府公报》第93册1935年5月2日第1731号颁令第1页记载。

[2] 廖盖隆主编：中共中央党校出版社2001年6月《中国共产党历史大辞典》增订本第223页记载。

[3] 刘绍唐主编：台北传记文学出版社1999年10月15日印行《民国人物小传》第五辑记载。

育长。1945年2月20日颁令叙任陆军中将。1945年5月20日当选为中国国民党第六届中央执行委员会候补执行委员。抗日战争胜利后，1946年1月任东北保安司令长官，国民政府东北行辕副主任。1948年2月任徐州"剿匪"总司令部副总司令兼第二兵团司令官，1948年10月20日调任东北"剿匪"总司令部副总司令，兼任冀辽热边区司令部司令官。1948年3月29日被推选为陕西省出席（行宪）国民大会代表。1948年11月2日至8日指挥所部从营口将陆军第五十二军、第五十四军等部，从海上撤退到上海、南京。1948年11月10日再任徐州"剿匪"总司令部副总司令，兼前进指挥所主任，1949年1月10日在陈官庄被人民解放军俘虏。中华人民共和国成立后，在战犯管理所学习与改造，历时十年。1959年12月获特赦释放，1960年与宋希濂等六人在北京中朝友好红星公社劳动锻炼体验生活一年。1961年2月安排任全国政协文史资料征集研究委员会专员，1964年12月被特邀为第四届全国政协委员，1978年2月当选为第五届全国人民代表大会代表和第五届全国政协常委，任全国政协文史资料委员会军事组副组长。1981年5月7日因病在北京逝世。著有《淮海战役始末》（载于中国文史出版社《原国民党将领的回忆——淮海战役亲历记》）、《辽沈战役概述》（载于中国文史出版社《原国民党将领的回忆——辽沈战役亲历记》）、《中国远征军入缅对日作战述略》（载于中国文史出版社《原国民党将领抗日战争亲历记——远征印缅抗战》）、《蒋介石解决龙云经过》（载于中国文史出版社《文史资料选辑》第五辑）、《古北口抗战纪略》（与人合著，中国文史出版社《原国民党将领抗日战争亲历记——从九一八到七七事变》）、《东北保安司令长官部侵占安东战役纪要》（载于中国文史出版社《文史资料存稿选编——全面内战》下册）、《南京保卫战中的战车部队》（载于中国文史出版社《原国民党将领抗日战争亲历记——南京保卫战》）、《进攻东北始末》（载于中国文史出版社《中华文史资料文库》第六卷）、《台儿庄大战中的战车防御炮部队》（载于中国文史出版社《原国民党将领抗日战争亲历记——徐州会战》）、《国民党破坏和平进攻东北始末》（载于中国文史出版社《原国民党将领的回忆——辽沈战役亲历记》）、《塘沽协议签订后"中央军"在华北的几件事》（载于中国文史出版社《文史资料选辑》第九十九辑）、《国民党机械化部队人事变动的内幕》（载于中国文史出版社《文史资料选辑》第一三八辑）等。中国文史出版社《文史资料选辑》第一三九辑载有《对杜聿明的回忆》（张干樵著）、

《我与杜聿明》(尚传道著)、《追忆杜聿明片段》(郑庭笈著)、《杜聿明轶事四则》(郭旭著),中国文史出版社《文史资料存稿选编——军政人物》上册载有《杜聿明玩弄商谈阴谋的内幕》(李汉萍著)、《我所了解的杜聿明》(陈启銮著)、《杜聿明的治军思想》(涂剑屏著)等。内地出版有《杜聿明将军》(杨伯涛执笔、全国政协文史数据委员会组织编纂,中国文史出版社1986年4月出版)等。

杜聿鑫

　　杜聿鑫（1903—1926），陕西米脂人。杜聿明堂兄。米脂县高等小学毕业，米脂县立中学肄业。父早亡，家境贫困。自填登记处为陕西米脂县东区吕家岘，通信处为米脂县崇盛东（号）转交。自填入学前履历：入米脂县高等小学毕业，米脂县立中学肄业一年。1924年春再由于右任举荐投考黄埔军校，其与十数名陕西籍青年1924年5月赴广州，通过复试后，1924年6月考入陆军军官学校第一期第三队学习，1924年8月随学生队参加对广州商团事变军事行动，1924年11月毕业。分发黄埔军校入伍生部任见习、排长，广州省港罢工委员会工人纠察队训练员。1925年春奉派返回北方策应，任国民军第二军步兵连排长、连长，1926年2月在河南作战阵亡。[1]

---

[1]　①中国第二历史档案馆供稿，华东工学院编辑出版部影印，档案出版社1989年7月《黄埔军校史稿》第八册（本校先烈）第243页第一期烈士芳名表记载1926年2月在河南阵亡；②台北《黄埔建国文集》编纂委员会编纂：台北实践出版社1985年6月16日印行《黄埔军魂》第573页"东征战役殉国英雄姓名表"第一期记载。

杜骥才

杜骥才（1903—？），陕西临潼人。临潼县立高等小学校毕业，临潼县立初级中学校肄业。殷实务农家庭，自产自给自足。自填登记处为陕西临潼县栎阳镇大刘村，通信处为栎阳城内大兴通号（转交）。自填入学前履历：十五（岁）入高小，从高小毕业，十八（岁）入中学二年。1916年县立高等小学校毕业。1920年县立初级中学校修业。1924年4月20日由焦易堂（前陕西军政界耆宿，孙中山指派出席国民党一大陕西省代表，国民党陕西省临时党部执行委员）介绍加入中国国民党。1924年5月由于右任（孙中山指派出席国民党一大陕西省代表，国民党第一届中央执行委员，时兼任上海大学校长）举荐投考黄埔军校，1924年6月考入陆军军官学校第一期第三队学习，1924年11月毕业，后服务社会。

杨 良

杨良（1899—1952），别字德慧，原载籍贯湖南宝庆，[1]另载湖南邵阳人。广州大本营军政部陆军讲武学校肄业，陆军大学甲级将官班第三期毕业。1923年12月到广州，考入广州大本营军政部（部长程潜）陆军讲武学校学习，1924年秋该校并入黄埔军校，1924年11月编入陆军军官学校第一期第六队学习，1925年2月肄业。于1924年12月派任陆军军官学校第三期入伍生第一总队（总队长王懋功）第二营（营长张治中）排长，1925年3月任党军第一旅

杨良照片

（旅长何应钦）第一团（团长何应钦兼）连长，1925年8月党军第一旅扩编为第一师（师长何应钦），任第一团（团长刘峙）连长。1926年9月任国民革命军第一军第三师（师长谭曙卿）第八团（团长徐庭瑶）第二营营长，随部参加北伐战争。1927年4月任第一军第三师（师长顾祝同）政治部主任，1928年4月12日被国民革命军总司令部委任为第一集团军第一纵队司令部设计整理委员会委员。[2]1928年8月任军事委员会各军事学校毕业生调查处主任秘书。1929年1月20日被推选为陆军第三师特别党部常务委员，其间兼任江苏铜山县县长。1930年8月调任南京同学总会暨中央各军事学校调查处组织科科长，兼任特别党部委员。1933年6月任南京中央陆军军官学校（教育长陈继承）政治训练处（处长滕杰）调查室主任。1935年10月任军事委员会中央各军事学校毕业生调查处主任秘书、组织科

---

[1]　湖南省档案馆校编：湖南人民出版社1989年7月《黄埔军校同学录》记载。

[2]　《国民革命军总司令部公报》1928年2月版第二期第56页记载。

长兼特别党部委员。1937年3月5日颁令叙任陆军步兵上校。[1]抗日战争全面爆发后，率中央陆军军官学校迁移西南地区。1940年12月任军政部军官总队（总队长刘咏尧）副总队长。1941年5月任军官总队（辖三大队）总队长。后任军政部某补充兵训练处副处长，1944年6月任军事委员会铨叙厅（厅长吴思豫）第二处处长。1944年7月31日获颁四等云麾勋章。1944年11月15日任国民政府兵役部（部长鹿钟麟）人事处处长。1945年3月8日颁令叙任陆军少将。抗日战争胜利后，1945年8月保送陆军大学甲级将官班第三期学习，1945年11月毕业。1945年11月派任中央各军事学校毕业生调查处处长。1946年8月任国民政府国防部第一厅（厅长于达）第二处处长。1946年12月3日参加赴南京任职、公干的81名黄埔一期生在中央训练团聚餐并于办公大楼前合影。[2]1947年7月调任国民政府国防部（部长白崇禧）附员。1948年10月调任国防部（部长何应钦）人力司司长。1949年3月调任湘鄂边区司令部（代司令周磐）参谋长。1949年5月与周磐等人共谋组织西南游击总司令部和湘鄂边区驻昆明办事处。1949年11月调任国防部挺进军总指挥部（总指挥范绍增）副总指挥。1949年12月12日在四川大竹随部起义，没能及时主动向当地人民政府登记，在昆明市郊藏匿。1952年4月在昆明以"反革命"罪被公安机关逮捕，与周磐等人一同解押湖南候审，1952年4月在邵阳飞机场召开当地民众公审大会，被判处死刑随即执行枪决。

---

[1]　国民政府文官处印铸局印行：台湾成文出版社有限公司1972年8月出版《国民政府公报》第121册1937年3月6日第2296号颁令第1页记载。

[2]　容鉴光编著：列入台北出版品预行编目资料，台北博煜企业有限公司2003年6月16日第一版印行《黄埔军校一期研究总成》第278页辑录。

杨显

杨显（1900—1975），原名殿恭。别号耀廷，陕西淳化县方里镇夕阳村人。淳化县高等小学毕业，淳化县立初级中学肄业，陕军第一师第一旅学兵连肄业。祖辈务农，有地产数十亩。自填登记地址为陕西淳化县方里镇，通信处为三原县北大街天成行宝号转。自填入学前履历：民国十一年（1922年）考入滇军第一师第一旅补充团学兵连充学兵补充班长，十二年（1923年）腊月委为第一营一连司务长，陕军第一师第一旅学兵连肄业，前曾入淳化县高等小学毕业，淳化县立初级中学肄业。1922年入陕军第一师第一旅补充团学兵连当兵，次年任该连班长、司务长等。1924年春由于右任（孙中山指派出席国民党一大陕西省代表，国民党第一届中央执行委员，时兼任上海大学校长）举荐投考黄埔军校，1924年5月到广州，1924年6月考入陆军军官学校第一期第四队学习，1924年11月毕业。后随教导团参加了两次东征作战，1926年7月随部参加北伐战争，1928年10月任军事委员会委员长侍从室政治组组长，随蒋介石赴江北校阅部队。1929年10月任第九师（师长蒋鼎文）第二十七旅第五十三团团附，随军参加对桂系部队的讨伐战事。1930年5月任第九师第二十八旅第四十九团团附，随部参加中原大战。后任陕西省政府保安处第一科中校科长，陕西省保安第一旅少将旅长。抗日战争全面爆发后，1937年11月任陕西省保安司令部第一团团长，1939年11月任陕西省保安第一旅旅长。1940年10月任第三十四集团军预备第六师副师长，1941年10月任第八十军新编第二十七师师长。1942年4月任第九十一军（军长韩锡侯兼）副军长。1943年1月8日颁令叙任陆军步兵上校。[1]抗日战争胜利后，1945年10月

---

[1]　国民政府文官处印铸局印行：台湾成文出版社有限公司1972年8月出版《国民政府公报》1943年1月9日渝字第534号颁令。

获颁忠勤勋章。1946年5月获颁胜利勋章。1947年，起任陕西省保安副司令部司令官，陕西绥靖司令部副司令官，新编第八军军长。1948年3月29日被推选为陕西省出席（行宪）第一届国民大会代表。1949年6月30日发表任陕西省政府代理主席，兼任陕西省保安司令部司令官及第五十六军军长。1949年7月率残军向南撤退，在秦岭山黄牛铺与华北野战军作战，兵败后在汉中城固之间驻守，后经西乡、镇巴进入四川万源县抵成都，曾兼任成都市公安局局长。1949年12月下旬胡宗南余部在成都地区被肃清。其与内兄李日新及副官化装假扮茶商，潜逃至凤县双石铺，后被凤县公安局逮捕，转送西安市第一监狱关押。中华人民共和国成立后，经中华人民共和国公安部审定，确认其为乙级战犯，长期在战犯管理所改造与学习。1975年2月25日因病在关押住所逝世。[1]著有《1929年蒋桂战争琐记》（与赵子立合写，为第一作者，1964年9月撰文，载于中国文史出版社《文史资料存稿选编——十年内战》）、《回忆蒋冯战争》（与李振西、赵子立合写，为第二作者，1964年9月撰文，载于中国文史出版社《文史资料存稿选编——军事派系》上册）、《蒋冯阎大战》（与杨集贤、李德生、栗森华、任鸿猷、赵子立合写，为第二作者，1963年撰文，载于中国文史出版社《文史资料存稿选编——军事派系》上册）、《陕西省保安司令部活动始末》等。

---

[1]　任海生编著：华文出版社1995年12月《共和国特赦战犯始末》第194页记载。

杨
耀

杨耀（1903—1970），别字觉天，陕西靖边县头
道沟村人。靖边县高等小学堂毕业，靖边县立初级
中学肄业，陆军大学特别班第二期毕业。祖辈务农，
有地产三百余亩。自填家庭主要成员：父生荣，母
杨氏，弟两个妹一名，入学黄埔军校前已婚，妻贾
氏。[1]自填登记处为陕西靖边县头道沟村，通信处为
本县邮局转交。自填入学前履历：幼在本县高小学
校，后入中学。1924年春经于右任（孙中山指派出
席国民党一大陕西省代表，国民党第一届中央执行

杨耀照片

委员，时兼任上海大学校长）举荐投考黄埔军校，1924年6月考入陆军军官学校
第一期第三队学习，1924年11月毕业。奉派返回河南策应，任国民军第二军步兵
连排长、连长，靖边县保安大队大队长。1926年春返回黄埔军校，1926年7月任
国民革命军第二师第四团步兵营连长、营长，随部参加北伐战争。1933年12月任
国民革命军第十七路军总指挥部（总指挥杨虎城）独立第三旅旅长。1934年9月
入陆军大学特别班第二期学习，1936年8月1日颁令叙任陆军步兵少校，[2]1937年
8月毕业。抗日战争全面爆发后，任第三十八军第一七七师司令部参谋长，兼任
第五二九旅旅长，率部在山西参加抗日战事。1940年任陕西省国民军事训练委员

---

[1] 陆军军官学校编辑、台北文海出版社有限公司印行：近代中国史料丛刊三编第五十七辑《陆
军军官学校第三队详细调查表》记载。

[2] 国民政府文官处印铸局印行：台湾成文出版社有限公司1972年8月出版《国民政府公报》
第112册1936年8月2日第2116号颁令第1页记载。

会军官训练班副主任。抗日战争胜利后，任陕西军官训练班副主任。1946年1月任中央陆军军官学校第七分校（西安分校）督训处副主任，1946年7月办理退役，后在陕西三原县乡间赋闲。1949年1月出任第十八绥靖区司令部参谋长，1949年11月任陕西绥靖总司令部参谋长，1949年12月在四川绵阳脱离部队，赴成都与人民解放军取得联系。后任中国人民解放军四川省军区司令部参议，转业地方工作后，任陕西省政协委员等职。

杨麟

杨麟（1901—？），别字宁，别号榖九、谷九，四川铜梁人。教会小学、成都高等师范学校附中毕业，上海复旦大学文科肄业，日本陆军经理学校毕业，军官训练团第二期结业。父兄从政，先后任四川某县知事，家境富裕。自填登记处为四川铜梁县，现家住成都，通信处为汉口城内河街邱家巷谦泰复号转。自填入学前履历：教会小学、成都高师附中毕业，上海复旦大学文科肄业。中央训练团党政研究班、南京中央陆军军官学校经理研究班肄业。1921年由萧参（时任

杨麟照片

成都高等师范学校教授）介绍加入中国国民党。1924年春由谢持（孙中山指派出席国民党一大四川省代表，国民党第一届中央监察委员，前国民党中央党部党务部部长）举荐投考黄埔军校，1924年5月到广州，1924年6月考入陆军军官学校第一期第三队，1924年11月毕业。分发军校教导一团第三连任见习官、代理排长。随部参加第一次东征作战、对滇桂军阀杨希闵部、刘震寰部军事行动及第二次东征战事。1925年7月13日黄埔军校成立校史编纂委员会（主席邵力子，总编纂袁同畴），其被指派为黄埔校史编纂员。1925年9月13日再被黄埔军校办公厅任命为黄埔军校筹备校史编纂会编纂员。1926年3月任中央军事政治学校第四期入伍生团第九连副连长。1926年7月随部参加北伐战争，任国民革命军第一军第一师第一团第九连连长。1927年5月1日与36名前五期同学被南京黄埔同学总会指定为总会预备执监委员。[1]1927年

---

[1] 上海《民国日报》1927年5月1日至8日连续刊登"黄埔同学会改组委员会特别紧要启事"记载。

5月12日，黄埔同学会在南京东南大学礼堂召开第一届执监委员选举大会，被推选为该会执行委员。[1]1930年春任中央教导第一师营长、团附，军事委员会委员长侍从室中校秘书。后奉派日本留学，入日本陆军经理学校学习并毕业。回国后任军需署军服厂厂长。1935年5月17日颁令叙任陆军步兵中校。[2]1937年4月14日颁令晋任陆军步兵上校。[3]抗日战争全面爆发后，任南京军需补给司令部副司令官，1937年12月随部参加南京保卫战。后率部转移武汉，1938年10月任军事委员会政治部第一厅厅长，1940年9月1日免职。后任国民政府军政部粮秣司处长、副司长，军事委员会后勤总司令部军粮总局局长。1945年1月被推选为军队各特别党部代表出席中国国民党第六次全国代表大会。抗日战争胜利后，任后勤总司令部第一补给区司令部副司令官。1946年5月奉派入军官训练团第二期第一中队学员队受训，1946年7月结业。任国防部后方勤务司令部参谋长等职。

[1] 《民国日报》1927年5月19日"黄埔同学会之新执委会"一文记载。

[2] 国民政府文官处印铸局印行：台湾成文出版社有限公司1972年8月出版《国民政府公报》第93册1935年5月18日第1744号颁令第2页记载。

[3] 国民政府文官处印铸局印行：台湾成文出版社有限公司1972年8月出版《国民政府公报》第122册1937年4月15日第2328号颁令第1页记载。

杨光文

　　杨光文（1898—？），湖南醴陵人。广州大本营军政部陆军讲武学校肄业。1923年12月到广州，考入广州大本营军政部（部长程潜）陆军讲武学校学习，1924年秋该校并入黄埔军校，1924年11月编入陆军军官学校第一期第六队学习，1925年2月肄业。随部参加东征作战和北伐战争。1928年11月奉命随蒋介石校阅陆军第九师（师长蒋鼎文），任校阅委员会（委员刘秉粹）社会组组长，参与校阅该师直属部队与第二十五旅（旅长李延年）。[1]1931年1月11日经审查呈请社长（蒋介石）批准为"励志社"第九届新社员。[2]1931年10月任南京中央陆军军官学校高等教育班步兵总队第五中队中队长。1937年1月6日颁令叙任陆军步兵中校。[3]抗日战争全面爆发后，任步兵团营长、团附、团长，步兵旅副旅长，师管区司令部副司令官。抗日战争胜利后，1946年10月颁令叙任陆军步兵上校，同时退为备役。

---

[1]　《民国日报》1928年11月16日"蒋中正主席在海州校阅"一文记载。

[2]　《中央日报》1931年1月12日、1月13日连续刊登"励志社社员管理科通告"记载。

[3]　《中央日报》1937年1月7日记载。

杨光钰

杨光钰照片

杨光钰（1903—1970），别字振蒙，又字相之，湖南醴陵人。醴陵县渌江中学堂，长沙长郡中学、广州大本营军政部陆军讲武学校肄业，陆军大学特别班第四期毕业，中央训练团将官班肄业。1903年3月14日生于醴陵县渌江乡一个农户家庭。早年入醴陵县渌江中学堂，长郡中学学习。1923年冬到广州，考入广州大本营军政部陆军讲武学校学习。1924年秋该校并入黄埔军校，1924年11月编入陆军军官学校第一期第六队学习，1925年2月肄业。分发任教导团见习、排长，随部参加第一次东征作战。1925年6月任党军第一旅第一团步兵连连长，随军参加对滇桂军阀杨希闵部、刘震寰部军事行动。1926年3月任黄埔中央军事政治学校第四期入伍生团连长，1926年7月随部参加北伐战争，任国民革命军第一军第二师步兵连连长、营长。1927年10月任南京中央陆军军官学校第七期第一总队中校兵器教官。1928年1月任国民革命军第一军第二十一师第六十一团第一营营长，随部参加第二次北伐战事。1928年8月国民革命军编遣，任缩编后的第一集团军陆军第三师第八旅第十五团少校营附。1928年11月奉命随蒋介石校阅陆军第九师（师长蒋鼎文），任校阅委员会（委员刘秉粹）内务组组长，参与校阅该师第二十五旅（旅长李延年）。[1]1929年1月任第八旅第十六团第一营营长，1930年5月随部参加中原大战。1931年10月任陆军第五军第八十七师团附，1932年1月率部参加淞沪抗战。1932年11月调任陆军第八十三师补充团

---

[1]　《民国日报》1928年11月16日"蒋中正主席在海州校阅"一文记载。

中校团附，1933年12月任第八十三师第二四九旅第四九八团团长，率部参加对江西红军及根据地的"围剿"战事，1934年2月因作战失利免职。1935年5月18日颁令叙任陆军步兵中校。[1]1935年10月任第八十三师补充团团长，率部驻防江西赣州。1936年1月9日颁令晋任陆军步兵上校。[2]1936年4月11日国民政府颁令委任第三十六师步兵第一〇八旅旅长。[3]1937年6月19日国民政府颁令免陆军第三十六师第一〇八旅旅长职，任命为第二十四师第七十旅旅长。[4]抗日战争全面爆发后，任第二十四师代理副师长，率部参加抗日战事。1938年1月29日国民政府颁令免陆军第二十四师第七十旅旅长职，任命为第二十四师副师长。[5]1938年春任第二十七军第二十四师副师长，1938年12月任第二十四师师长。1939年6月17日颁令晋任陆军少将。[6]后任第九十军代理副军长，兼任该军司令部参谋长。1940年7月1日任第九十军副军长，兼任陕西长咸师管区司令部司令官。1940年9月19日任第十六军（军长李文兼）副军长，兼任中央陆军军官学校第七分校高级教官。1944年7月27日任第三军副军长。抗日战争胜利后，任第三军代军长。1947年10月22日在清风店战役中被人民解放军俘虏。[7]中华人民共和国成立后，关押战犯管理所学习与改造，1966年4月16日获特赦释放，安排任全国政协文史资料征集研究委员会专员。1970年1月因病在北京逝世。

---

[1]　国民政府文官处印铸局印行：台湾成文出版社有限公司1972年8月出版《国民政府公报》第93册1935年5月19日第1745号颁令第2页记载。

[2]　国民政府文官处印铸局印行：台湾成文出版社有限公司1972年8月出版《国民政府公报》第102册1936年1月10日第1941号颁令第1页记载。

[3]　国民政府文官处印铸局印行：台湾成文出版社有限公司1972年8月出版《国民政府公报》第106册1936年4月12日第2020号颁令第1页记载。

[4]　国民政府文官处印铸局印行：台湾成文出版社有限公司1972年8月出版《国民政府公报》第126册1937年6月19日第2385号颁令第5页记载。

[5]　国民政府文官处印铸局印行：台湾成文出版社有限公司1972年8月出版《国民政府公报》第131册1938年2月2日渝字第19号颁令第1页记载。

[6]　国民政府文官处印铸局印行：台湾成文出版社有限公司1972年8月出版《国民政府公报》第141册1939年6月21日渝字第163号颁令第4页记载。

[7]　台北《黄埔建国文集》编纂委员会编纂：台北实践出版社1985年6月16日印行《黄埔军魂》第588页"戡乱战役殉国英雄姓名表"第一期记载。

杨伯瑶

杨伯瑶照片

杨伯瑶（1894—1972），又名荫春，贵州大定人，彝族。贵州钟庆世代土司家族出身，经济富裕。曾习中国文学。自填入学前履历：世为钟庆（贵州省大定县）土司。受五四运动新文化思潮及孙中山民主思想影响，1919年投奔广州驻军司令官龙腾庄（彝族）部任步兵连排长、连长。1923年春经安舜卿（又名健，彝族，时任贵州省国民党支部长，以候补代表出席国民党一大，前广州大本营咨议，孙中山指派川边宣抚使）介绍加入中国国民党。1924年春由孙中山特许，安舜卿介绍投考黄埔军校，1924年6月考入陆军军官学校第一期第四队学习，1924年11月毕业。分发入伍生队任见习、教导第一团排长，随部参加东征作战、对滇桂军阀杨希闵部、刘震寰部军事行动。1926年7月随军参加北伐战争两湖战事。1927年返回贵州，续接父业为土司。所率彝族武装加入黔军，1932年任黔军独立旅旅长（旅长宋醒）司令部参谋长，兼任黔军第二路指挥部参谋长，维护地方治安。1935年春任滇黔绥靖主任公署少将衔参议，川滇黔边区黔境民团指挥部指挥官，曾率部驻守云南昭通半年。1935年12月辞职回乡，出资发展地方教育和民族经济，兴办教育，建设家乡。[1]红军长征途经时，为部队和伤病员提供食品物资和救治方便。掌握武装维护地方，保境安民。中华人民共和国成立后，配合人民政府清匪反霸和保护仓库，1950年1月被委为当地飘井区剿匪副指挥长，配合人民解放军进行剿匪斗争，被授予"支前模范"称号。1950年6

---

[1] 林建曾、萧先治等编著：贵州人民出版社2001年10月《贵州著名历史人物传》第279页记载。

月任贵州省人民政府委员，1950年7月任毕节地区人民政府民族事务委员会主任。1951年7月任贵州省第一届各族各界人民代表会议协商委员会委员、常务委员，1955年2月任第一届贵州省人民政府委员会委员，贵州省政协第一届委员会委员、常务委员，1957年6月任贵州省人民政府民族事务委员会副主任。1958年9月任第二届贵州省人民政府委员会委员，1959年12月任贵州省政协第二届委员会委员、常务委员。1964年1月任第三届贵州省人民政府委员会委员，贵州省政协第三届委员会委员、常务委员，兼任贵州省人民政府监察委员会委员等职。"文化大革命"中受到冲击与迫害，一度被关押审查，1972年10月11日因病逝世，1980年获得平反，恢复政治名誉。[1]

---

[1] 中国近现代史史料学学会贵阳市会员联络处编、唐承德统稿：贵州铜仁报社印刷厂1987年7月印行《贵州近现代人物传资料》第114页记载。

杨启春

杨启春照片

杨启春（1904—? ），又名兆春，别字成羔，别号开山，陕西横山人。家世务农，有田一百八十亩。自填登记处为陕西横山县，通信处为横山县城内丰盛德（号）代交。自填入学前履历：求学。横山县立高级小学校毕业，横山县立中学一年卒业。1924年5月经金佛庄（前浙江陆军第二师营长，黄埔军校第一期第三队上尉队长）介绍加入中国国民党。1924年5月经于右任（孙中山指派出席国民党一大陕西省代表，国民党第一届中央执行委员，时兼任上海大学校长）介绍投考黄埔军校，1924年6月考入陆军军官学校第一期第三队学习，1924年11月毕业，后服务北方社会军界。任陕西三民军官学校学生队区队长。

杨步飞

杨步飞（1899—1962），原名敬孝，别名翁宇，别字若鹏，浙江诸暨县（市）西乡杨家楼人，另载草塔杨家楼后村人。诸暨县西乡高等小学、诸暨县立初级中学毕业，庐山中央军官训练团将校班结业。父从工业，贫无地产。自填登记处为浙江诸暨县西乡杨家楼，通信处为诸暨草塔镇三和堂转杨家楼。自填入学前履历：曾受中学相等教育及军事上最浅学识，充大元帅卫士。1923年夏到广东，入广州大本营卫士大队当卫士，1923年12月经卢振柳（广东东路讨贼军第

杨步飞照片

六路参谋长，粤军第二军总司令部参谋，广州大元帅府大本营参军兼任大本营卫士大队大队长）加入中国国民党。1924年春再由卢振柳举荐投考黄埔军校，1924年5月到广州，1924年6月考入陆军军官学校第一期第一队学习，在学期间任本队第七分队副分队长，1924年11月毕业。分发入伍生队任见习、教导第一团排长，1925年1月随部参加第一次东征作战。1925年6月任党军第一旅步兵连连长，随军参加对滇桂军阀杨希闵部、刘震寰部军事行动。1926年1月任国民革命军第一师第一团第三营营长，1926年7月随军参加北伐。1927年5月任国民革命军总司令部新编第二师第六团团长，1928年春任中央警卫旅第一团团长。1930年3月24日任国民政府警卫旅（旅长俞济时）第二团（团长郑坡兼）团附，[1]同日并准叙为

---

[1] 国民政府文官处印铸局印行：台湾成文出版社有限公司1972年8月出版《国民政府公报》第37册1930年3月26日第428号颁令第8页记载。

陆军步兵中校。[1]1930年12月任中央警卫军第二师第五旅旅长，1931年10月任第八十八师第二六四旅旅长，1932年1月率部参加淞沪抗战。1932年春任陆军第九师副师长，1934年6月13日任陆军第六十一师师长。1935年4月13日颁令叙任陆军少将。1936年11月12日获颁四等云麾勋章。[2]抗日战争全面爆发后，任第三战区第八军第六十一师师长，率部参加淞沪会战、南京保卫战。战后被免职，1938年12月任浙江省保安第一纵队司令部司令官，第三战区钱塘江北岸指挥部指挥官，1939年10月任陆军第九十一军副军长。1942年因病辞职。抗日战争胜利后，1945年11月任上海淞沪警备司令部副司令官。1948年10月任国防部派驻上海军法执行部首任主任，1949年3月寓居上海赋闲，后迁居杭州。中华人民共和国成立后，定居杭州市，1951年1月24日逝世。[3]另说1952年2月3日被捕入狱，后被判处有期徒刑，1962年7月在金华县蒋堂（另载古方农场）劳改农场因病逝世。[4]

[1] 国民政府文官处印铸局印行：台湾成文出版社有限公司1972年8月出版《国民政府公报》第37册1930年3月27日第429号颁令第5页记载。

[2] 国民政府文官处印铸局印行：台湾成文出版社有限公司1972年8月出版《国民政府公报》第117册1936年11月13日第2201号颁令第7—9页记载。

[3] 胡健国编著：台北"国史馆"2003年12月印行《近代华人生卒简历表》第371页记载。

[4] 汪本伦、王苗夫主编：团结出版社2006年5月《中国国民党诸暨籍百卅将领录》第58页记载。

杨其纲

杨其纲（1900—1927），直隶衡水县徐家庄人。衡水高等小学堂毕业，河北省立第十四中学、保定育德中学、北京世界语专门学校肄业。父从农商，有自耕田十八亩，仅足自给。自填登记处为直隶衡水县西徐家庄，通信处为津浦路德州西冀县官道李镇庆和成号。自填入学前履历：民国四年（1915年）入本县高小，七年（1918年）毕业，考入冀县省立第十四中学，因该校办理不善，又考入保定育德中学，十二年（1923年）毕业，后考入北京世界语专

杨其纲照片

门学校肄业半年，至投考本校止。衡水县高等小学堂毕业，1918年入冀县省立第十四中学肄业一年，次年转入保定育德中学，1923年毕业后考入北京世界语专门学校肄业半年。1921年秋经邓中夏介绍加入社会主义青年团，1921年11月经中共北京地方委员会批准，杨其纲与王锡疆（即王仲强，后为团一大代表）、安志成由团员转为共产党员，[1] 是河北省最早的一批中共党员。1922年2月任保定社会主义青年团执行委员，[2] 1922年5月任中国社会主义青年团保定地方执行委员会书记，兼任宣传部部长。[3] 1923年1月任中国共产主义青年团保定地方执行委员会

[1] 中共河北省委组织部、中共河北省委党史资料征集编审委员会、河北省档案馆编纂：河北人民出版社1990年7月内部发行《中国共产党河北省组织史资料1922—1987》第31页记载。

[2] 中共中央组织部、中共中央党史研究室、中央档案馆编纂：中共党史出版社2000年9月印行《中国共产党组织史资料》第一卷《党的创建和大革命时期1921.7—1927.7》第127页记载。

[3] 中共中央组织部、中共中央党史研究室、中央档案馆编纂：中共党史出版社2000年9月印行《中国共产党组织史资料》第一卷《党的创建和大革命时期1921.7—1927.7》第141页记载。

经济部部长。[1]1923年考入北京世界语专门学校。1923年12月21日经何子静（北京大学学生，参加俄罗斯研究会）、贾行青（北京大学学生）介绍加入中国国民党。1924年春由李立三（又名永声、锡九，孙中山指派出席国民党一大直隶省代表，前北京政府众议院议员，国民党直隶省临时执行委员会筹备委员，中共天津地方委员会宣传部主任）、王法勤（国民党第一届中央执行委员，前北京政府参议院议员，兼任国民党中央党务审查会委员）、于树德（孙中山指派出席国民党一大直隶省代表，国民党第一届中央执行委员，国民党中央党部对外委员会委员及北京执行部执行委员）、于方舟（国民党第一届候补中央执行委员，国民党天津市党部党务部部长，中共天津地方委员会委员长）举荐投考黄埔军校。1924年3月到广州，在文明路广东高师师范学校参加入学考试。1924年6月考入陆军军官学校第一期第一队学习，1924年秋被推选为黄埔军校中共党支部组织干事，根据两党协议校内中共组织不公开，其任职仅见于中共党内档案。1924年秋随部参加对广州商团事变的军事行动，1924年11月毕业。分发任入伍生队见习，任军校本部政治部干事，参与编辑出版军校板报《士兵之友》。1924年11月30日中共黄埔军校第二届支部成立，被推选书记。1924年12月任政治部编纂股主任，参与创建军校火星社和青年军人社。1925年1月17日黄埔军校政治部组建的"血花剧社"成立，由蒋中正兼任社长，并在校内外进行宣传演出。1925年2月1日中国青年军人联合会在广东大学操场宣告成立，其与蒋先云等人为筹备者及该会骨干之一。1925年7月28日因周恩来调任第一军（军长蒋中正兼）第一师（师长何应钦）政治部主任，所遗黄埔军校政治部主任由邵力子接任，其任宣传科（科长鲁纯仁）科员，兼任秘密状态的中共黄埔军校第三期党支部书记。1925年7月13日黄埔军校成立校史编纂委员会（主席邵力子，总编纂袁同畴），其被指派为黄埔校史编纂员。1925年8月2日任中央军事政治学校第五期政治部主任（副主任熊雄代主任）中校秘书。[2]1925年9月再颁令任黄埔军校校史编纂委员会编纂员，为《革命军》《黄埔潮》撰稿。1925年12月底复任中央军事政治学校政治部宣传科科

---

[1] 中共中央组织部、中共中央党史研究室、中央档案馆编纂：中共党史出版社2000年9月印行《中国共产党组织史资料》第一卷《党的创建和大革命时期1921.7—1927.7》第142页记载。

[2] 《广州民国日报》1925年8月17日"中央军事政治学校政治部近讯"专文记载。

长，所遗政治部秘书仍由鲁易接任。[1]1926年1月被军校聘为政治教官。1926年3月8日任军校政治部（主任邵力子，副主任熊雄）组织科科长。[2]1926年3月任军校政治部党务科科长，任扩大后的中共黄埔军校特别支部书记，管辖校内一百余名中共党员。1926年3月"中山舰事件"后，成立黄埔军校党团，任干事。1926年6月27日军校举行师生恳亲会，正式成立黄埔同学会，1926年6月29日其与蒋先云等12人被蒋中正指定为黄埔同学会监察委员，1926年12月兼任中国国民党中央军事政治学校特别党部宣传委员。1927年3月撰文《本校之概况》于《黄埔日刊》登载，仍任中央军事政治学校（第五期）政治部党务科科长兼政治教官及军校中共特支书记。1927年4月15日与军校政治部主任熊雄一起在广州被捕，不久即遭枪决。[3]另载1927年4月18日黄埔军校"清党"时被捕入狱，后在广州南石头监狱遇害。另载1930年在衡水原籍病逝。[4]1945年中共七大编印的《军队死难烈士名录》载有杨其纲烈士籍贯、入党入团时间和简历。撰有《纪念列宁逝世两周年》《一年来本校之经过》等。1929年中共负责营救被捕同志和抚恤烈士的机构中国济难总会编纂党内发行小册子《牺牲》，其中载有《杨其纲事略》。卜穗文撰文《杨其纲烈士传》（载于1992年《广州党史研究》）。

---

[1] 《广州民国日报》1927年1月4日记载。

[2] 饶来杰《回忆中共党组织在黄埔军校的活动情况》专文记载。

[3] 中国文史出版社《文史资料选辑》第二辑覃异之著《黄埔建军》专文记载。

[4] 河北省衡水市地方志编纂委员会编纂，河北人民出版社印行《衡水市志》记载。

杨挺斌

杨挺斌照片

　　杨挺斌（1903—? ），别字廷斌，广东梅县松口镇滩头村人。梅县县立高级小学校、梅县初级师范学校毕业。贫苦农民家庭出身。1918年县立高级小学校卒业，1920年广东梅县初级师范学校卒业。自填登记处为梅县松口镇滩头村，通信处为汕头松口乐闲商号。自填入学前履历：民国十年至十二年（1921—1923）历充高小学校教员。历任本乡高级小学校教员三年。1924年5月15日经叶剑英（前粤军第二军第八旅参谋长、第二师参谋长，黄埔军校筹备委员会委员及军校教授部副主任）介绍加入中国国民党，并由其介绍投考黄埔军校，1924年6月考入陆军军官学校第一期第一队学习，1924年11月毕业，后服务社会。

杨炳章

　　杨炳章（1900—1925），湖南耒阳人。耒阳县立高级小学堂、耒阳县立初级师范学校毕业，广州大本营军政部陆军讲武学校肄业。自填登记、通信处为湖南耒阳新市行街吕立生转平田同仁堂交山田。1923年冬到广州，入广州大本营军政部陆军讲武学堂学习。1924年秋该校奉命并入黄埔军校，1924年11月编入陆军军官学校第一期第六队学习，1925年2月肄业。分发任教导第一团见习，随部参加第一次东征作战，1925年3月作战阵亡。[1]

---

　　[1]　①《国民革命军军官学校东江阵亡将士题名碑》记载；②湖南省档案馆校编、湖南人民出版社1989年7月《黄埔军校同学录》第14页记载：杨炳章民国十四年（1925年）春东征阵亡；③广东革命历史博物馆编纂：广东人民出版社1985年5月《黄埔军校史料》第497页《烈士名录》记载。

黄埔一期同学录

（下）

陈予欢 著

团结出版社

·北京·

杨晋先

杨晋先照片

杨晋先（1902—1926），四川巴县（现重庆巴南区）人。巴县县立高等小学、巴县初级中学毕业，无锡实业专门学校、上海亚东医学院肄业。祖辈务农，有田产百亩，耕读维持学业。自填登记处为四川巴县鹿角场，通信处为重庆临江门外丁字口街杨家院（转交）。自填入学前履历：中学卒业后，在无锡实业专门学校学木工、建筑两科，今季由上海亚东医学院来考入本校。1922年经文郁周（重庆教育界服务）、邓及刚（重庆教育界服务）介绍加入中国国民党，1924年春由施存统（中共上海区地方执行委员会委员长，中国社会主义青年团第二届中央执行委员，上海大学社会科学部教员，国民党上海特别区党部执行委员）、赵冶人（上海大学教师）举荐投考黄埔军校。1924年5月到广州，1924年6月考入陆军军官学校第一期第三队学习，1924年11月毕业。分发军校教导第一团任见习，1925年1月随部参加第一次东征作战。1925年6月任党军第一旅步兵连排长，随军参加对滇桂军阀杨希闵部、刘震寰部军事行动。1926年7月任国民革命军第一军第一师步兵连连长，随部参加北伐战争。1926年8月在江西铜鼓战斗中阵亡。[1]

---

[1] ①中国第二历史档案馆供稿，华东工学院编辑出版部影印，档案出版社1989年7月《黄埔军校史稿》第八册（本校先烈）第245页第一期烈士芳名表记载1926年8月在江西铜鼓阵亡；②台北《黄埔建国文集》编纂委员会编纂：台北实践出版社1985年6月16日印行《黄埔军魂》第574页"北伐战役殉国英雄姓名表"第一期记载。

杨润身

杨润身（1900—1928），别字润之，别号功超，湖南醴陵人。渌江中等学校、广州大本营军政部陆军讲武学校肄业。醴陵县立中学毕业后，因家道中落辍学，任学校教师，兼治经史，欲成一家之言，抱负尤伟。1923年冬到广州，考入广州大本营军政部陆军讲武学校学习，1924年秋该校并入黄埔军校，1924年11月编入陆军军官学校第一期第六队学习，一说1926年加入中国共产党，1925年2月肄业。分发任军校教导第二团见习、排长，随部参加了两次东征作战。后

杨润身照片

任国民革命军第一军特务营连长，1926年3月"中山舰事件"时退出中共党组织。1926年7月随部参加北伐战争，历任国民革命军第一军第五团队长，国民革命军第六军第十七师步兵营营长，国民革命军第二军政治部宣传科科长，兼中央特派宣传委员会主席，参与两次东征北伐功勋尤著。1927年1月任国民革命军总司令部武汉学兵团队长，1927年7月赴南京负责收容黄埔失散同学。后任国民革命军总司令部补充团营长，浙东警备第一师步兵团营长、代理团长，1927年8月率部参加龙潭战役厥功甚懋。1927年12月福建军阀周荫人被国民革命军东路军击败后，曹万顺部归附国民革命军，编为第十七军，任该军司令部炮兵团团长。1928年5月31日率部攻坚临沂城久攻不下奋勇督战身先士卒，在山东临沂城前中弹阵亡。[1]1929年10

---

[1]　①中国第二历史档案馆供稿，华东工学院编辑出版部影印，档案出版社1989年7月《黄埔军校史稿》第八册（本校先烈）第48页有烈士传略；②中国第二历史档案馆供稿，华东工学院编辑出版部影印，档案出版社1989年7月《黄埔军校史稿》第八册（本校先烈）第243页第一期烈士芳名表记载1928年5月31日在山东临沂阵亡。

月21日国民政府颁布2363号指令："呈据军政部议复前第十七军炮兵团团长杨润身剿匪阵亡,拟照上校平时御乱被戕例给恤。"[1]著有《怎么样才做得"革命军人"的我见》(原载1925年《革命军人》第四期第10页,引自广东省中山图书馆、广州市社会科学院、中山大学图书馆编:广东教育出版社2012年7月《黄埔军校史料汇编》第一辑第一册第54页)等。

---

[1] 国民政府文官处印铸局印行:台湾成文出版社有限公司1972年8月出版《国民政府公报》第32册1929年10月22日第300号颁令第7页记载。

杨溥泉

杨溥泉（1900—1927），原名本祖，别号宗光，
改名文渊，别字溥泉，安徽六安县戚家桥堡人。安
徽省立第二模范小学毕业，安徽省立第一高等师范
学校肄业，安庆省立第一甲种工业学校土木工程科、
芜湖省立第二甲种农业学校毕业，上海大学社会学
系旁听。祖辈务农，家境中等。自填登记处为安徽
六安县戚家桥堡，通信处为六安县西南乡鲍家店杨
恒寿昌药号（转交）。自填入学前履历：省立第二模
范小学校毕业，省立甲种工（业专门学）校初中毕

杨溥泉照片

业，省立第一高等师范学校肄业。参加安庆学生运动和反对省第三届议会贿选的
斗争。1922年6月被推选为安徽省学生联合会（会长舒传贤）常务委员，参加安
庆各界人士反对省第三届议会贿选及曹锟贿选总统的斗争。1922年秋加入中国社
会主义青年团，1924年春到上海大学社会系旁听，由薛子祥（时任国民党上海区
分部委员，前柏文蔚北伐讨贼军第二军司令部顾问）、岳相如 [安徽正阳、长淮
警察厅厅长，安徽六安讨伐张勋淮军总指挥，寿县、凤台淮上讨马（联甲）自治
军司令官] 举荐投考黄埔军校。1924年2月经薛子祥、袁兴周（安徽临时党部派
驻国民党上海执行部联络员）介绍加入中国国民党，1924年春末在上海市环龙路
44号中国国民党上海执行部参加初试，通过初试录取有其与王逸常、许继慎、唐
继盛等人，发给三十元南下旅费，指定唐继盛任组长一同乘船赴广州。[1]1924年
5月4日到达广州，随即参加复试并录取为正取生。1924年6月考入陆军军官学校

---

[1]　鲍劲夫著：解放军出版社 1986 年 7 月出版《许继慎将军传》第 36 页记载。

第一期第三队学习，转为中共党员，参加"中国青年军人联合会"活动，并为中共黄埔支部和"青年军人联合会"骨干分子，1924年11月毕业。分发任军校教导第一团见习、排长，1925年1月随部参加第一次东征作战。后任党军步兵连党代表，1925年6月随军参加对滇桂军阀杨希闵部、刘震寰部军事行动。1925年10月随部参加第二次东征作战时，攻打惠州城时为奋勇队员，立下战功。1925年10月任军校政治部组织科组织员。1926年3月"中山舰事件"后，因中共党员身份暴露而退出军校（或第一军），奉派赴在广州大佛寺举办的高级政治训练班受训。结业后，奉派汕头任工人纠察队大队长。1926年7月北伐战争开始后，任国民革命军第四军第十二师第三十五团营长，1927年4月任国民革命军第二方面军第十一军第二十四师第七十团副团长，随部到九江。1927年8月参加南昌起义，事败后随军南下潮汕。1927年9月25日在潮州协助农军打击地方民团武装时，在作战中负重伤牺牲。

沈利廷

　　沈利廷（1903—?　），广东罗定县泗纶乡人。农家出身，自给尚足。罗定县立中学校毕业。自填登记、通信处为广东罗定泗纶乡。1924年5月15日由黎民瞻（罗定县立学校校长）、黎天珍（罗定县警察局官佐）介绍加入中国国民党，1924年5月由王柏龄（前广州大本营高级参谋，粤军总司令部监军，黄埔军校筹备委员会委员及教授部主任）举荐投考黄埔军校，1924年6月考入陆军军官学校第一期第一队学习，1924年11月毕业。后回乡服务，曾任地方民团武装教练员。抗日战争胜利后，入中央训练团第九军官总队受训，登记为第九军官总队第七大队第三十二中队上校教官，时年42岁，登记居住地址为广州市海珠南路德宣行转。[1]

---

　　[1]　1946年9月1日印行的《中央训练团第九军官总队通讯录》第180页记载。

苏文钦

苏文钦照片

苏文钦（1900—1996），别字日晴、金城，别号关重、日新，湖南醴陵人。醴陵县立中学毕业，广州大本营军政部陆军讲武学校肄业，陆军大学特别班第四期毕业。1923年12月到广东，考入广州大本营军政部陆军讲武学校学习，1924年秋该校并入黄埔军校，1924年11月编入陆军军官学校第一期第六队学习，1925年2月肄业。1925年春任陆军军官学校第二期政治部干事，其间加入中国共产党。后任广州黄埔中央军事政治学校政治部编纂股股长，《青年军人》杂志社编辑，东征军总指挥部政治部宣传科科长，后随部参加北伐战争。任国民革命军第一军第一师连长、少校参谋，第一师第三团营长，国民革命军总司令蒋介石的侍从参谋。1926年12月任国民革命军第二十军政治部招募处处长，第二十军第三师司令部参谋长兼任参谋处处长。1927年8月参加南昌起义，南下时任第二十军第三师司令部参谋长，曾协助师长周逸群指挥守卫潮州城的战斗。起义军南下失利后，奉派返回家乡组织工农武装斗争，任工农革命军攸（县）醴（陵）独立团第一营营长。1928年脱离中共党组织关系，后在南京黄埔同学会登记，任南京中央陆军军官学校教导总队部参谋处参谋，教导总队第二旅司令部参谋主任。1937年1月6日颁令叙任陆军步兵中校。[1]抗日战争全面爆发后，随部参加淞沪会战、南京保卫战，所部损失惨重撤后方整训。后任陆军第八十九师政治训练处副处长，陆军第五十二师政治训练处处长等职。后任陆军第三十九军暂

---

[1] 《中央日报》1937年1月7日记载。

编第五十一师司令部政治部主任、副师长等职。1938年3月入陆军大学特别班第四期学习，1940年4月毕业。1942年7月颁令叙任陆军步兵上校。1942年9月任陆军暂编第五十一师代理师长，率部参加宜昌战役。抗日战争胜利后，任国防部国民革命军战史编纂委员会主任。1948年任长沙绥靖主任公署高级参谋，1949年8月在长沙参加起义。入中国人民解放军中南军政大学南岳分校学习。中华人民共和国成立后，奉派入湖北省中医学校师资班第四期学习，后任武汉师范学院医务室中医师、武汉市人民政府参事室参事、湖北省黄埔军校同学会顾问。晚年定居武汉市汉口台北一村八号寓所。1995年5月为陈予欢编著的《黄埔军校将帅录》题词："黄埔师生为东征北伐和抗日战争作出了重大贡献，他们的功绩将永垂青史。"1996年1月8日因病在武汉逝世。著有《潮汕作战失败纪实》（载于南昌八一纪念馆编："中国共产党历史资料丛书"中共党史资料出版社1987年6月《南昌起义》第457页）、《我在蒋介石身边的点滴回忆》（载于中国文史出版社《中华文史资料文库》第二卷）、《策应宜昌作战的襄西攻势》（载于中国文史出版社《原国民党将领抗日战争亲历记——武汉会战》)、《第二次东征中第二师第四团是主攻部队》（载于中国文史出版社《文史资料选辑》第八十九辑）等。

谷乐军

谷乐军照片

谷乐军（1897—1951），别字自维，湖南耒阳人。耒阳初级师范学校毕业，湖南省立第三师范学校、广州大本营军政部陆军讲武学校肄业。1897年11月14日生于耒阳县一个农户家庭。早年加入湘军，任司书、司务长、副连长。1922年加入中国国民党，任中国国民党长沙市特别党部筹备委员。1923年冬到广州，入广州大本营军政部陆军讲武学校学习。1924年秋该校并入黄埔军校，1924年11月编入陆军军官学校第一期第六队学习，1925年2月肄业。

1925年8月任国民革命军第六军步兵连指导员，1926年7月任国民革命军第六军第十七师补充团党代表，率部参加北伐战争江西战事。1927年7月因第六军裁撤与重组免职，1928年一度返乡闲居。1929年春往南京黄埔同学会登记，入杭州黄埔失散同学训练班及军官训练班受训。1930年5月任南京中央陆军军官学校入伍生团第二营第七连少校连长，1931年4月任中央陆军军官学校武汉分校学生总队步兵第二大队大队长，同年武汉分校裁撤并入南京校本部。1930年8月28日任南京中央陆军军官学校第八期入伍生团（团长惠济）军事训练教官。[1]1932年3月改任南京中央陆军军官学校第八期第二总队步兵第二大队大队长，1932年10月任军事委员会委员长侍从室第三组组长。1933年1月任第十师第二十八旅副旅长，率部参加对鄂豫皖边区红军及根据地的"围剿"战事。1934年1月任陆军第二十师

---

[1] 《黄埔月刊》1930年9月30日版第一卷第4号"本校要闻——目志"一章第4页记载。

第二十八旅第五十七团团长。1935年5月17日颁令叙任陆军步兵中校。[1]1936年1月9日颁令晋任陆军步兵上校。[2]1936年5月8日国民政府颁令委任陆军第十师第三十旅旅长。[3]1936年8月奉派入南京中央陆军军官学校高等教育班第五期受训。1937年7月毕业。抗日战争全面爆发后,任南京中央陆军军官学校教导总队第三旅副旅长,率部参加淞沪会战、南京保卫战。1938年2月任第十四集团军总司令部高级参谋。1939年7月任军政部第十二补充兵训练处副处长,负责训练陆军新编兵员。1941年9月该训练处兵员改编为陆军师,任新编第三十九师副师长,后任暂编第六军司令部参谋长。1942年7月任重庆卫戍总司令部干部训练班学员大队大队长。1944年任湖南湘东南行政公署主任,兼任耒阳县县长及县国民抗日自卫团司令官。抗日战争胜利后,1946年2月因"违法杀人罪"被撤职查办。1947年11月18日颁令叙任陆军少将,同时退为备役,1948年2月16日注销军籍。1948年12月奉派出任国民政府国防部第三厅副厅长,不久因病辞职,返回原籍乡间寓居。中华人民共和国成立后,1951年10月"镇反"运动中,在原籍耒阳被处决。

[1] 国民政府文官处印铸局印行:台湾成文出版社有限公司1972年8月出版《国民政府公报》第93册1935年5月18日第1744号颁令第2页记载。

[2] 国民政府文官处印铸局印行:台湾成文出版社有限公司1972年8月出版《国民政府公报》第102册1936年1月10日第1941号颁令第1页记载。

[3] 国民政府文官处印铸局印行:台湾成文出版社有限公司1972年8月出版《国民政府公报》第107册1936年5月9日第2043号颁令第1页记载。

邱士发

邱士发（1906—1972），又名是膺，广东阳山县新圩乡石角塘村人。前国民革命军第七军军长李宗仁女婿。另载生于1899年12月。其叔伯邱玉如系老同盟会会员，1921年曾任中国国民党广州特别党部干事，兼理海外同乡社，受其影响乡人多追随孙中山。阳山县立高等小学肄业，中央军官训练团高级班结业。家世务农，父为军人。自填登记处为广东阳山县，现寓广州西关黄沙述善前街十号二楼。自填入学前履历：历向在高等小学修业，后当大元帅府卫士队。1923年由堂兄邱堪举荐任孙中山广州大本营警卫队卫士，1923年10月10日经卢振柳（广东东路讨贼军第六路参谋长，粤军第二军总司令部参谋，广州大元帅府大本营参军兼任大本营卫士大队大队长）介绍加入中国国民党，1924年春再由卢振柳举荐投考黄埔军校。1924年6月考入陆军军官学校第一期第四队学习，1924年11月毕业。任陆军军官学校第三期入伍生团区队附、排长，随部参加了两次东征作战和北伐战争。1927年春任国民革命军第一军第二师第五团连长、营长。1931年10月任第五军第八十八师副团长，1932年1月随部参加淞沪抗战。后任第八十八师补充团代理团长。1935年5月17日颁令叙任陆军步兵中校。[1]1936年12月任陆军第一军第一师司令部参谋主任，陆军第一军司令部副官处处长。1937年5月24日国民政府颁令免陆军第一师第一旅司令部参谋职。[2]抗日战争全面爆发后，任中央训练总团办公厅副主任，1944年12月任中央陆军军官学校西安督训处副处长。

---

[1] 国民政府文官处印铸局印行：台湾成文出版社有限公司1972年8月出版《国民政府公报》第93册1935年5月18日第1744号颁令第2页记载。

[2] 国民政府文官处印铸局印行：台湾成文出版社有限公司1972年8月出版《国民政府公报》第124册1937年5月25日第2362号颁令第3页记载。

1945年7月颁令叙任陆军步兵上校。抗日战争胜利后，续任中央陆军军官学校西安督训处副处长。任陕西省第十一区行政督察专员，兼任该区保安司令部司令官。[1]1947年10月任国民政府国防部总务处处长。1949年1月任粤汉、广九、广三铁路警备司令部广州指挥所主任。1949年到台湾，任"国防部"部员。1972年3月6日因病在台北逝世。[2]其故居位于阳山县七拱镇石角塘村，修建于清嘉庆、道光年间，该建筑群由四大镬耳屋组合而成，每座建筑面积均在480平方米以上，最大为840平方米，总建筑面积4507平方米，总占地面积7822平方米，计有房间80个。其住所2000年被当地人民政府辟为"邱士发故居"。[3]

---

[1] 胡健国编著：台北"国史馆"2003年12月印行《近代华人生卒简历表》第167页记载。

[2] 胡健国编著：台北"国史馆"2003年12月印行《近代华人生卒简历表》第167页记载。

[3] 政协广东省委员会办公厅、广东省政协学习与文史资料委员会编：中共党史出版社2007年8月《广东名人故居》第472页记载。

邱企藩

邱企藩（1900—1952），又名绍芳，别字永康，湖南江华人。广州大本营军政部陆军讲武学校肄业。1923年冬到广州，入广州大本营军政部陆军讲武学校学习。1924年秋该校并入黄埔军校，1924年11月编入陆军军官学校第一期第六队学习，1925年2月肄业。分发任入伍生队见习，任宪兵队区队长，1925年6月随部参加对滇桂军阀杨希闵部、刘震寰部军事行动和第二次东征战事。1926年7月随军参加北伐战争，任国民革命军总司令部宪兵营排长、副连长。1927年任上海淞沪警务司令部参谋。1930年11月29日奉南京中央陆军军官学校校务委员会常务委员蒋介石、何应钦令补试录取入军官教育连肄业。[1]1931年任南京中央陆军军官学校宪警第四大队队长、副总队长。1933年12月任陆军第十师第三十旅副旅长，率部参加对鄂豫皖边区红军及根据地的"围剿"战事。1936年3月20日颁令叙任陆军步兵中校。[2]抗日战争全面爆发后，任陆军第十四军第十师第三十旅旅长，率部参加忻口会战。1941年10月任湖南零（陵）道（县）师管区司令部司令官。抗日战争胜利后，1946年7月退为备役。1946年10月当选为湖南省参议会议员。1949年6月任新编第七军第三师师长、副军长兼参谋长，1949年11月6日率部通电起义。中华人民共和国成立后，所部改编后任中国人民解放军零陵军分区第二纵队第三师师长等职。

---

[1]　《黄埔月刊》南京中央陆军军官学校编印第一卷第7号"本校概况——法令"第4页记载。

[2]　国民政府文官处印铸局印行：台湾成文出版社有限公司1972年8月出版《国民政府公报》第105册1936年3月21日第2001号颁令第1页记载。

邱安民

邱安民（1900—? ），湖北黄陂人。湖北省立第一中学毕业。世代务农，家道清贫。自填登记处为湖北黄陂县，住本县西乡方家集新街，通信处为黄陂县西乡方家集新街邱宅。自填入学前履历：湖北第一中学校毕业，曾充两级小学校教职员，前东路讨贼军第三旅司令部军需，广东虎门要塞司令部上尉副官。入湖北省立第一中学毕业。充任县立两级小学校教职员，建国军东路讨贼军第三旅司令部军需，广东虎门要塞司令部上尉副官。1924年1月由孙

邱安民照片

镜（国民党一大湖北省代表，国民党中央党务部副部长，时任国民党上海执行部调查部秘书）、伍芝梧（湖北籍赴上海政界供职）介绍加入中国国民党。1924年春由王度［时任广州大本营参军处参军，出席国民党一大贵州省代表，前广东南韶连督办（何克夫）公署秘书长兼粤北党务特派员］、邱鸿钧（时任广州大本营参军处参议，前东路讨贼军第二军第三旅旅长）介绍投考黄埔军校，1924年6月考入陆军军官学校第一期第三队学习，1924年11月毕业，后服务军界医政。1927年5月1日与36名前五期同学被南京黄埔同学总会指定为总会预备执监委员。[1]1927年5月6日奉会长（蒋中正）指令为黄埔同学改组委员会改组委员。[2]1927年5月12日黄埔同学会在南京东南大学礼堂召开第一届执监委员选举大会，被推选为该

---

[1] 上海《民国日报》1927年5月1日至8日"黄埔同学会改组委员会特别紧要启事"记载。

[2] 上海《民国日报》1927年5月2日至6日"黄埔同学改组委员会通告一"记载。

会执行委员，兼任总务部主任。[1]1928年7月28日奉军事委员会令委任本会营房设计处（处长邱鸿钧）总务科科长。[2]抗日战争全面爆发后，任中央训练团西安军官训练班补给组医务课上校课长等职。

[1]　《民国日报》1927年5月19日"黄埔同学会之新执委会"一文记载。

[2]　《军事委员会公报》1928年8月20日版第12期第27页记载。

邹范

邹范（1899—1929），湖南新宁人。新宁县立高级小学堂、新宁县立中学毕业。自填登记处为湖南新宁县水头村，通信处为新宁大有荣布号转交。自填入学前履历：曾任高小教员及书记官各职。1924年春由谭延闿（国民党第一届中央执行委员、前湖南督军、湘总司令、湖南省省长及国民党湖南支部长，时任驻粤湘军总司令，广州大元帅府大本营内政部部长、建设部部长及大本营秘书长）、陈嘉佑（国民党一大湖南省代表，前湖南讨贼军湘东第一军军长，时任驻

邹范照片

粤湘军第五军军长兼第八师师长）举荐投考黄埔军校，1924年5月1日经金佛庄（前浙江陆军第二师营长，黄埔军校第一期第三队上尉队长）介绍加入中国国民党。1924年5月到广州，1924年6月考入陆军军官学校第一期第三队学习，1924年11月毕业。后随部参加东征作战和北伐战争。历任国民革命军排长、连长，任国民革命军第二方面军第十一军第二十四师营长。1927年8月参加南昌起义，任第十一军第二十四师第七十一团参谋长，曾参加南下作战，后于江西抚州脱离起义部队。1928年春往南京黄埔同学会登记，奉派入中央陆军军官学校高级班受训，后由毕业生调查处派任陆军步兵团上尉服务员、少校团附。1929年春任武汉特别市警察局警察大队中校大队长，1929年9月19日在武昌南湖作战中阵亡。[1]

---

[1]　①中国第二历史档案馆供稿，华东工学院编辑出版部影印，档案出版社1989年7月《黄埔军校史稿》第八册（本校先烈）第246页第一期烈士芳名表记载1929年9月19日在武昌南湖阵亡；②台北《黄埔建国文集》编纂委员会编纂：台北实践出版社1985年6月16日印行《黄埔军魂》第577页"讨逆平乱殉国英雄姓名表"第一期记载。

邹公瓒

邹公瓒照片

邹公瓒（1903—？），别字力之，别号次夫，[1]湖南新化人。新化县立高等小学堂毕业，陆军大学特别班第二期、陆军大学兵学研究院毕业。1903年3月17日（另载生于1903年2月1日）生于新化县一个农户家庭。1924年春到广州，1924年6月考入陆军军官学校第一期第一队学习，1924年夏肄业，现据：①湖南省档案馆校编，湖南人民出版社1989年7月《黄埔军校同学录》第394页、第411页记载为第一期学历；②容鉴光编著：列入台北出版品预行编

目资料，台北博煜企业有限公司2003年6月16日第一版印行《黄埔军校一期研究总成》第63页记载为第一期第一队；《陆军大学特别班第二期同学通讯录》记载其为第一期生。后分发军校教导第一团任见习、排长，1925年1月随部参加第一次东征作战，后任入伍生队区队长。1926年7月随部参加北伐战争，任国民革命军第六军第十九师（师长杨源浚）第五十六团（团长张轸）步兵第二营第五连连长，随部参加攻克江西修水、铜鼓、南昌战役。1927年秋第六军被并编裁撤后免职。1928年赴南京黄埔同学会登记，1929年任南京中央陆军军官学校第八期入伍生总队步兵大队步兵第三队队长，第二大队第五学生队队长、大队附。1934年6

　　[1]　①陆军军官学校编辑、台北文海出版社有限公司印行：近代中国史料丛刊三编第五十七辑《陆军军官学校第一至四队详细调查表》无载；②湖南省档案馆校编，湖南人民出版社1989年7月《黄埔军校同学录》第一期同学录缺载；③台北博煜企业有限公司2003年6月16日第一版印行《黄埔军校一期研究总成》第278页载1946年12月3日参加赴南京任职、公干的81名黄埔一期生在中央训练团聚餐并于办公大楼前合影。

月1日奉军政部颁令委任中央陆军军官学校洛阳分校（主任祝绍周）军官训练班第二总队（总队长陈开甲）第三大队大队长，叙中校。[1]1934年9月入陆军大学特别班第二期学习，1935年5月20日颁令叙任陆军步兵中校，[2]1937年8月陆军大学毕业。抗日战争全面爆发后，仍于陆军大学兵学研究院学习，后随军校迁移西南地区，任南京中央陆军军官学校学员总队队附。1939年11月25日国民政府颁令：陆军步兵中校邹公瓒晋任为陆军步兵上校。[3]后任中央陆军军官学校第六分校第十六期学员总队少将衔总队长，成都中央陆军军官学校第十九期、第二十期督练官。抗日战争胜利后，1946年1月奉派中央训练团受训。1946年12月3日参加赴南京任职、公干的81名黄埔一期生在中央训练团聚餐并于办公大楼前合影。[4]1948年任国民政府国防部第五厅处长、高级参谋。

---

[1] 《军政公报》1934年9月15日版第187号第56页记载。

[2] 国民政府文官处印铸局印行：台湾成文出版社有限公司1972年8月出版《国民政府公报》第93册1935年5月21日第1746号颁令第1页记载。

[3] 国民政府文官处印铸局印行：台湾成文出版社有限公司1972年8月出版《国民政府公报》第145册1939年11月25日渝字第208号颁令第2页记载。

[4] 容鉴光编著：列入台北出版品预行编目资料，台北博煜企业有限公司2003年6月16日第一版印行《黄埔军校一期研究总成》第278页辑录。

陆杰

陆杰照片

陆杰（1898—？），江西赣县人。赣县县立高等小学校毕业，江西豫章法政专门学校、北京法科大学肄业。父从实业，为中产阶级。自填登记处为江西赣县城内南大街白衣庵背，通信处为赣州城内州前街寿兴隆号转交。自填入学前履历：经历江西印花税处劝导员，高（等）审（判）厅收发员，江苏武进县警察署学习警佐，京师一带稽查员，京绥（铁）路局办事员，须至履历者。曾入赣县县立高等小学校毕业，江西豫章法政专门学校肄业。北京法科大学修业一年。充任江西印花税处劝导员，江西省高等审判厅收发，江苏武进县警察署警佐、稽查员，京绥铁路局办事员等职。1924年3月由纪人庆（北京法政大学学生）、王维新（国民党员，北京法科大学学生）介绍加入中国国民党，1924年春由谭熙鸿（孙中山指派出席国民党一大北京特别区代表，时为国立北京大学秘书兼生物学教授，国立浙江大学农学院院长，国民党中央农民部部长）、李大钊（孙中山指派出席国民党一大北京特别区代表并为大会主席团成员，国民党第一届中央执行委员，前北京大学教授）、谭克敏（国民党一大北京特别区代表，前国立北京大学哲学系教员，国民党中央党部秘书）、石瑛（中国国民党第一届中央执行委员，前北京政府众议院议员，原国立北京大学教授）四人举荐投考黄埔军校。1924年6月考入陆军军官学校第一期第四队学习，1924年11月毕业，毕业后从事党务及军队政治工作。1927年4月16日假上海本埠小西门尚文路江苏省立第二师范学校国民革命军东路军前敌总指挥部政治部，参与召开黄埔同学会上海支会筹备大会。会上其与冷欣、杨耀唐、陈超、黄绍美、谭南杰、刘伯龙、陶林英等人被推为筹备委员，并对外发声，务望在沪同学速来本会报名登记。[1]1927年6月24日江西"清党"委员会成立，被推选为该委员会委员（有十一人），兼任情报处（主任董福开）副主任。[2]1928年5月28日任国民革命军第三十二军（军长钱大钧）特别党部筹备委员，[3]1930年10月任黄埔同学会上海支会筹备委员。1931年4月29日获颁六等宝鼎勋章。[4]1933年12月任上海特别市党部书记长，[5]1935年11月出席中国国民党第五次全国代表大会，后事不详。

---

[1] 《民国日报》1927年4月18日"上海黄埔同学支会之筹备"一文记载。

[2] 《民国日报》1927年7月1日"江西清党委员会限期成立"一文记载。

[3] ① 1928年5月28日国民党中央执行委员会召开第141次常务会议决议；② 1928年5月29日上海《民国日报》第一版第一张记载。

[4] 国民政府文官处印铸局印行：台湾成文出版社有限公司1972年8月出版《国民政府公报》第49册1931年4月30日第760号颁令第1页记载。

[5] 1934年7月13日《申报》"上海市保安处特别党部昨日举行代表大会"一文记载。

陆汝畴

陆汝畴照片

陆汝畴（1904—?），别字大洲，广西容县石寨乡烟下龙胆村人。陆汝群堂弟。容县县立初级中学肄业，陆军大学正则班第九期毕业。父宠廷，母李氏，自填家庭主要成员：兄弟六人姐一名。[1]自填登记通信处为广西容县龙胆村陆公馆。1924年5月15日经徐启详（国民党一大广西省代表，国民党广西临时党部指导委员，广西省临时参议会议员）、刘崛（又名玉山，孙中山指定国民党一大广西省代表，广东护法军政府大元帅府咨议，广州大本营参议）介绍加入中国国民党，继由徐启详举荐投考黄埔军校。1924年6月编入陆军军官学校第一期第一队学习，在学期间随第一队赴韶关大本营，担负孙中山警卫事宜，后全队返回军校续学，1924年11月毕业。分发任黄埔军校见习官，东征军第二路指挥部副官，随部参加了两次东征作战。1926年7月随部参加北伐战争，任国民革命军总司令部警卫连连长、营长、少校参谋。1928年12月考入陆军大学正则班第九期学习，1931年10月毕业。任军事委员会陆军整理处广西分处科长、参谋，1935年10月任军事委员会训练总监部上校参谋。1936年12月任军事委员会广州行营高级参谋。1937年5月31日颁令叙任陆军步兵上校。[2]抗日战争全面爆发后，

---

[1] 陆军军官学校编辑、台北文海出版社有限公司印行：近代中国史料丛刊三编第五十七辑《陆军军官学校第一队学生详细调查表》记载。

[2] 国民政府文官处印铸局印行：台湾成文出版社有限公司1972年8月出版《国民政府公报》第125册1937年6月3日第2370号颁令第1页记载。

1938年10月续任军事委员会军事训练部高级参谋，军政部第六补充兵训练分处第一学员总队总队长，陆军第九十三师司令部参谋长、副师长。抗日战争胜利后，1945年10月获颁忠勤勋章，任国民政府广州行营高级参谋室高级参谋。1946年5月获颁胜利勋章。

陆汝群

陆汝群照片

陆汝群（1901—1951），广西容县石寨镇上烟村人。陆汝畴堂兄。广东海军速成学校肄业。自填登记处为广西容县城一里龙胆村陆公馆。自填入学前履历：在本县曾当民团队长兼教练。父从农业，仅足自给。曾任容县民团队长、教练。1924年春由胡汉民（国民党第一届中央执行委员，时任广州大本营总参议，国民党中央政治委员会委员）介绍投考黄埔军校，并介绍其加入中国国民党。1924年6月考入陆军军官学校第一期第一队学习。同年秋随队往韶关大本营，担负孙中山警卫事宜，后全队返回军校续学，1924年11月毕业。分发任教导团见习、排长，随部参加了两次东征作战。1926年7月随军参加北伐战争，历任国民革命军第一军第二师第四团连长、营长。1928年入广州黄埔国民革命军军官学校高级班学习。1929年任南京中央陆军军官学校第一总队第二大队中队长。1936年10月任福州绥靖主任公署上校附员。抗日战争全面爆发后，1938年10月任陆军第八十四军副旅长、旅长。1942年离职返回原籍乡间，在忠正乡小学任教。中华人民共和国成立后，因病停教，1951年在"镇反"运动中被处决。

陈 克

陈克（1898—? ），广东琼山县（现琼山区）沙港人。前广东海军总司令陈策胞弟。广东省立高等师范学校、广东肇庆西江陆海军讲武堂肄业。父从商业，经济中等。自填登记处为广东琼州府琼山县第十八区沙港村，通信处为琼山县第十八区会文市义隆号或纶兴号转交。自填入学前履历：经与邢森洲君在南洋发起组织琼侨同志联合会，被（南洋）庇能支部（国民党）派为暹英各埠党务鼓吹员，后被居留政府借以乱党拘捕勒放回国，民国十二年

陈克照片

（1923年）十二月由前海防司令陈策送入西江陆海军讲武堂肄业。1919年与邢森洲在南洋发起组织琼侨同志联合会，被中国国民党琼崖—庇能支部派为暹英各埠党务宣传员，后为所在国当局以"乱党拘捕"之名遣送回国。1921年8月30日由邢森洲（时任国民党广东支部派南洋党务宣传员，1923年广州大元帅府大本营指派南洋华侨宣慰员并国民党特派员）介绍加入中国国民党，1923年12月由其兄陈策（时任大元帅府广东江海舰队司令官）保送广东西江陆海军讲武堂肄业。1924年春由西江陆海军讲武堂保荐投考黄埔军校。1924年6月考入陆军军官学校第一期第三队学习，1924年11月毕业，后服务社会。

陈坚

　　陈坚（1901—？），安徽宁国人。安徽省立第一中学毕业。书香家庭出身。自填登记处为安徽宁国县西大街。自填入学前履历：曾充北伐讨贼军第二军第一师咨议。曾充北伐讨贼军第二军第一师司令部咨议。1916年在上海由杨虎（安徽宁国人，时任江苏省讨袁联军总司令）介绍加入中国国民党。1924年春由柏文蔚（孙中山指派出席国民党一大安徽省代表，前安徽淮上军总司令，国民党第一届中央执行委员，时任北伐讨贼军第二军军长）、杨虎（国民党一大安徽省代表，前北伐第二军第一师师长，广州大本营参军兼海军处处长）举荐投考黄埔军校，1924年6月考入陆军军官学校第一期第二队学习，1924年11月毕业。后随部参加北伐战争，历任国民革命军连长、营长。抗日战争全面爆发后，任陆军步兵团团长、陆军步兵旅副旅长、师管区司令部副司令官。1945年4月颁令叙任陆军步兵上校。

陈
沛

陈沛（1898—1987），别字度侯，广东茂名县椰子坡仔乡人。广东公立农业专科学校农科毕业，中央训练团将官班结业。祖辈务农，家境贫苦。自填登记处为广东茂名县椰子坡仔乡，通信处为广州市茂名留会转交。自填入学前履历：曾充高等小学教员。曾任县立椰子坡高等小学教员。1898年10月29日生于茂名县椰子坡仔乡一个农户家庭。1924年春由赖翰伯（广东西路讨贼军第三师营长）保荐投考黄埔军校，1924年5月5日到广州，1924年6月13

陈沛照片

日经廖仲恺（孙中山指派出席国民党一大广东省代表，国民党第一届中央执行委员、常务委员、政治委员会委员，广州大本营财政部部长及广东省省长）介绍加入中国国民党。1924年6月16日入陆军军官学校第一期第二队学习，1924年11月毕业。后留校任训练部服务员。1925年起任国民革命军东征军教导团排长、连长、营长，第一军第一师司令部参谋处处长、代参谋长。1927年任国民革命军第一军第一师第一旅第一团团长。1928年10月13日被委派为陆军第九师特别党部筹备委员。1928年10月国民革命军编遣，任缩编后的第一集团军陆军第九师第二十五旅步兵第四十九团团长。1928年10月14日经中国国民党中央组织部提议委派第九师特别党部筹备委员。[1]1929年2月26日被推选为陆军第九师特别党部执行委员。后任第九师第二十五旅副旅长，1930年5月率部参加中原大战。1931年1月任第二军（军长蒋鼎文）第九师（师长蒋鼎文兼）第二十七旅旅长，1931年5月

---

[1] 1928年10月15日中国国民党中央执行委员会召开第159次常务会议决议。

免职，由李良荣接任。1932年任第九师副师长，率部参加对江西红军及根据地的"围剿"战事，参与讨伐福建事变第十九路军军事行动。1934年2月免第十师第二十八旅旅长职，由陈牧农接任，1934年1月28日第六十师师长，率部编遣原第十九路军官兵。1936年1月29日颁令叙任陆军少将。抗日战争全面爆发后，仍任第十八军（军长罗卓英兼）第六十师师长，率部参加淞沪会战。1938年7月任第四十八军副军长。1939年5月15日接关麟征任第三十七军军长，隶属第三十一集团军指挥序列，1943年4月免军长职，由罗奇接任。1940年12月2日国民政府颁令晋任为陆军中将。[1]1944年1月16日任第三战区第三十二集团军总司令部副总司令，第四十三集团军副总司令，浙东前敌总指挥部总指挥官。抗日战争胜利后，1946年1月任中央训练团第六军官总队总队长。1946年12月3日参加赴南京任职、公干的81名黄埔一期生在中央训练团聚餐并于办公大楼前合影。[2]1947年6月广东省政府警保处处长，兼任广西桂南行政区"剿匪"总指挥。[3]1948年1月任第九新兵训练处处长，率部在广东韶关编练新军。1948年12月1日任首都卫戍副总司令，1949年3月接赵霞兼任第四十五军军长，1949年4月23日首都卫戍总司令部裁撤。1949年5月任浙江省绥靖副总司令，后率部转移舟山群岛。1949年秋去台湾，任"国防部"中将高级参谋，增补为"国民大会"代表，任台湾"光复大陆设计研究委员会"委员。1987年12月24日因病在台北荣民总医院逝世。[4]著有《当机立断之八战》等。

［1］ 国民政府文官处印铸局印行：台湾成文出版社有限公司1972年8月出版《国民政府公报》第156册1940年12月4日渝字第315号颁令第1页记载。

［2］ 容鉴光编著：列入台北出版品预行编目资料，台北博煜企业有限公司2003年6月16日第一版印行《黄埔军校一期研究总成》第278页辑录。

［3］ 台北《黄埔建国文集》编纂委员会编纂：台北实践出版社1985年6月16日印行《黄埔军魂》第313页详细记载。

［4］ 台北"国史馆"编纂：2006年12月印行《"国史馆"现藏民国人物传记史料汇编》第三辑第279页记载。

陈
纲

陈纲（1902—1925），又名刚，福建建宁人。福建宁化安远司高等小学、厦门中华中学毕业。父从商业，经济中等。自填登记通信处为福建建宁县城内安远司。自填入学前履历：民国七年（1918年）于福建宁化安远司高小卒业，十二年（1923年）于厦门中华中学校卒业。1918年于福建宁化安远司高等小学毕业。1923年于厦门中华中学毕业。1924年春由林森（中国国民党第一届中央执行委员，前广东护法军政府外交部部长，福建省省长，广州大本营建设部部长兼珠江治河督办）保荐投考黄埔军校，1924年3月经林森、蓝玉田（粤军总司令部供职）介绍加入中国国民党。1924年5月到广州，1924年6月考入陆军军官学校第一期第四队学习，1924年11月毕业。分发任入伍生队见习、党军第一旅第二团步兵第二连排长。1925年6月23日在沙基惨案中阵亡。[1]

陈纲照片

[1]　①中国第二历史档案馆供稿，华东工学院编辑出版部影印，档案出版社1989年7月《黄埔军校史稿》第八册（本校先烈）第245页第一期烈士芳名表记载1925年6月23日在广州沙基阵亡；②台北《黄埔建国文集》编纂委员会编纂：台北实践出版社1985年6月16日印行《黄埔军魂》第573页"东征战役殉国英雄姓名表"第一期记载。

陈劼

陈劼照片

陈劼（1898—1997），又名树英，别名建顽，湖南长沙县东乡人。长沙高等中学、长沙明德中学毕业，汉口明德大学、大本营军政部陆军讲武学校肄业，南京中央陆军军官学校高等教育班第三期毕业，中央步兵学校兵役班肄业。祖辈务农，父为清末学者，曾任吉林省提学使司总务课课长，晚年从教。家中兄弟三人，排行于末。经济中等。自填登记处为湖南长沙东乡纯化镇八区，通信处为长沙老照壁伟伦纸局转交。自填入学前履历：在长沙高等小学

毕业，又在长沙明德中学毕业，在汉口明德大学肄业一年。1898年12月生于湖南长沙县东乡一个乡绅家庭。1906年入本乡私塾启蒙，一年后随兄长赴长沙，考入湖南高等师范附小读书。1913年高小毕业，在其兄长纸店做帮工年余，后返乡随父研读古文。1918年起任小学、中学教师。1918年入长沙明德中学就读，1923年考入汉口明德大学学习。1924年2月家境渐弱，学资不济，只得弃学投军。1924年3月到广州，考入广州大本营军政部陆军讲武学校学习。1924年5月由谭延闿（国民党第一届中央执行委员，前湘军总司令、湖南省省长及国民党湖南支部长，时任驻粤湘军总司令，广州大元帅府大本营内政部部长、建设部部长及大本营秘书长）举荐投考黄埔军校，1924年5月15日经桂永清（前中央直辖讨贼军游击第一旅司令部书记，黄埔军校第一期第二队学员）、李汉藩（前湘南学生联合会总干事，黄埔军校第一期第二队第四分队学员）介绍加入中国国民党。1924年6月考入陆军军官学校第一期第二队学习，1924年11月毕业。分发任教导第一团见习、排长，1925年1月随部参加第一次东江作战负伤，回家休养痊愈后，1925年8月

返回广东，任国民革命军第一军第三师第九团第二连连长。1926年7月随部参加北伐战争，任北伐军兵站总监部郴州分站少校站长，北伐军兵站总部第三分站站长。1927年任国民革命军总司令部补充团营长，浙江杭州军事训练班管理科科长，1928年10月任南京警察厅警察训练所队长。1930年起，任第六路军总指挥部中校参谋，1933年8月调入南京军事委员会总政治部任中校服务员，其间奉派赴河南、湖北等地视察师级单位政治训练事宜。1934年奉派南京中央陆军军官学校高等教育班第三期学习，1935年毕业。1936年3月14日颁令叙任陆军步兵中校。[1]1936年12月任军事委员会武汉行营办公厅中校服务员，1937年5月奉派入军事委员会训练总监部兵役训练班受训，结业后任湖南长岳师管区筹备处中校处员。抗日战争全面爆发后，任湖南省政府保安处上校附员，兼任长沙防空司令部主任参谋及荣誉团团长。1940年3月调任湖南宝永师管区司令部补充第四团团长。后任军政部第十七补充兵训练处第二团团长，湖南衡未师管区司令部上校附员。1945年1月任军事委员会高级参谋，兼任军事委员会参谘事务室考核组组长，负责考察各地参谘人员情况。抗日战争胜利后，奉派入中央训练团受训，登记为少将团员，1946年3月结业。1946年11月颁令叙任陆军步兵上校。1946年12月3日参加赴南京任职、公干的81名黄埔一期生在中央训练团聚餐并于办公大楼前合影。[2]1947年10月任联合后方勤务总司令部少将附员，兼任点验督导第九组组长。后返回长沙定居，参加了"湖南人民自救委员会"筹划起义活动。1948年7月任长沙绥靖主任公署少将高级参谋，湖南第一兵团司令部参议。1949年8月随部参加湖南和平起义，中华人民共和国成立后，奉派入中国人民解放军湖南军政大学学习，1952年10月转业到地方，在家寓居赋闲，1953年10月安排入长沙军属加工厂做工。1955年5月任湖南省人民政府参事室参事、湖南省政协委员。1997年11月12日因病在长沙逝世。

---

[1] 国民政府文官处印铸局印行：台湾成文出版社有限公司1972年8月出版《国民政府公报》第105册1936年3月15日第1996号颁令第1—2页记载。

[2] 容鉴光编著：列入台北出版品预行编目资料，台北博煜企业有限公司2003年6月16日第一版印行《黄埔军校一期研究总成》第278页辑录。

陈武

陈武照片

陈武（1906—1983），原名光武，[1]别字翊中，原载籍贯广东琼山，[2]另载广东文昌县（今文昌市）会文镇沙港村人。[3]文昌县立高级小学毕业，文昌县立初级中学修业，广东肇庆西江陆海军讲武堂、日本陆军步兵学校、陆军自动车学校、南京陆军大学参谋班第二期毕业。1906年3月30日生于文昌县会文镇沙港村一个农商家族。父从农商，入可敷出。自填登记处为广东琼州琼山第十八区沙港村，通信处为琼山第十八区会文新市纶兴号转交。自填入学前履历：县立高等小学及本县初级中学毕业，西江陆海军讲武堂肄业。1924年春由戴戟（西江陆海军讲武堂堂长）保荐投考黄埔军校，1924年5月到广州，1924年6月考入陆军军官学校第一期第三队学习，1924年11月毕业。后任第二期入伍生队服务员、区队附。1925年起任黄埔军校教导团第三营第九连排长、学兵连长，随部参加了两次东征作战。1926年7月随部参加北伐战争，任国民革命军第三师第九团第二营副营长，第十四师第四十三团第二营营长、副团长、团长。1928年4月任第一军第十四师第三团团长，率部参加第二期北伐战事。1928年10月奉派赴日本留学，先入日本陆军步兵学校学习，继入日本陆军自动车学校就读与实习，1931年秋回国。1931年12月起任第十四军司令部副官处处长，第八十三师

---

[1] 范运晰编著：南海出版公司1993年11月《琼籍民国将军录》第282页记载。

[2] 湖南省档案馆校编：湖南人民出版社1989年7月《黄埔军校同学录》记载。

[3] 范运晰编著：南海出版公司1993年11月《琼籍民国将军录》第282页记载。

第二四九旅步兵第四九八团团长，1933年随部参加长城古北口抗日战事。1934年1月任第八十三师第二四八旅旅长，率部参加对福建事变第十九路军讨伐战事，参与对江西红军及根据地的第五次"围剿"战事。1935年5月9日叙任陆军步兵上校。[1]抗日战争全面爆发后，1937年8月14日国民政府颁令免第八十三师第二四九旅旅长职。[2]1937年9月3日国民政府颁令任命为第八十五师副师长。[3]率部参加淞沪会战。1937年10月22日颁令晋任陆军少将。[4]1938年4月任第八十三师师长，率部参加晋东南抗日战事。1942年7月23日任第十四军副军长，后任第十五军（军长刘茂恩）副军长，第七十九军副军长，率部参加豫南会战、枣宜会战诸役。1944年12月26日任中国远征军第九十七军军长。抗日战争胜利后，1946年12月3日参加赴南京任职、公干的81名黄埔一期生在中央训练团聚餐并于办公大楼前合影。[5]1947年春任新编第一军副军长，兼任整编第九十师师长。1948年9月22日颁令叙任陆军中将，1948年10月任第五兵团司令部副司令官，兼任第九十军军长。1949年秋去台湾，任"国防部"中将高级参谋、附员。1983年6月29日因病在台北逝世。[6]著有《短途突击之研究和对策》《倭寇对我作战之教训》《日本作战要务令》等。1975年3月在台黄埔同学举行"东征棉湖大捷五十周年"纪念活动，其撰文《棉湖大捷五十年》以示纪念。

---

[1]　国民政府文官处印铸局印行：台湾成文出版社有限公司1972年8月出版《国民政府公报》第93册1935年5月10日第1737号颁令第4页记载。

[2]　国民政府文官处印铸局印行：台湾成文出版社有限公司1972年8月出版《国民政府公报》第128册1937年8月16日第2433号颁令第1页记载。

[3]　国民政府文官处印铸局印行：台湾成文出版社有限公司1972年8月出版《国民政府公报》第129册1937年9月4日第2449号颁令第1页记载。

[4]　国民政府文官处印铸局印行：台湾成文出版社有限公司1972年8月出版《国民政府公报》第130册1937年10月23日第2491号颁令第1页记载。

[5]　容鉴光编著：列入台北出版品预行编目资料，台北博煜企业有限公司2003年6月16日第一版印行《黄埔军校一期研究总成》第278页辑录。

[6]　①台北"国史馆"编纂：2006年12月印行《"国史馆"现藏民国人物传记史料汇编》第九辑第308页记载；②刘绍唐主编：台北传记文学出版社1999年10月15日印行《民国人物小传》第八辑记载。

陈 述

陈述（1906—1925），浙江浦江县古塘乡人。前广东虎门要塞司令部司令官李雄夫堂侄。浦江县古塘初级小学、古塘高等小学、浙江第二中学毕业。祖辈务农，入可敷出。自填登记处为浙江浦江县古塘，通信处为浦江县黄宅市正泰昌宝号转古塘。自填入学前履历：民国九年（1920年）毕业于高等小学校，十年（1921年）考入本省省立第一中学校肄业二年。浦江县古塘高等小学毕业。1921年入浙江省立第十中学肄业二年。1924年春由俞飞鹏（前粤军总司令部审计处代处长，孙中山指定黄埔军校筹备委员会委员）、王柏龄（前广州大本营高级参谋，粤军总司令部监予，黄埔军校筹备委员会委员）举荐投考黄埔军校，1924年5月15日经王柏龄、俞飞鹏介绍加入中国国民党。1924年5月到广州，1924年6月考入陆军军官学校第一期第三队学习，其间加入中国共产党，1924年11月毕业。分发任黄埔军校教导第一团见习，后任步兵连排长、副连长。参加中国青年军人联合会及"火星剧社"活动，其间曾致信叔父李雄夫称："革命二字，宜用血写，不宜以墨写。"[1]1925年1月随部参加第一次东征作战，临行前李雄夫设家宴为其送行，李雄夫勉励"愿汝前进而死，不愿你退后而生"，其慨然应允。1925年2月15日参加敢死队，在攻打广东惠阳淡水城前，其率敢死队冲锋时身中数弹牺牲。[2]

---

[1] 卜穗文著：《在第一、二次东征中牺牲的黄埔军校共产党员》，载于1993年《广州党史研究》。

[2] ①中国第二历史档案馆供稿，华东工学院编辑出版部影印，档案出版社1989年7月《黄埔军校史稿》第八册（本校先烈）第244页第一期烈士芳名表记载1925年2月在广东阵亡；②台北《黄埔建国文集》编纂委员会编纂：台北实践出版社1985年6月16日印行《黄埔军魂》第573页"东征战役殉国英雄姓名表"第一期记载。

陈
烈

陈烈（1902—1940），别字石经，广西柳城人。广州大本营军政部陆军讲武学校肄业，陆军大学特别班第二期毕业。1902年2月23日（另载1903年1月26日）生于柳城县境一个农户家庭。1923年考入广州大本营军政部陆军讲武学校学习，1924年秋该校并入黄埔军校，1924年11月编入陆军军官学校第一期第六队学习，在学期间加入中国共产党，1925年2月肄业。任黄埔军校教导一团连党代表，随部参加第一次东征作战，1925年6月随军参

陈烈照片

加对滇桂军阀杨希闵部、刘震寰部军事行动，后任国民革命军第六军（军长程潜）第十九师步兵第五十六团团附、代理团长，率部参加北伐战争攻克南京战事。1927年任国民革命军第六军第十七师第五十一团团长，1927年6月该军被裁撤后重组，免职后南下广州，1927年12月11日参加广州起义军事活动，失败后避居香港。1929年潜回南京，参与邓演达组织的"第三党"活动，发起组成"黄埔革命同学会"，在黄埔同学中发展成员扩充组织。1931年与邓演达等在上海租界同时被捕，后被引渡南京监狱关押。其与黄雍、徐会之等一期同学及各期黄埔生被最高当局宽恕赦免，保释出狱后到南京黄埔同学会登记。经推荐重新出任陆军第十四师第四十旅第八十二团团长，后任该师第七十九团团长，补充旅副旅长。1933年任陆军第十四师第四十旅旅长，1933年10月任陆军第九十九师副师长，率部参加对福建事变第十九路军及江西红军根据地的"围剿"战事。1934年9月入陆军大学特别班第二期学习，1935年5月9日颁令叙任陆军

步兵上校，[1]1936年10月22日颁令叙任陆军少将，1937年8月毕业。抗日战争全面爆发后，任陆军第九十二师师长，陆军第五十四军第十四师师长，率部参加淞沪会战、南京保卫战。所部因转战数月减员过半，兵员缩编为一个旅。1938年5月奉派入军事委员会战时将校研究班受训，并任学员大队第一分队分队长，1938年7月结业，原部队经整补后恢复番号，续任陆军第十四师师长，率部参加武汉会战，后赴江西参加德安战役。1939年1月获颁陆海空军甲种一等勋章。1939年2月任陆军第五十四军副军长，兼任陆军第十四师师长，其间兼任军事委员会南岳游击干部训练班政治部主任。1939年7月任第五十四军军长，统辖第十四师（师长阙汉骞）、第五十师（师长张琼、杨文瓐）、第一九八师（师长王育瑛），[2]率部先后参加第一次长沙会战，在洞庭湖一带抗击日军。1940年率部驻防广西靖西地区，1940年10月31日在富宁县因拔牙感染败血症逝世，按遗嘱将其遗体运至南岳络丝潭安葬，后葬于湖南衡山南岳山麓忠烈祠。[3]

[1] 国民政府文官处印铸局印行：台湾成文出版社有限公司1972年8月出版《国民政府公报》第93册1935年5月10日第1737号颁令第4页记载。

[2] ①台北"国史馆"编纂：2006年12月印行《"国史馆"现藏民国人物传记史料汇编》第十二辑第348页记载；②刘绍唐主编：台北传记文学出版社1999年10月15日印行《民国人物小传》第十辑记载。

[3] 国民政府文官处印铸局印行：台湾成文出版社有限公司1972年8月出版《国民政府公报》第157册1941年1月11日渝字第326号颁令第1页记载。

陈

铁

陈铁（1899—1982），原名永桢，别号志坚，贵
州遵义县团溪西坪窝园人。遵义县团溪高等小学、
贵州省立遵义中学堂（后改为省立第三中学）、陆军
大学特别班第一期毕业。中央军官训练团第二期结
业。父秉忠公，母赵氏，祖辈务农，耕读谋生，经济
中等，系小地主兼碾坊老板。自填登记处为贵州遵义
县南乡西坪，通信处为遵义县团溪场枫香坪赵国泉
先生代收转西坪。自填入学前履历：民国八年（1919
年）贵州遵义县立中学毕业，九、十两年（1920—

陈铁照片

1921年）本乡小学任教，十一年（1922年）业商，十二年（1923年）湖南陆军
第一师学兵队毕业。1899年9月3日生于遵义县团溪西坪一个商绅家庭。1912
年春团溪高等小学堂毕业，1917年至1920年在遵义中学堂学习。1921年年初在
团溪女子小学堂任教近一年，1922年年初辞职随父从事商贩。后赴湖南加入湘
军，任湘军第四师（师长唐生智）步兵连士兵、文书等职，1923年春熊克武率
领靖国川军经湖南赴广东，随部队到广州，仍任步兵连文书等职。1924年春由
刘尔崧（时任国民党广州区临时党部执行委员，国民党中央执行委员会工人部干
事，广州工人代表大会执行委员会主席，中共广东区地方执行委员会工人运动委
员会书记）、张善铭（时任广州新学生社主任，中共广东区地方执行委员会国民
运动委员会委员）推荐投考黄埔军校，1924年5月15日经曹石泉（原广州孙中山
陆海军大元帅府副官，广东海防陆战队第二营营长，黄埔军校第一期第二队区队
长）、蒋先云（前中共湘区水口山矿支部书记，中共领导下的安源路矿工人俱乐
部路局秘书，黄埔军校第一期第一队学员）介绍加入中国国民党。1924年6月考

入陆军军官学校第一期第二队学习，1924年11月毕业。历任黄埔军校教导第一团第一营排长，党军第一旅第一团步兵连连长，随部参加了两次东征作战、对滇桂军阀杨希闵部、刘震寰部军事行动。1925年8月国民革命军成立时，任第一军第三师（师长谭曙卿）第九团（团长卫立煌）第一营（营长曹渊）副营长，随部驻防广东潮州地区，1926年3月任第三师第九团第一营营长。1926年7月誓师北伐时，任国民革命军第一军第三师（师长谭曙卿、顾祝同）第七团团长，率部参加北伐战争闽赣浙战事。1927年8月率部参加龙潭战役，回应卫立煌等人策动蒋介石复职事宜。1928年春任南京卫戍司令部特务团团长，1929年12月保送陆军大学特别班第一期学习，与卫立煌为同期学员，在学期间被张治中任为南京中央陆军军官学校第七期军士教导营（营长汤恩伯）副营长，后任中央教导第一师（师长冯轶裴）第四团团长，参与组建重机关枪团，并兼任团长，后获准返回陆军大学续学，1931年10月毕业。历任陆军第十四军（军长卫立煌）第八十三师（师长蒋伏生）副师长，兼任该师第二四九旅旅长，率部参加对鄂豫皖边区红军及根据地的"围剿"作战，后率部参加古北口抗日战事。1933年1月随卫立煌部南下福建，率部参加对福建政府和第十九路军的"围剿"作战。1933年4月起率部参与对闽赣边区红军及根据地的"围剿"战事，其间率部先后驻防福建泉州地区和江西南丰地区。1935年4月17日颁令叙任陆军少将。1935年9月奉命整编贵州军阀部队，部队三个月后编成，1935年10月5日任陆军第十四军（军长李默庵）第八十五师师长，率部驻防四川万县地区。1936年春率部迁移南京浦镇，经整编后由原来三团扩编为两旅四团，统辖步兵第二五三旅（旅长陈鸿远）、第二五五旅（旅长郝家骏）等部，驻防安徽蚌埠地区。抗日战争全面爆发后，率部赴河北保定参战，隶属第一战区第十四集团军（总司令卫立煌）指挥，继而率部参加忻口会战、晋南战役、中条山战役诸役。1938年5月10日国民政府颁令陆军少将陈铁晋任为陆军中将。[1]在此期间曾随卫立煌拜会朱德、刘少奇、彭德怀等中共领导人。1938年6月21日任第二战区南路军（前敌总指挥卫立煌）第三十三军团（军团长李默庵）第十四军军长，统辖第十师（师长彭杰如）和第八十五师（师长陈

---

[1] 国民政府文官处印铸局印行：台湾成文出版社有限公司1972年8月出版《国民政府公报》第133册1938年5月11日渝字第47号颁令第1页记载。

鸿远）等部。1940年8月22日任第五集团军副总司令，1941年12月任第二战区第四集团军总司令部副总司令，兼任第十四军军长，1942年10月任第一战区（司令长官卫立煌、蒋鼎文）第三十六集团军总司令部副总司令，兼任第十四军军长。1943年春被迫辞去第十四军军长职，调任第九战区第十九集团军总司令部副总司令职。1944年夏因父亲病故，请假返回遵义，抗日战争胜利后，仍在原籍寓居，后被发表为第一方面军第一集团军总司令部副总司令。1946年6月奉派入中央军官训练团第二期受训，并任学员大队大队长，1946年8月结业再返回原籍。1947年3月获颁四等云麾勋章。1948年1月应卫立煌召集赴沈阳，1948年1月30日任东北"剿匪"总司令部副总司令，1948年9月兼任"剿总"锦西葫芦岛指挥所主任，不久即辞职。1948年10月上旬离开沈阳，先飞赴天津后到南京。1948年12月返回贵州遵义居住，1949年春参与组建陆军总司令部第八编练司令部，1949年4月任该编练司令部司令官，训练军士教导总队（辖三团兵员），后该总队改编为第二七五师，指派其族弟、原总队长陈德明（黄埔军校第四期步兵科毕业）任师长，其间与中共党组织联系策划起义。1949年9月1日奉命赴重庆受蒋介石召见，[1] 1949年9月发表为贵州绥靖主任公署副主任，仍返回原籍寓居。中华人民共和国成立后，于1949年11月陆军第二七五师按照其指示，在贵州黔西通电起义，后开赴遵义接受改编。[2] 1950年2月任西南军政委员会（主席刘伯承）委员，兼任农林部部长，1953年3月任西南行政委员会委员。其间加入民革贵州省地方组织，1955年3月卫立煌从香港返回，其曾为卫的归来和任职而奔走。1955年2月任贵州省人民委员会委员，同年4月任贵州省人民政府农林水利局局长，1958年7月任贵州省人民委员会委员，贵州省人民政府林业厅厅长，后曾当选贵州省第一、二、三、五届人大代表，民革贵州省委员会副主任委员，1956年2月当选为民革第三届中央委员，1958年11月当选为民革第四届中央委员，1979年10月再度当选为民革第五届中央委员。1963年12月任贵州省人民委员会副省长，1980年1月任贵州省人民政府副省长。1959年12月、1964年1月和1977年11月当选为贵州

---

[1] 台北"国史馆"编纂：2006年12月印行《"国史馆"现藏民国人物传记史料汇编》第九辑第314页记载。

[2] 杨牧、袁伟良主编：河南人民出版社2005年11月《黄埔军校名人传》上册第842页记载。

省第一届至第三届政协副主席。1959年4月和1965年1月当选为第二、三届国防委员会委员。1954年12月、1959年4月、1964年12月和1978年2月任第二届至第五届全国政协委员。1982年2月19日因病在贵阳逝世。著有《我所了解的卫立煌》（载于中国文史出版社《文史资料存稿选编——军政人物》上册）、《我与卫立煌》（载于贵州人民出版社《贵州文史资料选辑》1988年第二十四辑）、《抗战回忆记》（稿）等。

陈琪

陈琪（1894—1971），别字凹居，浙江诸暨县店口人。祖辈务农，无地产，家境贫穷。诸暨县立巅口镇高等小学、诸暨县立初级中学毕业，浙军干部学校肄业，中央军官训练团将官班结业。自填入学前履历：民国八年（1919年）二月充浙军司令部稽查，四月至十一月入（浙军）干部学校，九年（1920年）九月充任浙军司令部差遣。1894年10月26日生于诸暨县店口一个耕读家庭。1919年年初任浙江陆军司令部稽查，1919年5月入浙军

陈琪照片

干部学校学习，1920年春充任浙军司令部差遣。1924年春由张席卿（又名家瑞，黄埔军校筹备委员会委员，入学试验委员会委员，黄埔军校校长办公室少校中文秘书）保荐投考黄埔军校，1924年5月15日经周品三（黄埔军校第一期第一队第六分队学员）、杨步飞（前广州大元帅府卫士大队卫士，黄埔军校第一期第一队第七分队分队长）介绍加入中国国民党。1924年5月到广州，1924年6月考入陆军军官学校第一期第一队学习，1924年11月毕业。分发任黄埔军校教导第一团见习、排长，继任陆军军官学校第三期入伍生队区队附，1926年3月任中央军事政治学校第四期步兵科步兵大队区队附。1926年7月任国民革命军第一军第一师连长、营长，随部参加北伐战争。1928年8月国民革命军编遣，任缩编后的第一集团军第二军（军长蒋鼎文）独立旅第二团团长，后任陆军第九师第二十七旅旅长。1929年2月26日被推选为陆军第九师特别党部执行委员。1931年任军事委员会委员长侍从室少将参谋。1933年12月任第八十师师长。1935年4月13日颁令叙任陆军少将。1936年1月1日获颁四等宝鼎勋

章。[1]1936年10月5日颁令叙任陆军中将。抗日战争全面爆发后,任第四集团军第二军第八十师师长,第一〇〇军军长,兼任陆军八十师师长,第二十五集团军第一〇〇军军长。1942年7月因弃守福州,被撤职交军法审判,1945年秋获释。抗日战争胜利后,1946年1月奉派入中央军官训练团将官班受训,1946年3月结业。1946年7月办理退役。为求生计在南京、上海等地营商。中华人民共和国成立后,于宁波办私营商行,"镇反"运动时被捕,后获宽大处理释放。1971年因病在济南逝世。[2]

---

[1] 国民政府文官处印铸局印行:台湾成文出版社有限公司1972年8月出版《国民政府公报》第102册1936年1月2日第1936号颁令第13页记载。

[2] 汪本伦、王苗夫主编:团结出版社2006年5月《中国国民党诸暨籍百卅将领录》第110页记载。

陈 皓

陈皓（1897—1927），别字大明，湖南祁阳人。
父从商，经济中等。祁阳县四歧乡高等小学、湖南
省立第六中学毕业，广东肇庆西江陆海军讲武堂肄
业。自填登记通信处为湖南祁阳县四歧乡。自填入
学前履历：民五（1916年）到县地方联合团，七年
（1918年）充靖国军陆军第三师独立工兵营司务长，
十二年（1923年）充大本营军政部警卫团上尉附官。
1916年任本县地方民团队长。1918年充任靖国军陆
军第三师独立工兵营司务长。1923年任广州大本营

陈皓照片

军政部（部长程潜）警卫团上尉副官。1924年春由西江陆海军讲武堂保送黄埔军
校。1924年5月到广州，1924年6月考入陆军军官学校第一期第一队学习，在学
期间加入中国共产党，1924年11月毕业。任黄埔军校第三期学生队区队长。1926
年7月随部参加北伐战争，任国民革命军第四军第十二师第三十五团下属排长、
连长。1927年4月任武汉国民政府警卫团第二营副营长，后任第十一军第二十四
师新兵训练处新兵营营长，第二方面军警卫团第二营营长。1927年10月随部参加
湘赣边界秋收起义，任工农革命军第一师（师长余洒度）第一团第一营营长。三
湾改编后，任工农革命军第一师（师长余洒度）第一团团长。1927年12月红军
攻打茶陵战斗时，与该团副团长韩壮剑和团参谋长徐庶等人率部脱离，被逮捕后
枪决。

陈赓

陈赓照片（一）

陈赓（1903—1961），原名庶康，别字传瑾，化名王庸、陈广。湖南湘乡人。自填登记处为湖南湘乡县二都，通信处为湘乡二都柳树铺羊吉安陈立本堂交。自填入学前履历：民国六年（1917年）毕业于县立中学校。1903年2月27日生于湘乡县龙洞乡泉湖村一个农户家庭。1916年入湘军当兵，1921年脱离湘军，在长沙铁路局当办事员，结识何叔衡、郭亮等中共早期领导人。1922年12月加入中国共产党。[1]1923年10月由夏曦（国民党一大湖南省代表，国民党湖南组织筹备处负责人，国民党湖南临时党部委员及书记长，中共湖南区执委会委员及湖南学生联合会干事部主任）、刘春仁（安化县立甲种师范学校教员）介绍加入中国国民党。1923年12月到广州，入广州大元帅府大本营军政部陆军讲武学校。1924年5月由陆军讲武学校保送，再由谭延闿（国民党第一届中央执行委员，前湘军总司令、湖南省省长及国民党湖南支部长，时任驻粤湘军总司令，广州大元帅府大本营内政部部长、建设部部长及大本营秘书长）保荐投考黄埔军校，1924年6月考入陆军军官学校第一期第三队学习，1924年11月毕业。历任中共黄埔军校特别支部候补干事，[2]第二期入伍生队连长，第三期步兵科副队长，中央军事政治学校第四期步兵科第一团第七连连长，随部参加两次东征

---

[1] 王健英著：广东人民出版社2000年1月《中国红军人物志》第474页记载。

[2] 廖盖隆主编：中共中央党校出版社2001年6月《中国共产党历史大辞典》增订本第333页记载。

陈赓照片（二）

作战。1926年9月奉派赴苏联海参崴学习军事，[1]1927年2月回国，任国民革命军第二方面军总指挥部特务营营长，1927年4月到武汉参加中国共产党第五次全国代表大会。[2]1927年8月随部参加南昌起义，任起义军政治保卫处委员，第二十军第三师第六团第二营营长。失败后经香港转赴上海治腿伤，后在上海任中共中央军事委员会特务科科长，中央特科（时任负责人顾顺章）第二科科长。1931年9月奉派入鄂豫皖边区，任红军第四军第十三军第三十八团团长，红军第四方面军第四军第十三师师长。负重伤后转上海治愈，1933年3月在上海被捕，蒋中正曾赴南昌当面劝降未遂，[3]获释后赴江西。历任彭（湃）杨（殷）步兵学校校长，红军干部团团长，参加红军第一方面军长征。1936年任红军第一军团第一师师长。抗日战争全面爆发后，1937年8月任国民革命军第八路军（后改为第十八集团军）第一二九师（师长刘伯承）第三八六旅旅长、师军政委员会委员，率部开赴太行山区，参与指挥对日军的神头岭、响堂铺、长乐村之战，创建冀鲁豫边敌后抗日根据地，所率第三八六旅是中共抗日武装与日军交战最多部队。[4]1940年起任八路军太岳军区司令员及太岳纵队司令员。1941年10月延安成立黄埔同学分会，被推选为理事。[5]1943年到延安，入中共中央党校学习。1945年5月出席七大，当选中共第七届候补中央委员。抗日战争胜利后，1946年1月任军事调处执行部驻太原第三小组中共方面代表，后任西北野战军第四纵队司令员，太岳兵团司令员，第二野战军第四兵团司令员兼政委。中华人民共和国成立后，任中国人民解放军西南军区副司令员。1950年3月任云南省人民政府主席，

---

[1] 倪兴祥主编：上海人民出版社2006年6月《中国共产党创建史辞典》第552页记载。

[2] 中共中央党史研究室第一研究部编著：上海人民出版社2007年10月《中国共产党第一至第六次全国代表大会代表名录》第233页照片记载。

[3] 中共党史人物研究会编纂：陕西人民出版社1882年10月《中共党史人物传》第二十三卷第1页记载。

[4] 刘绍唐主编：台北传记文学出版社1999年10月15日印行《民国人物小传》第十辑记载。

[5] 陈予欢编著：广州出版社1998年9月《黄埔军校将帅录》第545页记载。

兼任云南省军区司令员。1950年7月应邀率军事顾问团赴越南协助作战。1951年8月任中国人民志愿军第三兵团司令员、志愿军副司令员。1952年6月回国，任中国人民解放军军事工程学院院长，1954年10月任中国人民解放军副总参谋长。1955年9月被授予中国人民解放军大将军衔。1958年9月兼任国防科学技术委员会副主任，1959年9月任中华人民共和国国防部副部长。是第一、二届国防委员会委员，中共第八届中央委员。1961年3月16日因病在上海逝世。著有《从南昌到汕头》（载于南昌八一纪念馆编："中国共产党历史资料丛书"中共党史资料出版社1987年6月《南昌起义》第239页）、《陈赓日记》、《挺进豫西》、《在祖国南部边疆的三次追歼战》、《我的自传》、《孙中山先生之死》（原载1925年《革命军人》第四期第3页，引自广东省中山图书馆、广州市社会科学院、中山大学图书馆编：广东教育出版社2012年7月《黄埔军校史料汇编》第一辑第一册第47页）等。1988年被中华人民共和国中央军事委员会确定为中国人民解放军军事家，并誉为无产阶级革命家、军事家。其三个儿子均为人民解放军将领，次子陈知建，任中国人民解放军重庆警备区副司令员，少将军衔，2010年春中央新闻制片厂拍摄大型历史文献纪录片《黄埔军校》，被聘任为摄制组顾问；三子陈知庶，任中国人民解放军甘肃省军区司令员，少将军衔，黄埔军校同学总会副会长；四子陈知涯，任中国国际战略基金会秘书长、中国人民解放军军事科学院外军研究部研究员，少将军衔。

陈上秉

陈上秉（1902—1928），江西赣县人。[1]1924年春到广州，1924年6月考入陆军军官学校第一期学习，1924年10月肄业。分发任黄埔军校教导第二团见习、排长，1925年1月随部参加第一次东征作战，1925年6月随军参加对滇桂军阀杨希闵部、刘震寰部军事行动。1925年8月任国民革命军第一军第二师下属排长，1925年10月随部参加第二次东征战事。1926年7月随部参加北伐战争，任国民革命军第一军第十四师第四十团第十二连连长、第二营营长。1928年4月17日在山东滕县（今滕州）作战中阵亡。[2]

---

[1] ①湖南省档案馆校编，湖南人民出版社1989年7月《黄埔军校同学录》第一期名单无载；②陆军军官学校编辑、台北文海出版社有限公司印行：近代中国史料丛刊三编第五十七辑《陆军军官学校第一至四队学生详细调查表》缺载，现据：①台北《黄埔建国文集》编纂委员会编纂：台北实践出版社1985年6月16日印行《黄埔军魂》第574页"第一期北伐战役殉国英雄姓名表"记载；②中央陆军军官学校追悼北伐阵亡将士特刊《黄埔血史》第一期英烈芳名录第27页记载。

[2] 中国第二历史档案馆供稿，华东工学院编辑出版部影印，档案出版社1989年7月《黄埔军校史稿》第八册（本校先烈）第248页第一期烈士芳名表记载1928年4月17日在山东滕县阵亡。

陈大庆

陈大庆照片

陈大庆（1905—1973），别字养浩，江西崇义人。崇义县大江普育高等小学毕业，广州大本营军政部陆军讲武学校肄业。1905年11月4日生于崇义县一个农户家庭。1923年秋到广州，考入广州大本营陆军讲武学校学习。1924年秋该校并入黄埔军校，1924年11月编入陆军军官学校第一期第六队学习，1925年2月肄业。分发黄埔军校教导团任见习、排长，随部参加了两次东征作战。1926年7月任国民革命军第一军第二十师步兵连连长，随部参加北伐战争。1928年任南京中央陆军军官学校第六期队长，中央陆军军官学校武汉分校第七期大队长。[1]1928年10月13日被委派为第八师特别党部筹备委员。1930年11月兼任中央陆军军官学校武汉分校财政监察委员会委员。[2]1932年后任第八十九师第二六七旅第三五四团团长、副旅长。1936年5月18日颁令叙任陆军步兵上校。[3]任第十三军第四师第十旅旅长、副师长。抗日战争全面爆发后，1937年8月2日国民政府颁令晋任陆军少将。[4]1937年8月12日任第四师师长，率部在南口抗击日军。

---

[1] 杨牧、袁伟良主编：河南人民出版社2005年11月《黄埔军校名人传》上册第854页记载。

[2] 1930年12月版《中央陆军军官学校第八期武汉分校工作月刊》第一期第449页记载。

[3] 国民政府文官处印铸局印行：台湾成文出版社有限公司1972年8月出版《国民政府公报》第108册1936年5月19日第2051号颁令第1页记载。

[4] 国民政府文官处印铸局印行：台湾成文出版社有限公司1972年8月出版《国民政府公报》第128册1937年8月3日第2422号颁令第3页记载。

1938年率部参加台儿庄战役、徐州会战、武汉会战、随枣会战诸役。[1]1939年1月5日代理第八十五军副军长，1940年1月11日国民政府颁令准军事委员会给予陈大庆华胄荣誉奖章。[2]1940年4月25日任新编第二军军长。1941年2月26日任第二十九军军长，率部参加豫南会战。1943年任第三十一集团军副总司令，1944年任国民党第十九集团军总司令、鲁苏豫皖边区总司令部副总司令，兼任鲁苏豫皖边区党政分会秘书长，率部参加鄂北战役、中原战役诸役。1945年1月任陆军总司令部协力厂商面军司令长官部副司令长官。1945年3月8日颁令叙任陆军中将。1945年5月20日当选为中国国民党第六届中央监察委员会候补监察委员。抗日战争胜利后，奉派接收台湾事宜，任驻太平洋区司令部司令官。[3]1945年10月获颁忠勤勋章。1946年2月任第一绥靖区司令部副司令官兼南京卫戍司令部副司令官。1946年5月获颁胜利勋章。1947年7月被推选为党团合并后的中国国民党第六届中央监察委员会候补监察委员。1948年3月任浙江衢州绥靖主任公署副主任。1948年11月30日任京沪杭警备总司令部副总司令，兼任淞沪警备司令部司令官。1949年5月到台湾，历任国民党中央改造委员会南方执行部主任，"总统府"数据室副主任，"国家安全局"副局长、局长。其间奉派入台湾"革命实践研究院"受训。1953年10月任"国家安全局"副局长，1959年12月任局长。1960年7月叙任陆军二级上将。1962年12月任"台湾警备总司令部"总司令，1964年1月任"台湾省军管区司令部"司令官，1967年6月任台湾"陆军总司令部"总司令，1969年6月任"台湾省政府"主席。1972年5月任"行政院"政务委员兼"国防部"部长。1973年7月调任"总统府"上将战略顾问。先后当选中国国民党第八届候补中央执行委员，第九、十届中央执行委员，中国国民党第九届四中全会当选为中央常务委员，第十届中央常务委员。1973年8月22日因病在台北逝世，被

---

[1] 台北《黄埔建国文集》编纂委员会编纂：台北实践出版社1985年6月16日印行《黄埔军魂》第274页记载。

[2] 国民政府文官处印铸局印行：台湾成文出版社有限公司1972年8月出版《国民政府公报》第146册1940年1月13日渝字第222号颁令第1页记载。

[3] 刘绍唐主编：台北传记文学出版社1999年10月15日印行《民国人物小传》第二辑记载。

追授陆军一级上将,安葬于台北五指山"国军示范公墓"上将区墓穴。[1]著有《陈大庆抗战回忆录》《做人与做事》等。

---

[1] 台北"国史馆"编纂:2006年12月印行《"国史馆"现藏民国人物传记史料汇编》第一辑第455页记载。

陈子厚

陈子厚（1904—1925），湖南湘乡人。祖父从教，经济中等。自填登记处为湖南湘乡县，通信处为湘乡瀫水十六都大乐圩邮局转交。自填入学前履历：曾在本县（湘乡）县立连璧高小卒业，本省（湖南）兑泽中校肄业五学期。本县（湘乡）县立连璧高等小学卒业，省立兑泽中学肄业二年半。1923年11月10日经龚际飞（时任上海全国学联总会秘书长，中共上海地方执行委员会第六组组长，前上海大学社会学系学生）介绍加入中国国民党。1924年春由谭影竹（时任国民党湖南省临时党部执行委员，湖南省工团联合会委员，中共长沙地方委员会书记）、郭亮（时任国民党湖南省临时党部执行委员，湖南长沙工团联合会总干事，中共湖南区地方执行委员会委员兼工农部部长）保荐投考黄埔军校。1924年5月到广州，1924年6月考入黄埔陆军军官学校第一期第二队学习，在学期间加入中国共产党，参加中国青年军人联合会活动，1924年11月毕业。分发军校教导第二团见习、排长，1925年1月随部参加第一次东征作战，1925年6月随部参加对滇桂军阀杨希闵部、刘震寰部军事行动。1925年8月任国民革命军第一军第一师第一团步兵连连长，第二次东征开始后随部赴广东揭阳，1925年10月在河婆作战时阵亡。[1]

---

[1] ①中国第二历史档案馆供稿，华东工学院编辑出版部影印，档案出版社1989年7月《黄埔军校史稿》第八册（本校先烈）第246页第一期烈士芳名表记载1925年10月在广东河婆阵亡；②台北《黄埔建国文集》编纂委员会编纂：台北实践出版社1985年6月16日印行《黄埔军魂》第573页"东征战役殉国英雄姓名表"第一期记载。

陈公宪

陈公宪照片

陈公宪（1901—1932），又名文绍，广西苍梧县龙圩长洲正阳乡洲滩村人。广西省立（梧州）第二中学肄业。自填登记处为广西苍梧县，通信处为梧州永安街益寿堂。自填入学前履历：广西省立第二中学肄业。父友玉，祖从农业，有地产，经济收入中等。深通国文，信奉佛教。1924年5月15日经陆涉川（时任广西省国民党驻粤代表，广东西路讨贼军总司令部秘书）介绍加入中国国民党，1924年5月由陆涉川举荐投考黄埔军校，1924年6月考入陆军军官学校第一期第一队学习，1924年11月毕业。分配陆海空军大元帅府大本营预备兵训练处见习，历任步兵连连附，练习营营附、营长，军官教导队大队附等职。1932年春任广东省立某高等学校军事训练教官，1932年9月因急病逝世。[1]

---

[1]　黎全三、周陆奇主编，广西《苍梧将军》编纂委员会编纂：广西苍梧县文联2013年5月印行《苍梧将军》第157页记载。

陈天民

陈天民（1906—1947），别字无怀，广东台山县海晏流岗村人。台山县海晏乡高等小学、广东高等师范学校附属中学、苏联列宁格勒军政学校、南京中央陆军军官学校高等教育班第六期毕业。祖辈务农，家境贫苦。自填登记通信处为广东台山县海晏流岗村。自填入学前履历：前在广东高师附中毕业，曾充该校党团执行委员会委员。曾任国民党广东高等师范学校党团执行委员会执行委员。1924年2月由赖玉润（时任广东高等师范学校学联会主席，前广

陈天民照片（一）

东高等师范学校学生，该校新学生社主任）、洪剑雄（原广州学生联合会执行委员，《新琼崖评论》编辑，黄埔军校第一期第二队学员）推荐投考黄埔军校，因故未成，后又于1924年5月由蓝余热（原广东高等师范学校学生，时在国民党中央党部供职）、洪剑雄举荐投考黄埔军校。1924年6月考入陆军军官学校第一期第二队学习，1924年11月毕业。后奉派苏联学习，入列宁格勒军政学校学习，1928年回国。任南京中央陆军军官学校学员总队中校大队附、上校大队长。1930年11月兼任中央陆军军官学校武汉分校财政监察委员会委员。[1]1932年奉派驻苏联大使馆任陆军武官，驻苏联军事代表团成员。1936年6月16日颁令叙任陆军步兵中

---

[1] 1930年12月版《中央陆军军官学校第八期武汉分校工作月刊》第一期第449页记载。

校。[1]1937年1月任广东省国民兵军事训练委员会主任委员兼视察员。[2]抗日战争全面爆发后，任国民政府军政部外军资源处副主任，参谋本部军援办理处副主任。1944年1月任陆军总司令部兵工署处长。抗日战争胜利后，1946年1月奉派入中央训练团受训，1946年3月结业后退役。因退役后失去生活来源，贫病交加英年早逝，是引发1947年7月6日中央训练团部分黄埔一期受训同学赴南京中山陵六百将校军官"祭祀哭陵"请愿事件的主要缘由。[3]1947年10月2日晋任陆军少将衔，依少将例抚恤金交付遗属。

陈天民照片（二）

---

[1] 国民政府文官处印铸局印行：台湾成文出版社有限公司1972年8月出版《国民政府公报》第109册1936年6月17日第2076号颁令第1页记载。

[2] 1938年2月印行广东省政府秘书处所编《广东省政府职员录》记载。

[3] ①湖南省政协文史资料委员会编纂：湖南人民出版社1993年10月《湖南文史资料选辑》第五期记载；②湖南省岳阳市政协文史资料委员会编：《岳阳文史》第十辑，湖南省岳阳晚报出版印刷中心1999年8月《岳阳籍原国民党军政人物录》第201—205页记载。

陈文山

陈文山（1901—1927），别号兆南，福建漳平人。
漳平县立高等小学、漳平县立中学毕业。父早逝，
家无产业。信奉天主教。自填登记处为福建漳平县，
通信处为福建漳平永福天生堂转交。自填入学前履
历：中学毕业后任一年高等小学教员。漳平县立高
等小学及漳平县立中学毕业。曾任本县高等小学教
员一年。1924年春由林森（时任广州大本营建设部
部长兼珠江治河督办，中国国民党第一届中央执行
委员，前广东护法军政府外交部部长、参议院议长，

陈文山照片

福建省省长）保荐投考黄埔军校，1924年5月16日经张伯雄（黄埔军校军士教导
队学员）、曹日晖（前大本营军政部教导团学兵连供职，黄埔军校第一期第二队
学员）介绍加入中国国民党。1924年5月到广州，1924年6月考入陆军军官学校
第一期第二队学习，1924年11月毕业。分发教导第二团任见习、党军第一旅排长，
随部参加第一次东征作战和对滇桂军阀杨希闵部、刘震寰部军事行动。1926年7
月任国民革命军第一军第一师第二团第四营第十二连连长，随军参加北伐战争。
1927年春在安徽凤阳与直系军阀作战时中弹阵亡。

陈文宝

陈文宝照片

　　陈文宝（1900—? ），广西贵县人。贵县县立高等小学校毕业，广西省立浔州中学毕业。家世务农，有不动产时值五千元，自给尚余。早年信仰孔教。自填登记通信处为广西贵县城东门口泰隆号。自填入学前履历：本县（贵县）高等小学毕业，本省（广西）浔州中学毕业。1924年3月17日由陈达材（广东防城人，时为广东西路讨贼军第一师第二旅司令部参谋）介绍加入中国国民党。1924年4月由施正甫（国民党一大广西省代表，桂军西路讨贼军总司令部秘书兼国民党特派员，驻粤桂军办事处党务指导委员）举荐投考黄埔军校，1924年6月考入陆军军官学校第一期第一队学习，1924年11月毕业，后服务社会。

陈文清

陈文清（1899—1927），广西武宣县通挽区伏柳村人。武宣县立桐岭高等小学毕业。家世业农，年产谷五六千斗，自给尚足。自填登记处为广西武宣县通挽区伏柳村，通信处为广西贵县山东石龙圩全和堂转通挽区自治公所。1924年5月5日经廖元震（时任驻粤中央直辖第七军警卫团长）、覃寿乔（广西武宣人，时任驻粤中央直辖赣军第一梯团团长）介绍加入中国国民党，再由廖元震举荐投考黄埔军校。1924年6月考入陆军军官学校第一期第二队学习，

陈文清照片

1924年11月毕业，分发入伍生队任见习、教导第二团排长，1925年1月随部参加第二次东征作战。1926年7月任国民革命军第一军第二师步兵连副连长，随军参加北伐战争。1927年任国民革命军第一军第二十师步兵营连长、营长，1927年12月15日在江苏徐州作战阵亡。[1]

---

[1] ①中国第二历史档案馆供稿，华东工学院编辑出版部影印，档案出版社1989年7月《黄埔军校史稿》第八册（本校先烈）第244页第一期烈士芳名表记载1927年12月15日在江苏徐州阵亡；②台北《黄埔建国文集》编纂委员会编纂：台北实践出版社1985年6月16日印行《黄埔军魂》第574页"北伐战役殉国英雄姓名表"第一期记载。

陈以仁

陈以仁照片

陈以仁（1898—? ），江西石城县屏山市坳头村人。北京大学经济科肄业，庐山暑期干部训练团第一期、南京中央陆军军官学校校尉研究班、军事委员会特种情报人员训练班结业。父从农商，经济富裕，有产业约值三万元，足堪自给。自填登记处为江西石城县屏山市坳头村。自填入学前履历：曾肄业北京大学及任本县（石城）实业科科长。曾任石城县政府实业科科长。1924年1月经谭熙鸿（孙中山指派出席国民党一大北京特别区代表，时任国立北京大学秘书兼生物学教授，国民党中央农民部部长）、李大钊（孙中山指派出席国民党一大北京特别区代表并为大会主席团成员，国民党第一届中央执行委员，前北京大学教授）介绍加入中国国民党，1924年春再由其二人保荐投考黄埔军校。1924年5月到广州，1924年6月考入黄埔陆军军官学校第一期第三队学习，1924年11月毕业。后随部参加东征和北伐战争，历任国民革命军排长、连长、营长。1932年3月加入中华民族复兴社，任中华民族复兴社特务处谍报组组长、情报站站长、特别总队大队长。抗日战争全面爆发后，在参谋本部从事对口军情报事宜，1938年10月任军事委员会政治部第二厅情报处参谋，曾任通讯总队大队长。抗日战争胜利后，1946年12月任国防部保密局派驻华北办事处处长，后辞职养病。

陈平裘

陈平裘（1902—1950），湖南道县城外北乡江村人。道县北乡江村高等小学、湖南省立长沙第六中学毕业，中央军官训练团将官班结业。父从教，经济中等。自填登记通信处为湖南道县城外北乡江村。自填入学前履历：粤军第二军步兵第九旅司令部中尉副官，广西富贺矿务总局委员，滇军第二师司令部上尉副官，湘军总司令部咨议官，湘边宣慰使署少校副官。曾任粤军第二军步兵第九旅司令部中尉副官，广西富贺矿务总局委员，滇军第二师司令部

陈平裘照片

上尉副官，湘军总司令部上尉副官，湘军总司令部咨议官，湘边宣慰使署少校副官。1923年经谭延闿（时任驻粤湘军总司令，国民党第一届中央执行委员，前湖南督军、湖南省省长及国民党湖南支部长，广州大元帅府大本营内政部部长、建设部部长及大本营秘书长）介绍加入中国国民党，1924年春再由谭延闿保荐投考黄埔军校。1924年6月考入陆军军官学校第一期第一队学习，1924年11月毕业。分发教导第一团任见习、排长，1925年1月随部参加第一次东征作战。1925年6月任党军第一旅步兵连副连长，随军参加对滇桂军阀杨希闵部、刘震寰部军事行动。1926年7月任国民革命军第一军第一师步兵连连长，第一军第二十师第十四团第一营营附，随军参加北伐战争。1927年12月任国民革命军第一集团军第一路军（总指挥何应钦）第九军（军长顾祝同）政治训练处主任。[1]1929年2月5日被

---

[1]　《民国日报》1928年1月7日"各级政训处座谈会"一文记载。

军事委员会训练总监部政治训练处委任为陆军第八师政治训练处主任。[1]1929年10月奉派赴日本、法国学习军事。回国后历任驻德国代表团武官。1933年1月31日接袁守谦任陆军第十一师司令部参谋长，1933年10月10日任陆军十师司令部参谋长，1934年4月10日任第八十师（师长陈明仁）第二三九旅旅长。[2]1934年秋随部参加对江西红军及根据地的"围剿"战事，所部被击溃后逃脱。返回南京后受到宽待，奉派代理第十一师师长，1935年1月因父病亡，请假回乡守灵，其间因病请假，遂被免代师长职。1935年10月派任军政部高级参谋，兼任战情组组长，军政部情报署处长。1936年10月派任驻两广军事监察专员。抗日战争全面爆发后，曾任道县抗日自卫队支队司令部司令官，后任军政部视察官、高级参谋。1945年2月任第二方面军司令长官部高级参谋。抗日战争胜利后，1946年1月奉派入中央训练团将官班受训，登记为少将学员，1946年3月结业。1946年12月3日参加赴南京任职、公干的81名黄埔一期生在中央训练团聚餐并于办公大楼前合影。[3]1946年12月23日颁令叙任陆军少将。后任国防部少将部附。1949年10月任湖南道江永"反共救国军"总司令兼第五纵队司令官，湖南"反共救国军"第十二军军长。1949年12月20日在广西恭城被人民解放军俘虏，1950年秋被道县人民法院判处死刑后，执行枪决。

---

[1] 《民国日报》1929年2月9日"训练总监部新发表之各师政训处主任"一文记载。

[2] 《军政旬报》1934年4月30日版第19、第20期合刊"南昌行营任免周报表"（民国二十三年4月15日起至4月30日止）第5、6页记载。

[3] 容鉴光编著：列入台北出版品预行编目资料，台北博煜企业有限公司2003年6月16日第一版印行《黄埔军校一期研究总成》第278页辑录。

陈廷璧

　　陈廷璧（1898—?），别字秀山，别号廷璧，云南昆明人。昆明县立高级小学校、云南省立第一中学毕业，昆明滇军讲习所肄业。贫民出身，家无恒产。自填登记处为云南昆明城内小东门内马家店巷七号。自填入学前履历：民五（年）随护国军第二军军部来粤，充少尉差遣，后升充中尉副官，民八（年）充驻粤滇军总司令部上尉副官，现任滇军总司令部中尉副官。自幼于写真馆当差，精于摄影。曾入昆明滇军讲习所肄业半年。1916年任云南护国第二军军部少尉差遣，随军来粤后任中尉副官，1919年充驻粤滇军总司令部上尉副官。1924年5月15日经周自得（时任驻粤滇军总司令部参谋长，前滇军总司令部参谋长，云南省推选出席国民党一大代表）、杨友棠（孙中山指派出席国民党一大云南省代表，前驻粤滇军总司令部特别党部执行委员，广州大本营军政部参事，广州卫戍司令部参谋主任）介绍加入中国国民党。1924年5月由其二人举荐投考黄埔军校。1924年6月考入陆军军官学校第一期第四队学习，1924年11月毕业。分发教导第一团任见习，1925年1月随部参加第一次东征作战，1925年6月任党军第一旅政治部上尉宣传员，随军参加对滇桂军阀杨希闵部、刘震寰部军事行动。1926年7月任国民革命军第一军第三师连政治指导员，步兵营、团党代表，随部参加北伐战争。1927年6月任国民革命军第一军第九师特别党部筹备委员，1928年5月28日任国民革命军第三十二军（军长钱大钧）特别党部筹备委员，[1] 1928年7月25日被委派为中国国民党国民革命军第三十二军特别党部执行委员。[2] 1928年8月国民革命军

---

[1]　① 1928年5月28日国民党中央执行委员会召开第141次常务会议决议；② 1928年5月29日上海《民国日报》第一版第一张记载。

[2]　上海《民国日报》1928年7月26日"第三十二军特别党部定期正式召开"专文记载。

编遣，任缩编后的第一集团军第三师第六旅第十八团团附。1928年9月3日被委派为中国国民党陆军第三师特别党部筹备委员。1930年春任陆军第三师政治训练处处长，后应邀返回云南，任云南陆军讲武堂第二十期（前称讨逆军第十路军教导团第一期）政治训练教官，[1]1931年11月被推选为云南省代表出席中国国民党第四次全国代表大会，其间聘任云南陆军讲武堂第二十一期（前称讨逆军第十路军教导团第二期）上校大队长。1935年11月被推选为云南省代表出席国民党第五次全国代表大会。1939年5月29日国民政府颁令任云南省临时参议会参议员。[2]1945年1月被推选为云南省出席中国国民党第六次全国代表大会代表。抗日战争胜利后，1946年11月15日被推选为云南省代表出席（制宪）国民大会。1946年12月3日参加赴南京任职、公干的81名黄埔一期生在中央训练团聚餐并于办公大楼前合影。[3]1948年6月9日被推选为行宪第一届国民政府监察院监察委员。

---

[1] 云南省档案馆、昆明市档案馆、云南陆军讲武堂历史博物馆编：2015年12月《云南陆军讲武堂同学录》下册第723页记载。

[2] 国民政府文官处印铸局印行：台湾成文出版社有限公司1972年8月出版《国民政府公报》第140册1939年5月31日渝字第157号颁令第4页记载。

[3] 容鉴光编著：列入台北出版品预行编目资料，台北博煜企业有限公司2003年6月16日第一版印行《黄埔军校一期研究总成》第278页辑录。

陈志达

陈志达（1894—? ），别号达夫，浙江奉化县柏坑镇人。蒋中正前妻毛福美之外甥。奉化县柏坑镇高等小学、浙江省立第四师范学校、日本警政学校、德国警察大学毕业。记载为民国前十七年一月一日出生。[1]父从教，早亡，家境贫苦。自填登记处为浙江奉化县柏坑镇，通信处为宁波奉化康岭邮局转交。自填入学前履历：浙江省立第四师范学校毕业，曾充剡源高等小学校教员二年。曾任本县（奉化）剡源高等小学教员三年。1924年春由吴峒（时任广州大本营海军处参谋，黄埔军校第一期上尉特别官佐）、王登云（时任广州大本营副官，前广州大元帅府大本营英文秘书，黄埔军校筹备委员会委员，黄埔军校校长办公厅英文秘书）保荐投考黄埔军校，1924年5月16日经张席卿（又名家瑞，黄埔军校筹备委员会委员，入学试验委员会委员，黄埔军校校长办公室少校中文秘书）、周骏彦（前浙江省立商科专门学校校长，黄埔军校军需部主任）介绍加入中国国民党。1924年5月到广州，1924年6月考入黄埔陆军军官学校第一期第二队学习，1924年11月毕业。记载初任军职为黄埔军校教导第一团副连长，记载履历军职为连长、营长、团长、总参议、主任、督察专员、旅长，[2]随部参加了两次东征作战。1926年7月任国民革命军总司令部宪兵营排长、副连长，随军参加北伐战争。1927年任国民革命军总司令部宪兵营连长，南京宪兵司令部少校参谋。1928年8月国民革命军编遣，任缩编后的第一集团军陆军第九师补充团团附，1929年2月26日被委

---

[1] 军事委员会铨叙厅民国三十三年（1944年）十二月印制《军官资绩簿》第一册［陆军现役少将上校军官资绩簿］第153页记载。

[2] 军事委员会铨叙厅民国三十三年（1944年）十二月印制《军官资绩簿》第一册［陆军现役少将上校军官资绩簿］第153页记载。

派为第九师特别党部候补执行委员。1929年12月奉派赴日本、德国留学。曾任驻德国公使馆陆军中校武官。1935年12月回国，1936年春任国民政府财政部税警总团部科长，1936年3月4日颁令叙任陆军步兵上校。[1]任税警第六团副团长。抗日战争全面爆发后，率部参加淞沪会战、南京保卫战。任交通部宁海线警备司令部副司令官，1939年12月3日颁令委任陆军第六十六军司令部少将附员。[2]后任国民政府交通部警务专员。抗日战争胜利后，1945年10月10日获颁忠勤勋章。1946年5月30日获颁胜利勋章。1948年10月任交通部第二交通警察总局副局长。1949年秋移居美国。

---

[1] 国民政府文官处印铸局印行：台湾成文出版社有限公司1972年8月出版《国民政府公报》第105册1936年3月5日第1988号颁令第1页记载。

[2] 军事委员会铨叙厅民国三十三年（1944年）十二月印制《军官资绩簿》第一册［陆军现役少将上校军官资绩簿］第153页记载。

陈启科

陈启科（1905—1930），又名惠立、慧和，别字宇一，湖南长沙人。长沙县开物农业中学毕业，长沙省立广雅中学、广州大本营军政部陆军讲武学校肄业。1905年3月20日（另载1906年1月29日）生于长沙县一个农户家庭。1920年考入长沙县开物农业中学就读，1922年考入长沙广雅中学学习。1923年冬到广州，入大本营军政部陆军讲武学校学习。1924年秋该校并入黄埔军校，1924年11月编入陆军军官学校第一期第六队学习，在学期间加入中国共产党，任军校学生党支部负责人，1925年2月肄业。参加中国青年军人联合会活动，以笔名"宇一"在该会出版的《青年军人》《中国军人》

陈启科照片

《兵友必读》等杂志上发表署名文章，与孙文主义学会进行针锋相对争论。分发入伍生队见习，任军校教导第二团排长，随部参与平定第一次东征作战。1925年8月任国民革命军第六军第十七师步兵营连长、副营长，随军参加对滇桂军阀杨希闵部、刘震寰部军事行动及第二次东征战事。1925年12月与左权、刘云等被中共选派苏联留学，先入苏联莫斯科中山大学学习，1928年转入莫斯科伏龙芝军事学院，与刘伯承、左权同校，参加过苏军军事演习，并受苏联政府委派，到南斯拉夫、捷克、土耳其等国考察军事。1930年夏毕业，回国到上海，分配到中央军委工作，主管东南各省秘密军事运输事宜，为红军筹运后勤补给物资。其间翻译了苏联军事著作《全民军事化》。1930年9月奉命赴江西开辟根据地，派任红军第三军团参谋长。途经武汉时，因地下党组织和交通站遭破坏，无法前往。他在武汉开展地下工作时，因叛徒出卖被捕入狱，拒绝高官诱降，经受酷刑逼供坚贞不屈，1930年10月5日在武昌东门外就义。

陈应龙

陈应龙（1901—1951），原名昌奕，[1] 别字美山，广东文昌县谭牛镇谭深村人。文昌县立谭深高等小学、广州市中学校毕业，军官训练团第一期将官研究班学员队、中央训练团党政班结业。祖辈务农，家有恒产，自耕自养。自填登记处为广东文昌县谭深村，通信处为琼州文昌谭生市宝昌号转交。自填入学前履历：广州中学校毕业，曾充广东国民党第一区慰劳会管理员，琼崖留省（广州）学会干事员。1901年12月1日生于文昌县谭牛镇谭深村一个农商

陈应龙照片

家庭。曾任国民党广州市第一区慰劳会管理员，琼崖留省会馆干事。1923年经陈宗舜（前文昌县县长，时任广东东路讨贼军前敌总指挥部参议，第一路司令部秘书）、张权［琼崖旅省学会（会馆）负责人］介绍加入中国国民党，1924年春由陈宗舜、陈善（时任国民党广州市区党部执行委员）保荐投考黄埔军校。1924年6月考入黄埔陆军军官学校第一期第二队学习，1924年11月毕业。后分发第二期总队部任中尉副官，后任黄埔军校教导团排长、连长，随部参加了两次东征作战及对滇桂军阀杨希闵部、刘震寰部军事行动。1926年7月任国民革命军第一军第二师特务营营长、副团长、团长，随军参加北伐战争。1928年6月任第一军第二师第二十六团团长。1928年8月国民革命军编遣，任缩编后的第一集团军陆军第二师第六旅司令部附员，1930年6月30日任陆军第二师（师长顾祝同）第四旅（旅长黄杰）第八团团长，率部参加中原大战河南战事。1930年12月任第二师第

---

[1]　范运晰编著：南海出版公司1993年11月《琼籍民国将军录》第285页记载。

二十六旅副旅长，1934年1月任陆军第二军第九师司令部参谋长。1935年5月9日颁令叙任陆军步兵上校。[1]1936年3月任第九师副师长。1937年1月7日国民政府颁令委任陆军第三师副师长。[2]1937年5月21日颁令晋任陆军少将。[3]1937年5月27日任陆军第二军副军长，兼任该军第九师师长。抗日战争全面爆发后，率部参加淞沪会战、南京保卫战。1938年率部参加徐州会战、武汉会战、桂南会战、枣宜会战诸役。其间曾奉派入军官训练团第一期将官研究班学员队受训，结业后返回原部队。1940年10月任军政部第三新兵补充训练处处长。其间因与李汉魂（时任广东省政府主席）矛盾结深，被军事法庭以"结党营私、图谋不轨"罪名判刑入狱。1941年4月11日国民政府颁令："陆军少将陈应龙着即免官。此令。"[4]1941年4月14日国民政府颁令："军事委员会准函，前第三补充兵训练处处长陈应龙因案判处无期徒刑，褫夺公权终身，免除该犯员陆军少将官位，并撤销前给予之陆海空军甲种一等奖章。此令。"[5]后获保释出狱，以营商谋生，资助家乡教育，创办文昌县文西中学，受家乡父老称赞。抗日战争胜利后，1946年1月奉派入中央训练团受训，1946年12月3日参加赴南京任职、公干的81名黄埔一期生在中央训练团聚餐并于办公大楼前合影。[6]1948年春携眷返回原籍乡间，任教与务农为生。中华人民共和国成立后，于原籍乡间务农为生，1951年在文昌县"镇反"运动中，被判处死刑执行枪决，1980年获得平反恢复名誉，当地政府在他创办的文西中学旁边草坪立碑，以志纪念。

---

[1] 国民政府文官处印铸局印行：台湾成文出版社有限公司1972年8月出版《国民政府公报》第93册1935年5月10日第1737号颁令第4页记载。

[2] 国民政府文官处印铸局印行：台湾成文出版社有限公司1972年8月出版《国民政府公报》第119册1937年1月8日第2247号颁令第3页记载。

[3] 国民政府文官处印铸局印行：台湾成文出版社有限公司1972年8月出版《国民政府公报》第124册1937年5月22日第2360号颁令第40页记载。

[4] 国民政府文官处印铸局印行：台湾成文出版社有限公司1972年8月出版《国民政府公报》第159册1941年4月12日渝字第352号颁令第5页记载。

[5] 国民政府文官处印铸局印行：台湾成文出版社有限公司1972年8月出版《国民政府公报》第160册1941年4月16日渝字第353号颁令第20页记载。

[6] 容鉴光编著：列入台北出版品预行编目资料，台北博煜企业有限公司2003年6月16日第一版印行《黄埔军校一期研究总成》第278页辑录。

陈纯道

陈纯道（1901—1966），别字高美，湖南湘阴县沙田围人。湘阴县立第二高等小学校毕业，广州大本营军政部陆军讲武学校肄业，陆军大学特别班第四期毕业。1904年1月17日生于湖南湘阴县文洲乡一个耕读家庭。幼年读过几年私塾，1917年入长沙修业小学，1920年毕业。1921年入湖南高等专门学校附设职工中学就读。1923年冬到广州，考入广州大本营军政部陆军讲武学校学习，1924年秋该校并入黄埔军校，1924年11月编入陆军军官学校第一期第

陈纯道照片

六队学习，1925年2月肄业。分发教导第二团任见习、排长、国民党军第一旅步兵连副连长，随军参加了两次东征作战。1926年春在澄海任国民革命军第一军第三师第七团第三营第九连连长，1926年秋调中山县任国民革命军第二师补充团第五连连长。1926年10月任国民革命军第一军新编第二师第五团第一营营长。1927年7月任赣州公安局局长。1928年4月调任南京国民政府警卫室侍从副官。1930年8月在徐州、南昌任陆军第五十二师补充团团长。1932年因对陈诚兼并部队不服，被以违抗命令、图谋不轨为名撤职逮捕，经霍揆彰、李及兰等人力保，数月后获释。1932年10月回长沙休养，1933年1月举荐获准，先后任陆军第八十三师第一六五旅副旅长、代旅长。抗日战争全面爆发后，1937年8月2日颁令叙任陆军步兵上校，[1]任军政部第二十补充训练处副处长。1938年3月入陆军大学特别班

---

[1] 国民政府文官处印铸局印行：台湾成文出版社有限公司1972年8月出版《国民政府公报》第128册1937年8月3日第2422号颁令第4页记载。

第四期学习，1940年4月毕业。分派到四川利川，任军政部直属第二十补充兵训练处副处长，1942年3月在重庆由何应钦举荐任军事委员会少将高级参谋。1943年10月调湖南沅陵，由李明灏介绍任湖南沅永师管区司令部副司令官。后任军事委员会军事训练部督训官兼点验组组长。抗日战争胜利后，请假回家休养。1945年10月获颁忠勤勋章。1946年5月获颁胜利勋章。1947年1月由刘华严介绍去南岳任军政部第二十七军官总队第三学员大队大队长，后任中央训练团学员大队队附，高级参谋。1947年7月6日上午9时至11时参与中央训练团部分黄埔一期受训同学发起组织赴南京中山陵六百将校军官"祭祀哭陵"事件。[1]1947年10月任国民政府国防部附员，后应程潜邀请返回湖南，1948年10月任长沙绥靖主任公署高级参谋，1949年春任湖南在乡军官自救会（主任委员陈明仁）常务委员，参与组织全省在湘旧军官举义，维护各地治安，1949年8月在长沙参加起义。中华人民共和国成立后，任中国人民解放军第二十一兵团司令部高级参谋，1949年12月奉派入中国人民解放军中南军政大学湖南分校学习。1952年11月从部队转业，参加长沙军属临时加工社。1955年5月任湖南省人民政府参事室参事。"文化大革命"开始后受到冲击与迫害，1966年2月8日因病在长沙逝世。

---

[1]　①湖南省政协文史资料委员会编纂：湖南人民出版社1993年10月《湖南文史资料选辑》第五期记载；②湖南省岳阳市政协文史资料委员会编：《岳阳文史》第十辑，湖南省岳阳晚报出版印刷中心1999年8月《岳阳籍原国民党军政人物录》第201—205页记载。

陈卓才

　　陈卓才（1901—？），广西苍梧县长洲乡泗洲村人。广西省立第三中学毕业。父从商业，有薄田数公顷，桑园半亩，凭商业资润自给尚余。自填登记处为广西苍梧县，住梧州三角咀，通信处为梧州三角咀和益柴行。1924年5月15日经苏无涯（孙中山指派出席国民党一大广西省代表，前国民党中央党务讨论会委员，国民党广西梧州支部长）、陆涉川（广西国民党驻粤代表，时任广东西路讨贼军总司令部秘书）介绍加入中国国民党，1924年5月由苏无涯、施正甫（国民党一大广西省代表，桂军西路讨贼军总司令部秘书兼国民党特派员，驻粤桂军办事处党务指导委员）举荐投考黄埔军校。1924年6月考入陆军军官学校第一期第一队学习，1924年11月毕业。后分配留校任教，后由训练官佐转任国文教员。[1]1930年广州黄埔国民革命军军官学校停办后，返回家乡梧州寓居。后离开家乡，赴外地谋生，再无与家乡联系，不知所踪。

---

[1]　黎全三、周陆奇主编，广西《苍梧将军》编纂委员会编纂：广西苍梧县文联 2013 年 5 月印行《苍梧将军》第 169 页记载。

陈国治

陈国治（1905—? ），广西岑溪县筋竹圩人。广西省立第二中学校肄业。父从农业，有不动产资金，自给尚足。自填登记处为广西岑溪县筋竹圩，通信处为岑溪县筋竹圩义和号转交。1905年9月30日生于岑溪县筋竹圩一个农商家庭。1924年5月15日由蒙卓凡（国民党一大广西省代表，国民党广西党务特派员，广西省党部执行委员，广州民国通讯社社长）、范振亚（前驻粤赣军第二混成旅步兵第六连连长，黄埔军校第一期第一队第五分队长）介绍加入中国国民党，1924年5月由蒙卓凡、苏无涯（孙中山指派出席国民党一大广西省代表，前国民党中央党务讨论会委员，国民党广西梧州支部长）举荐投考黄埔军校。1924年6月考入陆军军官学校第一期第一队学习，1924年11月毕业，后服务社会和军界。1929年10月任国民政府军政部特务团上校团附。1931年1月11日经审查呈请社长（蒋介石）批准为"励志社"第九届新社员。[1]1935年5月20日颁令叙任陆军步兵中校。[2]

---

[1] 《中央日报》1931年1月12日、1月13日连续刊登"励志社社员管理科通告"记载。

[2] 国民政府文官处印铸局印行：台湾成文出版社有限公司1972年8月出版《国民政府公报》第93册1935年5月21日第1746号颁令第1页记载。

陈图南

陈图南（1903—？），别字式正，[1]后以字行，生于浙江奉化，原籍浙江镇海。蒋中正前妻陈洁如胞弟。奉化县剡源乡高等小学肄业，宁波高级中学毕业，上海澄衷中学肄业。自填登记处为浙江奉化县剡源区剡岙，通信处为奉化康岭镇转剡岙。自填入学前履历：由剡源高小毕业，在上海澄衷中学修业二年。1924年5月15日经蒋中正（前粤军总司令部参谋长，广州大本营参谋长及军事委员会委员，黄埔军校筹备委员会委员长、入学试验委员会委员长，黄埔军校校

陈图南照片

长）介绍加入中国国民党，1924年5月由费公侠（浙江第二师范学校教务长）、竺鸣涛（江防司令部供职）保荐投考黄埔军校。1924年5月与张纪云（黄埔军校入学试验委员会委员张家瑞之子）到广州，1924年6月考入陆军军官学校第一期第四队学习，1924年11月毕业。任黄埔军校校长办公厅警卫室警卫。1925年6月任东征军总指挥部卫兵队第一排排长。参加北伐战争，任国民革命军总司令部卫兵营连长。1927年后任浙江警备师步兵营营长、参谋。1928年1月任国民革命军总司令部警卫第三团（团长冯圣法）第一营营长，后因病一度返乡隐居。1928年5月2日任国民革命军总司令部警备第一团第一营中校营长。[2]1929年1月17日被推选为第十一师

[1]　①《浙江省保安处及所属中级以上长官略历表》记载："步兵第一团团长陈式正，别号图南，32岁，浙江奉化人，黄埔军校一期毕业"；②浙江省政府保安处编纂委员会：1933年11月版《浙江保卫月刊》第一期"附录"第4页记载。

[2]　全国图书馆文献缩微复制中心2009年10月影印发行《国民革命军总司令部公报》第二册1928年5月第五期第74页记载。

特别党部候补监察委员，其间任陆军第十一师第三十三旅第六十六团团附。1929年7月任陆军第九师政治训练处主任。[1]1931年1月13日任第十八军（军长陈诚）第十一师（师长罗卓英）独立旅（旅长李明兼）第一团团长。1932年12月任浙江省政府保安处（处长俞济时）保安团团长，浙江省政府保安处第四分处处长。1934年9月18日代理浙江省第二区行政督察专员兼龙泉县县长。[2]1934年10月任浙江省政府保安处（处长俞济时，参谋长李可仁）保安第一团团长。[3]1934年12月被推选为浙江省政府保安处特别党部执行委员。后任浙江省（主席黄绍竑）第二区行政督察专员，兼任该区保安司令部司令官兼龙泉县县长。1936年12月25日颁令叙任陆军步兵上校。[4]1936年12月30日任第五十八师（师长俞济时）第一七二旅（旅长何凌霄）第三四四团团长。抗日战争全面爆发后，任第五十八师（师长冯圣法）第一七四旅旅长，率部参加淞沪会战、南京保卫战。1938年春任陆军第七十四军（军长俞济时）第五十八师（师长冯圣法）副师长，率部参加武汉会战。1939年8月1日接冯圣法任第五十八师师长，[5]1941年1月任闽浙赣边区绥靖指挥部总指挥，兼任第一绥靖分区（设于福建建阳）指挥部指挥官，[6]1942年1月免职，由贾伯涛接任。[7]1943年10月4日任第六十六军（军长方靖）副军长。[8]抗日战争胜利后，曾任宁波市商会副会长，宁波市临时议会议员等职。

[1] ①国民革命军总政治训练部：1929年8月10日版《政治训练旬刊》第六期第45、51页记载；②《国民革命军陆军第九师政治训练处自民国十八年7月1日起至7月15日止工作报告》专文记载。

[2] 《申报》1934年9月20日"浙省府调委浙边专员县长"一文记载。

[3] 浙江省政府保安处编纂委员会1934年11月印行《浙江保安月刊》第1期"浙江省政府保安处及所属中级以上长官略历表"记载。

[4] 国民政府文官处印铸局印行：台湾成文出版社有限公司1972年8月出版《国民政府公报》第118册1936年12月26日第2238号颁令第16页记载为陈式正。

[5] 戚厚杰、刘顺发、王楠编著：河北人民出版社2001年1月《国民革命军沿革实录》，第597页记载。

[6] 福建建阳县政协文史资料委员会编纂：福建人民出版社1992年1月13日《建阳文史》第十三辑《抗战专辑》记载。

[7] 江西人民出版社1987年版《江西文史资料选辑》第二十六辑第105页记载。

[8] 郭卿友主编：甘肃人民出版社1990年12月版《中华民国时期军政职官志》第499页记载。

陈拔诗

　　陈拔诗（1900—？），又名技诗，[1]别字拨诗，广西玉林人。玉林县高等小学、广西省立第九中学毕业，玉林慕黎英文专门学校肄业。父从商农，有田产三十亩。信仰孔教。自填登记处为广西郁林县陈村人，通信处为广州西关下九甫福拱里正和兴宝号转交。自填入学前履历：曾当高等小学校教员及本地平民义学教员。曾任玉林县高等小学及平民小学教员等。1923年秋由刘君罴（时任国民党玉林县党部特派员，前国立北京高等师范学校学生）介绍加入中国国民党。1924年春由广东西路讨贼军总司令部保送投考黄埔军校。1924年5月到广州，1924年6月考入陆军军官学校第一期第二队学习，1924年11月毕业。分发教导第二团任见习、排长，随部参加了两次东征作战，1926年3月任中央军事政治学校步兵科第一团副连长。1926年7月随部参加北伐战争，任北伐东路军总指挥部警卫连连长、少校副官。1927年4月29日被国民政府海军处政治部任命为广东海防舰队"飞鹏舰"党代表。1927年12月任国民革命军新编第四师政治部主任。1929年任军事委员会委员长侍从室上校侍从参谋。1931年1月11日经审查呈请社长（蒋介石）批准为"励志社"第九届新社员。[2]1932年10月任中华民族复兴社广西分社干事，中央各军校毕业生登记处派驻广西办事处主任。1935年10月任军事委员会星子特别训练班研究委员。抗日战争全面爆发后，任军事委员会桂林办公厅政治部视察官。抗日战争胜利后，1946年1月奉派入中央训练团受训，1948年任国民政府国防部部附。

---

　　[1]　中国第二历史档案馆供稿，华东工学院编辑出版部影印，档案出版社1989年7月《黄埔军校史稿》第十一册《黄埔同学名册》第60页第一期第二队同学无相片者记载。

　　[2]　《中央日报》1931年1月12日、1月13日连续刊登"励志社社员管理科通告"记载。

陈明仁

陈明仁照片（一）

陈明仁（1902—1974），别字子良，湖南醴陵县洪源乡人。长沙兑泽中学毕业，广州大本营军政部陆军讲武学校肄业，陆军大学正则班第十三期毕业。1902年4月7日（另载1903年4月7日出生）生于醴陵县北部山区洪源乡洪源冲一个农户家庭。七岁家乡私塾启蒙，考入高等小学读了一年后，因交不起学费辍学，在家自修。1920年考入兑泽中学，中学毕业后，返回原籍任乡立小学教员。1923年12月到广州，考入广州大本营军政部陆军讲武学校就读，1924年秋该校并入黄埔军校，1924年11月编入陆军军官学校第一期第六队学习，1925年2月肄业。任黄埔军校教导团见习、排长，随部参加东征作战及对滇桂军阀杨希闵部、刘震寰部军事行动。1925年10月在第二次东征攻打惠州战役时任敢死队队长，1926年7月任国民革命军第一军第二师步兵团连长、营长，随部参加北伐战争。1928年任陆军第十师第二十八旅步兵第五十六团团长，率部参加第二期北伐战事。1929年1月15日被推选为中国国民党陆军第十师特别党部执行委员。1930年4月任陆军第十师第二十八旅旅长，率部参加中原大战。1931年2月27日获颁四等宝鼎勋章。[1] 1931年3月任陆军第三师独立第三旅旅长，兼任郑州警备司令部司令官。1932年任陆军第八十师（师长李思愬）副师长，兼任该师第二三八旅旅长，率部参加对鄂豫皖边区红军及根据地的"围剿"战事，其间任驻赣第四绥靖区司令部

---

[1] 国民政府文官处印铸局印行：台湾成文出版社有限公司1972年8月出版《国民政府公报》第48册1931年2月28日第711号颁令第18页记载。

陈明仁照片（二）

参议，陆军第二师司令部参谋长。1933年9月任陆军第八十师师长。奉派入庐山中央军官训练团受训，并任学员大队副大队长。后任陆军第二师（师长黄杰）司令部参谋长，发表为军事参议院参议。1935年4月考入陆军大学正则班第十三期学习，1936年2月7日被国民政府军事委员会铨叙厅颁令叙任陆军少将，1937年12月毕业。抗日战争全面爆发后，任国民政府军政部附员，负责点验湘、赣、浙三省军队编制装备兵员。1938年5月10日国民政府颁令免军事参议院参议职。[1]1938年6月任陆军预备第二师师长，率部参加武汉会战九江防御战，所部六千余将士，作战伤亡两千多人，坚守阵地直至奉命转移。1939年冬率部参加广西桂南会战，再参加昆仑关战役。1942年3月任陆军第七十一军（军长宋希濂）副军长，兼任驻滇干部训练团副教育长，参与主持远征军基层军官训练事宜，1944年9月任陆军第七十一军军长，率部参加反攻滇西战役。抗日战争胜利后，率部赴东北接收，任东北第五绥靖区司令部司令官。1945年10月获颁忠勤勋章。1946年5月获颁胜利勋章。率陆军第七十一军在四平与人民解放军作战，战后任第七兵团司令部司令官，后因案被免职。[2]调任国民政府总统府参军处参军，1947年11月19日被国民政府军事委员会铨叙厅颁令叙任陆军中将。1948年任华中"剿匪"总司令部副总司令，兼任武汉警备司令部司令官，陆军第二十九军军长。1949年2月率部返回湖南，任湖南省政府（主席程潜）委员，1949年5月兼任长沙警备司令部司令官，1949年6月任华中军政长官公署副长官，兼任第一兵团司令部司令官。1949年7月任湖南省政府主席，湖南省保安司令部司令官，湖南省绥靖总司令部总司令，1949年8月4日在长沙与程潜率部起义。[3]1949年兼任湖南第一兵团司令官，率部起义后所部接受改编，任中国国民党人民解放军第一兵团司令官。中华

---

[1] 国民政府文官处印铸局印行：台湾成文出版社有限公司1972年8月出版《国民政府公报》第133册1938年5月11日渝字第47号颁令第2页记载。

[2] 刘绍唐主编：台北传记文学出版社1999年10月15日印行《民国人物小传》第四辑记载。

[3] 廖盖隆主编：中共中央党校出版社2001年6月《中国共产党历史大辞典》增订本第328页记载。

人民共和国成立后，任中国人民解放军湖南省军区司令部副司令员，第一届全国政协委员，1950年2月任中南军政委员会委员，1950年4月任湖南省临时人民政府主席。1950年12月率第二十一兵团进军广西山区剿匪。1952年3月所部改编水利工程部队司令部，并抽调两个师改为荆江分洪工程部队。1952年12月全军整编，撤销兵团，所部改编为第五十五军，任该军军长。1953年3月任中南行政委员会委员。1955年9月27日被授予中国人民解放军上将军衔，荣获一级解放勋章，评定

陈明仁照片（三）

行政五级。[1]先后当选为第一届至第三届中华人民共和国国防委员会委员，第三、四届全国政协常委。1969年因慢性风湿病一再发作，离职休养回长沙安度晚年。1972年因重病到北京中国人民解放军总医院住院治疗，1974年5月21日因病在北京逝世。著有《我的主要经历》（载于中国文史出版社《中华文史资料文库》第十卷）、《陈明仁自传》（载于《湖南文史资料选辑》1986年第二十二辑）等。其子陈扬钊，中华人民共和国成立后，曾任广东省人民政府参事室副主任，广东省政协委员，广东省黄埔军校同学会副会长。

---

[1] 杨牧、袁伟良主编：河南人民出版社2005年11月《黄埔军校名人传》上册第858页记载。

陈牧农

陈牧农（1901—1944），别号节文，湖南桑植人。广州大本营军政部陆军讲武学校肄业，庐山中央军官训练团校尉班毕业。1901年4月2日生于桑植县一个农户家庭。1923年冬到广州，考入广州大本营军政部讲武学校就读，1924年秋该校并入黄埔军校，1924年11月编入陆军军官学校第一期第六队学习，1925年2月肄业。分发黄埔军校教导团见习、排长，东征军总指挥部警卫营排长，随部参加了两次东征作战。1926年7月任国民革命军第一军第二师连长、

陈牧农照片

营长，随部参加北伐战争。1928年8月国民革命军编遣，任缩编后的陆军暂编第一师步兵团团附。1929年2月16日被推选为陆军暂编第一师特别党部执行委员。1930年12月任第八十七师步兵团副团长，1932年1月随部参加"一·二八"淞沪抗日战事。后任首都卫戍总司令部宪兵团团长、警卫旅副旅长。1932年11月任第十师第二十八旅第五十七团团长，率部参加对鄂豫皖边区红军及根据地的"围剿"战事。1935年1月任第十师第二十八旅旅长。1935年5月9日颁令叙任陆军步兵上校。[1]1936年10月任第十四军第十师代理副师长。1937年5月21日颁令晋任陆军少将。[2]抗日战争全面爆发后，率部参加淞沪抗战。1937年10月27日国民政

---

[1] 国民政府文官处印铸局印行：台湾成文出版社有限公司1972年8月出版《国民政府公报》第93册1935年5月10日第1737号颁令第4页记载。

[2] 国民政府文官处印铸局印行：台湾成文出版社有限公司1972年8月出版《国民政府公报》第124册1937年5月22日第2360号颁令第40页记载。

府颁令任命为陆军第十师副师长。[1]后任第九十三军新编第八师师长，率部参加徐州会战、武汉会战诸役。1938年10月任第十四军第十师师长，兼任河南许鄢师管区司令部司令官。1939年4月任第九十三军副军长，率部参加桂南会战、昆仑关战役。1942年9月任第四战区第九十三军军长，率部参加桂柳会战。1944年8月因不战而退致广西全州失守，后被追究罪责，1944年9月20日经军法判处死刑后执行枪决。

---

[1] 国民政府文官处印铸局印行：台湾成文出版社有限公司1972年8月出版《国民政府公报》第130册1937年10月28日第2495号颁令第2页记载。

陈金俊

陈金俊（1901—?），江苏盐城人。盐城县立高
等小学、江苏省立第六中学肄业。家有地产，经济
自给。自填登记通信处为江苏盐城县秦南仓周德隆
号。自填入学前履历：充任广州大元帅府大本营党
务处办事员、粤汉铁路侦查、中央直辖第三军第一
路司令部编修。1923年由陈群（时任广州大本营党
务处处长，大本营宣传委员会委员）、杨华馨（时任
滇军总司令部参谋长，国民党一大云南省代表，前
国民党云南支部部长，驻粤滇军总司令部秘书长兼

陈金俊照片

滇军总部党务整理委员，广州大元帅府咨议）介绍加入中国国民党，1924年春再
由其二人举荐投考黄埔军校。1924年6月考入陆军军官学校第一期第四队学习，
1924年11月毕业。后服务军界，1928年10月任国民革命军第二十师特别党部候
补监察委员。

陈显尚

陈显尚照片

陈显尚（1900—? ），湖南醴陵人。广州大本营军政部陆军讲武学校肄业。1923年冬到广州，考入广州大本营军政部讲武学校就读，1924年秋该校并入黄埔军校，1924年11月编入陆军军官学校第一期第六队学习，1925年2月肄业。分发黄埔军校教导团任见习、排长，随部参加第一次东征作战。1925年5月考取赴苏联留学资格，赴莫斯科中山大学第一期学习，1927年回国，后从事军队党务与政治训练工作。

陈选普

陈选普（1903—1936），湖南临武县城内人。临武县高等小学校、湖南第七联合中学毕业，广东公路工程学校肄业。父从教，经济中等。自填入学前履历：湘第七联合中学毕业，广东公路工程学校肄业。1923年经邹永成（国民党一大湖南省代表，广州大元帅府中将高等顾问，兼中央直辖第三军第一纵队司令官）介绍加入中国国民党，1924年春再由邹永成保荐投考黄埔军校。1924年6月考入黄埔中国国民党陆军军官学校第一期第一队学习，1924年秋随黄埔军校第一队赴韶关，负

陈选普照片

责孙中山大本营警卫事宜，后返回广州续读，1924年11月毕业。毕业后任陆军军官学校第三期入伍生总队中尉区队长，中央军事政治学校第四期军士教导总队第十一中队中队长，随部参加了两次东征和北伐战争。1926年7月25日被国民革命军总司令部派任国民革命军第六军第十八师（师长胡谦）司令部参谋处参谋。[1]1927年12月11日广州起义时，任新组建的国民革命军第四军警卫团（团长梁秉枢）政治指导员，当时为中共党员，[2]后任起义总指挥部警卫团指导员，起义发生时脱离部队。后转赴江西，曾任军事委员会南昌行营军官教导队队长，杭州军官训练班第二学员大队队附，浙江省保安第六团团长，浙江省保安司令部高级参谋。1936年1月因病逝世。

---

[1] 中国第二历史档案馆编：档案出版社1992年12月版《蒋介石年谱初稿》第623页记载。

[2] 中共中央党史资料征集委员会、中共广东省委党史资料征集委员会、广东革命历史博物馆编："中国共产党历史资料丛书"，中共党史资料出版社1988年5月《广州起义》第501页梁秉枢著《警卫团起义的前前后后》记载。

陈家炳

陈家炳照片

陈家炳（1905—1980），又名家火，别字爱光，广东文昌县文教乡文明村人。文教乡成达高等小学、文昌县立中学毕业，广东省立农林专科学校、广州大本营军政部陆军讲武学校肄业，陆军大学乙级将官班第三期毕业，中央训练团将官班结业。父在椿，于乡间创建起风学校，曾获广东省省长朱庆澜颁二等嘉祥章，母邢氏，育三子，其居长。1905年11月30日生于文昌县文教乡文明村一个乡儒家庭。幼年村学启蒙，1915年考入文教乡成达高等小学就读，毕业后于1919年考入文昌县立中学，毕业后赴广州，入读广东省立农林专科学校。1923年12月入广州大本营军政部陆军讲武学校学习，1924年秋该校并入黄埔军校，1924年10月编入陆军军官学校第一期第六队学习，1925年2月肄业。分发教导第二团任排长、连长，随军参加了两次东征作战。1926年7月任国民革命军第六军第十八师步兵连连长，率部参加北伐战争。1927年任国民革命军第六军第十八师第六十七团第一营营长、中校团附，1928年任国民革命军第四军第十一师独立旅第二团团长，海南守备第一团团长，1932年兼任广东儋县县长。1934年任南京中央陆军军官学校第十二期学员总队副总队长，兼任校本部高等教育班组长。1936年3月21日颁令叙任陆军步兵中校。[1]1936年7月返回广东，任中央陆军军官学校广州分校第十三期学员总队少将总队长。1937年6月9日颁令晋任陆

---

[1] 国民政府文官处印铸局印行：台湾成文出版社有限公司1972年8月出版《国民政府公报》第105册1936年3月22日第2002号颁令第1—2页记载。

军步兵上校。[1]任中央陆军军官学校第四分校第十四期学员总队队长。抗日战争全面爆发后，随第四分校迁移广东德庆、广西柳州等地，任中央陆军军官学校第四分校军官补习总队队长，第十五期第七学员总队队长，第十七期第二十三学员总队队长。后应李铁军邀请北上陕西，任军事委员会军事训练部派驻西北督导处副处长，第一军风纪巡察团组长，第一战区司令长官部点验处副处长。抗日战争胜利后，1946年1月入中央训练团将官班受训，登记为少将团员，1946年3月结业。1946年5月获颁胜利勋章。1946年12月3日参加赴南京任职、公干的81名黄埔一期生在中央训练团聚餐并于办公大楼前合影。[2]1947年2月入陆军大学乙级将官班第三期学习，1948年4月毕业。任广东粤东师管区司令部副司令官，1949年任重建后的"陆军第三十二军司令部"高级参谋。1950年1月任"海南防卫总司令部"第二路军司令部政治训练处主任，1950年5月随军撤退台湾。任"国防部"高级参谋，1965年退役，1980年12月因病逝世。台湾出版有《陈家炳自传》等。

---

[1] 国民政府文官处印铸局印行：台湾成文出版社有限公司1972年8月出版《国民政府公报》第125册1937年6月10日第2376号颁令第1页记载。

[2] 容鉴光编著：列入台北出版品预行编目资料，台北博煜企业有限公司2003年6月16日第一版印行《黄埔军校一期研究总成》第278页辑录。

陈泰运

陈泰运照片

陈泰运（1898—1951），别字化淳、化醇，贵州贵定人。家世务农，仅足自给。自填登记处为贵州旧县（一说贵定），通信处为贵州贵定旧县城内。自填入学前履历：贵阳南明中学毕业，贵州省立国学讲习所毕业，国立东南大学肄业三年。贵定县立高等小学、贵阳南明中学、省立国学讲习所毕业，国立东南大学肄业三年，军官训练团第一期、军事委员会战时将校研究班、中央军官训练团将官班结业。

1920年秋经胞兄陈开运介绍加入中国国民党，1924年春由靳经纬（时任上海《新建设》杂志编辑，中国国民党上海党务特派员）保荐投考黄埔军校，1924年5月到广州，1924年6月考入黄埔陆军军官学校第一期第三队学习，1924年11月毕业。历任黄埔军校教导一团排长、连长，随部参加了两次东征作战。1926年7月任国民革命军第一军第二师营长、团长，随军参加北伐战争。1927年任军事委员会委员长侍从室参谋，国民革命军第二军（军长钱大钧）司令部参谋处处长。1928年后任南京中央陆军军官学校第一总队步兵第四大队第十四中队中校中队长、上校教官，1929年任第五十一师第一五二旅旅长，军事委员会高级参谋。1936年5月30日颁令叙任陆军步兵上校。[1]抗日战争全面爆发后，任陆军第十三军司令部高级参谋，第八十八师副师长，率部参加武汉会战。1938年5月奉派入军官训练团第一期受训，并任第一大队第三中队中队长，

---

[1] 国民政府文官处印铸局印行：台湾成文出版社有限公司1972年8月出版《国民政府公报》第109册1936年5月29日第2062号颁令第1页记载。

1938年7月结业。1938年7月再入军事委员会战时将校研究班第一分队学员队受训，1938年9月结业。1939年10月任长江下游挺进军总指挥部总指挥，兼任淮南行政公署主任，财政部两淮税警总团团长。1945年1月20日任江苏省政府委员，1945年2月20日颁令叙任陆军少将。抗日战争胜利后，1945年10月20日免江苏省政府委员职。1946年1月任东北保安司令长官部第七十一军（军长陈明仁）副军长，率部参加四平战役。1947年4月奉派入军官训练团第三期受训，并任第三中队副中队长，1947年6月结业。后赴台湾供职，1949年秋返回贵阳，任贵州贵定行政督察专员，兼该区保安司令部司令官，1949年12月率部起义，1951年3月6日因车祸在贵阳遇难。

陈涤新

陈涤新照片

陈涤新（1905—? ），湖南益阳人。广州大本营军政部陆军讲武学校肄业。1923年12月到广州，考入广州大本营军政部陆军讲武学校就读，1924年秋该校并入黄埔军校，1924年11月编入陆军军官学校第一期第六队学习，1925年2月肄业，后服务军界。1928年11月奉命随蒋介石校阅陆军第九师（师长蒋鼎文），任校阅委员会（委员刘秉粹）内务组（组长杨光钰）副组长，参与校阅该师第二十六旅（旅长岳相如），[1]1930年12月任国民政府军事委员会委员长（蒋介石）侍从副官。

---

[1]　《民国日报》1928年11月16日"蒋中正主席在海州校阅"一文记载。

陈谦贞

陈谦贞（1898—1927），别字琴仙，湖南道县北乡江村人。道县北乡江村高等小学、湖南省立第六中学毕业。父从教，略有薄产，勉强支持。自填登记通信处为湖南道县北乡江村。自填入学前履历：湖南第六中学毕业，滇军第四师司令部二等编修正。少时好琴剑诗，十四岁起读经史，入高等小学读书时每试必名列前茅。湖南省立第六中学毕业后，返回原籍任教，曾任本县（道县）高等小学校校长，道县学生联合会会长，滇军第四师司令部二等编修正。1924年3月经胡仕贞（时在湖南学界供职）介绍加入中国国民党，1924年春由杨希闵（驻粤滇军总司令兼第一军军长，中国国民党第一届中央执行委员，前西路讨贼军前敌总指挥，广州卫戍总司令）保荐投考黄埔军校。1924年5月到广州，1924年6月考入黄埔陆军军官学校第一期第一队学习，1924年11月毕业。分发教导第一团任见习、排长，随部参加第一次东征作战。后任第三期入伍生队区队长、党军第一旅连政治指导员，1925年6月随部参加对滇桂军阀杨希闵部、刘震寰部军事行动。后任中央军事政治学校第五期入伍生第二团连长，1926年7月随部参加北伐战争，任国民革命军第一军第二十师补充团第二营营长，第二十师第五十九团第三营营长。1927年8月18日在江西瑞金黄阪圩与南昌起义军作战时阵亡。[1]1929年

陈谦贞照片

---

[1] ①中国第二历史档案馆供稿，华东工学院编辑出版部影印，档案出版社1989年7月《黄埔军校史稿》第八册（本校先烈）第44页有烈士传略、第242页第一期烈士芳名表记载1927年8月18日在江西瑞金阵亡；②台北《黄埔建国文集》编纂委员会编纂：台北实践出版社1985年6月16日印行《黄埔军魂》第574页"北伐战役殉国英雄姓名表"第一期记载。

9月3日国民政府第1853号指令："呈据军政部呈为前三十二军第二十师第五十九团第三营营长陈谦贞'讨共'阵亡，拟照原级中校阵亡例给恤。"[1]

[1]　国民政府文官处印铸局印行：台湾成文出版社有限公司1972年8月出版《国民政府公报》第31册1929年9月5日第261号第12页颁令记载。

陈德仁

陈德仁（1903—? ），陕西葭县（今佳县）人。葭县县立高等小学校、葭县县立初级中学毕业。父从农商，家境贫寒。自填登记通信处为陕西葭县通镇。自填入学前履历：自幼读书。1924年春由于右任（孙中山指派出席国民党一大陕西省代表，国民党第一届中央执行委员，时兼任上海大学校长）举荐投考黄埔军校，1924年6月10日经蒋中正（前粤军总司令部参谋长，广州大本营参谋长及军事委员会委员，黄埔军校筹备委员会委员长、入学试验委员会委员长，黄埔军校校长）介绍加入中国国民党。1924年6月16日考入陆军军官学校第一期第四队学习，1924年11月毕业，后返回北方服务社会。

陈德法

陈德法照片

陈德法（1901—1975），别号民具，浙江诸暨县陈蔡下河图村人。[1]诸暨县高等小学、浙江省立宁波水产学校毕业，中央陆军军官学校驻陕军官教导团将校班结业。父从商民，略有家产。1924年春由戴季陶（孙中山指派出席国民党一大浙江省代表，国民党第一届中央执行委员、常务委员兼宣传部部长）、沈定一（孙中山指派出席国民党一大浙江省代表，国民党第一届候补中央执行委员，前浙江省第二届议会议长，国民党上海执行部候补执行委员及浙江省党部执行委员）保荐投考黄埔军校，1924年5月到广州，1924年6月考入陆军军官学校第一期第一队学习，1924年11月毕业。历任黄埔军校第三期分队长，中央军事政治学校第四期入伍生总队区队长。1926年7月随部参加北伐战争，任国民革命军第一军第二师第六团排长、连长，第一军第二十二师补充团第一营营长，第二军补充三团团长，军事委员会委员长侍从室警卫组上校组长，江苏省水上警察总队督练副主任。1929年1月20日被推选为第三师特别党部候补监察委员。1935年1月任第八十师步兵第四七九团团长，1935年5月18日颁令陈德法叙任陆军步兵中校[2]，1935年8月任第三十七旅旅长。1936年1月1日获颁六等宝鼎

[1] 汪本伦、王苗夫主编：团结出版社2006年5月《中国国民党诸暨籍百卅将领录》第112页记载。

[2] 国民政府文官处印铸局印行：台湾成文出版社有限公司1972年8月出版《国民政府公报》第93册1935年5月19日第1745号颁令第2页记载。

勋章。[1]1936年4月9日由陆军步兵中校晋任陆军步兵上校。[2]抗日战争全面爆发后，率部参加淞沪会战。1938年2月任陆军第一九四师师长。1938年6月15日国民政府颁令陈德法晋任为陆军少将。[3]1940年7月任第一九四师师长，兼任宁波防守司令部司令官，1941年因宁波失守被撤职。1942年1月任第三战区司令长官部高级参谋，1944年2月任陆军第二军副军长，率部参加浙赣会战。抗日战争胜利后，应胡宗南邀请赴西北任职，任新疆迪化（今乌鲁木齐）警备司令部司令官。1946年7月任整编第七十八师副师长。1949年9月随陶峙岳部在新疆起义。中华人民共和国成立后，任中国人民解放军第二十二兵团第九军副军长，中国人民解放军新疆生产建设兵团司令部副参谋长。"文化大革命"开始后受到冲击与迫害，1975年9月12日因病在乌鲁木齐逝世。著有《回忆新疆起义》等。

---

[1] 国民政府文官处印铸局印行：台湾成文出版社有限公司1972年8月出版《国民政府公报》第102册1936年1月2日第1936号颁令第14页记载。

[2] 国民政府文官处印铸局印行：台湾成文出版社有限公司1972年8月出版《国民政府公报》第106册1936年4月10日第2018号颁令第3页记载。

[3] 国民政府文官处印铸局印行：台湾成文出版社有限公司1972年8月出版《国民政府公报》第133册1938年6月18日渝字第58号颁令第1页记载。

周 诚

　　周诚（1904—？），又名城，陕西渭南人，渭南县立高等小学校、渭南县立初级中学毕业，陕西陆军学兵团结业。富裕农家出身，有田一百余亩。自填登记处为陕西渭南县，通信处为本县高等小学校转交。自填入学前履历：中学修业后在（陕西）陆军学兵团及俄国马术教育。曾入伍陆军学习骑术。1923年10月经刘允臣（陕西富平人，原中学教员，国民党陕西支部成员）、于右任（孙中山指派出席国民党一大陕西省代表，国民党第一届中央执行委员，前陕西靖国军总司令、讨贼军西北第一路军总司令，时兼任上海大学校长）介绍加入中国国民党。1924年春经于右任举荐投考黄埔军校，1924年6月考入陆军军官学校第一期第三队学习，1924年11月毕业，后返回北方服务社会。

周士冕

周士冕（1902—1953），原名士诚，别字士城，别号功九、民铎，江西永新人。江西省立第六中学毕业，上海大学社会学系肄业一年，陆军大学将官班甲级第二期毕业。自填登记处为江西永新县大庵村，通信处为江西永新潞江邮局转大庵村。自填入学前履历：民国十二年（1923年）一月毕业于江西省立第六中学校，八月升入上海大学社会系一年级肄业。自填家庭主要成员及经济状况：父易照，母段氏，有兄长两人弟二个姐三个妹两人，其妻汪氏；家营铁木二

周士冕照片

业，稻田四十亩仅供耕种，出产自给。[1]1902年5月28日生于江西永新县潞江大庵村一个农耕家庭。1923年1月毕业于江西省立第六中学，1923年8月考入上海大学社会学系一年级肄业。1924年1月在上海经何世桢（前东吴大学法科教授，孙中山指派出席国民党一大上海特别区代表，兼上海大学法科教授及上海租界律师）、叶楚伧（原上海民国日报主笔，孙中山指派区出席国民党一大上海特别区代表，国民党第一届中央执行委员，国民党上海执行部常务委员兼青年妇女部部长）介绍加入中国国民党。1924年5月再由其二人举荐投考黄埔军校，1924年6月考入陆军军官学校第一期第三队学习，在校学习期间，随部参加对广州商团事变的军事行动，1924年11月毕业。毕业后任黄埔军校第四期入伍生团区队附，党军第一旅第一团排长、连长等职，随部参加了两次东征作战。1926年7月任国民

---

[1] 陆军军官学校编辑、台北文海出版社有限公司印行：近代中国史料丛刊三编第五十七辑《陆军军官学校第三队学生详细调查表》记载。

革命军第一军第一师补充团连长、营长、团党代表，随部参加北伐战争。1927年任国民革命军总司令部新编第一师第二旅政治部主任、师政治部主任，率部参加第二期北伐战争。1928年10月2日任缩编后的第二师（师长刘峙）司令部组织操练委员会（主任欧阳珍）副主任。[1]1930年任第一师独立旅第三团团长，1933年任第一师第二旅副旅长，兼任中央陆军军官学校西北军官训练班教育长，1936年任第一军第七十八师第二三二旅旅长。抗日战争全面爆发后，率部参加淞沪会战。1937年11月30日国民政府颁令任为陆军步兵上校。[2]1938年4月10日接李及兰任陆军第四十六军（军长樊嵩甫）第四十九师师长，率部参加台儿庄战役，1938年8月免职，由李精一接任。应胡宗南邀请转西北任职，1938年9月任军事委员会战时工作干部训练团第四团副教育长，1939年6月任陆军第二十七军（军长范汉杰）副军长。1939年12月兼任军事委员会西北游击干部训练班办公厅主任，1940年5月1日接赵锡光任第一军（军长丁德隆）第一六七师师长，1942年6月免职，由王隆玑接任。1941年6月3日颁令晋任为陆军少将。[3]1942年6月任第三十六军副军长，1943年6月30日接韩锡侯任第九十一军军长，统辖新编第四师（师长周煦龙）、暂编第五十八师（师长叶成）、骑兵第十师（师长谭辅烈、刘裕经）等部，1943年9月28日免职并由王晋接任。1943年9月28日接刘进任第二十七军军长，统辖陆军第四十五师（师长胡长青）、第四十六师（师长苏秋若、李日基）、预备第八师（师长林伟宏）等部，率部参加豫西会战、鄂北会战诸役。1945年3月保送陆军大学甲级将官班第二期学习，1945年6月毕业。1945年6月20日免军长职，由谢辅三接任。抗日战争胜利后，1946年1月任第十五军官总队副总队长。1946年12月任联合后方勤务总司令部第七补给区司令部司令官，后任西安绥靖主任公署干部训练团政治特派员，兼党政训导处处长，1949年11月任西南军政长官公署政治部主任、特别党部书记长。1950年4月1日在西昌彝区甘相营被人民解放军俘虏，1953年12月25日因病在江西永新逝世。其子周本初曾任美国休斯敦大学研究员，吉林大学聘任教授、研究员。

---

[1] 《民国日报》1928年10月5日"刘峙因公到京，请示剿匪办法，积极训练所部"一文记载。

[2] 国民政府文官处印铸局印行：台湾成文出版社有限公司1972年8月出版《国民政府公报》第130册1937年12月1日渝字第1号颁令第15页记载。

[3] 国民政府文官处印铸局印行：台湾成文出版社有限公司1972年8月出版《国民政府公报》第161册1941年6月4日渝字第367号颁令第3页记载。

周士第

周士第（1899—1979），又名士梯、平，别名力行，原籍河南商城，生于广东乐会。广东省立琼崖中学、湘军陆军讲武学堂毕业。父从商，家境中等，无地产。自填登记处为原籍河南商城县，现籍广东乐会县中原圩新昌村，通信处为乐会县中原市永生药房转交。自填入学前履历：琼崖中学毕业，曾充豫鲁招抚使行署副官。1899年10月23日（另载1900年9月9日出生）生于乐会县中原圩新昌村一个农户家庭。父为前清贡生，叔父经商，读书常得资助。

周士第照片（一）

自填1922年4月由陈梅（驻广州西堤八邑会馆豫鲁招抚使行署供职）、龚少侠（前豫鲁招抚使行署副官，报社记者，黄埔军校第一期第二队学员）介绍加入中国国民党。1924年春由赵杰（时在豫鲁招抚使行署供职）、樊钟秀（国民党第一届候补中央监察委员，时任驻粤豫军讨贼军总司令，驻粤豫军总司令，孙中山指派国民党两广、云南、福建执行部候补监察委员）保荐投考黄埔军校。1924年5月到广州，1924年6月考入黄埔陆军军官学校第一期第二队学习，1924年11月毕业。1924年12月经徐成章、廖干吾介绍加入中国共产党。[1]任大元帅府铁甲车队第一排排长，1924年12月任铁甲车队（队长徐成章）副队长，1925年6月任队长，被认为是中共最早掌握武装的指挥员，率部参加第一次东征与省港大罢工广州工

---

[1]　①中共党史出版社2004年10月内部发行《中国共产党第七次全国代表大会代表名录》第280—281页记载；②廖盖隆主编：中共中央党校出版社2001年6月《中国共产党历史大辞典》增订本第359页记载。

运护卫。1925年11月任国民革命军第四军独立团（后称叶挺独立团）第一营营长，1926年4月任该团参谋长，在团部建立中共党支部，各营设立党小组。1926年7月率部参加北伐战争，参与汀泗桥、贺胜桥及武昌城攻坚诸役。1926年10月10日任独立团代团长，1926年11月独立团改编为国民革命军第二方面军（总指挥张发奎）第十一军（军长陈铭枢）第二十五师第七十三团，任团长。1927年8月率部参加南昌起义，任第九军第二十五师司令部参谋长，1927年8月5日南下时任第十一军第二十五师师长，起义主力在广东潮汕失败后，赴香港避居，1928年1月向时在香港的李立三汇报南昌起义部队情况。因染疟疾重症赴马来西亚治疗，因此脱离中共组织关系。1929年冬回到上海，参与邓演达组织的"第三党"活动，加入"黄埔革命同学会"并参与军事策反联络事宜，任"黄埔革命同学会"南京分会书记。邓演达遇害后，其改名力行，往福建应邀投效第十九路军，1932年淞沪抗战时任上海抗日义勇队队长。1933年任第十九路军第四十九师司令部参谋处处长、团长。继参加福建事变，任福建人民革命军第四军第七师第二十一团团长。其间与先后派赴福建谈判的红军代表潘汉年、张云逸取得联系，并得到指示伺机策动蔡廷锴率部赴苏区，或自行相机返回。1933年12月赴江西瑞金，任红军大学军事教员。1934年10月长征途中，任军委干部团上级干部队指挥科科长、上级干部队队长。1935年10月经罗贵波介绍重新加入中国共产党。[1]红军到达陕北后，任军委新兵训练处处长、红军第十五军团参谋长。三大主力红军在陕北会师后，1936年12月任红军第二方面军（总指挥贺龙）参谋长。[2]抗日战争全面爆发后，任国民革命军第八路军第一二〇师司令部参谋长、第二战区第十八集团军第一二〇师司令部参谋长。历任晋西北军区参谋长、中国人民抗日军政大学第七分校校长、晋绥军区参谋长、副司令员兼政委。抗日战争胜利后，1946年起，任人民解放军华北野战军第一兵团副司令员，1949年1月任中国人民解放军第十八兵团司令员。中华人民共和国成立后，任中国人民解放军成都市军事管制委员会副主任、成都人民政府市长。1950年2月任西南军政委员会委员、中国人民解放

---

[1] 中共党史人物研究会编纂：陕西人民出版社1882年10月《中共党史人物传》第四十一卷第236页记载。

[2] 杨牧、袁伟良主编：河南人民出版社2005年11月《黄埔军校名人传》上册第879页记载。

周士第照片（二）

军川西军区司令员、中国人民解放军西南军区副司令员、中共中央西南局委员。1950年10月19日任中国人民解放军防空军司令员、中国人民解放军训练总监部副部长。1955年9月27日被授予中国人民解放军上将军衔，获颁一级八一勋章、一级解放勋章。先后任第一届至三届国防委员会委员，第五届全国人大常委会委员，第三、四届全国政协常务委员。1959年因病住院治疗，1977年10月任中国人民解放军总参谋部顾问。1979年6月30日因病在北京逝世。

著有《周士第回忆录》（解放军出版社）、《独立团中的铁甲车队人员及黄埔学生》（载于广东肇庆"叶挺独立团纪念馆"编：广东人民出版社1991年1月《叶挺独立团史料》第58页）、《中国共产党组建叶挺独立团》（载于广东肇庆"叶挺独立团纪念馆"编：广东人民出版社1991年1月《叶挺独立团史料》第52页）、《叶挺独立团内的中共组织》（载于广东肇庆"叶挺独立团纪念馆"编：广东人民出版社1991年1月《叶挺独立团史料》第66页）、《叶挺独立团在肇庆》（载于广东肇庆"叶挺独立团纪念馆"编：广东人民出版社1991年1月《叶挺独立团史料》第145页）、《周恩来对叶挺独立团北伐的指示》（载于广东肇庆"叶挺独立团纪念馆"编：广东人民出版社1991年1月《叶挺独立团史料》第157页）、《听副军长训话后的感想》（原载1927年1月《四军周报》第八期；转载于广东肇庆"叶挺独立团纪念馆"编：广东人民出版社1991年1月《叶挺独立团史料》第411页）、《起义中的第二十五师》（载于广东肇庆"叶挺独立团纪念馆"编：广东人民出版社1991年1月《叶挺独立团史料》第435页）、《叶挺独立团勇克汀泗桥、贺胜桥》（载于全国政协及广东省政协文史资料委员会编纂：中国文史出版社1994年12月《国民革命军北伐亲历记》第112页）等。

周公辅

周公辅照片

周公辅（1900—?　），陕西富平县美原镇人。富平县立高等小学校毕业。世代务农，家境贫困。自填登记、通信处为陕西富平县美原镇永升魁号。自填入学前履历：民国九年（1920年）投笔从戎。1920年加入陕西陆军当兵。1924年4月经于右任（孙中山指派出席国民党一大陕西省代表，国民党第一届中央执行委员，前陕西靖国军总司令、讨贼军西北第一路军总司令，时兼任上海大学校长）介绍加入中国国民党，并由于右任举荐投考黄埔军校，1924年6月考入陆军军官学校第一期第四队学习，1924年11月毕业。后参加东征、北伐和抗日战争，历任军政职务。抗日战争胜利后，1945年10月获颁忠勤勋章。1946年5月获颁胜利勋章。1946年7月退役，返回原籍乡间寓居赋闲。1949年被人民解放军俘虏，1975年3月19日获特赦释放。[1] 陕西《富平文史资料选辑》1982年第一辑载有《智擒周公辅》（纪元润著）等。

---

[1]　任海生编著：华文出版社1985年12月《共和国特赦战犯始末》第128页记载。

周风岐

周凤岐（1903—1932），别字恭先，陕西高陵人。高陵县高级小学、陕西渭北中学毕业。祖辈务农，家境贫苦。自填登记处为陕西高陵，通信处为陕西高陵城内西街泰和成号转交。自填入学前履历：曾充陕西省立渭北中学校教员。1924年春经于右任介绍与徐经济（黄埔一期生）等同赴广州，1924年5月经于右任（孙中山指派出席国民党一大陕西省代表，国民党第一届中央执行委员，前陕西靖国军总司令、讨贼军西北第一路军总司令，时兼任上海大学校长）、吴希真（前讨袁军西路军司令官，靖国军左路第一支队司令官，陕

周凤岐照片

西省临时议会议员，国民党陕西省临时党部筹备委员）介绍加入中国国民党，再由其二人举荐投考黄埔军校。1924年6月考入陆军军官学校第一期第二队学习，1924年11月毕业。奉派与徐经济一同派返北方策应，入河南开封国民二军胡景翼部服务，任岳维峻旅卫队营排长、教导队教官。向所部团、营、连士兵讲授三民主义，将详情函报校长蒋中正，受到蒋复函赞扬，并谕学校政治部多寄宣传品。1926年参加北伐战事，曾任步兵团营长、团附。1928年12月返回中央序列部队任职，1930年12月复任陆军第四师第十二旅第二十三团（团长杜聿明）团附，1931年10月1日接杜聿明任陆军第四师（师长徐庭瑶）第十二旅（旅长关麟征）第二十三团团长，[1]率部参加对湘鄂西边区红军及根据地的"围剿"战事。1932年1

---

[1] 广州市政协文史资料委员会编纂：广东人民出版社1983年版《广州文史资料选辑》第30辑第115—119页刘炽撰文《国民党张联华旅进犯红军皂市覆灭记》记载。

月下旬在湖北应城与红军作战时，负重伤不治身亡。[1]

---

[1]　①台北《黄埔建国文集》编纂委员会编纂：台北实践出版社 1985 年 6 月 16 日印行《黄埔军魂》第 580 页"第一期北伐战役殉国英雄姓名表"记载；②阜新市蒙古自治县文史资料委员会编纂：辽宁省内部准印报刊 1984 年版《阜新文史通讯》韩梅村撰文《回忆我和杜聿明的交往》记载。

周天健

    周天健（1906—1990），别字自强，浙江奉化县溪口镇人。蒋介石家乡街坊近邻。锦溪高等小学堂、宁波四明高级中学、日本千叶陆军步兵专门学校、陆军大学将官班甲级第二期毕业。自填登记通信处为浙江奉化县城内东门小路街武庙旁周纯房。自填入学前履历：民国十一、十二年（1922年、1923年）求学于宁波四明高级中学。父日宣，[1]早年从教，系同盟会会员，别字淡游，母江氏，家境贫困。家庭主要成员仅两弟。[2]1906年9月20日生于奉化县溪口镇一个农商家庭。1924年5月15日经蒋介石（前粤军总司令部参谋长，广州大本营参谋长及军事委员会委员，黄埔军校筹备委员会委员长、入学试验委员会委员长，黄埔军校校长）、周日耀（系其父堂兄，时任广东省省长公署技士，与蒋介石溪口街坊近邻）介绍加入中国国民党，再由周日耀举荐投考黄埔军校，1924年6月考入陆军军官学校第一期第一队学习，1924年11月毕业。分发黄埔军校教导第一团任见习，后任东征军总政治部宣传队队员，随部参加了两次东征战争。1926年3月任中央军事政治学校第四期入伍生部政治部科员，潮州分校组建时任该校政治部宣传股股长。1926年7月随部参加北伐战争，任国民革命军北伐东路军政治部《阵中日报》编辑。1928年起，任浙江省防军警备团党代表，其间曾派赴日本千叶陆军步兵专门学校学习，毕业后回国。1931年2月任浙江省保安第一团团长。1932年12月调任中央各军事学校毕业生调查科文书股股长，黄埔同学会驻杭州办事处主任。1933年起，任军事委员会委员长侍从室第二组科长，1934年夏任上海市公安

---

    [1]　刘国铭主编：团结出版社2005年12月《中国国民党百年人物全书》第1596页有简介。

    [2]　陆军军官学校编辑、台北文海出版社有限公司印行：近代中国史料丛刊三编第五十七辑《陆军军官学校第一队学生详细调查表》记载。

局保卫第三团团长。[1]后任特别行动总队（后改为别动军）第二团副团长、团长。1936年12月26日颁令叙任陆军步兵中校。[2]抗日战争全面爆发后，任军事委员会第一局上校参谋，陆军第八十八师司令部附员，军事委员会委员长特务旅（又称警卫旅，旅长王世和）第三团团长，1939年任补充兵训练分处副处长，暂编第二师副师长。1941年6月3日颁令晋任陆军步兵上校。[3]任陆军预备第二师师长，率部参加昆仑关战役、鄂西会战诸役。1943年3月12日接苏令德任第六十六军（军长方靖）第一九九师师长，1944年9月1日免师长职，由彭战存接任。1944年9月1日任第六十六军（军长宋瑞珂）副军长，率部参加常德会战。1945年3月保送陆军大学甲级将官班第二期学习，1945年6月毕业。抗日战争胜利后，任第六十军（军长安恩溥）副军长。1946年1月入中央训练团兵役班受训。1946年6月任安徽皖南师管区司令官，任职一年后，请假返回奉化居住。1948年9月22日颁令叙任陆军少将。1949年到台湾，任"国防部"高级参谋，后奉派入台湾"革命实践研究院"受训。1953年10月退役，分发任台北招商局顾问等职。1990年1月28日因病在台北逝世。[4]

---

[1] 《申报》1934年11月4日"昨晚通宵本市防灾大演习"一文记载。

[2] 国民政府文官处印铸局印行：台湾成文出版社有限公司1972年8月出版《国民政府公报》第118册1936年12月28日第2239号颁令第1页记载。

[3] 国民政府文官处印铸局印行：台湾成文出版社有限公司1972年8月出版《国民政府公报》第161册1941年6月4日渝字第367号颁令第3页记载。

[4] 台北"国史馆"编纂：2006年12月印行《"国史馆"现藏民国人物传记史料汇编》第二十七辑第177页记载。

周世霖

　　周世霖（1901—? ），四川邻水县丰禾乡人。邻水县立丰禾乡立高等小学、四川省立第一中学毕业，上海南洋中学、上海东亚体育专门学校肄业。家从商农，自给尚足。特长体育、手工。自填登记通信处为四川邻水县丰禾乡丁字街口致和斋。自填入学前履历：曾在本县丰禾乡立高小校毕业，继在四川省立第一中学毕业，后在上海南洋中学肄业，又在上海东亚体育专门学校肄业。1922年2月经谢持（时任四川省国民党全权代表，孙中山指派出席国民党一大四川省代表，国民党第一届中央监察委员，前国民党中央党部党务部部长）、刘泉如（国民党一大四川省代表，前上海大学社会科学部教授，国民党上海特别区临时党部筹备委员，国民党四川省临时党部筹备委员）介绍加入中国国民党，1924年春由其二人举荐投考黄埔军校。1924年6月考入陆军军官学校第一期第四队学习，1924年11月毕业，后服务军界。1929年10月任陆军第二师司令部军官训练大队大队长。

周启邦

周启邦照片

周启邦（1901—? ），别字梅村，别号枚邨，江苏吴县城内人。吴县乡立高级小学毕业，吴县初级中学、吴淞省立水产专科学校肄业。家从蚕业，经济自给。自填登记处为江苏吴县城内木渎东街，通信处为上海新闸麦根路福星里六十一号交黄小村先生转。自填入学前履历：一九一四年服务于上海新闸大丰木行，一九一九年因受工长无理压制，启邦即向其告辞，告辞后，即投考上海邮局当信差之职，一九二二年罢工风潮起，时启邦为主动之一，故不及一月即被革职，革职后得友人之助，余求学于吴淞省立水产学校。早年先后于上海大丰木行帮工、在上海邮局当信差，1922年因参加罢工风潮被革职。1922年4月与瞿锡坤等人筹备上海邮务工会，受中国劳动组合书记部领导，因军阀政府干涉遂更名"上海邮务友谊会"。1922年5月21日被推选为中共领导的工会组织——上海邮务友谊会委员，[1]后因上海邮政当局施以高压，该组织于1922年7月21日被迫自行取消。1923年1月在上海加入中国社会主义青年团，后转入中共。1923年春经张秋人（时任上海大学社会学系英语教师，国民党上海大学分部执行委员，中共上海区委候补委员）介绍加入中国国民党。1923年9月任中共上海

---

[1] 倪兴祥主编：上海人民出版社2006年6月《中国共产党创建史辞典》第95页记载。

地方执行委员会第四组（吴淞特别组）组长，[1]1924年1—2月任中国社会主义青年团上海地方执行委员会代理委员长。1924年1月任中共上海地方执行委员会第二组成员，1924年1月25日至2月14日任中国社会主义青年团上海地方执行委员会代理委员长。[2]1924年春由叶楚伧（时任国民党上海特别区常务委员兼青年妇女部部长，孙中山指派出席国民党一大上海特别区代表，原上海《民国日报》主笔，国民党第一届中央执行委员）、邵力子（时任国民党上海执行部工农部秘书，上海大学兼上海大夏大学教授，前上海《民国日报》报社记者）举荐投考黄埔军校，1924年6月考入陆军军官学校第一期第四队学习，1924年11月毕业。奉派返回上海，秘密从事工人运动和扩大中共组织活动。1925年5—12月任中共南京地方执行委员会无锡支部书记，[3]1925年6月再兼中共上海地方执行委员会第二组成员。

---

[1] 中共上海市委组织部、中共上海市委党史资料征集委员会、中共上海市委党史研究室、上海市档案馆编纂：上海人民出版社1991年10月《中国共产党上海市组织史资料》（1920.8—1987.10）记载。

[2] 中共中央组织部、中共中央党史研究室、中央档案馆编纂：中共党史出版社2000年9月《中国共产党组织史资料》（1921—1997）第一册记载。

[3] 中共江苏省委组织部、中共江苏省委党史工作委员会、江苏省档案馆编纂：南京出版社1993年9月《中国共产党江苏省组织史资料》（1922.春—1987.10）记载。

周建陶

周建陶照片

周建陶（1901—1959），别字泰祺，又字奉祺，湖南醴陵人。广州大本营军政部陆军讲武学校肄业，庐山中央军官训练团暑期将官班第三期毕业。1901年9月3日生于醴陵县近郊一个农户家庭。1923年入广州大本营军政部陆军讲武学校，1924年秋该校并入黄埔军校，1924年11月编入陆军军官学校第一期第六队学习，1925年2月肄业。历任国民革命军第二军教导团排长、连长，参加两次东征作战。1926年7月随部参加北伐战争，任国民革命军第二军第五师补充团第一营营长，1927年任武汉国民政府警卫师第一团团附，武昌警备司令部警卫团团长。1928年1月到南京黄埔同学会登记，后入杭州失散黄埔同学训练班受训。1928年5月2日任国民革命军总司令部第一补充团中校团附。[1]1929年任南京市警察厅警训所教育长，1932年任第十师司令部辎重兵营营长，1933年2月任第八十七师第二六一旅司令部参谋，1933年6月任第八十三师第二四七旅司令部参谋。1935年5月18日颁令叙任陆军步兵中校。[2]1935年12月任第八十三师第二四七旅副旅长，1936年7月任浙江金华团管区司令官，后任浙江衢州团管区司

---

[1] 全国图书馆文献缩微复制中心 2009 年 10 月影印发行《国民革命军总司令部公报》第二册 1928 年 5 月第五期第 51 页记载。

[2] 国民政府文官处印铸局印行：台湾成文出版社有限公司 1972 年 8 月出版《国民政府公报》第 93 册 1935 年 5 月 19 日第 1745 号颁令第 2 页记载。

令官。1937年5月6日颁令晋任陆军步兵上校。[1]抗日战争全面爆发后，率部参加淞沪会战、南京保卫战。战后随军迁移西南，1938年3月任四川叙泸师管区司令官，率部驻防宜宾地区。1939年任军政部第三十二补充兵训练处处长，1940年被撤职查办。后经黄埔一期同学举荐，获准出任第九十四军第一八五师副师长。免职后任驻桂林新兵补充训练分处处长，1942年8月任中央陆军军官学校第六分校（桂林分校）教育处第四任处长。1943年任第三十二集团军总司令部高级参谋，兼任浙东水上船舶运输警卫司令部司令官。1944年1月任军事委员会西南游击干部训练班副教育长。[2]1944年10月任军事训练部突击干部训练班副教育长。抗日战争胜利后，1946年2月任第十一军官总队总队长。1946年12月3日参加赴南京任职、公干的81名黄埔一期生在中央训练团聚餐并于办公大楼前合影。[3]后任国防部附员。1948年7月16日襄阳城被人民解放军占领前夕逃脱，往国防部报告襄樊战事经过。1948年9月22日被国民政府军事部（部长康泽兼）执行战地视察事宜。1949年被人民解放军俘虏，获释后返乡定居。中华人民共和国成立后，仍在原籍乡间务农为生。著有《襄樊战役第十五绥靖区在襄阳被歼前后概述》（1962年9月29日撰稿，载于中国文史出版社《文史资料存稿选编——全面内战》中册）、《我所知道的浙江、四川国民党兵役情况》（1963年撰稿，载于中国文史出版社《文史资料存稿选编——军事机构》下册）、《老河口在康泽的祝寿声中解放》、《康泽全军覆没，蒋白互相诿过》等。

周泽甫

周泽甫照片

周泽甫（1901—1981），又名需藩，广西苍梧县冠盖乡沙尾村人。苍梧县冠盖乡高级小学毕业，苍梧县立初级中学肄业，南京中央陆军军官学校高等教育班第二期、陆军大学特别班第四期毕业，中央军官训练团结业。自填登记通信处为广西苍梧县冠盖乡大坡山福记。自填入学前履历：民国十二年至十三年（1923—1924年）充中央直辖广东讨贼军第一师司令部军需。父兆栋，母李氏，祖辈务农，自给有余。家庭主要成员有弟四个妹两名，入学黄埔军校前已婚，妻黎氏。[1] 1901年5月13日（另载1904年5月13日）生于苍梧县冠盖乡大坡山村一个农户家庭。六岁入本乡私塾启蒙，后考入苍梧县立中学就读，毕业后入梧州格致学校（另称新式学校）学习，18岁那年与本乡马五村女子黎彩玉结婚。1920年12月追随李济深赴广东，入驻粤桂军当兵，后任中央直辖广东讨贼军第一师司令部中尉军需，粤军第一师（师长李济深）司令部文书，粤军第四军司令部副官。1924年5月16日经李济深（讨贼军第四军第一师师长，西江善后督办公署督办，黄埔军校筹备委员会委员兼教练部主任）介绍加入中国国民党，并由其举荐投考黄埔军校，1924年6月考入陆军军官学校第一期第四队学习，1924年11月毕业。分发入伍生队见习，任教导第二团排长，随部参加第一次东征作战。1925年8月任国民革命军第四军第十一师司令部副官，1926年7月任第四军第十一师第三十三团步兵连排长、

---

[1] 陆军军官学校编辑、台北文海出版社有限公司印行：近代中国史料丛刊三编第五十七辑《陆军军官学校第四队学生详细调查表》记载。

连长，随部参加统一广东诸役。1927年任广东第八路军留守处警卫营营长，1928年11月11日任军事委员会参谋本部少校参谋。[1]1928年12月任广东编遣区第一师补充团团长，独立旅司令部政治训练室主任，陆军第四军司令部军需处粮服股少校股长，广州黄埔国民革命军军官学校经理处科长，军政部派驻广东绥靖主任公署特派员办公室参谋长。1931年5月任广州国民政府（另称西南政务委员会）军事委员会办公厅少校科员，1932年8月随李济深赴南京，任南京国民政府训练总监部教育科中校科员，1936年3月16日颁令叙任陆军步兵中校，[2]后任国民政府参谋本部中校参谋。[3]1937年5月6日颁令晋任陆军步兵上校。[4]抗日战争全面爆发后，任训练总监部中校训练员。1938年3月入陆军大学特别班第四期学习，1940年4月毕业。任由训练总监部改编的军事训练部上校附员，军政部第六补充兵训练处视察官。1940年6月任军事训练部少校衔参事，[5]1941年12月任第四战区司令长官部高级参谋，兼任广西靖西指挥部参谋长。抗日战争胜利后，发表为国民政府广州行营高级参谋，1946年1月奉派入中央军官训练团受训，登记为军事委员会少将衔参议，1946年3月结业。后返回广东，1947年8月1日办理退役，为广州市在乡军官会少将衔在册会员，登记居住地为广州市德政北路禺东二街5号寓所。1947年11月21日颁令叙任陆军少将。后在香港参与筹组民革事宜。中华人民共和国成立后，应李济深邀请赴北京，由中华人民共和国政务院任命为李济深秘书，长期随侍工作。其间奉派入北京中央社会主义学院学习。1962年春任民革北京市委员会联络工作委员会副主任，[6]1966年5月办理退休。1979年10月当选为民革第五届候补中央委员，1980年秋任全国政协文史资料委员会专员。1981年12月因病在北京逝世。

---

[1] 《民国日报》1928年11月25日"参谋本部委令"一文记载。

[2] 国民政府文官处印铸局印行：台湾成文出版社有限公司1972年8月出版《国民政府公报》第105册1936年3月17日第1997号颁令第1—2页记载。

[3] 黎全三、周陆奇主编，广西《苍梧将军》编纂委员会编纂：广西苍梧县文联2013年5月印行《苍梧将军》第150页记载。

[4] 国民政府文官处印铸局印行：台湾成文出版社有限公司1972年8月出版《国民政府公报》第123册1937年5月7日第2347号颁令第2页记载。

[5] 据周泽甫自填《任职履历表》记载。

[6] 黎全三、周陆奇主编，广西《苍梧将军》编纂委员会编纂：广西苍梧县文联2013年5月印行《苍梧将军》第154页记载。

周秉璀

周秉璀照片

周秉璀（1903—？），广东惠阳县白芒花良井大湖洋乡人。惠阳县白芒花高级小学毕业，广东省立惠州中学肄业，南京中央步兵学校高级班肄业，中央训练团党政班毕业。父从商业，自给仅足。自填登记处为广东惠阳县白芒花良井大湖洋乡，通信处为广州东山孤儿院前街十二号转交。自填入学前履历：前充中央直辖广东讨贼军第一师第三团（团长邓演达）团本部属官。曾任中央直辖广东讨贼军第一师第三团委员。1924年春由李济深（讨贼军第四军第一师师长，西江善后督办公署督办，黄埔军校筹备委员会委员）保荐投考黄埔军校，1924年5月15日经邓演达（前任广东西路讨贼军第一师第三团团长，黄埔军校入学试验委员会委员）介绍加入中国国民党。1924年6月考入陆军军官学校第一期第一队学习，1924年11月毕业。分发入伍生队任见习、区队附，随部参加第一次东征作战和对滇桂军阀杨希闵部、刘震寰部军事行动。1925年8月任国民革命军第四军第十一师步兵连排长、连长，随部参加统一广东诸役。1927年任第四军第十一师派驻省城办事处主任，1928年4月12日被国民革命军总司令部委任为第一集团军第一纵队司令部设计整理委员会委员。[1]1928年10月任国民革命军广东第八路军总指挥部干部教导总队第二营营长，广东编遣区第三师步兵团团附，第十九路军总指挥部教导总队总队长，第六十师司令部参谋处处长。1937年

---

[1]　1928年2月版《国民革命军总司令部公报》第二期第56页记载。

1月6日颁令叙任陆军步兵中校。[1]抗日战争全面爆发后，任第十二集团军暂编第二军（军长邹洪）司令部副官处处长，第十二集团军总司令部驻韶关办事处副主任。1942年1月30日颁令晋任陆军步兵上校。[2]抗日战争胜利后，任第七战区兵站部第二十一分站分监，1946年7月退为备役。

[1] 《中央日报》1937年1月7日记载。

[2] 国民政府文官处印铸局印行：台湾成文出版社有限公司1972年8月出版《国民政府公报》第166册1942年1月31日渝字第436号颁令第5页记载。

周
品
三

周品三（1900—1970），别字品山，别号振亚、釜釜，浙江诸暨县诸山乡梅山村人。诸暨县立高等小学毕业，大本营军政部陆军讲武学校士官班肄业。祖辈务农，无地产。自填登记处为浙江诸暨县南门外三达步，通信处为诸暨南门外新同茂水果行。自填入学前履历：大元帅卫士队士官班军事教育。1923年春入大本营卫士队当兵，1923年10月16日由卢振柳（广东东路讨贼军第六路参谋长，粤军第二军总司令部参谋，广州大元帅府大本营参军，兼任大本营卫士大队大队长）介绍加入中国国民党，1924年春由卢振柳保荐投考黄埔军校。1924年6月考入陆军军官学校第一期第一队学习，1924年11月毕业。分发入伍生队任见习、区队附，随部参加第一次东征作战及对滇桂军阀杨希闵部、刘震寰部军事行动。1926年3月任中央军事政治学校第四期入伍生部步兵连排长，1926年7月随部参加北伐战争，任国民革命军第一军教导团第二营连长、营长，1927年任北伐东路军第二纵队步兵营营长，1928年8月任浙江省保安第一团团长。1936年3月21日颁令叙任陆军步兵中校。[1]抗日战争全面爆发后，任南京中央陆军军官学校教导总队第二旅司令部参谋主任，随部参加淞沪会战、南京保卫战。1938年1月任第八十师第二三八旅副旅长，1938年5月奉派入军官训练团第一期受训，并任第三大队第十中队分队长，1938年7月结业。任陆军第八十师第二三八旅旅长，率部参加武汉会战。1938年12月任陆军第八十师（师长陈琪）副师长。1939年3月28日颁令晋

---

[1] 国民政府文官处印铸局印行：台湾成文出版社有限公司1972年8月出版《国民政府公报》第105册1936年3月22日第2002号颁令第1—2页记载。

任陆军步兵上校。[1]后率部参加第二次长沙会战、浙赣会战诸役。抗日战争胜利后，1948年3月22日颁令叙任陆军少将，同时退为备役。在杭州与人合伙开药店，并行医为生，后返乡定居。1970年因病逝世。[2]

---

[1] 国民政府文官处印铸局印行：台湾成文出版社有限公司1972年8月出版《国民政府公报》第139册1939年3月29日渝字第139号颁令第3页记载。

[2] 汪本伦、王苗夫主编：团结出版社2006年5月《中国国民党诸暨籍百卅将领录》第144页记载。

周振强

周振强照片（一）

周振强（1903—1988），别字健夫，别号庄，浙江诸暨县南区华丰江周村人。诸暨县南区高等小学毕业，中央训练团兵役班第一期、中央军官训练团第三期结业，陆军大学特别班第四期毕业。1903年3月29日（另载1904年11月13日出生）生于诸暨县南区华丰江周村一个农户家庭。自填登记处为浙江诸暨县，住诸暨南区丰江周，通信处为诸暨南区安华镇万和号转交丰江周。自填入学前履历：民国十一年（1922年）充（广东）东路讨贼军总司令部宪兵队中士，十二年（1923年）充大本营卫士队中士。1922年南下广东，先任广东东路讨贼军总司令部宪兵队中士，1923年由卢振柳（广东东路讨贼军第六路参谋长，粤军第二军总司令部参谋，广州大元帅府大本营参军，兼任大本营卫士大队大队长）介绍加入中国国民党，1923年入广州大元帅府大本营，任孙中山卫士队卫士。1924年4月由杨庶堪（国民党第一届候补中央监察委员，前中华革命党政治部副部长、四川省省长，大元帅府秘书长）保荐投考黄埔军校，1924年6月考入陆军军官学校第一期第一队第七分队学习，1924年11月毕业。1924年11月任黄埔军校第二期步兵科第二队区队附、区队长，1925年6月任黄埔长洲要塞司令部卫兵长。1926年春起，任国民革命军第一军第一师第五团连长、营长，1926年7月随军参加北伐战争，1926年10月在武昌战役中负重伤。1927年起，任国民革命军总司令（蒋中正）部侍从参谋、侍从副官、卫士大队大队长。1928年12月任南京中央陆军军官学校第七期第一总队步兵大队大队长，1929年12月任国民政府警卫团一营营长，不久任卫士大队大队长。1930年10月任南京中央陆军军官学校第八期第二总队中校大队长。1931年任陆军第十四师第二旅第四团团长，1932年6月起，任南京中央陆军军官学校教导总队（总队长桂永清）步兵大队大队长，1932年6月30日经审查合格呈请社长（蒋介石）批准为"励志社"第十二届新社员。[1]1932年12月任教导总队第一旅步兵第一团团长。1933年5月29日任南京中央陆军军官学校军官训练班第一大队大队长，[2]1933年9月11日免职。1935年5月7日颁令叙任陆军步兵上校。[3]1936年6月任教导总队（总队长桂永清）副总队长。

周振强照片（二）

1937年5月21日颁令晋任陆军少将。[4]抗日战争全面爆发后，1937年10月改编并任中央陆军军官学校教导总队（总队长桂永清）第一旅旅长、副总队长，率部参加淞沪会战。1937年12月11日率部参加南京保卫战，所部对日军作战兵员装备损失惨重，战后撤至湖南整训。1938年1月教导总队余部改编为陆军第二十七军（军长桂永清），其任该军第四十六师（师长李良荣）副师长。1938年3月入陆军大学特别班第四期学习，1940年4月毕业。任军事委员会綦江战时工作干部训练团第一团副教育长、代理教育长，一度兼任綦江警备司令部司令官。1941年10月任国民政府军政部部附，兼任军政部第二新兵补充训练处处长，重庆卫戍总司令部第三分区司令官。抗日战争胜利后，任浙西师管区司令部司令官，兼任金华城防指挥部指挥官。1945年获颁忠勤勋章。1946年5月获颁胜利勋章。1947年4月入中央军官训练团第三期受训，并任第二中队副中队长，1947年7月结业，返回原部队续任原职。1949年5月6日金华解放后滞留城内寓所，欲往军事管制委员会登记投诚途中，被当作俘虏逮捕，后入华东军区解放军官训练团学习，因表现较好被推选为行政组组长、俱乐部干事。1956年转移北京功德

---

[1] 南京励志社：1932年6月30日版《励志旬报》第2卷第8期第6—8页"社闻"栏记载。

[2] 《军政公报》1933年7月31日版第160号第28页记载。

[3] 国民政府文官处印铸局印行：台湾成文出版社有限公司1972年8月出版《国民政府公报》第93册1935年5月8日第1735号颁令第1页记载。

[4] 国民政府文官处印铸局印行：台湾成文出版社有限公司1972年8月出版《国民政府公报》第124册1937年5月22日第2360号颁令第40页记载。

林战犯管理所学习与改造，1959年12月4日获特赦释放。1961年安排任全国政协文史资料研究委员会文史专员，先后当选为第六、七届全国政协委员，1984年10月被推选为浙江省黄埔军校同学会副会长。1988年4月21日因病在杭州逝世。著有《国民党为发动内战在浙西征兵的回忆》（载于中国文史出版社《文史资料存稿选编——军事机构》下册）、《我对〈黄埔建军〉一文的几点补充》（载于中国文史出版社《文史资料存稿选编——军事机构》下册）、《四一二事变点滴》（载于中国文史出版社《文史资料选辑》第八辑）、《中央军校教导总队在南京保卫战中》（载于中国文史出版社《原国民党将领抗日战争亲历记—南京保卫战》）、《四川綦江战干团惨案回忆》（载于中国文史出版社《文史资料选辑》第五辑）、《蒋介石的铁卫队—教导总队》（载于中国文史出版社《文史资料选辑》第十二辑）、《在蒋介石身边当侍卫官的见闻琐记》（载于中国文史出版社《文史资料选辑》第一三七辑）等。

周鸿恩

周鸿恩（1902—1962），别字雨苍，原载籍贯云南嶍峨，[1]另载云南峨山县人。南京中央步兵学校高级班、德国陆军步兵学校毕业。自填登记通信处为云南嶍峨县城西门内上街坊。自填入学前履历：曾充云南陆军测量局班员。1923年秋到广州，考入驻粤滇军讲武学校学习。1924年5月由周自得［国民党一大云南省代表，驻粤滇军总司令（杨希闵）部参谋长］保荐投考黄埔军校，1924年6月3日经周自得介绍加入中国国民党。1924年6月16日考入陆军军

周鸿恩照片

官学校第一期第四队学习，1924年11月毕业。历任黄埔中央军事政治学校第四期入伍生团步兵连长、营附、教官，广州黄埔国民革命军军官学校经理处总务课课长，第七期经理处粮被科科长。1929年12月随军校北上，1930年1月至1953年9月任南京中央陆军军官学校总务处处长，1931年1月1日兼任南京中央陆军军官学校校舍设计与经理委员会常务委员。1932年9月奉派入南京中央陆军军官学校留学德国预备班学员队受训，结业后奉派德国留学，入柏林德国陆军步兵学校学习，1935年10月毕业回国。任南京中央陆军军官学校第十三期步兵第一大队上校大队长。抗日战争全面爆发后，随军校迁移西南地区，任成都中央陆军军官学校第十六期第一总队总队长。1942年4月16日接阮齐任陆军第九十九军（军长傅仲芳、梁汉明）第一九七师师长，率部参加第三次长沙会战、浙赣会战、鄂西会

---

[1] 湖南省档案馆校编、湖南人民出版社1989年7月《黄埔军校同学录》记载。

战、常德会战诸役。1942年12月12日颁令叙任陆军步兵中校。[1]1943年2月颁令叙任陆军步兵上校。1944年8月免师长职，由温靖接任。抗日战争胜利后，1945年10月任中央陆军步兵学校（校长蒋介石兼）教育长，主持将步兵学校由贵州遵义迁移南汤山。1947年11月1日蒋介石免兼校长职，其接任陆军步兵学校校长。1948年9月22日颁令叙任少将军衔。1949年夏率步兵学校撤退至海南岛（时属广东），1950年4月再赴台湾，1962年1月4日因病逝世。

---

[1] 国民政府文官处印铸局印行：台湾成文出版社有限公司1972年8月出版《国民政府公报》1942年12月10日渝字第518号颁令。

周惠元

周惠元（1902—1961），四川双流县红石乡人。父从教，家境仅足自给。1917年入成都联合中学卒业，1922年入天津南开学校学习，1923年转入北京师范大学肄业一年。自填登记处为四川双流县，通信处为成都少城支机石街二十二号。自填入学前履历：民三（年）读书于成都青年会，民六（年）进成都联合中学，民十（年）提于该校卒业，民十一（年）求学于天津南开学校，民十二（年）又转学北京师范大学。1924年春由李大钊（孙中山指派出席

周惠元照片

国民党一大北京特别区代表并为大会主席团成员，国民党第一届中央执行委员，前北京大学教授）、谭熙鸿（孙中山指派出席国民党一大北京特别区代表，时为国立北京大学秘书兼生物学教授，前国立浙江大学农学院院长，国民党中央农民部部长）保荐投考黄埔军校，1924年3月2日通过纪人庆（北京法政大学学生）、陈明德（前北京法政大学政治经济科学生，成都《新川报》总编辑）介绍加入中国国民党。1924年5月到广州，1924年6月考入陆军军官学校第一期第一队学习，1924年11月毕业。1924年11月任校本部政治部指导股指导员，后任第二期政治部政治指导员，1925年6月随部参加对滇桂军阀杨希闵部、刘震寰部军事行动及第二次东征作战。1926年2月2日参加校长蒋介石、校党代表汪精卫为解决本校党务纠纷起见，召集中国军人联合会、孙文主义学会联席会议。[1]1926年7月随

---

[1]　广东革命历史博物馆编纂：广东人民出版社1985年5月《黄埔军校史料（1924—1927）》第346页记载。

军参加北伐战争，任北伐东路军第一军政治部政治指导员，随部转战闽浙等省。1927年受军事委员会委派赴浙江衢州训练新兵，任新兵补充第一团第一营营长，后任第一军教导团第一营营长，随军驻防苏州地区，1929年随军北上平津。返回南京后，随曾扩情（奉派四川党务特派员）赴四川，重建地方党务机构。1930年调任四川第一军第二师司令部教导营营长，1930年5月随军参加中原大战，参与川军山东曹县和河南兰封、考城一带对冯（玉祥）阎（锡山）联军战事。1930年10月任陆军第十七军（军长曹万顺）政治部主任。1931年春返回南京，任中央陆军军官学校第八期第二总队上校总队附。1932年12月参与筹备中央陆军军官学校第一分校（洛阳分校），正式成立时任军官训练队学员总队队长。1934年10月调回南京校本部，1935年1月任南京中央陆军军官学校教官队上校组长。1935年5月20日颁令叙任陆军步兵中校。[1]抗日战争全面爆发后，随军校迁移西南地区，续任成都中央陆军军官学校第十四期第二总队上校总队附，第十七期第一总队上校战术教官，第十八期第二总队步兵科上校战术教官、少将总队长等职。抗日战争胜利后，1945年12月兼任中央训练团成都第二十八军官总队少将总队附。任川康绥靖主任公署少将参军。1946年11月返回双流竞选（制宪）国民大会代表未遂。1948年1月26日颁令叙任陆军少将。1949年12月底以川康绥靖主任公署少将参军，在四川彭县随邓锡侯部参加起义。中华人民共和国成立后，未安排工作，一直在家赋闲，1961年1月9日因病逝世。

---

[1] 国民政府文官处印铸局印行：台湾成文出版社有限公司1972年8月出版《国民政府公报》第93册1935年5月21日第1746号颁令第1页记载。

官全斌

官全斌（1898—1950），四川威远县镇西乡二甲坡村人。威远县镇西乡高等小学、四川嘉定中学毕业，北京平民大学肄业，陆军大学特别班第二期毕业。父怀璘，母刘氏，父从农商，有田产二百亩。自填家庭主要成员：兄一人弟五名妹三个，入学黄埔军校前已婚，妻张氏，子剑秋。[1]自填登记处为四川威远县镇西乡二甲坡，通信处为四川威远县劝学所转交。自填入学前履历：曾任高小教育三年，曾任本县劝学所文书等职。1924年3月15日经谢持（孙

官全斌照片（一）

中山指派出席国民党一大四川省代表，国民党第一届中央监察委员，前国民党中央党部党务部部长）、王弘（又名了人，时任上海吴淞同济大学教授）介绍加入中国国民党，1924年5月再由其二人举荐投考黄埔军校。1924年6月考入陆军军官学校第一期第三队学习，1924年11月毕业。分发教导第二团任见习，1925年8月任国民革命军第一军第一师排长、连附、副官，随部参加了两次东征作战。1926年2月任国民革命军第一军第二师第六团第二营营长，1926年7月随军参加北伐战争。1926年11月任第二师第五团政治指导员，1927年4月任第一军第二师政治部主任，1927年8月率部参加龙潭战役。1928年2月20日任第一集团军第一军政治训练处处长，兼任第一师政治训练处处长。1928年8月国民革命军编遣，任缩编后的第一集团军陆军第一师第二旅第六团团附，后任陆军第一师政

---

[1] 陆军军官学校编辑、台北文海出版社有限公司印行：近代中国史料丛刊三编第五十七辑《陆军军官学校第三队学生详细调查表》记载。

治训练处主任。1928年9月3日被委派为第一师特别党部筹备委员，1929年1月被中央党部指派为山东省代表出席国民党第三次全国代表大会。1929年2月3日被推选为陆军第一师特别党部常务委员，任第一师第二旅第六团团长。1929年2月5日被军事委员会训练总监部政治训练处委任为第一师政治训练处主任。[1]1930年4月任第十一师独立旅副旅长。1930年5月率部参加中原大战。1933年3月22日被军事委员会政治训练处委任为华北抗日宣传总队大队

官全斌照片（二）

长。[2]1933年5月任第八十师第二三九旅副旅长，1933年11月30日任第八十师第二三八旅第四七五团团长。1934年9月入陆军大学特别班第二期学习，1937年8月毕业。1936年9月8日颁令叙任陆军步兵中校。[3]抗日战争全面爆发后，任南京中央陆军军官学校战时干部训练总队总队长，后任独立第三十旅旅长，率部参加抗日战事。1938年5月任第二十三集团军总司令部参谋长。[4]1938年9月24日颁令晋任陆军步兵上校。[5]1939年8月任军政部第二补充兵训练总处副总处长。1940年7月19日国民政府颁令由陆军步兵上校晋任为陆军少将。[6]任新编第三十九师（师长成刚）副师长。1941年12月所部扩编，任第六十六军副军长，1942年2月兼任新编第三十九师师长。1943年10月任中国远征军司令长官部高级参谋。1944年11月因涉嫌贪污被判处五年徒刑，并褫夺官位，1945年3月获保释出狱。抗日战争胜利后，任重庆警备总司令部参谋长。1946年12月2日被国民政府军事委员会铨叙厅颁令复叙任陆军少将。1949年4月任西南军政长官公署重庆警备司令部

[1] 《民国日报》1929年2月9日"训练总监部新发表之各师政训处主任"一文记载。

[2] 《申报》1933年3月25日"华北宣传队即出发"一文记载。

[3] 国民政府文官处印铸局印行：台湾成文出版社有限公司1972年8月出版《国民政府公报》第113册1936年9月9日第2147号颁令第5页记载。

[4] 四川人民出版社《川军抗战亲历记》之《第二十三集团军编制及主要人事更动情况》记载。

[5] 国民政府文官处印铸局印行：台湾成文出版社有限公司1972年8月出版《国民政府公报》第135册1938年9月28日渝字第87号颁令第7页记载。

[6] 国民政府文官处印铸局印行：台湾成文出版社有限公司1972年8月出版《国民政府公报》第152册1940年7月20日渝字第276号颁令第3页记载。

副司令官，兼任参谋长等职。1949年7月任中国国民党非常委员会重庆分会监察干事，1949年10月辞职返乡。1950年1月因涉嫌参与部属反动组织被逮捕，1950年5月因参与"反动组织、企图叛乱"罪，在四川威远被判处死刑执行枪决。

尚士英

尚士英（1902—1938），又名辛友、华友，陕西洋县贯溪乡尚家村人。洋县高等小学校、汉中共立中学、上海惠灵英文专门学校肄业，世代务农，家境中等。自填登记通信处为陕西洋县城东街长发祥号。自填入学前履历：民国五年（1916年）入洋县高等小学校三年卒业，八年（1919年）入汉中中学校四年卒业，十二年（1923年）入上海英文专门学校肄业一年，1916年入县立高等小学校卒业三年，1919年入汉中中学校肄业一年。1924年5月经吕梦熊（前湘军第三混成旅步兵团营长，驻粤湘军总司令部参谋，黄埔军校第一期第一队队长）介绍加入中国国民党，1924年5月由于右任（孙中山指派出席国民党一大陕西省代表，国民党第一届中央执行委员，时兼任上海大学校长）举荐投考黄埔军校。1924年6月考入陆军军官学校第一期第一队学习，在学期间加入中国共产党，1924年11月毕业。后转入广州农民运动讲习所学习，1926年1月赴上海大学就读。1927年3月21日与阎灵初、王伯协、尚志清等六名陕南同学一道，参加上海工人第三次武装起义。后在闸北散发传单、张贴标语时被捕，经党组织营救出狱。1927年4月受党组织委派，返回洋县开展工作。1928年春任洋县教育局视察，1928年5月以视察教育为名，到槐树关扩展组织。1928年6月赴西安，在陕军师长史可轩（中共党员）举办的中山军事政治学校学习。后因史被捕，学校解散，再返洋县隐蔽。1929年8月与阎灵初、杨子英等人组建中共洋县首个基层组织——中共洋县小组，任组长。1929年10月中共洋县小组改为中共洋县特别支部，任特支书记。其间会同阎灵初、尚志清、王子明、杨子英等人，创立洋县中学，并任该校教员，在学校发展党组织，组织编写《社会科学丛书》，创办"洋县文化教育用品社"，翻印出售《社会发展简史》《共产主义浅说》《新青年》等书刊，秘密发行分送汉中各中学，传播革命思想。1930年由党组织安排，出任洋县政府财政局局长，团结进步人士，减轻民众负担，后遭当地官绅诬陷被捕，经组织营救两月后出狱。1931年受党指示离开洋县，赴河南开封开展工作。抗日战争全面爆发后，在河南牺牲。

岳岑

岳岑照片（一）

岳岑（1902—2003），别字武屏，[1]别号武平，湖南邵阳人。父卓如，是湖南近代著名教育家、实业家。长沙省立第一中学毕业，广州大本营军政部讲武学校肄业，陆军大学乙级将官班第二期毕业。中央训练团兵役研究班第四期结业。1902年9月7日生于邵阳县城郊区一个农户家庭。幼年入循程学塾启蒙。后考入长沙省立第一中学学习，毕业后南下广东，1923年冬考入广州大本营军政部陆军讲武学校学习，1924年秋该校并入黄埔军校，1924年11月编入陆军军官学校第一期第六队学习，1925年2月肄业。随部参加了两次东征作战及北伐战争。1930年任南京中央陆军军官学校第八期第二总队中校队长，第九期入伍团第一营营长。1933年5月29日任南京中央陆军军官学校军官训练班第四大队大队长，[2]1933年9月11日免职。1933年10月参与筹备设立于南京市小营的空军入伍生营，1934年改为航空军士预备学校，任入伍生营营长。1934年6月奉派入中央训练团兵役研究班受训。1936年任陆军第六十一师步兵第三六一团团长。

[1] ①陆军军官学校编辑、台北文海出版社有限公司印行：近代中国史料丛刊三编第五十七辑《陆军军官学校第一至四队学生详细调查表》无载；②湖南省档案馆校编，湖南人民出版社1989年7月《黄埔军校同学录》缺载；现据：（1）台湾1992年6月印行版本《黄埔第1—4期在台同学通讯录》列其系第一期生；（2）容鉴光编著：列入台北出版品预行编目资料，台北博煜企业有限公司2003年6月16日第一版印行《黄埔军校一期研究总成》第37页记载；（3）陈永芳编著，湖南省新闻出版局1995年准予印行《湖南军事将领》第172页记载。

[2] 《军政公报》1933年7月31日版第160号第28页记载。

第四期中队长
岳岑

岳岑照片（二）

1936年3月10日被国民政府军事委员会铨叙厅颁令叙任陆军步兵上校。[1]1936年12月任上海市保安总团第一团团长。抗日战争全面爆发后，应邀返回湖南，1937年10月任湖南长沙警备司令部第一团团长、警备旅旅长。其间应陈继承邀请，1942年5月任成都中央陆军军官学校（教育长陈继承）教育处处长，协助指导教育与训练事宜。抗日战争胜利后，1945年10月获颁忠勤勋章。1946年春入陆军大学乙级将官班第二期学习，1946年5月获颁胜利勋章，1947年4月毕业。1947年10月任国防部高级参谋。1949年春返回长沙，任湖南省保安司令部副参谋长。1949年8月到台湾。1992年从台湾返回湖南家乡定居，2002年百岁华诞仍健在。

---

[1] 国民政府文官处印铸局印行：台湾成文出版社有限公司1972年8月出版《国民政府公报》第105册1936年3月11日第1993号颁令第1页记载。

易珍瑞

易珍瑞照片

易珍瑞（1902—1942），别号介如，湖南醴陵人。醴陵私立高级小学堂、广州大本营军政部陆军讲武学校肄业。1923年秋到广州，考入广州大本营军政部陆军讲武学校学习。1924年秋该校并入黄埔军校，1924年10月编入陆军军官学校第一期第六队学习，1925年2月肄业。分发入伍生队任见习、教导第二团排长，随部参加了两次东征作战。1926年7月随军参加北伐战争，任国民革命军排长、连长，警备队队长，少校副官，醴陵县政府军事科科长，陆军第七十八师第二四九旅副团长、团长、旅司令部参谋主任。抗日战争全面爆发后，任中央陆军军官学校第十四期第六总队第三步兵大队上校大队长。1939年任军事委员会调查统计局人事室副主任，第六处（人事处）副处长。1942年1月30日国民政府颁令任命为陆军步兵上校。[1]1942年10月因病逝世。

---

[1] 国民政府文官处印铸局印行：台湾成文出版社有限公司1972年8月出版《国民政府公报》第166册1942年1月31日渝字第436号颁令第5页记载。

林
英

林英（1901—1972），别字赞谟，别号雅斋，广东文昌县重兴镇忠厚岭村人。文昌省立旧制中学、日本千叶陆军步兵专门学校、陆军大学特别班第四期毕业，军事委员会战时将校研究班结业。1901年7月6日生于文昌县忠厚岭村一个乡儒家庭。自填登记处为广东文昌县忠厚岭村，通信处为白延市双昌号转交。自填入学前履历：曾经充过高小学校校长、教员，并党（国民党）分部演讲部干事员。父凤腾，母龙氏。毕业于省立旧制中学，早年曾任高等小学

林英照片

教员、校长。1921年由邢诒昺（国民党琼州文昌支部负责人、文昌县县长）、傅佑欣（文昌学界供职）介绍加入中国国民党，并于中国国民党文昌县临时党部任职。1924年春由黄明堂［时任中央直辖粤军第二军（后编为第四军）军长，广东南路讨贼军总司令］举荐投考黄埔军校，1924年6月考入陆军军官学校第一期第二队学习，1924年11月毕业。分发教导第一团任见习、排长、连长，随部参加了两次东征作战及对滇桂军阀杨希闵部、刘震寰部军事行动。1926年7月任国民革命军第一军第二十师第二团第四营营长，随部参加北伐战争。1927年6月3日在黄埔军校新俱乐部召集全校代表大会，选举特别党部第六届执监委员，其当选为中国国民党中央军事政治学校第六届执行委员会执行委员。[1]1927年7月15日被推选为黄埔同学会广东支会恳亲会筹备委员。[2]1928年1月任国民革命军总司令

---

[1] 1936年版《中央陆军军官学校史稿》第八编第10—92页、第10—94页、第7—144页记载。

[2] 广州《民国日报》1927年7月15日"黄埔同学会定期开恳亲大会"专文记载。

部补充团团长，中央陆军军官学校武汉分校学员大队大队长。1928年12月奉派赴日本留学，入千叶陆军步兵专门学校学习，1930年毕业回国。任军事委员会干部训练班副主任兼教育长。1932年6月30日经审查合格呈请社长（蒋介石）批准为"励志社"第十二届新社员。[1]1933年任讨逆军第五路军总指挥部副官长，[2]参与对福建事变第十九路军讨伐战事。1934年1月任陆军第六十一师补充团团长，1935年5月2日任陆军第六十一师（师长杨步飞）步兵第三六一团团长。1935年5月2日被国民政府军事委员会铨叙厅颁令叙任陆军步兵上校。[3]1936年10月26日颁令免陆军第六十一师步兵第三六一团团长职，国民政府颁令委任陆军第九十二师副师长。[4]1937年5月27日国民政府颁令由陆军步兵上校晋任陆军少将。[5]抗日战争全面爆发后，1937年7月26日国民政府颁令任命为陆军第九十二师第二七六旅旅长。[6]率部参加淞沪会战。1937年10月23日国民政府再颁令任命为陆军第九十二师（师长陈烈）副师长兼任第二七六旅旅长，[7]1938年5月奉派入军事委员会战时将校研究班第一分队学员队受训，1938年7月结业。1938年3月入陆军大学特别班第四期学习，1940年4月毕业。后任陆军荣誉第一师师长，军政部第十四补充兵训练处处长，陆军第三十六军（军长赵锡光）暂编第五十二师师长。1942年4月2日任陆军第七十六军（军长李铁军）副军长，兼任江苏南通师管区司令部司令官。1943年4月17日任陆军第二十七军副军长，1943年10月任陆军第二十七军

---

[1] 南京励志社：1932年6月30日版《励志旬报》第2卷第8期第6—8页"社闻"栏记载。

[2] 台北"国史馆"编纂：2006年12月印行《"国史馆"现藏民国人物传记史料汇编》第十二辑第176页记载。

[3] 国民政府文官处印铸局印行：台湾成文出版社有限公司1972年8月出版《国民政府公报》第93册1935年5月2日第1731号颁令第1页记载。

[4] 国民政府文官处印铸局印行：台湾成文出版社有限公司1972年8月出版《国民政府公报》第116册1936年10月27日第2187号颁令第1页记载。

[5] 国民政府文官处印铸局印行：台湾成文出版社有限公司1972年8月出版《国民政府公报》第124册1937年5月28日第2365号颁令第3页记载。

[6] 国民政府文官处印铸局印行：台湾成文出版社有限公司1972年8月出版《国民政府公报》第127册1937年7月27日第2416号颁令第1页记载。

[7] 国民政府文官处印铸局印行：台湾成文出版社有限公司1972年8月出版《国民政府公报》第130册1937年10月25日第2492号颁令第1页记载。

代理军长，率部参加河南灵宝战役。1945年4月任军事委员会高级参谋。抗日战争胜利后，1945年10月10日获颁忠勤勋章。1946年1月任东北保安司令长官部（参谋长赵家骧）高级参谋室主任。1946年5月30日获颁胜利勋章。后任辽宁省政府保安处处长，沈阳市警察局局长兼沈阳警察总队总队长，兼任东北"剿匪"总司令部高级参谋。1946年秋返回南方，任粤桂南区"剿匪"总指挥部总指挥，1950年1月任海南防卫总司令部第二十一兵团司令部副司令官，[1]兼任第四纵队司令部司令官。1950年5月到香港，后赴台湾，任台湾"国防部"高级参谋。1956年退役，后被推选为海南旅台湾林氏宗亲联谊会理事长，台北市海南同乡会理事会名誉理事、监事。1972年7月9日因病在台北县耕莘医院逝世。著有《第二次世界大战军情研究》《地形学》《战斗纲要诠释》等。

---

[1] 范运晰编著：南海出版公司1993年11月《琼籍民国将军录》第136页记载。

林大埧

林大埧（1903—？），广东防城县那良圩人，广东省立钦州中学校毕业。有地产，农家出身。自填登记处为广东防城县那良圩北大村，通信处为防城那良圩林瑞记转交。自填入学前履历：民国十二年（1923年）在广东省立钦州中学校毕业，民国十三年（1924年）在广东讨贼军第一师第二旅司令部充委员。1923年于广东省立钦州中学毕业，1924年1月在广东讨贼军第一师第二旅司令部充任委员。1924年5月15日由李济深（时任讨贼军第四军第一师师长兼大本营驻西江办事处处长，西江善后督办公署督办，黄埔军校筹备委员会委员）、陈济棠（广东西路讨贼军第四军第一师第二旅旅长）介绍加入中国国民党，再由李济深、陈济棠举荐投考黄埔军校，1924年6月考入陆军军官学校第一期第一队学习，1924年11月毕业，后服务于广西社会。

林朱梁

林朱梁（1899—? ），又名朱梁，别字厦安，广东合浦人。合浦县干体乡高等小学、广西省立廉州中学毕业，广东陆军测量学校肄业，国民革命军军官学校高级班军事科、南京中央陆军军官学校高等教育班第四期班毕业。父从商贩，贫无地产。自填登记处为广东合浦县干体乡，通信处为合浦干体学校转交。自填入学前履历：前充广东江防司令部广贞巡舰书记，现充（广东）西江善后督办署上尉测绘员。1899年5月13日生于合浦县干体乡一个农户家庭。先后入合浦县干体乡高等小学、广西省立廉州中学就读并毕业，继入广东陆军测量学校肄业。充任广东江防司令部广贞巡防舰书记，西江善后督办公署上尉测量员。1924年春由李济深（讨贼军第四军第一师师长，西江善后督办公署督办，黄埔军校筹备委员会委员）保荐投考黄埔军校，1924年5月经邓演达（前任广东西路讨贼军第一师第三团团长，黄埔军校入学试验委员会委员）、金佛庄（前浙江陆军第二师营长，黄埔军校第一期第三队上尉队长）介绍加入中国国民党。1924年6月考入陆军军官学校第一期第三队学习，1924年11月毕业。分发军校军需处服务员，1926年3月任中央军事政治学校第四期入伍生团区队长、排长。1927年10月奉派入广州黄埔国民革命军军官学校高级班军事科学习，[1]1928年3月结业。1928年12月任广州卫戍司令部警备营营长，1929年10月任国民革命军讨逆军广东第八路军总指挥部第二警备团团长。1932年10月任广东第一集团军第二军司令部副官处处长，第十九路军第七十八师第一五六旅司令部参谋主任，广东东区绥靖主任公署代参谋长。1935年奉派入南京中央陆军军官学校高等教育班第四期学习，1936年毕业。

---

[1] 《广州黄埔国民革命军军官学校高级班军事科同学通讯录》记载。

1936年3月20日颁令叙任陆军步兵中校。[1]1936年6月任广东第四路军总指挥部独立旅司令部参谋长、副旅长。1937年4月任广东省保安司令部第九团团长。抗日战争全面爆发后，任陆军第一八〇师第九五九团团长，率部参加抗日战事。1938年5月奉派入军官训练团第一期受训，并任第一大队第三中队第三分队分队长，1938年7月结业。1940年10月任第七战区司令长官部敌后抗日游击挺进第一纵队司令部司令官，军事委员会少将参议。1945年4月颁令叙任陆军步兵上校。抗日战争胜利后，1945年10月获颁忠勤勋章。1946年5月获颁胜利勋章。1946年11月任国防部少将部员。1946年12月3日参加赴南京任职、公干的81名黄埔一期生在中央训练团聚餐并于办公大楼前合影。[2]1947年1月退为备役，1947年12月18日任广东合浦县县长，[3]免职时间缺载。1949年携眷迁移澳门定居。

[1] 国民政府文官处印铸局印行：台湾成文出版社有限公司1972年8月出版《国民政府公报》第105册1936年3月21日第2001号颁令第1页记载。

[2] 容鉴光编著：列入台北出版品预行编目资料，台北博煜企业有限公司2003年6月16日第一版印行《黄埔军校一期研究总成》第278页辑录。

[3] 广东省档案馆编纂：1989年12月印行《民国时期广东省政府档案资料选编》第十一辑第356页记载。

林芝云

林芝云（1900—1952），又名盖南，湖南湘潭人。祖辈务农，无地产。湘潭县高等小学、湖南省立湘潭中学毕业，中央训练团将官班结业。1922年加入驻粤湘军，曾任第一师排长，也历任湘军总司令部副官、差遣、委员等职。自填登记处为湖南湘潭县城内衙前，通信处为湘潭城内衙前直街三区自治公所转交。自填入学前履历：十三年服务湘军总司令部。1924年春由谭延闿（时任驻粤湘军总司令，广州大元帅府大本营内政部部长、建设部部长及大本

林芝云照片

营秘书长，国民党第一届中央执行委员，前湘军总司令及湖南省省长，国民党湖南支部长）保荐投考黄埔军校，1924年5月15日经谭延闿介绍加入中国国民党。1924年6月考入陆军军官学校第一期第一队学习，1924年11月毕业。派任驻粤湘军讲武学校（校长谭延闿，1925年8月改称国民革命军第二军干部学校）教官，该校并入黄埔军校第四期后，任中央军事政治学校入伍生部第一总队区队长、连长，随部参加了两次东征作战。1926年7月随军参加北伐战争，任国民革命军第二军（军长谭延闿）第五师步兵营连长、营长，1927年所部被并编，裁撤后免职，返回家乡一度赋闲。1928年到南京黄埔同学会登记，继派赴杭州失散同学训练班受训。1929年派任浙江省保安团团附，1932年1月任陆军第七师政训处处长，随军参加对湘鄂西红军及根据地的"围剿"战事。1935年10月任湖南省政府警卫团副团长，湖南省保安第二团团长。抗日战争全面爆发后，任陆军步兵师政治部主任、陆军步兵军政治部主任。1944年10月任第六战区游击挺进纵队司令部副司令官。抗日战争胜利后，任湖南某团管区司令部司令官。1945年10月10日获颁忠

勤勋章。1946年1月奉派入中央训练团将官班受训，登记为少将学员，1946年3月结业。1947年7月7日颁令叙任陆军少将，任湘鄂赣边"清剿"区司令部司令官。1949年8月4日随陈明仁部起义，后返回原籍乡间定居。中华人民共和国成立后，仍居家乡旧宅务农为生，1952年在"镇反"运动中被处决。1984年获得平反恢复名誉。

林斧荆

林斧荆（1896—1980），原名福平，别字公侠，别号中侠，福建闽侯县林浦村人。前国民政府主席林森堂侄。福州南关高等小学、福建水产专科学校毕业，福州市立注音字母传习所肄业，中央训练团兵役研究班第六期结业。父从商贩，贫无地产。自填入学前履历：曾充福建新学会文牍股主任，军政府孙总裁秘书处书记官，暹京（泰国曼谷）培元学校教员兼《侨声报》记者，暹属彭世洛埠醒民学校校长及军界中秘书长参谋等职。1896年4月5日生于闽侯县林浦村一

林斧荆照片

个侨商家庭。充任福建新学会文牍股主任，福建军政府孙总裁秘书处书记官。后随亲属赴泰国谋生，任暹京培元（美国私立教会）学校国文教员，兼任《侨声报》记者，暹属彭世洛埠醒民学校校长。1920年回到福州，任闽军总司令部秘书、参谋等职。1921年3月由陈群（广州大本营党务处处长，大本营宣传委员会委员）、李文滨（广州大本营党务处党务科主任）介绍加入中国国民党。1924年春由刘通（时任广州大本营建设部秘书长，孙中山指派出席国民党一大福建省代表）举荐投考黄埔军校，1924年6月考入陆军军官学校第一期第一队学习，1924年11月毕业。分发军校教导第一团参谋，随部参加第一次东征作战，1925年6月随军参加对滇桂军阀杨希闵部、刘震寰部军事行动。1925年8月任国民革命军第一军第一师第一团第三营营长，1925年10月随部参加第二次东征战事。1926年3月任中央军事政治学校第四期教官，1926年7月随军参加北伐战争，任国民革命军北伐东路军总指挥部副官，兼任警卫连连长、营长。1926年12月30日任国民革命军新编第一军（军长谭曙卿）新编第二十四师党代表，兼任该师直属炮兵营营长。

1927年1月进军杭州后，任浙江省防军第六团团附。1928年6月12日委任国民革命军第一集团军第四独立师第三团少校团附。[1]1928年8月国民革命军编遣时，所部裁撤免职。1930年杭州笕桥航空学校成立，任该校学生队区队长，后任宪兵第二团副团长。后任训练总监部上校参谋，陆军第四师司令部军官教导队区队长，陆军第八十八师司令部代理参谋长。1934年2月任福建省政府保安处派驻泉州闽南分处（处长宋希濂）副处长，仍任陆军第三十六师政治部主任。抗日战争全面爆发后，任军事委员会军事训练部上校参谋，福建漳龙师管区司令部参谋、副司令官，军事委员会战时干部训练团东南训练团第二学员大队队附，福建省军管区司令部征编处处长，第三战区司令长官部高级参谋，兼任干部训练团教官。1943年12月奉派峨眉山中央训练团兵役研究班受训，结业后派赴缅甸任中国远征军司令长官部高级参谋。1945年2月任陆军第四方面军司令长官部高级参谋。1945年7月颁令叙任陆军步兵上校。抗日战争胜利后，任陆军第四方面军驻上海办事处主任。1945年10月10日获颁忠勤勋章。1946年5月30日获颁胜利勋章。后任衢州绥靖主任公署高级参谋，国防部附员。1949年到台湾，任东南军政长官公署总务处处长。1956年退役。1980年6月因病在台湾荣民总医院逝世。

---

[1]　全国图书馆文献缩微复制中心2009年10月影印发行《国民革命军总司令部公报》第二册1928年6月第6期第180页记载。

林冠亚

林冠亚（1903—1925），广东文昌人。文昌县白延市高等小学毕业，广东琼州华美中学肄业。父从农商，经济中等。自填登记处为广东文昌县迈洲村，通信处为文昌白延市源丰隆号转交。自填入学前履历：经在琼州华美中学肄业二年。入文昌县白延市高等小学毕业，广东琼州华美中学肄业二年。入驻粤豫军总司令部任差遣、文书。1924年春由赵杰（河南汝南人，赵侗胞弟，孙中山委任豫鲁招抚使）、樊钟秀（国民党第一届候补中央监察委员，时任驻粤

林冠亚照片

豫军讨贼军总司令，驻粤建国豫军总司令，孙中山指派国民党两广、云南、福建执行部候补监察委员）举荐投考黄埔军校，1924年5月经陈善（国民党广东区支部供职）、林英（黄埔军校第一期第二队学员）介绍加入中国国民党。1924年6月考入陆军军官学校第一期第二队学习，1924年8月随学生军参加平定广州商团事变军事行动，1924年11月毕业。分发教导第一团第二营任见习、排长，随部参加第一次东征作战。1925年3月12日棉湖之战阵亡，[1]安葬于惠州东江阵亡烈士墓。

---

[1]　①中国第二历史档案馆供稿，华东工学院编辑出版部影印，档案出版社1989年7月《黄埔军校史稿》第八册（本校先烈）第244页第一期烈士芳名表记载1925年2月在广东阵亡；②台北《黄埔建国文集》编纂委员会编纂：台北实践出版社1985年6月16日印行《黄埔军魂》第573页"东征战役殉国英雄姓名表"第一期记载。

欧阳瞳

欧阳瞳照片

欧阳瞳（1902—1926），别号含华，湖南宜章人。宜章县立高等小学、宜章县立初级师范学校毕业，广州大本营军政部陆军讲武学校肄业。自填通信处：湖南宜章里田邮局转长策。1923年冬到广州，考入广州大本营军政部陆军讲武学校学习。1924年秋该校并入黄埔军校，1924年11月编入陆军军官学校第一期第六队学习，1925年2月肄业。分发黄埔军校第三期入伍生总队（代总队长张治中）见习、少尉区队附，随部参加第一次东征作战。1925年6月随军参与对滇桂军阀杨希闵部、刘震寰部军事行动。1925年7月1日第三期学生总队（总队长严重）第一大队（大队长郭大荣）第一队（队长翟瑾）中尉区队长。1925年11月8日任第四期入伍生第一团（代团长张治中）第一营（营长万梦麟）第一连上尉连长。1926年1月28日任黄埔军校步兵科第一团（团长萧友松）第一营（营长孙宝瑜）第一连连长。[1]1926年3月8日任中央军事政治学校第四期军官团（团长张治中）第一营（营长刘效龙）第一连连长。1926年7月9日所部改编后，随军参加北伐战争，任国民革命军第一军第一师中校团附，1926年11月初在南昌战役中阵亡。[2]

---

[1] 湖南省档案馆校编、湖南人民出版社1989年7月印行《黄埔军校同学录》第83页记载。

[2] 陈予欢编著：广州出版社1998年9月《黄埔军校将帅录》第1058页记载。

竺东初

竺东初（1904—? ），浙江奉化人。宁波甲种商业学校肄业。父从法界，家境清贫。自诩颇信基督教。自填登记通信处为浙江奉化县城内竺宅。自填入学前履历：宁波甲种商业专门学校修业，教员年半。入宁波甲种商业学校修业，从教一年半。1924年5月15日经蒋介石（前粤军总司令部参谋长，广州大本营参谋长及军事委员会委员，黄埔军校筹备委员会委员长、入学试验委员会委员长，黄埔军校校长）介绍加入中国国民党，1924年5月由张席卿（又名家瑞，黄埔军校筹备委员会委员，入学试验委员会委员，黄埔军校校长办公室少校中文秘书）、吴崛（黄埔军校第一期上尉特别官佐）举荐投考黄埔军校。1924年6月考入陆军军官学校第一期第一队学习，1924年11月毕业，后服务社会。

罗奇

罗奇照片（一）

罗奇（1903—1975），别字振西，广西容县人。其岳父伍延扬，曾代理民国初期广西省政府主席，后任旧桂系军队师长，先后任广西、浙江、湖北三省政府建设厅厅长，对民国早期湘桂铁路兴建，广西邕柳等公路开拓，合山、平桂矿务建设，以及移民开发柳州沙坽农林区等诸方面都留有历史功绩。广西容县中学、广州工程学校、广东法政大学法科、南京中央陆军军官学校高等教育班第三期、陆军大学将官班第一期毕业，[1]庐山军官训练团第三期结业。

自填登记通信处为广西容县城内辛里。自填入学前履历：容县中学毕业，广州法政（学堂）肄业二年，广东全省公路处工程学校预科毕业。曾祖父系武秀才，父亲鸣时，毕业于北洋军医学校，曾任军医医院院长，退役后任梧州市卫生局局长和市立医院院长，资助兴建容城小学；母徐氏，育三男一女，其居长。1903年10月26日生于容县城内一个官宦家庭。1910年入乡塾启蒙，1911年入本乡初级小学堂，1920年毕业于容县县立中学（另说因闹学潮被校方开除），1923年就读于广州工程学校、广东法政大学法科。1924年1月经刘崛（孙中山指派出席国民党一大广西省代表，广东护法军政府大元帅府咨议，广州大本营参议）、徐启祥（国民党一大广西省代表，国民党广西临时党部指导委员，广西省临时参议会议员）介绍加入中国国民党，1924年春由刘崛举荐投考黄埔军校。1924年6月考

---

[1]　《陆军大学将官班甲乙班同学通讯录》无载，现据：台湾传记文学出版社1989年12月《民国人物小传》第420页记载。

入陆军军官学校第一期第一队学习。1924年9月随第一队担负孙中山警卫事宜，1924年8月返回续读，1924年11月毕业。任黄埔军校学兵连排长，入伍生队区队长，国民革命军第二师第六团参谋，随部参加了两次东征，参与对滇桂军阀杨希闵部、刘震寰部军事行动。1926年7月随部参加北伐战争，任国民革命军第二十七师第三团第一营营长，1929年任国民革命军独立第十五旅第一团团长，后该旅改称独立第三十三旅，任副旅长。1929年2月3日被推选

罗奇照片（二）

为第一师特别党部执行委员。1932年2月16日奉军政部颁令派任为独立第三十三旅（旅长唐云山）步兵第六九七团团长。[1]1932年10月任国民革命军第二师第六旅旅长，1933年3月率部参加长城古北口抗战，以积极战果压制日军狂言三个月占领中国的嚣张气焰。[2]战后由总参谋长何应钦在北平为其与郑洞国两位旅长主持婚礼，其夫人伍宣武系伍廷扬（前广西省省长）之女，毕业于上海法政学院。1934年入庐山军官训练团受训，继入南京中央陆军军官学校高等教育班第三期受训。结业后任陆军第二师司令部参谋长、副师长。1935年5月6日颁令叙任陆军步兵上校。[3]1936年11月12日晋给四等宝鼎勋章。[4]1937年5月14日国民政府颁令陆军步兵上校罗奇晋任陆军少将。[5]抗日战争全面爆发后，任第九十五师师长，驻防郑州并负责与开封间黄河防务。后率部参加徐州会战、武汉会战，1939年9月率部参加第一次长沙会战。[6]1940年10月19日任第三十七军副军长，兼任

[1]　《军政公报》1932年2月29日版第128号第37页记载。

[2]　台北《黄埔建国文集》编纂委员会编纂：台北实践出版社1985年6月16日印行《黄埔军魂》第355页记载。

[3]　国民政府文官处印铸局印行：台湾成文出版社有限公司1972年8月出版《国民政府公报》第93册1935年5月7日第1734号颁令第8页记载。

[4]　国民政府文官处印铸局印行：台湾成文出版社有限公司1972年8月出版《国民政府公报》第117册1936年11月13日第2201号颁令第6页记载。

[5]　国民政府文官处印铸局印行：台湾成文出版社有限公司1972年8月出版《国民政府公报》第123册1937年5月15日第2354号颁令第2页记载。

[6]　杨牧、袁伟良主编：河南人民出版社2005年11月《黄埔军校名人传》上册第875页记载。

陆军第九十五师师长，1941年9月和12月率部参加第二、第三次长沙会战。1943年4月8日任第三十七军军长，后入中央训练团第二十七期受训。1944年5月率部参加长衡会战，因战败被撤销第三十七军军长职。1944年10月入陆军大学甲级将官班第一期学习，1945年1月毕业。抗日战争胜利后，1945年10月10日获颁忠勤勋章。1946年1月任中央训练团第十军官总队总队长，负责安置广西地区编余军官。1946年5月30日获颁胜利勋章。1946年12月3日参加赴南京任职、公干的81名黄埔一期生在中央训练团聚餐并于办公大楼前合影。[1]1947年任国防部战地视察组第四组组长，负责督导华北、东北等地军事行动。后任北平警备总司令部副总司令。1948年9月22日颁令叙任陆军中将。1949年2月任京沪杭警备副总司令，1949年10月11日任陆军总司令部副总司令。后到台湾，继任台湾"陆军总司令部"副总司令，兼任台湾"西部区防守司令部"司令官，兼任"金门防卫总指挥部"总指挥，任至1965年10月，历时16年。1959年10月晋任陆军二级上将。1965年10月任台湾"国防会议"副秘书长。1967年2月任台湾"国家安全会议"战地政务委员会副主任委员。1952年起，连任中国国民党第七、八、九、十届中央评议委员会委员等职。1975年11月18日因病在台北逝世，安葬于阳明山。[2]夫人伍宣武姓名亦镌刻于墓碑。著有《六十忆旧》等。

---

[1] 容鉴光编著：列入台北出版品预行编目资料，台北博煜企业有限公司2003年6月16日第一版印行《黄埔军校一期研究总成》第278页辑录。

[2] ①台北"国史馆"编纂：2006年12月印行《"国史馆"现藏民国人物传记史料汇编》第二辑第552页记载；②刘绍唐主编：台北传记文学出版社1999年10月15日印行《民国人物小传》第四辑记载。

罗

钦

罗钦（1900—1950），湖南宝庆人。广州大本营军政部陆军讲武学校肄业。1923年冬到广州，考入广州大本营军政部陆军讲武学校学习。1924年秋该校并入黄埔军校，1924年11月编入陆军军官学校第一期第六队学习，1925年2月肄业。履历军政职务，随部参加了两次东征作战及北伐战争。1930年7月任浙江缉私局（局长甄绍燊）第四缉私大队大队长。[1]1933年10月任军事委员会抚恤委员会驻苏残废军人教养院上校院长。1936年3月6日被国民政府军事委员会铨叙厅颁令叙任陆军步兵上校。[2]抗日战争全面爆发后，任陆军步兵旅团长、副旅长，师管区司令部副司令官。抗日战争胜利后，1945年10月获颁忠勤勋章。1946年1月奉派入中央训练团受训，1946年3月结业。1946年5月获颁胜利勋章，同时退为备役。中华人民共和国成立后，1950年春在"镇反"运动中被捕处决。

---

[1] 《民国日报》1930年7月19日"浙缉私局改委队长"一文记载。

[2] 国民政府文官处印铸局印行：台湾成文出版社有限公司1972年8月出版《国民政府公报》第105册1936年3月7日第1990号颁令第1—2页记载。

罗　照

罗照照片

罗照（1900—? ），广西容县人。容县县立中学毕业，广东公路处工程学校肄业。家从农商，经济中等。自填登记处为广西容县辛里鹏冲，通信处为容县城内西街祥荣号转鹏冲。自填入学前履历：入容县县立中学毕业，广东公路处工程学校肄业，民国十二年（1923年）曾充中央直辖第七军第二师东江野战医院军需。1923年充任中央直辖第七军第二师东江野战医院军需。1924年5月由刘崛（孙中山指派出席国民党一大广西省代表，广东护法军政府大元帅府咨议，广州大本营参议）、苏无涯（时任国民党广西省党部执行委员，孙中山指派出席国民党一大广西省代表，前国民党中央党务讨论会委员及国民党广西梧州支部长）介绍加入中国国民党。1924年5月由刘崛举荐投考黄埔军校，1924年6月考入陆军军官学校第一期第三队学习，1924年11月毕业，后服务社会，1929年12月任广西省陆川县县长。

罗群

罗群（1901—1927），别字君羊，江西万安人。万
安县立高等小学、万安县立中学毕业，北京中国大学法
律预科肄业。父从农商，动产与不动产约值近万元。自
填入学前履历：民国八年（1919年）充万安县立高小学
校教员，十一年（1922年）充大本营第六路游击司令部
副官，十二年（1923年）充（广东）西路军讨贼军新编
大队军需，十三年（1924年）充滇军第三军第七师第
十四旅第二十八团第一营编修。1919年任万安县立高等
小学教员，1922年充广州大本营第六路游击司令部副官。

罗群照片

1923年任西路讨贼军新编大队军需，1924年任滇军第三军第七师第十四旅第二十八
团第一营编修。其好读书喜击剑长书画，军旅闲暇挥毫于酒酣之际。在北京大学求学
时，闻黄埔招生以求三民主义，欣然投笔从戎。1924年春由徐苏中（江西省出席国民
党一大代表，前中华革命党江西支部长，《晨钟日报》记者，国民党中央党务讨论会
委员）、彭素民（国民党第一届候补中央执行委员、中央常务委员，黄埔军校入学试
验委员会委员，国民党中央总务部部长、中央宣传部部长及农民部部长）保荐投考
黄埔军校，1924年6月考入黄埔陆军军官学校第一期第一队学习，1924年11月毕业。
分发黄埔军校教导第二团党代表办公室任服务员，后任入伍生总队第一团第三营连
党代表、中央军事政治学校潮州分校第一期教育副官。1926年7月随国民革命军东路
军北伐，任第一军第一师第一团步兵连排长、连长，1927年春任中央教导师第二团
第六营营长。1927年5月6日奉会长（蒋介石）指令为黄埔同学改组委员会改组委员。[1]

---

[1] 上海《民国日报》1927年5月2日至6日连续刊登"黄埔同学改组委员会通告一"记载。

1927年8月1日任第一军第一师司令部参谋长，历经闽浙苏皖数十役，无不身先士卒所向披靡。1927年8月30日龙潭战役时率部坚守重地，弹尽援绝最后于白刃战中阵亡。[1]

---

[1]　①中国第二历史档案馆供稿，华东工学院编辑出版部影印，档案出版社1989年7月《黄埔军校史稿》第八册（本校先烈）第45页有烈士传略；②中国第二历史档案馆供稿，华东工学院编辑出版部影印，档案出版社1989年7月《黄埔军校史稿》第八册（本校先烈）第244页第一期烈士芳名表记载1927年8月在江苏龙潭阵亡；③台北《黄埔建国文集》编纂委员会编纂：台北实践出版社1985年6月16日印行《黄埔军魂》第574页"北伐战役殉国英雄姓名表"第一期记载。

罗鐏

罗鐏（1897—? ），湖南宝庆人。宝庆县立初级中学毕业，湖南省立第三师范学校结业。早年曾任小学教员、报社撰稿人。曾加入新民学会。1923年冬到广州，入大本营军政部陆军讲武学校学习。1924年秋该校并入黄埔军校，1924年11月编入陆军军官学校第一期第六队学习，1925年2月肄业。分发入伍生队任见习、教导第二团排长，随部参加第一次东征作战。1925年6月任国民革命军第一军第一师第二团步兵营连长，随军参加对滇桂军阀杨希闵部、刘震寰部军事行动。1925年10月在惠州之役头部负重伤，告假赴上海宝隆医院治疗，因脑骨损伤神经致痴呆，后返回原籍乡间务农为生。1930年4月12日国民政府颁布第704号指令："呈据军政部呈前第一军少校连长罗鐏于十五年在东莞官桥剿匪负伤请恤一案拟请照少校平时一等伤例给恤转请核示由，准如所拟办理此令。"[1]

---

[1] 国民政府文官处印铸局印行：台湾成文出版社有限公司1972年8月出版《国民政府公报》第38册1930年4月15日第444号颁令第11页记载。

罗宝钧

罗宝钧照片

罗宝钧（1903—1926），广东兴宁人。兴宁县辑五高级小学肄业。祖辈务农，家境贫寒。自填登记处为广东兴宁县鸡公桥村，通信处为兴宁县龙田圩下街孚泰号转。自填入学前履历：本邑辑五小学，并大元帅卫士队。1923年春到广州，入大本营卫兵大队当卫士，1923年11月26日经卢振柳（前广东东路讨贼军第六路参谋长，粤军第二军总司令部参谋，广州大元帅府大本营参军，兼任大本营卫士大队大队长）介绍加入中国国民党，1924年春再由卢振柳保荐投考黄埔军校。1924年6月考入陆军军官学校第一期第三队学习，1924年11月毕业。分发教导第一团任见习、排长，随部参加了两次东征作战。1925年8月任国民革命军第一军第一师步兵连排长、连长，1926年7月随军参加北伐战争。1926年8月30日在南昌战役中作战身亡。[1]

[1] ①中国第二历史档案馆供稿，华东工学院编辑出版部影印，档案出版社1989年7月《黄埔军校史稿》第八册（本校先烈）第243页第一期烈士芳名表记载1926年8月在江西南昌阵亡；②台北《黄埔建国文集》编纂委员会编纂：台北实践出版社1985年6月16日印行《黄埔军魂》第574页"北伐战役殉国英雄姓名表"第一期记载。

罗倬汉

罗倬汉（1899—1950），别字卓汉，广东兴宁人。粤军著名将领罗翼群堂侄。兴宁县本镇高级小学、兴宁县立兴民中学、陆军大学参谋班西南班第五期毕业。自填登记处为广东兴宁县，通信处为兴宁兴民中学校转交。自填入学前履历：（广东）兴宁兴民中学校毕业，前粤军总部委员，后升充中尉副官，又充广东宪兵司令部上尉稽查员，汕（头）市（政）厅科员，大本营兵站第一支部上尉经理员，湘军湘边宣慰使署上尉副官等。父从商贩，家境贫苦。

罗倬汉照片

自填家庭主要成员：父伟人，母邓氏，兄弟两人，姐妹各一。[1]1922年春到广州，先入粤军服务，充任粤军总司令部委员，中尉副官，广东宪兵司令部上尉稽查员，汕头市政厅科员，广州大本营兵站第一支部上尉经理员，湘军湘边宣慰使署上尉副官等职。1924年5月经罗翼群（时任广东东路讨贼军第二军司令部参谋长兼第九师师长，广州大本营兵站总监、军需总局局长）介绍加入中国国民党，再由其举荐投考黄埔军校。1924年6月考入陆军军官学校第一期第二队学习，1924年11月毕业。任粤军第一军第三师见习、排长、副连长，参加讨伐广东南路军阀邓本殷部并统一广东诸役。1928年任广东南路常备团副团长、代理团长。1930年7月任浙江缉私局（局长甄绍燊）第七缉私大队大队长。[2]1933年12月20日任江

---

[1] 陆军军官学校编辑、台北文海出版社有限公司印行：近代中国史料丛刊三编第五十七辑《陆军军官学校第二队学生详细调查表》记载。

[2] 《民国日报》1930年7月19日"浙缉私局改委队长"一文记载。

苏省政府保安处辖江苏军警干部训练所（后改为保安干部训练所）学员队中校队长，兼任中华民族复兴社江苏支社候补委员。[1]抗日战争全面爆发后，任陆军第六十六军司令部参议，云南边防守备第二团团长，第一集团军总司令（卢汉）部后勤处处长。1940年8月考入陆军大学参谋班西南班第五期学习，1941年8月毕业。1945年1月任陆军总司令部第一方面军司令长官部兵站司令部司令官。抗日战争胜利后，任联合后方勤务总司令部广西供应局局长。1948年3月24日颁令叙任陆军少将。1949年10月返回家乡居住，1950年兴宁县"土改"时被错判死刑，20世纪80年代获平反。

---

[1]　柴夫编：中国文史出版社1988年12月版《CC内幕》第170、179、182页张正非撰文《CC集团在江苏的励进社》记载。

罗焕荣

罗焕荣（1900—1927），原载籍贯广东博罗，[1]另载广东河源人。河源县乐育高等小学、紫金乐育师范学校毕业，广州市立师范学校第二部肄业。祖辈务农，有不动产时值千余元。1917年入河源县乐育高等小学，1920年入紫金乐育师范学校学习。1922年入广州市立师范学校第二部肄业。自填登记处为广东博罗县埔前圩，现住广州河南福龙东街惠丰号，通信处为博罗埔前圩福音堂。自填入学前履历：十六（年）入河源县乐育高等小学，十九（年）入紫金乐育师范学校，

罗焕荣照片

二十一（年）因学潮，来省（省城）入广州市立师范学校第二部。1923年4月经朱乃斌（国民党广州市临时区分部执行委员，广州宣传学校校长）介绍加入中国国民党，1924年春由谭平山（时任国民党第一届中央执行委员、常务委员，兼中国国民党中央组织部部长，前中共广东支部书记）保荐投考黄埔军校。1924年6月考入陆军军官学校第一期第一队学习，1924年加入中国共产党，1924年11月毕业。参加了两次东征作战，曾于棉湖战役中负重伤，伤愈后任黄埔军校入伍生部教官，兼任广州农民运动讲习所军事教员，省港罢工委员会广州工人纠察队军事教官。1926年任惠阳平山农民联防办事处军事教官，参与组织发起两次平山起义。1927年秋被捕遇害。中华人民共和国成立后，平山镇人民政府为其建造纪念碑，[2]以志纪念。

---

[1] 湖南省档案馆校编：湖南人民出版社1989年7月《黄埔军校同学录》记载。

[2] 祝基棠、黄松森主编，惠州日报社、惠州市文化局合编：文心出版社1999年10月《惠州名人》第121页记载。

罗毅一

罗毅一照片

罗毅一（1899—？），别字万恒，贵州赤水人。贵州省立初级中学毕业。家业从商，自给尚足。自填登记通信处为贵州赤水县城内正街。自填入学前履历：七年（1918年）入贵州省立中学，十一年（1922年）卒业。1922年毕业于贵州省立初级中学。1924年5月经邱安民（前广东东路讨贼军第三旅司令部军需，广东虎门要塞司令部副官，黄埔军校第一期第三队学员）、张弥川（原湖北学联会委员，黄埔军校第一期第三队学员）介绍加入中国国民党，1924年5月由凌霄（国民党一大贵州省代表，时任大本营大元帅府参军，兼驻粤滇军第五师司令部参谋长）、王度［国民党一大贵州省代表，前广东南韶连督办（何克夫）公署秘书长兼粤北党务特派员，广州大本营参军处参军］、李元著（孙中山指派国民党一大贵州省代表，广州大本营参议）举荐投考黄埔军校，1924年6月考入陆军军官学校第一期第二队学习，1924年11月毕业，后服务军界。1933年10月任国民革命军第二十军驻京办事处主任。1937年1月6日被国民政府军事委员会铨叙厅颁令叙任陆军步兵中校。[1]

---

[1] 《中央日报》1937年1月7日记载。

范汉杰

范汉杰（1896—1976），原名其迭，别字汉杰，别号韶宾、德政、德正，后以字行，广东大埔人。大埔县本乡梓里公学、优级师范学校附属理科、法国陆军大学、陆军大学将官班甲级第一期毕业。自填登记处为广东大埔县三河坝梓里源丰号，通信处为广州泰康路永安里二号三楼清水濠长裕号转交。自填入学前履历：广东测量局（测量）员，漳州工务局员，援闽粤军兵站站长，广东盐务缉私，江步兵舰舰长，（广东）西路讨贼军军职。其父锡放，号海门，曾与范贞

范汉杰照片

士、林英三创办梓里公学，为全邑首倡，培养人才甚众。母邓氏为印度尼西亚侨领邓本初长女。1896年10月29日生于广东大埔县三河坝梓里村一个乡儒家庭。幼时随父就读西翰轩，后于梓里公学学习。1910年范汉杰与三兄初到广州，拟入黄埔广东陆军小学堂，因不谙粤语（广府话）未遂。后入优级师范学校附属理科学习，1911年夏考入广东陆军（另载陆地）测量学堂第五期三角科天文测量班学习，1913年以考试第五名毕业，任广东陆军（另载陆地）测量局三角课课员，曾赴北江、广州、东江、潮汕一带实地测量。1918年加入粤军，任援闽粤军总司令部军事委员，1919年任福建漳夏公路测量队队长。1920年粤军离闽返回广东后，调任两广盐运使（邹鲁）署缉私总稽九江缉私船管带，后任"江平舰"舰长。1921年桂军坚守梧州，粤军久攻未遂，随其堂兄范其务入桂，说服桂军师长刘震寰投诚。1922年6月后，为平定与策反陈炯明部粤军，往返于闽粤桂及香港等地从事情报联络事宜。1923年转任驻粤桂军总司令部中校参谋、作战课课长、支队长、第六路司令部司令官，官阶为上校。1924年6月黄埔军校创办时，其已从军多年并年近三十，对是否报考有过犹

豫。其时，似其这般年龄尚有若干名，但有上校军衔入学者仅其一人。1924年5月15日经刘震寰（时任桂军总司令兼中央直辖广东西路讨贼军总司令，中国国民党第一届候补中央监察委员，前驻粤桂军总司令）介绍加入中国国民党，1924年6月再由邹鲁（国民党第一届中央执行委员兼青年部部长，前广东高等师范学校校长，广东省省长公署财政厅厅长）、刘震寰举荐投考黄埔军校，1924年6月考入陆军军官学校第一期第四队学习，1924年11月毕业。后再从军中基层做起，历任黄埔军校教导第一团（团长何应钦）第一营（营长陈继承、刘峙）第五连排长，教导第二团副连长。1925年1月任粤军第一师（师长李济深）司令部少校参谋，1925年7月任粤军第一师第一旅（旅长陈铭枢）司令部中校参谋主任，随部参加讨伐滇桂军阀叛乱的作战。1925年8月国民革命军成立，任第四军（军长李济深）第十师（师长陈铭枢）第二十九团（团长孙华佛）第一营营长，率部参加第二次东征及讨伐广东南路军阀邓本殷战事。1926年7月国民革命军誓师北伐，任国民革命军第四军第十师（师长陈铭枢）第二十九团团长，是黄埔一期生中最早升任团长的三人之一（另两名为孙元良、李杲）。北伐途中，率部参加了汀泗桥战役和德安马回岭战役。1926年10月攻克武昌后，任国民革命军第四集团军第二方面军第四军（副军长陈可钰）第十师（师长蒋光鼐）副师长。1927年春"宁汉分裂"后，随陈铭枢、蒋光鼐等人去职，1927年夏赴南京，晋谒蒋介石并受到重用，派任浙江警备师师长，成为黄埔一期生担任师长第一人。1927年8月蒋介石下野，浙江警备师被改编，返回广东任国民革命军第八路军总指挥部高级参谋。蒋介石重新上台后，奉派赴日本考察政治、军事，继转赴德国留学，先后在德国多所军事学校学习。1931年6月父锡放因病在广州逝世，1931年"九一八事件"爆发后回国，并返乡为父祭奠。1932年1月任讨逆军第十九路军总指挥部参谋处处长，率部参加淞沪抗战。战后随第十九路军转驻福建驻军，1932年10月任国民政府驻闽绥靖主任公署参谋处处长。1933年参与发起福建事变，后任由第十九路军改编的人民革命军第一方面军总司令部副参谋长，兼任参谋处处长。因其黄埔一期生身份，为中央军分化与笼络对象，被说服归附国民政府。[1]

---

　　[1]　①台北"国史馆"编纂：2006年12月印行《"国史馆"现藏民国人物传记史料汇编》第二十八辑第225页记载；②刘绍唐主编：台北传记文学出版社1999年10月15日印行《民国人物小传》第十七辑记载。

福建事变后，1934年1月任军事委员会南昌行营高级参谋。1934年4月晋谒蒋中正，特准两个月假并发旅费千余元，派赴京沪及鲁、冀、察、绥、晋、陕、苏等省考察国防建设。1934年8月奉派入庐山暑期中央军官训练团受训，并任第三期第一营（营长薛岳）第四连连长。1935年1月任陆军第二师（师长黄杰）司令部参谋长，率部驻军河北保定地区。1935年5月4日被国民政府军事委员会铨叙厅颁令叙任陆军步兵上校。[1]1936年1月任财政部税警总团部（总团长黄杰）司令部参谋长，后任南京中央陆军军官学校（第十三期）教育处处长。1936年9月6日颁令叙任陆军少将。1936年10月陆军第一师扩编为第一军（军长胡宗南），其任副军长，率部驻军陕甘宁边区。1936年11月12日获颁国民革命军誓师十周年纪念勋章，[2]与孙常钧、胡宗南为少数几名获此殊荣的黄埔一期生。1937年1月调赴南京，任南京中央陆军军官学校高等教育第六期班主任，兼任浙江全省大、中学生集训总队总队长。1937年7月再入庐山中央军官训练团受训，并任第二大队（大队长万耀煌）第五中队中队长。抗日战争全面爆发后，返回陆军第一军参加淞沪会战。[3]1938年3月任迁移途中的中央陆军军官学校教育处处长，兼任中央陆军军官学校第十四期第二学员总队总队长。1938年9月1日接胡宗南任陆军第二十七军军长，统辖陆军第四十五师（师长戴民权）、第四十六师（师长戴嗣夏）、预备第八师（师长凌兆尧）等部，率部在豫晋边区及太行山地区进行敌后游击战争。1940年5月8日国民政府颁令：给予四等宝鼎勋章。[4]1940年10月发表为第一战区司令长官部政治部主任，因在晋东南前线作战未就职。1941年夏率部参加晋南会战，1942年3月任第一战区第三十四集团军总司令（胡宗南兼）部副总司令，1942年6月25日转任第三十八集团军总司令，先后曾统辖第三军（军

[1] 国民政府文官处印铸局印行：台湾成文出版社有限公司1972年8月出版《国民政府公报》第93册1935年5月4日第1733号颁令第6页记载。

[2] 国民政府文官处印铸局印行：台湾成文出版社有限公司1972年8月出版《国民政府公报》第117册1936年11月13日第2201号颁令第10页记载。

[3] 廖盖隆主编：中共中央党校出版社2001年6月《中国共产党历史大辞典》增订本第340页记载。

[4] 国民政府文官处印铸局印行：台湾成文出版社有限公司1972年8月出版《国民政府公报》第150册1940年5月11日渝字第256号颁令第1页记载。

长周体仁)、第五十七军(军长丁德隆)、骑兵第三军(军长郭希鹏),后又统辖第四十二军(军长杨德亮)等部,率总司令部驻节甘肃平凉地区,其间兼任《陇东日报》报社名誉董事长及"力行中学"董事长。1944年10月入陆军大学甲级将官班第一期学习,1945年1月毕业。1945年1月被军队各特别党部推选为出席中国国民党第六次全国代表大会代表。1945年1月任第八战区副司令长官部(长官胡宗南)参谋长,后随胡宗南调任第一战区司令长官部副司令长官兼参谋长。1945年3月颁令叙任陆军中将。1945年5月20日出席中国国民党第六次全国代表大会第一次会议,并当选为中国国民党第六届中央监察委员会监察委员。抗日战争胜利后,1945年9月随胡宗南赴郑州参与受降和接收事宜。1945年10月获颁忠勤勋章。1946年5月获颁胜利勋章。1946年5月30日任总参谋部(总长陈诚)参谋次长,1946年5月兼任军事委员会军官训练团第二期教育长。1946年6月30日任陆军总司令部副总司令。1946年12月3日参加赴南京任职、公干的81名黄埔一期生在中央训练团聚餐并于办公大楼前合影。[1]1947年1月1日获颁陆海空甲种一等奖章。1947年3月任陆军总司令部郑州指挥所主任。1947年4月10日获颁三等宝鼎勋章。同月兼任军事委员会军官训练团第三期教育长。1947年6月10日任第一兵团司令部司令官,兼任胶东兵团司令官,率部在沂蒙地区对人民解放军作战。1947年7月被推选为党团合并后的中国国民党第六届中央监察委员会监察委员。1947年12月免第一兵团司令官职。1948年1月1日获颁二等宝鼎勋章。1948年1月14日任冀热辽边区总司令部总司令,率部驻军秦皇岛地区。1948年2月兼任热河省政府主席。1948年5月兼任国民政府东北行辕政务委员会委员,1948年6月免兼热河省政府主席职。1948年9月任东北"剿匪"总司令部副总司令,兼锦州指挥所主任,率部15万人防守锦州地区。1948年10月14日在离锦州城东南陈家屯路上,被人民解放军俘虏,入东北野战军政治部联络部解放军官教育团学习与改造。中华人民共和国成立后,关押于战犯管理所继续改造。1960年11月28日获特赦释放,分配在北京市郊红星人民公社园艺队果树组一年多。1962年安排任全国政协文史资料研究委员会委员,1964年任第四届全国政协常务委员。1976

---

[1] 容鉴光编著:列入台北出版品预行编目资料,台北博煜企业有限公司2003年6月16日第一版印行《黄埔军校一期研究总成》第278页辑录。

年1月16日因病在北京逝世，其骨灰留存八宝山革命公墓，[1] 后被其海外子女取出一半，带往台湾安葬。著有《"闽变"回忆》（载于中国文史出版社《文史资料存稿选编——十年内战》）、《胡宗南部在西安事变前后的活动》（载于中国文史出版社《文史资料存稿选编——西安事变》）、《国民党军进攻中原军区宣化店点滴回忆》（载于中国文史出版社《文史资料存稿选编——全面内战》上册）、《进攻沂蒙山区和胶东两战役纪要》（载于中国文史出版社《文史资料存稿选编——全面内战》中册）、《胡宗南和魏德迈会谈的经过》（载于中国文史出版社《文史资料存稿选编——军事派系》下册）、《胡宗南率部在川北阻截红军的经过》（载于中国文史出版社《中华文史资料文库》第三卷）、《胡宗南部是如何封锁陕甘宁边区的》（载于中国文史出版社《中华文史资料文库》第五卷）、《国民党发动全面内战的序幕》（载于中国文史出版社《中华文史资料文库》第六卷）、《锦州战役回忆》（载于中国文史出版社《中华文史资料文库》第六卷）、《锦州战役经过》（载于中国文史出版社《原国民党将领辽沈战役亲历记》）、《蒋介石改变战略，胡宗南部重点进攻延安》（载于中国文史出版社《原国民党将领抗日战争亲历记——解放战争中的西北战场》）、《锦州战役纪实》（载于中国文史出版社《文史资料选辑》第二十辑）、《1946年春蒋介石对东北的阴谋》（载于中国文史资料选辑》第一四六辑）、《策划进攻宣化店的内幕和部署》（载于湖北省政协文史资料委员会编：湖北人民出版社1999年9月《湖北文史集萃》政治军事卷下册第578页）等。台湾出版有《范汉杰先生年谱初稿》（邓家荪编）等。

---

[1] 杨牧、袁伟良主编：河南人民出版社2005年11月《黄埔军校名人传》上册第870页记载。

范振亚

范振亚照片

范振亚（1895—？），别号一文，江西临川人。父从教，有薄田五亩。信奉孔教。本县（临川）高等小学及县立第一中学毕业。自填登记通信处为江西临川县六水桥范宅。自填入学前履历：民国六年（1917年）在援赣第四军入伍，七年（1918年）考入本军讲习所，八年（1919年）毕业充本军第四支队第四连排长，九年（1920年）由闽回粤，十年（1921年）援桂又入赣军军官团，十一年（1922年）毕业充本军第二混成旅卫队第五连排长，随大元帅（孙中山）北伐五月，临阵升充第二连连长，陈逆（炯明）叛党北伐中止，请假返梓省亲，十二年（1923年）复来广东赋闲无事。1895年8月27日生于临川县六水桥乡村一个农户家庭。1917年入援赣第四军当兵，次年考入本军士官教练所。1919年毕业，充任本军第四支队第四连排长。1921年入赣军军官团学习，次年（1922年）毕业充本军第二混成旅卫队第五连排长、第六连连长。1923年9月经饶宝书（江西派驻广东党务特派员）、钟震西（时于广东东路讨贼军总司令部供职）介绍加入中国国民党。1924年春由彭素民（国民党第一届候补中央执行委员、中央常务委员，黄埔军校入学试验委员会委员，国民党中央总务部部长、中央宣传部部长及农民部部长）、饶宝书保荐投考黄埔军校，1924年6月考入陆军军官学校第一期第一队学习，在学期间任本队第五分队分队长，1924年11月毕业。历任国民革命军总政治训练部政治训练员，随部参加第一次东征作战。1925年8月任国民革命军第三军第七师步兵团排长、连长，1926年7月随军参加北伐战争。1927年5月任武汉中央军事政治学校学生第四大队区队长。1927

年6月24日江西"清党"委员会成立，被推选为该委员会委员（有十一人），兼任审查处（主任洪轨）副主任。[1]1930年任南京中央陆军军官学校第八期第二总队学生大队中校队长，第十期第一总队步兵大队上校大队长。1935年5月20日被国民政府军事委员会铨叙厅颁令叙任陆军步兵中校。[2]1937年6月9日颁令晋任陆军步兵上校。[3]抗日战争全面爆发后，任峨眉山中央训练团总团高级教官，粤汉铁路警备司令部副司令官，国民政府交通部警务处专员。抗日战争胜利后，1948年6月任江西德兴县县长，1949年1月被人民解放军俘虏，获释后赴香港。

---

[1]　《民国日报》1927年7月1日"江西清党委员会限期成立"一文记载。

[2]　国民政府文官处印铸局印行：台湾成文出版社有限公司1972年8月出版《国民政府公报》第93册1935年5月21日第1746号颁令第1页记载。

[3]　国民政府文官处印铸局印行：台湾成文出版社有限公司1972年8月出版《国民政府公报》第125册1937年6月10日第2376号颁令第1页记载。

范馨德（1898—？），广西全县人。广西陆军模范小学、广西陆军中学肄业。家道务农，有地产，经济中等。自填登记处为广西全县，通信处为桂林大榕江转西延梅溪口范廉让堂。自填入学前履历：曾任广西陆军第一师中尉，湘军第五军游击司令部副官。曾充广西陆军第一师中尉排长，湘军第五军游击司令部副官。1924年5月由金佛庄（前浙江陆军第二师营长，黄埔军校第一期第三队上尉队长）举荐投考黄埔军校，1924年5月经蒋中正（前粤军总司令部参谋长，广州大本营参谋长及军事委员会委员，黄埔军校筹备委员会委员长、入学试验委员会委员长，黄埔军校校长）、王伯龄（前广州大本营高级参谋，粤军总司令部监军，黄埔军校筹备委员会委员）介绍加入中国国民党。1924年6月考入陆军军官学校第一期第三队学习，1924年11月毕业，后服务社会。

郑坡

郑坡（1902—？），别号蓉湖，浙江奉化人。前黄埔军校校长、国民政府军事委员会委员长、主席蒋中正亲属。父行医，家境中等，有地产。自填入学前履历：曾充绍兴县议会书记及县立第二高小教员，并上海民国商业中学体操教员。奉化县立高级小学、宁波甲种工业学校及浙江体育专门学校本科毕业。曾充绍兴县议会书记，县立第二高级小学教员，上海民国商业中学体操教员。1924年春到广州，经蒋中正（前粤军总司令部参谋长，广州大本

郑坡照片

营参谋长及军事委员会委员，黄埔军校筹备委员会委员长、入学试验委员会委员长，黄埔军校校长）举荐投考黄埔军校，1924年6月考入陆军军官学校第一期第三队学习，参加孙文主义学会活动，1924年11月毕业。分发校本部办公厅服务员，东征军总指挥部副官，随部参加了两次东征作战。1926年3月任中央军事政治学校第四期校本部经理科经理大队官佐。1926年7月随军参加北伐战争，任国民革命军第一军第一师步兵连排长、连长、副官主任。1927年任国民革命军总司令部参谋、总务科科长。1929年3月26日任国民政府警卫团（团长俞济时）中校团附。[1]1930年3月3日任国民政府警卫旅（旅长俞济时）司令部参谋长，兼代警

---

[1] 国民政府文官处印铸局印行：台湾成文出版社有限公司1972年8月出版《国民政府公报》第25册1929年3月27日第126号颁令第3页记载。

卫第二团团长，[1]1930年5月26日接俞济时任国民政府警卫旅（旅长俞济时兼）第一团团长，[2]1931年起，任军事委员会委员长侍从室参谋，曾协助侍卫长俞济时处理日常事务。后任军事委员会办公厅上校参谋。抗日战争全面爆发后，任江苏省盐务局监察兼盐运总队总队长。1938年10月任军事委员会后勤司令部上校参谋，协助俞飞鹏处理美国军援物资事宜。1940年12月5日国民政府颁令任为陆军步兵上校。[3]内政部警保总队总队长，浙江省第二区保安司令部副司令官。1943年10月任滇康缅边境特别游击区总指挥部总指挥。[4]抗日战争胜利后，1946年1月奉派入中央训练团受训。1946年12月任国防部附员。1947年3月15日颁令叙任陆军少将，同时办理退役。中华人民共和国成立后，著有《相持阶段的重庆见闻点滴》（1983年1月口述撰稿，王家瑞整理，载于中国文史出版社《文史资料存稿选编——抗日战争》下册）等。

[1] 国民政府文官处印铸局印行：台湾成文出版社有限公司1972年8月出版《国民政府公报》第37册1930年3月5日第411号颁令第10页记载。

[2] 国民政府文官处印铸局印行：台湾成文出版社有限公司1972年8月出版《国民政府公报》第39册1930年5月27日第479号颁令第1页记载。

[3] 国民政府文官处印铸局印行：台湾成文出版社有限公司1972年8月出版《国民政府公报》第156册1940年12月7日渝字第316号颁令第1页记载。

[4] 王文燮编著：台北中华战略学会2012年9月3日印行《中国抗日战争真相》第589页记载。

郑子明

郑子明（1899—1989），陕西高陵人。高陵县高等小学、陕西省立渭北中学、高陵初级模范学堂毕业。祖辈务农，有地产四十三亩。自填登记处为陕西高陵县，通信处为本县恒顺通号转交。自填入学前履历：陕西省立渭北中学毕业。1924年春经于右任保荐投考黄埔军校，1924年5月再经于右任介绍加入中国国民党。1924年5月到广州，1924年6月考入陆军军官学校第一期第二队学习，1924年11月毕业。1925年经刘天章介绍加入中国共产党，任军

郑子明照片

校教导第一团政治训练员、副官，参加第一次东征作战。因与介绍人失去联系，脱离中共组织关系。1925年5月奉派返回西北策应，任国民军第二军（军长胡景翼）司令部学生队副官，陆军第十七师（师长杨虎城）学兵团步兵连连长。1931年任讨逆军第十七路军总指挥部新兵训练所少校副官，骑兵团中校团附、陕西警备旅司令部军需主任等职。1933年7月参加王泰吉（黄埔第一期同学）在陕西耀县武装起义，起义军改称西北民众抗日义勇军，任营长、支队长，失败后返原籍，任高陵县高陵乡乡长，曾利用合法身份掩护中共党组织开展工作。抗日战争全面爆发后，仍任高陵县高陵乡乡长，曾参与营救部分中共党员及进步人士。抗日战争胜利后，续任高陵县高陵乡乡长，1947年因病退休，中华人民共和国成立后，经军代表张经野举荐，任高陵县泾惠渠二干九段段长。1952年返回原籍乡间务农。1981年春被选为高陵县人民代表大会代表，高陵县政协常务委员。1985年任陕西省人民政府参事室参事。1988年被推选为陕西省黄埔军校同学会顾问。1989年9月10日因病在西安逝

世。[1]著有《两岸黄埔是一家》（载于《陕西文史资料选辑》）等。

---

[1]　陕西省黄埔军校同学会编纂、穆西彦主编：陕西人民出版社 1991 年 6 月《陕西黄埔名人》第 47 页记载。

郑汉生

　　郑汉生（1902—?　），广东香山人。新加坡养正学校、广州南武中学肄业，广州朱执信学校毕业。家业从商，中等经济。自填登记处为广东香山县三乡，通信处为新加坡星波堪街四号养正学校转交。自填入学前履历：曾在新加坡养正学校及河南（广州市珠江南岸）南武中学肄业，朱执信学校中学四年级。先后于新加坡养正学校及广州南武中学肄业，广州朱执信学校中学四年级修业。1924年3月14日经郭渊谷（时任中国国民党海外同志会总干事）、朱志开（前广州建筑工会书记员）介绍加入中国国民党。1924年4月由曾醒（原广州执信女子学校校长，时任国民党中央执行委员会妇女部代部长及广东临时党部妇女部部长）及郭渊谷介绍投考黄埔军校，1924年6月考入陆军军官学校第一期第一队学习，1924年11月毕业。历任国民革命军陆军步兵团排长、连长、营长、团附，随军参加东征、北伐战争、中原大战诸役。1936年11月12日获颁六等云麾勋章。[1]

---

　　[1]　国民政府文官处印铸局印行：台湾成文出版社有限公司1972年8月出版《国民政府公报》第117册1936年11月13日第2201号颁令第8页记载。

郑作民

郑作民照片

郑作民（1902—1940），原名振华，[1]别名文贝、治新，后改名作民，湖南新田县高山村人。新田县立初级师范学校、广州大本营军政部陆军讲武学校肄业，陆军大学正则班第十四期毕业，军官训练团第一期将官研究班学员队结业。记载为民国前十年九月二十三日出生。[2]1902年9月23日生于新田县高山村一个世代务农家庭，兄弟六人排行第四，幼年入读私塾。1923年冬到广州，考入大元帅府广州大本营军政部陆军讲武学校学习，随部参加对广州商团事件军事行动，1924年秋该校并入黄埔军校，1924年11月编入陆军军官学校第一期第六队学习，1925年2月肄业。分发教导第一团任见习、排长、连长，随军参加了两次东征作战诸役。1926年7月随部参加北伐战争，任国民革命军第一军第一师第一团副营长、营长、团长。1928年8月部队编遣，任缩编后的第一集团军陆军第九师第五十四团团长。1929年2月26日被推选为中国国民党陆军第九师特别党部常务委员。率部参加对红军及根据地的"围剿"作战，后任陆军第九师副师长兼旅长。1935年5月1日被国民政府军事委员会铨叙厅叙任陆军步兵上校。[3]1935年12月考入陆军大学正则班第十四期学习，1936年10月5日被国民政府军事委员会铨叙厅叙任陆军少

[1] 湖南省档案馆校编，湖南人民出版社1989年7月《黄埔军校同学录》第13页记载。

[2] 军事委员会铨叙厅民国二十五年（1936年）十二月印制《陆海空军军官佐任官名簿》第一册［上将、中将］第58页记载。

[3] 国民政府文官处印铸局印行：台湾成文出版社有限公司1972年8月出版《国民政府公报》第93册1935年5月1日第1730号颁令第1页记载。

将，[1]1936年11月12日获颁五等云麾勋章，[2]1938年7月陆军大学毕业。抗日战争全面爆发后，任陆军第九师师长，率部参加淞沪会战、徐州会战。1938年7月奉派入中央军官训练团第一期将官研究班学员队受训，结业后返回原部队续任原职。1939年11月任陆军第二军（军长李延年）副军长，兼任陆军第九师师长，率部参加桂南会战。1939年12月率部镇守广西昆仑关，与日寇进行多次惨烈血战。1940年2月3日遭日寇飞机空袭，以身殉职。[3]蒋中正挽联："马革裹尸还万里，虎贲遗烈壮千秋。"后公葬于南岳山麓。1940年6月11日国民政府颁令："陆军少将郑作民追晋为陆军中将。此令。主席林森，行政院院长蒋中正。"[4]1940年7月7日国民政府令："陆军第九师师长郑作民，秉性忠贞，持躬廉介。早岁毕业于黄埔军校，即立志以身许国。嗣后随军北伐，迭著勋劳。抗战以还，率部转战，屡摧强敌。不幸于昆仑关一役，中弹阵亡，良深悼惜。应予明令褒扬，交军事委员会从优议恤，并将生平事迹存备宣付国史馆，以彰忠烈。此令。主席林森，行政院院长蒋中正。"[5]中国共产党曾在延安召开追悼大会，毛泽东、朱德、周恩来分别题写挽词"尽忠报国""取义成仁""为国捐躯"，并电唁其家属。1942年12月31日获准入祀首都忠烈祠。1966年"文化大革命"期间，其墓园被夷为平地，其遗骸及衣冠被当地农民秘密埋葬。1969年3月28日获台湾当局批准入祀台北圆山忠烈祠。[6]1986年中华人民共和国民政部颁发烈士证，追认为革命烈士。1988年7月30日被湖南省人民政府追认为抗日烈士。[7]由衡阳市南岳区文物部门拨专款重新修建墓园，恢复原貌，告慰英灵。

---

[1] 军事委员会铨叙厅民国二十五年十二月印制《陆海空军军官佐任官名簿》第一册［上将、中将］第58页记载。

[2] 国民政府文官处印铸局印行：台湾成文出版社有限公司1972年8月出版《国民政府公报》第117册1936年11月13日第2201号颁令第8页记载。

[3] 台北《黄埔建国文集》编纂委员会编纂：台北实践出版社1985年6月16日印行《黄埔军魂》第583页"抗日战役殉国英雄姓名表"第一期记载。

[4] 国民政府文官处印铸局印行：台湾成文出版社有限公司1972年8月出版《国民政府公报》第151册1940年6月12日渝字第265号颁令第1页记载。

[5] 国民政府文官处印铸局印行：台湾成文出版社有限公司1972年8月出版《国民政府公报》第152册1940年7月10日渝字第273号颁令第2页记载。

[6] 胡博、王戡著：武汉大学出版社2013年6月《碧血千秋——抗日阵亡将军录》第155页记载。

[7] 杨牧、袁伟良主编：河南人民出版社2005年11月《黄埔军校名人传》上册第886页记载。

郑凯楠

郑凯楠（1893—？），别字凯南，江苏江宁人。江苏陆军军士学校肄业。家从工业，经济中等。自填登记处为江苏江宁县，通信处为南京三牌楼和会街五十二号。自填入学前履历：江苏陆军军士学校肄业，江苏陆军巡缉队司务长。入江苏陆军军士学校肄业。充任江苏陆军巡缉队司务长。1924年5月15日经邓演达（前任广东西路讨贼军第一师第三团团长，受筹备委员李济深委托参与筹办黄埔军校，黄埔军校入学试验委员会委员）、陈复（前粤军总司令部参谋处副官，粤军第二军总司令部参谋，黄埔军校第一期第一队副队长）介绍加入中国国民党。1924年5月由陈复举荐投考黄埔军校，1924年6月考入陆军军官学校第一期第三队学习，在学期间任本队第二分队分队长，1924年11月毕业。分发教导第一团任见习、排长，随部参加第一次东征作战。1925年8月任国民革命军第一军第一师第三团连长，1926年3月任中央军事政治学校第四期军官预备团第二营副营长。1926年7月随军参加北伐战争，任国民革命军第一军第一师第二团第一营营长，随部参加第一、第二次南昌战役、浙江龙游战役、桐庐战役、龙潭战役诸役。1927年9月26日任国民革命军第九军第十四师第四十二团中校团附。1927年12月16日任国民革命军第九军第十四师补充团团长。1928年夏任国民革命军总司令部参谋。1936年12月12日被国民政府军事委员会铨叙厅颁令叙任陆军步兵少校。[1]1937年2月5日按照《军事委员会铨叙厅函请将已任军官姓名更正表》记载由邓凯南更正为郑凯南。[2]

---

[1] 国民政府文官处印铸局印行：台湾成文出版社有限公司1972年8月出版《国民政府公报》第118册1936年12月15日第2228号颁令第1页记载。

[2] 国民政府文官处印铸局印行：台湾成文出版社有限公司1972年8月出版《国民政府公报》第120册1937年2月6日第2272号颁令第12页记载。

郑承德

郑承德（1899—?），陕西干县人。干县县立高
等小学校毕业，陕西陆军教育团肄业。农家出身，
有地七十亩，自给尚足。早年信仰孔教。自填登记
处为陕西干县西区小郑村，通信处为本邑甲级师范
学校。自填入学前履历：八年（1919年）任陕西靖
国军四路副官，十年（1921年）任三路一支队排长。
1919年任陕西靖国军第四路司令部副官，1921年任
第三路第一支队排长。1924年5月15日由王宗山（前
广州大元帅府大本营英文秘书，黄埔军校筹备委员

郑承德照片

会委员，黄埔军校校长办公厅英文秘书）介绍加入中国国民党，1924年5月经于
右任举荐投考黄埔军校。1924年6月考入陆军军官学校第一期第四队学习，在学
期间任本队第二分队分队长，1924年11月毕业，后返北方服务军界。1930年10
月任陆军第四十八师政治部党务特派员。

郑述礼

郑述礼照片

郑述礼（1903—1931），广东临高人。临高县立高等小学、广东省立琼州府中学毕业，广东省立工业专科学校预科肄业。祖辈务农，耕作为主，仅足自给。自填登记处为广东琼州府临高县兰河村，通信处为临高书带草堂收转。自填入学前履历：广东省立工业（专门）学校预科毕业，再继续肄业两年。先后入临高县立高等小学、广东省立琼州府中学毕业、广东省立工业专科学校预科，续肄业两年。1924年1月经黄国梁（广东省立甲种工业学校教员）、欧祥云（广东省立甲种工业学校教员）介绍加入中国国民党，1924年春由吴云青（广东省立工业专门学校教员）、周文雍（时任国民党广州市区分部执行委员，毕业于广东省立甲种工业学校并当选学生会会长及青年团支部书记，广州市学生联合会委员兼文书部副主任）举荐投考黄埔军校。1924年6月考入陆军军官学校第一期第二队学习，1924年11月毕业。分发入伍生队任见习、教导第二团排长，随部参加了两次东征作战。1926年7月随军参加北伐战争，任国民革命军第一军第三师补充团步兵连副连长。1927年6月任国民革命军总司令部补充第五团第一营第一连连长，1927年8月随部参加龙潭战役。1930年任国民革命军第九师独立旅第八十三团营长、团长，随部参加对江西红军及根据地的"围剿"战事。1931年9月7日在江西高兴圩与红军作战时阵亡。[1]

---

[1] ①中国第二历史档案馆供稿，华东工学院编辑出版部影印，档案出版社1989年7月《黄埔军校史稿》第八册（本校先烈）第246页第一期烈士芳名表记载1931年9月7日在江西高兴圩阵亡；②台北《黄埔建国文集》编纂委员会编纂：台北实践出版社1985年6月16日印行《黄埔军魂》第574页"北伐战役殉国英雄姓名表"第一期记载。

郑南生

　　郑南生（1903—?　），四川南江人。南江县立高等小学毕业，北京汇文学校、上海沪江大学肄业。父从农商，家境贫寒。自填登记通信处为四川南江县城内大河口新街。自填入学前履历：由本县高小校毕业，复入北京汇文学校及上海沪江大学等校肄业。南江县立高等小学毕业，后入北京汇文学校及上海沪江大学学校肄业。1924年4月经李代斌（上海浦东中学校长，国民党上海执行部区分部支部长）介绍加入中国国民党，1924年5月由谢持（孙中山指派出席国民党一大四川省代表，国民党第一届中央监察委员，前国民党中央党部党务部部长）举荐投考黄埔军校。1924年6月考入陆军军官学校第一期第四队学习，1924年11月毕业，后服务社会。

郑洞国

郑洞国照片（一）

　　郑洞国（1903—1991），别字桂庭，湖南石门人。湖南石门中学、长沙湖南商业专门学校、南京中央陆军军官学校高等教育班第二期毕业。自填入学前履历：经中学毕业及商业专门（学校）预科一年级，曾任高等小学校教员。1903年1月13日生于石门县一个农户家庭。幼读私塾，1920年考入石门中学，在学时曾考取湖南陆军讲武学堂，后因讲武堂因故停办，遂返石门完成中学学业。在家乡当了半年小学教师，继考取湖南商业专门学校。1924年春到广州，投考黄埔军校应试落榜后，冒充曾报两次名的"黄鳌"，隐瞒真实姓名"混入"军校，在《陆军军官学校第二队详细调查表》中湖南石门的"黄鳌"名下，填写该表的就是郑洞国。1924年6月入陆军军官学校第一期第二队学习，由于两人被编入同队，每日出操点名再难瞒过，才得以恢复原来姓名，[1]1924年11月毕业。后加入中国共产党，任军校教导第一团第二营第四连党代表，1925年2月随校军参加第一次东征作战。战后任教导第二团第三营党代表。1925年8月任国民革命军第一军第一师第四团第一营党代表，随部参加第二次东征作战。1926年7月任国民革命军第一军第三师第八团第一营营长，随部参加北伐战争。1926年11月任国民革命军第一军第三师第八团团长，1927年脱离中共党组织关系。1927年

---

[1]　①陆军军官学校编辑、台北文海出版社有限公司印行：近代中国史料丛刊三编第五十七辑《陆军军官学校第二队详细调查表》记载；②郑洞国著：团结出版社1992年1月《我的戎马生涯——郑洞国回忆录》第22、30页记载。

郑洞国照片（二）

5月因病调任总指挥部参议。参加龙潭战役后，由于病情加重，不得不住进苏州更生医院。1927年10月病愈出院，任徐州警备司令部参谋长，后任第九军司令部教导团团长。1928年8月国民革命军编遣，任缩编后的第一集团军陆军第二师第五旅第十团团长，率部参加讨伐石友三部军事行动，1930年5月率部参加中原大战。1930年12月任陆军第二师独立旅旅长，1931年10月任第二师（师长黄杰）第四旅旅长，率部驻防洛阳。1933年3月率部参加古北口战役，重创日军精锐师团。1934年奉派入南京中央陆军军官学校高等教育班第二期学习，1935年毕业。1935年5月1日颁令叙任陆军步兵上校。[1]1936年1月1日晋给四等宝鼎勋章。[2]1936年10月22日颁令叙任陆军少将。1936年11月接黄杰任陆军第二师师长。抗日战争全面爆发后，任陆军第二师师长，率部参加平汉路保定会战，固守保定城至漕河一线阵地，多次重创日军。1938年春率部参加徐州会战，再于台儿庄重创日军精锐濑谷支队。后率部参加武汉会战，任陆军第九十五军副军长，陆军第五军副军长，兼任荣誉第一师师长，率部在昆仑关之役建功卓著，所部荣誉第一师以大部伤亡代价，两度攻克昆仑关，击毙日军第五师团第十二旅团旅团长中村正雄少将以下官兵四千余人，获重大胜利。1940年4月2日任陆军新编第十一军军长，后改任陆军第八军军长。1943年任陆军新编第一军军长。1944年夏，任中国驻印军副总指挥，率部参加枣宜战役、远征印缅抗战诸役，其中以缅北反攻作战，协助史迪威指挥中国驻印军，以伤亡一万二千人为代价，全歼缅北日军二万三千余人，打通中印公路，取得辉煌战绩。因抗日战功获颁青天白日勋章。[3]1945年1月被推选为军队各特别党部出席中国国民党第六次全国代表大会代表。1945年2月20日颁令叙任陆军中将。1945年5月20日当选中国国民党第六

---

[1] 国民政府文官处印铸局印行：台湾成文出版社有限公司1972年8月出版《国民政府公报》第93册1935年5月1日第1730号颁令第1页记载。

[2] 国民政府文官处印铸局印行：台湾成文出版社有限公司1972年8月出版《国民政府公报》第102册1936年1月2日第1936号颁令第13页记载。

[3] 刘绍唐主编：台北传记文学出版社1999年10月15日印行《民国人物小传》第十八辑记载。

届中央执行委员会候补执行委员。1945年8月任陆军第三方面军司令长官部（司令长官汤恩伯）副司令官。抗日战争胜利后，任京沪警备总司令部副总司令。1945年10月10日获颁忠勤勋章。1946年5月30日获颁胜利勋章。东北保安司令部副司令长官、代理司令长官。1947年7月被推选为党团合并后的中国国民党第六届中央执行委员会候补执行委员。后任东北"剿匪"总司令部副总司令，兼任第一兵团总司令部司令官，吉林省政府主席。1948年10月19日

郑洞国照片（三）

在长春率部投诚。中华人民共和国成立后，1952年6月举家迁居北京，任中央人民政府水利部参事，全国政协文史资料委员会专员。[1]1954年9月起，任中华人民共和国第一届至第三届国防委员会委员，第三、四届全国政协委员，第五届至第七届全国政协常委，民革中央常委，1979年任民革中央副主席。1984年6月任全国黄埔军校同学会副会长，中国和平统一促进会常务理事。1991年1月27日因病在北京逝世。著有《困守孤城七个月》《从大举进攻到重点防御》《中国驻印军始末》《郑洞国回忆录》等。中国文史出版社《中华文史资料文库》第十卷载有《郑洞国在长春放下武器》（杨治兴著）等。

---

[1] 廖盖隆主编：中共中央党校出版社2001年6月《中国共产党历史大辞典》增订本第370页记载。

郑炳庚

郑炳庚（1901—1980），别字焕平，浙江青田县
鹤城镇（另载五都）陈山村人。青田县高等小学堂、
杭州三才中学、杭州体育专门学校毕业，浙江公立
医药专门学校肄业，陆军大学将官班甲级第三期毕
业。1901年3月14日生于青田县五都陈山村一个农
户家庭。祖辈务农，耕作为生，有田产十亩。自填
家庭主要成员：父子廉，母詹氏，兄一名。[1]其兄
郑炳垣为浙江革命军第一旅旅长，时任广东东路讨
贼第二军第四团团长。自填登记处为浙江青田县五

郑炳庚照片

都陈山村，通信处为青田县城西门外尹保衡收转。自填入学前履历：民国十二年
（1923年）在（广东）东路讨贼军技术团服务半年。先后于青田县高等小学堂、
杭州三才中学、杭州体育专门学校毕业，浙江公立医药专门学校肄业两年。到广
东后任广东东路讨贼军总司令部技术团委员等职。1924年3月7日由戴任（国民党
一大浙江省代表，前广州大元帅府参军处参军，广州大本营参军）、卢振柳（广
东东路讨贼军第六路参谋长，粤军第二军总司令部参谋，广州大元帅府大本营参
军兼大本营卫士大队大队长）介绍加入中国国民党，再由其二人举荐投考黄埔军
校。1924年6月考入陆军军官学校第一期第二队学习，1924年11月毕业。分发
教导第一团第一营任见习，随军参加第一次东征。继任入伍生第一团参谋，1925
年8月任国民革命第一军第二十师第五十八团参谋长，1926年3月任广州国民政

---

[1] 陆军军官学校编辑、台北文海出版社有限公司印行：近代中国史料丛刊三编第五十七辑《陆
军军官学校第二队学生详细调查表》记载。

府海军局政治部宣传科科长，后任该部秘书。1926年7月北伐开始时任国民革命军第一军第二十一师（师长严重）政治部主任，1927年3月奉命组织黄埔同学会浙江分会。1927年3月1日参与创刊《杭州民国新闻》（总编项慈园），其任社长。1927年4月13日任《杭州民国日报》（总编辑陈士鼎）社经理，未及一月离职。1928年1月任中国国民党浙江省党部执行委员，后任黄埔同学会总会监察委员。1929年1月被推选为江苏省出席中国国民党第三次全国代表大会代表，并出席该次会议。1930年连续被推选为中国国民党浙江省第二、三届执行委员。1933年4月11日任军事委员会训练总监部浙江省军事训练委员会主任委员。1935年4月11日再被国民政府颁令委任福建国民军事训练委员会主任委员，[1]1936年5月任军事委员会武昌行营政治训练处处长，1936年10月任军事委员会广州行营（主任何应钦兼）政治训练处处长，兼该行营第二厅代厅长。1937年3月任南京中央陆军军官学校第十三期政治部副主任、代理主任。抗日战争全面爆发后，随军校迁移西南地区，续任成都中央陆军军官学校第十四期、第十六期政治部副主任兼代理主任。1939年11月25日国民政府颁令任为陆军少将。[2]历任成都中央陆军军官学校政治部主任。1940年3月任第九战区司令长官部政治部主任，率部驻防衡阳历时四年，历经第二、第三次长沙会战，率党政人员及民众协同作战。[3]1944年10月任军政部部附（挂陆军中将衔），兼任中国国民党军政部特别党部书记长，主持中国国民党六大军队代表选举事宜。1945年1月被推选为军队各特别党部代表出席中国国民党第六次全国代表大会，1945年5月作为军队代表出席会议。1945年8月保送陆军大学甲级将官班第三期学习，1945年11月毕业，仍任第九战区司令长官部政治部主任，1945年12月奉派任衢州绥靖公署秘书长。1947年11月19日被国民政府军事委员会铨叙厅叙任陆军中将。1948年3月29日被推选为浙江省代表出席（行宪）第一届国民大会。1948年任陆军总司令部高级参谋，国防部高级参谋。1949年到台湾，1950年3月任"国防部总政治部"设计指导委员会委员，

---

[1] 国民政府文官处印铸局印行：台湾成文出版社有限公司1972年8月出版《国民政府公报》第92册1934年4月11日第1713号颁令第1页记载。

[2] 国民政府文官处印铸局印行：台湾成文出版社有限公司1972年8月出版《国民政府公报》第145册1939年11月25日渝字第208号颁令第2页记载。

[3] 刘绍唐主编：台北传记文学出版社1999年10月15日印行《民国人物小传》第十一辑记载。

1951年夏奉派入台湾"革命实践研究院"第十四期受训。1951年调任"陆军大学"政治部主任，继入"圆山军官团高级班"第三期受训。1952年夏台湾"陆军大学"改组为"国防大学"，仍任该校政治部主任，1955年1月任"总政治作战部"（主任张鼎彝）副主任，[1]1955年9月转任"国防会议"国防计划局副局长，1961年依例限龄退役，专任"国民大会"代表。1980年3月5日因病在台北荣民总医院逝世。台湾出版《黄埔一期郑炳庚中将纪念集》等。

---

[1] 台北"国史馆"编纂：2006年12月印行《"国史馆"现藏民国人物传记史料汇编》第二十二辑第445页记载。

郑燕飞

郑燕飞照片

郑燕飞（1898—1946），又名远飞，广东五华人。五华县高等小学毕业，广东东路讨贼军第二路司令部学兵团、广东宪兵教练所肄业，珞珈山中央军官训练团结业。自填登记处为广东五华县城内同裕兴号，通信处为广州黄沙述善前街第三十号二楼。入学时自填23岁，实际为26岁。自填入学前履历：民国七年（1918年）在汕头粤军第七十三营第二连任中尉。父从农商，有田产十亩。1922年入广东东路讨贼军第二路司令部学兵团，1923年入广东宪兵教练所肄业一年。1923年秋，入汕头粤军第七十三营第二连任中尉连附。1923年11月28日经卢振柳（广东东路讨贼军第六路参谋长，粤军第二军总司令部参谋，广州大元帅府大本营参军兼大本营卫士大队大队长）介绍加入中国国民党，1924年春再由卢振柳保荐投考黄埔军校。1924年6月考入陆军军官学校第一期第四队学习，在学期间任本队第三队副分队长，1924年11月毕业。分发黄埔军校教导团任见习、排长，1925年1月随部参加第一次东征作战。1925年6月任党军第一旅步兵连连附，随军参加对滇桂军阀杨希闵部、刘震寰部军事行动。1926年3月任中央军事政治学校第四期入伍生团连党代表。1926年7月北伐开始后，率部留守广东，任国民革命军第五军第十六师司令部辎重兵营连长、营长。1928年12月任广东编遣区第二师司令部参谋。1929年2月26日被推选为广东编遣区第二师特别党部候补执行委员。1929年10月任国民革命军讨逆军第八路军军事政治讲习所研究班学员队第一区队少校区队长，1930年春任广东第一集团军总司令部直辖军事政治学校第一期学员大队中队长，1931年10月任广东军事政治学校第一期学员总队步兵第一大队少校大队附。1933年10月任广东第一集团军第三军第九师步兵团中校团附，广东省保安第二十八大队大队长，广东省保安司令部调查室主任，兼任广东省保安司令部特别党部执行委员。抗日战争全面爆发后，任韶关警备司令部参谋长。1938年春奉派入珞珈山中央军官训练团受训，结业后返回粤系部队。任陆军第四军第五十九师司令部参谋处处长、代理副师长，1944年10月任闽粤赣边区游击挺进总指挥部高级参谋。抗日战争胜利后，1945年10月获颁忠勤勋章。1946年春因病逝世。

金
仁
宣

  金仁宣（1901—1932），又名照之、仁先，[1] 湖北英山县黄林冲村人。1901年
3月6日生于英山县黄林冲村一个农户家庭。1915年考入安庆蚕桑专门学校学习，
因交不起学费，不到一年辍学。1919年芜湖小学任教，1920年返回英山任私塾教
员。1924年6月考入陆军军官学校第一期第三队学习，现据：①湖南省档案馆校
编、湖南人民出版社1989年7月《黄埔军校同学录》第16页记载金仁宣；②广
东省国家档案馆藏《第一期同学附录》第7页记载金仁宣，列名第三队；③中国
工农红军第四方面军战史编辑委员会编纂：解放军出版社1998年10月《中国工
农红军第四方面军人物志》第499页记载；④中国工农红军第四方面军战史编辑
委员会编纂：解放军出版社1993年6月《中国工农红军第四方面军烈士名录》第
142页记载；⑤中华人民共和国民政部编纂，范宝俊、朱建华主编：黑龙江人民
出版社1993年10月《中华英烈大辞典》第1681页记载；⑥英山县地方志编纂委
员会编纂：中华书局1998年12月《英山县志——人物志》第743页记载。在学期
间加入中国共产党，后因病退学返乡养病。后又返回黄埔军校，在政治部协助处
理文书事宜。1926年7月随部参加北伐战争，任国民革命军第六军政治部秘书，
1926年8月在汀泗桥战役时右手负伤。1927年7月奉派返回原籍英山，与萧伯唐、
姜镜堂等人组建中共英山县委，任县委委员。1928年在四顾墩创办平民夜校，训
练农民运动骨干。1929年春接任英山县党代表。1929年除夕之夜，组织党员将油
印标语贴遍全县乡村、集镇和罗田、浠水、蕲春、太湖等县边境地区。1930年1

---

[1] 陆军军官学校编辑、台北文海出版社有限公司印行：近代中国史料丛刊三编第五十七辑《陆
军军官学校第一至四队学生详细调查表》无载。

月任中共英山县委书记。[1]1930年3月领导英山农民举行了"三二"暴动，在红军第三十三师和潜山县农军配合下，首次攻克英山县城，1930年9月组成英山红军总指挥部，任党代表。[2]1930年6月率农军配合红军第一军，包围盘踞在英山的地方武装民团韩杰部，再次攻占英山县城，创建英山县革命委员会，将农军与赤卫队扩编成立中央独立第一师第五团。1931年奉调鄂豫皖边区红军第四军驻地工作，任中共皖西特委秘书，后任中共皖西北特委军事委员会委员。1932年在安徽六安县麻埠作战时牺牲。中华人民共和国成立后，追认为革命烈士。[3]

————————————

[1] 中共中央组织部、中共中央党史研究室、中央档案馆编纂：中共党史出版社2000年9月印行《中国共产党组织史资料1921—1997》第二卷《土地革命战争时期1927.8—1937.7》下册第1715页记载。

[2] 中共中央组织部、中共中央党史研究室、中央档案馆编纂：中共党史出版社2000年9月印行《中国共产党组织史资料1921—1997》第二卷《土地革命战争时期1927.8—1937.7》中册第859页记载。

[3] 中国共产党党史研究室科研管理部编纂：红旗出版社2001年6月印行《中国共产党革命英烈大典》下册第1373页记载。

侯
又
生

侯又生照片

侯又生（1903—1997），又名爵、新望，别号幼生，后改名爵，广东梅县人。梅县水南堡湾高等小学毕业，梅县初级师范学校毕业，中央训练团党政班第六期结业。父从商业，家境中等。自填登记处为广东梅县水南堡湾下基善楼，通信处为梅县城内十字街宝延焕（号）转交。自填入学前履历：梅县师范学校（肄业），大元帅卫士队。1903年6月15日（另载1901年6月10日）生于梅县城郊一个农户家庭。早年随父到泰国谋生，1922年回到广州，入孙中山广州大本营卫士大队当兵，1923年11月17日经廖德流（广州大元帅府大本营卫士连连长）介绍加入中国国民党。1924年春由卢振柳（广东东路讨贼军第六路参谋长，粤军第二军总司令部参谋，广州大元帅府大本营参军，兼任大本营卫士大队大队长）保荐投考黄埔军校，1924年6月以应试总分排列第一百六十九名成绩，考入陆军军官学校第一期第二队学习，在学期间任第二队第三区队第七分队副分队长，1924年11月毕业。分发教导第一团第二连任见习、排长，校本部参谋处少尉参谋。1924年12月由军校参谋处副处长茅延桢指派，为第一期毕业证书逐个盖章核发。1925年6月任教导第一团步兵连连长，随部参加对滇桂军阀杨希闵部、刘震寰部军事行动。1926年7月随军参加北伐战争，任北伐军总预备队指挥部上尉参谋，总指挥部参谋处第二科（谍报）少校代科长。1927年任国民革命军第一军第一师第二团副团长，南京中央陆军军官学校学生总队大队附，入伍生团团附。1928年任南京国民革命军总司令部军官团中校连附，1929年任南京中央陆军军官学校第七期第一学员总队步兵大队中校中队长。1930年离职赴上海，入军事委员会宪警人员训练班受训，任警政督察员，上海市公安局第七区公安分局局长。1931年任陆军第二师司令部军官训练班教官。1933年10月任福建绥靖主任公署上校参议。1936年任南京补充兵训练处新兵团团长。抗日战争全面爆发后，任陆军独立第三十旅司令部代参谋长，湖北省军管区司令部参谋室主任，四川万县新兵补充训练处第六学兵团团长，重庆第四十一新兵补充训练处上校处员、训练大队大队长，第三十九集团军总司令部高级参谋。1938年11月7日国民政府颁令任为陆军步兵上校。[1]其间应李铁军邀请赴西北供职，任陆军第八十六军司令部代理参谋长，兼任军干部训练班教育长，西安绥靖主任公署少将衔高级参谋。1944年10月任第二十九集团军总司令部副官处处长。抗日战争胜利后，任军事委员会少将高级参谋。1946年任西安绥靖主任公署高级参谋。1946年5月30日获颁胜利勋章。1947年7月办理退役。1948年任西北军政长官公署高级参谋，1949年9月在新疆参加和平起义。中华人民共和国成立后，改名侯爵，登记职务连长。后被捕入狱，1975年3月19日获特赦释放，安排定居安徽巢湖。1986年任安徽省政协委员、巢湖市政协委员、南京市黄埔军校同学会顾问、安徽省黄埔军校同学会名誉会长。1995年秋为陈予欢编著的《黄埔军校将帅录》题词："继承先烈光荣遗志，发扬黄埔亲爱精神。"并撰写《侯爵一生经历》。1997年3月17日因病在安徽巢湖人民医院逝世。

---

[1] 国民政府文官处印铸局印行：台湾成文出版社有限公司1972年8月出版《国民政府公报》第137册1938年11月9日渝字第99号颁令第2页记载为"侯爵"。

侯克圣

侯克圣照片

侯克圣（1896—1930），别号钦明，江西新淦（今新干）人。新淦（干）县立勤修小学毕业，南昌私立心远中学肄业，江西省立南昌第二中学、上海南方大学毕业，广州大本营军政部陆军讲武学校肄业。中学肄业后，从本邑耆宿姚梦星游学，1922年考入上海南方大学就读，1924年毕业。1924年春到广州，考入广州大本营军政部陆军讲武学校学习，1924年秋该校并入黄埔军校。1924年11月编入陆军军官学校第一期第六队学习，[1]1925年2月肄业。分发黄埔军校教导第一团（团长何应钦）第二营任见习，1925年1月随部参加第一次东征作战，任第二营（营长陈继承）排长、副连长，1925年4月24日中山主义学会（孙文主义学会前身）成立，参加该会活动。1925年6月随军参加对滇桂军阀杨希闵部、刘震寰部军事行动。1925年10月随军参加第二次东征攻克惠州之役，战后任连长，与幸存同学在惠州城垣下与加伦将军等合影留念。1926年3月任中央军事政治学校第四期入伍生第二团政治指导员，后改任第四期军官预备团（团长张与仁）第三营政治指导员。1926年7月随军参加北伐战争，任国民革命军第一军第二师补充团政治指导员，第一军（军长何应钦）第一师（师长王柏龄）第一团（团长王俊）第二营（营长胡宗南）副营长。1926年9月23日参加第一次南昌之战，第一师损失惨重。1926年10月1日任国民革命军第一军第二师（师长刘峙）教导团辎重兵队营长。1927年1月随部参加浙江龙游、桐庐之战，1927年4月2日由时任国民革命军第一路总指

---

[1] 陈柏泉、何友良主编：江西人民出版社1990年9月《江西历代人物辞典》第522页记载。

挥何应钦签发委任状曰："今委任侯克圣为第四十团部辎重队队长。"1927年4月22日又签发委任状曰："今委任侯克圣为第十四师第四十团第二营营长。"[1]1927年8月底随军参加龙潭战役。1927年9月26日任国民革命军第九军（军长顾祝同）第十四师（师长卫立煌）第四十一团（团长楼景越）中校代理团附。1928年1月1日第九军军长顾祝同正式颁发《国民革命军总司令部令》曰："兹委侯克圣代理第十四师第四十团中校团附。"[2]1928年1月19日国民革命军第一路总指挥何应钦签发委任状曰："委任侯克圣为国民革命军第十四师第四十团中校团附。"1928年夏第二次北伐战争时，1928年6月21日在六安作战负重伤，调任第九军第十四师（师长黄国梁）第一团特派员。1928年8月国民革命军编遣，任缩编后的国民革命军第一集团军陆军第二师（师长顾祝同）第四旅（旅长黄国梁）第七团（团长楼景越）中校团附，1928年9月1日国民革命军总司令蒋中正批准颁发此任命状。[3]1928年12月3日由北伐军总司令蒋中正签发任命状曰："兹任命侯克圣代理国民革命军陆军第二师步兵第七团团长。"[4]1928年12月6日正式接任该旅第七团团长，后调任第五旅（旅长涂思宗）第十五团团长。1929年2月17日被推选为中国国民党陆军第二师特别党部监察委员。部队两度编遣后，1929年10月1日仍任第二师（师长顾祝同，副师长黄杰）第四旅（旅长楼景越）第七团团长。1930年5月率部参加中原大战，1930年6月27日率部攻至民权县城，该城是石友三部撤离归德（今商丘）后唯一主阵地，工事完成后坐等中央军进攻，师部限令三天攻克，1930年6月29日在河南民权县作战时中弹阵亡，[5]1930年7月国民政府追赠陆军中将衔，按中将例给恤4000元。侯之后人留存有1925年3月1日由总理孙文（中山）、校长蒋介石、党代表廖仲恺署名颁发"黄埔军校第一期卒业证书"，原件收藏于江西新干县档案馆。

---

[1] 《国民革命总司令部委任状》1927年4月刊记载。

[2] 《国民革命军总司令部令》1928年1月刊记载。

[3] 《国民革命军总司令部任命状》1928年9月刊记载。

[4] 《国民革命总司令部任命状》1928年12月刊记载。

[5] ①中国第二历史档案馆供稿，华东工学院编辑出版部影印，档案出版社1989年7月《黄埔军校史稿》第八册（本校先烈）第41页有烈士传略；②中国第二历史档案馆供稿，华东工学院编辑出版部影印，档案出版社1989年7月《黄埔军校史稿》第八册（本校先烈）第245页第一期烈士芳名表记载1930年6月29日在河南民权阵亡；③台北《黄埔建国文集》编纂委员会编纂：台北实践出版社1985年6月16日印行《黄埔军魂》第577页"讨逆平乱殉国英雄姓名表"第一期记载。

侯鼎钊

侯鼎钊照片

侯鼎钊（1905—1974），江苏无锡人。无锡东吴第八高等小学、上海银行学校、慕堂英文专修夜校毕业，中央政治学校第三期研究班、中央训练团军队党务班结业。祖父为官僚，略有地产。信奉耶稣。自填登记通信处为江苏无锡县城内大市桥下青果巷。自填入学前履历：曾在上海西医侯光迪处任配药四年。曾在上海侯光迪医馆任药剂士四年。1905年7月15日生于无锡县城内官僚家庭。1924年3月10日经顾忠琛（前江苏军政府参谋厅厅长，国民党本部军事委员会委员，北伐讨贼军第四军军长）、顾旭泉（江苏省无锡县教育会会长）介绍加入中国国民党，再由顾忠琛举荐投考黄埔军校。1924年5月到广州，1924年6月考入陆军军官学校第一期第四队学习，1924年11月毕业。后任黄埔中央军事政治学校第四期入伍生团排长，国民革命军第一军第二师连政治指导员，团党代表办公室副主任，第十一师政治部黄埔同学会办公处干事，第十八军第十一师政治部组织科科长、副主任。抗日战争全面爆发后，任第十一师政治部主任，第三战区司令长官部政治部主任，兼任党政军联合特别党部书记长。1945年1月任第四方面军司令长官部政治部副主任、代理主任。1945年4月颁令叙任陆军步兵上校。抗日战争胜利后，1946年6月任国防部新闻局第一处处长，1946年5月30日兼任军官训练团第二期训育组副组长。1947年4月兼任军官训练团第三期训育组副组长，后任国防部政工局办公室主任。1949年4月任浙江绍兴县县长。1949年秋到台湾，1974年3月16日因病在台北逝世。台湾出版有《黄埔一期侯鼎钊将军纪念集》等。

侯镜如

侯镜如（1902—1994），别字心朗，别号静轩，河南永城人。永城县薛湖乡乡高等小学毕业，河南省立留学欧美预备学校、河南大学理科肄业，陆军大学将官班甲级第二期毕业。中央军官训练团第二期结业。自填登记处为河南永城县薛湖集侯楼村，通信处为永城县薛湖集邮局转交。自填入学前履历：留学欧美预备学校毕业，中州大学理科肄业。1902年10月17日生于永城县薛湖乡侯楼村一个农村耕读家庭。10岁入永城县薛湖乡乡高等小

侯镜如照片

学读书，1917年考入河南省立留学欧美预备学校就读。1923年转入河南大学理科学习，1924年春经魏松声（中州大学教师）介绍，再由刘积学（前广东护法军政府国会众议院议员，河南自治筹备处处长，国民党河南省支部长、临时党部筹备委员）、宋聘三（孙中山指派出席国民党一大河南省代表，前国民党河南省临时支部执行委员，国民党上海特别区执行部执行委员、常务委员）举荐赴上海投考黄埔军校招生初试，1924年5月经邓演达（前任广东西路讨贼军第一师第三团团长，受筹备委员李济深委托参与筹办黄埔军校，黄埔军校入学试验委员会委员）、金佛庄（前浙江陆军第二师营长，黄埔军校第一期第三队上尉队长）介绍加入中国国民党。1924年5月转赴广州复试，1924年6月考入黄埔陆军军官学校第一期第三队学习，不久集体填表加入中国国民党，同时加入中国青年军人联合会，1924年11月毕业。1925年任教导一团第一连排长，参加第一次东征作战。后任国民革命军第一军第三师第三团第一营（营长郭俊）副营长，1925年11月第二次东征期间在潮州，经周恩来、郭俊介绍秘密加入中国共产

党。[1]1926年任国民革命军第一军第十四师第四十八团司令部参谋长，率部参加北伐战争。北伐期间任国民革命军第十七军第三师党代表，兼任政治部主任。1927年3月在上海参加中共领导的第三次武装起义，1927年5月任武汉保安总队队长，1927年6月任国民革命军第四集团军第二方面军暂编第二十军（军长贺龙）教导团团长，1927年8月参加中共发动的南昌起义。失败后赴香港养伤，1928年4月任中共河南省委军委书记，到任时被捕，1929年7月获释。1930年5月任中国工农红军第二十军（军长张兆丰，副军长王世英）参谋长，[2]1931年2月任中共河北省委常委，[3]1931年与中共失去组织联系。[4]为求生计投奔刘峨青（时任国民政府监察委员），往黄埔同学会登记，经黄埔同学萧洒、艾圣绪举荐，续入国民革命军任职，获任军事委员会开封行营咨议，受刘峙委派孙殿英部联络事宜，任第四十一军（军长孙殿英）驻南京办事处代表，1933年春任陆军第三十军第三十师政治训练处主任，1933年6月任陆军第三十师（师长孙连仲）司令部参谋长，率部参加对鄂东红军及根据地的"围剿"作战。1934年1月任讨逆军第二十六路军第三十师第八十九旅旅长，率部参加对江西红军及根据地的"围剿"作战。1935年4月18日颁令叙任陆军少将。抗日战争全面爆发后，率部在北平周口店阻击日军。1938年任第九十二军第二十一师师长，率部参加徐州会战、武汉会战，1940年率部参加枣宜会战。1942年5月任陆军第九十二军副军长，1943年1月任第九十二军军长，统辖陆军第二十一师（师长聂松溪）、第一四二师（师长刘春岭）、暂编第五十六师（师长柴济川）等部。1945年3月保送陆军大学甲级将官班第二期学习，1945年6月毕业。抗日战争胜利后，仍任陆军第九十二军军长，兼任武昌警备司令部司令官，率部在武汉参与日军受降与接收事宜。后赴北平参与日军受降与接收事宜，并兼任北平警备司令部司令官。1946年4月入中央军官训练团第二期受训，并任第一中队中队长，1946年6月结业，返回原部队续任原职。1946年11月15日被推选为河南省出

---

[1] 廖盖隆主编：中共中央党校出版社2001年6月《中国共产党历史大辞典》增订本第392页记载。

[2] 中共中央组织部、中共中央党史研究室、中央档案馆编纂：中共党史出版社2000年9月印行《中国共产党组织史资料1921—1997》第二卷《土地革命战争时期1927.8—1937.7》下册第1855页记载。

[3] 中共中央组织部、中共中央党史研究室、中央档案馆编纂：中共党史出版社2000年9月印行《中国共产党组织史资料1921—1997》第二卷《土地革命战争时期1927.8—1937.7》下册第1806页记载。

[4] 杨牧、袁伟良主编：河南人民出版社2005年11月《黄埔军校名人传》上册第908页记载。

席（制宪）第一届国民大会代表。后任徐州"剿匪"总司令部第十七兵团司令部司令官，率部参加辽沈战役，失败后退守塘沽，兼任塘沽防守司令部司令官。后率部在平津、淮海战场对人民解放军作战。1948年9月22日颁令叙任陆军中将。1949年1月撤退上海，兼任长江防务预备兵团司令部副司令官，渡江战役结束后，任福州绥靖公署副主任兼军官团团长。1949年秋赴香港，指示所部在福州参加起义，因战局骤变未遂。1949年到香港，中华人民共和国成立后，1952年7月回到北京，1952年10月31日中华人民共和国中央人民政府政务院第157次政务会议任命为政务院参事，1954年10月免职。1954年11月任第二届全国政协委员，1955年5月参加中国国民党革命委员会，1956年2月任民革中央候补委员，1957年2月任民革"和平解放台湾"工作委员会副主任委员。1958年3月任国务院参事室参事，1958年10月任民革第四届中央委员。1959年4月任中华人民共和国国防委员会委员，第三届全国政协委员。1960年8月在民革四届二中全会上当选为中央常务委员，1964年12月任第四届全国政协委员，1965年1月继任国防委员会委员。1977年12月任北京市政协副主席，1978年2月任第五届全国政协委员，1978年3月任全国政协常委。1978年受命重组民革北京市委员会，并兼任民革北京市第七届委员会和第八届委员会主任委员，同年增补为北京市政协第五届副主席。1979年10月任民革第五届中央常务委员，1979年12月任北京市人大常委会副主任，1981年12月在民革五届二中全会上当选为民革中央副主席，连任第六届和第七届民革中央委员会副主席，后任名誉主席。第七、八届全国政协副主席，1984年6月任黄埔军校同学总会副会长，1989年11月任黄埔军校同学总会会长。1994年10月25日因病在北京逝世，葬于北京八宝山革命公墓，2002年6月24日迁葬深圳吉田永久墓园。著有《战斗在大较场营房》（载于南昌八一纪念馆编："中国共产党历史资料丛书"中共党史资料出版社1987年6月《南昌起义》第418页）、《第十七兵团援锦失败经过》（载于中国文史出版社《原国民党将领辽沈战役亲历记》）、《平津战役国民党军被歼纪要》（载于中国文史出版社《原国民党将领平津战役亲历记》）、《蒋介石在京沪杭最后的挣扎》（载于中国文史出版社《文史资料选辑》第三十二辑）、《武昌受降经过》（载于湖北省政协文史资料委员会编：湖北人民出版社1999年9月《湖北文史集萃》政治军事卷下册第482页）、《烽火年代——侯镜如回忆录》等。其子侯伯文曾任全国政协委员，2010年聘任中央新闻制片厂拍摄的大型历史文献纪录片《黄埔军校》摄制组历史顾问。

俞墉

俞墉照片

俞墉（1903—1960），别字哲人，浙江余姚县彰桥镇俞家村人。浙江省立第四中学肄业两年，陆军大学特别班第三期毕业，中央训练团党政干部训练班结业。父早亡故，靠母胡氏抚养成人。自填登记通信处为浙江余姚县彰桥镇俞家村。自填入学前履历：在浙江省立第四中学肄业二年，民国十一年（1922年）曾任浙江省立甲种农业（专门）学校职员，民国十二年（1923年）任上海快报（宣传主义的）编辑，并从事劳动运动国民运动，本党改组后，任上海第一区第五区分部委员兼秘书。1922年任浙江省立甲种农业专门学校职员，参加浙江省社会各界学生联合会发起的革命活动。1923年1月初任《上海快报》编辑，传播进步文化思想，从事劳工运动及国民革命活动。1923年4月由张拱辰（国民党一大上海特别区代表，前上海外国语学校及上海大学社会科学部教员，国民党上海特别区执行部筹备委员，广州大本营参议）、费公侠（浙江省立第二师范学校教务长）介绍加入中国国民党，参加中国国民党上海执行部组织党务活动，任中国国民党上海第一区分部执行委员、第五区分部秘书。1924年春由胡公冕（国民党一大浙江省代表，前杭州浙江省立第一师范学校体育教员，黄埔军校第一期卫兵长）、季方（国民党上海执行部总务部书记，黄埔军校第一期少校特别官佐）推荐投考广州黄埔军校。1924年6月考入陆军军官学校第一期第四队学习，在学期间加入中国共产党，[1]

---

[1] 广东省政协文史资料研究委员会、广东革命历史博物馆合编：广东人民出版社1982年12月内部发行《广东文史资料》第三十七辑第186页贺钺芳撰文《我在黄埔军校的经历》记载。

参加中国青年军人联合会活动，1924年11月毕业。后留校任特别官佐，参与入伍生训练教育事宜。1925年8月18日被黄埔军校派任为"河南考试入伍生委员会"（委员长邹竞）委员。1926年1月任广州黄埔中央军事政治学校第四期入伍生队长、第九学兵连连长。1926年5月18日在广九铁路俱乐部召开改组大会，被推选为中央军事政治学校血花剧社（社长蒋中正兼）执行委员。[1]后任国民革命军第一军第二十师补充团步兵营营长，1926年7月随部参加北伐战争。1929年11月参加邓演达组织的"黄埔革命同学会"，负责同学会宣传工作，为主要骨干成员之一。1931年与邓演达等人一同被捕入狱，获释后入南京中央陆军军官学校特别训练班受训。1932年3月加入中华民族复兴社，后推选为中央干事会干事，为"中华民族复兴社"及其核心组织"三民主义力行社"领导层重要骨干之一。1932年6月30日经审查合格呈请社长（蒋介石）批准为"励志社"第十二届新社员。[2]1934年12月任军事委员会政治训练处副处长。后任浙江省国民兵训练委员会委员。1936年9月8日颁令叙任陆军步兵中校。[3]1936年12月入陆军大学特别班第三期学习，1938年10月毕业。抗日战争全面爆发后，任浙南警备司令部参谋长。1940年12月5日颁令晋任陆军步兵上校。[4]任第一战区司令长官部军官训练团教官，第一战区新兵补充训练处总教官，第一战区司令长官部游击总指挥部游击挺进纵队司令部司令官，军事委员会天水行营参议（挂陆军少将衔）。抗日战争胜利后，1946年7月办理退役。1947年任淞沪警备司令部少将衔高级参谋。中华人民共和国成立后，任政务院交通部专员、参事。1958年春被打成"右派"分子，在河北茶淀农场劳动改造，1960年8月因病逝世。1961年获准"摘帽"，1980年平反昭雪恢复名誉。著有《完成七十二烈士的工作》（载于广州《民国日报》1926年3月29日）、《评青年的自杀》（载于1926年3月25日广州《民国日报》）、《两广统一与出师北伐》（载于1926年3月30日广州《民国日报》）等。

---

[1] 广州《民国日报》1926年5月20日"血花剧社改组经过情形"一文记载。

[2] 南京励志社：1932年6月30日版《励志旬报》第2卷第8期第6—8页"社闻"栏记载。

[3] 国民政府文官处印铸局印行：台湾成文出版社有限公司1972年8月出版《国民政府公报》第113册1936年9月9日第2147号颁令第5页记载。

[4] 国民政府文官处印铸局印行：台湾成文出版社有限公司1972年8月出版《国民政府公报》第156册1940年12月7日渝字第316号颁令第1页记载。

俞济时

俞济时照片

俞济时（1903—1990），别字良桢，别号济士、济世，浙江奉化县城奉南村人。前黄埔军校筹备委员会委员、军事委员会后勤总司令部总司令、陆军上将俞飞鹏侄，蒋经国表哥。俞氏显承初级小学、县立锦溪高等小学、县立锦溪中学、陆军大学将官班甲级第一期毕业。1903年6月14日生于奉化县城内朝东闾门寓所一个商民家庭。自填家庭主要成员：父忠和，又名阿成，货栈店员出身，以顺庄为业代收田粮赋税，母周氏家庭妇女，生子女九人，其排行第六，上有二兄三姐，下有一弟二妹。[1]由于家庭生活贫困，其姐妹多被人领养，只有其与二兄俞济民得以出道。自填履历为：浙江省第六区行政督察专员兼保安司令、杭州市市长、浙东行署主任。1908年入私塾启蒙，1912年转入俞氏家族创办显承小学就读，1915年考入县立锦溪高等小学学习，1918年因患目疾治疗三个多月，因此辍学。病愈后为减轻家庭负担，进县城大桥镇永丰米店当学徒。其间每天自修国文、算术一小时半。1919年再考入县立锦溪中学肄业。1921年10月入其大姐夫张慈生供职慈北鹤鸣场民信局当信差，每日步行十余华里至宓家埭投送函件及包裹等，备尝人世艰辛。1922年2月返回原籍乡间，当时俞飞鹏于福建浦城县任知事。遂于1922年11月投效堂叔，任县政府庶务。1923年4月俞飞鹏辞卸浦城县知事职，俞济时随同返里。1924年5月3日蒋介石电请俞飞鹏赴

<hr />

[1] 陆军军官学校编辑、台北文海出版社有限公司印行：近代中国史料丛刊三编第五十七辑《陆军军官学校第二队学生详细调查表》记载。

广东任黄埔军校筹备委员，共同筹办军校。其对军校极为向往，即随俞飞鹏同去广州。1924年5月15日经冯启民（时任广东西江陆海军讲武堂教官）、吴崌（时任黄埔军校第一期上尉特别官佐）介绍加入中国国民党，1924年5月再由其二人推荐投考黄埔军校，1924年6月考入陆军军官学校第一期第二队学习，1924年11月毕业。分发教导第一团第一营见习，1925年1月教导第二团成立，调任第九连排长。1925年2月随部参加第一次东征淡水、棉湖战事。1925年6月参与对滇桂军阀杨希闵部、刘震寰部军事行动，任教导第三团侦探队队长。1925年10月参加第二次东征之惠州、海丰、河婆诸役。[1]部队驻潮州整训时，请假返回家乡与陈志英结婚。1926年2月假满返汕头，任国民革命军第一军第三师第九团少校团附。1926年3月20日"中山舰事件"后，吴崌接任舰长，派其为中山舰督练官，负责政训任务，协助舰长处理善后。1926年6月16日被任命为黄埔军校水陆巡察大队大队长。国民革命军总司令部成立警卫团，巡警大队改编为警卫团第二营，其任营长。1926年7月9日在广州东较场誓师北伐后，即率警卫团第二营担负护卫，随总司令部参加南昌战役。1927年4月18日国民政府建都南京，任国民革命军第一军第一师补充团团长。1927年6月20日任国民革命军总司令部补充第四团团长，1927年8月率部参加龙潭战役。1928年7月国民革命军编遣，1928年8月任缩编后的第一集团军第九师（师长蒋鼎文）第二十五旅（旅长甘丽初）副旅长，1928年11月任第六师第三十一团团长。1928年12月任国民政府警卫团团长。1929年1月28日经呈"励志社"社长（蒋介石）批准与117人加入"励志社"。[2]1929年6月警卫团扩编为警卫旅，其任旅长。1928年12月兼代中央宪兵司令部司令官。1930年1月警卫旅扩编为警卫司令部，下辖两个旅，其任司令官，1930年2月17日兼任国民政府警卫第一旅旅长，并兼警卫第一团团长。[3]1930年5月中原大战爆发，率警卫第一旅、第二旅随蒋中正行军作战，1930年10月进驻开封，兼任开封警备司令部司令官。返回南京后，1930年12月警卫司令部与教导第一师合并，1930

[1] 台北《黄埔建国文集》编纂委员会编纂：台北实践出版社1985年6月16日印行《黄埔军魂》第268页记载。

[2] 《中央日报》1931年1月28日、1月29日连续刊登"励志社社员管理科通告"记载。

[3] 国民政府文官处印铸局印行：台湾成文出版社有限公司1972年8月出版《国民政府公报》第36册1930年2月18日第398号颁令第1页记载。

年12月4日颁令任国民政府警卫师（师长冯轶裴）副师长。[1]1931年1月1日获颁三等宝鼎勋章。[2]1931年3月警卫师扩编为警卫军（军长冯轶裴）任该军第二师师长。1931年9月6日参加国民政府警卫军（军长顾祝同）警卫第二师（师长俞济时）在南京三牌楼召开的中国国民党第一次全师代表大会，被推选为该师特别党部监察委员。[3]1931年12月警卫军裁撤，第一、第二师分别改为陆军第八十七师、第八十八师，其任第八十八师师长，率部驻防杭州。1931年11月被推选为军队代表出席中国国民党第四次全国代表大会。1932年1月率部参加淞沪抗战。率师抵上海江湾，接庙行至蕴藻滨防务。2月19日起，日军向所部阵地昼夜进袭，恶战旬余，伏尸遍野，该师第八十八师伤亡三千二百余人，日军亦受重创，死伤相当。其亲临前线指挥，腹部受重伤，肠子穿孔，进租界德国人办宝隆医院（后改名同济医院）治疗，以鸡肠补伤处。对于第八十八师与日寇浴血奋战，蒋中正曾致电慰勉云："庙行镇一役。我国军声誉，在国际上顿增十倍，连日各国舆论，莫不称赞我军英勇，而倭寇声誉一落千丈。"1932年10月31日获颁青天白日勋章。1933年1月任浙江省政府保安处处长，整编浙江各县保安团队，训练成地方绥靖力量。1934年2月任浙皖闽边区"追剿"纵队司令部司令官，率部将红军方志敏部包围于江西怀玉山区。后任第五十八师师长。1935年5月25日获颁二等宝鼎勋章。[4]1935年11月被推选为军队代表出席中国国民党第五次全国代表大会，被委派为大会提案审查委员会军事组成员。1936年1月28日被国民政府军事委员会铨叙厅叙任陆军中将。1936年11月12日获颁四等云麾勋章。[5]1937年5月1日获颁三等云麾勋章。抗日战争全面爆发后，1937年8月30日任第七十四军军长，率部参加淞沪会战、南京保卫战。1937年11月17日国民政府颁令免第五十八师

[1] 国民政府文官处印铸局印行：台湾成文出版社有限公司1972年8月出版《国民政府公报》第45册1930年12月5日第640号颁令第4页记载。

[2] 国民政府文官处印铸局印行：台湾成文出版社有限公司1972年8月出版《国民政府公报》第46册1931年1月2日第663号颁令第8页记载。

[3] 《中央日报》1931年9月7日"警卫军第二师全师代表大会记盛"一文记载。

[4] 国民政府文官处印铸局印行：台湾成文出版社有限公司1972年8月出版《国民政府公报》第93册1935年5月26日第1752号颁令第3页记载。

[5] 国民政府文官处印铸局印行：台湾成文出版社有限公司1972年8月出版《国民政府公报》第117册1936年11月13日第2201号颁令第7—9页记载。

师长职。[1]1938年7月任第三十六军团军团长，兼任第七十四军军长，率部参加德安战役、万家岭战役。所率第七十四军"抗日钢军"声誉由此创立。[2]1938年8月30日因陇海线抗战有功获颁华胄荣誉奖章。1939年1月任第十九集团军副总司令，兼任第七十四军军长，率部参加过南昌会战。1939年4月率部攻克高安，1940年任第十集团军副总司令，兼任第八十六军军长，率部参加浙东沿海抗日战事。1942年11月任军事委员会委员长侍卫长。1943年2月兼任侍从室第一处（主任商震）副主任，1943年12月商震奉派赴美，其兼代主任，随后又兼任军事委员会铨叙厅副厅长。1943年11月随同蒋介石等人赴埃及开罗参与雅尔塔中、美、英三国首脑峰会事宜。[3]1944年1月1日获颁二等景星勋章。1944年10月入陆军大学甲级将官班第一期学习，1945年1月毕业。1944年3月任第三十六集团军总司令部总司令，率部拱卫重庆，仍兼侍卫长及侍从室第一处代主任，1944年5月辞第三十六集团军总司令职。1945年1月被推选为军队各特别党部代表出席中国国民党第六次全国代表大会。抗日战争胜利后，仍任国民政府军事委员会委员长侍卫长。1945年11月侍从室裁撤，改编后任国民政府军务局局长，仍旧随侍蒋介石身旁。1945年12月10日获颁二等云麾勋章。1946年7月2日获美国颁赠第二次世界大战胜利自由勋章。1946年9月当选为三青团中央干事会干事，1946年11月15日被推选为军队出席（制宪）第一届国民大会代表。1947年3月1日获颁河图勋章。1947年7月被推选为党团合并后的中国国民党第六届中央执行委员会执行委员。1948年1月获颁卿云勋章。1948年12月获准晋陆军上将待遇。任国民政府总统府第三局局长。1949年1月蒋介石引退下野，其随侍左右，到过奉化许多地方，竭尽"保驾"职责。1949年4月25日蒋介石最后离开奉化，据其本人回忆，随蒋介石同乘"太康"号兵舰离开家乡的有五十余人，其中奉化人还有：侍从秘书周宏涛，侍从武官夏功权，侍卫官夏定峰、蒋治平、曹崧，侍卫蒋孝杰，官邸内务科代科长蒋孝镇等人。1949年夏到台湾，续任"总统府"战略顾问兼第二局局长，

---

[1] 国民政府文官处印铸局印行：台湾成文出版社有限公司1972年8月出版《国民政府公报》第130册1937年12月1日渝字第1号颁令第8页记载。

[2] 台北"国史馆"编纂：2006年12月印行《"国史馆"现藏民国人物传记史料汇编》第五辑第180页记载。

[3] 杨牧、袁伟良主编：河南人民出版社2005年11月《黄埔军校名人传》上册第903页记载。

中国国民党总裁办公室主任。1951年10月当选为国民党第七届中央委员（后让给李弥），同月以"陆军中将上将"待遇"假退（八折领薪）为备役"，战略顾问随之解聘。1953年任"总统府"的"国策顾问"。1956年10月1日获颁一等云麾勋章及忠勤勋章。1956年10月5日获准在家休养，宋美龄在传达时仍要其照料官邸事务。此后其每周到蒋介石官邸视察两次。1975年1月除役。1990年1月25日因病在台北荣民总医院逝世。其亲属根据他的遗愿，于1992年1月在他的人寿保险金中拨出3万美元，捐赠给家乡奉化中学建造图书馆，命名"培本图书馆"，取"教育为本"之义。著有《时代新军人应有之修养》《孙子之战术战略思想采微》等。《浙江文史资料选辑》1979年第十三辑载有《两任浙江省政府保安处处长的俞济时》（汪煜著），浙江《杭州文史资料》1985年第五辑载有《我所知道的俞济时》（汪坚心著），浙江《奉化文史资料》1989年第五辑载有《漫忆俞济时》（项德颐著）等。

姚光鼐

姚光鼐（1902—1985），别号鼐鼎，安徽秋浦人。秋浦县高等小学毕业，安徽省立第一师范学校肄业。父从教育界。自填登记处为安徽秋浦县下乡相望堡，通信处为安庆张家滩刘源顺号转交。自填入学前履历：民国八年（1919年）入本省省立第一师范学校肄业，迄至去岁北京贿选告成，适在本省学生总会服务，因联合市民惩戒猪仔议员，被伪政府通缉。1919年入安徽省立第一师范学校肄业。因参加省学生总会活动，并联合社会各界惩戒"猪仔议员"，遭北洋政府安徽省当局通缉辍学。八岁私塾启蒙，十三岁考入秋浦县高等小学读书，1919年考入安徽省立第一师范学校。1921年由柯庆施、蔡晓舟介绍加入社会主义青年团，1923年转入中共。1923年因同学姜高琦被军阀马联甲部士兵打死，在校发起反对军阀上街示威游行，遭军方通缉。1924年1月赴上海，接任《黎明周报》总编辑。时值广州黄埔军校在上海招生，1924年4月10日经柏文蔚（时任北伐讨贼军第二军军长，孙中山指派国民党一大安徽省代表，前安徽淮上军总司令，国民党第一届中央执行委员）介绍加入中国国民党，1924年5月由薛子祥（柏文蔚北伐讨贼军第二军司令部顾问）、廖梓英（时任北伐讨贼军第二军驻粤顾问，前柏文蔚淮上军第一军司令部参谋，《建设日报》编辑）介绍投考黄埔军校。1924年6月考入陆军军官学校第一期第一队学习，在学期间随第一队北上韶关，为孙中山大元帅行营卫士队，后因患病回广州休养，1924年11月毕业。1924年12月应许世英之约赴北京，参与筹备迎接孙中山北上事宜。1925年3月孙中山逝世后，协助善后与守灵事宜。1926年从北京回到上海，继而转往武汉，往国民革命军总司令部报到，任总司令部学兵团（团长张治中）政治部组织科长，兼任《学兵周刊》编辑。1927年7月学兵团解散后，任国民革命军第四军第二十五师政治部组织科科长，随军参加河南临颍战役，战后回师南浔。1927年8月1日前夕接中共前委密令，策动第二十五师第七十五团脱离第二方面军（总指挥张发奎），前往南昌参加南昌起义。1927年8月2日率部向粤赣边境转移，在广东韩江上游遭围堵，与团长孙一中冲出包围圈，赶赴部队宿营地赣南浔邬县天心墟。中共前委决定：各人分途找党。继随师长周士第出发，经江西吉安回上海。1928年许世英在上海办理社会救济事宜，其找到许世英后，被安排从事救济工作。1929年许世英任国民政府赈济委员会委员长，其被保荐任秘书，同往南京办公。1932年南京黄埔同学会登报倡议，失散同学前往报到，共赴国难，团结一致抗日，其遂于1932年6月前往登记自新，分配入南京中央陆军军官学校特别训练班受训。1933年春结业，受张治中（时任军校教育长）举荐上海特别市警察局工作，先后任市区警察训练所所长、警察署署长、警察分局局长。抗日战争全面爆发后，1937年11月日军占领上海，秘密乘荷兰轮船经香港、广州，于1938年2月到达汉口，投奔许世英（时仍任国民政府赈济委员会委员长），被委派任宜昌难民救济总站主任。1938年12月任救济总署第八救济区特派员，主管湖南、湖北两省救济事宜。1940年调回重庆，任赈济委员会救济总会第一处处长，后任主任秘书、第三救济区特派员。直到抗日战争胜利后，随从许世英返回南京，任国民政府蒙藏委员会委员长（许世英）的主任秘书，任至1949年4月，未随国民政府南下而留居南京，自觉往南京军事管制委员会登记，鉴于其在上海任警察分局长时，曾参与营救柯庆施等人出狱，对中共有过掩护功劳。中共南京市委统战部安排其继续做蒙藏等少数民族事务工作。1950年5月参加南京市文物保管委员会工作。1951年秋在"肃反"运动中，被公安机关逮捕审查。1956年查清历史问题，1957年重新回原单位工作。1958年7月原单位根据当时政策，将其开除公职，并遣送原籍马田公社永胜大队劳动改造。1982年4月26日南京市文化局决定对其作退职处理，发给生活费。户籍也由东至迁回南京浦口，仍回南京市区定居。1985年，皖、苏、赣、鲁四省在南京成立黄埔军校校友联谊会（后改为黄埔军校同学会），其参加会议并为会员。1985年10月因病在南京逝世。

宣侠父

宣侠父（1898—1938），又名尧火，别号剑魂，化名杨永清、宣古渔，笔名今秋、石雁。[1]浙江诸暨县湄池长澜村人。诸暨县北乡高等小学、浙江省立甲种水产学校毕业，日本北海道帝国大学肄业。祖辈务农，有田产三十亩及桑五百余株。自填登记处为浙江诸暨县北乡长澜村，通信处为诸暨姚公埠转长澜村。自填入学前履历：浙江省立甲种水产（学）校毕业，日本北海道帝国大学水产部肄业二年。1898年12月5日生于诸暨县湄池长澜村一个农户家

宣侠父照片

庭。幼时入本乡坑坞小学就读，1915年毕业于店口觉民小学，各门功课优秀，擅长书法，尤爱语文。1916年夏，考入台州浙江省立甲种水产学校，以全校第一名成绩获公费留学日本。1920年春赴日本北海道帝国大学水产专业学习，后被停止公费资助。1922年1月回国，在浙江水产学校任教，与俞秀松、宣中华等人在杭州从事文化活动，[2]1923年加入中国社会主义青年团，并任团杭州地委书记，不久转为中共党员。1924年1月由沈定一（又名玄庐，孙中山指派出席国民党一大浙江省代表，国民党第一届候补中央执行委员，前浙江省第二届议会议长，国民党上海执行部候补执行委员及浙江省党部执行委员）介绍加入中国国民党，1924年春由宣中华（国民党一大浙江省代表，国民党浙江省党部执行委员）、胡公冕

---

[1] 入学不久因拒绝加入中国国民党，被勒令开除学籍。

[2] 汪本伦、王苗夫主编：团结出版社2006年5月《中国国民党诸暨籍百卅将领录》第157页记载。

（国民党一大浙江省代表，前杭州浙江省立第一师范学校体育教员，黄埔军校第一期卫兵长）保荐投考黄埔军校。1924年6月考入陆军军官学校第一期第二队学习，1924年7月军校成立中国国民党特别党部，被校长蒋介石指定为第三中队国民党分部小组长，并要小组长每周向校长汇报党内活动情况，其为此上书特别党部，表示绝难从命，并提出按国民党组织法选举小组长。蒋介石以"违师抗命"勒令其三日内写悔过书，否则开除出校，其不服愤然离校。[1]1925年春往冯玉祥部国民军从事政治鼓动工作，创立国民军俱乐部。后随国民军第一军第二师赴兰州，参与改组中国国民党甘肃省党部，1925年12月创立甘肃最早中共组织——甘肃特别支部，任特支委员。[2]在西安举办西北军政治工作人员训练班，1925年6月至8月为张家口军人俱乐部主要成员，[3]实为联络军人、军官的公开机构。1926年9月起，任国民联军第一军第二师政治训练处处长，国民联军第三路军总部政治处处长兼潼关县县长。1927年5月冯玉祥部东征河南，任第二集团军前敌总指挥部政治部主任，开展政治宣传鼓动，配合东征军行军作战。1927年6月第二集团军（总司令冯玉祥）所属部队"清党"时"礼送"出境，1927年8月返回原籍家乡开展农民运动，1927年11月任中共诸暨县委委员，兼任县委军事部部长，领导诸暨农民推行"二五减租"。1929年秋至1930年1月在武汉居住，写成自传体小说《西北远征记》。1930年8月在上海支持开办湖风书局，被吸收为中国左翼作家联盟特别盟员，[4]资助出版"左联"机关刊物《文学导报》《北斗》等。1930年8月至1931年1月撰写完成长篇小说《入伍前后》。1931年1月应聘任第二十五路军总指挥部（总指挥梁冠英、吉鸿昌）总参议，曾发表为军事委员会军事参议院参议。1933年1月任陆军第四十一军（军长孙殿英）司令部秘书长，1933年5月参与发起察哈尔民众抗日同盟军，任同盟军军事委员会常务委员，察哈尔民众抗

[1] 陕西省黄埔军校同学会编纂、穆西彦主编：陕西人民出版社1991年6月《陕西黄埔名人》第55页记载。

[2] 中共甘肃省委组织部、中共甘肃省委党史资料征集研究委员会、甘肃省档案馆编纂：甘肃人民出版社1991年5月内部发行《中国共产党甘肃省组织史资料1925—1987》第11页记载。

[3] 中共河北省委组织部、中共河北省委党史资料征集编审委员会、河北省档案馆编纂：河北人民出版社1990年7月内部发行《中国共产党河北省组织史资料1922—1987》第78页记载。

[4] 杨牧、袁伟良主编：河南人民出版社2005年11月《黄埔军校名人传》上册第913页记载。

日同盟军第二路军（吉鸿昌部）政治部主任，兼任第五师师长，率部参加对日作战。1933年12月在天津与吉鸿昌、南汉宸等人筹备成立中国反法西斯大同盟，任中央委员，创办大同盟机关刊物《民族战旗》。1934年8月调上海中共中央执行局特科，任负责人之一。1935年10月赴香港任中共华南工作委员会领导人，[1]推动李济深、陈铭枢、蒋光鼐、蔡廷锴等人成立中华民族革命同盟。1936年6月应邀赴广西，任中华民族革命同盟梧州市委员会主任委员，参与发起与组织一系列中国国民党的政治军事活动。其间还参与重建第十九路军，任政治部主任兼第六十一师司令部参谋长，重建未遂离开广西。1937年2月赴西安，协助中共驻西安办事处工作。1937年5月赴延安出席中共全国代表会议。抗日战争全面爆发后，1938年1月受聘任国民革命军第十八集团军总司令部少将衔参议，所撰《游击战争概述》受到胡宗南等赞赏。其间秘密进行黄埔系高级将领策动争取事宜，为西安军统组织头目忌恨。1938年7月31日在西安遇害身亡。[2]遗著有长篇小说《西北远征记》《入伍前后》等。中共党史出版社2003年出版《宣侠父诗文集》等。中国文史出版社《中华文史资料文库》第八卷载有《宣侠父被害记》（张严佛著）等。

---

[1] 廖盖隆主编：中共中央党校出版社2001年6月《中国共产党历史大辞典》增订本第397页记载。

[2] 中共党史人物研究会编纂：陕西人民出版社1882年10月《中共党史人物传》第十五卷第1页记载。

宣铁吾

宣铁吾照片

　　宣铁吾（1897—1964），又名蒋石如，[1]别字惕我，别号惕吾，原载籍贯浙江诸暨县小东乡屠家坞，一说诸暨县舞凤乡杜家坞村人。诸暨县小东乡高等小学堂肄业，诸暨县利普乡翊忠学堂、陆军大学将官班甲级第二期毕业，中央军官训练团第一期将官研究班结业。自填登记处为浙江诸暨县小东乡屠家坞，通信处为杭州琵琶街文化印书局。自填入学前履历：十年为在兴（绍兴）国耻图雪会干事，去年为杭州印刷工人俱乐部执行委员长，今为杭州青年协进会会员。1897年10月13日生于诸暨县小东乡屠家坞一个农户家庭。父志朗，以缝纫为业，家境贫困。其父因与蒋中正系青少年时拜把兄弟，故蒋视宣铁吾为其子侄。母吴氏，姐妹已嫁，仅有一弟。[2]早年于本县小东乡高等小学堂肄业，继入利普乡翊忠学堂就读。1914年先后入绍兴《民国时报》和杭州作排字工，结识进步青年陈兆龙、宣中华（后为中共党员）等人，任绍兴县国耻图雪会干事，杭州印刷工人俱乐部执行委员长，杭州青年协作会委员。1921年在杭州加入中国社会主义青年团，以杭州琵琶街文化印书局（曾任排字工）为联系点，联络组织进步青年进行新文化活动。1923年2月在上海经西南护法军政府上海招募处介绍，赴广州求职，任陆海军大元帅府大本营卫士队卫士，其间加入中共。1924年1月

---

　　[1]　国际文化出版公司1994年6月《绍兴名人辞典》第23页记载。

　　[2]　陆军军官学校编辑、台北文海出版社有限公司印行：近代中国史料丛刊三编第五十七辑《陆军军官学校第四队学生详细调查表》记载。

5日经沈定一（时任中国国民党浙江省党部筹备主任，孙中山指派出席国民党一大浙江省代表，国民党第一届候补中央执行委员，国民党上海执行部候补执行委员及浙江省党部执行委员）、倪忧天（时任国民党浙江省党部候补执行委员，前浙江杭州琵琶街文化印书局经理）介绍加入中国国民党，1924年春由胡公冕（浙江省出席国民党一大代表，前杭州浙江省立第一师范学校体育教员，后黄埔军校第一期卫兵长）、徐树桐（杭州教育界人士）举荐投考黄埔军校。1924年6月考入陆军军官学校第一期第四队学习（另说其由杭州中共组织及社会主义青年团组织选送入校），1924年11月毕业。分发教导第一团见习、排长，随部参加第一次东征作战，1925年参加孙文主义学会活动并脱离中共党组织。1926年7月随部参加北伐战争，任国民革命军第一军第一师步兵连连长、国民革命军总司令部宪兵营营长。1927年6月任中央陆军军官学校特别党部第六届候补执行委员，杭州军事训练班学员总队第三大队大队长，1928年6月11日被委派为南京中央陆军军官学校特别党部筹备委员。1930年任国民政府警卫旅（旅长俞济时）参谋长。1931年9月6日参加国民政府警卫军（军长顾祝同）警卫第二师（师长俞济时）在南京三牌楼召开的中国国民党第一次全师代表大会，被推选为该师特别党部执行委员。[1]1931年12月任第五军（军长张治中）第八十八师（师长俞济时）司令部参谋长，率部参加淞沪抗战。[2]1935年5月2日颁令叙任陆军步兵上校。1936年1月1日获颁四等宝鼎勋章。[3]1936年10月16日颁令叙任陆军少将。任浙江省政府保安处处长。抗日战争全面爆发后，任预备第十师师长。1938年7月奉派入中央军官训练团第一期将官研究班学员队受训，1938年9月结业，返回原部队续任原职。1939年1月任第九十一军军长，统辖第六十三师（师长谈经国）、第一九四师（师长陈德法）、预备第十师（师长蒋超雄），兼钱塘江北岸守备司令部指挥官。后任三民主义青年团浙江支团筹备主任，1943年4月当选为三民主义青年团第一届中央监察会监察，1943年7月任财政部缉私署署长。1945年1月被推选为军队各特

---

[1] 《中央日报》1931年9月7日"警卫军第二师全师代表大会记盛"一文记载。

[2] 台北"国史馆"编纂：2006年12月印行《"国史馆"现藏民国人物传记史料汇编》第二十九辑第246页记载。

[3] 国民政府文官处印铸局印行：台湾成文出版社有限公司1972年8月出版《国民政府公报》第102册1936年1月2日第1936号颁令第14页记载。

别党部代表出席中国国民党第六次全国代表大会。1945年3月保送陆军大学甲级将官班第二期学习，1945年6月毕业。抗日战争胜利后，1945年10月获颁忠勤勋章。奉派任上海市警察局局长，进行接收与"肃奸"事宜。1946年5月获颁胜利勋章。1946年6月任淞沪警备司令部司令官，兼任中央训练团上海分团主任。1948年1月获颁三等宝鼎勋章。1948年8月与俞鸿钧、蒋经国同任上海经济管制督导员。1948年9月22日颁令叙任陆军中将。任京沪杭警备总司令部副总司令。1949年2月任浙江省政府委员，其间还发表任河南省政府教育厅厅长。1949年夏移居香港，1960年应陈诚、蒋经国邀请赴台湾，曾任南山工商职业学校常务董事。1964年2月6日因病在台北逝世。台湾印行有《黄埔一期宣铁吾将军纪念集》等。中国文史出版社《文史资料选辑》第一〇八辑载有《宣铁吾同杜月笙上海斗法的内情点滴》（郑重为著）等。

柏天民

柏天民（1901—1951），云南峨山人。驻粤滇军讲武学校肄业，陆军大学特别班第三期毕业。父绍道，母张氏。祖辈务农，耕读为生，经济中等。信奉佛教。家庭主要成员有兄长二人，入学黄埔军校前已婚，妻王瑞芝。[1]自填入学前履历：民国十年（1921年）自滇随师伐北克粤，后幸升少尉。峨山县本乡高等小学堂、峨山县立初级中学毕业。1921年随滇军到广东，任援闽粤军漳州司令部少尉副官，驻粤滇军总司令部委员、参谋。1923年到广州，入

柏天民照片

驻粤滇军讲武学校学习。1924年5月15日经蒋介石介绍加入中国国民党，1924年5月由杨希闵（时任滇军总司令）举荐投考黄埔军校。1924年6月考入陆军军官学校第一期第四队学习，1924年11月毕业。后任入伍生总队步兵连排长、副连长。1925年秋派赴云南，不久又返回军校，1926年7月随部参加北伐战争，任国民革命军第一军第二师步兵营营长。1928年7月任陆军第二师第六旅第十一团团长，1928年5月28日任国民革命军第三十二军（军长钱大钧）特别党部筹备委员，[2]1928年7月25日被委派为国民革命军第三十二军特别党部执行委员。[3]1928年9月3日被委派为第三师特别党部筹备委员，其间任第三师政治训练处处长，

---

[1] 陆军军官学校编辑、台北文海出版社有限公司印行：近代中国史料丛刊三编第五十七辑《陆军军官学校第四队学生详细调查表》记载。

[2] ① 1928年5月28日国民党中央执行委员会召开第141次常务会议决议；② 1928年5月29日上海《民国日报》第一版第一张记载。

[3] 上海《民国日报》1928年7月26日"第三十二军特别党部定期正式召开"专文记载。

1929年1月20日推选为中国国民党陆军第三师特别党部执行委员。1929年9月任第一师第六旅旅长，1931年2月27日获颁四等宝鼎勋章。[1]1932年2月任第二师副师长，1933年1月任独立第三十二旅旅长，率部参加对江西红军及根据地的"围剿"战事。1933年12月任第三十六师（师长宋希濂）副师长。1935年5月2日颁令叙任陆军步兵上校。1935年5月任第五十一师师长，1936年1月1日获颁四等宝鼎勋章。[2]1936年5月18日颁令叙任陆军少将。1936年12月入陆军大学特别班第三期学习，1938年10月毕业。抗日战争全面爆发后，仍任第五十一师师长，率部参加淞沪会战、南京保卫战、武汉会战。1941年10月任江西赣南师管区司令部司令官，1943年5月任中央陆军军官学校第三分校副主任、主任。抗日战争胜利后，1945年10月获颁忠勤勋章。1945年12月任军政部第十二军官总队总队长，1946年5月获颁胜利勋章，1946年7月退役。后返回昆明寓居，1948年3月29日被推选为云南省出席（行宪）第一届国民大会代表。1948年任云南省保安司令部副司令官，1949年12月9日在昆明被起义部队扣押。中华人民共和国成立后，关押于监狱，1951年在"镇反"运动中，被判处死刑执行枪决。

---

[1] 国民政府文官处印铸局印行：台湾成文出版社有限公司1972年8月出版《国民政府公报》第48册1931年2月28日第711号颁令第18页记载。

[2] 国民政府文官处印铸局印行：台湾成文出版社有限公司1972年8月出版《国民政府公报》第102册1936年1月2日第1936号颁令第13页记载。

柳野青

柳野青（1901—?），湖北黄陂县（区）柳家塆人。武昌中华大学中学部、吴淞中国公学肄业。家从农业与商贩，有房屋二所田一百六十余亩。自填登记处为湖北黄陂县柳家塆，通信处为黄陂柿子树店柳复顺（号）转交。自填入学前履历：曾肄业于武昌中华大学及吴淞中国公学等中学部。1924年5月由季方（国民党上海执行部总务部书记，后黄埔军校第一期少校特别官佐）、刘宏宇（前北京政府陆军第十师兵站司令部参谋主任，黄埔军第一期第三队副队长及特别官佐）介绍加入中国国民党，1924年5月由廖干吾（时任中国国民党汉口特别区执行委员，出席中国国民党一大湖北省汉口特别区代表，中共汉口地方执行委员会委员）举荐投考黄埔军校。1924年6月考入陆军军官学校第一期第三队学习，1924年11月毕业，后服务社会。

段重智

段重智照片

段重智（1899—？），别号若愚，安徽英山人。英山县高等小学毕业，英山县立中学肄业。父从农商，家境小康，自给尚余。自填登记通信处为安徽英山县城内瓦寺前庙后塆。自填入学前履历：曾在本县高小毕业，十一年（1922年）在本省中学肄业。1899年9月11日生于英山县城一个农户家庭。1924年3月20日经刘侯武〔原广东东路讨贼军总司令部秘书，汕头《晨报》社社长，讨贼军第二军总司令（柏文蔚）部参谋兼军务处处长〕、谭惟洋（国民党一大上海特别区代表，前中国国民党安徽支部长，大本营参议及北伐第二军总司令部顾问）介绍加入中国国民党，1924年春由柏文蔚（孙中山指派出席国民党一大安徽省代表，前安徽淮上军总司令，国民党第一届中央执行委员，时任北伐讨贼军第二军军长）保荐投考黄埔军校，1924年5月到广州，1924年6月考入陆军军官学校第一期第四队学习，1924年11月毕业，后留校工作，历任中央军事政治学校第四期经理科大队教官，入伍生总队少校大队附。1926年7月随军参加北伐战争，任国民革命军第一军第三师司令部军需主任，1930年10月任中央警卫军第二师（师长俞济时）司令部军需处处长。1935年5月21日颁令叙任陆军步兵中校。[1]抗日战争全面爆发后，1940年6月任成都中央陆军军官学校第十七期第三总队上校副总队长，后任总队长。1945年4月颁令叙任陆军步兵上校。抗日战争胜利后，1948年任陆军第六编练司令部副司令官，国防部第四厅副厅长。

---

[1] 国民政府文官处印铸局印行：台湾成文出版社有限公司1972年8月出版《国民政府公报》第93册1935年5月22日第1747号颁令第1页记载。

洪君器

洪君器（1900—1927），又名世宝，安徽巢县长源镇洪疃村人。张治中妻弟。巢县长源镇高等小学、巢县县立高级中学毕业，文生氏高等英语补习学校、上海大学社会科学部肄业。父从农商，经济中等。自填登记处为安徽巢县长源镇洪疃村。自填入学前履历：曾在川粤护法军中任过录事、排长、副官等职。曾任广东护法军第二路司令部录事员，卫兵排排长，司令部副官。1918年春因"宣汉事变"，其与姐夫张治中险些遇害。脱险后辗转宜昌、汉口，返

洪君器照片

回家乡巢县，休养三个月后到上海，先入文生氏高等英语补习学校补习，后改学俄文兼德语，试图赴德国、苏联留学。继入上海大学社会科学部学习，并入外国语专修班选学英文。1924年1月因张治中在广州初识蒋介石，张治中作为介绍人之一（另一人为王懋功）推荐其投考黄埔军校第一期。1924年3月经王懋功［前广东东路讨贼军第一军（黄大伟）第一旅旅长，广州大本营参军］、张治中（前驻粤桂军总司令部参谋，桂军第四师司令部参谋长兼桂军军官学校学员大队大队长）介绍加入中国国民党。1924年6月考入陆军军官学校第一期第四队学习，1924年11月毕业。分发入伍生部见习，教导第二团机关枪连排长，随部参加第一次东征作战。1925年6月随部参加对滇桂军阀杨希闵部、刘震寰部的军事行动。一度因积劳成疾而休息养病。1925年8月任国民革命军第一军第二师司令部特务连连长，后任黄埔军校本部警卫营副营长，国民革命军总司令部少校副官。1926年7月随部参加北伐战争，任国民革命军总司令部补充团营长。1926年10月任武汉国民革命军总司令部入伍生总队连长，1927年1月任武汉中央军事政治学校学

兵团少校副官。其间离开武汉，正办理赴日本留学。1927年春因策动学兵团投向南京国民政府，被逮捕押回军校，部分"左"倾学生声讨问罪激愤，1927年5月6日在武昌阅马场军校学兵团大会上判处死刑，[1]随即执行枪决。1927年6月4日南京方面为其召开追悼大会，蒋介石敬题："君器同志弟千古——为党牺牲"，何应钦题字"君器同志精神不死"等。其受累于当权者热衷于两党斗争，为军校两党师生派性斗争所害。1929年10月30日国民政府颁布2468号指令："呈据军政部呈为洪烈士君器为国捐躯，拟照原级中校战时因公殒命例给恤。"[2]

---

[1] ①中国第二历史档案馆供稿，华东工学院编辑出版部影印，档案出版社1989年7月《黄埔军校史稿》第八册（本校先烈）第43页有烈士传略、第245页第一期烈士芳名表记载1927年5月6日在湖北武昌阵亡；②台北《黄埔建国文集》编纂委员会编纂：台北实践出版社1985年6月16日印行《黄埔军魂》第574页"北伐战役殉国英雄姓名表"第一期记载。

[2] 国民政府文官处印铸局印行：台湾成文出版社有限公司1972年8月出版《国民政府公报》第33册1929年11月2日第310号颁令第18页记载。

洪剑雄

洪剑雄（1899—1926），原名善效，笔名祥文，广东澄迈县金江乡北潭村人。澄迈县高等小学、广东省立琼崖中学、国立广东高等师范学校文科毕业。父从农商，家境富裕。自填登记处为广东澄迈县，通信处为澄迈县城内泰兴号转交。自填入学前履历：广东高等师范（学校）附属中学毕业，曾充高师全校党团最高执行委员会委员，现任新琼崖评论社编辑主任。1915年小学毕业后，赴新加坡学习英语年余。1917年返回海南岛，考入琼崖中学学习。1919

洪剑雄照片

年受五四运动思潮影响，参与琼崖学生游行示威、抵制日货活动。1921年考入广东高等师范学校文科，1923年加入广东社会主义青年团的外围组织——新学生社，被推选为改组后的广州市学生联合会执行委员。与同乡徐成章、杨善集发起"琼崖革命青年同志会"，创办《新琼崖评论》半月刊，任编辑主任，为该刊撰写33篇署名文章。1923年8月23日由李训仁（前南洋侨商，国民党南洋总支部执行委员）、徐成章（前粤桂联军陈继虞支队司令部参谋长，黄埔军校第一期上尉特别官佐）介绍加入中国国民党，曾任广东高等师范学校党团执行委员，1924年1月由谭平山介绍加入中国共产党。[1]1924年春入广州中德学校补习德文，准备赴德

---

[1] ①中共广东省委党史研究委员会办公室、广东省中共党史人物研究会、广东省民政厅合编：广东人民出版社1986年1月印行《南粤英烈传》第二辑第14页记载；②中共中央党史研究室科研管理部编纂：红旗出版社2001年6月印行《中国共产党革命英烈大典》下册第1771页记载；③中华人民共和国民政部组织编纂：黑龙江人民出版社1991年印行《中华英烈大辞典》下册第1951页记载；④杨牧、袁伟良主编：河南人民出版社2005年11月《黄埔军校名人传》上册第919页记载。

国留学，得悉黄埔军校招生，毅然投考。1924年5月由谭平山（国民党第一届中央执行委员、常务委员，兼中国国民党中央组织部部长，中共第三届中央委员及中央局委员，前中共广东支部书记）举荐投考黄埔军校。1924年6月考入陆军军官学校第一期第二队学习，1924年11月毕业。后留军校政治部任科员，兼任《士兵之友》板报编辑，被誉为"国民革命军中编辑板报之第一人"。第一次东征作战时，任东征军政治部党部宣传员，后被党部委派驻梅州特派员。1925年6月随军参加对滇桂军阀杨希闵部、刘震寰部的军事行动，任党军第一旅司令部政治部组织科科长，代表政治部参加国民会议促成会活动。[1]1925年7月派任国民革命军第四军政治部秘书，第四军驻肇庆办事处主任。1925年10月第二次东征作战时，任东征军第二纵队政治部宣传队总队长。1925年12月任国民革命军北伐东路军第一军第十四师政治部主任，1926年3月随师赴梅县剿匪时，代行师党代表职责，协助建立中共梅县特别支部。1926年7月任国民革命军第四军政治部宣传科长，兼任国民革命军总政治部北伐战时宣传队队长。北伐军进占湖南后，因患霍乱病重医治无效，于1926年8月3日在湖南郴州逝世。[2]著有《沙基惨案中黄埔军校死难者》《曹石泉同志传略》等载于黄埔校刊。

---

[1] 范运晰著：南海出版公司1999年6月《琼籍民国人物传》第324页记载。

[2] 台北《黄埔建国文集》编纂委员会编纂：台北实践出版社1985年6月16日印行《黄埔军魂》第573页"东征战役殉国英雄姓名表"第一期记载。

洪显成

洪显成（1899—？），别名铁魂，浙江浦江人。祖辈务农，年收入中等有余。自填登记处为浙江浦江县，通信处为浦江县东乡海塘村。自填入学前履历：民国十一年（1922年）曾充（广东）东路讨贼军游击第八支队司令部司书，十二年（1923年）考入（广东）东路宪兵教练所，旋升本队上士，本年（1924年）先充本队卫兵分队长。浦江县东乡高等小学、浦江县立高级中学、杭州高等师范学校毕业。1899年2月27日生于浦江县一个农户家庭。1922年

洪显成照片

任广东东路讨贼军游击第八支队司令部司书，1923年考入广东宪兵教练所。1922年经陈肇英（时为国民党福建省支部长，后粤东路讨贼军第一路司令暨驻粤湘军讲武学校校长）介绍加入中国国民党，1924年春由陈肇英、金佛庄（前浙江陆军第二师营长，黄埔军校第一期第三队上尉队长）保荐投考黄埔军校。1924年6月考入陆军军官学校第一期第二队学习，参加孙文主义学会活动，在学期间任本队第三分队副分队长，1924年11月毕业。后任校本部卫兵队分队长，黄埔军校特别区党部干事，入伍生部政治部编纂股股长，随部参加了两次东征作战。1926年7月任国民革命军步兵团党代表，随部参加北伐战争。1927年5月6日奉会长（蒋介石）指令为黄埔同学改组委员会改组委员。[1]1928年12月任中央教导第二师第一旅第二团团长、副旅长。1933年10月任陆军第一师第二旅第九团团长。1936年

---

[1] 上海《民国日报》1927年5月2日至6日连续刊登"黄埔同学改组委员会通告一"记载。

3月21日颁令叙任陆军步兵中校。[1]任陆军第八十九师第二六七旅副旅长。1936年10月22日颁令晋任陆军步兵上校。[2]抗日战争全面爆发后，任第一军补充旅旅长，率部参加淞沪会战。1943年10月以第十九集团军一部，整编为暂编第三十师，其任师长，[3]隶属第十九集团军统辖。1944年12月任第九十七军第八十二师师长。抗日战争胜利后，1947年3月任整编第五十二师整编第八十二旅旅长，[4]率部驻防武汉近郊。1948年7月任浙江省第三区行政督察专员，兼任该区保安司令部司令官。1948年9月任浙江省保安司令部副司令官等职。

[1] 国民政府文官处印铸局印行：台湾成文出版社有限公司1972年8月出版《国民政府公报》第105册1936年3月22日第2002号颁令第1—2页记载。

[2] 国民政府文官处印铸局印行：台湾成文出版社有限公司1972年8月出版《国民政府公报》第115册1936年10月23日第2184号颁令第1页记载。

[3] 戚厚杰、刘顺发、王楠编著：河北人民出版社2001年1月《国民革命军沿革实录》第582页记载。

[4] 戚厚杰、刘顺发、王楠编著：河北人民出版社2001年1月《国民革命军沿革实录》第753页记载。

胡
信

胡信（1903—1973），又名克文，别字元忠，江
西兴国县潋江镇瑶岗村人。广州大本营陆军部代理
次长、北伐讨贼军第三军军长、大本营军需总监胡
谦侄。兴国县翊华高等小学毕业，兴国县立中学、
广州新亚英文中学、广州师范学校肄业，陆军大学
将官训练班、中央训练团将官班结业。父贤模，从
商农，母李氏为家庭主妇，有田产数十亩。自填登
记通信处为江西兴国县城北瑶岗上胡家。自填入学
前履历：民国八年（1919年）在本邑翊华高等小学

胡信照片

毕业，九年（1920年）于兴国县立中学肄业，十一年（1922年）在广州新亚英
文学校中学肄业。1903年10月15日生于兴国县城北潋江镇瑶岗村一个农户家庭。
早年受家庭影响读孙中山著作，1922年随兄赴广州，中学肄业后入广州师范学校
就读。1924年3月经其伯父胡谦（时任广州大本营陆军部代理次长）介绍加入中
国国民党，1924年5月由胡谦保荐投考黄埔军校。1924年6月考入陆军军官学校
第一期第一队学习，1924年11月毕业。历任陆军军官学校入伍生部教育副官、政
治教官，中央军事政治学校第五期政治部上尉政治指导员。1927年5月5日晚参
加由中央军事政治学校教育长方鼎英主持召开的第四次政治工作扩大会议，主要
内容是研讨"清党"后的政治工作。[1]1927年8月随军校北上迁移，任南京中央
陆军军官学校第六期第一总队步兵大队少校区队长，军事委员会南昌行营警卫处

---

[1]　广东革命历史博物馆编：广东人民出版社 1982 年 2 月版《黄埔军校史料（1924—1927）》
第 442—443 页《中央军事政治学校第五期第四次政治工作扩大会议录》记载。

警备大队长，江西永丰县县长，三青团江西支团候补干事，第四十七师政治训练处处长。1935年12月任军事委员会委员长侍从室侍从副官。后奉派入陆军大学将官训练班受训。抗日战争全面爆发后，任第五战区新编第二十三师第二旅代理旅长，率部参加徐州会战。1939年2月任第二十三师副师长、代理师长。1944年春任第二十三军副军长。抗日战争胜利后，1946年1月奉派入中央训练团将官班受训。1946年10月任陆军整编第二十三师副师长，1947年11月19日颁令叙任陆军少将，同时办理退役。1948年3月29日被推选为江西省出席（行宪）第一届国民大会代表。其间在家乡创办兴国县电灯公司、机械榨油厂及碾米厂等。1949年1月纠集永丰、宁都、泰和、万安等县地方武装，约计人枪万余，后编为陆军第二一三师，兼任师长，率部转战江西、广东、广西等省。1949年10月到台湾，任第二十三军副军长，"国防部"中将参议，兼任"光复大陆设计研究委员会"委员。1973年8月7日因病在台北逝世。[1]

———————

[1] 台北"国史馆"编纂：2006年12月印行《"国史馆"现藏民国人物传记史料汇编》第五辑第165页记载。

胡

素

胡素（1899—1978），原名魁梧，[1]别字素，别号
白凡，后以字行，以胡素行世为官，江西清江县蛟
湖圩人。清江县蛟湖高等小学、清江县立初级中学
毕业，日本东京早稻田大学肄业，陆军大学正则班
第十三期毕业。父翼如，母聂氏，父从商农入敷所
出，自填登记处为江西清江县蛟湖圩，通信处为清
江县蛟湖圩邮局转交。自填家庭主要成员：弟妹各
一名。自填入学前履历：曾充副官、差遣等职。曾
任驻粤赣军总司令部副官，赣军讲武学校学兵队队

胡素照片

长，赣军第一师司令部差遣。1899年11月27日（另载1898年12月29日出生）生
于清江县蛟湖圩一个农户家庭。1921年1月经徐苏中（出席国民党一大江西省代
表，前中华革命党江西支部长，《晨钟日报》记者，国民党中央党务讨论会委员）
介绍加入中国国民党，1924年春由彭素民（国民党第一届候补中央执行委员、中
央常务委员，黄埔军校入学试验委员会委员）举荐投考黄埔军校。1924年6月考
入陆军军官学校第一期第三队学习，1924年11月毕业。后任教导团排长、教导第
三团连长、营长，孙文主义学会执行委员，国民革命军第一军第三师第九团第三
营营长，参加了两次东征作战。1926年7月随军参加北伐战争，任国民革命军第
一军第二十一师补充团团附。1927年夏奉派赴日本留学，入东京早稻田大学学习，
1929年毕业回国，先任第二十一师政治训练处处长，1929年8月1日任陆军第三

---

[1] 陆军军官学校编辑、台北文海出版社有限公司印行：近代中国史料丛刊三编第五十七辑《陆
军军官学校第三队学生详细调查表》记载。

师第十四团团长，率部参加对江西红军及根据地"围剿"战事。1931年3月8日任第三师第八旅旅长，1932年6月任军事委员会南昌行营高级参谋。1933年5月任第九十三师司令部参谋长。1934年10月任南京中央陆军军官学校第十三期、第十四期步兵科科长。1935年4月入陆军大学正则班第十三期学习，1935年5月3日颁令叙任陆军步兵上校，[1]1937年12月毕业。抗日战争全面爆发后，随军校迁移西南地区。1938年6月2日颁令晋任陆军少将。[2]任成都中央陆军军官学校处副处长。1939年12月任军政部第二十五补充兵训练处处长，后将该处兵员编成陆军师，任陆军新编第三十师师长，率部参加昆仑关战役、桂南会战。1944年7月25日任新编第一军（军长孙立人）副军长，率部参加远征印缅抗日战事。[3]1945年7月任青年军第二〇五师师长。抗日战争胜利后，仍任第二〇五师师长。1946年9月12日被推选为三青团第二届中央监察会监察。1947年7月被推选为党团合并后的中国国民党第六届中央监察委员会监察委员。1947年11月派任战地视察组组长，1947年12月任青年军第九军副军长。1948年3月29日被推选为江西省出席（行宪）第一届国民大会代表，并出席国民大会第一届第一次会议。1948年7月23日任江西省保安司令部副司令官，兼任南昌警备司令部司令官。1949年3月5日任江西省政府委员，1949年11月任重建后的第十二兵团司令部副司令官。1949年到台湾，皈依佛门研读佛典力行善事。[4]1978年6月19日因病在台北逝世。台湾印行有《胡素先生纪念集》等。

[1] 国民政府文官处印铸局印行：台湾成文出版社有限公司1972年8月出版《国民政府公报》第93册1935年5月3日第1732号颁令第1页记载。

[2] 国民政府文官处印铸局印行：台湾成文出版社有限公司1972年8月出版《国民政府公报》第133册1938年6月4日渝字第54号颁令第2页记载。

[3] 刘绍唐主编：台北传记文学出版社1999年10月15日印行《民国人物小传》第七辑记载。

[4] 台北"国史馆"编纂：2006年12月印行《"国史馆"现藏民国人物传记史料汇编》第十二辑第207页记载。

胡 博

胡博（1900—?），广东梅县人。广东梅县东山中学校肄业，广东省立农业专门学校预科毕业。父从农业与商业，经济中等。自填登记处为广东梅县城内折田，通信处为汕头梅县万福公司转交。1924年5月经茅延桢（黄埔军校第一期第二队上尉队长）介绍加入中国国民党，1924年5月由叶剑英（前建国粤军第二军第八旅参谋长、第二师参谋长，黄埔军校筹备委员会委员及军校教授部副主任）、熊耿（广州大本营抚河船务管理局代理局长，粤海防司令部秘书长）

胡博照片

举荐投考黄埔军校。1924年6月考入陆军军官学校第一期第二队学习，1924年11月毕业。后服务社会军界。随部参加了两次东征作战和北伐战争，历任国民革命军陆军步兵团排长、连长、营长、团长。1928年3月任国民革命军第一集团军第一纵队总指挥部副官处总务科少校副官。[1]1935年10月任第一六七师第四九九旅副旅长。1936年9月8日颁令叙任陆军步兵中校。[2]

---

[1] 全国图书馆文献缩微复制中心 2009 年 10 月影印发行《国民革命军总司令部公报》1928 年 3 月第三期第 217 页记载。

[2] 国民政府文官处印铸局印行：台湾成文出版社有限公司 1972 年 8 月出版《国民政府公报》第 113 册 1936 年 9 月 9 日第 2147 号颁令第 5 页记载。

胡遁

胡遁照片

胡遁（1901—? ），原名遯，[1]后改名遁，四川云阳人。云阳县高等小学、成都商业专修学校、私立戏剧学校毕业。父从商贩，家境中等。自填登记处为四川云阳，通信处为云阳县城内大梯子胡庆合（号）转交。自填入学前履历：做过商店学徒、新闻记者和学校会计诸职务。曾任商店学徒，新闻记者及学校会计等。1924年3月3日经陈铭德（前北京法政大学政治经济科学生，成都《新川报》总编辑）、王亚明（北京法政大学学生）介绍加入中国国民党，1924年春由谭熙鸿（孙中山指派出席国民党一大北京特别区代表，时为国立北京大学秘书兼生物学教授，国立浙江大学农学院院长，国民党中央农民部部长）、李大钊（孙中山指派出席国民党一大北京特别区代表并为大会主席团成员，国民党第一届中央执行委员，前北京大学教授）、石瑛（中国国民党第一届中央执行委员，前北京政府众议院议员，原国立北京大学教授）、丁惟汾（孙中山指派出席国民党一大山东省代表，前北京政府第一届国会众议院议员，国民党第一届中央执行委员，国民党北京执行部筹备委员）、谭克敏（国民党一大北京特别区代表，前国立北京大学哲学系教员，国民党中央党部秘书）保荐投考黄埔军校。1924年6月考入陆军军官学校第一期第二队学习，1924年11月毕业。分发入伍生

---

[1] ①陆军军官学校编辑、台北文海出版社有限公司印行：近代中国史料丛刊三编第五十七辑《陆军军官学校第二队学生详细调查表》第359页记载；②广东省国家档案馆藏《第一期同学附录》第5页记载；③湖南省档案馆校编、湖南人民出版社1989年7月《黄埔军校同学录》第5页记载为"遁"。

部政治部任训育副官，随部参加第一次东征作战。1925年3月参加孙文主义学会活动，1925年6月随军参加对滇桂军阀杨希闵部、刘震寰部的军事行动。1925年10月任东征军政治部宣传队队长，随部参加第二次东征战事，参与筹备中央军事政治学校潮州分校，任该分校孙文主义学会执行委员。1926年5月18日在广九铁路俱乐部召开改组大会，被推选为中央军事政治学校"血花"剧社（社长蒋介石兼）执行委员。[1]1926年7月随部参加北伐战争，任北伐东路军总指挥部少校参谋。1927年2月10日任福州市公安局政治部主任，[2]1927年4月1日任黄埔同学会福建支会（主席宋思一）副主席。[3]1927年5月1日与36名前五期同学被南京黄埔同学总会指定为总会预备执监委员。[4]1927年5月10日任第三路总指挥（李宗仁兼）部政治部主任。[5]1927年5月12日黄埔同学会在南京东南大学礼堂召开第一届执监委员选举大会，被推选为该会候补执行委员。[6]1927年6月21日任福建省"清党"委员会委员。[7]1927年9月10日被推选为国民革命军新编第一军（军长谭曙卿兼，驻防福州）特别党部监察委员，[8]1927年12月1日被推选为福建省临时党部筹备委员会执行委员。[9]1928年5月6日任国民革命军第三十二军（军长钱大钧兼）政治训练部主任。[10]1928年5月28日任国民革命军第三十二军特别党部筹备

[1] 广州《民国日报》1926年5月20日"血花剧社改组经过情形"一文记载。

[2] 连城县政协文史资料委员会编纂：福建人民出版社1984年版《连城文史资料》第3辑第6页章庆鸣撰文《国共两党第一次合作期间我亲历的几点回忆》记载。

[3] 上海《民国日报》1927年4月3日"海内外一致拥护蒋总司令"专文记载。

[4] 上海《民国日报》1927年5月1日至8日连续刊登"黄埔同学会改组委员会特别紧要启事"记载。

[5] 上海《民国日报》1927年5月13日"公电"记载。

[6] 上海《民国日报》1927年5月19日"黄埔同学会之新执委会"一文记载。

[7] ①国民党中央执行委员会常务委员及各部部长召开第101次联席会议；②1927年6月22日上海《民国日报》第一张第一版记载。

[8] 上海《民国日报》1927年9月11日"新一军党部成立"专文记载。

[9] 福建省政协文史资料委员会编纂：福建人民出版社1986年版《福建文史资料》第14辑第68页记载。

[10] 上海《民国日报》1928年5月8日"淞沪警备司令部纪念周"专文记载。

委员，[1]1928年7月25日被委派为国民革命军第三十二军特别党部常务委员。[2]1928年8月1日任国民革命军第三十二军黄埔同学会常务委员。[3]1928年8月国民革命军编遣，任缩编后的第一集团军陆军第三师政治训练处副主任，1928年9月3日被推选为第三师特别党部筹备委员。1932年5月13日奉派入南京中央陆军军官学校军官教育总队受训，1932年7月10日结训。[4]1933年5月29日任南京中央陆军军官学校军官训练班第一大队中校大队附，[5]1933年9月11日免职。1933年11月2日任江苏省政府军事训练委员会主任委员。[6]1933年12月20日任江苏省国民军事教育处处长，兼任中华民族复兴社江苏支社委员。[7]1935年4月11日免去江苏省军事训练委员会主任委员，遗缺由徐普接任。[8]抗日战争全面爆发后，任无锡县保安大队中校大队附，江苏省保安第五团上校团长。[9]

---

[1]　① 1928年5月28日国民党中央执行委员会召开第141次常务会议决议；② 1928年5月29日上海《民国日报》第一版第一张记载。

[2]　上海《民国日报》1928年7月26日"第三十二军特别党部定期正式召开"专文记载。

[3]　黄埔同学会：1928年8月刊《会务月报》杂志8月15日版第7、8、13页记载。

[4]　《中央日报》1932年5月13日、5月14日连续刊登"中央军校军官教育总队启事（一）"记载。

[5]　《军政公报》1933年7月31日版第160号第28页记载。

[6]　刘国铭主编：春秋出版社1989年3月版《中华民国国民政府军政职官人物志》第81、751、947页记载。

[7]　柴夫编：中国文史出版社1988年12月版《CC内幕》第170、179、182页张正非撰文《CC集团在江苏的励进社》记载。

[8]　刘国铭主编：春秋出版社1989年3月版《中华民国国民政府军政职官人物志》第81、751、947页记载。

[9]　柴夫编：中国文史出版社1988年12月版《CC内幕》第183、184页记载。

胡仕勋

胡仕勋（1894—1925），广东高要人。广州天官里小学毕业，省立第一中学肄业，广东陆军讲武堂修业，广东高等学校毕业。父从广州学界，家境中等。自填登记、通信处为广东高要县城天官里胡第。自填入学前履历：广东陆军讲武堂修业，广东高等学校毕业，台山县乙种商业学校教员，（广州）商团军教练。曾任广东台山县乙种商业学校教员，广州商团军教练员。1922年加入中国国民党。1924年5月投考录取后，由李绮庵（原广东讨贼军第二路司令，国民党美洲支部长，广东非常大总统府咨议，国民党中央侨务委员会委员）、王仁荣

胡仕勋照片

（粤军总司令部参议）补具保证。1924年6月考入陆军军官学校第一期第一队学习，在学期间任本队第四分队分队长，是学员中几名具有高等学历且年过三十岁者之一，1924年8月随第一队赴韶关大本营，担负孙中山警卫事宜，返回广州后参加对广州商团事变军事行动，1924年11月毕业。任第二期入伍生连实习官、排长。随部参加第一次东征作战，1925年3月13日在棉湖之战中阵亡。[1]

---

[1] 台北《黄埔建国文集》编纂委员会编纂：台北实践出版社1985年6月16日印行《黄埔军魂》第573页"东征战役殉国英雄姓名表"第一期记载。

胡宗南

胡宗南照片

胡宗南（1896—1962），原名琴斋，别字寿山，祖籍浙江镇海，浙江孝丰人。孝丰县立高等小学堂、湖州公立吴兴中学毕业，台湾"国防大学"、"国防研究院"、实践学社结业。父际清，祖辈务农，家境中等。自填登记通信处为浙江孝丰县鹤鹿溪。自填入学前履历：孝丰城高（等小学）校长，教育会长，《孝丰导报》《孝丰日报》编辑主任，孝丰县青年团干事会主任。1896年5月16日（另载1895年6月26日出生）生于孝丰县鹤鹿溪乡大村一个农户家庭。八岁入本村秀才诸球宝开设的私塾启蒙，后考入孝丰县立高等小学就读。继入湖州府中学堂（后改为吴兴中学堂）学习，肄业四年。1917年10月与同村大地主梅芝卿幼女结婚，因该女目不识丁，婚后不睦，后得精神病，其长期离家在外读书与供职，1928年才正式离异。1920年至1921年参加南京前国立高等师范学校暑期学校两度，均为结业，[1] 在学期间听过梁启超讲述《历史研究方法》，听胡适讲述《先秦哲学思想史》，听郑晓沧讲述《人生教育》等课程。充任吴兴小学文史地教员九年。1924年3月1日由胡公冕（国民党一大浙江省代表，前中国社会主义青年团杭州地方执行委员会执行委员、杭州浙江省立第一师范学校体育教员，后黄埔军校第一期卫兵长）介绍加入中国国民党，1924年春由戴任（国民党一大浙江省代表，前广州大元帅府参军处参军，广州大本营参军）、沈定一（孙中山指派出席国民党一大浙江省代表，国民党第一届候补中央执行委员，前浙江省第二届议会议长，国民党上海执行部候补

---

[1]　中国文史出版社《文史资料存稿选编——军事派系》下册第439页记载。

执行委员及浙江省党部执行委员）、胡公冕、宣中华（浙江省出席国民党一大代表，国民党浙江省党部执行委员）保荐投考黄埔军校。1924年5月到广州，1924年6月考入陆军军官学校第一期第四队学习，1924年11月毕业。后任黄埔军校教导第一团第三营八连少尉排长、机关枪连排长、副连长、连长，教导第二团第二营副营长，国民革命军第一军第一师第二团第二营代营长、营长，兼任孙文主义学会候补执行干事。1926年7月将同乡戴笠推荐给蒋介石，1926年9月任国民革命军第一军第一师第二团上校团长，参加两次东征作战和北伐战争。1927年任第一集团军第一军第一师副师长，兼任步兵第二团团长，第一军第二十二师代理师长。其上任后提倡"廉洁勇敢，忠实勤劳"带兵原则，在当时军费拮据、各师都难以发饷的情况下，将发伙食费的余款分等级给官兵一些借支，[1]获得官兵的拥护。第二期北伐战争在徐州附近与奉军激战时，友邻部队都被击败溃退下来，危急情况下率所部第六十五团（团长程序）急行军增援，不仅打退奉军还发起攻势，是役团长程序阵亡，战后所部受到蒋介石及军事委员会嘉奖。1928年7月国民革命军编遣后，1928年7月25日任缩编后的第一集团军第一师（师长刘峙）第二旅旅长。[2]1928年9月3日被委派为第一师特别党部筹备委员。国民革命军编遣后，任缩编后的第一集团军第一师第一旅旅长，率部参加第二次北伐战争。1928年11月所部在蒋介石等人的校阅中因训练成绩突出，被评为"模范旅"。1929年2月3日被推选为陆军第一师特别党部执行委员。1930年4月任陆军第一师代理师长、师长。1931年1月1日获颁三等宝鼎勋章。[3]1932年3月28日领衔与贺衷寒、戴笠、康泽等人参与组织"三民主义力行社"和"中华民族复兴社"，被推选为中央干事会干事，居"十三太保"之首并以黄埔系"太子"自诩。1931年11月被推选为各军队特别党部出席中国国民党第四次全国代表大会代表。1935年4月9日颁令叙任陆军中将，同时直接叙任陆军中将的黄埔一期生另有李默庵、李延年二人。后任"剿匪"军第三路军第二纵队司令部司令官。依据国民政府军事委

---

[1] 中国文史出版社《文史资料存稿选编——军事派系》下册第 432 页记载。

[2] 国民政府文官处印铸局出版：台北成文出版社有限公司发行《中华民国国民政府公报》第十八辑第七十九期第 27 页记载。

[3] 国民政府文官处印铸局印行：台湾成文出版社有限公司 1972 年 8 月出版《国民政府公报》第 46 册 1931 年 1 月 2 日第 663 号颁令第 8 页记载。

员会 1935 年 5 月颁令官位序号为第 225 号。[1]1935 年 11 月被推选为中国国民党第五届中央监察委员会监察委员。1936 年 1 月 1 日获颁三等云麾勋章。[2]1936 年 4 月 25 日接陈继承任第一军代军长，[3]1936 年 7 月 9 日获颁国民革命军誓师十周年之纪勋章，[4]与范汉杰、孙常钧三人是获此殊荣的黄埔一期生。1936 年 9 月 1 日任第一军军长，兼任第一师师长。1937 年 4 月 24 日国民政府颁令免第一师师长职。[5]抗日战争全面爆发后，1937 年 9 月 13 日任第十七军团军团长，兼任陆军第一军军长，率部参加淞沪抗战、兰封战役、武汉保卫战。其中在淞沪抗战中重创日军，其第十七军团司令部曾遭日军袭击，司令部及警卫人员大部分战死，胡只身逃出。1938 年 6 月 18 日兼任第二十七军军长，9 月 1 日辞军长职，武汉保卫战外围战中，在信阳、罗山一线抗击日军进攻，歼敌五千余人。[6]1939 年 1 月 14 日任第三十四集团军副总司令、代理总司令，1939 年 8 月 4 日任第三十四集团军总司令。1942 年 7 月 23 日任第八战区司令长官（朱绍良）部副司令长官兼第三十四集团军总司令。1942 年 1 月任军事委员会西安办公厅代理主任，兼任中央陆军军官学校第七分校（西安分校）主任、军事委员会战时干部训练团第四分团副团长、陕西省民众动员指挥部副总指挥、三青团中央临时干事会干事兼组织处处长、常务干事等十余项兼职。1944 年 12 月 19 日任第一战区司令长官（蒋鼎文）部副司令长官，1945 年 1 月 12 日任第一战区司令长官部司令长官。到抗战末期，其在西北统领二十多个军四十多个师共计 45 万军队，是国民革命军"黄埔嫡系"最庞大的军

---

[1] 国民政府国防部第一厅民国三十六年（1947 年）二月印行《现役军官资绩簿》第一册［上将军官］第 5 页记载。

[2] 国民政府文官处印铸局印行：台湾成文出版社有限公司 1972 年 8 月出版《国民政府公报》第 102 册 1936 年 1 月 2 日第 1936 号颁令第 12 页记载。

[3] 戚厚杰、刘顺发、王楠编著：河北人民出版社 2001 年 1 月《国民革命军沿革实录》第 337 页记载。

[4] 国民政府国防部第一厅民国三十六年（1947 年）二月印行《现役军官资绩簿》第一册［上将军官］第 5 页记载。

[5] 国民政府文官处印铸局印行：台湾成文出版社有限公司 1972 年 8 月出版《国民政府公报》第 122 册 1937 年 4 月 26 日第 2337 号颁令第 1 页记载。

[6] 陕西省黄埔军校同学会编纂、穆西彦主编：陕西人民出版社 1991 年 6 月《陕西黄埔名人》第 51 页记载。

事集团之一。[1]1945年5月20日被推选为中国国民党第六届中央监察委员会监察委员。1945年7月31日被正式任命为第一战区司令长官，是黄埔系学生中唯一任战区司令长官的。曾获颁二等宝鼎勋章、二等云麾勋章、空军河图勋章、华胄荣誉奖章、陆海空军甲种一等奖章。抗日战争胜利后，1945年8月21日被任命为洛阳、郑州、开封、新乡地区的受降主官。1945年10月3日颁令叙任陆军中将特加陆军上将衔。[2]1946年1月7日颁令特任郑州绥靖公署（主任刘峙）上将副主任兼第一战区司令长官。1946年3月7日因"抗战期间在第一战区司令长官任上，抵御外侮有功，获颁青天白日勋章"。[3]1947年3月4日任西安绥靖公署主任，西北区"剿匪"总司令部总司令，川陕甘边区绥靖公署主任。1947年3月19日率部进占延安。[4]1947年7月被推选为党团合并后的中国国民党第六届中央执行委员会执行委员。1948年4月22日率部退出延安。1948年12月25日在新华社公布43名战犯名单列第30位。[5]1949年任国防部西北指挥所主任，1949年2月1日兼任陆军总司令部第十二编练司令部司令官。1949年9月8日兼任川陕甘边区绥靖公署主任，1949年11月败退成都，1949年12月7日任西南军政长官公署（军政长官顾祝同）副长官兼参谋长、代理长官。所率余部在四川绵阳、灌县被人民解放军围歼，遂电报蒋介石呈请实施第二方案，迟至1949年12月20日方获得蒋介石指令，准许率部突围撤退。1949年12月23日其仅带领少数随员，由成都乘飞机赴海南岛三亚，再乘机转赴海口。蒋介石得知其并没率余部突围出川南下，遂命令其再度返回西北聚集余部。1949年12月28日下午，率残余幕僚再由海口飞赴西昌，试图收拢余部，在仅有的第一师朱光祖团护卫下，驻防西昌邛海新村，率两

[1] 台北《黄埔建国文集》编纂委员会编纂：台北实践出版社1985年6月16日印行《黄埔军魂》第212页记载。

[2] 国民政府国防部第一厅民国三十六年（1947年）二月印行《现役军官资绩簿》第一册［上将军官］第5页记载。

[3] ①国民政府国防部第一厅民国三十六年（1947年）二月印行《现役军官资绩簿》第一册［上将军官］第5页记载；②祝康明编著：台北知兵堂出版社2011年11月印行《青天白日勋章》第260页记载。

[4] 廖盖隆主编：中共中央党校出版社2001年6月《中国共产党历史大辞典》增订本第384页记载。

[5] 杨牧、袁伟良主编：河南人民出版社2005年11月《黄埔军校名人传》上册第897页记载。

千多官兵，号称"固定西昌三个月，等待国际形势变化"。1950年3月26日三月期满，与贺国光、赵龙文等人乘飞机返回海口，转赴台湾，任"总统府"战略顾问委员会委员。1950年5月台湾"监察院"李梦彪等四十六位"监察委员"对其提出弹劾，经蒋介石、陈诚、顾祝同、蒋经国周旋，"立法院"108名委员签名上书"行政院长"陈诚求情，陈诚将弹劾案移交"国防部"处理，8月"国防部"答复"应免议处"。1951年9月9日奉命化名"秦东昌"，任"江浙人民反共游击总指挥"，驻守大陈岛，后任"大陈岛防卫司令部司令官"。1952年10月19日当选为国民党第七届中央评议委员，兼任"浙江省政府"主席。1953年7月23日返回台湾，任"总统府战略顾问委员会"上将顾问。1953年8月奉派入"国防大学"进修，1954年2月结业，在台北家中闲居。1955年9月10日任"澎湖防守司令部司令官"，1955年9月30日叙任陆军二级上将。1956年4月以考察名义到美国访问。1957年10月23日当选为中国国民党第八届中央评议委员。1959年10月任"总统府"战略顾问。1959年12月奉派入"国防研究院"第一期任研究员，1960年9月任"国防研究院"毕业同学会会长、"国防研究院"院务委员。1962年2月6日病情恶化，1962年2月10日蒋介石亲往医院探望，1962年2月14日因病在台北逝世，6月9日安葬于台北阳明山纱帽山麓。[1]著作收入《宗南文存》。台湾出版有《胡宗南年谱》《胡宗南将军传略》《胡宗南先生纪念集》等。内地出版有多种版本胡宗南传记资料。

---

[1] ①台北"国史馆"编纂：2006年12月印行《"国史馆"现藏民国人物传记史料汇编》第一辑第284页记载；②刘绍唐主编：台北传记文学出版社1999年10月15日印行《民国人物小传》第三辑记载。

胡屏三

胡屏三（1899—？），又名笃三，[1]别字自刚，原载籍贯湖南嘉禾，另载湖南武冈人。广州大本营陆军讲武学校第一期肄业。1923年10月入广州大本营军政部陆军讲武学校学习，1924年秋该校并入黄埔军校，1924年11月编入陆军军官学校第一期第六队学习，1925年2月肄业。后随部参加了两次东征作战和北伐战争。抗日战争全面爆发后，任江西保安第十九团第三大队大队长。1938年5月奉派入军官训练团第一期第一大队第一中队学员队受训，1938年7月结业。

---

[1] 《中央军官训练团第一期同学通讯录》记载。

胡栋臣

胡栋臣照片

胡栋臣（1900—1950），又名栋成，别名东臣，广西修仁人。修仁县高等小学堂、广西省立第二师范学校本科、陆军大学特别班第四期毕业。父从农商，有田产百亩。自填登记通信处为广西修仁县城内东门街。自填入学前履历：曾充本邑高等小学算术、体操教员，又充广西抚河招抚使第二路司令部副官。曾任本县（修仁县）高等小学算术及体育教员，广西抚河招抚使第二路司令部副官。1921年经李铭勋（时在桂林教育界供职，国民党桂林党部筹备委员）介绍加入中国国民党，1924年春由苏无涯（孙中山指派出席国民党一大广西省代表，前国民党中央党务讨论会委员，国民党广西梧州支部长）保荐投考黄埔军校。1924年6月考入陆军军官学校第一期第三队学习，1924年11月毕业。分发黄埔军校教导第二团任见习、排长，历任入伍生部教育副官，国民革命军第一军第二师连长、营附。1929年1月28日经呈励志社社长（蒋介石）批准与117人加入励志社。[1]后任中央教导第二师营党代表、团政治训练主任，陆军第二十三师补充团团附、团长，独立第三十旅副旅长。1937年1月6日颁令叙任陆军步兵中校。[2]抗日战争全面爆发后，任第九十三军补充旅旅长，第九十三军司令部参谋长。1942年10月17日任第九十三军司令部副军长。1943年7月颁令叙任陆军步兵上校。1944年一度代理第九十三军军长，率部参加桂柳会战。1945

---

[1] 《中央日报》1931年1月28日、1月29日连续刊登"励志社社员管理科通告"记载。

年3月8日颁令叙任陆军少将。抗日战争胜利后，任新编第八师师长。1946年1月任第八绥靖区司令（夏威兼）部参谋长。1946年5月获颁胜利勋章。后任国民政府参军处高级参谋，发表为第六绥靖区司令部副司令官。1949年6月任黔桂边绥靖区司令部副司令官。1949年12月27日随张光玮部向人民解放军投诚接受改编。1950年1月率部反叛，与人民解放军作战失败，1950年3月1日自杀身亡。[1]

---

[1] 刘国铭主编：团结出版社2005年12月《中国国民党百年人物全书》第1729页记载。

胡
焕
文

胡焕文照片

胡焕文（1902—1926），别字树人，湖南益阳人。益阳县立初级农业专科学校、广州大本营军政部陆军讲武学校肄业。1923年冬到广州，考入广州大本营军政部陆军讲武学校学习。1924年秋该校并入黄埔军校，1924年11月编入陆军军官学校第一期第六队学习，在学期间加入中国共产党，1925年2月肄业。分发入伍生队任见习、排长，随部参加第一次东征作战。1925年6月随军参加对滇桂军阀杨希闵部、刘震寰部的军事行动，1925年8月任国民革命军第一军第二师第五团团部参谋。1926年7月随部参加北伐战争，任国民革命军第四军叶挺独立团第九连连长，随部参加龙家湾战役及7月8日攻克醴陵县城战事。1926年7月10日在湖南攸县泗汾河畔渡河作战时，身中数弹阵亡。[1]

---

[1] ①中国第二历史档案馆供稿，华东工学院编辑出版部影印，档案出版社1989年7月《黄埔军校史稿》第八册（本校先烈）第51页有烈士传略、第244页第一期烈士芳名表记载1926年7月在湖南阵亡；②台北《黄埔建国文集》编纂委员会编纂：台北实践出版社1985年6月16日印行《黄埔军魂》第574页"北伐战役殉国英雄姓名表"第一期记载。

胡琪三

胡琪三（1901—1963），别号石泉，湖南益阳桃江人。益阳县立初级师范学校、广州大本营军政部陆军讲武学校肄业。1923年冬到广州，考入广州大本营军政部陆军讲武学校学习。1924年秋该校并入黄埔军校，1924年11月编入陆军军官学校第一期第六队学习，1925年2月肄业。后随部参加第一次东征作战，1925年6月随部参加对滇桂军阀杨希闵部、刘震寰部的军事行动，1926年7月随部参加北伐战争，历任国民革命军排长、连长、营长、团长，旅司令

胡琪三照片

部参谋长。1928年任南京中央陆军军官学校第一总队步兵第二大队上校大队长。中央教导第二师第一旅第二团团长。1930年12月1日任第四师（师长徐庭瑶）第十旅（旅长汤恩伯）步兵第二十团团长。1932年10月任军事委员会委员长洛阳行营军官教育团副教育长。1935年4月16日国民政府颁令委任第三师副师长，[1]1936年3月10日颁令叙任陆军步兵上校。[2]1937年1月7日免第三师副师长职。[3]抗日战争全面爆发后，任峨眉山军官训练团特别人员训练班副主任，军事委员会西南游击干部训练班办公厅主任。1943年10月任第三十二集团军总司令部干部训练班

---

[1] 国民政府文官处印铸局印行：台湾成文出版社有限公司1972年8月出版《国民政府公报》第92册1934年4月16日第1717号颁令第3页记载。

[2] 国民政府文官处印铸局印行：台湾成文出版社有限公司1972年8月出版《国民政府公报》第105册1936年3月11日第1993号颁令第1页记载。

[3] 国民政府文官处印铸局印行：台湾成文出版社有限公司1972年8月出版《国民政府公报》第119册1937年1月8日第2247号颁令第3页记载。

副教育长，1944年1月任第三十二集团军总司令（李默庵）部陆军突击总队副总队长。[1]抗日战争胜利后，任第三战区（司令长官顾祝同）受降接收第三组组长，配属第三十二集团军总司令部，担负萧、绍、甬地区日军一个旅团人员军械接收事宜。举行受降仪式后，日军即开始缴械，其间该旅团长再三恳求，想留下日本天皇赐给他父辈的雌雄军功刀，遭到胡的严正训斥。1945年10月获颁忠勤勋章。1946年1月奉派入中央训练团（教育长陈诚）将官班（主任丁德隆）受训，登记为中将团员，受训期间与张际鹏、贺光谦等人组织以黄埔早期生为主的"精诚联谊社"，被推选为负责人之一，[2]1946年3月结业。1946年7月任国民政府国防部第二厅高级参谋。1949年8月在长沙随程潜、陈明仁部起义，1949年12月任中国人民解放军第二十一兵团高级参谋，随后入中国人民解放军中南军政大学湖南分校学习。1950年10月任湖南省人民政府参事室参事，1953年12月任中南行政委员会直属机关干部业余学校文化教员。[3]1963年8月因病在武汉逝世。

————————————

[1] 李默庵著：中国文史出版社1995年8月《世纪之履》第243页记载。

[2] 中国文史出版社《文史资料存稿选编》第16辑第756页文心钰撰文《中央训练团派系活动内幕》记载。

[3] 《湖南省人民政府参事室参事简介》记载。

荣耀先

荣耀先（1895—1928），又名廉登、若先，别号一介（自取号，意即一介武夫），蒙古名谦登若宪，内蒙古土默特左旗西园村人，蒙古族。土默特高等学堂毕业，北京蒙藏专门学校肄业。自填登记处为内蒙古归化土默特旗，通信处为归化城土默特高等小学校转交。自填入学前履历：由高小及中学毕业，入北京蒙藏专门学校肄业年余，自十年组织内蒙古青年团。祖辈牧商，家境富裕。1911年入土默特高等学堂（原名启运书院）学习，毕业后从教。1918

荣耀先照片

年夏由土默特总管署保送，与王祥、恒升、孟志忠等人入北京蒙藏专门学校学习，创办刊物《蒙古前途》。1919年参加北京五四学生运动，加入马克思学说研究会，参与中共北京发起组织早期活动。1921年10月为创办土默特平民工读学校筹集经费，率蒙藏学校话剧团到归绥、包头宣传反帝反封建救亡图存。1922年1月在归绥兴办"平民工读团"，后与孙绍文等人返回土默特旗察素齐镇，经教育当局同意，借用老爷庙为校址，创办土默特高等小学察素齐分校，招收蒙汉族人并男女同校，是当地轰动性大事。[1]1922年加入中国社会主义青年团，1923年1月经韩麟符、李渤海介绍加入中共，是蒙古族最早的中共党员之一。1923年8月按照中共北方区委指示，在土默特地区动员云泽（乌兰夫）、奎璧、多松年、吉雅泰、李裕智等四十多名蒙古族青年学生入北京蒙藏学校学习。1924年3月在天津经韩麟符（国民党一大直隶省代表，国民党第一届候补中央执行委员，前天津学

---

[1] 巴义尔著：民族出版社2001年4月《蒙古写意——当代人物卷二》第4页记载。

生联合会副会长，中共北京地方执行委员会民族工作委员会委员）、陈镜湖（北京特别区出席国民党一大代表，前国民党直隶省临时党部党务指导委员，天津南开大学文科学生，创办了《天津向明学会半月刊》，天津学联会常务委员）介绍加入中国国民党，1924年4月由中共北方局委派（公开名义为中国国民党北京特别区执行部）赴黄埔军校学习，并由王法勤（国民党第一届中央执行委员，前北京政府参议院议员，兼任国民党中央党务审查会委员）、韩麟符、于兰渚（国民党第一届候补中央执行委员，国民党天津市党部党务部部长，中国共产党天津地方委员会委员长）、陈镜湖保荐投考。1924年5月到广州，1924年6月考入陆军军官学校第一期第四队学习，1924年11月毕业。分发黄埔学生军第一教导团见习、排长，建国湘军警卫营连长，随军参加第一次东征作战和对滇桂军阀杨希闵部、刘震寰部的军事行动。1925年1月奉派返回北方执行黄埔军校招生事宜，1925年春在归化巧尔气召建立中共绥远省地下工委。[1]后到内蒙古组织骑兵队伍，任内蒙古第一骑兵旅旅长。事败后返回广州，1926年3月任黄埔中央军事政治学校第四期入伍生总队区队长，入伍生步科第一团第三营连长。1926年7月任国民革命军第一军第三师第七团连长，随部参加北伐战争。1927年5月5日晚参加由中央军事政治学校教育长方鼎英主持召开的第四次政治工作扩大会议，主要内容是研讨"清党"后的政治工作。[2]1927年8月龙潭战役后，任国民革命军第一教导师补充团团长，驻防沪杭地区。1927年12月任国民革命军第一军第三师第七团团长。1928年4月11日北伐进抵徐州茅村战斗中，陷入重围战至弹尽援绝，突围后因伤重阵亡，[3]国民政府颁令追赠陆军少将衔。其妻子因过度悲伤于1928年12月逝世，留下老母亲与四个孩子，其中两个年龄较大（分别为12岁、10岁）被送到南京国民革命军贵族学校读书，该校校长先后为宋庆龄、宋美龄。1929年6月29日国民

---

[1] 巴义尔著：民族出版社2001年4月《蒙古写意——当代人物卷二》第5页记载。

[2] 广东革命历史博物馆编：广东人民出版社1982年2月版《黄埔军校史料（1924—1927）》第442—443页《中央军事政治学校第五期第四次政治工作扩大会议录》记载。

[3] ①中国第二历史档案馆供稿，华东工学院编辑出版部影印，档案出版社1989年7月《黄埔军校史稿》第八册（本校先烈）第49页有烈士传略、第244页第一期烈士芳名表记载1928年10月11日在山东运河阵亡；②台北《黄埔建国文集》编纂委员会编纂：台北实践出版社1985年6月16日印行《黄埔军魂》第574页"北伐战役殉国英雄姓名表"第一期记载。

政府颁发第1274号指令："呈据军政部呈为前第一军阵亡营长荣耀先拟照中校阵亡例给恤，转请核准令遵由，呈悉遵照办理。"[1]1982年5月13日中华人民共和国民政部追认革命烈士，并颁发证书。其当年战友时任内蒙古自治区政协主席奎壁称："荣耀先是我党最早的蒙古族党员，他是我走上革命的带头人，他为革命做了许多有益的工作，他是好同志。"2002年12月30日经内蒙古自治区人民政府批准，荣耀先烈士故居为自治区重点文物保护单位。

---

[1] 国民政府文官处印铸局印行：台湾成文出版社有限公司1972年8月出版《国民政府公报》第29册1929年7月1日第205号颁令第10页记载。

贺光谦

贺光谦照片

贺光谦（1899—1958），又名广谦，别号撝吉，湖南醴陵县板杉竹花山人。长沙商业专科学校、广东西江陆海军讲武堂步兵科、广州大本营军政部陆军讲武学校肄业，德国汉诺威骑兵学校、德国陆军大学毕业，中央训练团将官班结业。自幼随父攻读，后考入长沙商业专科学校就读，在学期间组织驱逐军阀张敬尧学潮，被开除学籍。1923年1月入广东西江陆海军讲武堂步兵科学习，后入广州大本营军政部陆军讲武学校就读，1924年秋该校并入黄埔军校，1924年11月编入陆军军官学校第一期第六队学习，1925年2月肄业。分发黄埔军校教导第一团任见习，后任教导第二团排长、连长，国民革命军第一军第二十二师营长、团长，第六十九师第一团团长，随部参加了两次东征作战与北伐战争。1928年5月28日任国民革命军第三十二军（军长钱大钧）特别党部筹备委员。[1]1928年7月国民革命军编遣，第六十九师缩编为第三师第八旅第十五团、第十六团，任第三师第八旅第十五团团长。1928年9月任缩编后的第一集团军第三师第七旅旅长，1929年1月20日被推选为陆军第三师特别党部候补执行委员。1929年起任第二师第九旅副旅长，1931年2月6日国民政府颁布第263号指令政务院："呈据军政部呈贺光谦经核定为三等伤残给予一次性恤金，转饬知照，此令。"[2]后任第三师第

---

[1]　①1928年5月28日国民党中央执行委员会召开第141次常务会议决议；②1928年5月29日上海《民国日报》第一版第一张记载。

[2]　国民政府文官处印铸局印行：台湾成文出版社有限公司1972年8月出版《国民政府公报》第47册1931年2月9日第693号颁令第5页记载。

九旅旅长，第十三师副师长。1934年奉派赴德国汉诺威骑兵学校就读，后入德国柏林陆军大学学习，在德国留学期间，参与组织留欧军学研究会，撰写《留德军事见闻》等。1936年9月毕业后回国，任中央陆军军官学校武汉分校军官教育队队长、第十二期学生总队总队长，编译《小部队之战斗》等。抗日战争全面爆发后，随军校迁移西南地区，任成都中央陆军军官学校第十五期第一总队总队长。1937年12月23日颁令叙任陆军少将。[1]1939年1月任军政部第一补充兵训练处处长，以丹麦、美国最新装备，组织训练十二个团新编部队。1940年奉命将十二个团兵员，改编为陆军师，任第三十九军暂编五十一师师长，率部驻防南津关，转战白河、襄樊、荆门、当阳、远安、麻城一带，率部参加第二次长沙会战。1942年4月任第九十八军（军长刘希程）副军长，1943年9月任骑兵第三军军长，率部驻防陕西陇县，后所部裁撤免职。1945年2月任军事委员会驻西安办公厅中将参议。抗日战争胜利后，1945年10月获颁忠勤勋章。1946年1月任军政部第二军官总队副总队长。1946年1月奉派入中央训练团将官班受训，登记为少将学员，1946年3月结业。1946年5月获颁胜利勋章。1946年7月任国防部第二军官总队副总队长，中央军官训练团大队附。1946年12月3日参加赴南京任职、公干的81名黄埔一期生在中央训练团聚餐并于办公大楼前合影。[2]1947年7月6日上午9时至11时参与中央训练团部分黄埔一期受训同学发起组织赴南京中山陵六百将校军官"祭祀哭陵"事件。[3]1948年2月任国民政府国防部附员，派驻战区点验督导组组长。1949年7月任湖南第一兵团司令部高级参谋。1949年8月3日在长沙参加起义，任中国国民党人民解放军第一兵团第二军副军长兼参谋长。中华人民共和国成立后，所部改编后任中国人民解放军第二十一兵团第二军副军长。转业地方工作，1950年3月任中南军政委员会参事室参事，1954年任河南省人民政府参事室参事。1958年10月因病在郑州逝世。

---

[1] 国民政府文官处印铸局印行：台湾成文出版社有限公司1972年8月出版《国民政府公报》第130册1937年12月25日渝字第8号颁令第7页记载。

[2] 容鉴光编著：列入台北出版品预行编目资料，台北博煜企业有限公司2003年6月16日第一版印行《黄埔军校一期研究总成》第278页录载。

[3] ①湖南省政协文史资料委员会编纂：湖南人民出版社1993年10月《湖南文史资料选辑》第五期记载；②湖南省岳阳市政协文史资料委员会编：《岳阳文史》第十辑，湖南省岳阳晚报出版印刷中心1999年8月《岳阳籍原国民党军政人物录》第201—205页记载。

贺声洋

贺声洋照片

贺声洋（1905—1931），又名沉洋，别字靖亚，湖南临澧人。临澧县余市乡高等小学、湖南公立工业专门学校毕业。自填入学前履历：湖南公立工业专门学校附属中学毕业。祖辈务农，有地产五十亩，足供家用。1924年春经林永言（广州大本营军政部科员）、石盛祖（国民党中央执行委员会农民部干事）介绍加入中国国民党，再由谭延闿（时任驻粤湘军总司令，国民党第一届中央执行委员，前湖南督军、湖南省省长及国民党湖南支部长，广州大元帅府大本营内政部部长、建设部部长及大本营秘书长）保荐投考黄埔军校。1924年6月考入陆军军官学校第一期第二队学习，其间加入中国共产党，1924年11月毕业。1924年12月分发入伍生总队任见习、排长，1925年1月任第二期中尉区队长，随部参加第一次东征作战。1925年10月任第四期入伍生部第一团上尉连长。1925年11月11日任国民革命军第四军第十二师（师长陈可钰）第三十四团（团长叶挺）第二营（营长许继慎）副营长，1926年5月20日所部第三十四团改编为叶挺独立团，任第二营代理营长，当时全团兵员两千一百余名，步枪一千三百余支，水机关枪三支及手枪四十余支，1926年7月随部参加北伐战争两湖战事。1926年8月任第二方面军暂编第九军（军长彭汉章）第一师（师长贺龙）司令部警卫营营长。1926年9月中旬任国民革命军第九军、第十军（军长王天培）组成的北伐军左翼军政治部宣传队（队长周逸群）副队长。1926年10月奉派赴苏联，与盛岳等人由上海抵海参崴（符拉迪沃斯托克），[1]

---

[1] 盛岳著：东方出版社1971年出版《莫斯科中山大学和中国革命》记载。

1926年12月中旬到达莫斯科，入东方共产主义劳动者大学学习，1929年回国到上海，参与中共中央军事部（部长杨殷）工作。1930年1月进入中央江西根据地，1930年春任红军中央军事政治学校第一分校（又称彭杨军事学校）学生总队队长，学员招录300人，在福建龙岩虎岗训练红军初级军官，不久朱德不再兼任校长，遗缺由其接任，1930年5月任中国红军军官学校校长。[1]1930年10月当选为闽西革命委员会常务委员，1930年12月红军第二十一军（代军长谭希林）余部与闽西红军第二十军（军长胡少海）合编为闽西红军新编第十二军，任军长，[2]共计兵员三千一百余人，一千六百余支枪，隶属中共粤闽赣省委军委。1931年春在"肃反"扩大化中，被中共闽西党组织以"阶级异己分子"嫌疑开除党籍，在扩大化的"肃反"中被错杀。中华人民共和国成立后，追认为革命烈士。

---

[1] 中共中央组织部、中共中央党史研究室、中央档案馆编纂：中共党史出版社2000年9月印行《中国共产党组织史资料1921—1997》第二卷《土地革命战争时期1927.8—1937.7》中册第1625页记载。

[2] 中共中央组织部、中共中央党史研究室、中央档案馆编纂：中共党史出版社2000年9月印行《中国共产党组织史资料1921—1997》第二卷《土地革命战争时期1927.8—1937.7》中册第1624页记载。

贺衷寒

贺衷寒照片

贺衷寒（1900—1972），原名忠汉，别字君山，湖南岳阳人。忠信高等小学、武昌湖南旅鄂中学肄业，苏联莫斯科伏龙芝军事学院毕业。1900年1月5日生于岳阳县鹿角镇一个大乡绅家庭。[1] 自填入学前履历：民十年（1921年）代表武汉社会主义青年团列席远东民族及少年共产党两会议；十一年（1922年）结合同志于湖北设办人民通讯社，不久被封，下期于湖南设办平民通讯社，复以横遭干涉停刊；十二年（1923年）充湖南青年社会服务社教育股教员兼大汉报特约记者。少时在家读私塾，1913年考入忠信高等小学学习，1916年考入武昌湖南旅鄂中学读书，能言善辩且组织能力较强，被推选为学生会代表。1919年参加五四运动，1920年参加了董必武、陈潭秋在武汉组织的马克思主义研究会和社会主义青年团，是最早的青年团团员之一。[2] 1921年年初赴上海学习俄文，结识部分中共早期领导人。1921年10月中国共产党组团出席在莫斯科召开的远东各国共产党及民族革命团体第一次代表大会，其作为武汉学生代表加入中国代表团，回国后于1922年春被开除团籍。后在武昌第一中学任教，曾一度加入恽代英创办的"共存社"，后因意见不合而退出，并创办"人民通讯社"和"平

[1] 湖南省岳阳市政协文史资料委员会编：《岳阳文史》第十辑，湖南省岳阳晚报出版印刷中心1999年8月《岳阳籍原国民党军政人物录》第66、334页记载。

[2] 廖盖隆主编：中共中央党校出版社2001年6月《中国共产党历史大辞典》增订本第400页记载。

民通讯社"。其间兼任长沙宏图中学国文教员。曾因揭露赵恒惕督政府进行虚假"民选"的阴谋，以及黄爱、庞人铨被逮捕杀害，撰写《黄庞案之真相》一文，被赵恒惕下令逮捕，关押狱中三个多月，受尽折磨几乎丧命，后经岳阳县两名省议员具保获释，才幸免于难。[1]1923年在长沙继续从事新闻事业，任长沙青年服务社教务主任兼中学课务，曾聘任上海《时报》特约记者，抨击军阀统治，揭露社会黑暗，鼓动青年爱国，在社会上产生了较大影响。1924年春在汉口欣闻黄埔军校招生消息，即与原旅鄂中学同班同学蒋伏生结伴南下，途中结识胡宗南，此后情同手足私交甚深。因其擅长于"文"，胡宗南擅长于"武"，故后在黄埔系中流传"文有贺衷寒，武有胡宗南"之说。到广州后因招生初试已过，其与胡宗南联名具函找主持考试的廖仲恺，叙述过去的经历、南来的动机和矢志革命、报效国家的决心，廖仲恺阅函即准予参加复试。[2]1924年6月考入陆军军官学校第一期第一队学习，入校后与部分第一期生集体加入中国国民党，后因认真钻研政治和军事理论，各项成绩名列前茅，加上其在组织社会活动中所表现的热情和才能，便崭露头角，被传誉为"黄埔三杰"之一。1924年9月孙中山率师北伐，其随第一队学生担任警卫工作。1924年11月毕业，被分配校本部政治部任上尉秘书，后调任第三期入伍生总队政治部主任。1925年1月4日军校政治部迁往广州北校场省城分校，设分部于黄埔本校留守，校方指定由其与李之龙（中共党员）负责。在当时黄埔一期毕业的同学中，除李岳阳原为川军团长，毕业后被分配担任国民革命军第一军第二十团团长外，其军阶是最高的。1925年1月25日参与筹备成立中国青年军人联合会，1925年2月1日正式成立时任中国青年军人联合会中央执行委员会秘书，并在第一期《青年军人》杂志上发表《青年军人与军阀》。1925年4月24日参与组建中山主义学会，正式成立时改为孙文主义学会，该会成立初期，主要负责人是其与潘佑强等人。[3]在其倡导下孙文主义学会，先后创办了《国民革命》《革命导报》《革命青年》和《独立旬刊》等刊物，与中共领导的青年军人联合会进行了针锋相对的明争暗斗。1925年10月第二次东征作战时，任

---

[1] 杨牧、袁伟良主编：河南人民出版社 2005 年 11 月《黄埔军校名人传》上册第 923 页记载。

[2] 刘绍唐主编：台北传记文学出版社 1999 年 10 月 15 日印行《民国人物小传》第三辑记载。

[3] 台北《黄埔建国文集》编纂委员会编纂：台北实践出版社 1985 年 6 月 16 日印行《黄埔军魂》第 215 页记载。

第一军第一师第一团党代表。1926年2月28日孙文主义学会召开全体会员大会，被推选为该会（主席汪精卫）候补执行委员。[1]1926年4月7日蒋介石决定另行组织黄埔同学会，指派其与蒋先云、曾扩情、李之龙、潘佑强等人为黄埔同学会筹备委员。[2]1926年6月27日在广州正式成立时，其缺席当选为干部委员兼秘书长。1926年5月广州国民政府组成军事政治考察团赴苏联考察，其为考察团成员之一，在苏联进行考察后，即进入莫斯科中山大学学习。在学期间与邓文仪、肖赞育、郑介民、康泽等人发起组织中国国民党旅莫支部，后转入苏联莫斯科伏龙芝军事学院学习，1928年1月回国，任杭州军事训练班学生总队长，负责收容杭州及各地前来登记的黄埔军校第五期、第六期学生。1928年3月黄埔军校迁往南京，改名为中央陆军军官学校（对内仍称黄埔军校），同月发起组织黄埔同学会，其被选为监察委员。其间兼任中国国民党南京特别市党部监委会常务委员。1928年7月6日任国民革命军总司令部警卫司令部政治训练处处长。[3]1928年7月9日被黄埔同学会干部委员会常务委员会决议指派为该会设计委员会（主任委员伍翔）委员、常务委员。[4]1929年1月30日被推选为南京特别市出席中国国民党第三次全国代表大会代表。1929年被派往日本明治大学留学，学习政治理论。1931年2月回国，先后任陆海空军总司令部政治宣传处处长、训练总监部军事教育处处长、鄂豫皖边区"剿匪"总司令部政治训练处处长。1931年11月被推选为各军队特别党部出席中国国民党第四次全国代表大会代表，其间还主持和参与筹组"中华复兴社"，成为该组织"十三太保"中的核心人物，1932年3月正式成立时，被蒋介石指定为常务干事之一。1933年1月接滕杰任"中华民族复兴社"中央干事会第二任书记，1934年8月卸任。1933年10月发起成立留俄同学会，被推选为理事长，其在当时中国国民党内留俄、留日派中有举足轻重的作用与影响。1932年至1936年，还兼任过国民党中央组织部军队党务处处长、南昌行营政训处处长、武

---

[1] 广州《民国日报》1926年3月3日"孙文主义学会之会员大会"一文记载。

[2] 台北"国史馆"编纂：2006年12月印行《"国史馆"现藏民国人物传记史料汇编》第五辑第297页记载。

[3] 国民政府文官处印铸局出版：台北成文出版社有限公司发行《中华民国国民政府公报》第十八辑第七十三期第1页记载。

[4] 黄埔同学会：《会务月报》1928年8月版第8期第18页记载。

汉行营政训处处长、国民党汉口特别市党部常务委员、军事委员会政治训练处秘书长、新闻检查局局长。1935年当选为中国国民党中央执行委员会常务委员，兼任军队党务组组长。1935年11月2日当选为中国国民党第五届中央执行委员会执行委员。1936年1月1日获颁四等宝鼎勋章。[1]1936年1月29日颁令叙任陆军少将。1936年10月5日颁令叙任陆军中将。1936年任军事委员会政治训练处秘书长，中央通讯社新闻检查局局长，三民主义青年团临时常务委员会书记长。1936年12月西安事变后，因对事件处理失当受到蒋介石斥责，被免除国民政府军事委员会政训处处长职位。1937年1月1日获颁四等云麾勋章。[2]抗日战争全面爆发后，1937年8月复任军事委员会政训处处长，兼任中央军官训练团教育委员会委员。1938年2月任军事委员会政治部（部长陈诚）第一厅厅长，主管军队政治工作，后又任该部秘书长。1938年7月兼任三青团临时中央干事、中央干事会常务干事及中央组织处书记长。1939年1月任西北慰问团团长，奉派赴延安与中共中央及其领导人进行政治协调事宜，不久即辞去中国国民党党务与军队政工所有职务，在重庆闲居一年多。1942年4月30日国民政府颁令派贺衷寒为国家总动员会议人力组主任。[3]1942年9月任行政院社会部劳动局局长，任职6年。1941年至1945年兼任《扫荡报》报社社长，1943年与方孝英（前黄埔军校教育长方鼎英之女）结婚。1945年5月20日当选为中国国民党第六届中央执行委员会执行委员。抗日战争胜利后，任国民政府社会部政务次长。1946年2月在中国国民党六届三中全会上当选为中央执行委员会常务委员。1946年11月15日由中国国民党中央直接遴选为（制宪）国民大会代表，1947年7月被推选为党团合并后的中国国民党第六届中央执行委员，1947年9月13日第六届四中全会上，当选为中国国民党中央执行委员会常务委员。1948年3月29日被推选为湖南省出席（行宪）第一届国民大会代表。其在任人力组主任、劳动局局长、社会部政务次长期间，进行过深入调查研究，

---

[1] 国民政府文官处印铸局印行：台湾成文出版社有限公司1972年8月出版《国民政府公报》第102册1936年1月2日第1936号颁令第14页记载。

[2] 国民政府文官处印铸局印行：台湾成文出版社有限公司1972年8月出版《国民政府公报》第119册1937年1月2日第2243号颁令第1页记载。

[3] 国民政府文官处印铸局印行：台湾成文出版社有限公司1972年8月出版《国民政府公报》第169册1942年5月2日渝字第462号颁令第3页记载。

著有《后期革命的号角》(另有一名作《中国的病根》)。1949年1月,蒋介石通电宣布下野时其亦辞职,1949年春赴台湾,1950年任台湾"交通部"部长,在任期间著有《交通管理要义》《交通管理论丛》等。1954年辞职,转任台湾"总统府"国策顾问。1961年任中国国民党中央设计考核委员会主任委员,1966年任台湾"行政院"政务委员,当选中国国民党第十届中央评议委员会委员。1971年退休,1972年5月24日因病在台北逝世。湖南省岳阳市政协文史资料委员会编辑的《岳阳文史》第十辑之《岳阳籍原国民党军政人物录》载有《贺衷寒其人其事》(梅彦著)。

赵枬

赵枬（1901—1926），又作栯，湖南衡山人。家
境贫寒，以耕读维持。自填登记通信处为湖南衡山
县瓦铺市。自填入学前履历：曾任（江西）安源工
会文书股长，水口山工会教育股长。衡山县立高等
小学堂毕业及衡山第二中学肄业四年。曾任安源工
会文书股长，水口山矿工会教育股长。1922年加入
中国社会主义青年团，1922年经毛泽东、夏曦介绍加
入中国共产党。1923年创建衡州青年团与中共党组织，
任青年团衡州地委书记。1923年12月经毛泽东（国

赵枬照片

民党一大湖南省代表，国民党第一届候补中央执行委员，国民党上海执行部文书
科代理主任、组织部秘书）、夏曦（国民党一大湖南省代表，国民党湖南组织筹
备处负责人，国民党湖南临时党部委员、书记长）介绍加入中国国民党。1924年
由毛泽东、施存统（上海大学社会科学部教员，国民党上海特别区党部执行委
员，中共上海区地方执行委员会委员长，中国社会主义青年团第二届中央执行委
员）保荐投考黄埔军校。1924年6月考入陆军军官学校第一期第二队学习，在学
期间曾随队往韶关大本营为孙中山担任警卫工作，1924年秋返回广州，1924年8
月随部参加对滇桂军阀杨希闵部、刘震寰部军事行动，1924年11月毕业。1925年
3月随军参加第一次东征，任攻打淡水城和惠州城的奋勇队员，任教导第一团连
党代表。1925年6月初奉派湖南衡州安源等地，招募水口山银矿、银炼厂和纺织
厂工人近百人，带至广东加入军校教导团。1926年在南昌战役中阵亡。

赵子俊

赵子俊照片

赵子俊（1889—1926），又名子骏，湖北武昌人。武昌县（现江夏区）立高等小学肄业。工人出身。自填登记处为湖北武昌小东门内，通信处为武昌文华大学童子军收转。自填入学前履历：受过陆军军事教育，赴俄国参加远东民族工人代表会议，回国后在武汉作工人运动，原为武昌利群书社杂工。1920年秋，武汉共产主义小组（又称中国共产党武汉支部）成立后，即被发展加入中国共产党，[1]另载1921年年初由郑恺卿（1888—1966）介绍加入中国共产党，[2]另说中共第一次全国代表大会以后入党。曾入攻鄂军军士教导队学习，后在武昌从事工人运动。1922年1月作为湖北工人代表，赴苏联莫斯科参加远东各国共产党及民族革命团体第一次代表大会。又载1922年春回国加入中国共产党，任中国劳动组合部武昌分部事务员，从事早期工人运动。1923年12月在汉口由廖干吾（国民党一大汉口特别区代表，协助林伯渠组建国民党汉口执行部，中共汉口地方执行委员会委员）、包惠僧（国民党湖北支部副主任，国民党中央宣传部干事，国民党中央党部学员训练班委员，中共武汉支部书记及汉口地方执行委员会委员长）介绍加入中国国民党，任中国国民党湖北省筹备委员会工人运动委员会

---

[1] 中共湖北省委组织部、中共湖北省委党史资料征集编研委员会、湖北省档案馆编纂：1990年2月印行《中国共产党湖北省组织史资料》第5页记载。

[2] 中共湖北省委组织部、中共湖北省委党史资料征集编研委员会、湖北省档案馆编纂：1990年2月印行《中国共产党湖北省组织史资料》第6页记载。

委员。[1]1924年春，由廖仲恺（孙中山指派出席国民党一大广东省代表，国民党第一届中央执行委员、常务委员、政治委员会委员，广州大本营财政部部长，广东省省长）保荐投考黄埔军校，1924年6月考入陆军军官学校第一期第二队学习，时年三十五岁，是第一期年龄最大的学员之一，在学期间任本队第八分队分队长，1924年11月毕业。分发入伍生部见习、训育副官，后随部参加了两次东征作战。1926年7月随部参加北伐战争，任国民革命军第一军第二师第四团第六连连长。1926年9月24日在南昌牛行车站战斗中阵亡。[2]

---

[1] 倪兴祥主编：上海人民出版社2006年6月《中国共产党创建史辞典》第590页记载。

[2] ①中国第二历史档案馆供稿，华东工学院编辑出版部影印，档案出版社1989年7月《黄埔军校史稿》第八册（本校先烈）第244页第一期烈士芳名表记载1926年9月24日在牛行车站阵亡；②台北《黄埔建国文集》编纂委员会编纂：台北实践出版社1985年6月16日印行《黄埔军魂》第574页"北伐战役殉国英雄姓名表"第一期记载。

赵云鹏

赵云鹏照片

赵云鹏（1902—1967），又名化民、荣鹏，陕西临潼县新丰镇梁赵村人。临潼新平镇私立小学、西安中华圣后会中学毕业，中央训练团党政班结业。祖辈务农，家境贫苦。自填登记、通信处为陕西临潼县新丰镇。自填入学前履历：曾任临潼县通俗教育演讲所所员，复任国民学校教员。曾任临潼县通俗教育演讲所教员，县立国民学校教员。1924年经于右任保荐投考黄埔军校，1924年5月经于右任介绍加入中国国民党。1924年6月考入陆军军官学校第一期第四队学习，1924年11月毕业。分发入伍生队任见习，参加第一次东征作战。1925年春奉派返回北方策应，历任国民革命军独立第十七师（师长杨虎城）排长、连长、营长。1930年任西北第十七路军总指挥部参谋，骑兵大队大队长。1933年任临潼县保安团团长，1935年任华阴县保安团团长，1937年任西安警备司令部副官长。抗日战争全面爆发后，任陕西石泉团管区司令官，1940年任汉中师管区副司令官。抗日战争胜利后，1945年10月获颁忠勤勋章。1946年1月奉派入中央训练团受训。1946年5月获颁胜利勋章。1947年后任甘肃兰州师管区副司令官，陕西省军管区司令部参谋长。1949年秋随陕西省军管区向人民解放军投诚。1953年返回原籍乡间务农为生，1967年为救护村中儿童触电身亡。[1]

---

[1] 陕西省黄埔军校同学会编纂、穆西彦主编：陕西人民出版社1991年6月《陕西黄埔名人》第49页记载为赵化民。

赵廷栋

　　赵廷栋（1900—?　），陕西武功人。陕西省立健本学校肄业。农家出身，水田一顷。自填登记处为陕西武功县薛固镇南永丰老堡。通信处为陕西兴年桑镇天自德号。自填入学前履历：本省督军公署卫队骑兵营第三连一排排长。曾充陕西省督军公署卫队骑兵营第三连一排排长。1924年春经于右任（中国国民党第一届中央执行委员）介绍投考黄埔军校，1924年5月经于右任介绍加入中国国民党。1924年6月考入陆军军官学校第一期第三队学习，1924年11月毕业。历任国民革命军陆军步兵团排长、连长、营长、团附，随军参加东征作战和北伐战争。1935年7月9日颁令叙任陆军步兵少校。[1]

---

[1]　国民政府文官处印铸局印行：台湾成文出版社有限公司1972年8月出版《国民政府公报》第95册1935年7月10日第1789号颁令第1页记载。

赵自选

赵自选照片

赵自选（1901—1928），湖南浏阳人。浏阳县高等小学肄业，湖南省立长沙师范学校毕业。祖辈务农，家境贫穷。自填登记处为湖南浏阳县柏嘉山，通信处为长沙东乡柏嘉山储英高等小学校。自填入学前履历：民国四年（1915年）在高小毕业，即在家务农，至八年（1919年）复入学现已毕业于长沙师范（学校）。1922年5月在长沙经何叔衡（前湖南长沙湘江学校校长，国民党湖南省临时党部筹备委员）、夏曦（国民党一大湖南省代表，国民党湖南组织筹备处负责人，国民党湖南临时党部委员、书记长）介绍加入中国国民党。1923年起，任浏阳县立小学教员，中国社会主义青年团湘区委员会候补执行委员。1924年春加入中国共产党。[1]1924年4月由罗学瓒（中共湘区地方执行委员会委员，湖南外交后援会文书主任，湖南青年救国会主席，湖南长沙湘江中学教员）、唐自刚（国民党湖南省临时委员会执行委员，前湖南长沙湘江中学教员）保荐投考黄埔军校。1924年5月到广州，1924年6月考入陆军军官学校第一期第三队学习，1924年11月毕业。1924年12月任大元帅府铁甲车队军事教官，曾随队赴广东广宁县支持农民运动，1925年2月带队攻打地主民团武装占据的茶坪岗获胜。1925年春任广东革命政府航空局飞机掩护队党代表、队长，省港罢工委员会广州纠察队第一大队教练员。1925年10月初随军第二次东征战事，任广东东江

---

[1] 廖盖隆主编：中共中央党校出版社 2001 年 6 月《中国共产党历史大辞典》增订本第 377 页记载。

海陆丰农民自卫军总指挥。1926年5月任广州第六届农民运动讲习所学生总队长兼军事教官，[1]学员结业后，奉派海丰县任广东省农民训练所主任。1926年12月调回广州，任广东省农民协会农民自卫军部部长，兼任全省农民自卫军军事总教官。1927年广州"四一五"反革命政变后，留广州坚持中共地下斗争，任中共中央南方局军委委员。1927年12月参加广州起义，任广州苏维埃政府代理土地人民委员，为广州起义主要领导人之一。[2]1928年1月转赴广东北江英德地区隐蔽，后赴广东海陆丰地区，参与组建农民武装。1928年4月13日在香港出席广东省委扩大会议，当选中共广东省委委员，[3]任广东省委派驻东江军事特派员，返回海陆丰地区，参与组织发起海丰农民暴动。1928年5月3日参与指挥工农革命军第四师攻占海丰县城，在掩护部队撤退时中弹牺牲。[4]

[1] 陈登贵、林锦文主编：中山大学出版社1996年5月《广州农民运动讲习所人物传略》第79页记载。

[2] 中共党史人物研究会编纂：陕西人民出版社1882年10月《中共党史人物传》第二十八卷第111页记载。

[3] 中共中央组织部、中共中央党史研究室、中央档案馆编纂：中共党史出版社2000年9月印行《中国共产党组织史资料1921—1997》第二卷《土地革命战争时期1927.8—1937.7》中册第1520页记载。

[4] 杨牧、袁伟良主编：河南人民出版社2005年11月《黄埔军校名人传》上册第893页记载。

赵志超

赵志超（1899—? ），吉林长春人。满族。吉林省立巡警学校毕业。家世务农，有房九间地四顷。已婚，妻为吉林新街县立第一女子小学校长骆静仪，育有一子名赵毅。擅长新闻编辑。自填登记处为吉林省城北七家子赵宅，通信处为吉林省城后新街县立第一女子小学校长骆静仪转交。自填入学前履历：吉林省立巡警学校毕业，历充警察署员、科员，《吉林报》发行兼社长，上海《民权报》驻吉记者，吉林《民报》报社经理。吉林省立巡警学校毕业后，曾充任吉林省城警察署科员，《吉林报》发行兼社长，上海《民权报》驻吉林记者，吉林《民报》报社经理，广州大元帅府特任军事委员，被推选为吉林省出席中国国民党第一次全国代表大会正式代表。1923年冬赴广州，1924年1月出席在广州文明路召开的中国国民党第一次全国代表大会，会后滞留广州从事中国国民党党务工作。1924年春由李希莲（孙中山指派出席国民党一大吉林省代表，前北京政府第一届国会参议院议员，国民党吉林省临时支部筹备委员，上海外国语学校教员）、董耕云（孙中山指派出席国民党一大吉林省代表，前北京政府国会众议院议员，国民党长春分部筹备委员）介绍投考黄埔军校，1924年6月考入陆军军官学校第一期第四队学习，是唯一以中国国民党一大代表身份入学黄埔一期的学员，[1]1924年11月毕业，后返回北方从事党务。

---

[1] 陆军军官学校编辑、台北文海出版社有限公司印行：近代中国史料丛刊三编第五十七辑《陆军军官学校第四队学生详细调查表》第876页记载。

赵定昌

赵定昌（1904—1998），别号踵武，原载籍贯云南迤西，另载云南凤庆人。顺宁县立初级中学、中央训练团将校班毕业。父从实业，有地产，年收入谷二百石，产茶百余石。擅长美术绘画。信奉孔教。自填登记通信处为云南迤西顺宁县城内文明坊街万顺号。自填入学前履历：曾充滇军第二军军部少校副官，时民国八年（1919年）至九年（1920年）回梓省亲，即未出外，于本梓高小校中充国画教员，本年（1924年）至粤，于江防司令部任中尉差遣。

赵定昌照片

曾任滇军第三军司令部少尉副官，迤西县高级小学图画教师。1904年12月7日生于一个经营实业的家庭。1924年1月赴广州，任广东江防司令部中尉差遣。1924年春由李伯英（时任滇军第二军中将参谋长）、徐德（时任广东江防司令部司令官）保荐投考黄埔军校，1924年5月16日经李宗黄（孙中山指派出席国民党一大云南省代表，国民党第一届候补中央执行委员，广州大本营军事参议，驻粤滇军第二军总参谋长兼代理军长）介绍加入中国国民党。1924年6月考入陆军军官学校第一期第四队学习，1924年11月毕业，后随部参加了两次东征作战，任黄埔军校教导第一团排长、连长。1926年7月任国民革命军第一军第二师第四团第二营营长、副团长，率部参加北伐战争。1927年7月调任国民革命军第一军第一师第一独立团团长，驻防江苏松江地区，兼任沪杭铁路警备司令部司令官。1928年10月任陆海空军总司令部侍从武官。1929年1月20日被推选为第三师特别党部候补监察委员。1929年6月任第三师第八旅旅长，1930年5月率部参加中原大战。1931年1月任陆海空总司令部南昌行营政治训练处（处长贺衷寒、袁守谦）秘书长，1931年11月该机构裁撤免职。1932年1月任军事委员会政治部秘书长，庐山中央训练团全国党政人员训练总队总队长。1936年3月4日颁令叙任陆军步兵上校。[1]1936年10月26日国民政府颁令委任陆军第三十三师副师长。[2]1936年12月任第三十三师（师长冯兴贤）副师长，率部驻防湖北大冶、阳新等地。抗日战争全面爆发后，1937年8月20日接冯兴贤任第八十九军第三十三师师长，率部参加淞沪会战、南京保卫战。1937年11月13日颁令晋任陆军少将。[3]1938年2月所部因损失减员过重，裁撤后并入第三十二师（师长贾韫山）。1938年6月8日任第八军（军长李玉堂）副军长，兼任预备第十一师师长，率部参加武汉会战，因所部作战失利损失严重，全师仅余五百余人，战后被撤职查办，预备第十一师番号亦被裁撤。1940年发表任军事委员会高级参谋，后返回昆明寓居赋闲。1945年赴缅甸仰光侨居。抗日战争胜利后，1948年秋受周恩来、陈赓等人委托，潜返昆明秘密从事策动事宜。中华人民共和国成立后，1953年10月任云南省人民政府参事室参事，云南省第一届至第四届政协委员。1984年12月被推选为云南省黄埔军校同学会顾问。1998年5月11日因病在昆明逝世。著有《血战上海老人桥》等。1995年11月为陈予欢编著的《黄埔军校将帅录》题词："亲爱精诚共死生，丹心卫国最坚贞，八年抗战英雄血，胜利花开壮志成。"

---

[1] 国民政府文官处印铸局印行：台湾成文出版社有限公司1972年8月出版《国民政府公报》第105册1936年3月5日第1988号颁令第1页记载。

[2] 国民政府文官处印铸局印行：台湾成文出版社有限公司1972年8月出版《国民政府公报》第116册1936年10月27日第2187号颁令第1页记载。

[3] 国民政府文官处印铸局印行：台湾成文出版社有限公司1972年8月出版《国民政府公报》第130册1937年11月15日第2509号颁令第1页记载。

赵勃然

赵勃然（1900—？），陕西华县人。农家出身，自给尚余。1923年毕业于陕西体育中学，后入上海东亚体育专门学校肄业。自填登记处为陕西华县南庙前，通信处为本县（华县）西关复盛合转瓜坡镇增盛德号。自填入学前履历：民国十二年（1923年）于本省（陕西）体育中学毕业，本年（1923年）六月肄业上海东亚体育专门学校，十三年（1924年）三月投入军校。1924年5月9日经王登云（又名宗山，前广州大元帅府大本营英文秘书，黄埔军校筹备委

赵勃然照片

员会委员，黄埔军校校长办公厅英文秘书）介绍加入中国国民党，1924年5月经于右任（时兼任上海大学校长）举荐投考黄埔军校。1924年6月考入陆军军官学校第一期第一队学习，1924年11月毕业。后随部参加了两次东征及北伐战争，历任国民革命军第一军第二十二师步兵营连长、营长。1927年任黄埔军校"剿赤"奋勇队队长。1928年5月22日任国民革命军总司令部补充第二团第一营中校营长。[1]1928年12月任第一师第二旅司令部参谋，后任第一师第一旅第二团团附。1936年12月任西安绥靖主任公署高级参谋。抗日战争全面爆发后，1938年2月任中央陆军军官学校第七分校学员总队总队长等职。

---

[1] 全国图书馆文献缩微复制中心2009年10月影印发行《国民革命军总司令部公报》第二册1928年5月第五期第84页记载。

赵荣忠

赵荣忠照片

赵荣忠（1898—1926），别字欣堂，山西五台县五级村人。山西陆军斌业中学、陆军步兵中学毕业，山西陆军学兵团及军官学生队肄业。父从商，家境贫苦。信奉基督（教）。自填登记处为山西五台县五级村，通信处为五台县五级村永裕厚号转交。自填入学前履历：（山西）斌业中学班长，学兵团干部。曾任斌业中学班长，学兵团副排长。1924年春由赵连登（前北京大学文科学生，国民党一大山西省代表，《山西晚报》社社长兼总编辑，太原国民师范学校教员，国民党山西省临时党部筹备委员）、苗培成（出席中国国民党一大山西省代表，原山西平民中学校长，时任国民党山西省临时党部执行委员兼宣传部长）、王用宾（时任广州大本营大元帅府参议及奉派北方军事委员，孙中山指派参加国民党一大山西省代表，前中国国民党本部参议兼北方党务特派员）保荐投考黄埔军校，1924年3月经王用宾、陈振麟（前北京政府参议院参议员、上海国会议员，国民党山西省临时党部筹备委员）介绍加入中国国民党。1924年4月与白龙亭、徐向前等山西籍学生赴上海，参加黄埔军校招生考试。1924年5月南下广州参加复试，1924年6月考入陆军军官学校第一期第一队学习，1924年11月毕业。分发黄埔军校第二教导团任见习、排长，入伍生队区队附，随军参加第一次东征作战。1925年6月任党军第一旅第二团步兵连副连长，随部参加对滇桂军阀杨希闵部、刘震寰部的军事行动。1926年7月任国民革命军北伐军第一军第二师团党代表，随部参加北伐战争。1926年秋任国民革命军第六军第十六师第一团代理团长、团长，1926年冬在宁夏定口北三圣公地方遭遇石友三部伏击，孤军作战负重伤牺牲。[1]1927年国民政府颁令追赠陆军少将衔。

---

[1] ①中国第二历史档案馆供稿，华东工学院编辑出版部影印，档案出版社1989年7月《黄埔军校史稿》第八册（本校先烈）第53页有烈士传略、第246页第一期烈士芳名表记载1926年12月11日在绥远广河阵亡；②台北《黄埔建国文集》编纂委员会编纂：台北实践出版社1985年6月16日印行《黄埔军魂》第574页"北伐战役殉国英雄姓名表"第一期记载。

赵能定

赵能定照片

　　赵能定（1904—？），别字泾甫，江西南昌人。广州大本营军政部陆军讲武学校肄业。1923年11月到广州，考入广州大本营军政部陆军讲武学校就读，1924年秋该校并入黄埔军校，1924年11月编入陆军军官学校第一期第六队学习，1925年2月肄业。随军参加了两次东征作战和北伐战争诸役，1929年12月任中央教导第三师第六团团长。

赵清廉

赵清廉（1900—1943），陕西商县人。务农家庭，尚可支度。自填登记处为陕西商县城东赵家原，通信处为商县城内悦盛成（号）转交。自填入学前履历：前在陕西靖国军充排长，后改充陕军第一师排长。商县县立高级小学校毕业，后入宪兵教练所毕业。曾充陕西靖国军排长，后改任陕军第一师排长。1924年春由于右任（时任中国国民党中央执行委员）举荐投考黄埔军校，1924年6月考入陆军军官学校第一期第三队学习，在学期间加入中国国民党，1924年11月毕业。毕业后奉派返回北方策应，投效国民军第二军（军长胡景翼）弓富魁部任排长、副连长，国民军第二军干部学校教官、学员队区队长。1926年夏任国民联军第二军总指挥部警卫营营长，随部参加北伐战争。1929年2月5日被军事委员会训练总监部政治训练处委任为骑兵第二师政治训练处主任，[1]兼任该师特别党部筹备委员、执行委员。1930年9月任新编第三旅旅长，1935年9月19日任新编第十师司令部参谋长，1937年1月6日颁令叙任陆军步兵中校。[2]抗日战争全面爆发后，奉派将陕西商洛山区地方武装民团及部分土匪武装收编，获得军事委员会西安行营番号，任军事委员会第一游击支队司令部司令官。1938年5月率游击支队奉命南下河南，再至湖北参加武汉会战外围战事。战后该支队奉命并入新编第三十五师，改任该师第三旅旅长，未到任。1939年1月新编第三十五师裁撤，

赵清廉照片

---

[1] 上海《民国日报》1929年2月9日"训练总监部新发表之各师政训处主任"一文记载。

[2] 《中央日报》1937年1月7日记载。

改番号为第一二八师，任副师长，率部驻防沔阳县仙桃镇。后该师第三八四旅战败投降日军，1943年1月奉派其赴仙桃镇策动该部回归重庆方面，因事泄遇害身亡。[1]

---

[1] 台北《黄埔建国文集》编纂委员会编纂：台北实践出版社 1985 年 6 月 16 日印行《黄埔军魂》第 583 页"抗日战役殉国英雄姓名表"第一期记载。

赵敬统

赵敬统（1902—1927），河南巩县赵沟村人。巩县县立高等小学、河南私立东岳学校体育科毕业，上海艺术师范大学肄业。祖辈务农，经济中等。自填登记处为河南巩县赵沟村，通信处为偃师城内同升公转交赵沟村。自填入学前履历：本县（巩县）高小毕业，湖南私立东岳学校体育科毕业，重整本村国民学（校）和民团。曾任本县国民学校及民团教员。1924年春由于右任、樊钟秀（国民党第一届候补中央监察委员，时任驻粤豫军讨贼军总司令，

赵敬统照片

驻粤豫军总司令，孙中山指派国民党两广、云南、福建执行部候补监察委员）、刘群士（又名积学，前广东护法军政府国会众议院议员，河南自治筹备处处长，国民党河南省支部长、临时党部筹备委员）、宋聘三（孙中山指派出席国民党一大河南省代表，前国民党河南省临时支部执行委员，国民党上海特别区执行部执行委员、常务委员）保荐投考黄埔军校，1924年5月15日经廖仲恺、蒋介石介绍加入中国国民党。1924年6月考入陆军军官学校第一期第四队学习，1924年11月毕业。分发军校入伍生队任见习，后任教导第二团第四营排长，随部参加第一次东征作战，1925年6月任党军第一旅侦探队队长，随军参加对滇桂军阀杨希闵部、刘震寰部的军事行动。1925年8月任国民革命军第六军第十八师步兵营营长，其间因反对师长胡谦任用同乡及"孙文主义学会"分子，转入国民革命军第一军第二十一师，任第六十三团军士连少校连长。1926年7月随部参加北伐战争，任国民革命军第一军第二十二师第六十三团第二营营长。1927年1月30日任浙江补充第一师（师长严重）第六十三团（团长陈诚）第二营营长，1927年2月14日在浙

江浪石埠与军阀孙传芳部战斗中阵亡。[1]

[1]　①中国第二历史档案馆供稿，华东工学院编辑出版部影印，档案出版社 1989 年 7 月《黄埔军校史稿》第八册（本校先烈）第 243 页第一期烈士芳名表记载 1927 年 2 月 14 日在浙江浪石埠阵亡；②台北《黄埔建国文集》编纂委员会编纂：台北实践出版社 1985 年 6 月 16 日印行《黄埔军魂》第 574 页"北伐战役殉国英雄姓名表"第一期记载。

赵履强

　　赵履强（1903—? ），浙江嵊县人。嵊县县立高等小学校毕业，书香之家出身，家境清贫。自填登记处为浙江嵊县甘霖镇，通信处为上海法租界打铁浜二三三号转交。自填入学前履历：浙江嵊县县立高等小学校毕业，1924年5月15日由周枕琴（又名骏彦，前浙江省立商科专门学校校长，黄埔军校军需部主任）、徐桂八（前中华革命党上海支部成员，大森浩然庐同学会成员，黄埔军校第一期中尉特别官佐）介绍加入中国国民党，1924年5月经竺鸣涛（时从日本成城学校、陆军野炮兵学校毕业回国，前国民党日本东京总支部成员，少年革命再造党组织者之一，后广东江防司令部参谋）、邵力子（时任上海大学副校长兼中国国民党上海执行部秘书）举荐投考黄埔军校。1924年6月考入陆军军官学校第一期第二队学习，1924年11月毕业，历任校军教导第二团排长，国民革命军第二十师步兵连连长。1926年第二次南昌之役中受重伤致残，[1]后返回原籍乡间务农为生。

---

[1]　《国民革命军北伐阵亡将士纪念特刊》记载。

郝瑞澂

郝瑞澂照片

郝瑞澂（1899—? ），又名瑞澂，别字云五，陕西兴平人。记载为民国前十二年二月二十五日出生。[1]农民家庭出身。兴平县立高等小学校教员。自填登记处为陕西兴平县本邑城内进盛亨号。自填入学前履历：民国十年（1921年）本邑高等小学教员，十一年（1922年）在陕西陆军第一师第一旅补充第二团模范连司务长。1922年在陕西陆军第一师第一旅补充第二团模范连充任司务长。1899年3月25日生于一个农户家庭。1920年经焦易堂（时为国民党籍国会议员，孙中山指派出席国民党一大陕西省代表，国民党陕西省临时党部执行委员）介绍加入中国国民党，1924年4月经于右任（时任上海大学校长）举荐投考黄埔军校。1924年6月考入陆军军官学校第一期第一队学习，1924年11月毕业，毕业后奉派返回北方策应。1927年任国民革命军总司令部补充团参谋，1928年派任黄埔同学会西安分会干事。1930年任第一师司令部参谋，第一师第二旅第五团团附，1933年12月任第一师独立旅第一团团长、副旅长。1935年5月2日颁令叙任陆军步兵上校。[2]另载1935年5月3日叙任陆军步兵上校。[3]1936年2月17

---

[1] 军事委员会铨叙厅民国二十五年（1936年）十二月印制《陆海空军军官佐任官名簿》第一册［少将、上校］第187页记载。

[2] 国民政府文官处印铸局印行：台湾成文出版社有限公司1972年8月出版《国民政府公报》第93册1935年5月2日第1731号颁令第1页记载。

[3] 军事委员会铨叙厅民国二十五年（1936年）十二月印制《陆海空军军官佐任官名簿》第一册［少将、上校］第187页记载。

日国民政府颁令委任第二十八师司令部参谋长。[1]1937年5月7日国民政府颁令："由陆军步兵上校郝瑞澂晋任为陆军少将。"[2]

[1] 国民政府文官处印铸局印行：台湾成文出版社有限公司 1972 年 8 月出版《国民政府公报》第 104 册 1936 年 2 月 18 日第 1974 号颁令第 1 页记载。

[2] 国民政府文官处印铸局印行：台湾成文出版社有限公司 1972 年 8 月出版《国民政府公报》第 123 册 1937 年 5 月 8 日第 2348 号颁令第 8 页记载。

钟伟

钟伟照片

钟伟（1902—？），别字志达，别号迪天，广东东莞县虎门乡人。东莞县立虎门高等小学、南京中央陆军军官学校高等教育班第四期毕业，贫苦农家出身。自填入学前履历：虎门高等小学毕业，经充大本营卫士。1902年2月8日生于东莞县虎门乡一个农户家庭。高等小学毕业后务农，后投效粤军，充任广州大元帅府大本营卫士队卫士。1923年1月12日经卢振柳（广东东路讨贼军第六路参谋长，粤军第二军总司令部参谋，广州大元帅府大本营参军，兼任大本营卫士大队大队长）介绍加入中国国民党，1924年春再举荐投考黄埔军校。1924年6月考入陆军军官学校第一期第三队学习，1924年11月毕业，分发入伍生任见习，后任教导第二团排长，随部参加第一次东征作战。1925年8月任国民革命军第一军第三师步兵连排长、连长，随部参加对滇桂军阀杨希闵部、刘震寰部的军事行动。1926年7月任国民革命军第一军第二十二师补充团营长、团长，随军参加北伐战争。1932年12月任北路军第七纵队第九十三师第五十五团团长、副旅长，率部参加对江西红军及根据地的"围剿"战事。1935年5月18日颁令叙任陆军步兵中校。[1]1935年夏奉派南京中央陆军军官学校高等教育班学习，1936年夏毕业，抗日战争全面爆发后，历任军事委员会高级参谋，庐山中央军官训练团学员大队队附，陆军第九十九师独立旅旅长。1939年10月5日颁令晋任陆军步

---

[1] 国民政府文官处印铸局印行：台湾成文出版社有限公司1972年8月出版《国民政府公报》第93册1935年5月19日第1745号颁令第2页记载。

兵上校。[1]1943 年 10 月任第九战区游击挺进总指挥部第三游击挺进纵队司令部参谋长，1944 年 12 月派驻广东第七战区司令长官部联络办事处副主任。抗日战争胜利后，1945 年 10 月获颁忠勤勋章。1946 年 1 月奉派入中央训练团受训，登记为少将团员，1946 年 3 月结业。1946 年 5 月获颁胜利勋章。1946 年 12 月任国防部少将附员。1949 年到台湾，1975 年春参加黄埔学生在台北召开的棉湖大捷五十周年纪念会时，撰文《棉湖战役之回忆》编入纪念册。

---

[1] 国民政府文官处印铸局印行：台湾成文出版社有限公司 1972 年 8 月出版《国民政府公报》第 143 册 1939 年 10 月 7 日渝字第 194 号颁令第 2 页记载。

钟洪

钟洪照片

　　钟洪（1900—? ），广东兴宁人。兴宁县立石马初级中学毕业，贫苦农家出身，地产收入仅足糊口。自填登记处为广东兴宁县石马，通信处为兴宁石马学校转交。自填入学前履历：在军队任职。1921年加入粤军，任东路讨贼军第一路营司务长、委员等职。1924年3月15日由曹石泉（原广州孙中山陆海军大元帅府副官，广东海防陆战队第二营营长，黄埔军校第一期第二队区队长）、李及兰（黄埔军校第一期第二队学员）介绍加入中国国民党，1924年5月24日由李济深（讨贼军第四军第一师师长，西江善后督办公署督办，黄埔军校筹备委员会委员）介绍投考黄埔军校。1924年6月考入陆军军官学校第一期第二队学习，1924年11月毕业，后服务粤军部队。1926年7月任国民革命军第四军第十二师第三十四团第三营营长，随部参加北伐战争。

钟畦

钟畦（1905—1926），湖南宝庆人。宝庆县立高等小学堂毕业，1923年冬到广州，入大本营军政部陆军讲武学校学习。1924年秋该校并入黄埔军校，1924年11月编入陆军军官学校第一期第六队学习，1925年2月肄业，后随部参加东征作战和北伐战争。历任国民革命军排长、连长。1926年10月在南昌战役中阵亡。[1]

---

[1] ①中国第二历史档案馆供稿，华东工学院编辑出版部影印，档案出版社1989年7月《黄埔军校史稿》第八册（本校先烈）第243页第一期烈士芳名表记载1926年10月在江西阵亡；②台北《黄埔建国文集》编纂委员会编纂：台北实践出版社1985年6月16日印行《黄埔军魂》第574页"北伐战役殉国英雄姓名表"第一期记载。

钟彬

钟彬照片

钟彬（1901—1951），原名斌，[1]别字中兵、中彬，别号炽昌，后改名彬，广东兴宁人。兴宁县立中学、广东公路工程学校测量科、陆军大学正则班第九期毕业，1901年9月1日生于兴宁县龙田合水村一个农耕家庭（另载生于1900年8月23日）。父培梅，母廖氏，兄弟皆无，姐二个妹一人，家有田产约三亩可耕作度活。自填登记处为广东兴宁县龙田合水，通信处为兴宁龙田廖云茂转交。自填入校缘由："锻炼体能尽本党之一份义务。"[2]1924年5月15日经刘汉杰（广东大学法科学生）、范振亚（前驻粤赣军第二混成旅步兵第六连连长、后黄埔军校第一期第一队第五分队队长）介绍加入中国国民党，再由刘汉杰举荐投考广州黄埔军校。1924年6月考入陆军军官学校第一期第一队学习，1924年11月30日毕业，分发黄埔军校教导第一团服务，随部参加第一次东征作战。早年与李安定关系密切并受其举荐任官，历任教导第一团第一营第三连（连长李安定）排长。1926年3月受李安定（时任中央军事政治学校第四期学生队政治科大队第二队队长）推荐，接任其宪兵教练所党代表一职。1926年7月随部参加北伐战争，任国民革命军第一军第二十师步兵营营长。1927年4月29日被广州国民政府海军处政治部（主任李安定）任命为广东海防舰队"自由舰"党

---

[1] 陆军军官学校编辑、台北文海出版社有限公司印行：近代中国史料丛刊三编第五十七辑《陆军军官学校第一队学生详细调查表》记载。

[2] 同上。

代表。1927年7月1日黄埔同学会广东支会成立，任该会执监委员会常务委员会（主席李安定）驻海军分会特派员主任。1927年7月6日被黄埔同学会广东支会推选为该会执监委员会常务委员会（主席李安定）纪律执行委员会（主席李安定兼）纪律执行委员，兼任海军分会特派员。1928年12月考入陆军大学正则班第九期学习，1930年10月提前毕业，1931年10月派任警卫第一师第一旅司令部参谋主任。部队改编后，1931年12月任第五军（军长张治中）第八十七师（师长王敬久）第二五九旅（旅长孙元良）司令部参谋主任，率部参加"一·二八"淞沪抗日战事。1933年1月任第八十七师第二六一旅（旅长宋希濂）第五二二团团长，后与宋希濂交情甚笃，志向相交日深，成为宋希濂的助手并多次得其保荐提携。1933年8月军政部合并第八十七师、第八十八师四个补充团，组成第三十六师（师长宋希濂），任该师司令部参谋长，主持全军编组训练工作。率部参加对福建事变第十九路军的军事行动，1933年12月任第三十六师第一〇八旅旅长，由参谋人员转任带兵主官。1934年9月30日获颁五等云麾勋章。1935年5月2日颁令叙任陆军步兵上校。[1]1937年5月21日颁令晋任陆军少将。[2]1935年8月1日任第三十六师（师长宋希濂）副师长，兼任江西安庐师管区司令部司令官，负责本师新兵补充训练事宜。1937年3月奉调中央陆军军官学校，任南京中央陆军军官学校第十一期第二学员总队总队长。抗日战争全面爆发后，率第二总队664名学员转移江西，该总队学员提前毕业分发前线后，1937年10月任中央陆军军官学校军官班主任。后任中央陆军军官学校第十二期教育处处长，兼任中央陆军军官学校战术研究班第一期至第二期班主任。1938年6月受宋希濂推荐，离开军校前往河南郏县接任第八十八师师长，率部参加鄂东北战役。1938年6月任中央陆军军官学校汉中分校主任，执掌该校校务两年。1939年又同时任中央陆军军官学校洛阳分校主任。1941年4月29日任第七十军（军长宋希濂兼）副军长，驻防陕西甘肃整训。1941年11月率部调赴昆明，准备加入远征军序列出国作战。1941年11月30日接到第十军军长委任状，他了解到第十军前任军长李玉堂刚被撤职，但

---

[1] 国民政府文官处印铸局印行：台湾成文出版社有限公司1972年8月出版《国民政府公报》第93册1935年5月7日第1734号颁令第8页记载。

[2] 国民政府文官处印铸局印行：台湾成文出版社有限公司1972年8月出版《国民政府公报》第124册1937年5月22日第2360号颁令第40页记载。

撤职理由并不充分，并且第十军官兵联名请求能留任李玉堂。鉴于此缘由，其认为由一个与第十军无渊源的人去接管部队是不现实的，会引起部属抵制，此外他同情老同学李玉堂的无过受罚，遂以"部队调防，事务繁忙"为由，迟迟不去就任，将此事拖延下来。1941年12月日军进犯长沙，薛岳重新起用李玉堂指挥第十军防守长沙，并获得胜利，李玉堂重返第十军任军长，其接任第十军军长事亦不了了之。1942年1月21日在昆明就任第七十一军军长，统辖第三十六师（师长李志鹏）、第八十七师（师长向凤武）、第八十八师（师长杨彬），隶属第十一集团军（总司令宋希濂）指挥序列。1943年所部第七十一军率先换装美国制火炮、重机枪及通讯、工兵器材，并抽调骨干官兵到军事委员会驻滇训练团参加训练。其与军部几位高级军官乘飞机赴印度，在美军驻印军兰姆伽训练中心（后改为战术军官学校）接受为期六周的战术与武器性能训练。1944年5月率部向滇西日军展开反攻。1944年12月20日任青年军第二○三师师长，统辖有步兵三个团，炮兵两个营，工兵、通讯、辎重各一个营，编制大于普通步兵师，师长大多以原来的军级干部调充，从名义上似降职任用，但实际为荣耀。1945年5月25日获颁青天白日勋章。[1]抗日战争胜利后，1945年10月获颁忠勤勋章。1945年10月任青年军第九军军长，主持青年军复员事宜。1946年5月30日获颁胜利勋章。1946年9月25日调任国民政府参军处中将衔参军。1947年9月任陆军整编第二十六师师长，1948年1月改任第二陆军训练处（处长顾祝同兼）副处长，在徐州协助训练新兵。1947年8月18日任国防部第九陆军训练处处长，广东韶关筹组新军。1949年1月任第一○九军军长。1948年9月22日颁令叙任陆军中将。1949年4月应邀赴宜昌，任第十四兵团司令部副司令官、司令官，川鄂绥靖主任公署副主任，率部在西南地区对人民解放军作战。1949年11月22日11时左右在四川白马场被俘（另有一说为钟彬率幕僚乘船逃至涪陵后被俘）。被俘后与宋希濂等人被关押于重庆小歌乐山北麓四川军阀白驹修建的香山别墅（即白公馆），两位好友整日下棋为乐。钟彬棋艺平平，常要求悔棋让棋，宋希濂"湖南骡子"脾气尽显，一子不让，以至于摔棋子撕棋盘，被牢友王陵基揶揄为"兵团司令都可以让给钟彬，而一着棋

---

[1] 国民政府文官处印铸局印行：台湾成文出版社有限公司1972年8月出版《国民政府公报》渝字第782号。

却不肯让"。1950年春，时任中国人民解放军第二野战军第四兵团司令员、西南军区副司令员的陈赓路过重庆时，曾专程看望一同关押的其与曾扩情、刘进三位黄埔一期生，[1]并设晚宴和他们坦率交谈了五六个小时，向他们热情交代政策消除思想顾虑。另说1950年2月下旬其因患急性疟疾，支撑了一个星期后不幸去世。另有记载他逝世于1953年。著有《龙州会战》等。曾为《青年远征军第二〇三师校阅特刊》（1945年11月青年军第二〇三师政治部编印，全书16开，共48页）作序。其幼女钟沪熙多次由美国回国搜寻其父历史数据与信息，并不认为其父钟彬是传闻中的病亡，认为是迫害致死，表示竭尽全力为编纂钟彬传记征集史料。时至今日，钟彬的死因与时间仍旧存疑。由胡健国主编、台北"国史馆"编纂并于2011年8月印行《"国史馆"现藏民国人物传记史料汇编》第三十六辑第535页有朱静之撰稿的钟彬勋绩纪事。

---

[1] 穆欣著：新华出版社1985年10月《陈赓大将》第747页记载。

钟烈谟

钟烈谟（1902—1926），江西修水人。修水县立高等小学校毕业，1923年冬到广州，曾任驻粤赣军第一路司令部文书，守备团副官，赣军干部讲习所学生区队长，后考入广州大本营军政部陆军讲武学校学习。1924年秋该校并入黄埔军校，1924年11月编入陆军军官学校第一期第六队学习，1925年2月肄业。后任入伍生队见习、教导第二团排长，国民革命军第一军第二师步兵连连长。参加了两次东征作战和北伐战争。1926年9月24日在江西南昌牛行车站战斗中阵亡。[1]

---

[1]　①中国第二历史档案馆供稿，华东工学院编辑出版部影印，档案出版社1989年7月《黄埔军校史稿》第八册（本校先烈）第243页第一期烈士芳名表记载1925年5月在广东阵亡；②台北《黄埔建国文集》编纂委员会编纂：台北实践出版社1985年6月16日印行《黄埔军魂》第573页"东征战役殉国英雄姓名表"第一期记载。

钟焕全

钟焕全（1903—? ），别字之觉，江西萍乡人。萍乡县城西高等小学毕业，省立萍乡第八中学肄业，陆军大学乙级将官班第四期毕业，中央训练团将官班结业。自填登记处为江西萍乡，通信处为萍乡城内城隍街钟氏宗祠转交。自填入学前履历：江西省立第八中学毕业，父孔骏，母李氏，祖辈耕织谋生，仅有住所恒产，家庭主要成员有兄弟三人。[1]1903年12月18日生于萍乡县一个农户家庭。1923年5月16日经茅延桢（时任广东西江陆海军讲武堂区队长）、

钟焕全照片

曹石泉（时任广东海防陆战队第二团第二营副营长）介绍加入中国国民党。1924年5月由朱培德（驻粤赣军总司令）举荐投考黄埔军校，1924年6月考入陆军军官学校第一期第二队学习，1924年11月毕业，后分配国民革命军第三军，任该军军官教导队排长，参加了两次东征作战。1926年7月任国民革命军第三军（军长朱培德）司令部军官教导团连长，参加北伐战争江西战事。其间曾任黄埔同学会筹备委员，赣州警备司令部少校参谋，步兵团团附。1935年5月任第二师补充旅副旅长，1935年5月17日颁令叙任陆军步兵中校。[2]抗日战争全面爆发后，任

---

[1] 陆军军官学校编辑、台北文海出版社有限公司印行：近代中国史料丛刊三编第五十七辑《陆军军官学校第二队学生详细调查表》记载。

[2] 国民政府文官处印铸局印行：台湾成文出版社有限公司1972年8月出版《国民政府公报》第93册1935年5月18日第1744号颁令第2页记载。

920 黄埔一期同学录

陆军步兵团团长、旅长、处长。1941年6月3日颁令晋任陆军步兵上校。[1]任第三战区游击总指挥部第二挺进游击纵队司令部副司令官。抗日战争胜利后，任江西省保安司令部高级参谋。1945年10月获颁忠勤勋章。1946年1月奉派入中央训练团将官班受训，登记为少将学员，1946年3月结业。1946年5月获颁胜利勋章。1946年12月3日参加赴南京任职、公干的81名黄埔一期生在中央训练团聚餐并于办公大楼前合影。[2]1947年7月6日上午参与中央训练团部分黄埔一期受训同学发起组织赴南京中山陵六百将校军官"祭祀哭陵"事件。[3]1947年11月入陆军大学乙级将官班第四期学习，1948年11月毕业。

[1] 国民政府文官处印铸局印行：台湾成文出版社有限公司1972年8月出版《国民政府公报》第161册1941年6月4日渝字第367号颁令第3页记载。

[2] 容鉴光编著：列入台北出版品预行编目资料，台北博煜企业有限公司2003年6月16日第一版印行《黄埔军校一期研究总成》第278页辑录。

[3] ①湖南省政协文史资料委员会编纂：湖南人民出版社1993年10月《湖南文史资料选辑》第五期记载；②湖南省岳阳市政协文史资料委员会编：《岳阳文史》第十辑，湖南省岳阳晚报出版印刷中心1999年8月《岳阳籍原国民党军政人物录》第201—205页记载。

钟焕群

钟焕群（1901—? ），江西萍乡人。萍乡县城区
高等小学、江西省立萍乡中学毕业，萍乡工业专科
学校肄业。祖父业儒，经济中等。自填登记处为江
西萍乡，通信处为萍乡城内城隍街乐泮堂侧钟氏宗
祠。自填入学前履历：高等（小学）毕业。1924年
1月经钟震岳（前闽赣边防督办公署秘书长，驻粤赣
军司令部军需正，广州大元帅府参谋处秘书）介绍
加入中国国民党，1924年春由李明扬（广西护国军
总指挥部高级参谋，赣军第一梯团司令，驻粤赣军

钟焕群照片

第一旅旅长，驻粤赣军司令）、朱培德（中央直辖滇军总司令兼北伐中路军前敌
总指挥，广州大本营参军长兼代理军政部部长，建国军第一军军长）保荐投考黄
埔军校。1924年5月到广州，1924年6月考入陆军军官学校第一期第三队学习，
1924年11月毕业，后入赣军服务，任步兵营排长、连长、营长，国民革命军总司
令部驻南昌办事处副主任。1929年4月10日任黄埔同学会文书股股长，[1]1929年12
月任南京黄埔同学会执行委员兼南昌分会主任，曾任南昌市公安局局长。抗日战
争全面爆发后，任陆军步兵旅团长、代理副旅长。1942年12月23日颁令叙任陆
军步兵中校。[2]任军政部补充兵训练分处处长，军事委员会军事训练部附员、高

---

[1]　国民政府文官处印铸局印行：台湾成文出版社有限公司 1972 年 8 月出版《国民政府公报》
第 26 册 1929 年 4 月 1 日第 129 号颁令第 3 页记载。

[2]　国民政府文官处印铸局印行：台湾成文出版社有限公司 1972 年 8 月出版《国民政府公报》
第 142 册 1942 年 12 月 23 日渝字第 529 号颁令。

级参谋。1945年4月颁令叙任陆军步兵上校。抗日战争胜利后，1945年10月获颁忠勤勋章。1946年1月奉派入中央训练团将官班受训，登记为少将学员，1946年3月结业，任江西省某师管区司令部副司令官。

项传远

项传远（1903—1968），别字望如，山东广饶人。山东正谊中学毕业，山东公立商业专门学校肄业，陆军大学特别班第七期肄业。自填入学前履历：山东正谊中学毕业，山东公立商业专门学校肄业。父大禄，母李氏，自填家庭主要成员[1]：兄长二个姐一个妹二个，妻子张氏。家庭经济中等。1903年12月26日生于广饶县石村镇大营庄项家村一个农耕家庭。其于县立中学毕业后，考入公立商业专门学校学习，1923年5月15日在济南由王乐平（孙中山指派国民

项传远照片

党一大山东省代表，前北京政府国会参议院议员，时任山东济南齐鲁书社社长）介绍加入中国国民党。1924年5月再由王乐平举荐投考黄埔军校，1924年6月考入陆军军官学校第一期第一队学习，1924年11月毕业，历任黄埔军校教导第二团第三营第七连第一排排长，随部参加第一次东征作战负伤。1925年夏任教导第三团步兵连连长。1926年7月北伐战争开始后，任国民革命军第一军第十四师（师长冯轶裴）第四十团第一营营长、团附，后任北伐东路军总指挥部（总指挥何应钦）参谋处科长，随部参加东路军北伐战争。1927年8月任第一军第二十二师第六十六团团长，率部参加龙潭战役。1928年10月国民革命军编遣时，因所部缩编被免职。任黄埔同学总会办事处干事，南京中央陆军军官学校学员调查处科长。1930年1月任军事委员会委员长（蒋介石）侍卫官，1931年任武汉警备总司令部

---

[1] 陆军军官学校编辑、台北文海出版社有限公司印行：近代中国史料丛刊三编第五十七辑《陆军军官学校第一队学生详细调查表》记载。

要塞步兵团团长。1932年3月5日被国民政府简任为陆军第八十九师（师长钱大钧）第二六五旅（旅长张雪中）步兵第五三〇团团长，1933年转任军事委员会委员长侍从室中校侍从副官，侍从室第四组卫士队队长，1935年任军事委员会委员长侍从室第一组组长。1936年1月1日获颁六等宝鼎勋章。[1]1936年夏任军事委员会委员长侍从室上校侍从副官。抗日战争全面爆发后，于淞沪会战期间负责传递委员长手令至第二军等部事宜。1943年春获颁光华甲种一等奖章，1943年4月任委员长侍从室侍从武官（挂陆军少将衔）。1943年10月入陆军大学特别班第七期深造。[2]1944年10月获颁四等云麾勋章。1945年1月任军事委员会高级参谋（陆军少将衔），嗣任山东挺进军总指挥部高级参谋。抗日战争胜利后，任第十一战区副司令长官部主任高参，兼任山东青济警备司令部司令官。1945年10月获颁忠勤勋章。1945年12月负责编练三团游击部队兵力为胶济铁路警备总队，任总队长。1946年5月获颁胜利勋章。1946年5月任徐州"剿匪"总司令部第二绥靖区司令部高级参谋，1946年8月任鲁东师管区司令部代理司令官，后兼青岛警备司令部副司令官。1948年1月1日获颁四等宝鼎勋章。1948年2月13日兼任由鲁东师管区与补训第一总队改编而成的第十一绥靖区保安第一总队总队长。1948年5月任青岛警备司令部副司令官。1948年9月22日颁令叙任陆军少将。1949年夏到台湾，任"东南军政长官公署"高级参谋。1959年办理退役，赋闲乡间生活清贫。[3]1968年5月13日于荣民总医院因肺癌治疗无效逝世。台湾传记作家于翔麟撰有《项望如先生事略》等。

[1] 国民政府文官处印铸局印行：台湾成文出版社有限公司1972年8月出版《国民政府公报》第102册1936年1月2日第1936号颁令第14页记载。

[2] 台北传记文学出版社印行《传记文学》第九十六卷第三期《民国人物小传》记载，查阅多种版本《陆军大学同学录》无载，故拟肄业。

[3] 台北"国史馆"编纂：2006年12月印行《"国史馆"现藏民国人物传记史料汇编》第十二辑第410页记载。

饶崇诗

　　饶崇诗（1900—？），别号序予，广东兴宁人。兴宁县本乡高等小学、兴宁县立初级中学毕业，清文传习所肄业。父从商业，家境中等。自填登记处为广东兴宁县城内北门洋垫塅，通信处为佛山东胜社谦益栈/兴宁县城内桢华斋号。自填入学前履历：前充大本营警卫团第三营书记，兵站部委员，第一师第三团第三营上士。曾任广州大本营警卫团第三营书记，兵站部委员，广东东路讨贼军第一师第三团第三营上士。1924年春由邓演达保荐投考黄埔军校，1924年5月28日经蒋中正（介石）介绍加入中国国民党。1924年6月考入陆军军官学校第一期第四队学习，1924年11月毕业，1925年9月18日被任命为黄埔军校特别官佐，1925年9月18日奉派以特别官佐调查新洲与河南地理，[1]后派赴苏联莫斯科中山大学学习。回国后，1928年6月7日委任国民革命军第一集团军第一纵队设计整理委员会中校委员。[2]1929年1月任广州黄埔国民革命军军官学校第七期第二总队政治训练处宣传科上校科附。1929年2月5日被军事委员会训练总监部政治训练处委任为陆军第四师政治训练处主任。[3]1929年6月7日任第一集团军第一军团政治设计整理委员会委员。1930年任浙江省警备师政治部主任，国民革命军总政治部党务特派员，南京中央陆军军官学校政治训练处组织科科长。1934年2月任福建省政府保安处派驻闽西保安分处（处长李延年）副处长，仍任第九师（师长李延年）政治部主任。抗日战争全面爆发后，任中国国民党中央组织部军队党务处副处

---

[1] 中国第二历史档案馆编：档案出版社 1992 年 12 月《蒋介石年谱初稿》第 425 页记载。

[2] 全国图书馆文献缩微复制中心 2009 年 10 月影印发行《国民革命军总司令部公报》第二册 1928 年 6 月第 6 期第 178 页记载。

[3] 上海《民国日报》1929 年 2 月 9 日"训练总监部新发表之各师政训处主任"一文记载。

长，军事委员会战时干部训练团第三分团政治总教官。后任中央政治大学军事训练副教育长。抗日战争胜利后，1945年10月获颁忠勤勋章。入中央训练团第九军官总队受训，登记为第九军官总队第十一大队第五十三中队上校中队长，时年45岁，[1]1946年5月30日获颁胜利勋章。

----

[1]　1946年9月1日印行的《中央训练团第九军官总队通讯录》第210页记载。

凌光亚

　　凌光亚（1903—1969），别字公陆，贵州贵定人。贵定县立高等小学毕业，贵阳南明中学肄业。祖辈务农，耕读为生，有地产若干。自填登记通信处为贵州贵定县城内南街。自填入学前履历：高等小学毕业，南明中学肄业。1903年6月10日生于贵定县一个农户家庭。1924年春由胡思舜（时任中央直辖滇军第五师师长）、凌霄（时任滇军第五师参谋长，后为出席国民党一大贵州省代表）保荐投考黄埔军校，1924年5月15日经蒋介石、胡思舜介绍加入中国国民党。1924年5月到广州，1924年6月考入陆军军官学校第一期第四队学习，1924年11月毕业，后任黄埔军校教导第二团排长、连长，国民革命军东征军营长，随部参加两次东征作战和北伐战争。1927年任国民革命军总司令部警备第二团上校副团长，1928年任南京卫戍司令部上校参谋，后赴武汉任中央军事政治学校军官研究班大队长。后率武汉分校学员迁移南京，任南京中央陆军军官学校第七期、第八期第一学员总队中队长、入伍生团副团长。1928年8月国民革命军编遣后，任中央教导第三师第七十九团团长，1931年教导第三师改编为第十四师，任第十四师第四十旅第七十九团上校团长。1931年8月任宪兵司令部宪兵教导总队总队长，兼任中央宪兵学校高级教官。1933年春任宪兵第六团团长。1935年5月1日颁令叙任陆军步兵上校。[1]1936年3月26日陆军步兵上校凌光亚转任陆军宪兵上校。[2]1937年

---

[1]　国民政府文官处印铸局印行：台湾成文出版社有限公司1972年8月出版《国民政府公报》第93册1935年5月1日第1730号颁令第1页记载。

[2]　国民政府文官处印铸局印行：台湾成文出版社有限公司1972年8月出版《国民政府公报》第105册1936年3月27日第2006号颁令第1页记载。

5月21日颁令陆军宪兵上校凌光亚晋任陆军少将。[1]1937年7月5日国民政府颁令免陆军宪兵第六团团长职，任命为第八十三师第二四七旅旅长。[2]抗日战争全面爆发后，任第八十三师第二四七旅旅长，率部参加淞沪会战。续任第二十七军副军长，豫北师管区司令部司令官。1945年春任贵州安顺师管区司令部司令官。抗日战争胜利后，1945年10月获颁忠勤勋章。1946年2月奉派入中央训练团受训，登记为少将学员，1946年3月结业。1946年5月获颁胜利勋章。1946年8月入中央警官学校高研班第三期受训，任内政部警察总督导。1946年12月3日参加赴南京任职、公干的81名黄埔一期生在中央训练团聚餐并于办公大楼前合影。[3]后返回贵阳，任贵州省军管区司令部参谋长。1947年2月22日颁令复叙任陆军少将。1949年7月，任贵州绥靖主任公署高级参谋，1949年冬随第五后勤司令部在贵州晴隆起义。[4]中华人民共和国成立后，在贵州省人民政府文史研究馆工作，"文化大革命"中被迫害致死。[5]

---

[1] 国民政府文官处印铸局印行：台湾成文出版社有限公司1972年8月出版《国民政府公报》第124册1937年5月22日第2360号颁令第40页记载。

[2] 国民政府文官处印铸局印行：台湾成文出版社有限公司1972年8月出版《国民政府公报》第126册1937年7月6日第2398号颁令第1页记载。

[3] 容鉴光编著：列入台北出版品预行编目资料，台北博煜企业有限公司2003年6月16日第一版印行《黄埔军校一期研究总成》第278页辑录。

[4] 刘国铭主编：团结出版社2005年12月《中国国民党百年人物全书》第1876页记载。

[5] 胡健国主编、台北"国史馆"编纂：2011年8月印行《"国史馆"现藏民国人物传记史料汇编》第三十六辑第182页席少丹撰稿《凌光亚先生事略》。

凌拔雄

凌拔雄（1895—? ），别号孟彪，湖南长沙人。长沙东乡朱家湾高等小学毕业，粤军第一师学兵营结业。家贫无地产。自填登记处为湖南长沙县东乡朱家湾，通信处为长沙贡院西街凌广泰号转交。自填入学前履历：高等小学毕业，粤军第一师学兵营毕业，嗣充该师第二团中尉排长。1923年春到广东西江，入广东西路讨贼军第一师当兵，后入该师学兵营，毕业后充任粤军第一师第二团少尉、中尉排长。1924年春由李济深（粤军第一师师长）保荐投考黄埔军校，1924年5月16日经赵自选（前中国社会主义青年团湘区地方执行委员会候补执行委员，黄埔军校第一期第三队学员）介绍加入中国国民党。1924年5月到广州，1924年6月考入陆军军官学校第一期第二队学习，1924年11月毕业，1926年3月任黄埔中央军事政治学校第四期驻省办事处科员。1926年7月随部参加北伐战争，历任国民革命军总司令部军务局副官，国民革命军总司令部警卫团连指导员、连长、营长。1929年10月任独立第四旅（旅长孙常钧）司令部参谋长。1931年1月13日任第十八军（军长陈诚）第十一师（师长罗卓英）第三十一旅（旅长张鼎铭）第六十三团团长，1932年春任第十一师（师长罗卓英）第三十一旅（旅长肖乾）第六十一团团长。[1]

---

[1] 方知今著：湖南人民出版社 1986 年 1 月《今是昨非见肝胆——原国民党高级将领方靖亲历纪实》第 39 页记载。

唐星

唐星照片

　　唐星（1898—1933），浙江嘉兴人。福建陆军随营学校、广东海军学校毕业，广州市民大学、广东国民大学肄业。父从商贩，经济中等。早年随父住广州经商，先后入广州培英高级小学、广东海军速成学校学习。1922年参加福建陆军，入随营学校肄业，广东海军学校毕业，市民大学肄业，再入广东国民大学肄业。自填登记处为浙江嘉兴县，通信处为广州锦荣街二十九号。自填入学前履历：广州交易所所负香港孔圣会监考员，厦门造币厂事务员，巩卫军统领部副官，社会主义青年团团员，国民外交后援会书记。曾任广州交易所科员，香港孔圣会监考员，厦门造币局事务员，漳州北伐巩卫军统领部副官。1923年冬加入中国社会主义青年团，充任广东国民外交后援会书记。1924年春由黄廷英（交通传习所毕业，国民外交后援会广州办事处秘书）、黄沙述（时为国民党广州区分部执行委员）保荐投考黄埔军校，1924年6月考入陆军军官学校第一期第一队学习，1924年8月随第一队赴韶关大本营，为孙中山担任警卫事宜，1924年9月返回广州续学，1924年11月毕业，分发教导第一团第三营第九连任见习、排长，东征军总指挥部预备队副连长，随部参加了两次东征作战。1925年10月第二次东征作战中负重伤，伤愈后任国民革命军第一军第二十一师步兵连连长，1926年7月参加北伐战争。后任第一师第二旅第六团营长、团长。1932年5月13日入南京中央陆军军官学校军官教育总队受训，1932年7月10日结训。[1]

<hr />

[1]　《中央日报》1932年5月13日、5月14日连续刊登"中央陆军军官学校军官教育总队启事（一）"记载。

后任"围剿"军第二纵队司令部警备团团长。1933年8月18日在湖北黄安（今名红安）县境作战阵亡。[1]

---

[1] ①中国第二历史档案馆供稿，华东工学院编辑出版部影印，档案出版社1989年7月《黄埔军校史稿》第八册（本校先烈）第245页第一期烈士芳名表记载1933年8月18日在湖北黄安（今红安）阵亡；②台北《黄埔建国文集》编纂委员会编纂：台北实践出版社1985年6月16日印行《黄埔军魂》第580页"'剿匪'战役殉国英雄姓名表"第一期记载。

唐澍

唐澍照片

唐澍（1903—1928），别字东园，原载籍贯直隶易县南贾庄，另载直隶徐水人。易县县立国民学校高级班、保定河北省立第二师范学校毕业，祖辈务农，家境贫穷。父衡三，读过私塾，当过学徒，后为记账先生。自填登记处为直隶易县南贾庄，通信处为定兴县姚村万昌号转交南贾庄转交。自填入学前履历：高小毕业当国民学校教员，又入直隶第二师范（学校）肄业二年至陕西又当教员。曾任本县（易县）南贾庄朝阳初级小学教员。1924年3月在上海经张湛明（上海大学教员，原保定第二师范学校教师）、向伯虎（上海大学教员）介绍加入中国国民党，1924年5月由张继（国民党第一届中央监察委员，前国民党北方执行部主持人及北京支部长，国民党中央宣传部部长）、王法勤（国民党第一届中央执行委员，前北京政府参议院议员，兼任国民党中央党务审查会委员）、李大钊（孙中山指派出席国民党一大北京特别区代表并为大会主席团成员，国民党第一届中央执行委员）保荐投考黄埔军校。1924年5月到广州，1924年6月考入陆军军官学校第一期第二队学习，在学期间加入中国共产党，[1]另载1924年加入中国共产党，[2]参加中国青年军人联合会活动，1924年11月毕业，1925

[1] 中共中央党史研究室科研管理部编纂：红旗出版社2001年6月印行《中国共产党革命英烈大典》上册第61页记载。

[2] 《中国共产党历史大辞典》编辑委员会编辑、廖盖隆主编：中共中央党校出版社2001年6月印行《中国共产党历史大辞典——总论·人物》增订本第433页记载。

年3月任广州农民运动讲习所第三届军事教官，[1]省港罢工委员会广州纠察队总教练，纠察队模范支队长，参加了两次东征作战。1926年秋奉派返回北方策应，1926年10月任张家口西北军干部学校主任教官，兼任学生队队长。1927年3月任西北国民军军事政治学校（校长续范亭）主任教官，兼任政治课教师，创办军校剧团与"易俗社"。1927年8月任国民革命军第二集团军独立第六旅（旅长石谦）司令部参谋长，兼任中共党团书记，中共陕西省委军委委员。1927年10月13日与谢子长、李象九等人领导该旅举行清涧起义，起义后掌握部分部队，仍沿用旧番号，其任陕西独立第六旅（旅长李象九）司令部（参谋长孟澄斋）参谋，与阎揆要、白志强等人组建军官教导队。1927年12月与谢子长、阎揆要等人发起韩城起义，以谢子长营一百多人为基础，成立西北工农革命军游击支队，任总指挥，[2]兼中共陕北军委书记。1928年2月被中共陕西省委派往陕军新编第三旅（旅长许权中，旅党委书记高克林）工作，任旅参谋长，该旅属陕军李虎臣指挥，全旅兵员1290人，长短枪1020支，机关枪3挺，迫击炮4门，装备良好，是中共在北方能掌握的最好部队。1928年4月30日以该旅为主发起渭华起义，1928年5月任西北工农革命军总司令，[3]击退了前来围剿的骑兵师（师长田金凯）进攻。1928年6月24日陕西当局组织了魏凤楼、田金凯等三个师兵力围攻，1928年7月1日在渭南保安镇战斗中牺牲。[4]著有《国民革命的真实基础——工农商学大联合》等。

---

[1] 陈登贵、林锦文主编：中山大学出版社1996年5月《广州农民运动讲习所人物传略》第49页记载。

[2] 中共中央组织部、中共中央党史研究室、中央档案馆编纂：中共党史出版社2000年9月印行《中国共产党组织史资料1921—1997》第二卷《土地革命战争时期1927.8—1937.7》下册第1947页记载。

[3] 中共中央组织部、中共中央党史研究室、中央档案馆编纂：中共党史出版社2000年9月印行《中国共产党组织史资料1921—1997》第二卷《土地革命战争时期1927.8—1937.7》下册第1947页记载。

[4] ①廖盖隆主编：中共中央党校出版社2001年6月《中国共产党历史大辞典》增订本第433页记载；②中共党史人物研究会编纂：陕西人民出版社1882年10月《中共党史人物传》第十五卷第195页记载。

唐震

唐震照片

唐震（1903—1928），广东兴宁人。兴宁县附城高等小学、兴宁县立初级中学毕业，父从商业，尚可维持。自填登记处为广东兴宁县附城西门外，通信处为兴宁县朱紫街合茂昌号转交。自填入学前履历：曾充大本营兵站部委员，后在滇军兵站充交通课员。曾充任大本营兵站部委员，驻粤滇军兵站部交通课员。1924年春由姚雨平（大本营中央直辖警备军司令，前惠州安抚使，广东东江治河督办公署督办）、黄炼百（大本营中央直辖警备军司令部参谋）保荐投考黄埔军校，1924年5月经姚雨平、黄炼百介绍加入中国国民党。1924年6月考入陆军军官学校第一期第二队学习，在学期间加入中国共产党，参加黄埔军校中国青年军人联合会活动，1924年11月毕业，分发教导第二团见习、排长，1925年1月参加第一次东征作战，任连长、团部上尉参谋。1925年6月回师广州，参加对滇桂军阀杨希闵部、刘震寰部的军事行动。1925年9月任国民革命第一军第一师政治部中校秘书。1926年2月任广东海军"江巩舰"党代表，委派广东海军陆战队营党代表。1926年3月20日"中山舰事件"后离开第一军。1926年7月随部参加北伐战争，任国民革命军第六军第二十一师政治部主任，历经从粤北入赣及南昌战役诸役。1927年8月随部参加南昌起义，8月3日撤离南昌向广东进发，转战江西会昌、广东潮州、汕头、进入流沙，与海陆丰部队会师。后奉命赴香港，从事秘书工作。1927年12月11日参加广州起义，起义失败后因叛徒告密，被扣留羁押广州公安局，后送南石头监狱。1928年6月24日于广州黄花岗遇害。

唐云山

唐云山（1896—1978），别字民山，广东肇庆县高安乡人。高要县立国民小学、肇庆初级中学、陆军大学正则班第十三期毕业，父光曦，母王氏，父从商业，惨淡经营，家庭主要成员有兄三名姐两个。[1]自填入学前履历：曾充（广东）东路讨贼军第三军委员、副官等职。记载为民国前十六年九月十九日出生。[2]1896年10月25日生于肇庆县高安乡一个农户家庭。早年曾任广东东路讨贼军第三军司令部委员，命令传达所副官，1922年11月在福州由

唐云山照片

李福林（时任广东东路讨贼军第三军军长）、练炳章（时任广东东路讨贼军第三军司令部参谋长）介绍加入中国国民党，1924年春由李福林（时任粤军第三军军长）举荐投考黄埔军校，1924年6月考入陆军军官学校第一期第四队学习，1924年11月毕业，后任黄埔军校教导第一团第三营排长、中尉副官，国民革命军北伐东路军第一纵队第二师第四团步兵连连长，随部参加了两次东征作战及北伐战争。1927年任国民革命军第一军第二十师独立团参谋，1928年8月国民革命军编遣，1928年9月被缩编后的第一师（师长刘峙兼）特别党部筹备委员会指定为该师第二团党部筹备委员。[3]1929年2月3日被推选为第一师特别党部执行委员。1929年

---

[1] 陆军军官学校编辑、台北文海出版社有限公司印行：近代中国史料丛刊三编第五十七辑《陆军军官学校第四队学生详细调查表》记载。

[2] 军事委员会铨叙厅民国二十五年（1936年）十二月印制《陆海空军军官佐任官名簿》第一册[上将、中将]第51页记载。

[3] 《申报》1928年9月7日"刘峙任徐海剿匪司令"一栏记载。

9月任独立第十五旅旅长，1931年改番号任独立第三十二旅旅长，1933年8月任第九十三师师长，率部参加对江西红军及根据地的"围剿"战事。1935年4月15日颁令叙任陆军少将。[1]1935年4月考入陆军大学正则班第十三期学习，1935年9月1日免师长职，由甘丽初接任，1936年1月1日获颁四等宝鼎勋章，[2]1937年12月陆军大学毕业。抗日战争全面爆发后，任军事委员会委员长侍从室组长，1938年9月10日接冷欣任第二十五军（军长王敬久）第五十二师师长，率部参加武汉会战。续任第八十六军、第二十五军副军长。抗日战争胜利后，1945年10月获颁忠勤勋章。1946年1月奉派入中央训练团受训。1946年5月获颁胜利勋章。1948年7月任东北"剿匪"总司令部冀热辽边区司令部副司令官，东北"剿匪"总司令部锦州指挥所（主任范汉杰兼）参谋长。1948年9月22日颁令叙任陆军中将，续任第七兵团司令部副司令官。1949年到台湾，1978年9月4日因病在台北逝世。

---

[1] 军事委员会铨叙厅民国二十五年（1936年）十二月印制《陆海空军军官佐任官名簿》第一册［上将、中将］第51页记载。

[2] 国民政府文官处印铸局印行：台湾成文出版社有限公司1972年8月出版《国民政府公报》第102册1936年1月2日第1936号颁令第13页记载。

唐同德

唐同德（1900—1925），安徽合肥县西南三镇区江家桥村人。合肥县桃溪镇高级小学、合肥县立中学毕业，沪陆军第十师军士特别教育班、河南洛阳西北军随营学校炮兵队、福建陆军随营学校肄业。祖辈务农，家有水田七十亩，旱田二十亩。自填登记处为安徽合肥县西南三镇区江家桥村，通信处为合肥南乡桃溪镇萧济生宝号转交唐述善堂收。自填入学前履历：民国七年（1918年）入沪陆军第十师军士特别教育班，因调浙江镇海填防停办，八年

唐同德照片

（1919年）赴河南洛阳西北军入野炮随军学校，因失败遣散，旋赴福建考入陆军随营学校，十一年（1922年）毕业，任卫队营排长，未几失败转投东路讨贼军，在第七旅、第五旅历任司书差遣等职。本县（合肥县）桃溪镇高级小学及县立中学毕业，1918年入沪陆军第十师军士特别教育班肄业。1919年加入河南洛阳西北军炮兵，入随营学校炮兵队肄业。同年冬考入福建陆军随营学校，1922年毕业，任卫队营排长，不久转投广东东路讨贼军，任第七旅司书、第五旅司令部差遣。1922年经陆学文（广东东路讨贼军总司令部供职）、张海洲（广东东路讨贼军总司令部供职）介绍在福建水口加入中国国民党，1924年春由许济（时任广东东路讨贼军第五旅旅长，前粤军第五旅旅长）保荐投考黄埔军校。1924年6月考入陆军军官学校第一期第一队学习，在学期间任本队第三分队副分队长，在学期间加入中国共产党，1924年8月7日至17日参与训练广州第一届农民运动讲习所25名学员，1924年11月毕业，参加中国青年军人联合会活动，1925年春任黄埔军校教导第一团第一营排长，参加第一次东征作战，在棉湖战役负重伤，痊愈后任副

连长。1925年10月参加第二次东征作战，任教导第一团（团长何应钦兼）第三营（营长王俊、曹石泉）学兵连连长，[1]率队攻克惠州城后，任教导第三团（团长钱大钧兼）第二营营长，在东征军分途进军中，于广东海丰遇袭腹部重伤身亡。[2]

---

[1] 钟伟著《棉湖战役之回忆》，载于沈云龙主编：台北文海出版社有限公司1975年印行，近代中国史料丛刊续辑第八十二辑《棉湖大捷五十周年纪念特刊》第71页。

[2] ①《黄埔血史——中央陆军军官学校追悼北伐阵亡将士特刊》第27页记载；②台北《黄埔建国文集》编纂委员会编纂：台北实践出版社1985年6月16日印行《黄埔军魂》第573页"东征战役殉国英雄姓名表"第一期记载。

唐金元

唐金元（1896—1972），别字焕屏，别号文泉，湖南醴陵县傅家坳乡人。醴陵县立初等小学、长沙中路师范学校附属高级小学、长沙长郡中学、湖南省立第二师范学校毕业，广州大本营军政部陆军讲武学校肄业。1896年3月2日生于醴陵县傅家坳乡一个耕读家庭。家有六十多亩水田出租，自耕六亩田，有房屋三栋，出租二栋。1903年私塾启蒙，1907年考入县立初等小学，1911年入长沙中路师范学校附属高级小学，1915年考入长郡中学读书。1918年中

唐金元照片

学毕业后，在醴陵张氏族校教书。继考入湖南省立第二师范学校学习，参加长沙进步学生组织俄罗斯研究会，加入中国社会主义青年团。1923年冬到广州，入大本营军政部陆军讲武学校学习。1924年秋该校并入黄埔军校，1924年10月编入陆军军官学校第一期第六队学习，1925年2月肄业。分发第二期步兵科第二队见习，第三期入伍生队排长，广州讲武学校区队长，步兵科第二团副连长、连长，随部参加了两次东征作战和对滇桂军阀杨希闵部、刘震寰部的军事行动。1926年7月任国民革命军第六军（军长程潜）司令部上尉参谋，随部参加北伐战争，1926年8月在南昌战役中负重伤。痊愈后返回原部队，1927年1月任国民革命军第六军第十七师第五十五团第一营第二连连长，参加南京战役，1927年8月任陆军总司令部警备团第二营营长，随部参加龙潭战役。第六军被裁撤重建后，被免职遣返。1928年起任江西省保安司令部警卫团少校营长、团附。后经一期同学举荐，1930年1月任南京卫戍司令部警卫团中校团附。1931年5月任第十师第五十六团（团长陈明仁）第一营营长，随军参加中原大战。1933年任陆军第十师第三十旅第

六十团团长。1933年7月20日南京中央陆军军官学校校本部特别党部执行委员会召集第二次全校党员大会，其被推选为中央陆军军官学校第四届特别党部执行委员会候补执行委员。[1]1934年8月部队缩编后，任军事委员会委员长侍从室副官，请假回家未到职。1935年10月任第一一九师独立旅副旅长，率部驻防福建。抗日战争全面爆发后，率部参加淞沪会战。后随军迁移西南地区，任军政部重庆第一补充兵训练处补充团团长，1940年任重庆卫戍总司令部督练官。1941年11月奉派入峨眉山中央训练团受训一个月，1942年任重庆军官总队大队长，1943年任军事委员会军事训练部校阅委员会点验组组长。1945年4月颁令叙任陆军步兵上校。抗日战争胜利后，1945年10月获颁忠勤勋章。1946年1月任江西军官总队队附。1946年5月获颁胜利勋章。1947年1月任第七十一军（军长陈明仁）司令部高级参谋，1948年8月任湖南第一兵团司令部高级参谋。1949年8月参加湖南和平起义。中华人民共和国成立后，1949年12月入中国人民解放军中南军政大学湖南分校学习，1952年8月返回原籍务农为生。1955年12月任湖南省人民政府参事室参事。[2]1972年4月26日因病逝世。

---

[1] 中国第二历史档案馆供稿：档案出版社1989年7月出版、华东工学院编辑出版部影印《黄埔军校史稿》第七册第189页记载。

[2] 湖南省人民政府参事室编纂：湖南人民出版社《湖南省参事传略》第二册第596页记载。

唐继盛

唐继盛（1898—1926），又名际盛，亦名季生，别字绍虞，湖北黄陂县三合店人。黄陂县乡立学校高级班、武昌中华大学中学部、湖南第一师范学校第二部毕业，父从农商，经济中等。自填登记、通信处为湖北黄陂县三合店。自填入学前履历：曾在黄州泸州等处任教员，十一年（1922年）在武昌粤汉路创办平民学校、工人夜校，因工人罢工被伪庭通缉，十二年（1923年）在长沙任教员。1918年12月加入恽代英等人组织的"日新社"，1919年在武昌参加五四运动，1919年10月与廖焕星、林育南发起"湖北健学社"。1920年加入"利群书社"，1920年夏返回三合店，与吴光荣、王电生、乐景钟在三合店青云小学发起成立"乡村改进社"，吴光荣与其先后为委员长，主张从乡村入手改造社会。1920年7月受恽代英委派，赴湖南第一师范学校学习，1921年春返回家乡黄冈，恢复浚新小学并任教，发起乡村教育，深受劳苦农民赞许。[1]1921年7月与恽代英、林育南、李求实、张浩等人组织"共存社"。1921年10月参加中国劳动组合书记部武汉分部工作，1921年12月加入中国社会主义青年团，1922年1月转入中国共产党。[2]1923年2月参加"二·七"京汉铁路工人大罢工，[3]因被吴佩孚、萧耀南发布通令追捕，离开武汉潜赴乡间躲避。先后在黄州中学、泸州中学任教，创办武昌粤汉铁路总工会平民学校和工人夜校。1923年与吴光荣等人在三合店创建中共黄陂小组，被推选为负责人。1923年6月奉派安源，任安源工人夜校主任，1923年5月至6月任中共水

---

[1] 皮明庥主编：湖北人民出版社1984年5月《湖北历史人物辞典》第353页记载。

[2] 倪兴祥主编：上海人民出版社2006年6月《中国共产党创建史辞典》第619页记载。

[3] 中共湖北省委组织部、中共湖北省委党史资料征集编研委员会、湖北省档案馆编纂：1990年2月印行《中国共产党湖北省组织史资料》第11页记载。

口山支部（书记蒋先云）组织委员，[1]1923年6月至11月任中共水口山党团（书记蒋先云）成员。后任中国社会主义青年团湖南地方委员会委员。1923年冬经夏曦（国民党一大湖南省代表，国民党湖南组织筹备处负责人，国民党湖南临时党部委员、书记长）介绍加入中国国民党。1924年春由恽代英（国民党上海特别区执行部宣传部秘书，上海《新建设》杂志编辑，中国社会主义青年团第二届中央委员、中央局成员）、韩觉民（上海《新建设》杂志社主任，上海大学社会系教员，后接邓中夏任上海大学校务长）保荐投考黄埔军校。1924年春末在上海市环龙路44号中国国民党上海执行部参加初试，通过初试录取有其与杨溥泉、许继慎、王逸常等人，发给三十元南下旅费，并指定其任组长一同乘船赴广州。[2]1924年5月4日到达广州，随即参加复试并录取为正取生。1924年6月考入陆军军官学校第一期第二队学习，1924年11月毕业，参加省港大罢工广州委员会工作，任广州工人纠察队军事教练。1925年1月奉派返回河南中国国民党党部工作，发起创建中国国民党河南省及中共地方组织，1925年夏任中国国民党郑州市党部执行委员长，兼任中共开封地方委员会书记。1926年1月作为河南省代表出席中国国民党第二次全国代表大会。1926年春任国民革命军第六军政治部党务科科长，广州国民革命军总政治部主任。[3]1926年6月14日因劳累过度，肺痨病复发重症在广州市立医院逝世，遗体安葬于广州黄花岗烈士公墓。1956年经黄陂县人民政府批准追认为烈士。[4]

---

[1] 中共湖南省委组织部、中国共产党湖南省组织史资料编纂领导小组编纂：中共湖南省委印刷厂1993年10月印行《中国共产党湖南省组织史资料1920年冬至1949年9月》第20页记载。

[2] 鲍劲夫著：解放军出版社1986年7月出版《许继慎将军传》第36页记载。

[3] 湖北省地方志编纂委员会编纂：光明日报出版社1989年8月《湖北省志——人物志稿》第四卷第1716页记载。

[4] 中华人民共和国民政部组织编纂，范宝俊、朱建华主编：黑龙江人民出版社1993年10月《中华英烈大辞典》第2177页记载。

唐嗣桐

唐嗣桐（1899—1935），陕西蒲城县兴市镇人。陕北榆林中学肄业，四川陆军讲武堂毕业，贫苦农家出身。自填登记处为陕西蒲城县兴市镇，通信处为本县（蒲城县）兴市镇积兴成号收转甜水井。自填入学前履历：前充陕西靖国军第三路第二团第一营第一连司务长，后调任本部副官，民国十一年（1922年）实任第一营第一连连长。1918年加入陕西靖国军，1922年任第二团一营一连连长。1924年春经于右任举荐投考黄埔军校。1924年5月到广州，1924年6月考

唐嗣桐照片

入陆军军官学校第一期第一队学习，以考试成绩与资历排名同学录第一名，[1]在学期间集体加入中国国民党，在学期间任本队第一分队分队长，1924年11月毕业，分发教导第二团第二营第七连排长、副连长，1925年1月随部参加第一次东征作战。后奉派返回陕西策应，投效国民军第三军第三师（师长杨虎城），1925年8月任杨虎城在陕西耀县创办的三民军官学校，受杨虎城赏识，任陕北国民军前敌总指挥（杨虎城兼）部三民军官学校（校长杨虎城兼）教务长，兼教授部主任。所部改编后，1925年7月任国民军第三军第三师（师长杨虎城）三民军官学校教务长，后由王宗山代理校长职务，1926年8月三民军官学校自行解散。1926年随杨虎城部参加北方北伐战事，1927年蒙委，任国民革命军第十七军（军长曹万顺）司令部军事训练处处长，后改任第一师副师长，1928年调任讨逆军第十七路军总

---

[1] 湖南省档案馆校编：湖南人民出版社1989年7月《黄埔军校同学录》第2页记载。

指挥部少将参议，[1]1930年5月任陕西省会公安局局长。1930年10月任陕西警备第三旅旅长，1933年10月警备第三旅番号为警备第一旅，仍任旅长。1935年7月2日在秦岭地区山阳县袁家沟口与红军第二十五军作战中被俘，两天后红军在转移时将其枪决，后被斩首悬挂在子午镇西门外面。[2]陕西省政协文史资料和学习委员会编纂、陕西出版集团/陕西人民出版社于2010年4月出版的《陕西文史资料精编》第五卷《军事派别》下册第451页载有《对我红二十五军在袁家沟口歼灭陕西警备第一旅之回忆》（陈洁生1981年10月撰文）、《活捉警一旅旅长唐嗣桐》（吴顺智1983年12月撰文）等。

---

[1] 陕西革命先烈褒恤委员会编：1949年1月编印初稿《西北革命史征稿》，2011年6月甘肃人民出版社正式印行《西北辛亥革命事略》第235页记载。

[2] 台北《黄埔建国文集》编纂委员会编纂：台北实践出版社1985年6月16日印行《黄埔军魂》第588页"戡乱战役殉国英雄姓名表"第一期记载。

夏明瑞

夏明瑞（？—？），原缺载籍贯。[1]1924年6月考入陆军军官学校第一期第一队学习，1924年肄业，后服务社会。[2]

---

[1] ①湖南省档案馆校编：湖南人民出版社1989年7月《黄埔军校同学录》第一期同学录补录名单第15页记载；②广东省国家档案馆藏《第一期同学附录》第4页列名第一队，缺载籍贯；③陆军军官学校编辑、台北文海出版社有限公司印行：近代中国史料丛刊三编第五十七辑《陆军军官学校第一队学生详细调查表》无载。

[2] ①陆军军官学校编辑、台北文海出版社有限公司印行：近代中国史料丛刊三编第五十七辑《陆军军官学校第一队学生详细调查表》第3页记载；②中国第二历史档案馆供稿、华东工学院编辑出版部影印：档案出版社1989年7月出版《黄埔军校史稿》第十一册第5页记载。

夏楚中

夏楚中照片

夏楚中（1901—1988），原名楚钟，别字贯难，别号国楠，后改名楚中，湖南益阳人。湖北省立甲种工业专门学校、陆军大学特别班第一期毕业，自填登记处为湖南益阳，通信处为益阳县鲊埠镇武潭詹恒丰（号）转交。自填入学前履历：曾任湖南省有矿务局实习员。父荫槐，母周氏。自填家庭主要成员及经济状况：兄一人妹两个，家贫业农，仅薄田数亩。[1]1901年5月23日出生于益阳县鲊埠镇武潭乡村一个农户家庭。曾任湖南省有矿务局实习员。

1924年5月15日经邓演达（黄埔军校入学试验委员会委员）、金佛庄（前浙江陆军第二师营长，黄埔军校第一期第三队上尉队长）介绍加入中国国民党，继由周润芝（时任广州盐运使署秘书）、王绍佑（时任广东大学师范院教员）举荐投考广州黄埔军校。1924年6月考入陆军军官学校第一期第三队学习，1924年11月毕业，1928年任中央陆军军官学校武汉分校学员大队大队长，1928年12月保送陆军大学特别班第一期学习，因战事离校，1930年2月任中央第三教导师（师长钱大钧）第二团团长，1930年5月率部参加中原大战。1930年11月所部改编后，任第十四师第四十旅旅长，1931年10月办理陆军大学特别班毕业，1933年10月1日以在江西"围剿"作战中被重创的第五十二师残部改编新番号陆军师，正式编成后任第九十八师师长，率部参加对鄂豫皖边区红军及根据地的"围剿"战事。1935

---

[1] 台北文海出版社有限公司印行：近代中国史料丛刊三编第五十七辑《陆军军官学校第三队学生详细调查表》记载。

年4月15日颁令叙任陆军少将。1936年1月1日获颁四等宝鼎勋章。[1]1936年10月5日颁令叙任陆军中将。1936年11月12日获颁四等云麾勋章。[2]抗日战争全面爆发后，率部参加淞沪会战，1937年9月1日所部扩编，任第七十九军军长，统辖第九十八师（师长夏楚中兼）、第一〇八师（师长张文清）、第七十六师（师长王凌云），率部参加南京保卫战、南昌战役和1939年冬季攻势。1942年10月3日发表任第十九集团军副总司令，1942年10月30日该集团军裁撤免职。1942年12月任第十集团军副总司令，1943年3月1日免兼第七十九军军长职，遗缺由王甲本接任，率部参加浙赣会战、第一次至第三次长沙会战。[3]1945年2月任陆军总司令部第四方面军（司令长官王耀武）副司令长官，抗日战争胜利后，任第二十集团军总司令。1945年10月获颁忠勤勋章。1946年5月获颁胜利勋章。1947年4月奉派入中央军官训练团第三期受训，前期任学员大队大队长，后期任中央军官训练团第三期（教育长王东原）副教育长。[4]1947年2月所部第二十集团军改编，编成后任陆军整编第二十一军军长，1947年11月5日该军裁撤并免职。1949年夏任第二绥靖区司令部副司令官。1949年到台湾，任台湾东部防守司令部司令官，台湾"国防部"高级参谋，1963年退役。1988年12月28日在台北因病逝世。[5]著有《往事忆旧》等。台湾印行有《黄埔一期夏楚中将军纪念集》《夏楚中将军生平事略》等。

---

[1]　国民政府文官处印铸局印行：台湾成文出版社有限公司1972年8月出版《国民政府公报》第102册1936年1月2日第1936号颁令第13页记载。

[2]　国民政府文官处印铸局印行：台湾成文出版社有限公司1972年8月出版《国民政府公报》第117册1936年11月13日第2201号颁令第7—9页记载。

[3]　刘绍唐主编：台北传记文学出版社1999年10月15日印行《民国人物小传》第十五辑记载。

[4]　台北《黄埔建国文集》编纂委员会编纂：台北实践出版社1985年6月16日印行《黄埔军魂》第322页记载。

[5]　台北"国史馆"编纂：2006年12月印行《"国史馆"现藏民国人物传记史料汇编》第三辑第350页记载。

容有略

容有略照片

容有略（1906—1982），别字天硕，别号建雄，广东香山人。香山县南屏乡甄贤高等小学堂毕业，香港私立英文专科学校肄业，陆军大学特别班第四期毕业，中央军官训练团第二期结业。自填登记通信处为广东香山县南屏乡。自填入学前履历：民国九年（1920年）夏六月在甄贤高等小学堂毕业，年内任该校学生自治会会长，在香港读英文一年，画像半载。1906年9月19日生于香山县一个渔民家庭。父早亡，早年随兄当海员，1920年6月毕业于本县（香山县）南屏乡甄贤高等小学堂，在学期间曾被推选为学生自治会会长。1921年前往香港考入私立英文专科学校肄业一年，后因经济拮据辍学。以街头为人画像谋生半年，后返回广州入香山会馆任办事员。1924年3月27日经杨殷（时任国民党广州市第四区分部执行委员会委员兼秘书，广州工人代表会执行委员会顾问）、杨匏安［国民党广州市第十区分部执行委员兼秘书，国民党中央组织部（部长谭平山）秘书，中共广州粤汉铁路支部书记］介绍加入中国国民党，1924年4月由孙中山、廖仲恺举荐投考黄埔军校。1924年6月考入陆军军官学校第一期第四队学习，1924年11月毕业，毕业后历任黄埔军校教导二团（团长王柏龄）第二连排长、连附、连长，参加了两次东征作战和北伐战争。1927年起任国民革命军第一军（军长何应钦）第一师（师长薛岳）第二团第一营营长。1929年任国民政府警卫师团长，1932年任讨逆军第十九路军总指挥部参谋处处长，1933年11月22日随部参加福建事变，事败后被整编降职。抗日战争全面爆发后，于1938年3月入陆军大学特别班第四期学习，在学期间曾任学员队队长，1940年4月毕业，后任军事委员会参议，第九战区司令长官部干部训练团学员大队大队长。1942年5月改任第九战区司令长官部高级参谋，1942年6月任第九战区第十军（军长方先觉）司令部参谋长，1942年9月兼任长沙警备司令部参谋长，1944年1月23日任第十军第一九〇师师长，率部参加衡阳保卫战，与军长方先觉等人坚守衡阳城44天，重创日军精锐第十一军，此役后获颁青天白日勋章。[1]抗日战争胜利后，曾任上海保卫总团总团长。1946年5月颁令叙任陆军步兵上校。后任整编第四师副师长，1946年6月入中央军官训练团第二期受训，并任第一中队分队长，1946年8月结业，返回原部队续任原职。1946年12月3日参加赴南京任职、公干的81名黄埔一期生在中央训练团聚餐并于办公大楼前合影。[2]1948年夏任徐州"剿匪"总司令部军务处处长，1948年9月22日颁令叙任陆军少将。1949年7月19日与何应钦、梁华盛、何崇校等人陪同蒋介石最后巡视黄埔军校，同日晚参加在粤将领防守广州会议。1949年1月19日任重建后的第六十四军军长，统辖陆军第一五六师（师长张志岳）、第一五九师（师长倪鼎垣）、第一三一师（师长张其中）等部，1949年12月兼任海南警备司令部副司令官，1950年1月任海南防卫总司令部第三路司令官，后任设于海南岛的"广东省政府敌后委员会"委员兼军事组组长，率部在广东南路对海南岛与人民解放军作战。1950年5月随军到台湾，1951年2月被任命为"粤中反共救国军"总指挥部总指挥。[3]1959年1月任台湾"国防部"中将参议，1961年7月1日办理退役，后任台湾"交通部"顾问。1982年8月1日在台北因病逝世，安葬于台北"国军示范公墓"中将第二区第一排。著有《往事忆旧》《容天硕文存》等。

---

[1] 刘绍唐主编：台北传记文学出版社1999年10月15日印行《民国人物小传》第六辑记载。

[2] 容鉴光编著：列入台北出版品预行编目资料，台北博煜企业有限公司2003年6月16日第一版印行《黄埔军校一期研究总成》第278页辑录。

[3] 台北"国史馆"编纂：1993年6月印行《"国史馆"现藏民国人物传记史料汇编》第九辑第236页记载。

容保辉

容保辉照片

容保辉（1905—？），又名宝辉，广东香山县南屏乡人。香山县立高等小学校毕业，香港皇仁中学校肄业。家从商贩，经济中等。自填登记通信处为广东香山县南屏乡。自填入学前履历：小学毕业后进香港皇仁中学校。香山县立高等小学校毕业，后入香港皇仁中学校修业。1924年3月21日经杨殷（时任中国国民党广州市筹备党部第二分部委员）、卓永福（时任中国国民党香山县党务委员）介绍加入中国国民党，1924年4月由孙中山、廖仲恺举荐投考黄埔军校。1924年6月考入陆军军官学校第一期第三队学习，1924年11月毕业，1926年7月北伐誓师后，奉命留守黄埔军校校本部，任黄埔同学会广州留守处主任。[1]1927年12月任南京黄埔同学总会驻粤办事处主任。

---

[1] 中国第二历史档案馆供稿、华东工学院编辑出版部影印：档案出版社1989年7月《黄埔军校史稿》第十册第328页记载。

容海襟

容海襟（1904—？），又名容裔，广东香山县南屏乡人。前南京国民政府副主席、立法院、行政院院长孙科外甥。香山县立高等小学、澳门教会学校英文科肄业。父从商贩，自给尚余。早年信仰基督教。自填登记处为广东香山县南屏乡，通信处为澳门新花园兵房对面孙（文）宅。自填入学前履历：民国十年（1921年）夏令六月小学毕业，后在澳门读英文约年余，未有干过何种事务。1904年6月11日生于香山县南屏乡一个侨商家庭。1921年毕业于

容海襟照片

县立高等小学，后赴澳门教会学校读英文年余，尚未从业社会。1924年3月27日由杨殷（时任国民党广州市第四区分部委员，石井兵工厂工会代表）介绍加入中国国民党，1924年4月由孙中山、廖仲恺举荐投考黄埔军校。1924年6月考入陆军军官学校第一期第一队学习，1924年11月毕业，后服务军界。曾任国民政府财政部派驻苏属缉私局局长，军政部航空掩护大队大队长。抗日战争全面爆发后，任安徽省第九区保安司令部副司令官。

徐文龙

　　徐文龙（1898—?　），浙江永嘉人。浙江志愿军、浙江军士教导队肄业。家从油业，经济中等，尚能自给。擅长拳术及军事法规。自填登记通信处为浙江永嘉县。自填入学前履历：浙江志愿军及教导队毕业，民国四年（1915年）充于浙军第一师第三团第四连中士，六年（1917年）提升于第一团第二连司务长，本师长三令升于第三连少尉，又升任第三团中尉军需长，八年（1919年）归里，九年（1920年）随友赴山东襄城县充县知事公署队长，十一年（1922年）在福建充营教练兼副官。浙江志愿军及教导队毕业，1915年充任浙军第一师第三团第四连中士，1921年升任第一团第二连司务长。1923年任福建闽军司令部营教练兼副官。1923年秋往广东任大元帅府大本营卫士队排长、分队长。1924年2月12日经戴任（广州大元帅府参军处参军，出席国民党一大浙江省代表）介绍加入中国国民党，1924年春由卢振柳（广州大本营参军兼卫士大队长）介绍投考黄埔军校。1924年6月考入陆军军官学校第一期第四队学习，在学期间任本队第四分队分队长，1924年11月毕业，后服务社会。

徐石麟

徐石麟（1900—1976），又名石林，原籍安徽望江，生于江苏金坛。金坛县国民学校、安徽安庆六邑中学毕业，上海大学文学系肄业。自填家庭成员：父达，母王氏，双亲早亡，兄弟姐妹皆无，妻韩氏，子希能、希纨；家约有值两千元之不动产。自填登记通信处为原籍安徽望江县，现寓江苏金坛县北门同兴和号转交。自填入学前履历：民国九年（1920年）毕业于小学，十一年（1922年）毕业于安徽安庆六邑中学，又肄业上海大学文学系二年。1924年春

徐石麟照片

由袁家声 [前安徽淮上军讨马（联甲）自治军总司令，柏文蔚北伐讨贼军第二军司令部顾问]、薛子祥（时任柏文蔚北伐讨贼军第二军司令部顾问）举荐投考黄埔军校，1924年4月10日经柏文蔚（孙中山指派出席国民党一大安徽省代表，前安徽淮上军总司令，国民党第一届中央执行委员，时任北伐讨贼军第二军军长）、谭惟洋（国民党一大上海特别区代表，前中国国民党安徽支部长，大本营参议及北伐第二军总司令部顾问）介绍加入中国国民党。1924年5月到广州，1924年6月考入陆军军官学校第一期第一队学习，在学期间加入中国共产党，1924年11月毕业，分发教导第二团任见习、排长，入伍生团副连长，随部参加了两次东征作战。1926年1月任中央军事政治学校潮州分校政治部宣传科科长。1926年7月随部参加北伐战争，任国民革命军第四军第十师（师长陈铭枢）第二十八团连长、副营长。1927年8月随部参加南昌起义，任起义军第十一军第十师（师长蔡廷锴）第二十八团参谋长。1927年8月3日起义军南下江西进贤，8月4日与范荩、胡灿等被蔡廷锴部扣留，后遣送出部队（另说因策动部队归附南京，被蔡廷锴扣

留遣送）。后经鄱阳、九江到汕头继赴香港，1928年到上海，入国民革命军杭州黄埔失散同学登记处登记，奉派入南京中央陆军军官学校高级班受训。经黄埔同学保荐获任官资格，1931年12月任南京中央陆军军官学校教导总队支队长、团长。1933年12月任训练总监部安徽省教育训练委员会主任委员。1936年3月14日颁令叙任陆军步兵中校。[1]1937年6月9日颁令晋任陆军步兵上校。[2]抗日战争全面爆发后，任第一战区司令长官部少将秘书。1938年10月任第五战区司令长官部兵站部分站长、运输团团长，豫鄂皖边区抗日敌后游击挺进总指挥部第三游击挺进纵队司令部副司令官，后任县长，军事委员会政治部第四厅副厅长。1945年6月28日颁令叙任陆军少将，抗日战争胜利后，1946年7月退为备役。1946年12月应邀出任甘肃河西警备总司令部新闻处处长。1947年4月奉派入军官训练团第三期第三中队学员队受训，并任该期办公厅训育组第三中队政治指导员，1947年6月结业，返回原部队。中华人民共和国成立后，曾任全国政协文史资料征集研究委员会专员，1976年因病逝世。著有《八一起义片段》（载于南昌八一纪念馆编："中国共产党历史资料丛书"中共党史资料出版社1987年6月《南昌起义》第331页）、《记长沙大火之夕》等。

---

[1] 国民政府文官处印铸局印行：台湾成文出版社有限公司1972年8月出版《国民政府公报》第105册1936年3月15日第1996号颁令第1—2页记载。

[2] 国民政府文官处印铸局印行：台湾成文出版社有限公司1972年8月出版《国民政府公报》第125册1937年6月10日第2376号颁令第1页记载。

徐会之

徐会之（1900—1951），原名亨，湖北黄冈县团风镇宋家坳人。黄冈县国民学校肄业，湖北省立甲种工业学校、湖北中法高等学校毕业，父临奎早亡，母王氏，无兄弟姐妹，耕读为生，家有不动产时值五千元。自填登记处为湖北黄冈县团风镇宋家坳，通信处为团风镇邵洪顺号转交。自填入学前履历："民六（1917年）肄业于湖北甲种工业学校，民九（1920年）愤于五四学潮，赴洛阳投身学生军，在洛（阳）将一月，不愿居愚民政策之下弃之返鄂，十年

徐会之照片

（1921年）考入湖北中法专门学校，十一年（1922年）因五一运动被开除，复服务于湖北职业教育研究会兼武汉学生联合会，此经过之大略。"1924年1月经马念一（又名哲民，时任国民党湖北支部筹备主任，中国社会主义青年团武汉地方委员会委员长）、包一宇（又名惠僧，国民党湖北支部副筹备主任，国民党中央宣传部干事，国民党中央党部学员训练班委员）介绍加入中国国民党，1924年春由国民党湖北省支部（筹备委员会）选派投考黄埔军校。1924年5月到广州，1924年6月考入陆军军官学校第一期第一队学习，同年6月加入中国共产党，在校期间随第一队赴韶关，担任孙中山大本营警卫事宜，1924年11月毕业，任黄埔军校教导一团第三营连党代表，加入中国青年军人联合会，参加第一次东征作战。1925年8月第一军成立后，任该军第一师第一团第一连党代表，1926年3月"中山舰事变"后退出第一军，奉中共派遣北上，投效国民军第二军（军长胡景翼），任骑兵第一旅司令部参谋，国民第二军第十师司令部参谋。北伐战争开始后南下，1926年12月任国民革命军第十五军（军长刘佐龙）政治部组织科科长，第

十五军第二师（师长刘鼎甲）政治部主任，第一次北伐战争后该军被兼并裁撤。1928年春任天津市公安局特务大队大队长，1930年参加邓演达发起组织的"黄埔革命同学会"，任该会宣传科科长，与余洒度、黄雍、陈烈、俞墉等人策动秘密反蒋（中正）活动，1930年冬在天津发起成立"黄埔革命同学会"华北分会，任会长。还参与联络国民党改组派、西山会议派的反蒋事宜。1931年邓演达遇害后，入黄埔同学会重新登记，奉派南京中央陆军军官学校高级班受训，后经黄埔同学保荐重获任用。1932年10月任陆军第十五军（军长刘茂恩）第六十五师（师长刘茂恩兼）政治训练处处长，后任国民政府军事委员会政治训练处（处长贺衷寒）第一科科长，后派任河南经扶县县长。1935年12月任安徽省会（安庆市）公安局局长，芜湖市公安局局长。1936年3月任军事委员会西安行营政治训练处党务督察，1936年3月14日颁令叙任陆军步兵中校。[1]1937年5月1日任西安行营政治训练处处长。1937年5月31日颁令叙任陆军步兵上校。[2]抗日战争全面爆发后，任军事委员会保定行营政治训练处处长，随军参加保定战役。1938年5月任武汉行营政治训练处副处长，兼任政治宣传总队总队长，军事委员会政治部第一厅（厅长贺衷寒）第一处处长。1938年7月任第五战区司令长官部政治部副主任，1938年12月任鄂湘黔边区绥靖主任公署政治部主任，1940年1月任军事委员会桂林办公厅政治部副主任。1940年夏任第四战区司令长官部政治部主任，1940年9月任军事委员会政治部（部长张治中）第二厅厅长。1941年10月接韦永成任第五战区司令长官部政治部主任，兼任第五战区司令长官部党政军联合特别党部书记长，其间兼任三青团第五战区支团部筹备主任。1943年4月19日任鄂北行政公署主任，兼任襄樊警备司令部司令官及战时青年训导团豫鄂分团主任。1943年6月15日任湖北省第五区行政督察专员，兼任该区保安司令部司令官。1944年7月22日任湖北省政府（主席王东原）委员，1944年7月22日再派任鄂北行政公署主任。1945年4月3日再派任湖北省第五区行政督察专员，兼任该区保安司令部司令官。抗日战争胜利后，仍任湖北省政府委员。1945年9月11日任汉口特别市市长，1945

---

[1] 国民政府文官处印铸局印行：台湾成文出版社有限公司1972年8月出版《国民政府公报》第105册1936年3月15日第1996号颁令第1—2页记载。

[2] 国民政府文官处印铸局印行：台湾成文出版社有限公司1972年8月出版《国民政府公报》第125册1937年6月3日第2370号颁令第1页记载。

年10月10日获颁忠勤勋章。1946年5月30日获颁胜利勋章。1947年7月9日复任汉口直辖市（1947年6月1日升格，隶属国民政府行政院）市长，1949年1月31日免职。其间兼任三青团第二届中央干事会干事。1947年7月被推选为党团合并后的中国国民党第六届中央执行委员会执行委员。1948年9月23日任华中"剿匪"总司令部政务委员会委员，1949年3月1日任国民政府总统府参军，1949年11月28日派任川湘鄂边区绥靖主任公署副主任。1950年11月经香港赴台湾。因涉及"共谍案"被捕入狱，[1]1951年12月19日在囚保密局看守所后被处决。1987年中华人民共和国民政部追认为革命烈士。[2]其子刘凡（1949年4月生），2003年任中华人民共和国国家工商管理总局副局长，第十一届全国政协常务委员，2004年6月撰文《父亲祭》（载于中共中央统战部主管、黄埔军校同学会主办《黄埔情缘——黄埔军校建校80周年暨黄埔军校同学会成立二十周年》）介绍徐会之事迹。2013年聘任中共中央统战部主管、黄埔军校同学总会主办的《黄埔》刊物编辑委员会顾问。

---

[1] 刘绍唐主编：台北传记文学出版社《传记文学》第二十七卷第二期第139页于翔麟撰稿《徐会之》记载。

[2] 陈文学、高士振编：中国文史出版社1990年7月《湖北旅台名人录》第163页记载。

徐向前

徐向前照片

徐向前（1901—1990），原名象谦，[1]别字子敬，后改名向前，山西五台人。五台县第一高等小学、太原省立国民师范学校速成班毕业，父懋淮，晚清秀才，早年在内蒙古廓林格尔、凉城教书，母赵金銮，没读过书，勤俭持家，家境中等。胞兄受谦（1899—1975），早年在晋军当过军需官，中华人民共和国成立后任太原市人民政府文史研究馆馆员；妹占月，后改名达，太原女子师范学校毕业后教书，抗日战争爆发后到延安加入中国共产党。自填早年信奉孔教。自填登记处为山西五台县永安村，通信处为五台县东冶镇宝和店转交。自填入学前履历：本县（五台县）第一高等小学校毕业，山西省立国民师范学校毕业，曾任阳曲县立第四国民学校教员及川至中学附设小学教员。1901年11月8日生于五台县永安村一个农户家庭。幼时三年私塾启蒙，1914年考入东冶镇陀阳高等小学读书。因家境不济，两年后返回本村读私塾。1917年至1918年在河北省阜平县书店里当学徒，1919年3月考入山西国民师范第一期速成班学习，1921年10月毕业，任阳曲县立第四国民学校教员，每月薪俸二十块大洋，任教一个学期即被辞退。后任河边村川至中学附设小学教员，月俸仍为二十块大洋，任教两年余，其间与东冶镇朱香婵结婚，生有一女松枝。1924

---

[1] ①台北文海出版社有限公司印行：近代中国史料丛刊三编第五十七辑《陆军军官学校第一队学生详细调查表》记载；②湖南省档案馆校编：湖南人民出版社1989年7月《黄埔军校同学录》第一期第一队学员名单记载。

年3月经王用宾（时任广州大本营参议及奉派北方军事委员，孙中山指派国民党一大山西省代表，前中国国民党本部参议兼北方党务特派员）、陈振麟（时任国民党山西省临时党部筹备委员，山西省参议会参议，前北京政府参议院参议员、上海国会议员）介绍加入中国国民党，1924年4月由赵连登（国民党一大山西省代表，前北京大学文科生参与五四运动，太原国民师范学校教员，《山西晚报》社社长兼总编辑，国民党山西省临时党部筹备委员）、苗培成（国民党一大山西省代表，原山西平民中学校长，时任国民党山西省临时党部执行委员兼宣传部部长）保荐投考黄埔军校，继往上海参加黄埔军校招生考试，后至广州复试，1924年6月考入陆军军官学校第一期第一队学习，在学期间随队北上担任孙中山韶关大本营的警卫工作，1924年11月毕业，分发黄埔军校第三期入伍生队第三队任见习、排长，1925年参加第一次东征作战和对滇桂军阀杨希闵部、刘震寰部的军事行动，参加中国青年军人联合会活动，在黄埔军校没加入中共，系因不愿做"跨党分子"。1925年夏派赴胡景翼部国民军工作，任国民第二军（军长胡景翼、岳维峻）第六混成旅（旅长弓富魁）教导营教官、旅司令部参谋、第二团少校团附。1926年11月到武汉，任中央军事政治学校武汉分校南湖学兵团指导员，军校学员总队政治大队第一队少校队长，工兵大队大队长。1927年3月在汉口经樊炳星、杨德魁介绍加入中国共产党，[1]后任国民革命军第二方面军总指挥部参谋。1927年9月到广州，参加广州起义的准备工作，任工人赤卫队第六联队联队长。起义失败后随部撤退花县，改编为工农革命军第四师，任第十团党代表。1928年1月1日红四师到海陆丰，任第四师参谋长。1928年6月叶镛牺牲后接任第四师师长，领导广东海陆丰武装割据。1929年1月根据中共广东省委指示撤离海陆丰，转赴上海。1929年6月被中共中央军委派赴鄂豫边根据地，任红军第十一军第三十一师副师长、代师长，中共鄂豫边特委委员，鄂豫边军事委员会主席，参与领导发展鄂豫皖边区红军及根据地和指挥反"围剿"作战。1930年2月起任中共鄂豫皖特委委员，红军第一军副军长兼第一师师长，中共第一军前敌委员会委员。1931年1月任红军第四军参谋长，1931年7月任红军第四军军长，1931年11月任红军第四方面军总指挥兼红四军军

---

[1]　徐向前著：解放军出版社1998年4月《历史的回顾》第29页记载。

长，当选为中华苏维埃共和国中央革命军事委员会委员，参与发展和扩大鄂豫皖边区红军和根据地。1932年10月率红四方面军西征，任西北革命军事委员会副主席，领导创建川陕边根据地，当选为中华苏维埃第二届中央执行委员，同中央红军会师后，任红军前敌总指挥部总指挥。1936年7月红二方面军、红四方面军会师后，任中共中央西北局委员。1936年10月任中央革命军事委员会主席团委员，1936年11月任西路军军政委员会副主席。抗日战争全面爆发后，任中共中央军委委员，国民革命军第八路军第一二九师副师长，改变番号后仍任第十八集团军第一二九师副师长。[1]1939年6月任八路军山东第一纵队司令员。1940年12月返回延安，任陕甘宁晋绥联防军副司令员兼参谋长。1941年10月参与筹备组织延安黄埔同学分会，被推选为理事，排名第一。1943年后任抗日军政大学总校代理校长，1945年5月当选为中共第七届中央委员。抗日战争胜利后，1946年任晋冀鲁豫军区副司令员，华北军区副司令员兼第一兵团（后改为第十八兵团）司令员兼政委。1948年秋兼任华北人民政府委员，后任太原前线司令部司令员兼政委，指挥解放太原战役。中华人民共和国成立后，任中国人民解放军总参谋长，人民革命军事委员会副主席，中共中央军委副主席，国防委员会第一届至第三届副主席，第二届、三届全国人大常委会副委员长，国务院副总理兼国防部部长，中共第八届中央政治局委员，第九届、十届中央委员，第十一届、十二届中央政治局委员。1955年9月27日被授予中华人民共和国元帅军衔。1984年6月任黄埔军校同学会会长，1988年2月任黄埔军校同学会名誉会长，1990年5月10日在北京寓所接见从台湾回大陆观光的第一期同学邓文仪等人，实现了海峡两岸黄埔生的和解。1988年主动辞去中央军委副主席、中华人民共和国国务院副总理职。1990年9月21日因病在北京逝世。著有《历史的回顾》《徐向前军事文集》等。1988年被中华人民共和国中央军事委员会确定为中国人民解放军军事家，是中国人民解放军创建人和领导者之一。[2]其子徐小岩，历任中国人民解放军总参谋部通信部部长、南京军区副司令员、中国

---

[1] 刘绍唐主编：台北传记文学出版社1999年10月15日印行《民国人物小传》第十八辑记载。

[2] 廖盖隆主编：中共中央党校出版社2001年6月《中国共产党历史大辞典》增订本第419页记载。

人民解放军总装备部科技委员会副主任，中将军衔。2010年聘任中央新闻制片厂拍摄的大型历史文献纪录片《黄埔军校》摄制组历史顾问，2013年聘任中共中央统战部主管、黄埔军校同学总会主办的《黄埔》刊物编辑委员会顾问。

徐克铭

徐克铭照片

徐克铭（1903—1931），别号颉芬，湖南益阳人。益阳县立初级中学毕业，广州大本营军政部陆军讲武学校肄业。1923年冬到广州，考入广州大本营军政部陆军讲武学堂学习。1924年秋该校并入黄埔军校，1924年11月编入陆军军官学校第一期第六队学习，1925年2月肄业。分发教导第一团见习、排长，1925年1月随部参加第一次东征作战。1925年6月任党军第一旅第二团步兵连副连长，随部参加对滇桂军阀杨希闵部、刘震寰部的军事行动。1926年7月随军参加北伐战争，历任国民革命军第一军第二十师步兵团连长、营长、副团长。1930年1月任陆军第十一师补充旅参谋长，随部参加对江西红军及根据地的"围剿"战事。1931年7月4日在南昌市郊与红军游击队作战阵亡。[1]

---

[1]　①中国第二历史档案馆供稿，华东工学院编辑出版部影印，档案出版社1989年7月《黄埔军校史稿》第八册（本校先烈）第248页第一期烈士芳名表记载1931年7月4日在江西南昌阵亡；②台北《黄埔建国文集》编纂委员会编纂：台北实践出版社1985年6月16日印行《黄埔军魂》第580页"'剿匪'战役殉国英雄姓名表"第一期记载。

徐宗尧

徐宗尧（1900—1982），原名宗垚，[1]又名宗尧，[2]再改为中岳，[3]安徽霍邱县南乡顾家店人。南京中学毕业，上海南方大学英文系肄业，中央训练团党政班第十六期结业，陆军大学乙级将官班第四期毕业，台湾革命实践研究院第十七期结业。自填登记处为安徽霍邱县南乡顾家店，通信处为六安县西乡顾家店转交。自填入学前履历：连续读书未曾服务。父晓山，务农收租，有地产四百亩，母王氏。1900年12月24日生于霍邱县一个书香家庭。1923年10月20日经曾贯

徐宗尧照片

吾［南方大学（设于上海宜昌路）政治科教授、事务主任，国民党上海区分部执行委员］、黄俊（上海南方大学教员）介绍加入中国国民党，1924年春由管鹏（国民党中央执行委员会宣传委员会委员，国民党安徽总支部筹备处处长）、凌苑（国民党上海市区分部供职）举荐投考黄埔军校。1924年春到广州，1924年6月考入陆军军官学校第一期第三队学习，1924年11月毕业，随即作为党务特派员派返安徽，1925年春回到广州，任第四期入伍生总队排长，1925年10月随部参加第二次东征作战。1926年7月随部参加北伐战争。历任国民革命军总司令部第一补充团

---

[1] 台北文海出版社有限公司印行：近代中国史料丛刊三编第五十七辑《陆军军官学校第三队学生详细调查表》第677页记载。

[2] ①湖南省档案馆校编：湖南人民出版社1989年7月《黄埔军校同学录》第一期补录名单第16页记载；②广东省国家档案馆藏《第一期同学附录》第8页记载，列名第三队。

[3] 台北"国史馆"编纂：2006年12月印行《"国史馆"现藏民国人物传记史料汇编》第四辑第209页记载。

连长、营长，1926年12月任国民革命军总司令部副官、参谋，随侍蒋中正（介石）左右。1927年春任国民革命军第三十军教导团中校副团长，安徽省保安第一团上校团长。1929年1月任第四十五师（师长方策）政治训练处处长，中国国民党安徽省党部执行委员，安徽省政府保安处少将副处长、代理处长。1931年2月任暂编第二旅副旅长，1933年6月任独立第四十旅旅长，率部参加对鄂豫皖边区红军及根据地"围剿"战事。其间奉派入陆军大学将官训练班受训。[1]1935年5月8日所部独立第四十旅缩编为一个团，在开封并入陆军第九十五师（师长唐俊德），番号为第二八五旅第五六九团，改任该师第二八三旅旅长。1935年11月被推选为军队各党部出席中国国民党第五次全国代表大会代表。1936年2月任第九十五师（师长李铁军）副师长，兼任第二八三旅旅长。1936年3月4日颁令叙任陆军步兵上校。[2]1936年10月5日颁令叙任陆军少将。任陆军第九十五师师长，军事委员会后方勤务司令（俞飞鹏）部第一处处长。抗日战争全面爆发后，1937年8月10日国民政府颁令任命为豫皖绥靖主任公署参议。[3]随部参加徐州会战。1938年12月16日任中央警官学校校务委员会（主任委员戴笠）委员。[4]1942年5月任中央训练团第三大队队附。1944年任第九战区司令长官部政治部代理主任、主任。抗日战争胜利后，任徐州绥靖主任公署参议。1945年10月获颁忠勤勋章。1946年5月获颁胜利勋章。1946年7月退为备役。1946年11月15日被推选为安徽省出席（制宪）国民大会代表。1947年3月1日聘任国民大会宪政实施促进委员会常务委员。1947年11月24日颁令叙任陆军中将。1948年5月4日被推选为行宪第一届国民政府立法院立法委员。1949年到台湾，奉派入"革命实践研究院"第十七期受训。续任"立法委员"，选为"立法院"经济委员会及其程序委员会召集委员。1982年11月14日因病在台北逝世。

---

[1] 据查《陆军大学将官训练班同学通讯录》无载，暂列存疑。

[2] 国民政府文官处印铸局印行：台湾成文出版社有限公司1972年8月出版《国民政府公报》第105册1936年3月5日第1988号颁令第1页记载为徐中岳。

[3] 国民政府文官处印铸局印行：台湾成文出版社有限公司1972年8月出版《国民政府公报》第128册1937年8月11日第2429号颁令第1页记载为徐中岳。

[4] 中央警官学校校史编纂委员会编纂：台北民生图书印刷公司1967年11月12日印行《中央警官学校校史》第110页记载。

徐经济

徐经济（1897—1951），别字子材，陕西临潼人。临潼县立雨金高等小学堂、陕西省立三原工业职业学校、上海吾州体育专科学校毕业，中央训练团党政班第三期结业，陆军大学乙级将官班第六期毕业，自填登记、通信处为陕西临潼县南乐（药）阳镇南街。自填入学前履历：先后入临潼县立雨金高等小学堂、陕西省立三原工业职业学校、上海吾州体育专科学校毕业，1923年受聘任西安省立第一中学教师，后到上海考入体育专科学校。1924年4月经于

徐经济照片

右任举荐投考黄埔军校，1924年5月15日经于右任介绍加入中国国民党。1924年5月到广州，1924年6月考入陆军军官学校第一期第四队学习，1924年11月毕业，后留校学习航空。1925年春奉派返回河南策应，入国民军第二军（军长胡景翼、岳维峻）部服务，任手枪营排长、连长、副营长，赵志杰旅参谋长。后因部队被击溃，返原籍西安省立第一中学任教。1930年被杨虎城任为省会公安局第三分局局长。1931年任孙蔚如部兰州警察厅督察长。1934年投效胡宗南部，任陆军第一师司令部招募处主任，陕西省国民军事训练委员会主任。抗日战争全面爆发后，与何文鼎（黄埔一期同学）组织抗日义勇军，任陕西抗日义勇军第一纵队司令部副司令官。1938年任西安绥靖公署防空司令部副司令官，兼参谋长。1939年1月任陕西省政府（主席蒋鼎文兼）委员，1939年2月7日兼任省政府保安处处长，达七年之久。1941年10月任陕西省保安司令（省政府主席熊斌兼）部副司令官，并兼任中央陆军军官学校第七分校高级教官，军事委员会战时干部训练第四分团学员总队队长，三青团西安支社总干事长。1944年10月任第三十四集团军暂编第

五十四师师长。抗日战争胜利后，1947年3月15日颁令叙任陆军少将。1948年3月29日被推选为陕西省出席（行宪）第一届国民大会代表。1948年12月任陕西秦岭宝鸡守备司令部司令官。1949年在汉中任新编第五军军长，陕南行政公署主任，兼任陕南游击自卫军总司令。1949年12月30日率部两千余人向人民解放军投诚，1950年入中国人民解放军西北军政大学高级研究班学习。1951年在"镇反"运动中被处决，1983年西安市中级人民法院给予平反，恢复名誉。[1]

---

[1] ①陕西省黄埔军校同学会编纂、穆西彦主编：陕西人民出版社1991年6月《陕西黄埔名人》第59页记载；②台北《黄埔建国文集》编纂委员会编纂：台北实践出版社1985年6月16日印行《黄埔军魂》第588页"戡乱战役殉国英雄姓名表"第一期记载。

徐敦荣

徐敦荣（1898—？），湖南宁乡人。[1]1898年11月18日（另载1892年）生于宁乡县城一个农商家庭。1924年6月考入陆军军官学校第一期第三队学习，1924年11月毕业，1927年4月任国民革命军第一军第二十师第五十九团（团长蒋超雄）副团长，[2]率部参加1927年广州四一五"清党"行动。1931年6月2日第四十五师改番号为陆军第十师，其派任第十师（师长卫立煌）第二十八旅（旅长李默庵）第五十五团团长。[3]1931年8月30日接陈步云任第十师（师

徐敦荣照片

长卫立煌兼、李默庵）第三十旅旅长，[4]隶属陆军第十四军（军长卫立煌）统辖，1932年7月免旅长职。1936年12月25日颁令叙任陆军步兵上校。[5]

---

[1] 台北文海出版社有限公司印行：近代中国史料丛刊三编第五十七辑《陆军军官学校第三队学生详细调查表》无载，现据：①中国第二历史档案馆供稿，华东工学院编辑出版部影印，档案出版社1989年7月《黄埔军校史稿》第十一册黄埔同学名册第一期第85页记载，有照片列第三队，籍贯湖南宁乡；②湖南省档案馆校编、湖南人民出版社1989年7月《黄埔军校同学录》第一期同学名册第9页记载。

[2] 邓文仪著：台北正中书局1979年4月印行《从军报国记——邓文仪先生从军回忆录》第108页记载。

[3] 合肥市政协文史资料委员会：安徽人民出版社，1984年版《合肥文史资料》第一辑第96、97页方耀著《卫立煌与第十师》记载。

[4] 戚厚杰、刘顺发、王楠编著：河北人民出版社2001年1月《国民革命军沿革实录》第274页记载。

[5] 国民政府文官处印铸局印行：台湾成文出版社有限公司1972年8月出版《国民政府公报》第118册1936年12月26日第2238号颁令第16页记载。

柴辅文

柴辅文照片

柴辅文（1899—1961），又名有章，浙江宁海县岔路镇柴家村人。宁海县立正学高等小学毕业，浙江省立第一师范学校毕业，国立东南大学肄业。世代务农，小康尚余。自填登记处为浙江宁海县西乡镇头庄，通信处为浙江宁海赵源泉号转交。自填入学前履历：浙江省立第一师范学校毕业，国立东南大学肄业生，曾任上海中华书局编辑一年，商务印书馆编辑一年半。1924年5月经杨贤江（时任中国国民党上海执行部执行委员，上海大学社会学系兼职教员，中共上海地方执行委员会委员兼国民党运动委员会负责人）、董衡〔又名亦湘，国民党上海执行部供职，前商务印书馆助理编辑，中共上海地方执行委员会第二组（商务印书馆）组长，上海大学社会学系兼职教员〕介绍加入中国国民党，并由其两人举荐投考黄埔军校，1924年6月考入陆军军官学校第一期第二队学习，1924年11月毕业，留校政治部服务。1926年7月随军参加北伐战争，任国民革命军总司令部副官。1927年任陆海军总司令部侍从副官。1928年国民革命军编遣，免职后转业地方工作。先后担任平汉铁路局局长，浙江省政府民政厅厅长。[1]1931年10月任军事委员会委员长侍从室副官。[2]1936年5月18日颁令叙任

---

[1] 郭卿友主编：甘肃人民出版社1990年12月《中华民国时期军政职官志》；刘国铭主编：春秋出版社1989年3月《中华民国国民政府军政职官人物志》均无载，暂列存疑。

[2] 江苏省政协文史资料委员会编纂：《江苏文史资料》第八十五辑《江苏文史资料集粹》综合卷第53页蒋超雄撰文记载。

陆军步兵中校。[1]1937年5月因轻度中风，自动退职回家。抗日战争全面爆发后，在原籍乡间创办琴塘小学，自任校长，后该小学迁址柴氏宗祠内。1942年出资重修宁海中学传达室、铁大门，由时任校长华俊升经手办理。1948年12月宁海县政府逮捕西乡有"共党嫌疑"的村民四十余人，其凭借老国民党员资格，独自出资出力斡旋，将被捕村民逐一赎保出狱。中华人民共和国成立后，往当地人民政府登记，仍寓居原籍乡间，务农为生。1961年春节过后，因旧病复发病逝。

---

[1] 国民政府文官处印铸局印行：台湾成文出版社有限公司1972年8月出版《国民政府公报》第108册1936年5月19日第2051号颁令第2页记载。

桂永清

桂永清照片

桂永清（1900—1954），别字率真，江西贵溪县
鹰潭镇楼底村人。贵溪县鹰潭第二高等小学、江西
公立国语讲习所肄业，江西省立第一中学、广东中
央陆军教导团、德国步兵专门学校毕业，祖辈务农，
有薄田数十亩，经济中等。自填登记通信处为江西
贵溪县鹰潭镇楼底村。自填入学前履历：曾充高小
教员，北伐赣军总司令部军需，中央直辖讨贼军游
击第一旅司令部书记。1900年1月17日生于（另载
1899年2月16日生）贵溪县鹰潭镇楼底村一个商绅
家庭。1923年冬到广州，入大元帅府军政部教导营军士连当兵。1924年1月入大
本营陆军讲武学校第一队学习，1924年2月4日经桂玉馨（江西老乡，时在粤军
总司令部供职）、张光祖（国民党广州市长堤第五区、第六区分部常务委员）介
绍加入中国国民党，1924年5月由徐苏中（国民党一大江西省代表，前中华革命
党江西支部长，《晨钟日报》记者，国民党中央党务讨论会委员）、彭素民（国
民党第一届候补中央执行委员、中央常务委员，黄埔军校入学试验委员会委员，
国民党中央总务部部长、中央宣传部部长及中央农民部部长）保荐投考黄埔军
校。1924年6月获准转入黄埔军校，1924年6月入陆军军官学校第一期第二队学
习，1924年11月毕业，参与组织孙文主义学会，历任黄埔军校教导第二团第九
连上尉连长、党代表，第一师司令部特务连连长，国民革命军第一军司令部特务
营营长。参加了两次东征作战和北伐战争。于第一次东征作战后，将战时没收敌
军财物，擅自邮寄回家乡江西，事泄后被判死刑。后因学生联呈国民党中央，请
念其淡水、棉湖、兴宁战功，从宽处治。1925年4月8日依中央议决案，免桂永

清死罪，令其戴罪立功。[1]1926年7月随军参加北伐战争，任国民革命军总司令部副官、参谋，参与谋划江西战事。1927年任国民革命军第一军第二十师独立旅第五十八团团长。1927年5月1日与36名前五期同学被南京黄埔同学总会指定为总会预备执监委员。[2]1927年5月12日黄埔同学会在南京东南大学礼堂召开第一届执监委员选举大会，被推选为该会监察委员。[3]后任国民革命军第一集团军总司令（蒋介石兼）部特务团团长，国民革命军总司令部警卫第一团团长。1928年7月国民革命军编遣后，1928年7月25日任缩编后的第一集团军第十一师（师长曹万顺）第三十一旅旅长。[4]1928年9月3日被委派为陆军第十一师特别党部筹备委员。1929年1月30日被推选为中央指派江西省出席中国国民党第三次全国代表大会代表。1930年奉派赴德国学习军事，入德国步兵专门学校学习并毕业，1931年秋回国。1932年3月28日与贺衷寒等九人发起组织中华民族复兴社。后任中央陆军军官学校军官高等教育总队第一队队长、总队长，中华民族复兴社中央干事会常务干事兼训练处处长，兼任内层组织"三民主义力行社"负责人及外围组织"革命军人同志会""民族运动委员会"中央执行委员。1932年10月任中央陆军军官学校军官训练班主任，1933年7月20日中央陆军军官学校校本部特别党部执行委员会召集第二次全校党员大会，其被推选为中国国民党中央陆军军官学校第四届特别党部执行委员会监察委员。[5]1933年10月任中央陆军军官学校教导总队总队长，后任首都警备司令部副司令官，兼任南京市大中学校学生暑期军事集训总队总队长。1935年4月13日颁令叙任陆军少将，任陆军第七十八师师长。1936年10月22日颁令叙任陆军中将。西安事变发生后，任讨逆军第五路总指挥部第一纵

[1] 杨牧、袁伟良主编：河南人民出版社 2005 年 11 月《黄埔军校名人传》上册第 928 页记载。

[2] 上海《民国日报》1927 年 5 月 1 日至 8 日连续刊登 "黄埔同学会改组委员会特别紧要启事" 记载。

[3] 上海《民国日报》1927 年 5 月 19 日 "黄埔同学会之新执委会" 一文记载。

[4] 国民政府文官处印铸局出版：台北成文出版社有限公司发行《中华民国国民政府公报》第十八辑第七十九期第 28 页记载。

[5] 中国第二历史档案馆供稿、档案出版社 1989 年 7 月出版、华东工学院编辑出版部影印《黄埔军校史稿》第七册第 189 页记载。

队指挥部指挥官。1937年1月1日获颁四等云麾勋章。[1]其所率中央陆军军官学校教导总队至1937年5月统辖三旅九团四万三千余人，是当时国民革命军装备最精良部队之一。抗日战争全面爆发后，率部参加淞沪会战。1937年12月11日再率部参加南京保卫战，是役所部德国装备重武器丧失殆尽，兵员损失三分之二。率部撤退后方整训，后任第四十六师（由教导总队改编）师长。1938年4月13日任第二十七军军长，1938年5月率部参加兰封战役，指挥失利被撤军长职，转任军事委员会战时干部训练总团教育长。1938年7月成立三民主义青年团，被推选为临时中央监察会监察。1940年6月奉派任驻德国大使馆陆军武官，1943年10月改任驻英国大使馆陆军武官，兼驻英国军事代表团团长。1945年1月被推选为军队各特别党部出席中国国民党第六次全国代表大会代表。1945年4月盟军攻克柏林后，1945年6月派任同盟国驻德国联军管制委员会中国代表团团长。1945年5月20日当选为中国国民党第六届中央执行委员会执行委员。抗日战争胜利后，1946年1月任联合国军事参谋团会议中国代表。1946年6月带队赴英国伦敦，接收英国政府赠送军舰。率领军舰越洋回国。回国后参与重建海军，[2]1946年9月26日任海军总司令（军政部部长陈诚兼）部副总司令、代理总司令。其间兼任国防委员会委员及海军军官学校教育长。1946年11月15日被推选为江西省出席（制宪）国民大会代表。1946年12月3日参加赴南京任职、公干的81名黄埔一期生在中央训练团聚餐并于办公大楼前合影。[3]1947年7月被推选党团合并后的中国国民党第六届中央执行委员会执行委员。1948年8月26日任海军总司令部总司令，[4]兼任国防科学委员会常务委员及海军军官训练团团长。1949年赴台湾，续任"海军总司令"，1951年2月叙任陆军二级上将，其以陆军二级上将充任"海军总司令"，足

---

[1] 国民政府文官处印铸局印行：台湾成文出版社有限公司1972年8月出版《国民政府公报》第119册1937年1月2日第2243号颁令第1页记载。

[2] 台北《黄埔建国文集》编纂委员会编纂：台北实践出版社1985年6月16日印行《黄埔军魂》第222页记载。

[3] 容鉴光编著：列入台北出版品预行编目资料，台北博煜企业有限公司2003年6月16日第一版印行《黄埔军校一期研究总成》第278页辑录。

[4] 南京图书馆编：上海古籍出版社2011年12月《中国近现代人物像传》第780页海军军官照片记载。

见此时海军高级将领之断档缺位。[1]1952年4月9日任"总统府"参军长，当选国民党第七届中央评议委员会评议委员。1954年6月2日叙任海军一级上将。1954年6月21日任"参谋本部"总参谋长。1954年8月12日因病在台北逝世。台湾出版有《海军上将桂永清先生传》《桂永清先生纪念集》等。

---

[1] ①台北"国史馆"编纂：2006年12月印行《"国史馆"现藏民国人物传记史料汇编》第五辑第194页记载；②刘绍唐主编：台北传记文学出版社1999年10月15日印行《民国人物小传》第二辑记载。

耿泽生

耿泽生照片

耿泽生（1904—1925），四川越西人。越西县高等小学、成都储才中学毕业，上海圣约翰大学肄业。祖辈务农，有地产，自给有余。自填登记通信处为四川越嶲（越西旧称）县城内北街福禄巷。自填入学前履历：成都储才中学毕业，上海圣约翰大学肄业。1924年春由刘慧生（国民党上海特别区筹备委员会代表）、刘泉如（前上海大学社会科学部教授，国民党上海特别区临时党部筹备委员，国民党一大四川省代表，国民党四川省临时党部筹备委员）保荐投考黄埔军校，1924年5月15日经蒋介石、李伟章（黄埔军校第一期第四队队长）介绍加入中国国民党。1924年5月到广州，1924年6月考入陆军军官学校第一期第四队学习，1924年11月毕业，任黄埔军校训练部训育员，参加孙文主义学会活动，任入伍生团排长，随部参加第一次东征作战。1925年6月任党军第一旅司令部中尉服务员，随部参加对滇桂军阀杨希闵部、刘震寰部的军事行动。1925年5月任国民革命军第一军新编第一师步兵连副连长、党代表。1925年10月在第二次东征惠州之役作战阵亡。[1]

---

[1]　①广东革命历史博物馆编纂：广东人民出版社1885年5月《黄埔军校史料》第496页"国民革命军军官学校东江阵亡将士题名碑"记载；②中央陆军军官学校编纂：《黄埔血史——中央陆军军官学校追悼北伐阵亡将士特刊》"黄埔阵亡烈士芳名表"第一期第25页记载。

袁

朴

袁朴（1902—1991），别字茂松，又名周大兴，湖南新化人。长沙私立岳云中学毕业，广州大本营军政部陆军讲武学校肄业，陆军大学特别班第二期毕业，中央军官训练团第三期结业。父煜南，母刘氏。1902年10月23日生于新化县永固镇一个耕读家庭。[1]本乡私塾启蒙，1918年秋考入长沙私立岳云中学，1923年冬毕业，即南下广州，考入广州大本营军政部陆军讲武学校就读。1924年秋该校并入黄埔军校，1924年11月编入陆军军官学校第一期第六队

袁朴照片

学习，1925年2月肄业。分发教导第二团第二营见习，随部参加第一次东征作战，棉湖战役后任排长，回师广州后任党军第一旅步兵团连长，1925年6月随部参加对滇桂军阀杨希闵部、刘震寰部的军事行动。1926年7月任国民革命军第一军（军长何应钦）教导团（团长李仙洲）第三营营长，随部参加北伐战争攻克济南之役。1928年春任国民革命军第一集团军第一军第一师团长，1928年9月部队编遣，任缩编后的第一集团军陆军第一师（师长刘峙）第一旅（旅长胡宗南）第一团团长，率部参加讨伐唐生智部及新桂系集团战事。1929年2月3日被推选为中国国民党陆军第一师特别党部执行委员。1930年5月率部参加讨伐冯（玉祥）阎（锡山）联军的中原大战，战后任国民革命军第一军（军长刘峙）第一师（师长胡宗南）第一旅副旅长，兼刘峙部驻河南军官教育团学员总队队长。1932年3月任陆

---

[1] 陕西省黄埔军校同学会编纂、穆西彦主编：陕西人民出版社1991年6月《陕西黄埔名人》第61页记载。

军第一师（师长胡宗南）第二旅旅长，率部参加对鄂豫皖边区红军及根据地的"围剿"作战。1934年9月入陆军大学特别班第二期学习，1937年8月毕业，抗日战争全面爆发后，任第六十九军（军长阮肇昌）第五十七师（师长阮肇昌兼）副师长，率部参加淞沪会战防守上海郊区战役。[1]战后任军政部第五新兵补充训练处处长，负责新兵征招及训练事宜。1938年9月任中央陆军军官学校第七分校（西安分校）办公厅主任。1939年2月任第五十七军（军长丁德隆）第八师师长，兼任西安警备司令部司令官。1939年11月13日颁令叙任陆军少将。[2]1943年6月接王文彦任第三十七集团军（总司令陶峙岳）陆军第八十军军长，统辖陆军第一六五师（师长何蕃）、新编第二十七师（师长严映皋）、新编第三十七师（师长徐保）等部，其间还兼任黄龙山警备区司令部司令官。抗日战争胜利后，1945年10月获颁忠勤勋章。1946年4月任中央训练团西安分团主任，兼任中央陆军军官学校西安督训处处长及第十五军军官总队副总队长、总队长。1946年5月获颁胜利勋章。1946年12月接李正先任陆军第十六军军长，1947年4月奉派入中央军官训练团第三期受训，并任第一中队中队长，1947年6月结业。返回原部队续任第十六军军长，率部驻防北平市郊。1947年12月获颁四等宝鼎勋章。1948年9月22日颁令叙任陆军中将。1948年10月获颁三等云麾勋章。1948年12月任华北"剿匪"总司令部第四兵团司令部副司令官，兼任第十六军军长及北平城司令部副司令官。1949年1月21日北平和平解放前夕，与李文、石觉等三十多名将领及第十六军团以上军官乘飞机离开北平，[3]不久又转赴西安，任西安绥靖主任公署干部训练团教育长。1949年春到台湾，任"国防部"参议，后入台湾"革命实践研究院"军官训练团高级班第一期受训。1951年9月任台湾东部"防守区司令部"副司令官，1952年2月任台湾东部"防守区司令部"司令官。1953年6月该防守部队改编为预备兵团，任司令官。1954年5月任台湾"陆军第二军团司令部"副司令官，后任司令官。1957年7月任台湾"预备部队训练司令部"司令官，1958年

[1] 杨牧、袁伟良主编：河南人民出版社2005年11月《黄埔军校名人传》上册第935页记载。

[2] 国民政府文官处印铸局印行：台湾成文出版社有限公司1972年8月出版《国民政府公报》第144册1939年11月15日渝字第205号颁令第2页记载。

[3] 台北《黄埔建国文集》编纂委员会编纂：台北实践出版社1985年6月16日印行《黄埔军魂》第357页记载。

8月改任第一军团司令部司令官，1960年12月叙任陆军二级上将。1961年1月任台湾"陆军总司令部"副总司令，后入台湾"国防研究院"第四期受训。1964年9月任台湾"总统府"战略顾问委员会顾问。1967年1月退役，被聘任"总统府"国策顾问，1980年6月去职。曾任台北市湖南省同乡会理事长，1987年2月改任该会荣誉理事长，兼任富格林投资公司理事长。1991年1月19日因病在台北荣民总医院逝世，安葬于台北五指山"国军公墓"。[1]台湾印行有《陆军上将袁朴先生事略》等。

---

[1] ①台北"国史馆"编纂：2006年12月印行《"国史馆"现藏民国人物传记史料汇编》第六辑第157页记载；②刘绍唐主编：台北传记文学出版社1999年10月15日印行《民国人物小传》第二十辑记载。

袁荣

袁荣（1901—1925），云南呈黄人。呈黄县立高级小学毕业，驻粤滇军广州随营学校肄业。1923年冬到广州，入驻粤滇军广州随营学校学习，后入广州大本营军政部陆军讲武学校学习。1924年秋该校并入黄埔军校第一期，1924年11月编入陆军军官学校第六队学习，1925年2月肄业。分发教导第一团任见习、副排长，1925年1月随部参加第一次东征作战。1925年3月在攻克淡水战斗中阵亡。[1]

---

[1]　①广东革命历史博物馆编纂：广东人民出版社1885年5月《黄埔军校史料》第497页"国民革命军军官学校东江阵亡将士题名碑"记载；②台北《黄埔建国文集》编纂委员会编纂：台北实践出版社1985年6月16日印行《黄埔军魂》第573页"东征战役殉国英雄姓名表"第一期记载。

袁仲贤

　　袁仲贤（1903—1957），原名策夷，[1]后改名仲贤，[2]别号达三，原载籍贯湖南长沙[3]县铜官镇，另说湖南望城人。长沙第一高等小学、长郡中学毕业，湖南省立第一甲种工业学校机械科、广州大本营军政部陆军讲武学校肄业，苏联莫斯科中山大学毕业，1903年4月4日生于长沙县一个农户家庭。1922年2月加入中国社会主义青年团。1923年12月到广州，考入广州大元帅府大本营军政部陆军讲武学校学习。1924年2月加入中国共产党。[4]1924年秋该校

袁仲贤照片

并入黄埔军校，1924年11月编入陆军军官学校第一期第六队学习，另载在学期间加入中国共产党，1925年2月肄业。后留黄埔军校政治部工作，曾任东莞农民自卫军军事教练，国民革命军第六军连党代表。1926年7月随部参加北伐战争，任北伐军前敌总指挥部政治部宣传大队大队长，国民革命军第一军第二十二师步兵营营长。1927年4月任湖南省总工会劳动部部长，长沙工人武装纠察总队总队长。1927年8月参加南昌起义，任国民革命军第二方面军第二十军第三师司令部参谋

---

　　[1]　①中国第二历史档案馆供稿、华东工学院编辑出版部影印，档案出版社1989年7月《黄埔军校史稿》第十一册黄埔同学名册第一期第六队第126页照片记载；②湖南省档案馆校编、湖南人民出版社1989年7月《黄埔军校同学录》第一期第六队第13页记载。

　　[2]　中共中央党史研究室第一、第二研究部编纂：中共党史出版社2010年12月《中国共产党第八次全国代表大会代表名录》第129页记载。

　　[3]　湖南省档案馆校编、湖南人民出版社1989年7月《黄埔军校同学录》第13页记载。

　　[4]　廖盖隆主编：中共中央党校出版社2001年6月《中国共产党历史大辞典》增订本第405页记载。

处处长。随军南下会昌战斗时负伤，由上海转赴苏联治疗，1929年春入莫斯科中山大学学习。1930年12月回国，1931年6月任中共两广临时省委军委代理书记，[1]后奉派广东东江开展武装斗争，任中共广东东江特委军委书记，东江特委书记，兼任广东东江革命军事委员会主席，东江独立师师长，一度主持红军第十一军及东江根据地党政军事务。1933年秋调任中共湘江特委书记，保存发展了中共地下组织。1935年5月至1937年12月任中共湘鄂赣省委湘江特别委员会书记，[2]在湖南坚持中共地下隐蔽斗争。抗日战争全面爆发后，1937年12月至1938年1月任中共湘鄂赣省湘江特别委员会常务委员。1938年4月任山东抗日前线范筑先纵队政治部主任。1938年12月至1939年2月任国民革命军第八路军（第十八集团军）平原纵队司令员。1939年10月至1941年7月任中共山东鲁西（山东第二）区委委员，中共山东省军区教导第一团副团长、团长，国民革命军第十八集团军第一一五师司令部教育科科长、第五科科长。1942年8月任中国人民抗日军事政治大学第一分校副校长。1945年7月至10月任胶东军分区参谋长、副司令员。抗日战争胜利后，1945年10月至1946年2月任中共胶东区委委员兼胶东军区副司令员兼参谋长。1946年1月至1947年1月任国民革命军新编第四军司令部副参谋长兼山东省军区副参谋长。1946年9月任山东省支持前线委员会主任委员。1947年1月至1949年2月任华东军区司令部副参谋长。1948年9月至1949年2月任中共济南特别市委常委，济南特别市警备司令部司令员。1948年9月任山东省人民政府支前委员会副主任委员。1949年2月至7月任中国人民解放军第三野战军第八兵团政委，1949年4月任中国人民解放军镇江市军事管制委员会主任。1949年7月至9月任南京警备司令部司令员兼政委。1949年8月至9月任中国人民解放军第三野战军兼华东军区司令部代理参谋长。中华人民共和国成立后，1950年9月至1956年2月任中国驻印度大使，1955年8月至1956年2月任中国驻尼泊尔大使。1956年1月至1957年2月任中华人民共和国外交部副部长。1957年2月16日因病在北京逝世。著有《袁仲贤历史传略》（稿）等。

---

[1] 中共中央组织部、中共中央党史研究室、中央档案馆编纂：中共党史出版社2000年9月印行《中国共产党组织史资料1921—1997》第二卷《土地革命战争时期1927.8—1937.7》中册第1531页记载。

[2] 中共湖南省委组织部、中国共产党湖南省组织史资料编纂领导小组编纂：中共湖南省委印刷厂1993年10月印行《中国共产党湖南省组织史资料1920年冬至1949年9月》第135页记载。

袁守谦

袁守谦（1902—1992），别号企止，湖南长沙县东乡尊阳镇人。长沙县东乡团山高等小学、长沙广雅学校专修部毕业，祖辈务农，无地产，入不敷出。自填登记处为湖南长沙县东乡尊阳镇，通信处为湖南长沙东乡团山邮局转交。自填入学前履历：湖南长沙广雅学校专修部毕业，1902年11月13日生于长沙县东乡尊阳镇一个农户家庭。1924年春由谭延闿（时任驻粤湘军总司令，国民党第一届中央执行委员，前湖南督军、湖南省省长及国民党湖南

袁守谦照片

支部长，广州大元帅府大本营内政部部长、建设部部长及大本营秘书长）保荐投考黄埔军校，1924年5月18日经邓演达（前任广东西路讨贼军第一师第三团团长，黄埔军校入学试验委员会委员）、金佛庄（前浙江陆军第二师营长，黄埔军校第一期第三队上尉队长）介绍加入中国国民党。1924年5月到广州，1924年6月考入陆军军官学校第一期第三队学习，1924年11月毕业，分发黄埔军校第二期学生总队部特别官佐，第三期学生总队部上尉副官，随部参加了两次东征作战。1926年7月随部参加北伐战争，任国民革命军第一军第三师步兵团营长、团长，国民革命军总政治部特务组副组长。1927年2月任国民革命军总司令部宪兵第二团团附，1928年1月任国民革命军第一军第二十一师司令部经理处处长。1928年11月1日被推选为首都卫戍司令部特别党部筹备委员。1929年10月任汉口要塞司令部步兵第三团团长。1932年1月任第八十九师第二六七旅旅长。1932年3月28日参与筹备中华民族复兴社，并参与中华复兴社特务处最初组织筹

划。[1]1933年1月任豫鄂皖三省"剿匪"总指挥部政治训练处干部训练班主任，国民政府军事委员会政治训练处（处长贺衷寒、刘咏尧）秘书长、副处长、代理处长，兼任军事委员会国民党特别党部书记长。1936年1月1日获颁四等宝鼎勋章。[2]1936年3月4日颁令叙任陆军步兵上校。[3]1937年2月20日接贺衷寒任军事委员会政治训练处处长。1937年5月21日颁令晋任陆军少将。[4]抗日战争全面爆发后，1937年10月1日贺衷寒留学德国回国，退任政治训练处副处长。1938年2月任军事委员会政治部第一厅副厅长，1939年春任第一战区司令长官部政治部主任，兼任中国国民党河南省特别党部书记长。1940年6月任军事委员会政治部第二厅厅长，1940年10月3日派任绥靖区政务委员会委员。1941年11月被推选为三青团临时中央干事会干事，1943年2月28日三民主义青年团第一届中央干事会干事、常务干事。1943年6月9日任军事委员会政治部副部长、代理部长，兼军事委员会国民党特别党部《建军导报》社社长。1945年1月30日被推选为军队各特别党部出席中国国民党第六次全国代表大会代表。1945年5月20日当选为中国国民党第六届中央执行委员会执行委员。1945年6月28日颁令叙任陆军中将。抗日战争胜利后，1945年10月获颁忠勤勋章。1946年5月获颁胜利勋章。1946年9月12日任三青团中央干事会常务干事，9月12日任中央干事会副书记长。1946年11月15日被推选为各军队特别党部出席（制宪）第一届国民大会代表。其间还兼任中国国民党中央党部书记长，国民政府行政院绥靖区政务委员会委员，中国国民党中央干部训练委员会副主任委员。1946年12月3日参加赴南京任职、公干的81名黄埔一期生在中央训练团聚餐并于办公大楼前合影。[5]1947年7月被推选为党团

---

[1] 台北"国史馆"编纂：2006年12月印行《"国史馆"现藏民国人物传记史料汇编》第一辑第251页记载。

[2] 国民政府文官处印铸局印行：台湾成文出版社有限公司1972年8月出版《国民政府公报》第102册1936年1月2日第1936号颁令第14页记载。

[3] 国民政府文官处印铸局印行：台湾成文出版社有限公司1972年8月出版《国民政府公报》第105册1936年3月5日第1988号颁令第1页记载。

[4] 国民政府文官处印铸局印行：台湾成文出版社有限公司1972年8月出版《国民政府公报》第124册1937年5月22日第2360号颁令第40页记载。

[5] 容鉴光编著：列入台北出版品预行编目资料，台北博煜企业有限公司2003年6月16日第一版印行《黄埔军校一期研究总成》第278页辑录。

合并后的中国国民党第六届中央执行委员会执行委员。1947年9月13日在中国国民党第六届四中全会上当选为第六届中央执行委员会常务委员。1948年春任华中"剿匪"总司令部政工处处长，1948年4月任华中"剿匪"总司令部秘书长，兼任政务委员会（主任委员刘士毅）副主任委员，东南军政长官公署政务委员会委员兼秘书长。1949年春与贺衷寒、曾扩情等人发起中央陆军军官学校同学会非常委员会，任书记。1949年夏到台湾，1950年3月任"国防部"政务次长、代理部长，1950年3月叙任陆军二级上将。1950年8月5日任国民党中央改造委员会委员兼第五组组长，1952年退役。1954年5月27日任"行政院"政务委员兼"交通部"部长。1960年8月其主编的《国军政工史稿》出版，1963年任台湾"革命实践研究院"主任兼院务委员会主任委员，1967年2月任"国家安全会议"战地政务委员会主任委员，1979年1月任"光复大陆设计研究委员会"副主任委员。连任国民党第七届至第十二届中央常务委员。1987年9月任"总统府"资政。1988年7月当选第十三届中央评议委员会委员及主席团主席，兼任台湾黄埔军校同学会会长，[1]是第一期生在台湾任职最长也是位居军政高层的最后者，称誉台湾军界政坛"常青树"。其连任中国国民党中央改造委员会委员暨中央委员会常务委员长达四十年之久，在中国国民党历史上实属罕有。业余爱好诗词、书法、摄影等。1992年10月4日因病在台北三军总医院逝世。1992年10月22日在台北第一殡仪馆景行厅举行告别仪式，由王叔铭、彭孟缉、高魁元、刘安祺四名陆军一级上将任"国旗"覆旗官。台湾出版有《陆军二级上将袁守谦先生哀思纪念集》《袁守谦将军传略》等。

---

[1] 台北《黄埔建国文集》编纂委员会编纂：台北实践出版社1985年6月16日印行《黄埔军魂》第220页记载。

袁涤清

袁涤清照片

袁涤清（1904—1977），别字涤青，广东南海[1]县银岗圩人。南海县私立国民小学高级班、广州公立公路工程专门学校毕业，日本陆军士官学校第二十期步兵科肄业，南京中央陆军军官学校高等教育班第三期、陆军大学特别班第六期毕业，自填登记处为广东南海县银市，通信处为南海银市隆昌号转交。自填家庭成员情况：父福田，从商业，母陈氏，勤俭持家，有兄长涤非。1904年6月14日生于南海县银市一个农商家庭。1924年春由陈淑举（国民党党部筹备委员）举荐投考黄埔军校，1924年5月16日经董煜（黄埔军校第一期第二队学员）、陈淑举介绍加入中国国民党。1924年6月考入陆军军官学校第一期第二队学习，1924年11月毕业，因其理化有基础选派转学航空，1924年12月入广州大沙头军事航空学校第一期学习，毕业后因视力欠佳，分发从事地勤工作。继任海军局助理，后被李之龙派任海军某舰艇党代表。1926年3月曾入中央政治讲习班学习，毕业后派国民革命军总政治部工作，继赴国民革命军第四军第十三师工作。1927年4月后被迫逃亡上海，后往张学良处任参议。1928年8月国民革命军编遣，1928年9月被缩编后的第一师（师长刘峙兼）特别党部筹备委员会指定为该师第四团（团长夏季屏）第三营党部筹备委员。[2]后任唐云山师派驻南京办事处少校主任，1934年奉派南京中央陆军军官学校高等教育班第三期学习，

---

[1] 《中央训练团将官班学员通讯录》记载为广东清远人。

[2] 《申报》1928年9月7日"刘峙任徐海剿匪司令"一栏记载。

1935年毕业，派任中央陆军军官学校武汉分校学员总队区队长。1936年3月14日颁令叙任陆军步兵中校。[1]抗日战争全面爆发后，随武汉分校迁移湖南武冈，任中央陆军军官学校第二分校学员总队大队附、大队长、总队长。1941年12月入陆军大学特别班第六期学习，1943年7月21日颁令叙任陆军步兵上校，1943年12月毕业，派任重庆卫戍总司令部第一分区司令部高级参谋。1944年9月接邓宏义任第七十六军（军长廖昂）第一九六师师长，[2]1945年4月30日该师裁撤并免职。改任中国远征军司令长官部驻四川泸州第六集训总队总队长。抗日战争胜利后，1945年10月获颁忠勤勋章。1946年1月奉派入中央训练团将官班受训，登记为少将学员，1946年3月结业。1946年12月3日参加赴南京任职、公干的81名黄埔一期生在中央训练团聚餐并于办公大楼前合影。[3]1947年2月22日颁令叙任陆军少将，办理退役。1949年10月移居香港，在新界自办农场，与家人一道养猪种菜，生活清苦，后曾创办一所小学，因修筑九龙公路经过该小学，被迫停办拆毁，依靠子女养活。1962年台湾经济起飞，对旅台港澳黄埔第一期、第二期（此时健在者极少）学员每人赠送二层楼房别墅一座，指定需本人亲赴台北办理，其携女赴台办理领取，随即廉价卖给在台亲戚，仍回香港新界租屋寓居，后曾推选为旅香港黄埔同学会会长等职。1977年10月28日因病在香港逝世。

---

[1] 国民政府文官处印铸局印行：台湾成文出版社有限公司1972年8月出版《国民政府公报》第105册1936年3月15日第1996号颁令第1—2页记载。

[2] 戚厚杰、刘顺发、王楠编著：河北人民出版社2001年1月《国民革命军沿革实录》第569页记载。

[3] 容鉴光编著：列入台北出版品预行编目资料，台北博煜企业有限公司2003年6月16日第一版印行《黄埔军校一期研究总成》第278页辑录。

袁嘉猷

袁嘉猷照片（一）

袁嘉猷（1906—1981），别字鸿逵，别号仲虎，汉族，同学录记载为云南顺宁人，另载云南昌宁县温泉乡里睦村。顺宁县立高等小学校、广州圣心教会学校毕业，父恩锡，别字羡臣，时为驻粤滇军总司令（李根源）部高级参议，系中国同盟会会员。家庭经济状况中等，有房屋地产。特长英文会话。自填登记处为云南顺宁县城内完庙街十一号，通信处为广州大东门西横街十三号。自填入学前履历：现充滇军第三军第七师中尉副官。出身于官宦之家，其在家中是次子。1923年充任滇军第三军第七师司令部中尉副官。1924年5月7日经蒋介石（黄埔军校校长，粤军总司令部参谋长）介绍加入中国国民党，1924年5月由李根沄（四川腾冲人，驻粤滇军混成旅旅长，滇军第三军第七师师长）举荐投考黄埔军校。1924年6月考入陆军军官学校第一期第四队学习，1924年11月毕业，历任第一军何应钦的警卫随从副官，警卫连连长、营长，副团长、团长，师附，高级参谋，县长，专员。抗日战争全面爆发后，曾任军政部交际处处长、作战参谋，云南第六十军兵工厂厂长，曾负责滇越铁路沿线护卫。抗日战争胜利后，任辽宁省营口市市长，陆军少将副司令官，中将高级参谋。1948年王家善部起义时，被东北民主联军俘虏，后为张冲（时任松江省副省长）保释。后返回南京，入中央训练团受训，结业后任国防部中将部员。1948

袁嘉猷照片（二）

年5月返回昆明，一度联系策反李弥部，参与1949年12月9日卢汉部起义。后在昆明被监护，辗转重庆、北京，分配到抚顺战犯管理所。1964年作为第五批特赦对象获释，后安排在昆明第二农场劳动改造。1975年按起义人员对待，安排在昆明市政协秘书处任专员，1981年4月5日因病在昆明逝世。[1]

---

[1] 黄埔军校同学总会《黄埔》2019年第六期第67—69页记载。

贾焜

贾焜（？一？），原缺载籍贯。[1]1924年6月考入陆军军官学校第一期（原缺队别）学习，1924年10月肄业，后服务社会。[2]

---

[1] 台北文海出版社有限公司印行：近代中国史料丛刊三编第五十七辑《陆军军官学校第一至四队学生详细调查表》无载。

[2] ①中国第二历史档案馆供稿、华东工学院编辑出版部影印，档案出版社1989年7月《黄埔军校史稿》第十一册黄埔同学名册第一期第一至第四队、第六队记录，缺载；②湖南省档案馆校编：湖南人民出版社1989年7月《黄埔军校同学录》第一期同学录第16页记载姓名，缺年龄、籍贯、通信处各项。

贾伯涛

贾伯涛（1903—1978），原名德森，祖籍湖北大冶，生于江苏扬州。扬州初级师范学校肄业，陆军大学甲级将官班第三期毕业，自填入学前履历：曾在上海溥益纱厂充管理员职。父葆柜，母陈氏，父曾从政，家境为中产阶层，自填登记处为湖北大冶人，现住扬州太平桥，通信处为上海爱多亚路修德里三十三号或扬州太平桥西南收。自填家庭主要成员：弟一人妹两个。登记专长有编辑、记录、珠算、簿记等。[1]1903年6月17日生于扬州县城一个商绅家

贾伯涛照片（一）

庭。曾任证券交易所记事，上海溥益纱厂管理员等职。1924年5月16日经邓演达（前任广东西路讨贼军第一师第三团团长，黄埔军校入学试验委员会委员）、金佛庄（前浙江陆军第二师营长，黄埔军校第一期第三队上尉队长）介绍加入中国国民党，继由田桐（孙中山指定修改党章起草委员，前南京政府参议院议员，护法军政府大元帅参议兼宣传处处长）、张知本（国民党第一届候补中央执行委员，前北京政府参议院参议，上海法政大学教授，广州大本营参议）举荐投考黄埔军校，1924年6月考入陆军军官学校第一期第三队学习，1924年11月毕业，任黄埔军校教导第一团排长，党军第一旅第二团连长，国民革命军第一军第一师营长，随部参加了两次东征作战。1925年7月13日黄埔军校成立校史编纂委员会（主席邵力子，总编纂袁同畴），其被指派为黄埔校史编纂员。1925年9月13日发表任

---

[1] 台北文海出版社有限公司印行：近代中国史料丛刊三编第五十七辑《陆军军官学校第三队学生详细调查表》记载。

命为陆军军官学校筹备校史编纂会编纂员，1926年4月20日任中央军事政治学校入伍生部政治部代主任。1926年5月2日被推选为中央军事政治学校特别区党部第四届执行委员。1926年7月随部参加北伐战争，任北伐军东路军总指挥部参谋。1927年任国民革命军第一军第二十师政治部主任，1927年7月15日被推选为黄埔同学会广东支会恳亲会筹备委员。[1]1927年12月6日任淞沪警备司令（钱大钧兼）部政治部主任。[2]1928年1月任南京黄埔同学会总会登记科科

贾伯涛照片（二）

长，其间参与编印《黄埔一期生同学通讯簿》。1928年4月12日被国民革命军总司令部委任为第一集团军第一纵队司令部设计整理委员会委员。[3]1928年5月28日任国民革命军第三十二军（军长钱大钧）特别党部筹备委员。[4]1929年任武汉卫戍司令部政治部主任，1930年任军事委员会武汉行营参谋，1931年任军事委员会南昌行营参谋，兼任南昌军警督察处处长。1932年脱离军职，在上海创办学校。1934年春被推选为上海特别市党部执行委员。[5]后出任军事委员会训练总监部第一组组长、高级参谋。1937年3月任湖北省军管区司令部参谋长。抗日战争全面爆发后，任江西南抚师管区司令部司令官，军事委员会西北战时干部训练团副教育长。1939年12月2日颁令叙任陆军步兵上校。[6]1941年任金南戒严司令部司令官，1942年1月任第三战区闽浙赣边区绥靖指挥部指挥官。1943年8月19日颁令叙任陆军少将。1944年任军事委员会高级参谋，1944年11月兼任中央各军事院校毕业生调查处处长。1945年1月被军队各特别党部推选为出席中国国民党第六次全国

[1] 广州《民国日报》1927年7月15日"黄埔同学会定期开恳亲大会"专文记载。

[2] 上海《民国日报》1928年5月8日"（淞沪）警备司令部纪念周"专文记载。

[3] 《国民革命军总司令部公报》1928年2月版第二期第56页记载。

[4] ① 1928年5月28日国民党中央执行委员会召开第141次常务会议决议；② 1928年5月29日上海《民国日报》第一版第一张记载。

[5] 《申报》1934年7月13日"上海市保安处特别党部昨日举行代表大会"一文记载。

[6] 国民政府文官处印铸局印行：台湾成文出版社有限公司1972年8月出版《国民政府公报》第145册1939年12月6日渝字第211号颁令第2页记载。

代表大会代表。抗日战争胜利后，1945年8月保送陆军大学甲级将官班第三期学习，1945年10月获颁忠勤勋章，1945年11月毕业，1946年1月任国民政府武汉行辕政务处处长。1946年5月获颁胜利勋章。1948年任华中"剿匪"总司令部政务委员会（委员长白崇禧）秘书长。1948年曾被关押八个月，1949年获释赴香港，1949年8月27日在香港发表起义通电并署名，[1]留居香港，后赴台湾，曾任台湾糖业公司顾问。1978年10月因病在台北逝世（另载1978年7月12日因病在美国逝世）。湖北《大冶文史资料》1986年第一辑载有《忠诚捍卫国共第二次合作的贾伯涛将军》（王彬著）等。

---

[1]　中国人民解放军历史资料丛书编审委员会：解放军出版社1997年11月《中国人民解放军历史资料丛书——解放战争时期国民党军起义投诚综合卷》第915页记载。

贾春林

贾春林（1899—1925），陕西绥德县义合镇人。绥德县义合镇高等小学、陕北联合县立榆林中学肄业，绥德中学、绥德师范学校毕业，父从农商，有地产四十六亩。自填登记、通信处为陕西榆林道绥德县义合镇。自填入学前履历：曾充县立及镇平民学校开办主任，又充陕北定边县安边堡平民学校及地方教务主任。曾任县立平民学校教员，义合镇平民小学主任，陕北定边县安边堡平民学校教务主任，地方劝学所主任等。1924年春由杨虎城（前陕西靖国军第三路司令官，陕西靖国军蒙边司令官，委派代表姚丹峰出席国民党一大）、于右任保荐投考黄埔军校，1924年5月到广州。1924年6月考入陆军军官学校第一期第四队学习，1924年11月毕业，随部参加对广州商团事变军事行动和第一次东征作战。历任入伍生部见习，教导第一团第三营第六连党代表。1925年3月19日在兴宁作战中阵亡。[1]

---

[1]　①中国第二历史档案馆供稿，华东工学院编辑出版部影印，档案出版社1989年7月《黄埔军校史稿》第八册（本校先烈）第247页第一期烈士芳名表记载1925年3月19日在广东兴宁阵亡；②台北《黄埔建国文集》编纂委员会编纂：台北实践出版社1985年6月16日印行《黄埔军魂》第573页"东征战役殉国英雄姓名表"第一期记载。

贾韫山

贾韫山（1896—1980），别字惠亭、辉亭，别号朝文，江苏铜山县棠梨乡人。铜山县立第一高等小学毕业，铜山师范学校肄业，中央训练团党政研究班第三期、台湾"革命实践研究院"联合作战研究班结业。父从农业，有自耕田四十亩，自给有余。自填登记处为江苏徐州铜山县棠梨乡洞山口，通信处为徐州中学顾子扬收转双祥行。自填入学前履历：江苏东海县警备营录事，福建陆军四团二营司书，四团三营代理军需长，铜山县棠梨乡第二十二初级

贾韫山照片

小学校长。1895年4月2日生于铜山县棠梨乡洞山口村一个农商家庭。1919年受江苏国民党元老刘云昭、顾子扬影响，参加国民革命活动，被选为铜山县学生自治会会长。后任江苏东海县警备营录事，福建陆军第四团第二营司书，第三营代理军需长，铜山县棠梨乡第二十二初级小学校长。1923年5月在徐州经顾子扬（国民党一大江苏省代表，前徐州中学校长及铜山县教育会会长，国民党徐州支部长及江苏省临时党部执行委员）介绍加入中国国民党，1924年春由刘云昭（孙中山指派出席国民党一大江苏省代表，前北京政府国会众议院议员，国民党江苏省临时党部筹备委员）、顾子扬保荐投考黄埔军校。1924年5月到广州，1924年6月考入陆军军官学校第一期第二队学习，1924年11月毕业，分发教导第二团见习、排长，1925年1月随部参加第一次东征作战。1926年7月随军参加北伐战争，任国民革命军第一军第二师步兵营连长、营长。1927年夏任国民革命军总司令部补充团营长、团附，1928年8月国民革命军编遣时，所部裁撤免职。奉派入国民革命军总司令部军官团受训，1930年12月任军事委员会训练总监部参谋。1933年12

月20日任江苏省政府保安处保安第四团团长，兼任中华民族复兴社江苏支社委员。[1]1936年10月17日颁令叙任陆军步兵中校。[2]1936年12月任江苏省军管区司令部军务处处长。抗日战争全面爆发后，任第三战区江苏保安第二支队司令部司令官，率部参加淞沪会战。战后任第八十九军第九十七旅旅长。1938年10月31日国民政府颁令贾韫山晋任陆军步兵上校。[3]任第三十三师师长。1939年7月3日国民政府颁令陆军步兵上校贾韫山晋任陆军少将。[4]1939年8月22日任第八十九军副军长，率部在苏北与中共新编第四军第一支队粟裕部为争夺地盘周旋。1940年7月26日国民政府令任命贾韫山为江苏省政府委员。[5]1940年7月27日赴任江苏省政府（主席韩德勤）委员，兼任省政府军事厅厅长，1940年8月30日派任江苏省第八区行政督察专员，兼任该区保安司令部司令官。1941年8月15日国民政府令："任命贾韫山为江苏省政府保安处处长。"[6]1941年8月16日上任江苏省政府（主席韩德勤）保安处处长。抗日战争胜利后，1945年10月25日任江苏省保安司令部副司令官。1947年7月6日上午9时至11时参与中央训练团部分黄埔一期受训同学发起组织赴南京中山陵六百将校军官"祭祀哭陵"事件。[7]1947年12月兼任江苏省党部副主任委员及江苏省党政军联合办公处特别党部书记长。1948年3月29日被推选为江苏省出席（行宪）第一届国民大会代表。后任国防部中将

[1] 柴夫编：中国文史出版社1988年12月版《CC内幕》第170、179、182页张正非撰文《CC集团在江苏的励进社》记载。

[2] 国民政府文官处印铸局印行：台湾成文出版社有限公司1972年8月出版《国民政府公报》第115册1936年10月18日第2180号颁令第1页记载。

[3] 国民政府文官处印铸局印行：台湾成文出版社有限公司1972年8月出版《国民政府公报》第137册1938年11月2日渝字第97号颁令第2页记载。

[4] 国民政府文官处印铸局印行：台湾成文出版社有限公司1972年8月出版《国民政府公报》第141册1939年7月5日渝字第167号颁令第1页记载。

[5] 国民政府文官处印铸局印行：台湾成文出版社有限公司1972年8月出版《国民政府公报》第152册1940年7月27日渝字第278号颁令第1页记载。

[6] 国民政府文官处印铸局印行：台湾成文出版社有限公司1972年8月出版《国民政府公报》第162册1941年8月16日渝字第388号颁令第4页记载。

[7] ①海南省政协文史资料委员会编纂：湖南人民出版社1993年10月《湖南文史资料选辑》第五期记载；②湖南省岳阳市政协文史资料委员会编：《岳阳文史》第十辑，湖南省岳阳晚报出版印刷中心1999年8月《岳阳籍原国民党军政人物录》第201—205页记载。

附员。1949年到台湾，任"国防部"中将高级参议，奉派入台湾"革命实践研究院"联合作战研究班受训。后任"光复大陆设计研究委员会"委员，台湾"革命实践研究院"教务委员，"国防部"史政局专门委员。1980年11月1日因病在台北逝世。[1]

---

[1] 台北"国史馆"编纂：2006年12月印行《"国史馆"现藏民国人物传记史料汇编》第一辑第524页记载。

郭一予

郭一予照片

郭一予（1899—1982），湖南浏阳县普迹浒山人。[1]浏阳县普迹高等小学、浏阳县立中学、长沙第一师范学校、南京中央陆军军官学校高级班第一期、中央训练团党政班第一期、庐山中央军官训练团第一期、中央训练团高级干部训练班第一期结业（因其毕业或结业于六所军校，自诩"六一居士"），陆军大学将官训练班第一期肄业。自填登记处为湖南浏阳县普迹浒山，通信处为浏阳普迹学务处转交。自填入学前履历：历任高小教员及庶务。祖辈务农，经济中等。自填家庭主要成员：父声杰，母郑氏，弟三人。[2]曾任本县（浏阳县）普迹高等小学堂教员，县政公所庶务。1923年在长沙平民学校（毛泽东、何叔衡创办）任教时加入中国共产党，兼任工人夜校教务主任。1924年1月20日经何叔衡（国民党湖南省临时党部筹备委员，前湖南长沙湘江学校校长，中共湘区执行委员会委员兼组织委员）、夏曦（国民党一大湖南省代表，湖南长沙国民党组织筹备处负责人）介绍加入中国国民党，1924年5月由夏明翰、陈清河（时任中学教员，国民党长沙县党部筹备委员）推荐投考黄埔军校。1924年6月考入陆军军官学校第一期第三队第七分队学习，1924年11月毕业，奉派转学航空，1924年12月入广州大沙头军事航空学校第一期学习，后辍学出校。任黄埔军校入伍生总

---

[1] 夏继诚著：江苏人民出版社1997年版《折戟》第225页载其生于1899年。

[2] 台北文海出版社有限公司印行：近代中国史料丛刊三编第五十七辑《陆军军官学校第三队学生详细调查表》记载。

997

队排长、连长，随军参加了两次东征作战和北伐战争。1927 年与中共脱离关系。后任国民革命军营党代表、营长、团附、师司令部参谋处处长。1930 年后任参议、师政治部主任及政治训练处处长，军司令部参谋处额外副官，缉私局水上警察大队中校大队长，新兵招募处上校主任。1937 年 1 月 6 日颁令叙任陆军步兵上校。[1] 抗日战争全面爆发后，任军事委员会重庆行营政治训练处处长，重庆绥靖主任公署政治训练分处处长。1944 年 4 月任重庆卫戍总司令（刘峙）部办公厅主任、政治部主任，一度任第十六集团军总司令（夏威）部政治部主任。1945 年 1 月任第五战区司令长官（刘峙）部驻重庆办事处主任，1945 年 2 月 20 日颁令叙任陆军少将。抗日战争胜利后，任联合后方勤务总司令（俞飞鹏）部部员。1945 年 10 月获颁忠勤勋章。1946 年 5 月获颁胜利勋章。1946 年 12 月 3 日参加赴南京任职、公干的 81 名黄埔一期生在中央训练团聚餐并于办公大楼前合影。[2]1948 年 10 月 14 日任徐州"剿匪"总司令（刘峙）部办公厅主任，兼任徐州"剿匪"总司令部政务委员会委员。1949 年 1 月 9 日在淮海战役中被人民解放军俘虏，后入华东军区解放军官训练团学习。中华人民共和国成立后，关押于战犯管理所学习与改造，1975 年 3 月 19 日获特赦释放。自愿返回原籍湖南定居，安排任湖南省政协文史资料委员会文史专员，湖南省政协委员。1982 年 5 月因病逝世。著有《回忆军校生活片断》（载于中国文史出版社《中华文史资料文库》第二卷）、《关于组织"非战斗人员还乡队"的情况》（载于中国文史出版社《原国民党将领的回忆——淮海战役亲历记》）、《我对黄埔军校的片段回忆》（载于《广东文史数据》第三十七辑《黄埔军校回忆录专辑》，广东省政协文史资料研究委员会、广东革命历史博物馆合编，广东人民出版社 1982 年 11 月）、《毛泽东负责上海地区考生复试》（载于广东人民出版社 1994 年 5 月《黄埔军校史料》第三版）等。

---

[1] 国民政府文官处印铸局印行：台湾成文出版社有限公司 1972 年 8 月出版《国民政府公报》第 119 册 1937 年 1 月 7 日第 2246 号颁令第 2 页记载。

[2] 容鉴光编著：列入台北出版品预行编目资料，台北博煜企业有限公司 2003 年 6 月 16 日第一版印行《黄埔军校一期研究总成》第 278 页辑录。

郭礼伯

郭礼伯照片

郭礼伯（1905—1978），原名礼阳，别号君鸣，江西南康县城北郭家塘人。南康县城南国民小学、南康县立初级中学毕业，庐山中央训练团党政班第六期结业。父从商开油行，经济中等。自填登记处为江西南康县城北郭家塘，通信处为南康县隆利油行转交。自填入学前履历：曾在赣军充见习、差遣、司务长等职。曾任赣军步兵团见习，驻粤赣军司令部差遣、司务长等。记载为民国前七年一月二十二日出生。1905年2月14日生于南康县城北郭家塘一个农商家庭。1921年经彭程万（时任驻粤赣军总司令，前江西都督府顾问，江西省参议会议长）、李明扬（时任驻粤赣军司令官，驻粤赣军第一旅旅长，前广西护国军总指挥部高级参谋，赣军第一梯团司令官）介绍加入中国国民党。1924年春由李明扬保荐投考黄埔军校。1924年6月考入陆军军官学校第一期第三队学习，1924年11月毕业，分发入伍生总队第一团任见习、排长、连长，随部参加了两次东征作战和北伐战争。1926年10月任中央教导第二师第四团第一营营长、第四团参谋长。1929年10月任陆军第四师补充团团长，1930年任陆军第十四师独立旅第三团团长。1931年10月任中央陆军军官学校武汉分校学员总队大队长，该校裁撤后整编为陆军师。1932年1月任第八十九师（师长钱大钧）第二六五旅（旅长张雪中）第五二九团团长。1933年春任东北军第四军团（总指挥万福麟）驻北平总部政治训练处处长，后奉召返回南方，1934年4月任江西保安第一师师长。后任军事委员会南昌、武汉行营中将参议。1935年10月任江西省国民军事训练委员会主任委员。1936年2月7日颁令叙任陆军少将。[1]1937年5月任江西省军管区司令部副司令官。抗日战争全面爆发后，任第一九四师副师长、代理师长，率部参加淞沪会战。1938年夏部队改编扩充后，实任第七十九军第一九四师师长，率部参加武汉会战。1939年任陆军第六预备师师长，率部参加豫东战役。1940年1月奉派入重庆中央训练团党政干部训练班第七期受训，并任学员大队中队长，1941年夏结业。1941年10月任第九战区第一九五师师长，1942年10月14日任第七十九军副军长，率部参加第二次、第三次长沙会战，浙赣会战诸役。1945年3月任第二方面军司令长官部高级参谋。抗日战争胜利后，任军政部第十六军官总队总队长。1945年10月10日获颁忠勤勋章。1946年5月30日获颁胜利勋章。1946年7月31日退为备役。后出任江西省干部训练团教育长。1947年9月29日任江西省政府（主席王陵基、胡家凤）委员。1946年11月15日被推选为江西省出席（制宪）国民大会代表。1949年1月20日免江西省政府委员职。1949年夏到台湾，续任"国大代表"。后任基层党务事宜，1960年任台湾桃园县民政局局长。1970年退休后，转任化工公司董事。1978年2月14日因病在台北荣民总医院逝世。

---

[1] 军事委员会铨叙厅民国二十五年（1936年）十二月印制《陆海空军军官佐任官名簿》第一册［上将、中将］第49页记载。

郭安宇

郭安宇照片

郭安宇（1894—1964），别字廷建，原载籍贯河南许昌县石固镇人，另载河南禹县城东大郭庄村人。许昌县立中学毕业，河南许州工读学校肄业，上海东方大学肄业，陆军大学乙级将官班第一期毕业，父复振，母段氏，祖辈务农，经济中等，有自耕地七十亩，家庭主要成员有兄弟五人，姐妹三人，入学黄埔军校前已婚，妻李氏。[1]自填登记处为河南许州石固镇，通信处为许州石固镇工读学校转交。自填入学前履历：中学毕业后，在本镇（石固镇）工读学校服务半年余，又肄业上海东方大学。1924年5月经邓演达（前任广东西路讨贼军第一师第三团团长，黄埔军校入学试验委员会委员）、金佛庄（前浙江陆军第二师营长，黄埔军校第一期第三队上尉队长）介绍加入中国国民党，继由刘绩学（时任中国国民党河南省支部长、临时党部筹备委员，前广东护法军政府国会众议院议员）、宋聘三（孙中山指派出席国民党一大河南省代表，前国民党河南省临时支部执行委员，国民党上海特别区执行部执行委员、常务委员）举荐投考黄埔军校。1924年6月考入陆军军官学校第一期第三队学习，在学期间加入中国共产党，1924年11月毕业，奉派返回北方策应，任河南国民军第二军第一师步兵团营长、团附。1926年任中共豫（河南）区委员会军事委员会负责人，1928年脱离中共组织关系。后任国民革命军步兵团团长，步兵旅司令部参谋主任，步兵

---

[1] 台北文海出版社有限公司印行：近代中国史料丛刊三编第五十七辑《陆军军官学校第三队学生详细调查表》记载。

师司令部参谋长。1936年任第三十二军第一三九师副师长。抗日战争全面爆发后，率部参加抗日作战。后任军事委员会高级参谋，1938年12月入陆军大学乙级将官班第一期学习，1940年2月毕业，1940年10月任军事委员会昆明行营暂编第二十师副师长，1944年2月任第四十八师副师长。1945年1月颁令叙任陆军步兵上校。1945年3月任镇东警备司令部副司令官。抗日战争胜利后，1946年8月至11月奉派入中央警官学校警政高级研究班第二期受训。1946年11月15日被推选为河南省出席（制宪）国民大会代表。1946年12月3日参加赴南京任职、公干的81名黄埔一期生在中央训练团聚餐并于办公大楼前合影。[1]1947年2月22日颁令叙任陆军少将。1947年9月任国民大会宪政实施促进委员会研究委员，1948年5月当选为国民政府立法院立法委员。1949年12月自觉前往中国人民解放军昆明市军事管制委员会登记。因未安排工作，谋求生计自办诊所、缝纫为业。1964年10月因病逝世。

---

[1] 容鉴光编著：列入台北出版品预行编目资料，台北博煜企业有限公司2003年6月16日第一版印行《黄埔军校一期研究总成》第278页辑录。

郭远勤

郭远勤照片

　　郭远勤（1903—？），广东番禺人。番禺县立初级中学校毕业，父从工业，有房地恒产。自填登记处为广东番禺县，住址为香港九龙新填地长安街门牌二十号三楼，通信处为广州市河南龙导尾吉庆里门牌十二号转交。自填入学前履历：民国八年（1919年）在香港亚洲皇后（号）船走新金山埠，曾任三年士行（原载如此），民国十一年（1922年）在大元帅卫士队任机关枪手之职，续后到来本校。1919年起，任香港亚洲皇后号轮船水手三年。1922年3月3日经陈炳生［国民党上海特别区工农部委员，前中华海员工业联合总会（设香港）第一届委员会会长］介绍加入中国国民党。1924年春由卢振柳（时任广州大元帅府大本营参军，兼任大本营卫士大队大队长，广东东路讨贼军第六路参谋长，粤军第二军总司令部参谋）举荐投考黄埔军校，1924年6月考入陆军军官学校第一期第一队学习，1924年11月毕业，后服务社会。

郭冠英

郭冠英（1902—? ），江西泰和人。泰和县立测绘养成所肄业，江西省立第六中学校毕业，贫苦农家出身。自填登记处为江西泰和县冠朝村，通信处为泰和冠朝圩义成隆号转交。自填入学前履历：（江西）泰和测绘养成所卒业及江西省立第六中学校毕业，曾充泰和云亭乡立高等小学校及村立国民学校教员。1924年2月20日经郭森甲（时任江西省国民党驻粤代表，前北京政府参众两院国民后援会会长，江西学界供职）介绍加入中国国民党，1924年5月由

郭冠英照片

叶绍芳（江西人，上海学界供职）举荐投考黄埔军校。1924年6月考入陆军军官学校第一期第一队学习，1924年11月毕业，后服务社会。

郭剑鸣

郭剑鸣照片

郭剑鸣（1903—? ），江苏铜山人。铜山县立第二高等小学校、徐州初级中学校毕业，地主家庭出身，有田二百亩。铜山县立第二高等小学校及徐州初级中学校毕业，自填登记处为江苏铜山县东南乡房村市小奠圩，通信处为江苏徐州中学校顾子扬转交。自填入学前履历：铜山县立第一高等小学校、徐州中学校初级（中学）毕业，1923年8月经顾子扬（时任铜山县教育会会长及徐州中学校长）介绍加入中国国民党。在顾子扬领导下，其与同学王敬久、王仲廉、王家修等人组织徐州学生联合会，其协助组织调查事宜。1924年春由刘云昭（时任国民党江苏省代表，孙中山指派出席国民党一大江苏省代表，前北京政府国会众议院议员，国民党江苏省临时党部筹备委员）、顾子扬（时已任江苏省国民党驻粤代表，国民党一大江苏省代表，前国民党徐州支部长及江苏省临时党部执行委员）举荐投考黄埔军校。1924年6月考入陆军军官学校第一期第一队学习，1924年11月毕业，历任国民革命军排长、连长、营长，随部参加了两次东征作战和北伐战争。1927年任国民革命军总司令部参谋。1927年8月30日任浙江补充第一师（师长严重）第六十二团（团长王禄丰）指导员，后兼任中校团附。1928年9月3日被委派为第二师特别党部筹备委员，任第二师政治训练处处长，1929年2月17日被推选为陆军第二师特别党部执行委员。1930年12月任第八十七师司令部参谋处主任，1932年1月随军参加淞沪抗战。

郭树棫

郭树棫（1899—1927），别字士珍，山西崞阳人。崞县原平镇高等小学、山西斌业中学毕业，山西陆军学兵团肄业。祖辈务农，经济中等，有地产三十亩，宅院一所。自填入学前履历：山西斌业中学及学兵团干部（学校）毕业，民国八年（1919年）任山西陆军学兵团刺枪助教，十年（1921年）改委山西崞县全县保卫团总教练。1919年任山西陆军学兵团刺枪助教。1921年任山西崞县全县民防保卫团总教练。1924年春由王用宾（广州大本营参议）和赵

郭树棫照片

连登（山西省出席中国国民党一大代表）保荐投考黄埔军校，1924年5月到广州，1924年6月考入陆军军官学校第一期第二队学习，1924年11月毕业，分发黄埔军校教导一团任见习、排长、副连长，1925年1月参加第一次东征作战。1925年6月任国民党军第一旅第一团连长，随部参加对滇桂军阀杨希闵部、刘震寰部的军事行动。1926年7月任国民革命军第一军第一师第三团营附、营长，北伐东路军步兵团团长，随部参加北伐战争。1927年2月在福州之役作战阵亡，[1] 被追赠陆军少将衔。

---

[1]　①中国第二历史档案馆供稿，华东工学院编辑出版部影印，档案出版社1989年7月《黄埔军校史稿》第八册（本校先烈）第47页有烈士传略，第248页第一期烈士芳名表记载1927年2月在福建福州阵亡；②台北《黄埔建国文集》编纂委员会编纂：台北实践出版社1985年6月16日印行《黄埔军魂》第574页"北伐战役殉国英雄姓名表"第一期记载。

郭济川

　　郭济川（1900—?　），又名渠川，江西泰和人。泰和县立高等小学校毕业，南昌江西省立第一中学肄业。家世务农，有四亩地，粮产自给。自填登记处为江西泰和县冠朝村，通信处为泰和县冠朝圩邮局转交。自填入学前履历：县立高小校毕业，省立第一中学肄业一年，后即充任本村国民学校教员凡二年，旋改习商业，于商务印书馆服务四载，任司理账目及帮办函牍之职。1924年5月由郭森甲（前任国会参众两院国民后援会会长）、翁吉云（国民党上海执行部第二及第八区分部支部长）介绍加入中国国民党，1924年5月由茅延桢（黄埔军校第一期第二队上尉队长）、曹石泉（原广州孙中山陆海军大元帅府副官，广东海防陆战队第二营营长，黄埔军校第一期第二队区队长）介绍投考黄埔军校。1924年6月考入陆军军官学校第一期第二队学习，1924年11月毕业，分发教导第二团任见习、排长，1925年2月随部参加第一次东征作战，1925年4月29日与见习官李士奇在梅县携枪械潜逃，[1]后被缉捕，不久获赦罪退伍。

---

　　[1]　中国第二历史档案馆编，万仁元、方庆秋主编：九州出版社2012年3月《蒋介石年谱》第311页记载。

郭景唐

　　郭景唐（1902—1968），原名景唐，[1] 又名景，[2] 别字仰汾，后以景唐行世任官，陕西武功人。武功县立高级国民小学、国民中学毕业，农家出身。记载为民国前十年三月六日出生。[军事委员会铨叙厅民国二十五年（1936年）十二月印制《陆海空军军官佐任官名簿》第一册（上将、中将）第49页记载] 自填登记、通信处为陕西武功县仁义和号。自填入学前履历：陕西靖国军三路一支队充排长。1924年2月15日经焦易堂（曾为国民党籍国会议员，陕西政界耆宿，孙中山指派出席国民党一大陕西省代表，国民党陕西省临时党部执行委员）介绍加入中国国民党，1924年4月经于右任（时任上海大学校长）举荐报考黄埔军校。1924年6月考入陆军军官学校第一期第二队学习，在学期间任本队第四分队副分队长，1924年11月毕业，分发教导第一团任见习、排长，随部参加第一次东征作战。后派返回北方国民军联系策应，任陕北国民军第二支队排长，国民军第三军第三师下属连副连长，陕西陆军第三师步兵营副营长。1926年12月任国民革命军第二集团军第十军补充团第二营营长。1928年9月任第二集团军暂编第二十一师第一旅第一团中校团附。1929年7月所部改编，任陆军新编第十四师第一旅第一团中校团附，后转任该旅第三团团长。1930年3月调任第七军补充第一旅第一团团长。1930年10月任第七十一师第二一三旅旅长。1931年4月第七十一师改番号为第四十二师，升任副师长，率部参加对鄂豫皖边区红军及根据地的"围剿"战

---

[1]　台北文海出版社有限公司印行：近代中国史料丛刊三编第五十七辑《陆军军官学校第二队学生详细调查表》记载。

[2]　湖南省档案馆校编：湖南人民出版社1989年7月《黄埔军校同学录》第一期补录第15页记载。

事。1933年率部参加长城抗日战事。1936年2月1日颁令叙任陆军少将。[1]1937年4月仍任第四十二师（师长柳彦彪）副师长，兼任该师第一二四旅旅长。1937年5月所部裁撤免职。抗日战争全面爆发后，投效胡宗南部，获举荐任中央陆军军官学校第七分校（西安分校）学员总队少将总队附。1939年10月10日任第九十八军（军长武士敏）第一六九师师长，率部参加娘子关战役。1940年中条山战役作战失利，第九十八军全军覆灭，突围后率残部赴后方整训。1942年3月30日任第九十八军（军长刘希程）副军长，1942年5月兼任第四十二师师长。1944年12月第九十八军裁撤，免职后返回原籍在家赋闲。抗日战争胜利后，1945年10月10日获颁忠勤勋章。1946年5月30日获颁胜利勋章。1947年3月颁令复叙任陆军少将，同时办理退役。1948年5月4日被推选为行宪第一届国民政府立法院立法委员。中华人民共和国成立后，仍在原籍乡间寓居。1950年在陕西华县被捕入狱，因"历史问题"被判处有期徒刑十五年。1966年刑满释放后，遣送铜川县农场劳动改造。1968年因病在陕西铜川逝世。

---

[1] 军事委员会铨叙厅民国二十五年（1936年）十二月印制《陆海空军军官佐任官名簿》第一册［上将、中将］第49页记载。

郭德昭

郭德昭（1905—1927），安徽英山人。英山县国民小学、英山县立初级中学肄业。父从农商，贫无产业。自填登记处为安徽英山县，住本县城南门外马家埕。自填入学前履历：国民学校教员，通讯社记者，英山县国民小学及县立初级中学肄业。曾任英山县立国民小学教员，《新建设》通讯社记者等。1924年春由柏文蔚（时被孙中山任命为北伐第二军军长，孙中山指派出席国民党一大安徽省代表，中国国民党第一届中央执行委员前安徽淮上军总司

郭德昭照片

令）、谭惟洋（时被孙中山任命为北伐第二军顾问，国民党一大上海特别区代表，前中国国民党安徽支部长，广州大本营参议）保荐投考黄埔军校，1924年4月经谭惟洋、刘侯武［原广东东路讨贼军总司令部秘书，汕头《晨报》社社长，讨贼军第二军总司令（柏文蔚）部参谋兼军务处处长］介绍加入中国国民党。1925年到广州，1924年6月考入陆军军官学校第一期第二队学习，1924年由周恩来介绍加入中国共产党，[1]1924年11月毕业，分发黄埔军校政治部秘书，1925年1月协助周恩来筹办"中国青年军人联合会"。后任军校入伍生总队区队长、连长，国民革命军第九军第一师教导队队长，独立第十五师步兵团特务长，参加了两次东征作战和北伐战争。1927年8月随贺龙部队参加南昌起义，任起义军第二十军第三

---

[1]　中华人民共和国民政部组织编纂，范宝俊、朱建华编著：黑龙江人民出版社1993年10月《中华英烈大辞典》第2166页记载。

师司令部经理处处长，随军南下会昌大柏地时作战牺牲。[1]1950年周恩来复信郭德昭父亲郭若夫，赞扬其子为国捐躯的革命精神。[2]

---

[1] 姚仁隽编：长征出版社1987年7月《南昌、秋收、广州起义人名录》第40页记载；黄霖撰文《从武汉到潮汕——贺龙警卫连长随军见闻记》记载。

[2] 陈予欢编著：广州出版社1998年9月《黄埔军校将帅录》第1270页记载。

陶进行

陶进行（1896—? ），陕西雒（洛）南人。雒南县立高等小学校、雒南初级中学毕业，世代务农，自给尚余。自填登记通信处为陕西雒南（洛南）县石家坡公义合号。自填入学前履历：本县劝学员三年，四小学管理四年。1924年春经于右任（国民党第一届中央执行委员）介绍加入中国国民党，1924年5月由杨伯康[陕西陆军山（西）陕（西）军第一混成旅旅长]举荐投考黄埔军校。1924年6月考入陆军军官学校第一期第四队学习，1924年11月毕业，后返陕西服务社会。

顾浚

顾浚照片

　　顾浚（1895—1927），又名嘉茂，四川宣汉人。宣汉县高等小学、昆池陶成书院、绥定府联合中学毕业，北京新民工业专门学校、南京金陵大学、广州岭南大学、德国哥廷根大学肄业。祖辈务农，经济中等，有地产。自填登记、通信处为四川宣汉县南坝场。自填入学前履历：民国九年（1920年）由四川绥定联合中学毕业，民国十年（1921年）学于北京，肄业于新民工业专门学校一学期，民国十一、十二年（1922—1923年）留学德国住柏林大学外国学生补习班。1917年考入南京金陵大学，后转入广州岭南大学，曾任校学生会负责人。1919年五四运动爆发后，带领岭南大学学生游行示威，进行爱国宣传。1921年秋赴德国柏林学习军事，1922年冬结识朱德。1923年5月与朱德同入哥廷根大学进修社会科学与哲学，1923年12月23日在柏林经邵元冲（前上海《民国日报》报社记者，兼上海大夏大学教授，国民党上海执行部工农部秘书）介绍加入中国国民党。1924年春回国，由戴季陶（孙中山指派出席国民党一大浙江省代表，国民党第一届中执委、常务委员兼宣传部部长）保荐投考黄埔军校。1924年6月考入陆军军官学校第一期第一队学习，在学期间加入中国共产党，1924年11月毕业，分发第二期学生步兵队任排长，参加中国青年军人联合会活动。后任第三期第三支队第九队队长，第四期步兵科第一团第一营连长，随部参加了两次东征作战。1926年3月8日任中央军事政治学校第四期军官团（团长张治中）第一营（营长刘效龙）副营长，1926年7月率部参加北伐战争。1927年1月任南昌国民革命军总司令部宪兵团第一营营长。1927年8月率全营参加南昌起义，任总指挥部宪兵团团长。南下潮汕失利后转移南京,从事地下活动,不久被捕入狱,关押于老虎桥模范监狱。1927年8月24日在南京鸡鸣寺遇害身亡。[1]

---

[1]　中华人民共和国民政部组织编纂,范宝俊、朱建华编著:黑龙江人民出版社1993年10月《中华英烈大辞典》第2038页记载。

顾希平

顾希平照片

顾希平（1899—1957），又名西萍、西平，别字祝森，原载籍贯江苏淮阴，自填江苏涟水人。[1]涟水县立高级小学、江苏省立第八师范学校、法国都鲁斯大学法律科毕业，父从农业，贫无地产。自填登记通信处为江苏淮阴县北乡王营镇顾大村。自填入学前履历：曾充小学教员。1899年10月26日生于涟水县城的一个农商家庭。师范学校毕业后，曾任县立小学教员。1924年春经伏彪（孙中山指派出席国民党一大上海特别区代表，前国民党江苏省临时支部筹备委员，国民党江苏省临时党部党务指导委员）、沈姬铠（粤军总司令部军事委员）介绍加入中国国民党，1924年5月由许崇灏（时任广州大本营参议，广东东路讨贼军警备司令，广州大本营中央财政委员会委员，粤军总司令部高等顾问）、王寿南（又名柏龄，前广州大本营高级参谋，粤军总司令部监军，黄埔军校筹备委员会委员）保荐投考黄埔军校。1924年5月到广州，1924年6月考入陆军军官学校第一期第二队学习，1924年11月毕业，任黄埔军校教导第二团通讯队队长，参加第一次东征作战、北伐战争。1926年春起，任国民革命军第一军第三师第八团参谋长，第九军第二师副团长、团长、副旅长。1927年8月随部参加龙潭战役。1927年10月任第三师政治部主任，第三师（师长顾祝同）第九团团长，第九军（军长顾祝同）司令部交通处处长。1928年10月奉派赴法国学习军事，入

---

[1] 胡健国主编：台北"国史馆"2008年8月印行《"国史馆"现藏民国人物传记史料汇编》第三十二辑第627页自述。

法国都鲁斯大学学习，获得法学硕士学位，其间于1929年4月任中国国民党驻比利时支部指导员，并当选为驻欧洲总支部第九届执行委员，1932年1月回国。与康泽等创办《中国日报》报社，任副社长、代理社长。1932年3月28日加入中华民族复兴社。1932年10月任"剿匪"军第三路军总指挥部党政工作处处长，南京中央陆军军官学校星子特别训练班高级教官、副主任。1935年11月被推选为中国国民党第五次全国代表大会代表。1936年12月任军事委员会西安行营第二厅副厅长。抗日战争全面爆发后，任军事委员会西安行营第二厅厅长。1937年11月30日国民政府颁令叙任陆军少将。[1]在西安组织江苏青年抗日团，任西安王曲军官训练团副主任，兼任中央陆军军官学校第七分校（主任胡宗南）副主任，军事委员会西北游击干部训练班副教育长。1938年8月27日国民政府颁令任命为江苏省政府委员。[2]1939年1月14日国民政府颁令免江苏省政府委员职。[3]1939年春任军事委员会天水行营政治部（主任谷正鼎）副主任，中央陆军军官学校第七分校兰州军官训练团教导总队副主任，兰州战时干部训练团教育长，三青团陕西省支团部干事。1942年7月接替肖赞育任成都中央陆军军官学校政治部主任。1942年3月当选三青团中央第一届干事会干事。1945年1月30日被推选为军队各特别党部出席中国国民党第六次全国代表大会代表。1945年2月任第一战区司令长官部政治部主任，兼任第一战区司令长官部直辖党政军联合特别党部书记长。1945年5月20日当选中国国民党第六届中央执行委员会执行委员。抗日战争胜利后，1945年10月获颁忠勤勋章。1946年1月任西安绥靖主任公署政治部主任。1946年5月获颁胜利勋章。1946年11月15日被推选为江苏省出席（制宪）国民大会代表。1947年6月获颁四等云麾勋章。1947年8月19日任陕西省政府（主席祝绍周）委员兼陕北行政公署主任。后兼任中央各军事学校毕业同学非常委员会委员，兼该委员会纪律委员会主任委员。1947年7月被推选为党团合并后的中国国民党第六

---

[1] 国民政府文官处印铸局印行：台湾成文出版社有限公司1972年8月出版《国民政府公报》第130册1937年12月1日渝字第1号颁令第15页记载。

[2] 国民政府文官处印铸局印行：台湾成文出版社有限公司1972年8月出版《国民政府公报》第135册1938年8月31日渝字第79号颁令第2页记载。

[3] 国民政府文官处印铸局印行：台湾成文出版社有限公司1972年8月出版《国民政府公报》第138册1939年1月18日渝字第119号颁令第1页记载。

届中央执行委员会执行委员。1948年3月29日被推选为江苏省出席（行宪）第一届国民大会代表。1948年9月2日任江苏省政府委员兼民政厅厅长。1949年春与贺衷寒、袁守谦等人发起成立中央各军事学校同学非常委员会，推选为委员，兼任该会纪律委员会主任委员。1949年秋到台湾，续任"国大代表"，任"光复大陆设计研究委员会"委员，兼任《思想与革命》杂志社社长。1957年11月21日因病在台北逝世。[1]

---

[1] 刘绍唐主编：台北传记文学出版社1999年10月15日印行《民国人物小传》第二十辑记载。

顾济潮

顾济潮（1899—？），江苏涟水人。前第三战区司令长官、陆军总司令顾祝同堂侄。涟水县本乡国民学校、涟水县立高级小学、涟水县立初级师范学校毕业，父从商业，经济中等。自填登记处为江苏涟水县城内张家巷顾祝荣寓所。自填入学前履历：国民学校毕业，高等小学毕业，师范学校毕业，曾任小学教授（员）半载。任国民学校教员。1924年春由伏彪（孙中山指派出席国民党一大上海特别区代表，前国民党江苏省临时支部筹备委员，国民党江苏省临时党部党务指导委员）、许崇灏（时任广州大本营参议，广东东路讨贼军警备司令，广州大本营中央财政委员会委员，粤军总司令部高等顾问）、王寿南（又名柏龄，前广州大本营高级参谋，粤军总司令部监军，黄埔军校筹备委员会委员）保荐投考黄埔军校，1924年6月考入陆军军官学校第一期第四队学习，1924年11月毕业，分发入伍生队任见习，后为教导第二团排长，1925年1月随部参加第一次东征作战。1925年6月随部参加对后滇桂军阀杨希闵部、刘震寰部的军事行动，任国民党军第一旅步兵连副连长。1926年7月随部参加北伐战争，任国民革命军第一军第三师步兵连连长，国民革命军总司令部参谋。1927年夏任国民革命军新编第一军（军长谭曙卿）新编第一师（师长吴威）党代表。[1]1928年驻军时兼任中国国民党江苏省涟水县临时党部监察委员，[2]1930年1月任陆军第九军（军长顾祝同）司令部参谋兼驻京办事处处长。1931年任江苏省保安第四团（团长李守维）中校团附[3]等职。

---

[1]　上海《民国日报》1927年8月7日第四张第二版记载。

[2]　上海《民国日报》1927年12月6日"苏省党部续派各县临时委员"专文。

[3]　上海《民国日报》1931年10月10日"苏省府会议"专文。

高振鹏

　　高振鹏（1902—？），别字定猷，湖南长沙人。广州大本营军政部陆军讲武学校肄业。1923年冬到广州，入驻粤滇军广州随营学校学习，后入广州大本营军政部陆军讲武学校学习。1924年秋该校并入黄埔军校第一期，1924年11月编入陆军军官学校第六队学习，1925年2月肄业。分发教导第一团任见习、副排长，1925年1月随部参加第一次东征作战。历任国民革命军步兵营排长、连长、参谋，1927年10月任国民革命军总司令部补充第一团第一营营长，1928年春任国民革命军总司令部军官团教导队队附。1928年5月2日任国民革命军总司令部第一补充团第一营营长。[1]1936年10月任江苏省保安第三团团长。抗日战争全面爆发后，任陆军步兵旅副旅长，军政部补充兵训练处副处长。1939年10月任湖南省政府保安处（处长李树森）副处长，1940年8月15日国民政府颁令：湖南省政府保安处副处长高振鹏免职。[2]抗日战争胜利后，1946年1月奉派入中央训练团受训，登记为少将团员，1946年3月结业。1946年12月3日参加赴南京任职、公干的81名黄埔一期生在中央训练团聚餐并于办公大楼前合影。[3]

---

　　[1]　全国图书馆文献缩微复制中心2009年10月影印发行《国民革命军总司令部公报》第二册1928年5月第五期第52页记载。

　　[2]　国民政府文官处印铸局印行：台湾成文出版社有限公司1972年8月出版《国民政府公报》第152册1940年8月17日渝字第284号颁令第1页记载。

　　[3]　容鉴光编著：列入台北出版品预行编目资料，台北博煜企业有限公司2003年6月16日第一版印行《黄埔军校一期研究总成》第278页辑录。

高致远

高致远（1901—1987），陕西三原人。三原县民治两等学校毕业，浙江南浔体育专科学校肄业，三原县立中学毕业，南京中央陆军军官学校高等教育班第二期、军官训练团第一期结业。祖辈务农，有若干田产，入不敷出。自填登记通信处为陕西三原县城内西关。自填入学前履历：本县民治两等学校毕业，又入浙江南浔中国体育学校肄业。1924年1月被国民党陕西省党部筹备处派赴广州，1924年春经于右任保荐投考黄埔军校。1924年6月考入陆军军官学校第一期第四队学习，1924年11月毕业，1925年1月随部参加第一次东征作战。1925年秋奉派返回北方策应，受杨虎城赏识，任陕北国民军前敌总指挥（杨虎城兼）部三民军官学校（校长杨虎城兼）第一期学员总队（刘子潜）第三队上尉队长。所部改编后，1925年7月任国民军第三军第三师（师长杨虎城）三民军官学校第一期学员总队第三队队长，[1]后由王宗山代理校长职务，1926年8月三民军官学校自行解散。后任国民军第三师（师长杨虎城）司令部独立营（营长唐嗣桐）营附，国民革命军第十七路军总指挥部少校参谋。1930年往南京中央各军校毕业生调查处登记，派任南京中央陆军军官学校军官补习班少校区队长。1933年任陆军第二十五师第七十五旅司令部参谋主任、代参谋长，陕西省第六区保安司令部副司令官，兼任陕西省保安第四团团长，1933年10月奉派入南京中央陆军军官学校高等教育班第三期学习，1934年10月毕业，任陕西省保安第一团团长。1935年5月18日颁令叙

---

[1] 陕西省政协文史资料和学习委员会编纂：陕西出版集团/陕西人民出版社2010年4月《陕西文史资料精编》第九卷《人物专辑》上册第94页署名刘子潜，1964年5月23日撰文，王锦山记录，《耀县三民军官学校之概况》记载。

任陆军步兵中校。[1]抗日战争全面爆发后，随部参加忻口会战。1938年5月奉派入军官训练团第一期第二大队第五中队学员队受训，结业后，率部参加中条山战役。后因作战伤残退伍，返回陕西三原务农为生。抗日战争胜利后，1948年被补为陕西省保安司令部上校参议。中华人民共和国成立后，历任陕西省三原县政协委员、常务委员，[2]陕西省人民政府参事室参事。1984年夏参加陕西省黄埔军校同学会活动，1987年1月7日因病逝世。著有《往事忆旧》等。

---

[1] 国民政府文官处印铸局印行：台湾成文出版社有限公司1972年8月出版《国民政府公报》第93册1935年5月19日第1745号颁令第2页记载。

[2] 陕西省黄埔军校同学会编纂、穆西彦主编：陕西人民出版社1991年6月《陕西黄埔名人》第58页记载。

高起鹍

高起鹍（1897—？），别字起鲲，云南普洱人。云南省立第四师范学校毕业，云南陆军军士教导队肄业。父从学商，经济中等。自填登记通信处为云南普洱县城南城内下街高寓。自填入学前履历：民国三年（1914年）于云南省立第四师范学校毕业，任普洱高等小学校长五年，投入云南军士队毕业，后任滇军第十九团一营一连中尉，继任普防殖边队第三营左队官，十二年（1923年）七月来粤，任中央直辖滇军第二军三师六旅十二团一营四连上尉排长。1914年于云南省立第四师范学校毕业，任普洱高等小学校长。1916年加入云南陆军军士教导队，毕业后服务于滇军第十九团一营一连，任中尉副连长，后升任普防殖边队第三营左队官。1923年随滇军赴粤，任中央直辖滇军第二军三师六旅十二团一营四连上尉排长。1923年12月由刘国祥（国民党一大云南省代表，国民党云南省临时党部筹备委员，国民党云南省党部执行委员）介绍加入中国国民党，1924年春再由刘国祥举荐投考黄埔军校。1924年6月考入陆军军官学校第一期第四队学习，1924年11月毕业，分发驻粤滇军朱培德部服务，1926年7月任国民革命军第三军第六师司令部副官，第三军中国国民党党部党代表办公室副主任，随部参加北伐战争江西等省战事。1927年夏任国民革命军第五路军总指挥（朱培德）部政治部科长，1928年任国民革命军第三军第七师政治部主任。1928年8月国民革命军编遣，任缩编后的第一集团军第七师（师长朱培德兼）政治训练处副处长。1929年8月23日被推选为第七师特别党部候补执行委员。后任军事委员会训练总监部高级参谋，朱培德随从副官、参谋。1936年5月18日颁令叙任陆军步兵上校。[1]后返回原籍谋生，于乡间寓居赋闲。

---

[1] 国民政府文官处印铸局印行：台湾成文出版社有限公司1972年8月出版《国民政府公报》第108册1936年5月19日第2051号颁令第1页记载。

康季元

康季元（1898—?），浙江宁波人。浙江省立宁波师范学校毕业，农民家庭出身。曾充任小学教员。自填登记处为浙江奉化康家宅，通信处为宁波二十条桥毛瑞兴柴行转交。自填入学前履历：于民国四年（1915年）吾曾任小学教员。1924年春由毛秉礼（原浙江省立警官学校学生，黄埔军校军需部官佐）、张席卿（又名家瑞，黄埔军校筹备委员会委员，入学试验委员会委员，黄埔军校校长办公室少校中文秘书）举荐投考黄埔军校，1924年6月考入陆军军官学校第一期第一队学习，1924年11月毕业，后服务社会。

曹
渊

曹渊（1900—1926），原名新宽，别字溥泉，安
徽寿县人。芜湖工读学校、芜湖职业学校毕业，祖
辈务农，家境贫穷。自填登记处为安徽寿县瓦埠南
务农村，通信处为寿县瓦埠镇立小学校转交。自填
入学前履历：芜湖安徽公立职业学校修业五学期。
参加芜湖五四爱国运动，被推为芜湖学联会负责
人。1921年秋考入芜湖安徽公立职业学校，被选为
学生会主席，组织职校马克思主义读书会，为负责
人。1922年秋辍学赴上海，入上海大学社会科学部

曹渊照片

旁听。1924年春由管鹏（国民党中央执行委员会宣传委员会委员，国民党安徽总
支部筹备处处长）、李雨村（国民党安徽寿县临时党部筹备委员，前安徽芜湖公
立职业学校教员）保荐投考黄埔军校，1924年4月经柏文蔚（孙中山指派出席国
民党一大安徽省代表，前安徽淮上军总司令，国民党第一届中央执行委员，时任
北伐讨贼军第二军军长）、谭惟洋（国民党一大上海特别区代表，前中国国民党
安徽支部长，大本营参议及北伐第二军总司令部顾问）介绍加入中国国民党。其
间与部分安徽籍学员在环龙路44号中国国民党上海特别区执行部参加初试，考试
及格后结伴乘船南下。1924年5月到广州，1924年6月考入陆军军官学校第一期
第三队学习，在学期间加入中国共产党，[1]1924年11月毕业，其间参加中国青年军
人联合会活动，为骨干成员。任黄埔军校教导第一团学兵连党代表，随部参加第

---

[1]　中共党史人物研究会编纂：陕西人民出版社1982年10月《中共党史人物传》第五卷第65
页记载。

一次东征作战。1925年6月随部参加对滇桂军阀杨希闵部、刘震寰部的军事行动。1925年8月任国民革命军第一军第一师第一团第八连连长，1925年10月任国民革命军第一军第三师第九团第一营营长，随部参加第二次东征战事，率部驻防潮汕地区。1926年7月北伐战争开始后，任国民革命军第四军叶挺独立团第一营营长，参加汀泗桥、贺胜桥之役。[1]1926年9月5日武昌攻城战中任奋勇队队长，在攻克通湘门激战时中弹牺牲。[2]中华人民共和国成立后被追认为革命烈士。其子曹云屏，中华人民共和国成立后，曾任广州市人民政府秘书长、中共广州市顾问委员会副主任、广东省黄埔军校同学会顾问等职，著有回忆文章汇集《求索》，2015年1月22日因病在广州逝世。

---

[1] 杨牧、袁伟良主编：河南人民出版社2005年11月《黄埔军校名人传》上册第958页记载。

[2] ①中国第二历史档案馆供稿，华东工学院编辑出版部影印，档案出版社1989年7月《黄埔军校史稿》第八册（本校先烈）第51页有烈士传略，第245页第一期烈士芳名表记载1926年9月5日在湖北武昌阵亡；②台北《黄埔建国文集》编纂委员会编纂：台北实践出版社1985年6月16日印行《黄埔军魂》第574页"北伐战役殉国英雄姓名表"第一期记载。

曹日晖

曹日晖（1902—1955），别字耀卿，别号善均、耀三，湖南永兴县永兴乌泥铺人。湖南省立第三中学、陆军大学特别班第二期毕业，中央军官训练团第一期将官研究班结业。父楚尧，母马氏，自填家庭主要成员：兄长三人姐二人，妻李氏。[1]自填登记、通信处为湖南永兴县永兴乌泥铺。自填入学前履历：由中学毕业，即来粤在中央陆军教导团有数月。中学毕业后，南下入粤军部队服务，入广东中央陆军教导团学习数月，结业后入大本营军政部教导团学

曹日晖照片

兵连供职。1924年5月16日经李汉藩（前湘南学生联合会总干事，时为黄埔军校第一期第二队第四分队学员）、桂永清（前中央直辖讨贼军游击第一旅司令部书记，时为黄埔军校第一期第二队学员）介绍加入中国国民党，1924年6月由周况（时任驻粤赣军党部筹备委员）、李鸿柄（时任驻粤赣军总司令部副官）举荐投考广州黄埔军校。1924年6月考入陆军军官学校第一期第二队学习，1924年11月毕业，1927年任国民革命军第一军第二十一师第六十一团团附。1929年1月28日经呈励志社社长（蒋介石）批准与117人加入励志社。[2]1932年12月任陆军第一师第二旅第五团团长、副旅长。1934年9月入陆军大学特别班第二期学习，1937年

---

[1] 台北文海出版社有限公司印行：近代中国史料丛刊三编第五十七辑《陆军军官学校第二队学生详细调查表》记载。

[2] 《中央日报》1931年1月28日、1月29日连续刊登"励志社社员管理科通告"记载。

8月毕业，1935年5月17日颁令叙任陆军步兵中校。[1]1937年8月10日国民政府颁令晋任为陆军步兵上校，[2]任第一师第二旅旅长。抗日战争全面爆发后，任预备第七师师长，率部参加抗日战事。1938年7月奉派入中央军官训练团第一期将官研究班学员队受训，[3]1938年9月结业，返回原部队续任原职。任第五十三师师长，任第九十军副军长，兼任陕西汉中师管区司令部司令官。1939年6月24日国民政府颁令由陆军步兵上校晋任为陆军少将。[4]1944年10月任陕西陕南师管区司令部司令官。抗日战争胜利后，1945年10月获颁忠勤勋章。1946年1月任中央训练团第二十三军官总队总队长。1946年5月获颁胜利勋章。后任西安警备司令部司令官。1948年9月22日颁令叙任陆军中将。续任第五十三师师长、第十八绥靖区司令部司令官。1949年到台湾，任"国防部"参议，"国民大会"代表，中国国民党台北市党部主任委员。1955年4月21日因病在台北逝世。[5]著有《兵役之我见》《县政村长制》等。

[1] 国民政府文官处印铸局印行：台湾成文出版社有限公司1972年8月出版《国民政府公报》第93册1935年5月18日第1744号颁令第2页记载。

[2] 国民政府文官处印铸局印行：台湾成文出版社有限公司1972年8月出版《国民政府公报》第128册1937年8月11日第2429号颁令第2页记载。

[3] 刘绍唐主编：台北传记文学出版社1999年10月15日印行《民国人物小传》第六辑记载。

[4] 国民政府文官处印铸局印行：台湾成文出版社有限公司1972年8月出版《国民政府公报》第141册1939年6月28日渝字第165号颁令第1页记载。

[5] 台北"国史馆"编纂：2006年12月印行《"国史馆"现藏民国人物传记史料汇编》第二十二辑第203页记载。

曹利生

曹利生（1902—1997），别号野夫，四川富顺人。富顺县立自流井高等小学、四川蓉城叙属中学毕业、上海大学社会科学部肄业，日本陆军士官学校中华学生队第十九期步科毕业，自填入学前履历：四川蓉城叙属中学毕业，上海大学高中二年级。1902年11月6日生于富顺县自流井一个耕读家庭。1924年春由出席国民党一大四川省代表谢持及上海大学教授朱叔痴保荐投考黄埔军校，1924年6月考入黄埔陆军军官学校第一期第四队学习，1924年11月毕业，

曹利生照片（一）

1924年12月保送日本学习军事，1927年5月回国，任南京中央陆军军官学校第六期第一总队第二大队少校副队长，南京中央党务学校学员队队长，中央陆军军官学校武汉分校军官大队中校副大队长，陆军第五十九师步兵第三五四团上校团长，陆军第十师司令部参谋长。1935年4月11日被国民政府颁令委任河南国民军事训练委员会主任委员，[1]后任河南省军管区司令部编练处处长。抗日战争全面爆发后，任陆军第一九六师步兵第一一三六团团长，陆军第一九六师第五六八旅旅长，白（浪）孟（津）防守司令部司令官，兼任治河指挥部指挥官，军事委员会西北战时干部训练分团第二学员总队总队长，第一战区司令长官部政治部豫西战地服务总队总队长。1945年7月颁令叙任陆军步兵上校。抗日战争胜利后，1945年10月获颁忠勤勋章。1946年1月任军政部第一军官总队（设重庆）副总队长、

---

[1] 国民政府文官处印铸局印行：台湾成文出版社有限公司1972年8月出版《国民政府公报》第92册1934年4月11日第1713号颁令第1页记载。

曹利生照片（二）

代理总队长。1946年5月获颁胜利勋章。1946年12月任国防部第七战地视察组代理组长兼少将战地视察官。1948年9月22日颁令叙任陆军少将。任陆军总司令部第七编练司令部新兵补训第一总队总队长，重庆补充训练区指挥部指挥官。1949年夏任第十五兵团司令部高级参谋，1949年12月随部起义。中华人民共和国成立后，1983年被选为民革自贡市委员会顾问，自贡市政协委员。1984年12月起任成都市黄埔军校同学会理事，四川省黄埔军校同学会顾问。1995年10月为陈予欢编著《黄埔军校将帅录》题词："发扬黄埔爱国精神，促进祖国统一大业。"1997年3月21日因病在四川自贡逝世。著有《孙中山先生的教诲永生难忘》（载于四川省政协文史资料委员会、四川省黄埔军校同学会合编：四川人民出版社1994年6月《黄埔同学话今昔》第1页）等。

梁
恺

梁恺（1904—1993），别字克怡，湖南耒阳人。广州大本营军政部陆军讲武学校肄业，陆军大学特别班第四期毕业，1904年3月21日生于耒阳县一个农户家庭，另载1907年3月21日出生。[1]1923年冬到广州，考入广州大本营军政部陆军讲武学校学习。1924年秋该校并入黄埔军校，1924年11月被编入陆军军官学校第一期第六队学习，1925年2月肄业。分发黄埔军校教导第二团见习、排长，1925年3月随部参加第一次东征棉湖战役。战后回师广州，1925年

梁恺照片

6月任国民党军第一旅第二团步兵连连长，参加对滇桂军阀杨希闵部、刘震寰部的军事行动，1925年10月随部参加第二次东征作战。1926年7月随部参加北伐战争，任国民革命军第一军第二十师第五十九团步兵营连长、营长，第一军独立第四师独立旅补充第二团副团长、团长，1930年5月随部参加中原大战。1931年10月任第四师（师长徐庭瑶）补充第二团团长，率部参加对鄂豫皖边区红军及根据地的"围剿"战事。1932年12月任第二十五师（师长关麟征）第七十三旅（旅长）步兵第一四六团团长，1933年率部参加长城古北口、南天门抗日战事，[2]战后接杜聿明任第二十五师（师长关麟征）七十三旅旅长。1935年4月30日颁令叙

---

[1] 胡健国编著：台北"国史馆"2003年12月《近代华人生卒简历表》第277页记载。

[2] 台北《黄埔建国文集》编纂委员会编纂：台北实践出版社1985年6月16日印行《黄埔军魂》第327页自传记载。

任陆军步兵上校，[1] 任第二十五师第四十九旅旅长，1936年10月5日颁令叙任陆军少将。1936年11月12日获颁五等云麾勋章。[2] 1937年3月任第二十五师副师长。1937年4月19日国民政府颁令委任陆军第二十五师第七十三旅旅长。[3] 抗日战争全面爆发后，任财政部税警总团（总团长黄杰）副总团长，第九十军第一九五师师长，率部参加保定彰河战役、淞沪会战、南京保卫战、武汉会战诸役。1939年6月17日任第五十二军（军长关麟征）副军长，同时免除第一九五师师长，由覃异之接任。1940年5月转任中央陆军军官学校第六分校（设广西南宁，主任黄杰）副主任。1941年8月再任第五十二军副军长，兼任湖南衡耒师管区司令部司令官。1942年6月任昆明防守司令部副司令官，1943年4月15日任中国远征军第五军（军长杜聿明）副军长，率部参加远征印缅抗日战事。抗日战争胜利后，1945年10月获颁忠勤勋章。1946年5月获颁胜利勋章。1947年6月2日任第五十二军军长，1948年8月30日免职。其间于1947年9月任东北第一兵团司令部副司令官，率部驻防锦州。1948年9月22日颁令叙任陆军中将。任第六兵团司令部副司令官，国防部中将高级参谋。1949年秋到香港，1950年到台湾，1952年奉准退役。1993年2月5日因病在台北逝世。著有《自传——从容疆场，还我布衣》《悼雨东（麟征）海鸥（安澜）两将军》（梁恺口述，李久泮笔记）等。

---

[1] 国民政府文官处印铸局印行：台湾成文出版社有限公司1972年8月出版《国民政府公报》第93册1935年4月30日第1729号颁令第1页记载。

[2] 国民政府文官处印铸局印行：台湾成文出版社有限公司1972年8月出版《国民政府公报》第117册1936年11月13日第2201号颁令第8页记载。

[3] 国民政府文官处印铸局印行：台湾成文出版社有限公司1972年8月出版《国民政府公报》第122册1937年4月20日第2332号颁令第1页记载。

梁干乔

梁干乔照片

梁干乔（1902—1946），又作干乔，又名大慈，别字昭桂，广东梅县人。梅县松口乡高等小学、梅县平山中学、苏联莫斯科中山大学第一期毕业，父从农商，家产时值八千元，入可敷出。自填登记处为广东梅县松口大塘村，通信处为松口碗街泰生米店转交。自填入学前履历：中学肄业，助家君经营商业。1902年8月25日生于梅县松口乡一个农户家庭。1924年春随父赴广州经营商业。1924年4月由邹鲁（国民党第一届中央执行委员兼青年部部长，广东大学校长，前广东高等师范学校校长，广东省省长公署财政厅厅长）、梁龙（前北京法政大学校长，国立广东大学法学院院长）保荐投考黄埔军校。1924年6月考入陆军军官学校第一期第三队学习，1924年11月毕业，分发黄埔军校教导第二团任见习、排长，1925年1月随部参加第一次东征作战。1925年6月任国民党军第一旅步兵连连长，随部参加对滇桂军阀杨希闵部、刘震寰部的军事行动。1925年8月任国民革命军第三师第八团营党代表、团附。1925年11月被中国国民党中央党部送派苏联学习，1925年12月25日被校本部委派留学苏联孙文大学，组成中国国民党陆军军官学校特别党部驻俄区分部，并互选为执行委员。[1] 入莫斯科中山大学第一期学习，参加中共党内托（洛茨基）派活动。组织了中山大学"孙文主义学会"，开展与中国共产党组织相抗衡的政治活动，1927年被中国共产

---

[1] ①黄埔军校特别区党部编《东征日记》1925年11月25日一文记载；②转引自广东省汕头市社会科学联合会编：中国文献出版社2004年版《周恩来在潮汕》第741—742页记载。

党旅莫斯科总支部开除党籍，后参与组织"联共托洛茨基派"（简称托派）活动，1927年11月7日还组织十余名托派学生，参加了苏联反对派在十月革命纪念活动时组织的示威游行，1928年春被苏联当局遣返，回国后曾在广东海陆丰地区进行托派组织活动。1928年10月任中共广东省东江特别委员会书记。[1]1928年12月参与在上海召开的中国托派组织第一次全国代表大会，建立起自称为"中国布尔什维克列宁主义反对派"的托派组织，被选为"全国总干事会"中央委员，继续进行中国南方的托派组织活动。[2]后因继续从事托派活动，被开除中国共产党党籍。1928年10月前往黄埔同学会登记，奉派入南京中央陆军军官学校高级班学习，继入国民革命军总司令部军官团受训，经同学举荐重获任官资格。1931年9月任南京中央陆军军官学校政治训练班训育组组长，1932年3月28日参与发起创建中华民族复兴社，参与组建中华民族复兴社特务处，被后人称誉为军统创始"十人团"之一，任该社特别处（处长戴笠）书记。1932年10月任中央宪兵司令部政治训练处处长，中华民族复兴社特务处上海区书记长，中华民族复兴社特务处南京总处书记长。抗日战争全面爆发后，任军事委员会调查统计局派驻郑州办事处主任，参与华北对日军情报事宜。1938年4月任军事委员会政治部第二厅（厅长郑介民）第三处副处长、副厅长，参与武汉会战前后对日军情报事宜，后任第十战区司令长官部政治部主任，[3]1940年10月任陕西全省军队民众动员组织训练总指挥部参谋长。1944年12月4日派任陕西省第二区行政督察专员，兼任该区保安司令部司令官。抗日战争胜利后，仍任陕西省第五区行政督察专员兼保安司令部司令官。1945年10月10日获颁忠勤勋章，1946年1月因病在西安逝世。

[1] 中共中央组织部、中共中央党史研究室、中央档案馆编纂：中共党史出版社2000年9月印行《中国共产党组织史资料1921—1997》第二卷《土地革命战争时期1927.8—1937.7》中册第1537页记载。

[2] 孙耀文著：中央编译出版社1996年10月《风雨五载——莫斯科中山大学始末》第227页记载。

[3] 梅县政协文史资料委员会编纂：1997年5月《梅县文史资料》第二十九辑《梅县将帅录》（第一卷）第177页记载。

梁广烈

梁广烈（1900—1960），又名光烈，广东云浮人。云浮县国民学校高级班、云浮县立初级中学毕业，家庭以农业为主，父营商业。以耕田入息仅能维持生活。自填登记处为广东云浮县，通信处为云浮县城西街均和号或广州长寿大街福和号转交。自填入学前履历：在（广东）云浮县任过一年国民学校教员。1924年春由孙甄陶（原广东高等师范学校学生，国民党中央党部青年部秘书）、黄振家（广东高等师范学校教师）保荐投考黄埔军校，1924年5月经陈东

梁广烈照片

荣（广东高等师范学校教师）、邓汉钟（广州圣三教会学校教师）介绍加入中国国民党。1924年6月考入陆军军官学校第一期第二队学习，1924年11月毕业，分发军校入伍生部政治部训育员、科员，参加孙文主义学会活动，后任入伍部政治部登记股股长。1925年10月任东征军总指挥部警卫营指导员，国民革命军第一军第一师补充团党代表，黄埔同学会筹备委员。1926年7月随部参加北伐战争，任国民革命军补充团上校团长，1927年任国民革命军总司令部独立第三师政治部主任。1931年1月11日经审查呈请社长（蒋介石）批准为"励志社"第九届新社员。[1]1932年3月加入中华民族复兴社。1932年12月12日被军政部颁令委任陆军第九师（师长李延年）步兵第二十五旅（旅长李向荣）司令部中校参谋。[2]后任

---

[1] 《中央日报》1931年1月12日、1月13日连续刊登"励志社社员管理科通告"记载。

[2] 《军政公报》1933年1月15日版第147号第92页记载。

军事委员会委员长侍从室少将参谋。抗日战争全面爆发后，任军事委员会政治部第二厅第三处处长。抗日战争胜利后，1945年10月获颁忠勤勋章，1946年5月获颁胜利勋章，1947年任国防部少将部附。

梁汉明

梁汉明（1900—1996），别号星海，别字少辛，广东信宜县大帅坡人。信宜县镇隆高等小学毕业，广州圣三一英文专门学校肄业，军官训练团第一期将官研究班、峨眉山中央军官训练团将校班结业。父从农商，经济中等。自填登记处为广东信宜县大帅坡，通信处为信宜镇隆塘怡昌店转交。自填入学前履历：十二年（1923年）卒业广州圣三一英文专门学校，并充该校平民义学校长二年。1900年12月22日生于信宜县大帅坡一个农商家庭。曾任广州圣

梁汉明照片

三一英文学校平民义学校长两年。1924年5月4日经林树巍（时任广东西路讨贼军第五师师长，前广东高雷讨贼军总司令兼高雷绥靖处处长，桂军第五师师长）介绍加入中国国民党，1924年5月再由林树巍保荐投考黄埔军校，1924年6月考入陆军军官学校第一期第一队学习，1924年11月毕业，后随部参加了两次东征作战和北伐战争，历任国民革命军排长、连长、营长。1931年任第九十二师第二七三团团长，1935年1月任南京中央陆军军官学校学员总队大队长，1935年4月7日颁令叙任陆军步兵上校。抗日战争全面爆发后，任第九十二师副师长、兼任该师第二七四旅旅长，率部参加徐州会战、武汉会战。1938年6月16日颁令叙任陆军少将。1938年7月奉派军官训练团第一期将官研究班学员队受训，1938年9月结业。任第九十二师代理师长，1942年5月18日接傅仲芳任第九战区第九十九军军长，兼第九十二师师长。先后率部参加昆仑关争夺战、第一至四次长沙会战、常德会战诸役。抗日战争胜利后，1945年10月10日获颁忠勤勋章。1946年5月30日获颁胜利勋章。所部第九十九军改编，1946年9月1日任整编第六十九师师长，

1946年11月30日免职。1946年12月3日参加赴南京任职、公干的81名黄埔一期生在中央训练团聚餐并于办公大楼前合影。[1]1946年12月底因苏中战役失利被撤职,转任国防部中将参议。1949年5月任广东省保安第一师师长,1949年12月率部撤退海南岛。1950年5月脱离部队到香港,后转台湾定居,曾派任新海港务局顾问,台北市信宜同乡联谊会顾问。著有《八十述怀诗集》等。1996年2月24日因病在台北荣民总医院逝世。[2]

---

[1] 容鉴光编著:列入台北出版品预行编目资料,台北博煜企业有限公司2003年6月16日第一版印行《黄埔军校一期研究总成》第278页辑录。

[2] 胡健国编著:台北"国史馆"2003年12月《近代华人生卒简历表》第280页记载。

梁华盛

梁华盛（1902—1999），原名文琰，[1]广东茂名人。国民学校高级班、广东茂名中学、陆军大学特别班第三期毕业，中央军官训练团第一期将官研究班结业。父傅霖，别字海珊，系中国同盟会会员，母丁氏，祖辈务农，耕读自给。自填登记处为广东茂名县，通信处为广州茂名留学会转交。自填家庭主要成员：兄弟妹各一名。[2]1902年11月13日生于茂名县高州泗水乡大翰村垌坑村的一个农户家庭。1917年经林树巍（时任广东高雷讨贼军总司令兼高雷绥靖处处长）介绍加入中国国民党，1924年春由莫绍宣（广东西路讨贼军粤军第五师参谋）、李怪豪（广东西路讨贼军粤军第五师副官）举荐投考黄埔军校。1924年6月考入陆军军官学校第一期第三队学习，1924年11月毕业，分发教导第一团任见习、排长，1925年1月随部参加第一次东征作战。1925年8月任国民革命军第一军第二师步兵连连长，随部参加对滇桂军阀杨希闵部、刘震寰部的军事行动。早年加入中国共产党并参加工农运动，1926年5月至1927年7月任中国社会主义青年团茂名县委员会领导人。1927年7月任广东廉江县工农革命军司令，组织廉江

梁华盛照片

---

[1] ①湖南省档案馆校编，湖南人民出版社1989年7月《黄埔军校同学录》第一期第三队第8页记载；②台北文海出版社有限公司印行：近代中国史料丛刊三编第五十七辑《陆军军官学校第三队学生详细调查表》记载。

[2] 台北文海出版社有限公司印行：近代中国史料丛刊三编第五十七辑《陆军军官学校第三队学生详细调查表》记载。

县梧村垌村农民武装起义。[1]1927年8月起，任中国共产党广东南路特委委员、常务委员，广东南路廉江县工农革命军司令。[2]1928年脱离中共党组织关系，到黄埔同学会登记。奉派入国民革命军军官团受训。派任第一军第二师步兵团营长、副团长，1929年2月3日被推选为第一师特别党部执行委员。1930年春任第二师第二旅副旅长，兼任该旅第四团团长，率部参加中原大战。1931年10月29日任第八十三师（师长蒋伏生）第二四七旅旅长，率部参加长城抗战，在古北口、南天门一线抗击日军。1933年8月28日任第九十二师师长，隶属第五军（军长薛岳），率部参加对江西红军及根据地"围剿"及"追剿"战事，其间所部隶属第四军（军长吴奇伟）。1935年4月15日颁令叙任陆军少将。1936年1月1日获颁四等宝鼎勋章。[3]1936年8月30日免第九十二师师长职，遗缺由陈烈接任。1936年9月10日任军事委员会委员长侍从室参谋。1936年12月入陆军大学特别班第三期学习，1938年10月毕业，抗日战争全面爆发后，1937年10月在广州征兵组编成预备第四师，任师长，1938年3月所部改变番号，任第一九〇师师长，率部参加武汉会战。1938年秋奉派入中央军官训练团第一期将官研究班学员队受训，[4]1938年冬结业，返回原部队续任原职。1938年11月19日国民政府颁令第一九〇师师长梁华盛在南浔右翼各战役屡挫敌势，忠勇可风，军事委员会给予华胄荣誉奖章。[5]1939年1月30日任第二十五军副军长，1939年7月5日任第十军军长，统辖第三师（师长赵锡田）、第一九〇师（师长余锦源）、预备第十师（师长蒋超雄），兼任钱塘江南岸防守总指挥部总指挥，1940年5月免军长职，遗缺由李玉堂

[1]　中共中央组织部、中共中央党史研究室、中央档案馆编纂：中共党史出版社2000年9月印行《中国共产党组织史资料1921—1997》第二卷《土地革命战争时期1927.8—1937.7》中册第1579页记载。

[2]　中共广东省委组织部、中共广东省委党史研究室、广东省档案馆编，中共党史出版社1994年版《中国共产党广东省组织史资料》上册记载。

[3]　国民政府文官处印铸局印行：台湾成文出版社有限公司1972年8月出版《国民政府公报》第102册1936年1月2日第1936号颁令第13页记载。

[4]　台北《黄埔建国文集》编纂委员会编纂：台北实践出版社1985年6月16日印行《黄埔军魂》第292页记载。

[5]　国民政府文官处印铸局印行：台湾成文出版社有限公司1972年8月出版《国民政府公报》第137册1938年11月23日渝字第103号颁令第11页记载。

接任。1940年夏任第四战区司令长官部政治部主任，其间创办中正中学、海珊中学。[1]1942年1月奉派入中央训练团受训，并任学员大队大队长。1942年10月任第一集团军副总司令，率部入缅甸作战。1943年4月10日任第十一集团军副总司令，1944年2月10日免职，调任军事委员会驻滇干部训练团教育长。1944年2月12日接黄杰任第二十集团军总司令部副总司令。抗日战争胜利后，1945年10月获颁忠勤勋章。1945年12月11日任东北保安司令部副司令官。1946年5月获颁胜利勋章。1946年10月2日兼任吉林省政府主席，同时兼任吉林省保安司令部暨军管区司令部司令官。1948年3月24日免职。1948年8月4日任东北"剿匪"总司令部副总司令。1949年2月19日任广东绥靖主任公署副主任，1949年8月24日任华南军政长官公署副军政长官。1949年10月到台湾。晚年思乡心切，参与筹备旅台广东同乡联谊会。1991年曾回广州、北京观光探亲访友。1995年冬为陈予欢编著的《黄埔军校将帅录》题词："发扬黄埔精神，振兴中华，促进祖国统一。"1999年3月2日因病在台北逝世，[2]葬于台北五指山"国军公墓"中将第七区第一排二号位。其故居位于高州市泗水镇大翰村委会里垌坑村，始建于1892年，为两层青砖木结构，占地面积1000平方米，大宅左右宽50米，前后深20米，建筑面积2000平方米，大宅后花园与主建筑紧密相连，用青砖筑砌围廊，整个院落占地面积3000平方米。20世纪90年代梁华盛祖屋房产获得落实侨房政策，房屋花园土地所有权得到重新确认，登记发证物归原主。2000年其住所被当地人民政府辟为"梁华盛故居"。[3]著有《梁主任（华盛）就职典礼专刊》（1940年11月第四战区司令长官部政治部印行，全书16开，共16页，有图）、《第一〇九师在德安地区的阻击战》（载于中国文史出版社《文史资料存稿选编——抗日战争》上册）、《我在抗战的经历》（载于广东人民出版社1988年《广东文史资料》第五十八辑）等。

---

[1] 杨牧、袁伟良主编：河南人民出版社2005年11月《黄埔军校名人传》上册第1001页传记。

[2] 台北"国史馆"编纂：2006年12月印行《"国史馆"现藏民国人物传记史料汇编》第二十辑第312页记载。

[3] 政协广东省委员会办公厅、广东省政协学习与文史资料委员会编：中共党史出版社2007年8月《广东名人故居》第450页记载。

梁廷骧

梁廷骧照片

梁廷骧（1903—1926），广东云浮人。云浮县鹏石堡高级小学、云浮县立中学毕业，自主耕农，经济中等。自填登记处为广东云浮县鹏石堡龙境乡，通信处为云浮县城西街仁和号收转。自填入学前履历：曾充粤东路讨贼军第三军第十旅第二十团委员。曾任东路讨贼军第三军第十旅第二十团委员、副官。1924年春由陈又山（时任粤军第十旅旅长）保荐投考黄埔军校，1924年5月15日经邓演达（前任广东西路讨贼军第一师第三团团长，黄埔军校入学试验委员会委员）、金佛庄（前浙江陆军第二师营长，黄埔军校第一期第三队上尉队长）介绍加入中国国民党。1924年5月到广州，1924年6月考入陆军军官学校第一期第三队学习，1924年11月毕业，分发黄埔军校教导第二团第四营任见习、排长，随部参加了两次东征作战以及对滇桂军阀杨希闵部、刘震寰部的军事行动。1925年8月任国民革命军第一军第十四师第四十一团步兵连连长。1926年3月10日在广东兴宁合水作战时阵亡。[1]

---

[1] ①中国第二历史档案馆供稿，华东工学院编辑出版部影印，档案出版社1989年7月《黄埔军校史稿》第八册（本校先烈）第245页第一期烈士芳名表记载1926年3月10日在广东兴宁阵亡；②台北《黄埔建国文集》编纂委员会编纂：台北实践出版社1985年6月16日印行《黄埔军魂》第573页"东征战役殉国英雄姓名表"第一期记载。

梁冠那

梁冠那（1898—1958），别号植群。广东德庆人。
德庆县高级小学毕业，广东无线电专门学校、广东
省立宣传员养成所肄业。父母早亡，耕读为生，有
桑地二十亩。自填登记、通信处为广东德庆县城东
门外惠积街。自填入学前履历：曾充广东无线电高
州分局报务员，广东全省教育委员会宣讲科员，海
外华侨演说团演说员及中国国民党广州市第十一区
第三区分部书记兼交际员。曾充广东无线电高州分
局报务员，广东全省教育委员会宣讲科员，海外华

梁冠那照片

侨演讲团团员。1923年5月由黄觉群（时任广州市第五区党部执行委员）介绍加
入中国国民党，旋任广州市第十一区、第三区分部书记及交际员。1924年春由谭
平山（国民党第一届中央执行委员、常务委员，兼中国国民党中央组织部部长）、
吴绍基（中国国民党广州市筹备党部特派员）保荐投考黄埔军校。1924年6月考
入陆军军官学校第一期第三队学习，1924年11月毕业，后任国民革命军总司令部
交通队党代表，中央交通辎重兵学校教育处中校科长，军事委员会开封行营交通
处副处长。1935年10月任南京中央陆军军官学校第十三期教育处交通兵科交通教
官。抗日战争全面爆发后，任第六战区司令长官部交通处副处长。1940年6月任
成都中央陆军军官学校第十七期第三总队上校通讯兼交通教官，第十八期第一总
队通信兵科上校交通教官。抗日战争胜利后，1945年10月获颁忠勤勋章。1946年
5月获颁胜利勋章。1947年11月21日颁令叙任陆军少将，任湘鄂川黔绥靖主任公
署交通处处长。1949年12月辗转赴香港定居，后以种养农作物、家禽维持生计，
1958年因病逝世。

梁锡祜

梁锡祜照片

梁锡祜（1902—1941），原名锡古，[1]别名锡祜、锡富，广东梅县松口仙溪山口村人。梅县松口高等小学毕业，教会私立广益中学、松口公学肄业。父从商贩，家境贫穷。自填登记处为广东梅县松口堡，通信处为松口曲字街梁双盛号转交。自填入学前履历：松口（梅县）高等小学毕业，后入广益中学修业。其祖父迪修，清末廪贡生；父隆福，从教经商。七岁入本村振兴小学就读，十四岁考入县城教会学校广益中学。1919年五四运动爆发，与热血同学参加声援示威游行和抵制日货活动。1920年初中毕业后，返回家乡振兴小学教书，1922年入读松口公学。1924年春经叶剑英（前粤军第二军第八旅参谋长、第二师参谋长，黄埔军校筹备委员会委员及军校教授部副主任）介绍加入中国国民党，1924年春由姚雨平（时任大本营中央直辖警备军司令官，前惠州安抚使，广东东江治河督办公署督办）、梁龙（时任国立广东大学法学院院长，前北京法政大学校长）保荐投考黄埔军校。1924年6月考入陆军军官学校第一期第二队学习，在学期间加入中国社会主义青年团团员，后转入中国共产党，[2]1924年11月毕业，后任教导第二团辎重兵队见习，学兵连党代表，参加了两次东征作战，在第二次东

[1] ①湖南省档案馆校编：湖南人民出版社1989年7月《黄埔军校同学录》第6页第一期第二队记载；②中国第二历史档案馆供稿，华东工学院编辑出版部影印，档案出版社1989年7月《黄埔军校史稿》第十一册《黄埔同学名册》第一期第二队第55页记载。

[2] 王健英著：广东人民出版社2000年1月《中国红军人物传》第791页记载：1926年加入中国共产党。

征的惠州飞鹅岭战斗中，右大腿中弹仍坚持不下火线，直至攻克惠州城。痊愈后任黄埔军校教导第二团辎重兵队副队长、队长。1926年7月北伐战争开始后，留任军校入伍生总队辎重兵教官。1927年12月随部参加广州起义，失败后辗转到香港，半年后奉命回潮汕，再转赴梅县、大埔，加入朱德所率南昌起义部队。1928年井冈山会师后，任红军第四军教导队特务营连长、支队长。1929年10月随红四军出击广东东江，留东江从事军事工作，1929年12月任中共兴宁县委副书记，1930年5月1日当选为东江苏维埃政府执行委员，红军第十一军（军长古大存）第三任参谋长，率部参与东江根据地反"围剿"战事。后转入江西红军根据地，1931年4月任中共蕉（岭）平（远）寻（乌）中心县委书记，后任江西寻乌县委书记，1932年2月组建红军第二十二军时任政委，后任瑞金红军中央军事政治学校政治部秘书，1933年10月成立红军大学，任该校高级参谋训练班主任。1934年10月随中央红军参加长征。抗日战争全面爆发后，奉派参与国民革命军新编第四军组建工作，先在军部从事政治训练事宜，后任新四军司令部干部教导总队负责人，为该军初创时期培训了大批干部。1941年1月皖南事变中，在安徽泾县茂林地区作战牺牲。[1]1983年11月1日被中华人民共和国民政部追认革命烈士，"革命烈士证明书"颁发其家属。"证明书"文示："梁锡祜同志在抗日战争中壮烈牺牲，经批准为革命烈士。特发此证，以资褒扬。"海内外著名黄埔军校文物收藏研究专家李学锋先生于民间将其名下的黄埔军校出入证章（编号1208）、"学"字编号为"1804"亲爱精诚徽章、中央军事政治学校证章（编号3343）、东路军第二路证章（编号356）、"粤"字臂章标识及其"个人象牙私章""革命烈士证明书"等物件搜罗珍藏，是为黄埔军校一期生遗留存世的至珍文物。

---

[1] 中共广东省委党史研究委员会办公室、广东党史人物研究会、广东省民政厅编纂：胡提春主编：广东人民出版社《南粤英烈传》记载。

萧洒

萧洒照片

萧洒（1896—1981），别字雅斋，河南许昌县石固嘉禾寨人。许昌县石固乡贫民工读学校肄业，河南省立第二中学毕业，省立开封师范学校肄业，中央训练团党政班、中央政治学校、中央党务干部学校毕业，祖辈务农，耕读为生。自填登记、通信处为河南许昌县石固嘉禾寨。自填入学前履历：曾任初小校教员二年，高小学教员二年，在石固（许昌）创立贫民工读学两个月。1924年春经于右任、刘绩学（前广东护法军政府国会众议院议员，国民党河南省支部长、临时党部筹备委员）保荐投考黄埔军校，1924年5月15日经蒋介石、廖仲恺介绍加入中国国民党。1924年5月到广州，1924年6月考入陆军军官学校第一期第四队学习，1924年11月毕业，1925年2月任东征军总指挥部宣传队队长，1925年8月任国民革命军第一军第一师政治部宣传科科长，随部参加了两次东征作战和北伐战争。1926年任第一军特别党部书记长办公室主任。后奉派任河南先遣军司令官，赴北方策应国民革命军北伐，兼任中国国民党河南省特派员。1928年任河南省临时党部筹备委员、执行委员，兼任河南《民国日报》《民报》《正义报》社社长。1930年任军事委员会政治训练处（处长贺衷寒）第一科科长，兼任中国国民党特别党部执行委员，派任河南省政府保安处副处长，1931年11月被推选为河南省出席中国国民党第四次全国代表大会代表。1932年3月加入中华民族复兴社及三民主义力行社，任中华民族复兴社河南支社书记。1933年任河南省党部常务委员兼临时主持人，兼任河南全省行政人员训练所所长。1935年11月被推选为河南省出席国民党第五次全国代表大会代表，任军事委员会郑州分会政治部副主任。1936年10月16日颁令叙任陆军步兵上校。[1]1938年4月23日国民政府颁令免河南省政府保安处副处长职。[2]抗日战争全面爆发后，任第一战区司令长官部游击挺进总指挥部河南游击区司令部司令官。1938年春任中央陆军军官学校第七分校军士教导总队第一团少将衔团长。1939年10月任第三十四集团军总司令部高级参谋，1942年1月任军事委员会西北游击干部训练班办公厅主任，1943年10月任第八战区副司令长官部高级参谋，兼任特别党部书记长兼战地党政委员会委员。抗日战争胜利后，1945年10月10日获颁忠勤勋章。1946年1月当选为河南省参议会议员。1946年5月30日获颁胜利勋章。1946年6月被推选为三民主义青年团河南支团干事。1946年11月15日被推选为河南省出席（制宪）国民大会代表。1946年12月3日参加赴南京任职、公干的81名黄埔一期生在中央训练团聚餐并于办公大楼前合影。[3]1947年10月兼任中国国民党河南省党部执行委员。1948年3月28日受聘任国民大会宪政实施促进委员会常务委员。1948年11月当选为国民政府立法院立法委员。1949年到台湾，续选为"立法委员"，曾任河南省旅台中同乡联谊会理事，旅台各军事学校毕业同学河南省联谊会常务干事。1981年4月23日因病在台北逝世。[4]

---

[1] 国民政府文官处印铸局印行：台湾成文出版社有限公司1972年8月出版《国民政府公报》第115册1936年10月17日第2179号颁令第1页记载。

[2] 国民政府文官处印铸局印行：台湾成文出版社有限公司1972年8月出版《国民政府公报》第132册1938年4月27日渝字第43号颁令第3页记载。

[3] 容鉴光编著：列入台北出版品预行编目资料，台北博煜企业有限公司2003年6月16日第一版印行《黄埔军校一期研究总成》第278页辑录。

[4] 台北"国史馆"编纂：2006年12月印行《"国史馆"现藏民国人物传记史料汇编》第四辑第482页记载。

萧洪

萧洪照片

萧洪（1899—？），别号翼青，湖南嘉禾人。嘉禾县城南高等小学、嘉禾县立初级中学毕业，湖南公立商业学校毕业，北京法政大学经济科、北京戏剧专门学校肄业，南京中央陆军军官学校战术研究班毕业，父从农业，经济中等。自填登记处为湖南嘉禾县，通信处为嘉禾县城南景福号转交。自填入学前履历：民国十年（1921年）毕业本省商业学校，充高等小学校教员一年，十一年（1922年）考入北京法政大学经济科肄业一年，转学戏剧学校。曾任本县高等小学教员，在北京学习时参加俄罗斯研究会及北京社会主义青年团早期活动。1924年2月经王亚明（四川籍北京法政大学校学生）、杜定鸿（湖南籍北京法政大学校学生）、郑深瑞（湖南籍北京法政大学校学生）介绍加入中国国民党，1924年春由李大钊（孙中山指派出席国民党一大北京特别区代表并为大会主席团成员，国民党第一届中央执行委员）、谭熙鸿（时为国立北京大学秘书兼生物学教授，孙中山指派出席国民党一大北京特别区代表，国立浙江大学农学院院长，国民党中央农民部部长）、石瑛（出席国民党一大北京特别区代表，中国国民党第一届中央执行委员，前北京政府众议院议员，原国立北京大学教授）保荐投考黄埔军校，1924年5月到广州，1924年6月考入陆军军官学校第一期第一队学习，1924年11月毕业，随部参加了两次东征作战和北伐战争。历任军校入伍生部政治部干事、编纂股股长、入伍生团学兵连连长、营长。1927年8月任国民革命军第二补充团团长，驻防浙江五夫营房。1928年任广州国民革命军黄埔军官学校管理处上校处长、管理部主任。1929年9月被推选为广州国民革命军黄埔军官学校特别党部执行委员。广州军校结束后，北上南京服务。1932年10月任第八师（师长陶峙岳）第二十二旅（旅长向超中）第四十三团（团长唐维亚）中校团附。[1]1934年1月参与李安定发起组织的"革命青年励志团"活动，为黄埔同学会以外派别组织。李安定遇害后，参与胞弟李新俊组织的"贯一社"黄埔派别活动，任职于上海招商局，[2]后任上海市各高等学校军事训练教官。1936年3月20日颁令叙任陆军步兵中校。[3]

---

[1]　1933年1月版《军政公报》第150号第19页记载。

[2]　中国文史出版社《文史资料存稿选编》第十八辑第117—130页赖慧鹏撰文《李新俊等复兴社分子反蒋投桂内幕及有关活动》记载。

[3]　国民政府文官处印铸局印行：台湾成文出版社有限公司1972年8月出版《国民政府公报》第105册1936年3月21日第2001号颁令第1页记载。

萧乾

萧乾照片

萧乾（1901—1935），别字坤和、昆和，福建汀州人。汀州高级小学、汀州农业专科学校毕业，广东西江陆海军讲武堂肄业。父从商贩，经济中等。自填入学前履历：曾充本省汀州工艺传习所和清溪县立工读学校总务员，民国九年（1920年）来粤由学兵营毕业，曾充广东讨贼军第一师三团中、上士，军士连司务长、中尉排长等职。曾充省立汀州工艺传习所教员，江西清溪县立工读学校总教师。1920年到广东，入粤军第一师司令部学兵营当兵，后充广东西路讨贼军第一师第三团上士司务长、中尉排长等职。1924年春由戴戟（西江陆海军讲武堂堂长）保荐投考黄埔军校，1924年6月考入陆军军官学校第一期第三队学习，在学期间任本队第一分队分队长，1924年8月7日至17日参与训练广州第一届农民运动讲习所的25名学员，1924年11月毕业，历任黄埔军校教导第一团第一营排长，中央军事政治学校第四期步兵科第一团第七连连长，参加了两次东征作战和北伐战争。1926年3月8日任军校步科第一团（团长黄仲恂）第二营（营长吴奂）第五连连长。1926年7月任国民革命军第一军第二十一师司令部副官处处长，1927年桐庐战役后，任第二十一师第六十三团第三营营长。1927年5月任浙江警备师第一团中校团副。1927年8月任浙江补充第一师（师长严重）司令部副官处处长，1928年2月28日任第一集团军（总司令蒋介石兼）第一纵队（总指挥刘峙）第九军（军长顾祝同）第二十一师（师长陈继承）政治训练处中校主任。1928年8月国民革命军编遣，任缩编后的国民革命军第十一师第三十一旅第六十二团团长。1928年11月27日下午驻嘉兴国民革命军第十一师第六十四团中国国民党团党部召开代表大会，其被推选为该团党部执行委员。[1]1929年1月17日被推选为陆军第十一师特别党部常务委员。1929年5月3日任第九军特别党部筹备委员。1930年6月任第十八军第十一师第三十一旅副旅长，兼任步兵第六十一团团长。1931年1月任第十一师第三十一旅旅长，率部赴江西参与对红军及根据地的"围剿"战事。1932年任第十一师第二旅旅长、副师长，1933年2月接任第十一师师长，率部参加对中央红军第四次"围剿"，所率第十一师在草苔岗战斗惨败，其记大过，获准到后方治疗，入庐山举办暑期军官训练团第一期受训。1933年12月17日因伤病离职休养。1934年1月12日派任为福建省保安处（省政府主席陈仪兼处长）副处长，1934年3月10日被免除第十一师师长，遗缺由黄维代理。后任福建省政府（主席陈仪）保安处处长，兼任中华民族复兴社福建支社书记。1935年1月15日驻闽新编第十师师长陈齐暄被免职，遗缺由其接任，1935年3月20日于部队由福建福鼎至霞浦途中沉船溺亡。[2]

---

[1]　《申报》1928年11月29日"第64团团党部成立"一文记载。

[2]　杨牧、袁伟良主编：河南人民出版社2005年11月《黄埔军校名人传》上册第827页记载。

萧运新

萧运新照片

　　萧运新（1900—？），别字造初，湖南蓝山人。广州大本营军政部陆军讲武学校肄业。1923年10月到广州，考入广州大本营军政部陆军讲武学校学习。1924年秋该校并入黄埔军校，1924年11月编入陆军军官学校第一期第六队学习，1925年2月肄业，后服务社会。

萧振武

萧振武（1901—？），湖南宁远人。宁远县立高等小学校卒业，湖南萍洲中学修业。家从农商及医业、陶业，有地产，经济中等，自给尚足。自填登记处为湖南宁远县南乡十里铺，通信处为本邑天堂圩代办邮寄所转。自填入学前履历：由宁远高小校卒业，湖南萍洲中学修业，曾充湖南护国军游击司令部差遣员，广西护国军第一军第三营军需，粤军第二师第三统领一营四连司务长，北伐第二军第一游击司令部上尉副官。先后充湖南护国军游击司令部差遣员，广西护国军第一军第三营军需，粤军第二师第三统领第一营第四连司务长，北伐军第二军第一游击司令部上尉副官等职。1923年3月经杨纪武（驻粤湘军总司令部参谋）、李慎独（驻粤湘军第二纵队司令部军需长）介绍加入中国国民党，1924年春由谭延闿（时任湘军上将总司令，国民党第一届中央执行委员，前湖南督军、湖南省省长及国民党湖南支部长）、岳森（时任湘军总司令部中将参谋长）举荐投考黄埔军校。1924年6月考入陆军军官学校第一期第三队学习，1924年11月毕业，后服务社会。

萧冀勉

萧冀勉照片（一）

萧冀勉（1902—1987），广东兴宁县黄塘圩人。兴宁县叶塘高等小学、兴宁县立兴民中学毕业，中央训练团将官班第十六期、台湾"陆军参谋大学"将官班第四期结业。父早年入粤军，亡故，家境贫穷。自填登记处为广东兴宁县黄塘圩，通信处为兴宁县金带街荣华布号转交。自填入学前履历：兴宁县叶塘高小学校毕业，兴民中学肄业三年。1901年12月1日生于兴宁县黄塘圩一个农户家庭。1924年春由其兄萧君勉（粤军总司令部军械处供职）、叶仲浦（粤军总司令部军械处任事）保荐投考黄埔军校，1924年5月15日经萧君勉、唐占光（粤军总司令部军械处副官）介绍加入中国国民党。1924年5月到广州，1924年6月考入陆军军官学校第一期第二队学习，1924年11月毕业，分发军校训练部任服务员、教育副官、区队长，1926年任军校教导第三团步兵连排长、连长，国民革命军东征军独立团营长，第一军司令部参谋处科长。1927年任第一军第二师政治部副主任，第一军政治部秘书。1928年5月28日任中国国民党国民革命军第三十二军（军长钱大钧）特别党部筹备委员，[1]1928年7月25日被委派为国民革命军第三十二军特别党部执行委员。[2]1928年8月1日任国民革命军第三十二军黄埔

---

[1]　① 1928 年 5 月 28 日国民党中央执行委员会召开第 141 次常务会议决议；② 1928 年 5 月 29 日上海《民国日报》第一版第一张记载。

[2]　上海《民国日报》1928 年 7 月 26 日 "第三十二军特别党部定期正式召开" 专文记载。

同学会常务委员。[1]1928年9月3日被委派为陆军第三师特别党部筹备委员。1929年10月任南京中央陆军军官学校军官研究班学员大队大队长，讨逆军第六路军总指挥部参谋处科长，国民政府警卫旅第一团团附。1931年9月6日参加国民政府警卫军（军长顾祝同）警卫第二师（师长俞济时）在南京三牌楼召开的中国国民党第一次全师代表大会，被推选为该师特别党部候补执行委员。[2]1931年10月任第八十八师第二六二旅（旅长杨步飞）司令部参谋主任，1932年1月随部参加"一·二八"淞沪抗日战事。[3]1933年2月任第八十八师第二六四旅副旅长。1934年10月任第五十八师第一七四旅副旅长。1936年12月25日颁令叙任陆军步兵上校。[4]抗日战争全面爆发后，率部参加抗日战事。1938年4月15日国民政府颁令任命为浙江省政府保安处副处长。[5]1938年10月任浙江省政府保安处副处长，1940年3月1日国民政府颁令："浙江省政府保安处副处长萧冀勉免职。"[6]1942年2月任浙江省保安第一纵队司令部司令官，兼任金兰警备司令部司令官。1942年12月所部改编，任第二十五集团军暂编第九军暂编第三十三师师长，兼任温台防守指挥部指挥官，温州防守司令部司令官。1943年9月16日任第八十八军副军长，兼任临海黄岩师管区司令部司令官。1944年12月任第九战区第四军副军长，兼任福建莆永师管区司令部司令官。抗日战争胜利后，发表为第四军代理军长。1945年10月获颁忠勤勋章。1946年1月奉派入中央训练团受训。1946年5月获颁胜利勋章。1946年12月3日参加赴南京任职、公干的81名黄埔一期生在中央训练团聚

[1] 黄埔同学会：1928年8月刊《会务月报》杂志8月15日版第7、8、13页记载。

[2] 《中央日报》1931年9月7日"警卫军第二师全师代表大会记盛"一文记载。

[3] 台北"国史馆"编纂：2006年12月印行《"国史馆"现藏民国人物传记史料汇编》第九辑第482页记载。

[4] 国民政府文官处印铸局印行：台湾成文出版社有限公司1972年8月出版《国民政府公报》第118册1936年12月26日第2238号颁令第16页记载。

[5] 国民政府文官处印铸局印行：台湾成文出版社有限公司1972年8月出版《国民政府公报》第132册1938年4月16日渝第40号颁令第2页记载。

[6] 国民政府文官处印铸局印行：台湾成文出版社有限公司1972年8月出版《国民政府公报》第148册1940年3月2日渝字第236号颁令第20页记载。

萧冀勉照片（二）

餐并于办公大楼前合影。[1]1949年1月任第四编练司令部副司令官，1949年2月颁令叙任陆军中将。1949年秋到台湾，任"国防部"中将部员，"陆军总司令部"高级参谋室主任。1954年奉派入陆军参谋大学将官班第四期受训，1957年退役，1987年6月8日因病在台北三军总医院逝世。[2]著有《前方抗战回忆录》等。台湾出版有《萧冀勉中将生平事略》等。

---

[1] 容鉴光编著：列入台北出版品预行编目资料，台北博煜企业有限公司2003年6月16日第一版印行《黄埔军校一期研究总成》第278页辑录。

[2] 刘绍唐主编：台北传记文学出版社1999年10月15日印行《民国人物小传》第十四辑记载。

萧赞育

萧赞育（1904—1993），别字铭圭，别号化之，原载籍贯湖南湘乡，[1]另载湖南邵阳人。邵阳县洞溪高等小学校毕业，广州大本营军政部陆军讲武学校肄业，苏联莫斯科中山大学第一期、日本明治大学毕业，父吉生，母梁氏，为长子，弟六个。1904年3月28日（另载1905年2月15日）生于湖南邵阳县惟一乡大坪村一个农户家庭。1923年冬到广州，考入广州大本营军政部陆军讲武学校学习。1924年秋该校并入黄埔军校，1924年11月编入陆军军官学校第一

萧赞育照片（一）

期第六队学习，1925年2月肄业。历任黄埔军校教导第一团排长、队附、国民革命军第六军第十七师步兵连连长、师部代理少校秘书主任，随部参加北伐战争。1927年12月任国民革命军第六军第十九师政治部主任，南京中央各军校毕业生调查科主任。1928年2月任国民革命军第九军（军长顾祝同）政治部主任，率部参加第二期北伐战争。1928年8月国民革命军编遣，任缩编后的第一集团军陆军第二师政治部主任，1928年9月3日被推选为第二师特别党部筹备委员。1929年2月奉派赴日本留学，入东京成城学校及东京明治大学学习，1931年9月回国。1932年参与组织中华民族复兴社和三民主义力行社，任组织处处长，1933年3月任该社代理书记。1934年春起任军事委员会委员长蒋介石侍从秘书九年。1937年1月20日颁令叙任陆军少将。抗日战争全面爆发后，1941年5月接邓文仪任成都中央

---

[1]　湖南省档案馆校编：湖南人民出版社1989年7月《黄埔军校同学录》记载。

萧赞育照片（二）

陆军军官学校政治部主任，[1]1942年11月9日调任军事委员会委员长侍从室第三处副主任，兼任中央党政军联席会议秘书长，中央训练团教育委员会委员，国民党中央党务委员会委员，三青团中央监察和中央干事。1945年1月被推选为军队各特别党部出席中国国民党第六次全国代表大会代表。抗日战争胜利后，1945年10月获颁忠勤勋章。1945年10月发表任军事委员会武汉行营（主任程潜）政治部主任，实际未到任。1946年2月任南京市党部主任委员，1946年5月获颁胜利勋章。1946年11月15日被推选为湖南省出席（制宪）国民大会代表。1947年7月被推选为党团合并后的中国国民党第六届中央执行委员会执行委员。1947年3月15日颁令叙任陆军中将，后任国民政府立法院立法委员。1948年10月16日任《和平日报》和《扫荡报》总社长。1949年1月24日任中国国民党中央组织部（部长谷正鼎）副部长。[2]1949年到台湾，续任"立法委员"和"国民大会代表"，历任正中书局常务董事，提拔至书局董事长，"中国广播公司"常务董事，农民银行董事，《建设杂志》社主任委员兼发行人，"中华文化基金会"董事长，亚东实业公司董事长。先后当选国民党第八届候补中央委员，第九届中央委员，第十至十三届中央评议委员。1993年6月15日因病在台北内湖综合医院逝世。[3]著有《梅园文存》（黎明文化事业公司1985年4月印行）、《留俄同学之风霜踔厉——留俄同学简史》《萧赞育先生访问记录》（台北近代中国出版社1992年11月20日出版）、《中华民族的根本问题》《如何效法"总裁"》《精神建设》《知行问题之研究》等。

---

[1] 台北《黄埔建国文集》编纂委员会编纂：台北实践出版社1985年6月16日印行《黄埔军魂》第253页记载。

[2] 杨牧、袁伟良主编：河南人民出版社2005年11月《黄埔军校名人传》上册第831页记载。

[3] ①台北"国史馆"编纂：2006年12月印行《"国史馆"现藏民国人物传记史料汇编》第十一辑第431页记载；②刘绍唐主编：台北传记文学出版社1999年10月15日印行《民国人物小传》第二十辑记载。

阎揆要

阎揆要（1904—1994），原名奎耀，[1]后改名揆要，陕西葭（佳）县人。记载为民国前六年八月十五日出生。[2]葭县阎家峁村国民学校、葭县县立初级中学校毕业，葭县县立乙种农业学校肄业，陕西榆林中学毕业，父从农商，有地产百余亩。自填登记处为陕西榆林道葭县乌龙铺阎家峁村，通信处为本县乌龙铺转交。自填入学前履历：幼学家塾，年十二入于县立乙种农业（专门）学校肄业四年，年十六入榆林中学，今春毕业，1904年9月11日生于陕西省葭县乌龙铺阎家峁村一个书香之家，祖

阎揆要照片

上三代从事教育，其父在家乡倡导"新学"，革除旧习。在榆林中学读书时受魏野畴、李子洲等影响，中学毕业后投笔从戎。1924年春经于右任（国民党第一届中央执行委员）保荐投考黄埔军校，1924年5月到广州，1924年6月考入陆军军官学校第一期第三队学习，1924年11月毕业，奉派返回北方策应，到归绥国民军第三军工作，任第三军骑兵团连长、营长。1926年8月由谢子长介绍加入中国共产党，[3]1926年10月到陕军井岳秀部第十一旅石谦团进行兵运工作。1927年10月与谢子长等人领导清涧起义，任西北工农革命军游击支队参谋长，兼任第五队队长，建立陕北最早的工农武装。1928年1月入杨虎城部从事兵运工作，任陕西省政府警卫

---

[1] 台北文海出版社有限公司印行：近代中国史料丛刊三编第五十七辑《陆军军官学校第三队学生详细调查表》记载。

[2] 军事委员会铨叙厅民国二十五年（1936年）十二月印制《陆海空军官佐任官名簿》第三册第512页记载。

[3] 廖盖隆主编：中共中央党校出版社2001年6月《中国共产党历史大辞典》增订本第460页记载。

团团附兼第三营营长。1935年2月任陕西警备第三旅第九团团长，西安绥靖主任公署特务第二团团长，独立旅第一团团长。1936年3月20日被国民政府军事委员会铨叙厅颁令叙任陆军步兵中校。[1]1936年11月12日获国民政府颁发六等云麾勋章，[2]后任第五二九旅第一〇五七团团长，在部队秘密建立中共党组织，全团发展党员三百余名。在该团设立秘密电台，以合法身份，为红军采购、转运大批枪支、弹药和医疗器材，被誉为"红军统战工作典范"。抗日战争全面爆发后，所率特务第二团改番号为步兵第一〇五七团，仍任团长，1937年10月率部参加忻口会战。[3]后根据两党协议退出国民革命军，任第二战区第八路军总司令部前方指挥部参谋处第一科科长，第十八集团军总司令部参谋处处长、军法处处长。1940年任八路军总司令部巡视团副团长，1941年夏任八路军冀鲁豫军区第二纵队参谋长。1942年6月任冀鲁豫军区参谋长。抗日战争胜利后，1945年10月任中共中央军事委员会第一局局长，陕甘宁晋绥联防军副司令员兼参谋长。1947年10月任西北野战军第四纵队副司令员兼参谋长。1948年夏任西北野战军参谋长。1949年2月任中国人民解放军第一野战军参谋长。中华人民共和国成立后，任第一野战军兼西北军区参谋长。1950年2月任西北军政委员会委员，1953年3月任西北行政委员会委员。后任中共中央军委情报部部长，中国人民解放军武装力量监察部副部长，济南军区副司令员兼参谋长，1960年起任军事科学院秘书长、副院长、顾问。[4]1955年9月27日被授予中国人民解放军中将军衔，获颁三级八一勋章、一级独立自由勋章、一级解放勋章。是第四届全国政协委员，第五届全国政协常委，第一届全国人大代表，中共八大、十四大特邀代表，中共中央顾问委员会委员，全国黄埔军校同学会理事。1988年获一级红星功勋荣誉章。1994年3月26日因病在北京逝世。著有《黄埔同学团结协作的忻口战役》（与人合著）、《阎揆要回忆录》等。

---

[1] 国民政府文官处印铸局印行：台湾成文出版社有限公司1972年8月出版《国民政府公报》第105册1936年3月21日第2001号颁令第1页记载。

[2] 国民政府文官处印铸局印行：台湾成文出版社有限公司1972年8月出版《国民政府公报》第117册1936年11月13日第2201号颁令第8页记载。

[3] 杨牧、袁伟良主编：河南人民出版社2005年11月《黄埔军校名人传》上册第997页记载。

[4] 陕西省黄埔军校同学会编纂、穆西彦主编：陕西人民出版社1991年6月《陕西黄埔名人》第73页记载。

黄杰

黄杰（1902—1995），别号冰雪，别字达云，湖南长沙人。长沙县东乡朗梨镇国民学校、长沙省立第一中学毕业，中央训练团庐山暑期班结业。家境富裕，有田产一百四十亩。父黄德溥为老同盟会员。自填登记处为湖南长沙东乡蜘蛛坝罗网，通信处为东乡梨市王祥兴号转。自填入学前履历：从军四载，曾充湘军总部咨议。1902年11月22日（另载1901年12月1日出生）生于长沙县东乡朗梨镇一个官绅家庭。1924年春由陈嘉佑（时任驻粤湘军第五军军长兼第八师师长）保荐投考黄埔军

黄杰照片

校，1924年5月14日经邓演达（前任广东西路讨贼军第一师第三团团长，黄埔军校入学试验委员会委员）、金佛庄（前浙江陆军第二师营长，黄埔军校第一期第三队上尉队长）介绍加入中国国民党。1924年5月到广州，1924年6月考入陆军军官学校第一期第三队学习，1924年11月毕业，历任黄埔军校教导一团侦察队排长、上尉队长，教导第一团第三营营长，率部参加了两次东征作战和北伐战争。1927年任国民革命军第一军第十四师第四十四团团长，1927年8月率部参加龙潭战役。1928年任第一军第二师第七团团长。1928年9月国民革命军编遣后，任缩编后的第一集团军陆军第二师第五旅旅长。1928年9月3日被委派为第二师特别党部筹备委员。1929年1月被中央执行委员会代表资格审查委员会派补为第二师出席中国国民党第三次全国代表大会代表。1929年2月17日被推选为第二师特别党部监察委员。1931年2月27日获颁四等宝鼎勋章。[1]

---

[1] 国民政府文官处印铸局印行：台湾成文出版社有限公司1972年8月出版《国民政府公报》第48册1931年2月28日第711号颁令第18页记载。

后任第一师第二旅旅长。1932年春任第二师师长，兼北平大中学生军事训练总队总队长。1933年3月率部参加长城抗战，于古北口歼灭五千余日军，所部阵亡官兵三千余人。[1]1935年4月13日颁令叙任陆军少将。1935年7月17日因长城抗战中御敌有功获颁青天白日勋章。[2]任徐（州）海（州）警备区司令部司令官。1935年11月被推选为军队各党部出席中国国民党第五次全国代表大会代表。1936年10月5日颁令叙任陆军中将。任国民政府财政部税警总团总团长，庐山中央训练团暑期高级军官班队长。1936年11月12日晋给三等宝鼎勋章。[3]抗日战争全面爆发后，续任第八军军长，率部参加淞沪抗战。1938年5月率部参加兰封战役，因防守归德不力被撤职查办。1938年9月调任成都中央陆军军官学校教育处处长。1940年春转任中央陆军军官学校第六分校（桂林分校）主任。1942年10月任峨眉山中央训练团高级军官大队大队长。1943年1月任第十一集团军副总司令，兼任第六军军长，军事委员会驻滇干部训练团教育长。1944年春率部加入中国远征军，任第十一集团军总司令部代理总司令、总司令，统辖第二、第六、第五十三、第七十一四个军，参加远征印缅抗日战事诸役，攻克龙陵、芒市、遮放、畹町四大据点，歼灭日军一万余名，打通了中印公路，重开国际交通运输补给线。[4]1945年1月被推选为军队各特别党部出席中国国民党第六次全国代表大会代表。1945年3月任第一方面军司令长官（卢汉）部副司令官，中印公路东段警备司令部副司令官，陆军总司令部第一集训处处长。1946年1月任中央训练团教育长，中央军官训练团教育长。1946年11月15日被推选为军队出席（制宪）国民大会代表。1946年12月3日参加赴南京任职、公干的81名黄埔一期生在中央训练团聚餐并于办公大楼前合影。[5]1948年7月任长沙绥靖主任公署副主任，国防部陆军第三训

[1] 杨牧、袁伟良主编：河南人民出版社2005年11月《黄埔军校名人传》上册第964页记载。

[2] 国民政府文官处印铸局印行：台湾成文出版社有限公司1972年8月出版《国民政府公报》第117册1935年7月18日第1796号颁令第39页记载。

[3] 国民政府文官处印铸局印行：台湾成文出版社有限公司1972年8月出版《国民政府公报》第117册1936年11月13日第2201号颁令第6页记载。

[4] 台北《黄埔建国文集》编纂委员会编纂：台北实践出版社1985年6月16日印行《黄埔军魂》第229页记载。

[5] 容鉴光编著：列入台北出版品预行编目资料，台北博煜企业有限公司2003年6月16日第一版印行《黄埔军校一期研究总成》第278页辑录。

练处处长。1949年1月任国民政府国防部次长，第五编练司令部司令官。1949年8月4日程潜、陈明仁起义后，奉命返湖南招抚旧部，其间策动原起义部队三万余人哗变，组成湖南省政府和绥靖公署，任重建后的湖南省政府主席、绥靖主任和第一兵团司令部司令官。1949年12月率部由广西退至越南北部边境，1953年5月起率军三万余人，分七批转赴台湾。[1]1953年10月叙任陆军二级上将，任台北卫戍司令部司令官。1954年7月任台湾"陆军总司令"兼台湾"防卫总司令"。1957年7月任"总统府"参军长，1958年8月任台湾"警备总司令部"总司令。1960年7月叙任陆军一级上将。1962年12月任"台湾省政府"主席，任职六年颇多建树，开辟修建南横、曾文水库、澎湖跨海大桥，颇受赞誉。1969年7月任"行政院"政务委员兼"国防部长"。1972年6月任"总统府"战略顾问、"立法院"立法委员。先后当选国民党第七届中央评议委员，第八届中央委员，第九至十一届中央常务委员，第十二届中央评议委员会主席团成员。1993年8月仍当选国民党第十四届中央评议委员。1995年1月14日因病在台北逝世。著有《黄杰将军回忆录》《黄达云上将九十大寿文集》《陆军第八军淞沪抗战纪实》《滇西作战回忆录》《陆军第二师长城战役日记》《省政缀言》《留越纪实》《黄杰日记》，诗集《澹园随兴》等。

---

[1] 台北"国史馆"编纂：1989年3月印行《"国史馆"现藏民国人物传记史料汇编》第二十辑第368页记载。

黄维

黄维照片

黄维（1903—1989），别字培我，别号悟我，化名方正馨，江西贵溪人。贵溪县第二高等小学、贵溪县立初级师范学校、陆军大学特别班第一期毕业，自填登记处为江西贵溪县城内北后街，通信处为贵溪城内开源公司转交。自填入学前履历：曾充朝阳平民学校校务主任。祖辈业农商，经济中等，有田五十亩。父国栋，早年病逝，由母周氏抚养成人。其师范学校毕业后，任小学教员、朝阳平民学校校务主任等职。1903年2月28日生于贵溪县城内北后街的一个农商家庭。1923年10月经赵干（又名醒侬，时任中国国民党江西省临时支部党务特派员，国民党一大江西省代表，后为国民党江西省党部执行委员、常务委员兼组织部部长）、刘伯伦（时任中国国民党上海执行部农工部秘书，国民党一大江西省代表，前中国社会主义青年团南昌临时地方委员会书记）介绍加入中国国民党，1924年春由赵干、刘伯伦举荐投考黄埔军校。1924年6月考入陆军军官学校第一期第二队学习，1924年11月毕业，先后任黄埔军校校长办公厅见习、教导团排长。1925年任广州黄埔军校第三期入伍生总队第八队中尉区队长、教导第二团副连长、国民革命军第一军第二师步兵团连长，随部参加了两次东征作战。1926年任国民革命军第一军第二十师第五十九团第三营（营长张际春）副营长，黄埔军校第四期军官团第九连连长，第一军第二十一师第六十一团第三营营长，随部参加北伐战争。北伐作战至苏州时，任第二十一师第六十一团副团长。1927年10月任第九军第二十一师（代理师长陈诚）第六十一团团长，率部参加第二期北伐战争。1928年部队编遣，任缩编后的第一集团军第十一师（师长曹万顺）第三十一旅（旅长桂永清）司令部少校参谋，随部参加对各路军阀的讨逆作战。1929年2月保送陆军大学特别班第一期学习，1931年10月毕业，任第十八军第十一师第三十二旅副旅长，1932年5月接萧乾任第十一师（师长罗卓英）第三十一旅旅长、副师长，1933年9月任陆军第十八军第十一师师长，率部参加对江西红军及根据地的"围剿"战事。1935年4月13日颁令叙任陆军少将。1936年1月1日获颁四等宝鼎勋章。[1]1936年2月奉派赴德国考察军事，师长职由彭善接任，1936年4月回国，1936年11月12日获颁四等云麾勋章。[2]1937年4月15日国民政府颁令免第十一师师长职。[3]抗日战争全面爆发后，1937年9月接李树森任第十八军（军长罗卓英）第六十七师师长，率部参加淞沪会战，1938年4月免师长职。1938年2月任第十八军（军长罗卓英）副军长，1938年5月接罗卓英任第十八军军长，其间受蒋介石召见，赠送照片留念，并将其号"悟我"改为"培我"，[4]率部参加武汉会战，1939年5月免职。1939年6月6日国民政府颁令："陆军少将黄维晋任陆军中将。"[5]续任成都中央陆军军官学校第十五期、第十六期教育处处长，后任中央陆军军官学校第六分校（南宁分校）主任。1940年11月11日接陈烈任第五十四军军长，1942年3月兼任昆明防守司令部司令官，1943年4月免军长职。1943年4月被撤职查办，[6]调任军事委员会高级参谋，后任军事委员会陆军督训处副处长。1944年11月任青年军编练总监部副监，具体实施"十万青年十万军"之青年军组建事宜。其间兼任军事委员会干部训练团（教育长王东原）副教育长，1945年1月兼任青年军编练总监部东南分部主任及东南干部训练团主

[1] 国民政府文官处印铸局印行：台湾成文出版社有限公司1972年8月出版《国民政府公报》第102册1936年1月2日第1936号颁令第13页记载。

[2] 国民政府文官处印铸局印行：台湾成文出版社有限公司1972年8月出版《国民政府公报》第117册1936年11月13日第2201号颁令第7—9页记载。

[3] 国民政府文官处印铸局印行：台湾成文出版社有限公司1972年8月出版《国民政府公报》第122册1937年4月16日第2329号颁令第1页记载。

[4] 台北"国史馆"编纂：2006年12月印行《"国史馆"现藏民国人物传记史料汇编》第二十八辑第413页记载。

[5] 国民政府文官处印铸局印行：台湾成文出版社有限公司1972年8月出版《国民政府公报》第141册1939年6月7日渝字第159号颁令第1页记载。

[6] 刘绍唐主编：台北传记文学出版社1999年10月15日印行《民国人物小传》第十六辑记载。

任。抗日战争胜利后，任青年军第三十一军军长，1946年6月29日任联合勤务总司令部副总司令。1947年9月兼任国防部新制军官学校校长，1948年1月兼任陆军总司令部第三陆军训练处处长，在武汉主持新兵招募及编练事宜。1948年8月任徐州"剿匪"总司令部第十二兵团司令官，率部在淮海战场对人民解放军作战，1948年12月25日所部在蒙城双堆集地区被全歼，于1948年12月15日在双堆集三四十里处村庄被人民解放军俘虏，被俘后伪称名为方正馨，任第十四军司令部上尉司书，[1] 被查出后关押于河北井陉中国人民解放军华北军区军法处看守所，后转移至中国人民解放军华东军区政治部联络部解放军官教育团学习与改造。中华人民共和国成立后，关押于北京德胜门外中华人民共和国公安部功德林战犯管理所。1975年3月19日获特赦释放，名列最后一批特赦释放战犯名单榜首，安排任全国政协文史资料委员会军事组专员，1978年3月当选为第五届全国政协常务委员，1983年5月当选为第六届全国政协常务委员，1984年6月当选为黄埔军校同学总会第一届理事会理事，1988年4月当选为第七届全国政协常务委员，曾兼任中国和平统一促进会常务理事，全国政协祖国统一联谊委员会委员。1989年3月20日因病在北京逝世。著有《第十一师在宜黄以南的溃败情况》（载于中国文史出版社《文史资料存稿选编——十年内战》）、《一寸山河一寸血的淞沪战争》（载于中国文史出版社《原国民党将领抗日战争亲历记——八一三淞沪抗战》）、《第十二兵团被歼纪要》（载于中国文史出版社《原国民党将领的回忆——淮海战役亲历记》）、《对〈陈诚军事集团发展史纪要〉一文的更正和意见》（载于中国文史出版社《文史资料选辑》第七十二辑）、《对〈蒋军赣州守城战役亲历记〉的补正》（载于中国文史出版社《文史资料选辑》第九十一辑）、《关于青年军的回忆》（载于中国文史出版社《文史资料选辑》第九十六辑）、《第六十七师在上海吴家库八字桥作战情况》（载于中国文史出版社《文史资料选辑》第一三八辑）、《功德林改造生活纪实》（载于中国文史出版社1987年10月《从战犯到公民——原国民党将领改造生活的回忆》）、《纪念万家岭战役五十周年》等。

---

[1] 杨牧、袁伟良主编：河南人民出版社2005年11月《黄埔军校名人传》上册第969页记载。

黄雍

黄雍（1900—1970），别号剑秋，湖南平江县城关镇人。平江县立中等学校、广州大本营军政部陆军讲武学校肄业，陆军大学甲级将官班第二期毕业，中央训练团高级班结业。早年当过学徒、警察。1923年秋到广州，1923年冬考入广州大元帅府大本营陆军讲武学堂（堂长程潜）第一期学习，1924年秋该校并入黄埔军校，1924年11月编入陆军军官学校第一期第六队学习，同年加入中国国民党，1925年2月肄业。参加中国青年军人联合会活动，组织"火星社"，1925年加入中国共产党。毕业后，任黄埔军校入伍生总队区队长，黄埔军

黄雍照片

校教导第二团排长、连长，随部参加第一次东征作战。曾任广州农民运动讲习所第五期军事总教练、省港罢工纠察委员会委员、军务处处长，广州国民政府财政部缉私卫商检查总队总队长，广州检查总所所长。1926年12月任黄埔同学会驻粤办事处主任。1927年任中共广东东江特派员，先后组织农村武装起义，占领海陆丰地区，参与建立苏维埃政府及工农革命军第二师，1927年6月任广东东江革命委员会主席。[1]1928年2月被中共广东省委任命为广东琼崖特派员，赴海南岛开辟工农武装割据，1928年2月至4月任中共广东琼崖特委（书记李源）常务委员，[2]

---

[1] 中共广东省委组织部、中共广东省委党史研究室、广东省档案馆编纂：中共党史出版社《中国共产党广东省组织史资料》记载。

[2] 中共海南省委组织部、中共海南省委党史研究室、海南省档案馆编纂：海南出版社1994年10月《中国共产党海南行政区组织史资料》第40页记载。

其一度为广东东江及琼崖中共党组织主要领导人之一，为开展东江工农武装割据和创建地方政权有过贡献。1929年因对"立三路线"不满，与中国共产党脱离组织关系，由谭平山等人介绍加入第三党。1930年参与邓演达筹备与组建的"黄埔革命同学会"，被推举为黄埔革命同学会组织委员，并为黄埔革命同学会平津地区组织负责人，为该会骨干成员。1931年8月17日在汉口被捕入狱，后为最高当局宽恕，经黄埔同学保释出狱。继入黄埔同学会自新登记，重获任官资格，1931年冬任中央陆军军官学校特别训练班驻南京办事处主任，其间参与戴笠、唐纵、梁干乔等人发起的"调查通讯小组"初期活动，奔波于南京和上海一带，主要履行收集敌我双方的兵力、伤亡、武器、给养、战况、士气、通信等与战争有关信息，供军事当局决断之用。1932年10月任陆军第二十一师政治训练处处长，福建省政府保安处第一科科长。1935年任中央各军事学校毕业生调查处副处长，1936年12月25日颁令叙任陆军步兵上校。[1]任军事委员会高级参谋。抗日战争全面爆发后，任国民政府军令部（部长徐永昌）处长、高级参谋。1938年6月2日国民政府颁令晋任为陆军少将。[2]任军政部伤兵管理处副处长，军政部伤兵生产管理局副局长，军事委员会总务处副处长。后任陆军独立第三十一旅旅长、第五军司令部驻重庆办事处处长。1943年2月当选三青团第二届中央监察会候补监察，兼任三青团中央干事会总务处副处长，其间还创办过"中国通讯社"、《中华晚报》及新生学校（后改名中正学校）。1945年1月30日被推选为军队各特别党部出席中国国民党第六次全国代表大会代表。1945年3月保送陆军大学甲级将官班第二期学习，1945年6月毕业，抗日战争胜利后，1945年10月获颁忠勤勋章。1946年5月获颁胜利勋章。1946年7月31日颁令叙任陆军中将，同时办理退役。其间从事办学兴教事宜，先后任重庆、南京、上海、杭州等地四所中正学校校长。学校为私立，名虽为中正学校，但其不准国民党、三青团在校活动，却容纳了进步教师，中共党员肖克勤曾任教务主任等。1947年军务局局长俞济时给其来信和电话，要求将肖克勤等四位教师押送南京，其赠送旅费并掩护肖克勤离校暂避，对进步

---

[1] 国民政府文官处印铸局印行：台湾成文出版社有限公司1972年8月出版《国民政府公报》第118册1936年12月26日第2238号颁令第16页记载。

[2] 国民政府文官处印铸局印行：台湾成文出版社有限公司1972年8月出版《国民政府公报》第133册1938年6月4日渝字第54号颁令第2页记载。

教师陈逮等三人则调整课时。1948年秋被迫辞去上海中正学校校长职。返回湖南后，1948年秋任中央各军事学校毕业生调查处湖南分处主任。1949年初与中共地下党负责人吴克坚见面，1949年3月参与组建湖南省在乡军官自救会（主任委员陈明仁），其任副主任委员，聚集在乡军官千余人加入，拥有不少武器，为在湘联络退役军官共同促成湖南和平解放而奔走。[1]1949年4月建立与中共中央直接联系的秘密电台。1949年7月上旬，程潜在白崇禧压力下拟赴广州，得其晋见并帮助，并发报请求中共中央才免于成行。其在湖南和平工作，受到过周恩来的当面嘉许和吴克坚的来函称道，后任湖南省军政委员会参事室参事。中华人民共和国成立后，1950年2月任中南军政委员会参事室参事，1953年3月改称中南行政委员会，仍任参事室参事。1954年12月当选为第二届全国政协委员，1959年4月当选为第三届全国政协委员，兼任全国政协文史资料征集与研究委员会专员，1964年12月当选为第四届全国政协委员。1956年2月当选为民革第三届中央委员会候补中央委员，1958年11月当选为民革第四届中央委员会候补中央委员。1965年春任"纪念孙中山先生一百周年诞辰筹备委员会"委员。"文化大革命"中受到冲击与迫害，1970年2月8日因病在北京逝世。1980年全国政协为其举行追悼会并恢复名誉。著有《黄埔学生的政治组织及其演变》（载于中国文史出版社《文史资料选辑》第十一辑）、《对于〈黄埔学生的政治组织及其演变〉文中的更正》（载于中国文史出版社《文史资料选辑》第十八辑）、《黄埔革命同学会回忆》（载于中国文史出版社《文史资料选辑》第十八辑）等。夫人郑挹梅曾撰文纪念其夫，题为《长沙起义时的秘密电台》（载于《湖南文史资料选辑》）等。

---

[1] 湖南省岳阳市政协文史资料委员会编：《岳阳文史》第十辑，湖南省岳阳晚报出版印刷中心1999年8月《岳阳籍原国民党军政人物录》第527页记载。

黄
鹤

黄鹤照片

黄鹤（1897—2003），别号尊楼，湖南湘阴人。长沙兑泽中学毕业，广州大本营军政部陆军讲武学校肄业。1897年8月28日生于湘阴县一个农户家庭。祖辈务农，家境清贫，有兄弟姐妹五人。1905年私塾启蒙，继入高等小学堂就读，1920年考入长沙兑泽中学，半工半读。1923年作为学生代表参加长沙驱张（敬尧）运动秘密会议，组织学生上街游行，捣毁日货，并于是年毕业，1923年秋到广州，入广州大本营军政部陆军讲武学校学习。1924年秋该校并入黄埔军校，1924年11月编入陆军军官学校第一期第六队学习，1925年2月肄业。曾两次亲聆孙中山先生讲述民生主义。1925年3月随军东征时，行至广东白芒花传来孙中山逝世消息。全军缟素，第一期第六队学生就地毕业，其被分派至广东虎门要塞黄埔第三期学生队任排长，后任军校教导第一团第二营排长、连长，1925年6月随军参与平定刘震寰部桂军叛乱，不久升任教导第二团特务营党代表，粤军总队编成的冯轶裴师的营党代表。1926年5月调任教导第三师（师长钱大钧）第一补充团第三营营长。1926年7月率部乘海轮至厦门北登陆，吓退英军陆战队，进军漳州。1926年冬随国民革命军东路军北伐，任东路军教导第三师补充团团长。1927年驻军福建漳州，任漳州警备司令部司令官，后任福建卢兴荣师党务特派员。1928年任南京中央陆军军官学校第六期第一总队第三大队上校大队附兼第八队队长。1929年1月任第八军（军长叶开鑫）第五十二师政治部主任。1929年12月底赴江苏任独立第四旅政治部主任，一月后因部队改编离职。1930年派赴豫鄂皖"剿匪"总司令部第四十六师任政治训练处处长，获授蒋介石侍从室所发密电本，军中诸事由其直接向蒋汇报。1932年调任武汉"剿匪"总司令部视察专员，奉命视察各军、师政治与党务事宜。1934年10月任第五十二师（师长卢兴荣）政治训练处主任。1936年3月14日颁令叙任陆军步兵中校。[1]抗日战争全面爆发后，任第二十集团军（总司令商震）政治部主任，随军参加河北抗日战事。1937年10月22日国民政府颁令晋任陆军步兵上校。[2]1939年12月任军事委员会桂林行营政治部主任秘书，不久转任军政部部附。1941年12月任第九战区司令长官部军法总监部督导专员，日军进攻长沙时，率团在湘北一带组织抗日游击战事。抗日战争胜利后，1945年10月获颁忠勤勋章。1946年1月入南京中央军官训练团，登记为中将衔团员，1946年3月结业。1946年5月获颁胜利勋章。1946年12月3日参加赴南京任职、公干的81名黄埔一期生在中央训练团聚餐并于办公大楼前合影。[3]1947年7月6日上午9时至11时参与中央训练团部分黄埔一期受训同学发起组织赴南京中山陵六百将校军官"祭祀哭陵"事件。[4]亲率近千名将领及家属往中山陵哭陵，被推为总指挥。1948年任湖南第一兵团司令部高级参谋，1949年2月移驻长沙，受命与黄雍等众多黄埔一期生将领，组成湖南全省在乡军官自救会，策动在乡军官起义应付时变，参与筹划湖南和平起义。中华人民共和国成立后，1950年11月部队改编时，任中国人民解放军第二十一兵团司令部高级参谋，1950年12月被派往位于南岳的中南军政大学湖南分校学习。1951年春因案被捕入狱，1952年被湖南沅江县人民法院错判为无期徒刑，关押24年劳动改造。1975年3月19日刑满获释，安排为省政协秘书处专员。1983年5月由湖南省高级人民法院撤销原判，恢复起义人员名誉。1983年7月增补为湖南省第五届政协委员，1983年12月任湖南省人民政府参事室参事。1984年10月被推选为湖南省

---

[1] 国民政府文官处印铸局印行：台湾成文出版社有限公司1972年8月出版《国民政府公报》第105册1936年3月15日第1996号颁令第2页记载。

[2] 国民政府文官处印铸局印行：台湾成文出版社有限公司1972年8月出版《国民政府公报》第130册1937年10月23日第2491号颁令第1页记载。

[3] 容鉴光编著：列入台北出版品预行编目资料，台北博煜企业有限公司2003年6月16日第一版印行《黄埔军校一期研究总成》第278页辑录。

[4] ①湖南省政协文史资料委员会编纂：湖南人民出版社1993年10月《湖南文史资料选辑》第五期记载；②湖南省岳阳市政协文史资料委员会编：《岳阳文史》第十辑，湖南省岳阳晚报出版印刷中心1999年8月《岳阳籍原国民党军政人物录》第201—205页记载。

黄埔军校同学会顾问，晚年定居湖南汨罗屈原农场。1995年11月15日为陈予欢编著的《黄埔军校将帅录》题："黄埔精神为中国革命胜利开道"之词，时年已九十八岁。2003年7月3日因病在屈原农场管理区医院逝世，系内地最后一位辞世的黄埔一期生，享年107岁。著有《国民党高级将领南京哭陵纪实》《南京中山陵哭陵始末》《600将官南京哭陵始末》（载于湖南省岳阳市政协文史资料委员会编：《岳阳文史》第十辑，湖南省岳阳晚报出版印刷中心1999年8月《岳阳籍原国民党军政人物录》第201页）等。湖南《岳阳文史》第九辑第261页载有《黄鹤回忆实录》（胡锡龙著）等。

黄鳌

黄鳌（1901—1928），原名昭军，别字钧德，别号半石，湖南临澧县合口乡人。临澧县合口乡高等小学、湖南省立工业专科学校中学部毕业，湖南群治大学肄业。祖辈务农，家境贫苦，仅有地产一亩。自填登记处为湖南临澧县合口，通信处为津市合口王聚泰贵行转交。自填入学前履历：湖南工（业）专（门学校）中学部毕业，湖南群治大学肄业一年，湖南学生联合会做过群众运动，任过湖南工业（专门）学校教员。1901年5月5日生于临澧县合口乡一

黄鳌照片

个农户家庭。曾任湖南全省学生联合会干事，湖南省立工业专门学校教员。1919年秋由林祖涵（前国民党中央党部总务部副部长，后国民党一大湖南省代表，国民党第一届候补中央执行委员）介绍加入中国国民党。1924年春由石盛祖（国民党中央农民部干事长）保荐投考黄埔军校，1924年5月到广州，1924年6月考入陆军军官学校第一期第二队学习，在学时于1924年7月加入中国共产党，[1]1924年11月毕业，分发黄埔军校政治部秘书股主任，1925年2月随部参加第一次东征作战。参与组织中国青年军人联合会，为该会骨干成员之一。1925年7月任国民革命军第二军政治部秘书，随部参加第二次东征战事。1926年3月20日"中山舰事件"发生后，其在《黄埔潮》周刊发表署名文章《黄埔同学应注意的几点》，重申孙中山三大政策。1926年7月任国民革命军第二军政治部秘书兼第四师党代表

---

[1] 廖盖隆主编：中共中央党校出版社2001年6月《中国共产党历史大辞典》增订本第446页记载。

（另载曾任第二军政治部主任），在《革命》（第二军政治部编印）刊物撰文《革命军》《革命军与反革命军》等，讲述国民革命军性质与任务，编写《士兵识字运动课本》《士兵日记问答》等通俗读物。后随军参加北伐战争赣浙苏战事。1927年4月"清党"前夕，与李富春等人率部离开南京部队驻地，1927年4月23日抵湖北黄梅县，1927年5月3日至14日经第二军政治部十余天筹备，在黄梅县主持召开"国民革命军第二北伐阵亡将士追悼大会"。会后脱离国民革命军，奉中共党组织指令赴鄂西地区开展武装斗争，参与领导鄂西秋收起义。1927年10月奉派返回长沙，任中共湖南省委军委书记，组织指导湖南各地农军发起武装割据。1927年12月军委临时机关遭到破坏，其与陈采夫等人被捕，时以上海某大学教授身份，前来探视妹妹为由，未吐露真情，但被关押审查。除在狱中严加监视外，还发函到临澧进行调查，侥幸得以躲过翌年1月18日在长沙教育会坪的严刑处决。1928年1月25日湘军陈嘉佑部进占长沙，趁城内一片混乱组织集体越狱，潜回临澧乡间藏匿。1928年7月奉派湘鄂边贺龙部队，任工农革命军第四军参谋长，协助健全整顿军事政治机关。1928年9月7日返回部队驻地途中，其仅带军部及少量警卫人员驻新开寺村，遭到敌教导师与当地团防两千多人袭击，1928年9月8日在石门渫阳突围作战时中弹牺牲。[1]

---

[1] 杨牧、袁伟良主编：河南人民出版社 2005 年 11 月《黄埔军校名人传》上册第 975 页记载。

黄子琪

黄子琪（1903—？），别字瑞芝，广西荔浦人。庐山中央训练团兵役研究班毕业，1923年冬到广州，考入广州大本营军政部陆军讲武学校学习，1924年秋该校并入黄埔军校，1924年11月编入陆军军官学校第一期第六队学习，1925年2月肄业。参加东征和北伐战争，历任黄埔军校入伍生团排长，国民革命军第二军步兵连连长，随部参加两次东征作战。1926年1月任国民革命军第一军（军长何应钦）政治部（主任周恩来）组织科（科长王驭欧）干事。[1]1926

黄子琪照片

年春任国民政府警卫团连长。1927年4月29日被国民政府海军处政治部任命为广东海防舰队"福安舰"党代表。1927年随部队参加湘赣边界秋收起义，三湾改编后任工农革命军第一师第一团第一营营长。1927年12月攻打茶陵县城作战时，脱离部队返回原籍。1928年夏到南京黄埔同学会登记，继入杭州中央军官训练班受训。1929年奉派广西策应，任国民党广西省保安司令部特别党部执行委员及政治部主任。1930年新桂系集团策动脱离国民政府活动，其辞职离开广西，往南京任中央陆军军官学校教官，陆军补充团团长。1931年11月被推选为广西省出席中国国民党第四次全国代表大会代表，并以广西代表身份出席国民党四大第一次会议。后任陆军补充旅旅长。抗日战争全面爆发后，所部在安徽被日军围歼，曾出任伪军步兵师师长，1942年10月13日任伪南京国民政府军事委员会参赞武官公

---

[1] 《岭东民国日报》1926年2月4日"第一军政治部职员一览"一文记载。

署少将参赞武官。[1]抗日战争胜利后，奉派入中央训练团第九军官总队受训，登记为第九军官总队第三大队第十三中队少将队员，自填登记住址为广州市汉民南路麦栏街新兴巷六号三楼。[2]另登记为第十一大队少将高级教官，时年43岁。[3]1946年12月3日参加赴南京任职、公干的81名黄埔一期生在中央训练团聚餐并于办公大楼前合影。[4]

---

[1] 郭卿友主编：甘肃人民出版社1990年12月《中华民国时期军政职官志》第1959页记载。

[2] 1946年9月1日印行的《中央训练团第九军官总队通讯录》第77页记载。

[3] 1946年9月1日印行的《中央训练团第九军官总队通讯录》第258页《高级教官室及学术研究会成员遗补名录》记载。

[4] 容鉴光编著：列入台北出版品预行编目资料，台北博煜企业有限公司2003年6月16日第一版印行《黄埔军校一期研究总成》第278页辑录。

黄再新

黄再新（1897—1926），原名振新，湖南醴陵人。醴陵县立高等小学、长沙长郡中学毕业，广州大本营军政部陆军讲武学校肄业。湖南省立长沙长郡中学校毕业后，参加学生示威游行活动，被推为该校学生联合会副会长。1923年加入中国共产党，1923年12月派赴广州，考入广州大本营军政部陆军讲武学校学习。1924年秋该校并入黄埔军校，1924年10月编入陆军军官学校第一期第六队学习，1925年2月肄业。后返回湘军部队，任步兵连排长、连长，国

黄再新照片

民革命军第二军第五师副营长。1926年12月24日在福建作战阵亡。[1]1931年4月3日国民政府颁发第749号指令："呈据军政部呈为故员黄再新拟照上尉阵亡例给恤一案，检同原表呈请核示由呈表均悉，应予照准，此令。"[2]

---

[1] ①中国第二历史档案馆供稿，华东工学院编辑出版部影印，档案出版社1989年7月《黄埔军校史稿》第八册（本校先烈）第243页第一期烈士芳名表记载1926年12月24日在福建阵亡；②台北《黄埔建国文集》编纂委员会编纂：台北实践出版社1985年6月16日印行《黄埔军魂》第574页"北伐战役殉国英雄姓名表"第一期记载。

[2] 国民政府文官处印铸局印行：台湾成文出版社有限公司1972年8月出版《国民政府公报》第49册1931年4月6日第739号颁令第5页记载。

黄奋锐

黄奋锐照片

黄奋锐（1903—？），别号无咎，广东惠阳人。惠阳县第三高等小学毕业，广东惠州初级中学肄业，中央训练团党政班、中央政治学校大学部结业。父从教，家境贫寒。自填登记处为广东惠阳县，通信处为广州珠光西悦华米店转交。自填入学前履历：惠州中学肄业二年。1924年春由姚雨平（大本营中央直辖警备军司令官，前惠州安抚使，广东东江治河督办公署督办）、罗俊（广东惠州安抚使署参谋长）保荐投考黄埔军校，1924年4月30日经姚雨平、林海山（国民党驻惠州安抚使署特派员）介绍加入中国国民党。1924年6月考入陆军军官学校第一期第三队学习，1924年11月毕业，历任黄埔军校政治部编纂员，入伍生政治部科员，东征军总指挥部政治部科员。1927年4月任派驻广东沙田盐警队政治指导员，1927年7月15日被推选为黄埔同学会广东支会恳亲会筹备委员。[1]1929年9月被推选为广州国民革命军黄埔军官学校特别党部执行委员。1927年随校迁南京，任中央陆军军官学校政治训练处秘书长。1933年10月奉派入中央训练团星子特训班受训，并任第三学员大队副大队长，1934年12月任中央陆军军官学校特别训练班教育训练委员会上校干事，1935年10月任军事委员会委员长侍从室第三部副主任。抗日战争全面爆发后，负责军备物资运输事宜。抗日战争胜利后，1946年7月退为备役。

---

[1] 广州《民国日报》1927年7月15日"黄埔同学会定期开恳亲大会"专文记载。

黄承谟

　　黄承谟（1901—1933），福建上杭人。本县城西国民学校、上杭县立初级中学、上杭县立师范学校毕业，福建陆军精武学校、福建省立矿业专门学校肄业。庐山军官训练团校尉班第二期结业。父从农商，有地产时值万余元。自填登记通信处为福建上杭县城西十字街豸史坊第三进本宅。自填入学前履历：福建学生军司令部少校副官，中央直辖第三军第一路司令部上尉参谋，福建工学社事务部卫生股主任，福建平民教育运动筹备处调查员。曾任福建学生军司令部少校副官，中央直辖第三军第一路司令部上尉参谋，福建工学社事务部卫生股主任，福建平民教育运动筹备处调查员。1922年冬在福州经林寿昌（福建学生军司令及上海青年会干事主任）介绍加入中国国民党，1924年春由丁立夫（北京政府众议院国民党议员）保荐投考黄埔军校。1924年5月到广州，1924年6月考入陆军军官学校第一期第一队学习，1924年11月毕业，参加孙文主义学会活动，第二次东征作战后留潮汕筹备国民党地方组织。曾任中国国民党饶平县临时党部筹备委员，黄埔中央军事政治学校潮州分校入伍生队营党代表，北伐东路军总指挥部政治部宣传科科长，浙江警备师政治部副主任。1929年1月28日经呈励志社社长（蒋介石）批准与117人加入励志社。[1]1930年10月被训练总监部委任私立持志学院军事训练教官兼教育连连长。[2]1930年11月29日奉南京中央陆军军官学校校务委员会常务委员蒋介石、何应钦令补试录取入军官教育连肄业。[3]1930年12月任湖北省保安司

---

[1]　《中央日报》1931年1月28日、1月29日连续刊登"励志社社员管理科通告"记载。

[2]　《黄埔月刊》1930年12月30日版第二卷第三期第14—15页《本校要闻日志》记载。

[3]　南京中央陆军军官学校编印：《黄埔月刊》第一卷第7号"本校概况——法令"第4页记载。

令部警备第一团上校团长、独立第二旅副旅长。参加对鄂豫皖边区红军及根据地的"围剿"战事，1933年4月15日在湖北黄安作战时阵亡。[1]

[1]　①中国第二历史档案馆供稿，华东工学院编辑出版部影印，档案出版社1989年7月《黄埔军校史稿》第八册（本校先烈）第245页第一期烈士芳名表记载1933年4月15日在湖北黄安阵亡；②台北《黄埔建国文集》编纂委员会编纂：台北实践出版社1985年6月16日印行《黄埔军魂》第580页"'剿匪'战役殉国英雄姓名表"第一期记载。

黄珍吾

黄珍吾（1901—1969），原名宝循，别字静山，广东文昌县衙前村人。文昌县立民治高等小学堂肄业，中央训练团党政班第一期毕业，自填登记处为广东琼州文昌县中一区衙前村，通信处为文昌县便民市永安号或万隆号。自填入学前履历：经在南洋各埠办学办党，马六甲宁宜埠华南学校吉隆坡埠平民学校当过教员，宁宜埠华侨公立学校当过校长，并充雪兰莪（国民党）分部副部长，民十一讨逆之役经自海外东归，追随邓支部（长）泽如办华侨讨

黄珍吾照片（一）

贼军事，民十二复返海外以办学而兼有办党，被当地政府无理干涉，故再归国投笔从戎。1901年1月6日（另载1901年12月15日）生于一个文昌县衙前村侨商家庭。早年随兄往南洋办学，曾任吉隆坡华侨平民学校教员，宁宜埠华侨公立学校校长。1922年12月5日经沈鸿柏（中国国民党南洋马六甲埠支部长）介绍加入中国国民党，曾充雪兰莪国民党分部副部长。[1]1922年任马来西亚马六甲华文学校校长，吉隆坡《益群报》记者，1922年回国。1923年任粤军总司令部鱼雷局军需长。1924年春由谭元贵（中国国民党南洋芙蓉埠支部长）、沈鸿柏（中国国民党马六甲埠支部长）、符兆光（中国国民党星洲埠支部长）、张永福（同德报社社长）保荐投考黄埔军校，1924年6月考入陆军军官学校第一期第二队学习，1924年11月毕业，参加黄埔军校孙文主义学会活动，后任黄埔军校第二期学员队区队长、校长办公室少校侍从副官。参加了两次东征作战和北伐战争。1926年起

---

[1] 范运晞编著：南海出版公司1993年11月《琼籍民国将军录》第324页记载。

任国民革命军第一军第二十师第五十九团第一营营长、中校副团长。1927年7月1日黄埔同学会广东支会成立，任该会执监委员会常务委员会（主席李安定）执行委员。1927年7月16日被蒋介石委为黄埔同学会广东支会监察委员。[1]1928年2月20日被委派为广州国民革命军黄埔军官学校特别党部筹备委员，1929年1月30日被中央执行委员会指派为广州黄埔国民革命军军官学校出席中国国民党第三次全国代表大会代表。后任第十八师政治部主任。1929年任广州国民革命军黄埔军官学校校本部政治部主任、代教育长。[2]后随军校迁移南京，1930年任南京黄

黄珍吾照片（二）

埔同学总会秘书长。1932年参与组织中华民族复兴社，任中华民族复兴社南京分社书记，宪兵第一团团长，中华民族复兴社南京总社总干事。[3]1935年12月任新编第一军政治部主任。抗日战争全面爆发后，任军事委员会别动总队（总队长康泽）副总队长。1938年7月26日国民政府颁令任命为福建省政府保安处处长，[4]兼任福建省保安司令部副司令官，福建全省"清剿"司令部司令官，其间被推选为三青团第一届中央干事会干事。[5]1944年12月任青年军第二〇八师师长。1945年3月8日颁令叙任陆军少将。1945年5月20日当选为中国国民党第六届中央执行委员。抗日战争胜利后，推选为三青团第二届中央干事会干事。1945年10月获颁忠勤勋章。1945年12月任青年第九军副军长。1946年1月任国民政府广州行辕新闻处处长。1946年5月获颁胜利勋章。1946年11月15日被推选为中国国民党直接遴

---

[1] 广州《民国日报》1927年7月16日"黄埔同学会广东支会改组后进行状况"专文记载。

[2] 台北《黄埔建国文集》编纂委员会编纂：台北实践出版社1985年6月16日印行《黄埔军魂》第395页记载。

[3] 台北"国史馆"编纂：2006年12月印行《"国史馆"现藏民国人物传记史料汇编》第二辑第312页记载。

[4] 国民政府文官处印铸局印行：台湾成文出版社有限公司1972年8月出版《国民政府公报》第134册1938年7月27日渝字第69号颁令第8页记载。

[5] 杨牧、袁伟良主编：河南人民出版社2005年11月《黄埔军校名人传》上册第984页记载。

选出席（制宪）国民大会代表。1946年12月3日参加赴南京任职、公干的81名黄埔一期生在中央训练团聚餐并于办公大楼前合影。[1]1947年7月被推选为党团合并后的中国国民党第六届中央执行委员会执行委员。1948年3月29日被推选为广东省出席（行宪）第一届国民大会代表。1948年4月任国民大会筹备委员会警卫处副处长、南京首都警察厅厅长，兼任南京防空司令部副司令官。1949年夏任福州绥靖主任公署副主任。1949年秋赴台湾，历任台湾宪兵司令部司令官，台北卫戍司令部司令官，"总统府"参军处中将衔参军。[2]1962年退为备役，任"总统府"国策顾问，"光复大陆设计研究委员会"委员，中国国民党第八届、九届中央评议委员。1969年10月5日因病在台北逝世。著有《华侨与中国革命》《练兵之道》《游美考察记》等。

---

[1] 容鉴光编著：列入台北出版品预行编目资料，台北博煜企业有限公司2003年6月16日第一版印行《黄埔军校一期研究总成》第278页辑录。

[2] 南京图书馆编：上海古籍出版社2011年12月《中国近现代人物像传》第885页晚年照片记载。

黄振常

黄振常照片

黄振常（1903—1928），别号涤强，湖南醴陵人。黄埔一期生黄再新堂兄。醴陵县立高级小学毕业，广州大本营军政部陆军讲武学校肄业。1923年冬到广州，入大本营军政部陆军讲武学校学习。1924年秋该校并入黄埔军校，1924年11月编入陆军军官学校第一期第六队学习，在学期间加入中国共产党，1925年2月肄业，后任黄埔军校教导第二团见习排长，国民党军第一旅司令部通讯队副队长，国民革命军第六军第十八师步兵团连长，参加了两次东征作战和北伐战争。1927年5月任国民革命军第二十军司令部直属特务营营长，1927年8月1日参加南昌起义，随起义军南下潮汕时任第三师步兵营营长，作战失利后参加湘南起义农军，任赤卫大队副大队长。1928年随工农红军上井冈山，1928年秋在作战中牺牲。

黄梅兴

黄梅兴（1903—1937），别号敬中，广东平远县东石镇坳上村人。平远县高等小学校高级班肄业，广东宪兵学校毕业，祖辈务农，经济中等，略有田产。自填登记通信处为广东平远县东石坳上。自填入学前履历：由初等而高等而宪兵而步兵，曾充广东宪兵司务长及广东讨贼军第一师第三团上士。1903年6月24日生于平远县一个农户家庭。另载1897年7月21日出生。[1]求学毕业后从军，曾充广东宪兵司令部第一队司务长，广东讨贼军第一师第三团上士。

黄梅兴照片

1924年春由邓演达（粤军第一师第三团团长）保荐投考黄埔军校，1924年6月考入陆军军官学校第一期第四队学习，1924年11月毕业，后任黄埔军校教导团见习官、排长、第一营副连长，参加了两次东征作战。1926年7月随部参加北伐战争，任国民革命军北伐东路军第二师第六团副营长，国民革命军第一军第十四师第四十团第三营营长。1927年春起，任国民党革命军第四军干部教导团学兵大队大队长，陆军暂编第二师司令部副官长，兼汕头达豪盐场知事。1928年冬起，任第四军教导第一师政治部主任，陆海军总司令部征募处第二区主任，南京中央陆军军官学校第七期第一学员总队中队长。1929年5月13日派任留学英美德法等国军事监考试委员，[2]在南京中央陆军军官学校监试3100名考生考取100名留学资格。1930年春任陆军第四十五师步兵第二六六团团长。1931年1月调任第五军第八十八师

---

[1] 胡博、王戡著：武汉大学出版社2013年6月《碧血千秋——抗日阵亡将军录》第7页记载。

[2] 《民国日报》1929年5月14日"南京中央陆军军官学校昨日考选留学生"一文记载。

第二六四旅副旅长，兼任步兵第五十八团团长。1931年9月6日参加国民政府警卫军（军长顾祝同）警卫第二师（师长俞济时）在南京三牌楼召开的中国国民党第一次全师代表大会，被推选为该师特别党部执行委员。[1]1932年1月率部参加淞沪抗战，在上海闸北、江湾、吴淞等处抗击日军。[2]1932年12月任第八十八师第二六四旅旅长，1933年率部参加对福建事变第十九路军的讨伐战事。1934年1月任西路"讨逆军"第一纵队教导旅旅长，率部驻防鄂西地区，率部参加鄂豫皖边区红军及根据地的"围剿"战事。1935年5月4日颁令叙任陆军步兵上校。[3]1936年任四川川东师管区司令部参谋长，兼任第八十八师第二六四旅旅长。1936年12月所部调防南京警卫。1937年5月21日颁令晋任陆军少将。[4]抗日战争全面爆发后，率部调防上海参加淞沪会战，在江湾东阻击日军，[5]1937年8月14日在上海南翔原持志大学主楼指挥作战时，被日军辨知系指挥部所在地，随后遭遇日军炮兵猛烈轰击，与旅司令部参谋主任邓洸等三十余人遇炸殉国。1939年11月获广东省政府准入广东平远县忠烈祠。1969年3月获得台湾当局批准入祀台北圆山忠烈祠。[6]1985年6月8日被广东省人民政府追认为革命烈士。

[1] 《中央日报》1931年9月7日"警卫军第二师全师代表大会记盛"一文记载。

[2] 杨牧、袁伟良主编：河南人民出版社2005年11月《黄埔军校名人传》上册第988页记载。

[3] 国民政府文官处印铸局印行：台湾成文出版社有限公司1972年8月出版《国民政府公报》第93册1935年5月4日第1733号颁令第6页记载。

[4] 国民政府文官处印铸局印行：台湾成文出版社有限公司1972年8月出版《国民政府公报》第124册1937年5月22日第2360号颁令第40页记载。

[5] 台北《黄埔建国文集》编纂委员会编纂：台北实践出版社1985年6月16日印行《黄埔军魂》第583页"抗日战役殉国英雄姓名表"第一期记载。

[6] 胡博、王戡著：武汉大学出版社2013年6月《碧血千秋——抗日阵亡将军录》第8页记载。

黄第洪

黄第洪（1902—1930），又名弟洪，别名警魂，别字立存，湖南平江人。平江县立高级小学毕业，广州大本营军政部陆军讲武学校肄业。1923年冬到广州，入广州大本营军政部陆军讲武学校学习。1924年秋该校并入黄埔军校，1924年11月编入陆军军官学校第一期第六队学习，在学期间加入中国共产党，1925年2月肄业，分发黄埔军校第二期政治部编纂股编纂员，第三期政治部宣传科科员。1925年11月奉派留学苏联，1925年12月25日被校本部委派留学苏联孙文大学，组成中国国民党陆军军官学校特别党部驻俄区分部并互选为执行委员。[1]入莫斯科中山大学和伏龙芝军事学院学习。1930年4月回国到上海，适逢中共中央根据共产国际的指示，1930年5月在上海召开第一次中华苏维埃区域代表大会预备会议，准备利用军阀混战的机会扩大苏维埃区域，其参加此次会议。会后由中央特科派专人护送登上了北去列车，奉派赴江苏与山东交界处发动群众，建立苏维埃根据地。其因惧怕战争，不愿过农村艰苦生活，在离开上海第二天又悄悄返回。1930年5月中原大战后，前往南京同学会登记自新，转投国民政府。为邀功给周恩来写了一封信，编造说自己一到苏北便暴露了身份，不得已返回上海。他请周恩来设法给他在中央机关里安排一个工作。周恩来给他写了复信，约定时间面谈。接到周恩来的信后，其又给蒋介石写了一封密信，以学生的身份告知蒋，有重要机密事要直接向蒋面谈。蒋介石将此信转给陈立夫，陈立夫立即转批让党务调查科主任徐恩曾处理。徐恩曾又把具体工作交给了驻沪特派员杨登瀛，杨登瀛与黄第洪确立了接头的时间、地点与暗号。1930年7月14日上午10点，杨登瀛一手拎皮包，

---

[1]　①黄埔军校特别区党部编《东征日记》1925年11月25日一文记载；②转引自广东省汕头市社会科学联合会编：中国文献出版社2004年版《周恩来在潮汕》第741—742页记载。

另一只手里拿了一张当天的《上海日报》，准时来到南京路邮局，坐等半个小时，黄没有露面。三天以后同一时间、地点和暗号，杨登瀛又如期前往，结果又白等半个小时。经过两次试探和暗中监视后，黄终于与杨登瀛接上了头。急于表明"诚意"的黄第洪向杨登瀛交代了自己与周恩来见面的时间和地点，并且主动提出下一次会面时，会带上周恩来的亲笔信。杨登瀛感到情况严重，不能迟疑，迅速报告给了中央特科。1930年7月26日，就在周恩来约定同黄第洪谈话当天，黄接杨登瀛手令："11点，城隍庙西街口。务将家伯亲笔信带来。堂兄。"黄第洪接到指令后，按照约定时间准时来到城隍庙，在城隍庙西街口边被中央特科红队处决。[1]

---

[1] 穆欣著：新华出版社1985年10月《陈赓大将》第105页记载。

黄锦辉

黄锦辉（1903—1928），又名润生，广西桂林县六塘圩人。广西桂林省立第三中学毕业，父静轩，在六塘圩开办日新文具店，维持一家生活。其六岁进六塘高等小学校就读，校长是中国同盟会会员李任仁，接受李的思潮与熏陶。1917年六塘高等小学校毕业后，考入桂林中学学习，1919年桂林中学改为广西省立第三中学，李任仁继任校长。在李鼓励下参加声援五四运动示威游行和抵制日货活动。1921年桂林中学毕业，一时找不到出路，在家协助父亲

黄锦辉照片（一）

经营"日新文具店"。做了两年后，经前辈介绍任六塘小学教师，鼓励学生立志改革社会。获悉黄埔军校招生信息，1923年冬约同学刘立道、谭作校等十余人赴广州投考。他们到广州后，因黄埔军校推迟招生考试，适值军政部陆军讲武堂补招学生，遂改考陆军讲武堂，其与刘立道两人以优秀成绩被录取。入广州大本营军政部陆军讲武学堂学习，1924年秋该校并入黄埔军校，1924年11月编入陆军军官学校第一期第六队学习，1925年2月肄业。后留黄埔军校政治部工作，1925年1月被推选为国民党黄埔军校特别区党部选举第二届执行委员会候补执行委员，在讨论委员分工时，被推选为助理常务委员，协助常务委员周逸群工作，1925年春经周逸群介绍加入中国共产党。1925年3月11日奉命代表军校特别党部赴汕头做宣传鼓动工作，次日汕头一千多群众集会庆祝东征作战胜利，其在会上发表演讲。后随军校特别党部先后进驻棉湖、五华、兴宁等地。1925年4月4日其与罗振声、陈恭等三人奉命前往梅县开展工作。1925年4月15日上午，其陪同周恩来前往梅县东较场向各校学生讲演，后单独在松口中学、潮州省立第一师范学校等

处进行关于《国民革命与中国学生》的讲演，勉励学生积极投身国民革命运动。
1925年6月初随部回师广州，参加对滇桂军阀杨希闵部、刘震寰部的军事行动。
1925年6月30日中国青年军人联合会召开第一次全体会员联席会议，其被推选为
中央执行委员会编辑委员。1925年8月奉派代表中国青年军人联合会赴省港罢工
工人代表大会上演说，指出工人阶级是国民革命的先锋和领导者。1925年7月国
民政府将属下各军统一整编为国民革命军，任国民革命军第一军（军长何应钦）
政治部（主任周恩来）随从书记，[1] 兼任宣传队总队长，随周恩来等人参加第二
次东征战事。1926年2月任黄埔军校政治部组
织科科员，中央军事政治学校中国青年军人联
合会中央执行委员，《中国军人》编辑社编辑。
1926年3月"中山舰事件"后，其离开第一军，
与麻植、朱凯、聂荣臻等人在中国共产党广东
区委军委协助周恩来工作，其任中国共产党广
东区委军事部秘书。[2] 1926年12月周恩来离开
广东，其接替中国共产党广东区委军委领导工
作。1927年广州"四一五"事变后，有计划将
军事人员撤出广州，转入秘密斗争。后调到香
港广东省委工作，1927年10月15日参加中国共
产党广东省委联席会议，在会当选为中国共产
党广东省委委员，被指定为中国共产党南方局
军事委员会委员。后受省委派遣任中国共产党
广州市委军委书记，参与制订广州起义的行动
计划和召开军事会议具体部署，1927年12月11
日参加广州起义。1927年12月12日晨仍留在广
州指挥撤退，后于13日转移香港。1928年1月
奉命往北江联络寻找南昌起义军余部，行至清

黄锦辉照片（二）

---

[1] 《岭东民国日报》1926年2月4日"第一军政治部职员一览"一文记载。

[2] 王晓玲、蒋斌主编：广州出版社2007年12月《广州起义图文集》第189页军装照片记载。

远附近时被逮捕，1928年1月31日遇害。[1]1928年11月中国共产党广东省委举行第二次扩大会议时发出《特别通告》，对黄锦辉等同志的不幸牺牲表示沉痛悼念，并号召同志们学习他们的优秀品质和不怕牺牲的革命精神。[2]中华人民共和国成立后，被追认为革命烈士。

---

[1] 杨牧、袁伟良主编：河南人民出版社 2005 年 11 月《黄埔军校名人传》上册第 991 页记载。

[2] 中共中央党史研究室第一研究部编著：上海人民出版社 2007 年 10 月《中国共产党第一至第六次全国代表大会代表名录》第 71 页传记照片说明。

黄彰英

黄彰英照片

黄彰英（1900—? ），广东化县旺灌坡人。化县县立高等小学、广东省立高州甲种农业学校毕业，国立广东大学法科学院肄业。祖辈务农，家境贫寒。自填登记处为广东化县旺灌坡，通信处为化县壶垌协德公司转交。自填入学前履历：广东省立高州甲种农业学校毕业，国立广东大学法科学院肄业。1924年春由林树巍（时任广东西路讨贼军第五师师长）保荐投考黄埔军校，1924年5月4日经林树巍介绍加入中国国民党。1924年5月到广州，1924年6月考入陆军军官学校第一期第一队学习，1924年11月毕业，分发第三期入伍生队任见习、排长、中尉区队长，1925年1月随部参加第一次东征作战。1925年10月随部参加平定南路军阀邓本殷战事。1926年3月任黄埔中央军事政治学校第四期政治科政治大队第三队副队长。1926年7月随部参加北伐战争，任国民革命军第一军第二师补充团步兵连连长。1927年任国民革命军总司令部补充团营长、团附。1930年6月任浙江省（主席钮永健）保安第七团团长。[1]1930年9月再颁令任为扩充后的浙江省政府（主席钮永建）保安处（处长蒋伯诚）保安七团团长。[2]

---

[1] 上海《民国日报》1930年8月10日"浙省防军勤加训练"专文记载。

[2] 《中央日报》1930年9月30日"浙江省扩充保安队"专文记载。

黄德聚

黄德聚（1898—？），福建闽侯人。福建省立第二中学校毕业，福建私立法政专门学校政治经济本科毕业，父从教业，无地恒产。自填登记处为福建闽侯县，住福州城内；通信处为福州城内开元楼经院巷。自填入学前履历：曾充福建省立第二中学校体育教员，《福建晚报》社编辑部主任，福建盐运使公署一等书记官，浙江财政厅统计科科员，福建自治军第六路司令部秘书等职务。先后充任福建省立第二中学体育教员，《福建晚报》报社编辑部主任，福建盐运使公署一等书记官，浙江财政厅统计科科员，福建自治军第六路司令部秘书。1924年5月14日经蒋介石（时任黄埔军校校长）、邓演达（时任黄埔军校教练部副主任）介绍加入中国国民党。1924年5月由刘通（时任广州大大营建设部秘书长、福建省筹备党部执行委员，福建省出席国民党一大代表）介绍投考黄埔军校，1924年6月考入陆军军官学校第一期第三队学习，1924年11月毕业，后服务军界。1927年10月任国民革命军新编第一军独立第一师党代表。

龚少侠

龚少侠照片

龚少侠（1902—1991），又名丰泰，原籍河南省，生于广东乐会，另载琼海县文市镇文坡村人。嘉积高等小学及县立中学毕业，广东琼崖嘉积中学、广东公路工程学校肄业，军官训练团第三期结业。父书三从教业，系当地名儒，家境贫穷。自填入学前履历：高小校教员，豫鲁招抚使行署副官，新闻记者。1902年8月10日生于乐会县嘉积乡一个书香之家，另载1889年农历七月十九日生。[1]1923年9月经徐成章（前粤桂联军陈继虞支队司令部参谋长，黄埔军校第一期上尉特别官佐）、欧祥云（广东省立甲种工业学校学生）介绍加入中国国民党，1924年春由赵杰（赵侗胞弟，孙中山委任豫鲁招抚使）、樊钟秀（时任驻粤豫军讨贼军总司令，驻粤豫军总司令，国民党第一届候补中央监察委员，孙中山指派国民党两广、云南、福建执行部候补监察委员）保荐投考黄埔军校。1924年5月到广州，1924年6月考入陆军军官学校第一期第二队学习，1924年11月毕业，历任黄埔军校教导第一团第二营排长，国民革命军第一师第一团步兵连连长，安徽省保安第一旅司令部参谋主任，教导总队总队长。1929年参与邓演达发起组织的"第三党"和"黄埔革命同学会"，密谋串联黄埔学生。1931年邓演达遇害后，归附国民政府，并到黄埔同学会登记自新。1932年3月参加中华民族复兴社特务处工作，派任军事委员会华南特派员。1933年10月任陆军第五军第十师政治训练处处长，陆军第九十二师政治训练处处长，率部参加对江西红军及根

---

[1]　范运晰编著：南海出版公司1993年11月《琼籍民国将军录》第319页记载。

据地的"围剿"战事。1935年12月返回广东，任广东东江水路缉私处主任，军事委员会调查统计局香港站站长。抗日战争全面爆发后，任军事委员会西南运输总处警备团团长，腊戍分处处长。1941年12月任军事委员会运输统制局贵阳监察分处处长。1943年任公路交通巡察总队总队长、军事委员会调查统计局第二处情报审核官。1944年10月任财政部派驻广东缉私总处总处长。1945年4月颁令叙任陆军步兵上校。抗日战争胜利后，1945年10月获颁忠勤勋章。1946年1月奉派入中央训练团将官班受训，登记为少将学员，1946年3月结业。1946年5月任昆明市警察局局长，后因"闻一多案"被撤职。1946年5月获颁胜利勋章。1946年11月被推选为广东乐会出席（制宪）国民大会代表。1946年12月3日参加赴南京任职、公干的81名黄埔一期生在中央训练团聚餐并于办公大楼前合影。[1]1947年1月任国民政府广州行辕第二处处长。1947年4月奉派入军官训练团第三期第一中队学员队受训，1947年6月结业。1949年1月任广州卫戍总司令部办公室主任，1949年10月任"海南建省筹备委员会"委员，海南特别行政区警保处副处长。1950年5月到台湾，任国民党中央党部保防会秘书，1951年调任中国国民党中央党部南方执行部第四组组长，"光复大陆设计研究委员会"委员。1976年和1986年仍当选为广东省出席"国民大会"代表，兼任台北市海南同乡会第三届理事长。1991年3月6日因病在台北逝世。[2]著有《卧云馆诗抄》等。

---

[1] 容鉴光编著：列入台北出版品预行编目资料，台北博煜企业有限公司2003年6月16日第一版印行《黄埔军校一期研究总成》第278页辑录。

[2] 台北"国史馆"编纂：2006年12月印行《"国史馆"现藏民国人物传记史料汇编》第七辑第522页记载。

傅权

傅权（1899—? ），陕西城固人。城固县立高等小学校、陕西省陆军干部教练传习所毕业，上海东亚体育专门学校肄业。耕读为业，经济中等，自给尚余。擅长田径运动及各项器械。自填登记通信处为陕西城固县城内东街义利恒号转东原公。自填入学前履历：本县高小毕业，陕西陆军干部教练所两年毕业，本省体育（专门学校）毕业，去年肄业上海东亚体育专门（学校）年半。1924年5月15日经于右任（国民党第一届中央执行委员）介绍加入中国国民党，并经于右任举荐投考黄埔军校。1924年6月考入陆军军官学校第一期第四队学习，1924年11月毕业，后服务社会。

傅正模

傅正模（1904—1968），别字俊、镜磨，别号汉卿，原载籍贯湖南醴陵，[1]另载湖南浏阳人。浏阳金江高等小学肄业，长沙长郡高级中学毕业，广州大本营军政部陆军讲武学校肄业，陆军大学甲级将官班第二期毕业，中央军官训练团第三期结业。1904年2月20日生于醴陵县城一个农商家庭（一说生于1903年2月20日）。父学知，母宋氏。幼年入浏阳金江高等小学就读，毕业后继入长沙长郡中学学习。1923年10月考入广州大元帅府大本营军政部陆军讲

傅正模照片

武学校（校长程潜兼）就学，1924年秋该校并入广州黄埔军校，1924年11月编入陆军军官学校第一期第六队学习，1925年2月肄业。1925年3月随军参加第一次东征作战，后任黄埔陆军军官学校第三期招生委员，学员编队入伍后，任广州黄埔军校第三期入伍总队中尉区队长，教导第三团第一连排长，中央军事政治学校第四期入伍生团第十连连长。1926年7月随部参加北伐战争，任国民革命军第一军第二师（师长刘峙）第六团第二营少校副营长，攻克武昌城时，参加敢死队强攻，左腿负重伤。痊愈后任武汉学兵团第八连少校连长，部队整编后，任第一集团军第一师第一团第一营营长，参加第二期北伐战争。1928年10月部队缩编后，任国民革命军总司令部侍从参谋，后任津浦路保安大队大队长兼全路警察训练班总教官。1929年3月任第十师步兵第五十九团团长，1930年第十师改编时，任军事委员会洛阳行营步兵独立团团长，后编为国民政府警卫军特务第二团，仍任团

---

[1] 湖南省档案馆校编：湖南人民出版社 1989 年 7 月《黄埔军校同学录》记载。

长。1931年5月改任警卫军第一师第三团团长。1931年12月任第五军第八十七师（师长王敬久）独立旅（旅长伍诚仁）第二团团长，率部参加"一·二八"淞沪抗日战事。1933年1月任第八十七师第二六一旅（旅长宋希濂）副旅长，1933年3月任第八十七师第二六一旅旅长，1933年8月任第三十六师（师长宋希濂）第一〇八旅旅长，率部参加对江西中央红军及根据地的"围剿"作战。1933年12月参与镇压发起福建事变的第十九路军。1934年1月任第四十九师（师长伍诚仁）副师长。1935年5月6日颁令叙任陆军步兵上校。[1]1935年10月14日兼任陆军第八十三师（师长刘戡）副师长。1936年10月28日颁令叙任陆军少将。抗日战争全面爆发后，率部参加忻口会战。后任军政部第五补充训练处处长，1938年5月任第七十五军预备第四师师长。率部参加武汉会战，1939年率部参加随枣会战，1940年率部参加枣宜会战，1941年11月任第五十四军（军长黄维）副军长，兼任昆明防守司令部参谋长，1943年5月因战事失利被撤职。后派美军驻印度蓝姆伽军官战术学校受训。1944年冬任军政部部附。1945年3月保送陆军大学甲级将官班第二期学习，1945年6月毕业，抗日战争胜利后，1945年10月任洞庭湖警备司令部司令官，1945年10月获颁忠勤勋章。1946年1月任军政部第三军官总队总队长，1946年5月获颁胜利勋章。1946年12月3日参加赴南京任职、公干的81名黄埔一期生在中央训练团聚餐并于办公大楼前合影。[2]1946年12月10日奉命将第三军官总队并入第五军官总队，继入第二期兵役高级研究班受训。1947年1月任上海师管区司令部司令官。1947年4月奉派入中央军官训练团第三期受训，并任第一中队分队长，1947年6月结业。1949年1月任陆军第三训练处（处长黄杰）副处长，后机构改编，任第五编练司令部副司令官，1949年6月任第一兵团第十四军军长，1949年7月任湘鄂赣边区绥靖总司令部副总司令、华中"剿匪"总司令部湖南第一兵团司令部副司令官。1949年8月4日在长沙参加起义。中华人民共和国成立后，先后任中国人民解放军第一兵团司令部副司令员，兼任第二军军长。部队整编后，任中国人民解放军第二十一兵团司令部副司令员、中国人民解

[1] 国民政府文官处印铸局印行：台湾成文出版社有限公司1972年8月出版《国民政府公报》第93册1935年5月7日第1734号颁令第8页记载。

[2] 容鉴光编著：列入台北出版品预行编目资料，台北博煜企业有限公司2003年6月16日第一版印行《黄埔军校一期研究总成》第278页辑录。

放军中南军区司令部高级参议。1953年春转业地方工作后，任中南行政委员会参事室参事，武汉市人民政府参事室参事，第二届全国政协委员。1956年6月任民革第三届候补中央委员。1957年被错划为"右派"分子，1968年9月22日因病在武汉逝世，1978年恢复名誉。著有《为征兵开始敬告上海市民书》（附兵役法令七种，1947年7月印行，原缺出版机构，全书32开，共58页）等。

傅维钰

傅维钰照片

傅维钰（1900—1932），别号润金，湖北英山人。英山县立高等小学、安庆第一师范学校毕业，父母早亡，家境贫寒，耕读为生。自填登记通信处为安徽英山县城本邑西河土门潭。自填入学前履历：民八（1919年）在本邑高小卒业，九年（1920年）入省立第一师范，十二年（1923年）秋为惩戒猪仔议员运动被伪廷缉逃亡至此。1920年考入安庆第一师范学校就读，参与领导安庆"六·二"学生运动，为安庆学生联合会负责人之一，1923年加入中国社会主义青年团。1924年4月10日在上海经柏文蔚（孙中山指派出席国民党一大安徽省代表，前安徽淮上军总司令，国民党第一届中央执行委员，时任北伐讨贼军第二军军长）、谭惟洋（国民党一大上海特别区代表，前中国国民党安徽支部长，大本营参议及北伐第二军总司令部顾问）介绍加入中国国民党，1924年5月由傅慧初（上海学界任教）保荐投考黄埔军校。1924年6月赴广州复试，1924年6月考入陆军军官学校第一期第一队学习，1924年冬由周恩来介绍加入中国共产党，1924年11月毕业，后留校任政治部少尉编纂员、教导第一团第二营第四连党代表。1925年2月参与筹组中国青年军人联合会，为该会主要负责人。参加第一次东征作战攻克惠州之役，为敢死队成员。1926年任国民革命军第一军第一师第一团党代表。1926年3月"中山舰事件"后退出国民革命军，奉派入国民革命军总政治训练部在广州大佛寺举办的政治训练班受训，并任第三学员队队长。1926年7月随部参加北伐战争，任国民革命军总司令部第五补充团副团长，第二方面军第十一军第二十五师团长。1927年4月在黄石港汇集党团员及青年学生千余人，组成学兵团带领至南昌，加入国民革命军第二十军（军长贺龙）第三师，编为第六团，续任团长。1927年8月率部参加南昌起义。南下失利后转赴上海，奉派赴苏联留学，入莫斯科中山大学学习。1929年回国，奉党指示曾在北京雍和宫以充当和尚作掩护，从事地下活动。1930年夏到上海，任上海抗日救国义勇军组织部部长，隶属中共中央军委领导。1931年11月周恩来调赴江西时，其接任中央军委书记。1932年3月10日在上海石灰巷集会上演讲时，被上海警察局拘捕，后于当日枪杀于上海北火车站。[1]

---

[1] 中华人民共和国民政部组织编纂、范宝俊、朱建华主编：黑龙江人民出版社1993年10月《中华英烈大辞典》第2459页记载。

傅鲲翼

傅鲲翼照片

傅鲲翼（1903—?），别字作师，湖南醴陵人。醴陵县立初级师范学校毕业，广州大本营军政部陆军讲武学校肄业。1903年10月5日生于醴陵县城一个农户家庭。1923年醴陵县立初级师范学校毕业，即南下广州，考入广州大本营军政部陆军讲武学校就读。1924年秋该校并入黄埔军校，1924年11月编入陆军军官学校第一期第六队学习，1925年2月肄业。1926年7月随部参加北伐战争。1927年5月5日晚参加由中央军事政治学校教育长方鼎英主持召开的第四次政治工作扩大会议，主要内容是研讨"清党"后的政治工作。[1]1928年10月任浙江警备师第二团团长，1929年1月在南京加入"励志社"，任国民革命军总司令部侍从副官。[2]1929年夏任国民革命军编遣委员会第二编遣区（办事处主任鹿钟麟）点验委员，[3]参与编遣第二集团军（总司令冯玉祥）所属部队事宜。1930年春任中央教导第一师第三团团长。1930年10月任第四十五师（师长卫立煌）第一三三旅（旅长李默庵）第二六五团团长，[4]率部驻防江苏扬州。后任军事委员会训练总监部陆军训练处上校处员。抗日战争全面爆发后，1938年2月16日任国民

---

[1]　广东革命历史博物馆编：广东人民出版社1982年2月版《黄埔军校史料（1924—1927）》第442—443页《中央军事政治学校第五期第四次政治工作扩大会议录》记载。

[2]　南京励志社：1929年3月版《励志社年刊》第三期第29页"励志社社员姓名录"专文记载。

[3]　上海《民国日报》1929年11月16日"第五十六师继续点验"专文记载。

[4]　上海《民国日报》1930年12月8日"卫立煌赴扬检阅部队"专文记载。

政府军事训练部国民兵教育处上校视察官。[1]1945年4月颁令叙任陆军步兵上校。抗日战争胜利后，1945年10月获颁忠勤勋章。1946年1月奉派入中央训练团受训。1946年5月获颁胜利勋章。1946年12月3日参加赴南京任职、公干的81名黄埔一期生在中央训练团聚餐并于办公大楼前合影。[2]

---

[1]　据湖北省图书馆馆藏文献部资料《军事委员会军训部职员录》记载。

[2]　容鉴光编著：列入台北出版品预行编目资料，台北博煜企业有限公司2003年6月16日第一版印行《黄埔军校一期研究总成》第278页辑录。

彭善

彭善照片

彭善（1902—2000），别字楚珩、楚恒，湖北黄陂县南乡彭郁文塆人。黄陂县南乡国民学校、武昌圣约瑟教会中学肄业，武昌文华大学附属中学毕业，湖北法政专科学校肄业，陆军大学将官训练班第一期毕业，父人藻，从商农，母张氏。祖辈务农，家境贫穷，仅足自给。自填登记处为湖北黄陂县南乡彭郁文塆，通信处为黄陂横店车站送郁文塆。自填入学前履历：曾在湖北武昌圣约瑟中学毕业，嗣后肄业于武昌私立法政专门学校。1902年3月5日生于黄陂县南乡彭郁文塆一个农户家庭。1918年考入武昌文华大学附属中学，毕业后入湖北武昌私立法政专科学校肄业。1924年春由黄昌毂（广州大元帅府秘书处秘书兼大本营会计司司长，广州大元帅府行营金库长）保荐投考黄埔军校，1924年5月15日经蒋介石介绍加入中国国民党。1924年6月考入陆军军官学校第一期第四队学习，1924年11月毕业，毕业后任教导第一团（团长何应钦）机关枪连排长、副连长，参加棉湖战役。战后派赴陕西，1925年8月出任三民军官学校军事训练部部长兼第一中队中队长。1926年7月随部参加北伐战争，后任中央陆军军官学校第六期第二学员大队第五中队队长。1930年任中央陆军军官学校武汉分校（教育长钱大钧）第七期、第八期第十四步兵大队队长。后任中央教导第三师团附。1931年8月任陆军第十八军（军长陈诚）第十四师（师长周至柔）步兵第八十四团团长，率部参加对江西中央红军及根据地的"围剿"作战。1932年11月任第十四师第四十一旅副旅长，1933年10月任第五十二师第一五五旅旅长，后任陆军第九十八师（师长夏楚中）步兵第二九二旅旅长，1934年10月任第九十八师（师长夏楚中）副师长。1935年5月3日颁令叙任陆军步兵上校。1935年5月3日叙任陆军步兵上校。[1]1935年9月24日简任为第六十七师（师长罗卓英兼）副师长。1936年奉派入陆军大学将官班第一期受训，结业后返回原部队。1936年6月23日国民政府颁令简任为第十一师（师长黄维）副师长，兼任第三十一旅旅长，[2]1936年7月10日免兼旅长职。1936年11月12日获颁五等云麾勋章。[3]1936年12月任第十八军第十一师师长，1936年12月19日颁令叙任陆军少将。1937年4月15日国民政府颁令免第十一师副师长职。[4]抗日战争全面爆发后，率部赴上海参加淞沪会战，在罗店、浏河一带与日军激战四十余天。1938年夏兼任军事委员会珞珈山军官训练团第二期第一大队（大队长叶肇兼）第二中队中队长，受训结业后返回原部队，率部参加武汉会战。1939年5月任第十八军军长（第四任），统辖第十八师（师长罗广文）、第一九九师（师长罗树甲、宋瑞珂）、第一一八师（师长王严）等部。1940年6月因宜昌失守被免除第十八军军长职。1942年10月2日派任湖北省第四区行政督察专员，兼任该区保安司令部司令官。1943年3月任第十集团军总司令部副总司令，1944年5月19日免湖北省第四区行政督察专员兼保安司令官职。1945年1月被推选为军队各特别党部出席中国国民党第六次全国代表大会代表，1945年5月20日当选为中国国民党第六届中央委员会候补执行委员。抗日战争胜利后，任武汉警备总司令部副总司令。1945年10月获颁忠勤勋章。后兼任中央训练团武汉分团主任，1946年5月获颁胜利勋章。1946年6月任武汉警备总司令部总司令，1947年6月因武汉大学"六一事件"致使三名学生死亡，1947年6月7日被撤职查办。1947年7月被推选为党团合并后的中国国民党第六届中央执行委员会候补执行委员。1948年7月任中央训练团总团（教育长黄杰、万耀煌）

[1] 国民政府文官处印铸局印行：台湾成文出版社有限公司1972年8月出版《国民政府公报》第93册1935年5月3日第1732号颁令第1页记载。

[2] 国民政府文官处印铸局印行：台湾成文出版社有限公司1972年8月出版《国民政府公报》第109册1936年6月24日第2082号颁令第1页记载。

[3] 国民政府文官处印铸局印行：台湾成文出版社有限公司1972年8月出版《国民政府公报》第117册1936年11月13日第2201号颁令第8页记载。

[4] 国民政府文官处印铸局印行：台湾成文出版社有限公司1972年8月出版《国民政府公报》第122册1937年4月16日第2329号颁令第1页记载。

副教育长。[1]1949年到台湾，1950年4月1日任台湾"国防部"中将参议，曾兼任审理"国防部"次长吴石"匪谍案"军事法庭军法审判官。1959年退役。任台湾"光复大陆设计研究委员会"专门委员。后以退役金半数购置台北县中和乡一处房屋寓居，爱好围棋、书法临帖，擅长西岳华山碑。一度赴美国定居。1998年台湾拍摄大型历史文献纪录片《一寸河山一寸血》（四十二集；后由阳光卫视转拍为《国殇》四十集），其接受记者采访述说抗日战争经历战事。2000年2月14日因病在台北寓所逝世。台湾印行有《陆军中将彭善将军事略》等。湖北《黄陂文史》1989年第三辑载有《彭善其人》（郑桓武著）等。

---

[1] 台北"国史馆"编纂：2006年12月印行《"国史馆"现藏民国人物传记史料汇编》第二十四辑第401页记载。

彭干臣

彭干臣（1899—1935），又名干成、耐寒、矿涛，化名黄春山、何越，湖北英山人。英山县黄家坊高级小学毕业，安庆省立第一师范学校、苏联莫斯科东方共产主义劳动者大学军事班毕业，祖父业儒，家境贫寒，入不敷出。自填登记处为安徽英山县（注：英山县在1932年11月以前隶属安徽管辖）黄家坊彭上塆，通信处为英山县金恒聚号转交。自填入学前履历：民国五年（1916年）在本县高小校毕业，嗣

彭干臣照片

光城区国民小学教员，民国七年、民国八年（1918、1919年）考入本省师范学校修业九学期，十二年（1923年）秋被同学选举充安徽全省学生总会委员，及北庭（北京政府）贿选成，招集省城同学惩戒安庆猪仔何雯、张伯衍，致被北京政府通缉。先后任本县城区国民小学教员，1921年4月加入中国社会主义青年团，1923年12月转入中国共产党。[1]1921年参与发起安庆"六二"学潮，创建安庆团组织，1922年6月被推选为安徽省学生联合会（会长舒传贤）常务委员。1923年12月参加安庆建立中共组织会议，任安庆第一师范中共支部书记。1924年春经柏文蔚（孙中山指派出席国民党一大安徽省代表，前安徽淮上军总司令，国民党第一届中央执行委员，时任北伐讨贼军第二军军长）、谭惟洋（国民党一大上海特别区代表，前中国国民党安徽支部长，大本营参议及北伐第二军总司令部顾问）介绍加入中国国民党，1924年5月由管鹏（国民党中央

---

[1]　中共党史人物研究会编纂：陕西人民出版社1982年10月《中共党史人物传》第三十二卷第275页记载。

执行委员会宣传委员会委员，国民党安徽总支部筹备处处长）、张炎（安徽六安人，上海统计专门学校教师）保荐投考黄埔军校。1924年5月到广州，1924年6月考入陆军军官学校第一期第二队学习，1924年11月毕业，后任黄埔军校学生队班主任、军校教导第一团连党代表、中共黄埔军校特别支部委员。[1]1925年2月随部参加第一次东征作战，任教导团连党代表。1925年6月奉派赴上海，在吴淞机器厂创办工人夜校，任校长兼教员。1925年秋赴苏联学习，与朱德同班。1926年秋回国，加入国民革命军第四军叶挺独立团，独立团扩编为第二十四师兼武昌卫戍司令部，任参谋长。1927年3月赴上海参加上海工人第三次武装起义，参与南市区军事指挥。[2]1927年5月奉命随周恩来赴武汉，1927年6月任武昌卫戍司令部代理司令。1927年8月随部参加南昌起义，任南昌卫戍司令兼党代表，南昌市公安局局长。事败后随军南下潮汕，奉派转赴上海。1928年任中共中央军事委员会委员，从事军队士兵运动事宜。1929年夏在上海中共中央参与秘密开办军事人员训练班，主持日常工作，以家庭为掩护，在险恶环境下轮训了一批军政人才。[3]1931年3月任中共河北省委军委常委。[4]1930年5月任中共满洲省委军委书记，赴任途经天津，改任中共顺直省委军委书记。1931年秋返回上海，协助周恩来领导中央军委日常工作，并从事上海抗日救亡活动。1932年1月奉派赴赣东北开辟根据地，任红军第十军司令部参谋处处长，红军学校赣东北第五分校（为纪念彭湃、杨殷，后改名为彭杨军政学校）校长。1933年1月任中共闽浙赣军区新编第十军参谋长，参与指挥闽浙赣边区红军与根据地后期反"围剿"作战。1933年因"肃反"扩大化在闽浙赣边被囚禁。1935年1月随方志敏部红军北上，随军途经皖南时，在作战时中弹牺牲。

---

[1] 杨牧、袁伟良主编：河南人民出版社2005年11月《黄埔军校名人传》下册第1034页记载。

[2] 倪兴祥主编：上海人民出版社2006年6月《中国共产党创建史辞典》第642页记载。

[3] 廖盖隆主编：中共中央党校出版社2001年6月《中国共产党历史大辞典》增订本第464页记载。

[4] 中共中央组织部、中共中央党史研究室、中央档案馆编纂：中共党史出版社2000年9月印行《中国共产党组织史资料1921—1997》第二卷《土地革命战争时期1927.8—1937.7》下册第1801—1807页记载。

彭兆麟

彭兆麟（1904—? ），江西萍乡人。广州大本营军政部陆军讲武学校肄业。1923年秋南下广州，考入广州大本营军政部陆军讲武学校就读。1924年秋该校并入黄埔军校，1924年11月编入陆军军官学校第一期第六队学习，1925年2月肄业，后服务社会。

彭华兴

彭华兴照片

彭华兴（1902—？），别号夏盛，湖南芷江人。芷江县立高等小学毕业，广州大本营军政部陆军讲武学校肄业。1923年冬到广州，考入广州大本营军政部陆军讲武学校学习。1924年秋该校并入黄埔军校，1924年11月编入陆军军官学校第一期第六队学习，1925年2月肄业。分发教导第二团任见习、排长，后随部参加第一次东征作战及对滇桂军阀杨希闵部、刘震寰部的军事行动，1925年10月随部参加第二次东征作战。1926年1月任中央军事政治学校潮州分校学生大队分队长。1926年7月任国民革命军北伐东路军第一军第二师步兵营连长、营长，随部参加北伐战争闽浙苏战事。1928年10月任陆军第八十师第二四九旅第四八三团第一营营长。1929年任独立第五师（师长陈汉章）第二团团长。1930年任陆军独立第五师（师长彭汉章）司令部参谋长。1935年6月19日被国民政府军事委员会铨叙厅颁令叙任陆军步兵少校。[1]

---

[1] 国民政府文官处印铸局印行：台湾成文出版社有限公司1972年8月出版《国民政府公报》第94册1935年6月20日第1772号颁令第1页记载。

彭宝经

彭宝经（1898—1926），别号伯文，湖南桂阳人。桂阳县立初级中学、广州大本营军政部陆军讲武学校肄业。1923年到广州，考入广州大本营军政部陆军讲武学校学习。1924年秋该校并入黄埔军校，1924年11月编入陆军军官学校第一期第六队学习，1925年2月肄业。分发黄埔军校入伍生队任见习、排长，随部参加第一次东征作战。1925年6月随部参加对滇桂军阀杨希闵部、刘震寰部的军事行动，1925年10月随部参加第二次东征作战。1926年7月随部参加统一广东诸役，任国民革命军第四军第十师步兵连排长、副连长。1926年10月9日在广东南路剿匪时中弹阵亡。[1]

彭宝经照片

---

[1] 中国第二历史档案馆供稿，华东工学院编辑出版部影印，档案出版社1989年7月《黄埔军校史稿》第八册（本校先烈）第242页第一期烈士芳名表记载1926年10月9日在广东阵亡。

彭杰如

彭杰如照片

彭杰如（1900—1980），别字资生，别号芝生，湖南益阳人。广州大本营军政部陆军讲武学校肄业，陆军大学特别班第四期、陆军大学乙级将官班第一期毕业，1900年8月14日（一说生于1902年9月11日）生于益阳县一个农户家庭。1923年11月到广州，考入广州大本营军政部陆军讲武学校学习，1924年秋该校并入黄埔军校。1924年11月编入陆军军官学校第一期第六队学习，1925年2月肄业。任教导第三团见习、排长，1925年8月任国民革命军第一军第一师第三团副连长、连长，1926年3月"中山舰事件"后因"接近中共"的"罪名"被撤职。转制程潜部，任国民革命军第六军第十七师副营长、营长。北伐战争修水战斗中负伤，1928年任何键收编的独立第十七师营长，驻守湖南资兴县。1929年1月任南京中央陆军军官学校第六期少校区队长，后任第十一师第三十一旅司令部中校参谋主任，1930年4月任陆军第十一师独立旅第三团团长。1931年1月19日奉校部与蒋介石手令，调其与幸良模、谢远灏、胡霖、李青、高鹤飞、石祖德等人入南京中央陆军军官学校政治训练处主办的特别训练班受训两个月。[1]1932年任第十师司令部参谋长，率部参加对鄂豫皖边区红军及根据地的"围剿"作战。1933年任第十师第三十旅旅长，率部参与讨伐发起福建事变的第十九

---

[1] 《中央日报》1931年1月19日、1月20日连续刊登记载。

路军，1935年5月3日颁令叙任陆军步兵上校。[1]1936年10月28日颁令叙任陆军少将。1936年12月29日国民政府颁令委任陆军第十师副师长。[2]抗日战争全面爆发后，率部参加忻口会战。1937年10月4日国民政府颁令免陆军第十师副师长职。[3]1938年3月入陆军大学特别班第四期学习，1938年12月转入陆军大学乙级将官班第一期学习，1940年2月毕业，1939年1月任第十四军副军长，1940年任第一战区司令长官部干部训练团教育长。1941年4月任新编第七军军长，1944年春因作战失利被撤职，后返回家乡寓居赋闲。抗日战争胜利后，1945年10月获颁忠勤勋章。1946年1月任中央训练团兵役训练班副主任。1946年5月获颁胜利勋章。后任国防部兵役署专门委员。1948年8月任东北"剿匪"总司令部副参谋长，兼任第一兵团司令部副司令官，1948年9月30日任东北"剿匪"总司令部葫芦岛指挥所副主任兼参谋长，不久因病离职。1948年11月返回湖南，1949年4月任湖南省保安司令部副司令官，1949年8月4日在长沙参加起义。中华人民共和国成立后，任中国人民解放军第二十一兵团第五十三军军长。[4]转业地方工作后，任中南行政委员会参事室参事，武汉市人民委员会参事室副主任，武汉市人民委员会委员。1953年加入民革武汉地方组织，任民革武汉市委员会主任委员，民革湖北省委员会常务委员，武汉市政协副主席，民革中央团结委员会委员，第二至五届全国政协委员。1980年2月23日因病在武汉逝世。著有《第四次"围剿"卫立煌率第十四军进攻鄂豫皖苏区经过》（载于中国文史出版社《原国民党将领"围剿"边区革命根据地亲历记》，另载于湖北省政协文史资料委员会编：湖北人民出版社1999年9月《湖北文史集萃》政治军事卷上册第813页）、《卫立煌到东北》（载于中国文史出版社《原国民党将领辽沈战役亲历记》）等。

---

[1] 国民政府文官处印铸局印行：台湾成文出版社有限公司1972年8月出版《国民政府公报》第93册1935年5月3日第1732号颁令第1页记载。

[2] 国民政府文官处印铸局印行：台湾成文出版社有限公司1972年8月出版《国民政府公报》第118册1936年12月30日第2241号颁令第1页记载。

[3] 国民政府文官处印铸局印行：台湾成文出版社有限公司1972年8月出版《国民政府公报》第129册1937年10月5日第2475号颁令第1页记载。

[4] 杨牧、袁伟良主编：河南人民出版社2005年11月《黄埔军校名人传》下册第1040页记载。

彭继儒

彭继儒照片

彭继儒（1899—1925），别号镇藩，湖南湘乡人。湘乡县立高级小学、湘乡县立初级中学、长沙岳云中学、湖南省立第三师范学校毕业，广州大本营军政部陆军讲武学校肄业。自填通信处为湖南湘乡谷水德兴和转。1923年冬到广州，考入广州大本营军政部陆军讲武学校学习。1924年秋该校并入黄埔军校，1924年11月编入陆军军官学校第一期第六队学习，同年加入中国共产党，参加中国青年军人联合会活动，曾为黄埔军校校刊《中国军人》撰稿，1925年2月肄业。任军校教导第一团营训练员、排长，随部参加第一次东征作战，1925年6月随部参加对滇桂军阀杨希闵部、刘震寰部的军事行动。1925年8月任国民革命军第一军第二师第四团侦探队队长，后随军参加第二次东征作战。1925年10月13日在攻克惠州城激战时中弹阵亡。[1]

---

[1]　①中国第二历史档案馆供稿，华东工学院编辑出版部影印，档案出版社1989年7月《黄埔军校史稿》第八册（本校先烈）第47页有烈士传略；第242页第一期烈士芳名表记载1927年10月在广东惠州阵亡；②湖南省档案馆校编、湖南人民出版社《黄埔军校同学录》第13页记载：彭继儒民国十四年十月十三日惠州之役阵亡；③台北《黄埔建国文集》编纂委员会编纂：台北实践出版社1985年6月16日印行《黄埔军魂》第573页"东征战役殉国英雄姓名表"第一期记载。

彭戢光

彭戢光（1900—1976），别号厉操，湖南湘乡人。广州大本营军政部陆军讲武学校肄业，庐山军官训练团高级班、中央训练团将官班结业。1902年12月20日生于湘乡县一个农户家庭。1923年秋到广州，考入广州大本营军政部陆军讲武学校学习，1924年秋该校并入黄埔军校，1924年11月编入陆军军官学校第一期第六队学习，1925年11月肄业。随部参加了两次东征作战和北伐战争，历任国民革命军排长、连长、营长。南京中央陆军军官学校第八期入

彭戢光照片

伍生团第二营营长。1930年12月任第四师第十一旅第二十一团团长，1932年春任第四十八师政治训练处处长。1932年12月1日任第四师（师长徐庭瑶）第十旅（旅长汤恩伯）步兵第二十一团团长，1933年3月率部参加长城抗战，在古北口、南天门重创日军精锐。1934年3月任第二十四师第七十旅旅长。1935年5月3日颁令叙任陆军步兵上校。[1]1937年6月19日国民政府颁令免第二十四师第七十旅旅长职，任命为第三十六师第一○八旅旅长。[2]抗日战争全面爆发后，率部参加淞沪会战、南京保卫战。所部损失殆尽，调后方后免职。得胡宗南举荐赴陕西，任中央陆军军官学校第七分校（西安分校）教育处处长。1940年12月任军政

---

[1]　国民政府文官处印铸局印行：台湾成文出版社有限公司1972年8月出版《国民政府公报》第93册1935年5月3日第1732号颁令第1页记载。

[2]　国民政府文官处印铸局印行：台湾成文出版社有限公司1972年8月出版《国民政府公报》第126册1937年6月19日第2385号颁令第5页记载。

部第二十九补充兵训练处处长。1943年2月颁令叙任陆军少将。抗日战争胜利后，1945年10月获颁忠勤勋章。1946年1月奉派入中央训练团将官班受训，登记为少将团员，1946年3月结业。1946年5月任陕南师管区司令部司令官。1946年5月获颁胜利勋章。1946年12月3日参加赴南京任职、公干的81名黄埔一期生在中央训练团聚餐并于办公大楼前合影。[1]1948年12月任西北军政长官公署少将衔高级参谋，兼任军官特别训练班主任。1976年4月3日因病逝世。

---

[1] 容鉴光编著：列入台北出版品预行编目资料，台北博煜企业有限公司2003年6月16日第一版印行《黄埔军校一期研究总成》第278页辑录。

曾广武

曾广武（1901—? ），别字纯祖，湖南湘乡人。湘乡县立第二中学、衡阳初级师范学校、大本营军政部陆军讲武学校肄业，南京中央陆军军官学校高等教育班第二期、陆军大学特别班第二期毕业，1901年4月25日生于湘乡县一个农户家庭。1923年12月到广东，考入广州大本营军政部陆军讲武学校学习，1924年秋该校并入黄埔军校，1924年11月编入陆军军官学校第一期第六队学习，1925年2月肄业。分发湘军第二军步兵连见习、排长，随部参加了两次

曾广武照片

东征作战。1926年7月任国民革命军第六军第十九师步兵团连长、营长，随部参加北伐战争，1926年9月在南昌战役中负重伤。1927年9月10日被推选为国民革命军新编第一军（军长谭曙卿兼，驻防福州）特别党部执行委员。[1]1930年起任军事委员会训练总监部科长、参谋。1932年奉派南京中央陆军军官学校高等教育班学习，1933年毕业，1934年任南京中央陆军军官学校第十二期步兵科副科长。1934年9月入陆军大学特别班第二期学习，1935年5月20日颁令叙任陆军步兵中校，[2]1937年8月从陆军大学毕业，抗日战争全面爆发后，任国民政府军政部高级参谋，1938年6月16日国民政府颁令晋任为陆军步兵上校。[3]任军事委员会军事

---

[1]　上海《民国日报》1927年9月11日"新一军党部成立"专文记载。

[2]　国民政府文官处印铸局印行：台湾成文出版社有限公司1972年8月出版《国民政府公报》第93册1935年5月21日第1746号颁令第1页记载。

[3]　国民政府文官处印铸局印行：台湾成文出版社有限公司1972年8月出版《国民政府公报》第133册1938年6月18日渝字第58号颁令第2页记载。

训练部校阅委员会点验组组长、处长。抗日战争胜利后，任淞沪警备司令部副参谋长。1945年10月获颁忠勤勋章。1946年5月获颁胜利勋章。1946年10月任国民政府国防部高级参谋。1948年12月任淞沪警备总司令部办公室主任等职。

曾扩情

曾扩情（1897—1983），别字朝笏，别号幕沂，四川威远人。四川省茶务讲习所、北京朝阳大学法律系毕业，自填登记处为四川威远县，现住县属新仁区高后堠；通信处为本县（威远县）劝学所。自填入学前履历：民国七年（1918年）中学毕业后，即连续任模范国民学校教员、县劝学员、乡团总、乡选初选员等职，至民国十二年（1923年）肄业于北京朝阳大学法科。1897年1月2日（另载1895年2月14日）生于威远县一个书香之家。1921年6月10日经曹叔实（国民

曾扩情照片

党四川支部长，讨贼军第一军右翼总司令，国民党四川省特派员）、刘绍斌（四川人，政界供职）、董钺（四川人，政界供职）介绍加入中国国民党，1925年春由谭熙鸿（孙中山指派出席国民党一大北京特别区代表，时任国立北京大学秘书兼生物学教授，国立浙江大学农学院院长，国民党中央农民部部长）、李大钊（孙中山指派出席国民党一大北京特别区代表并为大会主席团成员，国民党第一届中央执行委员）、石瑛（中国国民党第一届中央执行委员，前北京政府众议院议员，原国立北京大学教授）、丁惟汾（孙中山指派出席国民党一大山东省代表，前北京政府第一届国会众议院议员，国民党第一届中央执行委员，国民党北京执行部筹备委员）、谭克敏（国民党一大北京特别区代表，前国立北京大学哲学系教员，国民党中央党部秘书）举荐投考黄埔军校。1924年6月考入陆军军官学校第一期第一队学习，1924年11月毕业，1925年7月13日黄埔军校成立校史编纂委员会（主席邵力子，总编纂袁同畴），其被指派为黄埔校史编纂员。1925年9月13日任广州黄埔陆军军官学校筹备校史编纂会编纂

员，[1]1925年11月13日任黄埔军校教导第三团团党代表。1926年1月被广州黄埔中央军事政治学校推选为出席中国国民党第二次全国代表大会代表，1926年3月任国民革命军第一军教导师政治部主任，黄埔中央陆军军官学校政治部秘书，1926年5月任黄埔同学会筹备委员、秘书，1926年7月任中国国民党中央军人部秘书，国民革命军总司令部独立第十三师党代表。1927年任国民革命军总司令蒋介石的随从秘书。1927年5月1日与36名前五期同学被南京黄埔同学总会指定为总会预备执监委员。[2]1927年5月6日奉会长（蒋介石）指令为黄埔同学改组委员会改组委员。[3]1927年5月12日黄埔同学会在南京东南大学礼堂召开第一届执监委员选举大会，被推选为该会候补监察委员。[4]1927年8月任黄埔同学会干部委员、秘书，1928年1月任南京中央陆军军官学校政治部主任，[5]机构改称后任训练处处长，继任中国国民党中央组织部秘书。1929年1月30日被中央党部指派为四川省出席中国国民党第三次全国代表大会代表，1931年11月被推选为四川省出席中国国民党第四次全国代表大会代表，1931年12月24日当选为中国国民党第四届候补中央执行委员。历任军事特派员、军事委员会政治训练处处长、南京中央陆军军官学校政治部主任。[6]1935年12月2日当选为中国国民党第五届中央执行委员。抗日战争全面爆发后，任第八战区司令长官部政治部主任，第二十一期校本部训导处教务科受聘政治教官。1943年1月8日颁令叙任陆军少将。1945年5月20日当选为中国国民党第六届中央执行委员会执行委员。抗日战争胜利后，1945年10月获颁忠勤勋章。1946年5月获颁胜利勋章。1946年11月15日被中国国民党中央直接遴选为出席（制宪）国民大会代表。1946年12月3日参加赴南京任职、公干的81名

[1] 陕西省黄埔军校同学会编纂、穆西彦主编：陕西人民出版社1991年6月《陕西黄埔名人》第81页记载。

[2] 上海《民国日报》1927年5月1日至8日连续刊登"黄埔同学会改组委员会特别紧要启事"记载。

[3] 上海《民国日报》1927年5月2日至6日连续刊登"黄埔同学改组委员会通告一"记载。

[4] 《民国日报》1927年5月19日"黄埔同学会之新执委会"一文记载。

[5] 刘绍唐主编：台北传记文学出版社1999年10月15日印行《民国人物小传》第十二辑记载。

[6] 南京图书馆编：上海古籍出版社2011年12月《中国近现代人物像传》第980页照片记载。

黄埔一期生在中央训练团聚餐并于办公大楼前合影。[1]1947年7月被推选为党团合并后的中国国民党第六届中央执行委员会执行委员。1948年1月任陆军大学政治部主任（挂陆军中将衔）。1948年5月4日被推选为（行宪）第一届立法院立法委员。1949年任重庆绥靖主任公署秘书长，川陕甘边区绥靖主任公署副主任，成都防守司令部政治部主任，四川省地方武装统一委员会主任委员。1949年12月在四川被解放军俘虏，关押于重庆小歌乐山北麓四川军阀白驹修建的香山别墅（即白公馆），1950年春，时任中国人民解放军第二野战军第四兵团司令员、西南军区副司令员的陈赓路过重庆时，曾专程看望与其一同关押的钟彬、刘进三位黄埔一期生，[2]和他们坦率交谈了五六个小时，向他们热情介绍政策以消除精神负担，后关押于战犯管理所学习与改造，1959年12月获特赦释放，经安排定居辽宁本溪，[3]任辽宁省第四、五届政协委员。1983年5月当选为第六届全国政协委员。1983年11月3日因病在辽宁本溪逝世。著有《李宗仁与孙科竞选副总统的内幕》（载于中国文史出版社《文史资料存稿选编——政府·政党》）、《黄埔同学会始末》（载于中国文史出版社《文史资料选辑》第十九辑）、《西安事变回忆》（载于中国文史出版社《文史资料选辑》第一〇九辑）、《短命的川陕甘边区绥靖公署》（载于中国文史出版社《原国民党将领的回忆——解放战争中的西北战场》）、《何梅协议前复兴社在华北的活动》（载于中国文史出版社《文史资料选辑》第十四辑）、《蒋介石两次派我入川及刘湘任四川"剿匪"总司令的内幕》（载于中国文史出版社《文史资料选辑》第三十三辑）、《蒋介石第一次下野与复职的经过》（载于中国文史出版社《文史资料选辑》第一三八辑）等。中国文史出版社《文史资料存稿选编——西安事变》载有《我所了解的曾扩情》（黄光时著）等。

---

[1] 容鉴光编著：列入台北出版品预行编目资料，台北博煜企业有限公司 2003 年 6 月 16 日第一版印行《黄埔军校一期研究总成》第 278 页辑录。

[2] 穆欣著：新华出版社 1985 年 10 月《陈赓大将》第 747 页记载。

[3] 杨牧、袁伟良主编：河南人民出版社 2005 年 11 月《黄埔军校名人传》下册第 1050 页记载。

曾国民

曾国民照片

曾国民（1902—1983），别字求是，湖南新化人。长沙岳云中学毕业，广州大本营军政部陆军讲武学校肄业。1903年12月4日生于新化县一个农户家庭。1923年冬到广州，考入广州大本营军政部陆军讲武学校学习。1924年秋该校并入黄埔军校，1924年11月编入陆军军官学校第一期第六队学习，1925年2月肄业。分发入伍生队见习，任教导第二团排长，随部参加第一次东征作战。1925年6月任国民党军第一旅第二团学兵连排长。随部参加对滇桂军阀杨希闵

部、刘震寰部的军事行动。1925年8月任国民革命军第一军第一师排长，1925年10月随部参加第二次东征战事。1926年7月任国民革命军第一军第二师补充团步兵连连长，随部参加北伐战争。1927年4月任国民革命军第一军第二十师第六十团第一营少校营长，1927年8月随军参加龙潭战役。1928年8月国民革命军编遣，任缩编后的第一集团军第三师司令部参谋，国民革命军总司令部军官团教育处中校处员，浙江警备师第三团团附。1929年6月接替赵定昌任第三师（师长毛秉文、副师长陈继承）第八旅（旅长李玉堂）第十六团团长，其间在南京与胡善芳结婚。1929年9月任第三师（师长陈继承）第九旅（旅长李思愬）第十六团团长。[1]1931年10月任第五军第八十八师补充团团长。抗日战争全面爆发后，率部参加抗日战事。抗日战争胜利后，1946年1月奉派入中央训练团受训。1946年5

---

[1] 胡博编著：台北知兵堂出版社2008年6月《国民革命军师史总揽——陆军第1—20师（一）》第60页记载。

月获颁胜利勋章。1949年到台湾，[1]1983年11月15日在台北逝世，[2]安葬于台北五指山"国军示范公墓"上校第二区。

[1] 台北黄埔同学会1992年6月印行《黄埔第一至四期在台同学通讯录》记载。

[2] 容鉴光编著：列入台北出版品预行编目资料，台北博煜企业有限公司2003年6月16日第一版印行《黄埔军校一期研究总成》第61页记载。

曾绍文

曾绍文照片

曾绍文（1894—1951），原载籍贯湖南资兴，[1] 另载湖南崇仁人。大本营军政部陆军讲武学校肄业，陆军大学正则班第九期毕业，1923年12月考入广州大元帅府大本营军政部陆军讲武学校第一期学习，1924年秋该校并入黄埔军校，1924年11月编入陆军军官学校第一期第六队学习，1925年2月肄业。1928年12月考入陆军大学正则班第九期学习，1931年10月毕业，1933年任国民革命军陆军第一师（师长胡宗南兼）司令部参谋，兼任第一师司令部干部教导队教官，随部驻防甘肃河西地区。1936年10月17日颁令叙任陆军步兵中校。[2] 抗日战争全面爆发后，任第一军（军长胡宗南）司令部参谋处副处长、代理处长，率部参加淞沪会战。战后随军转移后方整训，1937年10月任第十七军团（军团长胡宗南）司令部参谋处处长，1938年10月任西北战时干部训练团教育处副处长，后因病离任治疗，返回原籍乡间寓居赋闲。1944年11月1日任湖南永明县县长，兼任永明抗日自卫团司令官。抗日战争胜利后，仍任湖南永明县县长，1946年1月21日被撤职查办，被长沙地方法院以"贪污罪"判处有期徒刑十五年，后因病

---

[1] 湖南省档案馆校编：湖南人民出版社1989年7月《黄埔军校同学录》记载。

[2] 国民政府文官处印铸局印行：台湾成文出版社有限公司1972年8月出版《国民政府公报》第115册1936年10月18日第2180号颁令第1页记载。

获保释出狱，在长沙寓居。中华人民共和国成立后，被遣送原籍，1951年春在资兴县"镇反"运动中，被判处死刑执行枪决。[1]

---

[1] 容鉴光编著：列入台北出版品预行编目资料，台北博煜企业有限公司 2003 年 6 月 16 日第一版印行《黄埔军校一期研究总成》第 61 页记载。

<h1>曾昭镜</h1>

曾昭镜照片

曾昭镜（1900—？），别字澈清，别号月川，广东始兴人。始兴县高等小学、始兴县立曲江中学毕业，父从农商，耕读为生，经济中等。自填登记通信处为广东始兴县东湖坪村。自填入学前履历：五年（1916年）充滇军三十二团二营七连中士，七年（1918年）充该连司务长，十年（1921年）充粤军及第二军护（卫）士营机关枪连班长，又充教导团九学舍正舍长，十二年（1923年）充卫士队任（分队）长。曾任滇军第三十三团第二营第七连中士，连司务长，粤军第二军护卫营机关枪连班长，粤军总司令部教导团排长，大元帅府卫士大队区队长。1923年11月28日经卢振柳（大元帅府卫士大队大队长）介绍加入中国国民党，并由其保荐投考黄埔军校。1924年6月考入陆军军官学校第一期第四队学习，在学期间任本队第三分队分队长，1924年8月7日至17日参与训练广州第一届农民运动讲习所25名学员，1924年11月毕业，后奉派省港罢工委员会广州工人纠察队任教练员，广州农民运动讲习所训育副官。1926年3月任黄埔中央军事政治学校办公厅编纂员、上尉科员。1926年11月3日任军校入伍生部教导总队中队长。1930年10月随军校迁移南京。1934年3月19日任军事委员会委员长南昌行营运输处（处长林湘）输送第三总队第十八大队大队长。[1]

---

[1] 《军政旬刊》1934年3月31日版第17期"南昌行营任免周报表"（自民国二十三年3月18日起至28日）第1页记载。

曾繁通

曾繁通（1905—1976），原名繁通，[1]别字特生，后改名潜英，广东蕉岭县新铺人。中国同盟会会员、粤军将领曾匪石胞弟。蕉岭县新铺金沙乡本村上寿学校、梅县广东省立第五中学、粤军总司令部学兵练习所肄业，广州黄埔中央军事政治学校高级班毕业，陆军大学正则班第十期毕业，自填登记通信处为广东蕉岭县新铺圩荣泰堂、广州小马站十一号宗圣公祠。自填入学前履历：高小学校毕业，中学肄业半年。父少帆，乡间郎中，曾从商业。母李氏。

曾繁通照片（一）

家境中等。1905年7月25日生于蕉岭县新铺金沙乡南山村一个农户家庭。1923年到广州，经胞兄匪石介绍，入粤军总司令部学兵练习所就读。1924年春由粤军总司令部保荐投考黄埔军校，1924年2月经赖特才（国民党蕉岭县党部筹备员）介绍加入中国国民党。1924年6月考入陆军军官学校第一期第四队学习，1924年11月毕业，分发教导第一团见习、排长，1925年1月任粤军第一军第一师（师长李济深）第二团机关枪连排长、第三团机关枪连连长，随军参加统一广东南路等地的作战。1927年10月考入广州黄埔国民革命军军官学校高级班军事科学员队学习，1928年3月毕业，任留守广州的国民革命军第四军司令部参谋，后任广东第八路军总指挥部步兵团营长。1931年春任广东第一集团军总司令部参谋。曾派赴日本留学，因"九一八"事变愤然回国，后获广东第一集团军总司令部保送，1932年

---

[1]　①湖南省档案馆校编、湖南人民出版社1989年7月《黄埔军校同学录》记载；②台北文海出版社有限公司印行：近代中国史料丛刊三编第五十七辑《陆军军官学校第四队学生详细调查表》记载。

4月考入陆军大学正则班第十期学习，1935年4月毕业，返回粤军部队服务，任陆军第一集团军第二军第四师司令部副参谋长、参谋长。1937年1月20日颁令叙任陆军步兵中校。[1]1937年3月任广东第四路军第一五七师（师长黄涛）第四六九旅（旅长练惕生）步兵第九三七团团长。抗日战争全面爆发后，任第四战区第八十三军（军长莫希德）第一八六师（师长李振）第五四五旅副旅长，1939年12月所部

曾繁通照片（二）

隶属第六十三军（军长张瑞贵），任第一八六师（师长赵一肩）第五四五旅旅长，率部参加第一次粤北会战。1940年7月19日国民政府颁令由陆军步兵中校晋升为陆军步兵上校。[2]后任第六十二军（军长黄涛）司令部参谋长，1941年秋应胡宗南邀请北上，任第一战区第三十四集团军总司令部高级参谋、军事委员会西北游击干部训练班办公厅主任，兼任学员总队总队长。1942年秋任第三十八集团军总司令部副参谋长。1943年12月任第八战区第三集团军总司令部副参谋长，其间兼任该集团军军官教育团教育长。抗日战争胜利后，任国民政府西北行营（主任张治中）河西警备总司令部第三集团军总司令部参谋长，兼任中央训练团西北分团总队长。抗日战争胜利后，军政部第二十四军官总队总队长。1945年10月获颁忠勤勋章。1945年12月任豫北师管区司令部司令官。后奉调东北，1946年5月获颁胜利勋章。任东北保安司令长官部第一绥靖区第一兵团司令部副参谋长，兼任联合后方勤务总司令部第十二兵站分监、热河省保安司令部副司令官，兼任暂编第五十一师师长，随部在东北、热河等地对人民解放军作战。1948年9月22日被国民政府军事委员会铨叙厅叙任陆军少将。1949年春任重建后的第六十七军副军长，兼任该军第二八五师师长，率部驻防浙闽地区。1949年7月任重建后的第十二兵团（司令官胡琏）第十军（军长张世光）副军长，率部驻防广东粤东地区。1950年1月任海南防卫总司令部第二路军司令部副司令

[1] 国民政府文官处印铸局印行：台湾成文出版社有限公司1972年8月出版《国民政府公报》第119册1937年1月21日第2258号颁令第4页记载。

[2] 国民政府文官处印铸局印行：台湾成文出版社有限公司1972年8月出版《国民政府公报》第152册1940年7月20日渝字第276号颁令第3页记载。

官，兼任该司令部参谋长，1950年5月率部乘船撤退台湾。曾任台湾"国防部"参议，1953年任"台湾联合勤务总司令部"高级参谋，兼任第三组组长。1955年任"台湾联合后方勤务总司令部"军眷管理处处长，1956年任"国防部"高级参谋。1976年12月21日在台北荣民总医院因病逝世，由黄杰（黄埔一期生，前"台湾省政府主席"及"国防部"部长）、钟皎光（前台湾"教育部"部长）等组成治丧委员会。

温忠

温忠（1902—1932），别号德威，别字百顺，湖南醴陵人。苏联莫斯科中山大学毕业，1923年冬到广州，入大本营军政部陆军讲武学校学习。1924年秋该校并入黄埔军校，1924年11月编入陆军军官学校第一期第六队学习，1925年2月肄业。历任黄埔中央军事政治学校第四期入伍生总队排长、连长，第五期学员总队教育副官，广州黄埔国民革命军军官学校第六期学员总队第二大队第六中队中校队长。1928年12月奉派赴苏联学习，1930年回国，历任国民革命军第十师步兵第五十六团团长，陆军第三独立旅步兵第二团上校团长，陆军第八十九师第二六七旅旅长。1932年9月7日因病在武汉逝世。

游步瀛

游步瀛（1902—1927），又名步仁，湖南宝庆人。宝庆县国民学校高级班、湖南省立农业专门学校本科肄业。父从农商，有地产四十亩。自填登记通信处为湖南宝庆县桃花坪匡家铺邮递游耀美堂。自填入学前履历：十二年（1923年）在本省（湖南）第一农业专门学校农科卒业，后即任宝属农业劝进会编辑主任及青年互助社总务主任，兼青年社会服务社副主任。曾任宝属农业劝建会编辑、主任，青年互助社会总务主任，兼青年社会服务社副主任。1923

游步瀛照片

年加入中国共产党。1924年1月经夏曦（国民党一大湖南省代表，国民党湖南组织筹备处负责人，国民党湖南临时党部委员、书记长）、夏明翰（湖南省学生联合会干事长，中共长沙地方委员会书记）介绍加入中国国民党，1924年3月由谭影竺（湖南省工团联合会委员，中共长沙地方委员会书记及中共长沙铅印活版工会支部书记）、戴晓云（湖南省工团联合会委员，中国社会主义青年团湖南湘区委员会书记，前任青年团长沙地方委员会书记）保荐投考黄埔军校。1924年5月到广州，1924年6月考入陆军军官学校第一期第一队学习，1924年11月毕业，后任黄埔中央军事政治学校第四期入伍生总队区队长、连党代表，随部参加了两次东征作战。1926年3月8日任中央军事政治学校学生总队（总队长严重）步科第一团（团长黄仲恂）第二营副营长。1926年夏任黄埔同学会总务科科员，兼文书股股长，曾在《黄埔潮》周刊发表多篇文章，后随部参加北伐战争，1927年6月任国民革命军第十一军第二十五师步兵团营长。1927年8月随部参加南昌起义，任起义军第十一军第二十五师司令部参谋处处长，随军南下三河坝作战时负重伤，被抬到后方，转移到福建平和县附近逝世。[1]

---

[1]　①《中国共产党人名大辞典》编辑委员会编纂：中国国际广播出版社 1991 年 5 月印行《中国共产党人名大辞典 1921—1991》第 758 页记载；②姚仁隽编：长征出版社 1987 年 7 月《南昌、秋收、广州起义人名录》第 31 页记载；③周士第著：人民出版社 1979 年 4 月《周士第回忆录》第 143 页记载。

游逸鲲

游逸鲲（1902—1925），别号先声，湖南醴陵人。广州大本营军政部陆军讲武学校肄业。自填通信处为湖南株萍铁路姚家坝邮局转游友生先生收。1923年夏到广州，考入广州大本营军政部陆军讲武学校学习。1924年秋该校并入黄埔军校，1924年10月编入陆军军官学校第一期第六队学习，1925年2月肄业，后任黄埔军校第三期第三队中尉区队长，参加第一次东征作战及对滇桂军阀杨希闵部、刘震寰部的军事行动。1925年10月17日因病逝世。[1]

游逸鲲照片

[1]　①中国第二历史档案馆供稿，华东工学院编辑出版部影印，档案出版社1989年7月《黄埔军校史稿》第八册（本校先烈）第247页第一期烈士芳名表记载1925年10月17日在广东阵亡；②湖南省档案馆校编、湖南人民出版社1989年7月《黄埔军校同学录》第13页记载：游逸鲲于民国十四年（1925年）十月十七日病亡；③台北《黄埔建国文集》编纂委员会编纂：台北实践出版社1985年6月16日印行《黄埔军魂》第573页"东征战役殉国英雄姓名表"第一期记载。

焦达梯照片

焦达梯（1902—1952），又名达悌，别字岛松，湖南浏阳人。民国革命先烈焦达峰胞弟。浏阳县北乡焦家桥高级小学、长沙长郡中学毕业，长沙平民大学肄业。家世业儒，年收租谷约八十石，自给尚余。自填登记处为湖南浏阳县北乡焦家桥均嘉坊，通信处为长沙北门外新河庆昌厚号代转。自填入学前履历：湖南长郡中学毕业，湖南平民大学肄业二年。1920年8月13日经覃振（国民党第一届中央执行委员，前北京政府国会议员，国民党武汉支部长及武汉执行部常务委员）介绍加入中国国民党，1924年春由罗迈（时任广州大本营参议，国民党一大湖南省代表，前中华革命党湖南支部总务科长，国民党湖南省临时支部特派员，湖南省临时党部筹备委员）、邹永成（时任中央直辖第三军第一纵队司令官，国民党一大湖南省代表，广州大元帅府中将高等顾问）、覃振保荐投考黄埔军校。1924年5月到广州，1924年6月考入陆军军官学校第一期第二队学习，1924年11月毕业，任黄埔中央军事政治学校第四期入伍生团排长，随部参加了两次东征作战。1925年8月任国民革命军第六军第十七师步兵营连长、营附、营长，1926年7月任国民革命军第六军第十八师独立团团长，率部参加北伐战争。1927年6月任南京国民革命军总司令部上校侍从副官。1928年任南京国民政府警卫第三团团长。1929年任浙江两淮盐务缉私局局长。1930年6月任浙江省政府（主席钮永建）保安处（处长蒋伯诚）保安二团团长。[1]1931年2月改任

---

[1]　《中央日报》1930年9月30日"浙江省扩充保安队"专文记载。

浙江省保安司令部保安第二团团长。1931年10月任第五军第八十八师独立旅副旅长，率部参加"一·二八"淞沪抗日战事。1933年参与福建事变，任福建政府高级参谋，事败后一度被捕入狱，获释后一直未受军事当局重用。1937年5月31日颁令叙任陆军步兵上校。[1]抗日战争全面爆发后，任四川巴中团管区司令部司令官，军政部兵役署上校部附，湖南耒阳师管区司令部上校附员。1942年任第九战区司令长官部少将衔高级参谋，长沙防空司令部参谋长。1944年返回原籍乡间组织民众抗日武装，任浏阳自卫总队副总队长。抗日战争胜利后，1945年10月获颁忠勤勋章。1946年1月任军政部第二十七军官总队第五大队大队长。1946年5月获颁胜利勋章。后任中央军官训练团教官。1948年10月任长沙绥靖主任公署少将衔高级参谋。1949年5月与中共华中局社会部取得联系，策动浏阳县籍旧属起义，参加湖南解放和平活动，被程潜任为湖南省第一区行政督察专员，兼任该区保安司令部司令官及浏阳县县长。其间组织"江南地下军"，任第四军第十师师长，并收编土匪武装千余人，组成六个联防大队，任联防指挥部主任。1949年7月率部近千人集中浏阳县城，主动向人民解放军交出武器并接受改编。中华人民共和国成立后，脱离部队安排学习，1949年12月28日奉派入中国人民解放军中南军政大学第十二总队第三大队学习，学习结业后，自愿返回原籍务农为生，1952年10月在本乡"镇反"运动中被错误处决。1981年经重新审理恢复政治名誉，按起义人员落实政策，抚恤其遗属。湖南人民出版社《湖南文史资料选辑》1986年第二十二辑载有《简述父亲焦达梯的一生》(焦传爱著)，湖南《长沙文史资料》1989年第八辑载有《记江南地下军第四军第十师的活动与改编》(陈新明著)等。

---

[1] 国民政府文官处印铸局印行：台湾成文出版社有限公司1972年8月出版《国民政府公报》第125册1937年6月3日第2370号颁令第1页记载。

程式

程式照片

程式（1899—1927），别字明都，四川江津人。江津县七星镇国民学校高级班、四川省立江津中学毕业，上海南方大学修业，上海大学社会学系肄业。祖父业儒，经济中等。自填登记处为四川江津县七星镇板桥，通信处为永川松溉协生荣号转交。自填入学前履历：四川江津中学毕业，上海南方大学修业，上海大学肄业。1921年经邓谔（成都志成法政专门学校教授）介绍加入中国国民党，1924年春由曾贯吾（时任上海南方大学事务主任兼国民党上海临时区分部执行委员）保荐投考黄埔军校。1924年5月到广州，1924年6月考入陆军军官学校第一期第二队学习，1924年11月毕业，分发黄埔军校教导第一团见习、排长，随部参加第一次东征作战。1925年6月任国民党军第一旅司令部警卫连排长，随部参加对滇桂军阀杨希闵部、刘震寰部的军事行动。1926年7月随部参加北伐战争，任国民革命军第一军第二师步兵团连长，第一军第二十二师第六十五团营长、团长。1927年5月1日与36名前五期同学被南京黄埔同学总会指定为总会预备执监委员。[1]1927年5月12日黄埔同学会在南京东南大学礼堂召开第一届

---

[1] 上海《民国日报》1927年5月1日至8日连续刊登"黄埔同学会改组委员会特别紧要启事"记载。

执监委员选举大会，被推选为该会候补执行委员。[1]1927年12月16日在攻克徐州作战时中弹阵亡。[2]1928年被国民政府军事委员会追授陆军少将衔。

---

[1] 《民国日报》1927年5月19日"黄埔同学会之新执委会"一文记载。

[2] ①南京中央陆军军官学校编纂：《黄埔血史——中央陆军军官学校追悼北伐阵亡将士特刊》第25页记载；②中国革命博物馆编：黑龙江人民出版社1987年7月《第一次国共合作时期的北伐战争》第247页"阵亡重要军官名单"记载。

程汝继

  程汝继（1900—? ），湖北黄安人。[1]前国民革命军第十九军军长、湖北省政府委员、军事参议院参议暨陆军中将程汝怀胞弟。1924年5月15日入陆军军官学校第一期第一队集训，1924年5月21日因违反纪律被关禁闭，后被开除学籍。1926年任国民革命军第四集团军第十五军（代理军长程汝怀）司令部副官，1928年任国民革命军第十九军（军长程汝怀）司令部参谋处参谋、处长。1929年1月被委任为陆军第五十五师（师长程汝怀）特别党部筹备委员、执行委员等职。

---

  [1] 台北文海出版社有限公司印行：近代中国史料丛刊三编第五十七辑《陆军军官学校第一至四队学生详细调查表》无载，现据：①湖南省档案馆校编、湖南人民出版社1989年7月《黄埔军校同学录》第15页第一期补录名单记载，仅列姓名，年龄、籍贯、通信处缺载；②广东省国家档案馆藏《第一期同学附录》第4页列姓名于第一队，缺载年龄、籍贯、通信处。

程邦昌

程邦昌（1902—1974），别字漱凡，湖南醴陵县潭桥乡人。前广州大本营军政部部长、南京国民政府军事委员会总参谋长程潜堂侄。广州大本营军政部陆军讲武学校肄业，陆军大学特别班第四期毕业，祖辈世代以经营土地为生，有田地数十亩，家境颇为殷实。1909年入私塾启蒙，后就读于本乡高等小学堂。1920年从醴陵县立中学毕业后，考入长沙南华法政专门学校，在读期间深感"五七"国耻（袁世凯与日本签订丧权辱国的"二十一条"）之痛，遂萌发了弃文从武的

程邦昌照片

念头。1923年冬，听到程潜在广州创办军校的消息，即辍学南下广东，1923年2月考入广州大本营军政部陆军讲武学校学习，于4月经程潜介绍加入中国国民党。1924年秋该校并入黄埔军校，1924年10月编入陆军军官学校第一期第六队学习，1925年2月肄业。分发黄埔军校教导第二团任见习、区队长，1925年1月随部参加第一次东征作战，后任教导第三团第六连排长，1925年6月随部参加对滇桂军阀杨希闵部、刘震寰部的军事行动。1925年10月随部参加第二次东征作战之淡水、白芒花战役，继参与平定滇、桂军阀杨希闵、刘震寰部诸役，战后留广东潮州整训，部队番号改为国民革命军第一军第一师第三团，1926年任该团六连连长。1927年任国民革命军第十七军第一师第三团第二营营长，随部驻防南京。1928年派任淮南盐务缉私局专员，国民革命军总司令部军官团陆军教导队部副官。1930年调任驻合肥陆军暂编第四十五师（师长卫立煌）第三团副团长。1931年春赴南京中央陆军军官学校，任军官补习班队附、宪警班学员队队长。1932年10月任陆军第十师第三十旅司令部参谋主任、代理旅长，率部驻防鄂东边区。1933年10月

调任第八十三师司令部新兵训练处处长，驻防安徽蚌埠。1934年夏又调往福建，任闽江守备司令部参谋主任，后因机构撤销免职，在家赋闲两年。1936年春由程潜举荐，入南京国民政府军政部兵役人员训练班学习一个月后，派往湖南攸县团管区司令部负责征兵事宜。1933年10月任第八十三师司令部新兵训练处处长，率部驻防蚌埠，其间任军政部派驻湖南新兵训练处副处长。抗日战争全面爆发后，任湖南攸县团管区司令部司令官，[1]1938年1月任军政部部附。1938年3月奉派入陆军大学特别班第四期学习，1940年4月毕业，任驻重庆军事委员会军法执行总监（何成浚）部第五组组长，后任国民政府军政部附员。其间奉派赴西南视察第四、第七两战区军法执行事宜，事毕返回重庆，1943年因父病故，返回原籍乡间两年。1945年4月颁令叙任陆军步兵上校。抗日战争胜利后，1945年10月获颁忠勤勋章。1946年1月奉派入中央训练团受训，登记为少将衔团员，参与了六百名将官赴南京中山陵"哭陵大会"。[2]1946年5月获颁胜利勋章。1947年4月17日颁令叙任陆军少将，同时退为备役。返回家乡后赋闲半年，1948年春经程潜举荐，重新恢复军职，任湖南省保安司令部高级参谋。1948年12月任长沙警备司令部高级参谋，1949年2月任湖南省保安司令部高级参谋兼参谋处处长，1949年6月任湖南省保安司令部参谋长。1949年8月4日率省保安司令部高中级军官在长沙参加起义，奉命在湘乡、邵阳一线堵截原第一兵团反叛部队。后所部保安团队被改编为中国国民党人民解放军第一兵团，任第三军副军长。中华人民共和国成立后，1949年10月2日中央军委批准陈明仁兵团改编为中国人民解放军第二十一兵团，任该兵团第五十三军副军长。1950年2月由第二十一兵团介绍至中国人民解放军中南军政大学湖南分校学习，结业后等待安排工作三年。1955年3月任湖南省人民委员会参事室参事，湖南省第二届至第三届政协委员。1974年1月29日因病在长沙逝世。著有《湖南和平起义片段回忆》（载于湖南人民出版社《湖南文史资料选辑》）等。

---

[1] 刘慎之主编：湖南出版社1993年12月《湖南历代人名辞典》第599页记载。

[2] 《湖南省人民政府参事室参事简介》记载。

葛国梁

葛国梁（1899—?），安徽舒城人。舒城县立高等小学校毕业，舒城县初级中学肄业。农家出身，有地产十余亩，经济中等。自填登记处为安徽舒城县，通信处为广州市百灵街八十一号转交。自填入学前履历：民国九年（1920年）充广东护国第一军混成旅二团一营司书，十年（1921年）改充粤军第一路第一统领一营军需，十一年（1922年）北伐援闽改充东路讨贼军第一旅第一团第一营第二连司务长，十三年（1924年）充滇军第三军警卫团机关枪大队第三中队司务长。1920

葛国梁照片

年起，充广东护国第一军混成旅第二团第一营司书，1921年改任粤军第一路第一统领一营军需，1922年北伐援闽改充东路讨贼军第一旅第一团第一营第二连司务长，1924年任滇军第三军警卫团机关枪大队第三中队司务长。1924年5月由张秋白（时任国民党第一届候补中央执行委员，孙中山指派出席国民党一大安徽省代表，前北京政府参议院参议）、李乃璟（时任国民党广州市临时党部职员）介绍加入中国国民党，1924年5月再由谭惟洋（时任中国国民党上海特别区执行委员，国民党一大上海特别区代表，前中国国民党安徽支部长，大本营参议及北伐第二军总司令部顾问）、李乃璟举荐投考黄埔军校。1924年6月考入陆军军官学校第一期第二队学习，1924年11月毕业，后随教导团参加两次东征作战和国民革命军参加北伐战事。1930年10月任第四十五师（师长卫立煌）暂编第三团团长，[1]率部驻防安徽凤阳。

---

[1] ①上海《民国日报》1930年12月1日"卫立煌校阅部队"专文记载；②合肥市政协文史资料委员会：安徽人民出版社1984年版《合肥文史资料》第一辑第96、97页方耀著《卫立煌与第十师》记载。

董钊

董钊照片

董钊（1902—1977），别字介生，陕西长安县东桃园村人。长安县立小学毕业，陕西省立第三中学肄业，陆军大学甲级将官班第一期毕业，自填登记处为陕西长安县东桃园，通信处为陕西省城内五味什字藻露堂转交。父庚西，擅技击弓马，系当地望族。1902年7月14日（另载5月29日）生于长安县一个官宦家庭。幼年受教于国民党人所办西安同志学校，考入长安县立小学毕业后，再入陕西省立第三中学就读，1923年毕业，欲赴北京升学，闻广州开办黄埔军校。1924年2月5日经韩麟符（中国国民党第一届候补中央执行委员，国民党一大直隶省代表，前天津学生联合会副会长，时为中共北京地委民族工作委员会委员）、张保泉（中国国民党天津特别区代表）介绍加入中国国民党，1924年春由于右任（中国国民党第一届中央执行委员）、焦易堂（孙中山指派出席国民党一大陕西省代表，时任中国国民党陕西省临时党部执行委员）举荐投考黄埔军校，应试及格后，于1924年6月编入陆军军官学校第一期第一队学习。1924年9月随第一队赴韶关，担负孙中山先生警卫事宜。后奉派返回北方策应，任国民军第二军（军长胡景翼、岳维峻）混成旅步兵营排长、连长、营长。1927年返回中央序列部队，入国民革命军总司令部军官团陆军教导队受训。1928年春任军事委员会政治训练处参谋，国民革命军第四十八师党务特派员。1931年12月任第二十八师司令部参谋长，1934年10月任第二十八师副师长，率部先后参与对湘鄂西、鄂豫皖边区红军及根据地的"围剿"战事。[1]

---

[1] 杨牧、袁伟良主编：河南人民出版社2005年11月《黄埔军校名人传》下册第1007页记载。

1935年5月4日颁令叙任陆军步兵上校。[1]1936年10月任西安警备司令部司令官，兼任西安防空司令部副司令官。1936年10月3日颁令叙任陆军少将。1936年11月24日国民政府颁令委任陆军第二十八师师长。[2]1936年11月12日获颁四等云麾勋章。[3]抗日战争全面爆发后，率部参加台儿庄战役，率部与日军激战三昼夜，[4]伤亡惨重撤退后方整训。1938年9月任第十六军军长，率部参加武汉会战外围战事、豫南战役。1938年11月率部驻防陕西，复任西安警备司令部司令官，兼任防空司令部副司令官。1940年1月辞去兼职，专任第十六军军长。1940年11月奉派赴峨眉山中央训练团受训，结业后返回原部队。1941年1月率部驻防陕西三原，兼任邠洛动员指挥部指挥官及碉堡封锁线指挥部指挥官。1942年4月任第三十四集团军总司令部副总司令，率部移防陕西韩城守备。[5]1943年9月任晋陕绥边区总司令部副总司令，其间于1944年10月入陆军大学甲级将官班第一期学习，1945年1月毕业，1945年1月9日接范汉杰任第三十八集团军总司令，统辖第一军（军长罗列）、第三十八军（军长张耀明）、第九十军（军长严明），率总部驻甘肃平凉，[6]1945年3月兼任陕甘边雒（洛）南指挥所主任。1945年6月28日颁令叙任陆军中将。抗日战争胜利后，1945年10月获颁忠勤勋章。1946年5月获颁胜利勋章。1946年6月所部整编，续任整编第一军军长，统辖整编第一师（师长罗列）、整编第三十八师（师长张耀明）、整编第九十师（师长严明），1947年3月19日率部攻占延安城。1948年5月1日任第十八绥靖区司令部司令官。1948年7月8日任陕西省政府主席，其间兼任陕西省保安司令部暨军管区司令部司令官，1948年10月兼

[1] 国民政府文官处印铸局印行：台湾成文出版社有限公司1972年8月出版《国民政府公报》第93册1935年5月4日第1733号颁令第6页记载。

[2] 国民政府文官处印铸局印行：台湾成文出版社有限公司1972年8月出版《国民政府公报》第117册1936年11月25日第2211号颁令第1页记载。

[3] 国民政府文官处印铸局印行：台湾成文出版社有限公司1972年8月出版《国民政府公报》第117册1936年11月13日第2201号颁令第7—9页记载。

[4] 台北《黄埔建国文集》编纂委员会编纂：台北实践出版社1985年6月16日印行《黄埔军魂》第282页记载。

[5] 陕西省黄埔军校同学会编纂、穆西彦主编：陕西人民出版社1991年6月《陕西黄埔名人》第76页记载。

[6] 刘绍唐主编：台北传记文学出版社1999年10月15日印行《民国人物小传》第四辑记载。

任陕西省党部主任委员。1948年12月16日任西安绥靖主任公署副主任。1949年5月18日率陕西省政府各机关南撤汉中，1949年10月撤至四川，1949年12月19日被撤销军政职务。[1]1949年12月20日离开成都飞赴台湾，1950年聘任台湾"光复大陆设计研究委员会"委员，1977年9月30日因病在台北逝世。著有《董钊自传》《董介生先生行述》等。中国文史出版社《原国民党将领的回忆——解放战争中的西北战场》载有《董钊、刘戡两军岔口遭截记》（姚国俊著）等。

---

[1] 台北"国史馆"编纂：2006年12月印行《"国史馆"现藏民国人物传记史料汇编》第八辑第411页记载。

董
煜

董煜（1899—1977），又名叔明，别字观寿、载群，广东化县军田垌村人。化县尖冈高等小学、化州初级中学毕业，祖辈务农，耕读为生，仅足自给。自填登记、通信处为广东化县尖冈圩。1899年12月14日生于化县尖冈乡一个农户家庭，另载1901年2月2日出生。[1]1924年2月经郭痞真（时任国民运动最高执行委员会执行委员兼秘书，中共广东区执行委员会国民运动委员会秘书，广州新学生社秘书）、郭寿华（国立广东大学学生，中国社会主义青年团

董煜照片

广东区执行委员会执行委员兼学生部部长）介绍加入中国国民党，1924年春由林树巍（时任大本营高级参谋，前广东高雷讨贼军总司令兼高雷绥靖处处长，广东西路讨贼军粤军第五师师长，桂军第五师师长）保荐投考黄埔军校。1924年5月到广州，1924年6月考入陆军军官学校第一期第二队学习，1924年11月毕业，分发黄埔军校教导第一团任见习、排长，随部参加了两次东征作战。1925年12月25日被校本部委派留学苏联孙文大学，组成中国国民党陆军军官学校特别党部驻俄区分部并互选为执行委员。[2]1926年7月随部参加北伐战争，任国民革命军独立第二师步兵连连长。1928年奉派参加赴苏联军事考察团，任少校副官，1930年10月回国。1930年12月任"围剿"军第一纵队新编第十师第六团营长。1931年1月11

---

[1] 胡健国编著：台北"国史馆"2003年12月《近代华人生卒简历表》第389页记载。

[2] ①黄埔军校特别区党部编《东征日记》1925年11月25日一文记载；②转引自广东省汕头市社会科学联合会编：中国文献出版社2004年版《周恩来在潮汕》第741—742页记载。

日经审查呈请社长（蒋介石）批准为"励志社"第九届新社员。[1]1934年10月任南路"追剿"军第一纵队独立第五旅上校团长、副旅长。抗日战争全面爆发后，任第四军第六十师（师长陈沛）团长，第六十师第一八〇旅副旅长、旅长，率部参加抗日战事。1940年5月30日接梁仲江任第三十七军（军长陈沛）第六十师师长，任内率部参加第二次、第三次长沙会战。1941年6月3日国民政府颁令任为陆军步兵上校。[2]1941年11月10日国民政府颁令准军事委员会给予董煜干城甲种一等奖章。[3]1943年7月免第六十师师长职，遗缺由黄保德接任。1943年7月20日发表任军事委员会高级参谋。抗日战争胜利后，1945年10月获颁忠勤勋章。1946年1月奉派入中央训练团将官班受训，登记为少将团员，1946年3月结业。1946年5月获颁胜利勋章。1946年10月任济南防守司令部副司令官兼参谋长，不久辞职返回广东。1947年10月21日任广东第八区行政督察专员，[4]兼任该区保安司令部司令官，1949年2月12日免职。1949年4月12日任广东第十四区行政督察专员，[5]兼任该区保安司令部司令官及广东第十四"清剿"区司令部司令官。1949年秋携眷赴台湾，任"台湾省警备总司令部"高级参谋。1957年退役。1977年4月15日因病在台北逝世。[6]

[1]　《中央日报》1931年1月12日、1月13日连续刊登"励志社社员管理科通告"记载。

[2]　国民政府文官处印铸局印行：台湾成文出版社有限公司1972年8月出版《国民政府公报》第161册1941年6月4日渝字第367号颁令第3页记载。

[3]　国民政府文官处印铸局印行：台湾成文出版社有限公司1972年8月出版《国民政府公报》第164册1941年11月13日渝字第413号颁令第16页记载。

[4]　广东省档案馆编纂：1989年12月印行《民国时期广东省政府档案资料选编》第十一辑第283页记载。

[5]　广东省档案馆编纂：1989年12月印行《民国时期广东省政府档案资料选编》第十一辑第284页记载。

[6]　台北"国史馆"编纂：2006年12月印行《"国史馆"现藏民国人物传记史料汇编》第三辑第389页记载。

董世观

董世观（1905—?），浙江象山人。象山县立高
等小学校、浙江省立第五中学肄业。记载为民国前
六年十一月十一日出生。[1] 父从军界，经济自给。自
填登记通信处为浙江象山县城内昌国街。自填入学
前履历：曾在绍兴工商日报社编辑部服务。1924年
春由蒋介石（时任粤军总司令部参谋长）介绍加入
中国国民党，并由蒋介石举荐投考黄埔军校。1924
年6月考入陆军军官学校第一期第四队学习，1924年
11月毕业，后随部参加东征作战及北伐战争。1927

董世观照片

年12月奉派入国民革命军总司令部军官团陆军教导队受训。1928年10月任国民
革命军总司令部警卫第三团机关枪营中校营长。1936年3月17日颁令叙任陆军步
兵中校。[2] 抗日战争全面爆发后，1938年2月任中央陆军军官学校第七分校（西安
分校）第十五期学员总队队附，[3] 西安王曲军官训练团高级教官，后任第九十二军
司令部高级参谋，兼任军官教导团教育长。后因战事失利滞留日军占领区，1943年

---

[1] 军事委员会铨叙厅民国二十五年（1936年）十二月印制《陆海空军军官佐任官名簿》第二册
［上校、中校］第439页记载。

[2] ①军事委员会铨叙厅民国二十五年（1936年）十二月印制《陆海空军军官佐任官名簿》第二
册［上校、中校］第439页记载；②国民政府文官处印铸局印行：台湾成文出版社有限公司1972年8
月出版《国民政府公报》第105册1936年3月18日第1998号颁令第1—2页记载；③《中央日报》
1936年3月19日"国民政府令"记载。

[3] 陕西人民出版社《陕西文史资料选辑》刊载《中央陆军军官学校第七分校组织机构及主要人
员姓名录》记载。

6月11日任伪南京国民政府军事委员会参赞武官公署少将参赞武官,[1]1943年10月16日免职。

---

[1]　郭卿友主编：甘肃人民出版社1990年12月《中华民国时期军政职官志》第1960页记载。

董仲明

董仲明（1893—1932），原名嘉智，别号仲明，后改名朗，四川简阳人。简阳县龙泉驿高等小学、简阳县立中学毕业，父从农业，家境贫寒。自填登记处为四川简阳县龙泉驿董家河，通信处为简阳龙泉驿邮政代办所游益斋先生转交。自填入学前履历：曾在四川雅安县华西高小校任教员二年，又在上海恒丰纱厂、大中华纱厂、中国铁工厂实地练习三年有余。1893年6月27日（另载1894年4月24日出生）生于简阳县龙泉驿董家河一个农户家庭。少

董仲明照片

年时期就学于私塾，后考入成都官学，后到成都当家庭教师，后任四川雅安华西高等小学教员。1919年拟赴法国勤工俭学，途经上海时，为工人运动激进思潮感动，毅然放弃出国，入上海恒丰纱厂当实习员，入上海中国铁工厂当技工等，其间参与工会组织的各种活动。1923年8月17日经叶楚伧（孙中山指派出席国民党一大上海特别区代表，原上海《民国日报》主笔，国民党第一届中央执行委员，国民党上海执行部常务委员兼青年妇女部部长）、刘伯伦（国民党一大江西省代表，国民党上海执行部农工部秘书，前中国社会主义青年团南昌临时地方委员会书记）介绍加入中国国民党，1924年春由邓中夏（时在国民党上海特别区农工部供职，中共上海区执行委员会委员长）、刘伯伦保荐投考黄埔军校。1924年5月到广州，1924年6月考入陆军军官学校第一期第二队学习，在学期间加入中国共产党，[1]1924年11月毕业，分发黄埔军校教导第一团任见习、排长，黄埔军校第

三期中尉副队长，参加"火星社""青年军人联合会"组织，其间随部参加第一次东征作战和对滇桂军阀杨希闵部、刘震寰部的军事行动。其间参与省港大罢工广州行动，负责组训广州工人武装纠察队，被推为出席省港罢工工人代表大会代表，并荣获奖章。1926年7月随部参加北伐战争，任国民革命军第四军叶挺独立团团部参谋。在独立团设立中共党支部时，任组织干事，后兼中共独立团党支部干事会成员。随部参加汀泗桥、贺胜桥、攻克武昌战役。1927年1月任国民革命军第二十四师第七十团第一营营长，随部参加北伐河南战事，其间任该师第七十团团长，与其他两个团共同取得上蔡、东西洪桥、临颍等战役胜利。1927年7月随军南下南昌，1927年8月随部参加南昌起义，率部攻取天主堂、贡院、新营房等战事。后任起义军第十一军第二十四师党代表，与颜昌颐等人率余部一千余人到紫金中洞，在中共广东东江特委领导下改编部队，任工农革命军第二师第四团团长，指挥部队攻占海陆丰两县城，组建两县工农政权。根据广东省委指示，第四团扩编为红军第二师，任师长兼第四团团长，中共东江特委军委委员。1928年冬海陆丰失利后，由香港转赴上海，1929年6月以军委特派员名义派赴湘鄂西边区根据地，任中共湘鄂西前委委员，湘鄂西边区红军军事政治训练班教员兼班主任，湘鄂西边区红军第四军参谋长，地方武装江左军总指挥。1931年4月任湘鄂边红军第三军教导第一师参谋长、独立团参谋长，参与指挥湘鄂边反"围剿"战事。1932年9月率部掩护湘鄂西特委机关突破敌军重围，到达中共洪湖根据地。1932年10月在"肃反"中被诬陷，1932年11月被错杀于江陵县沙冈，1945年中共七大追认为革命烈士。[1]1954年5月被中华人民共和国中央人民政府追认为革命烈士，向其家属颁发《革命牺牲军人家属光荣纪念证》。其家乡龙泉驿区建有董朗塑像，现已迁至龙泉长松寺烈士陵园。广东省海丰县红宫展览室里陈列有他的事迹介绍，紫金县还为其修建纪念墓碑。

---

[1] 廖盖隆主编：中共中央党校出版社2001年6月《中国共产党历史大辞典》增订本第472页记载。

蒋森

蒋森（1899—？），湖南衡阳人。湖南省立甲种工业学校毕业，父从商贩，自给尚余。自填登记处为湖南衡阳县栗江市，通信处为衡阳栗江市蒋胜隆号。自填入学前履历：曾充湖南汝城桂阳两县公署科员，湘南总司令部稽查员，（湘军）第一师特派耒阳筹饷委员，中央直辖滇军第二混成旅步四团本部编修，滇军第六师十二旅司令部书记官。先后充任湖南汝城桂阳两县公署科员、湘南总司令部稽查员、第一师特派耒阳筹饷委员、中央直辖滇军第二混成

蒋森照片

旅步兵第四团本部编修、滇军第六师第十二旅司令部书记官。1924年1月3日经刘荣夏（时任大本营军政部科员）、刘况 [孙中山指派出席国民党一大湖南省代表，前湘军第五军（陈嘉佑）司令部参谋，兼该军国民党特派员，广州大本营参议] 介绍加入中国国民党，1924年4月由胡思清（时任中央直辖滇军第六师师长）介绍投考黄埔军校。1924年6月考入陆军军官学校第一期第一队学习，1924年11月毕业，后服务军界，1936年10月任江西省湖口县县长。

蒋魁

蒋魁照片

蒋魁（1898—？），广西桂林人。桂林县立高等小学校、广西省立第三中学校毕业，中等富裕农家出身，有不动产时值千元。自填登记处为广西桂林县南乡良丰圩蒋家村，通信处为桂林南乡良丰圩林源昌意记转蒋家村。自填入学前履历：广西省立第三中学校毕业，曾任准尉之职。曾充定桂军独立团营部准尉。1924年5月18日经刘善继（时任国立法科大学教员）、朱乃斌（时任国民党广州市区分部执行委员，广州宣传学校校长，前桂林国民党区分部筹备委员）介绍加入中国国民党，1924年5月由刘善继举荐投考黄埔军校。1924年6月考入陆军军官学校第一期第三队学习，1924年11月毕业，后服务军界。1929年10月任国民政府军政部军务司上校服务员。

蒋伏生

蒋伏生（1897—1979），湖南祁阳人。祁阳县立高等小学堂、武昌旅鄂湖南学校毕业，上海外国语学校肄业。祖辈务农，微有地产。自填入学前履历：赴苏俄远东民族会议及少年共产党会议代表，湖北人民通讯社、湖南平民通讯社记者，长沙青年社会服务社教员，北京《东方时报》特约通讯员。先后入祁阳县立高等小学堂、武昌旅鄂湖南学校毕业，上海外国语学校修业一年。1921年赴苏联出席远东各国共产党及民族革命团体第一次代表大会，1922

蒋伏生照片

年回国，在武昌从事报刊编辑和发行工作。历任湖北人民通讯社记者、湖南长沙平民通讯社记者、长沙青年社会服务社教员、北京《东方时报》特约通讯员。1924年春由詹大悲（大本营秘书及国民党一大代表）保荐投考黄埔军校，1924年5月到广州，1924年6月考入陆军军官学校第一期第二队学习，1924年9月随第一队北上韶关大本营，担任孙中山的警卫事宜，1924年11月随居正赴河南活动，1924年11月30日返回校本部行毕业典礼。1925年8月任国民革命军第六军司令部副官，步兵营连长、副营长，1926年7月随部参加北伐战争，任国民革命军第六军第十八师第五十三团团附、营长。1927年10月所部编入国民革命军第十三军（军长方鼎英），任第十八师第五十三团代理团长，所部再改番号，1926年4月任国民革命军第四十六军第十八师第五十三团团长。[1]1928年8月国民革命军编遣，任缩编后的第十师第三十旅第六十团团长。1929年1月15日被推选为第十师特别

---

[1]　刘绍唐主编：台北传记文学出版社1999年10月15日印行《民国人物小传》第四辑记载。

党部执行委员。1929年11月任第十师第三十旅旅长，率部参加中原大战。1930年10月任国民政府警卫军警卫第二旅旅长，1931年9月6日参加国民政府警卫军（军长顾祝同）警卫第二师（师长俞济时）在南京三牌楼召开的中国国民党第一次全师代表大会，被推选为该师特别党部监察委员。[1]1932年8月23日任陆军第八十三师师长。1933年1月任鄂豫皖赣边区四省团队干部训练班主任，1934年春任铁甲车司令部司令官，兼任郑州警备司令部司令官。1934年12月任军事委员会委员长侍从室第四组组长。1936年5月18日颁令叙任陆军少将。1937年1月1日获颁四等云麾勋章。[2]1937年5月6日颁令叙任陆军中将。抗日战争全面爆发后，任预备第五师师长，率部参加淞沪会战、南京保卫战。1938年1月任第三十六师师长，1938年5月兼代第二十七军军长，率部参加开兰战役、武汉会战。后任第二十七军副军长，军事委员会中将参议。抗日战争胜利后，1945年10月获颁忠勤勋章。任军政部第二十七军官总队总队长。1946年1月获颁三等云麾勋章。1946年5月获颁胜利勋章。1946年11月15日被推选为湖南省出席（制宪）国民大会代表。1946年12月3日参加赴南京任职、公干的81名黄埔一期生在中央训练团聚餐并于办公大楼前合影。[3]1948年3月29日被推选为湖南省出席（行宪）第一届国民大会代表。后任总统府第五战地视察组组长，湖南省军管区司令部副司令官，兼任长沙警备司令部司令官，湖南省在乡军人会会长。1949年8月参与黄杰组织重建的湖南省政府，任省政府委员兼湖南绥靖总司令部副总司令，将陈明仁起义部队三万多人带回，重建第一兵团。[4]1949年10月与黄杰率部退到广西，1949年12月撤至越南。1951年到台湾，任"国防部"中将参议，续任"国民大会代表"。1979年5月5日因病在台北新店逝世。台湾出版有《蒋伏生先生纪念集》等。

[1] 《中央日报》1931年9月7日"警卫军第二师全师代表大会记盛"一文记载。

[2] 国民政府文官处印铸局印行：台湾成文出版社有限公司1972年8月出版《国民政府公报》第119册1937年1月2日第2243号颁令第1页记载。

[3] 容鉴光编著：列入台北出版品预行编目资料，台北博煜企业有限公司2003年6月16日第一版印行《黄埔军校一期研究总成》第278页辑录。

[4] 台北《黄埔建国文集》编纂委员会编纂：台北实践出版社1985年6月16日印行《黄埔军魂》第353页记载。

蒋先云

蒋先云（1894—1927），原名湘耘，别号巫山，湖南新田人。衡阳湖南省立第三师范学校毕业，自填登记处为湖南新田县大坪塘，通信处为新田县熊长泰号转交大坪塘。自填入学前履历：十一年（1922年）由本省第二师范（学校）毕业，后从事工人运动，曾在江西安源、湖南水口山组织工团，去岁（1923年）十一月在水口山被湘政府用武力解散工团，悬赏通缉离湘。1917年考入湖南第三师范学校就读，1919年在衡阳参加五四运动，1920年9月至1921年8月任湘

蒋先云照片

南学生联合会总干事。[1]1921年3月参加驱张（敬尧）运动，1921年3月发起组织进步团体"心社"，1921年10月经毛泽东介绍加入中国共产党。[2]1922年1月初赴安源煤矿从事工人运动，任工人俱乐部文书股长。后往水口山铅锌矿，1922年11月任水口山工人俱乐部主任，[3]1923年5月任中共水口山矿支部书记。[4]1923年11

---

[1] 中共湖南省委组织部、中国共产党湖南省组织史资料编纂领导小组编纂：中共湖南省委印刷厂1993年10月印行《中国共产党湖南省组织史资料1920年冬至1949年9月》第69页记载。

[2] 廖盖隆主编：中共中央党校出版社2001年6月《中国共产党历史大辞典》增订本第474页记载。

[3] 《中国共产党组织史资料》编审委员会审定：中共中央组织部、中共中央党史研究室、中央档案馆编纂：中共党史出版社2000年9月印行《中国共产党组织史资料》第一卷《党的创建和大革命时期1921.7—1927.7》第414页记载。

[4] 《中国共产党组织史资料》编审委员会审定：中共中央组织部、中共中央党史研究室、中央档案馆编纂：中共党史出版社2000年9月印行《中国共产党组织史资料》第一卷《党的创建和大革命时期1921.7—1927.7》第381页记载。

月经夏曦（国民党一大湖南省代表，国民党湖南组织筹备处负责人，国民党湖南临时党部委员、书记长）、夏明翰（湖南省学生联合会干事长，湖南长沙工团联合会供职）介绍加入中国国民党。1924到广州工作，1924年4月由毛泽东（国民党一大湖南省代表，国民党第一届候补中央执行委员，国民党上海执行部文书科代理主任、组织部秘书）、夏曦保荐投考黄埔军校。1924年6月以第一名成绩考入陆军军官学校第一期第一队学习，任第一期中共支部书记，[1]1924年11月再次以第一名成绩毕业，为"黄埔三杰"之首，位列陈赓、贺衷寒之前，系当时黄埔最富声望荣誉之第一期生。[2]分发教导第一团连党代表，被推选为中国青年军人联合会中央执行委员会常务委员，兼任《中国军人》《青年军人》编辑部编辑。1925年2月参加第一次东征作战，任教导第一团第四连连长。1925年6月任党军第一师第二团第二营代理营长，校长蒋中正（介石）之少校侍从秘书。1925年10月随部参加第二次东征作战，任国民革命军第一军第三师第七团党代表，其间被推选为中国国民党黄埔中央军事政治学校第四届特别党部执行委员。1926年5月被蒋中正（介石）指派为黄埔同学会筹备委员。[3]1926年5月18日在广九铁路俱乐部召开改组大会，被推选为中央军事政治学校"血花剧社"（社长蒋中正兼）候补执行委员。[4]1926年7月北伐开始后，任国民革命军总司令蒋介石的侍从秘书，国民革命军总司令部补充第五团团长。1926年10月攻克武昌后，兼任湖北省总工会纠察队总队长。1927年"四一二事变"发生后，1927年4月17日在武昌发表讨蒋（介石）宣言。[5]1927年4月18日为联合黄埔军校和中央军事政治学校各期学生共同讨蒋，在武汉发起成立黄埔军校各期同学讨蒋大会筹备委员会，他是主要发起和筹备员之一，领导组织35名黄埔同学联名签署讨蒋宣言。在筹备会倡议下，4

---

[1] 《中国共产党组织史资料》编审委员会审定：中共中央组织部、中共中央党史研究室、中央档案馆编纂：中共党史出版社2000年9月印行《中国共产党组织史资料》第一卷《党的创建和大革命时期1921.7—1927.7》第589页记载。

[2] 倪兴祥主编：上海人民出版社2006年6月《中国共产党创建史辞典》第646页记载。

[3] 杨牧、袁伟良主编：河南人民出版社2005年11月《黄埔军校名人传》下册第1017页记载。

[4] 《广州民国日报》1926年5月20日"血花剧社改组经过情形"一文记载。

[5] 中共党史人物研究会编纂：陕西人民出版社1882年10月《中共党史人物传》第一卷第199页记载。

月23日武汉各界群众在武昌阅马场举行三十万人参加的讨蒋大会，到会者"尤以各军武装同志为多"。蒋先云任大会主持，他在演讲中指出："蒋介石是封建势力的领袖，他的革命是假革命、反革命。"[1] 其与蒋介石之政治决绝，并未让其在自己组织内赢得充分信任，反被有关人员猜疑与排斥，令其思想与精神上深受冲击并感到困惑。1927年5月7日率部参加第二次北伐作战，任国民革命军第四集团军第二方面军第十一军第二十六师第七十七团团长兼党代表。1927年5月28日在攻打河南临颍城激战中，突骑大白马执指挥刀率攻城部队冲锋，令战场双方为之愕然敬畏，战斗中三次负伤不下火线，"三赴三起"，终被守城奉系军阀扫射中弹牺牲。作为指挥官冲锋陷阵之英雄气概值得后人尊敬，但其敢于暴露奋勇赴死之行为，引发后人无尽惋惜与沉思。遗作有《由前敌归来》（载于中共广东惠州市委统战部、中共惠州市委党史办公室编：广东人民出版社1992年12月《东征史料选编》第44页）《"六·二三"沙基惨案报告》《北伐战况报告》《勉第七十七团官佐书》等。

---

[1] 张光宇著：湖北人民出版社1987年10月印行《武汉中央军事政治学校》第95页记载。

蒋孝先

蒋孝先照片

蒋孝先（1898—1936），别字昭卿、啸剑，浙江奉化县溪口乡人。前国民政府主席、军事委员会委员长蒋介石堂侄（另载族侄）。甬江师范学堂、浙江第四师范学校毕业，自填登记通信处为浙江宁波奉化县溪口镇。自填入学前履历：曾任初级小学校教员兼校长，后于镇海县立中学任教。父正行，业农贫穷。1898年4月2日生于奉化县溪口乡一个农户家庭。幼年聪慧，读书成诵，为乡间童子师。闻族叔中正（蒋介石）在广州创办黄埔军校，遂前往投效，1924年春由张家瑞（黄埔军校筹备委员会委员，入学试验委员会委员，黄埔军校校长办公室少校中文秘书）举荐投考黄埔军校。1924年春到广州，1924年6月考入陆军军官学校黄埔军校第一期第一队学习，1924年11月毕业，分发黄埔军校教导第一团任排长，1925年1月随部参加第一次东征之役，因惠州之役作战勇猛，[1]升任连长。1926年随军参加北伐战争中湖南、湖北诸役，攻克汀泗桥后升任国民革命军第一军步兵营营长。1928年5月21日任国民革命军总司令部警卫总司令部宪兵第一团第一营中校营长。[2]1928年7月随部驻军北平，任宪兵第一团第一营营长。1930年春奉派赴日本考察宪兵，1930年秋回国。任宪兵第三团团长，宪兵考选委员会委员。1933年10月任北平宪兵司令部副司令官，辖中央宪兵第三、第四

---

[1] 杨牧、袁伟良主编：河南人民出版社2005年11月《黄埔军校名人传》下册第1029页记载。

[2] 全国图书馆文献缩微复制中心2009年10月影印发行《国民革命军总司令部公报》第二册1928年5月第五期第80页记载。

团，参与压制京津两市学界发起"一二·九"抗日救亡活动。1935年5月4日颁令叙任陆军步兵上校。[1]1935年10月调任军委会委员长侍从室少将高级参谋，兼任第三组组长。1936年10月5日颁令叙任陆军少将。1936年12月12日西安事变发生时，在前往临潼途中遇东北军岗哨询查，其自报姓名为东北军嫉恨士兵所击毙，[2]后被国民政府追赠陆军中将衔，[3]灵柩入祀南京陵园忠烈祠，1937年春移葬奉化溪口公墓。1948年3月溪口学人竺含华撰文《陆军中将蒋孝先先生家传》，编入《武岭蒋氏宗谱》等。中国文史出版社《文史资料选辑》第一〇九辑载有《蒋孝先被处决真相》（储荣邦著）等。

---

[1] 国民政府文官处印铸局印行：台湾成文出版社有限公司1972年8月出版《国民政府公报》第93册1935年5月4日第1733号颁令第6页记载。

[2] 台北《黄埔建国文集》编纂委员会编纂：台北实践出版社1985年6月16日印行《黄埔军魂》第577页"讨逆平乱殉国英雄姓名表"第一期记载。

[3] 台北"国史馆"编纂：2006年12月印行《"国史馆"现藏民国人物传记史料汇编》第三十辑第422页记载。

蒋国涛

蒋国涛（1899—1989），别字孝宗，浙江奉化县溪口镇人。前国民政府主席、军事委员会委员长蒋介石族侄。奉化县溪口高等小学、奉化县立中学毕业，祖辈务农，仅足自给。自填登记通信处为浙江奉化县溪口镇。自填入学前履历：开滦矿务局职员。1899年6月27日生于奉化县溪口镇一个农户家庭，先后在奉化县溪口高等小学、奉化县立中学毕业，于溪口镇高等小学任教，后到宁波经商。曾任开滦矿务局职员。1924年春由蒋介石、张席卿（又名家瑞，黄埔军校筹备委员会委员，入学试验委员会委员，黄埔军校校长办公室少校中文秘书）保荐投考黄埔军校，1924年5月3日经蒋介石介绍加入中国国民党。1924年5月到广州，1924年6月考入陆军军官学校第一期第三队学习，1924年11月毕业，分发任黄埔军校校长办公厅副官，东征军总指挥部秘书处秘书，国民革命军总司令部秘书处少校副官，参加第二次东征作战和北伐战争。1928年起，任陆海空军总司令部副官处中校副官，军事委员会委员长侍从室第四组参谋，南京黄埔同学会办公处秘书。1928年8月国民革命军编遣后，任缩编后的第一集团军陆军第十一师司令部参谋。1929年1月17日被推选为中国国民党陆军第十一师特别党部监察委员。1930年任武汉警备司令部北区要塞司令部参谋长，兼任该要塞司令部机关枪团（又名堡垒团）团长，1931年9月被免职，1930年10月任南京中央宪兵司令部第一团第一营营长、团附，1935年夏任上海警备司令部宪兵团团长。1936年10月17日颁令叙任陆军步兵中校。[1] 抗日战争全面爆发后，任军事委员会委员长侍从室上校侍卫官，其间随从蒋介石飞赴各个战场，协助军事调度指挥联络事宜。1938年夏任武

---

[1] 国民政府文官处印铸局印行：台湾成文出版社有限公司1972年8月出版《国民政府公报》第115册1936年10月18日第2180号颁令第1页记载。

汉警备司令部江防指挥部参谋长、军事委员会交通巡察处副处长。抗日战争胜利后，1945年10月获颁忠勤勋章。1946年3月任陇海铁路局警务处处长。1946年5月获颁胜利勋章。1947年任粤汉铁路湖南段警务处处长。1949年到台湾。1989年12月2日因病在台北逝世。

蒋铁铸

蒋铁铸照片

蒋铁铸（1901—1927），又名世福，别号锄非，湖南新田县大坪塘乡大坪塘村人。黄埔一期生蒋先云堂弟。湖南新田县第二初级中学、广州大本营军政部陆军讲武学校肄业。1923年加入湘军，1923年冬考入广州大本营军政部陆军讲武学校学习。1924年秋该校并入黄埔军校，1924年11月编入陆军军官学校第一期第六队学习，1925年2月肄业。分发军校教导第一团任见习、入伍生队排长，参加孙文主义学会活动，后随部参加了两次东征作战。1925年8月任国民革命军第一军第一团第一连连长，兼代第一团第三营营长。1926年7月随部参加北伐战争，任国民革命军总司令部第五补充团（团长蒋先云）团附，兼任该团辎重兵队队长。1927年1月任国民革命军第一军第二十二师第六十四团第一营中校营长，1927年8月28日在龙潭战役作战时中弹阵亡。[1]湖南《新田文史资料》1989年第一辑载有《黄埔第一期学员蒋铁铸小传》（蒋贤书著）等。

---

[1] ①中国第二历史档案馆供稿，华东工学院编辑出版部影印，档案出版社1989年7月《黄埔军校史稿》第八册（本校先烈）第246页第一期烈士芳名表记载1927年8月28日在江苏龙潭阵亡；②台北《黄埔建国文集》编纂委员会编纂：台北实践出版社1985年6月16日印行《黄埔军魂》第574页"北伐战役殉国英雄姓名表"第一期记载。

蒋超雄

蒋超雄（1903—1991），别号清我，江苏武进人。武进县东安镇高等小学校、武阳公学毕业，湘军讲武堂韶关分校肄业，中央警官学校第二期、中央训练团兵役研究班第五期、军官训练团第三期结业。父克明从军界。自填登记处为江苏武进县东安镇圩柯村，通信处为上海英租界孟纳拉路延庆里第三家。自填入学前履历：前在援赣军第一军学操一月，由成司令派送韶州讲武堂将及三星期，粤桂战争发生遂返沪，后在民生纱厂做工，至本年（1924

蒋超雄照片

年）三月来粤，曾任上海民生纱厂监工、护厂保安队队长。1903年12月18日生于武进县城一个开明绅士之家。1924年1月10日经邢少梅（上海律师事务处书记）、黄叔和（国民党广州市党部筹备委员）介绍加入中国国民党，1924年春由茅祖权（孙中山指派出席国民党一大江苏省代表，原北京政府护法国会众议院议员，国民党第一届候补中央执行委员）、钮永键（孙中山指派上海国民党党务联络特使，前广州大元帅府参谋次长兼兵工厂厂长）保荐投考黄埔军校。1924年5月到广州，1924年6月考入陆军军官学校第一期第四队学习，1924年11月毕业，分发军校教导第二团任见习、排长，后为第三连党代表，1925年1月随部参加第一次东征作战。1925年6月任国民党军第一旅第一团第三连连长，随部参加对滇桂军阀杨希闵部、刘震寰部的军事行动。1925年8月任国民革命军第一军第一师步兵营营长，1925年10月随部参加第二次东征作战。1926年7月随部参加北伐战争，任国民革命军第一军第二十师第五十九团团长。1928年5月28日任国民革命军第三十二军（军长钱大钧）特别党部筹备委员，[1]1928年7月25日被委派为国民革命军第三十二军特别党部执行委员。[2]1928年8月国民革命军编遣，任缩编后的第一集团军陆军第三师第七旅第十四团团附，1928年9月3日被委派为第三师特别党部筹备委员，1928年11月任第三师第七旅第十四团代理团长，1929年1月12日被推选为第三师特别党部执行委员。1929年8月3日任第三师第七旅第十四团团长，率部驻防苏州。1929年10月派任江苏省地方团队武装人员训练所学员总队总队长。1930年春任江苏省保安第二团上校团长，1935年5月17日颁令叙任陆军步兵中校。[3]后任保安第五旅副旅长、旅长，江苏省警官学校军事训练处处长，江苏全省水路督练处处长。1936年12月任江苏全省水路督练署署长，兼任江苏省水上巡逻警察第五区区长。抗日战争全面爆发后，任长江上游江防总司令部第五纵队司令部司令官，水上游击挺进第四支队司令部司令官，陆军暂编第一师补充旅司令部参谋主任。1939年6月6日国民政府颁令由陆军步兵中校晋任为陆军步兵上校。[4]1938年9月任由福建新兵组成的第三战区预备第十师师长。1939年10月任军政部第二十二补充兵训练处处长，所训练部队奉命组建陆军暂编军，任第三战区暂编第八军副军长，后所部裁撤免职。应胡宗南邀请赴陕西供职，1944年10月任中央陆军军官学校第七分校（西安分校）办公处处长。抗日战争胜利后，1945年10月获颁忠勤勋章。1946年5月获颁胜利勋章。任川北师管区司令部司令官。1947年3月奉派入军官训练团第三期受训，并任第四学员中队副中队长，1947年5月结业，任苏东师管区司令部司令官。1948年9月22日被国民政府军事委员会铨叙厅颁令叙任陆军少将。1949年1月任浙江省军管区司令部副司令官，兼任浙东师管区司令部司令官，1949年5月率部向人民解放军投诚。中华人民共和国成立后，被判处无期徒刑，1979年获释，1980年予以平反恢复名誉。定

[1]　① 1928年5月28日国民党中央执行委员会召开第141次常务会议决议；② 1928年5月29日上海《民国日报》第一版第一张记载。

[2]　上海《民国日报》1928年7月26日"第三十二军特别党部定期正式召开"专文记载。

[3]　国民政府文官处印铸局印行：台湾成文出版社有限公司1972年8月出版《国民政府公报》第93册1935年5月18日第1744号颁令第2页记载。

[4]　国民政府文官处印铸局印行：台湾成文出版社有限公司1972年8月出版《国民政府公报》第141册1939年6月7日渝字第159号颁令第2页记载。

居常州市，加入民革地方组织，曾任民革常州市委员会主任委员，常州市政协常务委员。1991年7月因病在常州逝世。著有《我在黄埔军校学习的回忆》（载于广东人民出版社《广东文史资料》第三十七辑《黄埔军校回忆录专辑》)、《宣侠父镇江避难前后》（1978年撰稿，载于江苏省政协文史资料委员会编纂：《江苏文史资料》第八十五辑《江苏文史资料集萃》综合卷第47—58页）等。

覃学德

覃学德（1901—？），广西贵县人。贵县高等小学肄业，广西省立第八中学毕业，富裕农家出身，有不动产时值四千元。自填登记处为广西贵县郭北一里独寨村，通信处为本县城圩心街和昌号转。自填入学前履历：先后于贵县高等小学肄业，广西省立第八中学毕业，民国九年、十年（1920年、1921年）两年当本乡立高等小学教员，十二年（1923年）任本里民团连长。1920年任本乡立高等小学教员二年。1923年任本地民团连长。1924年3月18日在广州由陈达材［广东防城人，时任广东西路讨贼军第一师第二旅（旅长陈济棠）司令部参谋］介绍加入中国国民党，1924年5月由施正甫（时任中国国民党广西省筹备党部执行委员，国民党一大广西省代表，桂军西路讨贼军总司令部秘书兼国民党特派员，驻粤桂军办事处党务指导委员）举荐投考黄埔军校。1924年6月考入陆军军官学校第一期第三队学习，1924年11月毕业，后服务社会。

谢

联

谢联（1900—1929），广西来宾人。来宾县立高级小学毕业，广西省立桂林师范学校肄业。父从农商，有田产数亩。自填登记通信处为广西来宾县城内西门街谢寓。自填入学前履历：十年（1921年）曾任广西陆军第一师柳庆剿匪总指挥司令部一等书记官，现任中央直辖（广东）西路讨贼军二等军需。1921年充任广西陆军第一师柳庆剿匪总指挥部一等书记官。1923年任中央直辖西路讨贼军司令部二等军需官等。1924年春由刘震寰（广东西路讨贼军总

谢联照片

司令，中国国民党第一届候补中央监察委员，前驻粤桂军总司令）保荐投考黄埔军校，1924年5月15日经邓演达（前任广东西路讨贼军第一师第三团团长，黄埔军校入学试验委员会委员）、金佛庄（前浙江陆军第二师营长，黄埔军校第一期第三队上尉队长）介绍加入中国国民党。1924年6月考入陆军军官学校第一期第三队学习，曾参加校刊《黄埔潮》的编辑工作，1924年11月毕业，后任黄埔军校驻省办事处中尉服务员，黄埔军校后方医院党代表，广东石井兵工厂政治部副主任。1927年派赴香港从事中国国民党党务活动，曾派赴南洋各地进行筹款，兼作联络和情报工作。1929年1月16日在香港被英国巡警拘捕，关押期间遇害身亡。[1]

---

[1] 中国第二历史档案馆供稿，华东工学院编辑出版部影印，档案出版社1989年7月《黄埔军校史稿》第八册（本校先烈）第247页第一期烈士芳名表记载1929年1月16日在香港逝世。

谢永平

谢永平照片

谢永平（1904—? ），别字梦闲，原载籍贯广东新宁（台山），另载广东开平人，生于广东新兴县河头乡深山田村。自填登记处为广东开平县城内西门，通信处为广州东山培正学校梁卓琴转交。自填入学前履历：（志）向从学界。新兴县立高等小学堂毕业，广州培正学校肄业，陆军大学特别班第四期毕业，父克垣，母梁氏，父从农商，家无地产。自填家庭主要成员：姐一人。曾任县立中学教员，开平县政公所办事员，广州宣传员传习所文书。[1]1924年1月经朱乃斌（广州宣传学校校长）、任一凤（广州宣传学校国民党特别区筹备党部常务委员）介绍加入中国国民党，1924年春再由二人举荐投考黄埔军校。1924年6月考入陆军军官学校第一期第三队学习，1924年11月毕业，分发黄埔军校教导第二团见习、排长，1925年1月随部参加第一次东征作战。1925年6月任国民党军第一旅第二团步兵连连长，随部参加对滇桂军阀杨希闵部、刘震寰部的军事行动。1926年7月随部北伐战争，任国民革命军第六军第十七师司令部参谋。1926年秋南昌战役中身负重伤，返回原籍养伤。1928年往南京黄埔同学会调查处登记，分配任湖南省保安第七团营长、县公安局局长、湖南省保安第一旅第二团团长。抗日战争全面爆发后，任第九战区司令长官部上校参谋，干部训练团教育处处长。1938年3月入陆军大学特别班第四期学习，1940年4月毕业，1945年4

---

[1] 台北文海出版社有限公司印行：近代中国史料丛刊三编第五十七辑《陆军军官学校第三队学生详细调查表》记载。

月颁令叙任陆军步兵上校。任第七战区闽粤赣边区游击总指挥部第二游击纵队司令部副司令官。抗日战争胜利，奉派赴湛江参与日军受降与接收事宜。1945年10月获颁忠勤勋章。1946年5月获颁胜利勋章。1946年7月退为备役，1949年移居香港。

谢任难

谢任难照片

谢任难（1897—1973），别号荫南，湖南耒阳县三风乡人。耒阳县立初级中学校毕业，广州大本营军政部陆军讲武学校肄业。1897年11月11日生于湖南耒阳县三风乡一个耕读家庭。1904年入耒阳本乡私塾启蒙，少时考入衡阳中学就读。1919年春中学毕业后，投入云南滇军第二十混成旅任录事，1921年到广西入军阀沈鸿英部任书记，1922年入桂军刘镇寰部第五独立旅任参谋。1923年冬到广州，入广州大本营军政部陆军讲武学堂学习。1924年秋该校并入黄埔军校，1924年11月编入陆军军官学校第一期第六队学习，1925年2月肄业，留任黄埔军校入伍生总队部见习，1925年1月随部参加第一次东征作战。1925年6月任国民党军第一旅第四团步兵连排长，随部参加对滇桂军阀杨希闵部、刘震寰部的军事行动。1926年1月任国民革命军第一军第二师第四团步兵连连长，旋调团部任副官。1926年7月随部参加北伐战争，任北伐东路军总司令部上尉参谋。1926年10月任中央军事政治学校武汉分校少校队长，1927年2月10日任中央军事政治学校武汉分校本校入伍生总队政治第二大队大队长附、[1]1927年4月任武汉中央军事政治学校入伍生总队政治第二大队中校大队附、武汉中央军事政治学校校务整理委员会委员，曾参加武汉中央军事政治学校学生组成的中央警卫师对鄂军夏斗寅部的战事。1927年10月任南京中央陆军军官学校少校教官、浙江宪兵

---

[1] 汉口《民国日报》1927年2月12日、2月13日连续刊登"中央军事政治学校政治科武汉分校命令"记载。

营少校营附。1928年4月任国民革命军第四十六军第六师第三团中校团附，1928年10月任浙江保安第五团中校团附，1930年1月任浙江保安第五团副团长。1930年6月任浙江省政府（主席钮永建）保安处（处长蒋伯诚）保安五团团长。[1]1931年3月由浙江省政府主席张难先任命为浙江开化县县长。1933年1月加入中华民族复兴社，1933年6月任浙江定海县县长。1934年1月经黄埔同学举荐，到南京任国民政府军事委员会上校附员。1936年5月18日颁令叙任陆军步兵上校。[2]抗日战争全面爆发后，任国民政府军政部兵役司上校服务员。1939年12月任军事委员会桂林行营参谋处上校科长，1940年10月任少将衔科长，主管兵役及兵员补充。1941年5月应黄埔同学黄杰之邀，赴广西桂林任中央陆军军官学校第六分校总务处主任秘书，主管办公厅工作，负责处理公文审核、人事档案保管事宜。1943年10月任中央陆军军官学校第六分校总务处处长。1944年10月辞去总务处处长后任高级教官，同年冬广西沦陷，携家属随同大批难民步行到达贵阳。1945年在贵州安顺任第四战区司令长官部政治部《阵中报》报社副社长。抗日战争胜利后，1945年10月获颁忠勤勋章。1946年春任陕西宝鸡县（现为宝鸡陈仓区）县长。1947年7月辞县长职，奉调到陕西省政府任职，未赴西安就职。1948年3月返回湖南原籍寓居，1948年10月由程潜（湖南省政府主席）保荐派任湖南江华县县长。1949年8月程潜、陈明仁在长沙通电起义后，成立新的临时省政府，曾电令其到省政府任职。1949年9月底办理县政府移交时，突接黄杰电报去邵阳相见，旋被黄派为"湖南省政府"郴县县长，但未到郴县任职即解放。中华人民共和国成立后，赴长沙晋见程潜、陈明仁等人。经程、陈举荐，1950年2月任湖南人民军政委员会参议。1950年10月任湖南省人民委员会参事室参事。"文化大革命"开始后受到冲击与迫害，1973年3月因病在长沙逝世。

---

[1] 《中央日报》1930年9月30日"浙江省扩充保安队"专文记载。

[2] 国民政府文官处印铸局印行：台湾成文出版社有限公司1972年8月出版《国民政府公报》第108册1936年5月19日第2051号颁令第1页记载。

谢远灏

谢远灏照片

谢远灏（1899—1984），别字浩然，江西兴国人。赣军讲武堂、广州大本营军政部陆军讲武学校肄业，陆军大学乙级将官班第四期毕业，台湾"革命实践研究院"结业。1899年2月19日生于兴国县一个农户家庭。早年加入赣军，任队长、代理排长。1923年到广州，投效赣军（李烈钧）总指挥部，先入赣军讲武堂受训，后任赣军讲武学校学生队队长，继入广州大本营军政部陆军讲武学校学习。1924年秋该校并入黄埔军校，1924年11月编入陆军军官学校第一期第六队学习，1925年2月肄业，分发黄埔学校教导第二团任见习、排长。1925年1月随部参加第一次东征作战，1925年6月任国民党军第一旅第三团步兵连副连长，随部参加对滇桂军阀杨希闵部、刘震寰部的军事行动。1926年7月随部参加北伐战争，任国民革命军第一军第二师步兵连连党代表，补充第一师步兵团营长、团附。1928年任国民革命军第一军第二师政治部主任，同年9月3日被委派为第十一师特别党部筹备委员。1929年1月17日被推选为第十一师特别党部执行委员。1929年2月5日被军事委员会训练总监部政治训练处委任为第十一师政治训练处主任，[1]后任第三师政治部主任、该师黄埔同学会调查处主任。1930年10月任陆军第三师第八旅第十五团团长。1931年1月19日奉校部与蒋介石手令，调其与幸良模、胡霖、彭杰如、李青、高鹤飞、石祖德等人入南京中央陆军军官

---

[1] 《民国日报》1929年2月9日"训练总监部新发表之各师政训处主任"一文记载。

学校政治训练处主办的特别训练班受训两个月。[1]1933年春任江西省保安第一旅旅长，1934年10月任军事委员会南昌行营少将衔监察专员，1935年12月任陆军第六十五师司令部政治训练处处长。1937年1月6日颁令叙任陆军步兵中校。[2]抗日战争全面爆发后，任陆军第十八军第十一师政治部主任，率部参加淞沪会战。1938年任南京中央各军事学校毕业生调查处上校主任秘书。1940年7月19日国民政府颁令由陆军步兵中校晋任为陆军步兵上校。[3]奉派补充兵训练处编练新军，编成后任陆军预备第一师副师长。后奉命卸任，续任中央各军事学校毕业生调查处副处长。1944年2月任中央各军事学校毕业生调查处处长。抗日战争胜利后，任江西省保安第一旅旅长。1946年12月3日参加赴南京任职、公干的81名黄埔一期生在中央训练团聚餐并于办公大楼前合影。[4]1947年7月6日上午9时至11时参与中央训练团部分黄埔一期受训同学发起组织赴南京中山陵六百将校军官"祭祀哭陵"事件。[5]1947年11月入陆军大学乙级将官班第四期学习，1948年11月毕业，1948年12月任黄埔同学会非常委员会中央干事会干事。1949年到台湾，1950年任"海军陆战队"司令部参谋长、代理副司令官、"国防部"史政局专门委员，入"革命实践研究院"受训，1952年12月以"陆军中将"衔退役。后聘任"中央政治大学"教授。1984年11月7日因病在台北逝世，[6]安葬于台北五指山"国军公墓"中将四区四排第五号。

[1] 《中央日报》1931年1月19日、1月20日连续刊登记载。

[2] ①国民政府文官处印铸局印行：台湾成文出版社有限公司1972年8月出版《国民政府公报》第119册1937年1月7日第2246号颁令第2页记载；②《中央日报》1937年1月7日记载。

[3] 国民政府文官处印铸局印行：台湾成文出版社有限公司1972年8月出版《国民政府公报》第152册1940年7月20日渝字第276号颁令第3页记载。

[4] 容鉴光编著：列入台北出版品预行编目资料，台北博煜企业有限公司2003年6月16日第一版印行《黄埔军校一期研究总成》第278页辑录。

[5] ①海南省政协文史资料委员会编纂：湖南人民出版社1993年10月《湖南文史资料选辑》第五期记载；②湖南省岳阳市政协文史资料委员会编：《岳阳文史》第十辑，湖南省岳阳晚报出版印刷中心1999年8月《岳阳籍原国民党军政人物录》第201—205页记载。

[6] 容鉴光编著：列入台北出版品预行编目资料，台北博煜企业有限公司2003年6月16日第一版印行《黄埔军校一期研究总成》第76页记载。

谢清灏

谢清灏照片

　　谢清灏（1897—?　），广东梅县人。梅县郊区下市高等小学毕业，梅县省立中学肄业。祖辈务农，家境贫寒。自填登记处为广东梅县，通信处为梅县下市谢群和（号）转交。自填入学前履历：梅县省立中学修业二年，南洋英属时中学校教员。考入梅县郊区下市高等小学毕业，梅县省立中学肄业两年。早年随父到南洋谋生，1922年参加中国国民党马来亚总支部，曾为中国国民党党务特派员，充任南洋英属时中学校教员。1924年春受中国国民党南洋总支部选派，并由叶剑英（前粤军第二军第八旅参谋长、第二师参谋长，黄埔军校筹备委员会委员及军校教授部副主任）、熊耿（广州大本营抚河船务管理局代理局长，粤海防司令部秘书长）保荐投考黄埔军校，再经其二人介绍加入中国国民党。1924年5月到广州，1924年6月考入陆军军官学校第一期第二队学习，1924年11月毕业，随部参加第二次东征作战，1926年1月任中国国民党广东平远县临时党部筹备委员，后从事教学和报业工作。

谢维干

谢维干（1900—?），别字伯仙、伯山，广东文
昌县第七区人。自填登记处为广东文昌县第七区，
通信处为琼州海口阜成丰旅馆转交。自填入学前履
历：经受中等教育，曾充中高小学校校长兼教员二
年，在文昌县学务委员兼公路委员一年，海防陆战
队司务长一年，东路讨贼军第四军排长二个月，即
辞职应试入校。1924年1月经邓鹤琴（广东新会国
民党临时党部筹备员）、王昌璘（广东新会教育界供
职）介绍加入中国国民党，1924年春由符荫（广东
军界供职）、林伯山（广东学界任教）举荐投考黄埔军校。1924年6月考入陆军军
官学校第一期第一队学习，1924年11月毕业，分发第二期入伍生总队部任特别官
佐。1927年4月29日任广东海防舰队"江固舰"中校政治指导员，1928年春任国
民革命军总司令部补充第四团团附、江苏省保安团团长、步兵旅副旅长。1937年
2月22日颁令叙任陆军步兵中校。[1]

谢维干照片

---

[1] 国民政府文官处印铸局印行：台湾成文出版社有限公司1972年8月出版《国民政府公报》
第120册1937年2月24日第2287号颁令第2页记载。

谢翰周

谢翰周照片

谢翰周（1898—1927），别号竹青，原载籍贯湖南宝庆，[1] 另载湖南邵阳人。[2] 资东县立高等小学毕业，邵阳驻省中学、长沙湖南省立高等工业学校肄业。父从教业，家境稍富，有若干田产。自填登记处为湖南宝庆县黑田铺，通信处为宝庆黑田铺谢义发号或谢宝善堂。自填入学前履历：曾在宝庆中学毕业，湖南工业专门学校肄业，于民国十二年（1923年）任宝庆私立循程学校教员。童年时即对湖南先烈禹之谟英雄事迹深为感动。在邵阳驻省中学读书时，因参与校长刘武、教师李洞天揭露军阀汤芗铭被追捕。1922年考入湖南高等工业学校就读，1923年任邵阳高等小学校长、宝庆私立循程学校教员。1924年春由鲁易（中国社会主义青年团广东琼崖地方执行委员会执行委员，香港《香江晨报》报社编辑）、任一凤（广州宣传学校教员，国民党广州宣传学校特别区常务委员）保荐投考黄埔军校，1924年3月经何超（湘军警备司令部参谋）介绍加入中国国民党。1924年5月赴广州，1924年6月考入陆军军官学校第一期第一队学习，1924年11月毕业，分发教导第一团第一营见习、排长，随部参加第一次东征作战攻克惠州之役，为敢死队队员，因功升任连党代表、东征军后方医院党

---

[1] 台北文海出版社有限公司印行：近代中国史料丛刊三编第五十七辑《陆军军官学校第一队学生详细调查表》第231页记载。

[2] 中国第二历史档案馆供稿，华东工学院编辑出版部影印，档案出版社1989年7月《黄埔军校史稿》第八册（本校先烈）第46页有烈士传略记载。

代表。1926年任黄埔中央军事政治学校教练官，1926年7月随军参加北伐战争，1926年7月25日被国民革命军总司令部派任国民革命军第六军第十八师（师长胡谦）司令部参谋处参谋。[1]攻克南昌后任学兵团少校连长，随部参加北伐途中福建、江西战事。1927年4月宁汉分裂时，由武汉潜赴南京，任国民革命军总司令部警卫师第一团第三营中校营长。龙潭战役爆发后随部与军阀孙传芳部激战七昼夜，1927年8月27日在栖霞山作战时中弹阵亡。[2]1930年10月8日国民政府颁布第一八二三号指令行政院："呈据军政部转送湖南省政府谘送故营长谢翰周阵亡书表，拟请按中校战时阵亡例给恤一案，准如所拟给恤。此令。"[3]

[1]　中国第二历史档案馆编：档案出版社1992年12月版《蒋介石年谱初稿》第623页记载。

[2]　①中国第二历史档案馆供稿，华东工学院编辑出版部影印，档案出版社1989年7月《黄埔军校史稿》第八册（本校先烈）第46页有烈士传略；第242页第一期烈士芳名表记载1927年8月27日在南京阵亡；②台北《黄埔建国文集》编纂委员会编纂：台北实践出版社1985年6月16日印行《黄埔军魂》第574页"北伐战役殉国英雄姓名表"第一期记载。

[3]　国民政府文官处印铸局印行，台湾成文出版社有限公司1972年8月出版《国民政府公报》第43册1930年10月10日第595号颁令第8页记载。

谢
瀛
滨

谢瀛滨（1901—？），广东从化县木棉乡人，[1]前国民政府司法行政部常务次长、广东省政府委员、中华民国最高法院院长谢瀛洲胞弟。自填登记通信处为广州南海学宫街十四号。1924年春由谢瀛洲（时任广东大学法学院教授）举荐投考黄埔军校。1924年6月考入陆军军官学校第一期第二队学习，[2]1924年秋因家事自行离校，后服务军界。历任初级、中级军职。1934年4月经黄埔一期同学证明，获准办理追认第一期学籍。1949年到台湾，[3]后因病在台北逝世。

---

[1]　现据：湖南省档案馆校编、湖南人民出版社1989年7月《黄埔军校同学录》第7页第一期第二队记载，第15页第一期补录名单列名谢瀛滨：浙江青田人，实为同一人，是其1934年办理追认第一期学籍时填报。

[2]　台北文海出版社有限公司印行、近代中国史料丛刊三编第五十七辑《陆军军官学校第一至四队学生详细调查表》无载，现据：①中国第二历史档案馆供稿、华东工学院编辑出版部影印，档案出版社1989年7月《黄埔军校史稿》第十一册《黄埔同学名册》第60页第一期第二队同学无相片者名单，记载籍贯广东从化；②广东省国家档案馆藏：《第一期同学附录》第5页列名第二队。

[3]　容鉴光编著：列入台北出版品预行编目资料，台北博煜企业有限公司2003年6月16日第一版印行《黄埔军校一期研究总成》第76页记载。

韩

忠

　　韩忠（1899—？），广西修仁人。修仁县立高等小学校毕业，平乐中学肄业，广西省立桂林第二师范学校毕业，家从商贩，自给尚余。自填登记通信处为广西修仁县城内北门街韩诚泰本号。自填入学前履历：广西修仁县高小（学）校毕业，平乐中学肄业，广西桂林省立第二师范学校毕业，曾任（广东）西路讨贼军第二师第七支队书记、军需，第二师部属官。1921年10月由施正甫（国民党一大广西省代表、桂军西路讨贼军总司令部秘书兼国民党特派员、驻粤桂军办事处党务指导委员）、李铭勋（广西桂林人，国民党员，广西学界任教）介绍加入中国国民党，1924年春由刘震寰（时任驻粤桂军总司令、中国国民党第一届候补中央监察委员、中央直辖广东西路讨贼军总司令）举荐投考黄埔军校。1924年6月考入陆军军官学校第一期第三队学习，1924年11月毕业，后服务军界。随军参加了两次东征作战、北伐战争诸役，1928年10月任淞沪卫戍司令部第三团第三营营长。

韩濬

韩濬照片

韩濬（1893—1989），原名德照，又名仲锦，别号青黎，湖北黄冈人。黄冈县新洲高等小学堂、黄冈县立平民学校中学部毕业，北京政府交通部铁道管理学校、苏联红军大学中国班肄业。祖辈务农，家境贫穷，耕读为生。自填登记处为湖北黄冈县团风，通信处为湖北黄冈团风邮局转交。自填入学前履历：历充本省师范附属学校教员及广东西江善后督办署科员。1893年4月1日生于（另载1899年5月13日出生）黄冈县一个农户家庭。学业结束后，曾任湖北省立师范学校附属学校教员。1922年到广州，任广东省军政府财政厅检查员、广州大本营军政部科员、广东西江善后督办公署军务科书记员。1924年春由张难先（时任广东西江善后督办公署参议、广东肇庆西江讲武堂教官、广西梧州善后处参议）、邓演达（时任粤军第一师第二团团长、黄埔军校入学试验委员会委员）保荐投考黄埔军校，1924年5月15日经邓演达、金佛庄（前浙江陆军第二师营长、黄埔军校第一期第三队上尉队长）介绍加入中国国民党。1924年6月考入陆军军官学校第一期第三队学习，在学期间加入中国共产党，1924年11月毕业，分发黄埔军校第三期入伍生队任见习、区队长，后任黄埔中央军事政治学校第四期学生队步兵第一团第四连少校连长，参加第一次东征战事及统一广东诸役。1925年10月奉派苏联红军大学学习。1926年5月回国，任中央军事政治学校武汉分校学兵团第二连连长，国民革命军第四集团军第二方面军第十一军（军长陈铭枢）司令部教导营营长，第二方面军总指挥部警卫团参谋长，随部参加与鄂军夏斗寅部战事。1927年8月率部赴南昌与起义军会合，中途受阻并被捕，脱离中共组织关系。1927年8月30日任浙江补充第一师（师长严重）第六十一团（团长孙常钧）政治指导员，1928年起任广东北海盐务处秘书兼科长，1930年参加邓演达授意余洒度、黄雍等人组织的"黄埔革命同学会"，密谋与蒋（介石）对立军事活动，任"黄埔革命同学会"组织部部长。1931年在上海与邓演达同时被捕，后获最高军事当局宽待。经同学保荐往南京黄埔同学会重新登记，获任南京中央陆军军官学校政治教官。1931年5月奉派长江上游宣抚使，1931年10月任军事委员会驻鄂绥靖主任公署特务团副团长。1932年10月任陆军第四十一师政治训练处处长，1933年3月22日被军事委员会政治训练处委任为华北抗日宣传总队第八大队大队长。[1]1933年10月任湘鄂川黔四省边区"剿匪"总司令部党政工作处处长，兼任陆军第四十八师政治训练处处长。1935年1月任陆军第十军（军长徐源泉）第四十八师第一四四旅旅长。1936年3月6日颁令叙任陆军步兵上校。[2]1936年11月12日获颁五等云麾勋章。[3]1937年5月7日国民政府颁令由陆军步兵上校晋任为陆军少将。[4]抗日战争全面爆发后，任湖北省军管区司令部参谋长，兼任省军管区司令部军事训练处及编练处处长、湖北省地方行政干部训练团教育长、湖北省国民军事训练委员会副主任委员、三青团湖北支团主任。1937年12月任第十军第四十八师师长，率部参加南京保卫战、武汉会战外围战。1940年任第七十三军第七十七师师长，1941年任第七十五军（军长周岩）副军长。1943年11月12日任第七十三军副军长，兼任洞庭湖警备司令部副司令官。先后率部参加第二次、第三次长沙会战。1945年1月30日接彭位仁任第七十三军代理军长，[5]率部参加湘西雪峰山会战。抗日战争胜利后，1945年10月获颁忠勤勋章。1945年11月26日实任第四方面军（司令长官王耀武）第七十三军军长，1946年7月任山东第二绥靖

---

[1] 《申报》1933年3月25日"华北宣传队即出发"一文记载。

[2] 国民政府文官处印铸局印行：台湾成文出版社有限公司1972年8月出版《国民政府公报》第105册1936年3月7日第1990号颁令第1—2页记载。

[3] 国民政府文官处印铸局印行：台湾成文出版社有限公司1972年8月出版《国民政府公报》第117册1936年11月13日第2201号颁令第8页记载。

[4] 国民政府文官处印铸局印行：台湾成文出版社有限公司1972年8月出版《国民政府公报》第123册1937年5月8日第2348号颁令第8页记载。

[5] 戚厚杰、刘顺发、王楠编著：河北人民出版社2001年1月《国民革命军沿革实录》第548页记载。

区司令部（司令王耀武兼）第七十三军军长，统辖第十五师（师长梁化中）、第七十七师（师长田君健）、第一九三师（师长萧重光），全军美械装备，官兵两万人。1947年2月22日在山东莱芜战役中被人民解放军俘虏，入潍坊解放军官训练团学习。中华人民共和国成立后，关押于战犯管理所学习与改造，1961年12月25日获特赦释放，安排定居武汉市，任湖北省政协文史资料研究委员会专员。晚年寓居武昌区紫阳路住所。1984年10月被推选为武汉市黄埔军校同学会顾问，任湖北省政协委员、常务委员。1989年9月7日因病在武汉逝世。著有《我所知道的叶挺独立团》（载于广东肇庆"叶挺独立团纪念馆"编：广东人民出版社1991年1月《叶挺独立团史料》第407页）、《一九二七年的片段回忆》（载于湖北省政协文史资料委员会编：湖北人民出版社1999年9月《湖北文史集萃》政治军事卷上册第460页）、《国民革命军第二方面军警卫团回应南昌起义前后》（载于湖北省政协文史资料委员会编：湖北人民出版社1999年9月《湖北文史集萃》政治军事卷上册第498页）、《第二军团驰援南京述要》《长沙南郊战斗》《新化战斗纪实》《湖北省地方行政干部训练团筹备与成立经过》（载于湖北省政协文史资料委员会编：湖北人民出版社1999年9月《湖北文史集萃》政治军事卷下册第233页）、《抗战爆发时我的一段经历》《讨伐夏斗寅、杨森叛乱亲历记》《从警卫团到中国工农红军第一军第一师》《征途遇难》《湘鄂西"清剿"亲历记》（载于湖北省政协文史资料委员会编：湖北人民出版社1999年9月《湖北文史集萃》政治军事卷上册第866页）、《莱芜战役回忆片段》《九十述怀》等。成都中央陆军军官学校第十五期生方知1984年5月撰有《黄埔一期老大哥韩濬访问记》一文。

韩之万

韩之万（1900—1978），原名之万，[1]别字石安，后改名"涵"行世任官，江苏阜宁人。阜宁县立高等小学毕业，阜宁初级师范讲习所肄业，法国迪隆大学政治经济系毕业，务农家庭出身，收支相抵。早年信奉孔教。自填登记通信处为江苏阜宁县八滩镇，现迁居涟水县韩大沙。自填入学前履历：曾充国文研究会会员，先后于阜宁县立高等小学及初级师范讲习所毕业。自填家庭成员：父及兰，母张氏，兄姐各一。

韩之万照片

1900年2月20日（另载1901年3月21日出生）生于阜宁县一个农商家庭。1924年5月经王柏龄（时任黄埔军校筹备委员及教授部少将主任）、金佛庄（时任黄埔军校第一期第三队上尉队长）介绍加入中国国民党，1924年5月由钮永建（时任广州大本营中将总参议，孙中山指派上海国民党党务联络特使，前广州大元帅府参谋次长兼兵工厂厂长）、冷遹（广东护法军政府总参议兼内政部代部长，前北京政府将军府平威将军，上海中华职业教育社社长）举荐投考黄埔军校。1924年6月考入陆军军官学校第一期第三队学习，1924年11月毕业，1927年任国民革命军第一军第二十一师党代表，第一军第二师党代表兼政治部主任，第九军政治部副主任，武汉警备总司令部政治部主任。1928年8月26日任第一集团军

---

[1] ①台北文海出版社有限公司印行：近代中国史料丛刊三编第五十七辑《陆军军官学校第三队学生详细调查表》第523页记载；②中国第二历史档案馆供稿，华东工学院编辑出版部影印，档案出版社1989年7月《黄埔军校史稿》第十一册《黄埔同学名册》第61页第一期第二队照片说明；湖南省档案馆校编、湖南人民出版社1989年7月《黄埔军校同学录》第7页第一期第三队误录为干之万；③广东省国家档案馆藏《第一期同学附录》第7页第三队列名韩之万。

（总司令蒋介石兼）第一纵队（总指挥刘峙）第九军（军长顾祝同）第十四师（师长为黄国梁）政治训练处中校处长。1929年5月3日任第九军特别党部筹备委员。1929年被国民政府出资送法国留学，入法国迪隆大学政治经济系学习并毕业，[1]1933年回国，任闽粤赣湘鄂五省边区"剿匪"总司令部副参谋长，军事委员会南昌行营办公厅副参谋长。抗日战争全面爆发后，1937年8月9日国民政府颁令派任为陕西省第四区行政督察专员兼该区保安司令部司令官，[2]兼任该区保安司令部司令官及商县县长。1938年6月3日国民政府颁令免其陕西省第四区行政督察专员兼保安司令部司令官职，[3]发表任第一战区司令长官部高级参谋室中将衔高级参谋。1938年12月8日国民政府颁令派为福建省第六区行政督察专员兼保安司令部司令官。[4]1939年12月发表任第三战区司令长官部前进指挥所中将衔主任。1940年3月9日国民政府颁令："福建省第六区行政督察专员兼保安司令部司令官韩涵免本兼各职。"[5]1940年6月14日国民政府颁令任命韩涵为福建省政府委员，[6]兼任福建省政府（主席陈仪兼）全省田粮管理处处长。抗日战争胜利后，1945年10月获颁忠勤勋章。1945年10月25日任辽宁省政府（主席徐箴）委员，兼任省政府民政厅厅长，1948年3月24日免职。1948年9月9日任江苏省政府（主席丁治盘）委员。1949年10月到台湾，原居台中市，1972年迁入台北黄埔新村寓居。1978年2月19日因病在台北逝世，[7]厝台北市松山寺。著有《从政实录》《案头集零》《鬼谷子探源》等。

[1] 徐友春主编：河北人民出版社2007年1月《民国人物大辞典》增订版第2651页记载。

[2] 国民政府文官处印铸局印行：台湾成文出版社有限公司1972年8月出版《国民政府公报》第128册1937年8月10日第2428号颁令第1页记载。

[3] 国民政府文官处印铸局印行：台湾成文出版社有限公司1972年8月出版《国民政府公报》第133册1938年6月4日渝字第54号颁令第4页记载。

[4] 国民政府文官处印铸局印行：台湾成文出版社有限公司1972年8月出版《国民政府公报》第137册1938年12月10日渝字第108号颁令第6页记载。

[5] 国民政府文官处印铸局印行：台湾成文出版社有限公司1972年8月出版《国民政府公报》第148册1940年3月13日渝字第239号颁令第1页记载。

[6] 国民政府文官处印铸局印行：台湾成文出版社有限公司1972年8月出版《国民政府公报》第151册1940年6月15日渝字第266号颁令第1页记载。

[7] 台北"国史馆"编纂：2006年12月印行《"国史馆"现藏民国人物传记史料汇编》第二十辑第543页韩涵传记载。

韩云超

韩云超（1899—1948），原名奉光，别字涛光，别号竟伯、理伯，广东文昌罗豆圩昌梅村人。文昌县北九区高等小学、广东省立琼崖中学、上海暨南学校毕业，父从农商，家境贫穷。自填登记处为广东文昌县北九区昌梅村，通信处为琼州罗豆市邮政支局转交昌梅村。自填入学前履历：民国十年（1921年）充（广东）文昌恢中小学校主任教员；十一年（1922年）充（广东）东路讨贼军步兵第二旅第四团第二营第八连司务长，后调充营部书记，

韩云超照片

再调充东路讨贼军第一警备（旅）第三支队司令部军需正；十二年（1923年）充大本营兵站总监部第一支部委员；十三年（1924年）充广东海防陆战队第二团第一营第三连代理连长。幼年村塾启蒙，高等小学毕业后，1916年考入琼崖中学就读，毕业后赴上海暨南学校求学。毕业后返回原籍，曾任文昌恢中小学校主任教员。1922年从军，任东路讨贼军步兵第二旅第四团第二营第八连司务长、营部书记员、第一警备队第三支队司令部军需正。1923年充任大本营兵站总监部第一支部委员。1924年初任广东海防陆战队第二团第一营第三连代理连长。1924年1月24日经冯熙周（中国国民党琼崖筹备委员）介绍加入中国国民党，再由其保荐投考黄埔军校。1924年6月考入陆军军官学校第一期第二队学习，1924年11月毕业，分发教导团学兵连任见习、区队长，后为粤军排长，1925年1月随部参加第一次东征作战。1925年8月任国民革命军第四军（军长李济深）第十三师（师长徐景棠）第三十九团（团长云瀛桥）步兵连连长，随部参加第二次东征战事及统一广东诸役。1926年7月第四军第十三师第三十九团任营长、中校指导员，奉派留守

广东。1928年任陆军第十三师（师长云瀛桥）政治训练处处长，1929年任南京中央陆军军官学校研究班学员大队大队长，1931年任讨逆军第二十六路军总指挥（孙连仲兼）部政治训练处处长。1932年12月任军事委员会军官干部训练大队大队长。1935年5月29日颁令叙任陆军步兵中校。[1]抗日战争全面爆发后，历任第六路军总指挥部参谋处上校科长、陆军通讯学校筹备处委员、主任教官，通讯兵营营长。1938年11月7日国民政府颁令晋任为陆军步兵上校，[2]应王俊邀请返回广东部队。1940年10月任第七战区司令长官部高级参谋，随部参加第一次、第二次粤北会战。1943年春任国民政府军政部少将衔参议。1944年12月发表任广东某师管区司令部副司令官。抗日战争胜利后，1945年10月获颁忠勤勋章。1946年1月奉派入中央训练团将官班受训，登记为少将团员，1946年3月结业。1946年5月获颁胜利勋章。1946年12月3日参加赴南京任职、公干的81名黄埔一期生在中央训练团聚餐并于办公大楼前合影。[3]1947年任国民政府广州行辕少将参议。1948年2月7日任广东乐东县县长，[4]1948年6月1日免职。1948年8月在海南岛与中共琼崖游击队作战时阵亡。[5]

[1] 国民政府文官处印铸局印行：台湾成文出版社有限公司1972年8月出版《国民政府公报》第93册1935年5月30日第1754号颁令第3页记载。

[2] 国民政府文官处印铸局印行：台湾成文出版社有限公司1972年8月出版《国民政府公报》第137册1938年11月9日渝字第99号颁令第2页记载。

[3] 容鉴光编著：列入台北出版品预行编目资料，台北博煜企业有限公司2003年6月16日第一版印行《黄埔军校一期研究总成》第278页辑录。

[4] 广东省档案馆编纂：1989年12月印行《民国时期广东省政府档案资料选编》第十一辑第371页记载。

[5] 范运晰著：南海出版公司1999年6月《琼籍民国人物传》第442页记载。

韩绍文

韩绍文（1900—1926），江西赣县人。赣县县立国民学校高等班、江西省立第三中学毕业，国立北京法政大学政治科肄业。父从农商，家境富裕，每年可收田租六百石。自填登记处为江西赣县牛岭，通信处为江西信丰城内永和兴号转牛岭。自填入学前履历：国民学校高等小学省立第三中学毕业，国立北京法政大学校政治科毕业，在京曾任中社宣传委员及《民生周刊》代派员。在北京读书时，曾任中社宣传委员，《民生周刊》代派员等。1923年9月20日由纪人庆（北

韩绍文照片

京法政大学学生）、张六师（北京学界任教）介绍加入中国国民党。1924年春受中国国民党江西省党部选派，再由李大钊（孙中山指派出席国民党一大北京特别区代表并为大会主席团成员，国民党第一届中央执行委员）、谭熙鸿（孙中山指派出席国民党一大北京特别区代表，国民党中央农民部部长，时为国立北京大学秘书兼生物学教授，前国立浙江大学农学院院长）保荐投考黄埔军校。1924年5月赴广州，1924年6月考入陆军军官学校第一期第三队学习，1924年11月毕业，参加孙文主义学会活动，分发东征军左翼第二纵队政治训育员、见习排长，随部参加第一次东征作战。1925年8月任国民革命军第一军第三师步兵连副连长，1926年7月任国民革命军第一军第二十师步兵连连长。1926年11月20日在江西南昌战役中阵亡。[1]

---

[1] ①中国第二历史档案馆供稿，华东工学院编辑出版部影印，档案出版社1989年7月《黄埔军校史稿》第八册（本校先烈）第247页第一期烈士芳名表记载1926年11月20日在江西南昌阵亡；②台北《黄埔建国文集》编纂委员会编纂：台北实践出版社1985年6月16日印行《黄埔军魂》第574页"北伐战役殉国英雄姓名表"第一期记载。

楼景越

楼景越照片

楼景越（1893—1933），又名景樾，别字秀挺，别号秀庭，浙江诸暨县牌头上楼家村人。诸暨县暨牌镇高级小学、浙江省立诸暨中学毕业，浙江陆军第一师第二团学兵连肄业，北京政府内务部高等警官学校毕业，祖辈务农，有地产二十余亩。自填家庭成员：父贤公，母陈氏，姐妹各一，妻孟氏。自填登记处为浙江诸暨县牌镇，通信处为诸暨牌镇永和楼。自填入学前履历：历充福建泉州警察局科员，福建陆军第五旅第九团二营副官，团本部军需，中央军需处交通局委员等职。1893年11月12日生于诸暨县牌头上楼家村一个商绅家庭。历充福建泉州警察局科员、福建陆军第五旅第九团第二营副官、团本部军需、中央军需署（其自填履历记载为"中央军需处"）交通局委员等职。1912年由陈英玉（浙江陆军供职）、蒋镰（浙江陆军供职）介绍加入中国国民党，1924年春由吴皋明（浙江军界耆宿）、蒋鳌（浙江军界供职）保荐投考黄埔军校。1924年6月考入陆军军官学校第一期第三队学习，1924年11月毕业，分发黄埔军校第三期教导队见习、排长，黄埔军校教导第二团特务连连长，参加了两次东征作战。1926年7月随部参加北伐战争，任国民革命军第一军第二师步兵团连长、营长、团附，1927年8月随军参加龙潭战役。1928年7月国民革命军编遣，1928年8月任缩编后的第一集团军陆军第二师（师长顾祝同）第四旅（旅长黄国梁）副旅长。1929年2月17日被推选为第二师特别党部监察委员，任陆军第二师（师长顾祝同）第五旅旅长。1930年5月率部参加中原大战，任国民革命军第一军（军长顾祝同）第二师副师长、代理师长。1931年6月任国民政府警卫军（军长冯轶装）第一师师长，兼任郑州警备司令部司令官。1931年2月27日获颁四等宝鼎勋章。[1]1931年6月24日冯轶裴因病逝世，军事委员会旋即发表顾祝同兼任警卫军军长，其改任该军第二师师长，遗缺由俞济时接任，1931年12月所部警卫军裁撤免职。1932年1月11日任第五军（军长张治中）第八十七师师长，1932年1月率部参加"一·二八"淞沪抗日战事。1932年5月因伤病赴普陀山疗养，后被军事委员会发表为军事参议院参议，兼任军事委员会武汉行营补充兵编练处主任。1933年10月因病在汉口逝世。

---

[1] 国民政府文官处印铸局印行：台湾成文出版社有限公司1972年8月出版《国民政府公报》第48册1931年2月28日第711号颁令第18页记载。

睦宗熙

睦宗熙照片

睦宗熙（1904—1937），原载眭宗熙，[1]现据以下资料：①中国第二历史档案馆供稿、华东工学院编辑出版部影印、档案出版社于1989年7月出版的《黄埔军校史稿》第十一册《黄埔同学名册》第20页第一期第一队照片说明；②湖南省档案馆校编、湖南人民出版社于1989年7月出版的《黄埔军校同学录》第3页第一期第一队记载；③广东省国家档案馆藏《第一期同学附录》第4页记载，考定其名应为"睦宗熙"。江苏丹阳人。江苏丹阳吕城镇县立第三小学、江苏省立第一商业学校毕业，父睦陶俊从政界，有房产两处。自填登记通信处为江苏丹阳县吕城。自填入学前履历：丹阳县立第三高小校毕业，江苏省立第一商业学校肄业二年半。1924年1月10日由邢少梅（上海律师事务处书记）、黄叔和（前国民党上海市区分部委员，后国民党广州市党部供职）介绍加入中国国民党，1924年3月由茅祖权（孙中山指派出席国民党一大江苏省代表，原北京政府护法国会众议院议员，国民党第一届候补中央执行委员）、钮惕生（又名永键，孙中山指派上海国民党党务联络特使，前广州大元帅府参谋次长兼兵工厂厂长）保荐投考黄埔军校。1924年5月到广州，1924年6月考入陆军军官学校第一期第一队学习，在学期间曾随第一队往韶关北伐大本营，负责孙中山的警卫事宜，后返回广州续学，1924年11月毕业，分发黄埔军校教导第一团任见习，后

---

[1] 台北文海出版社有限公司印行：近代中国史料丛刊三编第五十七辑《陆军军官学校第一队详细调查表》第163页记载。

为步兵连党代表，随部参加第一次东征作战。1925年8月任国民革命军总司令部军士教导队政治指导员，1926年7月随部参加北伐战争，任国民革命军第一军第二师第六团党代表，第一次南昌战役时被孙传芳部俘虏，解至南京关押。1927年3月北伐军至，始获释。[1]1927年5月任浙江警备师政治部主任，后任中国国民党江苏省筹备党部执行委员兼组织科科长，江苏金坛、江陵县公安局局长。1929年5月任武汉卫戍司令部宪兵团（后改为宪兵第三团）中校团附，1930年曾加入邓演达发起组织的"黄埔革命同学会"，参与军事对立活动，1931年邓演达遇害后，往南京黄埔同学会登记自新。经同学保荐入南京中央陆军军官学校高级班受训。1932年10月任中央宪兵第三团副团长，南京中央宪兵司令部政治部副主任。1934年12月任第九十师司令部交通处处长，1936年10月任第九十八师（师长夏楚中）政治训练处主任。1937年6月19日颁令叙任陆军步兵上校。[2]抗日战争全面爆发后，随部参加淞沪会战，1937年8月17日淞沪抗战中在罗店指挥师辎重连向前线运送弹药途中，遭日机猛烈空袭，机枪子弹伤及臂膀，因大量出血没能及时止血包扎，失血过多身亡。1972年10月获台湾当局批准入祀台北圆山忠烈祠。[3]

---

[1] 秦孝仪主编、中国国民党中央党史编纂委员会编纂：台北中央文物供应社1982年6月印行《革命人物志》第十三集第245页记载为眭宗熙。

[2] 国民政府文官处印铸局印行：台湾成文出版社有限公司1972年8月出版《国民政府公报》第126册1937年6月19日第2385号颁令第5页记载。

[3] 胡博、王戡著：武汉大学出版社2013年6月《碧血千秋——抗日阵亡将军录》第12页记载。

蓝运东

蓝运东照片

蓝运东（1898—1937），别号阜伯，湖南醴陵人。醴陵县立第二中学、醴陵县立初级师范学校毕业，广州大本营军政部陆军讲武学校肄业。1923年冬到广州，考入广州大本营军政部陆军讲武学校学习。1924年秋该校并入黄埔军校，1924年11月编入陆军军官学校第一期第六队学习，1925年2月肄业。分发教导第二团任见习，1925年2月随部参加第一次东征作战。1925年8月任国民革命军第一军第三师第六团步兵连排长，1926年7月随部参加北伐战争，任国民革命军第一军第二十师第六十团步兵营连长、营长、中校团附。1928年任国民革命军总司令部补充第四团团长，1933年任军事委员会军务局少将专员。1936年10月奉派在福建编练新编陆军师。抗日战争全面爆发后，任预备第十师司令部参谋长，率部参加淞沪会战。1937年8月13日颁令叙任陆军步兵上校。[1]1937年12月12日在南京保卫战中殉国。[2]

---

[1] 国民政府文官处印铸局印行：台湾成文出版社有限公司1972年8月出版《国民政府公报》第128册1937年8月14日第2432号颁令第1页记载。

[2] 刘晨主编：团结出版社2007年6月《中国抗日将领牺牲录》第120页记载。

詹赓陶

詹赓陶（1901—？），别字心传，湖南新宁人。新宁县立初级师范学校毕业，广州大本营军政部陆军讲武学校肄业，意大利陆军大学毕业，1923年12月南下广东，考入广州大本营军政部陆军讲武学校学习，1924年秋该校并入黄埔军校，1924年11月编入陆军军官学校第一期第六队学习，1925年2月肄业。后随部参加第一次、第二次东征作战及北伐战争，任国民革命军第六军第十八师步兵团排长、连长、营长。1927年任国民革命军总司令部第七补充团团附。1928年任国民政府警卫军第

詹赓陶照片

一师第二团团长，1936年9月24日颁令叙任陆军步兵中校。[1]1936年10月任军事委员会特别行动军司令（康泽）部参谋，发表为中华民国国民政府派驻意大利公使馆陆军武官。1937年6月9日颁令晋任陆军步兵上校。[2]抗日战争全面爆发后，继任驻意大利公使馆武官，后派驻德国军事采购团成员。1940年回国，任国民政府军政部部附。抗日战争胜利后，仍任军政部附员。1945年10月获颁忠勤勋章。1946年5月获颁胜利勋章。1946年12月3日参加赴南京任职、公干的81名黄埔一期生在中央训练团聚餐并于办公大楼前合影。[3]1947年4月17日国民政府军事委员会铨叙厅颁令其叙任陆军少将。

[1] 国民政府文官处印铸局印行：台湾成文出版社有限公司1972年8月出版《国民政府公报》第114册1936年9月25日第2161号颁令第1页记载。

[2] 国民政府文官处印铸局印行：台湾成文出版社有限公司1972年8月出版《国民政府公报》第125册1937年6月10日第2376号颁令第1页记载。

[3] 容鉴光编著：列入台北出版品预行编目资料，台北博煜企业有限公司2003年6月16日第一版印行《黄埔军校一期研究总成》第278页辑录。

雷德

雷德照片

雷德（1901—? ），江西修水人。修水县西平镇国民学校、修水县立初级师范学校文科毕业，赣军随营学校肄业。父从农商，有田产若干，经济中等。自填登记通信处为江西修水县西平镇全丰市路北口。自填入学前履历：十一年（1922年）入伍随北伐军攻赣克闽，旋充参谋部警卫支队司令部三等编修，后在该队陆军随营学校毕业，十二年（1923年）西路（讨贼军）第一支队第一营第二连司务长，海军警备队独立营第一连少尉排长复升中尉。曾任攻赣北伐军司令部参谋课三等编修，后入赣军随营学校学习。1923年毕业，任广东西路讨贼军第一支队第一营第二连司务长，海军警备队独立营第一连排长、中尉副连长。1924年1月2日经蓝仲和（驻广州八旗二马路海军警备队司令部参谋）、黄复（驻广州八旗二马路海军警备队司令部参谋）介绍加入中国国民党，1924年3月由钟世英（广州大本营参谋部警备司令，赣军先锋司令及东路军总指挥部参议，海军警备队司令部顾问）保荐投考黄埔军校。1924年6月考入陆军军官学校第一期第四队学习，在学期间任第四队分队长，1924年11月毕业，参加孙文主义学会活动，曾为校刊《中国军人》撰稿，任广州大本营海军局海军陆战队营排长、上尉副连长，广州大本营军政部警卫连连长。1925年12月22日派暂代国民革命军总司令部教导师（师长王柏龄）第三团第二营营长。[1]1926年7月随部参加北伐战争，任国民革命军第一军第二十师第六十团第二营营长，中央教导第一师步兵团

---

[1] 中国第二历史档案馆编：档案出版社1992年12月《蒋介石年谱初稿》第484页记载。

副团长。1927年8月30日在龙潭战役中负伤，[1]居住上海小南门内花园街可大里第一家治疗养伤。1928年4月17日任国民革命军总司令部副官处少校服务员。[2]1932年10月任军政部驻豫军人工厂厂长，[3]负责接收、安置与管理负伤官兵及残废官兵遗族子弟，1933年12月8日免职。1933年12月7日任军事委员会驻豫绥靖主任（刘峙）公署上校参议，[4]1935年2月9日任河南省政府保安处（处长冯剑飞）上校服务员。[5]撰文《应威烈士传略》等。

[1] 中央陆军军官学校编纂：1928年8月印行《黄埔血史——中央陆军军官学校追悼北伐阵亡将士特刊》中"黄埔受伤同学名册"第一期记载。

[2] 1928年4月《国民革命军总司令部公报》第四期第57页记载。

[3] 军事委员会驻豫绥靖主任公署1933年11月10日《绥靖旬刊》第一期"公牍"第37、38页记载。

[4] 军事委员会驻豫绥靖主任公署1933年12月11日版《绥靖旬刊》第四期"公牍"第2、10、17、29、32页记载。

[5] 河南省政府保安处1935年3月31日版《河南保安月刊》第三期"本部一月来之人事"记载。

雷云孚

雷云孚（1901—1925），别字雨亭，陕西横山县（区）波罗堡人。横山县立高级小学堂毕业，陕西省立榆林中学肄业。祖父业儒，家境贫穷。早年信仰基督教。自填登记、通信处为陕西榆林道横山县波罗堡城内。自填入学前履历：本县（横山县）高等小（学）校毕业，榆林中（学）校二年级。1924年春由于右任（国民党第一届中央执行委员）保荐投考黄埔军校，1924年5月到广州，1924年6月考入陆军军官学校第一期第三队学习，1924年11月毕业，分发黄埔军校教导第一团任见习，参加第一次东征作战。1925年5月在攻克惠州城时参加奋勇队，激战中阵亡。[1]另载1925年4月在梅县驻防中遭敌袭击身亡。

---

[1] ①中国第二历史档案馆供稿，华东工学院编辑出版部影印，档案出版社1989年7月《黄埔军校史稿》第八册（本校先烈）第244页第一期烈士芳名表记载1925年5月在广东阵亡；②台北《黄埔建国文集》编纂委员会编纂：台北实践出版社1985年6月16日印行《黄埔军魂》第573页"东征战役殉国英雄姓名表"第一期记载。

雷克明

雷克明（1901—？），陕西武功人。武功县立高级小学、陕西榆林师范学校毕业，祖辈务农，有地产二十余亩。自填登记处为陕西武功县东南乡薛固镇烧香台雷家堡，通信处为兴平县西南乡桑镇德懋堂宝号。1924年3月经焦易堂（孙中山指派出席国民党一大陕西省代表，国民党陕西省临时党部执行委员）介绍加入中国国民党，1924年春由于右任（国民党第一届中央执行委员）、焦易堂保荐投考黄埔军校，1924年5月到广州，1924年6月考入陆军军官学

雷克明照片

校第一期第四队学习，1924年11月毕业，后派赴北方策应，任国民军第二军下级军官，随部参加北伐战事。受杨虎城赏识，任陕北国民军前敌总指挥部三民军官学校（校长杨虎城兼）学员总队（总队长刘子潜）第二中队中队长。[1]所部改编后，1925年7月任国民军第三军第三师（师长杨虎城）三民军官学校学员总队（总队长刘子潜）第二中队中队长。[2]后由王宗山代理校长职务，1926年8月三民军官学校自行解散。后任国民军第三师（师长杨虎城）司令部独立营（营长唐嗣桐）营附，1927年起任国民革命军第十七路军总指挥部少校参谋、国民革命军步兵营

---

[1] 陕西省政协文史资料和学习委员会编纂：陕西出版集团/陕西人民出版社2010年4月《陕西文史资料精编》第九卷《人物专辑》上册第108页陈云樵撰文《杨虎城将军举办三民军官学校始末》记载。

[2] 陕西省政协文史资料和学习委员会编纂：陕西出版集团/陕西人民出版社2010年4月《陕西文史资料精编》第九卷《人物专辑》上册第94页署名刘子潜，1964年5月23日撰文，王锦山记录，《耀县三民军官学校之概况》记载。

营长。1932年6月30日经审查合格呈请社长（蒋介石）批准为"励志社"第十二届新社员[1]，任后勤司令部课长、参谋本部参谋。1936年3月19日颁令叙任陆军步兵中校。[2]抗日战争全面爆发后，任国民政府军政部上校参谋、军事训练部校阅委员会少将衔专员。抗日战争胜利后，1945年10月获颁忠勤勋章。1946年5月获颁胜利勋章。1948年3月22日颁令叙任陆军少将，同时办理退役。

---

[1] 南京励志社：1932年6月30日版《励志旬报》第2卷第8期第6—8页"社闻"栏记载。

[2] 国民政府文官处印铸局印行：台湾成文出版社有限公司1972年8月出版《国民政府公报》第105册1936年3月20日第2000号颁令第1—2页记载。

鲍宗汉

　　鲍宗汉（1896—1925），原名启经，入黄埔时改名宗汉，安徽巢县人。巢县炯炀镇高等小学、安徽省立巢县第一中学毕业，父从农商，经济中等。自填登记处为安徽巢县炯炀镇，通信处为巢县炯炀镇鲍长发号转交。自填入学前履历：民国六年（1917年）西北军军士教导团毕业，曾充长江上游总司令部暂编第三旅第五团第一营二连司务长。1917年入西北军军士教导团学习，肄业后充任长江上游总司令部暂编第三旅第五团第一营第二连司务长，1923年加入中国国民党。1924年春由李次宋（国民党一大安徽省代表，国民党安徽省临时支部党务特派员及筹备委员，国民党广州特别区执行委员）、沈气含（安徽省驻粤国民党特派员，时在国民党广州特别区党部区分部供职）保荐投考黄埔军校，并受中国国民党安徽省临时党部委派赴广州，1924年5月15日再由邓演达（前任广东西路讨贼军第一师第三团团长，黄埔军校入学试验委员会委员）、金佛庄（前浙江陆军第二师营长，黄埔军校第一期第三队上尉队长）介绍再次加入中国国民党。1924年6月考入陆军军官学校第一期第三队学习，1924年11月毕业，分发教导第二团任见习、排长，随部参加第一次东征作战。1925年2月在广东淡水作战时中弹阵亡。[1]

---

　　[1]　①中国第二历史档案馆供稿，华东工学院编辑出版部影印，档案出版社1989年7月《黄埔军校史稿》第八册（本校先烈）第53页有烈士传略；第245页第一期烈士芳名表记载1925年2月在广东淡水阵亡；②台北《黄埔建国文集》编纂委员会编纂：台北实践出版社1985年6月16日印行《黄埔军魂》第573页"东征战役殉国英雄姓名表"第一期记载。

廖伟

廖伟照片

廖伟（1901—？），广东钦县人。贫农家庭出身。钦县县立高等小学毕业，自填登记处为广东钦县，通信处为钦县城鱼寮街天生堂号。自填入学前履历：曾充广东讨贼军第一师第三团第六连排长。先受训于乡团练，后任广东西江讨贼军第一师第三团第六连排长。1924年5月15日经邓演达（前任广东西路讨贼军第一师第三团团长，黄埔军校入学试验委员会委员）介绍加入中国国民党，并由其推荐投考黄埔军校。1924年6月考入陆军军官学校第一期第一队学习，在学期间任本队第七分队分队长，1924年11月毕业，后服务社会。

廖子明

廖子明（1902—？），原名炯然，别号月初，广东连县（今连州市）人。连县县立第一高等小学校、连县县立初级中学校、南京中央陆军军官学校高等教育班第三期毕业，民国前九年出生。父早亡，家从农业，有田产二十余亩。自填登记处为广东连县，通信处为连县城新民社。自填入学前履历：十二年（1923年）曾充连阳（广东）绥靖处监印员。曾任广东西江连阳绥靖处监印员，广东西路讨贼军第一路司令部副官。1924年春由何克夫（时任广州大本营

廖子明照片（一）

参议，前广东连阳绥靖处处长，中央直辖粤军第一混成旅旅长）、王度（时任广东连阳绥靖处参谋，前西路讨贼军团长）保荐投考黄埔军校，1924年5月15日再由二人介绍加入中国国民党。1924年5月到广州，1924年6月考入陆军军官学校第一期第一队学习，在学期间随队赴韶关大本营，为孙中山担任警卫事宜，1924年秋返回广州校本部续学，1924年11月毕业，分发黄埔军校训练部训育员，任入伍生队区队长，军士教导队教练官。1926年3月任广州黄埔中央军事政治学校办公厅调查股少校股员。1926年7月随部参加北伐战争，任国民革命军总司令部见习、参谋，兼任侦探队队长。1926年3月15日任国民革命军第一军第十四师第四十一团第三营营长，与敌激战于兴宁合水圩，战况惨烈，其身负重伤。痊愈后返回原部队，1926年7月在江西南昌作战阵亡。[1]另载其痊愈后返回原部队，任讨逆军第十九路军第六十师第一二〇旅第六团团附。另载1934年1月委任廖子明为

---

[1] 陈予欢编著：广州出版社 1998 年 9 月《黄埔军校将帅录》第 1640 页。

广东省政府设置连阳化瑶局局长，行使县政府职能，1934年12月1日免职。1934年12月底调任上海警察局警察总队总队长，1936年1月16日颁令叙任陆军步兵上校。抗日战争全面爆发后，随军参加抗日战事。1939年11月任连阳安化管理局局长，1942年8月27日免职。1943年12月13日任广东第二区保安司令部上校副司令官。抗日战争胜利后，任中央警官学校第二分校（广州分校）学生总队总队长。

廖子明照片（二）

廖运泽

廖运泽（1903—1987），安徽凤台人。凤台县东乡廖家湾国民学校、上海私立工惠学校毕业，安庆省立职业师范学校肄业。父廖鸿文，别字子宾，为同盟会会员，业农商，有地产四十亩，自给尚余。自填入学前履历：本村小学毕业，又入上海工惠学校毕业，后入本省省会职业师范学校肄业。1924年1月由袁家声［前安徽淮上军讨马（联甲）自治军总司令，柏文蔚北伐讨贼军第二军司令部顾问］、廖子英（又名梓英，前柏文蔚淮上军第一军司令部参谋，《建设日报》编辑，北

廖运泽照片

伐讨贼军第二军顾问）介绍加入中国国民党，1924年3月再由其二人保荐投考黄埔军校。1924年6月考入陆军军官学校第一期第三队学习，1926年加入中国共产党，1924年11月毕业，历任东征军总指挥部警卫连队长，第二期学生总队部教育副官，随部参加了两次东征作战。1926年2月任中央军事政治学校潮州分校第三队队长。1926年12月任中央军事政治学校武汉分校政治大队第四队少校队长，1927年4月任武汉中央军事政治学校政治大队第三队中校队长，国民革命军第十一军第二十四师第七十二团副团长、代理团长。1927年8月率部参加南昌起义，潮汕失利后转赴上海。1928年春任第三十三军司令部学兵团教育长，与中共脱离组织关系，后任第四十二军司令部参谋处参谋、淮军第一师新编第五旅步兵团营长、暂编第二旅副团长、独立第四十旅团长、第九十五师补充旅旅长。1935年5月27日颁令叙任陆军步兵中校。[1]

---

[1]　国民政府文官处印铸局印行：台湾成文出版社有限公司1972年8月出版《国民政府公报》第93册1935年5月28日第1752号颁令第4页记载。

1936年9月30日颁令晋任陆军步兵上校。[1]抗日战争全面爆发后，任第九十二军第二十一师副师长，军事委员会南岳游击干部训练班学员总队副总队长。[2]1938年5月任第二十一师师长，兼任安徽阜阳警备司令部司令官。1939年12月任第五战区第九十二军暂编第十四师师长。1943年10月5日任骑兵第二军军长。1945年2月20日颁令叙任陆军少将。抗日战争胜利后，1945年10月获颁忠勤勋章。任陆军第九十六军代理军长。1946年5月获颁胜利勋章，1946年6月任第二绥靖区司令部副司令官，改任国防部中将部员。1948年6月任第八绥靖区司令部副司令官，兼任第一快速纵队司令部司令官，第八绥靖区颍上指挥所主任。1948年9月22日颁令叙任陆军中将。1949年1月任第十五绥靖区司令部副司令官，1949年5月因其旧部第一一〇师起义被通缉，潜居香港，曾策动陆军第三一八师起义。[3]1952年夏回到内地，历任民革第三届中央候补委员，第四届至第六届中央委员，民革江苏省委会副主任委员、主任委员，江苏省人民政府参事室参事，江苏省政协常务委员、副秘书长，江苏省政协副主席，江苏省人大常委会副主任，南京市黄埔军校同学会会长。1987年9月23日因病在北京逝世。著有《南昌起义的片段回忆》《阜阳保卫战》《蒋军在京沪杭的最后挣扎》（与人合著）等。

---

[1] 国民政府文官处印铸局印行：台湾成文出版社有限公司1972年8月出版《国民政府公报》第115册1936年10月1日第2166号颁令第1页记载。

[2] 刘绍唐主编：台北传记文学出版社1999年10月15日印行《民国人物小传》第十九辑传记。《民国人物小传》辑录第三册记载。

[3] 杨牧、袁伟良主编：河南人民出版社2005年11月《黄埔军校名人传》下册第1069页记载。

熊敦

熊敦（1899—1930），又名肇勋，别字永清，别号克尧，江西贵溪人。[1]贵溪县第四国民学校高级班毕业，江西省立第四师范学校肄业。自填登记通信处为江西贵溪县之江浒山市桥村。父为自耕农，有山田数亩，家境贫困。自填入学前履历：（江西）省立第四师范（学校）肄业四年。1923年10月经洪宏义（前江西省立第四师范学校教授、校长，后为出席国民党一大江西省代表，国民党江西省临时党部整理委员、执行委员）介绍加入中国国民党，1923

熊敦照片

年返乡创办宏文国民小学，任教务主任。1924年春由赵干（又名醒侬，国民党一大江西省代表，国民党江西省临时支部党务特派员，国民党江西省党部执行委员、常务委员兼组织部部长）、邓鹤鸣（国民党江西临时党部筹备委员，中华全国学生联合会委员）举荐投考黄埔军校。1924年5月到广州，1924年6月考入陆军军官学校第一期第二队学习，1924年7月其在校宣称信仰无政府主义，要求退学并脱离中国国民党，军校准其告退。返回原籍乡间不久，1925年1月赴上海晨光大学就读，参加"新世界学社"，信奉国家主义。1925年秋南返广州，任军校

<hr>

[1] ①台北文海出版社有限公司印行：近代中国史料丛刊三编第五十七辑《陆军军官学校第二队详细调查表》第411页记载；②湖南省档案馆校编，湖南人民出版社1989年7月《黄埔军校同学录》第15页第一期补录名单；③中国第二历史档案馆供稿，华东工学院编辑出版部影印，档案出版社1989年7月《黄埔军校史稿》第十一册《黄埔同学名册》第一期无载；④容鉴光编著：列入台北出版品预行编目资料，台北博煜企业有限公司2003年6月16日第一版印行《黄埔军校一期研究总成》第85页载其原第一期生，后因无政府主义开除学籍。

入伍生部排长，1926年1月17日编入中央军事政治学校第四期政治科政治大队第三队学习。[1]1926年9月毕业，后随政治大队参加北伐战争，到达武汉后组成中央军事政治学校武汉分校政治科，1926年10月在武汉加入中国共产党，毕业后分发国民革命军总司令部总政治部工作。1926年11月随朱德入四川，任国民革命军第二十军（军长杨森）政治部（主任由党代表朱德兼）科员。[2]后任国民革命军第二十军（军长杨森）特别党部政治指导员，曾任中共四川万县中心县委军事委员，中共四川省委军事委员会委员。秘密进行兵运工作，1930年被捕牺牲。[3]

[1]　湖南省档案馆校编，湖南人民出版社1989年7月《黄埔军校同学录》第141页第四期同学录记载。

[2]　何蜀著：广东出版集团、广东人民出版社2008年12月《从中共高干到国军将领：文强传》第4页记载。

[3]　中华人民共和国民政部组织编纂，范宝俊、朱建华主编：黑龙江人民出版社1993年1月《中华英烈大辞典》第2637页熊肇勋简介记载。

熊建略

熊建略（1897—1926），原名建略，[1]别号道南，后改名绥云，江西新建人。南昌师范学校毕业，广州大本营军政部陆军讲武学校肄业。自填登记通信处为江西南昌章江门外安济渡小淇熊氏公寓转。1923年加入中国国民党，被推选为江西省立南昌师范学校学生会执行委员。1923年冬赴广州，考入广州大本营军政部陆军讲武学校学习。1924年秋该校并入黄埔军校，1924年11月编入陆军军官学校第一期第六队学习，1925年2月肄业。分发黄埔军校第二期工

熊建略照片

兵科任见习、区队长，后任东征军左翼第一纵队排长、连长，随部参加了两次东征作战。1926年7月随部参加北伐战争，任国民革命军第一军第二师第四团少校营长、中校团附。1926年秋在南昌战役中阵亡。[2]

---

[1] ①湖南省档案馆校编、湖南人民出版社1989年7月《黄埔军校同学录》第13页第一期第六队记载；②中国第二历史档案馆供稿，华东工学院编辑出版部影印，档案出版社1989年7月《黄埔军校史稿》第十一册《黄埔同学名册》第124页第一期第六队照片说明记载。

[2] 中央陆军军官学校编纂：1928年8月印行《黄埔血史——中央陆军军官学校追悼北伐阵亡将士特刊》中"黄埔阵亡烈士芳名表"第一期第25页记载。

臧本燊

臧本燊（？—？），原缺载籍贯。[1]1924年6月考入陆军军官学校第一期第三队学习，1924年秋肄业。据湖南省档案馆校编，湖南人民出版社于1989年7月出版的《黄埔军校同学录》第16页第一期补录名单中，仅列姓名，无载年龄、籍贯和通信处。进校受训不久，自行离校不知去向。

---

[1]　台北文海出版社有限公司印行：近代中国史料丛刊三编第五十七辑《陆军军官学校第一至四队详细调查表》无载。

蔡粤

蔡粤（1899—1927），湖南华容人。华容县国民学校高级班、长沙私立育才中学毕业，祖父业儒，家境贫穷。信仰孔教。自填登记处为湖南华容县黄龙垸，通信处为县城东门外第二号和春药号转交。自填入学前履历：在湖南育才中学毕业，曾任本县高等小学教务主任。1924年春由覃振（国民党第一届中央执行委员，前北京政府国会议员，国民党武汉支部长及武汉执行部常务委员）、刘德昭（湖南学界任教）、尹桂庭（湖南军界供职）保荐投考黄埔军校，1924年5月15日入本校集

蔡粤照片

训时经姜果蒙（湘军总司令部副官）、刘桓犁（湖南学界供职）介绍加入中国国民党。1924年5月到广州，1924年6月考入陆军军官学校第一期第一队学习，1924年11月毕业，分发军校入伍生团见习、教导第二团排长，随部参加了两次东征作战。1926年7月随部参加北伐战争，任国民革命军第一军第一师第一团少校副营长。1927年1月29日在江西龙游作战时阵亡。[1]1929年2月1日国民政府指令："呈据军政部呈称第一军第一师第一团第二营少校副营长蔡粤于十六年游龙战役阵亡，拟照陆军少校阵亡例给恤，转请核准令遵由。"[2]

---

[1] ①中国第二历史档案馆供稿，华东工学院编辑出版部影印，档案出版社1989年7月《黄埔军校史稿》第八册（本校先烈）第243页第一期烈士芳名表记载1927年1月29日在浙江龙游阵亡；②台北《黄埔建国文集》编纂委员会编纂：台北实践出版社1985年6月16日印行《黄埔军魂》第574页"北伐战役殉国英雄姓名表"第一期记载。

[2] 国民政府文官处印铸局印行：台湾成文出版社有限公司1972年8月出版《国民政府公报》第24册1929年2月5日第84号颁令。

蔡凤翁

蔡凤翁照片

蔡凤翁（1903—1940），自填原名凤翁，[1]另载凤翁，[2]广东万宁县北坡乡保定村人。黄埔二期生、前广东省政府委员兼第九区行政督察专员蔡劲军堂叔。万宁本乡高等小学毕业，万宁县立中学肄业，陆军大学特别班第一期毕业。自填登记处为广东琼州府万宁县保定村，通信处为万宁县城天和堂转交。自填入学前履历：五岁至十岁皆从先父温读；十一岁至十三岁家遭不幸，逃亡不暇；十三岁至十五岁高小毕业；十六岁至十七岁中学肄业。祖父业儒，家境富裕，有田产百余亩。自填家庭主要成员：父国光，母顾氏，兄弟十人，姐妹四名。本乡高等小学毕业，县立中学肄业。1924年春由刘震寰（广东西路讨贼军总司令兼桂军军长）举荐投考黄埔军校，1924年6月考入陆军军官学校第一期第二队学习，1924年11月毕业，历任黄埔中央军事政治学校第四期入伍生总队排长、区队长，国民革命军连长、营长、团长，随部参加了两次东征作战与北伐战争。1929年12月保送陆军大学特别班第一期学习，1931年10月毕业，1935年任第八十三师第二四九旅步兵第四九四团团长，湖北省保安第十六团团长。[3]抗日战争全面爆发后，率部参加抗日战事，继任福建省保安第一旅旅长。1939年4

---

[1] 台北文海出版社有限公司印行：近代中国史料丛刊三编第五十七辑《陆军军官学校第二队学生详细调查表》第423页记载。

[2] 中国第二历史档案馆供稿，华东工学院编辑出版部影印，档案出版社1989年7月《黄埔军校史稿》第十一册《黄埔同学名册》第60页第一期第二队同学无相片者记载。

[3] 范运晞编著：南海出版公司1993年11月《琼籍民国将军录》第370页记载。

月 8 日国民政府军事委员会铨叙厅颁令任为陆军步兵上校。[1]1940 年任军政部第四十一补充兵训练处处长，1940 年 12 月因病逝世。

---

[1]　国民政府文官处印铸局印行：台湾成文出版社有限公司 1972 年 8 月出版《国民政府公报》第 139 册 1939 年 4 月 12 日渝字第 143 号颁令第 4 页记载。

蔡升熙

蔡升熙照片

蔡升熙（1905—1932），又名申熙，原名升熙，[1]别字旭初，曾用名申西、盛熙、升喜等，别号刘辑、明，湖南醴陵人。醴陵县立中学毕业，广州大本营军政部陆军讲武学校肄业。1905年3月6日生于醴陵县一个农户家庭。1923年12月到广州，考入广州大元帅府军政部陆军讲武学校，1924年秋该校并入黄埔军校，1924年11月编入陆军军官学校第一期第六队学习，在学期间加入中国共产党，1925年2月肄业。分发黄埔军校教导第一团任见习、排长、连长，任国民革命军第一军第一师营长，第四军第十二师营长。随部参加了两次东征作战和北伐战争。1927年春奉派返回原籍组建工农武装，[2]不久返回武汉，任国民革命军第二方面军第二十军（军长贺龙）第二师第六团团长，1927年8月率部参加南昌起义，后随军南下时任第十一军第二十四师参谋长。潮汕作战失利后前往广州，1927年12月参加广州起义，任警卫团代理团长，1927年12月11日起义军总指挥部改称工农红军总司令部，被任命为广州市公安局局长。[3]起义失败后转赴上海，在中共中央军委工作。1928年12月任中共江西省委委员，[4]1928年6月兼任中共江西省

[1] 湖南省档案馆校编：湖南人民出版社1989年7月《黄埔军校同学录》第14页记载。

[2] 廖盖隆主编：中共中央党校出版社2001年6月《中国共产党历史大辞典》增订本第501页记载。

[3] 中共党史人物研究会编纂：陕西人民出版社1882年10月《中共党史人物传》第三十六卷第89页记载。

[4] 中共中央组织部、中共中央党史研究室、中央档案馆编纂：中共党史出版社2000年9月印行《中国共产党组织史资料1921—1997》第二卷《土地革命战争时期1927.8—1937.7》中册第1300页记载。

委军委书记、[1]吉安游击队第一路总指挥。1930年任中共中央军委长江办事处书记、中共中央长江局军委书记、中国工农红军第十五军军长。1931年任鄂豫皖边区红军第四军第十师师长、中共鄂豫皖边区特委委员兼军委分会副主席、中共鄂豫皖分局委员。1931年1月任鄂豫皖特区临时革命军事委员会副主席，同年2月经中共中央批准任鄂豫皖特区革命军事委员会副主席。[2]1931年2月任中共鄂豫皖特区委员会委员、[3]军委委员，彭（湃）杨（殷）军事政治学校校长，鄂豫皖边区中央分局监察委员会主席。1932年7月任红军第四方面军第二十五军军长，1932年8月兼任彭（湃）杨（殷）军事政治学校校长，[4]并任中共鄂豫皖省委委员，鄂豫皖省苏维埃政府执行委员，参与建立发展巩固鄂豫皖边区红军及根据地和历次反"围剿"作战。[5]1932年10月9日在黄安河口与胡宗南部第一师作战中身负重伤后牺牲。著有《关于广州暴动（起义）情形的报告》（载于中共中央党史资料征集委员会、中共广东省委党史资料征集委员会、广东革命历史博物馆编：中共党史资料出版社1988年5月《广州起义》第182—183页）等。其夫人曾广澜（1908—1969，曾任中华苏维埃政府第二届中央执行委员，中华人民共和国成立后曾在中共中央组织部和太原市委工作）著有纪念蔡升熙文章《战斗的一生》《忆升熙》《青春的颂歌》等。1988年被中华人民共和国中央军事委员会认定为中国人民解放军军事家，同时享有中国工农红军高级指挥员、军事家之誉。

---

[1] 中共中央组织部、中共中央党史研究室、中央档案馆编纂：中共党史出版社2000年9月印行《中国共产党组织史资料1921—1997》第二卷《土地革命战争时期1927.8—1937.7》中册第1302页记载。

[2] 中共中央组织部、中共中央党史研究室、中央档案馆编纂：中共党史出版社2000年9月印行《中国共产党组织史资料1921—1997》第二卷《土地革命战争时期1927.8—1937.7》中册第854页记载。

[3] 中共中央组织部、中共中央党史研究室、中央档案馆编纂：中共党史出版社2000年9月印行《中国共产党组织史资料1921—1997》第二卷《土地革命战争时期1927.8—1937.7》中册第887页记载。

[4] 中共中央组织部、中共中央党史研究室、中央档案馆编纂：中共党史出版社2000年9月印行《中国共产党组织史资料1921—1997》第二卷《土地革命战争时期1927.8—1937.7》中册第843页记载。

[5] 杨牧、袁伟良主编：河南人民出版社2005年11月《黄埔军校名人传》下册第1060页记载。

蔡任民

蔡任民照片

蔡任民（1896—? ），别号华珍，河南新蔡人。新蔡县高等小学、河南省立第一中学毕业，日本东京日华学校肄业。父从农商，有田产一顷二十亩。自填登记处为河南新蔡县蔡老庄，通信处为本县城北街济和堂转交。自填入学前履历：河南项城县武装警察队长，陕西督军署副官。前入新蔡县高等小学、河南省立第一中学求学并毕业，日本东京日华学校肄业半年。1923年加入中国国民党，1924年春受国民党北京支部派赴广州，并由于右任（孙中山指派出席国民党一大陕西省代表，国民党第一届中央执行委员，前陕西靖国军总司令）、樊钟秀（国民党第一届候补中央监察委员，时任驻粤豫军讨贼军总司令，驻粤豫军总司令）保荐投考黄埔军校，1924年5月15日再经曹石泉（原广州孙中山陆海军大元帅府副官，广东海防陆战队第二营营长，黄埔军校第一期第二队区队长）、吕敬璠（黄埔军校第一期第二队少尉副区队长）介绍加入中国国民党。1924年6月考入陆军军官学校第一期第二队学习，1924年11月毕业，分发军校教导第一团见习、排长，1925年1月随部参加第一次东征作战。1925年6月随部参加对滇桂军阀杨希闵部、刘震寰部的军事行动。1926年3月任中央军事政治学校第四期步兵科第二团第三营第八连连长。1926年7月随部参加北伐战争，1927年任国民革命军总司令部补充第三团中校团附，中央教导第二师团长，军事委员会北平军政分会总务处副处长。抗日战争全面爆发后，任国民政府军政部参事，兵站总监部督察官。1947年11月18日颁令叙任陆军少将，同时退为备役。

蔡光举

蔡光举（1902—1925），贵州遵义人。遵义县老城国民学校高级班、贵州省立模范中学毕业，厦门大学文科肄业。祖辈务农，有田产八十亩。自填登记通信处为贵州遵义县老城西门沟蔡宅。自填入学前履历：贵州模范中学毕业，曾充四川第二混成旅编修，厦门大学文科修业两年，曾任四川陆军第二混成旅司令部编修。1902年9月10日生于遵义老城西门沟一个丝织工人家庭，兄弟中排行第三。五岁时入私塾，十岁考入遵义蚕桑小学。1921转入贵阳模范中学学习，

蔡光举照片

1922年毕业，1922年在四川加入中国国民党，1924年3月1日在上海第三区第四区国民党分部重新登记。1924年春由靳经纬（上海《新建设》杂志社编辑）、鲁纯仁（上海《新建设》杂志社编辑、中国国民党复旦大学筹备党部特派员）保荐投考黄埔军校。1924年5月到广州，1924年6月考入陆军军官学校第一期第三队学习，1924年11月毕业，分发黄埔军校教导第一团任见习、排长，后任第二期入伍生第一总队政治部秘书，又奉派军校北较场分校负责政治工作，任入伍生连党代表。1924年11月30日任命为教导团第一团第三营党代表。1925年1月参加第一次东征作战，2月15日傍晚在惠州淡水作战中腹部中弹负重伤，16日晚送往东山公医院治疗，终因失血过多伤势较重，于17日凌晨1时辞世。[1]1925年2月18日10时在

---

[1] ①中国第二历史档案馆供稿，华东工学院编辑出版部影印，档案出版社1989年7月《黄埔军校史稿》第八册（本校先烈）第246页第一期烈士芳名表记载1925年2月在广东阵亡；②台北《黄埔建国文集》编纂委员会编纂：台北实践出版社1985年6月16日印行《黄埔军魂》第573页"东征战役殉国英雄姓名表"第一期记载。

东山公医院举行追悼会，[1]廖仲恺、总教官胡谦、粤军总司令部参谋处处长冯轶裴等官长到会，由廖仲恺主持追悼会，并介绍其生平事迹，被誉为"黄埔军校牺牲第一人"，会后印发由于右任题词的《蔡光举烈士纪念册》。第一次东征作战胜利后，黄埔军校为蔡光举等烈士举行追悼会。鉴于蔡光举是军校最早牺牲的营级军官，故军校于1926年10月为其单独修建了一座颇具规模的陵墓，安葬于广州市长洲黄埔岛"东征阵亡烈士墓园"。

---

[1] 遵义市政协宣教文卫资料委员会编纂:《遵义文史》第七期2001年12月《遵义民国军政人物》第42页记载。

蔡昆明

蔡昆明（1898—1995），又名锟明，别字至一，广东琼山人。父从农商，稍有田产。琼山县高级小学、琼山县立中学毕业，自填登记处为广东琼山县属群善村，通信处为琼州三江市邮局交永活生号。自填入学前履历：本县高等小学毕业，粤军军士教练所毕业，1898年8月生于琼山县道崇圩群善村一个农商家庭[1]。1923年入粤军军士教练所学习，肄业后充粤军总司令部卫队营司务长、书记。1924年春由王柏龄（前广州大本营高级参谋、粤军总司令部监军、黄埔军校筹备委员会委员）保荐投考黄埔军校，1924年5月经蒋介石、邓演

蔡昆明照片

达（前任广东西路讨贼军第一师第三团团长、黄埔军校入学试验委员会委员）介绍加入中国国民党。1924年5月到广州，1924年6月考入陆军军官学校第一期第四队学习，1924年11月毕业，分发黄埔军校教导第二团见习、排长，1925年1月随部参加第一次东征作战。1925年6月任国民党军第一旅步兵连副连长，随部参加对滇桂军阀杨希闵部、刘震寰部的军事行动。1926年7月任国民革命军第四军第十师步兵营连长、营长，随军参加北伐战争。1933年3月随部参加长城抗日战事，[2]任察绥抗日同盟军骑兵团团长，后任中央教导第三师步兵团团长，第十三师补充旅副旅长。抗日战争全面爆发后，任福建省政府保安处上校附员。1945年10

---

[1] 上海市黄埔军校同学会编纂：1990年8月印行《上海市黄埔军校同学会会员通讯录》第1页记载。

[2] 范运晰著：南海出版公司1999年6月《琼籍民国人物传》第482页记载。

月获颁忠勤勋章。1946年1月奉派入中央训练团将官班受训，登记为少将团员，1946年3月结业。1946年5月获颁胜利勋章。1946年12月3日参加赴南京任职、公干的81名黄埔一期生在中央训练团聚餐并于办公大楼前合影。[1]后任浙江金华师管区司令部高级参谋、代理副司令官。中华人民共和国成立后，定居上海市卢湾区五里桥路269弄八号302室。任卢湾区政协委员。1984年6月参加上海市黄埔军校同学会筹备成立活动，任上海市黄埔军校同学会理事等职。

---

[1] 容鉴光编著：列入台北出版品预行编目资料，台北博煜企业有限公司2003年6月16日第一版印行《黄埔军校一期研究总成》第278页辑录。

蔡炳炎

蔡炳炎（1899—1937），又名丙炎，别字子遗，
别号絜宜、洁宜，安徽合肥县城内东门外胡家浅人。
合肥县初级中学毕业，广东东路讨贼军总指挥部学兵
营肄业，陆军大学特别班第一期毕业。自填登记处为
安徽合肥县城内东门外胡家浅，通信处为合肥城内十
字街华昌布庄。自填入学前履历：曾充东路讨贼军第
一总队第三队排长，继充西路讨贼军第五独立旅第一
梯团第一独立营书记。1899年1月17日生于合肥县一
个农户家庭。[1] 父日暄，母邓氏，自填已婚，妻夏氏，

蔡炳炎照片

子闽生。[2] 学兵营肄业后，任广东东路讨贼军第一总队第三队排长、广东西路讨贼
军第五独立旅第一梯团第一独立营书记。1924年5月16日经张秋白（孙中山指派国
民党一大安徽省代表，国民党第一届候补中央执行委员）、李乃璟（中国国民党安徽
省临时支部党务特派员及筹备委员，国民党一大安徽省代表，时兼国民党广州特别
区执行委员）、凌毅（中国国民党一大安徽省代表，时为国民党中央宣传委员会委
员、国民党安徽省执行部党务整理委员）介绍加入中国国民党，再由其三人举荐投
考广州黄埔军校。1924年6月考入陆军军官学校第一期第四队学习，1924年11月毕
业，分发黄埔军校教导第一团任见习、排长，参加了两次东征作战，后任教导第二
团连长，国民革命军第一军第一师步兵团连长、营长，1926年7月随部参加北伐战

---

[1]　胡博、王戡著：武汉大学出版社2013年6月《碧血千秋——抗日阵亡将军录》第13页记载。

[2]　台北文海出版社有限公司印行：近代中国史料丛刊三编第五十七辑《陆军军官学校第四队学
生详细调查表》记载。

争。1927年任国民革命军第九军司令部教导大队上校主任，1927年6月任国民革命军总司令部补充第五团团长，率部参加龙潭战役。1928年1月任国民革命军第一军第三师第八团团长。1928年10月部队编遣后，任缩编后的陆军第二师司令部参谋，后任补充团团附。1928年10月调任第二师第五旅第十团团长。1929年4月任陆军第四十五师第二六八团团长，兼任徐州警备司令部司令官。1929年12月保送陆军大学特别班学习，1931年10月毕业，任第八军司令部上校参谋，安徽警备第二旅旅长。1932年春任陆军第一师司令部参谋长，兼任开封警备司令部司令官，后调任第十八军司令部高级参谋，兼任干部训练处副主任。1932年12月调任安徽省政府保安处参谋长。1933年3月21日任安徽省政府（主席吴忠信）保安处处长。[1]1935年1月任中央陆军经理处处长。1936年5月18日颁令叙任陆军步兵上校。[2]1937年5月21日颁令晋任陆军少将。[3]任第十八军（军长罗卓英代）第六十七师（师长李树森）第二〇一旅旅长。抗日战争全面爆发后，率部参加淞沪会战，奉命率部五千人星夜驰援罗店一带防线。1937年8月26日凌晨3时，督部向日军主力盘踞的陆家宅冲击，战斗异常激烈，部队伤亡惨重。遂将指挥所向前推进几百米，设在冲击部队的散兵线后面，亲自督率一个营及特务排向日军冲击，同敌展开肉搏，不幸在距敌人阵地数百码之处中弹，英勇殉国。[4]战后被国民政府追赠陆军中将衔。[5]1947年5月10日国民政府颁布褒扬令。1969年3月获台湾当局批准入祀台北圆山忠烈祠。[6]1985年8月14日被安徽省人民政府追认为抗日烈士，合肥市人民政府重修烈士墓，以志纪念。[7]

---

[1] 刘绍唐主编：台北传记文学出版社1999年10月15日印行《民国人物小传》第七辑记载。

[2] 国民政府文官处印铸局印行：台湾成文出版社有限公司1972年8月出版《国民政府公报》第108册1936年5月19日第2051号颁令第1页记载。

[3] 国民政府文官处印铸局印行：台湾成文出版社有限公司1972年8月出版《国民政府公报》第124册1937年5月22日第2360号颁令第40页记载。

[4] 台北《黄埔建国文集》编纂委员会编纂：台北实践出版社1985年6月16日印行《黄埔军魂》第583页"抗日战役殉国英雄姓名表"第一期记载。

[5] 台北《黄埔建国文集》编纂委员会编纂：台北实践出版社1985年6月16日印行《黄埔军魂》第364页记载。

[6] 胡博、王戡著：武汉大学出版社2013年6月《碧血千秋——抗日阵亡将军录》第14页记载。

[7] 中华人民共和国民政部组织编纂，范宝俊、朱建华主编：黑龙江人民出版社1993年1月《中华英烈大辞典》第2583页记载。

蔡敦仁

蔡敦仁（1903—1929），江苏铜山人。铜山县第五高等小学校高级班、铜山省立初级第二师范学校毕业，祖辈务农，经济中等，有地产时值四千元。自填登记处为江苏铜山县，通信处为徐州北柳泉市东蔡家。自填入学前履历：民国七年（1918年）入铜山县立第五高等小学校，民国十一年（1922年）入铜山县立师范（学校）肄业一年。1923年8月在徐州支部经顾子扬（国民党一大江苏省代表，前徐州中学校长及铜山县教育会会长，国民党徐州支部长及江苏省临时党部执行委员）介绍加入中国国民党，1924年春由顾子扬、刘云昭（孙中山指派出席国民党一大江苏省代表，前北京政府国会众议院议员，国民党江苏省临时党部筹备委员）保荐投考黄埔军校。1924年5月到广州，1924年6月考入陆军军官学校第一期第一队学习，1924年11月毕业，加入孙文主义学会，曾任省港罢工委员会广州工人纠察队训育员，广东省会公安局党务特派员，随部参加对滇桂军阀杨希闵部、刘震寰部的军事行动。1926年7月参加北伐战争，任国民革命军陆军步兵团党代表办公室主任、副连长、营政治指导员。1928年任安陆县保安大队中校大队长，湖北省保安团第二团代团长。1928年10月国民革命军编遣后，任缩编后的陆军第九师补充团团长。1929年11月28日在湖北安陆与中共游击队作战中阵亡。[1]

蔡敦仁照片

---

[1] ①台北《黄埔建国文集》编纂委员会编纂：台北实践出版社1985年6月16日印行《黄埔军魂》第577页"讨逆平乱殉国英雄姓名表"第一期记载；②中国第二历史档案馆供稿，华东工学院编辑出版部影印，档案出版社1989年7月《黄埔军校史稿》第八册（本校先烈）第248页第一期烈士芳名表记载1929年11月28日在湖北安陆阵亡。

1930年5月22日国民政府颁布第九六八号指令："呈据军政部呈第九师团长蔡敦仁拟照少将平时因公殒命例给恤一案请转核示由，准如所拟办理。此令。"[1]

---

[1]　国民政府文官处印铸局印行：台湾成文出版社有限公司 1972 年 8 月出版《国民政府公报》第 39 册 1930 年 5 月 24 日第 477 号颁令第 3 页记载。

蔡毓如

蔡毓如（1904—1927），别字秀三，江苏常熟人，另载江苏常州人。[1]常熟县立高级中学校肄业。1924年春到广州，1924年6月考入陆军军官学校第一期第三队学习，在学期间加入中国国民党，1924年秋肄业。未毕业即奉派离校，派返江浙地区招募新兵。1925年夏返回军校，任第三期入伍生总队骑兵队中尉区队长，随部参加第二次东征作战。1926年7月随部参加北伐战争，任国民革命军第一军第三师步兵团营长、政治指导员，1927年4月国民革命军进驻南

蔡毓如照片

京后，奉派负责筹组中国国民党地方组织，曾任中国国民党南京市党部筹备处委员。1927年12月28日在徐州以南之大王山、女娲山与直鲁军张宗昌部及许琨部激战时中弹阵亡。[2]

---

[1] ①台北文海出版社有限公司印行：近代中国史料丛刊三编第五十七辑《陆军军官学校第一至四队学生详细调查表》无载；②中国第二历史档案馆供稿，华东工学院编辑出版部影印，档案出版社1989年7月《黄埔军校史稿》第十一册《黄埔同学名册》第一期无载。现据：湖南省档案馆校编，湖南人民出版社1989年7月《黄埔军校同学录》第16页第一期补录名单仅列姓名，缺载年龄、籍贯和通信处。

[2] ①中国第二历史档案馆供稿，华东工学院编辑出版部影印，档案出版社1989年7月《黄埔军校史稿》第八册（本校先烈）第244页第一期烈士芳名表记载1927年12月28日在江苏南京阵亡；②台北《黄埔建国文集》编纂委员会编纂：台北实践出版社1985年6月16日印行《黄埔军魂》第574页"北伐战役殉国英雄姓名表"第一期记载。

谭计全

谭计全照片

谭计全（1905—？），广东台山人。台城县立高级小学毕业，广东高等师范学校附属中学肄业。父从农商，经济中等。自填登记处为广东台山县，通信处为台山广海城益寿堂转。自填入学前履历：向从学界。1905年11月20日生于台山县台城一个农商家庭。1924年春由曹桂生（国民党广州宣传员养成所教员）、赵亮行（国民党广州市区临时党部筹备委员）保荐投考黄埔军校，1924年5月经邓演达（前任广东西路讨贼军第一师第三团团长，黄埔军校入学试验委员会委员）、金佛庄（前浙江陆军第二师营长，黄埔军校第一期第三队上尉队长）介绍加入中国国民党。1924年5月夏到广州，1924年6月考入陆军军官学校第一期第三队学习，1924年11月毕业，参加孙文主义学会活动，分发任入伍生部政治部训育副官、中央军事政治学校第五期校本部政治部少校秘书。1926年7月随部参加北伐战争，任国民革命军北伐东路军政治部宣传科科长、第二补充团中校副团长。1927年5月5日晚参加由中央军事政治学校教育长方鼎英主持召开的第四次政治工作扩大会议，主要内容是研讨"清党"后的政治工作。[1]1928年任浙江警备师司令部参谋处处长，中央各军事学校学生登记处浙江办事处主任。1932年奉派入南京中央陆军军官学校高等教育班学习，其间奉派在上海开办正午书店。1934年10月任军政部上校参谋。抗日战争全面爆发后，任军事委员会

---

[1]　广东革命历史博物馆编：广东人民出版社1982年2月版《黄埔军校史料（1924—1927）》第442—443页《中央军事政治学校第五期第四次政治工作扩大会议录》记载。

别动总队部总务处处长、浙江金华县县长，浙江省国民抗日自卫总团司令部政治训练处处长。1943年1月8日颁令叙任陆军步兵上校。[1]1943年2月18日三青团浙江省支团部正式成立，被推选为干事会干事。1943年7月7日派任浙江省第十一区行政督察专员，[2]兼任该区保安司令部司令官。1945年奉派入行政院县（市）政行政人员训练班学习。抗日战争胜利后，仍任浙江省第十一区行政督察专员，兼任该区保安司令部司令官。1945年10月获颁忠勤勋章。1946年5月获颁胜利勋章。1946年9月9日免浙江省第一区行政督察专员职，后任宁波警备司令部司令官，浙江省保安司令部副司令官等职。

---

[1] 国民政府文官处印铸局印行：台湾成文出版社有限公司1972年8月出版《国民政府公报》第139册1943年1月9日渝字第534号颁令记载。

[2] 郭卿友主编：甘肃人民出版社《中华民国时期军政职官志》第728页记载。

谭作校

谭作校照片

谭作校（1903—？），广西桂林人。广西省立第三中学校毕业。自填登记处为广西桂林南乡大中立家岗村，通信处为桂林南乡汤塘高国合校转交。自填入学前履历：民国十年（1921年）在广西省立第三中学校毕业，即充桂林南乡大中高国合校教员，十二年（1923年）复充大中高国合校教员。中等收入农家出身，有不动产时值1500元。1921年广西省立第三中学校毕业，充任桂林南乡大中国民学校教员。1924年3月经朱乃斌（为广西学界人士，时任桂林仙湖区国民党分部执行委员，后国民党广州市临时区分部执行委员，广州宣传学校校长）介绍加入中国国民党，1924年4月由苏无涯（孙中山指派出席国民党一大广西省代表，前国民党中央党务讨论会委员，国民党广西梧州支部长）、蒙卓凡（国民党一大广西省代表，国民党广西党务特派员，广西省党部执行委员，广州《民国通讯》社社长）举荐投考黄埔军校。1924年6月考入陆军军官学校第一期第一队学习，1924年11月毕业，后服务社会。

谭孝哲

　　谭孝哲（1902—? ），湖南安仁人。广州大本营军政部陆军讲武学校肄业。1923年12月到广州，考入广州大元帅府军政部陆军讲武学校，1924年秋该校并入黄埔军校，1924年11月编入陆军军官学校第一期第六队学习，1925年2月肄业，后服务社会。

谭其镜

谭其镜照片

谭其镜（1903—1927），别号豁明，广东罗定人。罗定县第三高等小学校毕业，罗定县立专修学校肄业，广东省立第八中学毕业。自填登记处为广东罗定县，通信处为罗定较场文远堂。父为自主耕农，家境小康。1903年4月25日（另载1904年3月10日出生）生于罗定县城一个耕读家庭。1913年考入本乡初级小学就读，1917年考入县立第一高级小学学习，后入专科学校读两年，1920年考进广东省立第八中学读书。1924年春经邓演达（前任广东西路讨贼军第一师第三团团长，黄埔军校入学试验委员会委员）、金佛庄（前浙江陆军第二师营长，黄埔军校第一期第三队上尉队长）介绍加入中国国民党，1924年4月由谭启秀（时任粤军第一军暨西路讨贼军第一师第二旅旅长，中央直辖广东西路讨贼军第一路司令官）、谭志贤（广东省政府财政厅科长，前广东省立第一中学教员）保荐投考黄埔军校。1924年5月到广州，1924年6月考入陆军军官学校第一期第三队学习，1924年11月毕业，毕业后留校，在周恩来领导的政治部工作，其间加入中国共产党，[1]后任黄埔军校政治部指导股指导员、军校教导第一团连党代表、军校第三期政治部组织科科员。1925年6月奉派入东莞、宝安两县协助训练农军。1926年1月调任黄埔军校入伍生部政治部主任，1926年7月北伐出师后，国民党中央军人部设立临时驻粤委员会，任其为驻粤委员，参与筹划处理粤桂闽

---

[1] ①中华人民共和国民政部组织编纂：黑龙江人民出版社1993年10月印行《中华英烈大辞典》下册第2615页记载；②卢权主编：广东人民出版社1993年11月《广东革命史辞典》第364页记载。

驻军党务事宜及设置党代表等事宜。1926年10月任中央兵工试验厂（石井兵工总厂）国民党党代表，负责筹建国民党特别区党部。1927年3月4日被推选为中国国民党黄埔中央军事政治学校特别党部监察委员。1927年4月初中央军事政治学校特别党部决定召开全体党员大会，其被推选为筹备委员会委员及大会主席团成员。1927年4月15日广州军政当局实行"清党"时，其在市区芳草街安怀里11号家中被捕，关押南石头惩戒场监禁。1927年4月26日在广州南石头监狱遇害牺牲。[1]著有《怎样做一个政治指导员》《怎样做一个武装党员》等。其故居位于罗定县罗城乡细坑村，始建于清光绪三十年（1904年），为五进院落四合院式布局，建筑面积2400平方米。2000年被当地人民政府辟为"谭其镜故居"。[2]

[1] 中共广东省委党史研究委员会办公室、广东省中共党史人物研究会、广东省民政厅合编：广东人民出版社《南粤英烈传》第16–19页记载。

[2] 政协广东省委员会办公厅、广东省政协学习与文史资料委员会编：中共党史出版社2007年8月《广东名人故居》第496页记载。

谭宝灿

谭宝灿照片

谭宝灿（1898—1951），广东罗定人。前粤军著名将领谭启秀侄。罗定县立应元高等小学、广东省立第三中学毕业，贫苦农家出身。早年信仰孔教。自填登记处为广东罗定县石围堡，通信处为罗定街猪圩恒益当铺转交。自填入学前履历：民国十一年（1921年）充罗定商会书记兼庶务员，十二年（1923年）七月充中央直辖广东讨贼军第一路司令部上尉副官，本年来入校前在西路讨贼军第一师第二旅旅部服务。1922年充任罗定商会书记兼庶务员。1923年7月充中央直辖广东讨贼军第一路司令部上尉副官，同年改充西路讨贼军第一师第二旅司令部副官。1924年5月15日经谭启秀（时任粤军第一军暨西路讨贼军第一师第二旅旅长，中央直辖广东西路讨贼军第一路司令官）介绍加入中国国民党。1924年5月由刘震寰（时任驻粤桂军总司令，中国国民党第一届候补中央监察委员，前中央直辖广东西路讨贼军总司令）、谭启秀介绍投考黄埔军校。1924年6月考入陆军军官学校第一期第三队学习，1924年11月毕业，分发入伍生队见习，任广东海军陆战队第一营政治指导员。1925年8月任广州国民政府海军局政治部少校服务员。1927年4月29日被国民政府海军处政治部任命为广东海防舰队"江汉舰"党代表。1931年1月11日经审查呈请社长（蒋介石）批准为"励志社"第九届新社员。[1]1934年11月任国民政府训练总监部参谋。1936年12月12日颁

---

[1]　《中央日报》1931年1月12日、1月13日连续刊登"励志社社员管理科通告"记载。

令叙任陆军步兵中校。[1]抗日战争全面爆发后,任河南省保安司令部参谋。1937年10月27日国民政府颁令:"任命陆军步兵上校谭宝灿为豫皖绥靖主任公署咨议。"[2]1938年3月5日国民政府颁令晋任为陆军步兵上校。[3]1940年后随谭启秀往广东南路,任第四战区司令长官部南路第一游击指挥部高级参谋,广东两阳守备区指挥部参谋长,三罗抗日民众武装指挥部参谋长。抗日战争胜利后,入军政部广东第九军官总队受训,1946年7月退役。1949年4月12日谭启秀被广东省政府任命为广东第十二区行政督察专员兼保安司令部司令官,公署设置郁南都城,其被谭任为高级参谋。1949年8月17日广东省政府批准设立第一至第十五区保安纵队司令部,谭启秀兼任第十二保安纵队司令官,其兼任第十二保安纵队司令部参谋处处长、参谋长。1949年10月初谭启秀到广州治病,由其临时代理职务。聚集广东西江地方武装,任广东新编第五师副师长,兼任粤桂边区独立支队长。1949年10月29日中国人民解放军粤桂边纵队解放罗定县。1951年3月9日被广州市军事管制委员会军法处判处死刑,[4]同年4月底执行枪决。

[1] 国民政府文官处印铸局印行:台湾成文出版社有限公司1972年8月出版《国民政府公报》第118册1936年12月15日第2228号颁令第1页记载。

[2] 国民政府文官处印铸局印行:台湾成文出版社有限公司1972年8月出版《国民政府公报》第130册1937年10月28日第2495号颁令第2页记载。

[3] 国民政府文官处印铸局印行:台湾成文出版社有限公司1972年8月出版《国民政府公报》第132册1938年3月9日渝字第29号颁令第5页记载。

[4] 据广州市地方志编纂委员会办公室编纂:《广州市志——中国共产党广州地方组织志》记载。

谭辅烈

谭辅烈照片

谭辅烈（1902—1982），别字为公，江苏高邮人。高邮县第一高等小学校、广东西江陆海军讲武堂肄业，日本陆军骑兵专门学校、日本陆军机械化专门学校毕业，军官训练团第一期将官研究班结业。祖父业儒，有地产十亩。自填登记处为江苏高邮县樊川镇潘季庄，通信处为泰县（今姜堰）小氾镇谭曾烈转交。自填入学前履历：江苏高邮县立第一高等小学卒业，充中央直辖广东讨贼军第一师第一旅第二团第二营七连司务长，充粤军第五路独立营三连排长，充虎门各军总指挥处军需员，现于西江陆海军讲武堂修业。1902年9月28日生于高邮县城一个农商家庭。曾任中央直辖广东东路讨贼军第一师第一旅第二团第二营第七连司务长、粤军第五路游击营第三连排长、虎门各军总指挥处军需官。1924年由戴戟（广东西江陆海军讲武堂堂长）保荐投考黄埔军校，1924年5月到广州，1924年6月考入陆军军官学校第一期第一队学习，在学期间任本队第三分队分队长，1924年11月毕业，参加孙文主义学会活动，分发黄埔军校教导第一团任见习、排长，随部参加第一次东征作战。1925年6月任党军第一旅步兵连副连长，随部参加对滇桂军阀杨希闵部、刘震寰部的军事行动。1926年7月随部参加北伐战争，任国民革命军第一军第二师第六团步兵营连长、营长。1929年10月任军事委员会训练总监部（总监何应钦）教育科（科长陈启之）少校科员，[1]骑兵第一旅第二团团长，骑兵第十一旅少将旅长。1930年10月任河南省特别党部执

---

[1]　上海《民国日报》1929年6月13日"训练总监部组织完备"专文记载。

行委员，骑兵第十师师长，1935年起任津浦路南段警备司令部参谋长。1936年12月任中央骑兵学校西北分校主任、学员总队总队长。返回南京中央陆军军官学校任第十三期骑兵科科长。抗日战争全面爆发后，随军校迁移西南地区，续任中央陆军军官学校第十四期第一总队骑兵科科长，中央陆军军官学校第十五期教育处副处长，第十六期步骑兵第三总队总队长。1938年3月19日国民政府颁令任命其为江苏省政府保安处副处长。[1]1938年6月9日国民政府颁令免其江苏省政府保安处副处长职，[2]后任成都中央陆军军官学校教育处处长。1940年7月19日颁令叙任陆军骑兵上校。[3]其间奉派入军官训练团第一期将官研究班学员队受训，结业后返回原任。抗日战争胜利后，1945年10月获颁忠勤勋章。1946年1月任中央骑兵学校西北分校校长，该校裁撤后免职。1946年5月获颁胜利勋章。1947年10月任徐州警备司令部司令官。1948年9月22日颁令叙任陆军少将。1948年12月任徐州"剿匪"总司令部第二兵团司令部副司令官。1949年到台湾，任"国防部"高级参谋。1956年春退役，为谋生计，发起筹款兴办淡水鱼养殖场。1982年6月6日因病逝世。[4]著有诗集《春去梦回》等。

[1] 国民政府文官处印铸局印行：台湾成文出版社有限公司1972年8月出版《国民政府公报》第132册1938年3月23日渝字第33号颁令第3页记载。

[2] 国民政府文官处印铸局印行：台湾成文出版社有限公司1972年8月出版《国民政府公报》第133册1938年6月11日渝字第56号颁令第7页记载。

[3] 国民政府文官处印铸局印行：台湾成文出版社有限公司1972年8月出版《国民政府公报》第152册1940年7月20日渝字第276号颁令第5页记载。

[4] 台北"国史馆"编纂：2006年12月印行《"国史馆"现藏民国人物传记史料汇编》第二十七辑第595页记载。

谭鹿鸣

谭鹿鸣照片

谭鹿鸣（1901—1925），湖南耒阳人。耒阳县第一高等小学校、湖南省立第三中学毕业，祖父业儒，有地产时值千余元。自填登记处为湖南耒阳县南乡余庆圩谭宅，通信处为耒阳县城内谭氏祠转谭经德堂交。自填入学前履历：十二年（1923年）毕业于湖南省立第三中校，是年七月为湘南学生联合会派赴全国学生联合总会第五届代表出席代表，十二月充山陕军司令部少校参谋。参加进步学生活动，任湘南学生联合会负责人，派赴参加全国学生联合总会第五次代表大会。

1923年8月30日由邓鹤鸣（时任武汉市学联主席，国民党江西临时党部筹备委员，中华全国学生联合会委员）介绍加入中国国民党。1923年12月充任山陕讨贼军总司令部少校参谋。1924年春由路孝忱［孙中山指派出席国民党一大陕西省代表，1923年任中国国民党本部军事委员会委员，时任中央直辖山（西）陕（西）讨贼军总司令］保荐投考黄埔军校。1924年5月到广州，1924年6月考入陆军军官学校第一期第一队学习，在学期间加入中国共产党，1924年11月毕业，分发黄埔军校教导第一团见习、排长，参加中国青年军人联合会活动，随部参加第一次东征作战。1925年6月任国民党军第一旅步兵连党代表，随部参加对滇桂军阀杨希闵部、刘震寰部的军事行动。后任国民革命军第一军第二师第五团步兵营副营长，随部参加第二次东征作战。1925年10月13日在第二次东征惠州战役时作战阵亡。[1]

---

[1] 台北《黄埔建国文集》编纂委员会编纂：台北实践出版社1985年6月16日印行《黄埔军魂》第577页"讨逆平乱殉国英雄姓名表"第一期记载、第245页第一期烈士芳名表记载1925年10月13日在广东惠州阵亡。

谭煜麟

谭煜麟（1908—? ），原籍福建龙溪，生于广州番禺。番禺公立高等小学堂、番禺县立中学、陆军大学正则班第十期毕业。自填登记处为原籍福建龙溪，现寓广州市文德路聚贤坊十六号，通信处为番禺石子头永盛号转交。自填家庭主要成员：父泰谦，从军界早亡，家境贫困，母李氏，兄二人，弟一名。[1]1908年8月7日生于番禺县一个农户家庭。1924年春由张国森（后名猛，广东东路讨贼军粤军部队步兵团团长）、叶剑英（前粤军第二军第八旅参

谭煜麟照片

谋长，黄埔军校筹备委员会委员及军校教授部副主任，后粤军第二师参谋长）举荐投考黄埔军校。1924年6月考入陆军军官学校第一期第四队学习，在学期间于1924年6月20日经张国森介绍加入中国国民党，1924年11月毕业，分发任入伍生队区队长、国民革命军第四军留守处警卫连连长、南京中央陆军军官学校第六期第一总队步兵第一大队第四中队队长。1927年10月奉派入广州黄埔国民革命军军官学校高级班军事科学员队学习，1928年3月毕业。1931年任广东第一集团军独立第四师第一团第三营营长、中央宪兵第四团第三营营长。1932年4月考入陆军大学正则班第十期学习，1935年4月毕业，其间奉派赴日本考察宪兵警政，回国后任广东宪兵教练所教育长。1935年12月任宪兵第九团团长。1936年3月14日

---

[1] 台北文海出版社有限公司印行：近代中国史料丛刊三编第五十七辑《陆军军官学校第四队学生详细调查表》记载。

颁令叙任陆军宪兵中校。[1]1937年6月9日国民政府颁令晋任陆军宪兵上校。[2]抗日战争全面爆发后，任第四师（师长王万龄）司令部参谋长，率部参加抗日战事。1938年11月任第二十九军（军长陈安宝）司令部参谋长，率部参加随枣会战。1943年10月任第一战区第三十一集团军总司令部参谋长，1944年10月任第七十八军（军长沈久成）副军长，1945年1月任新编第四十二师师长。抗日战争胜利后，1945年10月获颁忠勤勋章。1946年春任淞沪警备司令部参谋长。1946年5月获颁胜利勋章。1948年9月22日颁令叙任陆军少将。1949年3月11日任中央宪兵学校教育长，1949年5月任广州卫戍司令部参谋长。1949年10月迁移香港寓居，继赴台湾定居，后因病在台北逝世。

---

[1] 国民政府文官处印铸局印行：台湾成文出版社有限公司1972年8月出版《国民政府公报》第105册1936年3月15日第1996号颁令第1—2页记载。

[2] 国民政府文官处印铸局印行：台湾成文出版社有限公司1972年8月出版《国民政府公报》第125册1937年6月10日第2376号颁令第1页记载。

谭肇明

谭肇明（1899—1925），陕西临潼人。上海私立三育中学毕业，上海大学专门部数学科二年级肄业。贫苦农家出身。早年信仰孔教。自填登记处为陕西临潼县闰良镇谭家堡，通信处为三原县大程镇谭家堡转。自填入学前履历：上海美立三育中学毕业，现在上海大学专门部数学科。1924年春经于右任（时任上海大学校长，国民党第一届中央执行委员）介绍加入中国国民党，再由其举荐投考黄埔军校。1924年6月考入陆军军官学校第一期第三队学习，

谭肇明照片

1924年11月毕业，后服务军界。1925年8月任国民革命军第一军第一师第一团第一营第一连连长。据《广州民国日报》1925年10月6日报载："日前，革命军第一军第一师派第一团第一连连长谭肇明，往捕莫雄时，未能将莫雄捕获，即将莫宅之物，擅行搬取，并带去莫婢为妻。"后经第一师师长何应钦查悉，特呈报军长蒋介石办理。经军部讯明，该连长殊属不法，昨日（10月4日）提出枪决。兹录其布告如下："国民革命军第一军司令部布告（法字第2号）：'现据第一师师长何应钦、党代表周恩来呈称，该师第一团第一连卸任连长谭肇明，奉令逮捕莫雄未获，即将莫逆家物器具，私自搬取；并擅带莫逆之婢来喜为妻一案，经讯办前来，当即开庭审讯。据谭肇明供称，莫雄家内应用木器，是有几件搬到我家。至女子二口，亦在我家内，大的做妻子，小的尚未定局。在看守兵士未撤回之前，曾对缪党代表说，对讨大的女子为妻等语。再三研讯，供无异词。随即传来喜讯问，亦供同前情。该犯谭肇明，身为军人，理宜守法。似此行为，实属不法已极，倘不从严惩处，何以整军纪而儆效尤。亟应将该犯谭肇明一名，验明正身，

按照军律枪决，以昭炯戒。除指令外，合行布告军民人等一体知照，此布。10月4日，军长蒋介石，党代表汪兆铭。'"[1]

---

[1] 《广州民国日报》1925年10月6日"革命第一军枪决不法连长"一文记载。

樊秉礼

　　樊秉礼（1903—? ），又名益友，[1]陕西横山人。横山县（现为"区"）立高等小学毕业，横山县立中学肄业。家从商业，小康经济。自填登记处为陕西横山县野包梁，通信处为陕北横山县和合昌（号）转交。自填入学前履历：本县高小（学）校毕业，复后在中学修业一年。1924年春经于右任（时任中国国民党第一届中央执行委员）介绍加入中国国民党，再由其举荐投考黄埔军校。1924年6月考入陆军军官学校第一期第三队学习，1924年秋肄业，[2]后服务社会。

---

[1]　中国第二历史档案馆供稿，华东工学院编辑出版部影印，档案出版社1989年7月《黄埔军校史稿》第十一册《黄埔同学名册》第一期无载；现据：台北文海出版社有限公司印行：近代中国史料丛刊三编第五十七辑《陆军军官学校第三队学生详细调查表》第610—620页记载。

[2]　湖南省档案馆校编：湖南人民出版社1989年7月《黄埔军校同学录》第16页第一期补录名单仅列姓名，缺载年龄、籍贯和通信处。

樊崧华

樊崧华照片

樊崧华（1900—1925），又名菘华，浙江缙云人。前国民革命军陆军第四十六军军长樊崧甫胞弟。本县城东模范小学堂毕业、浙江省立（台州）甲种水产学校肄业。父为自耕农，贫无地产。自填登记处为浙江缙云城内，通信处为浙江缙云县城内东门。进入黄埔军校学习之前，在浙江台州经宣侠父介绍加入中国共产党。[1]1924年1月经沈定一（孙中山指派出席国民党一大浙江省代表，国民党第一届候补中央执行委员，国民党上海执行部候补执行委员及浙江省党部执行委员）介绍加入中国国民党，1924年3月由胡公冕（国民党一大浙江省代表，前杭州浙江省立第一师范学校体育教员）、宣中华（国民党一大浙江省代表，国民党浙江省党部执行委员）保荐投考黄埔军校。1924年5月到广州，1924年6月考入陆军军官学校第一期第三队学习，1924年11月毕业，分发入伍生总队任见习、排长，随部参加第一次东征作战。1925年3月13日在第一次东征作战棉湖之役中阵亡。[2]1945年中共七大期间，中共中央组织部编写的《死难烈士英名录》中载有其名。直至2007年，朱泽略（浙江临海人）在《浙江缙云2007年版年鉴》撰写《樊崧华——国共合作的纪念碑》，文中再揭示其共产党员身份。

---

[1] 刘育钢著：团结出版社2011年8月《黄埔一期的红色传奇》第89页记载。

[2] ①中国第二历史档案馆供稿，华东工学院编辑出版部影印，档案出版社1989年7月《黄埔军校史稿》第八册（本校先烈）第246页第一期烈士芳名表记载1925年3月13日在广东棉湖阵亡；②台北《黄埔建国文集》编纂委员会编纂：台北实践出版社1985年6月16日印行《黄埔军魂》第573页"东征战役殉国英雄姓名表"第一期记载。

潘佑强

潘佑强（1899—1977），别号龙如，别字季刚，湖南湘乡人。潘德立堂叔。湘乡县立第一高等小学、长沙岳云中学毕业，湖南省立高等工业学校、群治大学肄业，日本陆军大学、美国空军训练学校毕业，祖辈务农，家境贫穷。早年信仰佛教。自填入学前履历：湖南岳云中学毕业，高等工业（专门学校）肄业二年，群治大学肄业一年，民七民九（1918年、1920年）两年充湖南兵站总部上尉副官，十二年（1923年）冬充长沙卫戍司令部第一营第四连连长，旋辞差赴粤充湘

潘佑强照片

军总司令部咨议及湘边宣慰使署一等军需。1899年4月24日（另载5月4日）生于湘乡县城一个农户家庭。求学肄业后，曾任湘军长沙兵站总部上尉副官。1923年充任长沙卫戍司令部第一营第四连连长。后辞职赴粤，任驻粤湘军总司令部咨议，湘粤边宣慰使署一等军需。1924年春由谭延闿（时任驻粤湘军总司令，国民党第一届中央执行委员，前湖南督军、湖南省省长及国民党湖南支部长，广州大元帅府大本营内政部部长、建设部部长及大本营秘书长）保荐投考黄埔军校，1924年5月16日经邓演达（前任广东西路讨贼军第一师第三团团长，黄埔军校入学试验委员会委员）、金佛庄（前浙江陆军第二师营长，黄埔军校第一期第三队上尉队长）介绍加入中国国民党。1924年5月到广州，1924年6月考入陆军军官学校第一期第三队学习，1924年11月毕业，后任国民革命军团政治指导员。1926年2月2日参加校长蒋介石、校党代表汪精卫为解决本校党务纠纷起见，召集中国军人联合会、孙文主义学会联席会议。[1]

---

[1] 广东革命历史博物馆编纂：广东人民出版社1985年5月《黄埔军校史料（1924—1927）》第346页记载。

1926年2月28日孙文主义学会召开全体会员大会，被推选为该会（主席汪精卫）候补执行委员。[1]1926年7月随军参加北伐战争，任国民革命军第一军第三师中国国民党特别党部书记长。1927年奉派赴日本留学，入日本陆军大学学习军事，1930年毕业回国。任南京各军事学校毕业生调查处科长、副处长，黄埔同学会干事会秘书。1930年6月5日国民政府颁发第一〇六七号指令："参谋总长朱培德呈为保送潘佑强、杜心如、余玉琼等三员赴日本陆军大学肄业，请鉴核备案。此令。"[2]1932年3月28日在南京参与筹建中华民族复兴社，为十名发起和骨干成员之一，并发起该社内层组织三民主义力行社，其间任军事委员会交通研究所主任，兼任政治研究班主任。1933年8月11日任国民政府训练总监部国民军事教育处处长，兼任国民军事教育教官训练班主任。1936年1月29日颁令叙任陆军少将。任南京中央陆军军官学校星子特别人员训练班主任。抗日战争全面爆发后，1937年10月任军政部洛阳补充兵训练处处长。1938年3月4日任河南省政府（主席程潜）保安处处长，兼任河南省保安司令部副司令官。1938年3月4日国民政府颁令任命其为河南省政府保安处处长，[3]后兼任河南省党政军联合办公处处长及特别党部书记长，三青团河南支团部干事长。1939年1月14日国民政府颁令免其河南省政府保安处处长职。[4]1944年10月率空军学员大队赴美国学习，率队回国后，1945年夏任重庆卫戍总司令部军官总队总队长。抗日战争胜利后，1945年10月获颁忠勤勋章。1946年5月获颁胜利勋章。1946年12月任国防部战地视察室主任。1949年夏任川湘鄂边绥靖主任公署副主任，1949年冬脱离军职，南下广东转赴香港，后赴美国定居。[5]1977年12月2日因病逝世。中国文史出版社《文史资料存稿选编——军事人物》下册载有《军事教育家潘佑强抗战期间二三事》（王彬著）等。

[1] 广州《民国日报》1926年3月3日"孙文主义学会之会员大会"一文记载。

[2] 国民政府文官处印铸局印行：台湾成文出版社有限公司1972年8月出版《国民政府公报》第40册1930年6月7日第489号颁令第5页记载。

[3] 国民政府文官处印铸局印行：台湾成文出版社有限公司1972年8月出版《国民政府公报》第132册1938年3月5日渝字第28号颁令第3页记载。

[4] 国民政府文官处印铸局印行：台湾成文出版社有限公司1972年8月出版《国民政府公报》第138册1939年1月18日渝字第119号颁令第1页记载。

[5] 杨牧、袁伟良主编：河南人民出版社2005年11月《黄埔军校名人传》下册第1074页记载。

潘国聪

潘国聪（1899—1928），原载国璁，[1]别名国聪，别字素劲，广西容县人。容县模范高等小学、容县县立中学毕业，广东省立甲种农业专门学校肄业。父树勋，从农商，家境贫困，母覃氏，勤俭持家。自填登记处为广西容县城内，通信处为容县城内广荣号转交。自填入学前履历：中学毕业曾入农业专门（学校）一年。黄埔军校招生之际，正于广东省立甲种农业专门学校就读，毅然投笔从戎。1924年春由徐启祥（出席国民党一大广西省代表，国民党

潘国聪照片

广西临时党部指导委员，广西省临时参议会议员）保荐投考黄埔军校，1924年5月15日经邓演达（前任广东西路讨贼军第一师第三团团长，黄埔军校入学试验委员会委员）、金佛庄（前浙江陆军第二师营长，黄埔军校第一期第三队上尉队长）介绍加入中国国民党。1924年6月考入陆军军官学校第一期第三队学习，1924年11月毕业，分发黄埔军校教导第一团见习、排长，任中央军事政治学校第四期入伍生总队副连长、连长，国民革命军第一军第三师步兵营营长，参加了两次东征作战。1926年7月随部参加北伐战争，任北伐东路军第一军总指挥部上尉参谋、警卫团营附，参加松口、峰市、永定战役。受何应钦任命为第一军第三师司令部参谋，攻克浙江杭州后升任其为营长，1927年2月任国民革命军第九军第三师第九团团长，1927年8月率部参加龙潭战役，血战七昼夜方转败

---

[1]　台北文海出版社有限公司印行：近代中国史料丛刊三编第五十七辑《陆军军官学校第三队学生详细调查表》记载。

为胜。1928年1月率部参加第二期北伐战事，1928年4月13日在山东临城战役中作战阵亡。[1]1928年6月4日颁布中华民国国民政府令："据国民革命军总司令蒋介石呈称第九军第三师第二团少将团长潘国聪久经战役屡建殊荣，此次临城之役，先登陷阵中弹身亡，请予追赠陆军中将，并加优抚等语。经查核故团长矢忠克敌勇敢可风为国捐躯弥深悼惜，着追赠陆军中将并交军事委员会照陆军中将阵亡例从优给恤以彰忠烈，此令。"[2]1929年春其事迹载入《黄埔军校先烈哀荣录》。

---

[1] ①中国第二历史档案馆供稿，华东工学院编辑出版部影印，档案出版社1989年7月《黄埔军校史稿》第八册（本校先烈）第42页有烈士传略，第243页第一期烈士芳名表记载1928年4月13日在山东临沂阵亡；②台北《黄埔建国文集》编纂委员会编纂：台北实践出版社1985年6月16日印行《黄埔军魂》第574页"北伐战役殉国英雄姓名表"第一期记载。

[2] 国民政府文官处印铸局印行：台湾成文出版社有限公司1972年8月出版中华民国《国民政府公报》1928年6月第64期颁令。

潘学吟

潘学吟（1902—1930），原名竞武，[1]又名行健，别号兢武，原载籍贯广东南海县九江乡，另载广东新丰县沙田镇羊石上湾人。沙田国民学校、广东省立韶州中学毕业，日本陆军士官学校中华学生队第二十三期野战炮兵科肄业。祖父皆官商，家境富裕，有商业及田产。早年信仰基督教。自填登记处为广东新丰县沙田镇羊石村，通信处为英德县东乡白沙市惠生医局收转。自填入学前履历：民国八年（1919年）中学毕业，九年至十一年（1920—1922

潘学吟照片

年）新丰县立第一高等小学教员，十二年（1923年）西区开明高小校长兼乡团长。1920年至1922年任新丰县立第一高等小学教员，1923年任新丰县西区开明高等小学校长，兼任本乡民团团长。1924年春由叶衍兰（时任韶州中学校长）介绍加入中国国民党，1924年5月由李杰（前驻粤湘军总司令部军务处副官，后任湘军团长）保荐投考黄埔军校第一期。1924年6月入陆军军官学校第一期第一队学习，1924年11月毕业，留军校政治部任职。1925年入中国国民党中央宣传讲习所及党务训练班学习，第一次东征时随军从事党务，1925年4月5日东征军攻占潮州后，留任潮安县中国国民党党部筹备处主任。1925年秋起，任黄埔陆军军官学校第三期入伍生队第六队队长，黄埔军校政治部少校干事。1925年12月上旬任第一军独立第二师第二团第一营营长。1926年2月20日独立第二师改番号为第

---

[1]　①广东省国家档案馆藏《中华民国留学日本陆军士官学校在学姓名簿》第34页记载；②《有照片中国留学日本陆军士官学校第二十三期同学录》记载。

十四师，隶属第一军。1926年5月6日任国民革命军第一军第十四师政治部代理主任。[1]1926年7月北伐战争开始后，1926年9月实任第十四师政治部主任，1927年1月任北伐军东路军第四纵队政治部主任，后原北伐军东路军各纵队裁撤，复任第十四师政治部主任。1927年6月1日改任第十四师政治训练处主任，后离职，奉派返回广东。1927年11月19日广州临时军事委员会任命其为广州国民革命军黄埔军官学校（教育长杨澍松）政治部主任。1927年12月4日广州临时军事委员会（主席李济深）将黄埔同学会驻粤机构加以改组，成立黄埔同学会改组委员会，由广州国民革命军黄埔军官学校政治训练部主任潘学吟兼任主任。1927年12月12日因广州起义事发失职被免去政治部主任之职，遗缺由陈达材接任。1928年夏考取公费赴外国留学资格，先入日本陆军振武学校完成预备学业，继入日本陆军联队炮兵大队实习，再入日本陆军士官学校中华学生队第二十三期学习，1929年春退学回国。参加汪精卫派系组织的"中国国民党改组同志会"活动，汪系"改组派"，该派由主要成员陈公博、顾孟余、王法勤、王乐平等人组建，总部设在上海，其政治主张是改组国民党，标榜恢复国民党"一大""二大"的改组精神，奉行孙中山三民主义，实现国民党"一大"通过的最低限度纲领。改组派的主要活动是反对蒋介石集团统治，意欲联合各派军阀进行军事倒蒋活动，目的是同蒋介石争夺党权、政权。1929年夏由王乐平负责"改组派"总部工作，其任改组派上海黄埔同学会主任。1930年2月18日晚王乐平在上海法租界迈尔西爱路霞飞坊沿马路314号举行重要会议，上海市警察局局长杨虎闻信率队前往拘捕，陈希曾等指挥武装人员冲入会场，当场击毙王乐平、潘学吟等人，[2]其尸体葬于上海闸北联义庄花园。其子潘秉怡于1984年向广东革命历史博物馆捐献其父的《中国国民党陆军军官学校第一期毕业证书》，是现存于大陆的两张黄埔一期生毕业文凭之一（另一张为贾伯涛之子自美国所赠）。

---

[1] 中国第二历史档案馆编，万仁元、方庆秋主编：档案出版社1992年12月《蒋介石年谱初稿》第585页记载。

[2] 1930年2月20日上海《民国日报》"王乐平被杀"专文："潘行健被击中咽喉及后背右面腰际各一枪，因伤在要害气绝身死"记载。

潘树芳

潘树芳（1901—?　），湖北鄂城县华镇人。鄂城县立高等小学校、鄂城县立中学毕业，湖北省立乙种工业专门学校肄业。家世务农，耕读完业，自给尚足。自填登记通信处为湖北鄂城县华镇。自填入学前履历：曾在本省办三五通讯社兼青年团交际主任。参加创办湖北省立"三五通讯社"，曾任县青年团交际主任。1924年5月15日经蒋介石（黄埔军校校长）、沈存中（又名应时，前粤军总司令部参议，黄埔军校筹备委员会委员）介绍加入中国国民党，1924年5月由刘芬（出席国民党一大湖北省代表，国民党中央秘书处书记长）、杨庶堪（出席国民党一大四川省代表，国民党第一届候补中央监察委员，前中华革命党政治部副部长、四川省省长，大元帅府秘书长）举荐投考黄埔军校，1924年6月考入陆军军官学校第一期第四队学习，1924年11月毕业，后服务社会。

潘德立

潘德立照片

潘德立（1898—？），别号志仁，湖南湘乡人。潘佑强堂侄。祖父业儒，有墓田二十余亩，尚能维持。早年信仰佛教。自填登记处为湖南湘乡县，通信处为长沙文星桥第十六号。自填入学前履历：现充湘军咨议。湘乡县文星桥国民学校、湖南省立乙种农业学校兽医科、湖南省立第二师范学校、广州黄埔中央军事政治学校军事科高级班毕业，曾任湘军总司令部咨议等。1924年春由谭延闿（国民党第一届中央执行委员，前湖南督军、湖南省省长及国民党湖南支部长，时任驻粤湘军总司令，广州大元帅府大本营内政部部长、建设部部长及大本营秘书长）保荐投考黄埔军校，1924年5月15日经邓演达（前任广东西路讨贼军第一师第三团团长，黄埔军校入学试验委员会委员）、金佛庄（前浙江陆军第二师营长，黄埔军校第一期第三队上尉队长）介绍加入中国国民党。1924年6月考入陆军军官学校第一期第三队学习，1924年11月毕业，后留军校工作，任校本部（第三期）管理处中尉处员，军校管理部少校课长。1927年10月奉派入广州黄埔中央军事政治学校军事科高级班学习，1928年3月毕业。1928年4月任广州国民革命军黄埔军官学校第七期第二总队教授部中校交通教官。1931年起，任参谋本部后方勤务部科长、军政部第四厅上校军械官、军械处处长。1936年3月10日颁令叙任陆军步兵上校。[1]抗日战争全面爆发后，任第一战区司令长

---

[1]　国民政府文官处印铸局印行：台湾成文出版社有限公司1972年8月出版《国民政府公报》第105册1936年3月11日第1993号颁令第1页记载。

官部兵站部副司令官，军事委员会后方勤务司令部西北供应局副局长。1943年春任中央训练团江西星子特别人员训练班军事教官。抗日战争胜利后，1945年10月获颁忠勤勋章。1946年1月奉派入中央训练团将官班受训，登记为少将团员，1946年3月结业，1946年5月获颁胜利勋章。1946年12月3日参加赴南京任职、公干的81名黄埔一期生在中央训练团聚餐并于办公大楼前合影。[1]1946年12月23日颁令叙任陆军少将，任陆军总司令部高级参谋，1949年后定居长沙。

---

[1] 容鉴光编著：列入台北出版品预行编目资料，台北博煜企业有限公司2003年6月16日第一版印行《黄埔军校一期研究总成》第278页辑录。

潘耀年

潘耀年照片

潘耀年（1898—1952），广东增城人。广州市立第二中学毕业，广州大本营军政部陆军讲武学校肄业，庐山中央训练团校官班结业。1923年冬入粤军第一军讲武学堂学习，后转入广州大本营军政部陆军讲武学校学习，1924年秋该校并入黄埔军校，1924年11月编入陆军军官学校第一期第六队学习，1925年2月肄业，后随军参加北伐战争。1928年起任广东省政府军事厅科员、秘书、科长，1928年4月3日任第一集团军第九军第十四师副官处处长、[1]军事委员会广州军政分会参谋部中校课长、国民革命军讨逆军广东第八路军总指挥部驻南京办事处副主任、广东第一集团军第四军司令部参谋处副处长。1936年12月12日颁令叙任陆军步兵中校。[2]1937年5月31日颁令晋任陆军步兵上校。[3]抗日战争全面爆发后，任第十二集团军第六十五军司令部参谋处处长。1943年起，任广东南韶师管区司令部补充第一团团长、第九集团军总司令部独立旅旅长、第六十五军司令部副参谋长、第四战区司令长官部干部训练团副教育长。先后参加了第一次、第二次粤北会战。抗日战争胜利后，1945年10月获颁忠勤勋章。入中央训练

---

[1] 全国图书馆文献缩微复制中心2009年10月影印发行《国民革命军总司令部公报》1928年3月第三期第376页记载。

[2] 国民政府文官处印铸局印行：台湾成文出版社有限公司1972年8月出版《国民政府公报》第118册1936年12月15日第2228号颁令第1页记载。

[3] 国民政府文官处印铸局印行：台湾成文出版社有限公司1972年8月出版《国民政府公报》第125册1937年6月3日第2370号颁令第1页记载。

团第九军官总队受训，登记为第九军官总队第三大队第十三中队上校中队长，自填登记住址为增城北门潘家馆转交。[1]1946年5月获颁胜利勋章。1946年7月退役，返回原籍乡间务农为生，创办增城县荔城镇棠厦村小学。1952年春因病在乡间逝世。

---

[1]　1946年9月1日印行的《中央训练团第九军官总队通讯录》第77页记载。

酆悌

酆悌照片

酆悌（1903—1938），别字力余，湖南湘阴人。湘阴县东乡彭家铺国民学校、湖南省立第一中学肄业。父早亡，祖辈务农，贫无地产。自填登记处为湖南湘阴县东乡袁家铺老灌塘，通信处为湘阴县东乡袁家铺老灌塘酆春林堂转交。自填入学前履历：民国七年（1918年）毕业于湖南省立第一中校，八、九、十、十一、十二、十三等年均服务党军（实为湘军粤军）。1903年8月30日生于湘阴县东乡彭家铺一个农户家庭。幼年本乡私塾启蒙，少时考入湘阴县东乡彭家铺国民学校就读，辍学后入湘阴绸布店当学徒，继考入湖南省立第一中学学习，1918年毕业，其间入湘军服务数年，后由其姑父介绍，赴广州谋生，先后任测绘所见习、本地商会录事。1922年冬入广州宣传员养成所学习，结业后任文书。1923年任国民党广州分部录事，1924年4月由许崇智（时任中央直辖粤军总司令，国民党第一届候补中央监察委员，前广东东路讨贼军总司令）保荐投考黄埔军校。1924年6月考入陆军军官学校第一期第二队学习，1924年11月毕业，分发黄埔军校教导第一团任见习、排长，随部参加第一次东征作战。其间加入孙文主义学会，为骨干成员。[1]1925年6月任党军第一旅步兵连连长，随部参加对滇桂军阀杨希闵部、刘震寰部的军事行动。其间任黄埔同学会中央干事会秘书。1926年7月随部参加北伐战争，任国民革命军第一军第一师政治部代理主任，北伐东路军第一军第一师党代表兼政治部主任。1927年5月1日与36名前五期同学

[1] 杨牧、袁伟良主编：河南人民出版社2005年11月《黄埔军校名人传》下册第1085页记载。

被南京黄埔同学总会指定为总会预备执监委员。[1]1927年5月6日奉会长（蒋介石）指令为黄埔同学改组委员会改组委员。[2]1927年7月16日南京黄埔同学会成立改组委员会，被推选为该会秘书长。1927年5月12日黄埔同学会在南京东南大学礼堂召开第一届执监委员选举大会，被推选为该会执行委员。[3]1928年6月11日被委派为南京中央陆军军官学校特别党部筹备委员。1928年7月9日被黄埔同学会干部委员会常务委员会决议指派为该会设计委员会（主任委员伍翔）委员、常务委员。[4]1928年10月任南京中央陆军军官学校政治部秘书，校本部政治部副主任。1929年1月24日被推选中央陆军军官学校特别党部执行委员，后任中国国民党江苏省特别党部常务委员兼组织部部长。1929年1月被推选为中央指派湖南省出席中国国民党第三次全国代表大会代表，并以军队代表身份出席国民党三大一次会议，1929年10月任南京中央陆军军官学校政治训练处处长，兼任南京中央陆军军官学校特别研究班主任及中央各军事学校毕业生调查处处长，还有三民主义力行社干事、革命军人联合会书记。与曾扩情、贺衷寒、邓文仪、袁守谦等人同为国民革命军政治工作主要创始人及重要领导者之一。[5]1931年11月被推选为湖南省出席中国国民党第四次全国代表大会代表，并出席第四届第一次会议。1932年3月28日参与发起筹建中华民族复兴社，参与该社内层组织——三民主义力行社筹备事宜，任中央干事会干事，兼革命青年同志会干事，中国童子军总会主任秘书。1933年春兼任军事委员会交通研究所主任，1933年8月任中华民族复兴社本部第四任书记，1935年9月任国民政府训练总监部国民军事教育处处长。[6]1935年11月被推选为湖南省出席中国国民党第五次全国代表大会代表。1936年1月27日免训练总监部国民军事教育处处长职，1936年1月奉派赴德国考察军事和警

---

[1] 上海《民国日报》1927年5月1日至8日连续刊登"黄埔同学会改组委员会特别紧要启事"记载。

[2] 上海《民国日报》1927年5月2日至6日连续刊登"黄埔同学改组委员会通告一"记载。

[3] 上海《民国日报》1927年5月19日"黄埔同学会之新执委会"一文记载。

[4] 黄埔同学会：《会务月报》1928年8月版第8期第18页记载。

[5] 刘绍唐主编：台北传记文学出版社1999年10月15日印行《民国人物小传》第四辑记载。

[6] 胡健国主编：台北"国史馆"2008年8月印行《"国史馆"现藏民国人物传记史料汇编》第三十二辑第633页记载。

政，1936年1月27日任中华民国驻德国大使馆陆军武官。[1]1936年3月18日被国民政府军事委员会铨叙厅颁令叙任陆军少将。1936年11月12日获颁四等云麾勋章。[2]1937年6月21日国民政府颁令免驻德国大使馆陆军武官职。[3]1937年6月底回国，任军事委员会委员长侍从室第二组组长。抗日战争全面爆发后，任军事委员会委员长侍从室第六厅厅长。1938年1月6日国民政府颁令任命为湖南省第二区行政督察专员兼保安司令部司令官，[4]兼任常（德）桃（源）警备司令部司令官。1938年9月3日国民政府颁令任命为湖南省政府委员，[5]兼任长沙警备司令部司令官。1938年11月20日因长沙文夕大火案，被临时军事法庭判处死刑，与文重孚、徐昆三人一同执行枪决。遗著有《本校从黄埔到南京的演变》《军队政治训练要释》等。湖南省岳阳市政协文史资料委员会编《岳阳文史》第十辑《岳阳籍原国民党军政人物录》第206—212页载有《酆悌与长沙大火》（知几著）、第438页《记张耀宸谈审判酆悌》（杨宙康著）等。

[1] 国民政府文官处印铸局印行：台湾成文出版社有限公司1972年8月出版《国民政府公报》第103册1936年1月28日第1956号颁令第2页记载。

[2] 国民政府文官处印铸局印行：台湾成文出版社有限公司1972年8月出版《国民政府公报》第117册1936年11月13日第2201号颁令第7—9页记载。

[3] 国民政府文官处印铸局印行：台湾成文出版社有限公司1972年8月出版《国民政府公报》第126册1937年6月22日第2386号颁令第1页记载。

[4] 国民政府文官处印铸局印行：台湾成文出版社有限公司1972年8月出版《国民政府公报》第131册1938年1月8日渝字第12号颁令第1页记载。

[5] 国民政府文官处印铸局印行：台湾成文出版社有限公司1972年8月出版《国民政府公报》第135册1938年9月7日渝字第81号颁令第1页记载。

颜逍鹏

颜逍鹏（1900—1982），又名龙用，别号海谟，湖南茶陵县尧水水头人。茶陵县高等小学堂、湖南省立岳云中学毕业，庐山军官训练团党政研究班结业。祖辈务农，有田产数十亩，茶山多处，家境富裕。自填登记处为湖南茶陵县尧水乡，通信处为茶陵县城外七总街周祥和号转交。自填入学前履历：湖南岳云中学校毕业，曾服务教育界，早年信仰佛教。1900年11月21日生于茶陵县尧水水头村一个农户家庭。完成小学、中学学业后，曾任茶陵县初级中学教员。

颜逍鹏照片

1924年春由岳宏群（又名森，时任驻粤湘军总司令部参谋长）保荐投考黄埔军校，1924年5月15日经马耘吾（驻粤湘军总司令部参议官）、唐叶和（驻粤湘军总司令部参谋）介绍加入中国国民党。1924年5月到广州，1924年6月考入陆军军官学校第一期第一队学习，1924年11月毕业，分发黄埔军校入伍生队任见习、排长，随部参加第一次东征作战。1926年7月随部参加北伐战争，任东路北伐军总指挥部政治训练员，国民革命军第一军第二十一师步兵团团政治指导员。1927年4月"清党"时被捕，后由谭祥（谭延闿之女）劝说丈夫陈诚保释，此后追随陈诚充当高级幕僚。1928年任国民政府军政部第二署少校处员，中央陆军军官学校武汉分校中校政治教官，杭州军官补充训练班政治教官。1929年1月任国民革命军编遣委员会南京陆军处中校秘书，1930年任南京中央陆军军官学校（第八期第二总队）政治训练处政治教官。1934年12月任军事委员会武汉行营（主任陈诚）高级参谋，兼任特别党部书记长办公室主任。1936年3月4日颁令叙任陆军步兵上校。[1]1936年10月任军事委员会广州行营（主任陈诚）高级参谋，兼任第五组组长。1936年12月任陆军第十八军（军长陈诚兼）驻长沙办事处（后方通讯处）主任。抗日战争全面爆发后，任军事委员会武汉卫戍总司令部高级参谋。1938年4月转任军事委员会政治部少将衔秘书主任、政治部部长陈诚办公室主任、兼任军事委员会政治部设计委员会委员。1940年8月任第六战区司令长官部秘书长、政治部主任。1943年春任军事委员会政治部秘书长，兼任该部中国国民党特别党部书记长。1944年10月任军政部部长陈诚办公室主任。抗日战争胜利后，1946年任参谋总长（陈诚）办公室秘书长，随侍陈诚达22年，成为代行陈诚实权的"内当家"。1948年9月22日颁令叙任陆军少将。1948年10月辞去军职，携眷返回原籍乡间寓居。1949年春转赴台湾，曾任"内政部"次长。1954年退休，1975年3月参加台湾黄埔系军事将领"纪念棉湖大捷五十周年"系列活动。[2]1982年12月31日因病逝世。著有《过眼云烟五十年》等。

---

[1] 国民政府文官处印铸局印行：台湾成文出版社有限公司1972年8月出版《国民政府公报》第105册1936年3月5日第1988号颁令第1页记载。

[2] 台北《黄埔建国文集》编纂委员会编纂：台北实践出版社1985年6月16日印行《黄埔军魂》第338页记载。

黎青云

黎青云（1901—? ），陕西临潼人。临潼县立高级小学校毕业，临潼初级中学、临潼师范学校肄业。自填家庭经济状况：以农为业，有地产七八十亩。早年信仰基督教。自填登记通信处为陕西临潼县新丰镇零口三义成号。自填入学前履历：本县高等小学毕业，县立师范学校肄业。1924年5月15日经于右任（国民党第一届中央执行委员，时兼上海大学校长）介绍加入中国国民党，并由其举荐投考黄埔军校。1924年6月考入陆军军官学校第一期第四队学习，1924年11月毕业，后返回北方服务社会。

黎青云照片

黎崇汉

黎崇汉照片

黎崇汉（1904—1927），广东文昌人。文昌县抱罗墟国民第二小学、海口琼州府学堂毕业，父从农商，有地产时值五千元，仅足自给。自填入学前履历：经当文昌县第十三区团书记。文昌县抱罗墟国民第二小学、海口琼州府学堂毕业，曾任文昌县第十三区团书记。1923年10月由林秉铨（中国国民党广州市区分部筹备委员）介绍加入中国国民党，再由其保荐投考黄埔军校。1924年6月考入陆军军官学校第一期第二队学习，1924年11月毕业，后随部参加平定广州商团事变及东征作战。1926年派赴海南从事国民党党务活动，任中国国民党海口市临时党部指导员、保安大队大队长、海南警备第一旅司令部参谋长。1927年4月29日任国民政府海军处政治部少校政治指导员。1927年7月任琼崖区"清党"委员会（主席黄镇球）委员。1927年7月13日因病在海口逝世。[1]另载1927年7月13日在海口与中共琼崖游击队作战时阵亡。[2]

---

[1] 广州《民国日报》1927年8月2日刊登《黄埔潮》第10期目录"悼念"栏记载。

[2] ①中国第二历史档案馆供稿，华东工学院编辑出版部影印，档案出版社1989年7月《黄埔军校史稿》第八册（本校先烈）第247页第一期烈士芳名表记载1927年7月13日在琼州海口阵亡；②台北《黄埔建国文集》编纂委员会编纂：台北实践出版社1985年6月16日印行《黄埔军魂》第574页"北伐战役殉国英雄姓名表"第一期记载。

黎庶望

黎庶望（1903—? ），广东罗定县郎塘镇大郎村人。罗定县立第三高等小学、罗定县立中学毕业，父为布匹商贩，经济中等。自填登记处为广东罗定县，通信处为罗定县芮塘圩亿盛商栈转交。自填入学前履历：广东罗定中学毕业，1924年春由冯轶裴（时任粤军总司令部少将参谋处处长）保荐投考黄埔军校，1924年5月经金佛庄（前浙江陆军第二师营长，黄埔军校第一期第三队上尉队长）、邓演达（前任广东西路讨贼军第一师第三团团长，黄埔军校入学试

黎庶望照片

验委员会委员）介绍加入中国国民党。1924年5月到广州，1924年6月考入陆军军官学校第一期第三队学习，1924年11月毕业，分发入伍生队任见习。1925年8月任国民革命军第四军第十二师，先后任步兵营排长、连长、营长，师司令部副官长，随部参加讨伐广东南路军阀邓本殷的战事。1928年3月13日被广东省政府派任罗定县县长，[1]1928年9月29日免职。1929年2月，江苏省政府民政厅厅长缪斌为整顿吏治警政，对各县县长及公安局局长更动，2月19日发表其试署川沙县公安局局长兼警察队队长。[2]1930年12月任第十九路军总指挥部参谋处上校参谋，1932年1月随部参加淞沪抗战。1933年12月应一期同学王劲修、萧乾邀请赴福建供职，1934年春，接李安定任福建省政府保安处（处长萧乾）特务团团长，率部

---

[1] 广东省档案馆编纂：1989年12月印行《民国时期广东省政府档案资料选编》第十一辑第314页记载。

[2] 《申报》1929年2月19日"苏省县吏又有变动"一文记载。

驻防福建宁德县城。1934年2月任福建省政府保安处派驻福州闽东分处（处长李安定）副处长。1936年12月12日颁令叙任陆军步兵中校。[1]抗日战争全面爆发后，1938年任第二十三师第六十九旅第一三八团团长，1939年陆军第二十三师缩编为三团制时，任陆军第二十三师补充团团长、第六十八团团长，随部参加抗日战事。1944年12月任陆军第九十四军（军长甘清池）司令部高级参谋。抗日战争胜利后，1945年10月获颁忠勤勋章。1946年1月当选为罗定县参议会副议长。1946年5月获颁胜利勋章。1949年夏迁移香港寓居，后赴台湾定居，因病在台北逝世。

---

[1] 国民政府文官处印铸局印行：台湾成文出版社有限公司1972年8月出版《国民政府公报》第118册1936年12月15日第2228号颁令第1页记载。

黎曙东

黎曙东（1901—1930），明号明甫，陕西泾阳人。祖辈务农，家境贫困。自填登记处为陕西泾阳县，通信处为本县城内正兴盛号转。自填入学前履历：中学毕业后任高小教授（员）一责。泾阳县立高等小学堂、中央军校特训班毕业，曾任本县高等小学教员。1924年2月由韩麟符（直隶天津出席国民党一大代表，国民党第一届候补中央执行委员，前天津学生联合会副会长）、张宝泉（国民党天津特别区代表）介绍加入中国国民党，1924年4月由于右任、

黎曙东照片

焦易堂（孙中山指派出席国民党一大陕西省代表，国民党陕西省临时党部执行委员）保荐投考黄埔军校。1924年5月到广州，1924年6月考入陆军军官学校第一期第三队学习，1924年11月毕业，分发教导第二团任见习、排长，随部参加第一次东征作战。1925年6月任党军第一旅步兵连排长，随部参加对滇桂军阀杨希闵部、刘震寰部的军事行动。1926年7月任国民革命军第一军第三师司令部警卫连连长、少校副官、中校参谋。1928年10月任南京中央陆军军官学校第六期第一总队步兵第一大队中校大队附、上校副总队长，补充第二旅司令部参谋长。1930年9月19日在湖南汨罗县境内作战身亡。[1]

---

[1] ①中国第二历史档案馆供稿，华东工学院编辑出版部影印，档案出版社1989年7月《黄埔军校史稿》第八册（本校先烈）第246页第一期烈士芳名表记载1930年9月19日在湖南汨罗阵亡；②台北《黄埔建国文集》编纂委员会编纂：台北实践出版社1985年6月16日印行《黄埔军魂》第574页"北伐战役殉国英雄姓名表"第一期记载。

穆鼎丞

穆鼎丞照片

穆鼎丞（1894—1964），又名鼎成，别字鸿宾，陕西渭南县白杨乡穆家屯村人。渭南县第三国民学校高级班、陕西省立第三中学毕业，省立三原甲种纺织专门学校肄业。父为自耕农，有不动产时值两千元，自给尚余。自填登记处为陕西渭南县善庆屯，另一说渭南白杨乡穆家屯村人。通信处为本县西关裕厚德花行转交。自填入学前履历：任本县两等学校教员三年，后为山陕军第一团书记。兄鸿泉曾任陕军第一师第一团团长。1894年4月24日生于渭南县白杨乡穆家屯村一个农户家庭，另据《陆军军官学校第一队学生详细调查表》记载为1896年生。充任县立丙等学校教员三年，后投身西北军，曾任团副官、连长、副营长、兵站主任。1924年春由江伟藩（国民党一大陕西省代表，前广东护法军政府陆海军大元帅府参议，国民党陕西临时支部筹备委员）保荐投考黄埔军校，再经于右任介绍加入中国国民党。1924年5月到广州，1924年6月考入陆军军官学校第一期第一队学习，1924年11月毕业，分发教导第二团任见习、排长，随部参加了两次东征作战。1926年7月随部参加北伐战争，任国民革命军第一军第二师步兵营连长、营长，后任河南焦作县公安局局长、陕西省政府保安处第四科科长、陕西省保安第六团团长。抗日战争全面爆发后，1937年9月6日国民政府颁令派任陕西省第三区保安司令部副司令官。[1]1939年7月3日国民政府

颁令："陕西省第三区保安司令部副司令官穆鼎丞免职。"[1]任陆军新编第二十六师副师长、陕西省保安第二旅旅长、兼任陕西省保安司令部第一指挥所指挥官、渭（南）潼（关）警备司令部司令官，率部在内蒙古、绥远等地参加抗日战事。1943年1月8日颁令叙任陆军步兵上校。[2]1945年任西安绥靖主任公署高级参谋。抗日战争胜利后，1945年10月获颁忠勤勋章，任中央训练团西北分团将官班视察组组长。1946年5月获颁胜利勋章。后派任国防部部员。1949年12月随部向人民解放军投诚，1951年因"历史问题"被捕关押审查。1962年因病保外就医，1964年8月因病逝世。[3]

[1] 国民政府文官处印铸局印行：台湾成文出版社有限公司1972年8月出版《国民政府公报》第141册1939年7月5日渝字第167号颁令第1页记载。

[2] 国民政府文官处印铸局印行：台湾成文出版社有限公司1972年8月出版《国民政府公报》第139册1943年1月9日渝字第534号颁令第218页记载。

[3] 陕西省黄埔军校同学会编纂、穆西彦主编：陕西人民出版社1991年6月《陕西黄埔名人》第83页记载。

薛文藻

薛文藻照片

薛文藻（1896—1950），别字肇渊，广东遂溪人。遂溪县立高级小学、广东省立广雅中学毕业，中央训练团党政干部训练班、行政院县市行政人员研究班结业。父从农商，家产时值万余元，自给尚足。自填入学前履历：民国十年（1921年）充当（广东）遂溪县第七区警察分署署员，十二年（1923年）充当（广东）高雷讨贼军第一支队第三连司务长。早年信仰孔教。1921年任遂溪县政公署第七区警察分署署员。1923年任高雷讨贼军第一支队第三连司务长。1923年冬入广州宣传学校肄业，经陈景星（广东遂溪县县长）、陈荣位（广州宣传学校国民党特派员）介绍加入中国国民党，1924年春由林树巍（广东西路讨贼军第五师师长）保荐投考黄埔军校。1924年6月考入陆军军官学校第一期第三队学习，1924年11月毕业，毕业后加入中国共产党，参加中国青年军人联合会活动。分发粤军服务，任建国粤军第二师排长、国民革命军第四军司令部留守处警卫连连长、潮汕绥靖处军务课课长。1925年秋奉派返回原籍雷州半岛，秘密开展中共组织活动，在遂溪、海康组织成立"雷州青年同志社"分社，吸收会员一百多人，秘密成立了五个乡农民协会。1925年9月以"中国社会主义青年团"名义成立党团混合的雷州特别支部（代号雷枝）。大革命失败后，受上级派遣返回雷州地区恢复党组织，领导遂溪农军起义，1928年任中共广东海康临时县委书记，1928年冬中共南路特委遭受破坏后，进入遂溪农军割据的硇洲岛。1931年前往香港寻找党组织未果，被捕判刑关押于庐山，蒋介石念其是黄埔一期生而释放。1932年2月任中国国民党广州政治分会警卫团参谋长。1932年5月13日奉派入南京中央陆军军官学校军官教育总队受训，1932年7月10日结训，[1]后任南路高雷行政区公署参议。1935年任国民党贵州习水县县长，红军四渡赤水时，经过的土城就是习水县城。抗日战争全面爆发后，八路军在重庆设立办事处时，薛文藻在重庆任中央陆军军官学校教官。抗日战争胜利后，任广东南路国民兵军事训练委员会委员，抗日自卫统率委员会第一独立团团长。任广东高雷师管区司令部副司令官。1947年12月26日任广东海康（今雷州）县县长，[2]1948年6月24日免职。1948年6月24日任广东遂溪县县长，[3]1949年6月28日免职。1949年12月只身由广州到海南，1950年5月被捕，送回遂溪枪毙。1985年徐向前曾签有"薛文藻同志为革命做了贡献"的文字，薛文藻两个弟弟都是土地革命年代的烈士，本人名誉后得以平反。

---

[1] 《中央日报》1932年5月13日、5月14日连续刊登"中央陆军军官学校军官教育总队启事（一）"记载。

[2] 广东省档案馆编纂：1989年12月印行《民国时期广东省政府档案资料选编》第十一辑第357页记载。

[3] 广东省档案馆编纂：1989年12月印行《民国时期广东省政府档案资料选编》第十一辑第360页记载。

薛蔚英

薛蔚英照片

薛蔚英（1903—1938），别号粲三，山西离石人。离石县碛口镇第一高等小学毕业，山西省陆军编练处学兵团、山西陆军斌业学校肄业。父从农商，经济中等。早年信仰佛教。自填登记通信处为山西离石县碛口镇兴顺长号。自填入学前履历：曾任本县保卫团教练。1924年3月由王用宾（孙中山指派国民党一大代表，前中国国民党本部参议兼北方党务特派员，时任广州大本营参议及奉派北方军事委员）、陈振麟（前北京政府参议院参议员、上海国会议员，国民党山西省临时党部筹备委员，山西省参议会参议）介绍加入中国国民党，1924年4月再由二人保荐投考黄埔军校。1924年5月到广州，1924年6月考入陆军军官学校第一期第四队学习，在学期间任第四队分队长，1924年11月毕业，分发黄埔军校入伍生队任见习、区队长，参加第一次东征作战。1926年7月任国民革命军第一军第二十一师排长、连长、营长，随部参加北伐战争。1928年1月任国民革命军江苏松江补充团少校团附，1932年12月任陆军第一六七师补充团团长、保安第六旅副旅长、陆军第一六七师第五〇一旅旅长。1936年3月4日颁令叙任陆军步兵上校。[1]抗日战争全面爆发后，任第八集团军第一六七师副师长，后任师长兼长江江防军湖口要塞区司令部司令官。1938年8月15日以"作战指挥不力"被军法审判处决。

---

[1] 国民政府文官处印铸局印行：台湾成文出版社有限公司1972年8月出版《国民政府公报》第105册1936年3月5日第1988号颁令第1页记载。

霍揆彰

霍揆彰（1901—1953），别字嵩山，别号揆章，
湖南酃县（今炎陵县）西乡八合团村人。酃县西乡
模范小学、酃县县立初级中学、衡阳湖南省立第三
中学、陆军大学甲级将官班第一期毕业，中央军官
训练团第一期结业。父连升，从农商，有耕田十余
亩，自给有余，母张氏。自填家庭主要成员：兄一
人。入学黄埔军校前已婚，妻张氏。[1] 自填入学前履
历：省立第三中学校卒业，任县立第一高等小学校校
长一期。曾任县立第一高等小学校长一年。记载为

霍揆彰照片（一）

民国前十一年（1901年）一月二十四日出生。[据军事委员会铨叙厅民国二十五
年（1936年）十二月印制《陆海空军军官佐任官名簿》第一册（上将、中将）第
59页记载]。1901年3月14日生于酃县西乡八合团村一个农户家庭。1924年5月
由邓演达（前任广东西路讨贼军第一师第三团团长，黄埔军校入学试验委员会委
员）、金佛庄（前浙江陆军第二师营长，黄埔军校第一期第三队上尉队长）介绍
加入中国国民党，继由谢晋（时任湘军总司令部党务处处长，孙中山指派出席国
民党一大湖南省代表）、刘况[孙中山指派出席国民党一大湖南省代表，前湘军
第五军（陈嘉佑）司令部参谋，兼该军国民党特派员，广州大本营参议]举荐投
考黄埔军校。1924年6月考入陆军军官学校第一期第三队学习，1924年11月毕业，
分发黄埔军校教导第一团见习、排长，随部参加第一次东征作战。1925年6月任

---

[1] 台北文海出版社有限公司印行：近代中国史料丛刊三编第五十七辑《陆军军官学校第三队学
生详细调查表》记载。

国民党军第一旅第一团连长，随部参加对滇桂军阀杨希闵部、刘震寰部的军事行动。1926年7月随部参加北伐战争，任国民革命军第一军补充第一师第三团团附、第二十一师第六十三团团附、北伐东路军第一军第二十一师第六十三团第三营营长。1928年8月国民革命军编遣，1928年9月3日任缩编后的第一集团军第十一师步兵第六十四团团长。[1]1929年1月17日被推选为第十一师特别党部监察委员。1930年12月任第十一师独立旅旅长，1931年1月任第十八军第十四师补充旅旅长，1931年10月任第十四师副师长。1933年9月任第十四师师长。1934年6月奉派入庐山中央训练团受训，并任学员第三营第一连连长，1934年8月结业，返回原部队。1935年4月13日颁令叙任陆军少将。[2]1936年1月1日晋给三等宝鼎勋章。[3]1936年11月12日获颁四等云麾勋章。[4]1936年12月西安事变发生后，任讨逆军第四集团军第六纵队指挥官。1937年5月21日颁令晋任陆军中将。[5]抗日战争全面爆发后，率部参加淞沪会战，任第五十四军军长，1938年1月兼任田南要塞指挥部指挥官。1938年5月奉派入中央军官训练团第一期受训，并任第一大队大队长，1938年7月结业。1939年2月任第二十集团军总司令部副总司令，兼任洞庭湖警务司令部司令官。1940年1月11日国民政府颁令准军事委员会给予霍揆彰陆海空军甲种一等奖章。[6]1942年10月任第二十集团军总司令部总司令，1943年10月率部赴云南，加入中国远征军。1944年9月任中国远征军编练总监部副总监。[7]1944年10

---

[1] 国民政府文官处印铸局出版：台北成文出版社有限公司发行《中华民国国民政府公报》第二十辑第八十九期第4页记载。

[2] 军事委员会铨叙厅民国二十五年（1936年）十二月印制《陆海空军军官佐任官名簿》第一册［上将、中将］第59页记载。

[3] 国民政府文官处印铸局印行：台湾成文出版社有限公司1972年8月出版《国民政府公报》第102册1936年1月2日第1936号颁令第13页记载。

[4] 国民政府文官处印铸局印行：台湾成文出版社有限公司1972年8月出版《国民政府公报》第117册1936年11月13日第2201号颁令第7—9页记载。

[5] 国民政府文官处印铸局印行：台湾成文出版社有限公司1972年8月出版《国民政府公报》第124册1937年5月22日第2360号颁令第39页记载。

[6] 国民政府文官处印铸局印行：台湾成文出版社有限公司1972年8月出版《国民政府公报》第146册1940年1月13日渝字第222号颁令第1页记载。

[7] 台北"国史馆"编纂：2006年12月印行《"国史馆"现藏民国人物传记史料汇编》第十四辑第461页记载。

霍揆彰照片（二）

月入陆军大学甲级将官班第一期学习，1945年1月毕业，1945年1月30日被推选为军队各特别党部出席中国国民党第六次全国代表大会代表。1945年3月5日任陆军总司令部第三面军司令长官部副司令长官。1945年5月20日当选为中国国民党第六届中央监察委员会监察委员。抗日战争胜利后，任青年军编练总监部代理总监，[1] 兼任青年军第六军军长。1945年10月10日获颁忠勤勋章。1946年1月代理云南警务总司令部总司令，1946年5月30日获颁胜利勋章。1946年7月因李、闻血案被撤职。1947年7月被推选为党团合并后的中国国民党第六届中央监察委员。1947年10月任第十六绥靖区司令部司令官。1948年3月29日被推选为湖南省出席（行宪）第一届国民大会代表。1949年5月任第十一兵团司令部司令官。1949年7月任湘鄂赣边区绥靖总司令部总司令，1949年8月因湖南起义发生被撤职。1949年10月到台湾，1953年3月9日因病在台北逝世。曾为《中国国民党陆军第十四师第三次全师代表大会特刊》（1944年11月国民革命军陆军第十四师编印，全书有照片及表，16开，共159页）作序。《湖南酃县文史资料》1987年第一辑载有《霍揆彰其人其事》（唐家钧等著）等。

---

[1] 刘绍唐主编：台北传记文学出版社1999年10月15日印行《民国人物小传》第四辑记载。

戴文

戴文照片

戴文（1900—1987），又名子荷，原载籍贯湖南宝庆，另说湖南新邵人。前国民革命军第三十七军副军长、湖南省政府委员戴岳族侄。宝庆县东乡私立小学堂毕业，湖南陆军讲武堂肄业，中央训练团兵役研究班结业，另载生于1899年12月。父从儒业，稍有产业。自填登记处为湖南宝庆县东乡宝劲局冰塘，通信处为宝庆东乡两市塘张鸿顺号转交冰塘。自填入学前履历：民国八年（1919年）从戎，十二年（1923年）肄业于湖南陆军讲武堂，曾任湘军第二军第二师司令部中尉副官。1900年7月1日生于宝庆县东乡一个农户家庭。1920年加入湘军，任湖南陆军第二师司书、副官。1924年春由谭延闿（时任驻粤湘军总司令，国民党第一届中央执行委员，前湖南督军、湖南省省长及国民党湖南支部长）、戴岳（驻粤湘军第一混成旅旅长，中央直辖湘军第二师师长，驻粤湘军总司令部国民党临时党部筹备委员）保荐投考黄埔军校，1924年5月经吕梦熊（前湘军第三混成旅步兵团营长，驻粤湘军总司令部参谋，黄埔军校第一期第一队队长）、周品三（黄埔军校第一期第一队第六分队学员）介绍加入中国国民党。1924年5月到广州，1924年6月考入陆军军官学校第一期第一队学习，在学期间加入中国共产党，[1]1924年11月毕业，分发国民革命军第二军军官学校教官、学员队长，随部参加了两次东征作战。另载1925年经刘仇西、蒋先云介绍加入中国共产党。[2]1926

---

[1] 刘国铭主编：团结出版社 2005 年 12 月《中国国民党百年人物全书》第 2445 页记载。

[2] 据《湖南省人民政府参事室参事简介》记载。

年春任国民革命军第一军第二十师第五十八团第三营营长，1926年7月随部参加北伐战争两湖战事。1927年4月"清党"时被捕入狱，1927年8月因查无实据被保释出狱。返回湖南后，1927年10月任国民革命军第二军（军长谭延闿兼）第六师（师长戴岳）第十八团中校团附，兼任第三营营长，率部驻防长沙。1928年中共湖南省委派滕代远、彭公达赴长沙，秘密策动其与湘军彭德怀团同时起义，其称病入住湘雅医院暗中部署起义事宜，后因事泄，其与彭公达等数十人被捕与判刑，经族叔戴岳与刘策成力保，其被判处有期徒刑九年，押解邵阳执行监禁。1930年6月乘军阀混战之机越狱逃出，漂泊年余后经黄埔同学介绍，往南京黄埔同学总会登记自新，脱离中共组织关系，后任南京中央陆军军官学校入伍生总队连长、高等教育班区队长、中队长。1931年3月经审查合格呈请社长（蒋介石）批准加入励志社。[1]1933年1月任第八十九师第二六七旅副旅长，不久派其入庐山中央训练团受训，结业后，1933年10月任陆军第八十师第二三八旅步兵第四七五团团长。其间受到蒋介石召见，后任军事委员会委员长侍从室上校副官。1935年5月20日颁令叙任陆军步兵中校。[2]1935年10月任航空委员会南昌特别人员训练班学员大队大队长。抗日战争全面爆发后，任陇海铁路警察署署长、陕西省第二区行政督察专员，兼任该区保安司令部司令官。1940年12月兼任交通警备司令部第三支队司令部司令官。抗日战争胜利后，1945年10月获颁忠勤勋章。1946年5月获颁胜利勋章。1946年1月任四川川东师管区司令部司令官。后返回原籍，1948年夏任湖南湘西师管区司令部司令官，1948年9月22日颁令叙任陆军少将。1949年4月任湖南人民自卫军湘西纵队司令部司令官，兼任邵阳城防指挥部指挥官。1949年8月5日在邵阳率部起义，部队改编后任中国国民党人民解放军第一兵团第二军副军长兼第六师师长。中华人民共和国成立后，所部再度改编，续任中国人民解放军第四野战军第二十一兵团第五十二军副军长。1950年2月任中国人民解放军中南军区步兵学校军事教员。1952年8月转业地方，任中南军政委员会参事室参事，1953年3月续任中南行政委员会参事室参事。1954年4月任武汉

---

[1] 《励志旬报》1931年3月20日出版第1卷第2期"第十届新社员批准509名"一文记载。

[2] 国民政府文官处印铸局印行：台湾成文出版社有限公司1972年8月出版《国民政府公报》第93册1935年5月21日第1746号颁令第1页记载。

市人民政府参事室副主任，武汉市政协常务委员。"文化大革命"中受到冲击与迫害。1984年12月被推选为武汉市黄埔军校同学会第一届理事会理事。1987年3月因病在武汉逝世。著有《回忆邵阳起义》（载于湖南人民出版社《湖南文史资料选辑》）等。

戴翱天

　　戴翱天（1901—?　），安徽无为人。无为县立高等小学校、安徽省立芜湖第三甲种农业学校毕业，北京中国大学法科、北京政府内务部警官高等学校肄业。世代务农，经济自给。自填登记处为原籍安徽无为，寄居芜湖城内东门大街门牌一号。自填入学前履历：安徽省立芜湖甲种农业学校毕业，北京中国大学法预科毕业法本科修业一年，内务部（北京政府）警官高等学校正科修业一学期。1924年1月25日经廖仲恺、蒋介石介绍加入中国国民党，1924年5月由张秋白（孙中山指派出席国民党一大安徽省代表，前北京政府参议院参议，国民党第一届候补中央执行委员）举荐投考黄埔军校。1924年6月考入陆军军官学校第一期第四队学习，1924年11月毕业，后服务社会。

魏炳文

魏炳文照片

魏炳文（1901—1971），别字耀斗，别号朗轩，陕西长安人。长安县（今长安区）沼滨国民学校高级班、渭北初级中学肄业，陕西省立西安中学毕业，祖辈务农，经济中等，有房地产。1921年入陕西长潼汽车练习所学习驾驶。自填登记处为陕西长安县安沼宾，通信处为陕西鄠县秦渡镇聚鑫楼转交。自填入学前履历：高小毕业，民国十年（1921年）在长潼汽车学校毕业后，肄业渭北中学校。1901年12月9日生于长安县一个耕读家庭。1924年春由于右任、石宜川（陕西靖国军总部补充第三团团长）保荐投考黄埔军校，1924年5月15日经于右任、石宜川介绍加入中国国民党。1924年5月到广州，1924年6月考入陆军军官学校第一期第一队学习，1924年11月毕业，历任黄埔军校教导第一团第三营第九连排长、连长，黄埔军校办公厅少校副官，东征军总指挥部警卫营营长，国民革命军第一军第一师第四团团附、代理团长，参加了两次东征作战和北伐战争。1928年2月任南京中央陆军军官学校军官教育团学员大队大队长。[1]1930年4月7日任南京中央陆军军官学校高级班步兵总队（总队长曲岩）第七队队长，后任陆军第一军新编第一师司令部参谋长。1933年3月22日被军事委员会政治训练处委任为华北抗日宣传总队大队长。[2]1933年12月返回陕西，经杨虎城保举出任

---

[1]　台北"国史馆"编纂：2006年12月印行《"国史馆"现藏民国人物传记史料汇编》第十二辑第588页记载。

[2]　《申报》1933年3月25日"华北宣传队即出发"一文记载。

官职，任西安市公安局局长。1933年12月任陕西省公安局局长，兼任全省警察训练所主任。抗日战争全面爆发后，任第四十六军第二十八师司令部参谋长，兼任西安防空司令部参谋长。1939年5月20日颁令叙任陆军步兵上校。[1]1940年1月任第二十八师代理师长，兼任秦岭戒严司令部司令官。1940年9月9日任第三十六军副军长，兼任四川省资（中）简（阳）师管区司令官。1944年12月任第十六军副军长。抗日战争胜利后，续任第十六军副军长，兼任北平警备司令部副司令官。1945年10月获颁忠勤勋章。1946年5月获颁胜利勋章。1948年9月22日颁令叙任陆军少将，后再度返回陕西任职，1949年2月任第十八绥靖区司令部副司令官，兼任陕西省学生总队总队长。1949年秋到台湾，任"总统府"参议，1952年退役，1971年6月20日因病在台北逝世。[2]

---

[1] 国民政府文官处印铸局印行：台湾成文出版社有限公司1972年8月出版《国民政府公报》第140册1939年5月23日渝字第155号颁令第1页记载。

[2] 陕西省黄埔军校同学会编纂、穆西彦主编：陕西人民出版社1991年6月《陕西黄埔名人》第85页记载。

后 记

  驰骋疆场、叱咤风云半个多世纪的黄埔一期生，无论他们过去做什么，在中国军事现代化进程中无疑都是功勋卓著奉献宏富，世纪功过孰是孰非，任由后人评说。他们将作为那个时代的英雄群体、中国军事现代化的先驱者与开拓者，以及过去那个伟大历史时代亲历者、先行者，永久留存于中华民族与国家史册当中。

  源于社会矛盾与政治变革引发的暴力革命、内外战争、军事交锋，是黄埔军校及现代其他军校兴盛繁衍的重要原因。著名历史学家唐德刚曾说过："近（现）代史绕不过黄埔军校的影子。"当代史家认为：无论是哪种形态记载，都是对前人所作事迹之总结，当今传承与记述的历史事件及其人文活动，许多无疑是经过后人或今人修饰、渲染，失去原本意义与素描淡写。史家如何再现或复归原本历史？即使锱铢必较亦难复其原，但却系孜孜以求、锲而不舍之永恒目标。时光跨越了百余年，黄埔一期生开创的"黄埔精神"及升华版的"民族精神"，仍旧策励世人思索追寻。

  此作谨呈奉献广州黄埔军校建校100周年纪念。

  永远缅怀在国民革命、北伐战争、中华民族十四年抗日战争中牺牲的黄埔军人！

陈予欢

2023年11月19日于广州